Kommentar zur
Rechtsanwaltsordnung

vom 1. Juli 1878.

Von

Dr. Adolf Friedländer, Landgerichtsrat in Limburg a/L. und Dr. Max Friedländer, Rechtsanwalt in München.

Zweite, völlig neu bearbeitete Auflage.

1920
München, Berlin und Leipzig
J. Schweitzer Verlag.

Druck von Dr. F. P. Datterer & Cie., München-Freising.

Vorwort zur ersten Auflage.

Beinahe 30 Jahre sind seit Publikation der deutschen Rechtsanwaltsordnung verflossen, ohne daß bis heute eine eingehende Kommentierung dieses Gesetzes erfolgt wäre. Dies ist um so auffallender, als es sich um das Grundgesetz eines großen Standes handelt, dessen Mitgliedern man Mangel an wissenschaftlichem Interesse und Scheu vor literarischer Betätigung gewiß nicht vorwerfen kann. Auch läßt sich kaum im Ernste behaupten, daß die Rechtsanwaltsordnung für den Praktiker unwichtig oder für den Theoretiker nicht interessant sei. Eine Ursache jener merkwürdigen Erscheinung liegt vielleicht darin, daß es sich um ein Gesetz handelt, in welchem die verschiedensten Rechtsmaterien zusammengetragen sind, und welches teilweise nur Ergänzungen anderer Gesetze oder kleine Ausschnitte aus großen Rechtsgebieten enthält. Dieser Umstand erschwert in der Tat die Kommentierung der Rechtsanwaltsordnung außerordentlich.

Wenn wir daher versucht haben, durch gegenwärtige Arbeit die vorhandene Lücke auszufüllen, so waren wir uns der hiebei zu überwindenden Schwierigkeiten wohl bewußt. Es erschien vor allem notwendig, die Zusammenhänge zwischen den Enklaven des Gesetzes und denjenigen Gebieten herzustellen, welchen dieselben eigentlich zugehören. Zu diesem Zwecke mußten ausführliche Exkurse, insbesondere auf zivilrechtliches Gebiet, unternommen werden. Vor allem war es unerläßlich, die bisher in der Literatur arg vernachlässigte Lehre vom Anwaltsvertrage systematisch darzustellen. Die rechtliche Stellung des Pflichtanwalts, die Lehre von der Anwaltssozietät mußten einer zusammenhängenden Betrachtung unterzogen werden. Besondere Aufmerksamkeit haben wir ferner den Geschäftsordnungen der Anwaltskammern und ihrer Vorstände zugewandt, wobei Neulings verdienstliche, aber leider wenig bekannte Vorarbeit eine gute Grundlage bildete. Bei der Eigenart des Stoffes ließ es sich nicht umgehen, einzelne Fragen auch de lege ferenda kurz zu streifen; wir haben uns hierin möglichste Beschränkung auferlegt.

Der Kommentar gibt im wesentlichen eine Darstellung reichsrechtlicher Vorschriften. Doch sind die wichtigsten zur RAO. erlassenen Ausführungsbestimmungen der Bundesstaaten im Text teils verwertet teils angeführt. Von einem Abdruck dieser Ausführungsbestimmungen ebenso wie der vorerwähnten Geschäftsordnungen wurde wegen ihres großen Umfanges abgesehen.

Da wir in dem vorliegenden Buche eine ganze Reihe von Materien zu behandeln hatten, welche bisher eine systematische Durcharbeitung nicht erfahren haben, so können wir gewiß nicht erwarten, allen Anforderungen gerecht geworden zu sein. Um so dankbarer werden wir jeden Hinweis auf Mängel und Lücken des Werkes entgegennehmen.

Die allgemeine Einleitung, die Abschnitte I und II sowie die §§ 98—101 sind von Dr. Max Friedländer, die übrigen Bestimmungen von Dr. Adolf Friedländer bearbeitet bzw. erläutert.

München-Limburg a/L., im August 1907.

Die Verfasser.

Vorwort zur zweiten Auflage.

Die freundliche Aufnahme, die der ersten Auflage dieses Buches zuteil geworden ist, war für die Verfasser ein Ansporn, sich einer weiteren, gründlichen Durcharbeitung der Materie zu widmen. Inzwischen ist auch eine umfangreiche Literatur über viele der einschlägigen Fragen entstanden, und die Rechtsprechung sowie die Fülle der aus der Praxis zufließenden „Rechtstatsachen" bot immer von neuem Anlaß, unsere Ansichten von Grund aus nachzuprüfen und manches bisher nur Angedeutete weiter auszubauen. Daß wir hierbei vielfach zu anderen und neuen Resultaten gelangt sind, konnte bei der Schwierigkeit und Sprödigkeit der Materie nicht ausbleiben. In manchen Teilen stellt sich daher der Kommentar als ganz neues Buch dar. Vor allem sind die Exkurse stark vermehrt und erweitert worden.

Die zweite Auflage war druckfertig, als der Krieg ausbrach. Im Einvernehmen mit dem Verlag wurde jedoch die Drucklegung einstweilen ausgesetzt. Inzwischen waren weitere Änderungen und Ergänzungen notwendig geworden. Die Kriegsgesetze und die durch den Krieg veränderten Verhältnisse mußten überall berücksichtigt werden. Der Beginn der Drucklegung wurde nun auf Ende November 1918 festgesetzt. Da machten die großen politischen Umwälzungen einen neuen Aufschub notwendig. Jetzt aber scheint die Zeit gekommen zu sein, in der wir das Buch in seiner neuen Gestalt der Öffentlichkeit übergeben dürfen.

Die in Einzelheiten gewiß reformbedürftige Rechtsanwaltsordnung wird von den bevorstehenden Verfassungsänderungen schwerlich unmittelbar berührt werden. Der Einfluß etwaiger territorialer Verschiebungen auf die Zulassungsbestimmungen läßt sich schon jetzt kurz erörtern; praktische Schwierigkeiten werden sich daraus kaum ergeben. Die Grundzüge der anwaltschaftlichen Standesverfassung aber, die von freiheitlichem Geiste erfüllt ist, wird der moderne Staat anzutasten am allerwenigsten geneigt sein. Die Anwaltschaft wird und muß auch im republikanischen Deutschland das bleiben, was sie nach der RAO. ist und sein soll: ein freier, im Dienste des Rechtes stehender Beruf. Mögen sich auch in manchen Einzelfragen die Standesanschauungen allmählich ändern, die großen Richtlinien für die Entscheidung der Frage, was anständig, und was eines Anwalts unwürdig ist, werden — weil sie aus dem Wesen des Anwaltsberufes abgeleitet sind — in Zukunft keine anderen sein als bisher. Mehr als je aber bedarf die Anwaltschaft des festen Halts einer guten und einheitlichen Standesordnung angesichts der großen wirtschaftlichen Schwierigkeiten, vor denen sie steht, wie auch angesichts der großen neuen Aufgaben, die ihrer harren, und deren sie sich würdig zeigen muß.

München-Limburg a/L., im Frühjahr 1919.

Die Verfasser.

Inhaltsverzeichnis.

Abkürzungen.

Die Bedeutung der Abkürzungen ergibt sich größtenteils aus den „Vorschlägen des Deutschen Juristentags für die Art der Anführung von Rechtsquellen usw." 2. Ausgabe. Berlin 1910.

Sonstige Abkürzungen:

AKJahrB.	=	Übersicht über die Jahresberichte der Vorstände der Anwaltskammern (erscheint jeweils als Beilage der JW.).
AKV.	=	Anwaltskammervorstand.
AVNachr.	=	Nachrichten für die Mitglieder des Deutschen Anwaltsvereins (Verlag von W. Moeser Buchhandlung, Berlin).
BayAV.	=	Zeitschrift des Anwaltsvereins für Bayern.
Berger	=	Berger, Die Rechtsanwaltsordnung.
Dernburg	=	Dernburg, Das bürgerliche Recht des Deutschen Reichs usw. 3. Aufl.
EG.	=	Ehrengericht.
Förster-Kann	=	Die Zivilprozeßordnung für das Deutsche Reich von Dr. A. Förster, 3. Aufl. von Dr. R. Kann.
HansOLG.	=	Entscheidungen des Hanseatischen Oberlandesgerichts in Strafsachen.
Hellwig	=	Lehrbuch des deutschen Zivilprozeßrechts von Konrad Hellwig.
Hergenhahn	=	Die Rechtsprechung usw. über Prozeßbevollmächtigte und Rechtsanwälte, zusammengestellt von Th. Hergenhahn.
LJV.	=	Landesjustizverwaltung.
Meyer	=	Die Rechtsanwaltsordnung 2c., erläutert von Dr. F. Meyer. 2. Aufl.
Meyer [1]	=	1. Auflage desselben Werks.
OldZ.	=	Zeitschrift für Verwaltung und Rechtspflege im Großherzogtum Oldenburg.
Ösfeld	=	Ösfeld, Rechtsanwaltsordnung.
PrÄrztEGG.	=	Preußisches Gesetz, betreffend die ärztlichen Ehrengerichte vom 25. 11. 99 (GS. 565).
Reuling	=	Reuling, Die Geschäftsordnungen der deutschen Anwaltskammern und ihrer Vorstände. JW. 1881 Beilage zu Nr. 7.
Rosenberg	=	Stellvertretung im Prozeß, von Leo Rosenberg 1908.
Siegel	=	Die gesamten Materialien zu der Rechtsanwaltsordnung usw. herausgegeben von Siegel.
Siegeth	=	Siegeth, Rechtsanwaltsordnung (enthält im Anhange die Protokolle der Reichstagskommission).
Staudinger	=	Staudinger, Kommentar zum Bürgerlichen Gesetzbuche. 7. u. 8. Aufl.
Stein	=	Die Zivilprozeßordnung usw. erläutert von Friedrich Stein, 11. Aufl. des Kommentars von Gaupp-Stein.
Sydow-Jacobsohn	=	Rechtsanwaltsordnung. Ausgabe von R. Sydow. 5. Aufl. bearbeitet von Max Jacobsohn.
Sydow-Mosler	=	4. Auflage desselben Werkes, bearbeitet von Dr. E. Mosler.
Turnau	=	dessen Kommentierung der RAO. in Turnau, Die Justizverfassung in Preußen usw.
VerglD.	=	Vergleichende Darstellung des deutschen und ausländischen Strafrechts, Herausg. v. Birkmeyer usw.
Walter-Joachim	=	Die deutsche Gebührenordnung für Rechtsanwälte, erl. v. Joachim, 5. Aufl. des Walterschen Kommentars.

Im dritten Abschnitte bezeichnen die bloßen Namen der Oberlandesgerichtssitze die Geschäftsordnungen der Anwaltskammern bzw. ihrer Vorstände. Soweit eine besondere Geschäftsordnung für Anwaltskammer und Anwaltskammervorstand besteht, ist erstere mit a, letztere mit b bezeichnet.

Einzelne Abschnitte und Paragraphen enthalten besondere Literaturverzeichnisse, die zum Verständnisse der Zitate mitzuberücksichtigen sind.

Die fettgedruckten Zahlen bei Zeitschriften usw. (z. B. **13**) bezeichnen die Ziffer des Bandes; wo die Jahreszahl gemeint ist, wird diese ohne Abkürzung (z. B. **1913**) angegeben.

Der noch nicht erschienene Band 17 der Entscheidungen des EGH. wurde uns im Manuskript zur Verfügung gestellt. Wir zitieren alle in diesem Band enthaltenen Entscheidungen unter Angabe des Aktenzeichens, also z. B. EGH. 17 (G 1/15); teilweise konnte auch die Nr., unter der die Entsch. im 17. Bande abgedruckt ist, noch angegeben werden.

Allgemeine Einleitung.

I. **Die Entstehung der Rechtsanwaltsordnung.** 1. Vor dem 1. Oktober 1879 herrschte in den verschiedenen Teilen Deutschlands bezüglich der Verhältnisse der Anwälte die größte Rechtsungleichheit. In einzelnen Gebieten unterschied man noch Advokaten (welchen im wesentlichen die außergerichtliche Beratung der Parteien und die Beistandleistung vor Gericht oblag) und Prokuratoren (Anwälte), welche das Privileg der gerichtlichen Vertretung hatten. Doch war in den meisten Ländern schon damals die Advokatur mit der Prokuratur — oft unter dem Namen „Advokatur", auch „Rechtsanwaltschaft" oder „Anwaltschaft" — vereinigt. Anm. 1.

In manchen Gebieten herrschte bereits das Prinzip der freien Advokatur; in anderen Ländern dagegen wurden die Advokaten nach freiem Ermessen der Staatsregierung als Beamte angestellt. Dazwischen gab es eine Reihe von anderen Systemen.

Auch bezüglich des Grundsatzes der Lokalisation (Bindung der Wirksamkeit an bestimmte Gerichte) und bezüglich der Standesorganisationen galten die verschiedensten Normen.

Ein näheres Eingehen auf die früheren Rechtszustände und auf die Entstehung der modernen Rechtsanwaltschaft überhaupt läge außerhalb der Aufgabe dieses Kommentars. Wir verweisen hiezu auf die in Anlage C der Motive zum Entwurf der RAO. gegebene Darstellung (S. 110) und auf das vortreffliche Werk von Weißler, Die Geschichte der Rechtsanwaltschaft 1905; auch auf Levin, Die rechtliche und wirtschaftliche Bedeutung des Anwaltszwangs, Berlin 1916.

2. In den Entwürfen der Reichsjustizgesetze wurde nicht nur das Bestehen einer Rechtsanwaltschaft im ganzen Deutschen Reiche, sondern auch eine bestimmte Lokalisation derselben als vorhanden vorausgesetzt. Der Entwurf der ZPO. ging davon aus, daß die Anwälte bei bestimmten Gerichten zugelassen seien, und gewährte mit der Einführung des Anwaltszwanges allen Rechtsanwälten Deutschlands gleichartige, weitgehende Rechte. Es erschien daher eigentlich selbstverständlich, daß gleichzeitig mit den Reichsjustizgesetzen auch eine die Verhältnisse der Anwaltschaft einheitlich regelnde Rechtsanwaltsordnung in Kraft treten müsse. Die Motive zur ZPO. weisen denn auch ausdrücklich auf dieses zu schaffende Reichsgesetz hin. Anm. 2.

Allein der erwähnte Gedanke wurde im Bundesrate nicht festgehalten. Noch am 24. November 1874 erklärte der preußische Bundesratsbevollmächtigte im Reichstag, daß die Regelung der Anwaltschaft eine Überschreitung der Zuständigkeitsgrenzen der Reichsgesetzgebung darstellen würde. Man wollte die Materie den Landesgesetzgebungen überlassen, denen es freistände, sich im einzelnen untereinander zu verständigen.

In den Kreisen der Anwälte machte sich jedoch — entsprechend der seit Jahrzehnten herrschenden Stimmung — eine lebhafte Agitation für die Schaffung einer einheitlichen deutschen Anwaltsordnung geltend; der am 25. und 26. September 1874 in Würzburg abgehaltene Deutsche Anwaltstag sprach sich aufs entschiedenste in diesem Sinne aus, und die Justizkommission des Reichstags, welcher ebenfalls hervorragende Anwälte angehörten, beschloß bei Beratung des

GVG., einheitliche Bestimmungen und zwar die grundlegenden Vorschriften über die Verhältnisse der Anwälte in dieses Gesetz bzw. das Einführungsgesez zum GVG. aufzunehmen (als Titel IXa GVG. und §§ 18—21 EGGVG.). Die Schaffung eines Reichsgesetzes über die Anwaltskammern sollte dann noch vorbehalten bleiben. Die drei Anträge der Abgeordneten Dr. Bähr, Thilo und Dr. Lasker bildeten die Grundlage der Beratungen in der Kommission und später im Plenum des Reichstages.

Die großen Prinzipien der späteren RAO. — Gleichstellung mit dem Richteramte hinsichtlich des Befähigungsnachweises, ausnahmslose Vereinigung der Prokuratur mit der Advokatur, Freigebung und Lokalisierung der Anwaltschrft — finden wir im wesentlichen bereits in den ursprünglichen Entwürfen, und sie sind damals schon in der Kommission wie im Plenum ohne großen Kampf angenommen worden.

Der Bundesrat lehnte jedoch die Bestimmungen, welche der Reichstag dem GVG. und dem Einführungsgesetze hiezu bezüglich der Rechtsanwaltschaft beigefügt hatte, als unannehmbar ab, und als bei der dritten Lesung im Reichstage die Regierung erklärte, daß der Entwurf einer deutschen RAO. alsbald zur Ausarbeitung und Vorlage gelangen werde, ließ auch der Reichstag seine früheren Beschlüsse fallen (19. und 20. Dezember 1876).

Am 6. Februar 1878 wurde dem Reichstag der versprochene Entwurf, welcher auf der Grundlage der früheren Beschlüsse und unter Verwertung zahlreicher Gutachten aus dem Anwaltsstande ausgearbeitet worden war, nebst eingehender Begründung vorgelegt. Schon am 12. Februar 1878 fand die erste Beratung statt, welche mit Überweisung des Entwurfs an eine Kommission von 21 Mitgliedern endete. Diese legte am 13. April 1878 ihren Bericht mit den von ihr beschlossenen Abänderungen des Entwurfs dem Plenum vor; es folgte eine zweite und dritte Beratung des Gesetzes und am 23. Mai 1878 wurde die RAO. in ihrer jetzigen Gestalt vom Reichstag, bald darauf auch vom Bundesrate angenommen. Sie ward unterm 1. Juli 1878 in Nr. 23 des RGBl. vom gleichen Jahre als Gesetz verkündet.

Anm. 3. **II. Die Bedeutung der Rechtsanwaltsordnung** besteht hauptsächlich in der Schaffung eines *freien* deutschen Anwalts*standes*.[1]) Darin liegt zweierlei:

1. *Wir verdanken der RAO. die Entstehung eines einheitlichen deutschen Anwaltsstandes überhaupt.* Gleichartigkeit der Rechte und vor allem Gleichheit der Pflichten sind die Vorbedingungen für die Entstehung des Standesbewußtseins und damit für die Existenz des Standes selbst. Die besonderen Standesrechte der Anwälte sind im wesentlichen durch unsere ganze Gerichtsverfassung und das Prozeßrecht gegeben; hier enthält die RAO. nur Ergänzungen der übrigen Reichsjustizgesetzgebung. Dagegen regelt sie ex professo und nach einheitlichen Grundsätzen die Standes*pflichten* der Anwälte und die öffentlichrechtlichen Garantien für ihre Erfüllung. Diese Garantien werden geschaffen durch die Organisation der Berufsgenossen in Anwaltskammern und durch die Disziplinargesetzgebung, welche wiederum ihre Hauptbedeutung durch Schaffung eines Reichsehrengerichtshofes und damit einer einheitlichen Rechtsprechung über die Standespflichten gewinnt.

Die Berufsorganisationen der Anwälte sollen aber auch dazu dienen, die *Rechte* der Anwaltschaft, ihre speziellen Standesinteressen zu wahren (§§ 48,

---

[1]) Die Vereinigung der Advokatur mit der Prokuratur war, wie oben erwähnt, in den meisten Gebieten Deutschlands bereits vollzogen. Vgl. über die Trennung von Advokatur und Prokuratur *de lege ferenda*: Klöppel in JW. **1901** 289 ff., 350 ff. und die dort zitierte Literatur; ferner Weißler, DJZ. **1907** 260.

50 RAO.) — eine Aufgabe, die in neuester Zeit immer mehr an Bedeutung gewonnen hat.

2. Die RAO. hat ferner für ganz Deutschland die Freigebung der Anwaltschaft geschaffen und diese zu einem freien Berufe gemacht. Nur die Zulassung beim Reichsgerichte ist nicht freigegeben. Anm. 4.

Es kann keinem Zweifel unterliegen, daß Unabhängigkeit im Denken und Handeln die allererste Voraussetzung für eine richtige und gute Ausübung des Anwaltsberufes bildet. Denn der Kampf ums Recht, welchen der Anwalt tagaus tagein führen muß, erfordert eine Persönlichkeit, welche bei Erfüllung ihrer Pflichten vor keiner anderen Autorität als vor dem Rechte selbst Halt macht, welche nur dem Gesetze Gehorsam schuldig ist und durch keinerlei Rücksichten gehindert wird, auch gegen die Staatsgewalt, gegen die Behörden zu kämpfen. Deshalb darf der Rechtsanwalt nicht Angestellter des Staates sein. Es darf aber aus dem gleichen Grunde auch die Auswahl der zur Anwaltschaft Berufenen nicht von staatlichen oder sonstigen öffentlichen Organen abhängen. Hierin besteht das eigentliche Wesen der „freien Advokatur". Über diese Grundsätze ist auch heute noch jedenfalls die große Mehrheit der deutschen Anwaltschaft einig.

Dagegen besteht eine tiefgehende Bewegung, welche zur Abwendung der Gefahren einer Überfüllung des Anwaltsstandes Zulassungsbeschränkungen fordert; insbesondere ist es der sogenannte numerus clausus (im engeren Sinne), der viele Anhänger gefunden hat, ein zunächst nur theoretisch erdachtes System, nach welchem zwar eine zahlenmäßige Begrenzung der Zulassungen stattfinden, innerhalb dieser Grenze aber ein Recht auf Zulassung bestehen soll. Im einzelnen gehen die Meinungen und Vorschläge der Anhänger dieses Systems wieder sehr auseinander. Der Würzburger Anwaltstag (1911), auf welchem die einschlägigen Fragen gründlich zur Erörterung kamen, hat sich gegen jede Einschränkung der bestehenden Zulassungsvorschriften ausgesprochen. Die Gründe für und wider sind in den Verhandlungen dieses Anwaltstages und den vorbereitenden Gutachten von Kaßler und M. Friedländer eingehend erörtert. Die Literatur bis 1911 siehe bei M. Friedländer, Gutachten für den XX. Deutschen Anwaltstag, Beilage zur JW. 1911. Dort ist auch die Ansicht der Verfasser ausführlich dargelegt. Seitdem vgl. insbes.: JW. **1913** 124, 192, 250, 302, 583, 586, 806, 809, 912, 972, 1094, 1098; JW. **1914** 180 (Wach), 183, 231, 289, 493; Verhandlungen der Vertreterversammlung vom 11. September 1913, Beilage zur JW. 1913; MittAG.-Anw. **4** (1913) Beilage zu Nr. 10; Bovensiepen, RheinZ. **1914** 175; Drucker, Recht und Wirtschaft **1912** 13; Spohr, Recht und Wirtschaft **1913** 55; NaumbAK. **1914** 40; Schwering, MittAGAnw. **5** 59; Kneer, Die deutsche Rechtsanwaltschaft (1917) 35ff.; Abraham, KGBl. **1917** 49.ff.; Kann, JW. **1919** 17; Werner, AWNachr. **5** 95. Anm. 5.

III. **Der Inhalt der Rechtsanwaltsordnung** ist größtenteils öffentlichrechtlicher Natur. Allein auch in dieser Beziehung enthält sie keineswegs eine erschöpfende Regelung der Materie, soweit diese überhaupt reichsrechtlich geordnet ist. Vielmehr bilden die Prozeßordnungen und andere Gesetze notwendige Ergänzungen der RAO., und diese füllt wiederum Lücken aus, welche jene offen gelassen haben. Anm. 6.

Der zivilrechtliche Inhalt der RAO. ist äußerst dürftig. Hier bestehen die hauptsächlichsten Rechtsquellen im BGB. und in der RAGebO.

Die Einteilung des Gesetzes, welches jetzt (mit den §§ 32a und 41a) 118 Paragraphen umfaßt, ist einfach und übersichtlich. Es zerfällt in 6 Abschnitte mit den Überschriften:

1. Zulassung zur Rechtsanwaltschaft (§§ 1—25);
2. Rechte und Pflichten der Rechtsanwälte (§§ 26—40);

3. Anwaltskammern (§§ 41—61);
4. Ehrengerichtliches Verfahren (§§ 62—97);
5. Rechtsanwaltschaft bei dem Reichsgerichte (§§ 98—102);
6. Schluß- und Übergangsbestimmungen (§§ 103—116).

Anm. 7. Eine formelle, dauernde Änderung ist der RAO. bis jetzt nur einmal, nämlich durch die Novelle vom 22. Mai 1910 zuteil geworden. Für die Kriegszeit erging die BRBek. vom 9. März 1916 (RGBl. S. 156). Eine Ergänzung der Übergangsbestimmung in § 114 erfolgte durch Art. X EGZPNov. (1898). Im übrigen hat man weder bei den Änderungen der ZPO. Anlaß genommen, auch nur die nicht mehr passenden Verweisungen der RAO. auf jenes Gesetz formell zu ändern, noch hat man sich bei Abfassung des BGB. mehr als vorübergehend[1]) daran erinnert, daß es mit Rücksicht auf § 662 BGB. nicht mehr angehe, von dem Auftragsverhältnisse zwischen Anwalt und Klienten zu sprechen.

Daß materiell die ganze reichsrechtliche Materie des „Rechtes der Anwaltschaft" nicht stehen geblieben ist, sondern infolge der mannigfachen Rechtsänderungen sich fortentwickelt hat, ist selbstverständlich.

Die politische Umgestaltung Deutschlands im Jahre 1918 hat die RAO. unverändert gelassen. Über die Frage, wie territoriale Änderungen bei den Gliedstaaten Deutschlands auf die Anwendung der Zulassungsbestimmungen wirken würden, soll im Kommentar selbst gesprochen werden. Vgl. § 4 Anm. 10.

Anm. 8. **IV. Die staatsrechtliche Stellung des Rechtsanwalts.** 1. Daß der Rechtsanwalt nach geltendem Rechte kein Beamter ist, bedarf keines Beweises. Denn er steht in keinem öffentlichrechtlichen Dienstverhältnisse. Wenn daher — in Reichs- oder Landesgesetzen — von öffentlichen Dienern oder öffentlichem Dienst die Rede ist, so sind die Rechtsanwälte im Zweifel nicht mitverstanden.

Anm. 9. 2. Mit der Verneinung der Beamtenqualität des Anwalts ist aber wohl vereinbar die Annahme, daß er ein öffentliches Amt bekleide.[2]) Im Sinne des StGB. ist dies nach ausdrücklicher Gesetzesbestimmung (§ 31 Abs. 2 StGB.) zweifellos der Fall. Die Frage, ob das Gleiche auch sonst aus allgemeinen staatsrechtlichen Erwägungen zu gelten habe, ist streitig. Dafür: Laband, Deutsches Staatsrecht[5] **3** 452; Zorn, Staatsrecht **2** 396 ff.; OLG. **15** 180 (KG.); RGZ. **19** 403; Kleinfeller, Lehrb. d. Deutschen ZPrRechts (1905) 154; Levin, Rechtliche und wirtschaftliche Bedeutung des Anwaltszwangs (1916) 104. A. M.: Georg Meyer, HirthsAnn. **1882** 773; Ring, BuschsZ. **7** 132; Isay, Mitt. vom Verb. Deutscher Patentanwälte **7** 36; Kaskel, Begnadigung im ehreng. Verfahren rc. 91 ff.; EGH. **3** 18; von Rheinbaben in v. Stengel-Fleischmanns Wörterbuch des Deutschen Staats- und Verwaltungsrechts[2] **1** 102 ff.; Wach, Grundfragen u. Reform des Zivilprozesses (1914) 39 u. a.

Versteht man unter „öffentlichem Amt" einen durch das öffentliche Recht begrenzten Kreis von Geschäften des Staates oder einer anderen öffentlichrechtlichen Körperschaft,[3]) so wird man sagen müssen, daß der Anwalt ein öffentliches Amt im eigentlichen Sinne nicht bekleidet. Wenn auch seine Tätigkeit in der staatlichen Rechtsordnung als notwendig zur Durchführung der staatlichen Aufgaben vorausgesetzt wird, so nimmt er doch nicht die Geschäfte des Staates, sondern die seiner Klienten wahr.

---

[1]) In der Kommission für die zweite Lesung wurde eine Neuredaktion angeregt. Doch geriet dies später in Vergessenheit. Vgl. Prot. BGB. 2. Lesung Bd. 2 S. 379.

[2]) Vgl. Laband, Staatsrecht[5] **1** 429 ff.; Hölder, DJZ. **1910** 929; Harseim, v. Stengels Wörterbuch[1] **1** 38.

[3]) So im wesentlichen Harseim a. a. O. **1** 38 ff. Laband sagt: Staatsamt ist ein durch das öffentliche Recht begrenzter Kreis von Staatsgeschäften (**1** 365); Otto Mayer, Deutsches Verwaltungsrecht (**2** 198): Das Amt ist ein Kreis von Staatsgeschäften, welche mit öffentlicher Dienstpflicht besorgt werden.

Wohl aber ist die Stellung des Rechtsanwalts eine **amtsähnliche** (vgl. Richard Schmidt, Lehrb. d. Deutschen ZPr.² 223 ff.); sie ist verbunden mit der Fähigkeit zu speziellen öffentlichrechtlichen Funktionen, die nur durch einen Anwalt ausgeübt werden können. Diese Fähigkeit wird durch einen Staatsakt begründet. Die Ausübung des Berufs untersteht zum Teil öffentlichrechtlichen Normen und einer öffentlich-rechtlich geregelten, teilweise staatlichen Kontrolle.

Der Anwalt ist ferner ein notwendiger Faktor der Gerichtsverfassung, und die besondere Stellung, die er den Gerichten gegenüber einnimmt, — er ist der historischen Entwicklung entsprechend auch heute noch in erster Linie „Gerichtsanwalt"[1]) — verleiht seiner allgemeinen Position das eigentliche Gepräge. Es gibt begrifflich keinen Anwalt, der nicht bei einem Gerichte zugelassen wäre.[2]) Die Zugehörigkeit zu einem bestimmten Gerichte begründet für den Anwalt auch weitgehende Pflichten, sie ist für den Wohnsitz entscheidend, den er zu nehmen hat, und auch die allgemeine Organisation des Standes und die Disziplinarordnung schließen sich an die Gerichtszugehörigkeit der Anwälte an.

Auf der anderen Seite spielt sich ein großer Teil der **Anwaltstätigkeit** völlig abseits von der Wirksamkeit der Gerichte und anderen Behörden ab; ja diese beratende und helfende außergerichtliche Tätigkeit gilt vielen als der bessere Teil der Berufsarbeit. Auch hier bleibt zwar die eigenartige öffentlichrechtliche Stellung des Anwalts stets dieselbe; er erscheint auch hier als ein Faktor im Dienste des Rechts, der weit mehr als ein bloßer Diener des Klienten zu sein hat; aber eigentliche Amtsfunktionen übt er nicht aus.

Die Frage, ob nicht wenigstens *einzelne* Funktionen des Rechtsanwalts sich als Ausübung eines öffentlichen Amts im staatsrechtlichen Sinne darstellen — man denke z. B. an die Pflichtanwaltschaft — kann wegen ihrer rein theoretischen Bedeutung dahingestellt bleiben. Praktisch wichtiger ist dagegen die Frage, ob die Anwaltschaft dadurch, daß sie unter die höheren Berufsarten mit amtsähnlichem Charakter eingereiht wird, gleichzeitig den Charakter eines *Gewerbes* verliert. Diese Frage soll im folgenden näher erörtert werden.

3. Laband will in dem Berufe des Anwalts eine Vereinigung von amtlicher Stellung und Gewerbebetrieb finden, indem er für die Subsumierung unter den Begriff des Gewerbes den § 6 GewO. anführt (a. a. O. **3** 454, 209 Anm. 5). Andere betrachten den Anwaltsberuf schlechthin als Gewerbe. (So Ring, BuschsZ. **7** 132; Meyer, HirthsAnn. **1882** 773; Isay, Mitt. v Verb. Deutscher Pat.-Anwälte **7** 36; Kisch, Unsere Gerichte und ihre Reform (1908) 97. Beiden Auffassungen kann nicht beigetreten werden. Anm. 10.

a) Die GewO. gibt bekanntlich keine Definition des Gewerbes. Auch die mittelbare Schlußfolgerung aus § 6 GewO., dahingehend, daß jedenfalls die dort bezeichneten Berufsarten an sich als Gewerbe im Sinne der GewO. zu erachten seien, weil sonst die Unanwendbarkeit der Vorschriften des Gesetzes auf diese Berufsarten nicht eigens normiert zu sein brauchte, ist verfehlt. Die Motive zur GewO. lehnen selbst diese Schlußfolgerung ab (vgl. Landmann, GewO.⁶ § 6 Anm. 2); sie ist aber auch deshalb unhaltbar, weil jene von der GewO. nicht umfaßten Berufsarten größtenteils landesgesetzlich und zwar ganz verschieden geregelt sind oder waren, so daß es nicht wohl angeht, ihnen ohne Rücksicht auf die verschiedenartige Beschaffenheit der Landesgesetze einen einheitlichen Charakter zuzusprechen. Man bedenke doch, daß gerade hinsichtlich der rechtlichen Stellung der Advokaten bei Schaffung der GewO. vom 21. Juni 1869 noch die größten Verschiedenheiten in

---

[1]) Vgl. Weißler, Geschichte der Rechtsanwaltschaft 421, 610.

[2]) Ob das immer so bleiben wird, ist fraglich. Im Herbst 1918 wurde in einer Ausschußsitzung des deutschen Anwaltvereins die Frage erörtert, ob nicht auch die Zulassung bei anderen Behörden statt bei Gericht solle erfolgen können.

Deutschland herrschten. In Preußen z. B. zählten sie unzweifelhaft zu den Beamten. Es wird wohl niemand behaupten, daß die GewO. durch die negative Bestimmung des § 6 diese Beamten zu Gewerbetreibenden habe machen wollen!

Die Liste der in § 6 aufgezählten Berufsarten ist in den späteren Novellen ergänzt und geändert worden; dafür aber, daß der Zweck der Bestimmung ein anderer geworden wäre, fehlt es an jedem Anhalt. Die Worte „advokatorische und Notariatspraxis" sind übrigens auch nach Schaffung der RAO. unverändert geblieben. Die Erwähnung der Notare, welche noch heute wohl in allen Bundesstaaten unstreitig Staatsbeamte sind, beweist wiederum, daß die Labandsche Schlußfolgerung nicht zutreffend ist.

Anderseits wäre es natürlich ebenso verfehlt, aus § 6 GewO. zu schließen, daß die Advokatur *kein* Gewerbe sei. So: RGZ. **39** 137.

Anm. 11. b) Da auch abgesehen von der GewO. eine gesetzliche Grundlage für die Begriffsbestimmung des Gewerbes fehlt, so muß diese auf Grund des allgemeinen Sprachgebrauchs gefunden werden. Hier ist nun zunächst klar, daß wir heute nicht jede Erwerbstätigkeit als Gewerbe bezeichnen. Niemand wird von dem Gewerbe eines Beamten, eines Künstlers oder eines Bauern sprechen, obwohl bei allen der Erwerb den Haupt- oder Nebenzweck der Berufsausübung bildet.

Der allgemeine Sprachgebrauch scheidet bei der Begriffsbestimmung des Gewerbes von den erlaubten und selbständigen Erwerbsarten aus:

α) die Land- und Forstwirtschaft,

β) die öffentlichen Ämter,

γ) die sogenannten höheren Berufsarten (Künstler, Schriftsteller, Gelehrte, Geistliche, Lehrer, Ärzte rc.).

Jede andere, auf fortgesetzten selbständigen Erwerb gerichtete erlaubte Berufstätigkeit wird als Gewerbe bezeichnet.

Anm. 12. Die Ausscheidung der drei erwähnten Berufsgruppen beruht auf zwei verschiedenen Prinzipien: bei der Landwirtschaft auf historisch-volkswirtschaftlicher Grundlage (Scheidung zwischen Agrar- und Industriebevölkerung); bei den Ämtern und höheren Berufsarten darauf, *daß der Hauptzweck der Tätigkeit grundsätzlich weniger in der Erzielung wirtschaftlicher Erfolge als in der Erfüllung des Berufs oder der idealen Tätigkeit selbst liegt bzw. liegen soll.*

Hienach ist der Anwaltsberuf nicht als Gewerbe zu betrachten. Gl. M.: Preuß. OVG. bei Hergenhahn **1** 1; RGZ. **39** 137; JW. **1884** 39; **1889** 220 ff.; RheinArch. **102** 135 (OLG. Cöln); RGSt. **34** 271; RGZ. **66** 143; Berger 21; Meyer § 28 Anm. 1; RheinArch. **107** 185 (OLG. Düsseldorf); EGH. **1** 204; Kohler in Holtzendorffs Enzykl. der Rechtswissenschaft **2** 90.

Anm. 13. Der Rechtsanwalt hat auch kein „Erwerbsgeschäft" im Sinne der §§ 14, 15, 16 UnlWG. (1909), und seine Leistungen sind keine „gewerblichen" (§§ 3, 4, 12 UnlWG.).[1] Ebenso: OLG. **27** 282 (KG.); Finger, UnlWG.[3] 18, 65; Binding, Lehrb. des Strafr. bes. Teil 1 508 und die meisten anderen. A. M.: Pinner-Eyck, UnlWG.[2] S. XV; Fuld, JW. **1911** 15 (bei beiden auch weitere Literatur); gegen Fuld: Rosenthal, JW. **1911** 178, der auch mit Recht darauf hinweist, daß

---

[1]) Der Anwalt hat auch keinen „geschäftlichen Betrieb" im Sinne des § 151 VVG. Wenn man diesen Ausdruck — namentlich auch wegen des § 151 *Abs.* **2** — in möglichst weitem Sinne verstanden wissen wollte (Hager u. Behrend, VVG. § 151 Anm. 1; Zehnter § 151 Anm. 1), so beweist doch gerade der Hinweis auf Abs. 2, daß das Gesetz die Rechtsanwaltschaft nicht betreffen kann. — *Wohl* aber fallen die Anwälte unter die Verordnung über Tarifverträge vom 23. Dezember 1918 (RGBl. 1456). Ebenso: Baum, JW. **1919** 73. Dasselbe gilt von der VO. vom 24. Januar 1919 (RGBl. 100); gl. M.: Oppenheim, JW. **1919** 173; Lehfeldt, DJZ. **1919** 267. Auch die VO. vom 18. März 1919 (RGBl. 315) gilt für die Anwälte.

doch wohl die Anwälte nicht als „Gewerbetreibende" angesehen werden können, die „Waren oder Leistungen gleicher oder verwandter Art herstellen oder in den geschäftlichen Verkehr bringen". Wir würden es als keinen Gewinn für die Rechtsanwaltschaft erachten, wenn deren Mitglieder nach dem Vorschlage von Fuld unlautere Handlungen von Kollegen oder Winkeladvokaten im Wege der Unterlassungsklage nach dem UnlWG. verfolgen könnten und verfolgen würden. Vgl. auch Benedikt, Adv. unserer Zeit[4] 58/9. Die Ausdrücke „geschäftlicher Verkehr" „geschäftlicher Betrieb" im Sinne von §§ 1, 12 UnlWG. umfassen ebenfalls nicht die Rechtsanwaltschaft. Ebenso: Finger, UnlWG.[4] § 1 Anm. 6 (dort auch Literatur).

4. Die praktische Bedeutung der gewonnenen Resultate äußert sich besonders auf steuerrechtlichem Gebiete. Mit Recht hat z. B. das Reichsgericht im Jahre 1897 (RGZ. **39** 137) ausgesprochen, daß im Sinne des § 3 des Doppelsteuergesetzes vom 13. Mai 1870 die Anwaltschaft kein Gewerbe sei. Leider hat das Reichsgericht später einen anderen Standpunkt eingenommen (RGZ. **55** 167; ebenso OLG. Hamburg, HansGZ. Beibl. **1903** 190).¹) Der RA. übt auch keine „gewerbliche Tätigkeit" im Sinne des § 1 UmsStG. 26. Juli 1918 aus, was nach der Vorgeschichte des Gesetzes außer Zweifel steht. Anm. 14.

Bezüglich des preußischen Kommunalabgabengesetzes hat in unserem Sinne das preuß. OVG. in dem oben zitierten Erkenntnis (Hergenhahn **1** 1) entschieden. Ebenso: JW. **1884** 39; desgl. (zum Wehrbeitragsgesetz) Blüher, DJZ. **1914** 274, 277; für Braunschweig: Braunschw. OVG. in BraunschwZ. 1914 Beilageheft 14; dagegen für Sachsen: OVG. Dresden, DJZ. **1907** 974; DJZ. **1909** 608; abweichend auch OLG. Hamburg, HansGZ. Beibl. **1913** 94. Vgl. ferner die Zitate bei Rauter, ArchÖffR. **22** 484 ff.; Stranz, DJZ. **1909** 1479.

5. Die Bezeichnung für eine Berufstätigkeit, mit der öffentlichrechtliche Befugnisse verbunden sind, gilt — besonders dann, wenn der Eintritt in einen solchen Beruf von staatlicher Zulassung abhängt — als Titel im Sinne des § 360 Ziff. 8 StGB. (Frank, StGB.[14] § 360 Anm. VIII 2 a). Daher wird auch die Bezeichnung „Rechtsanwalt" von der herrschenden Rechtsprechung als Titel angesehen. Vgl. z. B.: SeuffBl. **68** 284 (BayObLG.); RGSt. **34** 271; ElsLothZ. **18** 451 (OLG. Colmar); DJZ. **1909** 88 (KG.); SächsOLG. **29** 201 (Dresden). Anm. 15.

Bezüglich der Befugnis eines früheren, freiwillig ausgeschiedenen Anwalts, sich „Rechtsanwalt a. D." zu nennen, vgl. (bejahend): DJZ. **1909** 88 (KG.); BayObLG. SeuffBl. **74** 564 („freiresignierter Rechtsanwalt"); verneinend: DJZ. **1909** 720 (OLG. Braunschweig). Richtig erscheint es uns, mit Rosenfeld, DJZ. **1909** 1135 anzunehmen, daß Bezeichnungen wie „RA. a. D." oder „früherer RA." überhaupt keine Titel sind, sondern nur die Feststellung enthalten, daß

---

¹) Die Streitfrage dürfte übrigens durch das neue Doppelsteuergesetz vom 22. März 1909 beseitigt sein: § 3 dieses Gesetzes spricht nicht mehr schlechthin von „Gewerbe", sondern von „stehendem Gewerbe" und läßt die Besteuerung nur in demjenigen Bundesstaate zu, in welchem die „Betriebsstätte zur Ausübung des stehenden Gewerbes unterhalten wird". Daß durch diese Ausdrucksweise die Anwaltschaft nicht mitgetroffen wird, dürfte keinem Zweifel mehr unterliegen. Davon ging man auch bei Beratung des Gesetzes aus: in der Kommission wurde ein Antrag Dr. Semler, das Einkommen aus der Tätigkeit der Ärzte und Anwälte im Sinne des Gesetzes dem Einkommen aus einem Gewerbebetriebe gleichzustellen, eingehend erörtert und von der Regierung bekämpft. Die Kommission nahm den Antrag in erster Lesung an; in zweiter Lesung wurde jedoch der § 3 ohne den von Dr. Semler beantragten Zusatz angenommen, nachdem dieser selbst sich mit der Fortlassung einverstanden erklärt hatte, da ihm seitens der Regierung zugesichert worden sei, daß diejenigen Mißstände, deren Beseitigung sein Antrag erstrebte, durch Verständigung der beteiligten Staaten beseitigt werden sollten. Es bezweifelte also niemand, daß der § 3 keinesfalls das Einkommen der Anwälte beträfe. In gleichem Sinne hatte übrigens kurz zuvor der Bundesrat auf Grund des alten Gesetzes entschieden. Vgl. Bericht der Komm. für das Doppelsteuerges., erstattet am 6. März 1909 (Nr. 1105 d. Drucksachen des RT.). Gl. M. (zum DStG. 22. März 1909): Breunig, Die bayerischen Staats- u. Gem.-Steuerges. (1912) **2** 364.

der Betreffende früher den Titel führte. Daher darf sich auch der durch Urteil Ausgeschlossene „RA. a. D.“ nennen; dagegen darf auch der freiwillig Ausgeschiedene nicht den Titel „Rechtsanwalt“ führen, d. h. sich durch seinen Gebrauch den Anschein geben, als nähme er die Stellung noch ein (vgl. BayObLG. SeuffBl. 74 564). Wenn also ein früherer Anwalt ein „Rechtsbureau“ errichtet und sich „freiresignierter Rechtsanwalt“ nennt, so halten wir dies in aller Regel deshalb für unzulässig, weil das große Publikum den Ausdruck „freiresignierter“ nicht versteht und vielfach der irrigen Meinung sein wird, der Betreffende sei noch Anwalt.

Anm. 16. V. **Die Berufstätigkeit des Rechtsanwalts.** Wenn man anerkennt, daß der Rechtsanwalt nach geltendem Recht eine amtsähnliche Stellung einnimmt, so ist damit ausgedrückt, daß der Anwaltschaft gewisse, für die Erfüllung staatlicher Aufgaben besonders wichtige Funktionen als eigentliche Berufstätigkeit zugewiesen sind. Es muß also ein begrenzter Kreis von Berufsgeschäften sein, die den Inhalt des eigentlichen Anwaltsberufes bilden. Daneben kann der RA. auf allen möglichen Gebieten gegen und ohne Entgelt tätig sein; diese Gebiete können seiner eigentlichen Berufstätigkeit sehr nahe liegen; es kann sich um Tätigkeiten handeln, die gern und vorzugsweise gerade einem Anwalt übertragen werden, die aber trotzdem nicht zu seiner eigentlichen Berufsarbeit — oder wie sich das StGB. ausdrückt, zu seinen „amtlichen“ Verrichtungen (§ 352, ähnlich §§ 300, 356) — gehören. In diesen Fällen mag man von uneigentlicher Berufstätigkeit oder Berufstätigkeit im weiteren Sinne sprechen. Die Unterscheidung aber ist notwendig und oft von praktischer Bedeutung (vgl. außer den angeführten Bestimmungen des StGB. die §§ 25, 30, 31 RAO. u. a.; ferner M. Friedländer, AWNachr. **3** 40 ff.).

Anm. 17. Welchen Inhalt hat nun die eigentliche Berufstätigkeit des Rechtsanwalts? In erster Linie ist er, wie oben gezeigt wurde, nach der Rechtsentwicklung und der positivrechtlichen Ausgestaltung „Gerichtsanwalt“, Vertreter und Beistand der Parteien vor Gericht. Nicht minder gehört, wie zahlreiche Bestimmungen der Gebührenordnungen und anderer Gesetze zeigen (vgl. insbes. unten § 26 Anm. 9 ff.), die Vertretung vor anderen Behörden, die außergerichtliche Beratung in Rechtssachen und die Erstattung von Rechtsgutachten zur eigentlichen Berufstätigkeit der Anwälte. Will man eine allgemeine Formel finden, so läßt sie sich vielleicht in die Worte kleiden: **Der Rechtsanwalt ist der Beistand, Berater und Vertreter der Parteien in Rechtssachen**[1]) (wobei die Worte „Beistand und Berater“ im weiteren Sinne zu verstehen sind, so daß auch die Abfassung von Verträgen, Gutachten ꝛc. darunter fällt). „Rechtssachen“ sind Angelegenheiten, die vom Standpunkt des Rechtes aus behandelt werden; der Begriff ist uns aus dem positiven Recht (§ 31 Ziff. 2 RAO., § 356 StGB.) geläufig, vgl. unten § 31 Anm. 8 ff. Er bedeutet nicht, daß in der Sache Rechts*fragen* auftauchen müssen: wenn der Anwalt dem Schuldner wegen einer unbestrittenen Darlehensforderung von 100 Mk. einen Mahnbrief schreibt, so ist dies eine Rechtssache; denn sie wird vom Rechtsstandpunkt aus behandelt. Wenn er dagegen für seinen Klienten A dem B mitteilt, A wünsche auch persönliche Briefe nur noch durch den Anwalt übermitteln zu lassen oder wenn er für einen anderen Klienten schreibt, die Beleidigung, die der Adressat begangen, werde eine Herausforderung zum Zweikampf zur Folge haben, so sind das keine Rechtssachen.

Die vorstehend gegebene Begriffsbestimmung der eigentlichen anwaltschaftlichen Berufstätigkeit ist abgeleitet aus der geschichtlichen Entwickelung des deutschen Sachwaltertums (vgl. Weißler, Gesch. der Rechtsanwaltschaft 612; Levin, Die rechtl. und wirtschaftl. Bedeutung des Anwaltszwanges 72) und aus den teilweise sehr deutlichen Fingerzeigen, die das positive Recht uns gibt; vgl. z. B. den Wort-

---

[1]) Gut: Kneer, Die deutsche Rechtsanwaltschaft (1917) 5.

laut des § 31 Ziff. 2 RAO. („wenn die Berufstätigkeit in derselben Rechtssache bereits einer anderen Partei gewährt ist"), des § 352 StGB. („Anwalt oder sonstiger Rechtsbeistand") und des § 356 StGB.

In dieser Begriffsbestimmung ist auch besonders zum Ausdrucke gekommen, daß der Rechtsanwalt nur als Partei-Anwalt seine eigentliche Berufstätigkeit ausübt. Er muß also Rechte und Interessen eines Klienten wahrnehmen. Nicht hierher gehören mithin die mannigfachen Amtsstellungen und sonstigen Funktionen, die dem Rechtsanwalt häufig übertragen werden, in denen er aber nicht als Parteivertreter erscheint: so die Stellungen als Konkursverwalter, Nachlaßverwalter, Testamentsvollstrecker, Vormund, Pfleger, Aufsichtsratsmitglied[1]) ꝛc. Eine deutliche gesetzgeberische Anerkennung dieser Unterscheidung findet sich in verschiedenen der sogenannten Landesgebührenordnungen für Rechtsanwälte, welche allerdings die einheitlich für das Reich zu beantwortende Frage nicht selbst mit Gesetzeskraft lösen oder Reichsrecht authentisch interpretieren können, denen aber doch für die Bestimmung dessen, was als eigentliche Berufstätigkeit der Anwälte angesehen wird, eine erhebliche Beweiskraft zukommt. Hier sei neben § 8 Abs. 2 der sächs. Kostenordnung vom 22. Juni 1900 (Fassung vom 18. März 1910), Art. 4 Abs. 2 Bayer. VO. vom 26. März 1902, § 2 Hess. VO. vom 25. Januar 1902, besonders auf das Württemb. Gesetz vom 1. Dezember 1906 Art. 17 verwiesen, wo es heißt: Anm. 18.

„Die Vergütung für eine Tätigkeit des Rechtsanwalts, welche nicht zu den eigentlichen Berufsgeschäften des Rechtsanwalts gerechnet wird und daher auch anderen Personen übertragen zu werden pflegt, insbesondere für die Tätigkeit als Mitglied eines Gläubigerausschusses, als Zwangsverwalter, Konkursverwalter, Nachlaßverwalter, Vormund oder Pfleger, Testamentsvollstrecker und Vermögensverwalter bestimmt sich nicht nach den Vorschriften dieses Gesetzes . . . ."

In diesem Satz des württembergischen Gesetzgebers ist auch die „Vermögensverwaltung" als nicht zur eigentlichen Berufstätigkeit des Rechtsanwalts gehörig bezeichnet. Im gleichen Sinne hat sich das RG. in einer Entscheidung vom 29. Januar 1909 (LZ. **1909** 560[10]) ausgesprochen. Dabei ist unter „Vermögensverwaltung" diejenige Verwaltung fremden Vermögens verstanden, die nicht kraft einer besonderen Amtsstellung, sondern im Auftrage eines Klienten erfolgt. Eine derartige Verwaltung ist als solche in aller Regel keine Rechtsangelegenheit. Sie besteht regelmäßig nach dem Willen des Auftraggebers in rein wirtschaftlichen Maßnahmen — Einnahme und Verausgabung sowie Anlage von Geldern, Bestellung von Arbeiten, Veräußerung von Sachen ꝛc. Aber aus der Verwaltertätigkeit können und werden häufig Rechtssachen erwachsen, auf die sich der Auftrag von vornherein miterstreckt, und dann verbindet sich mit der Verwaltertätigkeit die eigentliche anwaltschaftliche Berufsarbeit. Wo hier im einzelnen die Grenze zwischen der wirtschaftlichen Verwaltertätigkeit und der anwaltschaftlichen Arbeit im Dienste des Rechtes liegt, wird oft schwer zu entscheiden sein.

Handelt es sich um die Führung von Zivil- oder Strafprozessen, um Vertretung vor Verwaltungsgerichten und anderen Behörden, so wird sich die besondere „Rechtssache" regelmäßig klar aus der Verwaltertätigkeit herausheben. Anders schon bei Vertragsabschlüssen. Viele Verträge des täglichen Lebens gehören zur Verwaltertätigkeit und es wird z. B. niemandem einfallen, den bei der Vermögensanlage erfolgten Ankauf eines Staatspapiers für eine spezielle anwaltschaftliche

[1]) Vgl. hiezu OLG. Cassel, JW. **1918** 570 Nr. 5 (betr. einen RA. als Kurator eines Beamten im preuß. Zwangspensionierungsverfahren); vgl. ferner Fürst-Roth, RAGebO. S. 6. Gut: Jacobsohn, JW. **1919** 175.

Berufstätigkeit zu erachten, während eine solche sehr wohl vorliegen kann, wenn der Rechtsanwalt seinen Auftraggeber an einem gewerblichen Unternehmen beteiligt und hiebei große Gründungsverträge ausarbeitet.

Anm. 19. Es gibt aber sicherlich auch Vermögensverwaltungen, bei denen von vornherein die Absicht des Auftraggebers vornehmlich auf die Erledigung von Rechtssachen gerichtet ist, bei denen also die anwaltschaftliche Tätigkeit überwiegen, die rein wirtschaftliche Tätigkeit die Nebensache bilden soll. In solchen Fällen muß der Charakter der Haupttätigkeit entscheiden; die Verwaltertätigkeit wird zur eigentlichen anwaltschaftlichen Berufsarbeit. Wir führen ein Beispiel aus der Praxis an: Ein Verleger hat einem Kunsthändler zur Begründung seines Geschäftes eine große Summe geliehen. Er läßt sich zur Sicherheit Bilder übereignen, die im Geschäfte des Schuldners verblieben. Der Verleger muß nach einigen Jahren auf lange Zeit ins Ausland verreisen; er ist ein Jahr von der Heimat abwesend und überträgt seinem Anwalt die Verwaltung der ganzen jenen Kunsthändler betreffenden Angelegenheit. Schon zuvor waren wiederholt neue vertragliche Regelungen mit dem Schuldner nötig geworden. Seine Vermögenslage war zweifelhaft. Das Pfandrecht des Vermieters drohte die Sicherheiten zu verringern oder aufzuzehren. Es war mit Pfändungen zu rechnen; Widerspruchsprozesse mußten instruiert und nötigenfalls geführt werden. Daneben waren die Kapitalzinsen einzuziehen, die Ablieferung der Erlöse übereigneter Bilder zu überwachen ꝛc. In diesem Falle war von vornherein die rechtsanwaltschaftliche Tätigkeit als die überwiegende gedacht; der Anwalt war nicht nur als besondere Vertrauensperson, sondern als Rechtsfreund zugezogen.

Im Gegensatz hiezu wird regelmäßig die bloße Häuserverwaltung, auch wenn sie einem Rechtsanwalt übertragen ist, keine eigentliche anwaltschaftliche Berufstätigkeit darstellen (vgl. M. Friedländer, AVNachr. **3** 40 ff.).

Aus den vorstehenden Ausführungen ergibt sich, daß die allgemeine Richtung des dem Anwalt erteilten Auftrags für die Frage, ob eigentliche Berufstätigkeit vorliegt oder nicht, in erster Linie entscheidend ist.

Die gleiche Handlung kann, wenn sie für sich allein den Gegenstand des Auftrags bildet, rein tatsächlicher Natur sein, gänzlich außerhalb des Rahmens der anwaltschaftlichen Berufstätigkeit liegen (z. B. die bloße Übermittlung einer Nachricht), während sie, im Verlauf einer Rechtssache vorkommend, durchaus den Charakter der Haupttätigkeit teilen kann und dann zur Berufsarbeit zu zählen ist.

Anm. 20. Endlich ist noch zu bemerken, daß auch aus der Verwaltung kraft Amtes, aus der Tätigkeit als gesetzlicher Vertreter ꝛc. eine eigentliche anwaltschaftliche Tätigkeit herauswachsen kann, ebenso wie aus der Wirksamkeit des RA. in eigenen Angelegenheiten. Dies ist nämlich dann der Fall, wenn der Anwalt vom Gesetz gewissermaßen als sein eigener Vertreter angesehen wird, also vor allem bei Führung von Zivilprozessen (§ 7 RAGebO., § 78 Abs. 3 ZPO.).[1] Auch wenn der RA. auf Grund Vertrags in eigenem Namen, aber für fremde Rechnung tätig wird (z. B. als freiwillig bestellter Treuhänder), so liegt eine eigentliche Berufstätigkeit nur in den zuletzt erwähnten Fällen der Selbstvertretung vor.

---

[1]) Zu weit geht (in der Scheidung von Anwaltstätigkeit und Amtstätigkeit beim Vormund). Langenbach, LZ. **1915 1140** ff. OLG. Karlsruhe (OLG. **31 414**) spricht dem zum Pfleger bestellten RA. besondere Anwaltsgebühren zu für solche Tätigkeiten, die dem Anwaltszwang unterliegen, oder bei denen anzunehmen ist, daß auch ein anderer Pfleger, der nicht gerade selbst zufällig die nötigen Fähigkeiten besaß, sich berechtigterweise (§ 670 BGB.) eines Anwalts bedient hätte. Die hier getroffenen Unterscheidungen sind für die oben behandelte Frage nicht ausschlaggebend.

Rechtsanwaltsordnung.

vom 1. Juli 1878.

Erster Abschnitt.

Zulassung zur Rechtsanwaltschaft.

Vorbemerkung.

(Erläuterung einiger Grundbegriffe.)

1. Der erste Abschnitt der RAO. enthält im wesentlichen die Voraussetzungen für Erwerb und Verlust der Anwaltschaft sowie Grundsätze über die Stellvertretung des Anwalts. Anm. 1.

Die „Zulassung zur Rechtsanwaltschaft“ umfaßt auch die Zulassung eines bereits in der Anwaltsstellung Befindlichen bei anderen Gerichten.

2. Wenn auch das Gesetz eine Zulassung zur Rechtsanwaltschaft ohne Zuweisung zu einem bestimmten Gerichte oder mehreren bestimmten Gerichten nicht kennt, so wäre es doch unrichtig anzunehmen, daß es eine „Rechtsanwaltschaft überhaupt“ nicht gebe, sondern nur eine Rechtsanwaltschaft beim Landgerichte A, eine solche beim Oberlandesgerichte B rc. Das Wesen des Berufes ist vielmehr in ganz Deutschland das gleiche; das Gesetz normiert schlechthin eine „Fähigkeit zur Rechtsanwaltschaft“ (vgl. § 4), die „Ausschließung von der Rechtsanwaltschaft“ (§ 63) rc. Nur die Reichsgerichtsanwälte nehmen in gewisser Beziehung eine Sonderstellung ein. Anm. 2.

3. Es sind zu unterscheiden die Zulassung zur Rechtsanwaltschaft im engeren Sinne (die eine z. B. nicht zugelassene Person betrifft) einerseits und die weitere Zulassung anderseits. Bei der Zulassung zur Rechtsanwaltschaft im engeren Sinne (die auch Simultanzulassung sein kann) unterscheidet man wieder: die erste Zulassung (d. h. die Zulassung eines Antragstellers, der noch nie Anwalt war) — vgl. § 17 RAO. — und die Zulassung eines Antragstellers, der früher schon einmal RA. war (vgl. § 6 Ziff. 3 RAO.). Auch bei der weiteren Zulassung kann es übrigens vorkommen, daß der Antragsteller noch gar nicht RA. ist; nämlich wenn er zugelassen, aber noch nicht in die Liste eingetragen wurde. Anm. 3.

Die weitere Zulassung liegt vor: Anm. 4.

a) wenn eine bereits zugelassene Person bei einem anderen Gerichte ihre Zulassung — unter Aufgabe der bisherigen — nimmt (Zulassungswechsel),

b) in den Fällen der Simultanzulassung.

4. Das Gesetz normiert ein Recht auf Zulassung. Dies ist regelmäßig nur ein Recht auf Zulassung bei einem Gerichte; es begreift insoweit die Fälle der Zulassung zur Rechtsanwaltschaft im engeren Sinne und des Zulassungswechsels in sich. Ausnahmsweise besteht auch ein Recht auf Simultanzulassung. Anm. 5.

Anm. 6. 5. Das Recht auf Zulassung wird eingeschränkt durch die Versagungsgründe. Das Gesetz unterscheidet solche Versagungsgründe, die nur für die Zulassung zur Rechtsanwaltschaft im engeren Sinne und solche, die nur für die weitere Zulassung, endlich solche, die für beide Fälle gelten. Ferner gibt es absolute — d. h. für jedes Gericht geltende — und relative — d. h. nur für ein spezielles Gericht geltende Versagungsgründe. Endlich unterscheidet man obligatorische und fakultative Versagungsgründe.

Anm. 7. 6. Gleich der Zulassung bezieht sich ihre Zurücknahme bald auf die Rechtsanwaltschaft überhaupt, bald nur auf die Zulassung bei einem bestimmten Gerichte. Die Zurücknahme ist entweder obligatorisch oder fakultativ.

Anm. 8. 7. Über die Zulassung wie über die Zurücknahme entscheidet die Landesjustizverwaltung, beim Reichsgericht das Präsidium, nach Anhörung des Vorstandes der Anwaltskammer, bei der Zurücknahme auch nach Anhörung des RA. Eine Anfechtung dieser Entscheidung ist reichsrechtlich nur bei Nichtzulassung aus bestimmten, obligatorischen Versagungsgründen geregelt. Hier kann der Bewerber Nachprüfung des Versagungsgrundes im ehrengerichtlichen Zulassungsverfahren verlangen.

Anm. 9. 8. Die Zulassung ist nur eine Voraussetzung für den Eintritt in die Rechtsanwaltschaft. Dieser erfolgt erst durch Eintragung in die Liste der Rechtsanwälte. Entsprechendes gilt für die weitere Zulassung. In beiden Fällen kommt als fernere Voraussetzung für die Eintragung noch die Begründung des gesetzlich vorgeschriebenen Wohnsitzes, bei der ersten Zulassung auch die Eidesleistung in Betracht.

Anm. 10. 9. Daß die RAO. wiederholt das Wort „Zulassung" im Sinne von Erwerb der Anwaltschaft, d. i. Fähigkeit oder Befugnis zur Ausübung der Rechtsanwaltschaft gebraucht, unterliegt keinem Zweifel. Vgl. z. B. § 26, wo die wesentlichsten prozessualen Befugnisse, die nach § 20 Abs. 3 erst mit der Eintragung in die Liste erworben werden, als Folgen der „Zulassung" genannt sind. Der ungenaue Sprachgebrauch des Gesetzes hat zu vielen Mißverständnissen geführt. Auch das Wort „Rechtsanwalt" gebraucht das Gesetz in Fällen, in welchen der Zugelassene noch gar nicht Rechtsanwalt ist.

§ 1.

Zur Rechtsanwaltschaft kann nur zugelassen werden, wer die Fähigkeit zum Richteramt erlangt hat.

Anm. 1. **I. Inhalt und allgemeine Bedeutung der Bestimmung.** 1. Die ersten beiden Paragraphen der RAO. handeln von der Fähigkeit zur Rechtsanwaltschaft. Damit ist die Befähigung, d. h. die Erfüllung derjenigen Voraussetzungen gemeint, welche der Staat bezüglich der Vorbildung eines Rechtsanwalts aufstellt. Von der Fähigkeit zur Rechtsanwaltschaft ist wohl zu unterscheiden die im § 24 genannte Fähigkeit zur Ausübung der Rechtsanwaltschaft. Diese ist identisch mit der Befugnis zur Ausübung der Rechtsanwaltschaft, die durch Eintragung in die Liste erworben wird (vgl. § 20 Anm. 7), also der Anwaltsqualität selbst.

Anm. 2. 2. Der RAO. liegt das Prinzip zugrunde, daß die Befähigung für die Zulassung zur Rechtsanwaltschaft die gleiche sein soll, wie sie für das Richteramt erfordert wird. Es dürfen keine höheren, aber auch keine geringeren Anforderungen gestellt werden (Motive 24).

Der Antrag Thilo drückte diesen Grundsatz prägnant und einheitlich mit den Worten aus: „Die Befähigung zur Rechtsanwaltschaft ist die gleiche wie die Befähigung zum Richteramte" (§ 1 dieses Antrages, Siegel 12). Das Gesetz dagegen bringt — gerade wie der Regierungsentwurf (Siegel 194) — im § 1 nur zum Ausdruck, daß keine geringeren Anforderungen bezüglich der Befähigung zur Rechtsanwaltschaft gestellt werden dürfen als hinsichtlich der Befähigung zum Richteramte. Daß auch die Stellung höherer Anforderungen nicht zulässig ist, ergibt sich erst aus § 2 RAO.

II. **Die Fähigkeit zum Richteramte.** 1. Für die Zeit nach dem 1. Oktober Anm. 3.
1879 normiert das GVG. die Voraussetzungen der Fähigkeit zum Richteramte, und zwar folgendermaßen:

a) Nach § 2 GVG. wird die Fähigkeit zum Richteramte einmal durch die Ablegung zweier Prüfungen erlangt. Der ersten Prüfung muß ein dreijähriges Studium der Rechtswissenschaft auf einer Universität vorausgehen, wovon mindestens drei Semester diesem Studium auf einer in Deutschland gelegenen Universität gewidmet sein müssen. Zwischen der ersten und zweiten Prüfung muß ein Vorbereitungsdienst von drei Jahren liegen, welcher bei den Gerichten und bei den Rechtsanwälten abzuleisten ist. Landesrechtlich kann bestimmt werden:

α) daß der Vorbereitungsdienst zum Teil auch bei der Staatsanwaltschaft;

β) daß er — jedoch höchstens auf ein Jahr — bei den Verwaltungsbehörden stattfinden dürfe oder müsse;

γ) daß das Universitätsstudium oder der Vorbereitungsdienst oder beides länger zu dauern habe;

δ) daß für die Zeit bis 1. Oktober 1883 der Vorbereitungsdienst nicht mehr als zwei Jahre zu betragen brauche (EGGVG. § 22 Abs. 2).

b) Nach § 4 GVG. ist ferner zum Richteramte befähigt jeder ordentliche, öffentliche Lehrer des Rechts an einer deutschen, d. h. in Deutschland gelegenen Universität.

2. Die am 1. Oktober 1879 in Kraft gewesenen landesrechtlichen Vorschriften Anm. 4.
blieben für diejenigen, welche vor diesem Tage die erste Prüfung in dem betreffenden Bundesstaate bestanden hatten, in Geltung, so daß § 2 GVG. auf diese Personen keine Anwendung fand (§ 22 Abs. 1 EGGVG.).

3. Soweit schon vor dem 1. Oktober 1879 nach Landesrecht die Fähigkeit zum Anm. 5.
Richteramte gegeben war, wurde sie auch für die Zukunft vom GVG. anerkannt; dies folgt nur für einzelne Fälle — nämlich für diejenigen, in welchen die Befähigung zum Richteramte in demselben Bundesstaate erworben wurde, in dem die erste Prüfung abgelegt worden ist — aus § 22 EGGVG., im übrigen aber daraus, daß das GVG. seinen Bestimmungen keine rückwirkende Kraft beilegt.

4. Die Voraussetzungen, welche das GVG. für die Erlangung der Fähigkeit Anm. 6.
zum Richteramte aufstellt, sind teils Mindesterfordernisse, welche landesrechtlich erweitert werden dürfen, teils sind es Höchsterfordernisse, welche die Möglichkeit, landesrechtlich höhere Anforderungen zu stellen, ausschließen.

Ersteres trifft zu auf die gesamte Ausbildung, welche der zweiten Prüfung vorausgeht. Hier können die Landesgesetzgebungen, soweit § 3 GVG. nicht entgegensteht, die Vorschriften des § 2 Abs. 3 und 4 GVG. verschärfen,[1]) auch soweit Abs. 4 dies nicht ausdrücklich gestattet; dieser greift nur das Nächstliegende heraus, ohne sonstige Verschärfungen ausschließen zu wollen. Vgl. Struckmann-Koch, ZPO. und GVG.[9] § 2 Anm. 7.

Unbedingt als Höchsterfordernisse aber sind die Bestimmungen des § 2 Abs. 1 und des § 4 GVG. zu erachten. Dies folgt nicht nur aus der Fassung dieser Gesetzesstellen im Gegensatze zu den vorerwähnten, sondern geht auch deutlich aus § 5 GVG. hervor. Kein Landesgesetz kann bestimmen,

---

[1]) Aber nicht mildern. Es kann daher z. B. die Vorbereitungszeit ohne reichsgesetzliche Ermächtigung nicht — etwa zugunsten von Kriegsteilnehmern — auf zwei Jahre gemindert werden.

daß ein ordentlicher Universitätsprofessor, um die Fähigkeit zum Richteramte zu erlangen, zuvor 6 Monate bei einem Amtsgerichte arbeiten oder daß ein Assessor erst zwei Jahre Hilfsrichter sein müsse, ehe er zum Richteramte befähigt werde.

Anm. 7. 5. Die Fähigkeit zum Richteramte gibt nun selbstverständlich dem Befähigten kein Recht auf Erlangung des Amtes. Der Staat braucht dem Einzelnen, den er vielleicht für „unbefähigt" im alltäglichen Sinne hält, keine Rechenschaft darüber zu geben, warum er ihn nicht anstellt. Nicht aber darf ein Bundesstaat eine allgemeine Verfügung — sei es Gesetz, sei es Verordnung — dahin erlassen, daß nur diejenigen ein Richteramt erhalten können, welche sich nach dem zweiten Staatsexamen einer weiteren Vorbildung unterziehen. Denn eine solche Verfügung verneint in Wahrheit die Befähigung zum Richteramte bei denjenigen, welche sie nach Reichsrecht erworben haben. Ein Gesetz, welches allgemein ausspricht: „Ihr seid zwar alle kraft eurer Ausbildung fähig, Richter zu werden; ihr könnt das Amt aber nie erlangen, wenn ihr nicht noch eine weitere Ausbildung genießt", ein solches Gesetz enthält eine contradictio in adiecto.

Wir haben in der ersten Auflage darauf hingewiesen, daß die bayer. JMBek. vom 7. Januar 1901 gegen den eben erwähnten Grundsatz verstieß, indem sie — gestützt auf § 7 VO. vom 4. Januar 1901 — in § 20 für die Anstellung als Richter eine obligatorische sechsmonatliche Nachpraxis bei einem Amtsgerichte verlangte. Diese ungültige Bestimmung ist durch die JMBek. vom 15. Juli 1909 (JMBl. 325) aufgehoben worden (vgl. jedoch § **23** daselbst).

Anm. 8. III. **Die Befähigung zur Rechtsanwaltschaft.** 1. Diese setzt, wie wir oben gesehen haben, die Fähigkeit zum Richteramte voraus.

Daraus folgt einerseits, daß die in Anm. 3—5 besprochenen Voraussetzungen auch bei denjenigen vorliegen müssen, welche die Zulassung zur Rechtsanwaltschaft erstreben; anderseits folgt daraus, daß landesrechtlich keine höheren Anforderungen an die Fähigkeit zum Richteramt gestellt werden dürfen als an die Befähigung zur Rechtsanwaltschaft. Auch soweit das GVG. lediglich Mindesterfordernisse aufstellt, darf die Landesgesetzgebung nur in der Weise höhere Anforderungen stellen, daß diese für beide Berufe gleiche Geltung haben.

Jede Verletzung dieser Grundsätze in dem Sinne, daß die Befähigung zum Richteramte von weiteren Voraussetzungen als den im GVG. normierten abhängig gemacht wird, bedeutet wegen des durch die RAO. garantierten Rechtes auf Zulassung eine schwere Schädigung und Degradierung des Anwaltsstandes. Bis zum Inkrafttreten der oben erwähnten Bek. vom 15. Juli 1909 war in Bayern tatsächlich die Befähigung zur Anwaltschaft mit der Befähigung zum Richteramt nicht identisch. Noch bedenklicher war die allgemeine Erklärung der Regierung, daß Kandidaten, die das Examen nur mit Note III bestanden haben, im höheren Justizdienst überhaupt nicht mehr angestellt würden, während sie natürlich zur Anwaltschaft zugelassen werden mußten. Erst durch die Kgl. VO. vom 2. März 1910 (GVBl. 103),[1]) der dann die neue Prüfungsordnung vom 18. Oktober 1910 (GVBl. 1003) folgte, wurde hier Abhilfe geschaffen. Vgl. über die wenig erfreuliche weitere Entwicklung und den gegenwärtigen Rechtszustand: M. Friedländer, JW. **1912** 986; v. Ziegler, MittAGAnw. **4** Nr. 1 S. 3. Vgl. ferner Rosenthal, JW. **1905** 102; Jacobsohn, DJZ. **1905** 772; Neumann, JW. **1904** 460; Pudor, DRAZ. **7** 145; AKJahrB. **1892** 4.

---

[1]) Art. 1 dieser Verordnung lautet: Die Fähigkeit zum Amte eines Richters, Staatsanwalts oder Notars und die Fähigkeit zur Rechtsanwaltschaft erlangen künftig nur diejenigen Kandidaten, die die zweite Prüfung mit der Gesamtnote I oder II bestanden haben. Die Kandidaten, die die zweite Prüfung mit der Gesamtnote III bestanden haben, können zu Gerichtsschreibern ernannt werden.

2. Ausnahmen von dem Grundsatze des § 1 RAO. sind in den Übergangsbestimmungen der §§ 107, 108, 110 RAO. zugelassen. Die beiden ersteren — von denen § 108 sogar heute noch Bedeutung haben kann (vgl. Anm. 4 und 5 zu diesem Paragraphen) — geben Sondervorschriften für diejenigen Personen, welche bereits vor dem 1. Oktober 1879 Anwälte waren, und für diejenigen, welche zwar die Fähigkeit zur Rechtsanwaltschaft, nicht aber die Fähigkeit zum Richteramte erlangt hatten. Vgl. im einzelnen die erwähnten Paragraphen, ferner § 109, welcher die Landesgesetze ermächtigt, ihrerseits wieder Ausnahmen von den Ausnahmen zu statuieren. Anm. 9.

3. Das Fehlen der Befähigung zur Rechtsanwaltschaft begründet, wenn trotzdem eine Zulassung erfolgte, die Verpflichtung, diese zurückzunehmen. (Vgl. § 21 Anm. 7). Anm. 10.

4. Die einmal erlangte Fähigkeit zur Rechtsanwaltschaft kann nicht wieder verloren werden. Anm. 11.

Auch ein Verzicht auf sie ist rechtsunwirksam. Vgl. EGH. **2** 5 ff.; Berger § 1 Anm. 5; EGH. **14** 24, R. Wassermann, ArchÖffR. **28** 261 (mit ausführlicher Begründung). Dies gilt auch in den Bundesstaaten, in welchen — wie in Bayern — eine Wiederholung der zweiten Staatsprüfung trotz erfolgreicher Absolvierung zulässig und — zwecks Erlangung einer besseren Prüfungsnote — üblich ist. Besteht der Kandidat das Examen bei der Wiederholung nicht, so bleibt er befähigt zur Rechtsanwaltschaft (und zum Richteramt), auch wenn er vorher erklärt haben sollte, daß er auf die Rechte aus der früheren Prüfung verzichte.[1])

Anhang: Können Frauen zur Rechtsanwaltschaft zugelassen werden? Die Frage, die neuerdings mehrfach aufgeworfen wurde, ist nach geltendem Recht zu verneinen.[2]) Bei Schaffung des GVG. hielt man es für selbstverständlich, daß nur Männer zum Richteramte befähigt seien. Dieser der damaligen Volksauffassung unzweifelhaft entsprechende Satz ist auch in den Justizgesetzen selbst zu deutlichem Ausdruck gekommen: wenn z. B. § 41 Ziff. 3 ZPO. sagt, der Richter sei von der Ausübung seines Amtes ausgeschlossen „in Sachen seiner Ehefrau" (nicht „seines Ehegatten"), so folgt daraus, daß das Gesetz nur mit männlichen Richtern rechnet. Entsprechend: § 22 Ziff. 2 StPO. („wenn er Ehemann . . . ist"). Mit der Fähigkeit zum Richteramt entfällt aber auch die Fähigkeit zur Rechtsanwaltschaft. Gl. M.: Stranz, DJZ. **1908** 1148; Mittermaier, „Wie studiert man Rechtswissenschaft" (1911), welcher jedoch annimmt, der Staat könne ohne neues Gesetz, einer modernen Auffassung Rechnung tragend, die Frauen allmählich in die Juristenstellungen hineinwachsen lassen. Er übersieht dabei, daß eben nicht nur eine Auffassung des Gesetzgebers der 70er Jahre vorliegt, sondern daß diese auch im Gesetze Ausdruck gefunden hat. Vgl. aber unten § 25 Anm. 7 und 37. Anm. 12.

§ 2.

Wer die Fähigkeit zum Richteramt in einem Bundesstaat erlangt hat, kann in jedem Bundesstaate zur Rechtsanwaltschaft zugelassen werden.

---

[1]) § 55 bayer. VO. 1. August 1912 (GVBl. 703) bestimmt: „Wer die Staatsprüfung für den höheren Justiz- und Verwaltungsdienst mit Erfolg abgelegt hat, kann auf seinen Antrag zur Wiederholung der Prüfung nur noch einmal . . . . . zugelassen werden . . . . In dem Gesuch um Zulassung zur Prüfung muß der Prüfling auf das frühere Prüfungsergebnis ausdrücklich verzichten. Der Verzicht wird erst mit dem Beginne der wiederholten Prüfung wirksam." Diese Bestimmung ist insoweit ungültig, als sie einen Verzicht auf die Rechte aus dem einmal bestandenen Examen zuläßt. Eine Wiederholung der Prüfung zwecks Verbesserung der Note kann dagegen unbedenklich zugelassen werden.

[2]) Die Frage, ob dieser Rechtszustand de lege ferenda heute noch aufrecht zu erhalten ist, kann hier nicht erörtert werden.

I. Allgemeiner Inhalt. Der Paragraph besagt scheinbar etwas Selbstverständliches. Denn in § 5 GVG. ist allgemein bestimmt, daß die in einem Bundesstaate erlangte Fähigkeit zum Richteramte für das ganze Reich als Befähigung zu diesem Amte gelte. Allein die Bestimmung des § 2 RAO. hat doch neben § 5 GVG. eine selbständige Bedeutung. Sie besagt nämlich:

a) daß überhaupt bezüglich der Befähigung zur Rechtsanwaltschaft reichsgesetzlich keine höheren Anforderungen gestellt werden, als für die Fähigkeit zum Richteramte (vgl. § 1 Anm. 1);

b) daß denen, welche die Fähigkeit zum Richteramte in einem anderen Bundesstaate erlangt haben, die Zulassung zur Rechtsanwaltschaft nicht durch landesgesetzliche Bestimmung allgemein versagt oder erschwert werden darf.

Anm. 2. **II. Spezielles.** 1. Die Zulassung in einem Bundesstaate, in welchem der Bewerber die Fähigkeit zum Richteramte nicht erlangt hat, d. h. für welchen er nicht die Richterprüfung abgelegt hat (vgl. § 4 Anm. 1 und 4), ist fakultativ und kann — mit einer Ausnahme (§ 2 Anm. 5) — unter beliebiger Begründung nach freiem Ermessen der LJV. versagt werden. Dieses Ermessen darf aber nicht durch Landesgesetz im Sinne einer Beschränkung der Zulassung allgemein eingeengt werden. Ebenso mit Bezug auf § 5 GVG.: Wilmowski-Levy, ZPO. und GVG.[7] Anm. zu § 5 GVG.

Anm. 3. 2. § 2 gilt nicht nur für die Zulassung zur Rechtsanwaltschaft im engeren Sinne; auch eine weitere Zulassung in anderen Bundesstaaten ist lediglich fakultativ (vgl. Motive 30). Mithin hat auch derjenige, welcher in einem fremden Bundesstaate als Rechtsanwalt zugelassen wurde, niemals ein Recht auf eine weitere Zulassung in diesem Bundesstaate, mag es sich um einen Zulassungswechsel oder um Simultanzulassung handeln (anders der Entwurf in § 9, Siegel 195). Der Gesetzgeber hat dieses eigenartige Resultat schwerlich gewollt.

Anm. 4. 3. Wird die Zulassung versagt, so muß der Grund der Versagung von der LJV. angegeben werden (§ 16).

Anm. 5. 4. Wegen mangelnden Bedürfnisses darf die Zulassung auch in einem fremden Bundesstaate nicht versagt werden (§ 13). Dies hat nur grundsätzliche, nicht praktische Bedeutung, da sich die LJV. darauf beschränken kann, die Ablehnung damit zu motivieren, daß eine Zulassung nicht angemessen erscheine (§ 16 Anm. 2).

Anm. 6. 5. „Die Befähigung zum Richteramte in einem Bundesstaate erlangen" bedeutet zunächst: die zum Richteramte für den betreffenden Bundesstaat befähigende Prüfung bestehen (vgl. hierüber § 4 Anm. 2). Die ordentlichen Professoren des Rechts an einer deutschen Universität sind als solche in allen Bundesstaaten zum Richteramte und damit auch zur Rechtsanwaltschaft befähigt. Für sie gilt ebenfalls das oben Anm. 2 Gesagte.

Anm. 7. 6. Eine allgemeine Freizügigkeit der Anwaltschaft für das ganze Deutsche Reich besteht also keineswegs; ja man kann sagen, daß praktisch ein Austausch zwischen den größeren Bundesstaaten nach Ablegung der zweiten Prüfung kaum stattfindet. Vgl. de lege ferenda: Fuld, Recht **1901** 93; Frantz, DJZ. **1901** 380; Marck, DJZ. **1908** 1099; Storz, JW. **1909** 243; Auerbach, DJZ. **1913** 1027; Berger, Gutachten f. d. XXI. deutschen Anwaltstag und Verhandlungen dieses Anwaltstages, Beilagen zur JW. **1913**; Kahn, JW. **1914** 522; M. Friedländer, JW. **1914** 719; Finger, Kunst des RA.[2] 42 ff.

Sofern die politische Umwälzung und der Frieden für Deutschland und seine Gliedstaaten wesentliche territoriale Veränderungen bringen sollten, wird die seit langem wünschenswerte Einführung der Freizügigkeit und die damit zusammenhängende Vereinheitlichung des Vorbildungs- und Prüfungswesens zur gebieterischen Notwendigkeit.

§ 3.

Über den Antrag auf Zulassung entscheidet die Landesjustizverwaltung.

Vor der Entscheidung ist der Vorstand der Anwaltskammer gutachtlich zu hören.

I. Inhalt des Paragraphen. Absatz 1 bestimmt, welche Behörde über die Anm. 1. Zulassung der Anwälte mit Ausnahme der Reichsgerichtsanwälte zu entscheiden hat. Absatz 2 enthält eine notwendige formelle Voraussetzung der Entscheidung über den Zulassungsantrag; sie gilt für alle Fälle der Zulassung.

II. (Absatz 1): 1. Die Zulassung zur Rechtsanwaltschaft, von Anm. 2. welcher schon in den ersten beiden Paragraphen gesprochen wird, und welche hier näher erörtert werden muß, ist nichts anderes, als die Zulassung zu einem bestimmten Gerichte. Es gibt keine Zulassung zur Anwaltschaft an sich ohne gleichzeitige Bezeichnung des Gerichts,[1] auf welches sich die Zulassung bezieht. Wohl aber kann man die Zulassung zur Rechtsanwaltschaft im engeren Sinne und die Zulassung bei einem anderen Gerichte (weitere Zulassung) unterscheiden. Vgl. Vorbem. zu Abschn. I Anm. 3. Auf beide Fälle ohne Unterschied bezieht sich § 3.

2. Die Zulassung ist die wesentlichste, aber nicht die letzte Voraussetzung für Anm. 3 die Fähigkeit oder Befugnis zur Ausübung der Anwaltschaft. Diese Befugnis beginnt erst mit der Eintragung in die Liste der Rechtsanwälte (§ 20 Abs. 3). Der Eintragung muß ferner die Begründung des im § 18 vorgeschriebenen Wohnsitzes und bei der ersten Zulassung die Eidesleistung vorausgehen.

Die Zulassung ist mithin derjenige staatliche Verwaltungsakt, welcher verfügt, daß der Bewerber nach Begründung des in § 18 RAO. vorgeschriebenen Wohnsitzes — und bei der ersten Zulassung nach erfolgter Eidesleistung — in die bei dem betreffenden Gerichte zu führende Liste eingetragen werde.

3. Die Zulassung ist eine notwendige Voraussetzung der Eintragung in die Anm. 4. Liste, in dem Sinne, daß diese nur erfolgen darf, wenn jene vorliegt; aber auch in dem weiteren Sinne, daß eine gar nicht zugelassene Person durch bloße Eintragung niemals Rechtsanwalt wird. Näheres bei § 20 Anm. 8. Dagegen hat das Fehlen von Voraussetzungen der Zulassung (Bestehen von obligatorischen Versagungsgründen, mangelnde Befähigung zur Rechtsanwaltschaft, fehlender Antrag) eine ipso iure eintretende Unwirksamkeit der Eintragung in die Liste nicht zur Folge.

4. Die Zulassung kann nur auf Antrag erfolgen. Der Antrag muß von Anm. 5 dem Bewerber selbst ausgehen, kann aber in seinem Namen von einem Bevollmächtigten gestellt werden. Er muß auch das Gericht bezeichnen, bei welchem die Zulassung begehrt wird.

Über die Formalien des Antrags und seine weitere Behandlung können die einzelnen Bundesstaaten Bestimmung treffen. Dies ist auch vielfach geschehen.[2])

---

[1]) De lege ferenda wurde in jüngster Zeit auch die Frage erörtert, ob nicht die Zulassung bei anderen Behörden, z. B. bei Verwaltungsgerichten eingeführt werden sollte; s. oben Allg. Einl. Anm. 9, Fußnote.

[2]) Preußen: JMVf. 28. 6. 79 (JMBl. 151) Nr. II 1—3, 6, 7, V; JMVf. 16. 2. 80 (JMBl. 34) Nr. 1—3 [preuß. AG. im Bezirke Jena betr.]; JMVf. 3. 10. 92 (JMBl. 304); JMVf. 3. 5. 06 (JMBl. 138) [OLG. Düsseldorf betr.]. Bayern: JMBek. 7. 7. 79 (GVBl. 685) §§ 1—3. Württemberg: JMVf. 13. 2. 80 (RegBl. 76) Z. 1—3. Sachsen: V. 31. 7. 79 (GVBl. 302) § 1. Sachsen-Weimar: MinV. 3. 10. 79 (RegBl. 519) §§ 1—5, 7—9 [auch OLG. Jena betr.]. Sachsen-Meiningen: V. 6. 1. 80 (Samml. 257) §§ 1, 2, 4, 5. Anhalt: V. 13. 8. 79 (GS. 683) § 1. Sachsen-Altenburg: V. 17. 11. 79 (GS. 255) §§ 1—4, 6—8. Schwarzburg-Rudolstadt: V. 1. 7. 78 (GS. 13) §§ 1, 2, 4, 5, 7. Coburg-Gotha: V. 2. 2. 80 (Coburg GS. 7; Gotha GS. 5) §§ 1, 2, 4, 5, 7. Hamburg: Ges. 14. 7. 79 (GS. 181) § 1. Lübeck: Bek. 16. 7. 79 (Samml. 152) § 1. Lippe (Detmold) MinVf. 18. 9. 79 (GS. 751) Nr. 2.

Sollte eine Zulassung ohne Antrag — oder, was praktisch denkbar ist, auf Antrag einer dritten, nicht legitimierten Person, nach erfolgter Zurücknahme des Antrages oder auch bei einem im Antrage nicht bezeichneten Gerichte — erfolgen, so hätte die LJV., wenn die Eintragung in die Liste noch nicht erfolgt wäre, die Zulassung zurückzunehmen; vgl. § 21 Anm. 8. Es wäre sinnlos, in solchen Fällen gegen den Willen des Zugelassenen die Zulassung zu vollziehen.

Anm. 6. 5. Die Landesjustizverwaltung hat über den Antrag auf Zulassung zu entscheiden, d. h. sie hat den Bescheid nach außen hin zu erlassen. Daß unter „Landesjustizverwaltung" nur die oberste Justizverwaltungsbehörde zu verstehen ist, kann keinem Zweifel unterliegen. Der Antrag Thilo, in welchem sich die Bestimmung zuerst fand, enthielt direkt den zuletzt erwähnten Ausdruck (§ 2, Siegel 12). Schon die Beschlüsse der Redaktionskommission (Siegel 73) enthielten im § c das Wort „Landesjustizverwaltung", ohne daß aus den vorausgehenden Verhandlungen irgendwie ersichtlich wäre, daß man mit dem veränderten Wort sachlich etwas anderes ausdrücken wollte. Vielmehr wurde am 8. Januar 1876 in der Justizkommission direkt die Frage gestellt: „Soll der Ausspruch über die Zulassung überhaupt durch die oberste Justizverwaltungsbehörde erfolgen?" Die Frage wurde von der Kommission bejaht (Siegel 39).

Die Verantwortung für die Entscheidung muß also immer von der obersten Justizverwaltungsbehörde getragen werden. Dagegen kann diese die Entscheidung selbst an eine andere Behörde der Justizverwaltung delegieren (Motive 25, Meyer § 3 Anm. 2). Dies ist z. B. durch die großherzogl. sächsische Verordnung vom 3. 10. 79 (RegBl. 519) § 3 geschehen, indem die Entscheidungen über Zulassung beim OLG. Jena dem Präsidium dieses Gerichts übertragen wurden; vgl. ferner für Preußen die wichtige JMVO. vom 28. 5. 03 (Müller, Preuß. JV.[6] 1 143).

Über die Zulassung der Reichsgerichtsanwälte entscheidet nach § 99 das Präsidium des Reichsgerichts.

Anm. 7. 6. Zuständig zur Entscheidung ist diejenige LJV., welcher das Gericht der Zulassung untersteht. Bei Kondominatgerichten (§ 4 Anm. 3) muß eine Verständigung unter den einzelnen Regierungen stattfinden. Dies ist z. B. für die Landgerichte Meiningen und Rudolstadt sowie die Kammer für Handelssachen in Coburg ausdrücklich bestimmt. Vgl. Sachsen-Meiningen V. 6. 1. 80 (Samml. 257) § 2; Coburg-Gotha V. 2. 2. 80 (Coburg GS. 7, Gotha GS. 5) § 2; Schwarzburg-Rudolstadt V. 1. 7. 78 (GS. 13) § 2; Sachsen-Weimar MinV. 3. 10. 79 (RegBl. 519) § 2. Die Entscheidung erläßt in diesen Fällen das betreffende Landesministerium von Meiningen, Sachsen-Coburg-Gotha und Schwarzburg-Rudolstadt, jedoch zugleich im Namen der anderen beteiligten Ministerien. Bezüglich des OLG. Hamburg vgl. die Übereinkunft vom 22. 5. 08 (Bremen, GBl. 139; Lübeck, GS. 131; Hamburg, GS. 1 155). In den unten § 4 Anm. 3 β erwähnten Fällen entscheidet lediglich die LJV. des Staates, dessen Verwaltung das „gemeinschaftliche Gericht" untersteht: vgl. Ziff. VI des Schlußprotokolls vom 24/25. 2. 08 zum Staatsvertrag zw. Preußen und Schaumburg-Lippe vom gleichen Tage, das OLG. Celle betr. (pr. GS. 184; schaumburg. Landesverordnungen 251).

Anm. 8. 7. Über die Form der in § 3 behandelten Entscheidung ist im Gesetze nichts bestimmt. Daß sie schriftlich erfolgen muß, ist selbstverständlich. Wird die Zulassung versagt, so muß der Bescheid den Grund der Versagung angeben (§ 16 Abs. 1).

Der Bescheid ist dem Bewerber mitzuteilen. § 16 Abs. 3 spricht hinsichtlich der ablehnenden Entscheidung von „Zustellung", § 21 Ziff. 1 hinsichtlich des die Zulassung aussprechenden Bescheides von „Mitteilung". In beiden Fällen ist an eine Zustellung nach den Formen der Prozeßordnung nicht gedacht. Eine solche wird nur notwendig werden, wenn der Aufenthalt des Antragstellers unbekannt ist und die Zulassung nach § 5 Ziff. 4—6 auf Grund Gutachtens des AKV. versagt wurde. Hier hat die öffentliche Zustellung gemäß § 132 Abs. 2 BGB. zu erfolgen, da sonst die Frist des § 16 Abs. 2 nicht in Lauf gesetzt werden könnte.

Übrigens ist die Wirksamkeit der Zulassung von der Bekanntmachung an den Antragsteller nicht abhängig. Es genügt, daß der Zulassungsbeschluß erlassen ist (EGH. **15** 62). Die LJV. kann daher den Beschluß direkt an das Gericht zwecks Eintragung in die Liste leiten. Anm. 9.

8. Die Zulassung kann so erteilt werden, daß ihre Wirksamkeit erst mit einem bestimmten Anfangstermin eintritt (vgl. § 21 Anm. 3). Auch von einer Bedingung kann die Wirksamkeit der Zulassung abhängig gemacht werden; so beim Zulassungswechsel von der Aufgabe der bisherigen Zulassung. Nur wenn die Frage, ob jemand Anwalt sei, hiedurch in der Schwebe bliebe, würde die Beifügung der Bedingung dem Zwecke des Gesetzes und der Rechtsordnung widersprechen; in Wirklichkeit begründet aber die Zulassung niemals die Anwaltsqualität, sie enthält vielmehr nur die Anordnung, daß der Bewerber in die Liste einzutragen sei, durch welche Eintragung er dann erst Rechtsanwalt wird. Jene Anordnung aber kann unbedenklich auch als bedingte zugelassen werden, sofern nur die Bedingung unzweideutig und ihr Eintritt nach äußeren Merkmalen leicht festzustellen ist. Auch die §§ 17, 18 RAO. enthalten ja weitere (gesetzliche) Bedingungen der Eintragung. In den oben erwähnten Fällen darf die Eintragung in die Liste erst erfolgen, wenn die bisherige Zulassung aufgegeben bzw. der Anfangstermin eingetreten ist. Vgl. zu Vorstehendem: EGH. **11** 76; AKJahrB. **1892** 4. Natürlich darf die Zulassung nicht von Bedingungen abhängig gemacht werden, die inhaltlich unzulässig sind (z. B. Stellung einer Kaution). Anm. 10.

III. (Absatz 2): 1. Die Vorstände der Anwaltskammern der Gerichte, bei welchen die Zulassung erfolgen soll, müssen vor der Entscheidung der LJV. gutachtlich gehört werden. Dies gilt entsprechend auch für die Zulassung beim Reichsgerichte. Vgl. § 99 Anm. 3. Anm. 11.

Unterbleibt die Einholung des Gutachtens, so tritt dennoch keine Nichtigkeit der Zulassung ein.

2. Der AKV. braucht vor Erstattung des Gutachtens den Antragsteller nicht zu hören. Zuweilen wird aber Veranlassung gegeben sein, dies zu tun. Vgl. hiezu Cappenberg, DJZ. **1910** 1021. Es ist auch nicht unzulässig, sonstige Erhebungen zu pflegen; für eine Zeugenvernehmung (wie sie in Berlin nach AKJahrB. **1888** 4 mittels Ersuchens der Staatsanwaltschaft vorgekommen ist) fehlt es aber an der gesetzlichen Grundlage. Anm. 12.

3. Für die LJV. kann auch Grund vorhanden sein, in derselben Sache wiederholt ein Gutachten des AKV. einzuholen: so wenn nach Beendigung eines ehrengerichtlichen Zulassungsverfahrens Anhaltspunkte für das Vorliegen neuer Versagungsgründe gegeben sind. Vgl. § 16 Anm. 22. Anm. 13.

4. Der Anwaltskammervorstand ist zur gutachtlichen Äußerung auf Erfordern der LJV. verpflichtet (§ 49 Ziff. 4). Anm. 14.

5. Für die Übergangszeit (wichtig für die Fälle der Bildung eines neuen Oberlandesgerichts und des § 41 a) vgl. § 111 und preuß. MinVf. 3. 5. 06 (JMBl. 138). Anm. 15.

§ 4.

Wer zur Rechtsanwaltschaft befähigt ist, muß zu derselben bei den Gerichten des Bundesstaats, in welchem er die zum Richteramte befähigende Prüfung bestanden hat, auf seinen Antrag zugelassen werden.

Das Recht auf Zulassung bei einem mehreren Bundesstaaten gemeinschaftlichen Gerichte wird dadurch begründet, daß der Antragsteller in einem dieser Bundesstaaten die zum Richteramte befähigende Prüfung bestanden hat.

Der Antrag eines nach den vorstehenden Vorschriften berechtigten Antragstellers darf nur aus den in diesem Gesetze bezeichneten Gründen abgelehnt werden.

Anm. 1. **I. Inhalt des Paragraphen.** Der vorstehende Paragraph enthält das wichtigste Grundprinzip unseres Gesetzes: die Freigabe der Rechtsanwaltschaft.

Wer die Fähigkeit zum Richteramte in einem Bundesstaate durch Ablegung der Richterprüfung erlangt hat, besitzt ein Recht auf Zulassung zur Anwaltschaft bei den Gerichten, welche diesem Bundesstaate angehören oder für ihn und einen anderen Bundesstaat als gemeinschaftliche Gerichte gelten. Nur in bestimmten, gesetzlich geregelten Fällen kann bzw. muß aus Gründen, welche in der Person des Bewerbers liegen, die Zulassung versagt werden.

Anm. 2. **II. Die einzelnen Voraussetzungen des Rechts auf Zulassung.** 1. Die Voraussetzung des Rechts auf Zulassung ist, daß der Bewerber in demjenigen Bundesstaate, bei dessen Gerichten er zugelassen werden will, die zum Richteramte befähigende Prüfung bestanden hat.

a) In dem Bundesstaate muß die Prüfung bestanden sein. Das ist natürlich nicht so gemeint, daß die Prüfung — örtlich — in demjenigen Bundesstaate, bei dessen Gerichten die Zulassung erfolgen soll, stattfinden müsse. Es kommt nur darauf an, ob die Prüfung nach den bestehenden Normen, Staatsverträgen rc. als Staatsprüfung für den betreffenden Bundesstaat gilt. (Motive 41; Meyer § 4 Anm. 2).

Die vor dem 1. Oktober 1879 abgelegten Richterprüfungen sind nach dem damals geltenden Recht zu beurteilen.

Anm. 3. b) Den Gerichten eines Bundesstaates stehen die mehreren Bundesstaaten „gemeinschaftlichen Gerichte" gleich. Es sind dies:

α) die sogenannten Kondominatgerichte, d. h. diejenigen Gerichte, welche der gemeinsamen Verwaltung mehrerer Staaten unterstehen (z. B. die OLG. Jena und Hamburg, das LG. Meiningen, die Kammer für Handelssachen in Coburg rc.);

β) diejenigen Gerichte, welche zwar lediglich der Verwaltung eines Bundesstaates unterstehen, deren Entscheidungen aber auf Grund Staatsvertrages in bestimmten Fällen für einen anderen Bundesstaat ergehen (Meyer § 4 Anm. 3); z. B. das OLG. Celle nach dem oben § 3 Anm. 7 zitierten Staatsvertrage.

Wer also in einem so beteiligten Staate die Fähigkeit zum Richteramte erlangt hat, muß auch bei dem „gemeinschaftlichen Gerichte" zugelassen werden, keineswegs aber bei sonstigen Gerichten des Staates, zu welchem das gemeinschaftliche Gericht gehört, sofern der Bewerber nicht in letzterem die Richterprüfung bestanden hat.

Anm. 4. 2. § 4 spricht nur von der „zum Richteramt befähigenden Prüfung". Allein die Fähigkeit zum Richteramte ist nicht unbedingt an diese Prüfung geknüpft, sie kommt nach § 4 GVG. auch allen ordentlichen öffentlichen Rechtslehrern an einer deutschen Universität zu. Man scheint dies bei Schaffung des Gesetzes übersehen zu haben. Die seltsame Folge ist, daß ein Recht auf Zulassung den Professoren als solchen in Deutschland überhaupt nicht zusteht. Ja selbst ein bereits zur Anwaltschaft zugelassener Universitätsprofessor hat in dem Bundesstaate, in welchem er den Anwaltsberuf ausübt, kein Recht auf weitere Zulassung!

III. Der Inhalt des Rechtes auf Zulassung. 1. Sind die vorbezeichneten Voraussetzungen erfüllt, so muß die betreffende Person bei den Gerichten des Bundesstaates zugelassen werden, sofern nicht einer der im Gesetz vorgesehenen Versagungsgründe vorliegt (§ 4 Abs. 1 und 3). Anm. 5.

Ein Rechtsmittel gegen die Versagung der Zulassung ist reichsgesetzlich nur in den Fällen des § 5 Nr. 4, 5 und 6 durch die Möglichkeit, ehrengerichtliche Entscheidung zu verlangen, gegeben. Landesrechtlich kommt die Zulassung von Rechtsmitteln in denjenigen Fällen vor, in welchen die oberste Justizverwaltungsbehörde ihre Befugnisse aus § 3 RAO. an eine andere Behörde delegiert hat. So ist gegen die abweisende Präsidialentscheidung des OLG. Jena — außer in den Fällen des § 5 Nr. 4—6 — die Beschwerde an die Gesamtheit der zur Errichtung des OLG. vereinigten Regierungen zulässig. Vgl. Sachsen-Weimar V. 3. 10. 79 (RegBl. 519).

Gegen die ablehnende Entscheidung der obersten Justizverwaltungsbehörde — mag dieselbe in erster oder in zweiter Instanz ergangen sein — wird, abgesehen von den Fällen des § 5 Nr. 4—6, ein Rechtsbehelf landesrechtlich wohl nur auf dem Umwege einer Ministeranklage gegeben sein.

2. Bei den Gerichten des betreffenden Bundesstaates muß die Zulassung erfolgen: das heißt für den Regelfall nichts anderes, als daß die Zulassung bei einem Gerichte des Bundesstaates und zwar bei demjenigen Gericht erfolgen muß, welches der Bewerber bezeichnet. Hiebei ist gleichgültig, ob es sich um die Zulassung zur Anwaltschaft im engeren Sinne handelt oder ob der Antragsteller bereits zugelassen ist und seine Zulassung bei einem anderen Gerichte nehmen will. Ein Recht auf gleichzeitige Zulassung bei mehreren Gerichten besteht nur in den gesetzlich normierten Sonderfällen. (§§ 9, 10, 107 RAO.). Anm. 6.

3. Nur auf seinen Antrag muß der Betreffende zugelassen werden. Vgl. oben § 3 Anm. 5. Anm. 7.

4. Sind die Bundesstaaten berechtigt für die Zulassung Abgaben zu erheben? Sicherlich nicht in der Weise, daß die Zulassung oder ihr Vollzug von der Bezahlung einer Gebühr abhängig gemacht wird. Im übrigen steht § 4 RAO. nicht entgegen, es sei denn, daß die Abgabe nach Art und Höhe geeignet wäre, den Zugang zur Rechtsanwaltschaft zu erschweren. Ähnlich: Merk, JW. **1911** 692; BadVGH. in BadRpr. **1911** 224. Anm. 8.

IV. Abgesehen von dem Falle des § 4 besteht ein Recht auf Zulassung nach den Übergangsbestimmungen der §§ 107 und 108. Anm. 9.

V. Sollten territoriale Änderungen bei den einzelnen deutschen Gliedstaaten eintreten, so wird gleichzeitig entweder die allgemeine Freizügigkeit eingeführt werden oder eine sonstige Regelung der Zulassungsfragen erfolgen müssen.[1]) Solange keines von beiden geschehen ist, werden folgende Richtlinien zu beachten sein: Anm. 10.

a) Teilt sich ein Bundesstaat in mehrere Gliedstaaten, so hat jeder Bewerber, der vor der Teilung in dem Bundesstaat seine Prüfung bestanden hat, ein Recht auf Zulassung in allen Gliedstaaten.

b) Werden Teile eines Bundesstaates von diesem abgetrennt und einem anderen schon bestehenden Bundesstaate angefügt, so müssen alle Bewerber, die vor der Abtrennung in dem zuerst erwähnten Staate ihre Prüfung bestanden haben, bei den Gerichten des abgetrennten Gebietsteils zugelassen werden. Da es aber dem Geiste des Gesetzes widerspricht, daß jemand nur bei einem Teil der Gerichte eines Bundesstaates, soweit es sich nicht um gemeinschaftliche Gerichte handelt,

[1]) Tritt Deutsch-Österreich dem Reiche bei, so ist eine gesetzliche Regelung der hier einschlägigen Fragen unumgänglich notwendig.

ein Recht auf Zulassung hat, so wird man den genannten Bewerbern dieses Recht bei allen Gerichten des anderen Bundesstaates einräumen müssen.

c) Entsprechendes wie bei b gilt dann, wenn Gebietsteile mehrerer bestehender Bundesstaaten oder mehrere ganze Bundesstaaten zu einem neuen Bundesstaate vereinigt werden. Dann haben alle diejenigen, welche in einem der beteiligten Staaten die Prüfung bestanden haben, ein Recht auf Zulassung bei den Gerichten des neuen Staates.

§ 5.

Die Zulassung muß versagt werden:

1. wenn der Antragsteller in Folge strafgerichtlichen Urtheils die Fähigkeit zur Bekleidung öffentlicher Ämter dauernd verloren hat oder zur Zeit nicht besitzt;
2. wenn der Antragsteller infolge ehrengerichtlichen Urtheils von der Rechtsanwaltschaft ausgeschlossen ist;
3. wenn der Antragsteller infolge gerichtlicher Anordnung in der Verfügung über sein Vermögen beschränkt ist;
4. wenn der Antragsteller ein Amt bekleidet oder eine Beschäftigung betreibt, welche nach den Gesetzen oder nach dem Gutachten des Vorstandes der Anwaltskammer mit dem Beruf oder der Würde der Rechtsanwaltschaft nicht vereinbar sind;
5. wenn der Antragsteller nach dem Gutachten des Vorstandes der Anwaltskammer sich eines Verhaltens schuldig gemacht hat, welches die Ausschließung von der Rechtsanwaltschaft bedingen würde;
6. wenn der Antragsteller nach dem Gutachten des Vorstandes der Anwaltskammer infolge eines körperlichen Gebrechens oder wegen eingetretener Schwäche seiner körperlichen oder geistigen Kräfte zur Erfüllung der Pflichten eines Rechtsanwalts dauernd unfähig ist.

Anm. 1. **I. Inhalt des Paragraphen:** § 5 enthält die obligatorischen Versagungsgründe, d. h. diejenigen Gründe, bei deren Vorliegen dem an sich zur Rechtsanwaltschaft befähigten Antragsteller die Zulassung versagt werden muß.

Anm. 2. **II. Umfang der Geltung des Paragraphen.** § 5 bezieht sich nur auf die Fälle der Zulassung zur Rechtsanwaltschaft im engeren Sinne, nicht auch auf die Fälle der weiteren Zulassung.[1]) Dies ergibt sich aus der Stellung des § 5 im System; denn dieser steht in engstem Zusammenhange mit § 6, welcher — wie § 15 beweist — sich nur auf die Zulassung zur Rechtsanwaltschaft im engeren Sinne beziehen kann. Es wäre auch nicht wohl denkbar, daß gemäß § 16 wegen der Zulassung bei einem anderen Gerichte ein ehrengerichtliches Zulassungsverfahren aus einem der Gründe des § 5 stattfinden sollte, während der Anwalt ruhig weiter in seiner Stellung bliebe und der bloß Zugelassene jederzeit infolge Eintragung in die Liste die Anwaltsqualität erlangen könnte. Man denke z. B. an § 5 Ziff. 6. Gl. M. mit ausführlicher Begründung: Riedinger, JW. **1905** 9 ff. Ferner Meyer § 15 Anm. 1; EGH. **11** 44. Unentschieden: EGH. **1** 69.

Die obligatorischen Versagungsgründe des § 5 sind absolute Versagungsgründe; sie gelten auch für die Zulassung beim Reichsgerichte.

---

[1]) Maßgebend ist, ob der Antragsteller im Zeitpunkt der Zulassungsentscheidung zur Rechtsanwaltschaft zugelassen war oder nicht: EGH. **11** 44.

III. Die ersten drei Versagungsgründe im einzelnen: Anm. 3.

A. (Ziffer 1). Der erste Versagungsgrund liegt vor, wenn der Antragsteller infolge krimineller Verurteilung zurzeit die Fähigkeit zur Bekleidung öffentlicher Ämter nicht besitzt.

a) Eine strafgerichtliche Verurteilung des Antragstellers muß vorliegen. Anm. 4.

Wenn auch die Bestimmung zunächst an eine Verurteilung nach dem deutschen StGB. denkt, so ist dies doch nicht unbedingte Voraussetzung für die Anwendung des § 5 Ziff. 1 (Motive 39). Erfolgte eine Verurteilung auf Grund der früheren Strafgesetze, so bleibt natürlich zu prüfen, ob die Unfähigkeit zur Bekleidung öffentlicher Ämter im Sinne dieser Normen die Unfähigkeit zur Ausübung der Anwaltschaft mit umfaßt. Wenn nach dem früheren Gesetz etwa auf Unfähigkeit zur Bekleidung bestimmter Ämter, zu denen die Anwaltschaft gehört, erkannt werden konnte und erkannt worden ist, so liegt ein Fall des § 5 Ziff. 1 ebenfalls vor.

Dagegen muß die strafgerichtliche Verurteilung durch ein deutsches Gericht erfolgt sein. Ausländische Ehrenstrafen können als solche im Inlande nicht wirken; doch bietet § 37 StGB. unter Umständen die Möglichkeit, im Anschluß an eine ausländische Verurteilung in Deutschland die Aberkennung der Fähigkeit zur Bekleidung öffentlicher Ämter auszusprechen. Urteile der Konsular- und Schutzgebietsgerichte gelten in diesem Zusammenhange als Urteile deutscher Gerichte. (Näheres bei Köhler, GoltdArch. **64** 194.) Anm. 5.

Die Verurteilung wirkt nach § 36 StGB. erst mit der Rechtskraft.

b) Die strafgerichtliche Verurteilung muß zur Folge haben, daß der Antragsteller zurzeit die Fähigkeit zur Bekleidung öffentlicher Ämter nicht besitzt. Anm. 6.

Dies kann nach dem StGB. auf doppelte Weise der Fall sein, nämlich einmal dadurch, daß der Antragsteller die Fähigkeit dauernd verloren hat, und ferner dadurch, daß er sie auf Zeit verloren hat und zur Zeit der Entscheidung über die Zulassung nicht besitzt. Ersteres tritt als Folge der Verurteilung zu Zuchthausstrafe und als Wirkung dauernden Ehrverlustes ein (§§ 31, 32, 34 StGB.), während der zeitige Verlust der Fähigkeit zur Bekleidung öffentlicher Ämter als selbständige Nebenstrafe auf die Dauer von 1—5 Jahren ausgesprochen werden kann und im übrigen als Wirkung der zeitigen Aberkennung der bürgerlichen Ehrenrechte überhaupt eintritt.

Maßgebend für die Beurteilung ist die Zeit der definitiven Entscheidung, nicht die Zeit der Antragstellung. Meldet sich also jemand zur Zulassung beim OLG. Jena und wird ihm diese vom Präsidium versagt, weil zurzeit ein Fall des § 5 Ziff. 1 vorliege, so muß bzw. kann (§ 6 Ziff. 2) auf Beschwerde anders erkannt werden, wenn inzwischen die Zeit des Ehrverlustes abgelaufen ist.

Wird die Ehrenstrafe im Gnadenwege beseitigt (vgl. Frank, StGB.[14] § 31 Anm. I; Binding, Handbuch **1** 876), so entfällt auch die Möglichkeit einer Anwendung des § 5 Ziff. 1.

c) Selbstverständlich ist das Strafurteil für die Landesjustizverwaltung bindend, und diese hat nicht nachzuprüfen, ob es sachlich richtig sei. EGH. **1** 70, 72. Ist das Urteil absolut nichtig, so ist es nicht zu berücksichtigen (vgl. Voß, GoltdArch. **54** 243 ff.). Anm. 7.

B. (Ziffer 2). Der zweite Versagungsgrund liegt vor, wenn der Antragsteller ehrengerichtlich von der Anwaltschaft ausgeschlossen ist. Anm. 8.

a) Auch hier stehen die nach früheren Partikularrechten ergangenen Disziplinarurteile den Urteilen nach der RAO. gleich (Motive 39). Jedoch müssen sie auf dauernde Ausschließung, nicht lediglich auf Suspension lauten.

b) Ausländische Urteile kommen auch hier als solche nicht in Betracht, wohl aber möglicherweise die ihnen zugrunde liegenden Tatsachen gemäß Ziffer 5.

c) Das ehrengerichtliche Urteil wirkt mit der Rechtskraft (§ 96). Über die Frage, ob es eine Begnadigung von der ehrengerichtlichen Strafe der Ausschließung gibt, vgl. den Exk. vor § 62.

Anm. 9. C. (Ziffer 3). Der dritte Versagungsgrund liegt vor, wenn der Antragsteller infolge gerichtlicher Anordnung in der Verfügung über sein Vermögen beschränkt ist. Bezüglich des maßgebenden Zeitpunktes gilt hier das oben Anm. 6 Gesagte.

1. Der Antragsteller muß also zunächst in der Verfügung über sein Vermögen beschränkt sein. Das Vermögen als Gesamtheit muß der Verfügungsbeschränkung unterliegen, nicht bloß einzelne Vermögensstücke. Auch die bloße Möglichkeit, das ganze Vermögen zu beschlagnahmen — z. B. bei Vorliegen eines Arrestes — genügt nicht; ebensowenig genügt die tatsächliche Pfändung aller einzelnen Vermögensstücke. Dagegen ist nicht erforderlich, daß „das Vermögen" des Antragstellers tatsächlich alle einzelnen Bestandteile seines Vermögens umfaßt. Dies geht schon daraus hervor, daß der Konkurs, der unstreitig den Hauptanwendungsfall des § 5 Ziff. 3 bildet (KO. 5, Siegel 404), nur das bei Konkurseröffnung vorhandene, beschlagsfähige Vermögen umfaßt und auch dies nur, soweit es nicht vom Verwalter aus der Masse ausgeschieden wird.

Anm. 10. Die zweite Voraussetzung der Bestimmung in Ziff. 3 ist, daß die Beschränkung infolge gerichtlicher Anordnung erfolgt sein muß. Damit scheiden also diejenigen Fälle aus, in welchen die Verfügungsbeschränkung kraft Gesetzes eintritt, z. B. infolge Geisteskrankheit oder Minderjährigkeit. Letzteres kann bei Ausländern praktisch werden (Art. 7 EGBGB.).

Es muß endlich eine rechtliche, nicht bloß eine tatsächliche Verfügungsbeschränkung vorliegen. Es bildet daher keinen Versagungsgrund, wenn der Antragsteller unter Geschäftsaufsicht steht, auch nicht, wenn die Aufsichtsperson von der Befugnis nach § 2 Satz 2 BRBek. 14. 12. 16 (RGBl. 1363) Gebrauch gemacht hat. Ebenso: Jaeger, JW. **1917** 137; 917 (dort auch weitere Literatur).

Anm. 11. 2. Die einzelnen Anwendungsfälle.

a) Die Verfügungsbeschränkungen, welche § 5 Ziff. 3 im Auge hat, zerfallen in solche, welche die Geschäftsfähigkeit überhaupt aufheben oder beschränken, und in solche, bei denen dies nicht der Fall ist.

Anm. 12. b) Die ersteren liegen vor bei Entmündigung (wegen Geisteskrankheit, Geistesschwäche, Verschwendung oder Trunksucht: BGB. §§ 6, 104 Ziff. 3, 114; ZPO. §§ 661, 683 Abs. 2) und bei Stellung unter vorläufige Vormundschaft (BGB. §§ 1906, 114); die letzteren bei Konkurseröffnung und in den Fällen der Vermögensbeschlagnahme nach §§ 93, 140 StGB., §§ 326, 332 ff., 480 StPO., § 360 MStGO., ferner bei Erlassung des Veräußerungsverbots nach § 106 Abs. 1 Satz 3 KO. (ebenso: Jaeger, KO.[5] § 25 Anm. 35). Sehr fraglich ist, inwieweit im Falle eines Sonderkonkurses die Bestimmung des § 5 Ziff. 3 Platz greift. Jaeger, KO.[5] § 1 Anm. 68 sagt zutreffend, es komme darauf an, ob der Gemeinschuldner eines solchen Verfahrens normalerweise den Vermögensverfall zu verantworten hat. Wer — präsumtiv — mit seinem eigenen Vermögen abgewirtschaftet hat, eignet sich nicht zur Verwaltung fremder Vermögensangelegenheiten. Wer nur an einem Nachlaßkonkurs als Erbe beteiligt ist, ist zwar auch Gemeinschuldner und Eigentümer der Konkursmasse, aber es besteht regelmäßig kein Anlaß, ihm persönlich mit Mißtrauen zu begegnen. Daher trifft bei Nachlaßkonkurs — und ebenso bei Nachlaßverwaltung — der Versagungsgrund des § 5 Ziff. 3 nicht zu (ebenso: Jaeger § 1 Anm. 68; Hellwig **2** 127), wohl aber, wenn der Antragsteller persönlich haftender Gesellschafter einer im Konkurs befindlichen offenen Handelsgesellschaft oder Kommanditgesellschaft ist (ebenso Jaeger § 1 Anm. 68 und die herrschende Meinung. A. M.: RGRKomm.[2] § 1781 Anm. 2). Der Fall des § 2129 BGB. fällt nicht unter § 5 Ziff. 3 (a. M.: Hellwig **2** 127); auch der Fall des § 1910 BGB. nicht.

c) Soweit eine Beschränkung oder Aufhebung der Geschäftsfähigkeit in Frage Anm. 13.
steht, entscheidet im allgemeinen, abgesehen von den Fällen der Rückverweisung nach Art. 27 EGBGB., für deutsche Staatsangehörige nur deutsches Recht, für Ausländer aber nur das Recht ihres Heimatstaates, jedoch mit der Maßgabe, daß sie auch in Deutschland entmündigt bzw. unter vorläufige Vormundschaft gestellt werden können, sofern sie in Deutschland ihren Wohnsitz oder in Ermangelung eines solchen ihren Aufenthalt haben (Art. 7 und 8 EGBGB.; vgl. im einzelnen Staudinger EGBGB. Art. 8 Anm. I C, Anm. II A und B).

Wenn also ein Österreicher in Österreich entmündigt wurde, so kann er in Deutschland nicht zur Anwaltschaft zugelassen werden,[1]) wohl aber (sofern nicht § 5 Ziff. 6 vorliegt), wenn ein Deutscher in Österreich und ebenso (Staudinger Art. 8 Anm. II a. E.), wenn ein Schwede in Österreich entmündigt wurde. Vgl. auch Staudinger, Art. 27 Anm. II B 2. Wichtige Modifikationen der hier erörterten Grundsätze ergeben sich für die Angehörigen der Vertragsstaaten, die dem Haager Entmündigungsabkommen vom 17. 7. 05 (ratifiziert 1912, RGBl. **1912** 463 ff.) beigetreten sind.

Ist über das Vermögen des Antragstellers nur im Ausland Konkurs eröffnet, Anm. 14.
so ist nach dem von der herrschenden Meinung, auch vom Reichsgericht anerkannten Territorialitätsprinzip (Jaeger, KO.[5] § 237 Anm. 1) der Versagungsgrund des § 5 Ziff. 3 nicht gegeben,[2]) es sei denn, daß das ausländische Recht mit der Konkurseröffnung eine Beschränkung der Geschäftsfähigkeit eintreten ließe und der Gemeinschuldner dem betreffenden Staate angehörte. (Kleinfeller, BöhmsZ. **13** 549 ff.). Auch können sich Ausnahmen für die Zulassung in solchen Bundesstaaten ergeben, für welche noch Staatsverträge mit abweichenden Bestimmungen in Kraft sind (Jaeger, KO.[5] § 237 Anm. 6).

IV. Allgemeines zu den letzten drei Versagungsgründen des § 5. Die in den Anm. 15.
Ziffern 4—6 des § 5 behandelten Fälle enthalten — mit Ausnahme der ersten Alternative in Ziff. 4 — die Besonderheit, daß die Landesjustizverwaltung an das Gutachten des Anwaltskammervorstandes hinsichtlich des betreffenden Versagungsgrundes gebunden ist.

Sie darf bei ihrer Entscheidung weder von dem Gutachten, soweit es die betreffenden Punkte betrifft, abweichen noch selbst über diese Fragen, soweit sie in dem Gutachten nicht beantwortet sind, ein Urteil fällen.

Wird auf Grund des Gutachtens aus einem der vorerwähnten Gründe die Zulassung versagt, so kann der Antragsteller eine Entscheidung über den Grund der Versagung im ehrengerichtlichen Zulassungsverfahren verlangen (§ 16).

V. Die drei letzten Versagungsgründe im einzelnen.

A. (Ziffer 4): Es sind bei dem vierten Versagungsgrund zwei Fälle zu Anm. 16.
unterscheiden:

---

[1]) Der Fall, daß ein Ausländer die Fähigkeit zur Rechtsanwaltschaft besitzt, wird selten sein, ist aber denkbar, z. B. dann, wenn ein Assessor seine Entlassung aus dem Staatsverbande erwirkt und eine fremde Staatsangehörigkeit erworben hat.

[2]) Über die Frage, ob Konkurseröffnungsbeschlüsse der Konsular- und Schutzgebietsgerichte für das ganze Reich wirken, vgl. Jaeger, KO.[5] § 237 Anm. 5 (verneinend) und Kleinfeller, BöhmsZ. **13** 560 (bejahend). Die vom Reichsgerichte (JW. **1914** 595 Nr. **14**) aufgestellten Grundsätze sprechen für die letztere Ansicht. Vgl. auch Köhler, GoltdA. **64** 194.

1. Der Antragsteller bekleidet ein Amt oder betreibt eine Beschäftigung, welche nach den Gesetzen mit dem Beruf oder der Würde der Rechtsanwaltschaft unvereinbar sind. Hier kommt es also nicht auf das Gutachten des Vorstandes, sondern auf die gesetzlichen Bestimmungen an, welche die LJV. selbständig zu prüfen hat; ein ehrengerichtliches Verfahren nach § 16 findet in diesem Falle nicht statt.

Anm. 17. Eine gesetzliche Inkompatibilität liegt nicht nur dann vor, wenn ein Gesetz die Verbindung bestimmter anderer Funktionen mit der Anwaltschaft allgemein verbietet, sondern auch dann, wenn das Gesetz diese Verbindung von einer behördlichen Genehmigung oder sonstigen Bedingung abhängig macht und die Bedingung nicht erfüllt ist. Dieser Fall ist z. B. gegeben, wenn § 16 RBG. in Frage kommt — trotz der nicht ganz zweifelsfreien Fassung dieses Gesetzes (ebenso: Motive 40; vgl. auch Görres, RBG. 1908 § 16 Anm. 3).

Anm. 18. Die weitaus größte Zahl der Ämter sind nicht Reichs- sondern Staatsämter oder Gemeindeämter. Die Bestimmungen über die Inkompatibilität sind daher vor allem in den Landesgesetzen zu suchen. Sie können dahin lauten, daß der Inhaber eines bestimmten Amtes nicht bzw. nur bedingt andere Beschäftigungen, zu denen die Anwaltschaft gehört, oder speziell die Anwaltschaft nicht betreiben dürfe.

Der erstere Fall ist der häufigste, der zweite liegt z. B. in jenen Bundesstaaten vor, in welchen den Notaren die Ausübung der Anwaltschaft verboten ist (vgl. bayer. NotG. Art. 12). Dagegen ist es nicht zulässig, daß ein Landesgesetz vom Gesichtspunkte der anwaltschaftlichen Standespflicht aus bestimmt, daß einem Rechtsanwalt gewisse Nebenbeschäftigungen versagt oder nur bedingt gestattet seien. Denn die Standespflichten der Anwälte regelt die RAO. erschöpfend. Vgl. § 103 Anm. 10.

Für die Versagung nach Ziff. 4 können nur deutsche Gesetze in Betracht kommen.

Anm. 19. Steht der Fall der Bekleidung eines Amtes in Frage, so genügt es zur Versagung der Zulassung nicht, wenn der Antragsteller Beamter ist, sondern er muß auch tatsächlich ein Amt versehen. Dies trifft z. B. nicht zu bei den zeitlich quieszierten bayerischen Staatsdienern (EGH. **12** 99), auch nicht bei den einstweilen in Ruhestand versetzten Reichsbeamten (§ 16 RBG.).

Anm. 20. **2.** Der praktisch weitaus wichtigere Fall liegt vor, wenn zwar nicht nach den Gesetzen, wohl aber nach dem Gutachten des Kammervorstandes das Amt oder die Beschäftigung des Antragstellers mit dem Beruf oder der Würde der Rechtsanwaltschaft unvereinbar ist. In diesem Falle gelten die allgemeinen, oben Anm. 15 gegebenen Ausführungen.

Über die Grundsätze, welcher der Kammervorstand bei seinem Gutachten zu berücksichtigen hat, ist nun folgendes zu sagen:

Anm. 21. a) Nach dem Wortlaut des Gesetzes sollte man meinen, daß nur das Wesen des Anwaltsberufes im allgemeinen in Betracht zu ziehen sei, nicht aber die Art der Berufsausübung und die Persönlichkeit des Bewerbers im einzelnen. Allein diese Auslegung würde dem praktischen Bedürfnisse nicht gerecht und ist auch in den Motiven ausdrücklich abgelehnt (S. 41). Freilich wäre es hienach richtiger gewesen, von dem Berufe des Rechtsanwalts statt der Rechtsanwaltschaft zu sprechen.

Nach dem Willen des Gesetzes ist also die besondere Lage des Falles und die Persönlichkeit des Antragstellers zu berücksichtigen. Dasselbe Amt kann den einen Bewerber — seiner individuellen Arbeitskraft entsprechend — vollständig in Anspruch nehmen, so daß eine Vernachlässigung des Anwaltsberufes die notwendige Folge wäre, während es dem anderen ein Leichtes ist, daneben noch in gewissenhafter Weise als Anwalt tätig zu sein. Auch die speziellen Bedingungen, unter denen das im § 5 Ziff. 4 erwähnte „Amt“ oder die dort bezeichnete „Beschäftigung“ ausgeübt wird, sind zu berücksichtigen. Vgl. z. B. EGH. **10** 197; **15** 29; **16** 15; M. Friedländer, AVNachr. **3** 76, 77.

b) Bei Prüfung der Inkompatibilitätsfrage muß man sich vor allem das Wesen des Anwaltsberufes vergegenwärtigen. Vgl. die allgemeine Einleitung sub IV und V. Anm. 22.

α) Der Anwalt hat in weitem Umfange öffentlichrechtliche Pflichten zu erfüllen; eine anderweitige Beschäftigung darf nie zu einer Vernachlässigung dieser Pflichten führen. Anderseits kann der Anwalt, soweit er nicht Pflichtanwalt ist, den Umfang seiner Berufstätigkeit frei bestimmen (vgl. § 30 Anm. 1). Daraus folgt aber indirekt, daß er nicht gezwungen ist, den Anwaltsberuf als Hauptsache und jede andere Tätigkeit als Nebensache zu betrachten; vielmehr kann der Anwaltsberuf für ihn auch Nebenberuf sein. Vgl. EGH. **9** 209. Aus der freien Selbstbestimmung hinsichtlich des Umfangs der Berufstätigkeit folgt aber weiter, daß die Möglichkeit einer Kollision der Pflichten bei Ausübung der Anwaltschaft und einer anderen Funktion noch keineswegs die Unvereinbarkeit der verschiedenen Berufe bedingt. Es ist eben Sache des Anwalts, im einzelnen Falle durch Mandatsablehnung solche Kollisionen zu vermeiden. So: EGH. **11** 76 in einem Falle, in welchem der Antragsteller, ein höherer Gemeindebeamter, sich weigerte, im voraus allgemein auf Ausübung der Anwaltschaft in den Sachen zu verzichten, in welchen ein Gemeindebürger ꝛc. aktiv oder passiv beteiligt wäre. Vgl. ferner EGH. **16** 19.

Endlich folgt aus der freien Selbstbestimmung, daß der Anwalt auch einem einzigen Institute seine ganze Tätigkeit — unbeschadet seiner Funktionen als Pflichtanwalt — widmen darf, daß also auch die Zulassung nicht versagt werden kann, weil in dieser Weise die Berufsausübung erfolgen und mit einer — an sich nicht unvereinbaren — Stellung verbunden werden soll. EGH. **1** 60 ff., **9** 209. Gegen eine strengere, angeblich in neuerer Zeit bestehende Praxis: Friedemann, JW. **1911** 972.

β) Man bezeichnet den Anwaltsberuf als einen freien Beruf im Gegensatz zum Beamtentum. Allein daraus folgt nicht, daß es unter der Würde des Anwalts wäre, neben dem Anwaltsberufe ein Amt zu bekleiden, welches eine gewisse Unterordnung unter Vorgesetzte und Disziplinarbehörden bedingt. Vielmehr folgt gerade aus § 5 Ziff. 4, wonach die Bekleidung eines Amtes allgemein die Zulassung zur Anwaltschaft nicht hindert, unverkennbar das Gegenteil. Mit Recht hat daher der EGH. (7 71) das Amt eines rechtskundigen Bürgermeisters in Bayern für vereinbar mit der Rechtsanwaltschaft erklärt und erläuternd hinzugefügt, daß der Betreffende bezüglich seiner anwaltschaftlichen Berufstätigkeit natürlich nicht der vorgesetzten Behörde seines Bürgermeisteramtes unterstehe. Ebenso: EGH. **11** 76 (Bürgermeister in der Provinz Hannover betr.); **16** 19 (Ortsvorsteher in Württemberg). Die Bedenken von Scheuing, der (WürttZR. **1908** 452) die Vereinbarkeit von Gemeindeamt und Anwaltschaft für den Fall anzweifelt, daß der Beamte nur in Gemeindeangelegenheiten als Anwalt tätig zu sein hat, sind nicht durchschlagend. Gegen Scheuing: Dollinger, WürttZ. **50** (1908) 247; auch M. Friedländer, AVNachr. **3** 76. Auch die Abhängigkeit von den Organen einer Aktiengesellschaft oder eines anderen wirtschaftlichen Institutes steht der Zulassung zur Anwaltschaft nicht entgegen (EGH. **9** 209), sofern sich nicht im einzelnen Falle die Abhängigkeitsbedingungen als unwürdig erweisen. Anm. 23.

Für unzulässig ist es stets erklärt worden, daß ein Gemeindebeamter auf alle Gebühren zugunsten der Gemeinde verzichtet und diese selbst in den gewonnenen Prozessen die Anwaltsgebühren erhält. (EGH. **10** 197; **14** 7; **15** 29; **16** 11, 18; a. M.: Dollinger, WürttZ. **50** [1908] 247). Solche Vereinbarungen laufen auf eine Täuschung des Gerichts und des Gegners hinaus, da nur die Erstattung derjenigen Kosten verlangt werden kann, die der Partei wirklich erwachsen sind; die gedachten Verträge sind daher auch sonst unzulässig.

Anm. 24. γ) Der Beruf des Anwalts ist ein *höherer, wissenschaftlicher* Beruf. Über den Inhalt der anwaltschaftlichen Berufstätigkeit im eigentlichen und weiteren Sinne vgl. die Allgemeine Einleitung Anm. 16. Schon aus den dortigen Ausführungen geht hervor, daß der bloß oder vorwiegend wirtschaftliche Charakter einer Tätigkeit diese noch keineswegs als unvereinbar mit dem Anwaltsberufe erscheinen läßt. Hat doch der RA. auch in seinem eigentlichen Berufe sehr viel mit wirtschaftlichen Fragen und Erwägungen zu tun; ja es wird stets den Wert seiner Berufsarbeit und das Ansehen seiner Stellung erhöhen, wenn er auch auf wirtschaftlichem Gebiete eine möglichst große Fachkunde besitzt.

Nimmt er aber neben dem Anwaltsberuf eine Stellung im Wirtschaftsleben ein, so muß diese — entsprechend der Natur seines Anwaltsberufs — von *höherer, leitender oder doch selbständiger* Art sein. „Eine gewisse Selbständigkeit in Durchführung der übernommenen Aufgaben, die geeignet ist, der Stellung auch nach außen Ansehen zu verschaffen, ist Voraussetzung der Vereinbarkeit mit der Würde der Rechtsanwaltschaft" (EGH. **16** 11, 15). Danach ist in der Regel die Stellung als *Vorstand einer Aktien- oder größeren Erwerbsgesellschaft mit der Anwaltschaft vereinbar*: EGH. **1** 60; **9** 209; **10** 199. A. M.: Stranz, DJZ. **1901** 359. Bei dem *Prokuristen* kommt es auf Umfang und Art des Geschäftes und auf die speziellen Anstellungsverhältnisse an: EGH. **1** 67; **14** 22; **16** 11; **17** (G. 8/15). Für unvereinbar mit der Anwaltschaft wurde die Stellung des juristischen Hilfsarbeiters einer Bank erklärt, der unter Anwendung der Bestimmungen der §§ 60, 61, 75 HGB. angestellt war (EGH. **16** 15).

Anm. 25. c) Das Gesetz spricht von dem „*Betreiben einer Beschäftigung*", welche mit der Würde der Anwaltschaft oder ihrem Berufe nicht vereinbar ist. Nach dem Zweck der Bestimmung muß eine „Beschäftigung" auch dann angenommen werden, wenn der Antragsteller selbst in dem betreffenden Geschäfte gar nicht nach außen hin tätig ist, dieses aber doch auf seinen Namen oder für seine Rechnung betrieben wird. Ebenso: AKB. Kiel, AKJahrB. **1893** 9 Nr. 21; vgl. auch AKB. Dresden, AKJahrB. **1900** 8 Nr. 7; EGH. **1** 237. Damit soll nicht gesagt sein, daß es im einzelnen Falle für die Beurteilung der Inkompatibilität gleichgültig sein müsse, ob der Betreffende selbst nach außen hin in dem Geschäfte tätig ist oder nicht. Der EGH. hat (**16** 402) ausgesprochen, daß ein Anwalt, der ein großes landwirtschaftliches Anwesen einsteigern mußte, auch die mit demselben als Nebenbetrieb verbundene Bäckerei für seine Rechnung betreiben lassen dürfe, soferne dieser Betrieb nur einwandfrei geführt werde und nicht in unpassende Verbindung mit seiner Person oder Berufstätigkeit gebracht werde. Würde aber der Anwalt den Betrieb persönlich ausüben, so wäre diese Tätigkeit ohne Einschränkung unvereinbar mit der Anwaltschaft.

Anm. 26. Zum Begriff des *Betreibens einer Beschäftigung* gehört, daß es sich um eine *dauernde* oder auf die Dauer berechnete Tätigkeit oder Stellung handelt. Dagegen braucht die Beschäftigung nicht notwendig auf Erwerb gerichtet zu sein (obgleich dies der Regelfall sein wird). Wer zu seinem Vergnügen oder aus Freude an künstlerischer Betätigung ohne Entgelt allabendlich auf einer Variétébühne auftritt, ist nach Ziff. 4 nicht zur Anwaltschaft zuzulassen. Wer dasselbe gelegentlich tut, fällt nicht unter diese Bestimmung (möglicherweise aber unter Ziff. 5, wo nur ein bestimmtes „Verhalten" erfordert ist).

d) Der EGH. pflegt streng zu unterscheiden, ob die Beschäftigung oder das Amt ꝛc. mit dem Beruf oder der Würde der Rechtsanwaltschaft unvereinbar seien. Praktisch hat jedoch diese kaum durchführbare Unterscheidung keine Bedeutung. Vgl. M. Friedländer, AVNachr. **3** 79; EGH. **1** 64; **16** 25; unten § 16 Anm. 12. Anm. 27.

e) Ob es sich um ein in- oder ausländisches Amt handelt und ob die Beschäftigung im In- oder Auslande betrieben wird, ist grundsätzlich gleichgültig. Anm. 28.

f) Im einzelnen ist folgendes anzuführen. Anm. 29.

Unvereinbar mit der Anwaltschaft sind regelmäßig: das Gewerbe eines Schankwirts (EGH. **1** 237), eines Unterhändlers (nicht widersprechend: EGH. **5** 133; **14** 51; vgl. auch **14** 101), eines Handwerkers, eines Buchhalters oder Schreibers, die Führung einer Versicherungsagentur (AKV. Kiel, AKJahrB. **1888** 11 Nr. 21), der Betrieb eines Provinzbankgeschäfts (EGH. **15** 27); die Stellung eines Kassiers bei der Ortskrankenkasse (AKJahrB. **1915** 9 Nr. 5); nach AKJahrB. **1902** 7 Nr. 6 (Dresden) das Gewerbe eines Brauereibesitzers (in Wirklichkeit wohl durchaus quaestio facti), endlich der Betrieb eines offenen Ladengeschäftes (AKV. Kiel, AKJahrB. **1893** 9 Nr. 21). Es ist aber z. B. sehr wohl denkbar, daß der Antragsteller Leiter eines großen industriellen Unternehmens ist, mit dem zugleich mehrere Verkaufsgeschäfte verbunden sind und daß nach Lage der Sache die Stellung mit der eines Anwalts wohl vereinbar erscheint. Über die Vereinbarkeit von Anwaltsberuf und Redaktionsposten vgl. AKJahrB. **1915** 13 Nr. 22.

Vereinbar mit der Stellung des Anwalts ist der Beruf eines Patentanwalts. Das ergibt sich klar aus § 17 mit § 1 PatAnwG. 21. 5. 00, ferner aus der ganzen, dem Rechtsanwaltsberufe ähnlichen Stellung der Patentanwälte. Gl. M.: Alexander-Katz, „Rechtsanwaltschaft und Patentanwaltschaft"; derselbe, DJZ. **1902** 170; Mothes, DRAZ. **6** 14. A. M.: Lesse, DJZ. **1902** 108. Vgl. auch Rauter, ArchÖffR. **22** 476 ff. Anm. 30.

In Zukunft wird vielleicht die Frage praktisch werden, ob die Stellung eines Staatsministers mit der Anwaltschaft vereinbar sei. Vom anwaltschaftlichen Standpunkt aus unterliegt die Bejahung dieser Frage keinem Bedenken.

B. (Ziffer 5): Der fünfte Versagungsgrund setzt voraus, daß sich der Antragsteller — nach dem Gutachten des Anwaltskammervorstandes — eines Verhaltens schuldig gemacht hat, welches die Ausschließung von der Rechtsanwaltschaft bedingen würde. Anm. 31.

1. Das Gesetz geht hier von der Fiktion eines Disziplinarverfahrens aus, welches stattfinden müßte, wenn der Antragsteller zur Zeit des tadelnswerten Verhaltens Anwalt gewesen wäre. Ob er zu der fraglichen Zeit wirklich Anwalt war oder nicht, ist gleichgültig. EGH. **1** 73, **12** 92. Ja es ist nicht einmal nötig, daß die betreffende Handlung so geartet war, daß sie im Anwaltsberufe überhaupt vorkommen könnte. Vgl. die Verh. des XXI. Deutschen Anwaltstages, Beil. zur JW. **1913** 20; Lehmann, JW. **1913** 790; M. Friedländer, AVNachr. **3** 79. Es genügt, wenn die Persönlichkeit des Antragstellers durch das Vergehen derartig charakterisiert wird, daß er dem Anwaltsstande nicht angehören kann. Vgl. EGH. **3** 76; **4** 304; **14** 10; **15** 23; **16** 44. Wenn z. B. ein Richter wegen Rechtsbeugung oder Bestechung verfolgt wurde, ins Ausland flüchtete und nach vollendeter Verjährung zurückkehrte, so läge zweifellos ein Versagungsgrund nach § 5 Ziff. 5 vor.

Anm. 32. Anderseits ist nicht jedes Verhalten, welches die Ausschließung eines Anwalts aus dem Anwaltsstande bedingen würde, als Versagungsgrund zu erachten. Wenn nämlich das Verhalten lediglich in der Ausübung einer Beschäftigung bestand, welche an sich nicht entehrend ist, aber dennoch wegen ihrer Unvereinbarkeit mit dem Anwaltsberuf und nur deswegen die Ausschließung aus demselben bedingen würde (man denke an eine Mäklertätigkeit), so kann unmöglich aus diesem Grunde — wenn die Tätigkeit nicht fortgesetzt werden soll — die Zulassung versagt werden. Denn § 5 Ziff. 5 setzt ebenso wie § 64 Verfehlungen voraus (arg.: „wer sich eines Verhaltens schuldig gemacht hat"), und eine Verfehlung liegt nicht vor, wenn jemand als Nichtanwalt ein einwandfreies, aber mit der Anwaltschaft unvereinbares Gewerbe betrieben hat.

Anm. 33. 2. In welchen Fällen die Ausschließung von der Rechtsanwaltschaft — die schwerste in der RAO. vorgesehene Disziplinarstrafe (§ 63 Ziff. 4) — Platz greift, läßt sich allgemein nur schwer bestimmen. Der EGH. sagt (**12** 35), die Ausschließung finde statt, „wenn entweder objektiv die Verfehlung eine derartige ist, daß ganz abgesehen von der sonstigen Integrität des betreffenden Anwalts ein weiteres Verbleiben im Anwaltsstande unmöglich erscheint oder wenn bei einer objektiv minder schweren Verfehlung das Vorleben des Anwalts und sein Charakter nicht mehr die nötige Garantie bietet, um ihn in dem Anwaltsberufe ferner belassen zu können". Vgl. hiezu auch M. Friedländer, AVNachr. **3** 84 und die dort besprochenen Entscheidungen (EGH. **16** 83, 192).

Für unsern Fall müssen wir mit Rücksicht auf das oben Anm. 31 und 32 Gesagte noch die weitere Möglichkeit hinzufügen, daß eine nicht von einem Anwalt begangene Verfehlung den Charakter des Antragstellers in einem solchen Lichte erscheinen läßt, daß er unmöglich dem Anwaltsstande angehören darf.

Nicht bloß der Einzelfall, sondern auch das Gesamtverhalten des Antragstellers ist bei Prüfung der Frage nach § 5 Ziff. 5 zu beachten. EGH. **1** 79, **1** 98, **14** 10.

Anm. 34. 3. Der EGH. hat früher ausgesprochen, daß der einmal entstandene Versagungsgrund unter keinen Umständen durch spätere Besserung beseitigt werden könne. EGH. **1** 96, **5** 194. Vgl. dagegen AKV. Breslau, AKJahrB. **1886** 3.

Wir können diesem Satze nicht beipflichten. Die Frage nämlich, ob Ausschließung wegen jenes früheren Verhaltens zu erfolgen hätte, ist nach der Sachlage im Zeitpunkte der Zulassungsentscheidung bzw. des Gutachtens zu beantworten, wie schon der Wortlaut ergibt („gemacht hat" und „bedingen würde", nicht: „bedingt hätte"). Nun unterscheidet der EGH. selbst, wie wir oben gesehen haben, diejenigen Fälle, in welchen objektiv eine so schwere Verfehlung vorliegt, daß ohne Rücksicht auf sonstige Umstände die Ausschließung geboten wäre, von denjenigen Fällen, in welchen nur das Gesamtverhalten im Zusammenhalt mit der Verfehlung die Ausschließung bedingt. Es ist aber nicht einzusehen, warum in den letzteren Fällen, selbst wenn das Vorleben im Zusammenhalt mit der Verfehlung die Ausschließung begründet hätte, eine nachhaltige, vielleicht durch Jahre erprobte Besserung nicht ebenfalls zu dem Gesamtverhalten sollte hinzugerechnet werden dürfen. Recht und Billigkeit gebieten vielmehr unbedingt dies zu tun. Der EGH. hat ferner in zahlreichen Entscheidungen, wenn es sich um Ausschließung von der Rechtsanwaltschaft handelte, mit Recht die Frage geprüft, ob bei Verhängung einer milderen Strafe Besserung zu erwarten sei (vgl. z. B. **13** 47; **13** 50). Einer bereits eingetretenen Besserung aber sollte für die nachträgliche Beurteilung des Vergehens keinerlei Bedeutung zukommen? — Der EGH. will übrigens neuerdings offenbar an seiner früher ausgesprochenen, hier bekämpften Ansicht nicht mehr festhalten, wenn er sie auch noch nicht mit ausdrücklichen Worten aufgegeben hat; vgl. **15** 8; **16** 34, 44 und M. Friedländer, AWNachr. **3** 77.

Eine Verjährung im Sinne des Strafrechts gibt es freilich auch nach unserer Meinung nicht. EGH. **4** 112 ff.

4. Es bedarf keiner Begründung, daß die vorgängige Aburteilung einer Handlung im Straf- oder Disziplinarverfahren eine Berücksichtigung dieser Handlung gemäß § 5 Ziff. 5 nicht ausschließt. Berger § 5 Anm. 6; Meyer § 5 Anm. 8; EGH. **1** 73, **2** 33, **10** 201. Wegen der bindenden Kraft des Straf- und Disziplinarurteils vgl. § 65 Anm. 27, 29, 30. Anm. 35.

Die Begnadigung eines ehrengerichtlich oder kriminell Verurteilten hindert nicht die Versagung der Zulassung wegen der dem Urteil zugrunde liegenden Tatsachen nach § 5 Ziff. 5. Ebenso: HansAKB. in AKJahrB. **1907** 2 ff.; JahrB. der AK. Berlin **1916** 5. Vgl. unten Exk. vor § 62 Anm. 11. Auch bei Wiederaufnahme eines kriminellen Strafverfahrens (vgl. hiezu unten: § 91 Anm. 15) gilt das Gleiche: denn trotz Freisprechung kann die Handlung eine schwere anwaltschaftliche Verfehlung enthalten; dies kann vor allem auch dann der Fall sein, wenn nicht Freisprechung erfolgt, sondern nur die Strafe in Wegfall kommt, die den Verlust der Anwaltschaft zur Folge hatte. Tritt dagegen Freisprechung im ehrengerichtlichen Wiederaufnahmeverfahren ein, so darf der dem früheren Urteil zugrunde liegende Tatbestand für sich allein nicht als Versagungsgrund nach § 5 Ziff. 5 herangezogen werden (vgl. Exk. zu § 91 Anm. 15); dem stünde die Rechtskraft des Urteils im Wiederaufnahmeverfahren entgegen.

Eine Besonderheit ergibt sich ferner aus § 6 Ziff. 3 RAO.: wurde ein Rechtsanwalt ehrengerichtlich verurteilt, jedoch nicht zur Ausschließung, so kann der diesem Urteil zugrunde liegende Tatbestand nicht für sich allein später als Versagungsgrund nach § 5 Ziff. 5 verwertet werden. Denn nach § 6 Ziff. 3 bildet die frühere Bestrafung höchstens einen fakultativen Versagungsgrund, nicht aber einen obligatorischen. Einer strengeren Beurteilung des Tatbestandes steht aber, wenn nicht neue Momente hinzukommen, das frühere rechtskräftige Urteil entgegen. Ebenso: EGH. **10** 203.

5. Es ist gleichgültig, ob die Handlung, wegen welcher die Zulassung versagt werden soll, im Inlande oder im Auslande begangen wurde. Doch wird im letzteren Falle möglicherweise eine andere moralische Beurteilung einzutreten haben, da jedes Verhalten — wenigstens bis zu einem gewissen Grade — nach den Umständen, unter denen es zu Tage getreten ist, beurteilt werden muß. (Vgl. EGH. **12** 40). Anm. 36.

C. (Ziffer 6): Der letzte Versagungsgrund liegt vor, wenn nach dem Gutachten des AKB. der Antragsteller zur Erfüllung der anwaltschaftlichen Pflichten dauernd unfähig ist, und zwar entweder wegen eines körperlichen Gebrechens oder wegen körperlicher oder geistiger Schwäche. Anm. 37.

1. Körperliche Schwäche und körperliches Gebrechen sind nicht identisch. Wer taubstumm ist, wird unfähig zur Ausübung des Anwaltsberufes sein, ohne daß er an Körperschwäche zu leiden braucht. Das körperliche Gebrechen bezeichnet einzelne Defekte, wie Taubheit, Blindheit 2c. (vgl. BGB. § 1910), die körperliche Schwäche den allgemeinen Verfall der körperlichen Leistungsfähigkeit.

Geistige Schwäche im Sinne der Ziff. 6 umfaßt jede intellektuelle und psychische Abnormität, also vor allem Geisteskrankheit und Geistesschwäche, aber auch hochgradige nervöse Reizbarkeit, geistige Altersschwäche 2c. Vgl. EGH. **9** 35; **16** 29.

2. Unfähigkeit zur Erfüllung der Anwaltspflichten muß vorliegen. Anm. 38.

Dies ist der Fall, wenn eine normale Berufsausübung durch den Bewerber ausgeschlossen erscheint. Bei der Entscheidung dieser Frage muß ein Durchschnittsmaßstab angelegt werden. Dabei ist zu berücksichtigen, daß der Rechtsanwalt — im Gegensatz zum Richterbeamten — den Umfang seiner Tätigkeit bis zu einem gewissen Grade selbst zu bestimmen hat; es kann also jemand infolge körperlicher oder geistiger Schwäche zum Richteramte untauglich sein — weil der Inhaber dieses Amtes auch eine Überlastung mit Arbeit sich gefallen lassen muß — während er den nach jeder Richtung freieren Anwaltsberuf wohl noch auszuüben vermag. So: EGH. 2 38; **12** 105.

Dagegen ist es nicht angängig, den zu einzelnen Arten der normalen Berufstätigkeit noch fähigen, zu anderen aber geistig unfähigen Bewerber mit der Begründung zuzulassen, daß er sich auf diejenigen Arten der Berufsausübung, denen er gewachsen sei, beschränken könne. Dies würde eine große Gefahr für das Rechtsschutz suchende Publikum, in dessen Interesse die Gesetzesbestimmung hauptsächlich erlassen wurde (Motive 41), bedeuten. Gerade der Unfähige geht ja häufig an den Schwierigkeiten einer Sache blind vorüber und darf nicht zum Richter darüber gemacht werden, ob er einer Tätigkeit ihrer Qualität nach gewachsen sei oder nicht. Dazu kommt, daß der Rechtsanwalt fähig sein muß, jedes Pflichtmandat zu führen. Auch der Charakter des Ortes, an welchem der Bewerber seine Zulassung nehmen will, kann für die Beurteilung der Fähigkeit zur Erfüllung der Anwaltspflichten nicht maßgebend sein; denn da die Bestimmung des § 5 auf den Zulassungswechsel keine Anwendung findet, so würde eine derartige Unterscheidung zu einer höchst einfachen Gesetzesumgehung führen: der Bewerber brauchte nur zunächst die Zulassung bei einem kleinen Amtsgerichte zu nehmen, bei welchem die Praxis als qualitativ einfach angesehen wird, und könnte dann nach kurzer Zeit unbehindert in die Großstadt zu einem Landgerichte desselben Bundesstaates übersiedeln. Das Gesetz kann es dulden, daß Anwälte zugelassen werden, welche quantitativ — d. h. der Zahl der Sachen nach — das Normale nicht mehr zu leisten vermögen; nicht aber, daß die Zulassung solcher Personen erfolgt, welche unfähig sind, qualitativ auf allen Gebieten der anwaltschaftlichen Tätigkeit das Durchschnittsmaß zu erreichen, oder welche überhaupt einzelne Tätigkeiten, die normalerweise zur Erfüllung des Anwaltsberufes gehören, nicht auszuüben vermögen. Letzteres ist z. B. der Fall, wenn ein Anwalt wegen völliger Taubheit zwar Klagen, Schriftsätze rc. fertigen, nicht aber bei Gericht auftreten und Informationen aufnehmen kann.

Anm. 39. 3. Die Unfähigkeit muß eine dauernde sein. Dies ist der Fall, wenn der körperliche oder geistige Zustand nach menschlicher Berechnung nicht lediglich vorübergehender Natur ist. Daß „dauernd" nicht gleich „immerwährend" oder „lebenslänglich" ist, folgt z. B. auch aus §§ 617, 630 BGB.; vgl. ferner JW. **1913** 974 Nr. 1 (RG.).

Anm. 40. **VI. Wird in den Fällen des § 5 trotz Vorliegens eines obligatorischen Versagungsgrundes die Zulassung dennoch erteilt, so gilt folgendes:** Zunächst unterliegt es keinem Zweifel, daß die Zulassung, wenn die sonstigen Voraussetzungen gegeben sind, trotz der Verletzung des § 5 wirksam ist. Dies ergibt sich indirekt aus § 21 Abs. 1 Ziff. 3 und Abs. 2 RAO. Danach ist in den Fällen des § 5 Ziff. 1 und 2 die Zulassung zurückzunehmen, wenn die Versagungsgründe nicht beachtet wurden, wobei jedoch im Falle der Ziffer 1 von der Zurücknahme abgesehen werden kann, wenn der Versagungsgrund nicht mehr vorliegt. Siehe auch Finger, VerglD. **8** 353. Nicht zutreffend: Bendix, Substitution und Simultanzulassung (1910) 22 [Fußnote].

Bei Nichtbeachtung der Vorschrift in Ziff. 5 kann im Wege des ehrengerichtlichen Verfahrens gemäß § 64 Abhilfe geschaffen werden. Zu Ziff. 3 vgl. § 22.

§ 6.

Die Zulassung kann versagt werden:

1. wenn der Antragsteller, nachdem er die Fähigkeit zur Rechtsanwaltschaft erlangt hatte, während eines Zeitraumes von drei Jahren weder als Rechtsanwalt zugelassen ist, noch ein Reichs-, Staats- oder Gemeindeamt bekleidet hat, noch im Justizdienst oder als Lehrer des Rechts an einer deutschen Universität tätig gewesen ist;
2. wenn der Antragsteller infolge strafgerichtlichen Urteils die Fähigkeit zur Bekleidung öffentlicher Ämter auf Zeit verloren hatte;
3. wenn gegen den Antragsteller, welcher früher Rechtsanwalt gewesen ist, innerhalb der letzten zwei Jahre im ehrengerichtlichen Verfahren auf Verweis oder auf Geldstrafe von mehr als einhundertfünfzig Mark erkannt worden ist.

I. Allgemeiner Inhalt des Paragraphen. Der vorliegende Paragraph ent- Anm. 1.
hält eine Gruppe der fakultativen Versagungsgründe, also derjenigen Fälle, in welchen die Zulassung von dem freien Ermessen der Landesjustizverwaltung abhängt. Es handelt sich um lauter absolute Versagungsgründe, d. h. solche, welche für jedes Gericht gelten (vgl. Vorbem. zu Abschn. I Anm. 6).

II. Umfang der Geltung des Paragraphen. Auch hier handelt es sich wie Anm. 2.
bei § 5 nur um die Zulassung zur Rechtsanwaltschaft im engeren Sinne, nicht um die Fälle der weiteren Zulassung; für diese treffen die §§ 9—12, 15, 104 Bestimmung. Für die Zulassung beim Reichsgericht ist § 6 ohne Bedeutung, da hier an sich freies Ermessen entscheidet (§ 99 Satz 2); gleiches gilt für die Zulassung in einem fremden Bundesstaate.

III. Die einzelnen Versagungsgründe. Anm. 3.

A. (Ziffer 1): 1. In dem Entwurf zur RAO. war bestimmt, daß die Zulassung des zur Rechtsanwaltschaft Befähigten erfolgen müsse, sofern er diese Zulassung binnen einem Jahre nach bestandener Prüfung beantrage. Dieses Recht sollte ferner mit Anstellung im Staatsdienste erlöschen. (§ 5 des Entw., Siegel 194).

Die Reichstagskommission hat diese Bestimmung, welche zugleich einen tiefen Eingriff in die Freigebung der Rechtsanwaltschaft und eine ungerechtfertigte Hemmung des Übergangs vom Richteramt zum Anwaltsberufe bedeutete, verworfen und an ihre Stelle die Vorschrift gesetzt, aus welcher dann mit geringfügiger Änderung die Ziff. 1 des § 6 entstanden ist (KommB. 6, 7).

Die von der Kommission geschaffene Bestimmung hat innerlich keine Ähnlichkeit mehr mit der oben erwähnten Stelle des Entwurfes. Der Grundgedanke der neuen Vorschrift ist der, daß ein Recht auf Zulassung dann nicht mehr zu gewähren sei, wenn der Antragsteller während eines längeren Zeitraums keine Tätigkeit ausgeübt hat, die in irgendeinem Zusammenhange mit der Rechtswissenschaft steht.

2. Während eines Zeitraums von drei Jahren muß der Antrag- Anm. 4.
steller den in § 6 Ziff. 1 bezeichneten Berufszweigen fern geblieben sein.

a) Daß der Zeitraum von drei Jahren ein zusammenhängender sein muß, unterliegt keinem Zweifel. Vgl. Meyer § 6 Anm. 4; Berger § 6 Anm. 2.

b) Daß er nach Erlangung der Fähigkeit zur Rechtsanwaltschaft liegen muß, ist ausdrücklich bestimmt. (Vgl. hiezu die Anmerkungen zu § 1).

c) Keinen Anhalt bietet das Gesetz dafür, daß mit dem dreijährigen Zeitraum nur diejenigen 3 Jahre gemeint seien, die unmittelbar auf die Erlangung der Fähigkeit zur Rechtsanwaltschaft folgen. Diese Auslegung würde auch dem Zweck des Gesetzes widersprechen; sie ist bereits bei den parlamentarischen Verhandlungen abgelehnt worden (s. unten Anm. 5).

Anm. 5. d) Man hat auch die Frage aufgeworfen, ob die drei Jahre unmittelbar vor der Stellung des Zulassungsantrags bzw. vor der Zulassungsentscheidung liegen müssen, oder ob es genügt, wenn die dreijährige Pause irgendwann in früherer Zeit — nach Erlangung der Fähigkeit zur Rechtsanwaltschaft — eingetreten ist.

Obwohl der Berichterstatter Dr. Wolffson erklärt hat, die Kommission sei von der Auffassung ausgegangen, daß es sich um die „letzten drei Jahre handle" (Siegel 480), und obwohl sich unmittelbar an diese Erklärung die Abstimmung im Plenum anschloß, ist es doch unmöglich, dem Gesetze, wie es vorliegt, diese Auslegung zu geben. Irgendein Hinweis darauf, daß der dreijährige Zeitraum einem bestimmten Ereignis unmittelbar vorausgehen müsse, findet sich im Gesetze nicht.

Praktisch würde der Ausspruch des Dr. Wolffson dazu führen, daß jemand, der noch so lange Zeit nach bestandenem Examen außer aller Beziehung zu Rechtswissenschaft und Praxis stand, lediglich als Assessor in den Justizdienst zurückzutreten brauchte, um auf diesem Umwege sofort wieder das Recht auf Zulassung zur Anwaltschaft zu erlangen (vgl. Meyer § 6 Anm. 4).

Damit würde also gerade der oben erwähnte Zweck des Gesetzes vereitelt. Es ist auch anzunehmen, daß Dr. Wolffson eigentlich gar nicht das hervorheben wollte, was er gesagt hat. Die Frage des Abg. Windthorst nämlich, zu deren Beantwortung er das Wort ergriff, ging lediglich dahin, ob mit dem dreijährigen Zeitraum nur die Zeit unmittelbar nach Erlangung der Fähigkeit zur Anwaltschaft gemeint sei — also die ersten drei Jahre —, oder ob auch eine spätere Zeit in Betracht käme. Um nun die Frage nach den ersten drei Jahren zu verneinen, nannte der Berichterstatter etwas übereifrig die letzten drei Jahre, wahrscheinlich ohne daran zu denken, daß auch dazwischen liegende Zeiten in Betracht kommen könnten.

Anm. 6. e) Wir kommen also zu dem Resultate, daß der Versagungsgrund des § 6 Ziff. 1 vorliegt, wenn der Antragsteller nach erlangter Fähigkeit zur Rechtsanwaltschaft irgendwann während eines zusammenhängenden Zeitraums von drei Jahren keine der im Gesetz bezeichneten Beschäftigungen ausgeübt hat. Gl. M.: Meyer § 6 Anm. 4; Berger § 6 Anm. 2. A. M.: Turnau § 6 Anm. 1.

Daß auch dieses Resultat zu großen Härten führen kann, ist leider nicht zu leugnen. Dies ist namentlich dann der Fall, wenn der Antragsteller nach Ablauf des dreijährigen Zeitraums wieder als Anwalt zugelassen war. Legt er dann die Anwaltschaft nieder und beantragt nach einem Jahr neuerdings die Zulassung, so kann ihm diese versagt werden, mag er auch zwanzig Jahre lang Anwalt gewesen, also gewiß nicht außer Beziehung zu Wissenschaft und Praxis gekommen sein. Das ist offenbar unbillig und ein eklatanter Mangel des Gesetzes.

Anm. 7. f) Weiter ist die Frage zu beantworten, ob der Versagungsgrund vorliegt, wenn die dreijährige Frist zwar bei Stellung des Antrags auf Zulassung noch nicht abgelaufen war, wohl aber im Zeitpunkt der Zulassungsentscheidung. Die Frage ist zu verneinen. Maßgebend ist der Zeitpunkt, in dem der Antrag gestellt wurde, auf welchen dann schließlich die Zulassungsentscheidung ergeht. Vgl. hiezu: M. Friedländer, JW. **1911** 354.

g) Die Frist wird nicht dadurch gehemmt, daß während eines Teils des dreijährigen Zeitraumes des Zulassungsantrag aus anderen Gründen (z. B. wegen Konkurses) nicht mit Aussicht auf Erfolg gestellt werden konnte. (Ebenso Jahresbericht der AK. Berlin 1916 S. 5).

3. Die Beschäftigungen ꝛc., deren Ausübung den in § 6 Ziff. 1 vorgesehenen Rechtsverlust hindert, sind: Anm. 8.

a) Die Rechtsanwaltschaft. Nach dem Zweck der Bestimmung ist es erforderlich, daß der Betreffende wirklich Rechtsanwalt,[1]) also auch in die Liste nach § 20 eingetragen war (vgl. § 20 Anm. 7). Ebenso die preußische Praxis; a. M.: EGH. **13** 1, 10; **15** 60.

Wenn also die Zurücknahme der Zulassung erfolgte, ehe die Eintragung in die Liste geschah, so gilt die Frist nicht als unterbrochen.

Gleichgültig ist, ob die frühere Zulassung in demselben Bundesstaate erfolgte, in welchem die neue Zulassung begehrt wird, oder in einem anderen.

b) Die Bekleidung eines Reichs-, Staats- oder Gemeindeamtes. Wesentlich ist hier wie im Falle des § 5 Ziff. 4, daß der Betreffende nicht nur Beamter ist, sondern auch das Amt versieht. Vgl. oben § 5 Anm. 19.

c) Tätigkeit im Justizdienst. Dies braucht nicht der höhere Justizdienst zu sein; auch die Stellung eines Gerichtsschreibers gehört hieher (letzteres ist praktisch wichtig für Bayern). Anm. 9.

Der Begriff „im Justizdienste tätig sein" wurde in der RTKomm. erläutert. Der Ausdruck soll hienach bedeuten, daß der Betreffende nicht ausdrücklich aus dem Justizdienste ausgeschieden ist bzw. aus der Liste der Justizdienstaspiranten gestrichen wurde und daß er bei Behörden oder Rechtsanwälten mit juristischen Arbeiten beschäftigt ist. (KommB. 7; Siegeth, Anhang 92/4). Man wird aber hienach auch diejenigen Assessoren, gepr. Rechtspraktikanten ꝛc., welche mit Zustimmung der Justizverwaltung in anderen Betrieben juristisch beschäftigt werden, hierher rechnen müssen, wenn diese Tätigkeit ihnen wie die Praxis bei Gericht angerechnet wird und sie weiter als Justizdienstadspiranten gelten. Vgl. für Bayern §§ 1, 2, 9 VO. 4. 1. 01 (JMBl. 50); JMBek. 5. 11. 07 (JMBl. 393); JMBek. 6. 11. 08 (JMBl. 253) ꝛc.

d) Tätigkeit als Lehrer des Rechts an einer deutschen Universität. Hier ist im Gegensatz zu § 4 GVG. nicht erfordert, daß der Antragsteller als „ordentlicher öffentlicher Lehrer" tätig war. Mithin kommen auch außerordentliche Professoren, Honorarprofessoren und Privatdozenten in Betracht. Im übrigen vgl. § 1 Anm. 3. Anm. 10.

B. (Ziffer 2): Wenn der Antragsteller die Fähigkeit zur Bekleidung öffentlicher Ämter infolge Strafurteils zurzeit nicht besitzt, so muß ihm die Zulassung nach § 5 Ziff. 1 versagt werden. Die Versagung kann erfolgen, wenn er zwar die Fähigkeit zurzeit wieder besitzt, wenn sie ihm aber früher einmal auf Zeit aberkannt war. Vgl. hiezu § 5 Anm. 4—7. Anm. 11.

Übrigens wird in diesen Fällen häufig für den AKV. Anlaß bestehen,[2]) das Vorliegen der Voraussetzungen des § 5 Ziff. 5 anzunehmen, worauf dann die Zulassung versagt werden muß. Verneint der Vorstand die Frage, so kann trotzdem die LJV. gemäß § 6 Ziff. 2 die Zulassung versagen.

C. (Ziffer 3): 1. Die Bestimmung in Ziff. 3 ist eine Ergänzung der Vorschrift des § 15 Ziff. 1, wonach die Zulassung eines Rechtsanwalts bei einem anderen Gerichte versagt werden kann, wenn der Anwalt innerhalb der letzten 2 Jahre gewisse schwerere Disziplinarstrafen erlitten hat. Anm. 12.

---

[1]) Hieher muß sinngemäß auch die Tätigkeit als Generalsubstitut eines Rechtsanwalts gerechnet werden. Vgl. hiezu RG. JW. **1883** 209.

[2]) Meyer sagt hier (§ 6 Anm. 7): „Ein solcher Fall kann aber auch nach § 5 Ziff. 5 behandelt werden. Geschieht dies, d. h. fordert die LJV. — statt ohne weiteres von dem ihr in dieser Nr. 2 beigelegten Recht auf Zulassung oder Versagung derselben Gebrauch zu machen — ein Gutachten des AKV. ein . . ." Meyer übersieht hier offenbar, daß die LJV. immer ein Gutachten des AKV. einholen muß und daß dies nicht in ihrem Belieben steht (§ 3 Abs. 2 RAO.).

Da diese Bestimmung leicht dadurch umgangen werden könnte, daß der Anwalt seine Zulassung aufgäbe und sofort um Wiederzulassung bei dem anderen Gerichte einkäme, so erwies sich die Schaffung des in § 6 Ziff. 3 enthaltenen Versagungsgrundes als notwendig. (Vgl. Meyer § 6 Anm. 8).

Anm. 13. 2. Erste Voraussetzung ist, daß der Antragsteller früher Rechtsanwalt war. Es genügt also nicht, daß er zugelassen war, er muß auch in die Liste eingetragen gewesen sein. Früher ist auch eine ehrengerichtliche Bestrafung gar nicht möglich.

Anm. 14. 3. Innerhalb der letzten zwei Jahre muß eine der im Gesetze bezeichneten Disziplinarstrafen ausgesprochen worden sein.

Fraglich könnte es sein, ob die zwei Jahre von der Antragstellung bzw. Entscheidung oder von dem Tage des Ausscheidens aus der Anwaltschaft zurückzurechnen seien. Ersteres entspricht allein dem oben in Anm. 12 bezeichneten Zweck des Gesetzes, während im anderen Falle die Bestimmung eine unbegreifliche Härte und eine viel zu schwere Straffolge des Disziplinarurteils (ev. auf Jahrzehnte hinaus!) enthalten würde.

Die zwei Jahre sind von der Entscheidung über die Zulassung zurückzurechnen. Vgl. M. Friedländer, JW. **1911** 354. Liegt die Rechtskraft des ehrengerichtlichen Erkenntnisses innerhalb dieser zweijährigen Frist, so ist der Versagungsgrund gegeben. Die zweijährige Frist beginnt mit demjenigen Tage, welcher durch seine Benennung und Zahl dem der Zulassungsentscheidung vorausgehenden Tage entspricht (vgl. § 188 Abs. 2 BGB.; Dernburg **1** 361 Anm. 6). Wird also über die Zulassung am 20. Februar 1907 entschieden, so kommt die Zeit vom 19. Februar 1905 in Betracht.

Anm. 15. 4. Im ehrengerichtlichen Verfahren muß auf Strafe erkannt sein. Die Strafe kann auch auf Grund früheren Rechts verhängt worden sein. Dies ergibt sich direkt aus § 116 RAO.

Rechtskräftiges Erkenntnis ist selbstverständliche Voraussetzung (vgl. Meyer § 15 Anm. 2).

Anm. 16. 5. Das Urteil muß mindestens auf Verweis oder auf Geldstrafe von mehr als 150 Mark gelautet haben. Einzelheiten vgl. bei § 43 Anm. 9.

Wegen der heute praktisch bedeutungslosen Übergangsbestimmung des § 116 vgl. Anm. 1 und 2 zu diesem Paragraphen.

§ 7.

Ist gegen den nach § 4 berechtigten Antragsteller wegen einer strafbaren Handlung, welche die Unfähigkeit zur Bekleidung öffentlicher Ämter zur Folge haben kann, die öffentliche Klage erhoben, so ist die Entscheidung über die Zulassung bis zur Beendigung der Untersuchung auszusetzen.

Anm. 1. **I. Inhalt und Zweck der Vorschrift.** Der Paragraph normiert einen Fall, in welchem die Aussetzung der Zulassungsentscheidung erfolgen muß. Der gesetzgeberische Zweck der Vorschrift ist klar. Wenn mit einiger Wahrscheinlichkeit anzunehmen ist, daß der Antragsteller wegen einer von ihm begangenen Straftat alsbald die Fähigkeit zur Bekleidung öffentlicher Ämter verlieren werde, so liegt es im Interesse der Öffentlichkeit und des Anwaltsstandes, den Betreffenden erst gar nicht zuzulassen, sondern den Ausgang des Strafverfahrens abzuwarten.

Der Entwurf wollte die Aussetzung der Entscheidung in das Ermessen der LJV. stellen (Siegel 195). Die Kommission hat jedoch aus der fakultativen Bestimmung eine obligatorische gemacht (KommB. 8).

Anm. 2. **II. Einzelnes.** 1. Nur ein nach § 4 berechtigter Antragsteller kommt in Betracht.

Nun normiert zwar § 4 das Recht auf Zulassung; allein inwieweit dieses Recht besteht, läßt sich nur bestimmen im Zusammenhalt mit denjenigen Paragraphen, welche die Ausnahmen von dem Recht auf Zulassung enthalten (§ 4 Abs. 3). Für die Feststellung, ob der Antragsteller nach § 4 berechtigt sei, muß daher vor allem auch geprüft werden, ob keine der Ausnahmevorschriften einschlägt.

Liegt also z. B. einer der obligatorischen Versagungsgründe nach § 5 Ziff. 2—6 vor, so braucht die Aussetzung der Entscheidung nach § 7 nicht zu erfolgen. Sie ist zulässig, aber nicht geboten. In einem Falle des § 5 Ziff. 2 wäre sie z. B. ohne Sinn und Zweck.

Liegen fakultative Versagungsgründe vor, so ist die Aussetzung jedenfalls dann nicht geboten, wenn die LJV. aus einem dieser Gründe die Zulassung versagen will; im entgegengesetzten Fall erscheint jedoch bei sinngemäßer Anwendung des § 7 die Aussetzung geboten. Vgl. § 99 Anm. 5.

2. Auch § 7 bezieht sich nur auf die Fälle der Zulassung zur Rechtsanwaltschaft im engeren Sinne. Ist die Person, welche in Anklagezustand versetzt wird, schon zur Anwaltschaft zugelassen, so hat die Öffentlichkeit kein Interesse daran, daß die Zulassung bei einem anderen Gerichte unbedingt verhindert werde. Anm. 3.

3. Es muß eine strafbare Handlung in Frage stehen, welche die Unfähigkeit zur Bekleidung öffentlicher Ämter zur Folge haben kann. Anm. 4.

Dies ist bei allen Delikten der Fall, auf welche Todesstrafe oder Zuchthaus steht, ferner bei allen strafbaren Handlungen, bei welchen das Gesetz die Aberkennung der bürgerlichen Ehrenrechte oder der Fähigkeit zur Bekleidung öffentlicher Ämter ausdrücklich zuläßt (§§ 31, 32, 34, 35, 128, 129 StGB. ꝛc.).

4. Die öffentliche Klage muß wegen eines der bezeichneten Delikte gegen den Antragsteller erhoben sein. In den hier in Betracht kommenden Fällen ist die Anklageerhebung nur in den Formen des § 168 StPO. (Antrag auf gerichtliche Voruntersuchung oder Einreichung einer Anklageschrift) und gemäß § 265 StPO. in der Hauptverhandlung möglich. Anm. 5.

Hier ist nun zu beachten, daß die rechtliche Qualifikation der Tat, welche die Staatsanwaltschaft ihrer Anklage zugrunde legt, für das Gericht nicht maßgebend ist, daß also die Anklagebehörde ein Delikt annehmen kann, wegen dessen die Aberkennung der bürgerlichen Ehrenrechte zulässig ist (z. B. § 224 StGB.), während das Gericht einen Paragraphen anwenden will, bei welchem auf die Nebenstrafe nicht erkannt werden kann (z. B. § 223a StGB.), und umgekehrt. Anm. 6.

In diesen Fällen muß man einerseits annehmen, daß die Qualifikation, welche die Anklagebehörde der Tat gibt, unbedingt maßgebend ist, wenn sie zur Aussetzung nach § 7 führt, mag auch der Eröffnungsbeschluß auf anderem Standpunkte stehen (das Urteil kann ja wieder zu der Rechtsanschauung der Anklageschrift zurückkehren); anderseits muß trotz milderer Qualifikation in der Anklageschrift die Aussetzung erfolgen, wenn der Eröffnungsbeschluß oder das Urteil ein Delikt als gegeben annimmt, wegen dessen der Verlust der Fähigkeit zur Bekleidung öffentlicher Ämter eintreten kann. Dies gilt beim Urteil bis zur Rechtskraft selbst dann, wenn es nur auf Gefängnis lautet und die Nebenstrafe nicht ausspricht, sofern die Staatsanwaltschaft ein Rechtsmittel einlegt, denn das Urteil kann in höherer Instanz eine Abänderung oder Aufhebung erfahren.

Daß die vorstehend gegebene Auslegung richtig ist, und daß nicht auf die in der Anklage gegebene rechtliche Qualifikation allein Rücksicht genommen werden darf, ergibt sich aus dem ganzen Aufbau unseres Strafprozesses. Auch die Entstehungsgeschichte des § 7 RAO. spricht dafür. Im Entwurfe (§ 6) hieß es nämlich nicht wie jetzt: „ist die öffentliche Klage erhoben", sondern: „ist eine gerichtliche Untersuchung anhängig". Diese Fassung wurde von der Kommission in die jetzige geändert, wobei die Änderung als eine rein redaktionelle bezeichnet wurde (vgl. KommProt. bei Siegeth Anhang 94).

Anm. 7. 5. Die Aussetzung hat bis zur Beendigung der Untersuchung zu erfolgen. Solche liegt vor bei Rechtskraft des Urteils oder der Entscheidung auf Nichteröffnung des Hauptverfahrens bzw. Außerverfolgungsetzung (§ 202 StPO.).

Anm. 8. 6. Die Aussetzung der Entscheidung über die Zulassung kann auch in anderen Fällen erfolgen, und zwar sowohl bei der Zulassung zur Rechtsanwaltschaft im engeren Sinne als auch bei der weiteren Zulassung. Sie darf aber nicht durch ihre Dauer das Recht auf Zulassung verletzen. EGH. **11** 44 betrifft einen Fall, in welchem der Anwaltskammervorstand die Erstattung seines Gutachtens nach § 5 Ziff. 5 bis zur Entscheidung über die Zurücknahme der ersten Zulassung ausgesetzt hatte. Vgl. auch § 111 Anm. 4. Diese Aussetzung des Gutachtens wird namentlich dann zweckmäßig sein, wenn gegen einen Antragsteller, welcher früher Rechtsanwalt war, noch ein ehrengerichtliches Strafverfahren schwebt, von dem mit Wahrscheinlichkeit vorauszusehen ist, daß es zur Ausschließung führt.

§ 8.

Die Zulassung erfolgt bei einem bestimmten Gerichte.

Kammern für Handelssachen, welche ihren Sitz an einem anderen Orte, als an dem des Landgerichts haben, sind im Sinne dieses Gesetzes als besondere Gerichte anzusehen.

Anm. 1. **I. (Absatz 1):** 1. Allgemeiner Inhalt und Entstehungsgeschichte. Der erste Absatz des § 8 enthält das Grundprinzip der Lokalisierung[1]) der Anwaltschaft. Es gibt keine Zulassung zur Rechtsanwaltschaft ohne Zulassung bei einem bestimmten Gerichte. Hierin kennzeichnet sich vor allem der Zusammenhang der heutigen Anwaltschaft mit der früheren Prokuratur. Der Anwaltszwang, wie er unseren Zivilprozeß beherrscht, setzt schon das Prinzip der Lokalisierung voraus (§ 78 ZPO.), freilich an sich nur bezüglich der Kollegialgerichte. Allein man hat sich doch entschlossen, im Interesse der an den Amtsgerichtssitzen oder in deren Nähe wohnhaften Bevölkerung auch die Zulassung bei den Amtsgerichten mit entsprechender Residenzpflicht einzuführen.

Der Streit über diesen Gegenstand füllt einen erheblichen Teil der Kommissions- und Reichstagsverhandlungen aus. Noch in zweiter Lesung hat das Plenum des Reichstags die Institution der Amtsgerichtsanwälte gestrichen; in der dritten Beratung kam jedoch — da die Regierungen den Beschluß der zweiten Lesung für unannehmbar erklärten — die jetzige Fassung des Gesetzes zur Annahme.

Anm. 2. 2. Grundsätzlich erfolgt die Zulassung nur bei einem Gerichte. Doch enthalten die §§ 9—12, 104, 107, 114 Ausnahmen von diesem Prinzip, indem sie die Zulassung bei mehreren Gerichten in besonderen Fällen gestatten. Weitere willkürliche Ausnahmen zu machen ist der LJV. nicht gestattet. Es ist daher absolut unzulässig, einen Rechtsanwalt bei mehreren Amtsgerichten zuzulassen, wie dies nach JW. **1882** 177 ff. im Oberlandesgerichtsbezirk Jena geschehen ist. Dennoch scheint man wegen der Zulässigkeit damals gar keine Bedenken gehabt zu haben. Vgl. dagegen AKJahrB. **1886** 3; Reskript des preuß. JM. v. 2. 7. 88 bei Müller preuß. Justizverwaltung[6] **1** 144.

Die Zulassung bei einem Gericht bedeutet Zulassung bei dem ganzen Gericht, nicht bei einzelnen Abteilungen oder Kammern desselben. Eine solche

---

[1]) Gegen die Beibehaltung dieses Prinzips de lege ferenda: Boehm, JW. **1907** 121 ff. Auerbach, DJZ. **1913** 1026. Vgl. anderseits: Berger, Gutachten f. d. XXI. Deutschen Anwaltstag, Beilage zur JW. 1913 und Verhandlungen dieses Anwaltstages.

beschränkte Zulassung ist unstatthaft. Jedoch besteht auch hier eine Ausnahme, nämlich im Falle des § 8 Abs. 2.

II. (Absatz 2): Der zweite Absatz des vorliegenden Paragraphen handelt von der Zulassung bei den sogenannten detachierten Kammern für Handelssachen. Anm. 3.

Nach § 100 GVG. können bei den Landgerichten für deren Bezirke oder für örtlich abgegrenzte Teile derselben Kammern für Handelssachen gebildet werden. Im letzteren Falle kann die Kammer ihren Sitz am Orte des Landgerichtssitzes oder auch an einem anderen Orte innerhalb des Bezirkes haben. Diese zuletzt genannten bezeichnet man als detachierte Kammern für Handelssachen. Sie gelten im Sinne der RAO. als besondere Gerichte, so daß ein bei ihnen zugelassener Anwalt nicht als beim Stammlandgerichte zugelassen gilt und umgekehrt. Für die detachierten Kammern für Handelssachen ist daher auch eine besondere Liste gemäß § 20 zu führen. Vgl. Coburg-Gotha V. 2. 2. 80 (Coburg GS. 7; Gotha GS. 5) § 9.

§ 9.

Der bei einem Amtsgerichte zugelassene Rechtsanwalt kann auf seinen Antrag zugleich bei dem Landgerichte, in dessen Bezirke das Amtsgericht seinen Sitz hat, sowie bei den im Bezirke des Landgerichts befindlichen Kammern für Handelssachen zugelassen werden. Die Zulassung muß erfolgen, wenn sie nach dem übereinstimmenden Gutachten des Oberlandesgerichts und des Vorstandes der Anwaltskammer dem Interesse der Rechtspflege förderlich ist.

I. Allgemeiner Inhalt. § 9 regelt die Simultanzulassung der Amtsgerichtsanwälte bei den Landgerichten. Anm. 1.

Die Bestimmung, wonach diese Simultanzulassung nach dem Ermessen der LJV. erfolgen könne, war schon im Entwurf enthalten (§ 7 Abs. 5), kam dann infolge der Streichung des Instituts der Amtsgerichtsanwälte durch die Kommission in Wegfall und wurde erst bei der dritten Lesung im Plenum des Reichstags in der jetzigen Form wieder aufgenommen.

II. Spezieller Inhalt. 1. Die Simultanzulassung des Amtsgerichtsanwalts kann nur bei dem übergeordneten Landgerichte und den im Bezirke desselben befindlichen detachierten Kammern für Handelssachen im Sinne des § 8 Abs. 2 erfolgen. Anm. 2.

2. Das Gesetz sagt, die Zulassung könne bei dem Landgerichte sowie bei den detachierten Kammern für Handelssachen erfolgen. Anm. 3.

Die Simultanzulassung kann sich also gleichzeitig auf das Stammlandgericht und auf die sämtlichen im Bezirke desselben gelegenen auswärtigen Kammern für Handelssachen erstrecken, sie kann aber auch auf einzelne dieser Gerichte beschränkt werden.

3. Daß Amts- und Landgericht sich an verschiedenen Orten befinden, ist nicht notwendig. (Ebenso: AKV. Naumburg, AKJahrB. **1890** 4 und vielfach die Praxis; a. M.: Henle, Recht **1911** 565). Praktisch ist dies z. B. dann von Bedeutung, wenn Amtsgericht und Stammlandgericht sich an einem Ort befinden, daneben aber eine detachierte Kammer für Handelssachen besteht. Anm. 4.

4. Die Simultanzulassung der Amtsgerichtsanwälte kann erfolgen d. h. sie hängt, abgesehen von dem noch zu erörternden Falle des § 9 Satz 2, von dem Ermessen der LJV. ab. Anm. 5.

Die Motive enthalten die Bemerkung, daß die LJV. nach freiem Ermessen die Zulassung dauernd oder nur widerruflich erteilen könne. Die Kommentare behandeln diesen Satz der Motive als geltendes Recht (Meyer § 9 Anm. 5; Sydow-Jacobsohn § 9 Anm. 1; Berger § 9 Anm. 5). Seine Richtigkeit muß aber auf das entschiedenste bestritten werden und die Praxis hat sich u. W. der Meinung der Motive nicht angeschlossen. Schon daraus, daß das Gesetz in einem einzelnen — übrigens praktisch wenig bedeutsamen — Falle, nämlich in § 12, sonst aber nirgends [1]) die Möglichkeit einer widerruflichen Zulassung des Rechtsanwalts erwähnt, ergibt sich die Unrichtigkeit jenes Satzes. Wollte man ferner um deswillen die widerrufliche Zulassung im Falle des § 9 als möglich annehmen, weil die Zulassung überhaupt in diesem Falle fakultativ sei und in der Befugnis, gar nicht zuzulassen, auch die Befugnis, widerruflich zuzulassen, enthalten sein müsse, so würde dieselbe Konsequenz auch für die Fälle der §§ 14 und 15 und nicht minder für die Fälle der §§ 6, 2 und 99 zu ziehen sein. Die Folge wäre, daß wir einen Stand von widerruflich zugelassenen Anwälten und einen Stand von unwiderruflich zugelassenen Anwälten hätten. Das würde den Grundprinzipien des Gesetzes widersprechen und die Unabhängigkeit des Anwaltsstandes aufs schwerste gefährden. Es wäre auch völlig willkürlich, hier einen Unterschied zwischen der Zulassung eines Rechtsanwalts bei einem anderen Gerichte und der Zulassung zur Rechtsanwaltschaft überhaupt zu machen. Nicht angängig ist es auch, die Zulassung beim LG. nur für die Zeit der Zulassung beim AG. zu erteilen. Abw. (für den Fall des § 10): KGPräs. in KGBl. **1905** 101; doch scheint diese Praxis jetzt aufgegeben zu sein (KGBl. **1914** 41). Auch „für die Dauer des Krieges" kann eine Simultanzulassung nicht erfolgen, wie es in Stuttgart geschehen ist (AKJahrB. **1917** 4).

Anm. 6. 5. Eine Ausnahme von dem freien Ermessen der LJV. besteht dann, wenn nach dem übereinstimmenden Gutachten des OLG. und des Vorstandes der AK. die Simultanzulassung dem Interesse der Rechtspflege förderlich ist.

a) Die gutachtliche Äußerung des Anwaltskammervorstandes muß nach § 3 Abs. 2 stets erholt werden. Sie wird sich also in einem Falle des § 9 regelmäßig auf die nach Satz 2 zu entscheidende Frage mit zu erstrecken haben.

Anm. 7. b) Durch wen das Gutachten des OLG. einzuholen sei, ist im Gesetze nicht gesagt. Es wird dies meist seitens der LJV. geschehen; das OLG. kann aber auch auf direkten Anruf seitens des Antragstellers und selbst von Amts wegen sein Gutachten erstatten. Es ist zulässig, daß das OLG. sich ein für allemal d. h. bis zum Erlaß eines gegenteiligen Gutachtens oder für eine bestimmte Zeit im Sinne der Simultanzulassung gutachtlich äußert (vgl. die Rede des Dr. Lasker im Reichstage, Siegel 488/9). In den meisten Bundesstaaten ist allerdings bestimmt daß der Oberlandesgerichtspräsident in Fällen des § 9 stets auch das Gutachten des OLG. zu erholen und gleichzeitig mit dem Zulassungsantrage und dem Gutachten des AKV. dem Justizministerium in Vorlage zu bringen habe. [2]) Hat der Vorstand sich bereits verneinend geäußert, so besteht reichsgesetzlich keine Pflicht zur Einholung des oberlandesgerichtlichen Gutachtens, da ja dann das freie Ermessen der LJV. Platz greift. Vgl. aber Henle, Recht **1911** 569.

---

[1]) Die später ergangene, lokal beschränkte Übergangsvorschrift des Art. X EGZPONov. (1898) bestätigt ebenfalls nur die Regel. Vgl. § 114 Anm. 4.

[2]) Preußen: JMVf. 28. 6. 79 (JMBl. 151) Nr. II, 4; JMVf. 16. 2. 80 (JMBl. 34) Nr. 6. Bayern: JMBek. 7. 7. 79 (G. u. VBl. 685) § 4. Württemberg: JMVf. 13. 2. 80 (RegBl. 76) Nr. 4. Sachsen-Weimar: MinV. 3. 10. 79 (RegBl. 519) § 5 Abs. 3. Sachsen-Altenburg: V. 17. 11. 79 (GS. 255) § 4 Abs. 3. Schwarzburg-Rudolstadt: MinV. 27. 1. 80 (GS. 13) § 5. Coburg-Gotha: V. 2. 2. 80 (Coburg GS. 7, Gotha GS. 5) § 5 Abs. 3. Sachsen-Meiningen: V. 6. 1. 80 (Samml. 257) § 5 Abs. 3.

Bendix, Substitution und Simultanzulassung (Berlin 1910) ist der Meinung, das Gutachten sei nie für den Einzelfall, sondern nur für die gesamte, in Betracht kommende Anwaltschaft zu erlassen (also unwiderruflich?). Darüber, daß sich dies nicht aus der Entstehungsgeschichte des Gesetzes ergibt, vgl. § 10 Anm. 5. Dem Gesetz ist die Einschränkung fremd.

c) In welcher Besetzung das OLG. sein Gutachten zu erstatten habe, ist reichsrechtlich nicht bestimmt. § 10 verlangt ausdrücklich einen Plenarbeschluß, während die §§ 9 und 12 nur von „Gutachten des OLG." sprechen. Daß der Gesetzgeber hier einen sachlichen Unterschied machen wollte, ist aus den Materialien in keiner Weise zu entnehmen (vgl. z. B. die Ausführungen des Abgeordneten Frankenburger im Plenum, Siegel 511, 512, auch 629). Es wird daher, soweit nicht spezielle landesrechtliche Bestimmungen eingreifen, in den Fällen des § 9 der LJV. obliegen, nähere Bestimmung darüber zu treffen, in welcher Besetzung das OLG. sein Gutachten abzugeben habe. Fehlt auch eine solche Bestimmung, so wird man das Präsidium als regelmäßige Geschäftsverteilungsstelle für zuständig halten dürfen darüber zu verfügen, wer das Gutachten zu erstatten habe. Das Präsidium kann diese Aufgabe auch selbst übernehmen (so regelmäßig in Bayern nach Henle, Recht **1911** 565 ff., der im übrigen annimmt, daß der OLG.-Präsident das Gutachten herbeizuführen habe, indem er es selbst abfaßt oder durch das Präsidium oder durch einen Senat beschließen läßt). Daß mangels einer anderweitigen Bestimmung auch das Plenum des OLG. das Gutachten abgeben kann, dürfte nicht zweifelhaft sein. Ebenso: PreußJMB. 9. 5. 04 (Müller, PreußJB.[6] **1** 142); vgl. auch Hellwig **2** 55. Anm. 8.

d) Die Gutachten des OLG. und des AKB. müssen dahin übereinstimmen, daß die Simultanzulassung dem Interesse der Rechtspflege förderlich sei.[1] Anm. 9.

α) Hiebei wird einmal das Bedürfnis und Interesse des Recht suchenden Publikums maßgebend sein.

Die Bevölkerung des Amtsgerichtssitzes und seiner Umgebung kann ein besonderes Interesse daran haben, von dem Anwalt ihres Vertrauens, mit dem sie in persönlichem Verkehr steht und stets ohne Schwierigkeit mündlich konferieren kann, auch beim Landgericht — speziell in der Berufungsinstanz — persönlich vertreten zu sein. Dies gilt besonders dann, wenn der Landgerichtssitz weit entfernt und hiedurch der persönliche Verkehr der Partei mit dem Landgerichtsanwalt erschwert ist. Die schriftliche Informationserteilung ist ja gerade bei ländlicher Bevölkerung meist ausgeschlossen.

β) Ist auf der einen Seite das unmittelbare Bedürfnis des Recht suchenden Publikums für die Entscheidung der von dem OLG. und dem AKB. zu begutachtenden Frage maßgebend, so ist anderseits zu prüfen, ob nicht die Simultanzulassung in concreto eine Hemmung oder Schädigung der staatlichen Rechtspflege bewirkt z. B. durch häufige Abwesenheit der Amtsgerichtsanwälte vom Amtsgerichtssitze, durch die Verhinderung eines engeren Konnexes zwischen dem Kollegialgericht und den bei ihm zugelassenen, auswärts wohnenden Anwälten ꝛc. Es darf also nicht nur das Bedürfnis derjenigen Personen in Betracht gezogen werden, welche möglicherweise der Tätigkeit des Amtsgerichtsanwalts bedürfen; vielmehr muß daneben auch das Interesse der Allgemeinheit, das Interesse des Staates an dem geordneten Verlauf der Rechtspflege maßgebend sein. Anm. 10.

---

[1]) Die Gutachten können die Frage auch teilweise, z. B. nur für das Stammlandgericht bejahen; nicht aber nur für bestimmte Sachen oder nur für die Berufungsinstanz, weil das Gesetz eine solche teilweise Zulassung nur in einem Ausnahmefalle kennt (§ 114 RAO.).

Anm. 11. γ) Auch die mittelbare Förderung der Rechtspflege durch die Stärkung und Hebung eines ihrer wichtigsten Organe, der Anwaltschaft, kommt bei der nach § 9 erforderlichen Prüfung in Betracht. Vgl. Löwenstein, JW. **1894** 355 ff. Es läßt sich nämlich nicht verkennen, daß der Kollegialgerichtsanwalt durch die Mannigfaltigkeit der ihm unterbreiteten Rechtsmaterien, durch die gründlichere Sachbehandlung, welche die in praxi vielfach bestehende Schriftlichkeit des Verfahrens mit sich bringt, durch das anregende Zusammenwirken mit höheren Gerichten und zahlreichen Kollegen mit der Zeit einen erheblich weiteren Blick und eine bessere wissenschaftliche und praktische Schulung bekommen muß, als der Anwalt, der größtenteils bei kleinen Gerichten Bagatellprozesse zu führen hat, oft gegen Laien und Prozeßagenten.

Gewiß liegen die Verhältnisse keineswegs bei allen Amtsgerichten ebenso. Allein in vielen Fällen wird es das Interesse der Rechtspflege direkt erfordern, daß die Amtsgerichtsanwälte dem eigentlichen Kern unseres Zivilprozesses, dem Anwaltsprozesse, nicht dauernd fern bleiben, sondern zur Mitwirkung bei demselben herangezogen werden.

δ) Auf der andern Seite ist, wenn es sich um die Neueinführung von Simultanzulassungen in Gebieten handelt, in denen sie bisher nicht üblich waren, auch auf die wirtschaftliche Lage der Landgerichtsanwälte Rücksicht zu nehmen. Es liegt nicht im Interesse der Rechtspflege, daß durch ein plötzliches Hereinströmen zahlreicher Amtsgerichtsanwälte in die landgerichtliche Praxis der wirtschaftliche Ruin einer ganzen Kategorie von Rechtsanwälten herbeigeführt wird. Vgl. hiezu: Goldschmidt, JW. **1913** 831 und die Verh. des XXI. Deutschen Anwaltstages, Beil. z. JW. 1913.[1])

ε) Im einzelnen Falle wird man die verschiedenen Gesichtspunkte, welche für die Prüfung der nach § 9 zu entscheidenden Frage maßgebend sind, gegeneinander abzuwägen und je nach der Sachlage den einen oder den anderen der erwähnten Gesichtspunkte in den Vordergrund zu stellen haben.

Anm 12. 6. Die Muß-Vorschrift des § 9 Satz 2 erleidet dieselben Ausnahmen, welchen auch sonst das Recht auf Zulassung unterworfen ist. Auch beim Vorliegen des übereinstimmenden Gutachtens kann also die Simultanzulassung versagt werden, wenn einer der Fälle der §§ 6, 14, 15 vorliegt (Gl. M.: Meyer § 9 Anm. 6; Berger § 9 Anm. 2), und sie muß versagt werden, wenn § 5 einschlägt (vgl. unten Anm. 14 und § 5 Anm. 2).

Anm. 13. 7. Über die Residenzpflicht des beim Landgerichte zugelassenen Amtsgerichtsanwalts vgl. § 18 Abs. 4, über die Erstattungsfähigkeit von Reisekosten vgl. § 18 Anm. 5.

Anm. 14. 8. § 9 setzt seinem Wortlaut nach voraus, daß der Anwalt zunächst beim Amtsgerichte zugelassen, d. h. auch in die Liste eingetragen sei und dann erst die Simultanzulassung beim Landgerichte nehme. Entsprechend lauten die übrigen Bestimmungen über Simultanzulassung (§§ 10—12). Die Praxis hat sich hierüber vielfach hinweggesetzt und es erfolgen z. B. in Sachsen die Zulassungen gleichzeitig beim AG., LG. und bei den auswärtigen Kammern für Handelssachen. Vgl. auch preuß. MVerf. 16. 2. 80 (JMBl. 34) Nr. 2, 6; Henle, Recht **1911** 565. Entsprechend wird bei den Simultanzulassungen nach § 10 verfahren. Die

---

[1]) Über die vielfach angeregte Reform des § 9 vgl. Balzer, JW. **1905** 380 ff.; Schulze ebenda 382; Ziese ebenda 385; Bamberger, JW. **1903** 377 ff.; Stölzle ebenda 428; Rose, JW. **1904** 49 ff.; Lütkemann ebenda 225, Verh. des XVII, XVIII. und XXI. Deutschen Anwaltstages (JW. **1905** 601 ff.; **1907** 592 ff. und Beilage zur JW. **1913**); das Gutachten von Berger, Beil. zur JW. **1913** und Goldschmidt, JW. **1913** 831; MittAGAnw. **2** Nr. **6** S. **4**; Rose, MittAGAnw. **5** 57.

Praxis ist für zulässig zu erachten, da nicht ersichtlich ist, daß der Gesetzgeber die Simultanzulassung eines Nichtanwaltes verbieten wollte, auch hiefür ein vernünftiger Grund nicht einzusehen wäre. Das aus § 17 RAO. abzuleitende Bedenken kann in der Praxis leicht behoben werden (vgl. § 17 Anm. 5). Nicht unzulässig ist es ferner, daß ein Landgerichtsanwalt die Simultanzulassung beim Amtsgerichte erhält. Es wäre gar zu formalistisch, wenn er erst die Anwaltschaft aufgeben und dann um Simultanzulassung nachsuchen müßte. A. M.: AKJahrB. **1899** 3 (OLGPräsident von Posen); KGPräsident in KGBl. **1905** 101 (vgl. auch Nußbaum, KGBl. **1905** 77).

§ 10.

Der bei einem Kollegialgerichte zugelassene Rechtsanwalt ist auf seinen Antrag zugleich bei einem anderen, an dem Orte seines Wohnsitzes befindlichen Kollegialgerichte zuzulassen, wenn das Oberlandesgericht durch Plenarbeschluß die Zulassung dem Interesse der Rechtspflege für förderlich erklärt.

Erklärt das Oberlandesgericht die Zulassung einer bestimmten Anzahl von Rechtsanwälten für förderlich und beantragt innerhalb einer bekannt zu machenden vierwöchigen Frist eine größere Anzahl von Rechtsanwälten ihre Zulassung, so entscheidet unter den Antragstellern die Landesjustizverwaltung.

I. Allgemeiner Inhalt. Der vorstehende Paragraph handelt von der Simultanzulassung der Kollegialgerichtsanwälte bei anderen, an dem Orte ihres Wohnsitzes befindlichen Kollegialgerichten. Anm. 1.

Der Fall ist hauptsächlich für die Oberlandesgerichtssitze von Bedeutung, aber auch für Städte mit mehreren Landgerichten wie Berlin, München. Das Reichsgericht fällt selbstverständlich nicht unter die hier erwähnten „Kollegialgerichte". Die beim obersten Landesgerichte zugelassenen Anwälte sind zwar unter den Voraussetzungen des § 10 bei anderen Kollegialgerichten in München zuzulassen, dagegen gilt für die Simultanzulassung von anderen Münchener Anwälten beim obersten Landesgerichte selbst die Spezialbestimmung des § 104.

II. Die Bestimmung des Abs. 1. 1. Das andere Kollegialgericht, bei welchem die Simultanzulassung erfolgen soll, muß sich an dem Wohnorte des Rechtsanwalts befinden.[1]) Dieser Ort braucht nicht unbedingt mit dem Sitze des Gerichts, bei welchem der Rechtsanwalt zugelassen ist, identisch zu sein (§ 18 Abs. 2). Für den Amtsgerichtsanwalt mit Simultanzulassung beim Landgerichte kommt eine weitere Simultanzulassung nach § 10 nur dann in Frage, wenn er (vgl. § 9 Anm. 4) seinen Wohnsitz oder mindestens einen Wohnsitz am Landgerichtssitze hat. Ebenso: OLG. Hamburg, DJZ. **1897** 368. Vgl. auch AKJahrB. **1908** 4. A. M.: Henle, Recht **1911** 566. Anm. 2.

2. Die Simultanzulassung nach § 10 ist obligatorisch, wenn das OLG. durch Plenarbeschluß die Zulassung dem Interesse der Rechtspflege für förderlich erklärt. Eine fakultative Simultanzulassung bei mehreren Kollegialgerichten gibt es nach § 10 nicht, wohl aber, wenn ein Fall des § 11 vorliegt. Anm. 3.

---

[1]) D. h. dort seinen Sitz haben. Die preußische Justizverwaltung nimmt an, daß das LG. Berlin III in Berlin und Charlottenburg seinen Sitz habe, weil § 1 des Gesetzes vom 16. 9. 99 (GS. 391) sagt: „In Berlin-Charlottenburg wird ein LG. mit der Bezeichnung Landgericht III in Berlin errichtet." Nur weil es auch in Berlin seinen Sitz hat, kann § 10 auf dieses LG. Anwendung finden. Der bei den 3 Berliner Landgerichten simultan zugelassene RA. darf nicht in Charlottenburg wohnen (KGBl. **1905** 101. A. M.: Nußbaum, KGBl. **1905** 77). Vgl. auch Wolff, DJZ. **1919** 264.

Über das Zustandekommen des oberlandesgerichtlichen Beschlusses[1]) — der hier nur durch das Plenum erfolgen kann —, ferner über den Begriff „dem Interesse der Rechtspflege förderlich" sowie über die Ausnahmen von dem Recht auf Zulassung vgl. § 9 Anm. 7—12.

Anm. 4. Mit Unrecht hat man aus der Vorgeschichte des Gesetzes den Schluß gezogen, daß die Zulassung nur dann als der Rechtspflege förderlich erachtet werden dürfe, wenn sie zur ordnungsmäßigen Erledigung der Anwaltsprozesse erforderlich sei (vgl. den Plenarbeschluß des OLG. München vom 3. 7. 11, im Auszug abgedruckt in AKJahrB. **1913** 4, siehe auch Verh. des XXI. Anwaltstages, Beilage zur JW. **1913** 18). Daß man bei der Beratung des Gesetzes den Ausdruck keineswegs allgemein in diesem engen Sinne aufgefaßt wissen wollte, geht z. B. aus der Rede des Abg. Dr. Frankenburger bei der zweiten Beratung der RAO. im Plenum hervor (Siegel 511/2). Vgl. auch die Rede des Dr. Lasker in derselben Sitzung (Siegel 516). Der Inhalt der oberlandesgerichtlichen Entscheidung ist im § 10 genau so allgemein bezeichnet wie im § 9, und die Worte „dem Interesse der Rechtspflege förderlich" sind dem regelmäßigen Sprachgebrauch entsprechend in beiden Paragraphen im weitesten Sinne zu verstehen.

Anm. 5. Bendix (Substitution und Simultanzulassung ꝛc., Berlin 1910) ist der Meinung, daß es dem OLG. nicht gestattet sei, die Frage für einzelne Anwälte zu bejahen, für andere zu verneinen, daß vielmehr die Frage nur für die ganze Klasse der bei dem anderen Kollegialgerichte zugelassenen Anwälte einheitlich beantwortet werden könne. Dies soll sich ebenfalls aus der Vorgeschichte des Gesetzes ergeben. Allein auch hier begegnen wir in den Materialien verschiedenen Auffassungen,[2]) und das Gesetz selbst weiß von jener Einschränkung nichts. Ja der Abs. 2 des § 10 spricht zwingend gegen die Bendix'sche Auslegung; Bendix, der dies selbst einsieht, sucht darzutun, daß § 10 Abs. 2 überhaupt keine Geltung mehr habe: nur unter dem Gesichtspunkte der ordnungsmäßigen Erledigung der Anwaltsprozesse und aus der Befürchtung eines Anwaltsmangels heraus sei die Bestimmung des Abs. 2 zu erklären. Da dieser Gesichtspunkt aufgegeben und die erwähnte Befürchtung nicht mehr begründet sei, so sei auch § 10 Abs. 2 gegenstandslos geworden. Diese Beweisführung ist unhaltbar: cessante ratione legis non cessat lex ipsa. Mit dem Satz, daß die RAO. grundsätzlich den numerus clausus perhorresziere, kann man doch unmöglich die nun einmal Gesetz gewordene Bestimmung des § 10 Abs. 2 aus der Welt schaffen. Der Grundsatz des § 13 RAO. ist eben in den Fällen der Simultanzulassung materiell teilweise durchbrochen (vgl. insbes. § 12) und § 10 Abs. 2 enthält zweifellos einen Fall des numerus clausus. Übrigens kommen die wesentlichsten gegen diese Zulassungsbeschränkung zu erhebenden Bedenken da, wo es sich lediglich um die Frage der Simultanzulassung handelt, gar nicht in Betracht.

Die in Anm. 3 (Fußnote) angeführten landesrechtlichen Bestimmungen, die vor allem an den Abs. 2 anknüpfen und in praxi seit Jahrzehnten angewendet werden, sind also keineswegs gesetzwidrig.

Anm. 6. 3. Das Gutachten des AKB. ist auch hier — gemäß § 3 Abs. 2 — zu erholen; es ist jedoch nicht bindend.

---

[1]) Über das Verfahren vgl. Preußen JMBf. 28. 6. 79 Nr. II, 5. Bayern JMBek. 7. 7. 79 § 5. Württemberg JMBf. 13. 2. 80 Nr. 5.

[2]) Vgl. Siegeth, Anhang 144, 148; Reidnitz (Lokalisation und Simultanzulassung, Mainz 1911) 90. Bendix übersieht hier, daß der Antrag Forcade, der schließlich zur Annahme gelangte, nach seiner Begründung gerade hinsichtlich der hier interessierenden Frage das direkte Gegenteil dessen bedeuten sollte, was der zuvor angenommene Antrag Klotz ausdrücken wollte (Siegeth, Anh. 144 unten). Man sieht aus diesem Beispiel, wohin man kommt, wenn man das Gesetz ausschließlich nach Meinungsäußerungen bei den parlamentarischen Verhandlungen auslegen will.

4. Meyer sagt (§ 10 Anm. 8): „Die Zulassung zur Simultanpraxis erfolgt nach Maßgabe der Erklärung des OLG. widerruflich oder nicht". Dies ist unzutreffend. Die Zulassung hat gar nicht oder unwiderruflich zu erfolgen. Vgl. § 9 Anm. 5; dort auch über die Zulassung auf Zeit.

5. Über die Frage, ob die Simultanzulassung nach § 10 auch dann erfolgen kann, wenn der Antragsteller noch gar nicht zur Anwaltschaft zugelassen ist, vgl. die Ausführungen in Anm. 14 zu § 9.

III. Die Bestimmung des Abs. 2. Die Bestimmung des Abs. 2 setzt einen Plenarbeschluß des OLG. des Inhalts voraus, daß die Simultanzulassung einer bestimmten Anzahl von Rechtsanwälten bei bestimmten Kollegialgerichten der Rechtspflege förderlich wäre. Anm. 7.

Alsdann ist der Beschluß unter Setzung einer vierwöchigen Frist in der auch sonst üblichen Weise durch die LJV. bekannt zu machen. Meldet sich innerhalb dieser Frist keine größere Anzahl als die festgesetzte, so müssen die Antragsteller zugelassen werden. Meldet sich eine größere Anzahl, so wählt die LJV. unter den Antragstellern die Zuzulassenden aus. Wer sich nach Ablauf der Frist meldet, ist nicht zuzulassen.[1]) Doch kann die LJV. die Frist verlängern, wenn sich die festgesetzte Zahl beim Ablauf der ursprünglichen Frist nicht gemeldet hat.

§ 11.

Ist der Rechtsanwalt bei einem Landgerichte zugelassen, welches zum Bezirk eines mehreren Bundesstaaten gemeinschaftlichen Oberlandesgerichts gehört, so kann er zugleich bei dem letzteren zugelassen werden, auch wenn dasselbe an einem anderen Orte seinen Sitz hat.

I. Inhalt und Zweck der Bestimmung. Der vorliegende Paragraph regelt die Simultanzulassung eines Landgerichtsanwalts bei einem mehreren Bundesstaaten gemeinschaftlichen Oberlandesgericht, welches nicht an demselben Orte wie das Landgericht seinen Sitz hat. Anm. 1.

Die Bestimmung war hauptsächlich für diejenigen Fälle gedacht, in welchen mehrere Bundesstaaten mit verschiedenem Partikularrecht in Betracht kamen. Hier kann die Partei ein erhebliches Interesse daran haben, auch in zweiter Instanz durch den mit dem betreffenden Landesrechte vertrauten Rechtsanwalt vertreten zu werden. Diese ratio legis ist jetzt wohl kaum mehr von praktischer Bedeutung.

II. Spezieller Inhalt. 1. Über den Begriff eines mehreren Bundesstaaten gemeinschaftlichen Gerichtes vgl. § 4 Anm. 3. Anm. 2.

2. Die Zulassung ist, wenn Land- und Oberlandesgericht an verschiedenen Orten liegen, stets Ermessenssache der LJV. bzw. der vereinigten Landesjustizverwaltungen. Vgl. § 3 Anm. 7, ferner den Staatsvertrag vom 24/25. 2. 08 (Schlußprotokoll, preuß. GS. 184), durch welchen sich Preußen bereit erklärte, auf Vorschlag der schaumburg-lippischen Regierung und nach vorgängiger Verständigung derselben zwei bei dem LG. Bückeburg zugelassene Anwälte bei dem (gemeinschaftlichen) OLG. Celle zuzulassen. Liegt das Oberlandesgericht an demselbem Orte wie das Landgericht und wie der Wohnsitz des landgerichtlichen Anwalts, so ist die Zulassung obligatorisch, wenn die Voraussetzungen des § 10 vorliegen. Anm. 3

[1]) Die Auffassung von Bendix a. a. O. 21, als ob — bei Geltung des § 10 Abs. 2 — die einmal festgestellte Zahl immer in voller Höhe aufrecht zu erhalten wäre, entspricht offenbar nicht der Meinung des Gesetzes. Eine ständige Wiederholung der Fristsetzung, die alsdann erfolgen müßte, ist im Gesetze nicht vorgesehen.

3. Die Zulassung kann nicht widerruflich erteilt werden. Vgl. § 9 Anm. 5.

Anm. 4. 4. Der Rechtsanwalt, der die Simultanzulassung nach § 11 erhält, muß am Orte des Landgerichts seinen Wohnsitz nehmen (§ 18 Abs. 4). So: AKJahrB. **1917** 4. Das in § 9 Anm. 14 Gesagte gilt auch hier analog.

§ 12.

Auf Antrag eines Landgerichts können bei demselben Rechtsanwälte, welche bei einem benachbarten Landgerichte zugelassen sind, widerruflich zugelassen werden, wenn nach dem Gutachten des Oberlandesgerichts die Zulassung zur ordnungsmäßigen Erledigung der Anwaltsprozesse erforderlich ist.

Anm. 1. **I. Allgemeiner Inhalt und Zweck der Bestimmung.** § 12 behandelt die Simultanzulassung eines Landgerichtsanwalts bei einem benachbarten Landgerichte. Er enthält zugleich neben der Übergangsbestimmung in Art. X EGZPONov. (1898) den einzigen Fall, in welchem das Gesetz eine Zulassung auf Ruf und Widerruf kennt.

Der Zweck der Bestimmung ist, Mißstände zu verhüten, welche bei kleinen Landgerichten dadurch entstehen können, daß keine genügende Zahl von Anwälten vorhanden ist. Sie ist heute kaum von praktischer Bedeutung.

Anm. 2. **II. Spezieller Inhalt.** 1. Das Gesetz spricht nur von zwei benachbarten Landgerichten, ohne den Fall zu erwähnen, daß ein beim Landgerichte zugelassener Anwalt die Zulassung bei einer auswärtigen Kammer für Handelssachen desselben oder eines anderen Landgerichts beantragt oder umgekehrt. Die Kommentare nehmen daher tatsächlich an, daß eine solche Simultanzulassung unstatthaft sei. (Vgl. Meyer § 12 Anm. 7; Turnau § 8 Anm. 2; Berger § 12 Anm. 2; wohl auch PreußJMB. 8. 1. 92 [Müller, PreußJB.[6] **1** 144]). Allein mit Unrecht.

Nach den Beschlüssen der Kommission erstreckte sich die Zulassung bei einem Landgericht zugleich auf die im Bezirke desselben gelegenen auswärtigen Kammern für Handelssachen (§ 7, Siegel 458). Nach § 7a war die widerrufliche Zulassung der Landgerichtsanwälte bei einem benachbarten Landgericht gestattet. Ebenso lauteten die Beschlüsse nach der zweiten Beratung des Plenums (§ 7 Abs. 2 und § 7c, welch letzterer wörtlich dem heutigen § 12 entsprach, Siegel 599). Da sonach die Zulassung bei den Landgerichten sich von selbst auf die Kammern für Handelssachen mit erstrecken sollte, wäre eine Erwähnung derselben in § 7c unnötig gewesen.

Bei der dritten Beratung im Plenum wurde der eben erwähnte § 7 Abs. 2 in sein Gegenteil, den jetzigen § 8 Abs. 2 verwandelt (Siegel 629). Die folgenden §§ 7a—c wurden dann kursorisch und ohne Widerspruch (nunmehr als §§ b—d) angenommen, wobei niemand zu merken schien, daß das Wort „Landgericht" im § 7c (nunmehr 7d) infolge der Abänderung des § 7 Abs. 2 einen auf die Kammern für Handelssachen bezüglichen Zusatz wohl hätte vertragen können. Sicher ist soviel, daß man an eine Ausschließung der auswärtigen Kammern für Handelssachen von dem Prinzip des jetzigen § 12 nicht entfernt gedacht hat.

Daß die auswärtigen Kammern für Handelssachen an sich keine eigenen Landgerichte sind, ist unbestreitbar (vgl. A. Friedländer, GS. **64** 384 ff.). Allein sie werden nach § 8 Abs. 2 als besondere Gerichte im Sinne der RAO. angesehen, und da sie Teile des Landgerichts sind, so können sie in ihrer Eigenschaft als selbständige Gerichte nur den Landgerichten gleichgestellt werden. Man wird daher ganz gewiß den § 12 unbedenklich anwenden, wenn es sich um die Zulassung von Anwälten der zum Landgericht B gehörigen auswärtigen Kammer für Handelssachen beim benachbarten Landgericht A handelt. Hier stellt das Landgericht A den Antrag, welcher in § 12 vorgesehen ist; daß die benachbarte Kammer für

Handelssachen eines anderen Gerichtes selbst ein „benachbartes Landgericht" im Sinne der RAO. ist, wird wohl jedermann zugeben. Nimmt man dies aber an, so besteht auch kein Anlaß, die auswärtige Kammer für Handelssachen des eigenen Landgerichtsbezirks anders zu beurteilen.

Freilich ist zu bedenken, daß trotz der Bestimmung des § 8 Abs. 2 die Kammern für Handelssachen eine selbständige Gerichtsorganisation nicht haben und hinsichtlich der Leitung doch nur Bestandteile des Stammlandgerichts sind. Deshalb kann auch der Antrag nach § 12 stets nur von den Organen des ganzen Landgerichts ausgehen und zwar auch dann, wenn die Zulassung eines Stammlandgerichtsanwalts bei der Kammer für Handelssachen in Frage steht. Anm. 3.

2. Voraussetzung der in § 12 normierten Simultanzulassung ist in erster Linie ein Antrag des Landgerichts, bei dem oder bei dessen auswärtigen Kammern für Handelssachen die Zulassung erfolgen soll. Über das Zustandekommen dieses Antrags gilt dasselbe wie hinsichtlich des oberlandesgerichtlichen Gutachtens nach § 9 (Anm. 8 daselbst). Vgl. Hellwig 2 55 Anm. 2. Der Antrag wird durch den Landgerichtspräsidenten an die LJV. zu übermitteln sein. Anm. 4.

Das Gutachten des AKV. ist auch hier zu erholen.

3. Weitere Voraussetzung ist ein Gutachten des OLG., wonach die Simultanzulassung zur ordnungsmäßigen Erledigung der Anwaltsprozesse erforderlich ist. Zuständig ist dasjenige OLG., in dessen Bezirk das Landgericht liegt, bei welchem die widerrufliche Zulassung erfolgen soll. Vgl. auch hier § 9 Anm. 7 und 8. Anm. 5.

4. Auch beim Vorliegen dieser Voraussetzungen ist die Zulassung stets eine fakultative. Anm. 6.

5. Nur die Anwälte, welche bei einem benachbarten Landgericht zugelassen sind, kommen nach § 12 in Betracht. Als benachbarte Landgerichte werden nur solche zu erachten sein, deren Bezirke unmittelbar aneinander grenzen. Dagegen ist es nicht notwendig, daß die beiden Landgerichte im Bezirk desselben OLG. oder in demselben Bundesstaate liegen. Anm. 7.

6. Die Zulassung kann nicht nur, sondern sie muß stets widerruflich erfolgen. Der Widerruf geschieht durch Mitteilung der LJV. Dieser Widerruf ist nicht identisch mit der Zurücknahme im Sinne der §§ 21 ff. Es bedarf daher weder einer Anhörung des Rechtsanwalts und des AKV. noch einer Begründung des Widerrufs. Anm. 8.

7. Der Eintrag in die Liste bei dem Landgerichte, bei welchem die widerrufliche Zulassung erfolgt, kann jedenfalls nicht früher stattfinden, als bis der Anwalt bei dem Gerichte der unwiderruflichen Zulassung eingetragen ist. Man wird auch annehmen müssen, daß jene Zulassung von dieser abhängig ist und bleibt. Vgl. § 24 Anm. 2. Anm. 9.

§ 13.

Die Zulassung bei dem im Antrage bezeichneten Gerichte darf wegen mangelnden Bedürfnisses zur Vermehrung der Zahl der bei demselben zugelassenen Rechtsanwälte nicht versagt werden.

Diese Bestimmung hat im wesentlichen grundsätzliche Bedeutung; sie will die Ablehnung des numerus clausus scharf zum Ausdruck bringen. Das mangelnde Bedürfnis nach Rechtsanwälten darf selbst in den Fällen nicht als Ablehnungsgrund angegeben werden, in welchen die Zulassung vom freien Ermessen der LJV. abhängig ist. Mit diesem Prinzip stehen aber zum Teil die Bestimmungen über die Simultanzulassung im Widerspruch; denn hier macht ja das Gesetz die Zulassung — z. B. im § 10 Abs. 2 — davon abhängig, daß die Zulassung einer bestimmten Zahl von Anwälten dem Interesse der Rechtspflege förderlich sei oder

— in den §§ 12 und 104 — davon, daß die Zulassung zur ordnungsmäßigen Erledigung der Anwaltsprozesse erforderlich sei. Formell sind freilich diese Fragen nicht von der Behörde, die den Zulassungsbescheid erläßt, zu beantworten. Aber sie nimmt doch in ihrem Bescheid Bezug auf das Gutachten bzw. den Plenarbeschluß des OLG. oder obersten Landesgerichts.

Einer besonderen Erläuterung bedarf die Vorschrift des § 13 nicht.

§ 14.

Die Zulassung bei dem im Antrage bezeichneten Gerichte kann versagt werden, wenn bei demselben ein Richter angestellt ist, mit welchem der Antragsteller in gerader Linie verwandt oder verschwägert oder in der Seitenlinie im zweiten Grade verwandt oder verschwägert ist, auch wenn die Ehe, durch welche die Schwägerschaft begründet wird, nicht mehr besteht.

Anm. 1. **I. Allgemeiner Inhalt und Zweck der Bestimmung.** § 14 enthält einen relativen Versagungsgrund (s. Vorbem. zum 1. Abschn. Anm. 6). Der gesetzgeberische Grund der Bestimmung ist klar; man wollte Unzuträglichkeiten verhindern, welche aus verwandtschaftlichen Beziehungen zwischen Richtern und Anwälten eines Gerichts entstehen könnten. Dies wird in praxi nur bei Gerichten an kleineren Orten von Bedeutung sein, ferner bei Amtsgerichten in höherem Grade als bei Kollegialgerichten. Die LJV. muß im einzelnen Falle die konkreten Verhältnisse prüfen.

Anm. 2. **II. Einzelnes.** 1. Der Beamte, mit welchem der Antragsteller verwandt oder verschwägert ist, muß ein angestellter Richter sein.

Es genügt also nicht, daß er richterliche Geschäfte wahrnimmt (§ 10 GVG.), wie die Assessoren in Preußen.

Wohl aber fallen unter die Bestimmung die Handelsrichter (§§ 112, 116 GVG.).

Anm. 3. 2. Der Richter muß bei dem im Antrag bezeichneten Gerichte angestellt sein. Daher kommen Hilfsrichter, welche bei einem anderen Gerichte fest angestellt sind, nicht in Betracht (§§ 69, 122 GVG.).

Ob der angestellte Richter zurzeit bei dem betreffenden Gerichte Dienst tut oder etwa ins Ministerium kommittiert wurde, ist gleichgültig.

Anm. 4. 3. Der Antragsteller muß mit dem Richter entweder in gerader Linie oder nicht weiter als im zweiten Grade der Seitenlinie verwandt oder verschwägert sein. Der Gebrauch des Wortes „im“ statt „bis zum“ zweiten Grade ist ein offensichtliches Versehen; vgl. Motive 45, wo auf den richtig gefaßten § 41 Ziff. 3 ZPO. verwiesen wird.

Die Begriffe der Verwandtschaft und Schwägerschaft bestimmen sich jetzt nach dem BGB. Dies ist zwar nirgends, auch nicht in Art. 33 EGBGB., ausdrücklich bestimmt, allein es ist selbstverständlich, daß zivilrechtliche Begriffe im Zweifel dem Zivilgesetzbuche zu entnehmen sind. Es gelten daher vor allem die §§ 1589, 1590 BGB. Ferner kommen die Bestimmungen der §§ 1591 ff., 1699 ff., 1719 ff., 1723 ff., 1741 ff. BGB. in Betracht.

Anm. 5. 4. Der Versagungsgrund des § 14 ist ein fakultativer.

§ 15.

Die Zulassung eines Rechtsanwalts bei einem anderen Gerichte kann versagt werden:

1. wenn gegen den Antragsteller innerhalb der letzten zwei Jahre im ehrengerichtlichen Verfahren auf Verweis oder auf Geldstrafe von mehr als einhundertfünfzig Mark erkannt ist;

2. **wenn gegen den Antragsteller die Klage im ehrengerichtlichen Verfahren erhoben ist.**

I. **Allgemeiner Inhalt.** § 15 enthält die Versagungsgründe, welche nur für die Fälle der weiteren Zulassung, sei es Zulassungswechsel, sei es Simultanzulassung gelten. Sie sind fakultativ. Anm. 1.

II. **Spezieller Inhalt.** 1. Maßgebend für die Frage, ob der Antragsteller bereits zugelassen ist, ob also ein Fall der weiteren Zulassung vorliegt, ist der Zeitpunkt der Entscheidung, nicht der der Antragstellung. EGH. **11** 44 ff. Vgl. auch Vorbem. zu § 1 Anm. 3. Anm. 2.

2. (Ziffer 1): Der erste in § 15 angeführte Versagungsgrund entspricht dem § 6 Ziff. 3, weshalb auf die Anmerkungen hiezu Bezug genommen wird. Anm. 3.

3. (Ziffer 2): Die Erhebung der Klage im ehrengerichtlichen Verfahren erfolgt (gemäß § 66 RAO. mit § 168 StPO.) durch Einreichung einer Anklageschrift oder Antrag auf Voruntersuchung. Der Versagungsgrund wird hinfällig, sobald das Verfahren rechtskräftig zugunsten des Antragstellers erledigt oder endgültig auf eine geringere Strafe, als sie § 15 Ziff. 1 bezeichnet, erkannt ist. Anm. 4.

Meyer, JW. **1915** 112 läßt den § 15 Ziff. 2 RAO. auch dann gelten, wenn ein Rechtsanwalt, nachdem die Klage im ehrengerichtlichen Verfahren gegen ihn erhoben wurde, aus der Anwaltschaft ausscheidet und dann bei einem anderen Gericht die Zulassung anstrebt. Er sei dann im Sinne des § 15 Ziff. 2 noch als Rechtsanwalt anzusehen. Man wird dem beipflichten können, muß aber dann das Gleiche auch für die Zulassung eines Nichtanwalts bei dem Gerichte seiner bisherigen Zulassung gelten lassen. Am besten wird es sein, sich in solchen Fällen mit der Aussetzung zu helfen (§ 7 Anm. 8). Anm. 5.

§ 16.

Der Bescheid, welcher einem Antragsteller die beantragte Zulassung versagt, muß den Grund der Versagung angeben.

Wird die Zulassung nach dem Gutachten des Vorstandes der Anwaltskammer aus einem der im § 5 Nr. 4, 5, 6 bezeichneten Gründe versagt, so ist auf Verlangen des Antragstellers über den Grund der Versagung im ehrengerichtlichen Verfahren zu entscheiden.

Das Verlangen muß bei der Landesjustizverwaltung innerhalb der Frist von einer Woche seit der Zustellung des Bescheides angebracht werden.

Die Landesjustizverwaltung hat den rechtzeitig gestellten Antrag dem Vorstande der Anwaltskammer zu übersenden.

I. **Allgemeiner Inhalt.** Der erste Absatz des § 16 statuiert den Begründungszwang für jeden die Zulassung versagenden Bescheid. Anm. 1.

Die drei folgenden Absätze enthalten die Vorschriften über das einzige, reichsgesetzlich geregelte Rechtsmittel gegen die Versagung der Zulassung. Dieses Rechtsmittel besteht in der Herbeiführung eines ehrengerichtlichen Verfahrens. Wir nennen es im Gegensatze zu dem ehrengerichtlichen Strafverfahren das ehrengerichtliche Zulassungsverfahren. § 16 normiert nur die Voraussetzungen und das Ziel dieses Verfahrens. Der prozessuale Gang richtet sich nach den Bestimmungen des vierten Abschnittes. Vgl. § 93.

II. **Der Begründungszwang.** (Absatz 1). Jeder Bescheid der LJV., welcher die beantragte Zulassung versagt, muß den Versagungsgrund angeben. Dies bezieht sich keineswegs bloß auf die Fälle, in welchen an sich ein Recht auf Zu- Anm. 2.

lassung besteht; auch wenn einem preußischen Assessor die Zulassung in Bayern versagt wird und keine andere Begründung als die, daß seine Zulassung nicht angemessen erscheine, gegeben werden kann, muß der Vorschrift des Gesetzes genügt werden.

Anm. 3. **III. Das ehrengerichtliche Zulassungsverfahren.**

A. Die Voraussetzungen des Verfahrens: 1. Die erste Voraussetzung des ehrengerichtlichen Zulassungsverfahrens ist, daß die LJV. aus einem der Gründe des § 5 Ziff. 4—6 RAO., jedoch nicht wegen gesetzlicher Inkompatibilität im Falle des § 5 Ziff. 4, die Zulassung versagt. Daß einer dieser Gründe maßgebend war, muß aus der Entscheidung erkennbar hervorgehen.

Mithin kommt das Verfahren nur für die Fälle der Zulassung zur Rechtsanwaltschaft im engeren Sinne, nicht für die Fälle der weiteren Zulassung in Betracht.

Anm. 4. 2. Die Zulassungsversagung darf ferner nur aus den in der vorigen Ziffer bezeichneten Gründen oder einem derselben erfolgen. Versagt z. B. die LJV. die Zulassung sowohl nach § 5 Ziff. 6 als auch nach § 6 Ziff. 3, so ist das ehrengerichtliche Zulassungsverfahren unzulässig; es würde ja sonst rein theoretische Bedeutung haben, da auch bei Verneinung des obligatorischen Versagungsgrundes der fakultative Platz greifen würde. (Gl. M.: EGH. **10** 106; EG. Düsseldorf, AKJahrB. **1914** 3. Durch nachträgliche Zurücknahme des anderen Versagungsgrundes wird jedoch das ehrengerichtliche Verfahren ex nunc zulässig.

Handelt es sich um die Zulassung beim Reichsgerichte oder bei den Gerichten eines Bundesstaates, in welchem der Bewerber nicht die Richterprüfung bestanden hat, so ist das ehrengerichtliche Zulassungsverfahren unzulässig, wenn das Präsidium bzw. die LJV. nicht nur einen Versagungsgrund nach § 5 Ziff. 4—6, sondern auch einen weiteren Grund angibt, welcher für die Versagung nach freiem Ermessen bestimmend ist. Ebenso: EG. Celle, AKJahrB. **1914** 2/3; Berlin im Jahresbericht der AK. Berlin **1915** 7. Erfolgt die Erwähnung eines solchen Grundes nicht, so ist das Verfahren zulässig. Vgl. EG. Rostock, AKJahrB. **1915** 3.

Anm. 5. 3. Dagegen hängt die Zulässigkeit des ehrengerichtlichen Verfahrens nicht davon ab, daß die Entscheidung der LJV. wirklich im Einklang steht mit dem Gutachten des Kammervorstandes. Es genügt die Bezugnahme auf ein solches, mag auch das Resultat gerade das entgegengesetzte sein. Vgl. EGH. **1** 87 und die Kommissionsprotokolle bei Siegeth Anhang 102, wonach die Worte „nach dem Gutachten des Vorstandes der Anwaltskammer" nur beigefügt wurden, um klarzustellen, daß das ehrengerichtliche Zulassungsverfahren in den gesetzlichen Fällen (§ 5 Nr. 1—3 rc.) und insbesondere bei gesetzlicher Inkompatibilität nach § 5 Ziff. 4 nicht stattfinde.

Anm. 6. 4. Es ist keine Voraussetzung für die Zulässigkeit des ehrengerichtlichen Verfahrens, daß die Entscheidung der LJV. sich auf das richtige, d. h. auf dasjenige Gutachten stützt, welches von Rechts wegen der Entscheidung zugrunde gelegt werden müßte. EGH. **1** 83 ff.

Anm. 7. 5. Nur auf Verlangen des Antragstellers ist das ehrengerichtliche Zulassungsverfahren einzuleiten. Es gibt also weder ein Verfahren von Amts wegen noch ist eine dritte Person, die nicht bevollmächtigt und nicht gesetzliche Vertreterin ist, zur Einlegung des Rechtsmittels legitimiert.

a) Das Verlangen muß bei der LJV., welche die Zulassung versagt hat, angebracht werden.[1])

---

[1]) Vgl. über die zuständige Stelle: Preußen: JMVf. 16. 2. 80 (JMBl. 34) Nr. 4 (preuß. Amtsgerichte im Bezirke Jena betr.). Sachsen-Weimar: MinV. 3. 10. 79 (RegBl. 519) § 10. Sachsen-Altenburg: V. 17. 11. 79 (GS. 255) § 9. Schwarzburg-Rudolstadt: MinV. 27. 1. 80 (GS. 13) § 8. Coburg-Gotha: V. 2. 2. 80 (Coburg GS. 7, Gotha GS. 5) § 8. Sachsen-Meiningen: V. 6. 1. 80 (Samml. 257) § 8.

b) Dies muß innerhalb einer Woche seit Zustellung des Versagungsbescheides geschehen. Über den Begriff der „Zustellung" vgl. § 3 Anm. 8. Die Frist endigt mit dem Tage, welcher durch seine Benennung dem Zustellungstage entspricht (§§ 187, 188 BGB.), ev. — wenn dieser Tag ein Sonntag oder allgemeiner Feiertag ist — am nächstfolgenden Werktag (§ 193 BGB.).

c) Das Verlangen bedarf keiner besonderen Form. Es muß jedoch durch seinen Inhalt erkennen lassen, daß ehrengerichtliches Zulassungsverfahren begehrt werde. Der EGH. hat in der Entscheidung **1** 83 ff. auch eine nachträgliche Interpretation des Antrags aus den späteren Erklärungen des Gesuchstellers zugelassen. Das EG. München begnügte sich (ebenso wie die LJV.) mit einer Eingabe, worin der Antragsteller zum Ausdruck brachte, daß er sich bei dem Bescheide des Ministeriums nicht beruhigen wolle (rechtskr. Urteil vom 25. 2. 16).

d) Der Antrag muß sich, wenn in dem Versagungsbescheid mehrere Gründe aus § 5 Ziff. 4—6 angeführt sind, auf alle diese Gründe, nicht nur auf einzelne derselben beziehen. Vgl. oben Anm. 4.

6. Die LJV. muß zunächst über die Rechtzeitigkeit des Antrags auf ehren- Anm. 8.
gerichtliches Verfahren entscheiden (§ 16 Abs. 4). Verneint sie diese, so weist sie das Verlangen des Antragstellers ab. Hiegegen gibt es reichsrechtlich kein Rechtsmittel. Doch kann das Verlangen auf ehrengerichtliches Verfahren innerhalb der einwöchigen Frist wiederholt werden; ist die Frist abgelaufen, so kann ein neuer Zulassungsantrag gestellt werden, da die Versagung durch die LJV. keinerlei Rechtskraftwirkung hat.[1]) Gleiches gilt, wenn der Antrag auf ehrengerichtliches Zulassungsverfahren gestellt, aber wieder zurückgenommen wurde.

Wird die Zulässigkeitsfrage bejaht, so übersendet die LJV. den Antrag an den Vorstand der Anwaltskammer. Dieser verfährt dann nach § 93.

B. Das Ziel des ehrengerichtlichen Zulassungsverfahrens. Anm. 9.
1. Das Ehrengericht prüft zunächst selbständig und unabhängig von der LJV. die Zulässigkeit des Verfahrens nach den unter A aufgestellten Grundsätzen. (Vgl. EGH. **1** 83; EG. Düsseldorf und Celle, AKJahrB. **1914** 2, 3). Auch die Wahrung der Frist des § 16 Abs. 3 unterliegt neuerlicher Prüfung. Vgl. im einzelnen § 93 Anm. 12.

2. In sachlicher Beziehung hat das Ehrengericht darüber zu entscheiden, Anm. 10.
ob der von der LJV. angegebene Versagungsgrund zutreffend ist oder nicht. Dementsprechend hat auch der Tenor der Entscheidung zu lauten. Vgl. EGH. **1** 85 ff.; **9** 106; **12** 25; **12** 27[2]); **16** 11, 15 u. a.

a) Da die Zulässigkeit des ehrengerichtlichen Verfahrens davon abhängt, daß Anm. 11.
die LJV. in ihrem Bescheide auf ein Gutachten des AKV. mindestens Bezug nimmt, so muß die Entscheidung des Ehrengerichts stets auf einer materiellen Prüfung dieses Gutachtens beruhen. Dies trifft selbst dann zu, wenn es vorkommen sollte, daß die LJV. von dem Resultate des Gutachtens, auf welches sie selbst Bezug nimmt — vielleicht auf Grund mißverständlicher Auffassung —, abweicht. Über die gesetzliche Unzulässigkeit dieser Abweichung hat das Ehrengericht nicht zu befinden, so wenig wie es darüber entscheiden darf, ob die LJV.

---

[1]) Ebenso ein noch nicht veröffentlichtes Urteil des EGH. vom 13. 1. 17. Die Zulassungsentscheidung ist eine reine Verwaltungsmaßnahme, die gar nicht den Zweck hat Tatsachen und Rechte festzustellen; für das Zustandekommen dieser Maßregel und des zugrunde liegenden Vorstandsgutachtens fehlt es an allen denjenigen Rechtsgarantien, welche die StPO. für richterliche Urteile vorsieht und deren Vorhandensein den Grundsatz der Rechtskraft rechtfertigt. Vgl. auch EGH. **1** 90. Im einzelnen s. M. Friedländer, AVNachr. **4** 38 ff.

[2]) Der EGH. hat übrigens in Fällen, in welchen das Ehrengericht fälschlich den in dem Gutachten des AKV. angegebenen Grund für berechtigt erklärt hatte, diesen Mangel als einen rein formellen erklärt und lediglich den Tenor berichtigt, weil die Entscheidung der LJV. genau mit dem Gutachten übereinstimmte. Vgl. EGH. **12** 25; **9** 106; **14** 7; auch **16** 18.

überhaupt das maßgebende Gutachten ihrer Versagung zugrunde gelegt hat. Wenn also eine solche Abweichung vorkommen sollte, so müßte das Ehrengericht die Grundlagen des Gutachtens prüfen, und wenn es (mit dem Gutachten) den Versagungsgrund verneint, die Gründe der LJV. für unberechtigt erklären; im anderen Falle aber — trotz der vorliegenden Gesetzwidrigkeit — aussprechen, daß der Versagungsgrund gerechtfertigt sei.

Anm. 12. b) Was versteht das Gesetz unter einer Entscheidung über den Grund der Versagung?

Die Frage, welche sich das Ehrengericht vorzulegen hat, ist die, ob die dem Gutachten zugrunde liegenden und auch dem Versagungsbescheid zugrunde gelegten Tatsachen den von der LJV. angegebenen Versagungsgrund rechtfertigen oder nicht.

α) Auf die Tatsachen und ihre Subsumtion durch die LJV. kommt es an, nicht auf die rechtliche Qualifikation, welche das Gutachten des Vorstandes jenen Tatsachen gegeben hat: Wenn also eine bestimmte Beschäftigung des Antragstellers von dem Vorstande als unvereinbar mit der Würde des Anwaltsberufes bezeichnet wurde, die LJV. aber auf Grund desselben Tatbestandes unter Anführung des § 5 Ziff. 5 die Zulassung versagt hat, so kann das Ehrengericht — obwohl hier ein Verstoß gegen das Gesetz vorliegt — nur darüber befinden, ob das Verhalten des Antragstellers unter § 5 Ziff. 5, nicht aber darüber, ob es auch unter Ziff. 4 fällt. Gab das Gutachten des Vorstandes mehrere Versagungsgründe — also etwa § 5 Ziff. 4 und 5 — nebeneinander als vorliegend an, während die LJV. nur einen derselben anführt, so ist auch nur über den letzteren und die demselben zugrunde gelegten Tatsachen zu entscheiden. Daß aber Unvereinbarkeit mit dem Berufe eines Rechtsanwalts einerseits und Unvereinbarkeit mit der anwaltschaftlichen Würde anderseits zwei verschiedene Versagungsgründe sein sollen (wie EGH. **1** 64 und jetzt auch EGH. **16** 25 annehmen), erscheint uns nicht zutreffend. Vgl. hiezu: M. Friedländer, AVNachr. **3** 79.

Anm. 13. β) Nur die dem Gutachten zugrunde liegenden Tatsachen sollen der Nachprüfung unterliegen.

Dies ist jedoch nur in dem Sinne zu verstehen, daß im ehrengerichtlichen Verfahren keine neuen Tatbestände zur Grundlage der Entscheidung gemacht werden dürfen. Der Gesamtkomplex der relevanten Tatumstände muß derselbe sein; dagegen ist es keineswegs unzulässig, im einzelnen Ergänzungen des unter einen einheitlichen Gesichtspunkt fallenden Tatsachenmaterials vorzunehmen, charakterisierende Begleitumstände, Milderungsgründe u. ä., hineinzuziehen ꝛc. Bei § 5 Ziff. 6 kommt es darauf an, ob im Zeitpunkte der Erstattung des Gutachtens der betreffende Zustand vorlag (EGH. **11** 46; **16** 33); bei § 5 Ziff. 4, ob in diesem Zeitpunkte die Inkompatibilität gegeben war.[1])

Anm. 14. Beispiel: Der AKV. hat in seinem Gutachten ausgeführt, daß wegen fortgesetzten leichtsinnigen Schuldenmachens der Versagungsgrund des § 5 Ziff. 5 vorliege. Die LJV. hat deshalb die Zulassung versagt. Im ehrengerichtlichen Verfahren werden die betreffenden Gläubiger als Zeugen vernommen. Dabei ergibt sich, daß einzelne Fälle wegen Unzulänglichkeit des Beweises auszuscheiden haben, während andere, vielleicht infolge der

---

[1]) Es darf also z. B. auch nicht zugunsten des Antragstellers berücksichtigt werden, wenn nach Erstattung des Gutachtens die Anstellungsbedingungen des Beamten, die nach § 5 Ziff. 4 zur Versagung führten, geändert wurden (vgl. EGH. **15** 29; **16** 11). — Über Ergänzung des Tatbestandes auf Grund neuen Gutachtens und neuer Entscheidung vgl. M. Friedländer, AVNachr. 4 38.

unwürdigen Art, in welcher die Schulden kontrahiert wurden, bedeutend gravierender erscheinen, so daß das Gesamtbild der bereits in dem Gutachten berücksichtigten Tatumstände auch in seiner jetzigen Erscheinung zur Versagung nach § 5 Ziff. 5 führt. Stellt sich aber z. B. bei der Beweisaufnahme heraus, daß der Antragsteller das geliehene Geld verspielt und im Spiele betrogen hat, so müssen diese Tatsachen in ihrer selbständigen Bedeutung bei der Entscheidung des Ehrengerichts vollständig ausscheiden.

Die hier vertretene Meinung stimmt im wesentlichen mit der des EGH. überein. Vgl. insbesondere **10** 14; **12** 27; **14** 7; **15** 29; **16** 12, 49; **17** (S. 10/15). Viel zu weit geht dagegen Berolzheimer, JW. **1903** 232 ff., welcher die Berücksichtigung aller Tatsachen, die dem Vorstand bei Abgabe des Gutachtens unbekannt waren, zulassen will. Dies würde dazu führen, daß das Ehrengericht, welches vielleicht die Gründe des Kammervorstandes nicht billigt, selbst neue Versagungsgründe einführen könnte, die weder der AKV. noch die LJV. als solche ansehen würden. Dies widerspräche dem Prinzipe unseres Gesetzes und dem ganzen Aufbau des Zulassungsverfahrens. Anm. 15.

γ) Gleichgültig ist es auch, ob die Tatsachen, welche dem Gutachten des AKV. zugrunde liegen, in diesem Gutachten mit der für die richtige Entscheidung erforderlichen Genauigkeit angegeben sind. Wenn z. B. das Gutachten nur angibt, der Antragsteller betreibe ein Handelsgewerbe, deshalb liege der Versagungsgrund des § 5 Ziff. 4 vor, so ist das Ehrengericht nicht gehindert, festzustellen, welcher Art dieses Handelsgewerbe ist, und dann je nach dem Resultat dieser Feststellung seine Entscheidung zu treffen. Diesen Standpunkt deutet auch EGH. **9** 107 als den richtigen an. Die Feststellung des Tatbestandes hat mit allen zulässigen Beweismitteln zu erfolgen; erst dann liegt ein Sachverhalt vor, dessen Nachprüfung möglich ist (EGH. **16** 7). Anm. 16.

δ) W e s e n t l i c h ist dagegen, d a ß d i e T a t b e s t ä n d e, a u f w e l c h e n d a s G u t a c h t e n b e r u h t, a u c h d e r E n t s c h e i d u n g d e r L J V. z u g r u n d e g e l e g t s i n d. Dies ist natürlich im Zweifel der Fall. Sollte jedoch die LJV. einzelne, im Gutachten erwähnte Tatbestände ausdrücklich aus seiner Begründung ausscheiden, so könnte gemäß § 16 Abs. 2 auch das Ehrengericht hierüber nicht befinden. Anm. 17

3. Hält das Ehrengericht e i n e n der von der LJV. angegebenen Versagungsgründe für gerechtfertigt, so k a n n es auch über die anderen, mitangefochtenen Gründe entscheiden; eine Verpflichtung dies zu tun besteht jedoch nicht. EGH. **12** 97. Wird freilich die Entscheidung des Ehrengerichts von der Berufungsinstanz für sachlich unzutreffend erachtet, so muß der EGH. entweder selbst über den anderen Grund entscheiden oder — was meist angemessener sein wird — (analog § 369 Abs. 2 StPO.) die Sache an das Ehrengericht zurückverweisen, welches dann über den anderen Versagungsgrund Entscheidung zu treffen hat. EGH. **12** 97 hält Rückverweisung für obligatorisch. Vgl. hiezu § 93 Anm. 27; auch EGH. **14** 33. Anm. 18.

4. Ist im ehrengerichtlichen Verfahren r e c h t s k r ä f t i g ein Versagungsgrund für u n g e r e c h t f e r t i g t erklärt, so kann aus d i e s e m Grunde keine Versagung mehr erfolgen, wohl aber aus anderen Gründen. EGH. **8** 101. Auch neue, in den bereits gewürdigten Tatsachenkomplex hineinspielende Umstände können dazu führen, auf Grund eines neuen Gutachtens des Anwaltskammervorstandes wiederum die Versagung auszusprechen. Anm. 19.

5. Ist im ehrengerichtlichen Verfahren r e c h t s k r ä f t i g[1]) ein Versagungsgrund für g e r e c h t f e r t i g t erklärt, so ist die erfolgte Versagung unanfechtbar. Anm. 20.

---

[1]) Über R e c h t s h ä n g i g k e i t im ehrengerichtl. Zulassungsverfahren vgl. M. Friedländer, AWNachr. **4** 38 ff.

Zweifelhaft ist jedoch, inwieweit diese ehrengerichtliche Entscheidung für spätere Zeiten Rechtskraftswirkungen äußert, insbesondere, ob die ehrengerichtlich anerkannten Versagungsgründe für alle Zeiten unabänderlich feststehen.

Hier gilt nun folgendes: Die ehrengerichtliche Entscheidung stellt für den Zeitpunkt der Erstattung des Gutachtens fest, daß zurzeit bestimmte Versagungsgründe vorliegen, daß zurzeit der Antragsteller ein mit der Anwaltschaft unvereinbares Gewerbe betreibe, daß er zurzeit körperlich unfähig sei, oder daß er sich eines Verhaltens schuldig gemacht habe, welches zurzeit die Ausschließung aus der Rechtsanwaltschaft bedingen würde. (Vgl. § 5 Anm. 34). Ändern sich die Tatumstände, betreibt der Antragsteller das betreffende Gewerbe nicht mehr oder in grundverschiedener Weise, wird sein körperliches Gebrechen behoben oder legt er dauernd ein so tadelloses Verhalten an den Tag, daß die Ausschließung wegen der lange zurückliegenden Verfehlung nicht mehr veranlaßt erschiene, so ist die frühere Entscheidung nicht mehr maßgebend.

Der EGH. steht bezüglich des § 5 Ziff. 4 und 6 auf dem hier vertretenen Standpunkte, während er ein nach § 5 Ziff. 5 ergangenes ehrengerichtliches Urteil wiederholt als ewigwährendes, absolutes Hindernis für eine Zulassung zur Rechtsanwaltschaft angesehen hat. (Vgl. EGH. **1** 83ff.; **13** 9). Dies läßt sich nur daraus erklären, daß der EGH. in seinen früheren Entscheidungen bei Anwendung der Bestimmung des § 5 Ziff. 5 nur darauf Gewicht legte, ob im Zeitpunkte der Verfehlung die Ausschließung wegen derselben geboten wäre, während er auf den Zeitpunkt des Bescheids der LJV. keine Rücksicht nahm. Und doch erkannte der EGH. gleichzeitig (**1** 95) an, daß für die ehrengerichtliche Bestrafung das Verhalten zwischen Tat und Aburteilung von Bedeutung sein könne (also auch im Falle des § 64); es ist unbegreiflich, warum bei Anwendung des § 5 Ziff. 5, welcher doch die Möglichkeit einer Disziplinarstrafe supponiert, andere Grundsätze gelten sollten. Unbegreiflich ist ferner, wie die erwähnte Entscheidung des EGH. (**1** 95) die maßgebende Frage, ob es auf die Zeit der Tat oder die des Urteils bzw. des Versagungsbescheides ankomme, dahingestellt sein lassen kann. Mit den Entscheidungen in Bd. 15 S. 7ff. und Band 16 S. 34, 44 scheint nun aber der EGH. seinen früheren Standpunkt aufgegeben und den richtigen Weg betreten zu haben (vgl. bes. Bd. 15 S. 9). Richtig: AKJahrB. **1886** 3 (Breslau).

Anderseits darf es nicht für zulässig erachtet werden, daß das Verhalten des Antragstellers lediglich auf Grund des der früheren Entscheidung zugrunde liegenden Tatsachenmaterials neuerlich gewürdigt werde. Daher nicht zutreffend: Hanseatischer AKV. AKJahrB. **1907** 3.

Anm. 21. C. Über die Frage, inwieweit strafgerichtlichen Urteilen und Disziplinarentscheidungen bindende Kraft für das ehrengerichtliche Verfahren zukommt, vgl. § 65 Anm. 27, 29, 30; ferner § 5 Anm. 35; § 93 Anm. 8.

Anm. 22. D. Ist im ehrengerichtlichen Zulassungsverfahren der Versagungsgrund rechtskräftig für ungerechtfertigt erklärt, so kann die LJV. sofort die Zulassung erteilen. Sie wird aber häufig — besonders bei längerer Dauer des Verfahrens — Veranlassung haben, ein neues Gutachten des AKV. einzuholen, zumal da nicht selten gerade in dem ehrengerichtlichen Zulassungsverfahren sich neue Versagungsgründe herausstellen.

§ 17.

Nach der ersten Zulassung hat der Rechtsanwalt in einer öffentlichen Sitzung des Gerichts, bei welchem er zugelassen ist, folgenden Eid zu leisten:

„Ich schwöre bei Gott dem Allmächtigen und Allwissenden, die Pflichten eines Rechtsanwalts gewissenhaft zu erfüllen, so wahr mir Gott helfe."

1. Inhalt: Der vorliegende Paragraph handelt von der Beeidigung der Rechtsanwälte. Anm. 1.

2. Die Beeidigung erfolgt nur nach der ersten Zulassung. Dieser Fall liegt vor, wenn der Betreffende noch nie Rechtsanwalt war.[1]) Er kann trotzdem schon einmal zugelassen gewesen sein; wenn damals die Eintragung in die Liste unterblieb, war er noch nicht Rechtsanwalt. Bei anderer Auslegung hätte die Eidesleistung überhaupt zu unterbleiben, wenn der Bewerber nach der ersten Zulassung, aber vor der Eidesleistung und Eintragung, auf die Rechtsanwaltschaft verzichtete und später neuerdings die Zulassung erlangte. Denn dies wäre dann schon die zweite Zulassung. Ist aber der Eid einmal geleistet, so wird man eine Wiederholung der Eidesleistung nicht zu fordern haben. Daß das Gesetz eine zweimalige Eidesleistung vermeiden will, geht aus § 107 Abs. 3 hervor. Anm. 2.

3. Die Worte „der Rechtsanwalt" sind irreführend; denn „Rechtsanwalt" wird man erst durch die der Eidesleistung nachfolgende Eintragung in die Liste (§ 20). Anm. 3.

4. In öffentlicher Sitzung muß die Beeidigung erfolgen. War die Öffentlichkeit ausgeschlossen, so ist die Eintragung in die Liste zu versagen. Vgl. § 20 Anm. 6. Anm. 4.

5. Bei dem Gericht der Zulassung hat die Eidesleistung zu erfolgen. Hieraus müßte man streng genommen folgern, daß die erste Zulassung nie Simultanzulassung sein könne, da sonst die Eidesleistung bei mehreren Gerichten erfolgen müßte. Allein die Praxis hat sich — wohl mit Recht — über dieses formale Bedenken hinweggesetzt. Die LJV. wird bei Simultanzulassungen zu bestimmen haben, bei welchem Gerichte die Eidesleistung erfolgen solle. Dies kann auch stillschweigend dadurch geschehen, daß sie den Zulassungsbescheid zunächst demjenigen Gerichte zuleitet, das die Eidesabnahme vorzunehmen hat. So wird z. B. in München übungsgemäß, wenn Simultanzulassung bei den Landgerichten I und II erfolgt, die Eidesleistung beim LG. München I vorgenommen und dort erfolgt zuerst die Eintragung in die Liste. Anm. 5.

6. Bei welcher Abteilung des Gerichtes die Beeidigung erfolgt, ist gleichgültig. Dies kann in einer Schöffengerichtssitzung, bei einer Zivil- oder Strafkammer (auch bei einer detachierten Strafkammer), vor einem Zivil- oder Straffenat, nicht aber für das Stammlandgericht bei einer detachierten Kammer für Handelssachen geschehen. Erfolgt die erste Zulassung bei einer detachierten Kammer für Handelssachen, so kann nur bei dieser, nicht bei einer Abteilung des Stammlandgerichtes die Beeidigung vor sich gehen. Anm. 6.

7. Verweigert der Zugelassene die Eidesleistung, so erfolgt seine Eintragung in die Liste nicht, er wird also überhaupt nicht Rechtsanwalt. Mithin kann auch eine ehrengerichtliche Bestrafung wegen Verweigerung der Eidesleistung vor der Eintragung gar nicht in Frage kommen. A. M.: EGH. **13** 10; **15** 59 ff. Über die Rechtsfolgen der Eidesverweigerung vgl. § 20 Anm. 5. Anm. 7.

§ 18.

Der Rechtsanwalt muß an dem Orte des Gerichts, bei welchem er zugelassen ist, seinen Wohnsitz nehmen.

Inwieweit benachbarte Orte im Sinne dieser Vorschrift als ein Ort anzusehen sind, bestimmt die Landesjustizverwaltung.

---

[1]) In der ersten Auflage war die Meinung vertreten, daß die „erste Zulassung" stets dann vorliege, wenn eine Person, die nicht Anwalt ist, zugelassen wird. Allein es kann nicht die Absicht des Gesetzes sein, daß der RA., der aus der Anwaltschaft ausscheidet und dann von neuem seine Zulassung nimmt, jedesmal wieder zu beeidigen sei. § 107 Abs. 3 ergibt die gegenteilige Tendenz. Es besteht also nach der ratio legis kein Grund, den Ausdruck „erste" Zulassung anders als nach dem Wortsinn auszulegen.

Dieselbe kann einem bei einem Amtsgerichte zugelassenen Rechtsanwalte gestatten, an einem anderen Orte innerhalb des Amtsgerichtsbezirks seinen Wohnsitz zu nehmen.

Ist der Rechtsanwalt bei mehreren Gerichten zugelassen, so muß er im Falle des § 9 am Orte des Amtsgerichts, im Falle des § 11 am Orte des Landgerichts seinen Wohnsitz nehmen.

Die Mehrkosten, welche bei der Vertretung einer Partei von einem Kollegialgerichte durch einen bei demselben zugelassenen Rechtsanwalt dadurch entstehen, daß der letztere seinen Wohnsitz nicht am Orte des Gerichts hat, ist die Gegenpartei zu erstatten nicht verpflichtet.

Anm. 1. **I. Allgemeiner Inhalt des Paragraphen und seine Stellung im System.** Die ersten 4 Absätze des § 18 handeln von der Residenzpflicht des Rechtsanwalts. Man könnte danach meinen, daß der Paragraph nach der Systematik des Gesetzes eigentlich in den zweiten Abschnitt, welcher von den Rechten und Pflichten der Rechtsanwälte handelt, gehöre. Dies ist jedoch nicht zutreffend; denn das Vorhandensein des vorgeschriebenen Wohnsitzes ist eine Voraussetzung für den Erwerb und für die Beibehaltung der Anwaltsqualität (§§ 20, 21); mithin gehört die Bestimmung auch systematisch in den ersten Abschnitt des Gesetzes.

Die Residenzpflicht steht im engsten Zusammenhang mit dem Prinzip der Lokalisierung, wie es in unserem Gesetz Ausdruck gefunden hat. Grundsätzlich ist der Anwalt nur bei einem Gerichte zugelassen und muß am Sitze dieses Gerichtes sein Domizil nehmen. Dadurch, daß man der Lokalisierung in dieser Weise die Residenzpflicht hinzufügte, hat man die eigentliche Grundlage für das Institut der Amtsgerichtsanwälte geschaffen.

Die Bestimmung des § 18 Abs. 5 hängt zwar mit dem Wohnsitz des Rechtsanwalts zusammen; allein sie behandelt eine reine Kostenfrage und sollte ihren Platz in der Prozeßordnung haben.

Anm. 2. **II. Der Inhalt der Residenzpflicht.**

A. Wann beginnt die Residenzpflicht? Erst nach erfolgter Zulassung muß ein bestimmter Wohnsitz begründet werden. Unterbleibt die Begründung des Domizils, so erfolgt keine Eintragung in die Liste; sind seit Mitteilung des Zulassungsbescheides 3 Monate vergangen, so wird die Zulassung zurückgenommen (§ 21 Ziff. 1).

Anm. 3. B. Seinen Wohnsitz muß der Rechtsanwalt am Orte des Gerichtes nehmen.

1. Der Begriff des Wohnsitzes, wie ihn der EGH. auffaßt, stimmt mit der Definition des § 7 BGB. überein.

„Wer sich an einem Orte ständig niederläßt, begründet an diesem Orte seinen Wohnsitz."

Erforderlich ist ständige, nicht bloß vorübergehende Niederlassung, und zwar nicht nur in geschäftlicher, sondern auch in persönlicher Beziehung. Der Rechtsanwalt muß also an dem betreffenden Orte eine Wohnung nehmen, die ihm auch tatsächlich zu dauerndem Aufenthalte dient. Es genügt keineswegs der Besitz eines Geschäftslokals. Vgl. EGH. **1** 242 ff., **3** 103 ff., 112 ff., **5** 9 ff. Irrtümlich: Nußbaum, KGBl. **1905** 77.

Anm. 4. 2. Der Rechtsanwalt muß rechtlich imstande sein, einen Wohnsitz zu begründen. Es dürfen also weder die Vorschrift des § 8 BGB. noch gesetzliche oder behördliche Niederlassungsverbote bzw. Ausweisungen entgegenstehen. Vgl. RGZ. **34** 399; Staudinger § 7 Anm. 8.

Anm. 5. 3. Darf der Rechtsanwalt einen mehrfachen Wohnsitz haben? Die Frage ist zu bejahen. Der mehrfache Wohnsitz besteht dann, wenn an verschiedenen Orten alle Erfordernisse der Wohnsitzbegründung gegeben sind. Der Fall wird beim Anwalt nicht häufig sein, kann aber vorkommen. Es hat z. B. jemand eine Wohnung in der Stadt und eine Villa in einer benachbarten Gemeinde, so daß wirklich beide Behausungen seinen ständigen Aufenthalt bilden; er verbringt seine Zeit bald hier, bald dort. Dies ist nicht unzulässig; denn er hat seinen Wohnsitz auch am Orte des Gerichts, und dies muß genügen. Ebenso EGH. **1** 242. Anscheinend abweichend: RG. SeuffBl. Erg.-Bd. **6** 305, ferner Turnau § 11 Anm. 3.

C. Am Orte des Gerichts der Zulassung muß der Rechtsanwalt seinen Wohnsitz nehmen. Anm. 6.

Der Ort des Gerichts ist die ganze politische Gemeinde, in welcher das Gericht seinen Sitz hat. Sie braucht nicht zum Bezirke des Gerichts zu gehören (man denke an die Verhältnisse in großen Städten [wie München], in welchen z. B. ein Landgericht nur die auswärtigen Bezirke umfaßt).

Von dem Grundsatz, daß der Anwalt am Orte des Gerichtssitzes wohnen muß, gibt es zwei Ausnahmen:

1. Nach § 18 Abs. 2 kann die LJV. bestimmen, daß Nachbarorte, welche an sich nicht zur politischen Gemeinde des Gerichtssitzes gehören, für die Residenzpflicht als Bestandteile des Gerichtsortes anzusehen seien.[1] Der Umstand, daß der Nachbarort in einem anderen Bundesstaate liegt, hindert nicht den Erlaß einer Bestimmung nach § 18 Abs. 2. In diesem Falle müssen regelmäßig die Landesjustizverwaltungen der verschiedenen Bundesstaaten im Einvernehmen miteinander die Bestimmung treffen. So: Bayer. JMB. 19. 1. 11 (GVBl. 28), die Städte Ulm und Neu-Ulm betreffend. Nicht unzulässig ist auch die Beschränkung der Verfügung nach § 18 Abs. 2 auf bestimmte Klassen von Anwälten; so die preuß. JMV. 10. 4. 11 (JMBl. 168), die nur für die Kammergerichtsanwälte bestimmt, daß Berlin, Charlottenburg, Schöneberg, Wilmersdorf und Friedenau als ein Ort anzusehen seien. Vgl. hiezu auch: JW. **1912** 496; EGH. **16** 39; M. Friedländer, AVNachr. **3** 80. Anm. 7.

Dagegen halten wir einen stillschweigenden Erlaß der in § 18 Abs. 2 vorgesehenen Bestimmung nicht für zulässig. Vgl. M. Friedländer, AVNachr. **3** 80 und EGH. **16** 39.

2. Den nur bei einem Amtsgerichte zugelassenen Rechtsanwälten kann die LJV. gestatten, an einem anderen Orte innerhalb des Amtsgerichtsbezirkes ihren Wohnsitz zu nehmen (§ 18 Abs. 3). Vgl. preuß. JMVf. 3. 10. 92 (JMBl. 304). Diese Erlaubnis kann auch nach Begründung des Wohnsitzes erteilt werden. Anm. 8.

D. Die Residenzpflicht bei Simultanzulassung. 1. Der Amtsgerichtsanwalt, welcher zugleich beim Landgericht oder bei einer Kammer für Handelssachen zugelassen ist, muß am Orte des Amtsgerichtes seinen Wohnsitz nehmen. Anm. 9.

Die Erlaubnis, an einem andern Orte innerhalb des Amtsgerichtsbezirkes zu wohnen, kann ihm nicht erteilt werden. Abs. 4 enthält eine zwingende Spezialvorschrift und neben Abs. 3 eine selbständige Ausnahme von Abs. 1. So auch: Gutachten des OLG. Hamburg, SeuffA. **45** 459; ferner AKJahrB. **1900** 3. Wenn also ein Anwalt, welcher kraft ministerieller Erlaubnis außerhalb des Amtsgerichtssitzes wohnt, die Simultanzulassung beim Landgericht erhält, seinen bisherigen

[1]) Vgl. für die Reichsgerichtsanwälte: Bek. des Reichskanzlers 5. 5. 79 (RGBl. 340); für Bayern JMBek. 11. 9. 79 (GVBl. 1168), 19. 1. 11 (GVBl. 28); 30. 9. 12 (GVBl. 977); für Sachsen JMV. 18. 10. 97, (JMBl. 71); 11. 2. 99 (JMBl. 11); 7. 4. 99 (JMBl. 24); 9. 3. 00 (JMBl. 20); 25. 5. 00 (JMBl. 50); 15. 7. 01 (JMBl. 55); 10. 2. 02 (JMBl. 7); 30. 9. 04 (JMBl. 75); 8. 7. 05 (JMBl. 44); 5. 10. 05 (JMBl. 139); für Preußen: JMV. 10. 4. 11 (JMBl. 168); ferner Müller, Preuß. JV.⁶ **1** 145.

Wohnsitz aber nicht aufgibt, so ist die Zulassung beim Landgericht nach 3 Monaten zurückzunehmen.

2. Im Falle des § 10 liegen verschiedene Gerichte, bei welchen die Simultanzulassung erfolgt, an demselben Orte; die Residenzpflicht wird also durch letztere nicht berührt. Vgl. aber oben § 10 Anm. 2 Fußnote.

3. Gleiches gilt im Falle des § 104.

4. Der Landgerichtsanwalt, welcher nach § 11 beim Oberlandesgericht zugelassen wird, muß weiter am Landgerichtssitze wohnen (§ 18 Abs. 4).

5. Gleiches muß man in dem für Hessen bedeutsamen Falle des § 114 annehmen; denn nach dieser Bestimmung erfolgt ja die Zulassung beim Oberlandesgerichte nur für einzelne Prozesse, womit ganz gewiß keine Verschiebung der Residenzpflicht verbunden sein kann.

6. Im Falle des § 12 muß der Rechtsanwalt bei demjenigen Landgerichte, bei welchem er unwiderruflich zugelassen ist, auch seinen Wohnsitz behalten (gl. M.: Berger § 18 Anm. 4). Liegt zugleich ein Fall des § 9 vor, so bleibt es bei dem Wohnsitze am Orte des Amtsgerichts. A. M.: Turnau § 12 Anm. 3.

7. Die Bestimmung des § 18 Abs. 2 gilt nicht für Simultanzulassungen nach §§ 9 und 11 RAO. Dies folgt nicht nur aus ihrem Wortlaut („dieser Vorschrift" d. h. der Vorschrift des Abs. 1), sondern auch aus der Entstehungsgeschichte. Nach den Beschlüssen der Reichstagskommission und des Plenums (2. Lesung) stand die dem jetzigen Abs. 2 entsprechende Bestimmung des Abs. 3 nach den Ausnahmen von Abs. 1 und enthielt daher den Pluralis „Vorschriften". In dritter Lesung wurde beschlossen, die Bestimmung zum Abs. 2 zu machen und „Vorschriften" in „Vorschrift" umzuändern (Siegel 413, 524, 631). Es ist also unmöglich, das Wort „Vorschrift" etwa in dem Sinne auszulegen, daß es den ganzen § 18 umfaßt. In den übrigen Fällen der Simultanzulassung soll letztere offensichtlich die Residenzpflicht nicht beeinflussen, weshalb hier § 18 Abs. 2 Anwendung findet. Erfreulich ist diese ganze Regelung nicht.

8. Mehrfacher Wohnsitz ist auch bei Simultanzulassungen möglich. Es genügt, wenn ein Wohnsitz den gesetzlichen Erfordernissen entspricht.

Anm. 10. E. (Anhang): Das Geschäftslokal des Anwalts. 1. Die RAO. bestimmt nichts über das Geschäftslokal des Anwalts. Dennoch ist es praktisch selbstverständlich und wird auch in § 183 Abs. 2 ZPO. vorausgesetzt, daß der in die Liste eingetragene Rechtsanwalt ein solches haben muß. Es kann aber mit der Wohnung identisch sein — RGZ. **10** 359 — und jeder besonderen Einrichtung entbehren; nur muß dem Publikum irgendwie erkennbar sein, wo der Betreffende in geschäftlichen Angelegenheiten zu treffen ist.

Anm. 11. 2. Ein Geschäftslokal muß sich stets an demjenigen Orte befinden, an welchem der Rechtsanwalt nach § 18 seinen Wohnsitz zu nehmen hat. Dies erfordert der Zweck der Residenzpflicht. So auch: RG. in SeuffA. **43** 354, wo zugleich ausgeführt ist, daß ein Geschäftslokal als solches im Sinne von § 168 Abs. 2 (jetzt § 183 Abs. 2) ZPO. nur dann anzusehen sei, wenn es sich am Wohnsitze des Rechtsanwalts befinde.

Bei Anwendbarkeit des § 18 Abs. 2 gilt für die Wahl des Geschäftslokales der ganze vergrößerte Bezirk als ein Ort.

Dem Amtsgerichtsanwalt, welcher nach § 18 Abs. 3 außerhalb des Amtsgerichtssitzes wohnt, steht es nicht frei, ob er sein Geschäftslokal an seinem Wohnorte oder am Orte des Gerichtssitzes haben will. Auch für ihn gilt der Grundsatz, daß ein Geschäftslokal sich am Wohnorte des Rechtsanwalts befinden muß. Mit Recht hat dies das Reichsgericht in der zitierten Entscheidung (SeuffA. **43** 354) aus der Bestimmung des § 19 RAO. gefolgert.

3. Über die Frage, ob der Rechtsanwalt mehrere Geschäftslokale unterhalten darf, vgl. Exk. II zu § 28 Anm. 54. Anm. 12.

III. Die Bestimmung des Abs. 5. 1. Die Vorschrift hat rein zivilprozessuale Bedeutung und bezieht sich nur auf das Verfahren vor Kollegialgerichten. Der gesetzgeberische Gedanke ist klar: die Ausnahmen von dem Prinzip der strengen Lokalisierung, welche zugleich eine Durchbrechung des strengen Grundsatzes der Residenzpflicht bedeuten, sollen nicht dazu führen, daß der Prozeßgegner im Kostenpunkte benachteiligt werde. Die Mehrkosten, welche dadurch entstehen, daß der Prozeßbevollmächtigte nicht am Orte des Kollegialgerichts, bei welchem er zugelassen ist, seinen Wohnsitz hat, sollen daher unter keinen Umständen erstattungsfähig sein. Mit dieser Bestimmung, welche von der Reichstagskommission hinzugefügt wurde, hat man jedoch über das Ziel hinausgeschossen. Anm. 13.

Denn es gibt Fälle, in welchen die Partei genötigt ist, einen auswärtigen Anwalt zu bevollmächtigen, und in diesen Fällen ist es doch gewiß unbillig, ihr die Reisekosten trotz ihres Obsiegens im Prozesse aufzubürden. Man denke insbesondere an die Fälle, in welchen ein auswärtiger Anwalt (z. B. ein Amtsgerichtsanwalt mit Simultanzulassung) der Partei als Pflichtanwalt beigegeben wird, sei es im Armenrechte, sei es gemäß § 33 RAO. Ferner kommt die Bestimmung des § 12 in Betracht, die ja gerade voraussetzt, daß bei dem Landgerichte, bei welchem die widerrufliche Simultanzulassung erfolgt, ein Mangel an Anwälten herrscht, so daß auch hier die Notwendigkeit der Zuziehung eines auswärtigen Anwalts durchaus nicht selten sein wird.

Nichtsdestoweniger unterliegt es keinem Zweifel, daß man durch die Bestimmung des § 18 Abs. 5 ausnahmslos die Erstattungsfähigkeit der Mehrkosten des auswärtigen Prozeßbevollmächtigten beim Kollegialgerichte verneinen wollte. Dies ergibt sich nicht nur aus der Entstehungsgeschichte (in der Reichstagskommission wurde der Zusatz, welchen der Antrag Pfafferott noch enthielt, und welcher lautete: „wenn am Sitze des Gerichts Rechtsanwälte zu finden sind", abgelehnt, vgl. Siegeth, Anh. 14, 32), sondern auch aus der analogen Vorschrift des § 37 RAO., welche ausdrücklich besagt, daß Reisekosten des auswärts wohnenden Armenanwalts — also eines Pflichtanwalts — nicht erstattungsfähig seien. Gl. M.: Meyer § 18 Anm. 6; Struckmann, BuschsZ. **10** 350. A. M.: Rödenbeck, BuschsZ. **9** 242 ff.

2. Voraussetzung der Bestimmung ist, daß der Rechtsanwalt seinen Wohnsitz nicht am Orte des Kollegialgerichts hat. Trifft dies auch zu, wenn ein Fall des § 18 Abs. 2 vorliegt? Die Frage ist zu verneinen. Sie wird kaum praktisch werden, weil nach der herrschenden Auffassung des § 80 RAGebO. für Reisen zwischen Nachbarorten, die nach § 18 Abs. 2 als ein Ort anzusehen sind, Reiseentschädigungen nicht liquidiert werden können. Vgl. Walter-Joachim § 80 Anm. 4. Anm. 14.

3. Die Bestimmung des Abs. 5 bezieht sich ferner nur auf die Fälle, in welchen der auswärts wohnende Rechtsanwalt als Prozeßbevollmächtigter bzw. in eigener Sache nach § 78 Abs. 3 ZPO. handelt. Andernfalls hätte es keinen Sinn, die Bestimmung auf die bei dem Kollegialgerichte zugelassenen Anwälte zu beschränken. Anm. 15.

4. Nur die Mehrkosten, welche dadurch entstehen, daß der Anwalt nicht am Gerichtssitze wohnt, sind von der Erstattung ausgeschlossen. Um diese Mehrkosten zu ermitteln, muß man einerseits die Gesamtkosten feststellen, welche entstanden wären, wenn ein am Sitze des Gerichts wohnhafter Rechtsanwalt Prozeßbevollmächtigter gewesen wäre, anderseits die Gesamtkosten, welche bei Bevollmächtigung des auswärtigen Anwalts erwachsen sind. Anm. 16.

Wenn also der Amtsgerichtsanwalt als landgerichtlicher Prozeßbevollmächtigter gleichzeitig den bei seinem Amtsgerichte stattfindenden Beweistermin wahrgenommen hat, so sind die hierauf erwachsenen Kosten geringere, als wenn der beim Landgericht wohnhafte Prozeßbevollmächtigte selbst den Beweistermin wahrgenommen[1]) oder zur Wahrnehmung einen Amtsgerichtsanwalt substituiert hätte. Diese Ersparnis ist dem prozeßbevollmächtigten Amtsgerichtsanwalt gutzuschreiben: nur die Differenz bildet die „Mehrkosten" im Sinne des § 18 Abs. 5. Auch Reisen, welche die Partei zum Landgerichtssitze zwecks Information des dort wohnenden Anwalts hätte machen müssen, kommen in Betracht. Ebenso: RGZ. **14** 377; OLG. Stuttgart, WürttZR. **1908** 289 (30. 10. 06); **1909** 29; OLG. Colmar, ElsLothrZ. **34** (1909) 518; OLG. Naumburg, NaumburgAK. **1910** 82; Förster-Kann **1** 309; OLG. Karlsruhe, BadRpr. **1915** 137 (drei Entscheidungen); OLG. Hamburg, SeuffA. **73** 96. A. M.: OLG. Jena, ThürBl. **40** 25; OLG. Stuttgart 15. 10. 07, WürttZR. **1908** 289; WürttZ. **1917** 203 (Stuttgart 1. 8. 16); OLG. Frankfurt a. M., FrankfRundsch. **1912** 242 (auch OLG. **29** 36); Stein § 91 Anm. IX 3.

Anm. 17. 5. Wie verhält sich die Bestimmung des § 18 Abs. 5 RAO. zu § 91 Abs. 2 ZPO.? Dort ist bestimmt, daß Reisekosten eines auswärtigen Rechtsanwalts nur insoweit zu erstatten seien, als die Zuziehung nach dem Ermessen des Gerichts zur zweckentsprechenden Rechtsverfolgung oder Rechtsverteidigung notwendig war.

Nach dem eben Gesagten enthält die Bestimmung des § 18 Abs. 5 eine Abänderung der ZPO. Diese Abänderung war staatsrechtlich möglich, weil die RAO. als später publiziertes Gesetz gegenüber der ZPO. lex posterior ist, wenn auch beide Gesetze gleichzeitig in Kraft getreten sind. Vgl. Laband, Staatsrecht[5] **2** 71.

Was von § 18 Abs. 5 gilt, trifft in gleicher Weise auf § 37 RAO. zu. Gl. M.: Struckmann, BuschsZ. **10** 350 ff. A. M.: Rödenbeck, ebenda **9** 242 ff.

Anm. 18. Hienach gilt die erwähnte Vorschrift in § 91 Abs. 2 ZPO. nur für den Fall, daß beim Amtsgericht als Prozeßgericht ein auswärts wohnender Rechtsanwalt, welcher nicht Armenanwalt ist, als Prozeßbevollmächtigter fungiert. So: RGZ. **13** 313. Die Fälle, in welchem beim Prozeßgericht — sei es Amts-, sei es Kollegialgericht — ein auswärtiger Rechtsanwalt als Substitut auftritt, gehören nicht hierher, weil dann die Kosten mehrerer nebeneinander wirkender Rechtsanwälte in Frage stehen, deren Ersatz, soweit sie die Kosten eines Anwalts übersteigen, nach § 91 Abs. 2 Satz 2 ausgeschlossen ist. Gl. M.: Stein § 91 Anm. IX, 4.

Anm. 19. Die Fälle, in welchen es sich um Reisen des Prozeßbevollmächtigten vom Prozeßgericht zu einem auswärtigen Termin oder überhaupt um Wahrnehmung von Terminen außerhalb des Sitzes des Prozeßgerichts handelt, fallen ebenfalls nicht unter die hier behandelte Vorschrift. RGZ. **13** 313; Stein § 91 Anm. IX, 3. Da jedoch auch in diesen Fällen § 91 Abs. 1 ZPO. bezüglich der Notwendigkeit der einzelnen Prozeßhandlungen des Anwalts Anwendung findet, und hienach ebenso zu prüfen ist, ob die Reisekosten zur zweckentsprechenden Rechtsverfolgung notwendig waren, so ist das praktische Resultat das gleiche, wie wenn § 91 Abs. 2 anwendbar wäre. Ebenso: RGZ. **13** 313; **51** 11.

Anm. 20. 6. Die Bestimmung des § 18 Abs. 5 findet keine analoge Anwendung auf das Privatklageverfahren zweiter Instanz. Über die entsprechende Anwendung der Bestimmung auf den Fall des auswärtigen Generalsubstituten vgl. § 25 Anm. 26.

§ 19.

Ist der Rechtsanwalt an dem Ort eines Gerichts, bei welchem er zugelassen ist, nicht wohnhaft, so muß er bei diesem Gericht einen an dem Orte desselben wohnhaften ständigen Zustellungsbevollmächtigten bestellen.

[1]) Ob dies im einzelnen Falle nötig gewesen wäre, ist bei der Festsetzung der Kosten zu prüfen: OLG. Colmar ElsLothZ. **1909** 518.

An den Zustellungsbevollmächtigten kann auch die Zustellung von Anwalt zu Anwalt wie an den Rechtsanwalt selbst erfolgen.

Ist eine Zustellung an den Zustellungsbevollmächtigten am Orte des Gerichts nicht ausführbar, so kann sie an den Rechtsanwalt durch Aufgabe zur Post erfolgen.

I. Allgemeiner Inhalt. § 19 handelt von der Verpflichtung der auswärtigen Anwälte, bei jedem Gerichte ihrer Zulassung, an dessen Sitz sie nicht wohnen, einen ständigen Zustellungsbevollmächtigten zu bestellen. Anm. 1.

Der Begriff des Zustellungsbevollmächtigten wird in § 174 ZPO. dahin bestimmt, daß es sich um eine Person handeln müsse, die zum Empfange der für einen anderen bestimmten Schriftstücke von diesem bevollmächtigt sei. Das Institut des ständigen Zustellungsbevollmächtigten kommt jedoch nur in der RAO. vor. Auch kennt die ZPO. nur einen Zustellungsbevollmächtigten der Partei, während der ständige Zustellungsbevollmächtigte nach § 19 RAO. ein Vollmachtsträger des Anwalts ist.

Die Bestimmung des § 19 findet nach Inhalt und Entstehungsgeschichte nur auf den Zivilprozeß, nicht aber auf den Strafprozeß Anwendung. Ebenso: OLG. Karlsruhe BadRpr. **1905** 170. Dieser Entscheidung ist auch bei Berücksichtigung von RGSt. **43** 321 beizupflichten.

II. Einzelnes. Bei den folgenden Ausführungen ist zu berücksichtigen, daß die Bestimmung des § 19 — wie so manche anderen Vorschriften der RAO. — eine doppelte Bedeutung hat: eine rein prozeßrechtliche und eine standesrechtliche. Die Erfordernisse, welche vom Standpunkte der anwaltschaftlichen Pflicht aus hinsichtlich des Zustellungsbevollmächtigten zu gelten haben und deren Nichtvorhandensein die Folgen des § 21 Abs. 3 nach sich zieht, können andere — d. h. regelmäßig strengere — sein als die Erfordernisse, welche prozeßrechtlich für die Möglichkeit einer regulären Zustellung an den Bevollmächtigten aufzustellen sind und deren Nichtvorhandensein die Folgen des § 19 Abs. 3 nach sich zieht. Wir werden im folgenden kurz von prozeßrechtlichen und standesrechtlichen Erfordernissen, von prozeßrechtlichen und standesrechtlichen Wirkungen sprechen. Anm. 2.

A. (Absatz 1). 1. Die Bestellung des ständigen Zustellungsbevollmächtigten kommt nur für die Fälle der Simultanzulassung und für den Fall des § 18 Abs. 3 in Betracht, nicht aber für den Fall des § 18 Abs. 2, weil hier der Anwalt am Orte des Gerichtes wohnt.

2. Man wird nach dem Zwecke der Vorschrift, insbesondere mit Rücksicht auf Abs. 2 und 3 anzunehmen haben, daß die Verpflichtung aus § 19 erst mit der Befugnis zur Ausübung der Rechtsanwaltschaft, also mit der Eintragung in die Liste beginnt. Vgl. § 20 Anm. 7, § 21 Anm. 6. Anm. 3.

3. Bei jedem[1]) Gerichte der Zulassung, an dessen Sitz der Anwalt nicht wohnt, muß ein Zustellungsbevollmächtigter bestellt werden, und zwar auch dann, wenn der Rechtsanwalt an dem betreffenden Ort ein Geschäftslokal hat. Vgl. auch KommB. 22. Anm. 4.

4. Die Bestellung muß erfolgen. Die Unterlassung hat Zurücknahme gemäß § 21 Abs. 3 zur Folge. Anm. 5.

Die Bestellung muß jedoch insolange für entbehrlich erachtet werden, als der Rechtsanwalt einen am Orte des Gerichts woh-

[1]) Nimmt man an, daß ein Gericht an mehreren Orten seinen Sitz haben könne, wie es der KGPräs. bezüglich des LG. Berlin III tut (KGBl. **1905** 101), so kommt § 19 nicht zur Anwendung, wenn der RA. an einem der Orte, an dem das Gericht seinen Sitz hat, wohnt.

nenden Generalsubstituten bestellt und die Bestellung dem Gerichte mitgeteilt hat. (Ebenso: Stein § 174 Anm. I für den analogen Fall des § 173 ZPO.).

Anm. 6. 5. Der Zustellungsbevollmächtigte ist Vertreter des prozeßbevollmächtigten Anwalts zwecks Entgegennahme von Zustellungen; keineswegs aber von allen Zustellungen, sondern nur von denjenigen, welche an den Anwalt als Prozeßbevollmächtigten bei dem Gerichte, an dessen Sitz der Zustellungsbevollmächtigte wohnt und bei welchem der Anwalt zugelassen ist, erfolgt. Gl. M.: LG. Ellwangen, BuschsZ. 9 127 ff.; Rosenberg 822. Wenn also der beim Landgerichte in A zugelassene Amtsgerichtsanwalt am Landgerichtssitze einen Zustellungsbevollmächtigten aufstellt, so können an diesen nicht Zustellungen in einem beim Amtsgerichte zu B anhängigen Prozesse, den der Amtsgerichtsanwalt führt, erfolgen. Gleiches gilt aber von Zustellungen in einem beim Amtsgerichte zu A anhängigen Rechtsstreit. Im Landgerichtsprozesse dagegen können z. B. auch Berufungsschriften (zum Oberlandesgerichte) und Offenbarungseidesladungen (auf Grund des landgerichtlichen Urteils) an den Zustellungsbevollmächtigten zugestellt werden. Führt der Rechtsanwalt im eigenen Namen oder als gesetzlicher Vertreter eines anderen Prozesse, so findet § 19 ebenfalls Anwendung. Gl. M.: Stein § 78 Anm. II.

Daß der Zustellungsbevollmächtigte als solcher nicht seinerseits Zustellungen bewirken, sondern nur solche entgegennehmen kann, versteht sich von selbst; wohl aber kann er, wie jede andere Person, im speziellen Auftrage des Anwalts oder der Partei, Zustellungsaufträge erteilen. RGZ. 17 392 (VerZS.).

Anm. 7. 6. Der Zustellungsbevollmächtigte muß am Orte des Gerichtes wohnen, d. h. er muß dort seinen Wohnsitz nehmen. Hiefür gilt genau dasselbe, was oben (§ 18 Anm. 3—6) über den Wohnsitz des Rechtsanwalts selbst ausgeführt wurde.

Anm. 8. 7. Der Zustellungsbevollmächtigte muß ständig bestellt sein, d. h. nicht bloß für einzelne Fälle. Wohl aber ist es zulässig, ihn auf bestimmte Zeit zu bestellen, sofern nur nach Ablauf der Zeit die Bestellung erneuert oder ein anderer Zustellungsbevollmächtigter aufgestellt wird.

Anm. 9. 8. Die prozessuale Wirksamkeit der Bestellung hängt nicht von der Annahme durch den Zustellungsbevollmächtigten, ja nicht einmal davon ab, daß dieser etwas von der Bestellung weiß (Rosenberg 575; Hellwig 2 346/7). Dies folgt daraus, daß es sich um eine Vollmacht handelt. Freilich kann die Zustellung von Anwalt zu Anwalt (§ 19 Abs. 2) daran scheitern, daß der Zustellungsbevollmächtigte das Empfangsbekenntnis verweigert (Stein § 198 Anm. II); die Zustellung kann jedoch auf anderem Wege an den Bevollmächtigten erfolgen. Aus dem Gesagten ergibt sich aber zugleich, daß die standesrechtliche Wirksamkeit der Bestellung von der Zustimmung des Bestellten abhängt. Denn die Benennung des Zustellungsbevollmächtigten soll den Parteien die Möglichkeit geben, am Gerichtsorte jede Art von Zustellung, einschließlich der Zustellung von Anwalt zu Anwalt, zu betätigen. Die Zustimmung des Bestellten braucht jedoch nicht besonders angezeigt zu sein; sie wird vermutet.

Anm. 10. 9. Für den Zustellungsbevollmächtigten nach § 174 ZPO. wird allgemein angenommen, daß er nicht prozeßfähig, sondern nur fähig zur Annahme des Schriftstücks zu sein brauche (Rosenberg 693). Das gilt für die prozessuale Wirksamkeit der Bestellung auch im Falle des § 19 — außer bei der Zustellung von Anwalt zu Anwalt. Hiefür ist Prozeßfähigkeit oder Anwaltsqualität des Zustellungsbevollmächtigten erforderlich (vgl. Blum, RGAnn. 6 477). Die standesrechtliche Wirksamkeit der Bestellung hängt aus den gleichen Gründen, wie sie in Anm. 9 angeführt wurden, auch von der Prozeßfähigkeit oder Anwaltsqualität des ständigen Zustellungsbevollmächtigten ab.

10. Die Bestellung muß, um standesrechtlich wirksam zu sein, dem Ge- Anm. 11.
richte, auf welches sie sich bezieht, angezeigt sein. Da es sich um einen ständigen Zustellungsbevollmächtigten handelt, so muß eine allgemein zugängliche Stelle vorhanden sein, bei der die Beteiligten Nachfrage halten können.[1]) Diese Anzeige ist auch für die prozeßrechtliche Wirksamkeit ausreichend. Außerdem kann die Vollmachtserteilung auch durch Erklärung gegenüber dem Zustellungsbevollmächtigten selbst erfolgen; diese Erklärung genügt also, um seine Zustellungsvollmacht zu begründen; solange sie aber der Prozeßgegner nicht kennt oder solange die Bevollmächtigung dem Gerichte nicht angezeigt ist, kann der Gegner durch Aufgabe zur Post zustellen lassen (Abs. 3).

Eine spezielle Benennung des ständigen Zustellungsbevollmächtigten in jedem einzelnen Prozeß ist weder notwendig noch üblich (ebenso: Hellwig 2 402 Anm. 22; offenbar a. M.: Struckmann-Koch, ZPO.⁹ § 175 Anm. 1; Sydow-Jacobsohn § 19 Anm. 2; Turnau § 19 Anm. 4).

11. Eine juristische Person kann als Zustellungsbevollmächtigter schon deshalb Anm. 12
nicht bestellt werden, weil sie keinen „Wohnsitz" hat. Dieser Gesichtspunkt ist nicht, wie Kann, JW. **1919** 201 (gegen Patentamt ebenda) meint, ein „philologischer", jedenfalls nicht in Bezug auf § 19 RAO. Der auswärts wohnhafte RA. soll nach der Absicht des Gesetzgebers einen Zustellungsvertreter haben, der am Gerichtssitze wohnt, der also regelmäßig statt seiner an diesem Orte anwesend ist (Motive 31). Dieser Zweck würde nicht erreicht werden, wenn auch juristische Personen bestellt werden könnten und an die Stelle des Wohnsitzes der „Sitz" träte. Denn die „Organe" der jur. Person brauchen nicht da zu wohnen, wo diese ihren Sitz hat und die Tatsache allein, daß die jur. Person am Gerichtsorte ihren Sitz hat, bietet überhaupt noch gar keine Gewähr dafür, daß dort auch eine Zustellung an sie erfolgen kann. Vgl. Staub, HGB.⁹ § 182 Anm. 17.

12. Zur Substitution ist der ständige Zustellungsbevollmächtigte nicht befugt. Anm. 13.
Ebenso: Struckmann-Koch, ZPO.⁹ § 175 Anm. 1; Stein § 175 Anm. I; Förster-Kann **1** 485. A. M.: Rosenberg 860 Note 2 (dort auch weitere Literatur).

B. (Absatz 2). Die Zustellung von Anwalt zu Anwalt (§ 198 ZPO.) kann Anm. 14.
hier ausnahmsweise, statt an den Prozeßbevollmächtigten selbst, an dessen Zustellungsbevollmächtigten erfolgen, und zwar selbst dann, wenn dieser nicht Rechtsanwalt ist (Blum, RGAnn. 8 361). Es gelten sämtliche Bestimmungen des § 198 ZPO. Das Verlangen nach Ausstellung einer Zustellungsbescheinigung kann sowohl der auswärtige Anwalt selbst als auch der Zustellungsbevollmächtigte qua Vertreter desselben stellen.

C. (Absatz 3). Die Zustellung an den Zustellungsbevollmächtigten kann im Anm. 15.
einzelnen Falle am Orte des Gerichts unausführbar sein; z. B. wenn dieser unbekannten Aufenthalts wird, seinen Wohnsitz aufgibt, aber auch dann, wenn der Rechtsanwalt es unterlassen hat, einen Zustellungsbevollmächtigten zu bestellen (s. o. Anm. 11). In diesen Fällen kann die Zustellung an den prozeßbevollmächtigten Rechtsanwalt durch Aufgabe zur Post erfolgen. Dies geschieht in der Weise, daß der Gerichtsvollzieher das zu übergebende Schriftstück unter der Adresse des Anwalts nach seinem Wohnorte zur Post gibt. Die Zustellung gilt dann mit der Aufgabe zur Post als bewirkt. (Vgl. ZPO. §§ 175, 192).

---

[1]) Einzelne Bundesstaaten haben über die Form der Mitteilung und über die Führung eines besonderen Registers der Zustellungsbevollmächtigten Vorschriften erlassen. Vgl. Sachsen: V. 31. 7. 79 (GVBl. 302) §§ 3, 4; Sachsen-Weimar: MinV. 3. 10. 79 (RegBl. 519) § 17; Sachsen-Altenburg: V. 17. 11. 79 (GS. 255) § 16; Sachsen-Meiningen: V. 6. 1. 80 (Samml. 257) § 15; Schwarzburg-Rudolstadt: MinV. 27. 1. 80 (GS. 13) § 15; Coburg-Gotha: V. 2. 2. 80 (CoburgGS. 7, GothaGS. 5) § 15.

Die Befugnis zur Zustellung durch Aufgabe zur Post hört auf, sobald der Rechtsanwalt selbst seinen Wohnsitz am Orte des Gerichtssitzes nimmt oder dortselbst einen Generalsubstituten bestellt und dies dem Gerichte oder dem Gegner mitteilt, ferner sobald das betreffende Hindernis der gewöhnlichen Zustellung behoben wurde.

§ 20.

Bei jedem Gericht ist eine Liste der bei demselben zugelassenen Rechtsanwälte zu führen. In der Liste ist der Wohnsitz der Rechtsanwälte anzugeben.

Hat der Rechtsanwalt den Eid geleistet und seinen Wohnsitz in Gemäßheit des § 18 genommen, so ist er in die Liste einzutragen. Veränderungen des Wohnsitzes hat derselbe unverzüglich anzuzeigen.

Mit der Eintragung beginnt die Befugniß zur Ausübung der Rechtsanwaltschaft.

Die Eintragungen sind von dem Gericht auf Kosten des Rechtsanwalts durch den Deutschen Reichsanzeiger bekannt zu machen.

Anm. 1. **I. Allgemeiner Inhalt.** Der vorliegende Paragraph enthält die Vorschriften über die zu führenden Rechtsanwaltslisten und deren Bekanntmachung sowie über die Voraussetzungen und Wirkungen der Eintragungen.

Anm. 2. **II. Spezieller Inhalt.** 1. Bei jedem Gerichte ist eine Liste der bei demselben zugelassenen Rechtsanwälte zu führen. Bei den auswärtigen Kammern für Handelssachen müssen gemäß § 8 Abs. 2 besondere Listen geführt werden.

Anm. 3. 2. Der Inhalt der Liste. Die Liste hat die Namen der bei dem betreffenden Gerichte zugelassenen Rechtsanwälte und ihren Wohnsitz zu enthalten. Besteht ein mehrfacher Wohnsitz, so ist auch dieser einzutragen. Aus der Bestimmung des Abs. 3 ergibt sich für die Praxis auch die Notwendigkeit, das Datum der Eintragung zu vermerken (vgl. das der Bay. Bek. vom 7. 7. 79 beigegebene Formular), wenn dieser Zusatz auch kein Erfordernis für die Gültigkeit der Eintragung ist, was übrigens auch bezüglich des Wohnsitzvermerkes zutrifft.

Jede Veränderung des Wohnsitzes — der Rechtsanwalt verlegt z. B. im Falle des § 18 Abs. 3 sein Domizil an den Sitz des Amtsgerichts — ist zu vermerken; der Anwalt ist zu diesem Zwecke zur unverzüglichen Anzeige des Domizilwechsels verpflichtet. Vgl. Sachsen: V. 31. 7. 79 §§ 6, 7; Sachsen-Weimar: MinV. 3. 10. 79 §§ 12, 13; Sachsen-Altenburg: V. 17. 11. 79 §§ 11, 12; Schwarzburg-Rudolstadt: MinV. 27. 1. 80 §§ 11, 12; Coburg-Gotha: V. 2. 2. 80 §§ 10, 11.

Dagegen braucht die Wohnung des Anwalts, d. h. seine Adresse innerhalb des Wohnorts, in der Liste nicht angegeben zu werden; es besteht daher auch bei bloßem Wohnungswechsel kein Anlaß zu einer Mitteilung an das Gericht.

In welcher Weise im einzelnen die Listen zu führen sind und durch welche Beamte des Gerichts dies zu geschehen hat, ist reichsrechtlich nicht bestimmt. Die Aufstellung der diesbezüglichen Normen ist den Landesjustizverwaltungen überlassen. Vgl. Bayern: Bek. 7. 7. 79 §§ 12ff.; Sachsen: V. 31. 7. 79 §§ 2, 11; Sachsen-Weimar: MinV. 3. 10. 79 §§ 11, 15; Sachsen-Meiningen: V. 6. 1. 80 §§ 9, 13; Schwarzburg-Rudolstadt: MinV. 27. 1. 80 §§ 9, 13; Sachsen-Altenburg: V. 17. 11. 79 §§ 10, 14; Coburg-Gotha: V. 2. 2. 80 §§ 9, 13; Braunschweig: JMBek. 5. 5. 79 (GVBl. 273) Nr. 1.

Anm. 4. 3. Die Voraussetzungen der Eintragung des Rechtsanwalts. Die Eintragung in die Liste hat folgende Voraussetzungen:

a) Die LJV. muß die Zulassung bei dem betreffenden Gerichte erteilt haben. Es ist nicht unbedingt erforderlich, daß die Zulassung dem Antragsteller bereits mitgeteilt ist; es kann insbesondere bei weiterer Zulassung vorkommen, daß die Mitteilung erst nach der Eintragung in die Liste erfolgt. Vgl. § 3 Anm. 9.

b) Der Antragsteller muß den in § 18 vorgeschriebenen Wohnsitz genommen haben. Das Gericht hat, wenn hierüber ein Zweifel besteht, von Amts wegen Ermittlungen anzustellen. Über den Nachweis des Wohnsitzes vgl. sächsische Verordnung 31. 7. 79 (GVBl. 302) § 5. Sollte der Antragsteller zwar an dem vorgeschriebenen Orte seinen Wohnsitz genommen, diesen aber vor Eintragung in die Liste wieder aufgegeben haben, so ist die Eintragung zu versagen.

c) Handelt es sich um die erste Zulassung, so muß auch die Eidesleistung nach § 17 erfolgt sein. (Vgl. § 17 Anm. 2—6).

d) Geht ein Anwalt zu einem andern Gerichte über (Fall des Zulassungswechsels, nicht der Simultanzulassung), so steht die weitere Zulassung unter der stillschweigenden (oder ausdrücklichen) Voraussetzung, daß die bisherige Zulassung aufgegeben werde. Die Eintragung in die Liste hat daher nur zu erfolgen, wenn zuvor die bisherige Eintragung gelöscht wurde. Wird die Zulassung mit einem Anfangstermin erteilt (§ 3 Anm. 10), so erfolgt die Eintragung erst nach Ablauf dieses Termins.

e) Die Eintragung in die Liste erfolgt von Amts wegen, ohne daß es eines hierauf gerichteten Antrages bedarf. Praktisch gestaltet sich die Sache regelmäßig so, daß die LJV. die Zulassung dem Gerichte mitteilt und dieses dann die weiteren Maßnahmen trifft. Doch kann die Mitteilung auch von seiten des Antragstellers oder eines Dritten erfolgen.

f) Sollte der Antragsteller noch vor der Eintragung auf letztere gegenüber dem Gerichte verzichten, so hat die Eintragung zu unterbleiben, da niemand gezwungen werden kann, in den Anwaltsstand einzutreten bzw. zu den Anwälten eines bestimmten Gerichts zu gehören, und es keinen Sinn hätte, die Eintragung vorzunehmen und sofort wieder zu löschen. Anm. 5.

Mit der Erklärung des Verzichts hat der Antragsteller die Rechte aus der Zulassung endgültig verloren.[1]) Als Verzicht auf die Zulassung muß es aber auch gelten, wenn der Bewerber nach der ersten Zulassung zwar den vorgeschriebenen Wohnsitz nimmt, trotz Androhung der Rechtsfolgen aber den Eid nicht leistet. Damit gibt er zu erkennen, daß er von der Zulassung keinen Gebrauch machen will. Es kann ihm nicht gestattet sein, zu verlangen, daß der staatliche Verwaltungsakt erst dann in Vollzug gesetzt werde, wenn es ihm beliebt. Damit würde er, ohne der Disziplin zu unterstehen, in der Lage sein, sich eine dauernde Anwartschaft auf die Advokatur zu verschaffen, die das Gesetz — § 6 Ziff. 1 — nicht gewollt hat. Die erwähnte Androhung wird durch die LJV. oder den Vorstand des betreffenden Gerichts zu erfolgen haben, u. z. unter Setzung einer angemessenen Frist. Ist diese abgelaufen und besteht kein Anlaß zu einer Verlängerung, so ist die Zulassung von der LJV. zurückzunehmen.

g) Das Gericht hat von Amts wegen zu prüfen, ob die Voraussetzungen der Eintragung vorliegen. Diese Prüfung hat sich lediglich auf die unter a—f erwähnten Punkte zu erstrecken, nicht aber darauf, ob die Zulassung seitens der LJV. mit Recht oder Unrecht erfolgt ist. Anm. 6.

4. Wirkungen und Wirksamkeit der Eintragungen. Anm. 7.

a) Eine rechtliche Bedeutung kommt nur der Eintragung des Rechtsanwalts überhaupt zu, während die Angaben über den Wohnsitz zwar vorgeschrieben sind,

[1]) Dies steht nicht im Widerspruch zu RGZ. 19 394. Solange ein Eintrag in die Liste noch nicht erfolgt ist, kann als Zeitpunkt der Unwiderruflichkeit des Verzichts nur der Einlauf der Erklärung bei Gericht angenommen werden.

für die Rechte und Pflichten des Anwalts aber nicht in Betracht kommen. Wegen des Datums vgl. Anm. 3.

Mit der Eintragung des Namens in die Liste wird aber der Antragsteller erst Angehöriger des Anwaltsstandes bzw. Rechtsanwalt bei dem betreffenden Gerichte. Das Gesetz erwähnt in § 20 Abs. 3 nur die Befugnis zur Ausübung der Rechtsanwaltschaft; allein es handelt sich nicht nur um die Rechte, sondern ebensowohl um die Pflichten des Rechtsanwalts und insbesondere um die Unterwerfung unter die Disziplinargewalt der betreffenden Anwaltskammer, deren Mitglied der Rechtsanwalt durch die Einschreibung in die Liste wird. Es wäre eine unbegreifliche Anomalie, wenn zwar die Berufsrechte erst mit der Eintragung, die Berufspflichten aber schon mit der Zulassung entständen. Auch der Versuch, die Befugnis zur Ausübung der Rechtsanwaltschaft von der Fähigkeit zur Ausübung der Rechtsanwaltschaft (§ 24) zu unterscheiden[1]) — so daß erstere die prozessualen Fähigkeiten des Anwalts, letztere die Anwaltsqualität überhaupt bezeichnen sollte, — geht fehl. Beide Begriffe sind durchaus gleichbedeutend; der Sprachgebrauch der Motive zur RAO., die (S. 47, Siegel 237) den Fall erwähnen, daß dem Rechtsanwalt die „Befugnis zur Ausübung der Rechtsanwaltschaft" durch Urteil entzogen wird, bestätigt dies. — Soll etwa die Wahl eines zugelassenen, aber nicht eingetragenen Bewerbers zum Mitgliede des AKV. zulässig sein, während ihm unzweifelhaft die einfachsten prozessualen Befugnisse eines Rechtsanwalts nicht zustehen? Soll ihm die Pflicht obliegen, als Richter im Ehrengerichte der Berufsgenossen mitzuwirken, obwohl ihm bei Gericht — ja selbst als Verteidiger vor dem Ehrengerichte — die Rechte eines Anwalts durchaus fehlen? Das kann nicht die Meinung des Gesetzes sein. Die „Befugnis zur Ausübung der Rechtsanwaltschaft" und „die Fähigkeit zur Ausübung der Rechtsanwaltschaft" sind nichts anderes als die Stellung des Rechtsanwalts überhaupt bzw. seine Stellung bei dem Gerichte der Zulassung. Der Wortlaut des Gesetzes, das zuweilen auch den nicht eingetragenen Bewerber „Rechtsanwalt" nennt, darf uns nicht irre machen; denn daß die Gesetzessprache in dieser Beziehung eine ungenaue ist, ergibt sich ohne Zweifel aus § 26. Uns. M.: Sauter, Berufsgeheimnis 60 ff.; wohl auch Richard Schmid, Lehrb. des ZPr.² 225; Hellwig, System **1** 100. A. M.: EGH.[2]) **13** 1, 10; **15** 60; Kaskel 97 ff.; Förster-Kann **1** 264; Stangl, Der Geheimnisbruch ꝛc. (1912) 15.

Anm. 8. b) Die Eintragung des Zugelassenen hat konstitutive Bedeutung. Sie ist der Akt, durch welchen die Zugehörigkeit des Antragstellers zum Anwaltsstande bzw. zu dem Gerichte der Zulassung geschaffen wird, auch wenn eine der gesetzlichen Voraussetzungen für die Eintragung (mit Ausnahme der Zulassung selbst) fehlt, wenn also die Eintragung nicht hätte erfolgen sollen. Der Zweck des § 20 besteht ja gerade darin, einen für jedermann leicht erkennbaren Zeitpunkt für den Beginn der Anwaltseigenschaft zu schaffen (Motive 46). Dieser gesetzgeberische Zweck würde vereitelt werden, wenn trotz der Eintragung in die Liste die Anwaltsqualität z. B. mit der Begründung bestritten werden könnte, daß der Eingetragene seinen Wohnsitz nicht vor der Eintragung oder überhaupt nicht an dem gesetzlich bestimmten Orte genommen habe. Vgl. hiezu RGZ. **81** 206 ff. Notwendig ist jedoch, daß die Eintragung von seiten des Gerichts, nicht von seiten eines Unbefugten erfolgt und daß ihr wirklich eine Zulassung zu-

[1]) So Kaskel 97—100; wohl auch Förster-Kann **1** 264; Hellwig **2** 129; 130 Anm. 21.

[2]) EGH. 13 10 erklärt es ausdrücklich als eine durch § 28 statuierte Berufspflicht des Zugelassenen, den Eid nach § 17 zu leisten. Wie kann aber jemand verpflichtet sein, seine „Berufstätigkeit gewissenhaft auszuüben", wenn er überhaupt noch nicht berechtigt ist, sie auszuüben?

grunde liegt. Denn nur die Liste der bei dem Gericht zugelassenen Anwälte hat die Wirkungen des § 20 Abs. 3.

Fehlte bei der Eintragung eine der oben erwähnten gesetzlichen Voraussetzungen, so ist die Eintragung von Amts wegen zu löschen, sofern nicht inzwischen der Mangel geheilt wurde. Die Löschung beendigt in diesem Falle ex nunc die Anwaltsqualität. Fehlte es an der Zulassung oder an der Legitimation des Eintragenden, so hat die Löschung nur die Bedeutung einer Beurkundung.

c) Daß offenbare Unrichtigkeiten bei dem Eintrag in die Liste keine Bedeutung haben und von Amts wegen zu berichtigen sind, versteht sich von selbst. Dies gilt z. B. dann, wenn der Name des Rechtsanwalts falsch geschrieben oder ein unrichtiger Vorname angegeben wurde; sofern nur über die Identität kein Zweifel ist, treten die Wirkungen mit der Eintragung sofort in vollem Umfange ein. Anm. 9.

5. Die Bekanntmachung der Eintragungen. Alle Eintragungen in die Rechtsanwaltsliste sind von dem Gerichte durch den Deutschen Reichsanzeiger bekannt zu machen. Die Bekanntmachung hat, soweit sie die ursprüngliche Eintragung oder die Veränderung des Wohnsitzes oder eine nicht vom Gerichte verschuldete Berichtigung betrifft, auf Kosten des Rechtsanwalts zu erfolgen; wenn es sich um die Löschung des Anwalts handelt, gilt § 24. (Vgl. § 24 Anm. 6). Anm. 10.

Die Unterlassung der Bekanntmachung hat keinerlei rechtliche Folgen; die Eintragung wirkt auch ohne sie.

6. Gegen eine unberechtigte Versagung der Eintragung und gegen eine Löschung kann nur im Justizverwaltungswege Abhilfe gesucht werden. Anm. 11.

7. Die Landesrechte schreiben zum Teil weitere Mitteilungen an bestimmte Behörden über die Eintragungen und Löschungen vor. Vgl. Preußen: JMVf. 28. 6. 79 Nr. III 2; Bayern: Bek. 7. 7. 79 § 15; Württemberg: MinV. 13. 2. 80 Nr. 7; Sachsen: JMV. 16 8. 81 (JMBl. 52) Nr. 3; Sachsen-Weimar: MinV. 3. 10. 79 § 16; Sachsen-Meiningen: V. 6. 1. 80 § 14; Sachsen-Altenburg: V. 17. 11. 79 § 15; Anhalt: V. 13. 8. 79 § 3; Schwarzburg-Rudolstadt: MinVf. 27. 1. 80 § 14; Coburg-Gotha: V. 2. 2. 80 § 14; Lippe-(Detmold): MinVf. 24. 2. 80 (GS. 47). Anm. 12.

§ 21.

Die Zulassung muß zurückgenommen werden:

1. Wenn der Rechtsanwalt seinen Wohnsitz (§ 18) binnen drei Monaten seit Mitteilung des die Zulassung aussprechenden Bescheides nicht genommen hat;
2. wenn der Rechtsanwalt den Wohnsitz (§ 18) aufgiebt;
3. wenn nach der Zulassung sich ergiebt, daß sie in Gemäßheit des § 5 Nr. 1, 2 hätte versagt werden müssen.

Die Zurücknahme kann im Falle des § 5 Nr. 1 unterbleiben, wenn der daselbst bezeichnete Versagungsgrund nicht mehr vorliegt.

Die Zulassung bei einem Gericht, an dessen Orte der Rechtsanwalt nicht wohnhaft ist, muß zurückgenommen werden, wenn der Rechtsanwalt einen Monat lang versäumt hat, einen dort wohnhaften Zustellungsbevollmächtigten zu bestellen.

I. Inhalt des Paragraphen. Der vorliegende Paragraph handelt von der Zurücknahme der Zulassung und enthält die obligatorischen Rücknahmegründe. Anm. 1.

Anm. 2. **II. Allgemeines.** Die Zurücknahme der Zulassung setzt nicht voraus, daß der Zugelassene bereits Anwalt bei dem betreffenden Gerichte oder überhaupt bereits Rechtsanwalt ist. Der Fall des § 21 Ziff. 1 wird mit Rücksicht auf § 20 Abs. 2 praktisch kaum anders als vor Eintragung in die Liste vorkommen.

Die Zurücknahme kann die Zulassung nur bei einem Gerichte oder die Zulassung bei allen Gerichten, d. h. die Zulassung zur Rechtsanwaltschaft überhaupt betreffen.

Der Fall des Widerrufs der Zulassung nach § 12 ist kein Fall der Zurücknahme im Sinne des Gesetzes.

Anm. 3. **III. Die einzelnen Fälle.** 1. Die Zurücknahme muß[1]) erfolgen, wenn seit Mitteilung des Zulassungsbescheides drei Monate vergangen sind, ohne daß der Antragsteller den im § 18 vorgeschriebenen Wohnsitz genommen hat. Die Frist endigt also mit dem Tage des dritten Monats, der seiner Benennung nach dem Tage der Mitteilung des Beschlusses entspricht (§ 188 Abs. 2 BGB.). Nimmt der Zugelassene nach Ablauf der drei Monate, aber vor erfolgter Zurücknahme, den vorgeschriebenen Wohnsitz, so hat die Zurücknahme zu unterbleiben. Vgl. AKJahrB. **1887** 4. Setzt der Zulassungsbescheid einen bestimmten, nach der Zustellung liegenden Anfangstermin fest („Die Zulassung wird ab 1. Oktober erteilt"), so kann die Frist des § 21 Abs. 1 erst von jenem Anfangstermin ab gerechnet werden. Das Entsprechende gilt aber nicht, wenn beim Zulassungswechsel die Wirkung der neuen Zulassung lediglich von der Aufgabe der bestehenden abhängig gemacht wird (§ 3 Anm. 10). Denn es kann dem Anwalt nicht gestattet sein, die Zulassung zu einem anderen Gerichte beliebig lang in der Schwebe zu lassen, um vielleicht noch nach Jahren davon Gebrauch zu machen (vgl. § 15 Ziff. 1).

Anm. 4. 2. Die Zurücknahme muß ferner erfolgen, wenn der Rechtsanwalt den vorgeschriebenen Wohnsitz aufgibt. Dies ist der Fall, wenn die Niederlassung mit dem Willen aufgehoben wird, sie aufzugeben. (§ 7 Abs. 3 BGB.). Auch hier muß man annehmen, daß die Wiederbegründung des Wohnsitzes vor erfolgter Zurücknahme die letztere ausschließt. Doch ist in einem solchen Falle ehrengerichtliche Verfolgung möglich.

Anm. 5. 3. Die Zurücknahme muß ferner erfolgen, wenn sich nach der Zulassung ergibt, daß diese nach § 5 Ziff. 1 oder 2 hätte versagt werden müssen. Wenn jedoch der Antragsteller die Fähigkeit zur Bekleidung öffentlicher Ämter zwar zur Zeit der Zulassung nicht besaß, nach derselben aber (wegen Zeitablaufs) wieder erlangt hat, so liegt nur ein fakultativer Rücknahmegrund vor.

Aus § 21 Ziff. 3 ergibt sich zugleich der schon mehrfach hervorgehobene Grundsatz, daß die Zulassung, welche unter Übergehung eines Versagungsgrundes nach § 5 erfolgte, nicht ipso jure nichtig ist.

Wenn die Versagungsgründe des § 5 Ziff. 3—6 bei der Zulassung vorlagen, so bildet dies keinen Grund zur Zurücknahme. Ein Bedürfnis hiezu ist auch — wenn man von Ziff. 6 absieht — kaum vorhanden. Für den Fall der Ziff. 5 gewährt § 64 die Möglichkeit des ehrengerichtlichen Einschreitens; im übrigen gilt es vor allem zu verhüten, daß nach der Zulassung einer der Fälle der Ziff. 3, 4 oder 6 hervortritt und zu Unzuträglichkeiten führt. Diese Verhütung geschieht hinsichtlich der Ziff. 4 ev. durch ehrengerichtliche Verfolgung, während für den Fall der Ziff. 3 der § 22 des Gesetzes eine Spezialbestimmung enthält. Die letztere kann auch zur Anwendung gebracht werden, wenn im Falle der Ziff. 6 zunächst

[1]) Eine interessante Kriegsanomalie begutachtet AKV. Hamm in AKJahrB. **1917** 2. (Der Antragsteller war durch den Kriegsdienst verhindert, den gesetzlichen Wohnsitz zu begründen; AKV. trat dafür ein, daß Zurücknahme einstweilen nicht erfolgen solle.)

eine Entmündigung oder vorläufige Vormundschaft herbeigeführt wird. Im übrigen weist das Gesetz allerdings für die Fälle der Geisteskrankheit, Geistesschwäche rc. eine Lücke auf.

4. Die Zurücknahme der Zulassung bei einem bestimmten Gerichte muß ferner erfolgen, wenn der auswärtige Rechtsanwalt einen Monat lang versäumt hat, gemäß § 19 einen ständigen Zustellungsbevollmächtigten zu bestellen. Dieser Fall liegt nicht nur dann vor, wenn der Anwalt den Zustellungsbevollmächtigten überhaupt nicht bestellt hat, sondern auch dann, wenn letzterer aufgehört hat, Zustellungsbevollmächtigter zu sein oder den „standesrechtlichen" Erfordernissen des § 19 (§ 19 Anm. 2) zu entsprechen, und seit dem Aufhören dieser Eigenschaften ein Monat verstrichen ist. Wird nach Ablauf des Monats, jedoch vor der Zurücknahme, dem Erfordernis wieder genügt, so hat die Zurücknahme zu unterbleiben. Über eine Ausnahme von § 19 vgl. daselbst Anm. 5. Die Frist läuft im Falle des Abs. 3 erst von der Eintragung in die Liste ab (§ 19 Anm. 3). Anm. 6.

5. Das Gesetz zählt die obligatorischen Zurücknahmegründe nicht erschöpfend auf. Es hat vor allem übersehen, daß § 1 RAO. für jede Zulassung ein unbedingtes Erfordernis aufstellt, dessen Fehlen stets einen „Versagungsgrund" darstellt, nämlich die Befähigung zur Rechtsanwaltschaft. § 21 Ziff. 3 bietet die Möglichkeit analoger Anwendung und es muß daher die Zurücknahme der Zulassung erfolgen, wenn sich herausstellt, daß der Anwalt die Fähigkeit zur Rechtsanwaltschaft z. B. der Zulassung nicht besaß und auch jetzt nicht besitzt. Es muß für diesen Fall ein schnell wirksames Mittel geben, den zu Unrecht Aufgenommenen aus seiner Stellung zu entfernen. Gl. M.: Kormann, System der rechtsgeschäftlichen Staatsakte (1910) 385/6. A. M.: Jellinek, Der fehlerhafte Staatsakt 164. Anm. 7.

6. Über zwei weitere im Gesetz nicht erwähnte Fälle der Zurücknahme vgl. § 3 Anm. 5 und § 20 Anm. 5. Unzuträglichkeiten werden dadurch vermieden, daß nach § 23 Anhörung des Zugelassenen zu erfolgen hat. Anm. 8.

§ 22.

Die Zulassung kann zurückgenommen werden, wenn der Rechtsanwalt infolge gerichtlicher Anordnung in der Verfügung über sein Vermögen beschränkt ist.

I. Inhalt des Paragraphen. Der vorliegende Paragraph enthält einen fakultativen Rücknahmegrund; nicht den einzigen, wie sich aus § 21 Abs. 1 Ziff. 3 mit Abs. 2 ergibt. Anm. 1.

II. Die Zurücknahme kann erfolgen, wenn zu der Zeit, zu welcher sie verfügt wird, der Rechtsanwalt infolge gerichtlicher Anordnung in der Verfügung über sein Vermögen beschränkt ist. Zur Erläuterung ist hier auf § 5 Anm. 9 bis 14 zu verweisen. Anm. 2.

Der EGH. hat am 22. Jan. 1916 (**17** G. 29/15) eine sehr bedeutsame Entscheidung erlassen. Ein RA. war wegen Geistesschwäche entmündigt; die Zulassung wurde daher nach § 22 RAO. zurückgenommen. Später wurde der Entmündigungsbeschluß durch rechtskräftiges Urteil aufgehoben. Die nun beantragte Zulassung wurde nach § 5 Ziff. 6 versagt. Das erklärte der EGH., ohne auf eine Prüfung des Tatbestandes einzugehen, für unzuläßig. Zwar sei es nach dem klaren Wortlaut des Gesetzes nicht angängig, nur eine unanfechtbare gerichtliche Anordnung als solche im Sinne des § 22 gelten zu lassen; aber es dürfe dem Anwalt, der sachlich zu Unrecht gemäß § 22 aus der Anwaltschaft entfernt wurde, die Wiederzulassung nicht aus einem Grunde Anm. 3.

versagt werden, der zeitlich in seine Berufstätigkeit als RA. zurückreiche und sein Verbleiben in der Anwaltschaft nicht gehindert hätte. Das treffe vor allem auf die Fälle des § 6 Ziff. 1—3 zu; ferner auf § 5 Ziff. 1, 4 und 5, soferne nicht die Voraussetzungen dieser Bestimmungen sich erst nach der Zurücknahme oder nach dem Entmündigungsbeschluß erfüllt haben. Der Versagungsgrund des § 5 Ziff. 6 endlich könne dem zu Unrecht nach §§ 22, 23 gelöschten RA. überhaupt nicht entgegengehalten werden.

Die Entscheidung des EGH. können wir nicht für zutreffend erachten. Sie setzt sich mit dem ganzen System des Gesetzes in Widerspruch und verschärft in dem Bestreben, seine Normen aus Billigkeitsgründen zu verbessern, auf der anderen Seite seine Mängel in erheblichem Maße. Es ist stets beklagt worden, daß es nach der RAO. nicht möglich ist, einen offenbar Geisteskranken oder Geistesschwachen ohne Entmündigung oder vorläufige Vormundschaft aus der Rechtsanwaltschaft zu entfernen, weil § 5 Ziff. 6 kein Analogon in den Bestimmungen über die Zurücknahme der Zulassung hat. Diesen Mißstand verschärft nun der EGH. dadurch, daß er der LJV. zumutet, eine solche Persönlichkeit, wenn der Entmündigungsbeschluß aufgehoben wurde, ohne weitere Prüfung wiederzuzulassen, also eine glücklich überwundene Gefahr für das Publikum neuerdings heraufzubeschwören. Wie wenig dieser ganze Versuch des EGH. sich dem System des Gesetzes anpaßt, geht am besten aus den weiteren von ihm aufgestellten Sätzen hervor. Danach soll auch § 5 Ziff. 5 ausscheiden, wenn seine Voraussetzungen vor Erlaß des Entmündigungsbeschlusses eingetreten sind. Dabei wird übersehen, daß wegen solcher Verfehlungen die Ausschließung aus der Rechtsanwaltschaft hätte erfolgen können und daß sie auch noch erfolgen könnte, wenn eine Wiederzulassung (etwa aus Unkenntnis der Verfehlungen) stattgefunden hätte. Gerade um in solchen Fällen eine Remedur zu ermöglichen, ist ja § 64 RAO. geschaffen worden. Und nun sollte die LJV. genötigt sein, in Kenntnis der schwersten Verfehlungen die Zulassung zu bewilligen, worauf dann erst die ehrengerichtliche Verfolgung zwecks Herbeiführung der Ausschließung einzusetzen hätte? Wie der Fall des § 5 Ziff. 1 RAO. vor der Zurücknahme überhaupt eintreten konnte, ist nicht verständlich; mit dem dauernden oder zeitweiligen Verlust der Fähigkeit zur Bekleidung öffentlicher Ämter schied doch der Betreffende ohne weiteres aus der Anwaltschaft aus; seine Zulassung konnte also nicht mehr zurückgenommen werden. Ein Mißbrauch der fakultativen Versagungsgründe aus § 6 RAO. ist in der Praxis gerade in den hier interessierenden Fällen schwerlich zu befürchten; im Falle des § 5 Ziff. 4 aber steht es regelmäßig in der Macht des Antragstellers selbst, den Konflikt durch Aufgabe der mit der Anwaltschaft unvereinbaren Stellung zu vermeiden.

Reformbedürftig ist die ganze Regelung der Zurücknahme in der RAO. zweifellos; vor allem sind Rechtsgarantien gegen unbegründete und vorschnelle Verfügungen notwendig. Aber die Reform kann nur durch die Gesetzgebung und nicht auf dem Wege erfolgen, den der EGH. in seiner Entscheidung eingeschlagen hat.

§ 23.

Die Zurücknahme der Zulassung erfolgt durch die Landesjustizverwaltung nach Anhörung des Rechtsanwalts und des Vorstandes der Anwaltskammer.

Ein die Zulassung zurücknehmender Bescheid muß den Grund der Zurücknahme angeben.

Anm. 1. **I. Inhalt des Paragraphen.** § 23 regelt die Zuständigkeit für die Zurücknahme der Zulassung, ferner das Verfahren bei der Zurücknahme und ihre Form.

II. **Zuständigkeit.** Die Zurücknahme erfolgt stets durch die Landesjustizverwaltung, bei dem Reichsgericht durch das Präsidium. (§ 99). Bezüglich der Delegationsbefugnis der LJV. gelten die Ausführungen zu § 3 Anm. 6. Anm. 2.

III. **Verfahren.** Vor der Zurücknahme ist der Rechtsanwalt und der Vorstand der Anwaltskammer, deren Mitglied er ist (vgl. § 41 Anm. 2 ff.), zu hören, d. h. es ist ihnen Gelegenheit zur Äußerung zu geben. Wie aber, wenn dies nicht möglich ist, wenn z. B. der Anwalt flüchtig und unbekannten Aufenthaltes ist? In der ersten Auflage wurde im Anschluß an das Verfahren, das man in Preußen in einem praktischen Falle eingeschlagen hat (FrankfRundsch. **1905** 101), die Meinung vertreten, daß dann öffentliche Zustellung nach § 132 Abs. 2 BGB. erfolgen müsse. Henle hat demgegenüber (Recht **1911** 564) mit guten Gründen dargetan, daß die Anhörung nur dann zu erfolgen habe, wenn sie mit den gewöhnlichen Mitteln tunlich ist. Anm. 3.

Das Gutachten des AKV. hat keinerlei bindende Kraft. Ein ehrengerichtliches Verfahren analog § 16 gibt es in diesem Falle nicht. EGH. **11** 44. Anm. 4.

Sollte die Anhörung des Rechtsanwalts oder des AKV. dem Gesetze zuwider unterbleiben, so würde dies die Gültigkeit der Zurücknahme nicht beeinflussen. Anm. 5.

IV. Über die **Form der Zurücknahme** bestimmt das Gesetz lediglich, daß der Beschluß mit Gründen versehen sein müsse. Fehlt es an diesem Erfordernisse, so liegt eine gültige Zurücknahme nicht vor, und das Gericht hat die Löschung in der Liste zu verweigern. Anm. 6.

Daß der Bescheid schriftlich erteilt werden muß, ist selbstverständlich.

In die äußere Erscheinung wird der Rücknahmebeschluß ebenso wie der Zulassungsbescheid regelmäßig durch Mitteilung an den Rechtsanwalt treten. Es wird aber gerade bei der Zurücknahme Fälle geben, in welchen eine Mitteilung untunlich ist, z. B. wenn der Rechtsanwalt unbekannten Aufenthalts ist und die Zurücknahme nach § 21 Ziff. 2 erfolgen soll. Für diese Fälle ist zu bemerken, daß schon der Erlaß des Zurücknahmebeschlusses für seine Wirksamkeit genügt. Wenn also die LJV. den Bescheid direkt dem Gerichte mitteilt, so ist letzteres berechtigt und verpflichtet, die Löschung vorzunehmen. Anm. 7.

V. Wegen landesrechtlicher Vorschriften über die Pflicht des Gerichtes, etwaige Zurücknahmegründe der LJV. anzuzeigen, vgl. Preußen: JMVf. 28. 6. 79 Nr. IV, 16. 2. 80 (JMBl. 34) Nr. 5; Bayern: Bek. 7. 7. 79 § 16; Sachsen: V. 31. 7. 79 § 8; JMV. 16. 8. 81 (JMBl. 52) Nr. 4; Württemberg: V. 13. 2. 80 Nr. 6; Anhalt: V. 13. 8. 79 § 4; Sachsen-Altenburg: V. 17. 11. 79 § 5; Sachsen-Weimar: MinV. 3. 10. 79 § 6; Sachsen-Meiningen: V. 6. 1. 80 § 6; Schwarzburg-Rudolstadt: MinV. 27. 1. 80 § 6; Coburg-Gotha: V. 2. 2. 80 § 6; Lippe (Detmold): MinVf. 18. 8. 79 (GS. 751) Nr. 3. Anm. 8.

§ 24.

Stirbt der Rechtsanwalt oder giebt er die Zulassung auf oder wird die Zulassung zurückgenommen oder verliert der Rechtsanwalt in Folge Urtheils die Fähigkeit zur Ausübung der Rechtsanwaltschaft, so ist die Eintragung in der Liste zu löschen.

Die Löschung ist von dem Gerichte durch den Deutschen Reichsanzeiger bekannt zu machen.

Anm. 1. **I. Inhalt des Paragraphen.** Der vorliegende Paragraph handelt von der Löschung[1]) der Rechtsanwälte in der nach § 20 zu führenden Liste. Er zählt die hauptsächlichsten Löschungsgründe, aber nicht alle, auf.

Anm. 2. **II. Die einzelnen Gründe, aus welchen die Löschung zu erfolgen hat, sind folgende:**

a) Der Tod des Rechtsanwalts.

Dem wirklichen Ableben muß die Todeserklärung gleich geachtet werden, was z. B. in den Fällen der §§ 15, 16 BGB. praktisch werden kann, weil hier Aufgabe des Wohnsitzes nicht vorzuliegen braucht.

b) Der Verzicht auf die Zulassung. Hier kann der Verzicht auf die Zulassung bei dem betreffenden Gerichte zugleich den Verzicht auf die Rechtsanwaltschaft überhaupt bedeuten. Der Verzicht ist dem Gerichte gegenüber zu erklären.

c) Die Zurücknahme der Zulassung.

d) Der Verlust der „Fähigkeit zur Ausübung der Rechtsanwaltschaft“ durch Urteil, sei es durch strafrichterliches Urteil, welches den Verlust der öffentlichen Ämter zur Folge hat (§§ 31, 33—35 StGB. ꝛc.), sei es durch ehrengerichtliches Urteil, welches auf Ausschließung von der Rechtsanwaltschaft lautet.

e) Der Verlust der bekleideten öffentlichen Ämter durch Strafurteil (StGB. §§ 81, 83, 94, 95 ꝛc.).

f) Der Widerruf der Zulassung im Falle des § 12 RAO.; auch der Fristablauf und ev. der Widerruf bei § 114, Art. X EGZPONov. (1898); vgl. § 114 Anm. 4. Ferner erlischt in beiden Fällen der widerruflichen Zulassung diese auch dann, wenn die unwiderrufliche Zulassung ihr Ende findet.

g) Die Zulassung bei einem Gericht erlischt mit Aufhebung dieses Gerichts (wozu auch der Fall gehört, daß das Gericht aufhört ein deutsches Gericht zu sein). Handelte es sich um die einzige Zulassung, so hört damit zugleich die Anwaltsqualität des Betreffenden auf, wenn er nicht rechtzeitig für anderweitige Zulassung gesorgt hat. Ebenso erlischt z. B. die Simultanzulassung beim Landgerichte nach § 9 und die beim OLG. nach § 11, wenn das LG. bzw. OLG. aufhört, das übergeordnete Gericht des AG. bzw. LG. zu sein. Denn eine Simultanzulassung, die nach dem Gesetz unzulässig ist, kann nicht durch Änderung der Gerichtsorganisation möglich werden. In diesen Fällen hat ebenfalls die Löschung in der Liste des bisherigen Obergerichts zu erfolgen. In den Fällen der Aufhebung des Gerichts wird mit dem Augenblicke, in dem die Aufhebung in Wirksamkeit tritt, die Liste als abgeschlossen zu erachten sein; es ist so anzusehen, als ob nun alle eingetragenen Anwälte gelöscht wären, auch wenn dies nicht bei jedem einzelnen buchstäblich geschieht.

h) Endlich gehören hieher die Fälle, in welchen die Eintragung in die Liste zu Unrecht erfolgte (§ 20 Anm. 8).

Das Vorliegen der Löschungsgründe ist von dem Gerichte selbständig zu prüfen, vgl. z. B. § 23 Anm. 6.

Anm. 3. **III. Die Wirkungen der Löschung.** Die Löschung hat regelmäßig nur die Bedeutung einer Beurkundung; nur in zwei[2]) Fällen hat sie selbst rechtsbeendigende Wirkung, nämlich:

---

[1]) Über die Form der Löschung vgl. Bayern: Bek. 7. 7. 79 § 12; Sachsen: V. 31. 7. 79 § 9; Sachsen-Weimar: MinV. 3. 10. 79 § 14; Sachsen-Altenburg: V. 17. 11. 79 § 13; Sachsen-Meiningen: V. 6. 1. 80 § 12; Schwarzburg-Rudolstadt: MinV. 27. 1. 80 § 12; Coburg-Gotha: V. 2. 2. 80 § 12.

[2]) Vgl. jedoch die im Krieg erlassene BRBek. vom 9. 3. 16 (RGBl. 156) und hiezu: M. Friedländer, JW. 1916 463; sowie Wassermann-Erlanger, Kriegsgesetze[3] 122. § 1 dieser Bek. hat folgenden Wortlaut:

Ist ein Rechtsanwalt, für den gemäß § 25 RAO. ein Stellvertreter bestellt ist, gestorben, so sind Rechtshandlungen, die von dem Stellvertreter oder ihm gegenüber vor der Löschung des Rechtsanwalts vorgenommen worden sind, nicht deshalb unwirksam, weil der Rechtsanwalt

1. wenn ein Zugelassener zu Unrecht vom Gerichte in die Liste eingetragen wurde (§ 20 Anm. 15);

2. wenn der Rechtsanwalt die Zulassung aufgibt, d. h. auf sie verzichtet. Mit Recht hat das Reichsgericht (RGZ. **19** 394; SeuffA. **43** 90) ausgeführt, daß der dem Gerichte gegenüber ausgesprochene Verzicht insolange widerruflich sei, als eine Eintragung in die Liste nicht erfolgt ist. Die endgültige Wirksamkeit des Verzichts tritt daher erst mit der Löschung in der Liste ein. A. M.: Scheele, HammAK. **1** 3. Vgl. aber auch § 20 Anm. 5.

Stirbt der Rechtsanwalt, so scheidet er selbstverständlich mit dem Tode aus dem Anwaltsstande aus. Bei der Todeserklärung entscheidet der nach § 18 BGB. maßgebende Zeitpunkt. Taucht der für tot Erklärte nach der Löschung wieder auf, so ist die Löschung ungeschehen zu machen, d. h. der frühere Eintrag — ohne erneute Zulassung und ohne Prüfung sonstiger Voraussetzungen der Eintragung — wiederherzustellen, es sei denn, daß zuvor ein anderer Löschungsgrund (z. B. Tod, Zurücknahme 2c.) eingetreten wäre. Vgl. Dernburg **1** 147. Anm. 4.

Die Zurücknahme[1]) und der Widerruf wirken mit dem Erlaß des Beschlusses; der Verlust der Fähigkeit zur Ausübung der Rechtsanwaltschaft mit der Rechtskraft des straf- oder ehrengerichtlichen Urteils (§ 36 StGB., § 96 RAO.). Gleiches gilt bei Verlust der bekleideten Ämter durch Strafurteil (oben Anm. 2 sub e). Wird die betreffende Verurteilung im Wiederaufnahmeverfahren endgültig beseitigt, so bedarf es einer neuen Zulassung. Vgl. im einzelnen: Exk. zu § 91 Anm. 15. Anders die preuß. JMB. 27. 6. 05 (Müller, Preuß. JB.[6] **1** 152), wonach einfach der frühere Eintrag in der Liste wiederhergestellt wurde. Anm. 5.

IV. Bekanntmachung der Löschung. Die Löschung ist von dem Gerichte durch den Deutschen Reichsanzeiger bekannt zu machen. Anm. 6.

Hier fehlt es an der im § 20 Abs. 4 getroffenen Bestimmung, daß die Bekanntmachung auf Kosten des Anwalts zu erfolgen habe; die Aufnahme einer entsprechenden Vorschrift wurde in der Reichstagskommission mit der Begründung abgelehnt, daß zwar die Eintragung, nicht aber die Löschung im Interesse des Anwalts, letztere vielmehr nur im öffentlichen Interesse bekannt zu machen sei (KommB. 25).

Die Bekanntmachung der Löschung hat daher auf Staatskosten zu erfolgen, da eine Bestimmung, wonach diese Kosten der Anwaltskammer zur Last fallen, nicht besteht. So auch: Elsaß-Lothr.: JMB. 28. 12. 81 (Samml. v. Ges. 2c. betr. die JB. in Els.-Lothr. **6** 322).

---

zur Zeit der Bestellung des Vertreters oder zur Zeit der Vornahme der Rechtshandlung nicht mehr gelebt hat; die im § 244 ZPO. vorgesehene Unterbrechung des Verfahrens tritt erst mi dem Zeitpunkt der Löschung des Rechtsanwalts ein.

Rechtshandlungen, die vor dem Inkrafttreten dieser Verordnung, aber nach dem 31. Juli 1914 vorgenommen worden sind, gelten als wirksam erfolgt, wenn sie bei Anwendung des Abs. 1 wirksam sein würden.

Ist der Rechtsanwalt vor dem Inkrafttreten dieser Verordnung, aber nach dem 31. Juli 1914 gestorben, so gilt die Unterbrechung des Verfahrens erst in dem Zeitpunkt als eingetreten, in welchem sie bei Anwendung des Abs. 1 eingetreten sein würde.

§ 3 Satz 2 der BRBek. sieht vor, daß der Reichskanzler den Zeitpunkt des Außerkrafttretens bestimme. An seine Stelle tritt jetzt das Reichsministerium (Ges. 4.3.19 — RGBl. 285 — § 5).

[1]) Hellwig **2** 130 (System **1** 100) meint, daß nach Analogie von § 20 Abs. 3 auch die Zurücknahme erst mit der Eintragung wirken könne; die mit Bezug auf den Verzicht in RGZ. **19** 394 ff. angeführten Gründe träfen auch hier zu. Dem ist nicht beizupflichten. Der Verlust der Anwaltschaft ist zweifellos nicht immer an die Löschung gebunden (z. B. bei Tod, Ausschließung 2c.). Die Analogie des § 20 Abs. 3 trifft also nicht zu. Das Gleiche gilt von den Gründen, die RGZ. **19** 394 anführt. Die Zurücknahme der Zulassung ist ein Staatsakt, von dem nicht ohne weiteres anzunehmen ist, daß er, einmal erfolgt, frei widerruflich sei. EGH. **17** (G. 29/15) drückt sich über die hier erörterte Frage unbestimmt aus, indem er sagt, der Entmündigte höre „spätestens mit der Löschung in der Liste" auf, RA. zu sein.

Die Bekanntmachung der Löschung hat ebenso wie die Bekanntmachung der Eintragung keinerlei rechtliche Bedeutung (vgl. § 20 Anm. 10).

§ 25.

Die Stellvertretung eines an der Ausübung seines Berufs zeitweise verhinderten Rechtsanwalts kann nur einem Rechtsanwalt oder einem Rechtskundigen, welcher mindestens zwei Jahre im Vorbereitungsdienste beschäftigt worden ist, übertragen werden.

Insofern die Stellvertretung nicht von einem bei demselben Gerichte zugelassenen Rechtsanwalt übernommen wird, darf die Bestellung des Stellvertreters nur durch Anordnung der Landesjustizverwaltung erfolgen.

Auf die in Absatz 1 bezeichneten Stellvertreter, auch wenn dieselben nicht Rechtsanwälte sind, finden die Vorschriften des § 143 Abs. 1, 2 der Civilprozeßordnung[1]) nicht Anwendung. Das Gleiche gilt für die im Justizdienste befindlichen Rechtskundigen, welche mindestens zwei Jahre im Vorbereitungsdienste beschäftigt worden sind, wenn sie einen Rechtsanwalt, ohne als dessen Stellvertreter bestellt zu sein, in Fällen vertreten, in denen eine Vertretung durch einen Rechtsanwalt nicht geboten ist, oder wenn sie unter Beistand des Rechtsanwalts die Ausführung der Parteirechte übernehmen.

Anm. 1. **I. Allgemeiner Inhalt des Paragraphen.** § 25 handelt von der Stellvertretung des Rechtsanwalts. Er erschöpft die Materie keineswegs; wichtige Ergänzungen finden sich z. B. in den §§ 26, 27, 29 RAO.

Unser Paragraph enthält lediglich Bestimmungen über die Fähigkeit, Generalsubstitut zu werden, über Veranlassung und Zuständigkeit zur Bestellung der Generalsubstituten sowie über ein prozessuales Privileg für die letzteren und für eine besondere Art von Spezialvertretern.

Anm. 2. **II. Wesen und Arten der Stellvertretung.** Es ist klar, daß der Rechtsanwalt nicht in allen Fällen seine sämtlichen Berufsgeschäfte selbst verrichten kann. Bei jeder umfangreicheren Berufstätigkeit trifft dies schon für die Regelfälle zu: es kommt täglich vor, daß mehrere Termine auf die gleiche Stunde anberaumt sind; der RA. ist nicht in der Lage, sie alle selbst wahrzunehmen. In solchen Fällen handelt es sich um die Verhinderung bezüglich *einzelner* Berufsgeschäfte. Allein auch an der Wahrnehmung *aller* seiner Funktionen wird jeder Anwalt einmal vorübergehend verhindert sein. Längere Krankheiten und Erholungsurlaub bilden hiefür die alltäglichen Beispiele.

Handelt es sich nur um einzelne Berufsgeschäfte, an deren Ausführung der Rechtsanwalt verhindert ist, so ist er in der Lage, sie *Spezialvertretern* zu übertragen. Für die Fälle der generellen Verhinderung aber sowie für die Fälle der Abwesenheit vom Wohnsitz gibt das Gesetz dem Rechtsanwalt die Möglichkeit, sich einen Stellvertreter für alle Berufsgeschäfte zu bestellen oder bestellen zu lassen. Dieser allgemeine Stellvertreter ist der *Generalsubstitut*.

---

[1]) Jetzt: § 157 Abs. 1 und 2 ZPO. Die Bestimmung lautete bis zur Novelle vom 1. 6. 09: Das Gericht kann Parteien, Bevollmächtigten und Beiständen, denen die Fähigkeit zum geeigneten Vortrag mangelt, den weiteren Vortrag untersagen.

Das Gericht kann Bevollmächtigte und Beistände, welche das mündliche Verhandeln vor Gericht gewerbsmäßig betreiben, zurückweisen.

Jetzt ist der Abs. 2 als Abs. 1 vorausgestellt. Der bisherige Abs. 1 ist jetzt Abs. 2 *Satz* 1.

III. Der Generalsubstitut des Rechtsanwalts. Anm. 3.

A. In welchen Fällen hat die Bestellung eines Generalsubstituten zu erfolgen? Die Frage bedeutet zweierlei:

a) In welchen Fällen besteht eine Verpflichtung des Rechtsanwalts, für Bestellung eines GS. zu sorgen?

b) In welchen Fällen soll die Behörde dem Antrage des Rechtsanwalts auf Bestellung eines GS. stattgeben?

Wenn wir also im folgenden auch von den „Voraussetzungen der Generalsubstitution" sprechen, so ist doch festzuhalten, daß das Nichtvorhandensein dieser Voraussetzungen nicht etwa die Ungültigkeit der Generalsubstitution zur Folge hat (zutreffend: Rosenberg 857; JW. **1904** 145 Ziff. 16).

Die Bestellung eines GS. muß erfolgen, wenn der Rechtsanwalt sich länger als eine Woche von seinem Wohnsitze entfernen will oder wenn er zeitweise an der Ausübung seines Berufes verhindert ist. Der erste Fall ist in § 29 RAO. behandelt, der zweite in § 25. Die beiden Fälle sind keineswegs begrifflich identisch; die Abwesenheit von dem Wohnsitze kann ja gerade zwecks Ausübung des Berufes erfolgen. Sie kann freilich auch gleichzeitig Berufsverhinderung sein, z. B. bei Urlaubsreisen.

Bezüglich des Falles der Abwesenheit vom Wohnsitze ist auf die Anmerkungen zu § 29 zu verweisen. In dem anderen Falle aber gelten folgende Voraussetzungen für die Bestellung eines GS.

1. Man lehrt allgemein, der Rechtsanwalt müsse an der Berufsausübung Anm. 4. überhaupt, nicht lediglich an der Wahrnehmung einzelner Geschäfte, z. B. der gerichtlichen Termine, verhindert sein; so: Berger § 25 Anm. 1; BuschsZ. **18** 300; preuß. MinV. 19. 4. 80 (JMBl. 88); 19. 4. 88 (JMBl. 102); sächsJMV. 12. 4. 90 (JMBl. 11); Sydow-Jacobsohn § 25 Anm. 1; Henle, Recht **1914** 245. Dieser Satz ist jedoch nicht wörtlich zu nehmen: der Rechtsanwalt, welcher wegen Krankheit das Bett hüten muß, kann wohl imstande sein, hin und wieder Schriftsätze zu korrigieren, ja selbst Verfügungen zu treffen und ausnahmsweise eine Konsultation abzuhalten. Dennoch ist nicht zu bezweifeln, daß er die Bestellung eines GS. verlangen kann. Man wird also sagen dürfen: der Rechtsanwalt muß im wesentlichen an der Berufsausübung verhindert sein.

Der Umstand aber, daß der Rechtsanwalt lediglich einer Beihilfe bedarf, begründet keine „Verhinderung an der Berufsausübung": PrJMVf. 2. 6. 87 (Müller, Preuß. JV.[6] **1** 147).

2. Das Erfordernis des Verhindertseins hat nicht etwa die Be- Anm. 5. deutung, daß eine Notwendigkeit, dem Berufe fern zu bleiben, für den Rechtsanwalt vorliegen müßte. Jede Ursache, welche ihn tatsächlich von den Berufsgeschäften fernhält, gilt als Verhinderung, mag sie auch ausschließlich von seinem Willen abhängen. Freiwilliger Erholungsurlaub gehört ebenso hierher wie Krankheit und Militärdienst.

3. Zeitweise muß der Rechtsanwalt an der Berufsausübung verhindert sein. Anm. 6. Damit ist einmal zum Ausdruck gebracht, daß bei einer ganz kurzen Verhinderung die Bestellung eines GS. nicht veranlaßt ist. Nach Analogie des § 29 wird man annehmen dürfen, daß Verhinderungen, welche voraussichtlich nur eine Woche oder kürzere Zeit dauern, keinen Anlaß zur Bestellung eines GS. bieten. Doch ist die Bestellung auch in diesen Fällen nicht unzulässig. Vgl. PrJMVf. 19. 4. 80 (JWBl. 88) letzter Satz.

Mit dem Wort „zeitweise" ist aber anderseits auch zum Ausdruck gebracht, daß die Generalsubstitution keine Stellvertretung sein soll, die von vornherein als dauernde gedacht ist. Der Anwalt kann nicht verlangen, daß ihm ein GS.

„auf Lebenszeit" oder „für die ganze Zeit seiner Zulassung beim Landgerichte B" bestellt werde. Wohl aber kann er Bestellung auf sechs Monate oder auf unbestimmte Zeit, d. h. auf Ruf und Widerruf, verlangen, u. z. selbst dann, wenn kein Zweifel darüber besteht, daß er in den nächsten Monaten sterben oder die Zulassung aufgeben wird.

Sollte die Bestellung eines GS. auf Lebenszeit rc. dennoch erfolgen, so wäre sie nicht ungültig, sondern als zulässige Bestellung auf unbestimmte Zeit aufzufassen.[1])

Es ist selbstverständlich, daß sowohl in solchen Fällen wie dem zuletzt erwähnten als auch immer dann, wenn die zeitlich begrenzte, vom Willen des Anwalts abhängige Verhinderung das zulässige Maß überschreitet und einer Berufsvernachlässigung gleichkommt, disziplinäre Ahndung eintreten kann, auch wenn ein Vertreter bestellt wurde. (So die übrigens viel zu strenge Entsch. in EGH. **17** [S. 1/16]). Die LJV. wird ferner in solchen Fällen die Bestellung des GS. auf längere Zeit, als sie es für angemessen erachtet, ablehnen können (so das mecklenburgische Justizministerium nach AKJahrB. **1915** 16 Ziff. 41).

Anm. 7. B. Wer kann Generalsubstitut eines Rechtsanwalts sein? 1. Die Generalvertretung kann gültig nur übertragen werden:

a) einem Rechtsanwalt (vgl. § 20). Ausgenommen sind die Rechtsanwälte am Reichsgerichte, soweit es sich nicht um die Vertretung eines Reichsgerichtsanwalts handelt. Wenn auch die Bestimmung des § 100 Abs. 1 nicht unbedingt entgegenstände, so schließt doch die Vorschrift des § 100 Abs. 2, wonach die Reichsgerichtsanwälte bei anderen Gerichten nicht auftreten dürfen, auch die Möglichkeit einer allgemeinen Stellvertretung aus.

b) „einem Rechtskundigen, welcher mindestens zwei Jahre im Vorbereitungsdienste beschäftigt worden ist".

α) Es muß sich um eine Person handeln, welche das erste Staatsexamen bestanden hat. (So ausdrücklich § 21 des Entwurfs, die betreffenden Worte wurden von der Reichstagskommission als überflüssig gestrichen; KB. 26).

β) Dieselbe muß nach dem Staatsexamen zwei Jahre im Vorbereitungsdienste beschäftigt worden sein; diese Vorbereitungszeit braucht weder dem Examen unmittelbar gefolgt zu sein noch einen zusammenhängenden Zeitraum zu bilden. Anders — nach Sinn und Wortlaut: § 6 Ziff. 1. Der Vorbereitungsdienst braucht auch nicht Justizdienst zu sein; die Vorbereitungszeit bei der Verwaltung wird ebenfalls mitgezählt: Henle, Recht **1914** 245 ff.

γ) Es ist gleichgültig, in welchem Bundesstaate das Examen und in welchem der Vorbereitungsdienst absolviert wurde. Der preußische Assessor kann in Bayern zum Generalsubstituten bestellt werden. Vgl. preuß. JMV. 6. 6. 92 in Müller, Preuß. JV.[6] **1** 148.

δ) Wenn Frauen zum Vorbereitungsdienste zugelassen wurden, können sie auch als GS. bestellt werden.

ε) Der Rechtskundige braucht sich nicht mehr im Justizdienste oder sonst in irgendeiner bestimmten Stellung zu befinden (arg. e contrario: Abs. 3 Satz 2). Anscheinend a. M.: Henle, Recht **1914** 245.[2])

---

[1]) Nicht zulässig ist — nach dem Zweck des Rechtsinstituts — die bedingte Bestellung eines GS., wohl aber die Bestellung mit festem Anfangstermin.

[2]) Henle meint, es handle sich lediglich um Personen, die nach Ablegung der ersten Prüfung in dem für die Vorbereitung zur zweiten Prüfung bestimmten Dienst beschäftigt sind. Wenn diese im Gesetz nicht zum Ausdruck gekommene und durch den Wortlaut des § 25 Abs. 3 Satz 2 widerlegte Meinung richtig wäre, so könnte ein Assessor nicht zum GS. bestellt werden.

Nicht zutreffend ist die Meinung Bovensiepens (LZ. **1916** 1095), man könne aus § 25 Abs. 3 Satz 2 eher schließen, daß der Rechtskundige auch nach Abs. 1 sich noch im Justizdienste befinden müsse, weil doch die Generalsubstitution viel weitergehende und wichtigere Funktionen umfasse als die Spezialvertretung. In § 25 Abs. 3 handelt es sich gar nicht um die Frage

2. Auch für einen Reichsgerichtsanwalt kann ein beim Reichsgerichte nicht zugelassener Rechtsanwalt oder ein Rechtskundiger gemäß § 25 Abs. 1 als Generalsubstitut bestellt werden. (Vgl. § 101 Anm. 6). Anm. 8.

3. Nicht erforderlich ist in irgendeinem der erwähnten Fälle, daß der Generalsubstitut dort seinen Wohnsitz oder ständigen Aufenthalt hat, wo der Rechtsanwalt zu wohnen verpflichtet ist. Vgl jedoch preuß. MinVf. 19. 4. 80 (JMBl. 88); 8. 7. 89 (Müller, Preuß. JV.[6] **1** 148); AKJahrB. **1912** 12 Nr. 27 (Bay. JM.); Henle, Recht **1914** 245. Henle ist der Meinung, daß der GS. seinen ständigen Wohnsitz da nehmen müsse, wo der Vertretene wohnt; die preuß. Ministerialverfügungen verlangen ständigen Aufenthalt. Es ist sicherlich richtig, daß die LJV.en bei der Bestellung von GS.en regelmäßig darauf halten werden, daß für die Anwesenheit des Substituten Garantien gegeben sind, und daß sie nötigenfalls die erfolgte Bestellung wegen Wohnsitzwechsels wieder aufheben können; allein damit ist noch nicht gesagt, daß ein weiteres gesetzliches Erfordernis für die Fähigkeit, GS. zu sein, angenommen werden dürfte, dessen das Gesetz keine Erwähnung tut, obwohl es sonst die persönlichen Voraussetzungen für die Generalsubstitution aufzählt. Die Analogie des § 18 ist um so weniger zwingend, als bei einer nur auf kurze Dauer berechneten Vertretung für den auswärts wohnenden Substituten die Begründung eines wirklichen Wohnsitzes am anderen Orte doch kaum in Betracht kommen könnte. Daher verlangt denn auch Preußen nur einen ständigen Aufenthalt. Es kann aber unter Umständen auch durchaus genügend erscheinen, wenn der GS. sich nur regelmäßig in dem Geschäftslokal des vertretenen Anwalts einfindet; man denke an den Fall, daß der GS. in einer unmittelbar benachbarten Gemeinde wohnt, während am Wohnsitz des Vertretenen keine geeignete Person vorhanden ist.

Im Kriege hat sich die Praxis der Ministerien geändert. Vgl. PrJMVf. 8. 8. 14 (JMBl. **1914** 666) und M. Friedländer, JW. **1914** 1074.

C. Wie und durch wen erfolgt die Bestellung des Generalsubstituten? Anm. 9.

1. Das Gesetz unterscheidet zwei Fälle der Bestellung eines GS.: einmal die Bestellung eines bei demselben Gerichte wie der Vertretene zugelassenen Rechtsanwalts und die Bestellung anderer Personen. Im ersten Falle kann der Vertretene selbst den GS. bestellen, im zweiten Falle kann dies nur durch die LJV. geschehen.

Bei der Bestellung durch den Vertretenen selbst unterliegt es keinem Zweifel, daß eine von diesem ausgehende Vollmachtserteilung erfolgen muß. Bei der Bestellung durch die LJV. handelt es sich dagegen um etwas ganz anderes: hier ist für die Begründung der Vertretungsmacht (nach außen hin) ein Willensakt des Vertretenen nicht erforderlich, so wenig wie etwa bei der „Bestellung" eines Verteidigers. Die LJV. kann in die Lage kommen, selbst ohne Antrag des Rechtsanwalts diesem einen Vertreter zu bestellen, z. B. wenn der Anwalt auf einer nur für kurze Zeit berechneten Reise schwer erkrankt und unfähig ist, Verfügungen zu treffen. Um der LJV. diese Möglichkeit nicht zu verschließen, hat man schon im Entwurf zur RAO. statt des Wortes „Genehmigung" den Ausdruck „Anordnung" gewählt (Motive 50). Es sprechen also das praktische Bedürfnis, die Fassung des Gesetzes und seine Entstehungsgeschichte für diese Auslegung. Vgl. den praktischen Fall in AKJahrb. **1898** 8. Gl. M.: Meyer, BuschsZ. **18** 143. A. M.: Hellwig **2** 129 Anm. 19; Förster-Kann **1** 264. Der Präsident

---

der Befähigung zur Spezialvertretung, sondern um ein einzelnes prozessuales Vorrecht, für dessen Verleihung die Aufstellung besonderer Voraussetzungen schon deshalb veranlaßt sein dürfte, weil hier nicht eine Auswahl durch die LJV. in Frage kommt. Im übrigen sind die Ausführungen Bovensiepens a. a. O. durchaus beachtlich.

des OLG. München benützt folgendes Formular: „Ich genehmige, daß Sie für die Zeit vom .... den .... als Vertreter bestellen". Dies entspricht nicht der Rechtslage.

Gewiß soll und wird die LJV. regelmäßig nicht gegen den Willen des zu Vertretenden diesem einen GS. bestellen. Tut sie es aber dennoch (bestellt sie z. B. eine andere Person als die vorgeschlagene), so ist dieser Verwaltungsakt nicht wirkungslos, er begründet vielmehr nach außen hin die Vertretungsmacht des GS. Eine weitergehende Wirkung hat die Bestellung allerdings nicht. Sie begründet nicht etwa eine Pflicht des vertretenen Anwalts, dem Substituten seine Akten auszufolgen, ihm den Zutritt zu seinem Geschäftslokal zu gestatten, ihm einen Auftrag zu erteilen, sie begründet kein Recht des GS., gegen den Willen des Rechtsanwalts für ihn tätig zu werden.[1])

Zur Praxis im Kriege vgl. M. Friedländer, JW. **1914** 1075. Der KG.-Präsident verlangte, wie uns mitgeteilt wurde, auch im Kriege stets einen Antrag des abwesenden Rechtsanwalts, dem eventuell ein Pfleger bestellt werden mußte.

Anm. 10. 2. Der verhinderte Rechtsanwalt selbst kann nur einen bei demselben Gerichte zugelassenen Rechtsanwalt zum GS. bestellen. Ist er bei mehreren Gerichten zugelassen, so kann er nur einen Anwalt aufstellen, welcher ebenfalls bei allen diesen Gerichten zugelassen ist. Es ist nicht angängig, mehrere GS. in der Weise zu bestellen, daß jeder nur für ein bestimmtes Gericht vertretungsberechtigt ist. Dagegen ist die Bestellung mehrerer, bei allen Gerichten zugelassener Generalsubstituten nicht unzulässig. Gl. M.: AKV. Hamburg, AKJahrb. **1891** 8 Nr. 14 und die darin bezeugte Hamburger Praxis; OLG. Jena, ThürBl. **54** 111; OLG. München in einer ungedruckten Entscheidung vom 12. 1. 10; Dassel, JW. **1916** 655. A. M.: preuß. MV. 19. 4. 80 (JMBl. 88); Henle, Recht **1914** 245 ff. und die dort zitierte bay. Entschließung vom 14. 9. 13.

Zur Praxis im Kriege vgl. M. Friedländer, JW. **1914** 1074; ferner die Notiz in JW. **1916** 826.

Henle a. a. O. vermißt die Angabe von Gründen für unsere Meinung und hält es nicht für folgerichtig, einerseits die Bestellung mehrerer GS. zuzulassen, anderseits aber dem simultan zugelassenen Anwalt nicht die Aufstellung mehrerer GS. zu gestatten, von denen jeder nur bei einem Gerichte zugelassen ist. Allein die Begründung der von uns vertretenen Meinung ergibt sich einfach daraus, daß das Gesetz die Aufstellung mehrerer GS. nicht verbietet und begrifflich oder praktisch einer solchen mehrfachen Generalsubstitution nichts entgegensteht. Der Gedanke, daß die Generalsubstitution nicht dazu dienen soll, die Kräfte eines Anwalts zu vervielfachen, wird gewiß dazu führen, daß die LJV. nur in Ausnahmsfällen die Bestellung mehrerer GS. vornehmen wird. Aber es kann auch Fälle geben, in denen sie geradezu notwendig erscheint: wenn z. B. ein Anwalt mit außergewöhnlicher Arbeitskraft und sehr großer Praxis plötzlich erkrankt, so kann der Wunsch, zwei GS. aufzustellen, durchaus berechtigt sein. Jedenfalls handelt es sich hier um eine Ermessensfrage, und die Bestellung mehrerer GS. ist, auch wenn sie im einzelnen Falle nicht angemessen sein mag, niemals unzulässig. Für den Fall der Bestellung des GS. durch den vertretenen Anwalt selbst ist eventuell die Standesdisziplin dazu berufen, Mißbräuche zu verhüten. — Ganz anders liegt der Fall, wenn der GS. nicht bei allen Gerichten zugelassen ist, bei welchen für den Substituenten die Simultanzulassung besteht. Die Generalvertretung bei einem einzelnen Gerichte, von der Henle spricht, kennt unser Gesetz nicht. Die Generalsubstitution umfaßt ja überhaupt nicht nur die gerichtlichen Geschäfte, sondern alle Berufsgeschäfte (§ 25: „Die Stellvertretung eines an der Ausübung seines

---

[1]) Nicht ganz zutreffend: Lindemann, JW. **1915** **1241**.

Berufes ... verhinderten Rechtsanwalts") und wenn es lauter „Generalvertretungen bei einzelnen Gerichten" geben würde, so bliebe stets die Frage offen, wer die Vertretung in den außergerichtlichen Geschäften zu führen hätte. Eine Generalsubstitution läßt eben begrifflich eine Vollmachtsbeschränkung auf einzelne Berufsgeschäfte nicht zu.

Will der bei mehreren Gerichten zugelassene Rechtsanwalt einen Generalsubstituten aufstellen, der nur bei einem dieser Gerichte zugelassen ist, so muß er die LJV. anrufen.

3. Die LJV. kann die Befugnis zur Bestellung des GS. auch an eine andere Behörde delegieren (Motive 50; Meyer § 25 Anm. 2), was vielfach geschehen ist. Vgl. für Preußen: JMVf. 19. 4. 80 (JMBl. 88); 19. 4. 88 (JMBl. 102); 28. 5. 03; 2. 3. 06; 19. 6. 09 (Müller, Preuß. JV.[6] 1 147, 431); Bayern: JMBek. 1. 2. 07 (JMBl. 48); Sachsen: V. 30. 3. 90 (GS. 55). Anm. 11.

Hinsichtlich der Zuständigkeit bei den thüringischen Staaten vgl. § 3 Anm. 7; ferner Schwarzburg-Rudolstadt: V. 27. 1. 80 § 3; Coburg-Gotha: V. 2. 2. 80 § 3; Sachsen-Altenburg: V. 17. 11. 79 § 2; Sachsen-Weimar: MinV. 3. 10. 79 § 3.

Hinsichtlich der Reichsgerichtsanwälte vgl. § 99 Anm. 6.

4. Die LJV. prüft selbständig, ob die Voraussetzungen für die Bestellung eines GS. vorliegen, d. h. für den Regelfall: ob sie sich aus den ihr gemachten Angaben ergeben. Sie entscheidet auch nach freiem Ermessen darüber, ob die vorgeschlagene Person zu ernennen sei. Vgl. preuß. MV. 5. 6. 92 in Müller, Preuß. JV.[6] **1** 148 und 8. 5. 80; ebenda **1** 147/8; AKJahrB. **1914** 10 Nr. 7. Nur in ganz besonderen Fällen wird die LJV. Veranlassung haben, von dem Antrag des Rechtsanwalts hinsichtlich der Person des GS. abzuweichen. Anm. 12.

5. Wie oben dargetan wurde, bedarf es im Falle der Bestellung durch den vertretenen Anwalt selbst einer Vollmachtserteilung durch diesen. Diese Vollmachtserteilung kann durch Erklärung gegenüber dem GS. erfolgen; sie wird dann durch die Vorlage einer Vollmachtsurkunde nachgewiesen. Die Vollmachtserteilung kann auch durch einen von dem Vollmachtgeber hierzu ermächtigten Dritten geschehen, z. B. den Vorsitzenden des AKV.: RG. Recht **1918** Nr. 1258 = JW. **1918** 734 Nr. 4. Es kann aber die Vollmachtserteilung auch dadurch erfolgen, daß die Aufstellung des GS. den Präsidenten der Gerichte der Zulassung und dem Amtsgerichte des Wohnsitzes angezeigt wird; ob dies geschehen ist, muß dann eventuell zwecks Prüfung der Vollmacht ermittelt werden. Die Vorschrift, Anzeige an den Präsidenten des Gerichts der Zulassung und an das Amtsgericht des Wohnsitzes zu erstatten, ist außerdem als Standesnorm immer zu beachten. Sie ist zwar ausdrücklich nur für den Fall des § 29 gegeben, muß aber analog auch für § 25 gelten.[1]) Anm. 13.

Die Bestellung durch die LJV. begründet, wie wir gesehen haben, ohne weiteres die Vertretungsmacht. Zu ihrem Nachweis genügt hier die Vorlage der Anordnung. So: LG. Frankfurt a. M. in FrankfRundsch. **1890** 192. Kann die Anordnung nicht vorgelegt werden, so sind eventuell über die Bestellung des GS. Erhebungen zu pflegen (LG. Berlin KGJ. **7** 53). Die Mitteilung an die Gerichte der Zulassung und an das Amtsgericht des Wohnsitzes hat — bei Meidung disziplinärer Ahndung — auch hier zu erfolgen.

---

[1]) Einige Bundesstaaten haben die Führung eines Registers der GS. angeordnet. So: Sachsen: V. 31. 7. 79 § 10; Sachsen-Weimar: MinV. 3. 10. 79 § 17; Sachsen-Altenburg: V. 17. 11. 79 § 16; Schwarzburg-Rudolstadt: MinV. 27. 1. 80 § 15; Coburg-Gotha: V. 2. 2. 80 § 15; Sachsen-Meiningen: V. 6. 1. 80 § 15. Vgl. auch die Verf. des KGPräs. in KGBl. **1907** 37.

Nicht zutreffend ist die Meinung des KG. (DJZ. **1916** 1083), daß die Bestellung des GS. — mag sie durch einen anderen Rechtsanwalt oder durch die LJV. erfolgen — erst mit der Anzeige an den Präsidenten des Gerichts der Zulassung wirksam werde. § 29 RAO., der diese Anzeige vorschreibt, beweist gerade durch seinen Wortlaut (auf den sich das KG. beruft), daß die Begründung der Stellvertretung und ihre Anzeige nicht identisch sein müssen. Sicherlich ist die Befolgung der Ordnungsvorschrift des § 29 sehr notwendig und wichtig; aber es gibt doch auch Fälle, in denen es sehr unbillig wäre, die Vertretung nur deshalb für unwirksam zu erklären, weil sie dem Präsidenten noch nicht angezeigt ist. Sollte z. B. in einem Falle, in dem der RA. dem Generalsubstituten Vollmacht erteilt und seinem Gegner bereits hievon Mitteilung gemacht hat, die Zustellung an den GS. unzulässig sein? Eine solche Durchbrechung der allgemeinen Grundsätze über Vollmachtserteilung wäre durch nichts gerechtfertigt. Bei der Bestellung des GS. durch die LJV. wäre es vollends unbegreiflich, warum stets erst mit der Anzeige an den Präsidenten die Wirksamkeit beginnen sollte. Gegen das KG. ausführlich: M. Friedländer, JW. **1916** 1573; das Urteil des KG. ist vom RG. mit zutreffender Begründung aufgehoben worden (JW. **1917** 719 Nr. 17 = RGZ. **90** 192[1])). Ebenso RG., Recht **1918** Nr. 1258 = JW. **1918** 734 Nr. 4.

Anm. 14. 6. Von dem Willen des GS. hängt seine Aufstellung insofern nicht ab, als seine Vertretungsmacht auch ohne, ja gegen seinen Willen begründet werden kann. Er braucht von der Entstehung der Vertretungsmacht nicht einmal etwas zu wissen.

Eine andere Frage aber ist die, ob der GS. verpflichtet ist, als solcher tätig zu werden. Ist der GS. kein Anwalt, so hängt die Beantwortung dieser Frage davon ab, ob er in einem Dienstverhältnisse zum Staate steht, das ihm eine Verpflichtung zur Annahme der Funktion auferlegt. Handelt es sich um einen Anwalt, so kann zunächst von einer Verpflichtung dann keine Rede sein, wenn der verhinderte Rechtsanwalt selbst den GS. bestellt hat. § 25 Abs. 2 verlangt denn auch, daß die Vertretung „übernommen" wird. Man wird aber zu dem gleichen Resultate auch in den Fällen der Bestellung durch die LJV. gelangen müssen. Eine allgemeine Pflicht, Anwaltsvertretungen zu übernehmen, läßt sich auch aus der öffentlichrechtlichen Stellung des Anwalts nicht herleiten. Es könnte doch gewiß keine Rede davon sein, daß jeder Anwalt gehalten wäre, jede ihm übertragene Vertretung unentgeltlich zu führen; eine so unerträgliche Belastung des Standes kann — mangels einer ausdrücklichen Bestimmung — nicht als Wille des Gesetzes angenommen werden. Für eine „angemessene Honorierung" aber, die man sich als Voraussetzung der Annahmepflicht denken könnte, fehlt es an jedem brauchbaren Maßstabe. (Anders die erste Auflage.)

Anm. 15. 7. In denjenigen Fällen, in welchen der Rechtsanwalt einen GS. bestellen muß, genügt er seiner Standespflicht nur dann, wenn er für die Bestellung einer solchen Person Sorge trägt, die bereit ist die Funktion zu übernehmen, die also nicht nur als Vollmachtsträgerin erscheint (wozu es ihrer Zustimmung nicht bedarf), sondern die auch für den Vertretenen tätig werden, seine Berufspflichten erfüllen will. Vgl. hiezu die Anm. zu § 19.

Anm. 16. D. Die rechtliche Stellung des Generalsubstituten. 1. Die öffentlichrechtliche Stellung des Generalsubstituten kann man nicht schlechthin dadurch kennzeichnen, daß man sagt, er trete an die Stelle des Rechtsanwalts. Insbesondere trifft dies nicht zu, wenn der Vertreter nicht dem Anwaltsstande angehört; ein solcher gilt nicht etwa, weil er Generalsubstitut ist,

[1]) Dagegen ist der letzte Absatz der Entsch. (vgl. den Abdruck in RGZ. **90** 193), wonach die Zustellung an den GS. dann nicht wirksam erfolgen könnte, wenn dieser nur als Terminssubstitut auftrat, nicht folgerichtig.

als Rechtsanwalt. Er wird nicht Mitglied der Anwaltskammer und untersteht nicht der anwaltschaftlichen Disziplin. Auch ein zum Generalsubstituten ernannter Rechtsanwalt tritt hiedurch in keinerlei Beziehung zu derjenigen Anwaltskammer, welcher der Vertretene angehört.

Die Stellung des Generalsubstituten kennzeichnet sich darin, daß er befugt ist, alle eigentlichen Berufsgeschäfte für den Rechtsanwalt vorzunehmen, welche dieser an sich vornehmen kann. Vgl. BadRpr. **1906** 362.

a) Er kann also vor allem im Anwaltsprozesse wie ein Rechtsanwalt auftreten und alle Handlungen vornehmen, welche dem Anwaltszwange unterliegen. Er kann Zustellungen aller Art (Seuffert, ZPO.[11] § 81 Anm. 4a; a. M.: BayObLGZ. **15** 493), insbesondere auch Zustellungen von Anwalt zu Anwalt[1]) bewirken und empfangen. Vgl. OLG. Jena ThürBl. **54** 110. Er kann für den verhinderten Rechtsanwalt Spezialvertreter (nicht aber Generalsubstituten) aufstellen,[2]) einen Rechtsanwalt für die höhere Instanz bevollmächtigen 2c. Anm. 17.

Auch die §§ 135 und 397 Abs. 2 ZPO. finden Anwendung.

Im Strafprozesse tritt er an die Stelle des zum Verteidiger bestellten und ebenso des zum Verteidiger gewählten Rechtsanwalts (vgl. Löwe, StPO.[14] § 139 Anm. 1 und die dort zitierte Literatur; ferner Löwe, StPO.[14] § 144 Anm. 2c. A. M.: Berger § 29 Anm. 3). Soweit im Strafprozesse Anwaltszwang herrscht, gilt das gleiche wie im Zivilprozesse.

b) Der Generalsubstitut genießt alle prozessualen Standesprivilegien des Rechtsanwalts. Eines der wesentlichsten Vorrechte hebt § 25 Abs. 3 selbst hervor: dem Generalsubstituten kann, auch wenn er nicht Anwalt ist, niemals nach § 157 Abs. 1 und 2 ZPO. das Auftreten oder der Vortrag untersagt werden. Anm. 18.

Der Generalsubstitut ist ferner als solcher von der Haftstrafe nach § 180 GVG. in demselben Umfange befreit wie der Rechtsanwalt.

Auch den § 183 Abs. 2 ZPO. wird man auf Generalsubstituten, welche nicht Rechtsanwälte sind, entsprechend anwenden müssen. Gl. M.: Scheele in HammAK. (ältere Folge) **10** 4 ff.

c) Die Vertretungsbefugnis erstreckt sich aber keineswegs bloß auf Zivil- und Strafprozesse sowie auf Konkursvertretungen, sondern auf die ganze eigentliche Berufstätigkeit des Anwalts (vgl. oben AllgEinl. Anm. 16 ff.). Anm. 19.

Daß der GS. nunmehr auch bei allen Militärgerichten auftreten darf, kann nach Ziff. III der Verordnung vom 5. 12. 1918 (RGBl. 1422) nicht zweifelhaft sein. Hinsichtlich des früheren Rechtszustandes vgl. RMG. **9** 87; Roth, DJZ. **1902** 247; Haeger, Recht **1916** 509; M. Friedländer, JW. **1916** 1393.

Berufstätigkeit liegt dagegen nicht vor, soweit rein persönliche Angelegenheiten des Anwalts in Frage stehen: Zustellungen, die den Rechtsanwalt als Angeklagten in einem Strafverfahren betreffen, Zustellungen von Strafbeschlüssen nach § 180 GVG. können nicht mit Rechtswirksamkeit an den Generalsubstituten als solchen erfolgen. Ebenso: OLG. Stuttgart, WürttJ. **10** 352; Stein § 78 Anm. V 2. Anders liegt der Fall regelmäßig, wenn der Rechtsanwalt Zivilprozesse in eigener Sache führt, weil er hier im Zweifel als sein eigener Vertreter anzusehen ist (vgl. § 78 Abs. 3 ZPO., § 7 RAGebO.). Daher zutreffend: LG. Potsdam in KGBl. **1893** 47 (wonach der Generalsubstitut für die ausgeklagte Kostenforderung des Rechtsanwalts Zwangshypotheken erwirken kann). Auch Privatklagesachen, die der Rechtsanwalt in eigenem Namen führt, wird man mit Rück- Anm. 20.

---

[1]) Ausdrückliche Erwähnung der Vertretereigenschaft in dem Empfangsbekenntnisse (Zustellungsurkunde) ist nicht notwendig: RG. JW. **1902** 419 Nr. 8; JW. **1904** 145 Nr. 16; **1918** 734 Nr. 4.

[2]) Er kann auch selbst als Spezialsubstitut eines anderen RA. im Anwaltsprozesse auftreten: Voigt, DJZ. **1919** 596.

sicht auf § 7 RAGebO. regelmäßig zur Berufstätigkeit zu rechnen haben (vgl. Walter-Joachim § 7 Anm. 13).

Anm. 21. Die Grenzen der *eigentlichen* Berufstätigkeit des Anwalts, für die allein die Generalsubstitution als solche wirkt, bestimmen sich im übrigen auch hier nach den Grundsätzen, wie sie in der Allg. Einleitung Anm. 16 ff. dargelegt wurden. Insbesondere fällt die Tätigkeit als Vormund oder Konkursverwalter, als Testamentsvollstrecker, Pfleger oder Aufsichtsratsmitglied nicht unter die *Berufsausübung* im Sinne des § 25 RAO. Die Fragen der Stellvertretung richten sich bei diesen Funktionen nicht nach Anwaltsrecht, sondern nach den einschlägigen Grundsätzen der KO., des BGB. 2c. Gl. M.: Jaeger, KO.[5] § 78 Anm. 10; BayObLGZ. **18** 12.

Handelt es sich um eine auf Parteiauftrag beruhende, nicht zum eigentlichen Anwaltsberuf gehörige Tätigkeit (z. B. eine Vermögensverwaltung), so wird man in den meisten Fällen — trotz Nichtanwendbarkeit des § 25 RAO. — annehmen dürfen, daß der verhinderte RA. seinem GS. stillschweigend auch zur Erledigung dieser Geschäfte Vollmacht erteilen wollte. Das gleiche kann häufig für diejenigen *amtlichen* Funktionen angenommen werden, bei denen eine derartige Substitution zulässig erscheint.

Anm. 22. d) Der Generalsubstitut kann aber in dieser seiner Eigenschaft auch *nur* die Geschäfte vornehmen, welche der Vertretene vornehmen könnte, keinesfalls mehr. Er wäre also, wenn er als Generalsubstitut eines Rechtsanwalts beim Gewerbe- oder Kaufmannsgericht auftreten wollte, nicht zuzulassen, auch wenn er selbst nicht Anwalt ist; tritt er dagegen nicht in seiner Eigenschaft als Generalsubstitut des Anwalts, sondern als direkter Bevollmächtigter einer Partei auf, so muß er, wenn er nicht Rechtsanwalt ist, zugelassen werden.

Anm. 23. e) Fraglich ist, ob der Generalsubstitut eines Rechtsanwalts gleichzeitig diejenigen Geschäfte wahrnehmen kann, welche letzterem als Generalsubstituten eines anderen Anwalts obliegen. *Die Frage ist zu bejahen.*[1]) Gl. M.: OLG. **5** 220 (KG.); Förster-Kann **1** 264. A. M.: LG. Zabern, ElsLothZ. **14** 182. Dies ergibt sich aus dem allgemeinen Charakter des Generalsubstituten als eines Repräsentanten des Vertretenen in allen seinen Berufsgeschäften. Zu den letzteren gehören auch die Geschäfte, welche dem Vertretenen in seiner Eigenschaft als Generalsubstituten obliegen. Der Einwand, daß auf diese Weise ein Nichtanwalt in der Wirkung Generalsubstitut eines Rechtsanwalts werden könne, ohne zu dieser Stellung von der LJV. ausersehen zu sein, ist nicht stichhaltig. Denn da ihn die LJV. für würdig gehalten hat, Generalsubstitut des Rechtsanwalts A zu sein, also für diesen *alle* Geschäfte, auch die schwierigsten, vorzunehmen, so ist nicht einzusehen, warum er nicht auch den Rechtsanwalt B sollte vertreten können, der seinerseits den A zu seinem Substituten bestellt hat oder sich diesen hat beiordnen lassen. B hat es jederzeit in der Hand, der Generalvertretung durch A ein Ende zu machen.

Zur *Praxis im Kriege* vgl. M. Friedländer, JW. **1914** 1075.

Anm. 24. f) Daß der GS., wenn er für den Anwalt tätig wird, auch *Pflichten* übernimmt, versteht sich von selbst. Diese Pflichten werden sich regelmäßig aus dem zwischen ihm und dem Rechtsanwalt bestehenden Vertragsverhältnisse ergeben. Sie können auch aus dem öffentlichen Rechte folgen, besonders wenn der GS. selbst Anwalt ist. Vor allem darf der GS. auch das Berufsgeheimnis nicht verletzen (§ 300 StGB.); anderseits steht ihm, ebenso wie dem Anwalt selbst, das Zeugnis-

[1]) Hievon zu unterscheiden ist die Frage, ob der Generalsubstitut seinerseits für den Vertretenen einen Generalsubstituten bestellen darf, was zu verneinen ist (oben Anm. 17). Der Unterschied liegt hauptsächlich darin, daß in diesem Falle für die Dauer der Verhinderung des ersten Rechtsanwalts, in dem in Anm. 23 besprochenen Falle aber nur für die Dauer der Verhinderung des Generalsubstituten ein weiterer Substitut eintritt.

verweigerungsrecht nach § 383 Ziff. 5 ZPO. und § 52 Ziff. 3 StPO. zu (vgl. Löwe, StPO.[14] § 52 Anm. 13).

g) Der GS. erlangt, wenn er nicht an sich bei denselben Gerichten wie der Vertretene zugelassen ist, durch die Anordnung der LJV. gewisse öffentlichrechtliche Fähigkeiten. Soweit er selbst Rechtsanwalt ist, bedeutet dies nur eine Erweiterung der kraft seiner Stellung schon bestehenden Fähigkeiten, etwa wie eine Simultanzulassung. Ist aber der GS. nicht Rechtsanwalt, so wird man annehmen müssen, daß er im Sinne des StGB. für die Dauer der Substitution ein „öffentliches Amt" bekleidet. Seine Stellung entspricht hinsichtlich der öffentlichrechtlichen Fähigkeiten der eines zugelassenen Rechtsanwalts. (Vgl. VerZS. JW. **1883** 209.) Dies ist besonders mit Rücksicht auf § 132 StGB. wichtig: ein Referendar, der sich fälschlich für einen von der LJV. bestellten Generalsubstituten des Rechtsanwalts ausgibt und als solcher im Anwaltsprozesse auftritt, ist nach § 132 StGB. zu bestrafen.[1]) Vgl. auch Zimmermann, GS. **30** 274. Anm. 25.

Wer die Fähigkeit zur Bekleidung öffentlicher Ämter nicht besitzt, kann daher nicht zum Generalsubstituten bestellt werden.

2. Da der Generalsubstitut den Rechtsanwalt in allen seinen Berufsgeschäften vertritt und da seine Bestellung den Zweck hat, einen allgemeinen Ersatz für den verhinderten Anwalt zu schaffen, so versteht es sich von selbst, daß alle Handlungen des Generalsubstituten, auch wenn dieser nicht RA. ist, nach den Vorschriften über die Gebühren und Auslagen der Rechtsanwälte zu honorieren sind. Dies ist unbestritten. Vgl. insbesondere RGZ. **21** 349 (VerZS.); **31** 425; Bericht eines preuß. Landgerichtspräsidenten, JW. **1883** 105 ff.; SächsOLG. **28** 471; KommProt. bei Siegeth, Anhang 40. Wohnt der Generalsubstitut nicht am Sitze des Gerichts, so muß § 18 Abs. 5 RAO., im Parteiprozeß § 91 Abs. 2 ZPO. und § 37 RAO. analog angewendet werden (was im Kriege praktisch wurde).[2]) Anm. 26.

3. Durch das Bestehen einer Generalsubstitution werden die Rechte des Vertretenen selbst nicht beseitigt. Er ist in der Lage, neben dem Generalsubstituten tätig zu werden; wenn dies auch meist ein Verstoß gegen die Standeswürde sein wird (EGH. **5** 79)[3]), so sind doch die betreffenden Rechtshandlungen keineswegs ungültig. Der vertretene Anwalt bleibt insbesondere auch Prozeßbevollmächtigter (BayObLGZ. **15** 493; Rosenberg 856). Er bleibt Vertragskontrahent der Partei, während dieser gegenüber der Generalsubstitut nur als Vertreter erscheint. Vgl. Exkurs vor § 30 Anm. 42 ff. An ihn können ebenso wie an den Generalsubstituten alle Zustellungen mit Wirksamkeit erfolgen ꝛc. Dagegen meint BayObLGZ. **15** 493, es könne nur an den Prozeßbevollmächtigten Anm. 27.

---

[1]) Dies gilt aber nicht, wenn ein Rechtsanwalt sich für den Generalsubstituten eines anderen Rechtsanwalts ausgibt und daraufhin bei einem Kollegialgericht auftritt, bei welchem er nicht zugelassen ist. Zwar gilt die Rechtsanwaltschaft nach dem StGB. als „öffentliches Amt". Es gibt aber nicht ein besonderes Amt der Rechtsanwälte beim Landgerichte A und ein davon verschiedenes Amt der Anwaltschaft beim Landgerichte B.

[2]) Vgl. M. Friedländer, JW. **1916** 869 gegen OLG. Dresden ebenda. Zutreffend: LG. Augsburg, JW. **1916** 1145; OLG. München, JW. **1917** 557; OLG. Augsburg, JW. **1917** 736; AG. Eggenfelden, MittAGAnw. **8** (1917) 29; Roßteuscher, BayZ. **1917** 17; LG. Glogau, BreslauAK. **1917** 8. Wenn nach Auftragserteilung ein auswärtiger Generalsubstitut bestellt wurde, so entscheidet sich im Parteiprozeß — abgesehen vom Falle des § 37 RAO. — die Frage, ob seine Reisekosten von der Partei zu vergüten und vom Gegner zu erstatten seien, nach § 670, eventuell auch § 665 BGB. mit § 91 Abs. 2 ZPO. Ebenso: OLG. Karlsruhe, JW. **1917** 669. Vgl. auch NaumbAK. **1915** 66.

[3]) Diese Entscheidung ist nicht schematisch anzuwenden; es kommt darauf an, ob der RA. in unwürdiger Weise durch Tätigkeit neben dem GS. seine Kräfte zu vervielfältigen sucht. Der RA., der vorzeitig von der Ferienreise heimkehrt und ein paar Tage mitarbeitet, obwohl der GS. noch tätig ist, macht sich so wenig strafbar, wie der Anwalt, der, zum Kriegsdienste eingezogen, abends einige Stunden auf der Kanzlei neben dem GS. arbeitet.

gültig zugestellt werden. Uns. M.: Seuffert, ZPO.[11] § 81 Anm. 4 a; Förster-Kann 1 264; weitere Literatur bei Rosenberg 855. Stein § 176 Anm. III 1 will nur persönliche Zustellung an den Prozeßbevollmächtigten, nicht aber Ersatzzustellung zulassen. Ebenso: Scheele in HammAK. 10 4. Uns. M. (und gegen Stein) jetzt auch RG. in JW. 1916 1340 Nr. 11.

Anm. 28. 4. Die gesetzliche Vertretungsmacht des GS. ist nach außen hin nicht beschränkbar. Dies ergibt sich aus dem Begriff der Generalsubstitution. Gl. M.: Förster-Kann 1 264. Allerdings kann die Kundgebung einer solchen Beschränkung in Wirklichkeit Aufhebung der Generalsubstitution bedeuten und je nach dem Inhalt der Beschränkung die Vollmacht als Spezialvollmacht bestehen lassen. — Über die vertragsmäßige Haftung des Anwalts für den GS. vgl. Exk. vor § 30 Anm. 47.

Anm. 29. 5. Das zivilrechtliche Verhältnis zwischen dem Rechtsanwalt und seinem Generalsubstituten kann ein sehr verschiedenes sein. Es kann ein reines Auftragsverhältnis, ein Dienstvertrag oder ein Gesellschaftsverhältnis (bei der Vertretung des einen Sozius durch den anderen) vorliegen. Auch kann es an einem Vertragsverhältnis vollständig fehlen. Dann greifen die Vorschriften über die Geschäftsführung ohne Auftrag Platz.

Anm. 30. E. Die Beendigung der Generalsubstitution.

Die Vertretungsmacht des GS. endigt:

1. mit dem Tode des GS. und seiner Todeserklärung nach Maßgabe des § 18 BGB.;

2. mit dem Ausscheiden des Vertretenen aus dem Anwaltsstande, insbesondere auch mit seinem Tode[1]) (Hertel, DJZ. 1914 1256 ff.);

3. mit dem Ablaufe der Zeit, für welche die Bestellung erfolgte. Nicht aber mit dem Wegfall des Grundes der Substitution (also der zeitweiligen Verhinderung des Vertretenen). Der Fortfall des Anlasses kann nur zum Widerruf der Generalsubstitution führen. Gl. M.: RG. JW. 1904 145 Nr. 16. A. M.: sächs. JMV. 12. 4. 90 (JMBl. 11). Die in dieser JMV. ausgesprochene Meinung, daß mit der Wiederaufnahme der Tätigkeit seitens des Vertretenen die Generalsubstitution von selbst hinfällig werde, müßte zu einer unerträglichen Rechtsunsicherheit führen. — Ist die von dem RA. selbst auf bestimmte Zeit erfolgte Substitution nach § 29 RAO. bei Gericht angezeigt worden und erfolgt dann vor Ablauf der Zeit ein Widerruf ohne Anzeige an das Gericht, so kann er demjenigen gegenüber, der ihn nicht kennt, auch nicht wirken.

Anm. 31. 4. Erfolgte die Bestellung durch den verhinderten Rechtsanwalt selbst (§ 25 Abs. 2 Halbsatz 1), so endigt die Generalsubstitution, sobald der GS. nicht mehr bei allen Gerichten zugelassen ist, bei welchen der Vertretene die Zulassung besitzt, sei es, daß der Substitut sie bei einem dieser Gerichte verliert, sei es daß der Vertretene bei einem weiteren Gerichte zugelassen und in die Liste eingetragen wird (vgl. oben Anm. 10).

Anm. 32. 5. Welche Wirkung hat es auf die Vertretungsmacht des von der LJV. bestellten GS., wenn bezüglich der Zulassung des vertretenen Anwalts Änderungen eintreten, ohne daß er aus dem Anwaltsstande ausscheidet? Zwei Fälle sind denkbar:

a) Ein simultan zugelassener Anwalt gibt einen Teil seiner Zulassungen auf. In diesem Falle bleibt die Generalsubstitution bestehen. Denn es wäre nicht einzusehen, warum der GS. dadurch, daß der Wirkungskreis des Vertretenen lediglich eingeschränkt wird, seine Vollmacht verlieren sollte. Selbstverständlich wird auch

---

[1]) Vgl. jedoch für die Kriegszeit die BRBek. vom 9. 3. 16 und hiezu: M. Friedländer, JW. 1916 463. Die Verordnung, soweit sie hierher Bezug hat, ist oben bei § 24 Anm. 3 abgedruckt.

die Fähigkeit des Generalsubstituten zum prozessualen Handeln durch die teilweise Aufgabe der Zulassung entsprechend eingeschränkt.

b) Die Fälle der weiteren Zulassung. Hier scheiden zunächst die Fälle des Zulassungswechsels praktisch aus. Denn bei diesen Fällen tritt immer eine kurze Spanne Zeit ein, in welcher der Substituent aufhört Anwalt zu sein: Die Zeit zwischen der Löschung in der einen und der Eintragung in die andere Liste. Hier erlischt also — z. B. beim Übergang des Oberlandesgerichtsanwalts zum Reichsgericht — die Generalsubstitution mit der Löschung nach Ziff. 2 (oben Anm. 30).

Es handelt sich also nur um den Fall der nachträglichen Simultanzulassung des vertretenen Anwalts. Daß hiedurch die Generalsubstitution von selbst erlösche, wird kaum anzunehmen sein. Im einzelnen Falle kann für die LJV. Anlaß bestehen sie zu widerrufen.

6. Endlich endigt die Vertretungsmacht des GS. durch Zurücknahme der Bestellung seitens der LJV. und im Falle des § 25 Abs. 2 Halbsatz 1, durch Widerruf seitens des Vertretenen. Im letzteren Falle wird — wegen der Wirkung nach außen — der Vollmachtswiderruf dem Gerichte der Zulassung anzuzeigen, eine Vollmachtsurkunde zurückzufordern sein. Vgl. oben Anm. 30 sub 3 a. E. Anm. 33.

IV. **Der Spezialvertreter des Rechtsanwalts.** 1. Wer befugterweise für den Anwalt Berufsgeschäfte, die der Art nach gewöhnlich diesem selbst obliegen, verrichtet, ohne Generalsubstitut zu sein, ist Spezialvertreter. Anm. 34.

Hieher gehören also nicht die Kanzleigehilfen als solche, da ihre eigentliche Beschäftigung — Abschreiben, Buchführung, Kassengeschäfte ꝛc. — dem Anwalt selbst gewöhnlich nicht obliegt. Dies schließt nicht aus, daß z. B. der Bureauvorsteher im einzelnen Falle Spezialvertreter sein, in Ausnahmefällen Sachen beim Amtsgericht besorgen kann ꝛc.

2. Die Fälle der Spezialvertretung sind zahllos. Inwieweit eine solche zulässig ist, und welche Personen fähig sind, als Spezialvertreter aufgestellt zu werden, läßt sich allgemein nicht entscheiden. Soweit im Zivilprozeß Anwaltszwang herrscht, können nur Rechtsanwälte und Generalsubstituten von Anwälten[1]) zu Spezialvertretern für die mündliche Verhandlung und für die vor dem Prozeßgerichte stattfindende Beweisaufnahme bestellt werden (§ 27 Abs. 2 RAO.). Außerhalb der Fälle des Anwaltszwanges kann dagegen im Zivilprozesse jede prozeßfähige Person gültig substituiert werden (§ 79 ZPO.). Anm. 35.

Bezüglich der Spezialvertretung im Strafprozesse vgl. §§ 138, 139, 427 StPO. und Löwe, StPO.[14] § 139 Anm. 1, 2, 5, § 144 Anm. 2 c.

Inwieweit die Spezialvertretung außerhalb des Gebietes der Reichsjustizgesetze prozessual zulässig ist, hängt von der Spezialgesetzgebung, ev. vom Landesrechte, ab. So die Frage, ob der beim Militärgerichte zugelassene Anwalt einen Referendar substituieren kann, und wie es bei Verwaltungsbehörden und bei Verwaltungsgerichten, bei welchen Rechtsanwälte zur Vertretung befugt sind, zu halten ist. Anm. 36.

Im allgemeinen wird man sagen müssen: wenn den Rechtsanwälten als solchen spezielle Rechte eingeräumt sind — z. B. das Recht des Auftretens in mündlicher Verhandlung —, so können sie mangels gesetzlicher Ermächtigung diese Rechte nicht auf Personen übertragen, denen sie sonst nicht zustehen. Soweit dagegen der Rechtsanwalt keine Sonderstellung einnimmt, wird die Spezialvertretung durch andere Personen grundsätzlich zuzulassen sein. Vgl. hiezu § 26 Anm. 9 ff.

3. Als eine besondere, privilegierte Klasse von Spezialvertretern nennt § 25 Abs. 3 RAO. die im Justizdienste befindlichen Rechtskundigen, Anm. 37.

---

[1]) Voigt, DJZ. **1919** 596.

welche mindestens 2 Jahre im Vorbereitungsdienste beschäftigt worden sind.

a) Der dritte Absatz setzt im — Gegensatze zu Abs. 1 — voraus, daß der „Rechtskundige" sich noch im Justizdienste befindet. Damit trifft das Gesetz nicht nur (männliche und weibliche) Referendare, die bei der Justiz oder bei Rechtsanwälten arbeiten, sondern auch Assessoren und Sekretäre, welche eine zweijährige Referendarzeit hinter sich haben.[1]) Vgl. KommB. 26, ferner oben § 6 Anm. 9.

Anm. 38. b) Die im Abs. 3 bezeichneten Rechtskundigen sind, wenn sie als Spezialvertreter eines Rechtsanwalts im Zivilprozesse auftreten — was nur möglich ist, soweit kein Anwaltszwang herrscht —, von den Beschränkungen des § 157 Abs. 1 und 2 ZPO. befreit. Der durch die Novelle vom 1. 6. 1909 eingefügte zweite Satz von § 157 Abs. 2 kommt hier nicht in Betracht.

Anm. 39. c) Gleiches gilt, wenn dieselben Personen „unter Beistand des Rechtsanwalts die Ausführung der Parteirechte übernehmen".

α) Unter „Ausführung der Parteirechte" versteht man einfach die Wahrnehmung aller Rechte in der mündlichen Verhandlung oder bei der Beweisaufnahme mit Ausnahme der Antragstellung und mit der Einschränkung, daß der assistierende Rechtsanwalt alle Erklärungen und Handlungen des die Parteirechte Ausführenden sofort widerrufen oder berichtigen kann. Dieser ist also nur eine Art Ausführungsorgan des Anwalts; seine Stellung ist der des Beistandes analog. Ebenso Stein § 90 Anm. I; Rosenberg 26; Förster-Kann 1 265. Anders KommB., wonach die Ausführung der Parteirechte nur zu Rechtsdeduktionen und zur Fragestellung bei der Beweisaufnahme berechtigen soll. Noch enger Hellwig 2 475 Anm. 18. Nach ihm ist Ausführung der Parteirechte überhaupt nur „die Ausführung, wie die Rechtslage der Partei nach dem Ergebnis der Verhandlung ist". Sie soll nicht „neuen Prozeßstoff vermitteln". Danach würde in der ersten mündlichen Verhandlung die Ausführung der Parteirechte durch einen Referendar ꝛc. in der Regel nicht möglich sein; die praktische Bedeutung aller Bestimmungen über die Ausführung der Parteirechte wäre illusorisch.

β) Unter Beistand,[2]) d. h. unter persönlicher Anwesenheit des Rechtsanwalts, muß der Rechtskundige auftreten.

Dieser Rechtsanwalt muß im Gebiete des Anwaltszwanges entweder selbst Prozeßbevollmächtigter oder Spezialvertreter desselben oder Generalsubstitut — sei es des Prozeßbevollmächtigten, sei es des Spezialvertreters — sein. Soweit kein Anwaltszwang herrscht, kann der assistierende Rechtsanwalt auch — ohne Prozeßbevollmächtigter zu sein — unmittelbar von der Partei Vertretungsvollmacht haben.

Anm. 40. γ) Sydow-Jacobsohn sagt (§ 25 Anm. 9), bei Ausführung der Parteirechte unter Beistand eines Rechtsanwalts könne auch ein Rechtskundiger, welcher noch nicht zwei Jahre im Vorbereitungsdienste beschäftigt sei, nicht gemäß § 157 ZPO. zurückgewiesen werden, weil er weder Bevollmächtigter noch Beistand der Partei sei. Diese Auslegung dürfte jedoch nicht dem Sinne des § 157 entsprechen. Das Gesetz will alle diejenigen Personen treffen, die irgendwie in der mündlichen Verhandlung die Sache der Partei führen. Will man den plädierenden Referendar nicht nach Analogie des Beistandes behandeln, so muß man ihn dem Bevollmächtigten,

---

[1]) Bei § 139 StPO., welcher allerdings ganz anders gefaßt ist, nimmt Löwe, StPO.[14] § 139 Anm. 6 an, daß nur Referendare unter die Bestimmung fallen.

[2]) Die Worte „unter Beistand" können leicht zu einer unklaren Auffassung führen. Mit dem Beistand im Sinne des § 90 ZPO. hat der assistierende Anwalt nichts gemein, wohl aber derjenige, dem er Assistenz leistet (vgl. oben bei α).

dessen Organ er ist, gleichstellen. Er kann doch jedenfalls nicht mehr Rechte haben, als ein Bevollmächtigter! Wollte man die Worte in § 157 ZPO. pressen, so könnte auch einem gesetzlichen Vertreter der Vortrag nicht untersagt werden, weil er weder Partei noch Bevollmächtigter noch Beistand ist. Dazu kommt, daß der Schlußsatz des § 25 überflüssig wäre, wenn die erwähnte Auslegung des § 157 zuträfe. Uns. M.: Meyer § 25 Anm. 5.

d) Ob die Tätigkeit der nach § 25 Abs. 3 Satz 2 privilegierten Personen dem Anwalt ebenso honoriert wird, wie wenn er selbst tätig wäre, ist eine vielumstrittene Frage. Anm. 41.

Man hat versucht, ihre Bejahung aus der Entstehungsgeschichte des Paragraphen zu begründen. Allein die Äußerungen einzelner Personen bei den Vorarbeiten zum Gesetze können hier um so weniger in Betracht kommen, als daraus nicht einmal hervorgeht, daß eine bestimmte Absicht, die Gebührenfrage für den Fall der Spezialvertretung zu regeln vorlag. Zweifellos ist, daß das Gesetz lediglich das Privileg des § 157 Abs. 4 ZPO. auf die in § 25 Abs. 3 RAO. bezeichneten Rechtskundigen ausdehnt, mit keinem Worte aber die Gebührenfrage berührt.

Maßgebend für die Entscheidung der Frage können daher nur allgemeine, zivilrechtliche Gesichtspunkte sein. Hier wäre nun uns. E. hinsichtlich der Gebühren eine Unterscheidung zwischen verschiedenen Arten von Spezialvertretern (Rechtsanwälten und Rechtskundigen im Sinne des § 25 Abs. 3 Satz 2 einerseits und sonstigen Personen anderseits) ganz willkürlich. Entweder ist der Rechtsanwalt zur Bestellung eines Spezialvertreters nicht befugt, dann gilt die Handlung des Spezialvertreters nicht als Vertragserfüllung seitens des Rechtsanwalts und ist nicht zu honorieren. Oder der Rechtsanwalt darf einen Spezialvertreter bestellen, dann gilt dessen Handlung als seine eigene und ist wie eine eigene Handlung zu honorieren. Der Rechtsanwalt allein trägt ja auch dem Klienten gegenüber die Verantwortung für die Handlung seines Spezialvertreters. Jede andere Entscheidung widerspricht uns. E. allen sonst im Privatrecht geltenden Grundsätzen. Vgl. M. Friedländer, JW. **1917** 620.

Durchaus zu unterscheiden von der Gegenleistung für die Tätigkeit des Anwalts ist der Ersatz seiner Auslagen, namentlich der Reisekosten. Hier handelt es sich um ein Entgelt für eine spezielle Vermögensaufwendung. Auf dieses Entgelt hat der Rechtsanwalt nur dann Anspruch, wenn er die Aufwendung wirklich gemacht hat, bzw. machen muß. Die Diäten sind beispielsweise mit eine Entschädigung dafür, daß der Rechtsanwalt seine heimischen Berufsgeschäfte nicht erledigen kann, wodurch ihm mutmaßlich ein Gewinn entgeht. Schickt er einen Referendar zu dem auswärtigen Termin, so erwächst ihm die letzterwähnte Vermögenseinbuße nicht, und er kann daher auch kein Entgelt für sie verlangen. Wohl aber kann er die wirklichen Auslagen des Vertreters, insbes. angemessenen Reiseaufwand bis zur Höhe der Auslagen, die ihm selbst zu erstatten wären, liquidieren. Sächs. OLG. **29** 191 will dem RA. eine „angemessene Entschädigung" dafür zubilligen, daß er den Referendar während der Abwesenheit desselben nicht zur Erledigung anderweitiger Berufsgeschäfte verwenden konnte. Hier ist übersehen, daß der Referendar dem Rechtsanwalt zur Ausbildung, nicht zur Steigerung seines Betriebes überwiesen ist. OLG. Naumburg hat im entsprechenden Falle eine Entschädigung dafür, daß der Anwalt die Dienste des zu einem auswärtigen Termin entsandten Bureauvorstehers entbehren mußte, versagt (Naumb. AK. **1912** 72). Prinzipiell ist dies nicht richtig.[1])

---

[1]) Daß der RA. nicht gewohnheitsmäßig Termine durch Bureaubeamte wahrnehmen lassen darf, betont mit Recht: Levin, Rechtl. und wirtsch. Bedeutung des Anwaltszwangs (1916)

Die Pauschsätze des § 76 RAGebO. sind im Sinne der vorstehenden Ausführungen den Gebühren gleichzubehandeln. Sie setzen keine besondere Vermögensaufwendung voraus und der Anspruch auf ihre Entrichtung entsteht jeweils automatisch mit dem Anfall der entsprechenden Gebühr.

Die hier getroffene Unterscheidung zwischen Gebühren und Auslagen entspricht dem Standpunkte, auf dem vorwiegend die tägliche Gerichtspraxis steht. Vgl. jetzt OLG. Augsburg, BayZ. 7 123. Wenn der Rechtsanwalt durch einen Referendar oder selbst gelegentlich [1]) durch den Bureauvorsteher ein Versäumnisurteil erwirken läßt, so wird schwerlich das Instanzgericht ihm die Verhandlungsgebühr versagen. Nicht zutreffend: Bozi, BuschsZ. **15** 503 ff.

Die Literatur folgt größtenteils dem Reichsgerichte, welches ausgesprochen hat, daß Gebühren und Auslagen nach Maßgabe der RAGebO. nur für solche Handlungen des Spezialvertreters liquidiert werden können, welche von einem Rechtsanwalt als Spezialvertreter vorgenommen wurden.

Vgl. RGZ. **21** 349 (VerZS.), **31** 425, **14** 393, **10** 379; JW. **1886** 317 (RG.); JW. **1888** 331 (RG.); Meyer § 25 Anm. 6; Berger § 25 Anm. 3; Sydow-Jacobsohn § 25 Anm. 3; WürttZR. **1913** 147 (OLG. Stuttgart); AKJahrB. **1917** 15.

Dagegen für Gleichstellung der im § 25 Abs. 3 Satz 2 bezeichneten Rechtskundigen mit den Rechtsanwälten, ohne sonstige Unterscheidungen: RGZ. **15** 433; SeuffA. **38** 334 (OLG. Hamburg); ElsLothZ. **10** 40 (OLG. Colmar), **11** 417 (OLG. Colmar); Walter-Joachim § 1 Anm. 9; Harnier, BuschsZ. 7 531; SchlHolstAnz. **51** 153 (OLG. Kiel); Bericht eines preußischen Landgerichtspräsidenten, JW. **1883** 105 und preuß. JMBl. **1883** 102; LG. Freiberg, SächsArch. **1907** 43.

De lege ferenda wird die Frage erörtert von Ziese in JW. **1901** 746 und Zoder in JW. **1901** 879. Interessant ist die braunschweigische LGebO. vom 8. 6. 08 (GVS. 231), deren § 3 lautet: „Die in diesem Gesetz bestimmten Gebühren und Auslagen stehen dem Rechtsanwalte auch alsdann zu, wenn er bei Ausführung des ihm übertragenen Geschäfts durch einen Rechtskundigen, welcher mindestens zwei Jahre im Vorbereitungsdienste beschäftigt worden ist, sich hat vertreten lassen."

Anm. 42. 4. Über die Spezialvertretung von Reichsgerichtsanwälten vgl. § 101.

53; KGBl. **1913** 130. Im Kriege hat aber die Not manches, was sonst verpönt ist, als erlaubt erscheinen lassen. Daher tauchten auch Fragen, wie die oben erwähnten, deren Erörterung in normalen Zeiten den Gerichten füglich erspart werden könnte, öfters auf. Vgl. AKJahrB. **1917** 14 ff. und M. Friedländer, JW. **1917** 620.

[1]) S. Fußnote 1 auf S. 87.

Zweiter Abschnitt.

Rechte und Pflichten der Rechtsanwälte.

Vorbemerkung.

Der zweite Abschnitt ist der fragmentarischste des Gesetzes. Er enthält keineswegs eine erschöpfende Regelung der „Rechte und Pflichten der Rechtsanwälte", und zwar weder in öffentlichrechtlicher noch in zivilrechtlicher Beziehung. In ersterer Hinsicht kommt vor allem in Betracht, daß die Bestimmungen über die prozessualen Rechte und Pflichten der Anwälte sich nur auf ein engumgrenztes Gebiet beziehen (§ 26 RAO.); überdies sind auch hier nur Teile der betreffenden Materien geregelt worden. Die §§ 26 und 27 behandeln die prozessualen Befugnisse der Rechtsanwälte; die §§ 33—39 enthalten eine Ergänzung der anderweitig geregelten Materie von der Pflichtanwaltschaft; § 28 gibt die allgemeine Formel für die Standespflichten der Rechtsanwälte, während die §§ 29, 31 und 40 einige spezielle, öffentlichrechtliche Verpflichtungen der Anwälte statuieren.

Ganz dürftig ist der zivilrechtliche Inhalt des Abschnitts; hier kommen im wesentlichen die §§ 30, 32 und 32a in Betracht.

§ 26.

Auf Grund der Zulassung bei einem Gericht ist der Rechtsanwalt befugt, in den Sachen, auf welche die Strafprozeßordnung, die Civilprozeßordnung und die Konkursordnung Anwendung finden, vor jedem Gericht innerhalb des Reichs Vertheidigungen zu führen, als Beistand aufzutreten und, insoweit eine Vertretung durch Anwälte nicht geboten ist, die Vertretung zu übernehmen.

I. Allgemeiner Inhalt. Der vorliegende Paragraph regelt die allgemeinen prozessualen Befugnisse der Rechtsanwälte im Gebiete der Reichsjustizgesetzgebung. Keineswegs ist es die Absicht des Gesetzgebers, hiedurch den Wirkungskreis der Anwälte überhaupt zu umgrenzen. Dieser läßt sich vielmehr durch eine allgemeine Formel gar nicht fixieren. Anm. 1.

Die Bestimmung des § 26 bezieht sich auf alle deutschen Rechtsanwälte, mit Ausnahme der Reichsgerichtsanwälte.

II. Spezieller Inhalt. 1. Die Zulassung bei einem Gerichte begründet noch nicht die Befugnisse, welche § 26 aufzählt. Es muß die Eintragung in die Liste hinzukommen (Hellwig 2 131); denn diese ist allein für die Anwaltsqualität wesentlich (§ 20 Anm. 7). Ein weiteres Erfordernis aber stellt das Gesetz nicht auf. Es ist daher insbesondere im Zivilprozesse für die Wirksamkeit der Prozeßhandlungen nicht Prozeßfähigkeit des Rechtsanwalts erforderlich. Ebenso: Förster-Kann 1 267; Rosenberg 695 (dort weitere Literatur). A. M.: Jacobi, Anm. 2.

KrVJSchr. **49** (1911) 103. Faktisch kann der Anwalt natürlich z. B. infolge Geisteskrankheit unfähig sein, die ihm erteilte Vollmacht aktiv auszuüben (Hellwig **2** 131).

Anm. 3. 2. Die im § 26 angeführten Rechte beziehen sich auf alle Sachen, auf welche die StPO., die ZPO. oder die KO. Anwendung finden.

Dies ist bezüglich der ZPO. und der StPO. bei allen bürgerlichen Rechtsstreitigkeiten bzw. Strafsachen der Fall, welche vor die ordentlichen Gerichte gehören (§ 3 EGZPO. und § 3 EGStPO.). Die KO. findet auf alle am 1. 10. 79 oder später eröffneten Konkurse Anwendung, möglicherweise sogar auf früher anhängig gewordene Konkurssachen (vgl. §§ 8 ff. EGKO.).

Vor die ordentlichen Gerichte gehören nach § 13 GVG. alle Zivil- und Strafsachen, für welche nicht entweder die Zuständigkeit von Verwaltungsbehörden oder Verwaltungsgerichten begründet ist oder reichsgesetzlich besondere Gerichte bestellt oder zugelassen sind. Vgl. hiezu die Kommentare zur ZPO., StPO. und zum GVG. Soweit die Zulassung besonderer Gerichte reichsgesetzlich erfolgt ist, kann die Gerichtsbarkeit den ordentlichen Gerichten durch die Landesgesetzgebung übertragen werden; dann finden, wenn nichts Abweichendes bestimmt ist,[1]) auch hier die Prozeßordnungen Anwendung (§ 3 EGGVG., § 3 Abs. 2 EGZPO., § 3 Abs. 2 EGStPO.).

Sofern die ZPO. oder die StPO. auf Sondergerichte für anwendbar erklärt sind, erstrecken sich die Befugnisse der Anwälte auch auf diese. Vgl. z. B. § 5 des preuß. Ges. betreffend die Elbzollgerichte v. 9. 3. 79 und § 7 des preuß. Ges. über Rheinschiffahrtsgerichte v. 8. 3. 79. Doch ist hier gerade für die wichtigsten Fälle, nämlich für die Gewerbe- und Kaufmannsgerichte, die Mitwirkung der Anwälte durch Sonderbestimmungen ausgeschlossen.

Anm. 4. Die Anwendbarkeit der Reichsjustizgesetze braucht keine absolut ausnahmslose zu sein; so ist das ehrengerichtliche Verfahren nach der RAO. zweifellos ein Verfahren, auf welches die StPO. Anwendung findet (§ 66). Dagegen genügt die Anwendbarkeit nur einzelner Vorschriften der Prozeßgesetze auf das betreffende Verfahren oder die Möglichkeit, einzelne Grundsätze derselben im Wege der Analogie zu verwerten, nicht, um die Voraussetzungen des § 26 zu begründen (vgl. z. B. unten Anm. 13).

Anm. 5. 3. Die Befugnisse aus § 26 beziehen sich auf jedes Gericht innerhalb des Reichs.

Ist nun daraus zu folgern, daß sich die zu besprechenden Befugnisse der deutschen Rechtsanwälte nicht auf die Konsulargerichte und die Gerichte der Schutzgebiete beziehen?[2]) Das Reichsgericht hat neuerdings wiederholt ausgesprochen, daß nur von Fall zu Fall, je nach Grund und Zweck der betreffenden Einzelvorschrift, entschieden werden könne, ob die Schutzgebiete im gesetzlichen Sinne als Inland oder Ausland aufzufassen seien (RGZ. **84**, 259; JW. **1915** 1196 Nr. 7). Da jedoch § 17 KonsGG. vom 7. 4. 1900 mit § 2 SchGG. ausdrücklich bestimmt, daß die Personen, die zur Ausübung der Rechtsanwaltschaft zuzulassen sind, in widerruflicher Weise von dem Konsul bzw. dem Richterkommissär in den Schutzgebieten ernannt werden, mithin besondere „Rechtsanwälte" für die betreffenden Gebiete vorgesehen sind und da es hienach offenbar die Absicht des Gesetzes ist, die Vorrechte der Anwaltschaft nur solchen Personen zuzugestehen, die mit den besonderen und eigenartigen Verhältnissen der betreffenden Gebiete

---

[1]) Vgl. Preußen: JMVf. 28. 6. 79 (JMBl. 153); Sachsen-Weimar: MinV. 3. 10. 79 § 19; Sachsen-Altenburg: V. 17. 11. 79 § 18; Anhalt: V. 13. 8. 79 § 5; Schwarzburg-Rudolstadt: MinV. 27. 1. 80 § 17; Reuß älterer Linie V. 27. 9. 79 (GS. 268) §§ 1, 2; Coburg-Gotha: V. 2. 2. 80 § 17. Vgl. ferner unten § 103 Anm. 5 ff.

[2]) Wir haben die folgenden Sätze nicht gestrichen, obwohl es zweifelhaft ist, inwieweit ihnen in Zukunft noch praktische Bedeutung zukommen kann.

vertraut sind, so ist nicht anzunehmen, daß die Konsular- und Schutzgebietsgerichte im Sinne des § 26 RAO. den inländischen Gerichten gleichzuachten seien. Abweichend: Köhler, GS. **53** 199. Hinsichtlich der im Kriege besetzten Gebiete vgl. OG. Warschau in JW. **1917** 736 und M. Friedländer ebenda.

4. In dem bisher erörterten Umfange ist jeder Rechtsanwalt befugt: Anm. 6.

a) Verteidigungen zu führen.

Der Begriff der Verteidigung ist der StPO. zu entnehmen und im weitesten Sinne zu verstehen. Gemeint ist die sogenannte formelle Verteidigung. Vgl. Birkmeyer, Deutsches Strafprozeßrecht 349, 350; Köhler, GS. **53** 161ff.

b) Als Beistand aufzutreten. Anm. 7.

Der Begriff des Beistandes findet sich sowohl im Zivil- als auch im Strafprozeß. Die Beistandleistung ist die einer Person gewährte prozessuale Unterstützung, welche nur in deren Anwesenheit ausgeübt werden kann. Die ZPO. bestimmt in § 90, daß eine Partei in Fällen, in welchen kein Anwaltszwang herrscht,[1]) mit jeder prozeßfähigen Person als Beistand erscheinen könne. Auch der gesetzliche Vertreter einer Partei kann sich Beistand gewähren lassen. Über die sogenannte „Assistenz" vgl. § 25 Anm. 39.

In Konkurssachen kann der Rechtsanwalt, soweit es sich nicht um Prozesse handelt, unbeschränkt als Beistand fungieren (vgl. § 72 KO.).

Im Strafprozeß fällt die Tätigkeit des Beistandes mit der des Verteidigers meist zusammen. Daß eine andere Person als der Verteidiger dem Angeklagten Beistand leistet, muß nur gestattet werden im Falle des § 149 StPO. Von Wichtigkeit ist, daß der Privatkläger im Beistande eines Rechtsanwalts und regelmäßig (vgl. Löwe, StPO.[14] § 418 Anm. 3) nur eines solchen in der Hauptverhandlung erscheinen kann (§ 418 StPO.), desgleichen der Nebenkläger (§ 437 StPO.).

Der Rechtsanwalt ist endlich befugt:

c) die Vertretung zu übernehmen, soweit kein Anwaltszwang herrscht. Anm. 8.

Soweit die Bestimmung den Zivilprozeß und das Konkursverfahren betrifft, bedarf sie keiner Erläuterung.

Dagegen ergibt sich für den Strafprozeß folgendes: Daß es im Strafprozeß Fälle gibt, in welchen der „Vertreter" nicht Verteidiger ist, liegt auf der Hand. Es genügt, an die Vertretung des Privatklägers zu erinnern. Gerade in diesen Fällen aber kommt auch im Strafprozesse der Anwaltszwang vor (z. B. nach §§ 425 Abs. 4, 430 Abs. 2, 170 Abs. 2 StPO.; vgl. hiezu A. Friedländer, GS. **60** 401ff.).

Da nun § 27 RAO. sich nur auf den zivilprozessualen Anwaltszwang bezieht (arg.: „ein bei dem Prozeßgerichte zugelassener Rechtsanwalt"), so würde nach dem Wortlaut des § 26 RAO. diese Bestimmung in den Fällen des strafprozessualen Anwaltszwanges, soweit es sich nicht um eine Verteidigung handelt, versagen. Gerade in den Fällen also, in welchen die Partei eines Rechtsanwalts bedarf, würde die Befugnis desselben zur Übernahme der Vertretung bestenfalls von dem Ermessen des Gerichts abhängen.

Daß dies nicht der Sinn des Gesetzes ist, bedarf keiner Ausführung. Es liegt vielmehr hier ein ungenauer Ausdruck vor; das Gesetz ist dahin auszulegen, daß im Strafprozesse jeder deutsche Rechtsanwalt — mit Ausnahme der Reichsgerichtsanwälte — zur Vertretung auch insoweit berechtigt ist, als das Gesetz eine Vertretung durch Anwälte erfordert.

[1]) Rosenberg **24** nimmt an, daß das Gericht im Anwaltsprozesse zwar nicht verpflichtet, wohl aber berechtigt sei, neben dem Prozeßbevollmächtigten einen Beistand (u. z. auch in der Person eines Nichtanwalts) zuzulassen. Anders die herrschende Meinung; vgl. Stein § 90 Anm. I; Gülland, JW. **1916** 1504 (diesen auch über den Standpunkt der Praxis).

Anm. 9. **III. Außerhalb des Anwendungsgebietes der Prozeßordnungen und der Konkursordnung** ist durch die RAO. den Anwälten keinerlei Befugnis zu prozessualem Handeln und zum Auftreten bei Behörden garantiert. Doch ist es selbstverständlich, daß mangels gegenteiliger Bestimmungen die Rechtsanwälte auch sonst mindestens dieselben Befugnisse haben wie andere Personen. Freilich können ihnen diese Befugnisse reichsrechtlich und, soweit die landesgesetzliche Kompetenz an sich reicht, auch landesrechtlich entzogen werden. Vgl. für Sachsen: JW. **1880** 77 (RG.).

Aus dem Gebiete des Reichsrechtes ist folgendes hervorzuheben:

Anm. 10. 1. In der freiwilligen Gerichtsbarkeit kann jedermann (vgl. im einzelnen: Keidel, FGG.[2] § 13 Anm. 3 b) als Beistand und Bevollmächtigter fungieren, sofern er nicht geschäftsunfähig ist. Die Anwälte sind hier allen anderen Personen gleichgestellt (§ 13 FGG.). § 29 FGG. kennt einen Fall des Anwaltszwanges.

Anm. 11. Auch nach der GBO. und dem ZVG. haben die Anwälte dieselben Rechte wie andere Bevollmächtigte und Beistände. § 80 GBO. regelt wiederum einen Fall des Anwaltszwanges. Vgl. hiezu du Chesne, JW. **1911** 269.

Anm. 12. 2. Vor dem Patentamt — dessen Tätigkeit ja auch im wesentlichen eine richterliche ist — sind die Rechtsanwälte zur Vertretung berechtigt, während andere Personen, die, ohne eingetragene Patentanwälte zu sein, die Vertretung berufsmäßig betreiben, ausgeschlossen werden können (§ 17 PatAnwG. v. 21. 5. 00). Daß mit dem Recht zur Vertretung auch das Recht zur Beistandleistung gegeben ist, ergibt sich daraus, daß die letztere gegenüber der Vertretung ein Minus darstellt. Über Gebühren vgl. § 91 Ziff. 2 RAGebO.

Anm. 13. Das Berufungsverfahren in Patentsachen findet vor dem Reichsgerichte statt und ist durch Kaiserliche Verordnung vom 6. 12. 91 (RGBl. 389) geregelt. Nach § 14 dieser Verordnung sind die Reichsgerichtsanwälte befugt, im Berufungsverfahren in Patentsachen die Vertretung zu übernehmen. Den Parteien und deren Vertretern ist es ferner gestattet, mit einem technischen Beistande zu erscheinen. Diese Bestimmung besagt einmal, daß einem Auftreten der Reichsgerichtsanwälte im Patentberufungsverfahren nicht der § 100 Abs. 2 RAO. entgegensteht, daß also das Reichsgericht auch als Berufungsgericht in Patentsachen stets als „Reichsgericht" im Sinne dieser Bestimmung gilt (ebenso: Rauter, ArchÖffR. **22** 480); § 14 besagt aber weiter, daß als Vertreter im Berufungsverfahren vor dem Reichsgerichte nur die Reichsgerichtsanwälte zugelassen werden müssen; daß nicht auch andere Anwälte zugelassen werden können, ist aus der Bestimmung nicht zu entnehmen (anders die Praxis des Reichsgerichts nach Isay in JW. **1907** 222).[1]) Auch die Ausführung der Parteirechte neben einem Reichsgerichtsanwalt kann (nach freiem Ermessen des Vorsitzenden bzw. des Gerichts) jedem Anwalt gestattet werden; ein Recht hierauf besteht jedoch nicht. Ebenso die Praxis. A. M.: Isay in JW. **1907** 222. Letzterer meint, das Patentstreitverfahren sei im Sinne des § 26 RAO. ein Verfahren, auf welches die ZPO. Anwendung finde. Daher gelte § 27 Abs. 2 RAO. jedenfalls für die Ausführung der Parteirechte. Ebenso: Walter-Joachim § 91 Anm. 22. Dies trifft nicht zu. Das Berufungsverfahren vor dem Reichsgerichte ist ein von der ZPO. abweichendes, wie der Inhalt der erwähnten Verordnung am besten beweist. Wenn auch in beiden Instanzen die analoge Anwendung einzelner Vorschriften der ZPO. — ebenso wie sonst im Verwaltungsstreitverfahren — notwendig ist (vgl. RGZ. **61** 205), so geht es doch nicht an, schlechthin im Sinne des § 26 RAO. von einem Verfahren zu sprechen, auf welches die ZPO. Anwendung findet. Dies geht auch per arg. e contr. aus § 30 Abs. 1 Satz 3 PatG. und aus dem PatAnwG.,

---

[1]) Daß die Einlegung und Begründung der Berufung durch jeden Anwalt erfolgen kann, ergibt sich schon daraus, daß diese Handlungen dem Patentamt, nicht dem RG. gegenüber erfolgen (§ 33 Abs. 1 PatG.). Vgl. RGZ. **1** 431, bes. 434; Seligsohn, PatG.[5] § 33 Anm. 15.

welches ja gerade die Frage der Vertretung vor dem Patentamt speziell regelt, hervor; vgl. ferner Allfeld, Kommentar zum gewerblichen Urheberrecht 197. Daß vor dem Reichsgericht in diesem Verfahren kein Anwaltszwang herrscht, ist allgemein anerkannt (Isay, PatG.[2] 421; Alexander-Katz, ZIndR. **1** 78).

3. Vor den Versicherungsämtern, Oberversicherungsämtern und dem Reichsversicherungsamte müssen alle Rechtsanwälte als Vertreter und Beistände zugelassen werden, während andere Personen, welche das Verhandeln vor Behörden geschäftsmäßig betreiben und nicht nach § 157 ZPO. konzessioniert oder zur geschäftsmäßigen Rechtsvertretung vor den Versicherungsämtern ꝛc. zugelassen sind, nach näherer Bestimmung des § 1663 RVO. zurückgewiesen werden können (§§ 1663, 1679, 1701 RVO.). Analog für die Angestelltenversicherung: §§ 257, 274, 291 AngVersG., die beiden Kais. V. vom 21. 6. 13 (RGBl. 329, 341) und V. des Reichsk. 14. 2. 13 (RGBl. 103). Anm. 14.

Über Gebühren vgl. Kais. V. 24.12.11 (RGBl. 1094); Berger, JW. **1915** 1467.

4. Nach dem Reichsbeamtengesetze kann sich der Angeschuldigte in der mündlichen Verhandlung vor der Disziplinarkammer und dem Disziplinarhofe des Beistandes eines Rechtsanwalts als Verteidiger bedienen; durch letzteren kann er auch die Voruntersuchungsakten einsehen und sich, soferne nicht sein persönliches Erscheinen ausdrücklich angeordnet ist, in der mündlichen Verhandlung vertreten lassen. RBG. (1907) §§ 101 Abs. 2, 102, 116 Abs. 4. Die Berufung zum Disziplinarhof kann durch jeden Bevollmächtigten, also auch durch einen Rechtsanwalt, eingelegt werden. (RBG. § 111). Anm. 15.

Über Gebühren vgl. § 91 Ziff. 3 RAGebO.

Die vorstehenden Bestimmungen finden, wenn die Sache zur Hauptverhandlung verwiesen wird, auch im Disziplinarverfahren gegen richterliche Militärjustizbeamte Anwendung. § 24 MilRDiszG. 1. 12. 98.

Über Gebühren vgl. § 36 MilRDiszG.

Hinsichtlich der Kolonialbeamten vgl. das Kolonialbeamtengesetz vom 8. 6. 10 (RGBl. 881).

5. Bei den Gewerbe- und Kaufmannsgerichten werden Rechtsanwälte „als Prozeßbevollmächtigte und Beistände nicht zugelassen". (§ 31 GGG.; § 16 KGG.). Daß sich diese Beschränkung nicht nur auf die mündliche Verhandlung, sondern auf alle Prozeßhandlungen bezieht, ist herrschende Meinung. (Vgl. Menzinger-Prenner, KGG. 79). Anm. 16.

Im übrigen besagen die Worte „Prozeßbevollmächtigte und Beistände" weniger, als das Gesetz offenbar ausdrücken will. Denn ein Anwalt, der als Substitut eines zum Prozeßbevollmächtigten bestellten Laien in der Verhandlung erschiene, würde nach dem Willen des Gesetzes nicht zuzulassen sein. Vgl. jedoch AKJahrB. **1901** 7. Übrigens müßte eine derartige offenbare Gesetzesumgehung auch als Verstoß gegen die Würde des Anwaltsstandes angesehen werden.

6. Bei den Militärgerichten ist eine Beistandleistung oder Vertretung seitens anderer Personen als der Verteidiger nicht vorgesehen. Anm. 17.

Als Verteidiger können auch alle bei einem deutschen Gerichte zugelassenen Rechtsanwälte gewählt oder bestellt werden (Ziff. III der Verordnung v. 5. 12. 1918, RGBl. 1422). Wegen des früheren Rechtszustandes vgl. § 341 MStGO. und RMG. **3** 5; **15** 110.

Über Gebühren vgl. § 17 EGMStGO.

7. Bezüglich des ehrengerichtlichen Verfahrens gegen Rechtsanwälte vgl. § 66 Anm. 10 ff. und § 100 Anm. 7. Anm. 18.

8. Im schiedsrichterlichen Verfahren nach § 1025 ff. ZPO. hängt die Zulassung der Rechtsanwälte von den Bestimmungen des Schiedsvertrages, ev. von dem Ermessen der Schiedsrichter ab (§ 1034 Abs. 2 ZPO.). Doch Anm. 19.

kann in komplizierteren Sachen der Ausschluß von Anwälten eine unzulässige Beschränkung des rechtlichen Gehörs darstellen (§ 1041 Ziff. 4 ZPO.); vgl. JW. **1906** 574 Nr. 50 (RG.); ferner Heinitz, DJZ. **1905** 161.

Über Gebühren vgl. § 91 Ziff. 1 RAGebO.

Anm. 19a. 8a. Im Strafverfahren vor den Seemannsämtern kann sich der Angeschuldigte in jeder Lage des Verfahrens des Beistandes eines Verteidigers bedienen. Das Seemannsamt kann Personen, die nicht Rechtsanwälte sind, als Verteidiger zurückweisen. (SeemO. 2. 6. 02 [RGBl. 175] mit § 6 V. 13. 3. 03 [RGBl. 42]). Vgl. auch § 6 Satz 3 dieser Verordnung.

Anm. 20. 9. Im ehrengerichtlichen Verfahren nach dem Börsengesetz (Fassung vom 27. 5. 08) kann sich der Beschuldigte in der Verhandlung des „Beistandes eines Verteidigers bedienen" (§§ 14 Abs. 2, 23 Abs. 3 BörsG.). Nach Analogie der StPO. wird man mit Rücksicht auf den Gebrauch des Wortes „Verteidiger" annehmen müssen, daß hienach Rechtsanwälte unbedingt befähigt sind, dem Beschuldigten vor dem Ehrengericht als Verteidiger Beistand zu leisten. Gleiches gilt für das Ordnungsstrafverfahren nach § 79 BörsG.

Anm. 21. 10. In der Verhandlung vor dem Seeamt und Oberseeamt (SeeUnfUntersG. §§ 22, 30) kann sich der Schiffer und Steuermann des Schiffes, dessen Unfall den Gegenstand der Untersuchung bildet, eines rechts- oder sachkundigen Beistandes bedienen. Danach sind also Rechtsanwälte stets zuzulassen.

Über Gebühren vgl. § 91 Ziff. 5 RAGebO.

Anm. 22. 11. In dem Verfahren vor den Senaten des Aufsichtsamtes für Privatversicherung können Bevollmächtigte und Beistände, welche das mündliche Verhandeln vor Gericht geschäftsmäßig betreiben, von der mündlichen Verhandlung zurückgewiesen werden. Dies gilt nicht für Rechtsanwälte (§ 24 KaisV. 23. 12. 01 — RGBl. 498). Vgl. hiezu § 1321 Abs. 5 RVO. mit Bek. vom 20. 12. 11 (RGBl. 1155).

Anm. 23. 12. In dem ehrengerichtlichen Verfahren gegen Patentanwälte finden bezüglich des Verfahrens beider Instanzen die Vorschriften der StPO. über die Verteidigung entsprechende Anwendung. Daher sind Rechtsanwälte als Verteidiger allgemein zugelassen. (§§ 9, 12 Abs. 2 PatAnwG. 21. 5. 00).

Anm. 24. 13. Bezüglich des Verfahrens vor dem Bundesamte für Heimatswesen (UWG. 12. 3. 94) bestehen keine Bestimmungen über die Zulassung von Bevollmächtigten, Beiständen ꝛc. und speziell von Rechtsanwälten. Da nach dem Regulativ vom 6. 1. 73 (RZBl. 4) der Vorsitzende in der mündlichen Verhandlung die Ordnung zu handhaben hat, so wird man annehmen müssen, daß er, eventuell das Kollegium, auch über die Zulassung von Anwälten zu befinden hat.

Anm. 25. 14. Letzteres ist in gleicher Weise anzunehmen bezüglich des Verfahrens vor den Innungsschiedsgerichten (GO. § 91), soweit nicht die nach § 85 GewO. zu erlassenden Nebenstatuten besondere Bestimmungen treffen; vor dem durch richterliche Beamte verstärkten Reichseisenbahnamt (Ges. v. 27. 6. 73 § 5 Nr. 4) und vor der Reichsrayonkommission (Ges. v. 21. 12. 71 §§ 29, 41).

Anm. 26. 15. In dem Verfahren vor dem Bauschöffenamt (BausG. 1. 6. 09 §§ 24, 26 ꝛc.) können Rechtsanwälte wie andere Bevollmächtigte auftreten (vgl. zu § 24 Abs. 3 BausG. oben Anm. 10). Im Ordnungsstrafverfahren nach § 26 BausG. genießen die Anwälte das Privileg des § 138 StPO.

Anm. 27. 16. Nach dem Gesetz über den Absatz von Kalisalzen vom 25. 5. 10 § 51 Abs. 1 mit den Ausf.Bestimmungen vom 9. 7. 10 (RGBl. 925) zum VI. Abschnitt Nr. 39 Abs. 3 können sich die Beteiligten in der Verhandlung vor der Berufungskommission durch Bevollmächtigte vertreten lassen (vgl. auch ebenda Nr. 34). Diese Bevollmächtigten können auch Rechtsanwälte sein.

17. Nach der Prisengerichtsordnung vom 15. 4. 11 (RGBl. **1914** 301 ff.) herrscht im Verfahren vor den Prisengerichten und dem Oberprisengerichte in weitem Umfang Anwaltszwang (§§ 27 Abs. 2, 33 Abs. 2, 39 Abs. 5, 42 Satz 2, 44 Abs. 1 PrisGO.). Bemerkenswert ist die Ausdrucksweise der PrisGO., die mehrfach von „einem bei einem deutschen Gerichte zugelassenen Rechtsanwalte, der die Fähigkeit zum Richteramt erlangt hat", spricht. Offenbar sollten hiedurch die Anwälte bei Konsular- und Schutzgebietsgerichten eingeschlossen sein, aber nur soweit sie die Fähigkeit zum Richteramte erlangt haben. Anm. 28.

18. Über das Verfahren vor der Reichsentschädigungskommission und den Feststellungsbehörden vgl. RKBek. 25. 4. 15 (RAnz. Nr. 96) §§ 6 Abs. 3, 11 Abs. 2, 19, Bek. 22. 4. 19 (RGBl. 405) §§ 6, 32, 38; vor dem Schiedsgericht nach der BRBek. vom 11. 11. 15 (RGBl. 758): Bondi, JW. **1916** 8 ff.; vor den Behörden zur Feststellung von Kriegsschäden: §§ 6, 47 BRBek. 19. 9. 16 (RGBl. 1053) und vor den Reichsschiedsgerichten für Kriegsbedarf (neuer Name: „Reichswirtschaftsgericht": RAnz. 1917 Nr. 9 RGBl. **1919** 469) und Kohlenverteilung: §§ 6, 12 RKBek. 22. 7. 15 (RGBl. 469), § 3 RKBek. 21. 3. 17 (RGBl. 250); dem Reichsschiedsgericht für Rohtabak (§ 3 RKBek. 3. 5. 17, RGBl. 396) rc. Anm. 29

19. Über das Verfahren vor dem Reichsfinanzhofe vgl. Bek. v. 21. 9. 1918 (RGBl. 1119) §§ 6, 24 Abs. 4, 63 Abs. 3, 73. Über Gebühren vgl. Lang JW. **1919 154**; Lüdemann ebenda 298. Anm. 30.

20. Über die Vertretung vor den Einigungsämtern vgl. insbes. Wassermann-Erlanger, Kriegsgesetze[3] S. 120 und RKBek. 23. 9. 1918 (RGBl. 1146). Anm. 31.

21. Über die Stellung der Anwälte und ihre Gebühren im Verfahren vor den Militärversorgungsgerichten vgl. VO. 1. 2. 19 (RGBl. 149) Art. II §§ 15, 17 und VO. 1. 3. 19 (RGBl. 266), ferner JW. **1919**, 159, 169, 229, 297, 410. Anm. 32.

§ 27.

Insoweit eine Vertretung durch Anwälte geboten ist, kann nur ein bei dem Prozeßgerichte zugelassener Rechtsanwalt die Vertretung als Prozeßbevollmächtigter übernehmen.

In der mündlichen Verhandlung, einschließlich der vor dem Prozeßgericht erfolgenden Beweisaufnahme, kann jedoch jeder Rechtsanwalt die Ausführung der Parteirechte und für den Fall, daß der bei dem Prozeßgerichte zum Prozeßbevollmächtigten bestellte Rechtsanwalt ihm die Vertretung überträgt, auch diese übernehmen.

I. **Allgemeiner Inhalt.** Die Bestimmung stellt sich als Ergänzung der Vorschriften des § 78 ZPO. über den Anwaltszwang und des § 26 RAO. über die Befugnisse der Rechtsanwälte dar. Sie hat rein zivilprozessualen Charakter. Anm. 1.

Nach § 78 ZPO. müssen die Parteien sich vor den Landgerichten und allen höheren Gerichten durch einen bei dem Prozeßgerichte zugelassenen Rechtsanwalt als Prozeßbevollmächtigten vertreten lassen. Das Verfahren vor diesen Gerichten heißt Anwaltsprozeß. Der Anwaltszwang gilt aber auch in diesem Verfahren nicht, soweit es vor dem beauftragten oder ersuchten Richter stattfindet und, soweit Prozeßhandlungen in Frage stehen, welche vor dem Gerichtsschreiber vorgenommen werden können (§ 78 Abs. 2 ZPO.). Weitere Ausnahmen ergeben sich für solche Handlungen, die gar keine „Prozeßhandlungen" sind. (Stein § 78 Anm. IV 3, vgl. ferner Förster-Kann **1** 263). Unser Paragraph wiederholt nun zunächst einen Teil des § 78 Abs. 1 ZPO. und statuiert dann weitere Ausnahmen von dem strengen Prinzip des Anwaltszwanges, indem er für das Auftreten in gewissen Stadien des Anwaltsprozesses zwar die Anwaltsqualität an sich verlangt, von dem Erfordernis der Zulassung beim Prozeßgerichte aber absieht.

Anm. 2. **II. Spezielles.** 1. Als Prozeßbevollmächtigter bei einem Kollegialgerichte kann nur ein bei diesem Gerichte zugelassener Rechtsanwalt fungieren. Der Prozeßbevollmächtigte im Sinne dieser Bestimmung ist der allgemeine Prozeßvertreter im formellen Sinn.

Die Fragen, ob jemand Prozeßvertreter beim Kollegialgerichte sein oder ob er Prozeßvollmacht für den Kollegialgerichtsprozeß haben kann, sind nicht identisch (vgl. Rosenberg 645 ff.). Die Prozeßvollmacht kann auch für den Kollegialgerichtsprozeß einem Nichtanwalt oder einem beim Prozeßgerichte nicht zugelassenen Anwalt erteilt werden, ja sie ist sogar ganzen Personenklassen, z. B. den Prokuristen, für bestimmte Prozesse von Gesetzes wegen erteilt. Auf Grund dieser Vollmacht kann dann der gerichtsfremde Anwalt diejenigen Handlungen nicht vornehmen, die dem Anwaltszwang unterliegen (ihre Wirkung ist also „gehemmt"); wohl aber kann er z. B. vor dem beauftragten Richter auftreten, einen außergerichtlichen Vergleich abschließen, aber auch selbst einem beim Prozeßgerichte zugelassenen Anwalt Prozeßvollmacht erteilen. Denn wenn einem nicht beim Prozeßgerichte zugelassenen Rechtsanwalt Prozeßvollmacht erteilt wurde, so gehört die Bestellung eines zugelassenen Anwalts zu den für die Prozeßführung notwendigen Handlungen und fällt daher in den Rahmen der Prozeßvollmacht (Rosenberg 849; Stein § 80 Anm. II 4; von Skonietzki-Gelpcke § 78 Anm. 4; vgl. auch OLG. Posen, PosMSchr. **1909** 131; Förster Kann **1** 274). Die Prozeßvollmacht endigt auch nicht mit dem Ablauf der Instanz[1]) (Stein § 81 Anm. II 2. Näheres bei Rosenberg 659 ff.).

Anm. 3. 2. Eine Durchbrechung des strengen Prinzips des Anwaltszwangs ist erfolgt durch § 8 Abs. 1 EGZPO., wonach im Revisionsverfahren vor dem obersten Landesgericht bis zur Zustellung der Entscheidung über die Zuständigkeit jeder bei einem Kollegialgerichte zugelassene Rechtsanwalt — mit Ausnahme der Reichsgerichtsanwälte — als Prozeßbevollmächtigter fungieren kann (vgl. auch JW. **1908** 144 N. 15). Eine weitere Durchbrechung des Prinzips ergibt sich für das Beschwerdeverfahren aus § 573 Abs. 2 Satz 1 ZPO.

Anm. 4. 3. In der mündlichen Verhandlung und bei der Beweisaufnahme vor dem Prozeßgerichte kann jeder Rechtsanwalt die Ausführung der Parteirechte übernehmen. Über diesen Begriff vgl. oben § 25 Anm. 39.

Einer Vollmacht bedarf der die Ausführung der Parteirechte übernehmende Anwalt nicht. Seine Stellung gleicht der des Beistandes, und er ist gedeckt durch die Zustimmung desjenigen Anwalts, der ihm Assistenz leistet. Dies muß der Prozeßbevollmächtigte oder ein Substitut desselben sein.

Bezüglich der Reichsgerichtsanwälte vgl. § 100 Abs. 2.

Anm. 5. 4. Jeder Anwalt kann ferner die Vertretung in der mündlichen Verhandlung und bei der Beweisaufnahme vor dem Prozeßgerichte übernehmen, wenn der Prozeßbevollmächtigte ihm seine Vertretung überträgt. Bezüglich der für das Reichsgericht und die Reichsgerichtsanwälte geltenden Ausnahmen vgl. §§ 100 Abs. 2, 101.

a) Die Vertretungsvollmacht muß stets von dem Prozeßbevollmächtigten, dem formellen Prozeßvertreter, ausgehen. Sie kann nicht von der Partei direkt erteilt werden, soferne diese nicht selbst ein beim Prozeßgerichte zugelassener Anwalt ist. Wird einem nicht zugelassenen Rechtsanwalt Prozeßvollmacht erteilt (s. o. Anm. 2),

---

[1]) Ob auch der Auftrag über die Instanz hinausreicht, ist quaestio facti. Vgl. OLG. Jena, SeuffA. **66 39**.

so ist dieser nicht befähigt, für die mündliche Verhandlung zu substituieren. Ebenso: OLG. Jena, SeuffA. **38** 448. A. M.: OLG. Stuttgart, ebenda 459.

b) Es ist nicht notwendig, daß die Vertretungsmacht unmittelbar von dem Prozeßbevollmächtigten erteilt wird. Auch der Substitut kann, wenn er hiezu ausdrücklich ermächtigt wird, weiter substituieren, ohne solche Ermächtigung aber nicht: Recht **1911** Nr. 2357 (RG.) A. M.: Förster-Kann **1** 275/6.

c) Dem Prozeßbevollmächtigten und dem Substituten steht überall der Generalsubstitut gleich (vgl. Voigt, DJZ. **1919** 596).

d) Die Übertragung der Vertretung kann durch persönliche Einführung in der Verhandlung oder durch schriftliches Substitutorium erfolgen: RGZ. **3** 404.

e) Der Vertreter kann in der mündlichen Verhandlung und bei der Beweisaufnahme alle Rechte des Prozeßbevollmächtigten ausüben.

f) Die durch § 27 Abs. 2 gegebene Möglichkeit der Substitution hat in der Praxis dazu geführt, daß Prozesse in Wirklichkeit von dem Substituten wie von einem Prozeßbevollmächtigten geführt worden sind, der formelle Prozeßbevollmächtigte aber nur seinen Namen hergegeben und die Prozeßschriften gezeichnet hat. Man hat nun, gestützt auf Äußerungen in den parlamentarischen Verhandlungen, aus welchen sich ergeben soll, daß die Substitution nur für Ausnahmefälle berechnet sei, versucht, dieses Verfahren zu beanstanden. Das Frankfurter OLG. hat eine Zeitlang jeden nicht beim OLG. zugelassenen Substituten zurückgewiesen, wenn er nicht darlegte, daß besondere Umstände die Substitution rechtfertigten. Dies führte zu dem sogen. Frankfurter Konflikt. Das Reichsgericht hat jedoch (am 26. 6. 1913) die Entscheidung des OLG. aufgehoben (RGZ. **83** 1). Sie ist in der Tat unhaltbar. Prozessual muß immer die formelle Substitution genügen. Ein Eingehen auf die Motive des Substituenten hätte nicht nur im Gesetze keinerlei Stütze, sondern würde auch allen Regeln der Prozeßökonomie, die klare und feste Normen verlangt, widersprechen. Vgl. über den Frankfurter Konflikt insbesondere Heinitz, DJZ. **1912** 1286, 1343; Hachenburg, DJZ. **1912** 551; Thiel, DRAZ. **9** 158 ff.; Kann, JW. **1912** 1009 und die dort zitierten Gutachten von Wach, Seuffert, Stein und M. Friedländer. Anm. 6.

Über die einschlägigen Standesfragen vgl. Exk. II zu § 28 Anm. 40.

§ 28.

Der Rechtsanwalt ist verpflichtet, seine Berufsthätigkeit gewissenhaft auszuüben und durch sein Verhalten in Ausübung des Berufs sowie außerhalb desselben sich der Achtung würdig zu zeigen, die sein Beruf erfordert.

I. Allgemeiner Inhalt. § 28 soll die Standespflichten des Rechtsanwalts durch eine allgemeine Formel umschreiben. Alle speziellen Verpflichtungen, welche das Gesetz dem Rechtsanwalt — besonders in den folgenden Paragraphen — auferlegt, sind in dieser allgemeinen Formel enthalten (arg.: § 62, welcher nur auf § 28 als materiellrechtliche Norm Bezug nimmt). Anm. 1.

Die Bestimmung ist eine typische Disziplinarvorschrift und findet sich in gleicher oder ähnlicher Form in anderen Disziplinargesetzen: vgl. § 10 RBG.; § 3 Abs. 1 PrÄrztEGG. Eine zivilrechtliche Vorschrift enthält der Paragraph nicht; nur indirekt kann er zivilrechtliche Bedeutung gewinnen. (Vgl. Exk. vor § 30 Anm. 13 ff., 36). § 28 ist auch kein Schutzgesetz im Sinne des § 823 BGB. (gl. M.: Korn, JW. **1911** 631; RGZ. **79** 92; Cohn, JW. **1916** 95; OLG. Hamm, HammAK. (neue Folge seit 1912) **2** 6. A. M.: Meyer, BayZ. **8** 481[1]); denn er hat nicht den Zweck, einem Einzelnen — im Gegensatz zur Ge-

[1]) OLG. 22 293 β (KG.) nimmt wohl nicht das Vorliegen eines Schutzgesetzes an, da in dem dort entschiedenen Falle § 823 Abs. 1 BGB. einschlug.

samtheit — Rechtsschutz zu gewähren (vgl. RGRKomm.[2] § 823 Anm. 14). Er bezweckt die Hochhaltung des Standes im Interesse der Rechtspflege und des Gemeinwohles. Wäre § 28 ein Schutzgesetz, so müßten alle anderen Disziplinargesetze diesen Charakter teilen, was zu unannehmbaren Konsequenzen führen würde.

Die Bestimmung des § 28 betrifft in ihrem ersten Halbsatze keineswegs bloß die Berufsausübung der Rechtsanwälte in den Fällen der §§ 26, 27 (Tätigkeit in Sachen, auf welche die ZPO., StPO. oder KO. Anwendung finden); sie bezieht sich vielmehr auf jede Art der eigentlichen anwaltschaftlichen Berufstätigkeit. Ebenso: EG. der AK. Dresden, JW. 1881 127 gegen OLG. Dresden ebenda 53. (Letzteres wollte hienach für das Verhalten des Rechtsanwalts in Verwaltungssachen sogar eine eigene landesrechtliche Disziplinargewalt zulassen!) Über den Begriff der „eigentlichen Berufstätigkeit" vgl. Allg. Einl. Anm. 16 ff., aber auch EGH. **16** 146 und M. Friedländer, AVNachr. **3** 87.

Anm. 2. **II. Spezieller Inhalt.**

A. Die Pflicht zur gewissenhaften Berufsausübung. Der Rechtsanwalt übt seinen Beruf im Dienste des Rechts, aber regelmäßig zugleich im Sonderinteresse einer einzelnen Partei aus. Aus dieser seiner Stellung ergibt sich im konkreten Falle seine Berufspflicht. „Berufsausübung" kann natürlich erst von dem Augenblick ab in Betracht kommen, in welchem die Befugnis zur Ausübung der Rechtsanwaltschaft begründet wurde, d. h. von der Eintragung in die Liste ab (verkannt von EGH. **13** 10).

Nur wenn der Rechtsanwalt es an der erforderlichen Gewissenhaftigkeit fehlen läßt, verstößt er gegen § 28. Nicht jeder Fehler, den er bei Ausübung des Berufes begeht, ist eine Pflichtverletzung im Sinne dieses Paragraphen. Bei der Entscheidung der Frage, ob eine Außerachtlassung der Gewissenhaftigkeit vorliegt, ist unter Umständen das allgemeine Verhalten des Rechtsanwalts bei Ausübung seines Berufes zu berücksichtigen. Vgl. EGH. **1** 125, **3** 124 u. a.

Im einzelnen gilt folgendes:

1. Vertritt der Rechtsanwalt eine Partei, gewährt er ihr Rat oder Beistand, so hat er ihre Interessen aufs sorgfältigste zu wahren; seine Pflicht erschöpft sich nicht darin, ihre Aufträge zu vollziehen, er muß auch selbst eifrig bestrebt sein, ihr nach bestem Wissen den richtigen Weg zu weisen. Jeder Mangel an Gewissenhaftigkeit gegenüber dem Mandanten begründet auch einen Verstoß gegen § 28. Vgl. EGH. **3** 174, 177 und viele andere.

Anm. 3. 2. Obwohl in der Regel Vertreter von Sonderinteressen, darf doch der Anwalt sich nie zu ihrem blinden Vertreter herabwürdigen. Er hat auch Pflichten gegen die Allgemeinheit, gegen die Behörden (EGH. **1** 163), gegen den Stand, dem er angehört. Welche dieser Pflichten im einzelnen Falle die höheren sind, hat er sorgfältig abzuwägen. Vor allem darf der Anwalt nie vergessen, daß er ein Diener des Rechts ist; er darf also weder bewußt das Unrecht fördern noch die gewissenhafte Prüfung der Frage, auf wessen Seite das Recht liegt, unterlassen.

a) Er darf zunächst in tatsächlicher Beziehung nicht bewußt die Unwahrheit sagen. Er darf also auch keine vom Gegner aufgestellte Behauptung, deren Wahrheit er kennt, bestreiten, auch nicht in der Absicht, dem wirklichen Rechte zum Siege zu verhelfen. Denn wo das wahre Recht liegt, weiß auch der Anwalt nicht, und wenn es ihm erlaubt wäre, selbst Richter in der Sache zu sein, so könnte jede bewußte Unwahrheit ihre Rechtfertigung in der überzeugenden Parteiinformation finden, zum größten Schaden der Rechtspflege. Vgl. hiezu die Verh. des XXI. Deutschen Anwaltstages, Beil. zur JW. 1913, ferner Koffka, Gutachten (Beil. JW. **1913**); Fürst, JW. **1913** 825; Wildhagen, JW. **1913** 963; Koffka, JW. **1913** 1077; Haber, LZ. **1914** 705; Schweitzer, JW. **1914** 519; Wach, Grundfragen und Reform des Zivilprozesses (1914), insbesondere S. 36 ff. u. a. Selbstverständlich ist es keine wissentliche Unwahrheit, wenn Vermutungen in der Form von Behauptungen aufgestellt werden; nach dem Aufbau unseres Zivilprozesses ist dies sehr häufig geradezu Pflicht des Anwalts.[1]) Wie der Anwalt nicht bewußt Unwahres behaupten, Wahres bestreiten darf, so darf er auch an der Wahrheit nicht mit geschlossenen Augen vorübergehen, sie nicht sehen *wollen*, oder leichtfertig jede eigene Prüfung der Tatsachen unterlassen, wenn er Grund hat, an der Richtigkeit der ihm erteilten Information zu zweifeln, und das Material zur Prüfung ihm zugänglich ist. Dies gilt besonders dann, wenn es sich um ernste Angriffe gegen andere handelt, um schwere Vorwürfe, die der Rechtsanwalt in einer Klage gegen angesehene Personen erheben soll ꝛc. Auch als Verteidiger in Strafsachen soll der Anwalt keine *ungerechte Sache* führen (vgl. § 31 Anm. 2), besser gesagt: er soll keine Sache ungerecht führen. Das bedeutet natürlich nicht, daß er keinen Schuldigen, wissend daß er schuldig ist, verteidigen dürfe. Aber er darf ihn nicht als Unschuldigen hinstellen, wenn er *weiß*, daß er schuldig ist[2]) (vgl. hiezu auch Köhler, GS. **53** 335; Fuld, Recht **1901** 2 gegen v. Liszt ebenda **1901** 69). Glaubt der Anwalt an die Schuld seines Klienten, ohne sie zu kennen und ohne mit der zu einem Richterspruch erforderlichen Bestimmtheit davon überzeugt zu sein, so darf er als Verteidiger geltend machen, daß ein voller Beweis nicht erbracht sei, eine Verurteilung also nicht erfolgen könne. So wird auch im Zivilprozesse die Frage, inwieweit der Anwalt, welcher erhebliche *Zweifel* an der Wahrheit seiner Information hegt, die Sache führen oder weiterführen darf, unter Umständen verschieden zu beantworten sein, je nachdem es sich um die Abwehr eines Angriffs, um die Verteidigung gegen Behauptungen, die der Gegner zu beweisen hat, oder selbst um einen Angriff

[1]) Unhaltbar ist die Entscheidung des LG. Magdeburg in NaumbAK. **1914** 29, welche eine Pflicht des Anwalts, zu Ungunsten seiner Partei Fehler eines gerichtlichen Urteils festzustellen und das Gericht darauf hinzuweisen, annimmt. Diese Entscheidung verkennt die Stellung des RA. als Parteivertreter. Gegen LG. Magdeburg auch Werner, NaumbAK. **1914** 30. — Hinsichtlich der vorsorglichen Bestreitung der Echtheit von Urkunden vgl. KG. JW. **1917** **237** Nr. 2 und Kann ebenda.

[2]) Früh (Die strafb. Pflichtverletzungen des RA. 1910) 114/5 meint, wenn der Angeklagte dem Verteidiger die Schuld eingesteht, so habe dieser nicht das Mandat niederzulegen, weil man auch Schuldige verteidigen dürfe; außerdem würde durch die Niederlegung auch in vielen Fällen das Geheimnis verraten. Der Verteidiger habe sich dann auf das Vorbringen der entlastenden Tatsachen zu beschränken und im übrigen den Lauf der Gerechtigkeit weder zu hemmen noch zu beschleunigen. Das ist nur teilweise richtig. Keinesfalls darf der Verteidiger, wenn der Klient ihm ein unzweifelhaft glaubwürdiges Geständnis der Schuld abgelegt hat, noch bezüglich der Schuldfrage in tatsächlicher Beziehung Einwendungen erheben. Denn auch das „Vorbringen der entlastenden Tatsachen" stellt hier eine versteckte Unwahrheit dar. Im übrigen wird man zwischen dem bestellten und dem Wahlverteidiger unterscheiden müssen. Der Wahlverteidiger wird seinem Klienten nach Ablegung des Geständnisses vorzuhalten haben, daß er sich zur Schuldfrage nun nicht mehr äußern könne. Ist der Klient hiermit nicht einverstanden, so muß der Anwalt das Mandat niederlegen. Der bestellte Verteidiger ist insofern in einer schwierigen Lage, als er sich durch eine Weigerung, die Verteidigung fortzuführen, den Folgen des § 145 StPO. aussetzt. Dies kann ihm um so weniger zugemutet werden, als der Angeklagte, der dem Verteidiger ein Geständnis ablegt, dem Gerichte gegenüber aber leugnet, keinen Schutz auf Kosten des Verteidigers verdient. Andererseits darf dem Verteidiger auch in keiner Weise eine Unwahrheit zugemutet werden. Eine solche läge aber vor, wenn er zur Schuldfrage in anderer als in rechtlicher Beziehung Stellung nehmen müßte. Er wird natürlich den Angeklagten nach Ablegung des Geständnisses hierauf hinzuweisen haben, damit dieser eventuell selbst Schritte zur Bestellung eines anderen Verteidigers unternehmen kann. Er selbst hat keinen Anlaß, die Fortführung zu verweigern. Daß er alles vermeiden wird, was als indirekte Preisgabe des Geständnisses erscheinen könnte, ist selbstverständlich. Vgl. hierzu die sehr interessanten und im wesentlichen zutreffenden Entscheidungen des LG. Görlitz und des OLG. Breslau in DRAZ. 8 10/11. Beachtlich (über Wahrheitspflicht im Strafprozesse): **Mamroth**, DStRZ. **1** 81.

handelt. Hier kann nur ein feines Unterscheidungsvermögen im einzelnen Falle Richter sein.

Anm. 4. Zu bemerken ist noch, daß es in den hier erörterten Fällen für die Entscheidung der Frage, ob der Rechtsanwalt pflichtwidrig handelt oder nicht, wesentlich auf seine subjektive Auffassung ankommt, und zwar selbst dann, wenn objektiv das Gegenteil des von ihm Gedachten eintritt. Gesteht der Angeklagte dem Verteidiger die Schuld ein, so begeht dieser, wenn er im festen Glauben an die Schuld auf „nichtschuldig" plädiert, eine Pflichtwidrigkeit, auch wenn sich herausstellt, daß das Geständnis eine Lüge war (bei den Militärgerichten kommen solche Geständnisse vor, wenn der Angeklagte die Ausstoßung aus dem Heere erwirken will). Eine analoge Anwendung der Lehre vom Putativdelikt ist hier schlechterdings unzulässig.

Anm. 5. b) Liegt die Frage, ob Recht oder Unrecht, nicht auf tatsächlichem, sondern auf juristischem Gebiete, handelt es sich also nur um die Anwendung der Rechtssätze auf gegebene oder als gegeben angenommene Tatsachen, so gilt folgendes:

Zunächst liegt natürlich auch hier dem RA. sorgfältige Prüfung dessen ob, was Rechtens ist. Diese Prüfung ist sein eigentlichstes Schaffensgebiet. Das Material dazu muß er sich bis zu einem gewissen Grade zugänglich machen. Er muß die Fortschritte des Rechts in Gesetzgebung, Wissenschaft und Rechtsprechung verfolgen (RheinZ. **4** 477) und vor allem der oberstrichterlichen Judikatur sein Augenmerk zuwenden (vgl. JW. **1899** 424 Nr. 4). Wieweit diese Pflicht der Selbstfortbildung im einzelnen geht, ist außerordentlich schwer allgemein zu bestimmen. Dem Anwalt, der sich regelmäßig nicht oder nur wenig mit Steuersachen befaßt, wird niemand einen Vorwurf daraus machen, wenn er die Rechtsprechung der obersten Steuerinstanzen nicht kennt; er muß sich eben, wenn es darauf ankommt, mit den ihm zugänglichen Hilfsmitteln darüber sorgfältig orientieren und, wenn er dies nicht kann, den Auftrag ablehnen. Hinsichtlich der Entscheidungen des Reichsgerichts hat dieses ausgesprochen, daß der Anwalt die in der amtlichen Sammlung veröffentlichte Rechtsprechung kennen müsse, nicht aber die außerhalb dieser Sammlung veröffentlichten Entscheidungen (JW. **1910** 294 Nr. 35). In einem speziellen Falle hat jedoch das OLG. Stuttgart — in Kenntnis und Berücksichtigung der eben erwähnten RG.-Entscheidung — kein Verschulden des RA. darin erblickt, daß er ein in der amtlichen Sammlung abgedrucktes Urteil des höchsten Gerichtshofs nicht kannte WürttZR. **1911** 162). In der Tat geht das RG. in den Anforderungen, die es an das Wissen des RA. stellt, zu weit. Auch unter den in der amtlichen Sammlung erschienenen Entscheidungen gibt es solche, die jeder gebildete Jurist kennen muß, und solche, bei denen dies nicht zutrifft. Es gibt Urteile, die in jedem größeren Kommentar angeführt, und solche, die entlegen, wenig bekannt und schwer auffindbar sind. Oft enthält die Entscheidung einen wichtigen Grundsatz, der in der Überschrift und selbst im Register nicht zum Ausdruck kommt. Soll das alles der „Normalanwalt" auswendig wissen? Davon kann nicht ernstlich die Rede sein. Auch hinsichtlich der Frage, ob es zu den Pflichten des RA. gehört, eine oberstrichterliche Entscheidung zu kennen, kommt alles auf die Umstände des einzelnen Falles an. Das gleiche gilt bezüglich des Umfangs der anwaltschaftlichen Pflicht, sich literarisch über eine Rechtsfrage zu orientieren. Dieser Umfang kann ein ganz verschiedener sein je nach dem speziellen Inhalt des Auftrags (vgl. hiezu RGZ. **89** 426 mit M. Friedländer, JW. **1917** 462; JW. **1918** 499; Stillschweig ebenda und Noest-Plum, RGEntsch. Bd. 89 S. 13), der zu Gebote stehenden Zeit, der Zugänglichkeit literarischer Hilfsmittel am Sitze des Anwalts, der Spezialisierung seiner Tätigkeit ꝛc.

Anm. 6. Bis hieher war nur davon die Rede, was der Anwalt in rechtlicher Beziehung wissen muß. Eine andere Frage geht dahin, was er in rechtlicher Beziehung vertreten darf und soll.

Während auf dem Gebiete der Tatsachen eine objektive Wahrheit stets vorhanden ist und also auch möglicherweise mit Gewißheit gefunden werden kann, ist dies auf rechtlichem Gebiete nicht immer der Fall. Vieles ist streitig, und welche Meinung die richtige sei, läßt sich oft nicht mit Sicherheit entscheiden. Dem hat auch der Anwalt Rechnung zu tragen. Wenn er eine Rechtsfrage für zweifelhaft hält, sich aber aus irgendwelchen Gründen für die (vertretbare) Ansicht a entscheidet, so kann er sich dennoch im Prozesse auf die seiner Partei günstigere, ebenfalls vertretbare Ansicht b stützen (vgl. RGZ. **42** 325). „Wahr" ist hier, was objektiv am besten begründet ist, und wer die gut motivierte Ansicht eines anderen dem Gerichte vorträgt, fördert die Rechtspflege mehr, als wenn er die schlecht begründete, von ihm selbst bevorzugte Meinung produziert. Weit strenger: Weißler, Geschichte der Rechtsanwaltschaft 612 ff.

Nur eine Ansicht, von deren Unrichtigkeit er überzeugt ist, die er also für unvertretbar hält, soll der Rechtsanwalt nicht vertreten.[1]) Denn damit entwürdigt er sich: man denke z. B. an den Fall, daß er eben erst öffentlich für eine Rechtsanschauung als die allein haltbare eingetreten ist. Eine Mandatskündigung aus diesem Grunde darf ohne schädliche Folgen für den Anwalt auch zur Unzeit erfolgen, sofern der Grund nicht schon früher hätte geltend gemacht werden können. Freilich ist es gefährlich, hievon Gebrauch zu machen. Denn gewissenhafteste Prüfung muß der Rechtsüberzeugung vorausgehen. Vgl. auch Exkurs vor § 30 Anm. 95.

Regelmäßig ist der RA. berechtigt, seine eigene, sorgfältig erwogene Rechtsanschauung — auch wenn er sie für bestreitbar hält — zur Geltung zu bringen; doch hat er die Pflicht, falls seine Meinung von der herrschenden, d. h. der allgemein anerkannten Lehre oder von der oberstrichterlichen Rechtsprechung — soweit ihm diese bekannt sind oder nach dem oben in Anm. 5 Gesagten bekannt sein müssen — abweicht, die Partei rechtzeitig hierauf hinzuweisen, damit sie ihre Rechte anderweitig wahren kann. Vgl. hiezu JW. **1916** 147 (OLG. Hamburg); RG. LZ. **1916** 1006 Nr. 7.

Es gibt nun zahlreiche Fälle, in welchen der Rechtsanwalt, ohne seiner eigenen Überzeugung untreu zu werden, daneben auch andere Meinungen bei seinem Vorgehen berücksichtigen und befolgen kann. Z. B. wenn mehrere prozessuale Wege in Betracht kommen, von welchen der Rechtsanwalt den einen, die herrschende Meinung den anderen für gangbar hält. Hier muß er auch der abweichenden herrschenden Meinung oder oberstrichterlichen Rechtsprechung — soweit sie ihm bekannt sind oder nach Anm. 5 bekannt sein müssen — gerecht werden und, sofern dies in concreto tunlich erscheint, beide Wege oder denjenigen einschlagen, welcher von beiden Standpunkten aus zum Ziele führt. Besonders in denjenigen Fällen, in welchen ein Rechtsverlust oder die Vereitelung eines Rechtserfolges auf Grund formeller Vorschriften in Frage steht, wird man verlangen müssen, daß der Rechtsanwalt hienach handelt. Anm. 7.

Inwieweit der Anwalt in derartigen Fällen auch andere Anschauungen, die man noch nicht als herrschende bezeichnen kann und über die auch noch keine oberstrichterliche Entscheidung vorliegt, zu berücksichtigen hat, ist durchaus quaestio facti. Vgl. hiezu JW. **1916** 34 Nr. 1; Berent, DJZ. **1916** 192; RGZ. **89** 426 — JW. **1917** 462 Nr. 5; Noest-Plum, RGEntsch. Bd. 89 S. 13; M. Friedländer, JW. **1918** 499; ferner RG. SächsArch. **12** 202; SeuffBl. **50** 56; RG. JW.

---

[1]) Vgl. hiezu: Geiger, JW. **1913** 1174; Siehr, JW. **1914** 60; Erythropel, JW. **1914** 57; Korsch, JW. **1914** 396; Bendix JW. **1914** 574.

1899 424 Nr. 4; OLG. Düsseldorf, RheinArch. **107** 185ff.; DJZ. **1913** 1202 (RG.); Recht **1908** 227 (RG.); JW. **1909** 217 Nr. 4 (RG.); **1910** 294 Nr. 35 (RG.); **1911** 546 Nr. 26 (RG.); Gmür, Die zivilrechtl. Stellung des RA. (Zürich 1907) 129.

Das hier (Anm. 7) Gesagte gilt auch dann, wenn der Rechtsanwalt von seiner Ansicht überzeugt ist und die herrschende Meinung für unvertretbar hält. Wenn heute ein Reichsgerichtsanwalt der von ihm gezeichneten, kurz vor Ablauf der Frist eingereichten Revisionsbegründung den Vermerk hinzufügte: „Verfasser Rechtsanwalt X in Berlin", so wäre dies eine Pflichtverletzung, auch wenn der Anwalt von der Unrichtigkeit der Reichsgerichtsentscheidung vom 11. 1. 07 (RGZ. **65** 81) fest überzeugt wäre. Er braucht diese seine Meinung nicht zu verleugnen, auch wenn er den überflüssigen, die Parteirechte gefährdenden Zusatz unterläßt.

Anm. 8. c) Wenn man davon spricht, daß der Anwalt keine ungerechte Sache führen darf, so muß man sich darüber klar sein, daß Recht und Unrecht hier nicht ausschließlich im materiellen Sinne zu verstehen sind, sondern daß es auch rein prozessuale Rechte gibt, deren Schutz der Anwalt — ohne Rücksicht darauf, auf wessen Seite das materielle Recht liegt — übernehmen kann. Er ist zweifellos berechtigt, die sachlich begründete Klage wegen Unzuständigkeit des Gerichts zu bekämpfen, für den völlig überführten, geständigen und zum Tode verurteilten Mörder wegen eines Formmangels Revision einzulegen ꝛc. Jede prozessuale Rechtsverletzung also darf der Rechtsanwalt bekämpfen.

Aber abgesehen hievon darf er keineswegs jedes prozessuale Recht, nur um seiner selbst willen oder gar zur Erreichung eines unerlaubten materiellen Zweckes, ausüben. Es muß als prinzipiell unzulässig gelten, daß der Rechtsanwalt absolut und evident aussichtslose Rechtsmittel einlege, und zwar nicht nur dann, wenn damit etwa eine unberechtigte Hinauszögerung des Prozesses, sondern auch dann, wenn irgendein anderer, an sich nicht tadelnswerter Zweck angestrebt wird. Denn die Einlegung des Rechtsmittels hat nach dem Gesetze den Zweck, eine Aufhebung oder Änderung der angefochtenen Entscheidung herbeizuführen; jeder andere Zweck ist dem Gesetze fremd und daher rechtlich nicht zu billigen. Leider nimmt der EGH. einen anderen Standpunkt ein, indem er dem Anwalt allgemein das Recht einräumt, im Einvernehmen mit der Partei aussichtslose Rechtsmittel einzulegen. So insbesondere EGH. **2** 51, **11** 78; ferner Fuchs, GruchotsBeitr. **53** 148.[1]) Von den hier erörterten Fällen zu unterscheiden ist der häufige Fall, daß der RA., um die Frist zu wahren, ein Rechtsmittel einlegt, noch ehe er die Aussichten der Sache näher prüfen konnte. Das ist natürlich durchaus zulässig.

Anm. 9. 3. Die Verpflichtung zur Treue.

Treue gegenüber der eigenen Partei pflegt man als eine der wichtigsten und selbstverständlichsten Pflichten des Sachwalters zu bezeichnen. Dabei ist „Partei" nicht bloß im Sinne des zivilrechtlichen Auftraggebers, sondern im weiteren Sinne zu verstehen: Partei ist hier diejenige Person, deren Interessen dem Anwalt als Sachwalter zur Wahrnehmung anvertraut wurden oder auch nur anvertraut

---

[1]) Das von Fuchs gegebene Beispiel — die Frau eines Offiziers, für den alles auf dem Spiele steht, bittet Rechtsmittel einzulegen, weil es ihrem Mann vor der Rechtskraft möglich sein werde, die unbestreitbare Schuld zu regeln — ist so wenig überzeugend wie die oben erwähnte Theorie von dem Recht, um höherer Zwecke willen die Wahrheitspflicht zu verletzen. Nicht einmal der Richter darf nach unserem Rechte — von den neuen Kriegsgesetzen abgesehen — Stundung gewähren. Und der Anwalt sollte aus Mitleid einen Prozeß rechtswidrig hinziehen dürfen? Etwas anderes bedeutet doch die Einlegung eines aussichtslosen Rechtsmittels nicht. Dem Gegner wird damit bewußt ein Unrecht zugefügt. Menschlich kann dies durchaus zu rechtfertigen und ehrengerichtlich braucht es ganz gewiß nicht strafbar zu sein; aber seine Pflicht als Organ der Rechtspflege erfüllt der Anwalt damit nicht.

werden sollten. Der Begriff der „Partei" ist bei den einzelnen Treuverpflichtungen nicht immer derselbe.

Einen wesentlichen Bestandteil der Verpflichtung zur Treue bildet die Bestimmung des § 31 Ziff. 2 RAO., wonach der Rechtsanwalt in derselben Rechtssache nicht entgegengesetzte Interessen vertreten darf.

Aber die Pflicht des Rechtsanwalts zur Treue geht weiter als die Vorschrift des § 31 Ziff. 2. In vielen Fällen ist auch ein Handeln für und wider dieselbe Partei in verschiedenen Rechtssachen mit der Pflicht zur gewissenhaften Berufsausübung nicht vereinbar. Man kann nicht gleichzeitig für die Unschuld eines Klienten mit Wärme eintreten und auf der anderen Seite gegen dieselbe Person einen Betrugsprozeß führen, der Energie und rücksichtsloses Vorgehen erfordert. Man kann nicht denselben Menschen energisch mit feindseligen Vollstreckungen verfolgen und gleichzeitig seine Interessen mit Hingebung wahrnehmen.

Inwieweit der Rechtsanwalt in solchen Fällen durch seine Verpflichtung zur Treue gebunden ist, kann nur in concreto entschieden werden.

Einen weiteren wichtigen Bestandteil der Verpflichtung zur Treue bildet die Pflicht des Anwalts zur Verschwiegenheit. Hievon soll in einem besonderen Exkurs (Exk. I zu § 28) ausführlicher die Rede sein.

B. Die Pflicht zur Wahrung der Standeswürde. Anm. 10.

1. Der Rechtsanwalt darf selbstverständlich innerhalb und außerhalb seines Berufes nichts tun, was jedes anständigen und gebildeten Menschen unwürdig wäre. Ergibt er sich dem Trunke, erregt er durch unsittliche Handlungen Ärgernis, mißhandelt er seine Ehefrau, so verletzt er seine Menschenwürde und damit zugleich die Würde seines Standes.

2. Aber der Rechtsanwalt hat auch eine spezielle, seinem Berufe eigentümliche Würde zu wahren. Er muß stets vor Augen haben, daß er kein Gewerbe ausübt, sondern einen vornehmen hohen Beruf im Dienste des Rechts. Er muß daher die Interessen, die ihm anvertraut sind, höher halten als seine eigenen wirtschaftlichen Interessen. Er darf seine Dienste nicht werbend anbieten wie ein Kaufmann, darf nicht — im Sinne der Geschäftswelt — einen Konkurrenzkampf führen ꝛc.; vgl. z. B. EGH. **1** 202; **2** 91; **3** 299. Anm. 11.

Auch bei Verfolgung seiner materiellen Interessen, die ihm natürlich nicht verwehrt ist, muß er den vornehmen Charakter seines Berufes wahren. Für ihn gilt nicht der Satz: „Was nicht verboten ist, ist erlaubt". Auch das zivilrechtlich Erlaubte ist ihm verboten, wenn es anstandswidrig ist: so die rigorose Ausübung des Retentionsrechts ohne Rücksicht auf bedeutende Interessen des Mandanten, rücksichtslose Vollstreckung wegen geringfügiger Beträge ꝛc.

Die Achtung, welche der Anwaltsberuf erfordert, ist maßgebend. Daher kann es vorkommen, daß Verfehlungen, welche die Enthebung vom Notariat zur Folge haben, dem Beschuldigten in seiner Eigenschaft als Anwalt gar nicht oder nur als leichtere Verfehlungen angerechnet werden; vgl. EGH. **4** 133; **8** 235; **13** 34.

3. Die Standeswürde ist ein einheitlicher Begriff; eine Abstufung innerhalb des Standes — etwa nach Gesellschaftsklassen (Reserveoffiziere!) — oder je nachdem es sich hier um einen Amtsgerichtsanwalt, dort um einen Oberlandesgerichtsanwalt handelt — gibt es nicht. So: Berger § 28 Anm. 2; EGH. **1** 140; **3** 299. Auch für die Reichsgerichtsanwälte gilt hier nichts anderes. Anm. 12.

4. Nicht jede Ungebühr des Anwalts, nicht jedes unpassende oder taktlose Verhalten begründet einen Verstoß gegen § 28. Es muß stets geprüft werden, ob das Verhalten den Anwalt der Achtung als unwürdig erscheinen läßt, welche sein Beruf erfordert. Auch hier kommt ev. das Gesamtverhalten des Rechtsanwalts in Betracht. Vgl. z. B. EGH. **1** 44 ff.; **4** 171; **5** 90; **6** 101; **10** 212; **15** 95 und viele andere. Anm. 13.

Anm. 14. 5. Ob eine Pflichtverletzung des Rechtsanwalts die gewissenhafte Berufsausübung oder die Wahrung der Standeswürde betrifft, ist häufig schwer zu unterscheiden. Es besteht aber auch zu dieser Unterscheidung kaum je ein praktisches Bedürfnis.

Anm. 15. C. Über sonstige besondere Pflichten des Rechtsanwalts vgl. die §§ 29—40 RAO., ferner den Exkurs I zu 28. In einem zweiten Exkurs soll an der Hand der Praxis das wichtigste kasuistische Material über die Standespflichten des Rechtsanwalts, soweit es nicht bereits an anderen Stellen dieses Kommentars erörtert ist, zusammengestellt werden.

Exkurs I zu § 28.

Die Verschwiegenheitspflicht des Rechtsanwalts.[1])

Anm. 1. I. Die Schweigepflicht des Rechtsanwalts ergibt sich aus der positiven Bestimmung des § 300 StGB. Auch in anderen Reichsgesetzen wird sie erwähnt: so in den §§ 383 Abs. 1 Ziff. 5, Abs. 3, 385 Abs. 2 ZPO., § 52 Abs. 1 Ziff. 3, Abs. 2 StPO.,[2]) § 188 Abs. 1 Ziff. 3 MStGO.

Ihr Inhalt besteht darin, daß der Rechtsanwalt nicht unbefugt Privatgeheimnisse, die ihm kraft seines Berufes anvertraut sind, offenbaren darf.

Diese Schweigepflicht beruht nicht auf einem Vertrage, sondern unmittelbar auf dem Gesetze. Ihre Voraussetzung ist allerdings das Bestehen eines bestimmten Treuverhältnisses, zu dessen Schutz das Gesetz die Schweigepflicht statuiert hat. Dieses Treuverhältnis kann wieder aus einem Anwaltsvertrage hervorgehen; aber notwendig ist dies keineswegs. Auch der gegen den Willen des Angeklagten bestellte Verteidiger ist zur Verschwiegenheit verpflichtet, selbst bezüglich derjenigen Geheimnisse, die ihm nur durch den Akteninhalt zugänglich wurden. Abzulehnen ist daher die von Jellinek aufgestellte Theorie, daß zwischen dem „Anvertrauenden" und dem Rechtsanwalt stets ein spezieller Schweigevertrag, den der Anwalt abzuschließen verpflichtet sei, vorliege (hiegegen auch Früh 84; Wolff 68).

Anm. 2. **II. Der Begriff des Privatgeheimnisses.**

1. Es ist zunächst die Auffassung abzulehnen, als ob durch das Wort „Privatgeheimnis" ein besonderer Gegensatz zu anderen Geheimnissen ausgedrückt werden

---

[1]) Zum folgenden ist im allgemeinen zu vergleichen die Literatur zu § 300 StGB. und zu den oben zitierten §§ der Prozeßgesetze; ferner im einzelnen besonders: Liebmann, Die Pflicht des Arztes zur Bewahrung anvertrauter Geheimnisse 1886; Fromme, Die rechtliche Stellung des Arztes 2c. 1902; Hippe, GoltdArch. **46** 283; Pallaske, DJZ. **1906** 293 ff.; Jäger, DJZ. **1906** 800 ff.; Leo, DJZ. **1906** 1018 ff.; Mittermaier, ZStW. **21** 197 ff.; Kohlrausch, ZStW. **26** 240 ff.; Bendix, GoltdArch. **52** 1 ff.; Günther, Die Verschwiegenheitspflicht des Arztes 1899; Zschock, § 300 StGB. 1903; Friedersdorff, Die unbefugte Offenbarung von Privatgeheimnissen 2c. 1906; Sandheim, Die unbefugte Offenbarung von Privatgeheimnissen nach § 300 StGB. 1904; Ludwig, Die Verletzung des Berufsgeheimnisses 1904; Gieskler, Das Recht des Privaten an der eigenen Geheimsphäre 1904; Jellinek, MSchrKrimPsych. **3** 656 ff.; Gans, Das ärztliche Berufsgeheimnis . . . 1907; Serexhe, Die Verletzung fremder Geheimnisse 1906; Wolff, Der strafrechtliche Schutz des Berufsgeheimnisses 1908 (mit großem Literaturverzeichnis); Weizmann, Das Berufsgeheimnis 1909; Früh, Die strafbaren Pflichtverletzungen des Rechtsanwalts gegenüber seinem Klienten 1910; Sauter, Das Berufsgeheimnis und sein strafrechtlicher Schutz 1910 (u. E. die bedeutendste der neueren Monographien); Stangl, Der Geheimnisbruch durch Rechtsbeistände 1912; Finger, VerglD. **8** 345; Beling, Die Beweisverbote als Grenzen der Wahrheitserforschung im Strafprozeß 1903; Roth, JW. **1911** 130 ff; Ebermayer, DJZ. **1910** 1219 und JW. **1911** 199. Vgl. ferner Karl Neumeyer, Anwaltsvergehen im internationalen Verkehr, GoltdArch. **64** (1917) 1 ff.

[2]) Daß § 52 Ziff. 3 StPO. das Zeugnisverweigerungsrecht in weiterem Umfang gewähren wollte als § 383 Ziff. 5 ZPO. ist nicht anzunehmen, trotz der anderen Fassung des Gesetzes. Die Bestimmung des Abs. 2 setzt ja ausdrücklich eine Verpflichtung zur Verschwiegenheit voraus und verweist damit auf § 300 StGB. A. M: Ruth, DJZ. **1913** 1198; Begr. zum Vorentwurf eines StGB. (1909) 731. Siehe auch unten Anm. 16.

sollte. Wolff nennt (S. 46, 47) als Gegensätze einerseits die Staatsgeheimnisse, anderseits die Geschäftsgeheimnisse. Nach ihm kommen nur Tatsachen „des Privatlebens einer Privatperson, die sich auf rein persönliche Angelegenheiten derselben beziehen" als Privatgeheimnisse in Betracht (ebenso: viele andere; Zitate bei Wolff 47). Diese Sätze klingen so, als ob man bei ihrer Formulierung nur an die Ärzte, Hebammen, Wundärzte und Apotheker, nicht aber an die Rechtsanwälte gedacht hätte. Oder sollten wirklich rein geschäftliche Tatsachen, die dem Anwalt anvertraut werden, nicht unter den Schutz des § 300 StGB. fallen? Dann wäre diese Bestimmung für Anwälte von geringer praktischer Bedeutung. (Zutreffend: Zschock 23). Und sollten juristische Personen, offene Handelsgesellschaften ꝛc. gegen den Geheimnisbruch überhaupt nicht geschützt sein? Das ist undenkbar. Es ist auch nicht einzusehen, warum Tatsachen, die den Charakter von Staatsgeheimnissen tragen, nicht dem Anwalt, der den Fiskus vertritt, als *dessen* Geheimnisse sollten anvertraut werden können.

„Privatgeheimnisse" sind — soweit der Anwalt in Betracht kommt — nichts weiter als Parteigeheimnisse, d. h. Geheimnisse, über welche diejenige Person verfügt, zu der der Anwalt in einem Treuverhältnisse steht.

Anm. 3. 2. Zum Wesen des Geheimnisses gehört vor allem, daß eine dem Rechtsanwalt anvertraute Tatsache *nach dem Willen* des Geheimnisherrn (unten Anm. 9 ff.) geheim gehalten werden soll. Maßgebend ist also der *Wille* zur Geheimhaltung, auch dann, wenn ein Interesse an der Geheimhaltung nicht erkennbar oder nicht vorhanden ist (Sauter 37). Das Gesetz will im öffentlichen Interesse denjenigen, welche genötigt sind, sich einem Arzt oder Anwalt anzuvertrauen, die Gewähr dafür geben, daß alles, was sie erkennbar diskret behandelt wissen wollen, auch wirklich der Offenbarung entzogen bleibt; der Zweck des Gesetzes, dieses Vertrauen zu befestigen, wäre gefährdet, wenn trotz des deutlich kund gegebenen Willens zur Geheimhaltung außerdem noch das (objektive) Interesse an dieser nachgeprüft werden könnte und müßte.

Dennoch ist das Vorhandensein eines Interesses praktisch von großer Bedeutung, nämlich als *Erkenntnisquelle* für das Vorliegen des Geheimhaltungswillens. Wird dieser nicht ausdrücklich erklärt, die Schweigepflicht also dem Anwalt nicht speziell auferlegt, so ist der *Wille zu vermuten*, wenn ein Interesse des Geheimnisherrn an der Geheimhaltung erkennbar ist. Vgl. RGZ. **30** 382 (wohl etwas zu weit gehend); JW. **1901** 719 Nr. 7; **1903** 271 Nr. 7.[1])

Anm. 4. 3. Der Begriff des Geheimnisses setzt eine Kenntnis der geheimzuhaltenden Tatsachen seitens des Geheimnisherrn selbst nicht unbedingt voraus. Gl. M.: Finger 361; Wolff 53; Zschock 28; Frank, StGB.[14] § 300 Anm. II; Ludwig 28/9. In den Fällen, in welchen der Klient selbst das Geheimnis nicht kennt, kann natürlich nur der *mutmaßliche* Wille maßgebend sein: er will die Geheimnisse gewahrt wissen, deren Eröffnung seinen Interessen widerstreiten würde.

Anm. 5. 4. Das Geheimnis ist eine Tatsache, die nach dem Willen des Geheimnisherrn *geheim* bleiben soll. Das ist ein relativer Begriff. Die Bestimmung zur Geheimhaltung wird sich regelmäßig auf einzelne Personen erstrecken, auf andere dagegen nicht.[2]) Die Partei wird meist nicht den Willen haben, das Geheimnis

---

[1]) Daß das Reichsgericht — wie Liebmann 17 meint — nur auf das Interesse Gewicht legte und die Fälle ausschließen wollte, in welchen zwar ein rechtlich anzuerkennendes Interesse objektiv nicht vorliegt, wohl aber der Wille zur Geheimhaltung, ist nicht ersichtlich. RGSt. **18** 60 ergibt wohl eher das Gegenteil (S. 61). Literatur über die einschlägigen Fragen bei Wolff 14 ff., 47; Sauter 32 ff.; Stangl 6 ff. Vgl. auch EGH. **13** 23 und KG., DJZ. **1915** 1135 (welches in unzutreffender Weise das „objektiv gerechtfertigte" Interesse an der Geheimhaltung für maßgebend erklärt).

[2]) Vor denjenigen, welche die Tatsache *kennen*, braucht Geheimhaltung nie zu erfolgen. Wer aber bloß *gerüchtweise* davon erfahren hat, ist noch kein Mitwisser (RGSt. **26** 5).

vor dem eigenen Personal des Anwalts zu bewahren, wohl aber vor dem Gegner. Was zwischen den Parteien in Gegenwart des Anwalts verhandelt wurde, ist der Gegenpartei gegenüber kein Geheimnis. Dennoch braucht der Rechtsanwalt in einem neuen Prozeß zwischen denselben Parteien hierüber nicht als Zeuge auszusagen, weil dem Richter und der Öffentlichkeit gegenüber die Geheimhaltungspflicht besteht. Ebenso: SeuffA. **43** 359; RGZ. **50** 353; RG., JW. **1893** 347 Nr. 20; OLG. **13** 158 (Karlsruhe). A. M.: OLG. Dresden bei Hergenhahn **1** 18; KG. in KGBl. **1915** 51.

Der Kreis der Personen, denen gegenüber die Geheimhaltung erfolgen soll, kann ständig wechseln, z. B. dadurch, daß das Geheimnis nach der Mitteilung an den Anwalt auch einzelnen dritten Personen anvertraut wird.

Anm. 6. Es wird nun regelmäßig gelehrt, den Gegenstand eines Geheimnisses könne niemals eine offenkundige[1]) Tatsache bilden. Allein dieser Satz ist bei näherer Betrachtung inhaltslos, und vergeblich bemüht man sich mit allem Scharfsinn, den Begriff der Offenkundigkeit zu bestimmen. Gewiß kann eine Tatsache, die allen Menschen oder allen denjenigen, vor denen sie geheim gehalten werden soll, bereits bekannt ist, kein Geheimnis sein. Aber abgesehen hievon kann auch bei der weitesten Verbreitung und der größten „Offenkundigkeit" der Geheimnischarakter vorhanden sein. Begrifflich genügt es, daß nach dem Willen des Geheimnisherrn nur einer einzigen Person die Kenntnis der Tatsache verschlossen bleiben soll, während ihm die Eröffnung gegenüber allen anderen Menschen gleichgültig ist. Richtig ist allerdings, daß der Wille zur Geheimhaltung bei solchen in weiten Kreisen bereits bekannten oder der öffentlichen Kenntnis leicht zugänglichen Tatsachen (Zeitungsartikeln, öffentlich verkündeten Urteilen rc.) im Zweifel nicht vorhanden sein wird. Doch gilt dies nicht ausnahmslos: man denke z. B. nur an den Fall, daß die Erlassung des Urteils viele Jahre zurückliegt.

Anm. 7. 5. **Maßgebend für die Frage, ob eine Tatsache als Geheimnis zu erachten sei, ist nicht der Zeitpunkt, in dem sie dem Rechtsanwalt anvertraut wurde, sondern der Zeitpunkt, in welchem die Offenbarung in Frage kommt.** Das gilt von dem (wirklichen oder mutmaßlichen) Willen zur Geheimhaltung, von dem Interesse (als Merkmal für das Vorhandensein des Willens) und von dem Kreis derer, vor denen die Tatsache geheim gehalten werden soll. Der Klient teilt z. B. dem Rechtsanwalt seine Personalien, insbesondere seine Privatadresse mit; der Wille zur Geheimhaltung ist nicht vorhanden; der Anwalt darf von der ihm anvertrauten Tatsache Gebrauch machen. Fahndet aber später die Staatsanwaltschaft nach dem Klienten, so wäre jede Verbreitung des „Geheimnisses" zweifellos eine Pflichtverletzung des Rechtsanwalts. Zutreffend: RG., GruchotsBeitr. **38** 497; Sauter 116; Stein § 383 Anm. III 5. A. M.: LG. Limburg, BuschsZ. **22** 153; Dassel, Recht **1909** 395; v. Liszt, JW. **1916** 156.

Anm. 8. 6. Wir bestimmen hienach den Begriff des Privatgeheimnisses folgendermaßen: **Privatgeheimnis ist eine Tatsache, die nach dem wirklichen oder mutmaßlichen Willen des Geheimnisherrn vor einer oder mehreren Personen, denen sie nicht bekannt ist, geheimgehalten werden soll.**

Anm. 9. **III. Wer ist der Geheimnisherr?**

1. Nach der KGO. vom Jahre 1555 lautete der Eid der Reichskammergerichtsadvokaten folgendermaßen:

Auch kann der Mitteilungsempfänger von der Tatsache früher erfahren, sie aber wieder vergessen haben; dann besteht also für den indiskreten Anwalt doch die Gefahr eines Vertrauensbruches. Vgl. EGH. **13** 58.

[1]) Vgl. z. B. Sauter 109; Stangl 24.

„Die Advokaten des Kaiserlichen Kammergerichts sollen . . . Heimlichkeit oder Behelff, so sie von den Parteien empfahen, oder Unterrichtung der Sachen, die sie von ihnen selbst merken werden, ihren Parteien zum Schaden niemanden offenbahren." (Vgl. Wetzell, System des ordentlichen Zivilprozesses[3] 60 Anm. 14).

Diese Bestimmung ist deshalb von Interesse, weil daraus hervorgeht, daß der Anwalt nur seiner Partei die Treue und Verschwiegenheit schuldete: „ihren Parteien zum Schaden" sollen sie deren Heimlichkeit rc. nicht offenbaren![1])

Es ist von vornherein festzuhalten, was erst neuerdings von einigen klar erkannt wurde, daß auch nach geltendem Rechte der Anwalt nur seiner Partei gegenüber zur Verschwiegenheit kraft Gesetzes verbunden ist. Nur das besondere, bei der Ausübung der im § 300 StGB. genannten Berufe entstehende Vertrauensverhältnis will das Gesetz schützen. Dieses Treuverhältnis besteht aber in unserem Falle nur zwischen dem Sachwalter und seiner Partei. Ihr will das Gesetz im Interesse der Rechtspflege die Möglichkeit eröffnen, sich frei einem Anwalt anzuvertrauen, ihm Geheimnisse zu unterbreiten und zugänglich zu machen, ohne daß sie eine unbefugte Offenbarung zu befürchten braucht (Sauter 38 ff., 126; Stangl 6 ff.).

Der Begriff „Partei" ist hier im weiteren Sinne zu verstehen. Darunter fällt zunächst der Auftraggeber sowie der Vollmachtgeber (vgl. Exkurs vor § 30 Anm. 18), ferner derjenige, welcher bei dem Rechtsanwalt Rat oder Vertretung sucht, auch wenn der Auftrag nicht angenommen oder der Rat nicht erteilt wird; in den Fällen der Beiordnung oder Bestellung eines Pflichtanwalts gilt derjenige, welchem der Anwalt beigeordnet oder als Verteidiger bestellt wird, auch dann als Partei, wenn ein Vertragsverhältnis gar nicht entsteht (vgl. §§ 33 ff. RAO. und den Exkurs zu § 39). Man denke an den Fall, daß der Rechtsanwalt vorsorglich — als negotiorum gestor — die Akten einsieht, dann aber von der armen Partei gar nicht beauftragt wird; oder an den regulären Fall der Bestellung eines Verteidigers. Ein Treuverhältnis entsteht ohne Zweifel auch in diesen Fällen.

Der Dritte, der dem Rechtsanwalt Tatsachen mitteilt, welche für den von ihm vertretenen Kläger von Wert sind oder sein sollen, wird damit nicht Herr des Geheimnisses, hat kein Recht auf anwaltschaftliche Treue und Verschwiegenheit; das Geheimnis wird vielmehr zu einem solchen der Partei, und dieser hat es der Anwalt zu bewahren. Wer dem Rechtsanwalt zu der Sache eines anderen Information erteilt, der gibt eben von selbst sein Geheimnis in die Hände des andern; ihm, nicht dem Anwalt, schenkt er sein Vertrauen.[2]) Vgl. OLG. **19** 110 (Hamburg). Anderseits ist z. B. das ärztliche Berufsgeheimnis, welches der Arzt — befugt oder unbefugt — in seinem Prozesse mitteilt, für diesen ein Geheimnis des Arztes, nicht des Patienten, den der Anwalt vielleicht gar nicht kennt. Ebenso: Gieskor 143; Sauter 133; Stangl 29.

Verspricht der Anwalt einer dritten Person ausdrücklich die Geheimhaltung bis zur Genehmigung durch den Dritten, so ist dies, sofern nicht etwa auch der Geheimhaltungswille des Klienten anzunehmen ist, eine Vereinbarung,

[1]) Vgl. auch die Advokatenordnungen für Baden und Sachsen, Motive zur RAO. 55, 56; ferner Sauter 13 ff.

[2]) Wenn der Direktor einer Aktiengesellschaft für diese dem RA. einen Auftrag erteilt, so ist nur die Aktiengesellschaft Geheimnisherrin, auch wenn die anvertrauten Tatsachen geeignet sind, den Direktor persönlich bloßzustellen.

welche mit der gesetzlichen Schweigepflicht nichts zu tun hat, was sich z. B. sofort zeigt, wenn der Rechtsanwalt im Zivilprozeß das Zeugnis verweigert; dann ist diese Zeugnisverweigerung eine unberechtigte. Wäre es anders, so müßte der Anwalt möglicherweise zum Schaden seiner Partei Schweigen bewahren.

Selbstverständlich kann die Pflicht zur Geheimhaltung auch mehreren Personen gegenüber bestehen.

Anm. 10. Über die Frage, wer Herr des Geheimnisses sei, gehen die Meinungen sehr auseinander. Uns. M. sind: Sauter 133; Früh 118 ff.; DJZ. **1898** 391 (OLG. Stuttgart); Küntzel, GruchotsBeitr. **1896** 678. Die herrschende Meinung bezeichnet den „Anvertrauenden" als Geheimnisherrn; so: Köhler, Strafantrag 51; RGSt. **13** 60; Finger 370; Binding, Handbuch **1** 626 (der aber einmal treffend bemerkt: „Verletzt ist allein der in seinem Vertrauen auf seinen Rechtsanwalt . . . Getäuschte, der einzige, der auf [sein] Schweigen bauen darf". Dies entspricht vollkommen unserer Auffassung). Wohin die Theorie der herrschenden Meinung führt, das zeigt am besten die Entscheidung des RG. SächsArch. **7** 136, wonach selbst ein Gegner des Klienten dem Anwalt gegenüber Geheimnisherr sein könnte! (Vgl. auch DJZ. **1912** 516; SächsOLG. **1910** 335). Es könnte also der Gegner, der die Tatsache dem Anwalt mitgeteilt hat, Strafantrag stellen, wenn dieser sie im Interesse seines Mandanten verwertet! Zu noch unerfreulicheren Ergebnissen führt die Meinung, daß die „Interessenten" als Geheimnisherren anzusehen seien. Diese Theorie ignoriert einmal vollständig den Willen zur Geheimhaltung und schafft auf der anderen Seite ein ganzes Heer von Geheimnisherren, die häufig zu dem Anwalt in gar keiner Beziehung stehen würden, und von denen doch jeder Einzelne z. B. eine Zeugenaussage des Anwalts verhindern könnte (gut: Sauter 124. Dort auch weitere Theorien und Literatur; vgl. ferner Wolff 70).

Anm. 11. 2. Es erhebt sich die Frage, inwieweit eine Nachfolge in die Geheimnisherrschaft möglich ist.[1])

a) Es ist zunächst notwendig sich folgendes klar zu machen: Das Recht des Geheimnisherrn auf Wahrung des Geheimnisses ist nicht identisch mit dem Recht auf Mitteilung der Geheimnisse. Soweit sich diese z. B. in den Handakten verkörpert finden, steht dem Rechtsnachfolger[2]) des Klienten kraft seines Anspruchs auf Aktenherausgabe auch das Recht auf Mitteilung dieser Geheimnisse zu; das gleiche folgt auch sonst in weitem Umfange aus § 666 BGB. Diese Befugnisse machen aber den Nachfolger noch nicht zum Geheimnisherrn. Dies wird sofort klar, wenn man bedenkt, daß der Anspruch auf Aktenherausgabe selbständig abgetreten werden kann; niemand wird annehmen, daß hiedurch der Zedent ohne weiteres seiner Rechte auf Wahrung der in den Akten verkörperten Geheimnisse gegenüber Dritten verlustig gehe und daß der Zessionar den Anwalt vom Berufsgeheimnis entbinden könne.

Anm. 12. b) Wir haben oben gesehen, daß der Wille des Geheimnisherrn durch § 300 StGB. geschützt werden soll. Eine erbrechtliche Sukzession in dieses Persönlichkeitsrecht findet nicht statt. (KG. DJZ. **1915** 1135 = OLG. **29** 118, 120).

---

[1]) Vgl. einerseits (bejahend) Oppenhoff, StGB.[14] § 300 Anm. 8; Köhler, Strafantrag 51; FrankfRundsch. **26** 23; SächsOLG. **30** 331 (Dresden); Stein § 385 Anm. II; OLG. **27** 98 (Colmar); anderseits: OLG. Jena, ThürBl. **40** 236; OLG. **13** 161 (Dresden); Gieseker 186; Sauter 141; Zschock 53; Ludwig 54; Hübner, DRAZ. **10** 195; Weizmann 49. — Über die interessante Frage, ob beim Tode des Anwalts (Arztes) die Schweigepflicht auf den Testamentsvollstrecker übergeht, vgl. OLG. Posen, JW. **1917** 871 Nr. 22.

[2]) Vgl. hiezu Gieseker 186; auch Staudinger, Einl. zum Erbrecht Anm. I. Es ist ganz unrichtig anzunehmen, daß der Erbe nur in geldwerte, realisierbare Vermögensrechte des Erblassers sukzediere. Die Bestimmung des § 2047 Abs. 2 BGB. beweist das Gegenteil.

Stein (§ 385 Anm. II) nimmt an, die Geheimnisherrschaft bzw. die Befugnis, den Anwalt vom Berufsgeheimnis zu entbinden, gehe mit dem Rechtsverhältnis, für welches sie von Bedeutung sei (gemeint ist nicht etwa das Klientelverhältnis), auf den Nachfolger über. Allein damit würden wir wieder zu der oben (Anm. 10) zurückgewiesenen Interessententheorie und zu einer willkürlichen Vervielfältigung der Geheimnisherrschaft gelangen.

Wir müssen einen anderen Weg suchen: Ein Geheimnis liegt, wie wir oben (Anm. 3) gezeigt haben, nur vor, wenn der Wille des Geheimnisherrn zur Geheimhaltung vorhanden ist. Der Wille wird vermutet, wenn ein Interesse an der Geheimhaltung besteht. Geheimnisherrin ist ausschließlich die Partei.

Nun kann der Wille des Geheimnisherrn auch dahin gehen, daß an seine Stelle der Wille einer anderen Person treten soll und dies ist beachtlich, wenn die andere Person auch in das Treuverhältnis des bisherigen Geheimnisherrn zu dem Anwalt eintritt. Mit der Nachfolge in das Klientelverhältnis kann auch die Sukzession in die Geheimnisherrschaft erfolgen,[1]) allerdings nie gegen den Willen des ursprünglichen Geheimnisherrn.

Diese Rechtsnachfolge kann eine Singularsukzession sein: wenn z. B. bei Übertragung eines Mandats an den Rechtsanwalt bestimmt wird, daß bei Veräußerung der Firma des Auftraggebers die für diesen anhängigen Rechtssachen für den Erwerber weiter zu führen seien, so wird anzunehmen sein, daß der Erwerber auch Herr der zu der Sache anvertrauten Geheimnisse werden soll. Dies kann ja auch ausdrücklich vom Veräußerer verfügt werden. Zur Übertragung des Treuverhältnisses ist hier Zustimmung des Anwalts erforderlich (§ 613 BGB.).

Ebenso kann der Wille des Erblassers den Universalrechtsnachfolger in die Geheimnisherrschaft sukzedieren lassen, aber auch hier nur gleichzeitig mit der Sukzession in das Klientelverhältnis. Dieser Wille braucht nicht etwa im Wege der letztwilligen Verfügung ausgesprochen zu werden; er kann dem Anwalt gegenüber formlos zum Ausdruck kommen. Das Interesse kann auch hier als Erkenntnisquelle für das Vorhandensein des Willens dienen. Der Wille wird also vermutet, wenn den Interessen des Erblassers unzweifelhaft damit gedient ist, daß seine in das Klientelverhältnis eintretenden Erben die Geheimnisherrschaft fortsetzen. Dies wird z. B. nicht der Fall sein bei Geheimnissen, die ausschließlich oder sehr wesentlich die Person des Verstorbenen betreffen.

c) Auch in den Fällen, in welchen eine Sukzession in die Geheimnisherrschaft nicht erfolgt, in welchen also der Anwalt dem Toten die Treue zu wahren hat, wird diese Bindung regelmäßig keine unbegrenzte sein. Es ist nach Lage des Falles zu prüfen, von wann ab nach dem mutmaßlichen Willen des Verstorbenen die Wahrung seines Geheimnisses nicht mehr geboten erscheint. Die Richtschnur für die Erkenntnis dieses Willens bildet wiederum das Interesse des Verstorbenen. Anm. 13.

Aus dem eben Gesagten ergibt sich auch die Lösung für eine in der Praxis nicht selten auftauchende Frage. Ein Rechtsanwalt hat als Vertreter des A einer Vergleichsverhandlung beigewohnt. Nach dem Tode des A entsteht ein Prozeß über die Auslegung des Vergleichs. Die Witwe und Erbin des A führt diesen Prozeß durch einen anderen Anwalt. Sie steht in keinem Klientelverhältnis mehr zu dem ersten Rechtsanwalt, hat aber das größte Interesse daran, daß dieser als Zeuge über die Vorgänge bei jener Vergleichsverhandlung aussage. Hier ist nach dem mutmaßlichen Willen des Erblassers eine Geheimhaltungspflicht nicht gegeben und es besteht daher auch kein Recht zur Zeugnisverweigerung. Die Witwe wird zwar nicht Geheimnisherrin, aber ihren Zwecken ist damit gedient, daß der Anwalt kraft Gesetzes zur Aussage verpflichtet ist. Ob dieser Fall vorliegt, wird freilich

[1]) Vgl. hiezu RG. JW. **1915** 517 Nr. 15.

häufig nur der Anwalt selbst nach gewissenhaftem Ermessen entscheiden können.[1] Vgl. hiezu KG. DJZ. **1915** 1135 (= OLG. **29** 118, 120), welches jedoch nur das „objektiv gerechtfertigte" Interesse des Verstorbenen, statt seines Willens, betont.[2])

Anm. 14. d) Soweit es bei juristischen Personen eine Universalsukzession gibt (vgl. z. B. § 306 HGB.) finden die Ausführungen sub b entsprechende Anwendung. Hier werden sich übrigens kaum Schwierigkeiten ergeben, weil der Wille, den Rechtsnachfolger in die Geheimnisherrschaft sukzedieren zu lassen, regelmäßig außer Zweifel stehen wird, auch kaum andere als geschäftliche Geheimnisse in Betracht kommen.

Anm. 15. **IV. Ein Berufsgeheimnis im Sinne des § 300 StGB. liegt nur vor, wenn das Geheimnis dem Rechtsanwalt kraft seines Amtes oder Standes, d. h. kraft seines Berufes anvertraut ist.**

1. Zum Begriffe des Anvertrauens wird nicht erfordert, daß die betreffende Tatsache dem Anwalt ausdrücklich mitgeteilt wurde. Es genügt, daß sie ihm durch die Berufsausübung zugänglich gemacht und bekannt wird. So die herrschende Meinung.[3]) Auch Handlungen, welche der Rechtsanwalt selbst vornimmt, können unter das Berufsgeheimnis fallen (z. B. wenn mit ihrer Offenbarung die Preisgabe von anvertrauten Geheimnissen unmittelbar verbunden ist), nicht minder die Frage, ob er zu solchen Handlungen von der Partei ermächtigt war. Unrichtig: OLG. **2 11** (Stettin); zu eng auch Beling 19 Anm. 1; gut: Sauter 189. Auch der Umstand, daß etwas nicht geschehen ist, kann ein anvertrautes Geheimnis darstellen. Endlich kann die bloße Tatsache, daß die Partei den Anwalt überhaupt beruflich konsultiert hat, ein Geheimnis bilden; man denke an die Beiziehung eines berühmten Verteidigers, der Zivilsachen überhaupt nicht führt (vgl. Kraus, MSchrKrimPsych. **1** 153).

Anm. 16. 2. Die Tatsache muß kraft seines Berufes dem Anwalt anvertraut sein, d. h. sie muß ihm durch die Berufsausübung und zum Zwecke der betreffenden Berufsausübung bekannt geworden sein (vgl. Sauter 182; Jellinek 669; unrichtig: Ludwig 31). Es genügt nicht, daß die Tatsache dem Anwalt nur gelegentlich seiner Berufsausübung bekannt wurde.[4]) Teilt jemand anläßlich der Information zu einem Prozesse dem Anwalt gesprächsweise irgendein Familienereignis mit, das in gar keiner Beziehung zu dem Prozeßstoff steht, so wird hiedurch ein Berufsgeheimnis nicht anvertraut. OLG. **6** 128; PosMSchr. **1906** 15 (OLG. Marienwerder). A. M.: Weizmann 19.

---

[1]) Vgl. ferner das Beispiel bei Sauter 145.

[2]) Die beiden, an oben genannten Stellen abgedruckten, interessanten Entscheidungen des KG. verneinen das Zeugnisverweigerungsrecht eines Arztes und eines Notars, die nach dem Tode des Patienten (Klienten) darüber aussagen sollen, ob dieser geisteskrank war oder nicht. Es liege kein rechtlich beachtliches Interesse an der Geheimhaltung vor; Geisteskrankheit gehöre nicht zu den Leiden, die den sittlichen Wert und das Andenken des Verstorbenen berühren. Allein wenn man den mutmaßlichen Willen des Verstorbenen zu ermitteln sucht, so muß man davon ausgehen, daß die meisten Menschen den lebhaften Wunsch haben werden, daß sie nicht nach ihrem Tode für geisteskrank, daß ihre Verfügungen nicht für ungültig erklärt werden und daß Anwälte und Ärzte, denen sie sich anvertraut haben, nicht das Vertrauen dazu mißbrauchen, um später über ihren Geisteszustand auszusagen. Daß Geisteskrankheit nach den herrschenden Anschauungen das „Andenken des Verstorbenen nicht berühre", wird man schwerlich aufrecht erhalten können. Sie begründet natürlich keinen sittlichen Makel, aber doch ein ganz verändertes Urteil über die Persönlichkeit, was gewiß nicht als gleichgültig erachtet wird.

[3]) Vgl. z. B. RGZ. **35** 400; SeuffA. **43** 359 (RG.); HessRspr. 6 153 (OLG. Darmstadt); SeuffBl. **71** 424 (OLG. München); JW. **1901** 719 Nr. 7 (RG.); RGZ. **54 1**; Leonhard, ZStW. **26** 431; SächsOLG. **36** (1915) 50. Weitere Literatur bei Sauter 181 ff.

[4]) Die Begründung zum Vorentwurf zu einem StGB. nimmt (S. 731) an, daß § 52 Ziff. 3 StPO., der von einem Anvertrauen „bei Ausübung" des Berufs spricht, deshalb anders auszulegen sei als § 300 StGB. Dem ist nicht beizupflichten (s. o. Anm. 1 Fußnote 2).

3. Wenn eine Tatsache dem Rechtsanwalt schon bekannt war, so kann sie ihm von der Partei nicht mehr als Geheimnis anvertraut werden. Wäre es anders, so könnte jeder, der eine dem Anwalt bekannte Tatsache geheim gehalten wissen wollte — z. B. der ungetreue Bureauvorsteher, den der Anwalt auf frischer Tat ertappt hat —, den Rechtsanwalt dadurch zur Geheimhaltung zwingen, daß er ihn über die betreffende Tatsache konsultierte. Denn auch das nicht angenommene Mandat begründet die Schweigepflicht. Ebenso Sauter 214 (dort auch Literatur). Anm. 17.

Wird dem Rechtsanwalt, nachdem ihm eine Tatsache als Geheimnis anvertraut war, dieselbe Tatsache auch außerhalb der betreffenden Berufsausübung von Dritten mitgeteilt, so verliert sie den Charakter des anvertrauten Geheimnisses. Was der Anwalt nicht kraft seines Berufes erfährt, darf er frei verwerten. Nur die unbefugte Offenbarung ist strafbar. Ebenso: Sauter 213. A. M.: RGSt. **41** 4 ff. Anm. 18.

Zweierlei aber bleibt zu beachten: Es kommt häufig vor, daß die anvertraute Tatsache nur scheinbar mit der später bekanntgewordenen völlig übereinstimmt. Was dort bestimmte Kenntnis war, kann hier nur Gerücht sein. Auch ist der Umstand, daß etwas geschehen ist, noch keineswegs identisch mit dem Umstand, daß der Klient dies gewußt und seinem Anwalt anvertraut hat. Dies darf also der Anwalt auch dann nicht offenbaren, wenn ihm nur das Geschehnis von dritter Seite mitgeteilt wurde.

Ferner kann, wenn auch keine strafbare Handlung nach § 300 StGB. vorliegt, die Indiskretion dennoch eine hochgradig unanständige und daher ehrengerichtlich verfolgbare Handlung sein, besonders wenn es sich um eine vorsätzliche oder fahrlässige Gefährdung der *Interessen* des Klienten handelt.

4. Kraft seines *Amtes* (das StGB. bezeichnet ja die Rechtsanwaltschaft als öffentliches Amt: § 31 Abs. 2) ist das Geheimnis dem Rechtsanwalt nur dann anvertraut, wenn es ihm durch die gerade dem Anwalt eigentümliche Berufsausübung zugänglich wurde, also durch seine Tätigkeit als Beistand, Verteidiger, Berater, Parteivertreter 2c. (vgl. die Allg. Einl. Anm. 16 ff.). Nimmt er andere Stellungen ein, als Pfleger, Gläubigerausschußmitglied, Vormund 2c., so gilt hiefür nicht Anwaltsrecht, sondern gegebenenfalls das betreffende Spezialrecht. Daher ist der Rechtsanwalt als Konkursverwalter dem Gemeinschuldner nicht nach § 300 StGB. zur Verschwiegenheit verpflichtet. Ebenso: GruchotsBeitr. **43** 509 (RG.). A. M.: Sauter 199. Sehr interessant bezüglich des Testamentsvollstreckers: BreslauAK. **1917** 43 = PosMSchr. **1917** 22 (OLG. Posen). Anm. 19.

Auch was der Anwalt etwa als Mitglied des AKV. oder des Ehrengerichts erfährt, fällt nicht unter § 300 (gl. M.: Sauter 205; a. M.: Tollkiemitt, JW. **1919** 176). Vgl. jedoch unten Anm. 33, ferner § 66 Anm. 19, § 82 Anm. 2, § 54 Anm. 20.

5. Der Umstand, daß der Rechtsanwalt später aus dem Stande ausscheidet, hat auf die Fortdauer der Schweigepflicht keinen Einfluß. Ebenso die herrschende Meinung.

V. Das Berufsgeheimnis darf der Rechtsanwalt nicht unbefugt offenbaren, d. h. er darf es keinem Dritten,[1]) für den es nicht bestimmt ist, *ohne positive Befugnis* zugänglich machen. Anm. 20.

1. Nicht unbefugt ist die Offenbarung, wenn der Geheimnisherr den Rechtsanwalt von der Schweigepflicht entbindet.

a) Die Befreiung erfolgt durch ausdrückliche oder stillschweigende Kundgabe des *Willens*, auf die Geheimhaltung zu verzichten. Es bedarf also nicht einer

[1]) An den Geheimnisherrn selbst darf die Offenbarung stets erfolgen, auch wenn dieser das Geheimnis nicht kennt: Sauter 212. Auch demjenigen, der z. B. der Eröffnung gesetzlicher Vertreter des Geheimnisherrn und als solcher zur Ausübung der Geheimnisherrschaft berufen ist, darf das Geheimnis eröffnet werden; denn er hat ja auch die Macht, die Schweigepflicht zu lösen. Ebenso: Sandheim 33. A. M.: Sauter 213.

dem Anwalt gegenüber abzugebenden Erklärung; der Wille muß nur für ihn klar erkennbar sein (ebenso: Sauter 163; a. M.: OLG. **19** 110 [Hamburg]). Hienach ist es zutreffend, daß die Benennung des Anwalts als Zeugen über die anvertraute Tatsache an sich schon dessen Entbindung vom Berufsgeheimnisse enthält (so: Stein § 385 Anm. II 2; OLG. Darmstadt, DJZ. **1902** 396; SächsOLG. **36** 50; Sauter 164). Die Benennung hat aber diese Wirkung nur dann, wenn sie unzweifelhaft von der Partei selbst ausgeht oder ihrem Willen entspricht (vgl. unten Anm. 24).

b) Sind mehrere Geheimnisherren vorhanden, so ist die Zustimmung aller erforderlich. So die herrschende Meinung. A. M.: Stangl 37.

Anm. 21. c) Die Befreiung von der Schweigepflicht ist solange widerruflich, als die Geheimnisqualität besteht (zur Begründung siehe oben Anm. 7). Ebenso: SeuffA. **1911** 332 (OLG. München); OLG. **19** 110 (Hamburg); JW. **1914** 434 Nr. 56 (RGStS.); Dassel, Recht **1909** 395; Stangl 35. A. M.: RGZ. **50** 353; DJZ. **1902** 396 (OLG. Darmstadt); Stein § 385 Anm. II 2; SächsOLG. **36** 50ff. (Dresden)[1]); KG. JW. **1916** 1144 (hiezu s. u. Anm. 24).

Anm. 22. d) Die Befreiung kann auch für einen bestimmten Fall der Offenbarung, also z. B. nur für eine Zeugenaussage erfolgen; ja sie wird regelmäßig nicht weiter auszulegen sein, als sie erklärt ist.

Anm. 23. e) Daß die Befreiung von der Schweigepflicht auch durch Spezialbevollmächtigte erklärt werden kann, unterliegt keinem Zweifel. Auch eine wirklich alle Angelegenheiten umfassende Generalvollmacht enthält an sich die Ermächtigung hiezu; obschon im einzelnen Falle die Generalvollmacht in so weitem Sinne zu verstehen ist, bleibt Auslegungsfrage. Vgl. SeuffA. **1910** 259/262 (RG.); Sauter 171. Anscheinend a. M.: KG. Recht **1907** 1266 Nr. 3154.

Anm. 24. Zweifelhaft ist die Frage, inwieweit Vollmachten, welche bestimmte Angelegenheiten oder bestimmte Arten von Angelegenheiten umfassen, den Bevollmächtigten zur Befreiung vom Berufsgeheimnis autorisieren. Hier interessiert vor allem die gewillkürte Prozeßvollmacht und die Prokura, welche nach § 49 HGB. in weitem Umfange eine gesetzliche Prozeßvollmacht enthält.

Wir sind der Meinung, daß die gewillkürte Prozeßvollmacht das Recht der Befreiung von der Schweigepflicht nicht ohne weiteres mitumfaßt. Diese Befreiung ist — wie OLG. München in OLG. **23** 182 treffend nachgewiesen hat — keine Prozeßhandlung im Sinne des § 81 ZPO. Wenn sie es wäre, so könnte ja die Partei nach § 83 ZPO. die Befugnis ihres Prozeßbevollmächtigten, alle Anwälte, welche etwa vom Gegner im Prozesse als Zeugen benannt werden, von der Schweigepflicht zu entbinden, nicht einmal ausschließen. Die Partei würde also — sogar über ihren Tod hinaus — dem Prozeßbevollmächtigten eine Gewalt über ihre ganze Persönlichkeit einräumen, die mit einer bloßen Vollmacht für den einzelnen Prozeß gewiß nicht eingeräumt werden soll. Vgl. auch RGZ. **58** 227. Gl. M.: OLG. **23** 182 (München). A. M.: Förster-Kann **1** 275; Stein § 385 Anm. II 2; offenbar auch KG. JW. **1916** 1144.

Der Prokurist ist zur Entbindung von der Schweigepflicht — u. z. im Prozeß wie außerhalb desselben — als ermächtigt zu erachten, soweit „der Betrieb eines Handelsgewerbes" eine solche Rechtshandlung mit sich bringt (§ 49 HGB.). Seine Vertretungsbefugnis beschränkt sich also auf rein geschäftliche Angelegenheiten.

Anm. 25. f) Die Befugnis zur Lösung von der Schweigepflicht wird für den beschränkt Geschäftsfähigen, für den Geschäftsunfähigen und für juristische Personen sowie

---

[1]) Diese Entscheidung läßt es dahingestellt, ob ein Widerruf überhaupt zulässig, erklärt ihn aber aus Gründen der prozessualen Ordnung für unbeachtlich, wenn die Befreiung im Prozeß wiederholt erklärt wurde (!).

sonstige Personeneinheiten durch den gesetzlichen Vertreter ausgeübt. Soweit jedoch der beschränkt Geschäftsfähige handlungs- bzw. prozeßfähig ist, ist er auch selbst zur Ausübung dieses Rechts befähigt. So der minderjährige Angeklagte hinsichtlich seines Verteidigers, der minderjährige Ehegatte hinsichtlich des Scheidungsprozesses (§ 612 ZPO.) rc. Weitere Einzelheiten bei Sauter 169/170.

g) Wie aber steht es mit dem Berufsgeheimnis im Falle des Konkurses? Ist der Konkursverwalter, der z. B. einen Prozeß des Gemeinschuldners aufnimmt, befugt, über das Geheimnis des letzteren zu verfügen und den Rechtsanwalt, dem es anvertraut ist, von der Schweigepflicht zu entbinden? Anm. 26.

Wir nehmen mit Jaeger, KO.[5] § 6 Anm. 1 ff. an, daß der Konkursverwalter gesetzlicher Vertreter des Gemeinschuldners hinsichtlich der Verwaltung und Verwertung der Konkursmasse ist.[1]) In dieser Eigenschaft hat er für den Gemeinschuldner nicht nur reine Vermögensrechte auszuüben, sondern auch gewisse Hilfsrechte, die für die Wahrung und Ausübung von Vermögensrechten von erheblicher Bedeutung sind (vgl. Jaeger § 1 Anm. 17). Zu diesen Hilfsrechten kann auch das Recht auf Verschwiegenheit gehören (das allerdings niemals selbst ein Vermögensrecht ist). Soweit also die Offenbarung eines vom Gemeinschuldner seinem Rechtsanwalt anvertrauten Geheimnisses für die Verwaltung der Masse von Bedeutung ist, kann nur der Konkursverwalter als gesetzlicher Vertreter des Gemeinschuldners den Anwalt von der Schweigepflicht entbinden. Soweit freilich das Geheimnis daneben auch die rein persönlichen Interessen des Gemeinschuldners berührt, muß auch dieser als verfügungsberechtigt angesehen werden. Ebenso: RGZ. **59** 85; RG. JW. **1906** 430 Nr. 17; Sauter 173; Jaeger, KO.[5] §§ 207 ff. Anm. 11. A. M.: Die erste Auflage; ferner OLG. Darmstadt HessRspr. **3** 177; Staub-Hachenburg, GmbHG.[4] § 63 Anm. 12 (ohne Begründung); Liebmann, GmbHG. § 64 Anm. 8.

2. Nicht unbefugt ist die Offenbarung, wenn das Strafgesetz selbst oder eine andere Rechtsnorm die positive Pflicht zur Offenbarung aufstellt. Das ist z. B. der Fall in § 139 StGB., § 13 SprengstG. § 9 Ges. betr. Verrat mil. Geheimnisse 3. 6. 14 (RGBl. 1915). Ebenso die herrschende Meinung. Vgl. jetzt auch BRBek. 7. 10. 15 (RGBl. 633); dazu Schulz, JW. **1915** 1465; **1916** 32; (gegen Bendix LZ. **1915** 1574); v. Liszt, JW. **1916** 155. Die Rechtsnorm kann auch eine landesrechtliche sein. Vgl. Wolff 81 ff. Der Fall liegt ferner vor, wenn der Rechtsanwalt oder frühere Rechtsanwalt den Offenbarungseid leisten und hiebei zur Herstellung eines wahrheitsgemäßen Vermögensverzeichnisses Forderungen gegen Klienten angeben muß, durch deren Angabe möglicherweise ein Geheimnis verletzt wird. A. M. (bezüglich der Ärzte): Schubart, DJZ. **1914** 822. Dagegen: Gumbinner, DJZ. **1914** 990; Francke, Recht **1914** 502. Anm. 27.

Den Rechtspflichten dürfen allgemein sittliche Pflichten nicht gleichgestellt werden. Die gegenteilige Meinung (vgl. bes. RGSt. **38** 62; RGZ. **53** 315; weitere Literatur bei Wolff 67/68) führt zu einer unerträglichen Unbestimmtheit und Rechtsunsicherheit, zu einer Erschütterung des so notwendigen Vertrauens auf die Verschwiegenheit des Arztes und Anwalts. Bezeichnend hiefür sind z. B. die Resultate, zu denen Ebermayer, DJZ. **1910** 1216 und JW. **1911** 199 gelangt; hier wird eine sittliche Pflicht, mit Rücksicht auf das gefährdete Staatswohl die Schweigepflicht zu brechen und daher in concreto die anvertrauten Geheimnisse der Polizei zu verraten, konstruiert (dagegen, aber auch noch zu weitgehend: Roth, JW. **1911** 130. Gut: Sauter 257 ff.). Es muß entschieden dagegen Verwahrung eingelegt werden, daß z. B. der Anwalt berechtigt sein Anm. 28.

---

[1]) Vgl. auch neuerdings die treffende Begründung dieser Ansicht durch Männer, LZ. **1916** 783 ff.

sollte, das Geständnis eines früheren Klienten preiszugeben, um einen Unschuldigen vor dem Gefängnis zu retten (so: Früh 113/4).[1]) Man scheint sich hier nicht genügend klar gemacht zu haben, wohin solche Theorien führen, die doch schließlich alles von der subjektiven Interessenabwägung abhängig machen. Denn § 300 StGB. erfordert Vorsatz!

Auch mit der allgemeinen Rechtspflicht zur gewissenhaften Berufsausübung (§ 28 RAO.) wird man hier nie zu dem gleichen Ergebnisse gelangen können, wie die Vertreter der eben bekämpften Anschauung. Die Berufspflicht des Parteianwalts besteht in erster Linie darin, daß er seiner Partei treu dient, niemals darin, daß er sie verrät. Vgl. hiezu auch Jellinek 677.

Anm. 29. 3. Nicht unbefugt ist ferner die Offenbarung, wenn sie unumgänglich notwendig ist, um dem Anwalt selbst in einem behördlichen Verfahren zu seinem Rechte zu verhelfen, z. B. im Prozesse wegen seiner Kosten, ferner wenn er sich ehrengerichtlich oder strafrechtlich zu verantworten hat. Schafft das Gesetz Garantien für die Durchführung und Wahrung der Rechte des Einzelnen, so kann es ihn nicht gleichzeitig mundtot machen. Doch darf das Rechtsgut, das der Anwalt wahren will, nicht geringwertiger sein als dasjenige, welches er verletzt: es ist regelmäßig unzulässig, wegen eines ganz kleinen Gebührenanspruchs wichtige Geheimnisse zu verraten. Ebenso: Binding, Bes. Teil² **1** 127 und Köhler, Deutsches Strafrecht (1917) 371 (die dieses Ergebnis treffend aus dem Rechtsgedanken des Notstandes ableiten); Frank, StGB.¹⁴ § 300 Anm. III 2b; Früh 115; EGH. **3** 60; Ludwig 46; Sauter 271ff. (dort weitere Literatur); abweichend: Benedikt, Adv. unserer Zeit⁴ 90/91. In den Fällen des eigentlichen Notstandes und der Notwehr (BGB. § 227, StGB. §§ 52—54) ist die Offenbarung gleichfalls nicht unbefugt; vgl. Sauter 267ff.; Frank a. a. O.

Anm. 30. Keine Befugnis zur Offenbarung des Geheimnisses wird dem Anwalt dadurch gewährt, daß er über die betreffende Tatsache als Zeuge oder Sachverständiger vernommen wird. Die im Strafrecht herrschende Meinung schließt daraus, daß die einschlägigen Bestimmungen der Prozeßgesetze den Rechtsanwalt zur Zeugnisverweigerung nur für berechtigt, nicht für verpflichtet erklären, das Gegenteil. Allein für die Statuierung einer Schweigepflicht war in jenen Gesetzen, welche nur die Ausnahmen von der allgemeinen Verpflichtung, Zeugnis abzulegen, aufzählen wollen, kein Raum. Anderseits wäre es unverständlich, wie das Gesetz — z. B. in § 383 Abs. 1 Ziff. 5, Abs. 3, § 385 Abs. 2 ZPO. — stets von der „Verpflichtung zur Verschwiegenheit" sprechen könnte, wenn eine solche für den Zeugen gar nicht existierte. In § 383 Abs. 3 ZPO. wird sogar der — nach der herrschenden Meinung unmögliche — Fall berücksichtigt, daß „ohne Verletzung der Verpflichtung zur Verschwiegenheit ein Zeugnis nicht abgelegt werden kann". Welchen Grund hätte der Staat, eine Aussage zu verhindern, wenn er ein Recht zur Aussage statuieren wollte? Auch die Entstehungsgeschichte der Prozeßgesetze beweist — wie Simonson in DJZ. **1904** 1014 gezeigt hat —, daß man durch die Bestimmungen über Zeugnisverweigerung keineswegs in die durch § 300 StGB. statuierten Pflichten der Ärzte, Anwälte ꝛc. eingreifen wollte.

---

[1]) Die Anschauung Früh's, die von vielen anderen geteilt wird und alles auf die Frage des überwiegenden Interesses abstellt, enthält schon deswegen eine Inkonsequenz, weil Früh selbst an anderer Stelle die richtige Meinung vertritt, daß nur der Wille des Geheimnisherrn entscheidet, auch wenn ein Interesse gar nicht vorliegt. In allen diesen Fällen würde hiernach der Geheimnisherr tatsächlich schutzlos sein; denn ein höheres Interesse als gar keines ließe sich immer finden. Früh steht auch bezüglich der eine Anzeigepflicht begründenden Gesetze (wie § 139 StGB.) auf dem Standpunkt der Interessenabwägung (S. 111ff.), ebenso (S. 105) hinsichtlich der Zeugenaussage (unten Anm. 30). Ähnlich: Weizmann 36. Gegen die Interessenabwägungslehre auch Jellinek 673.

Ans. M.: Stein § 383 Anm. III 2; Simonson, DJZ. **1904** 1014; Günther 27; Bendix, GoltdArch. **52** 14; Liebmann 7; Franz, Das Deutsche Notariat 346; Ebermayer, JW. **1911** 200 und DJZ. **1910** 1219; Gieske 110 (sehr beachtlich); Ludwig 40; OLG. Posen in Breslau AK. **1917** 44. Das Reichsgericht hat die Frage ex professo noch nicht entschieden.[1]) RGSt. **19** 364 folgt nur scheinbar der herrschenden Meinung, während RGZ. **53** 317 ausdrücklich sagt, daß es die herrschende Meinung bewußterweise seiner Entscheidung nicht zugrunde gelegt habe. Sauter, der stets Ausschluß der Strafbarkeit im Falle der Zeugenvermehrung annimmt, hält zivilrechtliche Schadensersatzpflicht und ehrengerichtliche Bestrafung für möglich (248 Anm. 3). Dort auch weitere Literatur, desgl. in RGZ. **53** 317 (Anmerkung). Ganz eigenartig: Jellinek 675 ff., 686.

Wenn die Zeugnisverweigerung des Rechtsanwalts durch eine unrichtige, aber Anm. 31. rechtskräftige gerichtliche Entscheidung für unbegründet erklärt ist, so wird die Pflicht zur Verschwiegenheit praktisch hinfällig. Es tritt dann ein Notstand ein, welcher den Rechtsanwalt faktisch zwingt, das Geheimnis zu offenbaren. Im Resultat ebenso: RGZ. **53** 317; Wex, DJZ. **1905** 309; Früh 109. Der Anwalt ist nicht verpflichtet gegen den Beschluß Beschwerde einzulegen.

5. Der Umstand, daß die Offenbarung des Geheimnisses zu rein wissenschaft- Anm. 32. lichen Zwecken erfolgen soll, begründet keine Befugnis zur Preisgabe des Geheimnisses. Dies ist herrschende Meinung.

VI. Strafrecht, Zivilrecht, Standesrecht: Die vorstehenden Ausführungen Anm. 33. geben in großen Zügen die Norm wieder, welche dem § 300 StGB. zugrunde liegt. Eine Erörterung speziell strafrechtlicher Fragen — z. B. hinsichtlich des Vorsatzes und Strafantrages — liegt außerhalb unserer Aufgabe.

Eine Verletzung der Verschwiegenheitspflicht im Sinne des § 300 StGB. begründet auch zivilrechtliche Schadensersatzpflicht und, wenn die Wiederholung zu besorgen ist, einen Unterlassungsanspruch (trotz RGZ. **77** 217; **82** 59; vgl. Rosenthal, Die Unterlassungsklage [1916] 25 ff.), aber nur für den Geheimnisherrn (Staudinger § 823 Anm. IV b; vgl. auch Küntzel, GruchotsBeitr. **1896** 678).

Eine anwaltschaftliche Pflichtverletzung im Sinne des § 28 liegt auch beim Bruche des Berufsgeheimnisses nur dann vor, wenn ein Mangel an Gewissenhaftigkeit gegeben ist. Denn es gibt Fälle, in denen es außerordentlich schwierig ist das Richtige zu treffen und in welchen kein Vorwurf gegen denjenigen erhoben werden kann, dem die zu treffende Unterscheidung nicht gelungen ist. Ferner gibt es Fälle, in denen die Erfüllung der höheren sittlichen Pflicht den Anwalt zwar nicht von der kriminellen Strafe befreit, wohl aber von der ehrengerichtlichen Ahndung (vgl. Sauter 284). Anderseits kann auch da, wo § 300 StGB. nicht eingreift, aus anderen Gründen eine weitgehende Verpflichtung (z. B. Anstandspflicht) zur Wahrung der Diskretion bestehen, deren Verletzung zu ehrengerichtlicher Bestrafung führen kann. Vgl. hiezu OLG. Frankfurt a. M., Hergenhahn **1** 21; EGH. **1** 130; M. Friedländer, JW. **1918** 272.

Exkurs II zu § 28.

Kleiner Ehrenkodex.[2])

Die nachstehenden Ausführungen verfolgen nicht den Zweck, auch nur mit an- Anm. 1. nähernder Vollständigkeit zu verzeichnen, was dem Anwalt erlaubt und was ihm

[1]) Auch nicht in RGSt. **48** 269, wo im übrigen ausgeführt ist, daß der Zeuge sein Zeugnisverweigerungsrecht nicht dadurch verliert, daß er bereits angefangen hat, das Geheimnis preiszugeben.

[2]) Vgl. zum folgenden insbes.: Finger, Die Kunst des Rechtsanwalts[2]; Wildhagen, DJZ. **1901** 367 ff.; Pierner, MittAGAnw. **4** Nr. 1 ff.; M. Friedländer, AWNachr. **3** 75 ff. — Die von Martin, AWNachr. **2** 27 vertretene Anschauung, daß sogenannte Standespflichten nicht unter § 28 RAO. fallen und ihre Verletzung Vorstand und Ehrengericht nichts angehen, ist abwegig. Vgl. (gegen Martin) Noest, ebenda 40.

verboten ist. Das wäre eine unfruchtbare und unlösbare Aufgabe. Es soll auch nicht etwa die ganze in den Entscheidungen des EGH. enthaltene Kasuistik hier zusammengestellt werden. Ein großer Teil des dort aufgespeicherten Stoffes entbehrt naturgemäß der grundsätzlichen Bedeutung, bietet nur mit Beziehung auf den Einzelfall Interesse oder betrifft Selbstverständliches. Hier soll nur der Versuch gemacht werden, diejenigen Standesfragen von grundsätzlicher Wichtigkeit, die seit Geltung der RAO. in Praxis und Theorie aufgetaucht sind, kurz zu besprechen, unter besonderer Berücksichtigung der Rechtsprechung des EGH. und der Äußerungen der Kammervorstände. Selbstverständlich konnte nicht alles, was an anderen Stellen des Kommentars schon seinen natürlichen Platz gefunden hat, hier wieder angeführt werden. Die Darstellung erfolgt nach alphabetisch geordneten Stichworten.

Anm. 2. **1. Ablehnungsgesuche,** leichtfertige, siehe Rechtspflege.

2. Anfechtbare Verträge, siehe Sittenwidrige und fraudatorische Verträge.

3. Anwaltvereine. Gehört der RA. einem Anwaltvereine an, so ist es seine Pflicht, den Beschlüssen dieses Vereins[1] (z. B. über Sonntagsruhe, Tarifverträge 2c.) nicht vorsätzlich oder fahrlässig zuwiderzuhandeln. Will er sich den Beschlüssen nicht fügen, so muß er seinen Austritt aus dem Verein erklären. In der Rechtsprechung sind diese Fragen, die in Zukunft größere Bedeutung erlangen werden als bisher, kaum erörtert. In EGH. **17** S. 32/15 ist ein Fall behandelt, in dem der RA. einem Beschlusse des örtlichen Anwaltvereins, dem er selbst zugestimmt hatte, zuwiderhandelte; das wurde natürlich als Verfehlung angesehen.

Anm. 3 **4. Arme Partei.** Daß der Anwalt, wenn er im Armenrechte einer Partei beigeordnet wurde, zunächst keine Vergütung verlangen kann, steht fest (vgl. § 34 Anm. 8). Allein er darf auch nicht versuchen, diese Verpflichtung zu umgehen, indem er z. B., ohne die Partei, die im Armenrechte streiten will, aufzuklären, das Armenrecht erst nach Erhebung der Klage beantragt, um die Prozeßgebühr liquidieren zu können. (AKJahrB. **1887** 9). Über einen anderen Fall der Umgehung vgl. EGH. **16** 354. Der RA. hat auch im Amtsgerichtsprozeß die Partei, welch „im Armenrechte" prozessieren will, darauf hinzuweisen, daß sich das Armenrecht mangels besonderer Beiordnung nicht auf die Tätigkeit des Anwalts erstrecke; tut er das nicht, so ist es unanständig, von der armen Partei Gebühren zu fordern; AKJahrB. **1893** 9 Nr. 17 (Hamburg). — Der RA. darf zwar bei Stellung des Armenrechtsgesuchs namens der Partei auf Bestellung eines Pflichtanwalts verzichten (RGZ. **35** 369); aber nur, wenn er weiß, daß die Partei über die Wirkungen des Armenrechts genau orientiert ist: EGH. **17** S. 50/14.

Wenn der Anwalt nach sorgfältiger Prüfung die Überzeugung erlangt hat, daß sich die Verhältnisse der armen Partei gebessert haben und daß die Voraussetzungen des § 125 ZPO. vorliegen, so darf er seine Kosten mit dieser Begründung verlangen. Er macht sich jedenfalls nicht strafbar, wenn er der Meinung folgt, daß es eines Gerichtsbeschlusses nicht bedürfe (siehe § 34 Anm. 9). Vgl. hiezu: AKJahrB. **1889** 15; **1890** 13; **1891** 13 ff. Er wird aber gut tun, jedes rigorose Vorgehen zu vermeiden und insbes. einen Abzug an der Streitsumme nur ausnahmsweise — in ganz glatten Fällen — vorzunehmen. Er setzt sich sonst ehrengerichtlicher Verfolgung aus. Vgl. EGH. **3** 131; **13** 61; **16** 335. Ist die Partei — natürlich ohne daß ein Druck auf sie ausgeübt wird — bei völliger Klarheit über die Rechtslage mit der Einbehaltung einverstanden, so ist diese regelmäßig nicht unzulässig (EGH. **3** 131; **16** 337). Vgl. auch § 34 Anm. 10.

5. Aufsichtspflicht, siehe Überwachung.

6. Bescheinigungen. Es ist dem Anwalt nicht verboten, seiner Partei Be-
Anm. 4. scheinigungen über Tatsachen, die ihm bekannt sind, auszustellen, z. B. über den

[1] Soweit sie als zwingende gedacht sind.

Stand eines Prozesses zum Zwecke der Kreditbeschaffung. Doch ist größte Vorsicht und Gewissenhaftigkeit hiebei geboten. EGH. **15** 156.

7. **Bureauvorsteher,** Tantiemevertrag, siehe diesen.

8. **Drohung mit Strafanzeige,** siehe Rücksicht auf Gegner.

9. **Eidesstattliche Versicherungen,** siehe Rechtspflege.

10. **Eigennutz,** siehe Kostenhäufung.

11. **Erfolgshonorar,** siehe pactum de quota litis, palmarium.

12. **Extrahonorar,** siehe Honorarvereinbarungen.

13. **Haftung; Handaktenvernichtung.** Es entspricht regelmäßig nicht der Würde des Anwalts seine Haftung gegenüber dem Auftraggeber, für den er gegen Entgelt arbeitet, im voraus inhaltlich zu beschränken. Hat der Anwalt ferner einen unbestreitbaren Fehler begangen und hiedurch den Mandanten geschädigt, so verlangt der Anstand, daß er den Fehler nicht zu vertuschen sucht, sondern den Mandanten nach Kräften schadlos hält. EGH. **7** 110; **3** 238; **4** 181; **113** 114 ff. Anm. 5.

Nicht unzuässig ist es regelmäßig, im voraus mit der Partei zu vereinbaren, daß die Handakten binnen einer kürzeren als der gesetzlichen Frist, z. B. binnen 6 Monaten nach Beendigung des Auftrages auch ohne vorherige Aufforderung vernichtet werden dürfen. A. M.: AKJahrB. **1887** 9. Vgl. hiezu aber auch EGH. **16** 104 (Bestrafung eines RA., der seiner Partei ein kleines Darlehen gewährte gegen die Erlaubnis, seine Handakten vernichten zu dürfen). Davon, daß zivilrechtlich die Bestimmung des § 32 Abs. 2 zwingenden Rechts wäre (AKJahrB. **1887** 9), kann keine Rede sein. (§ 32 Anm. 42). Anm. 6.

14. **Hilfsarbeiter.** Der unselbständige, wenn auch zur Anwaltschaft zugelassene Hilfsarbeiter eines Kollegen (Konzipient) darf sich, soweit ihm die Übernahme eigener Mandate nicht vertragsmäßig gestattet ist, nicht für seine Person ohne Wissen des „Chefs" Honorare und Gebühren versprechen lassen: EGH. **14** 172. Vgl. hiezu auch § 40 Anm. 9 ff. Anm. 7.

15. **Honorarvereinbarungen.** Der RA. ist — von gesetzlichen Ausnahmen abgesehen — berechtigt, mit seinem Klienten Honorare zu vereinbaren, die von den Sätzen der Gebührenordnungen abweichen. Im Geltungsgebiet der RAGebO. sind dabei die Bestimmungen des § 93 dieses Gesetzes zu beachten (vgl. hiezu Exk. vor § 30 Anm. 8 ff., 24 ff., 61 ff.). Der RA. ist verpflichtet, die Partei darauf hinzuweisen, daß das Honorar von der gesetzlichen Vergütung abweicht (EGH. **7** 10; **9** 96; **17** G. 26/16[1]) u. a.). Unzulässig ist die Vereinbarung eines übermäßigen Honorars (vgl. hiezu im einzelnen: EGH. **16** 311, 329, 345, 332, 324, 201, 301; **17** G. 26 und 63/14; M. Friedländer, AVNachr. **3** 87; Walter-Joachim § 93 Anm. 18—22; unten Anm. 51 und Exk. vor § 30, Anm. 67 ff., 90). Die oben erwähnten Stellen betreffen z. T. auch die Frage inwieweit der RA. vereinbaren darf, daß das Honorar auch bei Zurücknahme oder vorzeitiger Erledigung des Auftrags voll zu bezahlen sei. Über pacta de quota litis und Erfolgshonorare, siehe unten Anm. 16, über das Paktieren unter der Taxe, siehe Anm. 50. Anm. 7a.

Der Anwalt wird im einzelnen Falle zu prüfen haben, ob dieser sich für eine Honorarvereinbarung eignet. Damit ist nicht gesagt, daß es ihm verboten sei, häufig oder sehr häufig von dem Recht der Honorarvereinbarung Gebrauch zu machen; er muß nur dem Erfordernisse der Angemessenheit im einzelnen Falle gerecht werden; die Vereinbarung eines übermäßigen Honorars kann aber

---

[1]) EGH. **17** G. 71/14 betrifft einen Fall, in dem der Anwalt mit der Partei Zugrundelegung eines höheren Streitwertes vereinbarte, ohne sie über die Tragweite dieser Abmachung zu belehren.

schon dann vorliegen, wenn ein Hinausgehen über die gesetzliche Taxe im konkreten Falle überhaupt nicht hätte erfolgen sollen.

Jede Individualisierung muß natürlich aufhören, wenn ein Anwalt es sich zum Grundsatz macht, bei allen Sachen — abgesehen von besonderen Ausnahmefällen — einen gewissen Gebührenzuschlag (z. B. 25 % der gesetzlichen Gebühren) zu erheben. Denn das Pauschgebührensystem beruht ja gerade darauf, daß die individuellen Besonderheiten des Einzelfalles möglichst wenig berücksichtigt werden; nur durch den Ausgleich kann es gerecht wirken. Werden nun die Pauschgebühren durch regelmäßige Honorarvereinbarungen einfach prozentual erhöht, so findet zwar im ganzen — angesichts unserer völlig unzeitgemäßen Gebührensätze — eine gerechtere Honorierung der Anwälte statt; aber nicht auf Grund einer individuellen Anpassung der Extravergütung, wie sie doch vom Gesetze (§ 93 RAGebO.) gedacht ist. Daher steht auch die organisierte Selbsthilfe, wie sie schon während des Krieges versucht wurde, neuerdings aber von vielen Anwaltsvereinigungen beschlossen worden ist, — d. h. eine allgemeine Vereinbarung des Inhalts, daß regelmäßig Parteiaufträge nur noch gegen schriftliche Bewilligung eines prozentualen Gebührenzuschlags angenommen und fortgeführt werden sollen oder dürfen — außerhalb des geltenden Rechts. Sie setzt das Prinzip der Anwaltskostenerstattung, das — mag man es billigen oder nicht — nun einmal noch gilt, eigenmächtig außer Kraft; sie ist ferner nicht vereinbar mit der Einrichtung des Anwaltszwanges, die hier besonders in der Bestimmung des § 33 RAO. zur Geltung kommt. Daß gar die Befolgung der Gebührenordnung, die Erhebung der gesetzlichen Gebühr, eine Unterbietung, also eine Gesetzwidrigkeit sein könnte, ist ein Unding.

Was wir hier vor uns haben, ist ein Notbehelf, ist Notstandsrecht, und als solches zu würdigen. Eine große Zahl angesehener Vereinigungen, man kann wohl sagen: die Mehrheit der deutschen Anwaltschaft hat die Maßnahmen nach eingehender Prüfung gutgeheißen,[1]) und es kann daher keine Rede davon sein, daß die Frage etwa im Aufsichtswege oder im Wege der Ehrengerichtsbarkeit gelöst werden könnte. Sache des Gesetzgebers ist es, die in der angedeuteten Bewegung zutage tretenden Symptome eines schweren Notstandes zu beachten und die Unterlassungen der Vergangenheit durch eine schleunige, zeitgemäße Gebührenreform gutzumachen.

16. **Inkassogebühr,** siehe Kostenhäufung, Eigennutz.

17. **Kalenderreklame,** siehe Werben um Praxis.

Anm. 8. 18. **Klage gegen den Klienten auf Gebührenzahlung während bestehenden Klientelverhältnisses und Klage auf Vorschuß.** Beides ist standeswidrig, da es dem Vertrauensverhältnis widerspricht, das zwischen Partei und Anwalt bestehen soll. EGH. **7** 56; **13** 64. Bei ausdrücklicher Zustimmung des Mandanten kann eine andere Beurteilung Platz greifen: EGH. **15** 216. AKV. Berlin ließ (wohl kaum mit Recht) einen Fall unbeanstandet, in dem wegen Bestreitung der Honorarabrede ein besonderes Interesse an der Feststellung des Anspruchs bestand (Jahresbericht der AK. Berlin **1916** 26).

---

[1]) Vgl. JW. **1917** 148 (Beschluß des Berliner AV. vom 18. 1. 1917) und NaumbAK. **1917** 27 (ablehnender Beschluß des Münchener AV.); dann JW. **1917** 280, 458, 459, 532 ff., 583 ff. und Verh. der Vertreterversammlung vom 20. 5. 1917 Beilage zur JW. **1917** Nr. 12 S. 14 ff.; Noest, AVNachr. 5 66. Im Jahre 1919 haben zahlreiche Anwaltsvereine die Selbsthilfe — meist in Form eines 50 %igen Zuschlags zu den derzeitigen Gebührensätzen — beschlossen; der Vorstand des Deutschen Anwaltvereins hat sie mit Beschluß vom 6. Juli 1919 gutgeheißen (JW. **1919** 562); kurz zuvor (am 22. Juni 1919) hat die Vereinigung der Anwaltskammervorstände beschlossen, daß die allgemeinen Gebührenzuschläge angesichts der bestehenden Teuerung „nicht mehr für unzulässig erachtet werden" könnten. Beachtlich: Löffler, DRAZ. **16** 52.

19. Kollegialität. Der Rechtsanwalt ist ein Organ der Rechtspflege. Es ist daher selbstverständlich, daß er auf ein gedeihliches Zusammenwirken mit den übrigen Organen der Rechtspflege, den Richtern, Staatsanwälten ꝛc., aber auch mit den anderen Rechtsanwälten, bedacht sein muß. Wollte er rücksichtslos — sei es auch im Interesse seines Mandanten — nur seinen eigenen Weg gehen, so würde er die Rechtspflege hemmen und nicht fördern. Im einzelnen sei folgendes hervorgehoben: Anm. 9.

a) Der Rechtsanwalt soll nicht ohne Not gegen seinen Kollegen Versäumnisurteil erwirken. Bei größeren Gerichten stehen zahlreiche Temine auf die gleiche Stunde an. Der Anwalt kann nicht überall zu gleicher Zeit sein. Nur wenn anzunehmen ist, daß der Gegner nicht auftreten will oder wenn ein erheblicher Grund besteht, eine Vertagung nicht zu bewilligen, soll Kontumazierung erfolgen. Auch dann ist der Gegner tunlichst schon vor dem Termin hievon zu verständigen und alles Mögliche zur Vermeidung einer Überraschung des Kollegen zu tun.[1]) Vgl. EGH. **15** 130/2; Finger, Kunst des RA.[2] 316 ff.; AKJahrB. **1917** 8; auch RGZ. **70** 25 (wo ausgesprochen ist, daß die kollegialen Pflichten der Anwälte, wonach sie sich nicht kontumazieren, „außerhalb der Sphäre des Rechts" stehen); dagegen: Behrend, DJZ. **1911** 1066; v. Ziegler, MittAGAnw. **2** Nr. 10 S. 2.

b) Der Anwalt soll regelmäßig — u. z. auch in eigenen Prozessen (EGH. **16** 104) — den Gegenanwalt bei wichtigen Verhandlungen mit der Gegenpartei nicht umgehen, insbes. keinen Vergleich mit dieser hinter dem Rücken ihres Anwalts abschließen. Das ist nicht nur eine Pflicht der Kollegialität, sondern auch geboten zur Vermeidung selbst des Anscheins, als wollte der Anwalt im Interesse seines Klienten lieber mit einem anwaltschaftlich nicht beratenen Gegner verhandeln und dessen Unerfahrenheit ausnutzen. Daher kann, besonders in schwierigen Sachen, sogar dann eine Verfehlung vorliegen, wenn der rechtsunkundige Gegner selbst die Umgehung seines Anwalts wünscht und der Gegenanwalt ohne weiteres hierauf eingeht (EGH. **9** 110). Ausnahmen von dem obigen Grundsatz dürfen nur in ganz besonderen Fällen zugelassen werden (schwere Erreichbarkeit des Gegenanwalts und ernste Gefahr im Verzuge bei einfacher Sachlage und zweifelloser Klarheit des Gegners über den Streitstoff und die Rechtslage; ausdrücklicher Wunsch des Gegners bei Einfachheit des Falles und Versuch des Anwalts, seinen Kollegen zu verständigen ꝛc.). Anm. 10.

Es ist gute Sitte unter den Anwälten, auch sonst in Sachen, in welchen beide Teile anwaltschaftlich vertreten sind, beruflich nur mit den Kollegen zu verkehren. Zu beachten ist aber, daß es gewisse Stadien des Verfahrens gibt, in welchen der Anwalt regelmäßig für seinen Mandanten nicht mehr oder nur noch ausnahmsweise tätig wird. Das gilt z. B. teilweise von der Vollstreckung hinsichtlich des Schuldners. Wenn der Anwalt des Gläubigers im Offenbarungseidestermin mit dem Schuldner in einer rechtskräftig erledigten oder unbestrittenen Sache einen Ratenvergleich schließt, so wird dies regelmäßig unbedenklich sein. In allen diesen Fragen wird das Taktgefühl bei einigem guten Willen den richtigen Weg weisen. Anm. 11.

Vgl. hiezu: EGH. **3** 299; **7** 80; **9** 110; **9** 114; **15** 132; **16** 104; **17** (G. 28/16); AKJahrB. **1888** 16 Nr. 4; **1890** 9 Nr. 13: Vgl. auch AKJahrB. **1915** 11 Nr. 12 (Unzulässigkeit der Mandatsannahme, während die Partei noch von einem anderen Anwalt vertreten ist).

c) Es ist regelmäßig verpönt, seine Bureauräume in einem Hause zu nehmen, in welchem bereits ein Kollege die Praxis ausübt, falls dieser nicht zustimmt Anm. 12.

---

[1]) Wenn beim AG. ein auswärtiger RA. sich zwar als Anwalt bestellt, aber gar keinen Substituten benennt und im Termin niemand erscheint, so wird die Erwirkung eines Versäumnisurteils häufig als zulässig erscheinen.

(AKJahrB. **1914** 12 Nr. 15). In großen Städten wird die Standesanschauung über diesen Punkt wohl nicht immer die gleiche bleiben.

d) Über weitere Kollegialitätspflichten vgl. EGH. **5** 98 (Bestrafung, weil der RA. einem mit ihm verfeindeten Berufsgenossen in der Gerichtssitzung das Prädikat „Kollege" absprach), ferner AKJahrB. **1917** 10 und die zahlreichen Entscheidungen, in denen es als Pflicht des Anwalts bezeichnet wird, persönliche, nicht durch die Sache gebotene Angriffe gegen Kollegen unbedingt zu vermeiden. Vgl. ferner unten Anm. 50.

Anm. 13. e) Entschieden zu warnen ist vor der falschen Kollegialität, die zuweilen zum Schaden der eigenen Partei unter mißverständlicher Auffassung der Anwaltspflichten ins Feld geführt wird. Der Anwalt darf nie bewußt die Interessen des eigenen Klienten aufs Spiel setzen, um den Kollegen, der einen Fehler begangen hat, zu schonen. Er darf z. B. nicht einen Formfehler, der seinem Gegner bei Einlegung des Rechtsmittels unterlaufen ist und dessen Entdeckung den Verlust des Prozesses für diesen bedeutet, unterdrücken. Er muß zum mindesten seine Partei hierüber aufklären und ihr die Entscheidung überlassen. Anders z. B. regelmäßig, wenn es sich um Formfehler in einer Klage handelt, die sofort neu erhoben würde und deren Abweisung also nur dem Gegenanwalt Kosten verursacht.

Anm. 14. **20. Konkurrenzverbote** unter Anwälten sind unzulässig und verstoßen gegen die guten Sitten. Vgl. EGH. **2** 100; RGZ. **66** 143; RG. JW. **1917** 536 Nr. 1. Nicht minder unzulässig sind Konkurrenzverbote, die der Anwalt seinen Angestellten auferlegt (Verbot, sich als Winkelkonsulent niederzulassen oder bei einem solchen oder einem anderen Anwalt tätig zu sein): EGH. **3** 118.

21. Kontrolle, siehe Überwachung.

22. Konzipienten, siehe Hilfsarbeiter.

Anm. 15. **23. Kostenhäufung; Eigennutz.** Es ist des Anwalts unwürdig, absichtlich mehr Kosten entstehen zu lassen als im Interesse der Partei notwendig erscheint. Er darf daher nicht ohne zureichenden Grund Wechsel im ordentlichen Verfahren einklagen, zusammengehörige Ansprüche oder solche, die zweckmäßigerweise zusammen geltend zu machen sind, zerlegen rc. EGH. **3** 95; **14** 157; AKJahrB. **1916** 11 (Dresden). Auch der Fall bildet keine Ausnahme, in welchem die einzelnen Ansprüche zur Zuständigkeit des Amtsgerichts gehören, während bei Zusammenrechnung das Landgericht zuständig wäre. Denn auch hier hat der RA. zuerst die Interessen seines Mandanten und erst in zweiter Linie seine eigenen zu berücksichtigen. Er muß ihn also gewissenhaft darüber beraten, ob es zweckmäßig ist, die Ansprüche zu trennen. Zweifelnd: EGH. **14** 157. Er hat überhaupt — besonders bedürftige Parteien — durch Beratung vor unnötigen Kosten zu bewahren: EGH. **11** 132; **12** 77; auch AKJahrB. **1910** 11 Nr. 26.

Auch der Gegner kann verlangen, daß der Anwalt nicht in unanständiger Weise die Kosten häuft. Selbst der Wunsch der eigenen Partei nach rigorosem Vorgehen schützt hier den Anwalt nicht vor Strafe. Vgl. hiezu AKJahrB. **1915** 13 Nr. 19; EGH. **16** 124, 131, 310.

Als praktisch wichtig ist hervorzuheben, daß bei Einsetzung der Inkassogebühr in eine Zahlungsaufforderung der Schuldner darauf hingewiesen werden muß, daß diese Gebühr nur dann entsteht, wenn Zahlung des Hauptgeldes an den RA. erfolgt. Vgl. u. a.: AKB. Celle in AKJahrB. **1916** 10.

Einseitige Aufrechnung von Kostenforderungen gegenüber Unterhaltsgeldern, die der RA. für die Partei vereinnahmt hat, kann auch dann standeswidrig sein, wenn es sich nicht um eine Armensache handelt (AKB. Dresden im Jahresberichte der sächsischen AK. für 1915/1916 S. 11). Es kommt hier natürlich auf die Lage des Falles an.

24. Mäklertätigkeit, siehe Anm. 16. Ist sie auch an sich nicht strafbar, so soll der Anwalt doch die gewerbsmäßige Vermittlung von Geschäften als solche vermeiden (EGH. **17** G. 16/15). Sie kann in Verbindung mit juristischer Tätigkeit einwandfrei sein, aber die Grenze ist flüssig und die Gefahr, unwürdig zu handeln, bei jeder derartigen Tätigkeit für den nicht sehr taktsicheren Anwalt allzu groß. Anm. 15a.

25. Offenbarungseid, siehe Schulden.

26. Pactum de non licitando, siehe Sittenwidrige und fraudatorische Verträge.

27. Pactum de quota litis; palmarium. Der EGH. hat wiederholt ausgesprochen, daß der RA. als Organ der Rechtspflege sich nicht zum Gesellschafter einer Partei im Rechtsstreite herabwürdigen dürfe. Daher sei das pactum de quota litis in der Regel unzulässig. Vgl. EGH. **3** 150, 251; **5** 74; **7** 121; **15** 208; **16** 296, 327. Dagegen sei es dem Anwalt gestattet, wenn er beim Abschluß von Rechtsgeschäften — nicht als Vertreter im Rechtsstreite — mitwirkt, ein Honorar nach Prozenten der Gegenstandssumme auszubedingen; z. B. bei Vermittlung von Grundstückskäufen, einer Tätigkeit, die übrigens der Anwalt wie jede gewerbsmäßige Vermittlertätigkeit vermeiden soll, da sie meist seiner unwürdig ist (EGH. **14** 103; AKJahrB. **1915** 16 Nr. 35). Anm. 16.

Grundsätzlich ist dem EGH. beizupflichten. Das pactum de quota litis drückt die Stellung des Anwalts von der eines über der Sache stehenden Beraters zu der eines Interessenten herab und kann daher nur ausnahmsweise für zulässig erachtet werden.

Prinzipiell ebenso zu beurteilen ist die Ausbedingung eines besonderen Honorars für den Fall des Obsiegens im Prozesse (Erfolgshonorar, palmarium). Im besonderen Falle kann auch diese Vereinbarung durchaus berechtigt sein: so wenn der Klient überhaupt nur im Falle des Obsiegens zu einer angemessenen Honorierung für eine außergewöhnlich mühevolle Tätigkeit imstande ist und daher neben den gesetzlichen Gebühren ein Erfolgshonorar vereinbart wird. Vgl. Fuchs GruchotsBeitr. **53** 149; auch EGH. **5** 138; **7** 125.[1]) Strenger: AKJahrB. **1914** 18 Nr. 47 (Posen); DRAZ. **11** 48; **11** 84 (Oberster Gerichtshof Wien); Benedikt, Advokatur uns. Zeit[4] 66, 93. Anm. 17.

Über die Frage der zivilrechtlichen Nichtigkeit nach § 138 BGB. vgl. Exk. vor § 30 Anm. 13ff., bes. 15. Dort auch Literatur (Anm. 14).

28. Patentagenten, siehe Rechtspflege.

29. Persönliche Prozesse. Wenn der Anwalt persönlich in Rechtsangelegenheiten verwickelt ist, so hat er auch hier auf den vornehmen Charakter seines Berufes Rücksicht zu nehmen. Er darf z. B. eine Verpflichtung, die er tatsächlich übernommen hat, nicht unter Berufung auf einen Formmangel bestreiten (EGH. **14** 180; vgl. auch EGH. **7** 103; **16** 379); er darf nicht eine anerkannte und nicht zurückbezahlte Schuld mit dem Einwand der Verjährung bekämpfen oder den Spiel- und Differenzeinwand vorbringen (EGH. **16** 397; **17** G. 48/14); noch weniger soll er schikanös prozessieren rc. (EGH. **7** 108; **16** 394). Anm. 18.

Mit Recht warnt auch AKB. Berlin im Jahresbericht der AK. Berlin **1915** 27 vor einer taktwidrigen Überspannung des § 7 RAGebO. Dort hatte ein RA. für ein Erinnerungsschreiben wegen Übersendung einer Quittung über eine von ihm bezahlte Schuld Gebühren gefordert!

30. Politische Tätigkeit. Der Rechtsanwalt kann nie deshalb allein, weil er einer politischen Partei angehört, disziplinär zur Verantwortung gezogen werden. Hinsichtlich der parlamentarischen Tätigkeit vgl. Art. 30 RV.,[2]) § 11 StGB.; Olshausen, StGB.[9] § 11 Anm. 4. Anm. 19.

---

[1]) Die erstere Entsch. spricht aus, daß die Abstufung eines Verteidigerhonorars nach dem Erfolge nicht grundsätzlich unerlaubt sei, sofern die Vereinbarung in angemessener und würdiger Form erfolgt. Ähnlich EGH. 7 125 (betr. Vereinbarung eines besonderen Honorars für den Fall der Freisprechung). Strenger: EGH. **17** (G. 26 und 63/14) in einer Entmündigungssache.

[2]) Vom 16. April 1871.

Auch sonst ist der Rechtsanwalt in der Ausübung öffentlicher politischer Tätigkeit, wie sie jedem Staatsbürger zusteht, nicht beschränkt, soweit solche außer Zusammenhang steht mit seiner beruflichen Tätigkeit, die er als Organ der Rechtspflege auszuüben hat. Besteht dieser Zusammenhang, so gelten die allgemeinen Grundsätze über die Erfüllung der Berufspflichten. Die Würde seines Amtes muß der Anwalt natürlich in jedem Falle wahren (z. B. hinsichtlich der Form seines Auftretens). Ebenso: EGH. **3** 282; **6** 229; **6** 241; **14** 81. In politisch besonders erregten Zeiten wird auch dem Rechtsanwalt gegenüber auf diesem Gebiete ein anderer Maßstab angelegt werden müssen als sonst.

31. **Prorogationen,** siehe Teilung von Ansprüchen.

Anm. 20. 32. **Prozeßagenten, Winkelschreiber.** Der berufliche Verkehr mit diesen Personen ist dem Anwalt nicht unbedingt untersagt. Er läßt sich auch gar nicht immer vermeiden. Insbesondere ist der Prozeßagent in ländlichen Bezirken oft der Mittelsmann, dessen sich der schreibungewandte Klient bedienen muß. Der Rechtsanwalt wird aber stets darauf bedacht sein müssen, dem Prozeßagenten gegenüber die nötige Distanz zu wahren (EGH. **16** 275). Auf Grund einer Vertretungsvollmacht desselben soll er nur auftreten, wenn Gefahr im Verzuge ist (AKJahrB. **1914** 11 Nr. 12; **1915** 16 Nr. 34; EGH. **9** 207; **10** 194; **16** 271; **17** S. 32/15; etwas zu streng: EGH. **10** 192). Der Anwalt muß seine Selbständigkeit gegenüber dem Prozeßagenten zu wahren wissen. Vgl. auch AKB. Cassel in AKJahrB. **1916** 10. (Unzulässigkeit der Substitution eines Prozeßagenten unter Übergehung des am Gerichtsorte wohnenden Anwalts).

Jede Gebührenteilung oder engere geschäftliche Verbindung mit dem Prozeßagenten ist strengstens zu meiden.[1]) Vgl. EGH. **1** 28, 191, 193; **2** 96; **3** 50, 291, 293; **4** 7, 19, 205; **5** 19; **10** 194; **14** 164, 168; **15** 220, 222, 226; **16** 269, 275, 271. AKJahrB. **1908** 8 Nr. 6; **1909** 8 Nr. 5; **1910** 11 Nr. 20, 9 Nr. 12; **1913** 10 Nr. 9, 12 Nr. 22, 13 Nr. 31.

Durchaus unzulässig ist die Gewährung oder (wenn auch stillschweigende) Inaussichtstellung von Vorteilen an andere Personen (Schlepper, Zutreiber) für Zubringung von Mandaten. Vgl. EGH. **2** 91, 96; **3** 291, 293, 299; **4** 195, 205; **5** 29, 161; **14** 166, 168; **15** 218; **16** 264, 302.

Zu weit geht Anw.-Verein Hamm in HammAK. (neue Folge seit 1912) **1** 5, der es für standeswidrig erklärt, in einer Sache tätig zu werden, die vorher von einem Rechtsagenten bearbeitet wurde.

33. **Prozeßvollmacht,** Verlangen beglaubigter — siehe Rechtspflege.

Anm. 21. 34. **Rechtsauskunftsstellen.** Die Beteiligung von Anwälten an öffentlichen Rechtsauskunftsstellen, welche unentgeltlich Rechtsauskünfte erteilen, ist an sich nicht zu beanstanden, vielmehr durchaus begrüßenswert (vgl. die Verh. des XIX. Deutschen Anwaltstages, JW. **1909** 549 ff.). Die Erteilung der Rechtsauskunft darf aber nicht in irgendwelcher Form zur Reklame für den betreffenden Anwalt benützt werden. Vgl. AKJahrB. **1908** 10 Nr. 14; **1910** 9 Nr. 10; **1915** 19 Nr. 54.

Anm. 22. 35. **Rechtspflege.** Als Organ der Rechtspflege hat der Anwalt sein besonderes Augenmerk darauf zu richten, daß er ihre Ziele und Zwecke nicht durchkreuzt. Einige Gesichtspunkte aus der Praxis seien hervorgehoben.

Anm. 23. a) Prozeßverschleppung kann auch dann ein Verstoß gegen die Standespflicht sein, wenn der Klient sie billigt.

---

[1]) Insbesondere ist es z. B. unzulässig, dem Prozeßagenten Vollmachtsblankette für zukünftige Fälle auszuhändigen. EGH. 16 264. — EGH. 16 260 verbietet auch die Gebührenteilung mit Personen, die, ohne Winkelkonsulenten zu sein, fremde Rechtsangelegenheiten gewerbsmäßig besorgen.

b) Es ist dem Anwalt nicht verboten, Personen, die als Zeugen vernommen werden sollen, zu hören und Erklärungen von ihnen aufzunehmen, auch nicht im Strafprozeß. Zuweilen ist dies geradezu notwendig: so wenn eidesstattliche Versicherungen zwecks Arresterwirkung aufzunehmen sind; oft auch, wenn der Zessionar den Prozeß führt, und nur der Zedent die Information erteilen kann. Allein in allen diesen Fällen hat der Anwalt mit größtem Takt und größter Vorsicht zu verfahren, damit auch der Verdacht einer Beeinflussung vermieden wird. Aus demselben Grunde sind solche Vernehmungen nur, wenn sie notwendig erscheinen, vorzunehmen. Vgl. hiezu: AKJahrB. **1898** 7 Nr. 8; EGH. **1** 46, 218; **17** G. 18/16. Auch EGH. **9** 114ff. (keine Beschaffung einer eidesstattlichen Versicherung gegen Entgelt); OLG. Stettin, BuschsZ. **46** 216 und Schneider ebenda. Anm. 24.

c) Den Inhalt von Strafakten darf der Verteidiger nach EGH. **15** 139; **16** 385 nicht „zu außerhalb der Verteidigung liegenden Zwecken verwerten". Vgl. auch EGH. **7** 84; **4** 258. Diese Formulierung geht wohl etwas zu weit; man sagt wohl richtiger: „nicht in einer den Zwecken des betreffenden Strafprozesses widerstreitenden Weise". Vgl. M. Friedländer, AVNachr. **3** 94. Anm. 25.

d) Über Umgehung des § 17 Satz 2 PatAnwG. durch Verbindung mit Patentagenten vgl. EGH. **15** 214; **16** 279, 281; **17** G. 68/14; Landenberger, ZIndR. **1908** 169; Mothes, DRAZ. **6** 14; AKJahrB. **1915** 10 Nr. 11. Anm. 26.

e) Der Eingriff in ein schwebendes Strafverfahren durch Veröffentlichungen in der Presse ist regelmäßig bedenklich. Die Wirkung einer Beeinflussung von Zeugen oder Gerichtspersonen (namentlich Laienrichtern) wird meist beabsichtigt, immer aber zu gewärtigen sein. Nur unter ganz außergewöhnlichen Umständen können solche Publikationen — in rein sachlicher Form — für statthaft erachtet werden. Vgl. EGH. **15** 148; auch **11** 198; **10** 144; **16** 385. Anm. 27.

f) Es ist unzulässig, von dem Gegenanwalt beglaubigte Prozeßvollmacht aus unsachlichen Gründen — insbes. zwecks Erzwingung einer Vertagung — zu verlangen: AKJahrB. **1914** 12 Nr. 16, 17 Nr. 38; **1917** 9; EGH. **16** 302. Anm. 28.

g) Darüber, ob der Anwalt als Verteidiger berechtigt sei, den Angeklagten dahin zu beraten, daß er sich auf die Anklage nicht erkläre oder ein Geständnis widerrufe, vgl. EGH. **6** 104, auch JW. **1892** 73; EGH. **17** G. 44/14. Anm. 29.

h) Rücksichtnahme auf die staatlichen Organe der Rechtspflege ist eine selbstverständliche Pflicht des Anwalts. Eine große Reihe von Entscheidungen des EGH. betrifft Beleidigungen und Verdächtigungen von Richtern, Staatsanwälten 2c., Rücksichtslosigkeiten gegenüber dem AKV. 2c. Vgl. hiezu auch EGH. **10** 137, wonach ein Anwalt wegen Rücksichtslosigkeit gegen das Gericht bestraft wurde, weil er in einer Schwurgerichtssache am Tage der Hauptverhandlung wegen Nichtzahlung des vereinbarten Vorschusses die Wahlverteidigung niederlegte; ferner EGH. **9** 99, 161. — Auch gegen andere, bei der Ausübung der Rechtspflege beteiligte Personen, z. B. Sachverständige, hat der Anwalt Rücksicht zu üben: EGH. **16** 440. Anm. 30.

i) Verweigerung des Empfangsbekenntnisses bei der Zustellung von Anwalt zu Anwalt ist unzulässig, wenn die Zustellung formell in Ordnung ist. EGH. **1** 136. Anm. 31.

k) Leichtfertige und frivole Ablehnungsgesuche gegen Richter und Ehrenrichter können zu ehrengerichtlicher Bestrafung führen. EGH. **1** 150; **16** 387, 431; **17** (G. 25/15). Anm. 32.

l) Darf der RA. Schriftsätze und Vertretungsvollmachten im Einverständnisse mit einem Kollegen mit dessen Namen unterzeichnen? Die Frage ist mit Rücksicht auf die amtsähnliche Stellung des Anwalts zu verneinen; zivilrechtliche Grundsätze kommen für die Beurteilung der Frage nicht in Betracht. Ebenso: AKV. Berlin, KGBl. **1914** 93; ferner (bezüglich des Generalsubstituten): OLG. Hamburg, HansGZ. **1918** 74. Anm. 32a.

Anm. 32b. m) Es ist eine schwere Verfehlung gegen die Zwecke der Rechtspflege, wenn der Anwalt unwirksam gewordene Vollstreckungstitel zum Vollzuge bringt (EGH. **16** 121) oder wenn er ohne vollstreckbaren Titel eine Pfändungsbenachrichtigung ergehen läßt (EGH. **16** 174). Maßgebend ist im letzteren Fall, ob im Zeitpunkt der Zustellung der Vorpfändung ein Titel vorhanden ist (EGH. **16** 120).

n) Der Anwalt darf als Verteidiger Mitteilungen des verhafteten Angeklagten an andere Personen entgegen der Gefängnisordnung auch dann nicht befördern, wenn sie harmlosen Inhalts sind (EGH. **16** 387).

36. Reklame, siehe Werben um Praxis.

Anm. 33. **37. Rücksicht auf Gegner.** Der Anwalt ist auch seinen Gegnern gewisse Rücksichten schuldig (EGH. **16** 462). So ist es regelmäßig unzulässig, gegen solvente Schuldner wegen kleiner Beträge ohne vorherige Aufforderung zu vollstrecken (vgl. AKJahrB. **1915** 13 Nr. 19; EGH. **16** 124, 131; **17** G. 17/16). Die Frage, ob das gleiche allgemein bei Kostenfestsetzungsbeschlüssen gilt, weil hier vor der Festsetzung dem Gegner die Höhe der Schuld nicht bekannt war (AKJahrB. **1892** 9 Nr. 13; **1896** 7 Nr. 3), dürfte gegenstandslos sein, seitdem die dreitägige Frist des § 798 ZPO. gilt. Unnötig scharfes Vorgehen ist hier wie sonst zu meiden. Vgl. AKB. Dresden, AKJahrB. **1916** 11.

Die Drohung mit Strafanzeige in Mahnbriefen ist gewiß ein Mittel, das nur in extremen Fällen angewandt werden darf; dabei muß die Berechtigung zum Zahlungsbegehren und das Verschulden des Adressaten zweifellos feststehen oder doch einer sorgfältigen Prüfung unterzogen sein. Vgl. AKJahrB. **1896** 8 Nr. 13; **1897** 7 Nr. 6; EGH. **4** 258.

Nicht strafbar ist die Veranlassung der Beobachtung des Gegners durch Privatdetektive zwecks Ermittlung belangreicher Tatsachen, sofern nicht der Anwalt Anhaltspunkte dafür hat, daß der Detektiv nicht einwandfrei vorgehen werde: EGH. **16** 374.

38. Schlepper, siehe Prozeßagenten ɪc.

Anm. 34. **39. Schulden.** Die Tatsache allein, daß der RA. überschuldet ist, begründet nach geltendem Rechte weder ein Disziplinarvergehen noch die Möglichkeit, die Zulassung zurückzunehmen. Selbst bei Leistung des Offenbarungseides gilt nichts anderes. Wohl aber hat sich der Anwalt vor leichtsinnigem Schuldenmachen (Spielschulden!) strengstens zu hüten und er hat, wenn seine Vermögensverhältnisse in Verfall geraten, alles aufzubieten, um sie in Ordnung zu bringen. In Armut und Schulden kann der Anwalt auch ohne seine Schuld geraten, und es kann ihn dann auch die Pflicht treffen, den Offenbarungseid zu leisten. Seiner unwürdig aber ist es, sich zur Erfüllung dieser Pflicht zwingen, Haftbefehl gegen sich ergehen zu lassen, die Vollstreckung zu hintertreiben ɪc. Vgl. EGH. **1** 227; **2** 112; **4** 278, 281, 302; **7** 62; **8** 10; **11** 185, 192; **13** 87; **15** 169; **17** G. 10/15; AKJahrB. **1912** 8 Nr. 3.

40. Schweigevertrag, siehe Sittenwidrige . . . Verträge.

Anm. 35. **41. Sittenwidrige und fraudatorische Verträge; Scheinverträge.** Die Mitwirkung bei Verträgen, die gegen die guten Sitten verstoßen oder zum Schein errichtet werden oder wegen Gläubigerbenachteiligung anfechtbar sind, ist dem Rechtsanwalt verboten, wenn er bei gewissenhafter Prüfung die erwähnten Eigenschaften der Verträge erkennen mußte. Vgl. z. B. EGH. **1** 213; **5** 175; **2** 88; **3** 41; **10** 120; **3** 251; **16** 44, 160; **17** G. 35/16; **4** 270. Die letzterwähnte Entscheidung betrifft eine Simulation von Ehescheidungsgründen.[1])

---

[1]) Vgl. hiezu das Kapitel „Ehescheidungsverträge" bei Finger, Kunst des RA.² 76 ff.; auch OLG. Colmar, ElsLothrZ. **1917** 225; endlich die sehr gute Zusammenstellung bei Oppenheim, JW. **1918** 727.

Die Mitwirkung bei pacta de non licitando hat der EGH. ständig für unzulässig erklärt (EGH. **1** 179; **5** 215). In solcher Allgemeinheit wird sich jedoch dieser Grundsatz nicht aufrecht erhalten lassen. Er wird nach Maßgabe der reichsgerichtlichen Judikatur dahin zu berichtigen sein, daß es quaestio facti ist, ob eine solche Vereinbarung gegen die guten Sitten verstößt oder nicht. Über Abmachungen bei Submissionen, vgl. Finger, Kunst des RA.[2] 87. Anm. 36.

Der Abschluß eines Schweigevertrages in Strafsachen ist dann unbedenklich, wenn der Anwalt von der Unschuld seines Klienten überzeugt ist. EGH. **1** 175. Anm. 37.

42. Soziale Pflichten. Der Anwalt hat auch seinen Angestellten gegenüber gewisse soziale Pflichten. Er darf ihnen keine Hungerlöhne zahlen, hat für gesunde Räume Sorge zu tragen rc. Vgl. AKJahrB. **1898** 7 Nr. 2; **1900** 7 Nr. 2; EGH. **3** 67. Anm. 38.

43. Spezialistentum. Nach der herrschenden Standesauffassung darf sich ein Anwalt nicht öffentlich als Spezialisten für ein besonderes Fach (Patentsachen, Strafsachen rc.) bezeichnen. Diese Anschauung begegnet aber in neuerer Zeit ernstlichem Widerspruch. Vgl. die interessante Diskussion in JW. **1919** 279, 292, ferner Alexander-Katz, DRAZ. **9** 32; Fröschmann, DRAZ. **16** 19; Östreich, MittBayrAnwVerb. (Beil. zu BayZ.) **1919** 38; Friedrichs, DRAZ. **16** 30. Wie sehr auch der Zug der Zeit zu einer Änderung der bisherigen Praxis zu drängen scheint, so wenig sollte man doch die großen Gefahren übersehen, auf die namentlich Flechtheim, JW. **1919** 281 und Östreich a. a. O. hingewiesen haben. Anm. 39.

44. Sprechtage, siehe Zweigbureaus.

45. Strafanzeige, Drohung mit . . ., siehe Rücksicht.

46. Substitution. Die Bestimmung des § 27 Abs. 2 RAO. ermöglicht es solchen Anwälten, die beim Prozeßgerichte nicht zugelassen sind, tatsächlich auch bei diesem Gerichte einen Prozeß ganz zu führen, indem sie die Prozeßschriften selbst fertigen, aber von einem zugelassenen Anwalt als Prozeßbevollmächtigten zeichnen und sich von diesem für die Verhandlungen und Beweisaufnahmen Vertretungsvollmacht geben lassen. Dies hat zu Mißständen und Mißbräuchen geführt, auch zu verschiedenen Entscheidungen des EGH. (**14** 121; **15** 101; **15** 108). Vgl. oben § 27 Anm. 6; auch KGBl. **1915** 45. Anm. 40.

Es ist sicherlich des Anwalts unwürdig, durch Scheinmanöver die gesetzlichen Bestimmungen über Lokalisation zu umgehen und gewohnheitsmäßig einen Strohmann als „Prozeßbevollmächtigten" vorzuschieben, der in Wirklichkeit gar nichts mit der Sache zu tun hat, nichts von ihr weiß, keine Gebühren erhalten und keine Verantwortung übernehmen soll. Daher sind die Entscheidungen in Bd. 14 S. 121 und Bd. 15 S. 101 im Resultat durchaus zu billigen. Anderseits ist es nicht richtig zu sagen, der RA. müsse in jedem Falle, in dem er als Substitut bei einem Gerichte, bei dem er nicht zugelassen ist, auftritt, darlegen, welche besonderen Umstände ihn hiezu bestimmten. An sich ist das Recht zur Substitution gegeben, prozessual ist es überhaupt nicht zu beanstanden und ein Mißbrauch, eine standeswidrige Handlung kann nur angenommen werden, wenn im einzelnen ein positiver Beweis dafür erbracht wird.

Nicht zu beanstanden sind regelmäßig Substitutionen unter Sozien, auch wenn sie häufiger vorkommen. Hier liegt präsumtiv auch eine gewisse Arbeitsgemeinschaft vor, der eine Sozius steht den Sachen des anderen nicht fremd gegenüber, Verantwortung und Verdienst sind gemeinsam. Die Rechtspflege leidet hier unter der gegenseitigen Substitution keinen Schaden. Ebenso: EGH. **15** 108; Plenarbeschluß des OLG. München 3. 7. 11, im Auszug abgedruckt AKJahrB. **1913** 4; Bericht von M. Friedländer auf dem XXI. Anwaltstage (Beilage zur JW. 1913).

47. Sühnetermin. Die in der Praxis nicht selten auftauchende Frage, ob es anwaltschaftlich unzulässig sei, in einem nach § 420 StPO. anberaumten Anm. 41.

Sühnetermin für die Partei aufzutreten, ist vom EGH. im Sinne der Zulässigkeit dieser Berufshandlung entschieden worden (**11** 152). Ebenso: Finger, Kunst des RA.² 203. Es ist aber vielfach nicht üblich, daß Anwälte solche Termine wahrnehmen.

Anm. 42. **48. Tantiemevertrag** mit dem eigenen Bureauvorsteher. Der EGH. hat solche Verträge mit Recht für unzulässig erklärt. Der RA. setzt sich damit unwürdiger Beobachtung seitens seines Angestellten und der weiteren Gefahr aus, daß dieser zu unlauteren Mitteln greift, um die Praxis zu steigern. Vgl.: EGH. **2** 69; **3** 87, 117; **4** 205; **5** 49; **16** 258.

Über Geschäfte, welche Angestellte eines Anwalts selbständig für Klienten desselben gegen Entlohnung ausführen, vgl. die von dem AKV. Naumburg aufgestellten Grundsätze in NaumbAK. **1914** 11. Der Anwalt muß darüber wachen, daß seine Angestellten nicht Winkeladvokatur betreiben: AKJahrB. **1917** 13 (Rostock).

Über Vertretung durch den Bureauvorsteher und andere Bureaubeamte siehe AKJahrB. **1917** 14 ff.; dann M. Friedländer, JW. **1917** 620 und oben § 25 Anm. 41.

Anm. 43. **49. Teilung von Ansprüchen und Prorogationen**, welche den Zweck haben, die Zuständigkeit des Amtsgerichts herbeizuführen, verstoßen gegen § 28, wenn sie ohne besonderen sachlichen Grund [1]) oder ohne eingehende Belehrung der Partei über die Rechtsfolgen (Verlust der Revisionsinstanz, endgültige Entscheidung durch das LG., höhere Kosten bei Anspruchsteilungen ꝛc.) vorgenommen werden. Erfolgen die erwähnten Maßnahmen gewohnheitsmäßig, so wird das eigennützige Motiv stets erkennbar und daher eine Pflichtverletzung anzunehmen sein. Daß durch die prozessualen Grundsätze der ZPNovelle von 1909 (§§ 505, 679) die Beurteilung der hier erwähnten Standesfragen irgendwie beeinflußt worden wäre, ist nicht anzuerkennen (EGH. **16** 125).[2]) Vgl. zum Vorstehenden: EGH. **1** 112; **4** 178; **6** 92, 97; **8** 21, 110, 115; **9** 140; **10** 87; **12** 19; **13** 70; **14** 155, 158; **16** 283, 287; **17** G. 61/14; AKJahrB. **1888** 11 Nr. 24; **1910** 8 Nr. 3, 11 Nr. 26; **1914** 11 Nr. 12; **1915** 9 Nr. 7; **1916** 12 Nr. 3; HammAK. (neue Folge seit 1912) **1** 4; Finger, Kunst des RA.² 54 ff.; aber auch MittAGAnw. **1** Nr. 10 S. 4 und viele andere Veröffentlichungen in demselben Jahrgange.

Es ist dem Anwalt auch nicht gestattet, gewohnheitsmäßig bei Anspruchsteilungen die Gebühren nur in der Höhe zu berechnen, in welcher sie bei Erhebung einer Klage erwachsen wären: EGH. **13** 70.

Auch bezüglich der Prorogation zu einem örtlich unzuständigen Gericht sagt der EGH. **16** 125, sie müsse dem Parteiinteresse des einzelnen Falles gerecht werden, dürfe nur im Einverständnis mit der Partei und nach ihrer Belehrung über die Wirkungen getroffen werden und müsse die Ausnahme bilden.

Anm. 44. **50. Teilung von Gebühren.** Allgemeine Vereinbarungen zwischen Anwälten, insbes. zwischen Amts- und Landgerichtsanwälten über ständige Zuweisung von Rechtssachen unter Teilung der Gebühren sind unzulässig, weil sie eine unlautere Konkurrenz gegenüber den anderen Kollegen darstellen. Der Landgerichtsanwalt, der einen Teil seiner Gebühren dem Amtsgerichtsanwalt abgibt, unterbietet damit seine Kollegen vom Landgericht. Der EGH. will eine Ausnahme machen für die Fälle, in welchen der Gebührenteilung auch die Arbeitsteilung entspricht — es sei denn, daß eine Umgehung der Vorschriften über den Anwaltszwang und die Lokalisierung vorliegt (EGH. **4** 151 ff.). Der letztere Gesichtspunkt dürfte in dem eben erwähnten konkreten Falle zu Unrecht hervorgehoben worden sein; ein Scheinmanöver lag offenbar in keiner Weise vor (vgl. Anm. 40);

---

[1]) Beispiele von sachlichen Gründen siehe in EGH. 16 283.

[2]) In diesem Falle erfolgte bereits Bestrafung, weil der Anwalt, der für einen bestrittenen Anspruch von 1750 Mk. einen Zahlbefehl erwirkt hatte, nach Widerspruchseinlegung ohne sachlichen Grund keinen Verweisungsantrag stellte. Ebenso: HammAK. (neue Folge seit 1912) **1** 5 (Ziff. 7).

was aber der EGH. über die Arbeitsteilung sagt, scheint uns nicht durchschlagend zu sein. Die Honorierung des Amtsgerichtsanwalts ist Sache des Klienten und nicht des Landgerichtsanwalts, der eben doch seine Kollegen unterbietet, wenn er dem Amtsgerichtsanwalt das bezahlt, was diesem der Klient zu zahlen hätte, und wenn er so um Praxis wirbt. Vgl. zu Vorstehendem: AKJahrB. **1883—1885** 7; **1886** 9; **1887** 10; **1893** 8; **1902** 9 Nr. 17; **1910** 8 Nr. 2, Nr. 6, 11 Nr. 26; **1912** 11 Nr. 18; **1915** 12 Nr. 14. EGH. **4** 151; **5** 131; **7** 114; Werner, DRAZ. **7** 88 ff.; Strefler, DRAZ. **7** 116.

51. **Überwachung** des eigenen Personals ist Berufspflicht des Anwalts. Vgl. z. B. EGH. **3** 203; **9** 135, 142 und viele andere. Anm. 45.

52. **Umgehung des Gegners,** siehe Kollegialität.

53. **Ungenügende Wahrung der eigenen Ehre** kann sich als Pflichtverletzung darstellen. Es kommt auf die Umstände des Einzelfalls, eventuell auf die Persönlichkeit des Angreifers 2c. an. Vgl. EGH. **1** 230; **3** 305; **14** 152; **16** 477 (hiezu M. Friedländer, AVNachr. **3** 91).

54. **Verdacht.** Der Anwalt muß es im Interesse seines Standes auch vermeiden sich einem falschen Verdacht auszusetzen. Verstößt er fahrlässig gegen diese Pflicht, so macht er sich strafbar. Vgl. z. B. EGH. **14** 174; **15** 86; **3** 167; **15** 135; **16** 70, 104, 480; **17** S. 21/15; aber auch EGH. **16** 370 (übertriebene Furcht vor falschem Schein darf nicht zur Verabsäumung von Pflichten und Vernachlässigung der Parteiinteressen führen). Hiezu: M. Friedländer, AVNachr. **3** 86. Anm. 46.

55. **„Vereinsanwalt", Hausanwalt (Syndikus).** Darüber, wieweit Verträge mit Privaten und Vereinen über ständige Beratung und Besorgung von Rechtsangelegenheiten, insbes. auch für die Mitglieder, gegen festen Zeitlohn zulässig sind, vgl. M. Friedländer, DRAZ. **1913** 41 ff.; EGH. **5** 169; JW. **1908** 419; AKJahrB. **1895** 8 Nr. 8, Nr. 9; **1901** 7 Nr. 2; **1902** 9 Nr. 15; **1905** 11 Nr. 21; **1906** 8 Nr. 2, 17; **1910** 10 Nr. 17, 19; **1913** 13 Nr. 31; **1914** 18 Nr. 43. Anm. 47.

56. **Vergleich unter Umgehung des Gegners,** siehe Kollegialität.

57. **Verkauf der Anwaltspraxis.** Die herrschende Meinung geht mit Recht dahin, daß der Anwalt das Vertrauen, das er beim Publikum genießt, nicht in Geld umsetzen darf. „Denn die Rechtsuchenden, welche der Empfehlung eines ihr Vertrauen genießenden Anwalts folgend ihr Vertrauen auf den empfohlenen Anwalt übertragen, setzen voraus und sind berechtigt vorauszusetzen, daß in ihrem Interesse, nicht im Interesse des Empfohlenen und daß aus freier Überzeugung, nicht gegen vertragsmäßiges Entgelt die Empfehlung erfolgt. Sie würden, wenn sie wüßten, daß der Empfohlene die Empfehlung bezahlte, derselben kaum einen Wert beilegen" (EGH. **2** 8). Das Vertrauen des Publikums wird also durch eine solche Abmachung, die ihm natürlich geheim bleiben soll, getäuscht. Ebenso: EGH. **2** 100; **8** 154; **15** 249; AKJahrB. **1883—1885** 8. Anm. 48.

Die Praxis also, das Vertrauen der Klientel, darf nicht gegen offenes oder verstecktes Entgelt veräußert werden. Dagegen wird man es nicht für unzulässig erachten dürfen, daß ein Anwalt die effektiven Werte, die in einer Kanzlei vorhanden sind, insbesondere die Gebührenaußenstände gegen Zahlung der betreffenden Beträge erwirbt, um dann die Anwaltspraxis weiterzuführen. Darin liegt nichts Unwürdiges und solche Verträge entsprechen — insbesondere wenn ein Anwalt stirbt — dem praktischen Bedürfnis. Das Publikum kommt dadurch in die Lage, die Bezahlung doppelter Gebühren zu ersparen, und hat also nur Vorteil von dem Übergang der Praxis. Vgl. AKJahrB. **1894** 8 Nr. 4 (AKB. Dresden). Bedenklich: Finger, Kunst des RA.[2] 332.

Die oben erwähnten anstößigen Verträge werden regelmäßig auch zivilrechtlich nichtig sein. So Eckstein, ArchBürgR. **38** 206. Das RG. hat früher bezüglich der Ärzte dieselbe Anschauung vertreten, die aber später erheblich eingeschränkt wurde; vgl. RGZ. **66** 139; **75** 120; LZ. **1913** 620 Nr. 2. Dagegen neuerdings wieder: JW. **1915** 696 Nr. 2. Vgl. auch Dernburg **2** (Abt. 2) 6 Anm. 5.

58. Versäumnisurteil, siehe Kollegialität.

59. Verteidiger, siehe Rechtspflege.

Anm. 49. **60. Vollmachten.** Es ist durchaus unzulässig, daß der Anwalt in die Vollmachtsurkunden Bestimmungen aufnehmen läßt, die nicht zum eigentlichen Inhalt derselben gehören, und durch welche dem Anwalt besondere Rechte eingeräumt werden sollen (Honorarvereinbarungen, Haftungsbeschränkungen, Zession der Streitsumme oder des Kostenerstattungsanspruchs an den Anwalt), es sei denn, daß die Partei vor Unterzeichnung der Vollmacht auf diesen Inhalt deutlich und nachdrücklich hingewiesen wird. Dies gilt auch dann, wenn die betreffende Stelle durch auszeichnenden Druck kenntlich gemacht ist; denn niemand wird das Vollmachtsformular lesen und niemand braucht zu vermuten, daß solche Bestimmungen in einer Vollmacht stehen. Vgl. EGH. **13** 77; AKJahrB. **1887** 8 Nr. 6; **1889** 8 Nr. 7; **1889** 15; **1898** 8 Nr. 10; **1908** 8 Nr. 6, 10 Nr. 21; **1909** 9 Nr. 9; **1913** 11 Nr. 13; **1914** 16 Nr. 34; **1915** 17 Nr. 44 (in dem letzteren Fall enthielt die Vollmacht den Satz: „von den Schriftsätzen, Urteilen ꝛc. verlange ich Abschrift gegen Erstattung der Schreibgebühren [§ 76 Abs. 6 Ziff. 1 RAGebO.]"). Siehe auch oben Anm. 28.

61. Wahrheitspflicht. Hierüber s. o. § 28 Anm. 2 ff. sowie EGH. **16** 218 und M. Friedländer, AVNachr. **3** 94.

Anm. 50. **62. Werben um Praxis.** Jedes reklamehafte, unanständige Werben um Praxis ist unstatthaft. Das Verwenden auffallend großer Schilder und unangebrachte Zeitungsannoncen gehören hierher. Vgl. Finger, Kunst des RA.[2] 109 ff. Auch AKJahrB. **1916** 11.

Der Anwalt soll auch seine Kollegen nicht unterbieten. Er darf also weder allgemein noch ohne ganz besonderen Rechtfertigungsgrund im Einzelfalle unter der Taxe arbeiten, auf Reisekosten verzichten ꝛc. (vgl. hiezu AKJahrB. **1916** 15 Nr. 7; EGH. **16** 358 und M. Friedländer, AVNachr. **3** 95; aber auch MittAGAnw. **1** Nr. **2** S. 2; Nr. 3 S. 2). Im speziellen Falle kann es mit Rücksicht auf die besonderen Umstände durchaus zulässig, ja sogar geboten sein, die Gebühren ꝛc. zu erlassen oder zu ermäßigen. Vgl. AKJahrB. **1908** 8 Nr. 6; EGH. **7** 126; **8** 126; Walter-Joachim § 93 Anm. 26.

Besonders verpönt ist die sogenannte Kalenderreklame. Es gilt mit Recht als standeswidrig, daß der Rechtsanwalt gegen oder ohne Entgelt seinen Namen in Kalender und ähnliche Publikationen, in denen eine Geschäftsempfehlung zu erblicken ist, aufnehmen läßt, es sei denn, daß die Sammlung alle Anwälte des Gerichtsbezirks enthält. Wer von solcher Aufnahme erfährt und ihre Beseitigung nicht mit allen gesetzlichen Mitteln verfolgt, begeht gleichfalls eine Verfehlung. Vgl. AKJahrB. **1888** 11 Nr. 26; **1892** 9 Nr. 11; **1898** 8 Nr. 9; **1900** 8 Nr. 4; **1904** 8 Nr. 4, 9 Nr. 17; **1905** 9 Nr. 12, 10 Nr. 16; **1908** 10 Nr. 15; **1910** 12 Nr. 29; **1912** 11 Nr. 19, 12 Nr. 23; **1913** 11 Nr. 12, 12 Nr. 23; **1914** 9 Nr. 3, 11 Nr. 13, 14 Nr. 20, 15 Nr. 31; **1915** 14 Nr. 28, **1916** 13 Nr. 6 (beide „Verein Kreditreform" betr.; hiezu ausführlich: BreslauAK. **1914** 2); **1917** 10 Nr. 5; JW. **1911** 672; DJZ. **1913** 446. Auch reklamemäßige Berichte der Presse über die Tätigkeit des Rechtsanwaltes soll dieser nicht nur nicht fördern, sondern, wenn sie ihm bekannt werden, abzustellen versuchen. AKJahrB. **1914** 11 Nr. 10.

Das Führen früherer Titel („Staatsanwalt a. D.") im geschäftlichen Verkehr wurde mehrfach in der Praxis mißbilligt: AKV. Dresden in AKJahrB. **1899** 8 Nr. 13; **1904** 8 Nr. 8; ebenso vom AKV. Berlin die ständige Bezeichnung als

Syndikus eines bestimmten Unternehmens durch Aufdruck auf den Briefbögen (Jahresbericht der AK. Berlin **1915** 36 — u. E. bedenklich!)

In diesen Zusammenhang gehören auch alle Maßnahmen, welche darauf abzielen, den Klienten an den Anwalt zu fesseln, was z. B. häufig der Fall sein wird bei der Vereinbarung, daß ein Honorar auch dann in voller Höhe zu entrichten sei, wenn das Mandat gekündigt werde. Vgl. z. B. EGH. **9** 142; aber auch EGH. **16** 301. Näheres bei M. Friedländer, AWNachr. **3** 87; auch Exk. vor § 30 Anm. 67 ff., 90. Die angeführten Stellen ergeben, daß solche Vereinbarungen nicht immer in gleicher Weise, sondern nur von Fall zu Fall, beurteilt werden können. Anm. 51.

63. Winkelschreiber, siehe Prozeßagenten.

64. Zession des rechtshängigen Anspruchs. Die Frage, ob sich der Anwalt die rechtshängige Forderung, die er für den Klienten eingeklagt hat, für seine Gebührenforderung zedieren lassen darf, läßt sich nur von Fall zu Fall entscheiden. Vgl. EGH. **4** 166. Womöglich ist dies zu vermeiden, aus denselben Gründen, welche für das pactum de quota litis gelten und welche hier, wenn auch in vermindertem Maße, ebenfalls zutreffen. Die Art der betreffenden Forderung wird bei der Entscheidung der Frage mit ins Gewicht fallen. Anm. 52.

65. Zeugenvernehmung und Zeugenbeeinflussung, siehe Rechtspflege. Anm. 52a.

66. Zulassung und Verzicht auf Zulassung als Standesverfehlung? Im Kriege ist die Frage erörtert worden, ob nicht Anwälte, die sich z. B. am Sitz eines Amtsgerichts niederlassen, während der dort ansässige Kollege im Felde steht, deswegen ehrengerichtlich verfolgt werden können. Vgl. z. B. Baumeister in DRAZ. **1917** 16 und AKB. Breslau in BreslauAK. **1917** 35.

Die Frage ist grundsätzlich zu verneinen. Eine Nachprüfung der Motive, aus denen ein RA. an einem bestimmten Platze seine Zulassung nehmen will, widerspräche den Grundprinzipien unserer RAO. Die Entsch. des EGH. **14** 24 steht dieser Auffassung nicht entgegen. Vgl. auch RG. JW. **1917** 536 Nr. 1.

Ebensowenig kann ein RA. deshalb zur Rechenschaft gezogen werden, weil er seine Zulassung bei einem bestimmten Gerichte aufgibt, z. B. bei einem am Landgerichtssitze befindlichen Amtsgerichte, von welchem er nicht mehr als Armenanwalt beigeordnet werden will. Auch dieser Fall ist in der Praxis erörtert worden.

67. Zustellung von Anwalt zu Anwalt, siehe Rechtspflege.

68. Zutreiber, siehe Prozeßagenten.

69. Zwangslage. Der Anwalt darf nicht einmal den Anschein erwecken, als wolle er eine Zwangslage des Klienten zur Erwirkung gebührenrechtlicher Vorteile ausnützen. Daher ist es regelmäßig nicht passend, während einer Hauptverhandlung oder unmittelbar vor derselben bei der Partei eine Honorarerhöhung in Anregung zu bringen. Auch die bloße Erörterung hierüber soll in solchem Zeitpunkte vermieden werden. Vgl. EGH. **14** 145 ff. Anm. 53.

70. Zweigbureaus, Sprechtage. Die Frage, ob es zulässig sei, auswärtige Zweigbureaus zu unterhalten, ist von Anfang an in der Praxis viel erörtert worden. Der EGH. hat sie in weitgehendem Maße bejaht, während die Kammervorstände teilweise abweichender Meinung sind. Das hängt sicherlich mit der großen Verschiedenheit der einschlägigen Verhältnisse innerhalb des Reiches zusammen. Der EGH. läßt die Einrichtung von Zweigbureaus ziemlich unbeschränkt zu, jetzt auch an Orten, an denen bereits Anwälte ansässig sind (im Falle EGH. **15** 112 wohnten 4 Anwälte am Platze). Doch soll die Unterhaltung von Zweigbureaus nicht an einer größeren Anzahl von Orten erfolgen und so ein Geschäftsbetrieb organisiert werden, der mit einer wissenschaftlichen Berufstätigkeit und der Pflicht zur Förderung der Rechtspflege unvereinbar ist (**3** 103). Auch darf das Bureau nicht rechtsungelehrten Gehilfen mit weitgehender Vertretungsbefugnis überlassen werden (**4** 200; milder: **3** 112). Der letztere Gesichtspunkt ist zweifel- Anm. 54.

los richtig, betrifft aber eigentlich nicht die hier interessierende Spezialfrage. Ebenso ist es selbstverständlich, daß das Bestehen eines Zweigbureaus nicht in unwürdiger Weise bekannt gemacht werden darf (Zeitungsinserat mit dem Beifügen, daß keine Reisekosten berechnet werden: EGH. 3 112).

Zu der Frage selbst mag folgendes hervorgehoben werden:

a) Das Gesetz verbietet nicht ausdrücklich die Einrichtung mehrerer Geschäftslokale. Allein die Anwaltschaft ist kein Gewerbe, sondern ein wissenschaftlicher Beruf im Dienste des Rechts und der Rechtspflege. Ihre Angehörigen sollen daher auch nach außen hin nicht den Anschein erwecken, als ob sie ihren Beruf nach Art eines Gewerbes ausübten. Das geschieht aber durch die Einrichtung von Filialbetrieben in bedenklicher Weise. Sie sollten daher nur für zulässig erachtet werden, wenn das Interesse der Rechtspflege ihre Einrichtung erfordert. Dies kann z. B. bei entlegenen Orten, bei kleinen Amtsgerichten, bei welchen ein ständig niedergelassener Anwalt sein Auskommen nicht finden würde, der Fall sein. Das Interesse der Rechtspflege verbietet auch die Errichtung von Zweigbureaus an Orten, die von dem Wohnsitz des Anwalts weit entfernt sind, da er hier zur gewissenhaften Berufsausübung außerstande wäre. Gut: AKV. Potsdam, AKJahrB. **1913** 13 Nr. 29. Vgl. ferner: AKJahrB. **1908** 10 Nr. 18 (Nürnberg); **1910** 10 Nr. 16 (Hamburg); **1911** 11 Nr. 18 (Naumburg); **1913** 13 Nr. 30; **1914** 17 Nr. 42 (Naumburg); **1914** 13 Nr. 18 (Dresden); 15 Nr. 27 (Hamburg); **1916** 13 Nr. 5; EGH. **10** 5, **14** 170; Pfeiffer, DRAZ. **11** 9 ff.

b) Aus dem Gesagten ergibt sich bereits, daß in der Regel das Vorhandensein niedergelassener Rechtsanwälte an dem betreffenden Orte die Errichtung eines Zweigbureaus verbietet; denn wenn nicht ganz besondere Umstände vorliegen, wird das Interesse der Rechtspflege in solchen Fällen die Einrichtung des Filialbureaus nicht erfordern. Dasselbe Resultat ergibt sich aus anderen Gesichtspunkten: es ist unbillig den Amtsgerichtsanwälten die Konkurrenz seitens „halbniedergelassener" Kollegen zuzumuten, die die Vorteile der Geschäftsniederlassung ausnützen, die entsprechende Residenzpflicht aber nicht übernehmen wollen. Vgl. auch EGH. **10** 7, wo der EGH. ausspricht, die Einrichtung des Zweigbureaus sei „jedenfalls solange unbedenklich, als, wie bisher, in N. selbst kein Anwalt seßhaft ist".

c) Es ist absolut unzulässig, an einem Orte (die Einheit im wirtschaftlichen, also im weitesten Sinne verstanden) mehrere Geschäftslokale zu haben. Gl. M.: EGH. **16** 251[1]); AKJahrB. **1914** 17 Nr. 37 (Königsberg); DRAZ. **11** 10; a. M.: AKJahrB. **1914** 15 Nr. 26 (Hamburg). Das gleiche muß in der Regel für mehrere Geschäftslokale in einem Amtsgerichtsbezirke gelten.

Anm. 55. d) Die Grundsätze, welche für Zweigbureaus gelten, werden entsprechende Anwendung zu finden haben, auf die Abhaltung auswärtiger Sprechtage. Hier ist besonders jede unwürdige Reklame zu vermeiden und für Wahl eines geeigneten Lokales Sorge zu tragen. Vgl. AKV. Rostock AKJahrB. **1912** 11 Nr. 22; AKV. Naumburg AKJahrB. **1891** 9 Nr. 18 (Sprechtage unzulässig außerhalb des LG.Bezirkes); Oldenburg AKJahrB. **1913** 12 Nr. 22 (Sprechtage unzulässig, wenn der ortsansässige Anwalt nicht zustimmt); ferner AKJahrB. **1886** 10; **1889** 8 Nr. 5; **1891** 9 Nr. 21; **1905** 9 Nr. 12; **1913** 12 Nr. 20; 12 Nr. 25; **1915** 17 Nr. 43; 17 Nr. 45; EGH. **9** 159; die letztgenannte Entscheidung erklärt die Bekanntgabe der Sprechtage durch die Zeitung allgemein für unzulässig; hiegegen wendet sich EGH. **16** 250 (II. Senat), der die Zeitungsannoncen, auch die

---

[1]) Zu dieser Entscheidung, die sich auch mit der Frage befaßt, ob der Anwalt in seiner vom Bureau entfernt liegenden Wohnung eine regelmäßige Sprechstunde einrichten dürfe, vgl. M. Friedländer AWNachr. 3 96; auch AKV. Berlin Jahresbericht der AK. Berlin **1914** 21 (strenger als EGH.).

öfters wiederholten, für zulässig erachtet, es sei denn, daß am Orte ein Anwalt ansässig ist, weil diesem auch nicht gestattet sei, sich durch wiederholte Zeitungsinserate beim Publikum in Erinnerung zu bringen. Vgl. hiezu: M. Friedländer AVNachr. **3** 96.

§ 29.

Der Rechtsanwalt muß, wenn er sich über eine Woche hinaus von seinem Wohnsitz entfernen will, für seine Stellvertretung sorgen, auch dem Vorsitzenden des Gerichts, bei welchem er zugelassen ist, sowie dem Amtsgericht, in dessen Bezirk er seinen Wohnsitz hat, Anzeige machen und den Stellvertreter benennen.

I. Allgemeiner Inhalt. Der Paragraph enthält ein Korrelat der Lokalisierung des Anwaltsstandes und der damit zusammenhängenden Residenzpflicht. Der Rechtsanwalt soll an dem gesetzlich bestimmten Orte nicht nur wohnen, sondern sich auch regelmäßig dort aufhalten. Bei länger dauernder Entfernung muß er daher für seine allgemeine Vertretung Sorge tragen. Anm. 1.

Nach dem Entwurf (§ 25) sollte der Rechtsanwalt zu längerer Entfernung der Genehmigung des Gerichtsvorsitzenden bzw. der Landesjustizverwaltung bedürfen; nur zum Eintritt in eine deutsche gesetzgebende Versammlung sollte dieser „Urlaub" nicht notwendig sein. Mit Recht hat die RTKomm. diese Bestimmung — als dem Prinzip der freien Advokatur widersprechend — gestrichen.

II. Spezieller Inhalt. 1. Die erste Voraussetzung für die im § 29 normierte Verpflichtung ist die, daß der Rechtsanwalt die Absicht hat, sich über eine Woche hinaus von seinem Wohnsitze zu entfernen. Will er zunächst nur auf kürzere Zeit verreisen, so tritt die Verpflichtung zur Anzeigeerstattung und zur Bestellung eines Substituten erst ein, wenn sich seine Absicht geändert hat oder wenn sein Fernsein tatsächlich die Frist überschreitet. Anderseits genügt zur Begründung der Verpflichtung nach § 29 die Absicht, sich länger als eine Woche zu entfernen; die Nichterfüllung der Verpflichtung bleibt eine Verfehlung, auch wenn der Rechtsanwalt tatsächlich vor Ablauf der Frist zurückkehrt; ebenso: EGH. **5** 82. Anm. 2.

2. Die Minimalfrist von einer Woche endigt an demjenigen Tage, welcher seiner Benennung nach dem Tage der Entfernung entspricht. Die Abwesenheit von dem Wohnorte muß natürlich eine ununterbrochene sein. Anm. 3.

3. Hat der Rechtsanwalt einen mehrfachen Wohnsitz, so liegen die Voraussetzungen des § 29 vor, wenn der Anwalt sich von demjenigen Orte entfernen will, der dem gesetzlichen Wohnsitz (§ 18) entspricht. Anm. 4.

4. Die „Stellvertretung", für welche der Rechtsanwalt nach § 29 sorgen muß, ist die Generalsubstitution. (§ 25). Es sind daher im einzelnen die Anmerkungen zu § 25 zu vergleichen. Anm. 5.

5. Bei mehrfacher Zulassung hat die Anzeige und die Benennung des Generalsubstituten bei den Vorsitzenden aller Gerichte der Zulassung zu erfolgen; außerdem bei dem Amtsgerichte des gesetzlichen Wohnsitzes. Anm. 6.

6. Die Anzeige bedarf keiner besonderen Form. Anm. 7.

7. Die Verpflichtung, welche § 29 einführt, ist eine öffentlichrechtliche. Ihre Verletzung kann zur ehrengerichtlichen Bestrafung führen. EGH. **5** 82; **7** 62. Anm. 8.

8. Einzelne Gliedstaaten haben eine Verpflichtung des Gerichts, Verstöße gegen § 29 dem Justizministerium oder dem OLG.Präsidenten anzuzeigen, eingeführt. So: Sachsen: V. 31. 7. 79 § 12; Sachsen-Altenburg: V. 17. 11. 79 § 17; Sachsen-Weimar: V. 10. 7. 79 § 18; Sachsen-Meiningen: V. 6. 1. 80 § 16; Coburg-Gotha: V. 2. 2. 80 § 16; Schwarzburg-Rudolstadt: MinV. 27. 1. 80 § 16. Anm. 9.

Anm. 10. **III.** Wenn auch die Generalsubstitution nur bei mehr als einwöchentlicher Abwesenheit allgemein vorgeschrieben ist, so ist es doch selbstverständlich, daß auch bei kürzerer Abwesenheit eine Spezialvertretung geboten sein kann und meistens geboten sein wird. Ein Anwalt, welcher drei Tage verreist, kann in der Regel nicht alles stehen und liegen lassen, sondern er muß für irgendeine Vertretung Sorge tragen. Tut er dies nicht, so riskiert er zivilrechtliche Haftungen und möglicherweise auch disziplinäre Ahndung. Vgl. DJZ. **1908** 1343 (RGStS.).

Exkurs vor § 30.

Das Vertragsverhältnis zwischen dem Rechtsanwalt und seinem Klienten.[1]

Anm. 1. **I. Einleitung** (Begrenzung des Themas). Gegenstand der nachfolgenden Betrachtung soll nur das zwischen dem Anwalt als solchem und seiner Partei bestehende, dem eigentlichen Wesen des Anwaltsberufes entsprechende Vertragsverhältnis sein.

Es scheiden daher einerseits diejenigen Fälle aus, in welchen der Anwalt nicht als Berater, Vertreter, Beistand 2c. einem Klienten gegenübersteht, also z. B. die Fälle, in welchen er als Konkursverwalter, als Testamentsvollstrecker, Nachlaßpfleger oder in eigenen privaten Rechtsangelegenheiten tätig wird. Ferner scheiden diejenigen Fälle aus, in welchen der Anwalt zwar für einen Auftraggeber tätig wird, aber auf einem Gebiete, welches außerhalb der Grenzen des eigentlichen Anwaltsberufes (Allg. Einl. Anm. 16 ff.) liegt: so, wenn der Rechtsanwalt eine reine Mäklertätigkeit ausübt (Naumburg AK. **1914** 12) oder ein gewinnbringendes Depositengeschäft mit seinen Klienten betreibt (vgl. Lotmar, Arbeitsvertrag **1** 315/16). Auch die Vermögensverwaltung gehört als solche nicht zur eigentlichen Berufstätigkeit des Anwalts (RG. LZ. **1909** 560).

Anm. 2. **II. Die rechtliche Natur des Vertragsverhältnisses.**

1. Daß zwischen der Partei und ihrem Anwalt ein zivilrechtliches Vertragsverhältnis besteht, kann nach geltendem Rechte nicht bezweifelt werden (vgl. aber Loewenfeld a. a. O. 858 ff.). Die RAO. in ihrer ursprünglichen Fassung bezeichnet dieses Vertragsverhältnis allgemein als Auftragsverhältnis, den Klienten als Auftraggeber (vgl. §§ 32, 49 Ziff. 3 und 4), eine Auffassung, welche jedoch gegenüber der Regelung des „Auftrags" im BGB. nicht mehr aufrecht erhalten werden kann. Denn der Rechtsanwalt übt seinen Beruf regelmäßig gegen Entgelt aus; ein Blick in die RAGebO. genügt, um darzutun, daß nach dem Willen des Gesetzes die Arbeit des Rechtsanwalts und die ihr entsprechende Gebührenschuld zueinander im Verhältnis von Leistung und Gegenleistung stehen sollen;

---

[1]) Literatur: Lotmar, Der Arbeitsvertrag; Riezler, Der Werkvertrag nach dem BGB.; Kuhlenbeck JW. **1904** 595; Hachenburg, Dienst- und Werkvertrag im BGB. (Mannheim 1898); Dankwardt in JheringsJ. **18** 367 ff.; Brunswig in GoldschmidtsZ. **56** 77 ff.; Loewenfeld in Gutachten aus dem Anwaltsstande über die erste Lesung des Entwurfes eines BGB. 858 ff.; Franz, Das deutsche Notariat nach Reichsrecht (1907); Bloch, JW. **1907** 647 ff.; Gmür, Die zivilrechtliche Stellung des Rechtsanwalts, Zürich 1907; Reidnitz, Der Arbeitsvertrag des Rechtsanwalts, Mainz 1910; Prang, Über die rechtliche Natur des Vertrags zwischen dem Rechtsanwalt und seinem Mandanten, Borna-Leipzig 1910; Kraft, Die Haftpflicht der Richter, Rechtsanwälte und Notare usw. Berlin 1911; Hirsch, Zur Haftpflicht des Rechtsanwalts, Zürich 1915; Bayerwaltes, Das Vertragsverhältnis zwischen Anwalt und Klienten (Erlanger Diss.) München 1918. Das Buch von Rümelin: „Dienstvertrag und Werkvertrag" enthält leider spezielle Ausführungen über den Anwaltsvertrag gar nicht (trotzdem im übrigen die wichtigsten Fälle von Arbeitsverträgen in § 8 erörtert werden). — Vgl. auch Priester: „Die Haftpflicht des Rechtsanwalts und Notars" und Freudenstein: „Partei und Rechtsanwalt". Fragen des internationalen Privatrechts bei Neumeyer, Anwaltsvergehen im internationalen Verkehr, GoltdArch. **64** 1.

zum Wesen des Auftrages gehört aber nach § 662 BGB. die unentgeltliche Besorgung von Geschäften. Für die Mehrzahl der Fälle scheidet daher die Kategorie des Auftrags von vornherein aus. Zutreffend jetzt: § 32 a.

Für das Vertragsverhältnis zwischen dem Anwalt und seinem Klienten sind zunächst verschiedene spezialgesetzliche Bestimmungen, die größtenteils in der RAO. und der RAGebO. enthalten sind, maßgebend. Anderseits unterliegt es keinem Zweifel, daß die Lehre vom Anwaltsvertrage eine erschöpfende spezielle Regelung nicht erfahren hat. Daraus ergibt sich, daß für den entgeltlichen Anwaltsvertrag die Normen des BGB. vom Dienst- oder Werkvertrag ergänzend herangezogen werden müssen. Dies folgt, wie Lotmar nachgewiesen hat, daraus, daß die beiden erwähnten Vertragstypen jede Art von Arbeit umfassen, und es ist gegenüber den Bestimmungen der §§ 611 Abs. 2, 631 Abs. 2 BGB. nicht zulässig, mit Staudinger, Vorbemerkung zu § 611 Anm. IV 1 c[1]) einen contractus sui generis anzunehmen, auf den nur die allgemeinen Grundsätze über gegenseitige Verträge Anwendung finden sollen. Diese Annahme führt auch zu keinem praktischen Resultate, da die allgemeinen Bestimmungen uns gerade bei den wichtigsten Fragen, z. B. bei der Kündigung, völlig im Stiche lassen.

Bei der Darstellung des Vertragsrechtes der Anwälte wird auch darauf Rücksicht zu nehmen sein, daß es zahlreiche Usancen gibt, die sich eingebürgert haben, und denen sich stillschweigend jeder unterwirft, der mit einem Rechtsanwalt kontrahiert, mag er die Übung kennen oder nicht. Das Gleiche gilt natürlich von dem Anwalt selbst. Hier handelt es sich nicht um Sätze des objektiven Rechts, aber die Wirkung dieser Usancen kommt häufig der von Rechtssätzen gleich. Deshalb darf eine für die Praxis bestimmte Darstellung des Anwaltsvertrages auf ihre Erörterung nicht verzichten.

2. Es fragt sich nun weiter, welcher der beiden Kategorien — Dienst- oder Werkvertrag — der entgeltliche Anwaltsvertrag zuzurechnen sei. Anm. 3.

Um hier zu einer Antwort zu gelangen, ist es nötig, daß wir uns kurz über den Unterschied der beiden Vertragstypen klar werden.

Dieser Unterschied ist nicht außerhalb des BGB. zu suchen[2]), sondern muß aus den Bestimmungen der §§ 611, 631 BGB. selbst entnommen werden. Diese

[1]) Auch die erste Auflage des vorliegenden Kommentars entschied sich für einen contractus sui generis, zog aber dann z. T. die Normen vom Dienst- und Werkvertrag zur analogen Anwendung heran.

[2]) Lotmar hat in seinem Werke über den Arbeitsvertrag darzutun versucht, daß aus den Normen des BGB. nur zu entnehmen sei, daß der Zeitlohnvertrag (bei dem nur die Zeit lohnmessender Faktor ist) nie Werkvertrag, sondern nur Dienstvertrag sein könne, daß aber das Unterscheidungsmerkmal zwischen Dienstvertragsakkord und Werkvertragsakkord aus dem BGB. nicht zu entnehmen sei (Akkord ist jeder Arbeitsvertrag, der nicht Zeitlohnvertrag ist, bei ihm ist also die Arbeitswirkung stets in das Entgeltverhältnis eingeschlossen). Das gesuchte Unterscheidungsmerkmal soll sich nun aus einigen anderen Reichsgesetzen ergeben, in denen Akkorde geregelt sind, die sich als Dienstverträge darstellen, was im wesentlichen aus dem Wortlaut der betreffenden Gesetze, die von Dienstverhältnissen usw. sprechen, in einigen Fällen aus anderen Momenten gefolgert wird. Allen diesen Fällen sei gemeinsam, daß es sich um Verträge handelt, die im Geschäftsbetriebe des Arbeitgebers abgeschlossen sind. Daher sei jeder Akkord, bei dem dieses Erfordernis zutreffe, Dienstvertrag, jeder andere Werkvertrag. — Wir können dieser Begriffsbestimmung, die inzwischen auch von Staudinger[8] Vorbemerkung zu § 611 Anm. III 1 (freilich ohne konsequente Durchführung) und von Reidnitz a. a. O. akzeptiert worden ist, nicht beipflichten. Das BGB. will in den §§ 611, 631 die Unterscheidungsmerkmale zwischen den beiden Vertragstypen angeben (Motive zu § 631 bei Haidlen 1 699); den von Lotmar zitierten Gesetzen aber (HGB. §§ 65, 649; SeemO. § 80; BiSchG.; FlG.; GewO.) ist das von ihm hervorgehobene Unterscheidungsmerkmal durchaus fremd. Daß diese Gesetze ein Prinzip, wie es Lotmar annimmt, zur Unterscheidung von Dienst- und Werkvertrag aufstellen wollten, ist nicht nachzuweisen, um so weniger, als das Erfordernis der Zugehörigkeit des Arbeitsvertrages zum Geschäftsbetrieb des Prinzipals nicht einmal in allen von Lotmar angeführten Fällen unbedingt zutrifft. Das wird von ihm selbst bezüglich des BiSchG. („fast

geben die Begriffsbestimmung des Dienst- und Werkvertrages, sie wollen nicht sagen: wenn ein Dienst- bzw. Werkvertrag vorliegt, so treten die und die Rechtsfolgen ein, sondern: wenn die Parteien die in den §§ 611, 631 genannten, grundlegenden Verpflichtungen übernehmen wollten, liegt Dienst- bzw. Werkvertrag vor. Das entspricht durchaus dem sonstigen Sprachgebrauch des Gesetzes in den Einleitungsparagraphen zu den verschiedenen Vertragstypen (z. B. §§ 535, 598, 662, 688 BGB.). Wenn man so vorgeht, so unterscheidet man auch nicht in unzulässiger Weise nach den Rechtsfolgen, sondern nach Tatbeständen, nämlich nach dem, was die Parteien an grundlegenden Verpflichtungen übernehmen wollen (vgl. hiezu Geßler BayZ. **1907** 140 ff.).

§ 631 BGB. sagt, daß beim Werkvertrag der Unternehmer zur Herstellung des versprochenen Werkes, d. h. eines durch Arbeit oder Dienstleistung herbeizuführenden Erfolges verpflichtet wird, der Besteller dagegen zur Entrichtung der vereinbarten Vergütung. Damit ist nun nicht nur gesagt, daß jeder der beiden Kontrahenten an und für sich die ebengenannten Leistungen zu prästieren habe, daß der eine sich zur Herstellung des Werkes, der andere zur Zahlung verpflichtet, sondern es liegt darin, da es sich um einen gegenseitigen Vertrag handelt, auch die weitere Bestimmung, daß die Vergütung nur für das Werk, für den durch Arbeit herzustellenden Erfolg geschuldet werden soll. Unter „Erfolg" der Arbeit darf man ferner nicht lediglich erfolgreiche, d. h. brauchbare, tüchtige, auf ein Ziel gerichtete Arbeit verstehen, vielmehr meint das Gesetz mit diesem Wort ein Endresultat, daß als solches körperlich greifbar oder geistig faßbar ist und bei Vertragsschluß in die Vorstellung der Kontrahenten aufgenommen worden ist. Darauf deutet schon das Wort „Werk", darauf deuten ferner die Beispiele des § 631 Abs. 2, dann die Bestimmungen der §§ 638, 640, 641, 644, 645, 646 BGB., in denen von Vollendung des Werkes, von seiner Abnahme usw. die Rede ist.[1])

Wenn also der eine Kontrahent sich verpflichtet, durch Arbeit ein Endresultat im obigen Sinne herbeizuführen, und wenn die Vergütung für das Arbeitsresultat und nur für dieses versprochen wird, so liegt Werkvertrag vor, andernfalls Dienstvertrag.[2])

Es ist gewiß richtig, daß man häufig dem einzelnen Vertrage nicht ansehen kann, welche grundlegenden Verpflichtungen die Parteien übernehmen wollten.

immer": 2 897, vgl. auch § 6 Abs. 2 BiSchG.) und ebenso bezüglich des FlG. (**2** 898) zugegeben. Wenn ferner die erwähnten Gesetze von „Dienstverhältnis" u. Ä. sprechen, so folgt daraus noch lange nicht, daß sie den Dienstvertrag des BGB. meinen; man muß bedenken, daß die von Lotmar zitierten Gesetze z. T. lange vor dem BGB. in Kraft getreten sind. Die SeemO. galt am 1. Jan. 1900 noch in der Fassung vom Jahre 1872, das FlG. datiert vom 15. Juni 1895 und ist nicht wie das BiSchG. im Jahre 1898 neu redigiert worden. Auch in ihren Resultaten bringt uns die Lotmarsche Theorie praktisch nicht viel weiter. Was unter Zugehörigkeit zum Geschäftsbetriebe verstanden werden soll, ist nach seinen Ausführungen äußerst zweifelhaft. Es wird eine unmittelbare Zugehörigkeit verlangt. So soll der Anwaltsvertrag Werkvertrag sein, obwohl es doch zahlreiche Betriebe gibt, für welche die ständige Beratung durch einen Anwalt geschäftlich unentbehrlich ist. Daß durch diese Subsumtion der Vertrag auf seiten des Anwalts unkündbar wird, und daß dieses Resultat unerträglich ist, gibt Lotmar selbst zu. Vgl. gegen Lotmar auch Wölbling DJZ. **1909** 1469. Der Versuch von Reidnitz, aus §§ 47 Abs. 2, 50 RAGebO. die allgemeine Kündbarkeit des Anwaltsvertrages abzuleiten, geht fehl. Denn diese Paragraphen regeln nur die Rechtsfolgen einer vorzeitigen Lösung des Vertrages; unter welchen Voraussetzungen und in welcher Weise diese Lösung erfolgen kann, bestimmen sie nicht. Überdies gelten sie nur für den Zivilprozeß.

[1]) Vgl. hierzu auch Rümelin 55, Oertmann BGB. (Recht der Schuldverhältnisse)[4] Vorb. zu § 611 Anm. 1 b.

[2]) Vgl. hierzu RGZ. **72** 179; OLG. Hamburg HansGZ. **1912** 101; OLG. Kiel SchlHolstAnz. **1911** 229, von Beust, Bühnen-Engagementsvertrag; RGZ. **88** 223; Heß, Einfache und höhere Arbeit, Jena 1905. Gut auch: OLG. Hamburg LZ. **1918** 949 Nr. 8. Über die verschiedenen Meinungen hinsichtlich des Unterschiedes zwischen Dienst- und Werkvertrag vgl. die Kommentare z. BGB.; auch Krückmann JW. **1913** 1159.

Diese Schwierigkeit, über die man sich schon bei Schaffung des Gesetzes klar war (vgl. Motive bei Haidlen **1** 669), läßt sich aber nicht durch Einführung außerhalb des Gesetzes liegender Kriterien aus der Welt schaffen. Dagegen gibt es allgemeine Merkmale, welche für die Erkenntnis des konkreten Parteiwillens wohl verwertet werden können.

Wenn die Herbeiführung des gewünschten Erfolges — und irgend einen Erfolg im weiteren Sinne bezweckt ja jede Tätigkeit — erfahrungsgemäß nicht von dem Arbeitnehmer, sondern in erster Linie oder in hohem Maße von anderen Momenten abhängt, so ist auch nicht anzunehmen, daß ihm die Erfolgshaftung überbürdet werden sollte. Wo ferner ein festumgrenztes Endresultat bei Vertragsschluß der Natur der Sache nach gar nicht ins Auge gefaßt werden konnte, kommt die Kategorie „Werkvertrag" gleichfalls nicht in Betracht.

Diese beiden Gesichtspunkte sind speziell für die Beurteilung des Anwaltsvertrages von grundlegender Bedeutung. Betrifft der Vertrag die Führung von Rechtssachen bei Gerichten und anderen Behörden, so liegt hiernach, wenn nicht besondere, praktisch selten vorkommende Vereinbarungen über eine konkrete Erfolgshaftung getroffen werden, stets Dienstvertrag vor.[1])

Das Entgelt wird hier nicht versprochen für die Herbeiführung eines Endresultats; nicht einmal von der Erwirkung eines Teilerfolges ist die Verpflichtung zur Honorarzahlung abhängig (vgl. § 50 RAGebO.). „Daß in einem bestimmten Falle die Interessen des Klienten vertreten werden" (Riezler 85/86), stellt keinen „Erfolg" im Sinne des § 631 BGB. dar, denn damit wird nichts weiter ausgesagt, als daß brauchbare, dem gewollten Zweck entsprechende Dienste geleistet wurden. Jede Dienstleistung hat eben den unmittelbaren „Erfolg", daß der Arbeitgeber die betreffenden Dienste nicht zu entbehren braucht. Auch die Führung eines Zivilprozesses, einer Verteidigung „durch die Instanz" kann an sich nicht als Herstellung eines Werkes, als Herbeiführung eines Erfolges durch Arbeit im Sinne des § 631 BGB. angesehen werden. Sie ist nur Arbeit *bis zu einem bestimmten Zeitpunkt oder dem Eintritt eines bestimmten Ereignisses*, wie sie auch z. B. § 620 Abs. 2 BGB. (Bestimmung der Dauer des Dienstverhältnisses aus dem *Zwecke der Dienste*) für den Dienstvertrag vorsieht (vgl. Rümelin 35, 91; auch RGZ. **33** 371). Das Ende der Instanz schafft nicht der Rechtsanwalt durch seine Arbeit.

Auch die neuerdings (von Bayerwaltes a. a. O. 19 ff.) geäußerte Ansicht, daß *aus der RAGebO.* die Werkvertragsnatur des Anwaltsvertrages hervorgehe, weil die einzelnen Gebühren ohne Rücksicht auf Umfang und Dauer der gelieferten Arbeit anfallen und stets an ein bestimmtes „Arbeitserzeugnis" (Verhandlung, Vergleich usw.) anknüpfen, beruht auf einem Irrtum. Daraus, daß die Gegenleistung nicht Zeitlohn ist, sondern an gewisse andere Kriterien der Dienstleistung anknüpft, folgt noch nichts für unsere Frage. Gerade bei der Vergleichsgebühr, die Bayerwaltes als einen schlagenden Beweis für seine Theorie anführt, wird ihre Unrichtigkeit besonders deutlich. Diese Gebühr fällt allerdings nicht an, wenn der Vergleich nicht zustande kommt; aber der RA. geht doch auch für seine Dienstleistung als Ganzes nicht leer aus, wie es der Fall sein müßte, wenn er sich *verpflichtet* hätte, den Vergleich als „Erfolg" seiner Arbeit herbeizuführen. Gegen Bayerwaltes auch Lemberg JW. **1918** 718.

---

[1]) Ebenso die bei weitem überwiegende Zahl der Schriftsteller, auch das Reichsgericht und die Praxis. Vgl. aus neuester Zeit JW. **1914** 77 Nr. 9; **1916** 963 Nr. 11 = RGZ. **88** 223. **A. M.**: Riezler 85/86, Fuchs GruchotsBeitr. **53** 149; Bayerwaltes 16; Crome System **2** 678, Dankwardt IheringsJ. **13** 367, Oertmann Schuldverhältnisse[4] 666. Gegen die Meinung, die stets Werkvertrag annimmt, führt RG. SeuffA. **71** 285 = LZ. **1916** 1187 Nr. 11 zutreffend auch den § 32 a RAO. an, der dann überflüssig wäre und der eigens für Dienstvertragsrecht geschaffen wurde. Er enthält also eine authentische Interpretation des Gesetzes.

Auch bei der außergerichtlichen Beistandsleistung oder Vertretung liegt aus den gleichen Gründen wie bei der prozessualen Tätigkeit regelmäßig Dienstvertrag vor.

Anm. 5. Wie aber steht es bei der Ratserteilung, der Konsultation? Handelt es sich um eine Beratung innerhalb eines bestehenden Dienstvertragsverhältnisses — der Prozeßbevollmächtigte wird z. B. über die Fortsetzung des Zivilprozesses konsultiert —, so ist zweifellos auch die Ratserteilung nach Dienstvertragsrecht zu beurteilen (RG. JW. **1905** 502 Nr. 35). Allein, auch abgesehen von diesem Falle wird man sich stets dann für Dienstvertrag zu entscheiden haben, wenn es sich um eine fortgesetzte Beratungstätigkeit handelt, weil hier von der Schaffung eines konkreten Tätigkeitsresultats nicht die Rede sein kann (ebenso: RGRKomm.[2] **1** 628). Handelt es sich aber um die Beantwortung einer konkreten Frage, so ist allerdings regelmäßig Werkvertrag anzunehmen.

Der vertragsmäßig herbeizuführende „Erfolg" besteht bei solchen Konsultationen nicht etwa in erfolgreichem Rat (auf den Erfolg des Erfolges, z. B. darauf, ob der Rat zum siegreichen Ausgang führt, kommt es nicht an), sondern in fachkundigem, anwaltschaftlichem Rat schlechthin.[1])

Werkvertrag liegt ferner häufiger vor bei der Bestellung eines schriftlichen Rechtsgutachtens oder der Urkunde über ein bestimmtes Rechtsgeschäft: Anfertigung eines Testaments, Formulierung eines bereits vereinbarten Gesellschaftsvertrages usw.; vgl. LG. Straßburg ZBlFG. **9** 157; RG. JW. **1914** 642 Nr. 4; OLG. Breslau SeuffA. **63** 145; BreslauAK. **1915** 56 (OLG. Breslau); RG. JW. **1916** 963 Nr. 11; auch bei der Erholung einer bestimmt umschriebenen Auskunft[2]). Auch hier ist aber stets in concreto zu prüfen, ob die Übernahme der Verpflichtung zur Herstellung des Werkes wirklich gewollt war (vgl. RG. LZ. **1918** 911 Nr. 10). Eine Vermutung dafür, daß der Anwaltsvertrag Werkvertrag sei, besteht nie.

Anm. 6. 3. Daß der Anwaltsvertrag, soweit er sich auf Prozeßführung, Beistandsleistung, Vertretung erstreckt, stets eine Geschäftsbesorgung im Sinne des § 675 BGB. zum Gegenstande hat, wird allgemein angenommen. Dies entspricht dem, was der gewöhnliche Sprachgebrauch unter der „Besorgung von Geschäften für andere" versteht. Das Sprachgefühl führt uns hier sicherer zum Ziel als alle Versuche einer präzisen Definition. Vgl. die Bestimmung des § 23 Abs. 2 KO. und die Ausführungen im RGRKomm.[2] **1** 615, 626; auch (aus neuerer Zeit): OLG. Posen PosMSchr. **1912** 56. Nach dem im RGRKomm. Gesagten wird der Anwaltsvertrag, soweit er nach unserer Meinung Werkvertrag ist, regelmäßig[3]) nicht unter § 675 BGB. fallen (vgl. Staudinger[8] § 675 Anm. 3 b; RG. JW. **1910** 808 Nr. 22). Bezüglich der Rechtsfolgen ist dies fast nur für den Fall der Konkurseröffnung von Bedeutung (§ 23 Abs. 2 KO.), und auch dieser Fall wird praktisch kaum eine Rolle spielen.

Anm. 7. 4. Wenn ausnahmsweise der Anwalt sich verpflichtet, ohne Entgelt seine Dienste

---

[1]) Brunswig GoldschmidtsZ. **56** 77 nimmt bei der Ratserteilung im allgemeinen Dienstvertrag und nur dann Werkvertrag an, wenn richtiger Rat versprochen wurde. Ebenso Prang 40 ff.; OLG. Hamburg SeuffA. **68** 75; auch Düringer-Hachenburg HGB.[2] **2** 340 nimmt bei Rat und Auskunft Dienstvertrag an. Die herrschende Meinung ist für Werkvertrag. Mit der von uns gemachten Unterscheidung übereinstimmend: RGRKomm.[2] § 676 Anm. 2 und RG. JW. **1914** 642 Nr. 4; RG. JW. **1916** 963 Nr. 11.

[2]) Z. B. über den Inhalt eines Grundbuchblattes. Auskunft über andere Personen und deren Kreditwürdigkeit zu erteilen, gehört nicht zu den Berufsgeschäften des Anwalts: RGRKomm. § 676 Anm. 2; Recht **1912** Nr. 2228; OLG. **34** 60 (Hamburg).

[3]) Wenn z. B. — was praktisch kaum vorkommen wird — besonders vereinbart ist, daß der Anwalt lediglich einen Vergleich herbeizuführen hat, und daß er nur, wenn ihm dies gelingt, überhaupt ein Honorar erhält, so liegt ein Werkvertrag vor, der auf eine Geschäftsbesorgung gerichtet ist.

zu leisten, kommen die Normen vom Auftrag zur Anwendung, soweit nicht die spezialgesetzlichen Bestimmungen — z. B. § 32a RAO. — eingreifen.[1])

Wenn jedoch der Rechtsanwalt seinem Klienten erklärt, daß er von ihm keine Gebühren verlange, sich aber für den Fall des Obsiegens im Prozesse vorbehalte, die Gebühren vom Gegner einzuziehen, so liegt nach der Parteiintention ein Dienstvertrag, verbunden mit einem bedingten Verzicht auf die Entlohnung vor.

Auch das Rechtsverhältnis des Armenanwalts zur Partei richtet sich, da die Dienste nur vorläufig unentgeltlich zu leisten sind, nach Dienstvertragsrecht. So: RGSt. **39** 120. Lotmar **1** 133 will hier überhaupt keinen Arbeitsvertrag annehmen.

III. Die Bedeutung der Gebührenordnungen für den Anwaltsvertrag. Anm. 8.

1. Bezüglich eines erheblichen Teiles der anwaltschaftlichen Berufstätigkeit stellt die RAGebO. für den Anwaltsvertrag spezielle Rechtsnormen auf. Dies gilt für die Berufstätigkeit des Rechtsanwalts in einem Verfahren vor den ordentlichen Gerichten, auf welches die ZPO., StPO. oder KO. Anwendung finden, sowie für die beratende Berufstätigkeit, welche den Beginn oder die Fortsetzung eines solchen Verfahrens betrifft (§ 1 RAGebO.; vgl. hiezu RGBl. **1908** 37). Reichsrechtlich ist die RAGebO. ferner für entsprechend anwendbar erklärt bezüglich der im § 91 Abs. 1 dieses Gesetzes selbst bezeichneten Verfahrensarten[2]), dann bezüglich der Tätigkeit bei den Militärgerichten (§ 17 EGMStGO.) und im Disziplinarverfahren gegen richterliche Militärjustizbeamte (§ 36 MilRDiszG. 1. 12. 98), endlich im Disziplinarverfahren gegen Kolonialbeamte (§ 1 KolBG. 8. 6. 10. RGBl. 881). Die RAGebO. findet in den Kriegsgesetzen teilweise Ergänzungen und ist in ihnen auch mehrfach für anwendbar erklärt (vgl. EntlV. 9. 9. 15; Bek. 7. 10. 15 [RGBl. 642]; 14. 12. 16 [RGBl 1363] § 79; Bek. 8. 6. 16 [RGBl. 452] § 3; 8. 6. 16 [RGBl. 454] § 16; 8. 2. 17 [RGBl. 113] § 7; 20. 12. 17 [RGBl. 1121] § 8; 21. 9. 18 [RGBl. 1119] § 73; 14. 12. 18 [RGBl. 1427] § 3; Ges. 3. 3. 19 [RGBl. 281])[3]).

Für das Verfahren vor den Versicherungsbehörden sind spezielle Rechtsnormen gegeben durch die RVO. §§ 1804, 1805 und die KaisV. 24. 12. 11. Vgl. Berger JW. **1915** 1467. Für das Verfahren vor den Militärversorgungsgerichten vgl. Art. II § 22 VO. vom 1. 2. 19 (RGBl. 156) und VO. vom 1. 3. 19 (RGBl. 266).

2. Die erwähnten Gebührengesetze befassen sich in erster Linie mit der Höhe der für die einzelne Tätigkeit oder die einzelne Leistung („Auslagen") zu berechnenden Vergütung. Doch erschöpft sich hierin keineswegs der Inhalt der angeführten Gesetze. Die §§ 85 und 86 RAGebO. enthalten wichtige Normen über die Fälligkeit des Gebührenanspruchs und gewisse Voraussetzungen seiner Geltendmachung. § 93 RAGebO. macht die Gültigkeit des Honorarversprechens von der Einhaltung einer bestimmten Form abhängig und schränkt auch die Wirksamkeit des formgültigen Versprechens noch weiter ein. Darüber hinaus geht noch die Bestimmung des § 1805 RVO. Auch die §§ 50 und 84 RAGebO. sind für den Anwaltsvertrag von Bedeutung. Anm. 9.

[1]) Über unentgeltliche Ratserteilung vgl. Kahn LZ. **1919** 992 (besonderer auftragsähnlicher Vertrag).

[2]) § 91 Abs. 1 RAGebO. lautet: Die Vorschriften dieses Gesetzes finden entsprechende Anwendung:
1. im schiedsrichterlichen Verfahren;
2. im Verfahren wegen Nichtigkeitserklärung oder Zurücknahme eines Patentes;
3. im Disziplinarverfahren nach Maßgabe des Gesetzes betreffend die Rechtsverhältnisse des Reichsbeamten v. 31. 3. 1873 (RGBl. S. 61); [jetzt RBG. von 1907];
4. im ehrengerichtlichen Verfahren gegen Rechtsanwälte;
5. bei der Untersuchung von Seeunfällen.

[3]) Vgl. ferner Bloch, Gerichts- und Anwaltskosten (Leitfäden des Kriegsrechts 1919).

Anm. 10. 3. Alle eben erwähnten Normen stellen sich als zivilrechtliche Bestimmungen dar, speziell die über die Höhe der Vergütung gegebenen Vorschriften der Gebührenordnungen als „Taxen" im Sinne der §§ 612, 632 BGB. Diese Feststellung ist für die genannten reichsrechtlichen Vorschriften selbst ohne Belang, dagegen von großer Wichtigkeit für die Beurteilung der sog. Landesgebührenordnungen[1]), welche vielfach die erwähnten Bestimmungen der RAGebO. aufgenommen oder für „entsprechend anwendbar" erklärt haben.

Ist die obige Feststellung richtig, so ergibt sich nämlich, daß zwar die Bestimmungen der Landesgebührenordnungen über die Höhe der Vergütung nach §§ 612, 632 BGB. als Taxen gültig sind, nicht aber die übrigen zivilrechtlichen Bestimmungen dieser Gesetze und Verordnungen, da sie durch Art. 55 EGBGB. ausgeschlossen sind. Das müßte insbesondere von den wichtigen, dem § 93 RAGebO. nachgebildeten Formvorschriften gelten.

Anm. 11. Das Reichsgericht (RGZ. **75** 98) und das Kammergericht (OLG. **15** 180) haben jedoch ausgesprochen, daß die Landesgebührenordnungen keine zivilrechtlichen Taxen enthalten, daß es sich bei den betreffenden Bestimmungen und auch bei § 93 RAGebO. um öffentlich-rechtliche Normen handle, weil sie mit Rücksicht auf die öffentlich-rechtliche Seite der anwaltschaftlichen Berufsstellung gegeben seien. Allein zunächst ergeben gerade die vom Reichsgericht zitierten Sätze der Motive zur RAGebO. ebenso wie der Sinn des Gesetzes selbst, daß das System der festen Gebühren in erster Linie im Interesse des Publikums eingeführt wurde, dem es ermöglicht werden sollte, schon vor Beginn des Prozesses die Höhe der erwachsenden Kosten zu übersehen, und die Bestimmung des § 93 RAGebO. stellt sich ohne Zweifel als eine Schutzvorschrift für die Klienten dar, die vor unüberlegten Honorarversprechungen bewahrt werden sollen, entsprechend dem Rechtsgedanken anderer zivilrechtlicher Formvorschriften (§§ 313, 766 BGB. usw.). Mit der öffentlich-rechtlichen Stellung des Rechtsanwalts läßt sich diese Vorschrift in keiner Weise begründen und die Motive versuchen dies auch nicht; mit Rücksicht auf diese Stellung der Anwälte sollte man im Gegenteil gerade meinen, daß es einer solchen Schutzvorschrift nicht bedürfte.

Abgesehen hiervon würde aus der Tatsache, daß eine Vorschrift auch mit Rücksicht auf die öffentlich-rechtliche Seite eines Berufes gegeben ist, noch nicht folgen, daß diese Vorschrift selbst öffentlich-rechtlichen Charakter trage. Wäre dieser Satz richtig, so könnte die Landesgesetzgebung so ziemlich alle reichsgesetzlichen Bestimmungen vom Anwaltsvertrage über den Haufen werfen. Sie hätte ja dann zu bestimmen, was „mit Rücksicht auf die öffentlich-rechtliche Seite" des Anwaltsberufs not täte: sie könnte mit dieser Begründung — anknüpfend an römisch-rechtliche und ausländische Anschauungen — verfügen, daß der Anwalt in nicht reichsrechtlich geregelten Angelegenheiten überhaupt keinen verfolgbaren Vergütungsanspruch habe; sie könnte die partikularrechtlichen Vorschriften über das Handaktenretentionsrecht, die die Praxis mit Recht längst als abgeschafft erachtet (§ 32 Anm. 1), wieder aufleben lassen; sie könnte dem Anwalt gesetzliche Pfandrechte verleihen und vieles mehr. Dies alles ließe sich mit der besonderen, öffentlich-rechtlichen Stellung des Rechtsanwalts wohl begründen.

Es ist ausgeschlossen, daß Art. 55 EGBGB. ein derartig weitgehendes, nach Willkür auszudehnendes Partikularrecht des Anwaltsvertrages zulassen wollte. Auch das Reichsgericht erkennt den Anwaltsvertrag als einen Vertrag des bürger-

[1]) Vgl. z. B. preuß. Ges. 27. 9. 99. (Fassung vom 21. 3. 10) Art. 15, bayr. VO. 26. 3. 02 Art. 27; württ. Ges. 1. 12. 06 Art. 16; bad. VO. 16. 9. 79 §§ 1, 2 Abs. 2; sächs. Kostenordnung 22. 6. 00 in der Fassung vom 18. 3. 10 (welch letztere jedoch die Formfreiheit des Honorarvertrags abgesehen von den Zwangsversteigerungs- und Zwangsverwaltungssachen ausdrücklich statuiert: § 17). Die Novelle zur bayr. LGebO vom 10. 10. 1919 hat die Formvorschrift des § 93 Abs. 2 RAGebO. für Bayern beseitigt. Vgl. M. Friedländer BayZ. 1919, 370 ff.

lichen Rechts an (u. z. regelmäßig als einen Dienstvertrag). Normen aber, die mit Bezug auf einen solchen privatrechtlichen Vertrag die wichtigste Verpflichtung des einen Kontrahenten, nämlich die Leistung der Vergütung regeln, gehören im Zweifel selbst dem Privatrecht an.[1])

Sonach ergibt sich die Ungültigkeit der dem Reichsrecht widersprechenden Bestimmungen der Landesgebührenordnungen, insbesondere der dem § 93 RAGebO. entsprechenden oder ihn für entsprechend anwendbar erklärenden Vorschriften, da nach §§ 612, 632 BGB. die Taxe nur mangels einer Vereinbarung gilt, diese aber nach BGB. formlos getroffen werden kann. Gl. M.: Walter-Joachim § 1 Anm. 75; Joachim JW. **1900** 433; GruchotsBeitr. **30** 328; OLG. Karlsruhe (nach RGZ. **75** 98).

IV. Die Bedeutung der Rechtsanwaltsordnung für den Anwaltsvertrag. Anm. 12.

1. Die RAO. enthält eigentliche zivilrechtliche Spezialbestimmungen über den Anwaltsvertrag nur in den Vorschriften der §§ 32 und 32 a, in gewisser Beziehung auch in den §§ 33—38 (vgl. § 34 Anm. 11, Exk. zu § 39 Anm. 4). Die Erläuterung dieser Bestimmungen wird bei den betreffenden Paragraphen erfolgen. Das gilt vor allem auch von den Besonderheiten, die sich aus dem Kontrahierungszwang bei der Pflichtanwaltschaft ergeben.

Allein auch die allgemeinen öffentlich-rechtlichen Normen der RAO. über die Pflichten der Anwälte (§§ 28, 31) sind nicht ohne Einfluß auf das Vertragsverhältnis. Es gehört nämlich zum selbstverständlichen Inhalt des Vertrages, daß der Anwalt mit der durch seine öffentlich-rechtliche Stellung gebotenen Gewissenhaftigkeit und Würde seinen Beruf ausübt; soweit der Klient ein rechtliches Interesse daran hat, daß diese öffentlich-rechtlichen Pflichten bei Leistung der Anwaltsdienste erfüllt werden, erscheinen jene zugleich als zivilrechtliche Pflichten. Anderseits wird von dem Anwalt auch niemals verlangt, daß er im Interesse seines Klienten Standeswürde und Standespflicht verletze[2]) (vgl. OLG. **17** 397).

2. Besonderer Betrachtung bedarf die Frage, welchen Einfluß der Umstand, daß der Anwalt durch den Abschluß eines Anwaltsvertrages gegen seine Standespflicht verstößt, auf die Gültigkeit dieses Vertrages ausübt. Zunächst ist hier die Anwendung des § 134 BGB. abzulehnen, da nur ein Vertragsteil gegen ein gesetzliches Verbot (§ 28 RAO.) verstößt (RGZ. **60** 273). Unzutreffend: Walter-Joachim § 1 Anm. 6; Josef ArchBürgR. **20** 48 (die von Josef zitierte Entscheidung RGSt. **14** 364 ff. stützt ihre Bemerkung auf Seite 378 ausdrücklich auf die Bestimmungen des preuß. Landrechts). In Betracht kommt lediglich § 138 BGB. Anm. 13.

Soll nach dieser Bestimmung der Vertrag nichtig sein, so muß das Rechtsgeschäft nach seinem aus der Zusammenfassung von Inhalt, Motiv und Zweck zu entnehmenden Gesamtcharakter gegen das Anstandsgefühl aller gerecht und

---

[1]) Vgl. auch RGZ. 68 199, wo das Reichsgericht selbst sagt, daß die im öffentlichen Interesse gegebenen Vorschriften über Maximalprovisionen der Mäkler lediglich privatrechtlicher Natur seien, weil sie nur die Wirksamkeit gewisser Rechtsgeschäfte zwischen einzelnen Personen regeln. Vgl. ferner RGZ. **90** 410.

[2]) Es entstehen in der Praxis nicht selten Konflikte zwischen der Pflicht, die Interessen der Partei zu wahren und einer scheinbaren Kollegialitätspflicht, die aber in Wirklichkeit in concreto gar nicht existiert. So wenn die Berufung des Gegners formell unzulässig ist und der Anwalt vor der Frage steht, ob er das Gericht, das den Mangel nicht bemerkt hat, darauf hinweisen und damit für den Kollegen einen Regreßfall schaffen oder schweigen soll (vgl. Rosenberg DRAZ. 1 62; oben Exk. II zu § 28 Anm. 14). Zweifellos muß er das erstere tun; eine Kollegialitätspflicht besteht hier nicht. Dagegen ist es ebenso zweifellos, daß der RA. der Weisung seiner Partei, sofort bei Beginn der Sitzung gegen den nicht erschienenen Kollegen Versäumnisurteil zu erwirken, regelmäßig nicht zu folgen braucht und nicht folgen darf.

billig Denkenden verstoßen (vgl. z. B. RGZ. **68** 98; JW. **1913** 1055). Es muß, wie Hagen GruchotsBeitr. **52** 511 zutreffend sagt, eine allgemeine Überzeugung von der rechtlichen Notwendigkeit der Verhinderung des Verstoßes gegen Anstand und Sitte vorliegen. Dabei sind aber an die Angehörigen eines Standes, der berufen ist, bei der Wahrung des Rechts mitzuwirken, höhere Anforderungen zu stellen als sonst: unsittlich ist also in concreto schon, was nach den Anschauungen aller billig und gerecht Denkenden mit dem Anstandsgefühl eines Rechtsanwalts im Widerspruch steht[1]) (vgl. RG. JW. **1913** 1144 Nr. 2; auch Dick ArchBürgR. **33** 102).

Anm. 14. Im einzelnen ist zweierlei besonders zu beachten:

a) Die Sittenwidrigkeit muß sich entweder auch in dem Inhalt des Rechtsgeschäfts ausprägen oder es müssen beide Kontrahenten, sei es von sittenwidrigen Motiven geleitet sein, sei es verwerfliche Zwecke verfolgen (RG. JW. **1914** 463 Nr. 3; RGZ. **78** 353; RG. LZ. **1917** 1129 Nr. 2 = JW. **1917** 897 Nr. 1[2]).

Der Inhalt des Geschäftes kann beim Anwaltsvertrage besonders dann gegen § 138 BGB. verstoßen, wenn eine standesunwürdige Dienstleistung direkt vereinbart wurde: der Anwalt soll z. B. einen evident fraudatorischen oder wucherischen Vertrag ausarbeiten; er soll den Prozeß über eine glatte Schuld seines Mandanten lediglich verschleppen; er soll zwecks Schädigung des Gegners Behauptungen aufstellen, deren Unwahrheit ihm selbst bekannt ist.

Der Inhalt des Vertrages kann aber auch in standeswidrigen Vereinbarungen über die Honorierung bestehen; so wenn der Anwalt von einem Mandanten Massenaufträge unter der Taxe annimmt (EGH. **16** 358); ferner wenn er ein pactum de quota litis schließt und dies nach den konkreten Umständen eine

---

[1]) Maßgebend sind natürlich nur die Anschauungen der urteilsfähigen Kreise. Diese werden aber, wo es sich um wirklich schwere Verfehlungen handelt (s. u. Anm. 15) regelmäßig mit den von der Ehrengerichtsbarkeit ausgebildeten Grundsätzen übereinstimmen. Salinger vertritt JW. **1917** 4 (gegen das RG.) die Meinung, daß ein rein subjektiver Maßstab anzulegen und zwischen Anstand und Sittlichkeit streng zu unterscheiden sei. Der Richter habe nach seinen eigenen moralischen Anschauungen die Frage aus § 138 zu entscheiden. Allein mit dieser Theorie ist m. E. mehr verloren als gewonnen. Wenn der Richter ein moralisches Urteil abgibt, so muß er doch dabei von der Geltung eines Sittengesetzes ausgehen, und das Vorhandensein eines solchen setzt ohne weiteres eine gewisse allgemeine Geltung und Anerkennung voraus. Daß nach der Salingerschen Theorie das Revisionsgericht die subjektive Anschauung des Richters über die Frage der Sittenwidrigkeit nicht nachprüfen darf, betrachten wir nicht als einen Gewinn. Daß die „bloß" unanständige Handlung keinen Verstoß gegen die guten Sitten bedeuten sondern nur die Verletzung eines höheren, allgemeinen Sittengesetzes diese Voraussetzung erfüllen soll, erachten wir gleichfalls für bedenklich. Es führt u. E. zu einer für die Praxis höchst bedauerlichen Einschränkung der Wirksamkeit des § 138, zu einem Aufgeben wertvoller Errungenschaften der modernen Rechtsprechung. Gerade für das hier in Betracht kommende Spezialgebiet wären die Folgen unannehmbar. Man betrachte einmal den Fall aus EGH. **16** 358. Ein RA. schließt in höchst unwürdiger Weise Verträge mit einer Firma ab, durch die er Massenaufträge unter der Taxe übernimmt, der Firma sogar noch einen Teil seiner Gebühren zukommen läßt usw. Es gibt schwerlich ein allgemeines Sittengesetz, daß man nicht seine Berufsgenossen unterbieten, nicht um Kundschaft werben dürfe. Die Kaufmannschaft würde sich gegen die Aufstellung eines solchen Sittengesetzes mit Recht verwahren. Trotzdem wäre es unerträglich, wenn einem solchen, von Anwälten geschlossenen Vertrage Rechtsschutz zu teil werden sollte. Jeder Urteilsfähige wird ihn für höchst unanständig, eines Anwalts unwürdig, gegen die guten Sitten verstoßend erachten.

[2]) Es scheint mir nicht richtig, schlechthin zu sagen, das RG. wende den § 138 nur dann an, wenn beide Vertragsteile sittenwidrig handeln (so: OLG. Kiel LZ. **1917** 1277; Matthiessen LZ. **1917** 1291). Das RG. macht diese Einschränkung nur für den Fall, daß nicht das Geschäft „an sich unerlaubt ist", d. h. seinem Inhalte nach gegen die guten Sitten verstößt. (RGZ. **78** 353; JW. **1917** 897 Nr. 1). Wäre der Satz, den Matthiessen a. a. O. aufstellt, richtig, so würde die Rechtsprechung des RG. über Knebelungsverträge u. ähnliche Abkommen, die nicht unter § 138 Abs. 2 BGB. fallen, größtenteils unhaltbar sein, weil in diesen Fällen meist nur der eine Teil sittenwidrig handelt. Für das Anwaltsrecht gilt das gleiche von der Entsch. in JW. **1913** 1144 Nr. 2. Vgl. auch z. B. RGZ. **90** 35 ff.

schwere Pflichtverletzung darstellt[1]) (siehe Exk. II zu § 28 Anm. 16). Vgl. DJZ. **1910** 1468 (RG.); RheinArch. **110** 155 ff. (OLG. Düsseldorf); Hellwig **2** 134; Seuffert ZPO.[11] § 115 Anm. 3 b; DRAZ. **11** 48; Freudenstein 117; RG. SeuffA. **69** 474, die das pactum de quota litis allgemein für nichtig erklären[2]); dagegen österr. oberster Gerichtshof DRAZ. **11** 84; vgl. auch Merzbacher DJZ. **1912** 90.

Anders dagegen, wenn der Anwalt dem A zugesagt hat, keinen Prozeß gegen ihn anzunehmen, dann aber dennoch einen Prozeß des nichts ahnenden B gegen A übernimmt. Hier stellt der Abschluß des Vertrages mit B einen Verstoß des Anwalts gegen § 28 RAO. dar, der Inhalt dieses Vertrages verstößt aber für sich allein keineswegs gegen die guten Sitten. Ebenso begründet die Tatsache, daß der Rechtsanwalt durch Erteilung eines Rats gegen § 31 Ziff. 2 RAO. verstößt, an sich noch keineswegs die Nichtigkeit des Vertrages.

b) Die Standespflichtverletzung, um die es sich handelt, muß aber auch eine schwere sein, denn nur dann verletzt das Rechtsgeschäft das Anstandsgefühl aller gerecht und billig Denkenden (vgl. Dick ArchBürgR. **33** 94 ff.). Es gibt außerordentlich viele Handlungen, die dem strengen Ehrenkodex der Anwälte widersprechen und deren Vornahme durch Rechtsanwälte doch in der Volksüberzeugung keineswegs als wirklich anstandswidrig gilt. Nicht das verfeinerte Anstandsgefühl der Vornehmsten ist bei der Bestimmung dessen, was der guten Sitte entspricht, zugrunde zu legen. Anm. 15.

Daß nicht schlechthin jede nach ihrem Inhalt standeswidrige Vereinbarung nichtig ist[3]), läßt sich auch aus dem Gesetze positiv nachweisen. Bedingt der Anwalt ein übermäßiges Extrahonorar aus, so wird dies regelmäßig ein Verstoß gegen § 28 RAO. sein. Der Vertrag ist aber nach der positiven Bestimmung des § 93 Abs. 4 RAGebO. wegen der Übermäßigkeit allein nicht ungültig, die Vergütung unterliegt vielmehr nur der Herabsetzung. Erst wenn andere Momente hinzutreten, kann die Vereinbarung sittenwidrig und daher nichtig sein; vgl. RGZ. **83** 109 ff.; RGSt. **45** 198; Galli DJZ. **1913** 139.

V. Der Anwaltsvertrag als Dienstvertrag. Anm. 16.

A. Die Vertragskontrahenten: 1. Es gehört zum Wesen des Anwaltsvertrages, daß der Dienstverpflichtete ein Rechtsanwalt ist. Fehlt es in Wirklichkeit an diesem Erfordernisse, so kann dies gemäß § 306 BGB. die Nichtigkeit des Vertrages begründen, nämlich dann, wenn Dienste, die nur ein Anwalt verrichten kann, den Gegenstand des Vertrages bilden (s. aber unten Anm. 17). Handelt es sich dagegen um Dienste, die an sich auch ein Nichtanwalt leisten kann, so liegt nur ein Fall der Irrtumsanfechtung vor. Nichtigkeit oder Anfechtbarkeit sind nicht gegeben, wenn einem Assessor für den Fall seiner Zulassung zur Rechtsanwaltschaft eine Rechtssache übertragen wird (§ 308 BGB.). Ein solcher Vertrag unterliegt, wenn nachträglich die Eintragung des Assessors

[1]) Sittenwidrig wird ferner meist ein Vertrag sein, durch den der gegen Entgelt arbeitende RA. von vornherein jede Haftung für Verschulden ausschließt (vgl. RG. JW. **1913** 1152 Nr. 8).

[2]) Über das Erfolgshonorar vgl. neuestens: Goldberg AVNachr. **6** 57. Seiner Anschauung, daß eine solche Vereinbarung nicht unbedingt zu verwerfen sei, ist durchaus beizupflichten. Es kommt sehr viel auf den Takt des Anwalts und die Lage des Einzelfalles an.

[3]) Vgl. (bezüglich der Ärzte) JW. **1912** 285 Nr. 3. Viel zu allgemein sagt dagegen RG. SeuffA. **69** 474: „Verstößt der . . . Vertrag gegen seine Berufspflichten, so verstößt er zugleich gegen die guten Sitten." OLG. Dresden entschied einen Fall, in dem ein RA. nicht als Dienstverpflichteter, sondern als Auftraggeber (Kostengarant) gegen die guten Sitten verstoßen haben sollte (SächsArch. **1913** 349). Er hatte sich von der Partei 750 Mk. Honorar für einen Ehescheidungsprozeß bezahlen lassen, wogegen er es übernahm, den Prozeßbevollmächtigten beim (auswärtigen) Prozeßgerichte selbst zu honorieren. Diesen ersuchte er dann unter Verschweigung dieses Abkommens, den Streitwert besonders niedrig festsetzen zu lassen. Das Gericht mißbilligte dieses Verhalten, nahm aber keine Sittenwidrigkeit an. —

in die Liste der Anwälte erfolgt, den Vorschriften über den Anwaltsvertrag. Daß dies insbesondere auch von den Bestimmungen über die Höhe der Gebühren und Auslagen gilt, folgt aus Zweck und Wortlaut der Gebührenordnungen (vgl. z. B. § 1 RAGebO.). Das gleiche gilt aber auch von § 93 RAGebO., dessen Nichtanwendung in diesen Fällen reiner Formalismus wäre. A. M.: RG. Recht **1911** N. 3358.

Anm. 17. Das Kammergericht hat (OLG. **15** 73), einen Anwaltsvertrag, durch den einem beim Prozeßgerichte nicht zugelassenen Rechtsanwalt Prozeßvollmacht erteilt wurde, nach § 306 BGB. für nichtig erklärt. Diese Entscheidung ist für die Fälle zutreffend, in denen die Meinung der Parteien wirklich dahin geht, daß der nicht zugelassene Anwalt selbst als Prozeßbevollmächtigter im formalen Sinne der ZPO. fungieren soll. Die Prozeßvollmacht kann aber nach der Absicht der Kontrahenten auch den Sinn haben, daß der beim Prozeßgerichte nicht zugelassene Anwalt ermächtigt — d. h. nicht nur nach außen hin legitimiert, sondern auch im inneren Verhältnis berechtigt — sein soll, einen zugelassenen Kollegen als Prozeßbevollmächtigten im technischen Sinne zu bestellen, während er selbst die tatsächliche Prozeßführung in der Hand behalten darf. Das kommt nicht selten bei Sozietäten vor, bei denen der eine Sozius nur beim Landgericht, der andere nur beim OLG. zugelassen ist. Erhält ersterer Auftrag und Vollmacht, einen Prozeß beim OLG. zu führen, so wird er regelmäßig als beauftragt gelten, seinem Sozius formelle Prozeßvollmacht zu erteilen und selbst als Substitut die Sache zu führen. Der Anwaltsvertrag ist dann mit beiden Sozien geschlossen. Vgl. im übrigen zu dieser Frage, bei welcher der Ortsgebrauch eine Rolle spielt: Exk. zu § 40 Anm. 12. Anscheinend nicht zutreffend: OLG. Jena SeuffA. **66** 39.

Anm. 18. 2. Der Dienstberechtigte d. h. derjenige, welchem die Leistung der Dienste versprochen wird („Auftraggeber"), braucht nicht identisch zu sein mit derjenigen Person, deren Sache von dem Anwalt geführt werden soll („der Partei" im prozessualen Sinne, dem Vollmachtgeber). Es kommt nicht selten vor, daß andere Interessenten, insbesondere Regreßpflichtige — Zedenten, Versicherungsgesellschaften bei Haftungsprozessen usw. — als Auftraggeber des Rechtsanwalts erscheinen.

Anm. 19. Ist es zweifelhaft, ob die Partei oder ein Dritter als Auftraggeber zu erachten sei, so wird, wenn Vollmachtserteilung seitens der Partei vorliegt, die Vermutung dafür sprechen, daß letztere auch den Auftrag erteilen wollte. Denn dies ist der regelmäßige Fall. Es können aber auch beide Auftraggeber sein.

Über die Ausführung von „Aufträgen mehrerer Auftraggeber durch dieselbe Tätigkeit" vgl. § 3 RAGebO. und Walter-Joachim Anm. hiezu; ferner Laubhardt JW. **1912** 116; auch EGH. **14** 172.

Anm. 20. Von dem Auftraggeber wohl zu unterscheiden sind diejenigen Personen, welche lediglich für die Verpflichtungen des Auftraggebers, speziell für das Honorar, aufzukommen haben, also insbesondere Bürgen, Personen, welche kraft Gesetzes Mitschuldner sind, wie der Ehemann in den Fällen der §§ 1387, 1388, 1459, 1460 usw. BGB., der Vater im Falle des § 1654 mit § 1388 BGB. usw.

Anm. 21. 3. Der zum Verteidiger bestellte Anwalt tritt — mangels besonderer Vereinbarung — in kein Vertragsverhältnis zur Partei (auch nicht etwa durch Vermittlung des Staates). Er ist Verteidiger. auch gegen den Willen der Partei. Ebensowenig aber liegt ein zivilrechtlicher Dienstvertrag zwischen dem Staat und dem Rechtsanwalt vor (unrichtig: Walter-Joachim § 1 Anm. 14). Oder sollte etwa jemand die Meinung vertreten, daß der Staat (durch welches Organ?) dem Anwalt gemäß § 665 BGB. Anweisungen über die Art seiner Berufsausübung erteilen könnte? In Wirklichkeit handelt es sich um einen Verwaltungsakt, durch den die öffentlich-rechtliche Stellung als Verteidiger begründet wird. Zutreffend: BayObLG. BayZ. **1916** 185.

Nach § 150 StPO. sind ihm die Gebühren nach Maßgabe der Gebührenordnung aus der Staatskasse zu bezahlen. Dieser Satz bezieht sich auf die Höhe der Gebühren und Auslagen, nicht auf die formellen Voraussetzungen des Gebührenanspruchs (§ 86 RAGebO.). Die Geltendmachung erfolgt durch Festsetzungsantrag beim Strafgericht (vgl. BayObLG. BayZ. **1916** 185). Einzelne zivilrechtliche Normen werden — wie dies auch sonst im öffentlichen Rechte geschieht — entsprechende Anwendung finden müssen, so die Verjährungsbestimmungen des § 195 Ziff. 15 BGB.

B. Der Abschluß des Vertrages. 1. Der Abschluß des Anwaltsvertrages kann regelmäßig formlos, ja selbst stillschweigend erfolgen (vgl. § 30 Anm. 2). Letzteres ist z. B. der Fall, wenn der Klient dem Anwalt das unterzeichnete Vollmachtsformular sowie die Faktura über die einzuklagende Forderung übersendet und der Rechtsanwalt dann ohne weiteres die Klage stellt. Die bloße Anfrage, ob der Anwalt bereit sei, ein Mandat anzunehmen, einen Termin abzuhalten usw., gibt diesem aber in der Regel noch nicht das Recht, zur sofortigen Ausführung des beabsichtigten Auftrages zu schreiten. Anders, wenn diese Anfrage z. B. unmittelbar vor dem Termin samt den Akten übermittelt wird, so daß der Anwalt die Frage auf regulärem Wege gar nicht mehr beantworten könnte. Hier darf er nach Treu und Glauben annehmen, daß die Anfrage nur eine andere Form für den Vertragsantrag sei, und darf diesen Antrag stillschweigend — durch Wahrnehmung des Termins — akzeptieren. Vgl. hierzu: DRAZ. **9** 146 und Löwenstein daselbst **9** 167; EGH 2 15; OLG. **23** 40. Nicht selten entsteht die Frage, ob ein Anwaltsvertrag geschlossen sei, wenn der Klient den Anwalt ersucht, eine Sache zu übernehmen, dieser aber nach Prüfung der Akten die Annahme aus einem sachlichen Grunde, z. B. wegen Aussichtslosigkeit, ablehnt. Man könnte meinen, daß hier wenigstens die Vorprüfung oder die erteilte Beratung zu honorieren sei. Allein dies ist nur dann der Fall, wenn der Klient die Prüfung der Sache auf ihre Haltbarkeit als Selbstzweck erkennbar gewollt hat, nicht wenn er lediglich dem Anwalt das Mandat übertragen wollte. Vgl. § 30 Anm. 2. Durch besondere Vereinbarungen können hier Unbilligkeiten vermieden werden. Anm. 22.

Entschieden abzulehnen ist RGZ. **52** 365, wo angenommen wird, daß der Rechtsanwalt, welcher im Auftrage eines Vertragskontrahenten dem Gegenkontrahenten desselben einen Aufschluß über Hypothekenverhältnisse gibt, mit diesem stillschweigend einen Anwaltsvertrag schließe. Auch die Annahme, daß in solchen Fällen ein Vertrag zugunsten eines Dritten vorliege, aus welchem dieser unmittelbar Rechte erwerbe (Kraft 4), entspricht sicherlich nicht der Parteiintention. Sie wird übrigens vom Reichsgericht in der erwähnten Entscheidung abgelehnt. Gegen die Reichsgerichtsentscheidung wenden sich mit Recht Staub DJZ. **1904** 49 und Laband DJZ. **1903** 262; RGRKomm.[2] § 676 Anm. 2; Hirsch, Zur Haftpflicht des RA. 6; vgl. auch Franz 375, ferner (zutreffend) OLG. Kiel SchlHolstAnz. **1907** 139. Bedenklich: OLG. **22** 326 (KG.). Das RG. hat leider auch in neuester Zeit wieder seinen früheren Standpunkt vertreten: LZ. **1916** 1025 Nr. 13. Hier hatte der RA. als Vertreter einer Partei einen Vertrag entworfen; auf die Äußerung des Gegenkontrahenten, er verlasse sich ganz auf den Anwalt, beruhigte dieser die Gegenpartei unter Berufung auf seine Sachkunde. Das genügte dem RG., um ein Vertragsverhältnis auch zu dem Gegner anzunehmen. Es fügt hinzu: „Ebensowenig steht entgegen, daß eine Vergütung vom Kläger nicht versprochen, von H. (dem RA.) nicht verlangt wurde." Aber — so hätte man weiter fragen müssen — war denn eine entgeltliche Dienstleistung auch nur stillschweigend von den Beteiligten gewollt? Oder etwa eine — nach §§ 612, 632 BGB. nicht zu vermutende — unentgeltliche Ratserteilung? Wie hätte man wohl das Verhalten des RA. beurteilt, wenn er dem Gegner seiner Partei eine Anm. 23.

Kostenrechnung gesandt hätte? Und doch müßte er nach der Anschauung des RG. trotz des oben erwähnten Satzes nach §§ 612, 632 BGB. hiezu berechtigt gewesen sein. Dies zeigt am besten, daß die Konstruktion des obersten Gerichtshofes den Anschauungen des Lebens nicht entspricht[1]).

2. Hinsichtlich der Fälle des Kontrahierungszwangs vgl. Exk. zu § 39 Anm. 4.

Anm. 24. 3. Eine wichtige Formvorschrift für den Anwaltsvertrag enthält § 93 Abs. 2 RAGebO. Danach ist der Auftraggeber an einen Honorarvertrag (Vereinbarung einer von der gesetzlichen Taxe abweichenden Vergütung) nur insoweit gebunden, als er den Vertrag schriftlich abgeschlossen hat. Diese Bestimmung hat nur für das Geltungsgebiet der RAGebO. Bedeutung und kann auch landesgesetzlich außerhalb desselben nicht für anwendbar erklärt werden (vgl. oben Anm. 8 ff.).

Anm. 25. Die Formvorschrift des § 93 Abs. 2 betrifft jede von der Taxe abweichende, also auch die einen geringeren Betrag festsetzende Vereinbarung; dies ist freilich praktisch kaum von Bedeutung, weil ja der Anwalt auch an den mündlichen Vertrag gebunden ist. Die Formvorschrift greift ferner auch dann Platz, wenn statt der Vergütung in Geld eine solche in anderen Werten oder Gegenständen (z. B. Aktien oder Hypotheken) vereinbart wird. Sie bezieht sich ferner auf die Fälle der verschleierten Honorarvereinbarung: so wenn der Anwalt, bevor er Einspruch gegen ein Versäumnisurteil einlegt, verlangt, daß es so angesehen werde, als ob eine ganz neue Instanz begonnen hätte.

Anm. 26. Nur das Honorarversprechen des Auftraggebers, nicht das anderer Personen bedarf der Schriftform (vgl. oben Anm. 20, gl. M.: Walter-Joachim § 93 Anm. 8 und OLG. Celle SeuffA. **40** 218, wo die hier vertretene Ansicht aus der Entstehungsgeschichte, speziell der hannoverschen Gesetzgebung nachgewiesen wird). Die Annahmeerklärung des Rechtsanwalts kann ebenfalls formlos erfolgen. Walter-Joachim § 93 Anm. 9; Recht **1911** N. 2218 (OLG. Colmar); Recht **1911** Nr. 1040 (RG.); OLG. **19** 262 (Dresden); Recht **1914** Nr. 2336 (RG.).

Was unter Schriftform zu verstehen ist, ergibt sich aus § 126 BGB.

Anm. 27. Nicht unzulässig ist die Heranziehung anderer Urkunden zur Ergänzung: wenn die Partei schreibt, daß sie den Wunsch des Anwalts bezüglich eines Extrahonorars nach Erledigung des Prozesses erfüllen werde, und wenn die Höhe des verlangten Extrahonorars aus dem vorausgehenden Briefe des Anwaltes hervorgeht, so ist das Honorar gültig versprochen. Ebenso: OLG. **19** 262 (Dresden). Zu weit gehend: Sächs. OLG. **39** (1918) 162 (Dresden). OLG. Darmstadt DJZ. **1908** 143 nimmt zu Unrecht an, daß ein gedrucktes Vollmachtsformular, zumal ohne auszeichnenden Druck an der betreffenden Stelle, den Vorschriften des § 93 nicht genügen könne. Hier kann ein Fall der Irrtumsanfechtung, ja selbst ein Fall der Nichtigkeit nach § 138 BGB. vorliegen, aber der Formvorschrift des § 93 ist genügt.

Anm. 28. Wird die Formvorschrift nicht beachtet, so entsteht keine Verpflichtung des Auftraggebers, das vereinbarte Honorar zu bezahlen. Zahlt er es dennoch, in der Meinung hiezu verpflichtet zu sein, so kann er die geleistete Zahlung zurückfordern (soweit er sie nicht als gesetzliche Gebühr usw. schuldet). § 812 BGB. Es ist verfehlt, wenn Walter-Joachim (§ 93 Anm. 11) die Rückforderung um deswillen ausschließt, weil nicht der ganze Vertrag nichtig und daher die Zahlung nicht ohne rechtlichen Grund erfolgt sei. Wer etwas als Schuld zahlt, was er nicht schuldig ist, der zahlt ohne rechtlichen Grund; Naturalobligationen aber dürfen wir mangels positiver Gesetzesbestimmungen nicht mehr willkürlich annehmen.

---

[1]) Auch die Entsch. des RG. in ZBlFG. **16** 271, die es übrigens ablehnt, dem Urteil in RGZ. **52** 365 unbedingt zu folgen, halte ich für zu weit gehend, desgl. die Entsch. in LZ. **1915** 435 Nr. 1 und das Urteil des RG. in JW. **1917** 101 Nr. 2. Im Resultat richtig (aber grundsätzlich RGZ. **52** 365 nicht ablehnend): RG. BayZ. **1918** 49.

Auch § 814 BGB. letzter Halbsatz, mit welchem Walter-Joachim operiert, ist unanwendbar. Wo das Gesetz die Gültigkeit eines Versprechens von Einhaltung einer Form abhängig macht, kann die bloße Nichterfüllung auch dann nicht als Verstoß gegen eine sittliche Pflicht erachtet werden, wenn die Gegenleistung nicht mehr rückgängig zu machen ist. Vgl. Protokolle z. BGB. **2** 695; Schierlinger SeuffBl. **71** 664; OLG. Dresden SächsArch. **15** 108; JW. **1909** 11 Nr. 4 (RG.). Soweit das Gesetz die Rückforderung trotz Mangels der Form ausschließen will, ist dies bei den betreffenden Formvorschriften stets eigens bestimmt. (Vgl. §§ 313, 518 Abs. 2, 766 Satz 2 BGB. usw.).

Zahlt der Auftraggeber, wissend, daß eine Verpflichtung hiezu nicht besteht, so ist die Rückforderung ausgeschlossen (§ 814 Halbs. 1 BGB.)[1]. Vgl. OLG. **22** 289 (Stettin). Der Fall liegt z. B. vor, wenn der RA. dem Klienten mitteilt: „Ich schlage Ihnen ein Honorar von 100 Mk. vor" und wenn der Klient dann diesen Betrag ohne weiteres bezahlt. Hier weiß der Auftraggeber, daß er durch die Zahlung nur einen „Vorschlag" annimmt, nicht eine bereits bestehende Verpflichtung erfüllt. Er kann also nichts zurückfordern. Anm. 29.

Welches sind nun die Folgen der formlosen Honorarvereinbarung für den Bestand des ganzen Anwaltsvertrages? Anm. 30.

Das Gesetz sagt, der Auftraggeber sei an den Vertrag nicht gebunden. „Vertrag" bedeutet hier, wie § 93 Abs. 1 beweist, nicht Anwaltsvertrag, sondern nur die Honorarvereinbarung.

Der Anwalt dagegen ist an die letztere gebunden, was praktisch nur für die Fälle in Betracht kommt, in welchen eine geringere Summe als die gesetzliche Gebühr oder eine Leistung anderer Sachen vereinbart wurde.

Aus der ungleichartigen Behandlung der beiden Vertragskontrahenten hinsichtlich der Gebundenheit ergibt sich klar, daß von einer Nichtigkeit des Anwaltsvertrages keine Rede sein kann (ebenso: Lotmar, Arbeitsvertrag **1** 249), auch nicht etwa aus dem Gesichtspunkt des § 139 BGB. Vielmehr besteht der Anwalsvertrag zu Recht; jedoch kann der Rechtsanwalt, wenn der Auftraggeber die Zahlung des Honorars verweigert, lediglich die gesetzlichen Gebühren verlangen. Ebenso RG. Recht **1914** Nr. 2336, wo auch dargetan wird, daß der Auftraggeber die mündliche Honorarvereinbarung nachträglich mit voller Wirksamkeit schriftlich genehmigen kann. Anm. 31.

4. Es ist möglich, daß im einzelnen Falle für den Anwaltsvertrag noch weitere Formvorschriften in Betracht kommen. So z. B., wenn das Honorar vereinbarungsgemäß durch Übertragung von Anteilen einer Ges. m. b. H. entrichtet werden soll; hier bedarf schon der Vorvertrag der gerichtlichen oder notariellen Fertigung. In solchen Fällen kann auch gemäß § 139 BGB. Nichtigkeit des ganzen Anwaltsvertrages eintreten, wenn die Form nicht gewahrt wird. Anm. 32.

5. Bezüglich der Geschäftsfähigkeit ergeben sich aus dem Prozeßrechte für den Anwaltsvertrag einzelne Abweichungen von den allgemeinen Regeln. Soweit eine Person prozeßfähig ist, muß sie auch imstande sein, für den betreffenden Zivilprozeß einen Anwaltsvertrag zu schließen. (Ebenso: RGZ. **34** 386; Rosenberg 678; Stein 668 Anm. I. Zu eng: LG. Schweinfurt BayZ. **7** 249). Dies gilt in den Fällen der §§ 612, 664[2] ZPO.; vgl. auch § 668 ZPO. Aber auch der minderjährige Angeklagte, der nach der StPO. selbst einen Verteidiger wählen Anm. 33.

---

[1]) OLG. Colmar (ElsLothZ. **1912** 326) schließt die Rückforderung des mündlich versprochenen Honorars schon dann aus, wenn der Versprechende das Bewußtsein hatte, daß er den Betrag als gesetzliche Gebühr nicht schulde. Das läuft auf die Meinung von Walter-Joachim hinaus. Wie dieser auch: ElsLothZ. **1907** 239 (Colmar); Hellwig **2** 134. Offenbar uns. M.: AKV. Frankfurt a. M. AKJahrB. **1909** 8.

[2]) Förster-Kann **2** 349 nimmt ein zivilrechtlich wirksames Auftragsverhältnis nur an, wenn der Entmündigungsbeschluß nachträglich aufgehoben wird.

darf, muß zu diesem Zwecke einen Anwaltsvertrag abschließen können. Vermag nun hienach z. B. der Minderjährige oder Entmündigte auch Extrahonorare zu bewilligen? Die Frage wird zu verneinen sein. (Ebenso für den Fall des § 668: Stein § 668 Anm. 2). Der nicht voll Geschäftsfähige kann sich nur insoweit verpflichten, als es nach dem Gesetze zur Bestellung eines Anwalts nötig ist.

Anm. 34. 6. Der Abschluß des Vertrages kann auf beiden Seiten durch Stellvertreter erfolgen. Dies ist in praxi sehr häufig: Der Auftrag wird z. B. einem Referendar, einem Generalsubstituten für den Rechtsanwalt, einem Sozius für den andern übertragen.

Inwieweit diese Personen allgemein als ermächtigt gelten, Mandate oder gewisse Arten von Mandaten für den Rechtsanwalt anzunehmen, entscheidet sich — abgesehen von den Generalsubstituten, deren Vertretungsmacht eine allgemeine ist — nach der Verkehrssitte, welche übrigens nicht in allen Teilen Deutschlands die gleiche ist. Bezüglich der Sozien vgl. Exkurs zu § 40 Anm. 4.

Eine allgemeine Befugnis des Bureauvorstehers, für den Rechtsanwalt Verträge abzuschließen — etwa in kleineren oder einfachen Sachen —, kann nicht angenommen werden; auch eine vermeintlich dahingehende Verkehrssitte ist nicht anzuerkennen. Vgl. RG. JW. **1906** 332 Nr. 7. Kraft seiner Stellung liegt es dem Rechtsanwalt ob, selbst die Entscheidung zu treffen, ob eine Sache anzunehmen sei oder nicht. Er darf diese Entscheidung allenfalls einem juristischen Vertreter überlassen, aber nie einem untergeordneten Organ wie dem Bureauvorsteher. Welche Sachen „einfach" und „glatt" sind, ist allgemein im voraus gar nicht festzustellen, und gegen die scheinbar glatteste Sache bestehen oft für den Eingeweihten die schwerwiegendsten Bedenken.

Daß nach der Verkehrssitte, namentlich in Norddeutschland, häufig der Bureauvorsteher zur Entgegennahme von Informationen ermächtigt ist, ändert an dem Vorstehenden nichts. Denn damit wird kein Anwaltsvertrag durch den Bureauvorsteher geschlossen; derselbe hat vielmehr lediglich die Information an den Rechtsanwalt zu übermitteln[1]), und dieser entscheidet über die Annahme des Mandats. So auch: RGZ. **49** 26; Kraft 17; abweichend Priester 39; Franz 377 (dort auch weitere Literatur). Vgl. ferner RGZ. **48** 59, wo ausgesprochen ist, daß der Rechtsanwalt, welcher seinen Bureauvorsteher mit dem bei dem Anwalt Rat suchenden Publikum selbständig verhandeln läßt, auf Schadensersatz hafte, jedoch nicht aus einem Vertrage, da ein solcher mit dem Rechtsanwalt nicht zustande gekommen sei. Diese Entscheidung ist im Ergebnis richtig, läßt sich aber auf Grund heutigen Rechts aus dem Gesichtspunkt der unerlaubten Handlung nicht halten[2]), da § 28 RAO. kein Schutzgesetz ist; vgl. § 28 Anm. 1 (unrichtig auch Gesetz und Recht **1910** 86). Man wird hier vielmehr, entgegen dem Reichsgerichte, doch einen Vertrag annehmen müssen. Wenn der Rechtsanwalt die Klienten, welche mit ihm kontrahieren wollen, tatsächlich von dem Bureauvorsteher beraten läßt, so liegt hierin eine — wenn auch pflichtwidrige — Bevollmächtigung des Bureauvorstehers. Damit ergibt sich die Haftung von selbst.

Anm. 35. Inwieweit eine allgemeine Inkassobefugnis des Bureauvorstehers und des übrigen Kanzleipersonals anzunehmen sei, ist bestritten. Albrecht JW. **1908** 729 nimmt an, daß eine stillschweigend erteilte allgemeine Inkassovollmacht vorliege, wenn der Bureauvorsteher sich unter Duldung des Anwalts so

---

[1]) Für die Erfüllung dieser Pflicht muß freilich auch der Anwalt einstehen, wenn er nicht die Haftung allgemein oder dem betreffenden Klienten gegenüber ausgeschlossen hat (RGZ. **49** 26). Durchaus zutreffend: Jacobsohn DJZ. **1903** 237; Kraft 17.

[2]) Zur Frage der Haftung des Anwalts für unerlaubte Handlungen seines Bureauvorstehers (§ 831 BGB.) vgl. dagegen: Hirsch, Zur Haftpflicht des RA. (Zürich 1915) 4 und (nach preuß. Recht) RGZ. **14** 283.

geriere, als habe er Inkassovollmacht, oder wenn der Anwalt gegen einzelne, von demselben Schuldner vorher geleistete Zahlungen keinen Widerspruch erhebe. (Ebenso: OLG. Kiel SchlHolstAnz. **1917** 55). Wenn ferner ein bestimmter Platz in der Kanzlei als Kasse bezeichnet sei, so müsse der Anwalt Zahlungen, die an dieser Stelle an das Personal geleistet werden, gegen sich gelten lassen. Josef, GruchotsBeitr. **44** 551 kommt zu ähnlichen Resultaten wie Albrecht, nimmt aber außerdem eine allgemeine Befugnis des Bureauvorstehers zur Einkassierung von Kostenbeträgen an.

Eine allgemeine Verkehrssitte des Inhalts, daß an den Bureauvorsteher alle oder gewisse Arten von Zahlungen geleistet werden können, wird sich nicht nachweisen lassen. Dazu liegen die Verhältnisse in den einzelnen Teilen Deutschlands zu verschieden. Es gibt kleine Kanzleien, in denen überhaupt nur ein oder zwei Schreiber beschäftigt sind, es gibt sehr große Betriebe, in denen ein eigener Beamter als Kassier fungiert; ein Angestellter mit den weitgehenden Funktionen des norddeutschen Bureauvorstehers ist vielfach im Süden überhaupt nicht bekannt; der „Buchhalter", der hier die Stelle des Bureauvorstehers einnimmt, hat meist dem Publikum gegenüber eine viel weniger selbständige Stellung als dieser.

Örtliche Gebräuche werden sich vielfach nachweisen lassen und dann zu beachten sein (vgl. für Hamburg: AKJahrB. **1913** 11 Nr. 16). Soweit dies nicht der Fall ist, kommt es auf die Übung in den einzelnen Anwaltskanzleien an. Versieht ein Angestellter des Anwalts mit dessen Wissen das Kassenwesen, vereinnahmt er insbesondere regelmäßig Geld vom Publikum, so muß der Anwalt ihn als inkassobevollmächtigt gelten lassen. Diese Befugnis zum Inkasso besteht aber nur in den Räumen des Bureaus. Sie erstreckt sich auf alle im Bureau eingehenden Zahlungen. Wird ein bestimmter Platz in der Kanzlei als Kasse bezeichnet, so gilt das von Albrecht a. a. O. Gesagte. Im einzelnen vgl. die sehr beachtenswerten Ausführungen von Albrecht, insbes. Seite 733/4.

C. Die Vertragspflichten des Rechtsanwalts. 1. Der Rechtsanwalt ist verpflichtet, die versprochenen anwaltschaftlichen Dienste zu leisten, d. h. im Interesse der Partei alles zu tun, was man nach Lage der Sache von einem gewissenhaften Anwalt verlangen kann und alles zu unterlassen, was gegen die Anwaltspflicht und die Interessen des Auftraggebers verstoßen würde. Im einzelnen ist hier auf die Anmerkungen zu § 28 und auf Anm. 12 zu gegenwärtigem Exkurs zu verweisen. Anm. 36.

Besonders hervorzuheben ist, daß der Rechtsanwalt regelmäßig auch die Pflicht hat, soweit die ihm übertragene Angelegenheit in Betracht kommt, die Partei durch Beratung vor Schaden zu bewahren, sie bei Mißverständnissen aufzuklären, auf bevorstehenden Fristablauf hinzuweisen usw. Vgl. SächsArch. **15** 739 (OLG. Dresden); OLG. **18** 19 (Stuttgart); OLG. Kiel SchlHolstAnz. **1912** 359; DJZ. **1913** 1202; **1914** 1211 (RG.); LZ. **1911** 929 Nr. 24 (RG.); JW. **1912** 860 Nr. 18 (RG.). Bedenklich: KGBl. **21** 117[1]). Zu streng: RG. BayZ. **1918** 283

[1]) Wo KG. ausspricht, der Anwalt welcher Auftrag zur Führung eines bestimmten Prozesses erhält, sei nicht verpflichtet, die Partei auf die Aussichtslosigkeit aufmerksam zu machen. Diese Entscheidung verkennt durchaus, daß der Klageauftrag regelmäßig zunächst das Ersuchen um Rat über die Aussichten der Klage enthält, ferner daß der Anwalt auch nach Annahme des Mandats zur Prüfung der Sache und Beratung der Partei über die Fortführung verpflichtet ist, u. z. kraft Vertrages. Selbst wenn man also zu Unrecht mit KG. u. RG. (LZ. **1910** 80, 857; JW. **1916** 115 Nr. 2) die culpa in contrahendo nicht gelten läßt (dagegen zutreffend JW. **1912** 743 Nr. 5; Hachenburg JW. **1916** 116; RG. JW. **1918** 613 Nr. 3; **1919** 35 Nr. 2), so würde doch schon darin, daß der Anwalt nicht alsbald die Partei auf die Aussichtslosigkeit der Sache aufmerksam machte, eine schuldhafte Unterlassung oder ein falscher Rat liegen. Wäre der Vertrag so gedacht, daß der Anwalt ohne Rücksicht auf die Vertretbarkeit der Sache den Prozeß führen sollte, so würde eine solche Vereinbarung regelmäßig nach § 138 BGB. nichtig sein. Vgl. Anm. 13 ff. Gegen das KG. auch Magnus DJZ. **1911** 323; JDR. **1911** 224.

Den tatsächlichen Angaben der Partei darf der Rechtsanwalt, wenn nicht im speziellen Falle Zweifel begründet sind, Glauben schenken. Er braucht daher auch in der Regel Grundbücher und öffentliche Register nicht einzusehen, wenn ihm bestimmte und offenbar zuverlässige und erschöpfende Angaben von der Partei gemacht werden. Ebenso: Fuhrmann Recht **1907** 48. Vgl. auch JW. **1907** 514 Nr. 15; OLG. **18** 98 (Colmar); JW. **1913** 1152 Nr. 8. Freilich gibt es zahlreiche Fälle in welchen der Rechtsanwalt nach der ganzen Sachlage Zweifel hegen muß und daher, soweit tunlich, zur eigenen Informationserholung verpflichtet ist. Speziell bei Immobiliarzwangsversteigerungen und bei komplizierten Grundbuchverhältnissen wird häufig Anlaß gegeben sein, den Angaben der Partei hinsichtlich ihrer Vollständigkeit skeptisch zu begegnen. Dabei kommt es natürlich auch auf die Persönlichkeit des Klienten an: gegenüber der Information eines Juristen kann sich der Rechtsanwalt anders verhalten als gegenüber der eines Bauern. Durchaus zutreffend: JW. **1908** 447 Nr. 10 (RG). Vgl. auch JW. **1911** 537 Nr. 10 (RG.); ZBlFG. **14** 456 (RG.); RG. LZ. **1918** 1259 Nr. 7 (am Schluß).

In rechtlicher Beziehung erfüllt der Anwalt seine Vertragspflicht schon dann, wenn er in zweifelhaften Fragen trotz eigener Bedenken sich der zurzeit herrschenden Meinung anschließt. (So: RGZ. **42** 325; JW. **1910** 150 Nr. 17; **1911** 709 Nr. 5). Der neuesten Rechtsprechung des RG. darf er stets folgen (JW. **1915** 1259 Nr. 3; OLG. Stuttgart WürttZR. **1914** 218). Vgl. auch § 28 Anm. 5 ff.

Anm. 37. 2. Die Stellung des Rechtsanwaltes ist ihrem Wesen nach eine selbständige. Soweit er keine speziellen Weisungen von dem Auftraggeber erhält, ist für seine freien Entschließungen ein weiter Spielraum gegeben. Namentlich solche Handlungen, durch deren Vornahme die Rechte des Auftraggebers nicht beeinträchtigt oder gefährdet werden, welche vielmehr nur zum Schutze seiner Interessen dienen sollen, kann der Rechtsanwalt in der Regel nach freiem Ermessen vornehmen, soferne er diese Handlungen für notwendig oder nützlich hält. So wird der Anwalt ihm bekannte Geschäftsaußenstände des Schuldners sofort nach Urteilserwirkung auch ohne speziellen Auftrag pfänden; er wird diese Pfändung unterlassen, wenn ihm die Außenstände als uneinbringlich bekannt sind. Er wird aber auch als Vertreter des Pfandgläubigers den Versteigerungstermin sistieren, wenn eine anscheinend nicht unbegründete Intervention geltend gemacht wird und eine Widerspruchsklage bevorstände.

Sobald es sich aber um einschneidende Maßnahmen, namentlich um irgendwelche Aufgabe von behaupteten Rechten — Verzichte, Vergleiche, Anerkenntnisse usw. — handelt, muß der Anwalt, sofern nicht Gefahr im Verzuge ist, den Auftraggeber befragen, ehe er eine Entschließung trifft, es sei denn, daß die Entscheidung ausdrücklich seinem freien Ermessen anheim gestellt ist. Vgl. EGH. **3** 35; JW. **1913** 921 Nr. 8. Bei Gefahr im Verzug darf und muß der Anwalt auch hier nach sorgfältiger Prüfung das nach seiner Überzeugung Notwendige tun. Beispiel: Der Auftraggeber, ein wohlhabender Mann, ist angeklagt, schwer beleidigende anonyme Briefe geschrieben zu haben. Die Schreibsachverständigen bejahen übereinstimmend die Schuldfrage, und der Angeklagte wird vom Schöffengerichte verurteilt, zu allgemeiner Überraschung aber nur zu einer hohen Geldstrafe. Offenbar bestanden unter den Richtern über die Schuldfrage Meinungsverschiedenheiten. Beide Teile legen Berufung ein. In der zweiten Instanz, kurz vor der Hauptverhandlung, legt der Privatkläger eine Urkunde vor, durch welche die Schuld des Angeklagten auch nach Meinung seines Anwalts klar bewiesen wird. Trotzdem bietet der Privatkläger einen Vergleich an, wonach beide Teile ihre Berufungen zurücknehmen und die Kosten dem Angeklagten zur Last fallen sollen. Dieses Angebot soll nur bis zum Termine gelten. Der Angeklagte ist auf Reisen und für seinen Anwalt unerreichbar. Es besteht aber die allergrößte Wahrscheinlichkeit, daß bei Durchführung der Sache der Angeklagte in zweiter Instanz eine schwere Freiheitsstrafe erhalten würde. Hier ist der Anwalt des Angeklagten berechtigt und verpflichtet, den Vergleich — sofern er einen noch günstigeren nicht erzielen kann — anzunehmen. Der Auftraggeber kann ihn auch dann nicht haftbar machen, wenn er in Wirklichkeit unschuldig war; denn der Anwalt hat seine Pflicht aufs gewissenhafteste erfüllt und die Tatumstände, welche er kannte und kennen konnte, in sorgfältigster Weise gewürdigt.

Für die Frage, inwieweit der Anwalt kraft des Anwaltsvertrages Anm. 38.
zur selbständigen Entscheidung befugt sei, ist keineswegs der Umfang der Vollmacht allein maßgebend. Vgl. Rosenberg 800 Anm. 3. Die Vollmacht, welche lediglich die Vertretungsbefugnis nach außen regelt, wird meist in weitgehendster Weise erteilt, damit der Anwalt im Verhältnis zu Dritten möglichst unbeschränkt im Interesse der Partei handeln könne, ohne daß er für jeden einzelnen Fall einer speziellen Legitimation bedürfte. Es ist aber nicht der Wille der Partei, einen der Vollmacht entsprechenden unumschränkten Auftrag zu erteilen. Vgl. jedoch unten Anm. 110. Anderseits werden spezielle Einschränkungen der regulären Vollmacht regelmäßig auch als Einschränkungen des Auftrags auszulegen sein.

3. Aus dem zu 2 Gesagten ergibt sich, daß auch der Umfang und die Aus- Anm. 39.
dehnung der dem Anwalt obliegenden Tätigkeit bis zu einem gewissen Grade seinem pflichtgemäßen Ermessen anheim gegeben sind. Es läßt sich allgemein gar nicht bestimmen, wieweit sich im einzelnen Falle der Auftrag nach der Parteiintention erstreckt. Einen gewissen Anhaltspunkt bietet z. B. für den Zivilprozeß die Bestimmung des § 81 ZPO. Wer Prozeßvollmacht erteilt, gibt damit im Zweifel auch den Auftrag, den Prozeß in allen Instanzen zu führen, in denen der Anwalt beim Prozeßgerichte zugelassen ist. Freilich gilt das nicht in dem Sinne, daß der Anwalt ohne weiteres selbst die zweite Instanz beschreiten darf, (wenn nicht Gefahr im Verzuge ist); aber er bleibt Anwalt für die zweite Instanz, wenn der Gegner Berufung einlegt. Wird dagegen der Prozeß in zweiter Instanz einem anderen Anwalt übertragen (sei es auch durch den ersten Prozeßbevollmächtigten selbst, weil dieser beim Berufungsgerichte nicht zugelassen ist), so gilt der erstinstanzielle Prozeßbevollmächtigte im Zweifel nicht als beauftragt, auch in zweiter Instanz weiter tätig zu sein (arg.: § 44 Abs. 2 RAGebO.); nimmt er also ohne speziellen Auftrag seitens der Partei oder Bevollmächtigung seitens des zweitinstanziellen Rechtsanwalts einen Beweistermin wahr, so hat er keine Gebühr zu fordern: OLG. Jena SeuffA. **1911** 39.

4. Die Selbständigkeit des anwaltschaftlichen Handelns findet ihre Grenze in Anm. 40.
der Pflicht, die ausdrücklichen Weisungen der Partei zu befolgen. (§ 665 BGB.)

Nur wenn der Anwalt den Umständen nach annehmen darf, daß der Auftraggeber bei Kenntnis der wirklichen Sachlage eine Abweichung von der ausdrücklichen Weisung billigen würde, ist ihm diese Abweichung gestattet. Aber auch dann hat er zuvor dem Auftraggeber von seiner Absicht Mitteilung zu machen und dessen Entschließung abzuwarten, die dann unbedingt maßgebend für ihn ist. Glaubt er, die Ausführung derselben mit seiner Pflicht nicht vereinigen zu können, so muß er den Vertrag kündigen. Nur wenn durch den Aufschub die Interessen des Auftraggebers gefährdet würden, darf bzw. muß der Rechtsanwalt von der ausdrücklichen Weisung ohne vorherige Befragung des Klienten abweichen (§ 665 Satz 2 BGB.). Vgl. die gut gewählten Beispiele bei Cosack, Lehrb. d. Deutsch. Bürg. R.[6] **1** 589.

Anm. 41. 5. Der Rechtsanwalt hat dem Auftraggeber die erforderlichen Nachrichten,[1]) auf Verlangen Auskunft über den Stand der Sache zu geben und nach Beendigung des Auftrages Rechenschaft abzulegen. Er hat ferner alles, was er zur Ausführung des Auftrages erhält und was er aus der Geschäftsbesorgung erlangt, herauszugeben (§§ 666, 667 BGB.). Die besonderen Anwaltspflichten, welche sich im Anschluß an diese Bestimmungen ergeben, speziell was die Führung und Herausgabe der Handakten anbelangt, sind in den Anm. zu § 32 erörtert. Auch § 668 BGB. ist auf den Anwaltsvertrag anwendbar.

Anm. 42. 6. Stellvertreter und Gehilfen des Anwalts. a) Die Bestimmung des § 613 BGB., wonach der Dienstverpflichtete die Dienste im Zweifel in Person zu leisten hat, bezieht sich nur auf solche Dienste, welche überhaupt nach der Parteiintention zu den Aufgaben des Dienstverpflichteten gehören. In der Praxis überträgt nun sehr häufig der Anwalt für den Klienten einem Kollegen die Ausführung solcher Geschäfte, zu deren Erledigung er selbst gar nicht verpflichtet ist, wenn er auch möglicherweise gehalten ist, für ihre Erledigung durch andere zu sorgen. Dieser Fall liegt z. B. regelmäßig vor, wenn der Prozeßbevollmächtigte zur Wahrnehmung eines auswärtigen Beweistermines einen am Sitz des betreffenden Amtsgerichts wohnenden Anwalt substituiert, oder wenn im Amtsgerichtsprozeß ein auswärtiger Anwalt die Klage stellt und zur mündlichen Verhandlung einem Amtsgerichtsanwalt Vertretungsvollmacht erteilt. In diesen Fällen schließt der Prozeßbevollmächtigte namens der Partei einen Anwaltsvertrag mit dem Substituten ab, und nur die Vollmacht leitet dieser vom Anwalt her. Kostenschuldner des Substituten ist dann lediglich der Klient, nicht der Substituent, der überhaupt in keinem Vertragsverhältnis zu dem Substituten steht. Dieses Resultat entspricht der mutmaßlichen Parteiintention; sowenig wie bei der Beauftragung des Gerichtsvollziehers mit der Pfändung, so wenig hat der Anwalt bei der Auftragserteilung an einen Kollegen in den gedachten Fällen Absicht oder Veranlassung, in eigenem Namen und für eigene Rechnung zu handeln. Deshalb ist es gleichgültig, ob er ausdrücklich erklärt, daß er namens der Partei den Auftrag erteile oder nicht (§ 164 Abs. 1 Satz 2 BGB.). Da jedoch ein Teil der Kommentatoren hier eine unrichtige, den tatsächlichen Lebensverhältnissen nicht gerecht werdende Anschauung vertritt und auch bereits gerichtliche Fehlurteile ergangen sind — selbst in einem Falle, in dem der Substituent den Substituten ersuchte, für die Partei die Vertretung zu übernehmen, statt „im Auftrage der Partei" hierum zu ersuchen! — so empfiehlt es sich für den substituierenden Anwalt, seinen Willen mit unzweideutigen Worten zum Ausdruck zu bringen.[2]) Uns. M.: Siehr DRAZ. **1** 43; LG. Insterburg ebenda; Bischofswerder DRAZ. **1** 41, 52; Kiefe JW. **1912** 1094; Aron JW. **1912** 728; AKB. Stettin JW. **1912** 730; LG. Altona SchlHolstAnz. **67** 249; AKJahrB. **1908** 7, **1910** 11 N. 24; Rosenberg 836 ff., 843 ff.; LG. Halberstadt NaumbAK. **1910** 44; Dernburg **2** (Abt. 2) 421 Anm. 8; LG. Halle NaumbAK. **1912** 95; DRAZ. **9** 115;

[1]) Auch wenn der Klient scheinbar gleichgültig gegen Vollstreckungen und unpfändbar ist, hat ihm der RA. z. B. die Zustellung eines Kostenfestsetzungsbeschlusses unbedingt mitzuteilen: Jahresbericht der AK. Berlin **1915** 41.

[2]) Der Umstand, daß das Mandat so spät bei dem Substituten eintrifft, daß er keinen Vorschuß mehr einfordern kann, begründet keine Kostenhaftung des Substituenten. Lehnt aber der Substitut wegen der Verspätung die Annahme des Mandats ab, was sein gutes Recht ist (§ 30), so macht sich der Substituent unter Umständen der Partei gegenüber haftbar. — In einem Falle, in welchem der Substituent dem Substituten bei der Auftragsübermittlung schrieb, er werde für die Berichtigung der Kostenliquidation Sorge tragen, hat AKB. Hamburg AKJahrB. **1908** 9 Nr. 9 mit Recht ausgesprochen, daß der Substituent für die Kosten haftbar sei. Das gleiche muß gelten, wenn der RA. einem Kollegen einen Auftrag erteilt, ohne den Namen des Klienten zu nennen, was bei Einholung von Gutachten öfters vorkommt (richtig: AKB. Frankfurt in AKJahrB. **1917** 11).

LG. Plauen SächsArch. **1913** 150; LG. Cottbus KGBl. **1915** 80; Rombach JW. **1919** 663. A. M.: Stein § 81 Anm. III c; AKJahrB. **1910** 10 Nr. 14; Hirsch DRAZ. **9** 166; LG. Kiel SchlHolstAnz. **1912** 159; LG. Gießen HessRspr. **14** 7; Locher DRAZ. **1** 42. Vgl. auch KGBl. **1911** 133.

Inwieweit der Anwalt berechtigt sein soll, einen Vertreter für den Klienten zu bestellen, hängt von der Parteiintention im einzelnen Falle ab. Ob er zu auswärtigen Beweisterminen, die er nicht selbst wahrnehmen soll, einen Substituten aufzustellen hat, wird in der Regel seinem gewissenhaften Ermessen anheim gegeben sein. Ist Zeit vorhanden, so wird er gut tun, die Weisung der Partei einzuholen. Zur auswärtigen mündlichen Verhandlung, die er nicht selbst führen soll, muß er natürlich das Mandat überschreiben. Anm. 43.

Seine Haftung für den Vertreter im Sinne der Anm. 42 beschränkt sich auf culpa in eligendo, eventuell auch culpa in custodiendo. (Zutreffend: Rombach JW. **1919** 663.)

b) § 613 Satz 1 BGB. spricht nur aus, daß der Dienstverpflichtete im Zweifel die Dienste in Person zu verrichten habe. Hier greift die Verkehrssitte ergänzend ein[1]). Anm. 44.

Zunächst ist es selbstverständlich, daß sich der Anwalt in weitestem Maße zur Vorbereitung seiner Geschäfte fremder Hilfe bedienen darf. Er darf Schriftsätze ausarbeiten, Briefe entwerfen, Aktenexzerpte fertigen lassen usw. Die eigentliche Dienstleistung erfolgt in solchen Fällen erst durch den Anwalt: durch seine Sanktion wird die vorbereitende Arbeit zu einer anwaltschaftlichen Leistung. Die Hilfspersonen werden gewissermaßen nur „hinter den Kulissen" tätig (Rosenberg 195).

Aber auch eigentliche Ausführungshandlungen kann der Anwalt in weitem Umfange Hilfspersonen[2]) übertragen und zwar immer dann, wenn weder eine besondere Weisung zur persönlichen Wahrnehmung gegeben noch ein besonderes Interesse an einer solchen erkennbar ist. Letzteres wird z. B. der Fall sein bei wichtigen mündlichen Verhandlungen, die nicht schriftlich vorbereitet sind und bei denen es auf Beredsamkeit, persönliche Gewandtheit usw. ankommt; regelmäßig bei Strafverteidigungen in der Hauptverhandlung (vgl. EGH. **15** 213), nicht selten bei wichtigen Beweiserhebungen.

Selbstverständlich darf der Anwalt bei der Auswahl seiner Hilfskräfte niemals willkürlich verfahren. In der Regel darf er also nur einen Anwalt oder einen Juristen, welcher die zwei ersten Jahre des Vorbereitungsdienstes vollendet hat, verwenden. Es ist nicht angängig, daß er seinen Bureauvorsteher Amtsgerichtsprozesse kontradiktorisch verhandeln läßt; dagegen ist es unbedenklich, wenn er ausnahmsweise in der Not eine Vertagung oder ein Versäumnisurteil durch ihn erwirken läßt. Daß nicht jedermann Vertreter sein kann, ergibt sich ja vielfach schon aus den prozessualen Vorschriften, so aus dem zivilprozessualen Anwaltszwang, aus § 139 StPO. (RGSt. **9** 279; **41** 14) usw.

Auch in den Fällen, in welchen an sich anzunehmen ist, daß der Anwalt zur persönlichen Dienstleistung verpflichtet sei, kann zwingende Verhinderung die Vertretung rechtfertigen[3]). Hiefür ist § 665 BGB. maßgebend.

c) Die in Anm. 44 erwähnten Fälle einer Vertretung des Anwalts durch andere Personen stellen sich nicht als Fälle der eigentlichen Substitution, wie sie § 664 Anm. 45.

---

[1]) § 81 ZPO., von dem Seuffert ZPO.[11] § 81 Anm. **4a** meint, daß er eine Abweichung von § 613 Satz 1 BGB. darstelle, gibt nur Vorschriften über die Vollmacht, die Ermächtigung nach außen, während § 613 lediglich die Berechtigung im inneren Verhältnis betrifft.

[2]) Daß § 613 Satz 1 an sich auch auf die Zuziehung von Gehilfen zutrifft, betont Rümelin 255.

[3]) Die Verhältnisse im Kriege haben uns gezeigt, daß es hier starre, für alle Zeiten und Umstände geltende Regeln nicht gibt. Mancher Anwalt war gezwungen, auch seinen Bureauvorsteher öfters zu Gericht zu schicken.

BGB. behandelt, dar; vielmehr handelt es sich in diesen Fällen begrifflich stets um die Verwendung von Erfüllungsgehilfen (§ 278 BGB.). Der Unterschied zwischen beiden Fällen ist in RGZ. **78** 310 zutreffend dahin präzisiert worden, daß eigentliche Substitution nur dann vorliegt, wenn der Dienstverpflichtete die Geschäftsführungspflicht vollständig abgegeben hat, nicht wenn er sich ihrer nur teilweise entledigt und den Dritten bloß zu seiner Unterstützung zugezogen hat (vgl. auch Cosack, Lehrbuch des deutsch. bürg. Rechts[6] **1** 588 und RG. BayZ. **1919** 381).

Anm. 46. Für die erwähnten Hilfspersonen (Referendare, Konzipienten, Kollegen, die aus Gefälligkeit eine einzelne Verhandlung oder Beweiserhebung für den Anwalt wahrnehmen usw.) haftet daher der Rechtsanwalt nach § 278 BGB. Vgl. OLG. **21** 64 (Dresden); JW. **1914** 77 Nr. 9 und viele andere. War er im konkreten Falle verpflichtet, persönlich tätig zu sein, und liegt auch ein Ausnahmefall nach § 665 BGB. nicht vor, so haftet der Anwalt für alle Folgen seiner Pflichtverletzung ohne Rücksicht auf ein Verschulden. Hier kann er sich also nur durch den Nachweis entlasten, daß der Schaden auch bei persönlicher Behandlung der Sache eingetreten wäre. Außerdem verliert der Anwalt in solchen Fällen seinen Gebührenanspruch (OLG. Hamburg DJZ. **1913** 997). Nur wenn das Interesse des Auftraggebers durch die unbefugte Bestellung eines Vertreters tatsächlich nicht verletzt worden ist (die von dem Referendar wahrgenommene Verhandlung führte z. B. zu einem obsiegenden Urteile), muß der Klient nach Treu und Glauben die Tätigkeit doch als eine Erfüllung der Vertragsverpflichtung gelten lassen (ebenso: Staudinger § 664 Anm. 2a und die dort Zitierten). Vgl. hierzu auch § 25 Anm. 41.

Trifft den Erfüllungsgehilfen — im Falle zulässiger Vertretung — kein Verschulden, so haftet der Rechtsanwalt nur wegen schuldhafter Auswahl oder mangelhafter Kontrolle.

Anm. 47. d) Aus §§ 25, 29 RAO. folgt die Befugnis des Rechtsanwalts, bei zeitweiser Verhinderung oder Abwesenheit einen Generalsubstituten zu bestellen bzw. sich bestellen zu lassen. Mißbraucht der Anwalt diese Befugnis — er begibt sich z. B. monatelang auf eine reine Vergnügungsreise ohne Rücksicht darauf, daß äußerst wichtige Angelegenheiten seine persönliche Anwesenheit erfordern —, so kann hierin eine Vertragsverletzung liegen[1]).

Der Generalsubstitut übt im Namen des Anwalts dessen Berufstätigkeit aus. Er übernimmt aber nicht an seiner Stelle in e i g e n e m Namen die Ableistung der gesamten Dienste aus bestimmten Anwaltsverträgen. Der Anwalt bleibt in vollem Umfange Dienstverpflichteter. Er haftet daher auch nach § 278 BGB. für das Verschulden seines Generalsubstituten, wie für eigenes Verschulden, und zwar auch dann, wenn der Generalsubstitut durch die Landesjustizverwaltung bestellt wurde. (Gl. M.: OLG. **20** 197 [Hamm]). Im letzteren Falle trifft die Analogie des gesetzlichen Vertreters — § 278 BGB. — zu. Im übrigen vergleiche die Ausführungen zu c. Daß der Anwalt für den Generalsubstituten nach § 278 BGB. haftet, ist herrschende Meinung; vgl. OLG. **20** 197 (Hamm); Josef GruchotsBeitr. **44** 558; Josef KGBl. **1913** 17 ff. A. M.: Rombach JW. **1919** 663[2]).

---

[1]) Die persönliche Verhinderung des RA. kann auch in wichtigen Sachen sehr wohl die Notwendigkeit eines Anwaltswechsels im Sinne des § 91 Abs. 2 Satz 2 ZPO. begründen. Der in der Entsch. des OLG. Breslau JW. **1916** 1292 Nr. 4 ausgesprochene a l l g e m e i n e Satz ist daher nicht richtig.

[2]) Rombach behandelt den Generalsubstituten als eigentlichen Substituten im Sinne von § 664 BGB. und RGZ. 78 310. Er übersieht dabei das oben Gesagte; der vertretene RA. bleibt der Herr des Rechtsgeschäfts gegenüber dem Klienten trotz der allgemeinen Vollmacht des GS., gleichwie der Prinzipal Geschäftsherr bleibt trotz der Bestellung des Prokuristen, für den er auch nach § 278 BGB. haftet. Gut: Staub HGB.[9] § 58 Anm. 31.

7. *Der Anspruch auf Leistung der anwaltschaftlichen Dienste* Anm. 48.
ist im Zweifel nicht übertragbar (§ 613 Satz 2 BGB.). Das Gegenteil kann vereinbart sein, z. B. im Voraus für den Fall eines Geschäftsverkaufes. Dagegen tritt der Universalsukzessor des Auftraggebers im Zweifel in den Anwaltsvertrag ein (vgl. § 672 BGB.).

8. *Welche Rechtsfolgen ergeben sich aus der Leistung nicht* Anm. 49.
bestellter und mangelhafter Dienste?

a) Leistet der Anwalt eine Tätigkeit, welche gar nicht Gegenstand des Vertrages ist (d. h. welche weder besonders vereinbart wurde noch nach pflichtgemäßem Ermessen in den Rahmen des Dienstvertrages fällt), so ist hierfür eine Vergütung nicht zu entrichten, es sei denn, daß nachträgliche Genehmigung oder ein Fall des § 665 BGB. vorliegt. Verbietet die Partei dem Anwalt zu verhandeln, so hat dieser, wenn er dennoch ohne Not verhandelt, hiefür keine Gebühr zu beanspruchen; vgl. OLG. **13** 254 (Kassel); RheinArch. **101** I 92 (Köln); auch RGZ. **57** 392. Vereinbaren die beiden Prozeßbevollmächtigten, welche vor der ersten Verhandlung über einen Vergleich einig sind, pro forma zu verhandeln, um noch die Verhandlungsgebühr zu verdienen und dann den bereits fertigen Vergleich zu schließen, so ist die Verhandlungsgebühr nicht zu bezahlen.

Ebenso sind die Fälle zu behandeln, in denen die geleistete Arbeit sich gar nicht mehr als Arbeit der vereinbarten Art darstellt, obwohl der Anwalt den Rahmen seines Auftrages nicht überschreiten will. Wenn etwa der Rechtsanwalt wegen plötzlicher Erkrankung im Termine nur ein paar unverständliche Worte lallt, so kann diese „Tätigkeit" keine Verhandlungsgebühr auslösen (vgl. Lotmar **2** 70).

b) Von diesen Fällen, in denen die geleisteten Dienste der Art nach über- Anm. 50.
haupt nicht vereinbart waren, sind wohl zu unterscheiden die Fälle, in denen die *Qualität* der Dienstleistung eine vertragswidrige, eine mangelhafte ist. Daß der Anwalt durch *kulpos* mangelhafte Dienstleistung sich schadensersatzpflichtig macht, ist nicht bestritten, mag man nun mit dem Reichsgericht und der herrschenden Meinung diese Ersatzpflicht aus § 276 BGB. oder mag man sie aus anderen Rechtsquellen herleiten (vgl. insbesondere Staub-Müller, Die positiven Vertragsverletzungen 1913). Dagegen wird vielfach die Meinung vertreten, jede anwaltschaftliche Tätigkeit der in den Gebührenordnungen bezeichneten Art löse unbedingt den Anspruch auf die betreffende Gebühr aus, und es könne nur durch Kompensation mit einem Schadensersatzanspruch die Gebührenforderung beseitigt werden. So Walter-Joachim § 1 Anm. 6; OLG. **17** 398 (Hamburg); Oertmann, Schuldverhältnisse[4] § 611 Anm. 3. A. M.: Lotmar **2** 670 ff.; Cosack, Lehrb.[6] **1** 591. Vgl. auch Elster DJZ. **1910** 801 ff.; RG. LZ. **1910** 292 Nr. 18. *Der erwähnte Satz ist aber in dieser Allgemeinheit nicht richtig.*

Die von Staub in der oben erwähnten Schrift ausgebildete, inzwischen längst Anm. 51.
von der Praxis angenommene Lehre von den positiven Vertragsverletzungen findet auch auf unseren Fall Anwendung. Danach kann der Dienstberechtigte, wenn der andere Teil durch kulpos mangelhafte Vertragserfüllung die Erreichung des Vertragszweckes vereitelt, Schadensersatz wegen Nichterfüllung des ganzen Vertrages verlangen[1]). Dieses Verlangen führt aber nach der vom RG. vertretenen Differenztheorie auch zur Verweigerung der Gegenleistung (vgl. aus neuerer Zeit: JW. **1914** 141 Nr. 4). Wenn also z. B. der Anwalt die Berufung verspätet oder formwidrig eingelegt hat und dann nach Verhandlung das Rechtsmittel als

---

[1]) Die Einrede aus § 320 BGB. hat nur aufschiebende Bedeutung, führt lediglich zur Verurteilung Zug um Zug und kommt für den Anwaltsvertrag wegen der Vorschußpflicht des Klienten kaum in Betracht. Außerdem muß sich, wenn eine weitere Erfüllung der Vertragspflicht nicht in Frage steht, der Gegenkontrahent für einen Rechtsbehelf entscheiden, der eine endgültige Regelung der Beziehungen herbeiführt (vgl. RG. ZBlFG. **15** 204 ff.).

unzulässig verworfen wurde, so kann die Partei die Leistung des Entgelts verweigern und den weiteren ihr durch das Verschulden des Anwalts erwachsenen Schaden liquidieren. Sie kann ersteres auch dann, wenn etwa ihre Schadensersatzansprüche schon vorher gepfändet wurden. Dieses Beispiel zeigt zugleich, daß die hier besprochene Frage keineswegs durch die Bestimmungen des Gesetzes über Kündigung des Dienstvertrages gegenstandslos wird; denn der Vertrag hat hier nicht durch Kündigung, sondern einfach durch Vollendung der Tätigkeit sein Ende erreicht. Außerdem gewährt § 628 Abs. 2 BGB. nur den Ersatz des durch die Aufhebung des Dienstverhältnisses entstandenen Schadens, und § 628 Abs. 1 läßt den Vergütungsanspruch nur insoweit entfallen, als die bisherigen Leistungen infolge der Kündigung für den anderen Teil kein Interesse haben. Damit ist aber dem Kündigenden keineswegs ausreichend gedient, und die Lehre von den positiven Vertragsverletzungen ist daher auch beim Dienstvertrag neben den Kündigungsbestimmungen anzuwenden. Vgl. Staudinger § 626 Anm. I b, § 628 Anm. V. Anscheinend a. M.: RGRKomm.[2] § 628 Anm. 1.

Anm. 52. c) Der Schadensersatzanspruch gegen den Anwalt wegen kulpos mangelhafter Dienstleistung spielt in der Praxis eine bedeutende Rolle. Die strenge Haftung des Anwalts hat eine, wenn auch unbedeutende Milderung erfahren durch die Verjährungsbestimmung des § 32a RAO. Besonders zu betonen ist, daß die Schadensersatzpflicht stets ein Verschulden voraussetzt und daß nicht jedes Versehen ein Verschulden darstellt. Vgl. hiezu vor allem RG. JW. **1917** 972 Nr. 13 und 905 Nr. 9 und die Anmerkungen von M. Friedländer zu beiden Entscheidungen. Siehe ferner die Anm. 5—7 zu § 28 und Anm. 36 zum Exkurs vor § 30. Reiche Kasuistik aus dem Regreßrechte bei Kraft, bes. S. 8 ff.; ferner in AVNachr. **2** 3 ff.; **4** 15 ff. und JW. **1919** 415 ff. (sehr beachtlich!). Vgl. weiter Märklin JW. **1911** 937; sehr lehrreich: JW. **1910** 294 Nr. 35. Aus neuester Zeit vgl.: JW. **1914** 72 Nr. 3; 77 Nr. 9 (RG.); Hirsch, Zur Haftpflicht des RA. (Zürich 1915); RG. ZBlFG. **15** 786, 787; Cohn, KGBl. **1915** 2; JW. **1916** 93 (gegen Bendix LZ. **1915** 952); RG. LZ. **1914** 1543 Nr. 3; 1544 Nr. 4; SchlHolstAnz. **80** (1916) 82 (OLG. Kiel); OLG. Hamburg JW. **1916** 147 = LZ. **1916** 259 Nr. 12;[1]) RGZ. **89** 426 = JW. **1917** 462 (dazu: Noest-Plum, RGEntsch. Bd. 89 S. 13; JW. **1918** 289; M. Friedländer, JW. **1918** 499; Stillschweig JW. **1918** 500); RG. JW. **1919** 446 Nr. 7 (betr. Erhebung einer Inzidentfeststellungswiderklage mit sehr hohem Streitwert).

Anm. 53. d) Bestritten sind vor allem die Fragen des Kausalzusammenhanges und der Beweislast bei Schadensersatzklagen gegen den Rechtsanwalt, insbesondere wegen Versäumung einer Frist (Verjährungs-, Rechtsmittelfrist usw.).

Ein Schaden ist nur entstanden, wenn ohne die schuldhafte Handlung oder Unterlassung, ohne Versäumung der Frist usw. die Partei ihren Anspruch durchgesetzt oder den Anspruch des Gegners erfolgreich abgewehrt hätte, und zwar in concreto, in diesem speziellen Prozeß, nach dem Urteil der in ihm judizierenden Richter, auf Grund des in ihm vorliegenden oder zu beschaffenden Materials. Wenn also feststeht oder bewiesen wird, daß zur Zeit des Vorprozesses die ständige Judikatur der in Betracht kommenden Gerichte eine andere, dem Kläger ungünstigere war als die herrschende Rechtsprechung z. B. des Regreßprozesses, oder daß die Tatsachen, auf Grund deren der Klient jetzt den Vorprozeß gewinnen müßte, z. Zt. seiner Führung noch gar nicht vorlagen oder nicht bekannt waren, so ist die Regreßklage abzuweisen. Daraus folgt aber noch keineswegs eine Beweislast

[1]) In dieser Entsch. kam der Fall zur Sprache, daß der RA. zugesichert hatte, die Partei sei durch den von ihm verfaßten Vertrag zweifelsfrei gesichert. Das bedeutet, wie das OLG. Hamburg richtig ausführt, nur, daß nach des Anwalts bestem juristischen Ermessen ein Risiko nicht bestehe. Vgl. hiezu auch: OLG. Stuttgart WürttZR. **1914** 218.

des klagenden Klienten dafür, daß er in concreto den Vorprozeß gewonnen hätte. Eine solche Verteilung der Beweislast würde vielmehr beinahe jeden Regreßprozeß unmöglich machen. Der strikte Nachweis dafür, daß diese Richter zu dieser Zeit in diesem Sinne entschieden hätten, ist nur höchst selten zu führen, zumal da man den Verlauf des Prozesses, die Zeit des Erlasses der Entscheidungen und vieles andere gar nicht nachträglich feststellen kann.

Es ist hier vor allem darauf hinzuweisen, daß § 287 ZPO. nach der Auslegung, die er allgemein in Theorie und Praxis gefunden hat, sich auch auf die Frage des Kausalzusammenhangs in Schadensersatzprozessen bezieht (RG. JW. **1916** 423 Nr. 18). Mithin hat der Richter nach freier Überzeugung über diese Frage zu entscheiden, und seinem Ermessen ist es überlassen, ob er den gestellten Beweisanträgen stattgeben oder seine Überzeugung auf Umstände stützen will, die ihm auf andere Weise als durch eine Beweisaufnahme bekannt geworden sind (RG. JW. **1900** 839 Nr. 2). Das richtige Ergebnis dürfte folgendes sein:

In rechtlicher Beziehung hat der Richter im Regreßprozeß sich im Zweifel auf den Standpunkt zu stellen, daß der Vorprozeß nach den Grundsätzen entschieden worden wäre, die er für die richtigen hält (RG. JW. **1907** 124; OLG. Colmar BuschsZ. **40** 49). Nur wenn er die Überzeugung erlangt, daß der Richter im Vorprozeß anders entschieden hätte, muß er diese Entscheidung auch seinem Urteil zugrunde legen. (A. M.: RG. JW. **1917** 102 Nr. 3.) Die Fälle, in denen eine solche Überzeugung begründet werden kann, dürften recht selten sein.[1]) Da der Richter nach freiem Ermessen zu entscheiden hat, so wird er es auch regelmäßig ablehnen, etwa diejenigen Beamten, die im Vorprozeß wahrscheinlich in letzter Instanz zu entscheiden gehabt hätten, als Zeugen über ihre Meinung zu vernehmen; ein solcher Beweis könnte auch sehr trügerisch sein (vgl. RG. GruchotsBeitr. **56** 321; JW. **1912** 51 Nr. 55). Anm. 54.

In tatsächlicher Beziehung wird der Regreßrichter zunächst dasjenige Material zugrunde legen müssen, das im Vorprozesse bereits vorlag. Ergibt sich, daß weitere Tatsachen für oder wider zu berücksichtigen waren, so sind diese zu prüfen. Daß eine von einer Partei im Regreßprozeß vorgebrachte oder verwertete Tatsache auch im Vorprozesse vorgebracht worden wäre, wird zu vermuten sein, wenn nicht direkte Anhaltspunkte für das Gegenteil vorhanden sind. Auch hierüber entscheidet der Richter nach freiem Ermessen. Vgl. hierzu RG. SchlHolstAnz. **1911** 69. Anm. 55.

Würde anzunehmen sein, daß der Regreßkläger im Vorprozesse nur durch arglistiges Prozessieren obgesiegt hätte, so ist seine Regreßklage abzuweisen.

Über Einzelheiten vgl. die sehr beachtlichen Ausführungen von Nissen JW. **1912** 109 ff., bes. 111 ff.; ferner das Beispiel in SeuffBl. **72** 1077. Die Ansicht von Öhlert, der in SeuffBl. **73** 740 ausführt, der verklagte Anwalt, der die Einlegung eines Rechtsmittels versäumt habe, müsse beweisen, daß die Entscheidung in der höheren Instanz keine Änderung erfahren hätte, wird widerlegt von Josef SeuffBl. **75** 20 und Nissen JW. **1912** 109. Vgl. ferner Schmitt SeuffBl. **75** 282/4, der im wesentlichen Josef beipflichtet, dessen weitere Ansicht aber — der Erfolg des Rechtsmittels sei dann zu präsumieren, wenn der Anwalt ohne Haftungsausschließung zur Einlegung desselben geraten habe — entschieden abzulehnen ist. Über eine andere Frage der Beweislast vgl. ElsLothZ. **1918** 178 (OLG. Colmar). In diesem Falle hatte der RA. eine unrichtige Klage erhoben; das OLG. sprach

---

[1]) Beispiel (gegeben von Nissen JW. **1912** 109): Ein Anwalt verzögert schuldhaft die Klageerhebung. Die letzte Instanz weist deshalb die Klage wegen Verjährung ab, spricht aber gleichzeitig aus, daß sonst der Anspruch zuerkannt worden wäre. Auch in solchen Fällen bleibt natürlich die weitere Frage zu entscheiden, ob es dem Anwalt zum Verschulden gereicht, daß er nicht mit der im Vorprozesse vom Gericht vertretenen Rechtsanschauung rechnete. Vgl. hiezu Heilberg JW. **1917** 102.

aus: er müsse haften, wenn er nicht beweise, daß ihn kein Verschulden treffe. Vgl. auch RG. Recht **1911** Nr. 2359.

e) Oskar Korn behandelt JW. **1911** 208 die interessante Frage, ob die Schadensersatzpflicht des Anwalts sich auch auf Sachen erstrecke, in welchen er gar nicht für den Klienten tätig war; ob also z. B. die unrichtige Auskunft, die der Anwalt über eine Verjährungsfrage im konkreten Falle erteilt, ihn zum Schadensersatz verpflichtet, wenn der Klient später in einem ganz anderen Falle im Vertrauen auf diese Auskunft handelt und dadurch Schaden erleidet. Korn verneint die Frage mit Rücksicht auf die nach Treu und Glauben zu ermittelnde Parteiintention. Seinen Ausführungen, die sich auch mit der reichsgerichtlichen Lehre vom adäquaten Kausalzusammenhange rechtfertigen lassen und keineswegs im Widerspruch zu dem Satz stehen, daß Voraussehbarkeit des Schadens nicht erfordert wird (RGZ. **69** 344; ElsLothZ. **1914** 234 [Colmar]), ist im Resultate beizupflichten[1]).

Anm. 57. f) Leistet der Anwalt ohne seine oder seiner Vertreter Verschulden mangelhafte Dienste, so ist „beim Dienstvertrage alles so zu halten, wie wenn kein Mangel vorläge" (Lotmar **2** 675).

Anm. 58. 9. Ein klagbarer Anspruch auf Leistung der anwaltschaftlichen Dienste läßt sich zwar theoretisch nicht ausschließen; praktisch ist er jedoch bedeutungslos, nicht nur wegen der Unvollziehbarkeit (§ 888 Abs. 2 ZPO.), sondern auch wegen der dem Rechtsanwalt jederzeit frei stehenden Kündigung, vgl. unten Anm. 94 ff.

Anm. 59. D. Die Vertragspflichten des Auftraggebers. 1. Als den Inbegriff der Verpflichtungen des Dienstberechtigten bezeichnet § 611 BGB. die Gewährung der vereinbarten Vergütung.

Anm. 60. a) Auch für den Anwaltsvertrag gilt die Vergütung als stillschweigend vereinbart (§ 612 Abs. 1 BGB.). Die Aufwendungen (Auslagen), welche der Rechtsanwalt den Umständen nach für erforderlich halten darf, hat ihm der Auftraggeber zu ersetzen (§ 670 BGB.). Vgl. Anm. 76.

Anm. 61. b) Im Gebiete der RAGebO. (vgl. oben Anm. 8) bestimmt sich die Gegenleistung für die anwaltschaftlichen Dienste regelmäßig nach der gesetzlichen Taxe. Nur soweit eine Honorarvereinbarung zulässig ist und formgerecht erfolgt, gilt diese statt oder neben der Taxe. Im Verfahren vor den Versicherungsbehörden gelten die gesetzlichen Taxen der Kais. Verordnung vom 24. 12. 1911 bzw. der landesrechtlichen Normen als Maximum. Abweichende Vereinbarungen sind nur dann gültig, wenn sie niedrigere Beträge als die Taxe festsetzen. Ebenso bei den Militärversorgungsgerichten (s. oben Anm. 9). Auf allen anderen Gebieten der Berufstätigkeit, bei welchen ein Anwaltsvertrag in Frage kommt, gilt die — landesgesetzlich zu normierende — Taxe nur in Ermangelung einer Vereinbarung, welche stets formlos erfolgen kann.

Anm. 62. c) Was bezüglich der Gebühren, des eigentlichen Entgelts für die Dienstleistung, gesagt wurde, gilt auch für die „Auslagen". Auch hier haben die Gesetze nunmehr für die wichtigsten Arten von Aufwendungen Pauschalvergütungen festgesetzt, die einfach als Zuschläge zu den Gebühren erhoben werden (§ 76 RAGebO. und die entsprechenden Bestimmungen der LGOrdnungen). Eine andere Art von taxmäßiger Pauschalierung enthalten die Bestimmungen über Reisekosten. Wo eine Taxe nicht vorliegt, sind die wirklichen Auslagen, d. h. die Aufwendungen, welche der Rechtsanwalt „den Umständen nach für erforderlich halten durfte", und welche er im Einzelfalle gemacht hat, zu ersetzen. Hieher gehören z. B. Telephongebühren, nicht aber die allgemeinen Geschäftsunkosten. Bemerkenswert ist, daß

---

[1]) Darüber, daß der Anwalt auf Schadensersatz aus einer Beratung nur dann haftet, wenn der Klient im Vertrauen auf die Richtigkeit des Rats gehandelt hat, vgl. OLG. Hamburg DRAZ. **10** 141 (= SeuffA. **68** 75 = OLG. **28** 177).

für das Verfahren vor den Versicherungsbehörden und den Militärversorgungsgerichten im großen und ganzen auch der Ersatz von Auslagen ausgeschlossen und eine abweichende Vereinbarung verboten ist (§ 2 KaisV. 24. 12. 11; RVO. § 1805; VO. vom 1. 2. 1919 Art. II § 22; VO. vom 1. 3. 1919).

d) Bezüglich der Vereinbarung eines Extrahonorars bestimmt § 93 RAGebO. für das Geltungsgebiet dieses Gesetzes folgendes: „Sofern der Rechtsanwalt nicht einer Partei zur Wahrnehmung ihrer Rechte beigeordnet oder als Verteidiger bestellt ist, kann der Betrag der Vergütung durch Vertrag abweichend von den Vorschriften dieses Gesetzes festgesetzt werden." Nach dem Wortlaut dieser Gesetzesstelle könnte man annehmen, daß die Honorarvereinbarung zwischen dem Pflichtanwalt und der Partei zivilrechtlich schlechthin unzulässig und nichtig sei. Dies wollte jedoch der Gesetzgeber keineswegs bestimmen. Die Vorschrift hat nur den Sinn, daß der Pflichtanwalt die Übernahme oder Fortführung der Sache nicht von dem Abschluß eines Honorarvertrages abhängig machen könne. Ebenso: EGH. **8** 151; vgl. ferner EGH. **13** 67. A. M.: anscheinend: Seuffert ZPO.[11] § 668 Anm. 2. Es wäre nicht einzusehen, warum es beispielsweise im Falle des § 33 RAO. dem Rechtsanwalt verboten sein sollte, sich ein Extrahonorar versprechen oder bezahlen zu lassen. Anm. 63.

Auch in Armensachen kann der Rechtsanwalt mit zivilrechtlicher Gültigkeit für den Fall des § 125 ZPO. ein Honorar vereinbaren. Vgl. im übrigen § 34 Anm. 8 ff. Anm. 64.

Die Honorarvereinbarung kann jederzeit erfolgen (Walter-Joachim § 93 Anm. 14 ff.); auch nach Kündigung des Mandats: FrankfRundsch. **1913** 26.

Über den Begriff der abweichend von den Vorschriften des Gesetzes bestimmten Vergütung vgl. oben Anm. 25. Über die Formvorschrift vgl. Anm. 26 ff. Anm. 65.

Von EGH. **5** 32 wird für einen Vertrag nach § 93 RAGebO. erfordert, daß der Klient sich bewußt sei, einen von der gesetzlichen Vergütung abweichenden Betrag zu bewilligen. Ebenso: EGH. **7** 9; AKJahrB. **1887** 9 u. a. Eine zivilrechtliche Frage sollte aber hiermit nicht entschieden werden. Diese ist vielmehr lediglich nach allgemeinen Grundsätzen (Irrtumsanfechtung, Bereicherungsanspruch, eventuell Nichtigkeit nach § 138 BGB.) zu lösen. Ebenso: Drucker, RAGebO. (1904) § 93 Anm. 4. Auch RG. JW. **1887** 34 Nr. 29 wendet nur allgemeine Zivilrechtssätze (in concreto preußisches Landrecht) an. A. M.: Fürst-Roth RAGebO. (1910) § 93 Anm. 6; wohl auch: ElsLothZ. **1912** 326 (OLG. Colmar).

Die Festsetzung des Extrahonorars darf nicht durch Bezugnahme auf das Ermessen eines Dritten erfolgen. (§ 93 Abs. 1 Satz 2 RAGebO.). Aber auch dem Ermessen eines der Kontrahenten darf die Festsetzung nicht anheim gegeben werden. Ebenso: Walter-Joachim § 93 Anm. 17; OLG. Darmstadt DJZ. **1908** 143; Frankf.Rundsch. **1913** 26 (OLG. Frankfurt a. M.); RG. Recht **1915** Nr. 2382; RG. JW. **1912** 885 Nr. 58. Dort auch die weitere Literatur. A. M. Lotmar **1** 133; SächsOLG. **33** 129. Der Wortlaut des § 93 scheint allerdings gegen die hier vertretene Meinung zu sprechen. Denn gerade nach § 93 Abs. 1 Satz 2 sollte man meinen, daß der Gesetzgeber unter „Festsetzung" nicht nur die Normierung eines bestimmten Betrages verstehe. Auch könnte man daraus, daß der Gesetzgeber nur die Bezugnahme auf das Ermessen eines Dritten ausschließt, folgern, daß er das Ermessen der Parteien nicht ausschalten wollte. Allein der Zweck des Gesetzes verbietet das argumentum e contrario. Eine Bindung des Klienten auf unbestimmte Beträge soll ausgeschlossen sein. Ließe man das Ermessen des Anwalts zu, so würde keine andere Wirkung eintreten, als wenn das Ermessen eines Dritten für maßgebend erklärt werden könnte. Der Richter hätte regelmäßig die angemessene Vergütung zu bestimmen (§§ 315—319 BGB.). — Verstößt die Honorarvereinbarung gegen Anm. 66.

die hier erwähnten Grundsätze, so ist sie nichtig. Dadurch kann aber gemäß § 139 BGB. Nichtigkeit des ganzen Anwaltsvertrages herbeigeführt werden, ebenso wie im Falle einer Honorarvereinbarung für die Vertretung vor dem Reichsversicherungsamte usw.

Anm. 67. Endlich ist die Honorarvereinbarung, soferne der Rechtsanwalt durch sie „die Grenze der Mäßigung überschritten" hat, der Anfechtung seitens des Auftraggebers ausgesetzt. Alsdann kann die vertragsmäßig vereinbarte Vergütung im Prozeßwege, nach eingeholtem Gutachten des AKV., bis auf die gesetzliche Taxe herabgesetzt werden. Über die Frage, welcher AKV. zuständig ist, vgl. § 49 Anm. 23. Auch die Herabsetzungsbefugnis gilt nur für das Gebiet der RAGebO. Von einer Nichtigkeit des Anwaltsvertrages kann hier keine Rede sein, es sei denn, daß andere Momente hinzukommen (s. o. Anm. 15). Im einzelnen vgl. Walter-Joachim § 93 Anm. 18—22. Doch ist der Meinung dieses Kommentators (§ 93 Anm. 22), daß nach erfolgter Zahlung eine Herabsetzung nicht mehr zulässig sei, aus den oben Anm. 28 angeführten Gründen nicht beizupflichten. Gl. M.: OLG. **27** 238 (KG.).

Anm. 68. e) Der zulässige Inhalt der Honorarvereinbarung kann natürlich ein unendlich mannigfaltiger sein.

α) Das Extrahonorar kann in einem prozentualen Zuschlag zu den gesetzlichen Taxen (z. B. 50 %), in einem festen Gesamtbetrage an Stelle der Gebühren (so meist in Strafsachen), in einem festen Honorar neben den gesetzlichen Gebühren, in bestimmten Beträgen für die einzelnen Verfahrensabschnitte (100 Mk. für die Verhandlung, 100 Mk. für die Beweiserhebung) usw. bestehen. Was hier zu gelten hat, ist oft Auslegungsfrage. Bei Honoraren, welche die gesetzlichen Gebühren sehr erheblich übersteigen, wird im Zweifel das Honorar an ihre Stelle treten sollen, während in anderen Fällen die geringere Höhe dafür sprechen wird, daß das Honorar neben der gesetzlichen Gebühr geschuldet werden soll. Auch in diesem Falle tritt der vereinbarte Betrag im Zweifel nur an die Stelle der Gebühren, während die Auslagen, insbes. Schreibgebühren, daneben liquidiert werden können. Vgl. M. Friedländer JW. **1911** 353. — Der Gebrauch des Wortes „Extrahonorar" dürfte für die Auslegung schwerlich eine Bedeutung haben.

Es ergibt sich von selbst, daß die verschiedenen Arten der Honorarvereinbarung auch rechtlich unter Umständen ganz verschieden zu beurteilen sind. Dies gilt vor allem für die Fälle der unvollendeten Dienstleistung. Erfolgt die Berechnung des Extrahonorars in irgendeiner Weise aus den gesetzlichen Taxen oder ist das Honorar ebenso wie diese schematisch an bestimmte Verfahrensabschnitte bzw. Typen von anwaltschaftlichen Handlungen gebunden, so wird man im Zweifel auch dieselben Regeln anzuwenden haben wie für die gesetzlichen Gebühren, z. B. die §§ 14, 50 RAGebO.

Anm. 69. β) Bildet jedoch das Honorar — neben den gesetzlichen Gebühren oder an ihrer Stelle — die Gegenleistung für die Gesamttätigkeit des Anwalts oder für einen willkürlich begrenzten Teil derselben, so können sich erhebliche Schwierigkeiten ergeben. (Vgl. hiezu Anm. 90.) Daß eine Honorarvereinbarung über 2000 Mk., welche der Anwalt nach Eröffnung des Hauptverfahrens mit seinem Klienten — hauptsächlich mit Rücksicht auf die umfangreiche Verhandlung — getroffen hat, nicht zur Zahlung des Ganzen verpflichtet, wenn der Anwalt, nachdem er einen Schriftsatz gefertigt und Zeugenladungen betrieben hat, vor der Hauptverhandlung stirbt, bedarf keiner Ausführung. A. M.: Dankwardt in JheringsJ. **13** 373. Vgl. auch Walter-Joachim § 93 Anm. 17a. Hier muß gemäß § 323 Abs. 1 Satz 2 BGB. nach richterlichem Ermessen eine verhältnismäßige Herabsetzung des Honorars erfolgen.

Wird der Vertrag durch Kündigung aufgelöst, ehe die nach der Parteiintention durch das Extrahonorar abgegoltene Arbeit geleistet ist, so hat der Richter nach § 628 BGB. zu entscheiden. (OLG. Hamburg HansGZ. **33** 229). Siehe unten Anm. 90, auch Exk. II zu § 28 Anm. 51; M. Friedländer, AVNachr. **3** 88. Anm. 70.

Bezüglich der fehlerhaften Dienstleistung ist hier zu beachten, daß das Extrahonorar häufig für eine besonders geartete, qualifizierte Leistung versprochen und daher nur geschuldet wird, wenn die Leistung auch die zugesagten Eigenschaften hat („Qualitätsprämie": Lotmar **2** 751 ff.). Z. B.: der Anwalt verspricht, einen umfangreichen, den Tatbestand und alle einschlägigen Rechtsfragen erschöpfenden Schriftsatz zu fertigen und läßt sich dafür ein Extrahonorar bewilligen. Dann verfaßt er ein inhaltleeres Elaborat von einer Seite Umfang. Der Anspruch auf Extrahonorar wäre natürlich abzuweisen. Man wird übrigens in manchen Fällen unbedenklich, auch ohne daß eine ausdrückliche Vereinbarung vorliegt, gemäß § 157 BGB. aus den Umständen folgern können, daß eine Qualitätsprämie gewollt war. Entsprechend ist das Extrahonorar für persönliche Vertretung zu beurteilen. Vgl. JW. **1914** 1045 (LG. Leipzig). Anm. 71.

f) Der Anspruch auf Zahlung der Gebühren und Auslagen kann, soweit die RAGebO. maßgebend ist, vor Erfüllung der in § 86 dieses Gesetzes[1]) normierten Bedingungen nicht geltend gemacht werden. Die Behauptung, daß diesen Bedingungen genügt sei, gehört zum Fundament der Klage; fehlt diese Behauptung, so kann ein Versäumnisurteil nicht erlassen werden. Nicht ganz zutreffend: OLG. **31** 20 (Hamburg). Dennoch handelt es sich weder um eine Voraussetzung der Entstehung noch auch der Fälligkeit des Anspruchs, sondern lediglich um eine formelle Voraussetzung seiner Geltendmachung (OLG. Braunschweig in JW. **1916** 63). Anm. 72.

Daraus folgt bereits, daß eine Rückforderung der trotz Fehlens der Erfordernisse des § 86 bezahlten Gebühren und Auslagen nicht zulässig ist (gl. M.: Walter-Joachim § 86 Anm. 6). Dies dürfte ferner aus § 86 Abs. 2 hervorgehen, welcher dem Auftraggeber auch nach erfolgter Zahlung das Recht auf Mitteilung der Kostenberechnung gewährt, von einer Rückzahlungspflicht des Anwalts aber nichts erwähnt.

Im einzelnen vgl. die Bemerkungen bei Walter-Joachim. Hinsichtlich des Extrahonorars siehe § 93 Abs. 3 RAGebO.

Die Landesgebührenordnungen können eine dem § 86 analoge Vorschrift gültig nicht erlassen.

g) Die Fälligkeit des Vergütungsanspruchs tritt „nach der Leistung der Dienste" ein (§ 614 Satz 1 BGB.).

α) Das Reichsgericht (JW. **1907** 479 Nr. 11) ist der Meinung, daß zur Dienstleistung auch die Rechenschaftsablage (§ 666 BGB.) gehöre. Allein dies Anm. 73.

[1]) § 86 RAGebO. lautet:

Die Einforderung der Gebühren und Auslagen ist nur zulässig, wenn vorher oder gleichzeitig eine von dem Rechtsanwalte unterschriebene Berechnung derselben mit Angabe des Wertes des Streitgegenstandes, sofern der Wert maßgebend, und unter Bezeichnung der zur Anwendung kommenden Bestimmungen dieses Gesetzes mitgeteilt wird.

Die Mitteilung dieser Berechnung kann auch nach erfolgter Zahlung verlangt werden, solange nicht die Handakten zurückgenommen sind oder die Verpflichtung des Rechtsanwalts zur Aufbewahrung derselben erloschen ist (Rechtsanwaltsordnung § 32).

kann nicht zutreffend sein. Die Rechenschaftsablage hat gemäß § 666 **nach** Ausführung des Auftrags zu erfolgen, sie kann also nicht selbst Bestandteil der Geschäftsbesorgung sein. Der Dienstverpflichtete hat eben speziell in den Fällen des § 675 auch außer der eigentlichen Dienstleistung noch weitere vertragsmäßige Verpflichtungen (vgl. §§ 666, 667 BGB.). Wäre die Meinung des Reichsgerichts richtig, so brauchte ja der Rechtsanwalt nur den Vertrag nach § 627 BGB. zu kündigen, um der weiteren Dienstleistung d. h. der Rechenschaftsablage enthoben zu sein. Die bis dahin verdienten, d. h. die sämtlichen Gebühren hätte er dennoch nach § 628 BGB. zu verlangen. Das wäre also das Gegenteil dessen, was das RG. anstrebt. Übrigens würde seine Ansicht auch dazu führen, daß die Rechenschaftsablage, soweit sie unvertretbar ist, **überhaupt** nicht erzwungen werden könnte (§ 888 Abs. 2 ZPO.). Vgl. zu Vorstehendem M. Friedländer JW. **1911** 353.

Anm. 74. β) Wann im übrigen die Dienste vollendet sind, kann oft nur aus der Parteiintention und den Umständen des Falles gefolgert werden. Vgl. § 32 Anm. 45.

Anm. 75. γ) **Im Gebiete der RAGebO.** tritt die Fälligkeit des Gebührenanspruches ein, sobald über die Verpflichtung, die Gebühren zu tragen, eine Entscheidung ergangen ist, sowie bei Beendigung der Instanz oder bei Erledigung des Auftrages (§ 85 RAGebO.). Die Inkassogebühr kann von dem Anwalt bereits bei der Ablieferung des Geldes entnommen werden (§ 87 Abs. 3 RAGebO.). Über Einzelheiten vgl. Walter-Joachim Anm. zu § 85, auch JW. **1916** 63.

Anm. 76. δ) Was von den Gebühren gilt, muß ebenso von den **Auslagen** gelten, d. h. von den Aufwendungen, welche zum Zwecke der Ausführung des Auftrages gemacht werden (§ 670 BGB.). Außer Zweifel steht dies bei den Pauschsätzen, die als Gebührenzuschläge erhoben werden. Der Vergütungsanspruch, welcher sowohl Gegenleistung für Dienste als auch Ersatz der Aufwendungen umfaßt, wird aber auch sonst im Gesetze — § 614 — einheitlich behandelt (vgl. auch § 196 Ziff. 7 BGB.: „Vergütungen mit Einschluß der Auslagen"). Jedenfalls geht die Parteiintention auf einheitliche Behandlung von Gebühren und Auslagen. Ebenso: Walter-Joachim § 1 Anm. 28. A. M.: Mayer JW. **1899** 657.

Aufwendungen im Sinne des § 670 BGB. sind nicht alle Auslagen, die der Rechtsanwalt für den Auftraggeber macht; es gehören z. B. nicht hierher: Bezahlung der Streitsumme für den Mandanten, Verauslagung von Zeugengebühren usw. Solche Aufwendungen, welche an sich dem Rechtsanwalt üblicherweise nicht obliegen, sind **sofort** zurückzuerstatten.

Anm. 77. ε) **Die Fälligkeit des Extrahonorars** tritt an sich ebenfalls nach Leistung der Dienste ein. Ist jedoch das Extrahonorar im Anschluß an das Gebührenschema bestimmt (es werden z. B. doppelte Gebühren oder bloß bestimmte höhere Sätze für die Verhandlung, für das Beweisverfahren vereinbart), so wird man auch die Vorschriften über die Fälligkeit der Gebühren analog anzuwenden haben.

Anm. 78. ζ) Die Ansprüche des Armenanwalts werden erst fällig, wenn die materiellen Voraussetzungen des § 125 ZPO. vorliegen. Vgl. § 34 Anm. 9, ferner OLG. Karlsruhe BadRpr. **1908** 166; OLG. Oldenburg OldZ. **1911** 336; Orthal Recht **1908** 372.

Anm. 79. h) Die Verjährung des Vergütungsanspruchs der Rechtsanwälte tritt gemäß § 196 Ziff. 15 BGB. in zwei Jahren ein. Zu den Gebühren im Sinne dieser Bestimmung gehört auch das vereinbarte Honorar. (Gl. M.: Mayer JW. **1899** 657; vgl. auch bayer. Verjährungsgesetz v. 26. 3. 59 [Becksche Ausgabe] Anm. 2).

Der Begriff der „Auslagen" ist hier ebenfalls nur nach § 670 BGB. und §§ 76 ff. RAGebO. zu bestimmen (vgl. oben Anm. 76).

Der Lauf der Verjährung beginnt mit Schluß des Jahres, in welchem der Anspruch fällig geworden ist (§§ 198, 201 BGB.; Staudinger § 198 Anm. 1, 2). Von mehreren nach § 85 RAGebO. in Betracht kommenden Zeitpunkten darf der Schuldner, der Verjährung einwendet, den ihm günstigsten wählen (JW. **1916** 63).

Der Umstand, daß im Gebiete der RAGebO., die nach § 86 erforderliche Kosten- Anm. 80. berechnung nicht mitgeteilt wurde, bewirkt keine Hemmung der Verjährung nach § 202 BGB. Diesem Paragraphen liegt der Gedanke des Satzes „agere non valenti non currit praescriptio" zugrunde (RGRKomm.[2] § 202 Anm. 1). Der Berechtigte soll aber nicht in der Lage sein, den Beginn der Verjährung willkürlich aufzuhalten, nach dem Grundgedanken des Satzes: „toties praescribitur actioni nondum natae, quoties nativitas est in potestate creditoris". Gl. M.: Walter-Joachim § 86 Anm. 7; OLG. Braunschweig JW. **1916** 63[1]). (A. M.: die erste Auflage und Auerbach JW. **1916** 63). Die gegenteilige Ansicht würde dazu führen, daß der säumige Anwalt, der sich um seine Außenstände überhaupt nicht kümmert, bezüglich der Verjährung besser gestellt wäre, als derjenige, welcher Abrechnung erteilt, aber nicht geklagt hat.

2. Der Auftraggeber ist zur Leistung eines angemessenen Anm. 81. Vorschusses verpflichtet.

a) Unter Vorschuß versteht man die Vorauszahlung einer noch nicht entstandenen oder noch nicht fälligen Schuld. Es ist zu beachten, daß hienach auch die Vergütung für bereits geleistete Dienste durch Vorschußzahlung gedeckt werden kann. Wenn der Rechtsanwalt nach der Beweiserhebung, jedoch vor Beendigung der Instanz Anlaß hat, sich für seine Kostenansprüche zu decken, so kann er „Vorschuß" nicht nur für die Schlußverhandlungsgebühr, sondern auch für die noch nicht fälligen, aber bereits verdienten Kosten — Beweis-, Verhandlungsgebühr usw. — verlangen.

b) Die Vorschußpflicht gilt für das Gebiet der RAGebO. kraft ausdrücklicher Anm. 82. Bestimmung in § 84 dieses Gesetzes.

Im übrigen statuiert § 669 BGB. nur ein Recht auf Auslagenvorschuß. Nichtsdestoweniger ist dem Rechtsanwalt auch außerhalb des Gebietes der RAGebO. ein Anspruch auf Vorschuß für die ganze Vergütung (Auslagen und Gebühren) zuzuerkennen. Die Überzeugung von der Existenz dieses Anspruches ist so sehr ins Volksbewußtsein eingedrungen[2]), daß man für den Anwaltsvertrag unbedenklich ein diesbezügliches Gewohnheitsrecht annehmen darf. Vgl. auch Dankwardt in JheringsJ. **13** 370.

c) Der Anspruch auf Vorschußleistung besteht nur gegenüber dem Auftraggeber. Er entfällt für den Armenanwalt.

d) Als angemessen erscheint der Vorschuß, wenn er der mutmaßlichen Höhe Anm. 83. der erwachsenden Gebühren und Auslagen unter Berücksichtigung von Honorarvereinbarungen entspricht. Der Zweck der Vorschrift ist der, den Anwalt von vornherein für sein Guthaben sicherzustellen und ihm die Beitreibung seiner Forderungen möglichst zu ersparen. Da man bei Vertragsschluß natürlich davon ausgeht, daß der Anwalt die übernommenen Dienste bis zum Ende durchführen soll, so ist die Vorauszahlung dann angemessen, wenn sie den Anwalt für die ganze Dienstleistung nach ihrem mutmaßlichen Umfange sicherstellt. Gl. M.: Walter-Joachim § 84 Anm. 10. A. M.: OLG. **25** 303 (Hamburg).

---

[1]) Diese Entscheidung erblickt auch eine stillschweigende Stundung der Kostenforderung darin, daß der RA. stets erst nach endgültiger Erledigung des Prozesses und Rückgabe der Akten Rechnung gestellt hatte.

[2]) Sie ist bekanntlich geradezu sprichwörtlich geworden.

e) Das Recht auf Vorschuß umfaßt auch das Extrahonorar. Ebenso (im Prinzip) OLG. **25** 303 (Hamburg); ferner: Walter-Joachim § 93 Anm. 13. A. M. OLG. Dresden Recht **1910** Nr. 3755; SächsOLG. **1910** 212.

Anm. 84. f) Das Recht auf Vorschuß kann zivilrechtlich durch Klage geltend gemacht werden. Gl. M.: FrankfRundsch. **1909** 82; Recht **1910** Nr. 4176. Vgl. auch RGRKomm.[2] § 669 Anm. 3. A. M.: AG. Donaueschingen in BadAnn. **48** 233 ff. Ein solches Vorgehen verstößt aber gegen die Würde des Anwaltstandes (EGH. 7 56; Exk. II zu § 28 Anm. 8). Mangels Vorschußleistung kann ferner der Anwalt jederzeit das Mandat kündigen. Die Nichtleistung ist ein vertragswidriges Verhalten im Sinne des § 628 und ein wichtiger Grund im Sinne des § 671 Abs. 2 BGB. (vgl. jedoch Anm. 85). Die Leistung des eingeforderten Vorschusses kann auch durch Aufrechnung erfolgen (Lotmar **1** 421).

Anm. 85. g) Der Verzicht auf Vorschußleistung ist zulässig und in praxi nicht selten. In der Nichteinforderung des Vorschusses liegt aber keineswegs ein stillschweigender Verzicht auf denselben. Vielmehr kann auch nach Beginn der Dienstleistung das Verlangen auf Vorschußzahlung oder auf Ergänzung des Vorschusses gestellt werden. Dabei ist das oben Anm. 81 über die rechtliche Natur des Vorschusses Gesagte zu berücksichtigen.

Erfolgt das n a c h t r ä g l i c h e Vorschußbegehren zur Unzeit, so kann die Nichtleistung des Vorschusses möglicherweise n i c h t als wichtiger Grund zur sofortigen Kündigung des Anwaltsvertrages gelten. Hat z. B. der Rechtsanwalt einen Prozeß längere Zeit ohne Kostenvorschuß geführt und verlangt er einen solchen für die Kosten der Instanz kurz vor dem letzten Verhandlungstermine mit der Drohung, bei Nichtzahlung das Mandat niederzulegen, so verstößt dieses Verhalten wider Treu und Glauben. Anders natürlich, wenn der Klient den Anwalt über seine Vermögensverhältnisse getäuscht hat, und dieser erst kurz vor der Verhandlung über den wahren Sachverhalt aufgeklärt wird.

Ist ein Verzicht auf Vorschuß vertragsmäßig vereinbart, so wird er — mangels gegenteiliger Vereinbarung — hinfällig, wenn sich die Vermögensverhältnisse des Klienten nach Vertragsschluß in einer die Ansprüche des Rechtsanwalts gefährdenden Weise verschlechtern oder sonst die Umstände sich derart ändern, daß nach Treu und Glauben dem Anwalt eine Weiterführung der Sache ohne Sicherheit nicht zugemutet werden kann. Letzteres ist z. B. der Fall, wenn die Partei den Anwalt ganz falsch informiert und dieser im Vertrauen auf die Information und den danach sicher zu erwartenden Sieg über den zahlungsfähigen Gegner auf Vorschuß verzichtet hatte.

Dieses Resultat ergibt sich freilich nicht, wie Dernburg **2** Abt. 2 S. 426 meint, aus § 610 BGB. — denn der Vorschuß ist kein Darlehen (Lotmar **1** 393/4, RG. JW. **1912** 684 Nr. 8) — sondern aus § 157 BGB.

Anm. 86. h) Der Vorschuß ist, soweit er nicht verbraucht wurde, nach Beendigung des Auftrages von dem Rechtsanwalt zurückzuzahlen. Dieser Anspruch auf Rückzahlung verjährt in 2 Jahren vom Schlusse des Jahres ab, in welchem der Auftrag beendigt wurde (§§ 196 Ziff. 16, 201 BGB.).

Anm. 87. 3. Es gibt noch weitere vertragsmäßige Verpflichtungen des Auftraggebers, welche zwar auf seiten des Rechtsanwalts nicht einen klagbaren Anspruch auf Erfüllung bzw. Schadensersatz wegen Nichterfüllung begründen, deren Verabsäumung jedoch andere nachteilige Folgen für den Auftraggeber haben kann (Rümelin a. a. O. 217 spricht in ähnlichem Sinne von „i n d i r e k t e n V e r p f l i c h t u n g e n"). Dazu gehört die Pflicht des Auftraggebers, seinem Anwalt sorgfältige und wahrheitsgemäße Information zu geben, sich persönlich ihm gegenüber nicht ungebührlich zu benehmen usw. Vgl. auch Lotmar **2** 242.

E. Die Beendigung des Rechtsverhältnisses. Das Vertragsverhältnis endigt Anm. 88.

1. durch Erreichung des Vertragszweckes (Vollendung der vereinbarten Dienste, vgl. § 32 Anm. 45). Hierher gehört auch der Fall, daß infolge eines unvorhergesehenen Ereignisses, z. B. unerwarteter Zahlung während des Prozesses, der weitere Vollzug des Dienstvertrages gegenstandslos wird (Lotmar 2 588).

2. durch Übereinkunft der Kontrahenten.

3. durch Kündigung. Dieselbe muß ausdrücklich erfolgen. Stillschweigende Kündigung, etwa durch jahrelanges Schweigen des Mandanten auf Briefe seines Anwalts, gibt es nicht. A. M.: BayZR. 22 309.

a) Die Kündigung seitens des Auftraggebers ist jederzeit zulässig (§ 627 BGB.). Eine Schadensersatzpflicht desselben kann durch die Kündigung nie begründet werden. Anm. 89.

α) Erfolgt sie, ohne durch ein vertragswidriges Verhalten des Rechtsanwalts veranlaßt zu sein, so kann der letztere einen seinen bisherigen Leistungen entsprechenden Teil der Vergütung verlangen (§ 628), d. h. er kann, wenn ein Extrahonorar nicht vereinbart wurde, die bis dahin verdienten Gebühren beanspruchen, ohne Rücksicht darauf, ob etwa für die betreffenden Gebühren noch eine weitere Tätigkeit erwartet werden konnte, sofern nur die geleistete Tätigkeit bereits die Gebühr begründet. Dies ergibt sich für das Gebiet der RAGebO. (Zivilprozeß) aus der Bestimmung des § 50 dieses Gesetzes, folgt aber auch sonst ganz allgemein aus der Natur der in Deutschland geltenden Gebührensysteme. Zu beachten sind bezüglich der Höhe der Pauschgebühr die §§ 14, 39 RAGebO.

Wurde ein Extrahonorar vereinbart, so kommt es natürlich nicht darauf an, welche Vergütung objektiv den bisher geleisteten Diensten entspricht; die Frage muß vielmehr so gestellt werden: „Wenn das Gesamthonorar als angemessene Vergütung für die vorauszusetzende Gesamttätigkeit angesehen wird, welche Vergütung entspricht dann der tatsächlich geleisteten Arbeit?" Gl. M.: SächsOLG. **1910** 212; wohl auch OLG. **25** 304 (Hamburg). Ist das Extrahonorar im Anschluß an das Schema der gesetzlichen Gebühren bestimmt (doppelte, dreifache Gebühren usw.), so werden regelmäßig die in Anm. 89 aufgestellten Grundsätze gelten. Ferner ist zu berücksichtigen, daß häufig das Extrahonorar nach der Parteiintention eine spezielle Entlohnung und einen speziellen Ansporn für bestimmte Teile der Tätigkeit bilden soll; daß dies bei der Herabsetzung der Vergütung gemäß § 628 BGB. zu berücksichtigen ist, versteht sich von selbst. So wird ein Extrahonorar, das mit Rücksicht auf die besonders schwierige und umfangreiche Information bewilligt wurde, wenig oder gar nicht herabzusetzen sein, selbst wenn sich der Auftrag vor der ersten Verhandlung erledigt. Bei allen diesen Fragen bleibt für das freie richterliche Ermessen ein weiter Spielraum. Anm. 90.

β) Erfolgt die Kündigung wegen eines vertragswidrigen Verhaltens des Rechtsanwalts, so ist dieser nicht nur zum Schadensersatz verpflichtet (§ 628 Abs. 2 BGB.), sondern er verliert auch den an sich nach Anm. 89 und 90 begründeten Anspruch auf die Vergütung insoweit, als seine Leistungen infolge der Kündigung für den Auftraggeber kein Interesse haben. (§ 628 Abs. 1.) Damit ist nicht gemeint, daß zu prüfen sei, ob die Leistungen des Rechtsanwalts an sich die Sache des Auftraggebers gefördert haben; es handelt sich vielmehr nur darum, ob infolge der Kündigung — vor allem infolge des hiedurch bedingten Anwaltswechsels — Mehraufwendungen entstehen, welche vermieden worden Anm. 91.

wären, wenn die Sache in einer Hand geblieben wäre. Der Fall des § 628 Abs. 1 Satz 2 BGB. liegt beispielsweise vor, wenn nach Verhandlung und Beweiserhebung die Partei zur Durchführung des Prozesses sich einen anderen Anwalt nehmen muß und dann neuerlich verhandelt und Beweis erhoben wird. Hier muß die Partei dem zweiten Anwalt wiederum eine Prozeß-, eine Verhandlungs- und eine Beweisgebühr bezahlen. Insoweit entfällt also der Anspruch ihres ersten Vertreters. Dies ist dagegen nicht der Fall, wenn die Partei, ehe sie einen neuen Anwalt aufstellt, sich mit dem Gegner außergerichtlich vergleicht.

Anm. 92. γ) War der von dem Anwalt gemäß Anm. 89—91 nicht verdiente Teil der Vergütung vorschußweise bereits entrichtet, so ist er zurückzuerstatten und zwar im Falle β nebst 4 % Zinsen von der Bezahlung des Vorschusses ab (§§ 628 Abs. 1 Satz 3, 347 BGB.).

Anm. 93. δ) Ein Verzicht des Auftraggebers auf die Kündigung muß als unzulässig, weil dem Wesen des Anwaltsvertrages widersprechend, erachtet werden. Gl. M.: Müller in SeuffBl. **66** 26; Gmür 145. A. M.: Obergericht Kiautschou DJZ. **1909** 91/2; EGH. **6** 204; vgl. jedoch unten Anm. 120 ff. Die Verpflichtung des Auftraggebers, die vollen Gebühren auch dann zu bezahlen, wenn er das Vertragsverhältnis kündigt, wird häufig ungültig sein (§ 138 BGB.).[1]) Unter Umständen kann aber auch nur eine nach Lage des Falles unbedenkliche, bedingte Honorarvereinbarung vorliegen.

Anm. 94 b) **Die Kündigung seitens des Rechtsanwalts** ist ebenfalls an keine Frist gebunden; sie ist jederzeit zulässig. Kündigt aber der Anwalt ohne wichtigen Grund zur Unzeit, d. h. so, daß der Auftraggeber nicht anderweitig für die Besorgung des Geschäfts Fürsorge treffen kann, so ist er schadensersatzpflichtig.

Anm. 95. α) **Ein wichtiger Grund** liegt vor, wenn dem Anwalt die Fortsetzung des Vertragsverhältnisses nicht zugemutet werden kann. Es fallen **regelmäßig** unter diesen Begriff: Nichtzahlung des Vorschusses trotz Aufforderung, beleidigendes oder ungebührliches Benehmen des Mandanten, nachträglich gewonnene Überzeugung des Rechtsanwalts von der Unvertretbarkeit der Sache, Bekanntwerden eines Grundes, welcher die Weiterführung der Sache gemäß § 31 Ziff. 2 RAO. ausschließt usw. Vgl. RGZ. **43** 262; OLG. Kiel SchleswHolstAnz. **79** [1915] 116 [hier war dem RA. Geltendmachung eines auf **anscheinend** unsittlicher Grundlage erworbenen Prozeßmaterials zugemutet worden]. Doch darf man diese Sätze keineswegs unterschiedslos anwenden. Hat z. B. der Anwalt lange Zeit den Prozeß ohne Vorschuß geführt und verlangt er plötzlich vor einem Beweistermin — ohne daß etwa eine wesentliche Änderung der Umstände inmitte liegt — einen beträchtlichen Vorschuß, so würde die Unterlassung der sofortigen Zahlung keinen wichtigen Grund zur unzeitigen Kündigung bilden. Hat der Anwalt leichtfertigerweise von Beginn des Prozesses an eine unhaltbare Rechtsanschauung vertreten, und kommt er nun — sehr zur Unzeit — zur richtigen Einsicht, so ist er nach § 28 zur sofortigen Kündigung verpflichtet (§ 28 Anm. 5); seine Schadensersatzpflicht ergibt sich aber hier daraus, daß er durch sein vorausgehendes Verhalten die Kündigung zur Unzeit verschuldet hat. Vgl. Walter-Joachim § 50 Anm. 8.

Anm. 96. β) **Kündigt der Anwalt, ohne durch vertragswidriges Verhalten des Auftraggebers dazu veranlaßt zu sein**, so steht dem Anwalt wiederum ein Anspruch auf die Vergütung insoweit nicht zu, als seine bisherigen Leistungen infolge der Kündigung für den Mandanten

---

[1]) Vgl. EGH. **9 149**; **13 64**; Exk. II zu § 28 Anm. 51; oben Anm. 13 ff.; M. Friedländer, AWNachr. **3** 88.

kein Interesse haben. Eine darüber hinausgehende, bloß aus der grundlosen Kündigung abgeleitete Schadensersatzpflicht soll aber nach der Absicht des Gesetzes ausgeschlossen sein (vgl. dagegen § 627 Abs. 2 BGB. Gl. M.: Oertmann BGB. zu § 628; Bartholomäus AVNachr. **6** 65). Nun bestimmt jedoch § 50 RAGebO. für sein Geltungsgebiet, daß der Anwalt die bereits erwachsenen Gebühren und Auslagen in gleicher Weise verlangen könne, als wenn die Instanz zur Zeit der Kündigung beendigt gewesen wäre, und daß nur, wenn ein Verschulden vorliegt, die hieraus sich ergebenden allgemeinen zivilrechtlichen Bestimmungen gelten. Kann aber die Ausübung des dem Anwalt zustehenden Kündigungsrechtes, sofern sie nicht zur Unzeit erfolgt, jemals als ein Verschulden angesehen werden? Es ist klar, daß der Anwalt, welcher aus Laune oder Bequemlichkeit das Mandat kündigt und die Partei zwingt, sich einen neuen Rechtsbeistand zu nehmen, unmöglich zum Schaden des Klienten Anspruch auf die vollen, bis dahin erwachsenen Gebühren haben kann. Man muß vielmehr annehmen, daß der Rechtsanwalt in einer Reihe von Fällen, insbesondere aber bei Übernahme der Prozeßführung, nach der Parteiintention verpflichtet sein soll, seine Tätigkeit bis zu einem gewissen Stadium, im Prozesse regelmäßig bis zur Beendigung der Instanz, fortzuführen. Kündigt der Anwalt vorzeitig, so ist zwar diese Kündigung nicht unwirksam, sie beendigt das Vertragsverhältnis; aber sie ist eine schuldhafte Vertragsverletzung, sofern sie ohne rechtfertigenden Grund erfolgt[1]). Liegt ein solcher Grund vor und besteht er in einem „vertragswidrigen Verhalten des Auftraggebers", so findet auch im Geltungsgebiet des § 50 RAGebO. wieder § 628 Abs. 1 BGB. und damit das zu Beginn der Anm. 96 Gesagte Anwendung. Gl. M.: Walter-Joachim § 50 Anm. 6; KGBl. **1906** 18 und OLG. **15** 196 (KG.); KGBl. **1903** 17 und **1913** 40 (LG. II Berlin); OLG. **22** 307 (KG.). A. M.: Fürst-Roth RAGebO. § 50 Anm. 2b; Drucker RAGebO. Vorbem. zu § 50. Bei Entscheidung der Frage, ob ein vertragswidriges Verhalten vorliege, ist natürlich die eigenartige Vertrauensstellung des RA. besonders zu berücksichtigen. Liegt ein vertragswidriges Verhalten nicht vor, wohl aber ein anderer rechtfertigender Grund, der ein Verschulden ausschließt, so kommt wiederum innerhalb seines Geltungsgebietes § 50 RAGebO. allein zur Anwendung[2]).

γ) Kündigt der Rechtsanwalt wegen vertragswidrigen Verhaltens des Auftraggebers — z. B. wegen Nichtzahlung des Vorschusses, ungebührlichen Benehmens gegen den Anwalt (nicht aber den Gegenanwalt: OLG. Frankfurt a. M. FrankfRundsch. **1901** 196), Nichterteilung von Information (vgl. oben Anm. 87) — so ist der Auftraggeber nach § 628 Abs. 2 BGB. zum Ersatz des durch die Aufhebung des Vertragsverhältnisses entstehenden Schadens verpflichtet. Dies ist insofern praktisch ohne wesentliche Bedeutung, als der Anwalt die infolge der Anm. 97.

[1]) Vgl. auch RLGH. **23** 328.

[2]) Kündigt der Anwalt wegen bevorstehender Aufgabe des Berufs, so liegt keine Vertragsverletzung vor, es sei denn, daß er durch Pflichtverletzung die Aufgabe des Berufs notwendig gemacht hat: KGBl. **1903** 17 (KG.) — OLG. Düsseldorf erachtet es (LZ. **1918** 654 Nr. 5) regelmäßig als einen die Kündigung rechtfertigenden Grund, wenn der Klient einen anderen Prozeß einem anderen RA. ohne Wissen des zuerst Beauftragten überträgt, wobei es allerdings die örtlichen Gepflogenheiten für ausschlaggebend hält. Die Entscheidung ist nicht zu billigen. Vgl. die Kritik von M. Friedländer JW. **1919** 256; die Erwiderung von Bartholomäus AVNachr. **6** 63 und die Replik von M. Friedländer ebenda **66**. Uns. M. (wonach die Lage des Falles entscheidend ist) OLG. Düsseldorf LZ. **1919** 822 Nr. 8 = JW. **1919** 689 Nr. 7.

Kündigung nicht verdienten Gebühren auch nicht unter dem Gesichtspunkte des entgangenen Gewinns fordern kann. Es entspricht der allgemeinen Rechtsüberzeugung, dem gesetzlichen Gebührensystem und dem Willen der Beteiligten ebenso wie der richtigen Auffassung von der Würde des Standes, daß der nicht im Zeitlohn beschäftigte Anwalt kein Recht auf die Leistung von Diensten und also auch kein Recht darauf hat, Vergütung für Dienste zu erhalten, die er nicht geleistet hat. Zustimmend: SächsOLG. **1910** 212.

Anm. 98. Denkbar ist jedoch im Falle des § 628 Abs. 2 BGB. ein Anspruch auf Ersatz des positiven Schadens (im Gegensatz zum entgangenen Gewinn): z. B. der Rechtsanwalt hat bei einem auswärtigen Gerichte zwei Verteidigungen — für A und B — übernommen. Die erstere soll 5 Tage dauern. Daran schließt sich die Sache gegen B unmittelbar an. Am zweiten Tage der Verhandlung gegen A wird der Rechtsanwalt durch grobes Verschulden seines Klienten genötigt, die Verteidigung niederzulegen. Er wird nun natürlich nicht 4 Tage lang beschäftigungslos und ohne Entgelt an dem auswärtigen Gerichtssitz verweilen, sondern nach Hause fahren, seine Praxis wahrnehmen und dann zum Falle B zurückkehren. Die hiedurch entstehenden Unkosten muß ihm A vergüten. Natürlich ist nicht anders zu entscheiden, wenn der Anwalt am Gerichtssitze bleibt, weil ihm die Reise zu lang ist. Die hiedurch erwachsenden Auslagen, für welche er jetzt keine vertragsmäßige Gegenleistung empfängt, müssen ihm erstattet werden.

δ) Hinsichtlich des Extrahonorars vgl. insbes. oben Anm. 68 ff., 90.

Anm. 99. 4. Der Anwaltsvertrag findet ferner sein Ende durch den Konkurs des Auftraggebers, es sei denn, daß sich die Geschäftsbesorgung nicht auf das zur Masse gehörige Vermögen bezog (§ 23 Abs. 2 KO.). Die Ausnahme liegt z. B. bei Ehescheidungssachen, ferner dann vor, wenn der Auftrag dahin ging, Einwendungen gegen eine Vollstreckung wegen Unentbehrlichkeit der Pfandsachen zu erheben (§ 1 KO.), oder wenn es sich um Ausklagung einer Hypothek handelt, die der Verwalter nicht zur Masse zieht. Hat der Konkursverwalter einen Anwaltsvertrag geschlossen und scheidet er aus seinem Amte, so tritt der neue Verwalter oder nach Beendigung des Konkurses der Gemeinschuldner in den Vertrag ein. Vgl. hiezu einerseits Hellwig **2** 471, anderseits Rosenberg 790.

Über einen Fall stillschweigender Erteilung eines neuen Auftrags nach Erlöschen des früheren Vertrags durch Konkurseröffnung vgl. PfälzRpr. **1** 8 (OLG. Zweibrücken). Darüber, daß dem Rechtsanwalt kein Vorrecht im Konkurse des Auftraggebers nach § 61 Ziff. 1 KO. zusteht, weil sich der Rechtsanwalt nicht „zu Diensten verdingt", vgl. Düringer Recht **1902** 602; OLG. **10** 206 (Dresden); Jaeger KO.[5] § 61 Anm. 15.

Anm. 100. 5. Einen weiteren Endigungsgrund bildet die Unmöglichkeit der Leistung. Wird die Leistung der anwaltschaftlichen Dienste unmöglich, was insbesondere im Anwaltsprozeß der Fall ist, wenn der Beauftragte aus dem Anwaltsstande ausscheidet, so kommt es darauf an, wer die Unmöglichkeit zu vertreten hat.

Trifft dies für keinen der beiden Kontrahenten zu, so verliert der Rechtsanwalt den Anspruch auf die Gegenleistung nach näherer Bestimmung des § 323 BGB. (RG. JW. **1918** 261 Nr. 3). Im Gebiete der RAGebO. gilt § 50 dieses Gesetzes. Bezüglich des Extrahonorars vgl. Anm. 90.

Anm. 101. Die Bestimmung des § 324 BGB. findet bezüglich der anwaltschaftlichen Dienstleistung aus den oben Anm. 97 angeführten Gründen keine Anwendung.

Anm. 102. Ist aber die Unmöglichkeit von dem Rechtsanwalt verschuldet, so kann der Auftraggeber gemäß § 325 BGB. Schadenersatz wegen Nichterfüllung — und zwar möglicherweise auch wegen Nichterfüllung des ganzen Vertrages — verlangen oder auch die Gegenleistung verweigern. Vgl. OLG. Kiel SchlHolstAnz. **1912** 285. Die erstere Befugnis wird regelmäßig die weitere sein und die zweite mitumfassen. Das Recht zum Rücktritt vom Vertrage ist praktisch bedeutungslos, weil der Auftraggeber ohnedies zur jederzeitigen Kündigung berechtigt ist.

Das Ausscheiden aus dem Anwaltsstande — das praktisch wichtigste Beispiel für die Unmöglichkeit der Dienstleistung[1]) — kann bald ein Umstand sein, der von dem Anwalt, bald ein solcher, der nicht von ihm zu vertreten ist. Wird der Rechtsanwalt ehrengerichtlich aus dem Stande ausgeschlossen oder legt er, weil die ehrengerichtliche Bestrafung unvermeidlich wäre, „freiwillig" sein Amt nieder, so hat er zweifellos die Unmöglichkeit der Leistung zu vertreten. Gl. M.: JW. **1898** 390 Nr. 19 (RG.). OLG. Breslau, BreslauAK. **1909** 66; KGBl. **1903** 17 (KG.). Das KG. (KGBl. **1913** 112) nimmt dasselbe für den Fall des nicht in Geistesstörung begangenen Selbstmordes an (in dieser Allgemeinheit bedenklich; die Entscheidung trifft zu für den Fall, daß der RA., um sich der Strafe zu entziehen, Selbstmord beging). Anders dagegen, wenn der Anwalt aus Gesundheitsrücksichten, aus familiären Gründen, aus Freude an anderen Beschäftigungen usw. seinen Beruf aufgibt. Es ist in solchen Fällen nicht etwa nachzuprüfen, ob ein triftiger, zwingender Grund zum Austritt aus dem Anwaltsstande vorlag; denn es muß allein dem Ermessen des Anwalts — welcher nicht Beamter ist — anheimgegeben sein, ob er seinen Beruf beibehalten will oder nicht. (Vgl. RGZ. **33** 369; OLG. Jena, ThürBl. **55** 204.) Die Beweisregel des § 282 BGB. ist hier nicht von großem Belang, weil es sich meist um Rechtsfragen handelt; sie greift z. B. Platz, wenn der Gläubiger behauptet, der Rechtsanwalt sei nur deshalb aus dem Anwaltsstande ausgeschieden, weil er Ausschließung im Wege der Disziplin befürchtete. Hier muß der Rechtsanwalt das Gegenteil beweisen. Anm. 103.

Zu berücksichtigen ist ferner unter allen Umständen, daß der Rechtsanwalt nach Treu und Glauben dem Auftraggeber so rechtzeitig wie möglich von seiner Absicht, aus dem Stande auszuscheiden, Nachricht geben muß. Unterläßt er dies schuldhaft, so haftet er auf Schadensersatz, aber nicht wegen der Unmöglichkeit der Leistung, sondern wegen der positiven Vertragsverletzung, welche in der unterlassenen Benachrichtigung liegt. Vgl. Lotmar **2** 188 ff. Anm. 104.

6. Hinsichtlich des Einflusses von Tod und Geschäftsunfähigkeit des Auftraggebers auf das Vertragsverhältnis gelten die Bestimmungen des § 672 BGB. Gl. M.: Hellwig **2** 137. Anm. 105.

Stirbt der Rechtsanwalt, so erlischt im Zweifel der Auftrag (§ 673 BGB.). Eine Verpflichtung der Erben zur unverzüglichen Todesanzeige an den Auftraggeber muß im Falle des § 673 BGB. auch für den Anwaltsvertrag angenommen werden. Gl. M.: Hellwig **2** 137. Dagegen besteht eine Pflicht zur Fortsetzung der Geschäftsbesorgung nicht (a. M.: Rosenberg 865 Note 3). Geschäftsunfähigkeit des Anwalts wird meist Unmöglichkeit der Leistung bedeuten.

7. Die Bestimmung des § 674 BGB. findet auch auf den Anwaltsvertrag Anwendung, desgleichen § 23 Abs. 1 Satz 2 KO. Anm. 106.

8. Das Erlöschen des Dienstvertrages bedeutet nicht, daß der Anwalt aller Verpflichtungen aus dem Vertrage ledig wird (vgl. OLG. Hamburg LZ. **1913** 883). Das ergibt sich schon aus § 32 Abs. 2 RAO., § 666 BGB. Nur die Verpflichtung zur Dienstleistung kommt in Wegfall. Zu den fortdauernden Pflichten gehört auch die, dem Auftraggeber von wichtigen prozessualen Akten, welche immer noch an den Anwalt mit gesetzlicher Wirkung erfolgen durften, z. B. von Zustellung eines Anm. 107.

---

[1]) Nicht immer wird die Dienstleistung durch die Aufgabe des Berufs unmöglich. Vgl. Anm. 16. Ist dies nicht der Fall, so muß der Anwalt, wenn er seinen Beruf aufgeben will, den Dienstvertrag kündigen. Vgl. oben Anm. 96[2]).

Versäumnisurteils an ihn, Kenntnis zu geben.[1]) Ebenso: EGH. **3** 208; AKJahrB. **1913** 10; Gmür 131; Hellwig System **1** 102 (der gut von „Nachwirkungen des Vertrages" spricht).

Anm. 108. F. (Anhang) Das Vollmachtsverhältnis. 1. Bei dem Anwaltsvertrage als Dienstvertrag wird fast immer gleichzeitig ein Vollmachtsverhältnis vorliegen. Die Bevollmächtigung geschieht häufig stillschweigend durch die Auftragserteilung, und der Vollmachtgeber ist meist mit dem Auftraggeber identisch. Wenn dies der Fall ist, so werden sich in praxi bei Anwendung der Bestimmungen der §§ 167 ff. BGB. und §§ 78 ff. ZPO. (welche hier nicht näher erörtert werden können) kaum Schwierigkeiten ergeben.

Anm. 109. 2. Es kann aber, wie bereits erwähnt wurde, der Fall eintreten, daß der Auftraggeber mit dem Vollmachtgeber nicht identisch ist; z. B. wenn eine Versicherungsgesellschaft den Anwaltsvertrag schließt, während die Vollmacht natürlich von der Prozeßpartei zu erteilen ist. Wenn man auch in diesen Fällen bestrebt sein wird, einen stillschweigenden Dienstvertrag oder ein Auftragsverhältnis zwischen dem Vollmachtgeber und dem Rechtsanwalt zu konstruieren, so kann doch auch eine derartige Möglichkeit durch die konkreten Umstände ausgeschlossen sein.

Kann nun hienach ein bloßes, abstraktes Vollmachtsverhältnis zwischen Partei und Anwalt bestehen, ohne daß demselben im Sinne des § 168 BGB. ein Rechtsverhältnis zugrunde liegt, so wird sich doch meist folgende Gestaltung ergeben: Die Partei erteilt Vollmacht, damit der mit einem anderen geschlossene Anwaltsvertrag vollzogen werden kann. Zu diesem anderen, dem Auftraggeber, steht sie regelmäßig in einem Rechtsverhältnisse, welches ihr eine direkte oder (vgl. oben Anm. 87) indirekte Verpflichtung auferlegt, nach den Weisungen des Auftraggebers bezüglich Erteilung, Erweiterung, Einschränkung und Widerrufs der Vollmacht zu handeln. Erscheint hienach der Vollmachtgeber gewissermaßen als Werkzeug des Mandanten zwecks Durchführung des Auftrags, so muß auch der Auftraggeber im Zweifel dem Anwalt gegenüber für die auf das Vollmachtsverhältnis bezüglichen Handlungen der Partei wie für die eines Gehilfen einstehen. Entzieht also die Partei dem Anwalt plötzlich die Vollmacht, so wird dieser regelmäßig berechtigt sein, wegen „vertragswidrigen Verhaltens" den Anwaltsvertrag zu kündigen.

Anm. 110. 3. **Daß der Umfang der Vollmacht keineswegs identisch zu sein braucht mit dem Umfang des Auftrags**, ist schon wiederholt hervorgehoben worden. Vielfach spricht aber doch die Vermutung dafür, daß Ermächtigungen, welche in der Vollmacht enthalten sind, nach der Parteiintention auch für das innere Vertragsverhältnis maßgebend sein sollen. Dies gilt z. B. von der Substitutionsbefugnis im Zivilprozeß. Wird hier der Anwalt in der Vollmacht zur Aufstellung eines Vertreters ausdrücklich ermächtigt, so ist diese Ermächtigung hinsichtlich des Vollmachtsverhältnisses überflüssig, da sie schon durch das Gesetz gegeben ist und gültig gar nicht beseitigt werden kann (§§ 81, 83 ZPO.). Sie bezieht sich also im Zweifel auf den Dienstvertrag. Ebenso ist im Strafprozeß die in der Vollmacht erteilte Substitutionsbefugnis im Zweifel auch auf das Auftragsverhältnis zu beziehen (Riezler 86 Anm. 12). Die Vermutung kann natürlich widerlegt werden.

Anm. 111. **VI. Der Anwaltsvertrag als Werkvertrag.** A. Von den Hauptanwendungsfällen war oben Anm. 4 die Rede. Hinsichtlich der Vertragskontrahenten und des Vertragsabschlusses genügt der Hinweis auf die Ausführungen in Anm. 16—35. Vgl. auch RG. SchlHolstAnz. **68** 308.

---

[1]) Ob der RA. zu diesem Zwecke Auslagen zu machen hat, entscheidet sich in concreto nach Treu und Glauben. Solvenz des Klienten, Wichtigkeit der gefährdeten Interessen usw. kommen dabei in Betracht. Ermittelungen nach dem Aufenthalt des Mandanten anzustellen ist der RA. regelmäßig nicht verpflichtet. Porti wird er jedenfalls zu bezahlen haben, wenn er den Auslagenpauschsatz schon erhalten hat.

B. Die Vertragspflichten des Rechtsanwalts. 1. Der Rechtsanwalt ist zur Herstellung des versprochenen Werkes verpflichtet. Er kann sich hiebei im Zweifel der Hilfe anderer bedienen; aber es gibt Fälle, in denen dies nach der Parteiintention nur in beschränktestem Maße gestattet ist: z. B. bei Erstattung eines spezialrechtlichen Gutachtens durch einen gerade auf diesem Gebiete hervorragenden Juristen. Hier will die Partei wirklich ein Geisteswerk dieser Kapazität, nicht die Arbeit eines anderen, die der Anwalt lediglich gutheißt und sich zu eigen macht. Dagegen soll es ihm natürlich nicht verwehrt sein, sich zur Sammlung von Material und Literatur der Hilfe seiner Mitarbeiter zu bedienen. Anm. 112.

Im übrigen wird hinsichtlich der Zuziehung von Vertretern und der Haftung beim Anwaltsvertrag als Werkvertrag kaum etwas anderes zu gelten haben, als beim Dienstvertrag.

2. Ist das Werk mangelhaft im Sinne des § 633 BGB. (das Testament ist ungültig, der Vertrag strotzt von juristischen Unmöglichkeiten, der Rat ist unhaltbar) so kommen die Vorschriften der §§ 633 ff. BGB. zur Anwendung. Auch Wandlung und Minderung können also vorkommen (RG. JW. **1914** 642 Nr. 4). Praktisch ist hier hauptsächlich die Schadensersatzpflicht von Bedeutung. Vor allem gilt die sechsmonatliche Verjährungsfrist der §§ 638, 639 BGB.;[1]) sie ist auch für Schadensersatzklagen nicht beseitigt durch § 32a RAO. (Ebenso: RGZ. **88** 223 = JW. **1916** 963 Nr. 11; vgl. § 32a Anm. 3.) § 640 Abs. 2 BGB. findet Anwendung. Anm. 113.

3. Bei nicht rechtzeitiger Herstellung des Werkes sind die Vorschriften des § 636 BGB. anzuwenden. Anm. 114.

4. Der Rechtsanwalt trägt die Gefahr bis zur Abnahme des Werkes: § 644 BGB., dessen Bestimmungen auch im übrigen — abgesehen von Abs. 1 Satz 3 — Anwendung finden. Anm. 115.

5. Die Verpflichtung des Rechtsanwalts, alles herauszugeben, was er zur Herstellung des Werkes erhält, ergibt sich aus der Natur der Sache von selbst. Anm. 116.

Auch bezüglich der Handakten müssen dieselben Regeln angewendet werden, wie beim Anwaltsvertrage als Dienstvertrag. Vgl. die Anmerkungen zu § 32 und Dankwardt JheringsJ. **13** 370.

6. Ein klagbarer Anspruch auf Herstellung des versprochenen Werkes ist theoretisch zweifellos anzunehmen; das Urteil wäre auch nach § 888 ZPO., der ausdrücklich nur den Dienstvertrag ausnimmt, vollziehbar (ebenso Lotmar **2** 835/6. A. M. Rümelin 277 ff.; Dernburg **2** [Abt. 2] 492). Praktisch wird eine solche Klage schwerlich vorkommen. Anm. 117.

C. Die Vertragspflichten des Klienten bedürfen hier keiner besonderen Besprechung. Soweit spezialgesetzliche und gewohnheitsrechtliche Normen gelten (Extrahonorar, Vorschußpflicht usw.), kann im wesentlichen auf die Ausführungen über den Dienstvertrag verwiesen werden, wobei die Abweichungen zu beachten sind, die sich aus den beim Werkvertrag anders geregelten Materien (insbes. die Kündigung betreffend) und daraus ergeben, daß § 675 BGB. in der Mehrzahl der Fälle nicht anwendbar ist. Anm. 118.

D. Die Beendigung des Vertragsverhältnisses. Das Vertragsverhältnis endigt: Anm. 119.

1. durch beiderseitige vollständige Erfüllung,
2. durch Übereinkunft,
3. durch Kündigung.

Diese steht dem Klienten nach § 649 BGB. jederzeit frei. Der zweite Satz dieses Paragraphen kommt aber aus den oben Anm. 97 angeführten Gründen

[1]) Die Frist beginnt mit der Abnahme des Werkes. Vgl. jedoch die bedenklichen Entscheidungen in RGZ. **62** 119; **64** 41; aber auch RGZ. 88 223.

für den Anwaltsvertrag nicht zur Anwendung. Vielmehr ist hier ein der geleisteten Arbeit entsprechendes Entgelt nebst Auslagenersatz zu leisten (ebenso das Gesetz in den Fällen des § 645 BGB.); dabei wird ein etwa von dem Anwalt schon geleistetes, für die Partei wertvolles Teilresultat bei Bemessung der Vergütung zu berücksichtigen sein; vgl. auch §§ 89, 90 RAGebO. Für den Anwalt gibt es beim Werkvertrag keine Kündigung. Doch ist in den Fällen, in denen das Fehlen einer diesbezüglichen Bestimmung sich hauptsächlich bemerkbar macht, ein anderer Gesichtspunkt durchschlagend: wenn z. B. der Anwalt die Fertigung eines Gutachtens in bestimmtem Sinne übernommen hatte und dann die nähere tatsächliche Information ergiebt, daß er diese Meinung nicht vertreten kann, so ist er hiezu nicht verpflichtet; denn wenn der Klient jetzt auf anderer tatsächlicher Grundlage ein Gutachten verlangt, so verlangt er ein neues, anderes Werk, nämlich ein Gutachten über andere Tatsachen. Auch wird, wenn der Anwalt es mit seiner Rechtsüberzeugung nicht vereinbaren kann, eine bestimmte Meinung zu vertreten, der Gesichtspunkt der Unmöglichkeit der Leistung entscheidend sein. Denn der Vertrag kann nach Treu und Glauben nicht dahin ausgelegt werden, daß der RA. eine Meinung vertreten soll, die er nach sorgfältigem Studium für unvertretbar hält[1]). Endlich kann bei positiver Vertragsverletzung ein Rücktrittsrecht auch beim Werkvertrag gegeben sein (vgl. Staub-Müller, Die positiven Vertragsverletzungen 1913; auf diesem Gedanken beruht wohl auch die RGEntsch. vom 12. 10. 1917 in DJZ. **1918** 63)[2]).

4. Unmöglichkeit der Leistung beendigt ebenfalls das Vertragsverhältnis. Im wesentlichen gelten hier die in den Anm. 100 ff. gegebenen Ausführungen. Von einer teilweisen Erfüllung im Sinne der §§ 323, 325 BGB. kann nur dann die Rede sein, wenn sie für sich einen Erfolg, ein irgendwie für den Besteller brauchbares Resultat darstellt (vgl. Rümelin 84; auch RG. JW. **1910** 339 Nr. 24).

5. Durch die Eröffnung des Konkurses über das Vermögen des Klienten wird das Vertragsverhältnis an sich nicht beendigt — es sei denn daß eine Geschäftsbesorgung in Frage steht — (§ 23 Abs. 2 KO.). Sonst gilt lediglich § 17 KO.

6. Auch der Tod des Klienten bildet regelmäßig (vgl. Staudinger § 649 Anm. I b) keinen Endigungsgrund, wohl aber der Tod des Rechtsanwalts.

Anm. 120. **VII. Besondere Fälle (Vertrag mit dem Syndikus).** 1. Der Anwaltsvertrag wird in der Regel nicht gegen Zeitlohn abgeschlossen. Es gibt aber doch Fälle, in denen der Rechtsanwalt zur Dienstleistung gegen eine nach Zeitabschnitten normierte Bezahlung verpflichtet wird. Dies kann z. B. in der Form geschehen, daß der Rechtsanwalt sich einem Klienten gegenüber verpflichtet, gegen Bezahlung einer pro Jahr fixierten Summe alle vorkommenden Rechtsangelegenheiten des Klienten — neben seiner sonstigen Berufstätigkeit — zu besorgen, wobei jedoch die von den Prozeßgegnern etwa erstatteten Kosten dem Anwalt gesondert zugute kommen; es kann die feste Bezahlung lediglich für konsultative Tätigkeit vereinbart sein; der Rechtsanwalt kann auch — etwa unter den an erster Stelle genannten Bedingungen — vollständig in Diensten eines Klienten stehen und vertragsmäßig verpflichtet sein, seine ganze Arbeitskraft — natürlich unbeschadet seiner öffentlich-rechtlichen Pflicht zur Annahme von Offizialmandaten — dem betreffenden Klienten zu widmen. Besonders im letzteren Falle — der Sprachgebrauch ist kein feststehender — pflegt man den Anwalt als Syndikus

[1]) Hier sei auch auf die Lehre von der „Unzumutbarkeit der Leistung" hingewiesen, die z. B. Eckstein ArchBürgR. **41** (1915) 183 vertritt. Es sei — sagt Eckstein — nicht unsittlich, mit dem Anwalt zu vereinbaren, daß er eine bestimmte Ansicht vertrete, auch wenn er sie nicht teile. Aber der Anwalt brauche den Vertrag nicht zu erfüllen, die Leistung könne erfolgen, sie dürfe ihm aber nicht gegen seinen Willen zugemutet werden.

[2]) Vgl. auch den vom RG. in JW. **1919** 181 Nr. 1 ausgesprochenen Grundsatz.

zu bezeichnen (vgl. hiezu M. Friedländer: Zur Frage des „Hausanwalts" und des „Vereinsanwalts" DRAZ. **10** 41 ff.

2. In diesen Fällen sind die Regeln vom Dienstvertrag anzuwenden. Ebenso die herrschende Meinung, auch Riezler Werkvertrag 85; Lotmar **2** 874; Hellwig **2** 134 Anm. 4. Die Bezahlung erfolgt hier schon dafür, daß der Anwalt seine Dienste dem Klienten zur Verfügung stellt. Auch wenn es zu einer speziellen Dienstleistung gar nicht kommt, wird die Vergütung geschuldet. Wenn andererseits der Syndikus nach Ablauf eines halben Jahres stirbt, so kann nur die Hälfte der Vergütung gefordert werden, auch wenn sich feststellen läßt, daß im zweiten Halbjahre eine Inanspruchnahme seiner Tätigkeit gar nicht mehr erfolgt wäre. Vgl. §§ 323, 472, 473 BGB.; Lotmar **2** 106; Israel, Über den Honoraranspruch des Arztes (1912) 57; Kiefe Recht **1913** 200. A. M. (bezüglich des Hausarztvertrages): Korn Recht **1912** 734; Josef DJZ. **1913** 916, die der Ansicht sind, es könne in diesen Fällen nur Vergütung der bisher geleisteten Dienste (nach Josef bis zur Höhe des ganzen Pauschales als Maximum) verlangt werden, da die Pauschalvergütung nur dann gelten solle, wenn der Vertrag das ganze Jahr über gedauert habe und so mutmaßlich ein Ausgleich zwischen zu viel und zu wenig geschaffen werde. Diese an sich bedenkliche Anschauung ist sicherlich für den Anwaltsvertrag nicht verwendbar. Hier ist zu berücksichtigen, daß der Syndikus gehindert ist, irgend welche Mandate gegen seinen Auftraggeber anzunehmen und daß ihm solche, weil das Syndikatsverhältnis bekannt zu sein pflegt, nicht einmal angetragen werden. Diese oft sehr bedeutsame negative Verpflichtung würde gänzlich unentgolten bleiben, wenn etwa vor Abbruch des Vertrages noch keine positive Tätigkeit für den Klienten entfaltet werden konnte. Ein solches Resultat wäre höchst ungerecht und dem Sinne des hier geschilderten Zeitlohnvertrages widersprechend. Anm. 121.

3. In den erwähnten Fällen liegt ein dauerndes Dienstverhältnis mit festen Bezügen vor. § 627 BGB. kommt also nicht zur Anwendung (unzutreffend: Korn Recht **1912** 734); wohl aber die §§ 621, event. 622 und 626, 628 BGB. Anm. 122.

4. Der in einem Geschäfte angestellte Syndikus genießt das Vorrecht nach § 61 Ziff. 1 KO. Ebenso: Jaeger KO.[5] § 61 Anm. 15. Anm. 123.

5. Mangelhafte Dienstleistung begründet bei Verschulden des Anwalts auch hier den Schadensersatzanspruch des Klienten, während der Anspruch auf die Gegenleistung durch die Mängel direkt nicht berührt wird (Lotmar **2** 37 ff., 82). Anm. 124.

6. Es erhebt sich die Frage, ob für das Versprechen des Fixums die Formvorschrift des § 93 Abs. 2 RAGebO. zu gelten hat. Anm. 125.

Dies ist nicht der Fall. § 93 bezieht sich offenbar nur auf die Honorarvereinbarung für konkrete Fälle und niemals auf Zeitlohn. Dies ergibt sich aus § 93 Abs. 1, 3 und 4; denn auch das Gesetz kennt nur eine taxmäßige Vergütung für den Einzelfall (vgl. § 1 RAGebO.).

§ 30.

Der Rechtsanwalt, dessen Berufsthätigkeit in Anspruch genommen wird, ist verpflichtet, wenn er den Antrag nicht annimmt, die Ablehnung ohne Verzug zu erklären, widrigenfalls er den durch die Verzögerung erwachsenen Schaden zu ersetzen hat.

1. Die gemeinrechtliche Auffassung, daß der Rechtsanwalt niemandem ohne Grund seinen Beistand versagen dürfe, hat in die RAO. keinen Eingang gefunden. Sie ist schon im Entwarf und in den Motiven dazu (Siegel 198, 242) ausdrücklich abgelehnt. Anm. 1.

Die RAO. geht vielmehr davon aus, daß der Rechtsanwalt, sofern er nicht

Pflichtanwalt ist, jeden Auftrag beliebig ablehnen kann und daß auch eine zivilrechtliche Verpflichtung zur Annahme nicht besteht. Selbst zur Vornahme unaufschiebbarer Handlungen für den Auftraggeber ist der Rechtsanwalt vor Annahme des Mandats zivilrechtlich nicht verpflichtet.

Anm. 2. Durch Parteivereinbarung kann selbstverständlich etwas anderes bestimmt werden. Dies kann auch stillschweigend geschehen. Steht ein Anwalt zu einer Firma in einem dauernden Vertragsverhältnisse — z. B. so, daß die Firma ihm alle ihre Angelegenheiten zu übergeben hat —, so versteht es sich, auch wenn eine Verpflichtung nicht vereinbart ist, nach Treu und Glauben von selbst, daß der Anwalt Mandate der Firma, ehe er die Annahme ablehnt, zum mindesten auf die Frage der Dringlichkeit prüfen und bei Gefahr im Verzuge die notwendigen Vorkehrungen treffen muß, sofern er nicht zwingende Gründe hat, auch dies abzulehnen. Ja man wird in derartigen Fällen sogar annehmen müssen, daß Schweigen als Annahme des Mandates gilt (was sonst keineswegs der Fall ist). Vgl. RG. SeuffBl. ErgBd. **13** 56; RheinArch. **100** 89 und JW. **1904** 9 Nr. 11. Das Reichsgericht hat in der zuletzt genannten Entscheidung darauf hingewiesen, daß auch die scheinbare Ablehnung eines Vertragsantrags in Wirklichkeit ein Vertragsverhältnis begründen könne, nämlich dann, wenn der Rechtsanwalt ersucht wurde, das vorgelegte Material darauf zu prüfen, ob die Stellung einer Klage usw. Aussicht auf Erfolg verspreche und bejahendenfalls die Klage zu erheben. Dann enthält die motivierte Ablehnung des Auftrags möglicherweise die Erteilung eines erbetenen Rates und insoferne doch eine teilweise Annahme der Offerte. Vgl. hiezu Exk. vor § 30 Anm. 22 ff.

Anm. 3. Die Standespflicht freilich geht weiter als die zivilrechtliche Verpflichtung. Wenn ein Rechtsanwalt z. B. von einer weit entfernt wohnenden und schwer erreichbaren Person einen Auftrag erhält, aus welchem sich ergibt, daß zur Abwendung großer Nachteile eine dringende, aber einfache Handlung erforderlich ist, welche vielleicht am nächsten Tage schon nicht mehr nachgeholt werden kann, so ist es ein nobile officium des Anwalts, diese Handlung, deren Notwendigkeit er erkannt hat, vorzunehmen, auch wenn er das Mandat ablehnt. Er kann für die Unterlassung zivilrechtlich niemals belangt werden; aber er verletzt durch sie seine Standespflicht als Diener der Öffentlichkeit und des Rechts.

Abgesehen von diesen Fällen, in denen eine Verständigung[1]) nicht mehr möglich ist. und abgesehen von den Fällen der Pflichtanwaltschaft, kann die Ablehnung eines Mandats als solche dem Anwalt nie zum Vorwurf gemacht werden, auch wenn sie nur aus Gleichgültigkeit erfolgt, denn den Umfang seiner Tätigkeit bestimmt der Anwalt vollkommen frei. A. M.: Sydow-Jacobsohn § 30 Anm. 1; Berger § 30 Anm. 1.

Anm. 4. 2. § 30 bezieht sich nur auf den Fall, daß die **Berufstätigkeit** des Anwalts in Anspruch genommen wird.

Das ist nach dem Sinne des Gesetzes nur dann der Fall, wenn der Anwalt ersucht wird, einer Partei seine Berufstätigkeit zu gewähren, mit ihr einen Anwaltsvertrag zu schließen. Nicht aber dann, wenn z. B. die Gegenpartei dem Rechtsanwalt in seiner Eigenschaft als Parteivertreter eine Vertragsofferte macht; obwohl auch hier seine „Berufstätigkeit" in Anspruch genommen wird, besteht für den Anwalt keine besondere, zivilrechtliche Erklärungspflicht.

Anm. 5. 3. Der Rechtsanwalt muß, wenn er den Antrag nicht annimmt, **ohne Verzug die Ablehnung erklären.**

„Ohne Verzug", d. h. ohne schuldhaftes Zögern (vgl. § 121 BGB.). Von

[1]) Auch in diesen Fällen trifft natürlich den RA. kein Vorwurf, wenn er Anhaltspunkte dafür hat, daß die Gebührenforderung uneinbringlich sein würde oder daß gar die späte Übertragung des Mandats in der Absicht erfolgte, die Einforderung eines Vorschusses unmöglich zu machen. Vgl. AK. Berlin, Jahresbericht für **1916** 25.

einer Verzögerung kann natürlich erst die Rede sein, wenn der Antrag dem Rechtsanwalt zugegangen ist. Dies ist aber der Fall, wenn ihm die Möglichkeit verschafft ist, von dem Antrage Kenntnis zu nehmen, und wenn nach der Verkehrsübung zu erwarten ist, daß dies geschehe (Dernburg **1** 447). Der Anwalt kann sich auch nicht darauf berufen, daß er verhindert gewesen sei, außer wenn es sich um kurze Verhinderungen, Reisen usw. handelt, wie sie im regelmäßigen Geschäftsgang vorkommen und üblicherweise noch keinen Anlaß zur Aufstellung eines Vertreters geben.

Selbstverständlich muß dem Rechtsanwalt auch Zeit gelassen werden, den Auftrag zu prüfen, da er sich vorher über Annahme oder Ablehnung nicht sachgemäß entscheiden kann.

4. Auf welchem Wege hat die Erklärung zu erfolgen? Anm. 6.

Bei gegebener Gelegenheit kann sie mündlich geschehen. Für die schriftliche Mitteilung genügt regelmäßig einfacher Brief. „Eingeschrieben" wird die Antwort nur dann zu senden sein, wenn der Antragsteller es verlangt und der Anwalt entweder für die Kosten gedeckt oder ihm die zweifellose Solvenz des Klienten bekannt ist. Vgl. Staudinger § 663 Anm. 2e. Nach Treu und Glauben kann auch ein Telegramm erforderlich sein; dies gilt nicht nur dann, wenn der Mandant es ausdrücklich verlangt und die Kosten im voraus einsendet, sondern auch dann, wenn seine unbedingte Solvenz dem Anwalt bekannt und entweder hohe Gefahr im Verzuge ist oder die telegraphische Antwort gewünscht wird. Entsprechendes gilt vom Telephon, welches in dringenden Fällen immer dann zu verwenden ist, wenn seine Benützung keine oder keine nennenswerten Kosten verursacht. Zur Erklärung der Ablehnung genügt es, wenn dieselbe abgesandt wird (Dernburg **1** 454). Die Beförderung geschieht auf Gefahr des Offerenten.

5. Die Kosten der Ablehnungsanzeige treffen den Offerenten. Vorzuschießen hat die Kosten des einfachen Briefes aber stets der Anwalt (bei Telegrammen usw. nur in den unter Anm. 6 erwähnten Fällen); auch dann, wenn ihm der Offerent als zahlungsunfähig bekannt ist. Nicht verpflichtet ist dagegen der Anwalt, Beilagen des Antrags (etwa ein Aktenpaket) zurückzusenden oder gar Porto hiefür zu verauslagen. Der Antragsteller hat für Abholung zu sorgen. Daß die Rücksendung meistens Anstandspflicht sein wird, versteht sich von selbst. Anm. 7.

6. Die Unterlassung oder schuldhafte Verzögerung der Anzeige begründet nicht etwa die Vermutung der Annahme des Mandats, sondern nur eine Schadensersatzpflicht gegenüber dem Offerenten, wie sie jetzt allgemein in § 663 BGB. statuiert ist. Nicht der durch die Ablehnung des Mandats, sondern der durch die Verzögerung, also durch die Unkenntnis des Mandanten von der Ablehnung entstandene Schaden ist zu ersetzen. Anm. 8.

7. Für die Erben des Rechtsanwalts besteht nach dessen Tode die Verpflichtung aus § 30 nicht. Sie teilen nicht die öffentlich-rechtliche Stellung des Anwalts und für sie handelt es sich nicht um eine Berufstätigkeit. Gl. M.: Staudinger § 663 Anm. 5, der dies aus § 673 Satz 2 ableitet. Anm. 9.

8. Die in § 30 statuierte Verpflichtung ist ihrer Natur nach ein Fall der außerkontraktlichen[1]) Haftung des Rechtsanwalts. Sie stellt sich als obligatio ex lege dar. Die Haftung für Vertreter ist daher nach § 278, nicht nach § 831 BGB. zu beurteilen (RGRKomm.² § 278 Anm. 3, § 663 Anm. 3), die Verjährung nicht nach § 32a RAO., auch nicht nach § 852 BGB. (RGRKomm.² § 663 Anm. 3, Staudinger § 663 Anm. 3), sondern nach § 195 BGB. Anm. 10.

[1]) Wegen Verletzung der Fürsorgepflicht für die dem Publikum eröffneten Räume, Zugänge usw. vgl. Delius, DJZ. **1914** 206; RGRKomm.² § 823 Anm. 6c, § 278 Anm. 3; Josef GruchotsBeitr. **52** 525 ff.: Fürst LZ. **1910** 177 ff. — Wegen sonstiger deliktizischer Haftung des RA. vgl. die Rechtsprechung zu § 826 BGB., insbes. JW. **1917** 540. — Im übrigen siehe auch JW. **1919** 415 ff.; RG. JW. **1919** 828 Nr. 13.

Anm. 11. 9. Die Verabsäumung der Verpflichtung aus § 30 kann auch ehrengerichtliche Bestrafung zur Folge haben (vgl. EGH. **15** 115).

§ 31.

Der Rechtsanwalt hat seine Berufstätigkeit zu versagen:
1. wenn sie für eine pflichtwidrige Handlung in Anspruch genommen wird;
2. wenn sie von ihm in derselben Rechtssache bereits einer anderen Partei im entgegengesetzten Interesse gewährt ist;
3. wenn er sie in einer streitigen Angelegenheit gewähren soll, an deren Entscheidung er als Richter theilgenommen hat.

Anm. 1. **I. Allgemeiner Inhalt.** Der Paragraph zählt die Fälle auf, in welchen der Rechtsanwalt verpflichtet ist, seine Berufstätigkeit zu versagen. Mit Rücksicht auf die allgemeine Fassung der Ziffer 1 muß man sogar annehmen, daß der Paragraph diese Fälle erschöpfend aufzählt. Partikularrechtliche Bestimmungen, welche noch in anderen Fällen, z. B. wegen naher Verwandtschaft mit dem Gegner, eine Verpflichtung des Rechtsanwalts zur Versagung seiner Berufstätigkeit normierten, sind als aufgehoben zu erachten. Gl. M.: Meyer § 31 Anm. 9; vgl. Motive 57, 58.

Anm. 2. **II. Die drei einzelnen Fälle.**

A. (Ziffer 1). 1. Die Bestimmung in Ziffer 1 ist wohl die inhaltsloseste des ganzen Gesetzes. Sie sagt nichts weiter, als daß es die Pflicht des Anwalts sei, bei Ausübung seines Berufs keine Pflichtwidrigkeit zu begehen.

Wie sich aus den Motiven zu § 27 des Entwurfs (S. 54) ergibt, wollte man mit der Bestimmung dasselbe ausdrücken, was nach gemeinem Recht und verschiedenen früheren Advokatenordnungen galt, nämlich daß der Anwalt keine ungerechte oder aussichtslose Sache führen dürfe. Das Gesetz, wie es vorliegt (dasselbe stimmt mit § 27 des Entwurfs wörtlich überein), besagt weit mehr, als man nach den Motiven annehmen könnte.

Anm. 3. 2. Bei der Allgemeinheit, mit welcher die Bestimmung sich ausdrückt, kann man nur sagen, daß sie alle Pflichtwidrigkeiten im eigentlichen Anwaltsberufe umfaßt, welche nicht in Ziff. 2 und 3 eigens angeführt sind.

Im einzelnen ist hier auf die Anmerkungen und den Exkurs II zu § 28 zu verweisen.

Anm. 4. B. (Ziffer 2). 1. Es gehört zu den selbstverständlichsten Pflichten jedes Sachwalters, daß er nicht zwei Parteien im entgegengesetzten Interesse dienen darf. Die Bestimmung des § 31 Ziff. 2 umfaßt nicht alle Fälle, in welchen der Rechtsanwalt wegen kollidierender Interessen seine Tätigkeit versagen muß. Vielmehr gehören nur diejenigen Fälle hierher, in welchen eine frühere, im entgegengesetzten Interesse für eine andere Partei ausgeübte anwaltschaftliche Tätigkeit den Grund zur Versagung anwaltschaftlicher Hilfe bildet (siehe EGH. **14** 104), also die Fälle der eigentlichen anwaltschaftlichen Prävarikation[1]). Vgl. § 356 StGB.

War der Rechtsanwalt dagegen früher als Notar oder als Staatsanwalt oder als privater Bevollmächtigter (vor Zulassung zur Anwaltschaft) im entgegengesetzten Interesse tätig oder als Privatperson beteiligt, so hat er seinen Beistand, wenn

---

[1]) Vgl. die Lehrbücher und Kommentare zu § 356 StGB.; ferner Neumeyer VerglD. **9** 503 ff.; derselbe „Anwaltsvergehen im internationalen Verkehr", GoltdArch. **64** (1917) 1; Rothhardt, Die Prävarikation der Rechtsbeistände Berlin 1906; Früh, Die strafbaren Pflichtverletzungen des Rechtsanwalts gegenüber seinem Klienten, Aarau 1910; M. Friedländer, AWNachr. **3** 80 ff.

auch nicht nach § 31 Ziff. 2, so doch nach §§ 28, 31 Ziff. 1 zu versagen. So bezüglich der früheren Tätigkeit als Notar: RGZ. **43** 262; bezüglich einer Tätigkeit im eigenen gegenteiligen Interesse: EGH. **5** 152; hinsichtlich der früheren Tätigkeit als Testamentsvollstrecker: EGH. **14** 93. Über die Vertretung von Konkursgläubigern durch den Konkursverwalter oder dessen Sozius: EGH. **1** 173; **14** 48, 165; AKJahrB. **1909** 9 Nr. 11; Jaeger KO.[5] § 139 Anm. 4. Über Geschäftsaufsicht s. Jaeger, JW. **1917** 436.

Ob die anwaltschaftliche Beistandsleistung oder Vertretung mit der Stellung eines Zeugen im Zivil- oder Strafprozesse vereinbar sei, ist quaestio facti. Vgl. RGSt. **24** 104; JW. **1891** 546 Nr. 14 (RG.); JW. **1893** 529 Nr. 3 (RG.); Löwe StPO.[14] § 138 Anm. 5a; EGH. **5** 72. Anm. 5.

2. Im entgegengesetzten Interesse muß der Anwalt zuvor seine Berufstätigkeit der anderen Partei gewährt haben. Anm. 6.

a) Es genügt also nicht, daß die Parteien entgegengesetzte Interessen haben; der Rechtsanwalt muß auch das Interesse der einen Partei gegen das der anderen vertreten oder unterstützt haben. Das Wort „Interesse" muß — wenn die Bestimmung ihrem Zweck, die Treue des Anwalts gegenüber dem Klienten zu wahren, gerecht werden soll — im subjektiven Sinne verstanden werden. Maßgebend ist nicht, welches Verhalten etwa im objektiven Interesse der Partei gelegen ist, sondern welche Ziele sie verfolgt wissen will (EGH. **16** 192).

Sind also diese Ziele bei beiden Parteien nicht gegeneinander gerichtet, so darf der RA. auch beiden Parteien, obwohl sie objektiv entgegengesetzte Interessen haben, im gemeinsamen beiderseitigen Interesse Rat erteilen, z. B. zum Abschluß eines Vergleichs, zur Einigung auf bestimmte Vertragsbedingungen. RGSt. **14** 380. Ist dies geschehen, ist also der Anwalt gar nicht Vertreter einseitiger Parteiinteressen gewesen, — ein Fall, der freilich in der Praxis nicht zu oft vorkommt —, so ist ihm durch § 31 Ziff. 2 nicht untersagt, später die eine der beiden Parteien gegen die andere in derselben Angelegenheit zu vertreten. Sehr häufig wird dies trotzdem nach § 31 Ziff. 1 unangängig sein. Ein Anwalt, der einen Vertrag schließt und ihn später selbst für die eine Partei gegen die andere anficht oder aus einem Vergleich, den er zustandegebracht hat, selbst den einen Kontrahenten für den anderen verklagt, wird sich leicht dem Verdacht aussetzen, daß er beim Abschluß doch nicht der unparteiische Mittler gewesen sei, als welchen ihn die Parteien betrachteten. Ebenso: EGH. **17** S. 38/15. Vgl. auch AKB. Zweibrücken AKJahrB. **1906** 11.

In diesen Zusammenhang gehört auch das Beispiel, welches die Motive 56 geben: der Anwalt des Beklagten verkündet dem Regreßpflichtigen im Prozesse den Streit. Beauftragt ihn nun der Litisdenunziat, für ihn dem Streite beizutreten und seine Vertretung neben der des Beklagten zu übernehmen, so kann der Rechtsanwalt dies unbedenklich tun, weil in diesem Prozesse die Interessen des Beklagten und die des Litisdenunziaten nicht auseinandergehen. Einen späteren Auftrag aber, den letzteren im Regreßprozesse des Beklagten gegen ihn zu vertreten, müßte der Anwalt unbedingt ablehnen.

Nach dem Gesagten ist auch die Frage, ob der Vertreter des Gemeinschuldners im Zwangsvergleichstermine die Vertretung von Konkursgläubigern übernehmen dürfe, weder allgemein verneinend noch allgemein bejahend zu beantworten. Selbstverständlich darf der Rechtsanwalt nicht einen Gläubiger vertreten, um gegen den Zwangsvergleichsvorschlag zu stimmen. Handelt es sich aber darum, dem Vorschlage zuzustimmen, so kann er ruhig die Vertretung des Gläubigers übernehmen; denn dann liegen eben keine widerstreitenden Interessen mit Bezug auf das Zwangsvergleichsverfahren vor. Auf diesem Standpunkte steht auch die tägliche Praxis. Vgl. auch EGH. **6** 174. A. M.: JW. **1889** 240, wo die Vertretung eines Gläubigers durch den Anwalt des Gemeinschuldners allgemein für unzulässig erklärt wird.

Wer für den Erblasser ein Testament errichtet hat, darf nicht später ein Mandat zwecks Anfechtung dieses Testaments annehmen. Wohl aber darf er den eingesetzten Erben dahin beraten, die Erbschaft auszuschlagen; denn der Wille des Erblassers ging nicht dahin, ihn zur Annahme zu zwingen. Auch die gütliche Herbeiführung einer anderen Teilungsanordnung darf der Rechtsanwalt übernehmen.

Das Gesagte gilt grundsätzlich sogar im Prozeß. Die in der ersten Auflage im Anschluß an eine Bemerkung in RGSt. **14** 380 aufgestellte gegenteilige Meinung kann nicht aufrecht erhalten werden. Auch im Prozeß ist es möglich, daß beide Parteien das gleiche Ziel verfolgen; der Kläger will z. B. nur einen Vollstreckungstitel haben, der Beklagte will ihn dem Gegner verschaffen. Übernimmt derselbe Anwalt den Auftrag von beiden Parteien — vielleicht, um den Kläger selbst zu vertreten, das Anerkenntnis aber durch einen Substituten abgeben zu lassen — so ist dies hochgradig unwürdig und schon wegen des dadurch erregten üblen Anscheins ehrengerichtlich strafbar; aber ein Verstoß gegen § 31 Ziff. 2 RAO. und eine strafbare Handlung nach § 356 StGB. ist es nicht.

Anm. 7. b) Die Gewährung der Berufstätigkeit liegt bereits in der Annahme eines Auftrags oder der Erteilung eines Rats. EGH. **6** 130; **2** 13. Ist früher nur Information vom Kläger aufgenommen, dann aber die Annahme des Mandats abgelehnt worden, so hindert § 31 Abs. 2 den Rechtsanwalt nicht, die Vertretung des Beklagten zu übernehmen (EGH. **1** 233; **2** 16; **16** 192, 205; Rothhardt 29; Früh 134; unzutreffend: EGH. **8** 263); doch kann hier § 28, namentlich mit Rücksicht auf das auch dem Kläger gegenüber zu wahrende Berufsgeheimnis, eingreifen. Die bloße frühere Bestellung zum Verteidiger genügt dann nicht, wenn der Anwalt vor Entfaltung irgend einer Tätigkeit seine Enthebung von der Verteidigerstellung erwirkt hat. Anscheinend a. M.: Neumeyer 506. Ebenso genügt nicht die bloße Beiordnung als Armenanwalt ohne Annahme des Auftrags (EGH. **16** 185).

Daß Berufstätigkeit im Sinne des § 31 Ziff. 2 nur die eigentliche Sachwaltertätigkeit des Anwalts (vgl. Exk. I zu § 28 Anm. 19; Allg. Einl. Anm. 16) ist, ergiebt klar die Fassung des § 356 StGB. Die Tätigkeit als gesetzlicher Vertreter gehört also nicht hierher. Ebenso: Oetker, DJZ. **1912** 332/4.

Anm. 8. 3. In derselben Rechtssache muß die Berufstätigkeit der anderen Partei gewährt worden sein.

a) Daß man unter „Rechtssache" hier nicht einen Prozeß in formaler Begrenzung zu verstehen habe, wird bereits von den Motiven 56 hervorgehoben und ist jetzt unbestritten. (Vgl. z. B. EGH. **8** 164; Meyer § 31 Anm. 4; Berger § 31 Anm. 3; Turnau § 31 Anm. 2; Olshausen StGB.[10] § 356 Anm. 3b; dort auch weitere Literatur, ferner Rothhardt 18; Fraeb, ZBlFG. **13** 295.) Rechtssache ist vielmehr jede Angelegenheit, bei welcher mehrere Personen mit widerstreitenden Interessen beteiligt sind, sofern sie vom Rechtsstandpunkt aus behandelt wird.

Anm. 9. α) Es genügt also, daß die Interessen entgegengesetzte sind und gegeneinander vertreten werden; ein Streit über dieselben braucht nicht vorzuliegen. Das zeigt sich z. B. im Erbschaftsauseinandersetzungsverfahren. Offenbar a. M. Neumeyer 506, welcher sagt, es müßten Ansprüche oder Verbindlichkeiten im Streit sein („Parteisachen"). Neumeyer ist daher der Meinung: wenn der Anwalt, vom Erblasser beauftragt, ein Testament zugunsten bestimmter Personen auszuarbeiten, absichtlich den von ihm vertretenen gesetzlichen Erben zu Gefallen ein ungültiges Testament errichtet, so liege keine Prävarikation vor. Diese Auffassung, die auch von Früh 131, vielleicht auch von Binding Lehrb. bes. Teil **2** Abt. 2 S. 580 geteilt wird, legt zu großes Gewicht auf das Wort „Partei", das ebensowenig wie „Rechtssache" im formellen Sinne aufgefaßt werden darf (EGH. **16** 195). Die Konsequenzen der hier bekämpften Auffassung sind, wie obiges Beispiel zeigt, nicht annehmbar.

β) Auch Strafsachen sind „Rechtssachen" im Sinne des § 31 Ziff. 2. Dies leuchtet bezüglich des Privatklageverfahrens ohne weiteres ein (vgl. RGSt. **45** 305). Es gilt aber auch sonst, z. B. dann, wenn der Vertreter des Verletzten später die Verteidigung übernimmt. Vgl. Frank StGB.[14] § 356 Anm. II 1; RGSt. **49** 344; EGH. **16** 187, 192, 222; Früh 133; auch Finger, Kunst des RA.[2] 182 ff., der unter Bezugnahme auf § 146 StPO. darauf hinweist, daß Prävarikation auch innerhalb einer Offizial-Strafsache vorkommen kann.

γ) Nicht jede Angelegenheit mit Interessengegensätzen ist eine Rechtssache; notwendig ist vielmehr, daß sie auch vom Rechtsstandpunkte aus behandelt wird. Dieselbe Angelegenheit kann je nach dem Gesichtspunkt, von dem aus sie betrachtet wird, eine Rechtssache sein oder nicht; man denke an eine Beleidigung unter Offizieren, welche, rein nach dem Ehrenkodex behandelt, nicht Rechtssache ist, wohl aber, wenn sie den Gegenstand einer Privatklage bildet. Anm. 10.

δ) Dagegen dürfte es nicht zutreffend sein, daß — wie Frank StGB.[14] § 356 Anm. II 1 meint — „reine Verwaltungssachen" keine Rechtssachen im Sinne des § 31 Ziff. 2 seien. Auch bei diesen erfolgt regelmäßig die Betrachtung der Tatsachen vom Rechtsstandpunkte aus, und dies ist entscheidend. Wenn z. B. auf den Protest eines Nachbarn hin ein Baukonsens von der Polizei verweigert wird, so handelt es sich regelmäßig um eine reine Verwaltungssache; man wird aber gewiß nicht bezweifeln können, daß der Rechtsanwalt, welcher den widersprechenden Nachbarn im polizeilichen Instanzenzuge vertrat und vielleicht dessen Protest mit dem Hinweis auf nachbarliche Verhältnisse begründet hat, gegen § 31 Abs. 2 aufs gröbste verstößt, wenn er später den Baulustigen *gegen* den widersprechenden Nachbarn im Zivilprozesse, welcher dieselben nachbarlichen Verhältnisse zum Gegenstande hat, vertritt.

b) Die Begrenzung der einzelnen Rechtssachen gegenüber anderen selbständigen Rechtsangelegenheiten ist allgemein gar nicht möglich. Das liegt in der Natur der Sache. *Diese Begrenzung erfolgt vielmehr im einzelnen Falle durch die konkrete Tätigkeit des Rechtsanwalts, insbesondere durch den Umfang seines Auftrags.* Anm. 11

α) War ein Rechtsanwalt lediglich beauftragt, einen Termin gegen den Beklagten wahrzunehmen und Versäumnisurteil zu erwirken, und erhält später derselbe Anwalt von einem Dritten den Auftrag, gegen die Pfändung zu intervenieren, welche auf Grund des Versäumnisurteils ausgebracht wurde, so liegt Identität der Rechtssachen nicht vor. Wohl aber, wenn der Anwalt von dem Gläubiger Auftrag hatte, auch die Zwangsvollstreckung zu betreiben. EGH. **7** 78.

β) Ist ein Rechtsanwalt beauftragt, die gesamten Hypothekverhältnisse eines Anwesenbesitzers zu ordnen, so handelt er gegen § 31 Ziff. 2, wenn er im Auftrag eines Gläubigers eine Zwangshypothek auf dem Grundstücke eintragen läßt und dadurch die Regelung vereitelt. Es liegt Identität der Rechtssachen vor (vgl. RGSt. **23** 65; auch EGH. **6** 35; **14** 39). Dies ist jedoch nicht der Fall, wenn der frühere Auftrag nur dahin lautete, die erste Hypothek in eine Grundschuld umzuwandeln.

γ) Aus dem Gesagten ergibt sich auch, daß der Anwalt, welcher von einer Partei Generalvollmacht und generellen Auftrag zur Erledigung aller Rechtsangelegenheiten hat, einen Prozeß gegen diese Partei nicht annehmen darf. Ebenso EGH. **4** 298. Vgl. auch EGH. **14** 104.

δ) Vertritt der Anwalt den Gläubiger A gegen den Schuldner B und gleichzeitig in einem Prozesse, welchen B gegen seinen Schuldner C führt, den letzteren, so handelt es sich zunächst um zwei ganz verschiedene Rechtssachen. Pfändet aber der Rechtsanwalt nun für A die angebliche Forderung des B gegen den C, so ist zwar die Pfändung selbst noch keine unzulässige Tätigkeit, da sie die Interessen des C nicht berührt; dagegen wäre jedes Eingreifen des Rechtsanwalts für A in die Sache B gegen C (etwa eine Zahlungsaufforderung an C) unstatthaft. Vgl. auch LG. Plauen SächsArch. **4** 477, ferner EGH. **8** 166.

ε) An dem Anfechtungsprozesse des Konkursverwalters sind allerdings die einzelnen Konkursgläubiger nicht beteiligt; dennoch ist es unrichtig, wenn Lichenheim JW. **1905** 69 und ihm folgend Rothhardt 34; Früh 140 hieraus den allgemeinen Schluß ziehen, daß der Anfechtungsprozeß keine Rechtssache der Konkursgläubiger im Sinne des § 31 Ziff. 2 sei. Auch hier kommt es darauf an, in welchem Umfange der Anwalt von dem Konkursgläubiger beauftragt war. Hatte er lediglich die Forderung zum Konkurse anzumelden, so liegt Identität der Rechtssachen nicht vor; war ihm dagegen die Konkursvertretung als solche übertragen, so ist es seine Pflicht, für tunlichste Erhaltung und Vervollständigung der Konkursmasse — z. B. durch Ausübung des Stimmrechts in die Gläubigerversammlung — besorgt zu sein. In dieser Rechtsangelegenheit vertritt er entgegengesetzte Interessen, wenn er später das Mandat von einem Anfechtungsbeklagten annimmt; denn dessen Bestreben ist es, die Masse zu verkleinern. Gl. M.: Jaeger KO.[5] § 139 Anm. 4.

ζ) Bei Subhastationen können sich leicht Interessenkonflikte ergeben, wenn ein Anwalt mehrere beteiligte Gläubiger vertritt (vgl. EGH. **3** 159). Er verstößt gegen § 31 Ziff. 2, wenn er z. B. für den vorausgehenden Hypothekengläubiger A ein Gebot legt und dann durch ein höheres, für den nachfolgenden B gelegtes Gebot den A zwingt weiter zu bieten. Einer besonderen Gesetzesbestimmung zur Verhütung solcher Kollisionen, die Schmidt DJZ. **1911** 1498 in Anregung bringt, bedarf es also nicht. Unrichtig: Schwedler DJZ. **1912** 277.

η) Vgl. auch die Motive 56, wo ausgeführt ist, daß die in früheren Anwaltsordnungen enthaltenen Worte „in derselben oder in einer damit zusammenhängenden Sache" nicht mehr bedeuteten, als mit der im Entwurfe gewählten Fassung ausgedrückt werden sollte.

Anm. 12. 4. Einer anderen Partei muß die anwaltschaftliche Hilfe gewährt sein. Wie das Gesetz unter „Rechtssache" keine formell umgrenzte Angelegenheit versteht, so ist auch das Wort „Partei" nicht im formalen Sinne der Prozeßordnungen aufzufassen. EGH. **6** 132; **15** 195. Eine andere Partei ist vielmehr jede an der Sache beteiligte Person mit widerstreitenden Interessen. Sie kann Prozeßgegner sein oder nicht. Der Anwalt, welcher den Bestohlenen beim zivilrechtlichen Vorgehen gegen den Dieb und Hehler beraten hat, handelt gegen § 31 Ziff. 2, wenn er darauf die Verteidigung des Diebs oder Hehlers übernimmt und die Unschuld derselben zu beweisen sucht. EGH. **9** 122, vgl. auch EGH. **15** 141; **16** 192, 222. Der Anwalt, der den A dahin berät, daß sein mit B geschlossener, von C angefochtener Vertrag nicht anfechtbar sei, begeht Prävarikation, wenn er später für einen anderen Gläubiger D den Vertrag anficht (EGH. **6** 126). Vgl. ferner die Beispiele oben Anm. 11, auch ein weiteres bei Meyer § 31 Anm. 7, endlich RGSt. **49** 344.

Anm. 13. 5. Von „ihm" muß die Berufstätigkeit früher gewährt worden sein.

a) Selbstverständlich braucht die Tätigkeit nicht persönlich durch den Rechtsanwalt erfolgt zu sein. Was Generalsubstituten und Spezialvertreter, die letzteren innerhalb des Rahmens ihrer Vollmacht oder mit nachträglicher Genehmigung, für den Rechtsanwalt getan haben, gilt als Tätigkeit des Rechtsanwalts selbst.

b) Dagegen gilt die Berufstätigkeit des einen Sozius nicht ohne weiteres als die des anderen, und § 31 Ziff. 2 greift nicht einmal dann Platz, wenn ein Sozius den Kläger, der andere den Beklagten vertritt. Das gleiche gilt bezüglich des § 356 StGB. Allein vom anwaltschaftlichen Standpunkte aus wäre ein solches Verhalten nicht minder streng zu verurteilen (§§ 31 Ziff. 1, 28 RAO.). Prinzipiell hat jeder Sozius seine Tätigkeit in allen Fällen zu versagen, in welchen einer der anderen Sozien zur Versagung verpflichtet wäre. Dies gilt auch für sogenannte uneigentliche Sozietäten. (Exk. zu § 40 Anm. 2.)

Es entspricht nicht der Würde des Anwalts, auch nur den Schein eines Vertrauensbruchs aufkommen zu lassen, zumal aus eigennützigen Motiven. Gl. M.: AKV. Köln AKJahrB. **1887** 8. Etwas zu eng: RG. JW. **1889** 21; zutreffend EGH. **14** 48; **16** 222. Vgl. auch EGH. **1** 173.

Ausnahmen können sich nach Lage des Einzelfalles ergeben. Wenn z. B. eine Sache bei Rechtsanwalt B, zu der Zeit, zu welcher Rechtsanwalt C sich mit ihm assoziierte, vollständig erledigt war, so daß von da ab in der Sache überhaupt nichts mehr geschah, auch die Akten gar nicht zur Kenntnis des C gelangten, und wenn dann nach Lösung der Sozietät der Gegner des B'schen Klienten sich an C wendet, um in der gleichen Sache neue Schritte ergreifen zu lassen, so wird die Annahme dieses Mandats auch objektiv nicht als Pflichtverletzung anzusehen sein. Anm. 14.

c) Wie aber wenn der Rechtsanwalt zuvor nur als Generalsubstitut oder Spezialvertreter eines Rechtsanwalts im entgegengesetzten Interesse tätig war? Anm. 15.

Auch in diesen Fällen hat er seine Berufstätigkrit im entgegengesetzten Interesse gewährt, und zwar indirekt der Partei, wenn er auch selbst in kein Vertragsverhältnis zu ihr getreten ist. Vgl. hiezu EGH. **4** 58; AKJahrB. **1888** 10 Nr. 18.

6. Daß eine Schädigung des früheren Klienten erfolgt oder auch nur möglich erscheint, ist keine Voraussetzung des § 31 Ziff. 2; vgl. EGH. **3** 260; RGSt. **49** 343. Auch setzt § 31 Ziff. 2 nicht etwa voraus, daß die frühere Tätigkeit oder der frühere Auftrag noch fortdauert: RGSt. **45** 305; RG. LZ. **1917** 1055 Nr. 19. Anm. 16.

C. (Ziffer 3.) Die Voraussetzungen der in der dritten Ziffer normierten Verpflichtung sind folgende: Anm. 17.

1. Als Richter muß der Rechtsanwalt früher an der Entscheidung der Angelegenheit teilgenommen haben. Ob als Mitglied der ordentlichen Gerichte oder als Schiedsrichter, Gewerberichter, Mitglied des Kaufmannsgerichts oder des Patentamts, ob als Berufsrichter oder Schöffe, ob als Zivilrichter oder Mitglied eines Verwaltungsgerichts ist gleichgültig. Vgl. EGH. **16** 23.

2. An der Entscheidung der Angelegenheit muß der Rechtsanwalt teilgenommen haben. Unter Entscheidung ist hier lediglich ein Urteil oder eine andere die Instanz beendigende Entscheidung zu verstehen. Dies muß man daraus folgern, daß das Gesetz nicht von einer richterlichen Tätigkeit in der Angelegenheit spricht (wie die Advokatenordnung für Baden in § 13 und die sächsische Advokatenordnung in § 12, Motive 57), auch nicht von einer in der Angelegenheit ergangenen Entscheidung, sondern von einer Entscheidung der Angelegenheit selbst. Die Absicht des Gesetzgebers scheint zwar weiter gegangen zu sein; denn nach den Motiven 57 wollte man verhüten, daß der Rechtsanwalt, welcher infolge seiner früheren richterlichen Tätigkeit mit den Anschauungen des Gerichts über die Streitsache bekannt wurde, in die Lage komme, von dieser Kenntnis zum Nachteile der Gegenpartei Gebrauch zu machen. Diesen Zweck hätte aber der Gesetzgeber nur dann erreichen können, wenn er jede richterliche Tätigkeit in der Sache, nicht Anm. 18.

bloß die Mitwirkung bei der Entscheidung, als Grund für die Unzulässigkeit der Parteivertretung aufgestellt hätte. Auch die richterliche Mitwirkung bei einem Vergleiche genügt nicht.

Anm. 19. 3. Teilgenommen an der Entscheidung hat nur derjenige Richter, welcher bei der Schaffung derselben (Urteilsfindung) mitgewirkt hat, nicht also z. B. derjenige, welcher nur bei der Verkündung als Richter fungierte. Ebenso zu § 41 Ziff. 6 ZPO.: RGZ. **26** 383.

Anm. 20. 4. Um die Entscheidung einer streitigen Angelegenheit muß es sich handeln, also nicht lediglich um eine Rechtssache, sondern um einen Rechtsstreit. Hieher gehören also vor allem die Entscheidungen in der ordentlichen streitigen Gerichtsbarkeit (Zivil- und Strafprozesse, § 2 EGGVG.), in der streitigen Gerichtsbarkeit der Sondergerichte und der Schiedsgerichte (§§ 1025 ff. ZPO.),[1]) in der Verwaltungsrechtspflege und im Verfahren vor den Versicherungsämtern, Oberversicherungsämtern, dem Reichsversicherungsamt usw.

Nicht hieher gehört das Gebiet der freiwilligen Gerichtsbarkeit einschließlich des Grundbuchwesens (obwohl auch hier „Entscheidungen" ergehen — vgl. FGG. §§ 25—30), ferner das Gebiet der reinen Verwaltungssachen usw. Das Entmündigungsverfahren gehört de lege lata zur streitigen Gerichtsbarkeit, wenn es auch begrifflich nicht hierunter fällt (vgl. im übrigen Keidel FGG.² § 1 Anm. 1).

Anm. 21. 5. Die Angelegenheit muß mit derjenigen, welche der Rechtsanwalt als Richter mitentschieden hat, identisch, und es darf ferner der Rechtsstreit noch nicht beendigt sein (vgl. Meyer § 31 Anm. 8).

Die Versagungspflicht tritt also nur ein, wenn der Anwalt in dem Rechtsstreit, an dessen Entscheidung er teilgenommen hatte, tätig sein soll. Dazu ist jedoch nicht nötig, daß gerade eine prozessuale Tätigkeit von ihm gefordert wird; auch eine Konsultation über Fortführung des Prozesses, über Aussichten desselben usw. darf er nicht bewilligen. Ein Wiederaufnahmeverfahren ist hier nach der ratio legis als Fortführung des Rechtsstreites anzusehen. Gleiches gilt von rechtsmittelähnlichen Verfahren, wie dem einer Innungsschiedsgerichtssache folgenden Prozeß, ferner von der Klage auf Vollstreckungsurteil nach erlassenem Schiedsspruch.

Anm. 22. **III. Der Inhalt der Verpflichtung und die Folgen ihrer Verletzung.**

1. Wenn eine der in § 31 Ziff. 1—3 bezeichneten Voraussetzungen vorliegt, so hat der Rechtsanwalt seine Berufstätigkeit zu versagen; d. h. er hat die Annahme des Mandats abzulehnen oder, sobald er entdeckt, daß eine der erwähnten Voraussetzungen gegeben ist, das Mandat, bzw. beide[2]) Mandate — EGH. **6** 174; **16** 201 — sofort niederzulegen, ohne Rücksicht darauf, ob dies zur Unzeit geschieht oder nicht.

Anm. 23. 2. Von der Verpflichtung zur Versagung der Berufstätigkeit nach § 31 kann der Anwalt auch nicht durch Zustimmung der Beteiligten entbunden werden, denn es handelt sich um ein zwingendes Gebot, das im Interesse der Rechtsordnung und der Würde des Anwaltsstandes gegeben ist. Dies ist namentlich wichtig für die Fälle des § 31 Ziff. 2. Gl. M.: Berger § 31 Anm. 4; Reu-

---

[1]) Ebenso jetzt: EGH. **16** 23/4; AKV. Berlin (Jahresbericht der AK. Berlin **1916** 10/11). Im letzteren Falle hatte der RA. aus dem Schiedsspruch, bei dem er selbst mitgewirkt, Vollstreckungsklage erhoben.

[2]) Es kommt bei Sozietäten zuweilen vor, daß zwei Sozien ungefähr zur gleichen Zeit von den beiden Gegnern beauftragt werden, ohne daß ein socius von dem Mandate des anderen etwas weiß. Sobald sich die Annahme der kollidierenden Mandate herausstellt, müssen beide Sozien die Vertretung niederlegen. Nimmt, was auch vorkommt, der Anwalt eine Sache an, nicht ahnend, daß er vor Jahren in derselben Sache die Gegenpartei vertreten hat (EGH. **2** 13), so hat er nicht nur das zweite Mandat niederzulegen; er darf auch für den Gegner nicht mehr tätig werden (EGH. **6** 175). Etwas abweichend: Dronke AVNachr. **4** 51.

meyer 506; Früh 144; EGH. **9** 128. Unentschieden: EGH. **3** 265, **3** 139, **3** 151; Meyer § 31 Anm. 3. Vorausgesetzt ist natürlich immer, daß nicht durch die „Zustimmung" der Partei in Wirklichkeit der Interessengegensatz bei Ziff. 2 aufhört, daß die Pflichtwidrigkeit bei Ziff. 1 nicht lediglich darin bestand, daß der Anwalt gegen den Willen des Beteiligten eine Berufshandlung vornehmen sollte.

3. Die Nichtachtung des im § 31 enthaltenen Gebots zieht regelmäßig ehrengerichtliche Bestrafung nach sich. Anm. 24.

4. Kriminelle Strafbarkeit tritt ein, wenn die Voraussetzungen des § 356 StGB. vorliegen. Dazu gehört vor allem Vorsatz. § 356 verbietet aber dem Anwalt nicht nur „seine Berufstätigkeit" der Gegenpartei zu gewähren; er verbietet jede Begünstigung des Gegners, sei es auch nur durch passives Verhalten, absichtliche Nichtbenützung von Beweismitteln usw. Anm. 25.

5. Prozessual ist die pflichtwidrige Handlung nicht ungültig. Der Rechtsanwalt kann also als Vertreter nicht zurückgewiesen werden, weil er früher die Gegenpartei vertreten habe. Gl. M.: LG. Plauen SächsArch. **4** 477; Rosenberg 707; EGH. 8 168. Dagegen Kleinfeller, der (BuschsZ. **37** 297) meint, kein Richter dürfe zu einer pflichtwidrigen Handlung eines Rechtsanwalts mitwirken. Dieser Satz verkennt durchaus die Verteilung der Kompetenzen; seine Verwirklichung würde eine Lahmlegung der Justiz bedeuten. Der Richter müßte dann, um beispielsweise den Tatbestand des § 31 Ziff. 2 festzustellen, oft sehr schwierige Untersuchungen vornehmen; ja er müßte, wenn ein Anwalt gegen einen Kollegen Versäumnisurteil beantragt, prüfen, ob dies in concreto ein standeswidriges Verhalten darstelle usw. Die irrtümliche Auffassung, welche der Meinung von Kleinfeller zugrunde liegt, hat zu dem bekannten Konflikt am Frankfurter OLG. geführt, den das RG. im Sinne der von uns vertretenen Auffassung entschieden hat (RGZ. **83** 1; vgl. oben § 27 Anm. 6). Anm. 26.

6. Bezüglich der zivilrechtlichen Folgen vgl. den Exkurs vor § 30 Anm. 13 ff. Anm. 27.

§ 32.

Der Rechtsanwalt ist nicht verpflichtet, vor Empfang seiner Auslagen und Gebühren die Handakten dem Auftraggeber herauszugeben.

Die Pflicht zur Aufbewahrung der Handakten erlischt mit Ablauf von fünf Jahren nach Beendigung des Auftrags und schon vor Beendigung dieses Zeitraums, wenn der Auftraggeber, zur Empfangnahme der Handakten aufgefordert, sie nicht binnen sechs Monaten nach erhaltener Aufforderung in Empfang genommen hat.

I. Allgemeiner Inhalt und Entstehungsgeschichte des Paragraphen. Der vorliegende Paragraph handelt von dem Retentionsrechte des Anwalts an den Handakten und von der Verpflichtung zu ihrer Aufbewahrung; er greift also lediglich zwei Einzelfragen aus der Lehre von den Handakten heraus, ohne die letztere erschöpfend zu behandeln. Der Gesetzgeber hat dies absichtlich unterlassen; er wollte nicht weiter, als dies geschehen ist, in die bestehenden Partikularrechte eingreifen. In der Reichstagskommission wurde sogar beantragt, die ganze Materie der Landesgesetzgebung zu überlassen und den § 30 (jetzt § 32) zu streichen (KommB. 29); dies ist nun doch nicht geschehen, die fragmentarische Bestimmung des Entwurfs wurde vielmehr unverändert angenommen. Anm. 1.

So galten in der Tat bis zum 1. Januar 1900 bezüglich des Anspruchs auf Herausgabe der Handakten und bezüglich des Retentionsrechts in Deutschland die verschiedensten Normen (vgl. z. B. LG. Dresden SächsArch. **1** 75), und nur eine Minimalvorschrift für das Retentionsrecht war in dem negativ gefaßten § 32

Abs. 1 gegeben. Verschiedene Partikularrechte (Advokatenordnung für Sachsen § 21, für Oldenburg Art. 10 § 4 und Sachsen-Koburg-Gotha Art. 13) gaben dem Anwalt weitergehende Retentionsbefugnisse (vgl. Motive 61), und hinsichtlich der Frage, auf welche Handakten die Partei ein Recht habe, herrschte größte Unklarheit.

Nunmehr sind alle hierhergehörigen zivilrechtlichen Bestimmungen der Landesgesetze durch Art. 55 EGBGB. außer Kraft gesetzt, und für die ganze Materie gilt einheitliches Reichsrecht. Vgl. AKJahrB. **1910** 9 Nr. 8; SächsOLG. **1910** 43; AKJahrB. **1903** 7 Nr. 4.

Anm. 2. **II. Der Begriff der Handakten und die Verpflichtung zur Führung derselben.**

1. Die Handakten bestehen aus den zu einer Angelegenheit gehörigen, anläßlich der anwaltschaftlichen Tätigkeit in den Besitz des Rechtsanwalts gelangten oder von ihm hergestellten Urkunden und Belegen, sofern sie nicht ihrer Natur nach zur Einreihung in Akten ungeeignet erscheinen. Dieser Definition hat sich angeschlossen: OLG. Hamburg Recht **1909** Nr. 1192.

Es gehören also nicht zu den Handakten: vereinnahmte und hinterlegte Gelder, Inhaberpapiere (sofern sie nicht wertlos sind oder nur Beweiswert haben), Schmucksachen, Modelle, Maschinen, Ölgemälde, die zur Aufnahme in Akten ungeeignet sind usw. (vgl. Korn in KGBl. **1897** 77). Dagegen ist es üblich, Orderpapiere, namentlich Wechsel, auch wenn sie vom Gegner zahlungshalber für das Streitobjekt gegeben wurden, zu den Handakten zu nehmen. Daß auch Vollstreckungstitel und Vertragsurkunden zu den Handakten gehören, bedarf nur um deswillen der Hervorhebung, weil es zuweilen ganz unbegründeterweise und dem praktischen Zweck des § 32 zuwider bestritten wird; vgl. z. B. AKJahrB. **1905** 9 Nr. 8; **1909** 8 Nr. 5; **1916** 11; auch EGH. **15** 176. Zutreffend: OLG. **19** 252 (Hamburg) und AKJahrB. **1914** 15 Nr. 28 (AKB. Hamburg).

Die Unterscheidung kann im einzelnen Falle schwierig sein, ist aber wegen des Retentionsrechtes wichtig. Der Rechtsanwalt kann auch, im Interesse seines Auftraggebers, die Gegenstände, die an sich zu den Handakten gehören, äußerlich von denselben ausscheiden, z. B. Wechsel gesondert im Kassenschranke verwahren; ihre Zugehörigkeit zu den Handakten verlieren sie dadurch nicht.

Nicht zu den Handakten gehören ferner Urkunden usw., welche nach Beendigung des Vertragsverhältnisses in die Hände des Rechtsanwalts gelangen (Meyer § 32 Anm. 4, der sich aber zu Unrecht auf EGH. **1** 37 beruft; Gmür, Zivilrechtliche Stellung des RA. 108), sofern sich nicht der Mandant mit der Aufnahme in die Akten einverstanden erklärt, oder dieses Einverständnis nach den Umständen des Falles selbstverständlich ist. Letzteres liegt z. B. vor, wenn lange nach Erledigung einer Sache, ohne daß dem Anwalt das Mandat gekündigt worden wäre, der Gegner sich wegen einer früher getroffenen Abmachung brieflich an den Rechtsanwalt wendet; dieser Brief gehört zu den Handakten.

Anm. 3. 2. Daß der Rechtsanwalt regelmäßig Handakten zu führen hat, ist selbstverständlich. Die ordnungsmäßige Besorgung fremder Rechtsangelegenheiten ist anders gar nicht denkbar. Vgl. Wetzell, System des ordentlichen Zivilprozesses[3] 61. Die Handakten bilden das Rüstzeug, das der Rechtsanwalt ständig bereit haben muß, die Grundlage seiner Tätigkeit und die unentbehrliche Unterstützung für sein Gedächtnis, mag es sich um die Vertretung gegenüber Dritten oder um die Auskunftserteilung gegenüber der Partei handeln. Ausnahmen ergeben sich von selbst in einfachen, sofort erledigten Sachen, z. B. bei reinen Konsultationen.

Was der Anwalt an handaktentauglichen Urkunden oder Belegen anläßlich seiner Tätigkeit von der Partei oder von dritter Seite annimmt, hat er auch in die Handakten aufzunehmen, ebenso, was er selbst zu der Sache an Schriftstücken und Belegen herstellt.

Insoweit kann man also allgemein auch den Umfang der Handakten, wie er sein soll, einigermaßen bestimmen, freilich auch nur mit der Maßgabe, daß häufig eine Urkunde, ein Beleg zu mehreren einzelnen Handakten gehört (was für die Ausübung des Retentionsrechtes von Wichtigkeit sein kann).

Dagegen läßt sich eine allgemeine Formel dafür, welche Belege, welche Urkunden der Rechtsanwalt zu einer Sache anzunehmen, welche Schriftstücke und Notizen er zum Handakt herzustellen und in welcher Form er letzteren zu führen hat, nicht aufstellen. Anm. 4.

Der Zweck der Aktenführung ist im wesentlichen, daß der Rechtsanwalt sich und anderen — auch dem Vorstande der Anwaltskammer — jederzeit Rechenschaft über die betreffende Angelegenheit geben könne. Die beste Aktenführung ist daher diejenige, welche es auch anderen Personen — etwa bei Krankheit oder Ableben des Rechtsanwalts — ermöglicht, aus den Akten ein klares Bild über den Stand der Sache zu gewinnen. Eine Pflicht zur Erreichung dieses Ideals besteht aber nicht. Wieweit der Anwalt durch Aktenkonstatierungen jeden Vorgang fixieren oder sich auf sein Gedächtnis verlassen will, wieweit er kurze, stenographisch wiedergegebene Stichworte einer ausführlichen, kurrent geschriebenen Sachdarstellung vorzieht usw., ist seine Sache. Ebenso RGSt. **48** 406 ff. (mit der Schlußfolgerung, daß die Handakten nicht eine einheitliche Urkunde sind, die als solche Gegenstand einer Urkundenfälschung sein könnte).

Daß alle von dem Rechtsanwalt hergestellten Schriftstücke, bei denen es nur einigermaßen auf den Wortlaut ankommt, im Konzept vorhanden sein müssen, ergibt sich von selbst, da eine zuverlässige Fixierung anders nicht möglich ist. Dies gilt z. B. nicht von bloßen Terminsmitteilungen usw., bei welchen ein Stichwort als Aktennotiz genügen kann.

Auch die Kunst der Individualisierung der Akten sowie das richtige Urteil darüber, zu welcher Sache die einzelne Tätigkeit, die einzelne Urkunde gehört, muß der Anwalt sich aneignen. Allgemeine Regeln lassen sich für diese praktisch wichtigen Dinge nicht aufstellen.

Wie der Rechtsanwalt Sachen, die er als getrennte behandelt, äußerlich trennen will, ist ebenfalls seine Sache. Über die Beweiskraft ordnungsmäßig geführter Handakten siehe OLG. Kassel, BuschsZ. **13** 382. Über die äußere Form der Handakten vgl. auch Wertheimer, DJZ. **1907** 417 ff.; ferner JW. **1919** 906.

3. Die Pflicht zur Führung von Handakten ist vor allem eine öffentlich-rechtliche. Sie erstreckt sich auf jede Berufstätigkeit des Rechtsanwalts im weiteren Sinne. Auch wenn der Anwalt sich selbst im Prozeß vertritt, muß er Handakten führen; der Vorstand der Anwaltskammer kann sich veranlaßt sehen, sie einzufordern. Anm. 5.

Die Pflicht zur Führung von Handakten ist aber auch eine zivilrechtliche gegenüber dem Auftraggeber (vgl. Wetzell, System des ordentlichen Zivilprozesses 61. A. M.: Müller in JW. **1903** 368); sie ergibt sich für alle Geschäftsbesorgungsverträge daraus, daß der Rechtsanwalt zur Auskunftserteilung über den Stand der Sache, zur Rechenschaftsablage, zur Aufbewahrung anvertrauter Urkunden usw. verpflichtet ist (§§ 666, 667 BGB.; Exk. vor § 30 Anm. 116). Würde der Anwalt sich von seiner Partei im voraus von der Verpflichtung, Handakten anzulegen, wo es sonst notwendig ist, entbinden lassen, so wäre dies eine Pflichtverletzung. Eine solche Vereinbarung wird auch meist, weil dem Wesen des Anwaltsvertrages widersprechend, zivilrechtlich ungültig sein.

Gehen die Handakten zu Verlust, so hat der Rechtsanwalt alsbald für ihre Wiederherstellung, soweit solche möglich, Sorge zu tragen, auch den Verlust der Partei sofort mitzuteilen: OLG. **17** 397 (Hamm).

Wo ein zivilrechtliches Verhältnis nicht besteht — z. B. beim bestellten Verteidiger — gibt es natürlich auch keine zivilrechtliche Verpflichtung zur Aktenführung.

Anm. 6. **III. Das Eigentum an den Handakten und das Recht auf Herausgabe im allgemeinen.** 1. Über dasjenige, was der Beauftragte dem Auftraggeber herauszugeben hat, trifft für die Fälle des § 675 BGB. der § 667 Verfügung. Die Herausgabepflicht erstreckt sich hienach auf alles, was der Mandatar „zur Ausführung des Auftrags erhält und was er aus der Geschäftsbesorgung erlangt". In Anwendung auf die Handakten des Rechtsanwalts würde sich aus dieser Vorschrift ergeben, daß der Anwalt nur herauszugeben hätte:

a) die Urkunden und Belege, welche er zur Ausführung des Mandats erhalten hat,

b) die Urkunden und Belege, welche dem Rechtsanwalt als Erfolg seiner Tätigkeit zugegangen sind (Wechsel, auf deren Herausgabe, Quittungen, auf deren Ausstellung geklagt wurde, Briefe des Gegners, welche ein Anerkenntnis der geltend gemachten Forderung enthalten usw.).

Es wird denn auch die Meinung vertreten, daß in weiterem Umfange eine Herausgabepflicht de lege lata nicht bestehe, da § 667 die Materie erschöpfend regle; es existiere auch kein weitergehendes Bedürfnis, zumal da die Auskunftspflicht nach § 666 bestehe und der Auftraggeber nach §§ 810, 811 BGB. Vorlage der Handakten verlangen könne. So: Müller JW. **1903** 368; AKJahrB. **1914** 14 Nr. 21 (AKB. Frankfurt a. M.).

Anm. 7. Diese Meinung ist jedoch unhaltbar; sie widerspricht auch offensichtlich der allgemeinen Rechtsüberzeugung. Es ist klar, daß der Auftraggeber ein großes Interesse daran haben kann, Schriftsätze seines Anwalts, Originalkonzepte der Briefe des Anwalts, Zustellungsnachweise usw. zu besitzen; es ist ferner klar, daß die Bestimmung des § 810 BGB., soweit sie überhaupt anwendbar ist (vgl. unten Anm. 30), einen sehr ungenügenden Schutz gewährt, welcher nach Ablauf der Aufbewahrungsfrist (§ 32 Abs. 2) vollständig entfällt. *Bezüglich der wichtigsten in seinem Interesse errichteten Urkunden könnte mithin der Klient nach 5 Jahren die Vernichtung nicht hindern.*

Anm. 8. In Wirklichkeit ist denn auch die Rechtslage eine andere. Der Satz, daß der Anwalt seinem Auftraggeber nicht nur die oben erwähnten Handaktenbestandteile, sondern alle Teile der Handakten, welche das dem Anwalt übertragene Geschäft betreffen und nicht ersichtlich *nur* für den Anwalt bestimmt sind, herauszugeben hat, ist durch ständige, auf beiderseitiger Rechtsüberzeugung beruhende Übung längst zu einem Satz des Gewohnheitsrechts geworden. Vgl. hiezu die Darlegungen von M. Friedländer LZ. **1909** 276 ff. Dort ist das vorstehende näher ausgeführt und insbes. auch auf die Bestimmung des § 86 Abs. 2 RAGebO. hingewiesen, wonach die Pflicht des Anwalts, eine Berechnung nach § 86 Abs. 1 RAGebO. zu geben, u. a. erlischt, wenn die Handakten zurückgenommen sind, oder wenn — wie die Motive sich ausdrücken — *der Rechtsanwalt „das Material zur Aufstellung der Berechnung herausgegeben"* hat. Wenn aber die herauszugebenden Handakten das Material zur Aufstellung der Kostenberechnung darstellen sollen, so müssen sie — und das galt in erhöhtem Maße vor Einführung der Auslagenpauschalierung — sicherlich mehr enthalten als Müller a. a. O. annimmt. Denn zu diesem Zwecke sind doch in erster Linie die Konzepte der Briefe[1]), Entwürfe von Schriftsätzen, Zustellungsnachweise usw. erforderlich.

---

[1]) AKB. München sprach im September 1918 folgendes aus: Wenn die vom RA. herauszugebenden Aktenstücke mit solchen Aktenstücken untrennbar verbunden sind, welche nicht herausgegeben zu werden brauchen, so muß sich die Partei, soweit es sich um Entwürfe des Anwalts zu den von ihm an Dritte geschriebenen Briefen handelt, mit einer von dem Anwalt nach diesen Entwürfen gefertigten Abschrift begnügen, sofern nicht im einzelnen Falle ein besonderes Interesse daran besteht, gerade den Originalentwurf ausgehändigt zu erhalten.

Für weitgehendste Herausgabepflicht, aber mit ganz anderer Begründung tritt auch Nissen JW. **1909** 89 ein. Ebenso im Resultat; OLG. Karlsruhe BadRpr. **75** 145 (allerdings gestützt auf § 667 BGB.); SächsOLG. **1910** 43; AKJahrB. **1886** 10 (AKB. Rostock). Herold NaumbAK. **1908** 47 vertritt im Resultat einen mittleren Standpunkt. Vgl. auch AKJahrB. **1911** 11 Nr. 18; OLG. Colmar LZ. **1909** 567.

Keine Herausgabepflicht besteht bez. derjenigen Aktenbestandteile, welche ausschließlich das Rechtsverhältnis zwischen Partei und Anwalt betreffen z. B. des Kostenverzeichnisses, der Quittungen über Zahlungen des Anwalts an die Partei, der Mahnbriefe, die der Anwalt seiner Partei wegen der Kosten schreibt. Das gleiche gilt von Aktenauszügen, die der Anwalt für sich gefertigt hat, von Entwürfen zu Plaidoyers, von Abschriften der bereits vorhandenen Aktenprodukte, die der Anwalt gerade zu dem Zwecke machen ließ, sie an Stelle der herauszugebenden Bestandteile für sich zu behalten (vgl. Anm. 11). Auch die Briefe, welche der Auftraggeber selbst an seinen Anwalt schreibt, sowie die Konzepte der Briefe des Anwalts an die Partei werden nicht dem Herausgabeanspruch unterliegen; sie sind ersichtlich nicht für die Partei, sondern für den Anwalt bestimmt (vgl. AKB. Augsburg AKJahrB. **1914** 10 Nr. 4). Anm. 9.

Belege, welche ein Dritter dem Anwalt zur Prozeßführung anvertraut hat mit der Maßgabe, daß sie nur ihm zurückzugeben seien, dürfen selbstverständlich dem Auftraggeber nicht ausgefolgt werden. Anm. 10.

Der Rechtsanwalt ist nicht gehindert, zu seiner eigenen Sicherheit und zur Ermöglichung späterer Rechtfertigungen, für sich Abschriften des ganzen Handaktes oder einzelner Teile desselben zu nehmen und aufzubewahren. Dies kann ihm die Partei einseitig nicht verbieten. Das trifft selbst hinsichtlich der Vollmacht zu. Eine Gefahr liegt hierin für den Vollmachtgeber nicht, da auch eine beglaubigte Abschrift der Vollmacht nicht geeignet ist, die Vollmachtsurkunde im Falle des § 172 BGB. zu ersetzen. Vgl. Staudinger §§ 171, 172 Anm. 5; OLG. **5** 299 (Colmar); RG. JW. **1916** 1527 Nr. 2. Staudinger ist jedoch (§ 175 Anm. 2) der Meinung, daß eine beglaubigte Abschrift der Vollmacht nicht zurückbehalten werden dürfe. Ebenso Freudenstein, Partei und Rechtsanwalt 91. Anm. 11.

2. Die Frage, ob der Anwalt oder der Klient Eigentümer der Handakten sei, läßt sich in dieser allgemeinen Form gar nicht beantworten. Anm. 12.

Vor allem kommt in Betracht, daß zweifellos auch dritte Personen Eigentümer von Bestandteilen der Handakten sein können. Dies ist z. B. dann der Fall, wenn ein Freund des Klienten eine ihm gehörige Urkunde zum Zwecke der Prozeßführung zur Verfügung stellt, aber auch dann, wenn die Versicherungsgesellschaft Auftraggeberin ist, die Partei aber als Vollmachtgeberin ihre Urkunden dem Rechtsanwalt aushändigt.

a) Alle Urkunden, welche dem Rechtsanwalt nicht in der Absicht, Eigentum aufzugeben, eingehändigt werden, insbes. also die von seiten des Auftrag- bzw. Vollmachtgebers oder von dritten Personen für jene dem Anwalt übergebenen Urkunden gehen selbstverständlich nicht in das Eigentum des letzteren über. Anm. 13.

b) Die von dem Gegner an den Rechtsanwalt herausgegebenen Urkunden werden, sofern die Herausgabe überhaupt zwecks Eigentumsübertragung erfolgt, sofort Eigentum der Partei; so z. B. die löschungsfähige Quittung, auf deren Erteilung geklagt war. Anm. 14.

Wie aber steht es mit den Schriftsätzen, Klagen, Rechtsmittelschriften usw. der Gegenpartei? Diese sind zweifellos in letzter Linie für die Partei bestimmt, welche z. B. bei einem Anwaltswechsel in der Lage sein muß, sie dem neuen Anwalt zu übergeben. Die naturgemäße Auffassung führt auch hier zu der Annahme, daß das Eigentum direkt auf den Mandanten übergeht. Es steht aber nichts im Anm. 15.

Wege, das Entsprechende auch für die vom Anwalt selbst hergestellten Aktenprodukte und für schriftliche Mitteilungen des Gegners anzunehmen. Dem weitgehenden Recht auf Herausgabe entspricht der Umfang der Eigentumsrechte des Mandanten, soweit nicht das Eigentum dritter Personen in Betracht kommt.

Anm. 16. c) Sollte der Auftraggeber mit dem Vollmachtgeber nicht identisch sein, so gilt zunächst im Zivilprozeß und in analogen Fällen (z. B. im Privatklageverfahren) folgendes:

In denjenigen Fällen, in welchen nach dem eben Gesagten Eigentum des Mandanten anzunehmen wäre, gilt im Zweifel der Vollmachtgeber als Eigentümer derjenigen Handaktenbestandteile, welche dem Anwalt als Vertreter der Partei von Dritten, insbes. vom Gegner, zugehen. Als Vertreter des Vollmachtgebers empfängt der Rechtsanwalt von dem Gegner die herauszugebende Urkunde, als sein Vertreter empfängt er Schriftsätze, nimmt er die Zustellung von Klagen und Rechtsmitteln entgegen. Bezüglich der übrigen Handaktenbestandteile verbleibt es beim Eigentum des Auftraggebers. Auch dem Verteidiger in Strafsachen kann eine mit dem Vollmachtgeber nicht identische Person als Mandant gegenüberstehen. Es ist dann ebenso zu entscheiden wie in den vorstehend erwähnten Fällen.

Anm. 17. d) Der obligatorische Anspruch des Auftraggebers auf Herausgabe erstreckt sich aber auch auf Handaktenprodukte, welche Eigentum dritter Personen, z. B. des Vollmachtgebers sind, sofern sie nicht mit der ausdrücklichen Bestimmung übergeben wurden, daß die Herausgabe nur an den Dritten erfolgen dürfe. Die dem Vollmachtgeber gehörigen Handaktenbestandteile sollen, wenn dieser mit dem Mandanten nicht identisch ist, regelmäßig (im Verhältnis zum Anwalt) der ausschließlichen Verfügung des Auftraggebers unterstellt sein (vgl. hiezu Exkurs vor § 30 Anm. 109). Ihm gilt dann der Herausgabeanspruch als übertragen; er ist mittelbarer Besitzer (§ 870 BGB.). Dies bezieht sich nicht auf die Vollmachtsurkunde, die im Zweifel dem Vollmachtgeber herauszugeben ist (unten Anm. 28).

e) Die Literatur steht bezüglich der Eigentumsfrage im wesentlichen auf dem hier vertretenen Standpunkte, ohne jedoch den Unterschied zwischen Auftrag- und Vollmachtgeber zu beachten. Vgl. Kassationshof Wolfenbüttel SeuffA. **32** 474; OLG. Hamm SeuffA. **37** 347; Jaeger HirthsAnn. **1903** 150; wohl auch EGH. **14** 140. Abweichend: Meyer SeuffBl. 68 8; Wolff Absonderungsrecht 30; Korn KGBl. **1897** 77; Herold NaumbAK. **1908** 47; Nissen JW. **1909** 89; OLG. **20** 220 (Hamburg); DRAZ. **7** 148.

Anm. 18. 3. Die Handakten des Rechtsanwalts sind ein „Inbegriff von Gegenständen" im Sinne des § 260 BGB. Der Auftraggeber kann daher Vorlage eines Verzeichnisses über den Bestand der Handakten verlangen und es bleibt ihm gar nichts anderes übrig, als dies zu tun, wenn er auf Herausgabe klagen und einen bestimmten Klageantrag formulieren will.

Unter den Voraussetzungen des § 259 Abs. 2 BGB. kann selbst der Offenbarungseid verlangt werden; doch entfällt diese Verpflichtung in Angelegenheiten von geringer Bedeutung (§ 259 Abs. 3 BGB.).

Anm. 19. 4. Eine Pflicht zur Rücksendung der Handakten an den Mandanten besteht nicht (§ 269 BGB.). Der Mandant muß sie abholen lassen. Bei Vorlage etwaiger Kosten oder bei zweifelloser Solvenz des Auftraggebers ist die Übersendung Anstandspflicht.

5. Bei der gesetzlichen Vertretung nach §§ 679 Abs. 3, 686 Abs. 2 ZPO. entsteht Eigentum in der Person des Vertretenen, soweit nicht die Aktenbestandteile nur für den Anwalt bestimmt oder für ihn hergestellt sind (z. B. Konzepte

von Briefen an den Vertretenen) und soweit nicht das Eigentum dritter Personen in Frage steht. Das gleiche wird beim bestellten Verteidiger zu gelten haben[1]). Anm. 20.

IV. Das Retentionsrecht. 1. § 32 Abs. 1 statuiert zugunsten des Rechtsanwalts ein eigenes Retentionsrecht an den Handakten, auf deren Herausgabe der Auftraggeber an sich ein Recht hat. „Der Rechtsanwalt ist nicht verpflichtet, vor Empfang seiner Auslagen und Gebühren die Handakten dem Auftraggeber herauszugeben."

Dieses Retentionsrecht ist ein Sonderrecht des Anwalts; es geht weiter als das allgemeine Zurückbehaltungsrecht nach § 273 BGB. und kann insbesondere auch zugunsten nichtfälliger Ansprüche ausgeübt werden. Der Zweck der Bestimmung ist nicht der, dem Anwalt eine materielle, dingliche Sicherheit für seine Forderung zu gewähren; denn einen selbständig realisierbaren Vermögenswert pflegen die Handakten nicht zu besitzen. Das Retentionsrecht soll es vielmehr dem Anwalt ermöglichen, seine berechtigten Ansprüche gegen den Auftraggeber auch ohne Prozeß durchzusetzen und zahlungsunwillige Klienten auch ohne Anrufung des Gerichts zur Begleichung ihrer Schuld zu zwingen.

2. Im einzelnen gilt bezüglich der Voraussetzungen des anwaltschaftlichen Retentionsrechtes folgendes: Anm. 21.

a) Nur zugunsten der Auslagen- und Gebührenforderung des Anwalts gilt das Retentionsrecht. Unter „Gebühren" ist ebenso wie bei § 196 Ziff. 15 BGB. auch ein vereinbartes Honorar zu verstehen (Exkurs vor § 30 Anm. 79). Anderseits gehören nicht nur die in der RAGebO. speziell normierten Arten von Auslagen hierher, sondern alle Aufwendungen im Sinne des § 670 BGB. Das in Anm. 76 zum Exk. vor § 30 Gesagte findet auch hier Anwendung.

b) Nur für diejenigen Forderungen, welche aus derselben Angelegenheit wie die betreffenden Handakten erwachsen sind, besteht an den letzteren ein Retentionsrecht. EGH. **1** 38; RG. JW. **1916** 904 Nr. 3; Berger § 32 Anm. 5, Meyer § 32 Anm. 4, Sydow-Jacobsohn § 32 Anm. 3. Es ist aber zu beachten, daß das allgemeine Retentionsrecht nach § 273 BGB. schon dann gegeben ist, wenn ein „einheitliches Lebensverhältnis" vorliegt (RGZ. **72** 103). Es wird daher regelmäßig dann ausgeübt werden können, wenn das Mandatsverhältnis, aus welchem Kosten geschuldet werden, mit demjenigen, aus dem die zu retinierenden Akten erwachsen sind, in einem nahen Zusammenhang steht (vgl. unten Anm. 38, 39; M. Friedländer JW. **1916** 904 und AKJahrB. **1890** 9 Nr. 10 [AKB. Hamburg]). Anm. 22.

Nur an denjenigen Handakten, zu deren Herausgabe der Rechtsanwalt an sich gegenüber dem Mandanten verpflichtet ist, besteht das Rententionsrecht. Nicht dagegen an Urkunden, die ein Dritter dem Rechtsanwalt mit der Weisung übergeben hat, sie nur an ihn wieder auszufolgen. Übergibt der Auftraggeber in eigenem Namen dem Rechtsanwalt eine Urkunde, welche Egentum eines Dritten ist, so besteht auch hieran das Retentionsrecht gegenüber dem Mandanten, während dem Verlangen des dritten Eigentümers die Einrede nicht entgegengesetzt werden kann. Vgl. aber hinsichtlich des Vollmachtgebers: Anm. 17 und 26. Anm. 23.

c) Ein Anspruch auf Zahlung von Gebühren oder Auslagen muß bestehen. Derselbe braucht nicht fällig zu sein. Ist der Anspruch verjährt, so entfällt auch das Retentionsrecht, aber erst, wenn der Verjährungseinwand geltend gemacht wird. Gl. M.: Mayer JW. **1899** 657; Sydow-Jacobsohn § 32 Anm. 3; OLG. Karlsruhe BadRpr. **1911** 145. Anm. 24.

[1]) Nissen JW. **1909** 89 spricht den Anspruch auf Aktenherausgabe den er als ein dem Rechte auf Verschwiegenheit analoges Persönlichkeitsrecht behandelt, jeder „Partei" im weitesten Sinne — Exk. I zu § 28 Anm. 9 — also auch dem Angeklagten gegenüber dem bestellten Verteidiger, ja selbst demjenigen, welchen der Anwalt nur um seine Vertretung angegangen hat, in weitestem Umfang zu.

Erlischt der Anspruch durch Erfüllung, Erlaß oder Aufrechnung, so geht auch das Retentionsrecht unter. Gleiches muß gelten im Falle der Hinterlegung nach § 378 BGB., da diese der Zahlung gleichsteht; der Wortlaut des § 32 („vor Empfang seiner Gebühren") steht nicht entgegen; denn von „seinen" Gebühren kann man nur sprechen, solange dem Anwalt ein Anspruch auf diese Gebühren zusteht. Der Fall kann übrigens bei Assoziationen und dadurch verursachter Ungewißheit über die Person des Gläubigers vorkommen. Auch im Falle der Hinterlegung nach § 853 ZPO. erlischt das Retentionsrecht; andernfalls würde der Auftraggeber, welcher auf Verlangen eines Gläubigers zur Hinterlegung sogar verpflichtet ist, trotz Erfüllung dieser Pflicht gegenüber dem Anwalt rechtlos sein, zumal da er auf den Fortgang des Verteilungsverfahrens keinerlei Einfluß hat.

Anm. 25. Wird die Gebührenschuld noviert, z. B. zwecks Hintanhaltung der Verjährung in ein Darlehen umgewandelt, so geht das Retentionsrecht nicht unter. Nach dem Sinne der Bestimmung des § 32 kommt es nur darauf an, daß die Forderung als Gebühren- oder Auslagenforderung entstanden ist.

Nur der kann das Retentionsrecht ausüben, dem die Forderung zusteht. Wird diese allein zediert, so erlischt das Retentionsrecht. Es kann aber wieder aufleben, wenn vor Herausgabe der Handakten eine Rückzession der Gebührenforderung erfolgt.

Anm. 26. d) Nur gegen den Auftraggeber steht dem Anwalt das besondere Retentionsrecht nach § 32 zu; selbstverständlich auch gegen solche Personen, die ein Recht auf Herausgabe der Handakten von dem Auftraggeber — etwa als Zessionare — herleiten. Dies ist regelmäßig der Fall, wenn der Vollmachtgeber mit dem Auftraggeber nicht identisch ist und ersterer die Herausgabe verlangt. Denn nach dem oben Anm. 17 Gesagten muß er zur Geltendmachung des Herausgabeanspruchs in der Regel erst behaupten, daß ihm dieser vom Auftraggeber wieder übertragen worden sei.

Dagegen kann das Retentionsrecht z. B. nicht geltend gemacht werden gegenüber einem Bürgen, welcher ihm gehörige Urkunden dem Rechtsanwalt zur Sache übergeben hat. Über die Frage, ob das Retentionsrecht im Konkurse des Auftraggebers geltend gemacht werden kann, vgl. unten Anm. 33 ff.

Anm. 27. e) Dem Rechtsanwalt steht das Retentionsrecht zu. Dieses Recht ist jedoch kein höchstpersönliches; es ist vererblich und kann mit der Gebührenforderung und den Handakten mit zivilrechtlicher Gültigkeit übertragen werden. Diese Übertragung ist regelmäßig anzunehmen, wenn neben der Zession Übergabe der Handakten an den Zessionar erfolgt. Auch auf den Pfändungspfandgläubiger, welcher sich die Gebührenforderung des Anwalts überweisen läßt, kann das Retentionsrecht übergehen. Man wird hierüber keinen Zweifel haben, wenn man an den analog gelagerten Fall denkt, daß der Rechtsanwalt in Konkurs gerät. Stände dem Konkursverwalter das Retentionsrecht nicht zu, so würde ihm das wichtigste Hilfsmittel zur Versilberung der Masse entzogen sein.

Auch durch das Aufhören der Anwaltsqualität erlischt das einmal entstandene Retentionsrecht nicht.

Anm. 27 a. f) Die Ausübung des Retentionsrechtes ist an den Besitz der Handakten geknüpft. Mittelbarer Besitz genügt. Auch der Übergang des Retentionsrechtes auf einen Zessionar usw. setzt daher Besitzübergang voraus. Über das Retentionsrecht des Korrespondenzanwaltes an den dem Prozeßbevollmächtigten übersandten Handakten vgl. M. Friedländer JW. 1916 904.

Anm. 28. g) Ausgenommen von dem Retentionsrecht ist nach § 175 Satz 2 BGB. die Vollmachtsurkunde des Rechtsanwalts. Sie muß nach dem Erlöschen der Vollmacht zurückgegeben werden (gl. M.: Staudinger § 175 Anm. 3), und zwar im Zweifel an den Vollmachtgeber.

Ausgenommen ist ferner auf Grund der Spezialbestimmung in § 1425 Abs. 1 Satz 1 RVO. die Quittungskarte. Vgl. Hilse JW. **1907** 40.

Abgesehen hievon erstreckt sich aber das Retentionsrecht — mit der aus Anm. 23 zu entnehmenden Einschränkung — auf alle Bestandteile der Handakten, also auch auf Vollstreckungstitel, Wechsel usw. Vgl. hiezu Fuchs, Gruchots Beitr. **53** 149 und oben Anm 2.

h) Da das Retentionsrecht nach § 32 auch für nicht fällige Ansprüche gilt, so steht es dem Rechtsanwalt zivilrechtlich auch gegenüber der armen Partei zu; sie ist von der Zahlung der Gebühren und Auslagen nur einstweilen befreit, zur Leistung aber verpflichtet, sobald die Voraussetzungen des § 125 ZPO. vorliegen. Gl. M.: Berger § 32 Anm. 4; Meyer § 32 Anm. 4; Sydow-Jacobsohn § 32 Anm. 3; Turnau § 32 Anm. 3; AKJahrB. **1883—89**; **1887** 16. A. M.: AKB. Stuttgart, WürttJ. **6** 243; Schott, Armenrecht 122. Vgl. wegen der Standespflicht unten Anm. 40. Anm. 29.

3. **Den Inhalt des Retentionsrechtes** bezeichnet § 32 mit Deutlichkeit: der Anwalt ist nicht verpflichtet, die Handakten dem Auftraggeber herauszugeben. Gemeint ist die Aufgabe des Besitzes. Die bloße Vorlage der Handakten kann der Rechtsanwalt nicht verweigern, wenn die Voraussetzungen des § 810 BGB. vorliegen; die Verpflichtung bestimmt sich dann im einzelnen nach der Vorschrift der §§ 810, 811 BGB. Vgl. SeuffA. **11** 228 (OLG. Jena); **37** 347 (Plenarbeschluß des OLG. Hamm); Berger § 32 Anm. 7; Sydow-Jacobsohn § 32 Anm. 3; Meyer § 32 Anm. 4. A. M.: Korn, KGBl. **1897** 78). Zutreffend führt OLG. Braunschweig (OLG. **27** 98) aus, daß die Partei die Vorlage nur zu dem Zweck verlangen kann, um sich darüber zu vergewissern, ob die Urkunden für ihre Rechtsverhältnisse irgendwie von Erheblichkeit sind, nicht aber wenn sie den Inhalt der Urkunden genau kennt, beispielsweise um sie dem Gericht oder dem Gegner gegenüber als Beweismittel zu verwenden. Ebenso: RGRKomm.[2] § 840 Anm. 2. Anm. 30.

Das Retentionsrecht hebt seinem Wesen nach den Anspruch auf Herausgabe der Handakten nicht auf; es suspendiert den Erfolg desselben nur bis zur Gewährung der Gegenleistung. Daher hat es dem Prinzipe des § 274 BGB. entsprechend nur die Wirkung, daß der Rechtsanwalt zur Herausgabe der Handakten gegen Empfang seiner Gebühren und Auslagen zu verurteilen ist. Gl. M.: Berger § 32 Anm. 3; Sydow-Jacobsohn § 32 Anm. 3. Vgl. auch § 274 Abs. 2 BGB., § 756 ZPO. Anm. 31.

Nicht aber kann der Klient die Ausübung des anwaltschaftlichen Retentionsrechtes durch Sicherheitsleistung abwenden. Gl. M.: Berger § 32 Anm. 2; Sydow-Jacobsohn § 32 Anm. 3; OLG. **29** 29 (München). A. M.: Dernburg **2** Abt. 1 S. 134 Note 13; OLG. **29** 30 (KG.). Der Rechtsanwalt kann den Empfang der Gebühren und Auslagen verlangen, nicht bloß die Sicherstellung. Ihm soll regelmäßig die Befriedigung ohne Prozeß ermöglicht werden; dies wäre nicht der Fall, wenn er erst die Sicherheit erstreiten müßte. Es bleibt dem Auftraggeber unbenommen, unter Vorbehalt zu zahlen. Sollte aber hiemit wegen der Vermögenslage des Rechtsanwalts eine Gefahr für den Klienten verbunden sein, so kann er eine einstweilige Verfügung gegen Sicherheitsleistung erwirken (OLG. **29** 29). Anm. 32.

4. **Wirkt das Retentionsrecht auch gegenüber der Konkursmasse des Klienten?** Diese mehrfach erörterte Frage ist zu verneinen. Gl. M.: Wolff, Absonderungsrecht 30; Jaeger KO.[5] § 49 Anm. 42; Jaeger Hirths Ann. **1903** 150; Wolff LZ. **1908** 43; M. Friedländer LZ. **1909** 272 ff.; 464. A. M.: Eccius, Preuß. PrivR. **2** 340; Meyer SeuffBl. **68** 6; Herold, NaumbAK. **1908** 47; Nissen, JW. **1909** 89 (dagegen M. Friedländer LZ. **1909** 272 ff.); Anm. 33.

OLG. **20** 220 (Hamburg); auch SeuffA. **23** 118 (auf Grund gemeinen Rechts vor Geltung der KO.). Vgl. ferner Landau SeuffBl. **75** 554. Es unterliegt keinem Zweifel und wird allgemein anerkannt, daß gegenüber der Konkursmasse Zurückbehaltungsrechte an Bestandteilen derselben — abgesehen von den Fällen des § 49 Ziff. 3 und 4 KO. — nicht wirken (RGZ. **77** 436). Dies folgt eben per arg. e contrario aus der letzteren Bestimmung und aus § 12 KO.

Es kann sich daher nur um die Frage handeln, ob die Handakten zur Konkursmasse gehören oder nicht. Meyer (SeuffBl. **68** 6 ff.) verneint dies allgemein: die Handakten stellen seiner Meinung nach keinen durch Zwangsvollstreckung realisierbaren Vermögenswert dar und seien daher nach § 1 KO. nicht als Massebestandteile anzusehen.

Aus § 1 Abs. 3 KO. folge ferner per arg. e contrario, daß die Handakten nicht zur Konkursmasse gehören. Das zuletzt erwähnte Argument ist hinfällig; denn § 1 Abs. 3 KO. erklärt sich lediglich daraus, daß die Geschäftsbücher in § 811 Ziff. 11 ZPO. für unpfändbar erklärt sind, während bezüglich der Handakten kein Pfändungsverbot besteht. Was aber das zuerst erwähnte Argument Meyers anbetrifft, so läßt dasselbe zunächst diejenigen Teile der Handakten, welche unzweifelhaft einen selbständig realisierbaren Vermögenswert haben, z. B. Wechsel, vollständig unberücksichtigt. Das von Meyer aufgestellte Kriterium ist aber überhaupt nicht entscheidend. Für die Frage der Zugehörigkeit einer Sache zur Konkursmasse kommt es keinesfalls darauf an, ob sie *selbständig* und unabhängig von anderen für die Masse verwertbar oder verwendbar ist. Bestände dieses Erfordernis, so würden z. B. einzelne Teile einer stilgerechten Einrichtung, welche allein unverkäuflich sind, nicht zur Masse gehören, obwohl es sich für den Konkursverwalter sehr rentieren würde, die fehlenden Stücke nachzuschaffen und dann mit den vorhandenen zu veräußern.

Die Handakten des Anwalts können als Belege für eine im Prozesse befangene Forderung der Konkursmasse sehr erheblichen Vermögenswert und in Verbindung mit der Forderung selbst auch sehr erheblichen Verkaufswert haben. Um sich dies klar zu machen, denke man z. B. an den Fall, daß ein großes Abzahlungsgeschäft in Konkurs gerät, dessen zahlreiche Kauf- und Eigentumsvorbehaltsverträge in Händen von Anwälten zum Zwecke der Ausklagung sind. Eine Beitreibung ohne diese Verträge ist undenkbar. Kann man nun wirklich die Meinung vertreten, daß diese Aktenprodukte nicht zur Masse gehören? Der Konkursverwalter wird bestrebt sein, das Geschäft mit allen Außenständen in Bausch und Bogen zu veräußern. Wer wird es ihm abkaufen, wenn die Belege für die zahlreichen Außenstände fehlen? Wer wird behaupten, daß dieselben keinen Vermögenswert haben?

Auch die Geschäftsbücher haben — rein als körperliche Sachen betrachtet — nur Makulaturwert. Dennoch bestimmt das Gesetz ausdrücklich ihre Zugehörigkeit zur Masse und sieht ihre Veräußerung mit dem Geschäfte des Gemeinschuldners vor (§ 117 Abs. 2 KO.).

Die Handakten sind also sicherlich insoweit Bestandteile der Konkursmasse, als sie für die Verwertung und Erhaltung derselben irgendwie von Bedeutung sein können, d. h. als sie sich auf eine irgendwie die Masse betreffende Angelegenheit beziehen. Dabei ist zu beachten, daß im Zweifel die Vermutung *für* die Zugehörigkeit einer Sache oder eines Rechtes zur Konkursmasse spricht (Voß LZ. **1907** 270 ff.). *Nicht* zur Masse werden daher regelmäßig gehören die Handakten in Ehescheidungssachen, Statusprozessen usw. Doch kann auch hier, z. B. wenn es sich nur noch um die Kostenersatzforderung handelt, eine andere Beurteilung Platz greifen.

Anm. 34. Scheidet der Konkursverwalter einen an sich zur Masse gehörigen Anspruch von der Masse aus, so erstreckt sich diese Verfügung im Zweifel auch auf die zu dem genannten Anspruch gehörigen Handakten. Das gleiche gilt, wenn er die Aufnahme eines anhängigen Rechtsstreites ausdrücklich ablehnt. Vgl. OLG. **20** 220 (Hamburg).

Doch trifft das Gesagte nur zu für diejenigen Aktenprodukte, welche ausschließlich auf die betreffende Sache Bezug haben und nicht selbständige Wertobjekte darstellen. Beispiel: Gegen den Gemeinschuldner war ein Prozeß anhängig. Er machte compensando eine Wechselforderung geltend. Der Konkursverwalter lehnt die Aufnahme des Passivprozesses ab, nimmt aber den in Händen des Rechtsanwalts befindlichen Wechsel — aus dem auch dritte Personen haftbar sind — zur Konkursmasse in Anspruch. Dieses Verlangen ist berechtigt.

Soweit die Sache nach dem Gesagten den Gemeinschuldner und nicht den Anm. 35.
Konkursverwalter angeht, greift jenem gegenüber das Retentionsrecht Platz.

Erteilt dagegen der Konkursverwalter als solcher dem Rechtsanwalt einen Anm. 36.
Auftrag, so kann das Retentionsrecht auch der Konkursmasse gegenüber geltend gemacht werden (trotz § 15 KO. Vgl. Jaeger KO.[5] § 15 Anm. 6). War also der Anwalt Prozeßbevollmächtigter des Gemeinschuldners, und hatte er bei Konkurseröffnung 100 Mk. an Gebühren und Auslagen zu fordern, so steht ihm zunächst kein Retentionsrecht zu. Wenn dann der Konkursverwalter den Rechtsstreit aufnimmt und demselben Rechtsanwalt die Weiterführung des Prozesses überträgt, so werden die von da ab entstehenden Kosten Masseschulden (§ 59 Ziff. 1 KO.), und hiefür können die Handakten retiniert werden, nicht aber für die rückständigen 100 Mk., soferne sie nicht der Konkursverwalter als Masseschuld übernommen hat.

Das gegenüber der Konkursmasse entstandene Retentionsrecht wirkt auch nach Anm. 37.
Beendigung des Konkurses gegenüber dem früheren Gemeinschuldner fort. Ein Wechsel in der Person des Konkursverwalters übt keinen Einfluß auf die Geltung des Zurückbehaltungsrechtes aus. Vgl. RG. JW. **1913** 876 Nr. 20.

5. Außer dem speziellen anwaltschaftlichen Retentionsrecht Anm. 38.
steht dem Rechtsanwalt gegebenenfalls auch das allgemeine Zurückbehaltungsrecht nach § 273 BGB. an den Handakten zu. Dies kann z. B. praktisch werden, wenn der Rechtsanwalt bei Ausführung des Mandats die persönliche Haftung für eine Verbindlichkeit des Auftraggebers übernommen hat; hier kann ihm zugunsten des Schuldbefreiungsanspruchs das Zurückbehaltungsrecht nach § 273 BGB. zustehen. § 32 RAO. greift nur dann Platz, wenn es sich in concreto um eine „Auslage" im Sinne des Gesetzes handelt. Vgl. ferner oben Anm. 22.

Das allgemeine Retentionsrecht nach § 273 BGB. kann dem Anwalt auch an anderen, nicht zu den Handakten gehörigen Sachen, z. B. an einem übergebenen Sparkassenbuch und Geldbeträgen zustehen. Unzutreffend: SeuffA. **1910** 467 und Sächs. OLG. **1911** 255. Richtig: Walter-Joachim § 87 Anm. 13.

Es ist in der Praxis die Ansicht vertreten worden, daß der Rechtsanwalt Anm. 39.
insolange die Handakten zurückhalten dürfe, als nicht das gesamte Verhältnis zur Partei geklärt, die Forderung des Anwalts anerkannt sei und die Partei über gebührenordnungsmäßige Verrechnung quittiert habe (§§ 320, 368 BGB.). So: LG. Dessau (bestätigt vom OLG. Naumburg) in NaumburgAK. **1906** 9; Herold NaumbAK. **1908** 48.

Diese Anschauung kann nicht gebilligt werden. Der Rechtsanwalt hat Anspruch auf Zahlung seiner Gebühren und Auslagen, aber nicht außerdem noch einen Anspruch auf Anerkennung seiner Kostenrechnung, auf Erteilung der Decharge. Gl. M.: Turnau § 32 Anm. 3; AKB. Rostock AKJahrB. **1886** 10 Nr. 12; Marienwerder AKJahrB. **1896** 8 Nr. 10; EGH. **3** 159. A. M.: AKB. Naumburg AKJahrB. **1910** 11 Nr. 25. Zu weit gehend: Dernburg **2** Abt. 1 S. 99. Zahlt der Klient unter Vorbehalt der Rückforderung, so kann allerdings der Anwalt ein Recht zur Erhebung einer negativen Feststellungsklage haben; allein für einen Feststellungsanspruch gibt es nach dem klaren Wortlaut des § 273 BGB. kein Zurückbehaltungsrecht (Dernburg 2 Abt. 1 S. 133).

Ganz abwegig ist die Heranziehung des § 368 BGB. Sollte wirklich der Klient in allen Fällen verpflichtet sein, Quittung über die erfolgte Abrechnung zu erteilen[1]), so hätte doch diese Quittung nur dahin zu lauten, daß der Mandant die Abrechnung des Anwalts von diesem oder jenem Datum erhalten habe. Eine Kritik dieser Abrechnung gehört nicht zu den Vertragspflichten des Klienten.

Wenn übrigens die hier bekämpfte Ansicht richtig wäre, so könnte der Klient doch immer durch Kautionsleistung — § 273 Abs. 3 BGB. — die Retention abwenden. Dies wäre absurd, da er ja bereits vorher alles bezahlt hat.

Anm. 40. 6. Die Standespflichten des Anwalts legen diesem in der Ausübung des Zurückbehaltungsrechts erhebliche Beschränkungen auf. Rigorose Geltendmachung gegenüber armen Parteien, Ausübung des Retentionsrechts für ganz geringe Forderungen unter Gefährdung schwerwiegender Interessen können Verstöße gegen die Würde des Anwaltstandes darstellen und zu ehrengerichtlicher Bestrafung führen. Vgl. EGH. **1** 35, **2** 63, **5** 108; AKV. Stuttgart WürttZ. **6** 243. Zu eng: Korn KGBl. **1897** 78. Vgl. auch AKV. Posen KGBl. **1894** 99.

Anm. 41. **V. Die Pflicht zur Aufbewahrung der Handakten.** (§ 32 Abs. 2). 1. Soweit der Rechtsanwalt die Handakten nicht an den Berechtigten herausgegeben hat, ist er zunächst verpflichtet, sie aufzubewahren, d. h. in üblicher Weise mit der im Verkehr erforderlichen Sorgfalt für ihre Erhaltung zu sorgen. (Schadensersatzpflicht: Kraft Haftpflicht der Richter usw. 14).

Anm. 42. 2. Wie lange die Aufbewahrung zu erfolgen hat, hängt zunächst von der Parteivereinbarung ab. Der Klient kann schon vor Beendigung des Auftrages die Vernichtung der Akten oder einzelner Bestandteile derselben gestatten.

Anm. 43. 3. Abgesehen von dem eben erwähnten Falle der Zustimmung des Klienten erlischt die Aufbewahrungspflicht mit Ablauf von fünf Jahren nach Beendigung des Auftrages. Die Frist berechnet sich nach § 188 Abs. 2 BGB. Wann aber ist der Auftrag als beendigt anzusehen?

Anm. 44. a) Am einfachsten beantwortet sich diese Frage in denjenigen Fällen, in welchen das Vertragsverhältnis anders als durch die bloße Erreichung des Vertragszweckes endigt. Dies ist der Fall bei Kündigung von seiten des Anwalts oder des Klienten (wobei die Frage, ob Ansprüche wegen unzeitiger oder vertragswidriger Kündigung bestehen oder nicht, ganz ausscheidet), bei Zeitablauf (denkbar beim Syndikus), beim Ableben des Auftraggebers, sofern in concreto das Mandat infolge des Todes erlischt usw. Vgl. im einzelnen den Exkurs vor § 30.

Anm. 45. b) Viel schwerer ist die Zeit der Beendigung des Auftrages in den Fällen zu bestimmen, in welchen nicht eine Lösung des Vertragsverhältnisses, sondern eine Erledigung des Auftrages, eine Erfüllung der übernommenen Verpflichtung in Betracht kommt.

Hier läßt sich naturgemäß eine allgemeine Formel gar nicht aufstellen. Es kommt auf den gewollten Umfang des Mandats an, und dieser ist gerade bei dem Vertrage zwischen Klienten und Anwalt oft sehr schwer zu bestimmen. In Prozessen bildet häufig die Beendigung der Instanz einen Anhaltspunkt für die Beendigung des Mandats; für den erstinstanziellen Prozeßbevollmächtigten jedoch, soweit eine Zwangsvollstreckung in Frage kommt, die Beendigung dieser, d. h. ihre Durchführung bis zur Befriedigung oder Erschöpfung der nach Lage der Sache gebotenen

---

[1]) Vgl. hierzu Tuma SeuffBl. 73 452, welcher zutreffend ausführt, daß „Leistung" im Sinne des § 368 BGB. nur die Erledigung des eigentlichen Schuldverhältnisses sein könne, durch welche eine „vermögensrechtliche Niveaudifferenz" zum Ausgleich gebracht wird. Es gibt daher auch keinen Anspruch auf Quittungsleistung über eine Quittungsleistung.

Maßregeln. Es ist klar, daß hier das Ermessen des Anwalts selbst in letzter Linie maßgebend sein muß für die Entscheidung der Frage, wann der Auftrag als erledigt anzusehen sei. Im einen Falle wird er es für angemessen halten, die Vollstreckungsmaßregeln einzustellen, ohne den nach Lage der Sache nutzlosen Offenbarungseid zu erzwingen; im anderen Falle wird er gerade die Manifestation für unbedingt erforderlich halten.

Hat in solchen Fällen der Rechtsanwalt in der Meinung, die ihm übertragene Aufgabe erfüllt zu haben, seine Tätigkeit eingestellt, und erteilt dann die Partei neuerlich ausdrücklichen Auftrag zur Weiterführung der Sache (z. B. Vornahme neuer Vollstreckungsmaßregeln), so wird dies als neuer Auftrag anzusehen sein, wenn nach vernünftiger Erwägung eine Weiterführung der Sache auf Grund früheren Auftrages nicht geboten war, bzw. von dem Anwalt nicht erwartet werden konnte. Sollten also Teile der Handakten vorhanden sein, welche nur den früheren Auftrag betreffen, für die Ausführung des späteren aber ohne jeden Belang sind, so kann eine Vernichtung derselben binnen 5 Jahren nach „Beendigung" des ersten Auftrages erfolgen. Doch wird man gut tun, solche Feinheiten in der Praxis möglichst zu vermeiden.

4. Die Pflicht zur Aufbewahrung der Handakten erlischt auch vor Ablauf von fünf Jahren, wenn der Auftraggeber, zur Empfangnahme der Handakten aufgefordert, dieselben nicht binnen sechs Monaten nach erhaltener Aufforderung in Empfang genommen hat. Anm. 46.

Daß die Aufbewahrungspflicht auf Grund dieser Bestimmung nicht vor Beendigung des Auftrages erlöschen kann, ergibt sich schon aus den Worten „vor Beendigung dieses Zeitraumes"; denn der Zeitraum, um den es sich hier handelt, beginnt (arg.: Halbsatz 1) mit der Beendigung des Auftrages und schließt mit Ablauf der fünfjährigen Frist.

Allein man wird weiter annehmen müssen, daß auch die Aufforderung erst nach Beendigung des Auftrages wirksam erfolgen kann. Es würde zu sonderbaren Ergebnissen führen, wenn der Klient indirekt gezwungen werden könnte, seinem Mandatar selbst die Hilfsmittel zur Ausführung des Mandats im Laufe derselben zu entziehen. Anm. 47.

Die Aufforderung zur Empfangnahme der Handakten braucht nicht notwendig ein Präjudiz zu enthalten; doch entspricht es der Anstandspflicht des Anwalts, die Partei auf die Folgen der Unterlassung hinzuweisen.

Die Partei muß die Aufforderung erhalten haben. Es genügt also nicht die Absendung; die Aufforderung muß vielmehr der Partei zugegangen sein. Eventuell wird daher Zustellung nach § 132 Abs. 1 und 2 BGB. geboten sein. Auch die mündliche Aufforderung ist gültig. Anm. 48.

5. Macht der Auftraggeber vor Ablauf der Frist den Versuch, die Akten bei dem Anwalt abzuholen, so kann sich dieser, wenn er die Herausgabe schuldhaft verzögert[1]), nachträglich nicht auf den inzwischen erfolgten Fristablauf berufen. Von nun ab kommt nur noch die gewöhnliche Verjährungsfrist (§ 195 BGB.) in Betracht, die schon mit der Erledigung des Auftrages zu laufen begann. Allerdings kann in besonderen Fällen ein nachträglicher Verzicht auf den Herausgabeanspruch angenommen werden, z. B. wenn die Partei bald nach Erledigung des Auftrages die Akten vergeblich abzuholen versucht, dann aber bis zum Ablauf der 5jährigen Frist sich nicht gerührt hat. Zweifellos kann der Anwalt, auch wenn er zunächst die Herausgabe verweigert hat, die Partei zur Empfangnahme der Akten auffordern und damit die 6monatliche Frist des § 32 Abs. 2 Halbsatz 2 in Lauf setzen. Anm. 49.

---

[1]) Schuldhafte Verzögerung liegt natürlich nicht vor, wenn dem RA. ein Retentionsrecht zusteht.

Anm. 50. 6. Ist die Pflicht zur Aufbewahrung der Handakten erloschen so kann der Rechtsanwalt sie vernichten, sie zum Einstampfen veräußern usw. Er muß aber dafür Sorge tragen, daß das Berufsgeheimnis nicht verletzt wird. Die erwähnten Rechte erstrecken sich auch auf wertvolle Urkunden, Vollstreckungstitel usw. Der Anwalt braucht auch bei Ablauf der Frist die Akten nicht darauf durchzusehen, ob sich etwa wertvolle Urkunden darin befinden. Gl. M.: OLG. **19** 252 (Hamburg).

Anm. 51. Mit der Pflicht des Rechtsanwalts zur Aufbewahrung erlischt aber auch das Recht des Auftraggebers auf Herausgabe. Selbst wenn also die Akten noch vorhanden sind, besteht keine rechtliche Verpflichtung mehr, die Akten herauszugeben oder Einsicht in sie zu gestatten. Gl. M.: LG. Hamburg HansGZ. Beibl. **1904** 215; DRAZ. **7** 148. A. M.: Bloch JW. **1908** 88; OLG. Karlsruhe BadRpr. **1911** 155; OLG. **19** 252 (Hamburg). Wäre der Rechtsanwalt auch nach Beendigung der Aufbewahrungsfrist noch zur Herausgabe verpflichtet, so müßte er ja auch Nachforschung halten, ob die Akten und die herauszugebenden einzelnen Bestandteile derselben noch vorhanden sind. Bei entsprechender Behauptung des Gegners müßte er den Parteieid leisten oder verweigern und sich all den Unbequemlichkeiten unterziehen, von denen ihn das Gesetz gerade befreien will.[1])

Anm. 52. 7. Nur gegenüber dem Auftraggeber erlischt die Aufbewahrungspflicht nach den Regeln des § 32 Abs. 2. Hat ein Dritter dem Rechtsanwalt Urkunden zur Verfügung gestellt, welche dem Dritten herauszugeben sind,[2]) so gelten diesem gegenüber ausschließlich die allgemeinen zivilrechtlichen Vorschriften. In den Fällen der Bestellung eines Verteidigers und der gesetzlichen Vertretung nach §§ 679, 686 ZPO. wird in öffentlich-rechtlicher Beziehung die Bestimmung des § 32 Abs. 2 Halbsatz 1 analog anzuwenden sein. Die fünfjährige Frist beginnt mit Beendigung der Funktion.

Anm. 53. 8. Die zivilrechtliche Pflicht zur Aufbewahrung der Handakten besteht in gleichem Umfange wie für den Rechtsanwalt auch für dessen Erben. Sie können sich aber auch unter Einhaltung der Vorschriften des § 32 von dieser Pflicht befreien. Die 5jährige Frist beginnt dann spätestens mit dem Tode des Anwalts. (Exk. vor § 30 Anm. 105, 119.)

§ 32a.

Der Anspruch der Partei auf Schadenersatz aus dem zwischen ihr und dem Rechtsanwalt bestehenden Vertragsverhältnisse verjährt in fünf Jahren.

Anm. 1. 1. Die Bestimmung wurde durch die Novelle zur RAO. vom 22. 5. 10 eingefügt; sie wollte einem wiederholt in der Literatur, vor allem in dem Blochschen Referate auf dem 18. Deutschen Anwaltstage (JW. **1907** 647 ff.), geäußerten Wunsche entgegenkommen und die Unbilligkeiten beseitigen, welche sich in der Praxis aus der Geltung einer dreißigjährigen Verjährungsfrist für Entschädigungsansprüche gegen Anwälte ergeben hatten. Leider ist durch die Fassung des § 32a der angestrebte Zweck durchaus nicht erreicht worden (s. unten Anm. 6).

Anm. 2. 2. Die fünfjährige Verjährungsfrist bezieht sich nur auf Schadensersatzansprüche der Partei aus dem zwischen ihr und dem Anwalt bestehenden Vertragsverhältnisse:

a) Das Vertragsverhältnis, welches gemeint ist, muß ein Anwaltsvertrag, d. h. ein Vertrag sein, welcher sich auf Leistung anwaltschaftlicher Arbeit richtet.

---

[1]) Das Eigentum des Auftraggebers erlischt nicht durch bloßen Zeitablauf, so daß also auch der Rechtsanwalt nicht durch Okkupation Eigentum erwerben kann. Der Fall liegt ähnlich, wie wenn die Eigentumsklage verjährt ist, ohne daß auf der anderen Seite Ersitzung eintrat. Gibt der Anwalt die Handakten freiwillig heraus, so erhält der Auftraggeber sein Eigentum zurück. A. M.: DRAZ. 7 148.

[2]) Was der Vollmachtgeber übergeben hat, wird ebenso behandelt, als ob es vom Auftraggeber stammte. Vgl. oben Anm. 17.

Schließt ein Anwalt z. B. als Konkursverwalter irgend einen anderen Vertrag ab, so fällt dieser nicht unter § 32a. Gleiches gilt, wenn der RA. sonst in Sachen tätig wird, die nicht eigentliche Berufsgeschäfte darstellen; vgl. Allg. Einl. Anm. 16. Ebenso: OLG. Kiel, SchlHolstAnz. **1917** 86.

Beachtlich ist die Terminologie des Gesetzes. Es spricht nicht mehr von „Auftrag" und „Auftraggeber", sondern von „Vertragsverhältnis" und „Partei".

Ob der Anwaltsvertrag im übrigen nach Dienst- oder Werkvertragsrecht oder nach den Normen vom Auftrag zu beurteilen ist, begründet für die Anwendung des § 32a keinen Unterschied. Nur wenn die Verjährungsfrist nach anderen Vorschriften eine kürzere wäre, hat es bei dieser sein Bewenden. So gilt für Schadensersatzansprüche wegen Mangelhaftigkeit beim Werkvertrage die sechsmonatliche Frist des § 638 BGB. § 32a ist jetzt als die Regelvorschrift anzusehen, neben welcher § 638 BGB. ebenso Geltung behält, wie § 196 neben § 195 BGB. Das erfordert der Zweck des neuen Gesetzes. Ebenso: RG. JW. **1916** 963 Nr. 11 = RGZ. **88** 223; v. d. Pfordten, BayZ. **1910** 278. A. M.: Harnisch, DRAZ. 7 99; OLG. Hamburg, JW. **1916** 147; DRAZ. **7** 149 und unsere erste Auflage. Vgl. auch (für unsere Ansicht) die Motive, Drucksachen des RT. 1909/10 Anl. 309 S. 33. Anm. 3.

b) Nur Ansprüche aus dem Anwaltsvertrage unterliegen der kurzen Verjährung. Deliktsansprüche verjähren nach § 852 BGB. in drei Jahren; diese Frist kann aber wegen der speziellen Normen dieses Paragraphen über den Beginn der Verjährung tatsächlich später ablaufen als die fünfjährige Frist des § 32a. Auch der Anspruch aus § 30 RAO. verjährt nicht in fünf Jahren (vgl. § 30 Anm. 10). Vgl. aber Exk. zu § 39 Anm. 8. Anm. 4.

c) Nur Schadensersatzansprüche unterliegen der kurzen Verjährung. Darunter fallen also nicht bloße Bereicherungsansprüche, Ansprüche auf Rückzahlung deponierter Beträge usw. Hinsichtlich der Rückforderung von Vorschüssen vgl. § 196 Ziff. 16 BGB. Anm. 5.

Der fünfjährigen Verjährung unterliegen aber alle Schadensersatzansprüche aus dem Anwaltsvertrage, also z. B. solche wegen unzeitiger Kündigung, nicht nur die Ansprüche aus fehlerhafter Sachbehandlung, wenn man auch diese bei Schaffung des Gesetzes zunächst im Auge hatte.

d) Über den Beginn der fünfjährigen Verjährungsfrist enthält das Gesetz leider keine Spezialbestimmung. Die Verjährung beginnt daher mit der „Entstehung des Anspruchs" (§ 198 BGB.). Hiezu gehört aber nicht nur, daß die schadenstiftende Handlung oder Unterlassung begangen, sondern auch daß der Schaden entstanden ist;[1]) er braucht freilich der Partei noch nicht bekannt zu sein (RGZ. **90** 82). Näheres im RGRKomm.[2] § 198 Anm. 2. Anm. 6.

Hiermit hat die neue Bestimmung wesentlich an praktischer Bedeutung verloren. Es wäre richtiger gewesen, einen festen, von dem Eintritt des Schadens unabhängigen Zeitpunkt zu bestimmen (vgl. Hellwig, JW. **1910** 308). Für den Fall, daß einzelne Schadensfolgen nacheinander entstehen, ist die der Verjährung günstige Entsch. in RGZ. **83** 354 ff. zu beachten. Wichtig ferner: RGZ. **90** 82, wonach der Schaden schon dann entstanden ist, wenn die Vermögenslage des Geschädigten infolge des schädigenden Ereignisses im Vergleich mit dem früheren Vermögensstande eine schlechtere wurde. Daher beginnt der Lauf der Frist, wenn der RA. den Eintritt einer Verjährung verschuldet hat, mit dem Ablauf dieser Verjährung, nicht erst mit dem Zeitpunkt, in welchem der Verjährungseinwand gegenüber dem Klienten geltend gemacht wird.

Die Verjährung läuft von dem Tage der Entstehung des Anspruchs, nicht gemäß § 201 BGB. vom Schlusse des betreffenden Jahres ab. Anm. 7.

[1]) Gl. M.: Harnisch, DRAZ. **7** 98 ff.; Oskar Korn JW. **1911** 207; RGZ. **90** 82. Vgl. auch RG. JW. **1912** 29 Nr. 12.

Es ist für ihren Lauf gleichgültig, ob das Vertragsverhältnis bereits beendet ist oder nicht.

Anm. 8. e) Im übrigen gelten die Bestimmungen der §§ 194 ff. BGB. und der Kriegsgesetze über die Verjährung, besonders hinsichtlich ihrer Hemmung und Unterbrechung.

Anm. 9. 3. Die Bestimmung des § 32a ist am 1. Juni 1910 in Kraft getreten. Für die Übergangszeit muß Art. 169 EGBGB. analoge Anwendung finden.[1]) Soweit also Verjährungsfristen im Lauf sind, wird regelmäßig die fünfjährige Frist mit dem 1. Juni 1910 beginnen, es sei denn, daß die bisherige dreißigjährige Verjährung vor dem 1. Juni 1915 abläuft.[2])

§ 33.

Außer den in der Civilprozeßordnung bezeichneten Fällen hat das Prozeßgericht, insoweit eine Vertretung durch Anwälte geboten ist, einer Partei auf Antrag einen Rechtsanwalt zur Wahrnehmung ihrer Rechte beizuordnen, wenn die Partei einen zu ihrer Vertretung geneigten Anwalt nicht findet und die Rechtsverfolgung oder Rechtsvertheidigung nicht muthwillig oder aussichtslos erscheint.

Anm. 1. **I. Inhalt und Anwendungsgebiet der Vorschrift im allgemeinen.** 1. Der vorliegende Paragraph enthält eine notwendige Ergänzung der ZPO. Wenn das Gesetz vorschreibt, daß gewisse Handlungen nur von Rechtsanwälten vorgenommen werden können, so muß es auch dafür Sorge tragen, daß jedermann, der nicht offenbar im Unrecht ist, die betreffenden Handlungen in prozessual gültiger Weise vornehmen lassen kann. Dies geschieht durch Beiordnung eines bei dem betreffenden Gerichte zugelassenen Anwalts (Notanwalt), der, soweit nicht Ablehnungsgründe vorliegen, verpflichtet ist, die Vertretung zu übernehmen. Soweit der Partei das Armenrecht bewilligt ist, hat sie im Gebiete des zivilprozessualen Anwaltszwanges ein Recht auf Beiordnung eines Anwalts (§ 115 Abs. 3 ZPO.); das gleiche Recht steht in allen Fällen dem Entmündigten zu, wenn er die Anfechtungsklage erheben will (§ 668 ZPO.), und — wie Seuffert ZPO.[11] § 668 Anm. 1 richtig bemerkt — auch dann, wenn er im Laufe des Anfechtungsprozesses eines Rechtsanwalts bedarf. Dagegen gehört die Beiordnung, welche gemäß § 679 Abs. 3 und § 686 Abs. 2 Satz 2 ZPO. erfolgen kann, nicht hierher; vgl. Exk. zu § 39 Anm. 10.

Anm. 2. 2. Obwohl es — wie wir schon früher erwähnt haben — auch im Strafprozeß einige Fälle des unbedingten Anwaltszwanges gibt (StPO. §§ 170 Abs. 2, 425 Abs. 4, 430 Abs. 2, 437 Abs. 1, 428), ist § 33 de lege lata auf letzteren nicht anwendbar. Dies ergibt sich klar aus dem Wortlaut des Gesetzes. Deutet schon der Ausdruck „Partei" auf den Zivilprozeß hin, so kann es erst recht keinem Zweifel unterliegen, daß es ein „Prozeßgericht" im Strafverfahren nicht gibt. Die systematische Einteilung des Gesetzes bestätigt unsere Auffassung. § 33, welcher

---

[1]) Ebenso Oskar Korn JW. **1911** 208; OLG. Hamburg, JW. **1916** 147. A. M.: v. d. Pfordten, BayZ. **1910** 278, der annimmt, daß die fünfjährige Frist auch bezüglich der vor Inkrafttreten des Gesetzes entstandenen Ansprüche vollendet ist, wenn seit Entstehung des Anspruchs fünf Jahre verflossen sind.

[2]) OLG. Hamburg JW. **1916** 147 geht davon aus, daß auch bei Werkvertrag jetzt die fünfjährige Verjährung gilt. Dann müßte sich der Beginn dieser Frist doch nach § 638 BGB. richten, wenn die sechsmonatliche Frist des § 638 am 1. Juni 1910 im Laufe war. (Ablieferung des falschen Gutachtens am 1. April 1910; Entstehung des Schadens am 15. Mai 1910; Beginn der fünfjährigen Verjährung am 1. April 1910.) Soweit ist OLG. Hamburg auch konsequent; dagegen übersieht es, daß es jedenfalls dann bei der Verjährungsfrist von sechs Monaten sein Bewenden haben muß, wenn dieselbe am 1. Juni 1910 bereits abgelaufen war.

in seinem Eingang an die ZPO. ausdrücklich anknüpft und sich damit selbst als eine Ergänzung der letzteren kennzeichnet, steht im engsten Zusammenhang mit den weiteren Paragraphen bis § 38 einschließlich, während § 39 allein an die Strafprozeßordnung anknüpft. Daß § 34 auch auf das Privatklageverfahren und die Nebenklage anzuwenden ist, folgt lediglich aus §§ 419 Abs. 3, 437 StPO., wonach die zivilprozessualen Vorschriften über das Armenrecht für anwendbar erklärt sind. In den Motiven 61 heißt es: „Es beziehen sich die in den §§ 31—35 (des Entwurfs = §§ 33—38 des Gesetzes) gegebenen Vorschriften auf bürgerliche Rechtsstreitigkeiten, die des § 36 (§ 39 des Ges.) dagegen auf Strafsachen". Dies ist beachtlich, weil hier der ausgesprochene Wille des Gesetzgebers durch Wortlaut und Systematik des Gesetzes bestätigt wird. Auch der Zweck des Gesetzes erfordert keineswegs die analoge Anwendung auf den Strafprozeß, wie z. B. die OLG. Darmstadt und Augsburg (LZ. **1916** 90, 1147) dargetan haben.

Uns. M. bezüglich der Nichtanwendbarkeit des § 33 auf den Strafprozeß: OLG. Hamburg, HansOLG. **1** 641 und 643; OLG. Marienwerder, GoltdArch. **42** 427; OLG. Frankfurt a. M., GoltdArch. **39** 359; Meyer § 34 Anm. 10; OLG. Kolmar, ElsLothZ. **13** 178, **14** 285; OLG. Karlsruhe, BadAnn. **59** 54; OLG. Karlsruhe, BadRpr. **1904** 64; **1912** 264; OLG. Kiel, SchlHolstAnz. **1907** 320; OLG. Dresden, SächsArch. **5** 313; Oppler, JW. **1911** 913 (vgl. aber denselben de lege ferenda: JW. **1911** 915); jetzt auch Löwe, StPO.[14] § 170 Anm. 8 b; OLG. Darmstadt, LZ. **1916** 90 Nr. 19; OLG. Augsburg, LZ. **1916** 1147 Nr. 21; OLG. Dresden, DStrafRZ. **4** 373 (1917). A. M.: A. Friedländer, GS. **60** 419; OLG. Posen, GoltdArch. **39** 359; KG. GoltdArch. **41** 302; OLG. Kolmar, ElsLothZ. **1908** 161; BayObLGZ. **9** 666; **10** 24, 143. Weitere Literatur bei Friedländer GS. **60** 419.

II. Spezieller Inhalt. Wem kann ein Rechtsanwalt beigeordnet werden? Anm. 3.

Jeder Partei im Zivilprozesse. Das Wort „Partei" ist im weitesten Sinne zu verstehen. Es umfaßt nicht nur die eigentlichen Prozeßparteien (Kläger, Beklagten, Nebenintervenienten usw.), sondern auch andere Personen, welche vom Prozesse betroffen werden, z. B. Gerichtsschreiber, welche nach § 102 ZPO. in die Kosten verurteilt werden und zur Beschwerdeeinlegung eines Rechtsanwalts bedürfen.

Die bezüglich des Armenrechts bestrittene und von der herrschenden Meinung verneinend beantwortete Frage, ob auch juristische Personen, Konkursverwalter, Testamentsvollstrecker usw. als „Parteien" in Betracht kommen, ist hinsichtlich der Beiordnung nach § 33 RAO. zweifellos zu *bejahen*; die für die Verneinung beim Armenrechte angeführten Gründe (vgl. Schott, Armenrecht 53 ff.) treffen hier nicht zu.

2. Wer entscheidet über die Beiordnung? Anm. 4.

Das Gesetz sagt: das *Prozeßgericht*. Es entspricht insoweit der Bestimmung des § 118 Abs. 1 ZPO. Die Frage, was unter Prozeßgericht zu verstehen sei, ist aber auch für das Armenrecht noch keineswegs geklärt. Sie muß hier für die beiden zusammenhängenden Gebiete gemeinsam behandelt werden.

Der Gesetzgeber hat bei Schaffung der Bestimmungen über Armenrecht und Beiordnung eines Notanwalts den *Regelfall* im Auge gehabt, in welchem Armenrecht und Beiordnung für das ganze Prozeßverfahren der Instanz bewilligt werden sollen und in welchem ferner dieses Verfahren sich innerhalb der Instanz nur vor *einem* Erkenntnisgerichte abspielt. Dieses Gericht, bei dem der Prozeß anhängig wird und das ihn auch zu entscheiden hat, ist das „Prozeßgericht"; ihm ist die Bewilligung des Armenrechts und der Beiordnung des Notanwalts übertragen, weil die sachliche Vorprüfung, die Vorentscheidung über die Aussichten der Rechtsverfolgung und Rechtsverteidigung, durch dieselbe Stelle erfolgen solle, die später die Schlußentscheidung in der Instanz zu fällen hat. Das ist der Grundgedanke für die Zuständigkeitsbestimmung.

Allein es gibt auch eine Armenrechtsbewilligung für andere Fälle, insbesondere für einzelne Verfahrensabschnitte, und das Gericht, bei welchem die Sache anhängig ist, kann innerhalb derselben Instanz wechseln (Verweisung vom Obersten Landesgericht an das Reichsgericht, vom Amts- an das Landgericht usw.), so daß das Prozeßgericht im Sinne der §§ 118 Abs. 1 ZPO., 33 RAO. nicht immer mit dem Gerichte, das die Schlußentscheidung zu fällen hat, identisch ist.

Daß für die Erwirkung eines Arrestes, für eine Beweissicherung, für ein Beschwerdeverfahren das Armenrecht bewilligt werden kann, wird niemand bestreiten. Auch auf einzelne Zwangsvollstreckungsakte kann das Armenrecht beschränkt werden: die Forderungspfändung kann zulässig, das Offenbarungseidesverfahren aber aussichtslos sein. Warum sollte das Armenrecht notwendigerweise dieses mit umfassen müssen, weil es für jene angebracht erscheint? (Unrichtig: OLG. **2** 349 [Rostock], zutreffend: OLG. **31** 32 [Cassel]).

Aus dem Gesagten folgt aber keineswegs, daß eine willkürliche Beschränkung des Armenrechts und der Beiordnung eines Notanwalts auf einzelne Verfahrensabschnitte zulässig wäre. Daß dies nicht zutrifft, ergibt sich schon aus dem Erfordernis der sachlichen Vorprüfung. Es wird stets darauf ankommen, ob das betreffende Verfahren so selbständig und in sich abgeschlossen erscheint, daß eine eigene sachliche Vorprüfung möglich ist, oder anders ausgedrückt: daß man noch von einer eigenen „Rechtsverfolgung" oder „Rechtsverteidigung" in diesem Verfahren sprechen kann. Daher ist es zweifellos unzulässig, nur für die Beweiserhebung vor dem beauftragten oder ersuchten Richter oder nur für die mündliche Verhandlung das Armenrecht zu bewilligen oder einen Notanwalt beizuordnen[1]).

Für die Fälle nun, in welchen ein selbständiger Verfahrensabschnitt im obigen Sinne vorliegt und die Armenrechtsbewilligung nur für dieses Verfahren erfolgen soll, paßt der Ausdruck „Prozeßgericht" im eigentlichen Sinne nicht mehr. Das gleiche gilt von einigen besonderen Verfahrensarten. Man denke an die Vollstreckung aus notariellen Urkunden, an das Entmündigungs-, das Aufgebotsverfahren, an die Beweissicherung vor Prozeßbeginn usw. In diesen Fällen könnte als „Prozeßgericht" nur das Gericht in Betracht kommen, bei dem das Verfahren anhängig ist bzw. anhängig gemacht werden soll oder das Gericht, das zur schließlichen Entscheidung berufen ist. Das letztere muß wieder ausscheiden: denn einmal gibt es Fälle, in denen eine Entscheidung überhaupt nicht mehr bevorsteht (so wenn nach Anordnung des Beweissicherungsverfahrens das Armenrecht nachgesucht wird, dann sehr häufig im Offenbarungseidesverfahren), und ferner läßt sich auch im eigentlichen Prozeßverfahren oft gar nicht voraussagen, welches Gericht für die Schlußentscheidung in der Instanz zuständig sein werde.

So ergibt sich, daß als Prozeßgericht dasjenige Gericht gelten muß, bei welchem das betreffende Verfahren anhängig ist oder zunächst anhängig gemacht werden soll (ebenso: Förster-Kann **1** 381). Daher bewilligt das Amtsgericht das Armenrecht für die ganze Instanz, auch wenn die Sache später an das Landgericht verwiesen wird (Förster-Kann **1** 383; Bauer, Recht **1910** 373 ff. A. M.: Bovensiepen, LZ. **1915** 1367; Groß, BuschsZ.

---

[1]) Das RG. gewährt neuerdings das Armenrecht „zum Zwecke der Zurücknahme der Revision", nachdem es zuvor das Armenrecht für die Durchführung des Rechtsmittels wegen Aussichtslosigkeit abgelehnt hat (so: ein Beschluß vom 27. 3. 1918). Das ist wichtig für Bayern, weil hier die Revision beim ObLG. eingelegt wird; ist dann das Armenrecht verweigert, so müßte die arme Partei zwecks Zurücknahme der Revision einen RGAnwalt aufstellen und bezahlen. Die Entsch. des RG. ist praktisch, aber de lege lata nicht richtig. Es dürfte doch auch ein Widerspruch in sich selbst sein, wenn man die Zurücknahme eines aussichtslosen Rechtsmittels als eine aussichtsvolle Rechtsverfolgung bezeichnet.

46 140 ff.).[1]) Das Oberste Landesgericht bewilligt das Armenrecht für die ganze Revisionsinstanz, auch wenn die Sache später an das Reichsgericht verwiesen wird (ebenso die frühere Praxis, während neuerdings das Armenrecht nur für das Verfahren vor dem ObLG. bewilligt wird, so daß das RG. dann neu beschließen muß). Für die Beschwerdeinstanz bewilligt das Untergericht das Armenrecht, wenn die Beschwerde bei ihm eingelegt werden soll; anderenfalls das Beschwerdegericht. Dies folgt schon daraus, daß in den Fällen des Anwaltszwanges ein beim „Prozeßgerichte" zugelassener Anwalt auf Verlangen beizuordnen ist; wie sich diejenigen, welche annehmen, daß stets das Beschwerdegericht das Armenrecht zu bewilligen habe,[2]) die Beiordnung vorstellen, ist nicht klar: die einfache Beschwerde ist in nicht dringlichen Fällen beim Untergericht — nehmen wir an, es sei ein Landgericht — einzureichen; das kann aber ein nur beim OLG. zugelassener Anwalt gar nicht tun (RGZ. **1** 431). — Unsere Ausführungen gelten auch für den Fall der sofortigen Beschwerde (a. M. OLG. Stuttgart, Recht **1904** 256, das hier stets das Beschwerdegericht für zuständig erachtet.[3])

Zwei Besonderheiten sind zu erwähnen:

a) Die Zwangsvollstreckung gehört beim Armenrecht stets zur ersten Instanz (§ 119 Abs. 1 ZPO.), vorausgesetzt natürlich, daß überhaupt ein Prozeßverfahren anhängig ist oder war. Die Armenrechtsbewilligung ist in diesen Fällen stets Sache des Prozeßgerichts erster Instanz, auch wenn diese längst beendigt ist oder sonst die Armenrechtsbewilligung nur für die Vollstreckung oder einzelne Phasen derselben erfolgen soll. (So die herrschende Meinung. Literatur bei Förster-Kann **1** 381; neuerdings OLG. **27** 55 [Dresden]). Man könnte daran denken, daß in solchen Fällen neben dem Prozeßgerichte (dessen Zuständigkeit nach §§ 118 Abs. 1, 119 Abs. 1 ZPO. außer Zweifel steht) auch das jeweilige Vollstreckungsgericht als „Prozeßgericht" im übertragenen Sinne für das betreffende Zwangsvollstreckungsverfahren zuständig sei,[4]) was für die Beiordnung nach § 34 RAO. von erheblicher praktischer Bedeutung sein könnte. Allein die Konkurrenz mehrerer Zuständigkeiten wäre im vorliegenden Falle wegen § 121 ZPO. (Entziehung des Armenrechts) und §§ 125, 126 ZPO. (Beschluß über die Nachzahlungspflicht) äußerst bedenklich und kann nicht als dem Willen des Gesetzes entsprechend angesehen werden (vgl. OLG. **17** 316 [München]).

b) Die Beiordnung nach § 33 RAO. kann immer nur durch ein Kollegialgericht erfolgen; nur ein solches kann Prozeßgericht in einem dem Anwaltszwange unterstehenden Verfahren sein. Es kann also nicht etwa vom Amtsgerichte, wenn es die Frist nach § 942 Abs. 2 ZPO. setzt, gleichzeitig ein Notanwalt für das folgende Verfahren vor dem Landgerichte beigeordnet werden.

---

[1]) Dieser meint (S. 142), alle vor der Unzuständigkeitserklärung liegenden richterlichen Akte einschließlich der Beweisaufnahmen und Versäumnisurteile würden hinfällig. Die beiden erwähnten Beispiele genügen, um die praktische Unhaltbarkeit dieser auch theoretisch nicht ausreichend begründeten Meinung darzutun.

[2]) So Skonietzki-Gelpcke, ZPO. § 118 Anm. 1 u. a. Die Entscheidung des RG. JW. **1889** 40 Nr. 3, die öfters für diese Ansicht zitiert wird, enthält darüber kein Wort. Offenbar uns. M.: Stein § 569 Anm. III.

[3]) Praktisch wird es natürlich sein, bei der sofortigen Beschwerde gleich das Obergericht anzurufen, da sonst möglicherweise durch dieses die Auswahl eines zweiten Pflichtanwalts erfolgen muß.

[4]) Der Ausdruck „Prozeßgericht" allein wäre hier nicht entscheidend. Es gibt sogar Fälle, in denen das Gesetz zwischen „Prozeßgericht" und „Vollstreckungsgericht" ausdrücklich unterscheidet und dennoch das Vollstreckungsgericht für die Bewilligung des Armenrechts als „Prozeßgericht" gelten muß. So wenn in den Fällen der §§ 769, 771 ZPO. lediglich die vollstreckungsgerichtliche Sistierung beantragt werden soll. Ein Fall des § 119 Abs. 1 ZPO. liegt natürlich hier nicht vor; niemand wird daran denken, das mit der Sache gar nicht befaßte Prozeßgericht (im Sinne des § 769) über das Armenrecht entscheiden zu lassen.

Anm. 5. 3. Für welche Fälle und in welchem Umfang findet eine Beiordnung nach § 33 statt?

a) Voraussetzung der Beiordnung ist, daß das betreffende Verfahren unter Anwaltszwang steht. Das bedeuten — wie die Vergleichung mit anderen Stellen ergibt — die Worte: „insoweit eine Vertretung durch Anwälte geboten ist" (vgl. §§ 26, 27 RAO. §§ 79, 83 ZPO.). Ebenso: OLG. **33** 46 (KG.). De lege lata unrichtig: Reichard, DJZ. **1905** 261, welcher § 33 überall da anwenden will, wo nach dem Ermessen des Gerichts eine Partei eines Rechtsanwalts bedarf, um zu ihrem Rechte zu kommen.

Anm. 6. b) Dagegen ist es nicht notwendig, daß jede einzelne Phase des Verfahrens unter Anwaltszwang steht. Nur im allgemeinen muß das Verfahren vom Anwaltszwang beherrscht sein; die Beiordnung erstreckt sich also auch auf die unselbständigen Verfahrensabschnitte innerhalb des Anwaltsprozesses, die nicht vom Anwaltszwang beherrscht sind, z. B. auf das Verfahren vor dem beauftragten Richter. Vgl. aber unten Anm. 8.

Anm. 7. c) Die Wirkung der Beiordnung erstreckt sich nie über die Instanz hinaus. Wenn auch eine ausdrückliche dem § 119 Abs. 1 ZPO. entsprechende Bestimmung für den Notanwalt nicht gegeben ist, so folgt doch aus dem ganzen Aufbau unseres Verfahrens, insbesondere auch aus dem Erfordernis der sachlichen Vorprüfung vor der Beiordnung, die Notwendigkeit dieser Begrenzung. Über den Begriff der Instanz vgl. insbes. Förster-Kann **1** 383.

Anderseits umfaßt die Beiordnung, wenn sie nicht besonders beschränkt wird, im Zweifel die ganze Instanz. (Vgl. aber unten Anm. 8 Fußnote[1]). Verweist das oberste Landesgericht einen Prozeß an das Reichsgericht, so wirkt, wie die Armenrechtsbewilligung (s. o. Anm. 4), so auch die Beiordnung nach § 33 RAO. für das Reichsgericht fort. Nur die Auswahl hat neuerdings zu erfolgen. Freilich wird sich wohl in solchen Fällen die Partei stets zuerst bemühen, einen Reichsgerichtsanwalt zn finden, der freiwillig das Mandat übernimmt. Gelingt ihr dies, so ist der Beiordnungsbeschluß vom RG. aufzuheben (s. u. Anm. 19). Wird eine Sache von der höheren Instanz an die untere zurückverwiesen, so bildet das Verfahren vor dieser mit dem früheren untergerichtlichen Verfahren eine Instanz. (RG. LZ. **1914** 1546.)

Das Wiederaufnahmeverfahren gilt als neuer Prozeß (Stein § 119 Anm. I).

Anm. 8. Die Zwangsvollstreckung gilt für die Beiordnung nach § 33 RAO. als besonderes Verfahren; eine dem § 119 Abs. 1 ZPO. entsprechende Bestimmung besteht nicht[1]), sie ergiebt sich auch nicht aus der Natur der Sache. Das Zwangsvollstreckungsverfahren ist in der Tat vom Prozeßverfahren gesondert; es unterliegt ferner in seinen meisten Erscheinungsformen nicht dem Anwaltszwang, so daß ein Bedürfnis für die Aufstellung eines Notanwalts nicht vorliegt. Soweit aber für die Vollstreckung Anwaltszwang herrscht (z. B. im Falle des § 887 ZPO.), muß nötigenfalls eine besondere Beiordnung erfolgen.

---

[1]) Aus dieser Bestimmung darf übrigens auch für die Fälle des Armenrechts nicht geschlossen werden, daß die Beiordnung des Armenanwalts die Zwangsvollstreckung mit umfasse, daß also die arme Partei ein Recht auf Beiordnung des Anwalts für das ganze Zwangsvollstreckungsverfahren habe. Wenn ein an sich vollkommen selbständiges Verfahren dem Anwaltszwang nicht unterliegt, so besteht für dieses Verfahren nach dem Zweck des § 115 Ziff. 3 ZPO. kein Recht der Partei auf Beiordnung; sie kann erfolgen, wenn das Gericht es für angemessen hält (§ 34 RAO.); aber der im Anwaltsprozesse aufgestellte Armenanwalt braucht kraft öffentlichen Rechts die vom Anwaltszwang befreiten Zwangsvollstreckungsmaßnahmen nicht vorzunehmen. Ebenso: SächsArchR. **1913** 415 (OLG. Dresden). A. M.: OLG. **33** **46** (KG.). Man berücksichtige nur, wozu die gegenteilige Meinung führt: Der Armenanwalt müßte noch nach Jahren und Jahrzehnten jeden Vollstreckungsauftrag der Partei, jede Ladung zum Offenbarungseide „vorläufig unentgeltlich" vollziehen lassen — was doch gewiß nicht annehmbar ist und dem Zwecke des Gesetzes in keiner Weise entspricht. Vgl. M. Friedländer JW. **1918** 709.

Auch das Arrestverfahren wird man als nicht zur Instanz gehörig ansehen müssen. (A. M.: Förster-Kann 1 383 u. a.). Warum sollte der Kläger, dessen Prozeß aussichtsreich ist, für den gänzlich aussichtslosen Arrest ohne weiteres Beiordnung (oder Armenrecht) erlangen? Zutreffend: OLG. 31 32 (Cassel).

d) Aus dem noch zu erörternden Erfordernisse der materiellen Vorprüfung ergiebt sich, daß auch eine gegenständliche Beschränkung der Beiordnung möglich sein muß. Wenn das Gericht die Verteidigung gegenüber dem Klageanspruch für aussichtsvoll erachtet, so kann doch die Erhebung einer Widerklage durchaus mutwillig erscheinen und es wäre unbegreiflich, wenn der Anwalt, der zur Abwehr der Klage beigeordnet wurde, verpflichtet sein sollte, ohne spezielle Vorprüfung des Gerichts auch die frivole Widerklage zu erheben. Für die Widerklage muß also eine eigene Beiordnung erfolgen. Das gleiche gilt bei der Berufung und Anschlußberufung (vgl. RGZ. 41 400; 44 416). Bei mehreren Klageansprüchen kann die Beiordnung für den einen erfolgen, für den anderen versagt werden, und man wird dementsprechend annehmen müssen, daß auch für einen Teil des einheitlichen Klageanspruchs die Beiordnung erfolgen, im übrigen aber verweigert werden kann (ebenso für das Armenrecht: Förster-Kann 1 377/78; Skonietzki-Gelpcke § 114 Anm. 3 c; weitere Literatur bei Förster-Kann). Anm. 9.

4. Unter welchen konkreten Voraussetzungen erfolgt die Beiordnung? Anm. 10.

a) Die Partei muß sich vergeblich bemüht haben, einen zu ihrer Vertretung geneigten Anwalt zu finden.

Sie muß sich also zunächst ohne Erfolg an einige der bei dem betreffenden Gerichte zugelassenen Rechtsanwälte gewendet haben (nicht an alle: OLG. Rostock in OLG. 5 221).

Sie braucht sich nicht an solche Anwälte zu wenden, deren Beauftragung ihr in concreto nicht zugemutet werden kann (persönliche Feinde, Sozien des gegnerischen Prozeßbevollmächtigten, Anwälte, welche nicht am Sitz des Prozeßgerichts wohnen — wegen § 18 Abs. 5; ebenso OLG. 5 221 [Rostock]), auch nicht an solche, welchen die Annahme des Mandats verboten wäre (§ 31 RAO.). Liegt ein Beschluß des betreffenden örtlichen Anwaltsvereins vor, daß von den Mitgliedern des Vereins Klagen gegen andere Mitglieder freiwillig nicht übernommen werden, so braucht sich die Partei an die Mitglieder dieses Vereins nicht mehr zu wenden (entsprechend, soweit bekannt, die Praxis). Ebenso wenn feststeht, daß die Anwälte gewisse Personenklassen, z. B. Prozeßagenten, grundsätzlich nicht vertreten.

Einen „zu ihrer Vertretung geneigten Anwalt" hat die Partei schon dann gefunden, wenn ein Anwalt das Mandat angenommen hat, mag er sich auch weigern oder außerstande sein, die aus dem Vertragsverhältnis hervorgehenden Pflichten zu erfüllen (Sydow-Jacobsohn § 33 Anm. 2; Berger § 33 Anm. 2; RG. ElsLothZ. 19 232; BolzePr. 17 696). In letzterem Falle muß eben die Partei ev. das Mandat kündigen; geschieht dies aus einem zureichenden Grunde, so ist die Sachlage dieselbe, wie wenn sich die Partei an den betreffenden Anwalt vergebens gewendet hätte; d. h. sie muß dann, wenn sie es nicht schon zuvor getan hat, zunächst auch noch bei einigen anderen Anwälten ihr Glück versuchen[1]). Anm. 11.

[1]) Das LG. Freiberg hat kürzlich ausgesprochen, die Beiordnung habe nicht zu erfolgen, wenn die Partei deshalb keinen RA. gefunden habe, weil sie sich weigerte, den durch Beschluß des Anwaltsvereins eingeführten und angemessenen Teuerungszuschlag zu bezahlen (JW. 1919 943). Diese Anschauung kann nicht richtig sein. Der Notanwalt ist verpflichtet, zu den gesetzlichen Gebühren tätig zu werden (§ 38 RAO., § 93 Abs. 1 RAGebO.). Daraus folgt klar der Zweck des Gesetzes, der Partei, deren Prozeßstandpunkt nicht aussichtslos ist, im Anwaltsprozeß die Vertretung durch einen RA. zu gewährleisten, der nicht mehr als die gesetzlichen Gebühren zu beanspruchen hat. Das Gegenteil würde erreicht werden, wenn die Ansicht des LG. Freiberg richtig wäre. Zutreffend: Voigt DJZ. 1919 1019; Hahn JW. 1919 950.

Anm. 12. Dies gilt auch, wenn der Anwalt das Mandat angenommen, aber wieder gekündigt hat — es sei denn, daß die Kündigung durch vertragswidriges Verhalten der Partei veranlaßt wurde. Letzteres ist z. B. der Fall, wenn die Niederlegung des Mandats wegen Nichtzahlung des Vorschusses erfolgte (ebenso RG. JW. **1892** 363 Nr. 9). Kündigt die Partei selbst ohne zureichenden Grund, so hat sie kein Recht auf Beiordnung; vgl. RG. JW. **1904** 368 N. 35.

Anm. 13. b) Die Rechtsverfolgung oder Rechtsverteidigung darf nicht mutwillig oder aussichtslos erscheinen. Das Gericht hat daher wie beim Armenrechtsgesuch zu prüfen, ob der Standpunkt des Antragstellers unvertretbar, sein Vorbringen nicht beweisbar erscheint (über den Begriff der Aussichtslosigkeit vgl. Pfeiffer Recht **1913** 632; Meyer ebenda 742). Maßgebend ist für diese Beurteilung der Zeitpunkt, in welchem über die Beiordnung entschieden wird (Förster-Kann **1** 381). Unzuständigkeit des Gerichts führt zur Abweisung des Antrags, wenn nicht Prorogation behauptet wird (ebenso Seuffert ZPO.[11] § 114 Anm. 1 c; Schott Armenrecht 98, 142; Förster-Kann **1** 381. A. M.: Stein § 118 Anm. I). Auch in Ehesachen, Statusprozessen usw. kann wegen Aussichtslosigkeit die Beiordnung versagt werden. Auf diesem Standpunkt steht auch zum Teil die Praxis. Gl. M. bezüglich des Beklagten im Ehescheidungsprozesse: Neumiller, SeuffBl. **73** 26. A. M. Seuffert ZPO.[11] § 114 Anm. I c; Stein § 114 Anm. II (dieser nur hinsichtlich des Beklagten); Schott Armenrecht 97; OLG. Dresden BuschsZ. **6** 487; OLG. **20** 393 (KG.); Förster-Kann **1** 373. Daß im Ehescheidungsprozesse neue Klagegründe vorgebracht werden können, man also im Voraus gar nicht weiß, wie sich der Prozeß gestalten wird, ist keine zureichende Begründung für die Meinung der Gegner. Maßgebend ist, wie z. B. Förster-Kann selbst annimmt, die Rechts- und Prozeßlage im Zeitpunkt der Beschlußfassung, und die Möglichkeit einer späteren Änderung kann hier so wenig berücksichtigt werden, wie in anderen Fällen. Auch die Möglichkeit einer Prorogation genügt ja keineswegs, um das beschließende Gericht der Prüfung der Zuständigkeitsfrage zu entheben (Förster-Kann **1** 381).

Anm. 14. Eine dem § 119 Abs. 2 Satz 2 ZPO. entsprechende Bestimmung enthält § 33 RAO. nicht. Da ihr Inhalt sich auch nicht aus der Natur der Sache von selbst ergibt — der Standpunkt des Berufungsbeklagten kann wegen veränderter Umstände aussichtslos sein — so hat die Vorprüfung für die höhere Instanz auch dann zu erfolgen, wenn der Antragsteller in erster Instanz obgesiegt hatte.

Anm. 15. c) Nur auf Antrag der Partei erfolgt die Beiordnung nach § 33.

Für diesen Antrag, welcher an das zur Beschlußfassung kompetente Gericht zu stellen ist, schreibt das Gesetz eine bestimmte Form nicht vor. Da die Erklärung des Antrages zu Protokoll des Gerichtsschreibers nicht — wie für das Armenrechtsgesuch (§ 118 ZPO.) — vorgesehen ist, so muß man annehmen, daß der Antrag regelmäßig schriftlich zu erfolgen hat. Die Protokollarerklärung ist natürlich nicht unzulässig; doch ist der Gerichtsschreiber reichsrechtlich zur Aufnahme solcher Anträge nicht verpflichtet.

Anm. 16. Nach § 78 ZPO. könnte man nun hieraus schließen, daß für den Antrag Anwaltszwang bestehe. Allein dies ist undenkbar. Die Partei sucht ja gerade vergeblich einen Anwalt; wie sollte also die Gültigkeit ihres Gesuches um Beiordnung eines Anwalts davon abhängig sein, daß sie einen Anwalt zur Fertigung des Gesuches gefunden hat? Damit wäre geradezu die eine Voraussetzung der Beiordnung durch die andere negiert. Gl. M.: Hellwig 2 400; Förster-Kann **1** 263.

Anm. 17. Mit dem Antrag ist das Vorhandensein der oben sub a und b bezeichneten Voraussetzungen darzulegen.

Anm. 18. 5. Die Entscheidung über den Antrag auf Beiordnung ist ein Beschluß, welcher dem Antragsteller zuzustellen ist. Der Beschluß spricht nur aus, daß die Beiordnung eines Anwalts erfolge; die Auswahl des beizuordnenden Anwalts geschieht gemäß § 36 durch Verfügung des Vorsitzenden.

6. Kann der Beschluß, durch welchen die Beiordnung ausgesprochen wurde, wieder aufgehoben werden, wenn sich ergibt, daß die Voraussetzungen des § 33 nicht vorlagen oder nicht mehr vorliegen? Anm. 19.

Die Frage muß, obwohl eine dem § 121 ZPO. (Entziehung des Armenrechts) entsprechende Bestimmung für unseren Fall nicht existiert, bejaht werden. Der Rechtsanwalt kann nicht gezwungen werden, eine Sache weiter zu vertreten, wenn das Gericht selbst der Meinung ist, daß sie aussichtslos oder gar frivol sei. „Zur Wahrnehmung ihrer Rechte" ordnet das Gericht der Partei einen Anwalt bei, nicht zur Vertretung des Unrechts. Ferner hätte es keinen Zweck, die Beiordnung aufrecht zu erhalten, wenn inzwischen ein anderer Anwalt freiwillig die Vertretung übernommen hat. Vgl. auch oben Anm. 7.

Die Aufhebung der Beiordnung erfolgt gleichfalls durch das Prozeßgericht. Dieses braucht aber mit dem Gerichte, das die Beiordnung beschlossen hat, nicht identisch zu sein. Vgl. oben Anm. 4 und § 36 Anm. 5. Hinsichtlich der Beschwerde vgl. § 35 Anm. 5.

§ 34.

Einer Partei, welcher das Armenrecht bewilligt ist, kann auch, insoweit eine Vertretung durch Anwälte nicht geboten ist, zur vorläufig unentgeltlichen Wahrnehmung ihrer Rechte von dem Prozeßgericht ein Rechtsanwalt auf Antrag beigeordnet werden.

I. Allgemeiner Inhalt und Anwendungsgebiet. 1. Der Paragraph handelt von der Beiordnung eines Armenanwalts in denjenigen Fällen, in welchen kein Anwaltszwang herrscht. Er bildet eine Ergänzung des § 115 Ziff. 3 ZPO., während § 34 selbst wieder durch den von der Zivilprozeßnovelle (1898) eingefügten § 116 ZPO. ergänzt wird. Anm. 1.

2. Die Bestimmung des § 34 findet gemäß § 419 Abs. 3 StPO. analoge Anwendung auf das Strafverfahren, soweit die Bewilligung des Armenrechts für den Privat-, Neben- oder Widerkläger[1]) erfolgt ist (§§ 428, 437 StPO.). Im Falle des § 170 StPO. gibt es keine Armenrechtsbewilligung. Vgl. OLG. Dresden SächsArchR. **1906** 41. Anm. 2.

3. Auch im Verfahren der freiwilligen Gerichtsbarkeit findet § 34, ebenso wie §§ 35 und 36, analoge Anwendung (§ 14 FGG.). Vgl. ferner von landesgesetzlichen Bestimmungen u. a.: Art. 1 preuß. FGG. 21. 9. 99. (GS. 249); Art. 129 bayer. AGBGB. 9. 6. 99 (GVBl. Beil. S. 33); Art. 8 AGGVO. 9. 6. 99 (GVBl. Beil. S. 126). Auch BayObLGZ. (neue Folge) **4** 1 zu Art. 12 Abs. 1 des bayer. Zwangserziehungsgesetzes. Anm. 3.

II. Spezieller Inhalt. 1. Einer Partei, welcher das Armenrecht bewilligt ist, steht gemäß § 115 Ziff. 3 ZPO. ein Recht auf Beiordnung eines Pflichtanwalts nur insoweit zu, als eine Vertretung durch Anwälte geboten ist. Soweit dies nicht der Fall ist, kann das Gericht nach freiem Ermessen der Partei gemäß § 34 RAO. zur vorläufig unentgeltlichen Wahrnehmung ihrer Rechte einen Armenanwalt beiordnen. Anm. 4.

Eine sachliche Vorprüfung über die Aussichten des Prozesses findet hier nicht mehr statt, da ja das Armenrecht schon bewilligt ist. Daher kann die Beiordnung Anm. 5.

---

[1]) Vgl. hiezu Landsky JW. **1914** 279.

auch für unselbständige Teile eines Verfahrens (s. o. § 33 Anm. 4) erfolgen, sofern diese nur nicht dem Anwaltszwange unterliegen, also z. B. für die mündliche Verhandlung (etwa neben dem auswärtigen Prozeßbevollmächtigten) beim Amtsgericht — vgl. Friese, JW. **1909** 157; oder für die Beweiserhebung vor dem ersuchten Richter (wenn diese am Wohnorte des simultan zugelassenen Amtsgerichtsanwalts stattfindet, gl. M.: Förster-Kann **1** 379). Abgesehen von dem letzterwähnten Falle wird freilich die Beiordnung für das Verfahren vor dem ersuchten Richter praktisch stets daran scheitern, daß nur der Vorsitzende des Prozeßgerichts einen bei diesem zugelassenen Rechtsanwalt auswählen kann, womit niemandem gedient ist. Alle Versuche, zu einem anderen Resultat zu gelangen, stellen sich nicht mehr als Auslegung, sondern als Änderung des tatsächlich verbesserungsbedürftigen Gesetzes dar. OLG. Stuttgart, WürttZR. **1912** 315 will die Beiordnung dem Prozeßgerichte, die Auswahl dem ersuchten Richter überlassen (allein, daß der Vorsitzende des Gerichts im Sinne des § 36 RAO. nur der Vorsitzende des Prozeßgerichts sein kann, ergibt sich aus dem Zusammenhang mit §§ 33, 34 RAO. und wird ausdrücklich von den Motiven 63 bezeugt; die Ansicht des OLG. Stuttgart scheitert ferner daran, daß ein Amtgericht gar nicht um die Auswahl des Anwalts „ersucht" werden kann:[1]) RG. JW. **1913** 214 Nr. 31; BayZ. **1913** 70). Wolf, DJZ. **1914** 231 überläßt auch die Beiordnung dem ersuchten Richter; Rabe, JW. **1914** 560 will ihm gar die Armenrechtsbewilligung für das betreffende Beweisverfahren gestatten (er zitiert hierbei JW. **1903** 98 Nr. 4, wo aber keineswegs das ausgesprochen ist, was Rabe behauptet).

Anm. 6. 2. Unter dem Prozeßgericht ist hier dasjenige Gericht zu verstehen, welches im Zeitpunkt des Beiordnungsbeschlusses auch über das Armenrechtsgesuch zu entscheiden hätte (vgl. § 33 Anm. 4).

Anm. 7. 3. Ein Rechtsanwalt kann der Partei beigeordnet werden. Da die Auswahl aus der Zahl der beim Prozeßgerichte zugelassenen Anwälte zu erfolgen hat (§ 36), so kann die Beiordnung nur vollzogen werden, wenn beim Prozeßgerichte Rechtsanwälte zugelassen sind. Zutreffend: OLG. Königsberg, JW. **1890** 77; LG. Magdeburg, NaumbAK. **1880** 2; in der Praxis wird gegen diesen Grundsatz zuweilen verstoßen.

Anm. 8. 4. Zur vorläufig unentgeltlichen Wahrnehmung der Parteirechte erfolgt die Beiordnung.

a) Der Anwalt kann zunächst keinerlei Anspruch auf Vergütung, weder auf Bezahlung von Gebühren noch auf Ersatz von Auslagen erheben[2]). Vorschuß darf er nicht verlangen. Bezüglich des Extrahonorars vgl. Exkurs vor § 30 Anm. 63, 64. Auch die Kosten eines Dolmetschers, dessen der Rechtsanwalt zur Verständigung mit der Partei bedarf, muß er nach geltendem Rechte vorläufig tragen. A. M. Briken, JW. **1908** 696. Auf den Ersatz von Reisekosten hat der Anwalt an sich keinen Anspruch (RG. JW. **1896** 320). Ob er die Reise zu unternehmen hat, ist eine andere Frage. Sie wird nur bei unumgänglicher Notwendigkeit zu bejahen sein. Diese Notwendigkeit liegt im Falle des § 115 Ziff. 3 ZPO. z. B. vor, wenn der simultan zugelassene Amtsgerichtsanwalt beim Landgericht als Armenanwalt aufgestellt wurde (SächsOLG. **1913** 107). Es ist im übrigen nach billigem Ermessen zu beurteilen, ob eine mit besonders hohem Kostenaufwand verbundene Tätigkeit noch in den Pflichtenkreis des Armenanwalts fällt. (Vgl. M. Friedländer, JW. **1911** 352. Gl. M. Förster-Kann **1** 377.)

---

[1]) Das verkennt auch Förder (Recht **1914** 393), der annimmt, daß das Amtsgericht sogar um Beiordnung eines Armenanwalts zwecks Führung der Korrespondenz mit dem Prozeßbevollmächtigten ersucht werden könne.

[2]) Der z. Z. der Nationalversammlung vorliegende Gesetzentwurf sieht eine Änderung des hier geschilderten Rechtszustandes vor. Vgl. hiezu den am Ende dieses Kommentars erscheinenden Nachtrag.

b) Die Befreiung von den erwähnten Leistungen ist aber nur eine vorläufige. Sobald die Partei ohne Beeinträchtigung des für sie und ihre Familie notwendigen Unterhalts hiezu imstande ist, muß sie die einstweilen gestundeten Beträge nachzahlen (§ 125 ZPO.). Das Vorliegen eines Gerichtsbeschlusses gemäß § 126 ZPO. ist richtiger Ansicht nach keine Voraussetzung der Nachzahlungspflicht. So mit guter Begründung: Walter-Joachim § 1 Anm. 13; auch AKB. Frankfurt a. M., Posen, Dresden, Hamm in AKJahrB. **1891** 13; Hellwig System **1** 13; Skonietzki-Gelpcke ZPO. § 115 Anm. 8; EGH. **3** 129; **8** 129; **13** 62; Förster-Kann **1** 377. Anders die herrschende Meinung. Literatur bei Walter-Joachim a. a. O.; neuerdings: OLG. **29** 66 (Kiel); LG. Kiel SchleswHolstAnz. **78** (1914) 61. Anm. 9.

Wenn auch das Armenrecht mit dem Tode der Partei erlischt, so wirkt doch die durch das Gesetz normierte Stundung auch für die Rechtsnachfolger der Partei fort, bis die Voraussetzungen des § 125 ZPO. eingetreten sind. Ebenso: Schott, Armenrecht 140 und die dort Zitierten.

c) Jedes Verhalten des Anwalts, welches darauf abzielt, die Leistung der Dienste, deren Unentgeltlichkeit vorgeschrieben ist, von einer Gegenleistung abhängig zu machen, verletzt die Standeswürde und kann zu ehrengerichtlicher Bestrafung führen (vgl. z. B. EGH. **1** 115; **3** 125; **16** 354 usw.), u. z. selbst dann, wenn Bezahlung versprochen ist (EGH. **17** G. 74/14). Die bloße Annahme eines Entgelts oder eines Versprechens, das die Partei aus freier Entschließung und in voller Kenntnis der Rechtslage leistet, stellt eine Verfehlung nicht dar. Die Leistung darf aber keine für die Partei irgendwie drückende sein. Handelt es sich um eine Tätigkeit, die nicht mehr unter den Pflichtenkreis des Armenanwalts als solchen fällt (oben Anm. 8), so ist natürlich auch die Vereinbarung einer Vergütung hierfür nicht standeswidrig. Über unentgeltliche Vertretung außerhalb des üblichen Turnus vgl. EGH. **16** 327 und M. Friedländer AVNachr. **3** 89. Anm. 10.

Inwieweit der Armenanwalt vom Gesichtspunkt der Standespflicht aus berechtigt ist — abgesehen von den eben erwähnten, außerhalb des Pflichtenkreises eines Armenanwaltes liegenden Fällen — mit dritten Personen Vereinbarungen über die Vergütung zu treffen und Bezahlung von diesen anzunehmen, läßt sich nur von Fall zu Fall entscheiden. Vgl. hierzu M. Friedländer JW. **1911** 352; Jahresbericht der AK. Berlin **1914** 12, 17.

d) Zivilrechtlich sind die Vereinbarungen mit der armen Partei, welche gegen die Verpflichtung zur vorläufig unentgeltlichen Dienstleistung verstoßen, ungültig. Dies folgt, wie Schott Armenrecht 121 richtig ausführt, direkt aus den Bestimmungen der §§ 34 RAO., 115 ZPO. Zum gleichen Resultat gelangt Seuffert ZPO.[11] § 115 Anm. 3 b auf Grund des § 138 BGB., dessen Voraussetzungen sicherlich nicht immer vorliegen. Gegen die Anwendung des § 138: EGH. **12** 59. Uns. M. anscheinend: EGH. **8** 129. Die eben erwähnten Vereinbarungen sind auch nichtig, wenn sie vor der Beiordnung für den Fall derselben getroffen wurden (vgl. EGH. **8** 129). Anm. 11.

Zahlt die arme Partei an den Anwalt, wissend, daß sie hiezu nicht verpflichtet ist, so ist die Zurückforderung ausgeschlossen (§ 814 BGB.)[1]. Im entgegengesetzten Falle findet § 813 Abs. 2 BGB. keine Anwendung, weil ein dies incertus an vorliegt. Rückforderung findet nicht statt.

Die Honorarvereinbarung des Armenanwalts mit Dritten ist regelmäßig zivilrechtlich gültig. Der Anwalt darf aber nicht die Ausübung seiner Tätigkeit von der Zahlung des Honorars abhängig machen.

5. Auch hier ist ein Antrag erforderlich. Bezüglich der Form gilt das

[1]) Wenn nicht etwa in concreto die Voraussetzungen des § 817 Satz 1 BGB. vorliegen.

gleiche, wie bei § 33 (Anm. 15). Ein Anwaltszwang kommt hier — im Parteiprozeß — überhaupt nicht in Frage.

§ 35.

Gegen die Entscheidung, durch welche die Beiordnung eines Rechtsanwalts abgelehnt wird, steht der Partei die Beschwerde nach Maßgabe der Civilprozeßordnung zu.

Anm. 1. **I. Allgemeiner Inhalt.** Der Paragraph regelt das Beschwerderecht der Partei gegen den die Beiordnung ablehnenden Beschluß des Prozeßgerichts. Vgl. hiezu auch § 34 Anm. 1—3.

Anm. 2. **II. Spezieller Inhalt.**

1. Die Beschwerde ist zulässig „nach Maßgabe der ZPO.“. Dieser Zusatz hat keine sachliche Bedeutung und beruht darauf, daß man bei Schaffung der Bestimmungen der §§ 33—38 überhaupt nur an den Zivilprozeß gedacht hat, während die Fälle des Strafprozesses durch § 39 geregelt werden sollten. Das geht aus den Motiven 64, die auch beim Beschwerderechte vom „Prozeßgerichte“ sprechen, sowie aus dem Gesetze selbst (§ 33) deutlich hervor. Es war dem Gesetzgeber entgangen, daß ausnahmsweise auch im Strafprozeß — abgesehen von der Bestellung eines Verteidigers — eine Beiordnung nach Analogie der ZPO. erfolgen kann.

Daß nun in diesen Fällen auch nicht eine genaue, sondern nur eine entsprechende Anwendung der zunächst für den Zivilprozeß gedachten Bestimmung des § 35 RAO. stattzufinden hat, sollte ohne weiteres klar sein. Es richten sich also die Form der Beschwerde, die Frage, ob die Entscheidung eines Gerichts der betreffenden Art überhaupt anfechtbar sei, das Verfahren im einzelnen usw. durchaus nach Strafprozeßrecht. Auch bei § 419 Abs. 3 StPO., der bestimmt, daß für die Bewilligung des Armenrechts „dieselben Bestimmungen gelten, wie in bürgerlichen Rechtsstreitigkeiten“, ist man sich klar darüber, daß nicht wahllose Anwendung dieser Bestimmungen zu erfolgen hat und daß z. B. für das Beschwerdeverfahren die Bestimmungen der StPO. gelten, die Beschwerde gegen den amtsgerichtlichen Beschluß nicht etwa an die Zivilkammer, sondern an die Strafkammer geht usw. Vgl. Loewe, StPO.[14] § 419 Anm. 3; RGSt. **30** 143; OLG. München 8 89.

Nicht zu billigen ist daher die Entscheidung des BayObLGZ. **9** 666, wonach in einer Strafsache die Beschwerde gegen einen oberlandesgerichtlichen Beschluß trotz § 346 Abs. 3 StPO. mit Rücksicht auf die damals geltende ZPO. (Fassung vom 5. 6. 05) für zulässig und ein Zivilsenat des Obersten Landesgerichts als zuständig zur Entscheidung über die Beschwerde erklärt wurde! Zu einer solchen, unserem ganzen Prozeßrechte fremden Systemwidrigkeit bietet § 35 RAO. keinen Anlaß. Wollte man die ZPO. auf einen derartigen Fall wirklich restlos anwenden, so hätte auch § 7 Abs. 5 EGZPO. angewendet werden und vom Obersten Landesgericht entschieden werden müssen, ob es selbst oder das Reichsgericht zuständig sei. Nach welchen Normen hätte dies aber im Strafprozeß geschehen sollen? Gerade diese Erwägung zeigt, wie unmöglich der Weg ist, den das ObLG. hier beschritten hat.

Anm. 3. Auch für die freiwillige Gerichtsbarkeit gelten nicht die Vorschriften der ZPO., sondern die des FGG., soweit nicht die §§ 35, 36 RAO. selbst Abweichendes enthalten (aus § 35 folgt z. B., daß nur gegen die Ablehnung der Beiordnung, nicht gegen die Beiordnung selbst Beschwerde zulässig sein soll, Motive 64/5). Vgl. KGJ. **34** A 4/5. Näheres (auch Literatur) bei Keidel, FGG.[2] § 14 Anm. 16, 17; Josef, FGG.[2] § 14 Anm. 3.

Anm. 4. 2. Für die Beschwerde gilt aus den in Anm. 16 zu § 33 angeführten Gründen niemals Anwaltszwang. Ebenso DJZ. **1912** 577 (KG.) Im übrigen ist für die Form der Beschwerde im Zivilprozeß § 569 Abs. 2 ZPO. maßgebend.

3. Wie schon erwähnt, gibt es eine Beschwerde nur gegen die Ablehnung der Beiordnung, nicht gegen ihre Bewilligung. Ebenso muß aber auch die Beschwerde gegen einen Beschluß, der den Antrag auf nachträgliche Aufhebung der Beiordnung ablehnt (§ 33 Anm. 19), für unzulässig erklärt werden. Vgl. § 127 ZPO. Anm. 5.

§ 36.

Die Auswahl eines beizuordnenden Rechtsanwalts erfolgt durch den Vorsitzenden des Gerichts aus der Zahl der bei diesem zugelassenen Rechtsanwälte.

Gegen die Verfügung steht der Partei und dem Rechtsanwalte die Beschwerde nach Maßgabe der Civilprozeßordnung zu.

I. **Allgemeiner Inhalt:** Der Paragraph handelt — im Gegensatz zu dem allgemeinen Beschlusse auf Beiordnung eines Rechtsanwalts überhaupt — von der Auswahl des beizuordnenden Rechtsanwalts und von dem Recht der Beschwerde gegen diese Auswahl. Er bezieht sich nicht auf die Auswahl des Verteidigers, wohl aber auf den Fall des § 115 ZPO. Im Entmündigungsverfahren erfolgen Beiordnungsverfügung und Auswahl durch den Vorsitzenden. Analoge Anwendung des § 36 ist zulässig. Im übrigen vgl. bezüglich des Geltungsbereiches § 34 Anm. 1—3. Anm. 1.

II. **Die Auswahl des beizuordnenden Rechtsanwalts.** 1. Zur Auswahl berechtigt ist allein der „Vorsitzende des Gerichts". Anm. 2.

Darunter ist der Vorsitzende desjenigen Gerichts zu verstehen, welches im Zeitpunkt der Auswahl zur Entscheidung über die Beiordnung berufen wäre (vgl. Motive 63 oben § 33 Anm. 4).

a) Dies ist beim Landgerichte der Vorsitzende der betreffenden Kammer, beim OLG. der Senatspräsident, beim Amtsgericht der betreffende Amtsrichter, nicht aber der Präsident des Land- und Oberlandesgerichts oder der Amtsgerichtsvorstand. Die Richtigkeit dieser Auffassung ergibt sich daraus, daß das Gesetz unter dem Vorsitzenden des Gerichts stets den Vorsitzenden einer einzelnen Gerichtsabteilung versteht, während der Vorstand des ganzen Gerichts als solcher oder als Landgerichtspräsident usw. bezeichnet wird. (Vgl. einerseits §§ 140, 163 ZPO., anderseits § 299 Abs. 2 ZPO., §§ 58, 61 GVG.). Gl. M.: Berger § 36 Anm. 1; Struckmann-Koch ZPO.[9] § 115 Anm. 4; Förster-Kann **1** 376. In der Praxis wird dies zuweilen anders gehandhabt. Anm. 3.

OLG. Stuttgart WürttZR. **1912** 315 nimmt an, daß die Beiordnung durch das Prozeßgericht, die Auswahl aber durch den Vorsitzenden eines anderen Gerichts erfolgen könne, nämlich durch den ersuchten Richter. Dies ist schon oben § 34 Anm. 5 abgelehnt.

Erfolgt die Auswahl durch das Gericht statt durch den Vorsitzenden, etwa im Beiordnungsbeschluß, so ist dieselbe nicht gültig; denn aus der Mitunterschrift des Vorsitzenden folgt noch nicht, daß er der Auswahl zugestimmt hat; er kann auch überstimmt worden sein. Ebenso: OLG. Colmar ElsLothZ. **34** (1909) 538. A. M.: RG. GruchotsBeitr. **33** 1186; OLG. **27** 58 (München). Anm. 4.

b) Das Gericht, dessen Vorsitzender zur Auswahl zuständig ist, braucht nicht identisch zu sein mit dem Gericht, welches die Beiordnung vorgenommen hat. Verweist z. B. das Amtsgericht eine Sache, in der das Armenrecht bewilligt und ein Anwalt beigeordnet war, vor das Landgericht, so ist dort von dem Vorsitzenden eine neue Auswahl aus der Zahl der beim Landgerichte zugelassenen Anwälte zu treffen, wenn der vom Amtsgerichte bestellte Armenanwalt beim Landgerichte nicht zugelassen ist. Entsprechend ist zu entscheiden, wenn das Oberste Landesgericht Anm. 5.

das Armenrecht für die Revisionsinstanz bewilligt und dann die Sache an das Reichsgericht verwiesen hat. (Vgl. aber § 33 Anm. 4).

Anm. 6. 2. Die Auswahl muß durch den Vorsitzenden erfolgen, wenn der Beiordnungsbeschluß erlassen ist. (Vgl. RGZ. **87** 298). Weigert sich der Vorsitzende trotz Vorhandenseins tauglicher Anwälte (vgl. hierüber Anm. 7 ff.), die Auswahl vorzunehmen, so steht der Partei die Beschwerde gemäß §§ 567, 569 ZPO. bzw. nach der StPO. zu. Gl. M.: RG. JW. **1911** 49 Nr. 42. Sie hat aber keinen Anspruch auf Auswahl eines anderen Pflichtanwalts, wenn sie dem ihr zugeteilten RA. ohne zureichenden Grund keine Vollmacht gegeben oder die erteilte Vollmacht widerrufen hat (RG. JW. **1904** 368 Nr. 35; **1916** 197 Nr. 14).

Anm. 7. 3. Die Auswahl erfolgt aus der Zahl der beim Prozeßgerichte zugelassenen Rechtsanwälte.

Ob der Rechtsanwalt beim Prozeßgerichte unwiderruflich oder nur widerruflich zugelassen ist, ob er am Sitze desselben wohnt oder nicht, ist für die Zulässigkeit der Auswahl gleichgültig.

Anm. 8. Auszuscheiden sind diejenigen Rechtsanwälte, welche verpflichtet wären, die Übernahme der Vertretung abzulehnen (§ 31). Allein auch in allen jenen Fällen, in welchen zwar eine Verpflichtung zur Ablehnung nicht besteht oder zweifelhaft erscheint, in welchen jedoch aus persönlichen Gründen dem betreffenden Rechtsanwalt die Annahme des Mandats nicht zuzumuten ist, soll die Beiordnung dieses Anwalts unterbleiben. Dies trifft z. B. zu, wenn der Anwalt, ohne gerade Generalvollmacht zu besitzen, seit längerer Zeit die Gegenpartei regelmäßig vertritt, oder wenn dies auch nur bei dem Sozius des beizuordnenden Anwalts der Fall ist. Ferner, wenn die Partei den Rechtsanwalt beleidigt hatte, wenn dieser mit der Partei persönlich verfeindet oder mit dem Gegner nahe verwandt ist. Vgl. RG. SeuffA. **44** 214; KG. BuschsZ. **14** 331; ThürBl. **46** 320; OLG. Rostock MecklZ. **21** 242 und OLG. **8** 162; OLG. Karlsruhe JW. **1881** 138; RG. SchlHolstAnz. **51** 253; OLG. Kiel SchlHolstAnz. **50** 71; OLG. Cassel LZ. **1918** 1164 Nr. 15[1]). Nicht aber z. B., weil der Anwalt aus früherer Tätigkeit Gebühren von der Partei zu fordern hat: OLG. Frankfurt a. M. GoltdArch. **39** 359; RG. Recht **1904** 504. Ist aber die Gebührenforderung bei Gericht anhängig, so ist die Beiordnung nicht angemessen u. z. auch dann, wenn keine Einwendungen vorgebracht werden (vgl. EGH. **13** 64 ff.; Exk. II zu § 28 Anm. 8). A. M.: für den zuletzt erwähnten Fall: OLG. **5** 222 (Dresden). Kein Grund zur Nichtaufstellung des bisherigen Vertreters liegt dann vor, wenn dieser das Mandat gekündigt hatte, weil der Vorschuß aus Unvermögen nicht bezahlt wurde; OLG. **25** 83 (Hamburg); BuschsZ. **45** 496 = ElsLothZ. **1914** 406 (OLG. Colmar). A. M.: OLG. **35** 48 (KG.). Die Tatsache, daß der Rechtsanwalt den Anwaltsberuf nur als Nebenberuf ausübt, kommt ebenfalls nicht in Betracht: OLG. **23** 133 (KG).

Anm. 9. Innerhalb des Kreises der für die Beiordnung tauglichen Rechtsanwälte hat der Vorsitzende an sich die freie Wahl. Es ist jedoch fast allgemein üblich, eine bestimmte Reihenfolge, einen Turnus einzuhalten, damit die einzelnen Anwälte nicht ungleich belastet werden (vgl. Motive 64 und Löwenstein, JW. **1890** 325). Abweichungen von der Reihenfolge pflegen, abgesehen von den in Anm. 8 erwähnten Fällen, nur aus besonderen Gründen (Geschäftsüberlastung des Einzelnen, Notwendigkeit der Beiordnung eines erfahrenen Anwalts in schwierigen Sachen usw.) zu erfolgen. OLG. Breslau (OLG. **35** 47) hält eine Abweichung vom Turnus aus solchen Gründen für unzulässig. Allein so lange das Gesetz den Turnus nicht vorschreibt, bleibt die Abweichung im Einzelfalle eine Frage des richterlichen Ermessens.

[1]) Diese Entscheidung läßt berufliche Überlastung und Einberufung zum Heere, wenn sie die Zeit des RA. erheblich in Anspruch nimmt, als Ablehnungsgrund zu.

4. Die Verfügung des Vorsitzenden, welche die Auswahl des Rechtsanwalts enthält, ist sowohl der Partei als auch dem Rechtsanwalt durch Zustellung bekannt zu machen. Ist der Zivilprozeß anhängig, so muß die Zustellung auch an die übrigen Prozeßparteien erfolgen (§ 329 Abs. 3 ZPO.). Dagegen wird man im Strafprozeß annehmen müssen, daß die Auswahl des beigeordneten Anwalts den übrigen Prozeßbeteiligten nicht bekannt gemacht werden muß, weil sie von der Entscheidung nicht „betroffen" werden. (§ 35 StPO., Löwe[14] daselbst Anm. 2). Anm. 10.

5. Ist die Auswahl erfolgt, so kann sowohl die Partei als auch der Rechtsanwalt gegen die Verfügung Beschwerde einlegen und zwar „nach Maßgabe der ZPO.". Soweit es sich um Anwendung des § 34 auf den Strafprozeß handelt, richtet sich auch das Beschwerdeverfahren nach der StPO. Entsprechendes gilt für die freiwillige Gerichtsbarkeit (vgl. § 35 Anm. 2, 3). Anm. 11.

Wenn sich aus Form oder Inhalt der Beschwerde nicht ergibt, daß der Rechtsanwalt sie namens der Partei einlegt, so gilt sie von ihm als in eigenem Namen erhoben; eine Vermutung dafür, daß er nur als Parteivertreter handle, läßt sich hier nicht aufstellen.[1]) Dies ist wegen der Beschwerdekosten von Bedeutung. Vgl. BayObLGZ. (alte Folge) **10** 521.

a) Die Beschwerde darf sich nicht gegen die Beiordnung an sich, sondern nur gegen die Auswahl richten. Sie kann also nicht damit begründet werden, daß eine der Voraussetzungen der §§ 33 und 34 nicht vorläge. Selbst wenn es an dem Antrag auf Beiordnung fehlte und diese dennoch erfolgte, steht weder der Partei noch dem Anwalt ein Beschwerderecht zu. Die Partei kann durch die nicht beantragte Beiordnung nicht beschwert werden, da sie nicht verpflichtet ist, dem Anwalt Auftrag und Vollmacht zu erteilen. Anm. 12.

Der Anwalt aber hat um so weniger ein Interesse daran, die Beiordnung wegen fehlenden Antrags anzufechten, als ja die Partei, wenn sie ihm auf Grund der Beiordnung Auftrag erteilt, sich nachträglich mit jener einverstanden erklärt, und die Sache daher praktisch ebenso liegt, wie wenn von vorneherein der Antrag gestellt worden wäre. Im Resultat ebenso: OLG. Stuttgart, JW. **1882** 231. A. M.: RG. JW. **1882** 187; Stein § 115 Anm. V.

b) Die Beschwerde kann also in sachlicher Beziehung nur darauf gestützt werden, daß die Auswahl des Rechtsanwalts keine angemessene sei. Es können mithin alle jene Momente geltend gemacht werden, welche oben in Anm. 8 und 9 angedeutet wurden. Auch die Überlastung des einzelnen Anwalts, die unbegründete Abweichung vom üblichen Turnus usw. können vorgebracht werden. Bezüglich des Turnus gl. M.: OLG. **35** 47 (Breslau); a. M.: DJZ. **1908** 371 (OLG. Hamburg); OLG. **25** 83 (Hamburg). Natürlich sind die Gründe, welche der Anwalt vorbringen kann, nicht immer dieselben, wie diejenigen, an deren Geltendmachung die Partei ein Interesse hat: die Einhaltung der Reihenfolge wird z. B. meist nur den Anwalt, selten die Partei interessieren können. Auch formelle Mängel, z. B. Unzuständigkeit, können durch Beschwerde gerügt werden. Anm. 13.

Wegen Aussichtslosigkeit der Sache steht aber dem Anwalt kein Beschwerderecht zu. Ebenso: RGZ. **15** 340; OLG. Frankfurt a. M. bei Hergenhahn **1** 473; OLG. Kiel, Armenrecht 337; RG. JW. **1884** 138; OLG. Hamburg, SeuffA. **16** 87; Schott, SeuffA. **39** 115 ff.; OLG. Hamm, Recht **1907** 1053; OLG. **17** 130 (Colmar). Die Frage der Aussichtslosigkeit ist schon bei der Armenrechtsbewilligung bzw. Beiordnung zu prüfen und die Beschlüsse, die auf Grund Anm. 14

[1]) Rosenberg 526/7 meint, es habe sich noch nie ein Zweifel darüber ergeben, ob eine im Prozeß auftretende Person Partei oder Vertreter sei. Dies ist nicht zutreffend. Solche Zweifel tauchen in der Praxis z. B. bei Kostenfestsetzungsanträgen mit Rücksicht auf § 124 ZPO. sehr häufig auf. Auch der oben erwähnte Fall bildet ein Beispiel gegen Rosenbergs Annahme.

dieser Prüfung ergehen, sind, soweit sie dem Antrage stattgeben, unanfechtbar. Es kann daher nicht zulässig sein, diese Anfechtung auf dem Umwege einer Bekämpfung der die Auswahl enthaltenden Verfügung doch in das Verfahren einzuführen. Wenn im speziellen Falle der Anwalt sich persönlich gegen die Meinung des Gerichts bereits besonders festgelegt hat — vielleicht durch literarische Tätigkeit oder öffentliches Auftreten —, so wird er versuchen, durch Vorstellung bei dem Vorsitzenden eine Wiederaufhebung der Verfügung zu erwirken. Eine Beschwerde steht ihm nicht zu. Wenn auch hier — streng logisch genommen — nicht die objektive Grundlage des Beiordnungsbeschlusses bekämpft, sondern die persönliche Stellungnahme des auserwählten Anwalts zu der Anschauung des Gerichts geltend gemacht werden will, so läßt sich doch für die Praxis — will man Mißbräuche vermeiden — diese feine Unterscheidung nicht aufrecht erhalten. Vgl. Stranz, JW. **1909** 549 ff.

Anm. 15. c) Auch Umstände, welche erst nach Erlassung der die Auswahl treffenden Verfügung eintreten oder bekannt werden, können zur Begründung der Beschwerde angeführt werden.

Anm. 16. d) Bezüglich der Form und Zulässigkeit der Beschwerde vgl. noch § 35 Anm. 2, 3.

e) Wird die Beschwerde für begründet erklärt, so hat nicht das Beschwerdegericht, sondern der Vorsitzende, welcher die Verfügung erlassen hat, einen neuen Anwalt beizuordnen. (Berger § 36 Anm. 5; OLG. Jena ThürBl. **44** 233).

Anm. 17. 6. Treten Umstände der in Anm. 8, 9 bezeichneten Art erst nach erfolgter Auswahl hervor, so kann der Rechtsanwalt, auch wenn er das Mandat angenommen hat, und ebenso die Partei, bei dem Vorsitzenden, welcher die Auswahl getroffen hat, beantragen, den Anwalt seiner Stellung wieder zu entheben. Gegen die hierauf ergehende ablehnende Verfügung (vgl. auch oben Anm. 5) steht dem Rechtsanwalt bzw. der Partei ebenfalls die Beschwerde — wie oben, d. h. auch mit denselben Beschränkungen — zu. Vgl. RG. GruchotsBeitr. **33** 1186.

Dagegen hat die Partei gegen die Verfügung, durch welche der beigeordnete Rechtsanwalt von seiner Funktion enthoben wird, kein Beschwerderecht. Ebenso: RG. JW. **1911** 49 Nr. 42.

Ein Grund zum Enthebungsantrag liegt z. B. bei kränkendem Verhalten, ferner bei Nichterteilung der Vollmacht (z. B. im Eheprozesse; a. M.: OLG. **29** 63 [Düsseldorf]), bei pflichtwidrigem Verhalten des Anwalts und bei beharrlicher Verweigerung der Information vor. Im letzteren Fall a. M.: JW. **1888** 119 Nr. 7 (RG.); OLG. **29** 63 (Düsseldorf).

Anm. 17 a. 7. Ist der beigeordnete RA. aus rechtlichen oder tatsächlichen Gründen nicht mehr in der Lage, der Partei als Anwalt beizustehen (z. B. wegen Niederlegung der Anwaltschaft, wegen Einrückens zur mobilen Armee ohne Bestellung eines Generalsubstituten), so hat der Vorsitzende von Amts wegen einen anderen Pflichtanwalt auszuwählen (RGZ. **87** 298), Ein Recht auf Beiordnung eines anderen RA. hat die Partei jedoch nicht, wenn sie selbst ohne zureichenden Grund dem ihr beigeordneten Anwalt keine Vollmacht erteilt oder die erteilte Vollmacht widerrufen hat. (Oben Anm. 6; RG. JW. **1904** 368 Nr. 35; RGZ. **87** 298).

Anm. 18. **III. Die Annahmepflicht.**

Auf Grund der die Auswahl enthaltenden Verfügung des zuständigen Vorsitzenden ist der Rechtsanwalt, wenn er beim Prozeßgerichte zugelassen ist, zur Übernahme der ihm auferlegten Vertretung verpflichtet — vorbehaltlich der in § 38 gegebenen Ausnahmebestimmung[1]).

[1]) Hinsichtlich der Anwendbarkeit des § 38 auf die Fälle der §§ 668, 679 und 686 vgl. § 38 Anm. 1 und Exk. zu § 39 Anm. 12. Über den Fall der teilweisen Armenrechtsbewilligung nach dem soeben angenommen Gesetzentwurf über Teuerungszuschläge zu den Gebühren der RA. vgl. den unten folgenden Nachtrag zu diesem Kommentar.

Will der beigeordnete Rechtsanwalt die Funktion nicht übernehmen, so wird er regelmäßig den Antrag auf Enthebung von der Pflichtanwaltschaft stellen bzw. das Beschwerdeverfahren durchführen. Er ist auf einen dieser Wege beschränkt, wenn es sich lediglich darum handelt, Erwägungen der Billigkeit gegen die Auswahl als Pflichtanwalt geltend zu machen, wie Abweichung vom Turnus, berufliche Überlastung usw.

Es gibt aber auch Fälle, in welchen andere gesetzliche Bestimmungen die Ablehnung der ihm angesonnenen Tätigkeit dem Rechtsanwalt direkt zur Pflicht machen (§ 31 Ziff. 1—3 RAO.). So, wenn er durch Annahme des Mandats sich der Prävarikation schuldig machen oder eine Treulosigkeit gegen den Klienten seines Sozius begehen würde. Tritt eine solche Pflichtenkollision ein, so muß eine Abwägung der miteinander kollidierenden Pflichten erfolgen. Die geringer zu wertende Pflicht muß der höheren weichen. Will der Anwalt einer anderen Pflicht den Vorrang vor der Pflicht des Gehorsams gegenüber dem richterlichen Befehl einräumen, so tut er dies auf eigene Gefahr (ebenso OLG. Karlsruhe, BadAnn. 56 167; a. M.: RG. JW. **1914** 771 Nr. 16, wonach die richterliche Bestellung unbedingte Annahmepflicht begründen soll). Der richterliche Befehl deckt ihn stets, sofern er dem Gerichte das Tatsachenmaterial, auf Grund dessen er sich zur Ablehnung für berechtigt hält, unterbreitet hat.

Niemals kann der Anwalt seinen Ungehorsam gegenüber dem richterlichen Befehl damit rechtfertigen, daß er die Sache für aussichtslos und unvertretbar halte — auch nicht unter Heranziehung der allgemeinen Bestimmung des § 31 Ziff. 1 RAO., die dem Anwalt verbietet, frivole Sachen zu führen. Die Grundlagen des richterlichen Befehls, die Beiordnung und Armenrechtsbewilligung, die nach dem Gesetze unanfechtbar sind, müssen auch für den Anwalt maßgebend bleiben, wenn nicht die ganze Institution der Pflichtanwaltschaft illusorisch gemacht werden soll. Vgl. zum Vorstehenden: M. Friedländer, JW. **1911** 11 ff. A. M.: EGH. **1** 116; **1** 193 ff.; **3** 119;[1]) Bloem, DJZ. **1898** 186; AKB. Breslau, AKJahrB. **1883** bis **1885** 8; AKB. Frankfurt a/M. ebenda **1889** 15 u. a. Uns. M. Sydow-Jacobsohn § 36 Anm. 2; Rosenberg, DJZ. **1898** 123.

§ 37.

Die Mehrkosten, welche bei der Vertretung einer armen Partei durch den ihr beigeordneten Rechtsanwalt dadurch entstehen, daß der letztere seinen Wohnsitz nicht am Orte des Gerichts hat, ist die Gegenpartei zu erstatten nicht verpflichtet.

1. Der Paragraph enthält ebenso wie § 18 Abs. 5 eine Bestimmung über die Kostenerstattungspflicht. Soweit Erläuterungen notwendig sind, wurden sie bereits bei § 18 Anm. 13 ff. gegeben. Es wird daher auf diese Erläuterungen verwiesen. Anm. 1.

2. § 37 betrifft nur diejenigen Fälle, in welchen es sich nicht um die Vertretung bei einem Kollegialgerichte im Zivilprozesse handelt; für die letzteren gilt § 18 Abs. 5. Anm. 2.

Mithin hat § 37 nur für die Fälle des § 34 Bedeutung, aber auch insoweit, als diese Bestimmung auf den Strafprozeß Anwendung findet.

[1]) Es soll mit der grundsätzlichen Ablehnung des vom EGH. eingenommenen Standpunktes nicht gesagt sein, daß die angeführten Entscheidungen im Resultat unrichtig sein müssen. Nicht jede Pflichtverletzung ist ehrengerichtlich strafbar. Der formalen Pflicht, dem richterlichen Befehl Gehorsam zu leisten, kann im einzelnen Falle das moralisch durchaus gerechtfertigte Bewußtsein gegenüberstehen, durch Leistung des „schuldigen Gehorsams" der inneren Würde etwas zu vergeben. Dann ist der Ungehorsam entschuldbar, aber er bleibt eine Pflichtverletzung.

§ 38.

Im Falle des § 33 kann der beigeordnete Rechtsanwalt die Uebernahme der Vertretung davon abhängig machen, daß ihm ein nach den Vorschriften der Gebührenordnung zu bemessender Vorschuß gezahlt wird.

Anm. 1. 1. § 38 handelt von der Vorschußpflicht der Partei im Falle einer Beiordnung nach § 33.

Er begründet eine Ausnahme von der sonst bestehenden Annahmepflicht des Offizialanwalts (vgl. hiezu § 36 Anm. 18). Diese Ausnahme muß sinngemäß auch für den Fall des § 668 ZPO. gelten; denn auch hier liegt ein entgeltlicher Anwaltsvertrag vor und es ist nicht einzusehen, warum der RA., der nicht Armenanwalt ist, gehindert sein sollte, das vertragsmäßige Recht auf Vorschuß durch Verweigerung seiner Tätigkeit geltend zu machen. A. M.: Stein § 668 Anm. II; Förster-Kann 2 353. Siehe ferner § 36 Anm. 18 Fußnote 1; aber auch Exkurs zu § 39 Anm. 12.

Anm. 2. 2. Nach § 84 RAGebO. kann der Anwalt von seinem Auftraggeber „angemessenen Vorschuß" verlangen. Darüber, was hierunter zu verstehen ist, vgl. Exkurs vor § 30 Anm. 83. Bei Anwendung des § 38 kommen nur die mutmaßlichen Kosten der betreffenden Instanz in Betracht (s. § 33 Anm. 7).

Anm. 3. 3. Der Rechtsanwalt kann die Übernahme der Vertretung von der Vorschußzahlung abhängig machen; d. h. der Anwalt ist zum Abschlusse des Anwaltsvertrages erst dann verpflichtet, wenn der Vorschuß bezahlt ist (vgl. Exkurs zu § 39 Anm. 4). Auch zur Vornahme dringender Prozeßhandlungen besteht vorher eine zivilrechtliche Verpflichtung nicht. A. M.: Fürst, LZ. **1910** 186 ff.

Anm. 4. Dagegen ist folgendes hervorzuheben: Wenn der Pflichtanwalt ausnahmsweise berechtigt ist, die Vornahme des Mandats abzulehnen, so gilt doch auch für ihn in diesen Fällen die Mitteilungspflicht nach § 30 RAO. Der Notanwalt muß also das Verlangen nach Vorschuß ohne schuldhaftes Zögern der Partei kundgeben, da er sonst auf Ersatz des durch die Verzögerung erwachsenden Schadens haftet. Das gleiche gilt, wenn der Anwalt aus einem andern Grunde der Bestellung zum Pflichtanwalt — sei es nach § 33, sei es nach einer anderen Bestimmung — nicht Folge leisten will.

Anm. 5. 4. Der Rechtsanwalt kann auch nach Annahme des Mandats die Weiterführung von der Vorschußzahlung abhängig machen. Desgleichen kann er Erhöhung des Vorschusses fordern, wenn die ursprünglich berechneten Gebühren (z. B. infolge notwendiger Reisen) nicht ausreichen.

Anm. 6. 5. Im einzelnen ist auf die Kommentare zur RAGebO., insbesondere auf Walter-Joachim (Anm. zu § 84) zu verweisen. Vgl. auch unseren Exkurs vor § 30 Anm. 81 ff.

§ 39.

Für die Verpflichtung des Rechtsanwalts, in Strafsachen die Vertheidigung zu führen, sind die Bestimmungen der Strafprozeßordnung maßgebend.

In denjenigen Fällen, in welchen nach § 144 der Strafprozeßordnung die Bestellung des Vertheidigers durch den Vorsitzenden des Landgerichts oder den Amtsrichter zu erfolgen hat, stehen den am Sitze des Gerichts wohnhaften Rechtsanwälten die innerhalb des Bezirks desselben wohnhaften und bei demselben zugelassenen gleich. Auf Reisekosten und Tagegelder für die Reise nach dem Sitze des Gerichts haben dieselben keinen Anspruch.

Ein nach § 12 widerruflich zugelassener Rechtsanwalt kann in Erman-

gelung von Rechtsanwälten, welche im Bezirke des Gerichts wohnhaft sind, in den Fällen des § 144 der Strafprozeßordnung zum Vertheidiger bestellt werden.

I. Allgemeiner Inhalt. § 39 enthält eine Ergänzung bzw. Abänderung der strafprozessualen Bestimmungen über die Verteidigung, insbesondere über den Kreis der für die Bestellung zu Verteidigern in Betracht kommenden Rechtsanwälte. Anm. 1.

II. Die Bestimmung des Abs. 1. 1. § 39 Abs. 1 verweist bezüglich der Verpflichtung der Rechtsanwälte zur Übernahme von Verteidigungen auf die Bestimmungen der StPO. In dieser findet sich aber gar keine ausdrückliche Vorschrift hierüber, und das in den Motiven 65 enthaltene Zitat der §§ 140 ff. StPO. ist offensichtlich verfehlt. Bei Schaffung der StPO. hatte man absichtlich die Frage der Annahmepflicht nicht geregelt, weil dieselbe in die RAO. gehöre (Motive zur StPO. 84). Anm. 2.

Dennoch unterliegt es keinem Zweifel, daß die StPO. sowohl als auch die RAO. davon ausgehen, der Anwalt sei verpflichtet, die gerichtliche Bestellung zum Verteidiger anzunehmen, während die Annahme einer Wahlverteidigung seinem Ermessen anheim gegeben sein soll (vgl. Löwe, StPO.[14] § 144 Anm. 2b; Köhler, GS. **53** 212; Löwenstein, JW. **1890** 328).

Für das Gebiet der Militärstrafgerichtsbarkeit ist die Annahmepflicht in § 341 Abs. 3 MStGO. ausdrücklich statuiert. Wegen des heutigen Rechtszustandes bezüglich der Bestellung eines Verteidigers vor den Militärgerichten und vor anderen Gerichten vgl. Exk. zu § 39 Anm. 15. Anm. 3.

2. Die Verpflichtung besteht nur für die nach § 144 StPO. mit § 39 Abs. 2 und 3 RAO. bestellbaren Anwälte und auch für diese nur dann, wenn die Auswahl durch die zuständige Stelle verfügt wurde. Im übrigen vgl. den Exk. zu § 39. Anm. 4.

3. Auch im Strafprozeß ist zu unterscheiden: die Bestellung eines Verteidigers überhaupt und die Auswahl der zu bestellenden Person. Erstere erfolgt durch Beschluß des Gerichts, in dringenden Fällen durch den Vorsitzenden; die Auswahl erfolgt nur durch den Vorsitzenden. Gemeint ist der Vorsitzende desjenigen Gerichts, welches in dem betreffenden Stadium mit der Sache befaßt ist, beim Landgericht also der Vorsitzende der Strafkammer — auch für die Voruntersuchung; im Ermittlungsverfahren der Amtsrichter des Bezirks, in welchem die Ermittlungen erfolgen. Näheres bei Köhler, GS. **53** 173; Löwe, StPO.[14] § 144 Anm. 4; § 142 Anm. 2. Anm. 5.

Über die Bestellung eines Verteidigers behufs Anbringung von Revisionsanträgen beschließt das Gericht, bei welchem die Revisionsanträge und deren Begründung anzubringen sind: BayObLGSt. **1** 400.

4. Die Bestellung des Verteidigers kann auf Antrag oder von Amts wegen erfolgen (§§ 140 Abs. 3, 141 StPO.). Die Auswahl erfolgt stets von Amts wegen. Anm. 6.

5. Bei der Auswahl des Verteidigers sind im wesentlichen dieselben Grundsätze anzuwenden, wie sie in Anm. 8 und 9 zu § 36 dargelegt wurden. Besonders zu beachten ist § 146 StPO. Anm. 7.

6. Gegen die Ablehnung des Antrags auf Bestellung eines Verteidigers steht dem Angeschuldigten die Beschwerde zu; nicht jedoch gegen die Bestellung. Anm. 8.

Die Bestellung kann vom Gerichte wieder aufgehoben werden; dies muß geschehen, wenn ein Verteidiger gewählt wird und die Wahl annimmt (es sei denn, daß im Falle der notwendigen Verteidigung ein Verteidiger gewählt wird, der nach § 144 StPO. und § 39 RAO. nicht bestellt werden könnte: Löwe, StPO.[14] § 143 Anm. 3).

7. Gegen die Auswahl des Rechtsanwalts kann sowohl die Partei als auch der bestellte Verteidiger selbst Beschwerde einlegen. Diese richtet sich aus- Anm. 9.

schließlich nach den Vorschriften der StPO. (ebenso Motive 65; Berger § 39 Anm. 2; Meyer § 39 Anm. 2). Doch wird die Zulässigkeit der Beschwerde — trotz § 347 StPO. — nicht dadurch ausgeschlossen, daß die anzufechtende Verfügung im Hauptverfahren erlassen wurde; vgl. Löwe, StPO.[14] § 347 Anm. 4.

Anm. 10. 6. Der Vorsitzende oder Amtsrichter, welchem die Auswahl des Verteidigers zustand, kann sie wieder zurücknehmen, und zwar sowohl von Amts wegen als auch auf Antrag des Angeschuldigten oder des Verteidigers. Gegen die ablehnende Verfügung findet Beschwerde nach den Vorschriften der StPO. statt. Ist der bestellte Verteidiger nicht mehr in der Lage die Verteidigung zu führen (z. B. wegen Einberufung zum Heere), so hat der Vorsitzende von Amts wegen eine andere Person auszuwählen.. (Vgl. oben § 36 Anm. 17a). Die Auswahl wird von selbst gegenstandslos, wenn der Bestellungsbeschluß aufgehoben wird.

Anm. 11. **III. Welche Rechtsanwälte können bestellt werden?** 1. Nach § 144 Abs. 1 StPO. erfolgt die Auswahl aus der Zahl der am Sitze des betreffenden Gerichts wohnhaften Rechtsanwälte. Das Gericht, welches hier in Betracht kommt, ist dasjenige, dessen Vorsitzender oder Amtsrichter die Auswahl zu treffen hat. Reichsgerichtsanwälte können nur zu Verteidigern beim Reichsgerichte bestellt werden (§ 100 Abs. 2).

Anm. 12. 2. Nach § 39 Abs. 2 können nun, soweit die Auswahl durch den Strafkammervorsitzenden oder den Amtsrichter zu erfolgen hat, außer den am Sitze des Gerichts wohnhaften auch die nur innerhalb seines Bezirkes wohnenden, aber bei dem Gericht zugelassenen Rechtsanwälte zu Verteidigern bestellt werden. Fehlt es innerhalb des Gerichtsbezirkes an tauglichen Rechtsanwälten, so kann auch ein nach § 12 widerruflich zugelassener, also im Bezirke eines anderen Landgerichts wohnhafter Rechtsanwalt bestellt werden.

Anm. 13. a) Es ist zu beachten, daß die Ausnahme von § 144 StPO. nur Platz greift, wenn der Vorsitzende des Landgerichts, d. h. der Strafkammer, oder der Amtsrichter die Auswahl des Verteidigers zu treffen hat, nicht aber z. B. wenn die Bestellung durch das OLG. als Revisionsgericht erfolgt. Dies wird übersehen von Meyer § 39 Anm. 1 (S. 67).

Anm. 14. b) Soweit eine Bestellung nach § 39 Abs. 2 erfolgt, kann der Rechtsanwalt für die Reise nach dem Gerichtssitz keine Reisekosten und Diäten beanspruchen. Diese Vorschrift entspricht der des § 37 und ist ebenso unbillig wie die letztere. Sie findet keine Anwendung auf den Fall des § 39 Abs. 3. (Gl. M.: Meyer § 39 Anm. 1).

Exkurs zu § 39.

Die rechtliche Stellung des Pflichtanwalts[1]).

Anm. 1 **I. Begriff und Anwendungsfälle.**

Wir sprechen von Pflichtanwaltschaft, wenn der Rechtsanwalt eine anwaltschaftliche Funktion, weil er Anwalt ist, übernehmen muß. Ein Rechtsanwalt, welcher zum Vormund bestellt wird, ist als solcher — trotz § 1785 BGB. — nicht Pflichtanwalt. In dem oben erwähnten Sinne besteht nun eine öffentlich-rechtliche Pflicht zur Übernahme anwaltschaftlicher Funktionen im Zivil- oder Strafprozesse in folgenden Fällen:

---

[1]) Vgl. hiezu (die Stellung der Armenanwälte betr.): Strauß JW. **1905** 195; Goldfeld JW. **1905** 273; Nissen JW. **1905** 273; Ehrenwerth, JW. **1905** 275; Fuchs JW. **1905** 333; Westrum JW. **1905** 567; Breslauer. Die rechtliche Stellung des Armenanwalts im Zivilprozeß, Leipzig 1894; Schott, Das Armenrecht der deutschen ZPO. Jena 1900; Strenz auf dem **XIX.** deutschen Anwaltstage (JW. **1909** 549 ff.); Weisbecker JW. **1919** 375.

1. für den Armenanwalt (§ 115 Ziff. 3 ZPO., § 34 RAO.)[1]),
2. für den Notanwalt im Falle des § 33 RAO.,
3. für den nach § 668 ZPO. im Entmündigungsverfahren beigeordneten Anwalt (vgl. hiezu: SächsOLG. **34** 428),
4. für den Fall der Beiordnung nach §§ 679 Abs. 3, 686 Abs. 2 ZPO.,
5. für den zum Verteidiger bestellten Rechtsanwalt.

Diese 5 Fälle sondern sich in 2 Gruppen von prinzipiell verschiedener Art. Zur ersten Gruppe gehören die Fälle 1—3, zur zweiten die Fälle 4 und 5.

II. Die erste Gruppe der Pflichtanwälte. Anm. 2.

1. Bei der ersten Gruppe handelt es sich um lauter Fälle, in welchen vertragliche Beziehungen zwischen der Partei und dem Pflichtanwalt hergestellt werden sollen. Es wird heute nicht mehr bezweifelt, daß es ausschließlich von dem Willen des Klienten abhängt, ob er dem beigeordneten Armenanwalt usw. Auftrag und Vollmacht erteilen will, und daß er ihm jederzeit — ohne Mitwirkung des Gerichts — das Mandat entziehen kann. (Vgl. aus neuester Zeit: JW. **1916** 197 Nr. 14; RGZ. **89** 42; JW. **1919** 318 Nr. 20.) Da der Armenanwalt ebenso wie ein anderer Prozeßbevollmächtigter durch seine Handlungen unmittelbar für die Partei Rechte und Pflichten begründet, so müßte man, wenn es nicht einer Bevollmächtigung durch die Partei bedürfte, annehmen, daß ihn das Gericht als eine Art curator ad hoc, als gesetzlichen Vertreter der Partei bestellte; so: RGZ. **21** 369 für den Fall des § 668 ZPO. Dagegen mit Recht: KGJ. **33** B 34; Rosenberg 555/6; ElsLothZ. **1913** 372 (OLG. Colmar). Dann könnte aber auch die Partei ihm keine Weisungen mehr erteilen, er hätte höchstens den Anordnungen des Gerichts zu folgen und die Partei vermöchte auch nicht, ihm die staatlich verliehene Vollmacht zu entziehen. Dafür, daß eine solche Bevormundung der Parteien vom Gesetze gewollt wäre, fehlt jeder Anhalt; das Gegenteil steht außer Zweifel.

2. Der Streit dreht sich heute nicht mehr sowohl um die Frage, ob zwischen der Partei und den Pflichtanwälten der ersten Gruppe ein Vertrags- und Vollmachtsverhältnis[2]) begründet werden muß, als um die Frage, auf welche Weise der Vertrag zustande kommt und auf welche Weise das Vollmachtsverhältnis entsteht und nachzuweisen ist.

a) Aus dem oben Gesagten ergibt sich, daß grundsätzlich der die Auswahl treffende Vorsitzende nur die Funktion hat, der Partei einen Anwalt zur Verfügung zu stellen, an den sie sich wenden kann, und der verpflichtet ist, ihre Vertretung zu übernehmen. Es ist also der Partei überlassen, den Vertrag mit dem Anwalt zu schließen, und dieser muß, wenn er keinen Ablehnungsgrund hat, das Angebot der Partei annehmen. Dieses Angebot kann nun freilich schon vor der Beiordnung erklärt werden; z. B. dann, wenn die Partei die Auf- Anm. 3.

[1]) Im Falle des § 116 ZPO. besteht für die Anwälte keine Verpflichtung, der Beiordnung Folge zu leisten. Ebenso: Schott, Armenrecht 131. Dagegen ist es nach der Fassung des Gesetzes nicht zu bezweifeln, daß die Beiordnung eines Anwalts auch im Falle des § 116 mit seiner Zustimmung zulässig ist. Ebenso: Leiendecker, BayZ. 7 305; Petersen-Remelé, ZPO.[5] § 116 Anm. 3. A. M.: Stenger, BayZ. 7 304; Vogt, SeuffBl. **74** 730; Förster-Kann **1** 380. Auch bezüglich des Vertreteramts nach der BRV. 14. 1. 15 besteht für Rechtsanwälte keine Verpflichtung zur Annahme (LG. Hamburg DJZ. **1916** 147; Ring DJZ. **1915** 137; Landsberg, PosMSchr. **1915** 46; weitere Literatur bei Wassermann-Erlanger Kriegsgesetze[3] 344).

[2]) Daß der Pflichtanwalt der ersten Gruppe von der Partei bevollmächtigt sein muß, ist herrschende Meinung: RGZ. **47** 431; RGSt. **39** 120; OLG. Jena ThürBl. **41** 250; Breslauer 8 ff. (mit guter historischer Beweisführung); Schott Armenrecht 108 ff.; Hellwig **2** 416 Anm. 51. A. M.: AKB. Jena AKJahrB. **1893** 15; RGSt. **26** 100. Weitere Literatur bei Rosenberg 556 Note 3.

Die zivilprozessuale Frage, wann der Pflichtanwalt im Sinne des § 176 ZPO. als bestellter Prozeßbevollmächtigter (dem Gegner gegenüber) gilt, ist hier nicht zu erörtern. Vgl. hiezu RG. JW. **1917** 44 Nr. 13 = RGZ. **89** 42.

stellung eines bestimmten Anwalts beantragt. Wenn in diesem Falle das Gericht dem Antrag stattgibt und der beigeordnete Anwalt von der Sachlage erfährt — es kommt auch häufig vor, daß er selbst den Antrag auf seine Beiordnung gestellt hat — so ist ihm indirekt das Angebot der Partei zugegangen und er hat es unverzüglich anzunehmen. Das entsprechende gilt, wenn die Partei in dem Antrag erklärt hat, daß ihr jeder Anwalt als Pflichtanwalt recht sei, und dies dem beigeordneten Anwalt bekannt gemacht wurde; dagegen ist es nicht angängig anzunehmen, daß im Zweifel diese Erklärung in jedem Antrag auf Beiordnung eines Pflichtanwalts enthalten sei; vgl. Nissen JW. **1905** 273; RG. JW. **1900** 471 Nr. 12; OLG. Hamm in HammAK. (neue Folge seit 1912) **2** 6. Das würde zu einer unerträglichen Unsicherheit und Unklarheit der Rechtsverhältnisse führen. Schon wegen der Haftung nach § 89 ZPO. muß der Anwalt bestimmt wissen, ob er beauftragt und bevollmächtigt ist. Richtig: RG. JW. **1919** 318 Nr. 20 = RGZ. **94** 342.

Anm. 4. b) Die Auswahl durch den Vorsitzenden begründet die Pflicht des Anwalts, die Vertragsofferte der Partei anzunehmen. Diese Pflicht ist auch eine zivilrechtliche (vgl. hierüber im einzelnen: M. Friedländer, JW. **1911** 11 ff.). Sie bedeutet aber nicht, daß mit der bloßen Übermittelung des Angebots an den Anwalt der Vertrag zustande gekommen wäre, sondern nur, daß der Anwalt verpflichtet ist, das Angebot anzunehmen, und hierzu gezwungen werden kann. (Ebenso für den entsprechenden Fall des § 453 HGB.: Biermann, JheringsJ. **32** 267 ff.; Staub, HGB.[9] § 453 Anm. 5, 15; vgl. auch Heymann, JW. **1917** 758. A. M.: Fürst, LZ. **1910** 186 ff.). Daß dies zutreffend ist, folgt schon daraus, daß die Verpflichtung zur Annahme des Angebots keine unbedingte ist: es gibt, wie wir bei § 36 Anm. 18 gesehen haben, Ablehnungsgründe, die teils nur auf dem Wege der Gegenvorstellung und Beschwerde, teils auch auf eigenes Risiko — ohne Anrufung des Gerichts — von dem Anwalt geltend gemacht werden können. Ob solche Ablehnungsgründe durchschlagend sind, ist häufig äußerst zweifelhaft. Wie will sich nun mit solchen Fällen die Theorie des Vertragsschlusses durch einseitige Erklärung abfinden? Entweder es bliebe nach dieser Theorie die Frage, ob ein Vertrag zustande gekommen sei, oft auf unbestimmte Zeit in der Schwebe (denn wenn in concreto keine Annahmepflicht besteht, kann auch die Annahme der Offerte nicht unterstellt werden); oder man müßte annehmen, daß auch der Anwalt, der sich nach seiner Meinung durch die Übernahme des Mandats einer strafbaren Prävarikation schuldig machen würde, an den betreffenden Klienten vertraglich gebunden und lediglich darauf angewiesen sei, eine nachträgliche Lösung des Vertragsverhältnisses herbeizuführen.

Der Wortlaut des § 38 RAO., der gewiß nicht allein ausschlaggebend sein würde, bestätigt die hier vertretene Anschauung: wenn der Anwalt die Übernahme der Vertretung von der Vorschußzahlung abhängig machen kann, so bedarf es zur Begründung des Vertragsverhältnisses eines Willensaktes von seiten des Anwalts (ebenso Stein § 115 Anm. V; OLG. Hamm in HammAK. (neue Folge) **2** 6. A. M. Fürst, LZ. **1910** 186 ff. Unentschieden: RG. ZBlFG. **1915** 487 = JW. **1914** 771 Nr. 16).

Anm. 5. c) In den Fällen, in welchen der Anwalt seine Vollmacht urkundlich nachzuweisen hat, gilt das gleiche Erfordernis auch für den Pflichtanwalt der ersten Gruppe. Doch kann hier der Fall so liegen, daß der Antrag der Partei im Zusammenhalt mit der gerichtlichen Verfügung als schriftliche Vollmacht im Sinne des § 80 ZPO. anzusehen ist. Vgl. oben Anm. 3; fernee JW. **1919** 318.

Anm. 6. d) Aus dem Gesagten ergibt sich, daß eine zivilrechtliche Verpflichtung des Anwalts, für die Partei tätig zu werden, allerdings erst mit dem Augenblick entsteht, in welchem ihm das Angebot der Partei zugegangen ist, daß aber dieser

Moment zuweilen schon früher eintritt als man gemeinhin annimmt, und durchaus nicht immer erst dann, wenn die Partei nach erfolgter Beiordnung sich direkt an den Anwalt wendet. Soweit nach den oben Anm. 3 gegebenen Ausführungen das Angebot der Partei dem Anwalt noch nicht zugegangen ist, kann er dadurch, daß er eine Tätigkeit für die Partei nicht entfaltet (vorbehaltlich der Vorschrift des § 30 RAO.; unten Anm. 8), niemals zivilrechtlich haftbar werden. Grundsätzlich verfehlt: RGZ. **41** 367; JW. **1904** 386 Nr. 12 (die übrigens beide nicht auf Grund des jetzt geltenden Rechtes ergangen sind).[1]) Zutreffend: RG. JW. **1919** 318 Nr. 20 = RGZ. **94** 342.

Die Anstandspflicht des Anwalts verlangt übrigens trotz des Gesagten zweifellos, daß der Anwalt, wenn er einer Partei beigeordnet wird, solche Maßnahmen nicht unterläßt, welche einerseits unaufschiebbar sind, anderseits den Rechtsanwalt nicht in die Gefahr eigener Haftung oder Verantwortung bringen. Dabei ist wiederholt darauf hinzuweisen, daß § 89 ZPO. auch auf den Pflichtanwalt Anwendung findet. Vgl. KG. JW. **1905** 333. Dasselbe meint offenbar Goldfeld, wenn er JW. **1905** 273, ausführt, der Pflichtanwalt habe vor Erteilung der Vollmacht nicht einmal ein Recht, für die Partei zu handeln. Die Befugnisse des Anwalts bestimmen sich in solchen Fällen nach den Vorschriften über die Geschäftsführung ohne Auftrag (§§ 677 ff. BGB.) Unzutreffend: Löber, DRAZ. 947. Anm. 7.

3. Über die Verpflichtung des Rechtsanwalts, nach Maßgabe des § 30 RAO. die Ablehnung des Angebots der Partei gegenüber unverzüglich zu erklären, vgl. § 38 Anm. 4. Anm. 8.

4. Die Verpflichtung des Anwalts, das Vertragsangebot der Partei anzunehmen, ist, wie wir gesehen haben, nicht nur eine Standespflicht, deren Verletzung ehrengerichtliche Bestrafung nach sich ziehen kann, sondern auch eine zivilrechtliche Verpflichtung, eine obligatio ex lege. Eine Zuwiderhandlung gegen diese Verpflichtung ist nicht die Verletzung einer Vertragspflicht; denn ein Vertrag ist ja noch nicht geschlossen. Sie muß aber trotzdem hinsichtlich der Rechtsfolgen ebenso behandelt werden, wie die Verletzung einer Vertragspflicht, und der Rechtsanwalt kann ganz gewiß nicht besser gestellt werden, wenn er auf den Eingang des Vertragsangebots hin gänzlich untätig bleibt, als wenn er zwar die Annahme des Vertrages erklärt und dadurch die Partei in Sicherheit wiegt, dann aber keine Tätigkeit entfaltet. Deshalb muß man annehmen, daß im ersteren Falle die Schadensersatzpflicht in demselben Umfang eintritt, wie im zweiten. Es kommt also vor allem hinsichtlich der Haftung für Vertreter § 278 BGB., aber auch hinsichtlich der Verjährung § 32a RAO. zur Anwendung.

5. Die Beendigung der Funktionen des Pflichtanwalts der ersten Gruppe. Anm. 9.

Es handelt sich bei den folgenden Ausführungen nur darum, festzustellen, wann die aus den speziellen Normen über die Pflichtanwaltschaft resultierende Verpflichtung des Offizialanwalts, für die Partei tätig zu werden oder tätig zu bleiben, aufhört. Durchaus verschieden hiervon ist die Frage, wie lange seine Verpflichtung auf Grund des speziellen, mit der Partei geschlossenen Anwaltsvertrages dauert und wann nach außen hin die Vollmacht erlischt. Diese Frage entscheidet sich nach den allgemeinen zivil- und prozeßrechtlichen Grundsätzen. Vgl. hiezu: Breslauer 30; Rosenberg 872; Schott, Armenrecht 110;

---

[1]) Die Meinungen über die hier erörterten Fragen gehen im einzelnen stark auseinander. Vgl. insbes. Nissen, Ehrenwerth, Fuchs, Strauß, Westrum, Goldfeld a. a. O.; ferner Rosenberg 618; Förster-Kann **1** 267/8; Hellwig **2** 431; LG. Schweidnitz BreslauAK. **1911** 25; Stein § 115 Anm. V; KG. JW. **1905** 333; OLG. Dresden, BuschsZ. **32** 354; Bayerwaltes, Vertragsverhältnis zwischen Anwalt und Klienten (Diss. 1918) 39 ff.

Stein Anm. zu § 122; Seuffert, ZPO.[11] § 122 Anm. 1. Unrichtig: KG. bei Hergenhahn **1** 109 ff.

Die aus den Normen über die Pflichtanwaltschaft resultierende Verpflichtung des Offizialanwalts erlischt:

a) mit dem Tode des Pflichtanwalts;

b) mit dem Ausscheiden aus der Zahl der beim Prozeßgerichte zugelassenen Anwälte. Dieser Fall kann auch dadurch eintreten, daß das Prozeßgericht wechselt: das oberste Landesgericht verweist die Sache an das Reichsgericht, das Amtsgericht verweist den Rechtsstreit an das Landgericht, bei welchem der Armenanwalt nicht zugelassen ist;

c) mit Rücknahme oder Aufhebung der die Auswahl treffenden Verfügung;

d) mit Aufhebung des Beiordnungsbeschlusses;

e) bezüglich der Armenanwälte mit Erlöschen des Armenrechts (§§ 121, 122 ZPO.)[1]);

f) mit dem Tode der Partei oder dem Aufhören ihrer Parteifähigkeit, da die Beiordnung nur zugunsten einer bestimmten Person erfolgt; zutreffend: Breslauer 29;

g) mit Beendigung der Aufgabe, zu deren Erfüllung der Rechtsanwalt der Partei beigeordnet wurde; also regelmäßig mit Beendigung der Instanz; vgl. § 32 Anm. 45, § 33 Anm. 7;

h) Mit der definitiven Erklärung der Partei, daß sie von dem beigeordneten Anwalt nicht oder nicht mehr vertreten sein wolle. Um die Annahmepflicht neuerdings zu begründen, würde es einer neuen Beiordnung des Anwalts bedürfen.

i) mit dem Eintritt oder Bekanntwerden eines Grundes, welcher den Anwalt ausnahmsweise berechtigt, der Beiordnung keine Folge zu leisten: § 36 Anm. 18[2]).

Anm. 10. **III Die zweite Gruppe der Pflichtanwälte.**

1. In den Fällen der 2. Gruppe handelt es sich um etwas ganz anderes als bei den bisher erörterten Fällen der Pflichtanwaltschaft. Der nach §§ 679, 686 ZPO. beigeordnete Rechtsanwalt wird nicht erst durch einen Vertrag mit der Partei deren Vertreter, er ist vielmehr ein curator ad hoc für eine prozeßunfähige Partei, deren allgemeiner gesetzlicher Vertreter den Prozeß nicht führen will. So jetzt die gemeine Meinung. A. M.: Mankiewicz JW. **1909** 402. Gegen diesen mit näherer Begründung: M. Friedländer JW. **1909** 641.

Auch bei dem nach der StPO (oder der MStGO.) bestellten Verteidiger bedarf es zur Begründung seiner Verteidigerstellung keiner Willensäußerung der Partei. Die Bestellung tritt hier wie in den Fällen der §§ 679, 686 ZPO. *selbst gegen den Willen* des Beschuldigten bzw. Entmündigten oder seines gesetzlichen Vertreters in Kraft.

Anm. 11. 2. Die Bestellung des gesetzlichen Vertreters und des Verteidigers begründet weder ein Vertragsverhältnis zwischen der Partei und dem Anwalt noch zwischen diesem und dem Staate. Es handelt sich vielmehr um einen öffentlichrechtlichen Verwaltungsakt, durch welchen die Stellung des Verteidigers bzw. gesetzlichen Vertreters unmittelbar begründet wird. Gl. M.: Hellwig, System **1** 190/1; Bayerwaltes a. a. O. 45; vgl. ferner Exkurs vor § 30 Anm. 21; unrichtig: Walter-Joachim § 1 Anm. 14 und Vorb. zum 4. Abschnitt Anm. 20; Reidnitz, Der Arbeitsvertrag des Rechtsanwalts 10 ff.

Sobald also die Bestellung erfolgt ist, ist die Vollmacht des gesetzlichen Vertreters begründet, ist der Angeklagte nicht mehr ohne Verteidiger. Eine andere

---

[1]) S. o. § 36 Anm. 18 S. 210 Fußnote 1.

[2]) Liegt dieser Fall vor, so ist auch *zivilrechtlich* ein wichtiger Grund für den RA. gegeben, den Anwaltsvertrag zu kündigen, während andernfalls die Kündigung eine Vertragsverletzung darstellt. RG. JW. **1914** 771 Nr. 16 läßt die Kündigung *nur* zu, wenn zuvor Enthebung von der Pflichtanwaltschaft erfolgt ist.

Frage ist die, ob der Anwalt **unbedingt** verpflichtet ist, als gesetzlicher Vertreter oder Verteidiger tätig zu werden. Hier kann nichts anderes gelten, als das oben zu § 36 Anm. 18 Gesagte. Es kann auch hier höhere Pflichten geben, als die Pflicht zum Gehorsam. Niemand wird z. B. dem Anwalt zumuten dürfen, eine offensichtliche Prävarikation zum Schaden eines anderen Mandanten zu begehen. Wird auf Reklamation oder Beschwerde die Bestellung oder Beiordnung aufgehoben, so ist der Rechtsanwalt bis zum Erlaß des neuen Beschlusses allerdings Verteidiger oder gesetzlicher Vertreter gewesen, seine Legitimation kann für die Zwischenzeit nicht bestritten werden; das folgt aus dem Wesen der hier in Betracht kommenden Stellungen und für die ges. Vertretung speziell aus § 32 FGG. (ebenso: Hellwig, System **1** 190; derselbe, Grenzen der Rückwirkung 1907 S. 34); der Rechtsanwalt ist jedoch möglicherweise frei von Verantwortung für den Schaden, der durch seine Untätigkeit entstanden ist; vgl. hiezu unten Anm. 13.

3. Über die Vergütung des Verteidigers trifft § 150 StPO. Bestimmung. Anm. 12.
Vgl. hierzu Exkurs vor § 30 Anm. 21.

Dem Spezialkurator nach §§ 679, 686 ZPO. wird sinngemäß — aus dem bestehenden Quasikontraktsverhältnisse — ein Anspruch auf die gesetzlichen Gebühren zuzugestehen sein (ebenso Stein § 679 Anm. II, Seuffert ZPO.[11] § 679 Anm. 2; OLG. Frankfurt a. M. FrankfRundsch. **1909** 82). Auch die in der letztgenannten Entscheidung vertretene Meinung, daß der gesetzliche Vertreter Anspruch auf Vorschuß habe, ist zutreffend. Er darf jedoch die Übernahme der Tätigkeit nicht von der Vorschußzahlung abhängig machen; ebenso: Förster-Kann **2** 360.

4. Verweigert der Rechtsanwalt **pflichtwidrig** die Ausübung der ihm übertragenen Verteidigerfunktion, so haftet er gemäß § 823 Abs. 2 BGB. auf Schadensersatz. Gl. M.: Hellwig **2** 136. A. M. anscheinend Fürst LZ. **1910** 188. Anm. 13.

Der Spezialkurator haftet nach Analogie des § 1833 BGB. seiner Partei bei schuldhafter Schadenszufügung.

5. **Die öffentlich-rechtliche Verpflichtung des Anwalts endigt** in den Fällen der zweiten Gruppe: Anm. 14.

a) mit dem Tode des Anwalts;

b) mit der Zurücknahme oder Aufhebung der Bestellung oder der Auswahl. Die Zurücknahme der Bestellung des Verteidigers **muß** erfolgen, wenn ein Verteidiger gewählt wird und die Wahl annimmt (§ 143 StPO.; eine Ausnahme s. o. § 39 Anm 8). Die Zurücknahme muß ferner auf Antrag des Verteidigers erfolgen, wenn die Beziehungen desselben zu dem Gerichte, von welchen die Verpflichtung zur Übernahme der Verteidigung abhängt (vgl. § 39 Anm. 11 ff.), fortgefallen sind. Die Zurücknahme der Beiordnung des Spezialkurators muß erfolgen, wenn der ordentliche gesetzliche Vertreter bereit ist, den Rechtsstreit zu übernehmen (Hellwig, System **1** 190);

c) beim Spezialkurator mit dem Ausscheiden desselben aus dem Kreise der beim Prozeßgerichte zugelassenen Rechtsanwälte;

d) mit dem Tode der Partei;

e) mit Beendigung der Aufgabe des Pflichtanwalts (vgl. im einzelnen Köhler GS. **53** 340; auch RGSt. **40** 4; SächsOLG. **1908** 481).

IV. Soweit die Vorschriften der Prozeßgesetze und der RAO. über die Pflichtanwälte auf andere Gebiete Anwendung finden (z. B. nach § 14 FGG.) gelten die vorstehenden Ausführungen analog.[1]) Bemerkenswert ist, daß § 341 Abs. 3 MStGO. auch eine Verpflichtung zur Annahme von **Wahlverteidigungen** festsetzt. Insoweit finden die Grundsätze entsprechende Anwendung, welche oben für die Fälle der ersten Gruppe aufgestellt wurden. Allerdings ist es zweifelhaft, Anm. 15.

---

[1]) Vgl. auch Art. 15 BayGes. über die Volksgerichte 12. 7. 19 u. § 37 MinBek. 19. 7. 19.

ob § 341 Abs. 3 angesichts der Bestimmung in Ziff. III der Verordnung vom 5. 12. 18 noch Geltung beanspruchen kann. Nach dieser Vorschrift kann jeder bei einem deutschen Gerichte zugelassene RA. als Verteidiger bestellt werden. Doch dürfte dies hinsichtlich der Auswahl nur mit der aus § 144 Abs. 1 StPO. folgenden Einschränkung zu verstehen sein.

Im ehrengerichtlichen Verfahren gegen Rechtsanwälte kann die Bestellung eines Rechtsanwalts zum Verteidiger erfolgen; das Ehrengericht wie der EGH. können nur solche Anwälte bestellen, die am Orte des Gerichtssitzes wohnen, der EGH. also alle in Leipzig wohnenden, nicht nur die beim RG. zugelassenen Rechtsanwälte (§ 144 StPO.; § 39 RAO. findet keine Anwendung, da es bei den Ehrengerichten keine Zulassung gibt). Auch hier gilt für den bestellten Verteidiger die Annahmepflicht. Nicht minder in den Fällen der §§ 8, 11 des (noch geltenden)[1]) Schutzhaftgesetzes vom 4. 12. 1916. Hier kommen neben den am Amtsgerichtssitze wohnenden, auch die bei dem Amtsgerichte zugelassenen, im Gerichtsbezirke wohnhaften Anwälte in Betracht (§ 39 RAO.).

§ 40.

Der Rechtsanwalt ist verpflichtet, den im Vorbereitungsdienste bei ihm beschäftigten Rechtskundigen Anleitung und Gelegenheit zu praktischen Arbeiten zu geben.

Anm. 1. **I. Allgemeiner Inhalt.** Der Paragraph regelt die Verpflichtung des Rechtsanwalts, für die Ausbildung der bei ihm beschäftigten Referendare (Rechtspraktikanten) Sorge zu tragen.

Anm. 2. **II. Spezielles.** Der Vorbereitungsdienst ist nach § 2 Abs. 3 GVG. zum Teil bei den Rechtsanwälten zu absolvieren. Während dieser Zeit, deren Dauer landesrechtlich geregelt ist, soll der Referendar die anwaltschaftliche Berufstätigkeit gründlich kennen lernen und Gelegenheit haben, sich durch praktische Arbeiten möglichst vielseitig auszubilden.

Deshalb statuiert das Gesetz die im § 40 normierte Verpflichtung der Rechtsanwälte. Sie beschränkt sich auf die Gewährung von Anleitung und Gelegenheit zu praktischen Arbeiten. Natürlich kann der Rechtsanwalt dem Referendar nur insoweit praktische Arbeiten übertragen, als sich solche für ihn selbst durch seine Berufstätigkeit ergeben. Bietet sich aus Mangel an Praxis hiezu für den Anwalt keine Gelegenheit, so kann eine Pflichtverletzung nicht vorliegen.

Der Rechtsanwalt ist nicht gehalten, dem Referendar theoretischen Unterricht zu erteilen oder etwa aus erledigten Akten eine Art „Praktikum" herzustellen; unter „praktischen Arbeiten" sind vielmehr nur solche Arbeiten zu verstehen, welche für die Praxis zu fertigen bzw. zu verrichten sind.

Anm. 3. **III. Die Pflicht zur Beschäftigung von Referendaren überhaupt.** 1. Das Gesetz enthält keine Vorschrift darüber, ob bzw. unter welchen Voraussetzungen der Rechtsanwalt zur Beschäftigung von Referendaren überhaupt verpflichtet ist.

In der RTKomm. war eine diesbezügliche Bestimmung vorgeschlagen worden: die Anwaltskammern sollten die Aufgabe haben, die Grundsätze festzustellen, nach welchen der Vorstand den Anwälten die Referendare zuzuweisen habe. KommB. 32, 33.

Der Antrag, eine solche Bestimmung aufzunehmen, wurde jedoch in der RTKomm. abgelehnt.

Anm. 4. 2. Nun folgt aus § 2 Abs. 3 GVG., daß der Anwaltstand mit dazu berufen ist, bei der Ausbildung der jungen Juristen, welche die erste Prüfung bestanden haben, mitzuwirken. Der einzelne Rechtsanwalt muß daher notwendigerweise zur Erfüllung dieser Aufgabe beitragen, sofern er nicht triftige Gründe zur Ablehnung

---

[1]) DJZ. **1919** 487.

hat. Ebenso: Finger, Kunst des RA.[2] 46. Der Vorstand der Anwaltskammer wird nach § 49 Abs. 1 Ziff. 1 RAO. dafür Sorge zu tragen haben, daß diese Pflicht seitens der Kammermitglieder erfüllt werde. Im äußersten Falle bleibt nur ehrengerichtliche Bestrafung übrig. Die „tristigen Gründe" lassen sich allgemein nicht aufzählen. Selbstverständlich wird man hier allen Umständen, auch rein persönlichen Verhältnissen des Anwalts, in weitgehendem Maße Rechnung tragen müssen; ein Zwang wird nur in extremen Fällen auszuüben sein.

Die Zuweisung der im Vorbereitungsdienste befindlichen Rechtskundigen an einen Rechtsanwalt ist Sache der LJV., und deshalb kann auch nur diese die Grundsätze über Auswahl der betreffenden Anwälte aufstellen (vgl. Meyer Anm. zu § 40). Eine Zuweisung durch den AKV. im Wege der Aufsicht nach § 49 Ziff. 1 RAO. ist ausgeschlossen, weil es sich dabei um Auferlegung eines positiven Tuns handeln würde. Deshalb können auch die Geschäftsordnungen hierüber nichts bestimmen, und in der Tat enthält auch keine derselben eine diesbezügliche Norm.

Landesrechtlich sind hinsichtlich der Auswahl der für den Vorbereitungsdienst (Anm. 5.) in Betracht kommenden Rechtsanwälte mehrfach Bestimmungen getroffen worden, in Bayern z. B. des Inhalts, daß bei jedem Rechtsanwalt regelmäßig nur ein Rechtspraktikant im Vorbereitungsdienste stehen darf.

IV. Das Rechtsverhältnis zwischen dem Anwalt und dem im Vorbereitungsdienst bei ihm beschäftigten Rechtskundigen hängt zunächst von der getroffenen (Anm. 6.) Vereinbarung ab. Meist wird eine solche vorliegen. Wird der Referendar gegen Bezahlung angestellt — wobei ein etwa dem Referendar gegenüber bestehendes dienstliches Verbot zivilrechtlich nicht in Betracht kommt —, so liegt ein Dienstvertrag vor. Ist dies nicht der Fall, so handelt es sich um ein reines Auftragsverhältnis gemäß §§ 662 ff. BGB. oder auch um eine Reihe einzelner Aufträge.

Ob in dienstlicher Beziehung — abgesehen von der Ausbildung — der (Anm. 7.) Rechtsanwalt als Vorgesetzter des Referendars erscheint, entscheidet sich nach Landesrecht.

Der Referendar ist Gehilfe des Rechtsanwalts im Sinne des § 183 Abs. 2 (Anm. 8.) ZPO. So RGZ. **4** 425; Berger § 40 Anm. 2; Sydow-Jacobsohn § 40 Anm. 2.

V. Der Rechtsanwalt kann auch andere wissenschaftliche Hilfsarbeiter beschäftigen, insbesondere Rechtskundige, welche die zweite Staatsprüfung bestanden (Anm. 9.) haben („Konzipienten"). Auch diese werden als Gehilfen im Sinne des § 183 Abs. 2 ZPO. anzusehen sein, sowie sie auch zweifellos unter denselben Begriff nach § 300 StGB. fallen.

Vielfach ist es aber auch üblich, daß Rechtsanwälte selbst bei anderen (Anm. 10) Anwälten als Angestellte mit festem Gehalt[1]) fungieren. In einzelnen Teilen Deutschlands, bes. in Bayern, handelt es sich hier um eine historisch begründete, auch nach Inkrafttreten der RAO. beibehaltene Sitte (vgl. Weißler, Gesch. der Rechtsanwaltschaft 527). Man hat behauptet, daß ein solches Verhältnis unter allen Umständen gegen die Standesehre verstoße und ehrengerichtliche Bestrafung nach sich ziehe. So: Rosenberg, JW. **1906** 679; Lang, JW. **1913** 81 ff. A. M.: Ehrenwerth, JW. **1906** 705; Cahn, JW. **1913** 309; AKJahrB. **1913** 11 Nr. 12; RG. JW. **1907** 30 Nr. 9 (unrichtig wiedergegeben in SächsArch. **6** 56; ausführ.

[1]) Daß der „Konzipientanwalt" ebenfalls als Gehilfe im Sinne des § 183 Abs. 2 ZPO. anzusehen ist, wird nach der Definition des Reichsgerichts (RGZ. **4** 425) anzunehmen sein. Danach ist Gehilfe eines RA. „jeder, welcher zu einem RA. in ein dauerndes Dienstverhältnis getreten ist behufs Wahrnehmung solcher zur Ausübung des Anwaltsberufs erforderlicher Geschäfte, welche nicht bloß Schreiber- oder Botendienste sind". A. M.: OLG. **15** 104 (München). Eine Degradation der Konzipientanwälte bedeutet diese begriffliche Subsumtion so wenig wie für die Referendare und Assessoren. Die entsprechende Frage erhebt sich übrigens auf dem Gebiet der Angestelltenversicherung. Vgl. hiezu Baum, JW **1912** 105; Deiler, BreslauAK. **25** 42; Lindemann, JW. **1915** 1240.

licher als in JW. abgedruckt in ZIndR. **1907** 155). Vgl. auch Stranz, DJZ. **1907** 404 und EGH. **14** 172.

Dies ist jedoch in solcher Allgemeinheit nicht zutreffend. Die feste Bezahlung (welche übrigens häufig auch wieder mit einem Gewinnanteil oder mit vollem Bezug des aus eigenen Mandaten erzielten Gewinnes verbunden ist) verstößt für sich allein noch nicht gegen die Würde des Anwaltsstandes. Es gibt sicherlich nicht wenige Fälle, in welchen der auf ein Fixum gesetzte Anwalt wirtschaftlich, moralisch und bei Ausübung der Praxis unabhängiger ist, als andere formell selbständige oder in einer eigentlichen Sozietät befindliche Rechtsanwälte.

Über hierher gehörige kriegsrechtliche Fragen vgl. M. Friedländer JW. **1914** 913; Josef, GruchotsBeitr. **59** (1915) 396.

Für die Stellung, die dem Konzipienten im einzelnen Falle zukommt, ist weniger das Rechtsverhältnis maßgebend, in welchem er zu seinem „Chef" steht, als die Natur und das Verhalten der in Betracht kommenden Persönlichkeiten. Eine gewisse Abhängigkeit des Jüngeren von dem Älteren, des Neulings von dem erfahrenen Praktiker wird stets vorhanden sein, mag es sich um eine eigentliche Assoziation oder um ein Konzipientenverhältnis handeln.

Allerdings **kann** die Stellung des Konzipienten im einzelnen Falle auch eine unwürdige und die Anstellung daher eine unzulässige sein, ja es kann zivilrechtliche Nichtigkeit des Vertrages nach § 138 BGB. vorliegen (vgl. Exkurs vor § 30 Anm. 13 ff.) Wann diese Voraussetzungen gegeben sind, läßt sich allgemein kaum bestimmen. In der Praxis wird man sich wegen dieser Dinge nur in extremen Fällen, in denen offenbar anstößige Verträge vorliegen (vgl. z. B. EGH. **2** 107), dazu entschließen, in die Interna der Anwaltskanzleien einzudringen.

Exkurs zu § 40.

Die Anwalts-Sozietät.[1])

Anm. 1. **I. Begriff und rechtliche Natur.**

1. Unter Anwaltssozietät im eigentlichen Sinne versteht man die **dauernde Vereinigung mehrerer Rechtsanwälte, welche die Berufsausübung der einzelnen im Interesse und auf Rechnung aller Sozien unter Benützung gemeinsam zu treffender Einrichtungen bezweckt.** Ob die Sozien an Gewinn und Verlust zu gleichen oder ungleichen Teilen partizipieren, ist für die Begriffsbestimmung ohne Belang.

Anm. 2. Es gibt aber auch **andere** Berufsvereinigungen von Anwälten, welche sich teilweise äußerlich wie eigentliche Anwaltssozietäten darstellen: so, wenn ein Rechtsanwalt den andern durch Dienstvertrag[2]) gegen ein jährliches Fixum — eventuell auch unter Belassung der Einnahmen aus eigenen Mandaten, z. B. Offizialsachen — anstellt, oder mehrere Anwälte lediglich zur Ersparung von Kanzleiunkosten ein gemeinsames Bureau mieten und gemeinsames Personal halten, im übrigen aber eine streng getrennte Kassenführung haben. Wir sprechen in solchen Fällen, im

[1]) Literatur: Josef, GruchotsBeitr. **44** 413 ff. (im folgenden nur mit „Josef" zitiert); derselbe: LZ. **2** 680 ff.; JW. **1912** 511 und KGBl. **1916** 61 ff.; Goertz, JW. **1912** 629; Schierlinger, SeuffBl. **72** 851 ff.; Horwitz AWNachr. **6** 122. Vgl. auch RGSt. **48** 377; RG. in SächsArchR. **1916** 369.

[2]) Die Beifügung der Worte „durch Dienstvertrag" ist in dieser Auflage erfolgt, weil Reidnitz, Der Arbeitsvertrag des Rechtsanwalts 14, anscheinend annimmt, daß der Ausdruck „uneigentliche Sozietät" einen Gegensatz zum Dienstvertrag andeuten soll. In Wirklichkeit soll er nur darauf hinweisen, daß es sich um Vereinigungen handelt, die nach außen einer Sozietät gleichsehen. Auf Grund der neuesten Praxis des RG. kann man allerdings zu der Anschauung gelangen, daß der festbezahlte Konzipient auch Gesellschafter sei (so JW. **1915** 1428 Nr. 3). Dieser Meinung, die mit Recht bekämpft worden ist, können wir aber nicht beipflichten (Literatur siehe in JW. **1917** 819 Nr. 2).

Gegensatz zu der eigentlichen, von einer uneigentlichen Anwaltssozietät. So oft im folgenden von „Anwaltssozietät" schlechthin gesprochen wird, ist stets nur die eigentliche Anwaltssozietät gemeint.

2. Die Anwaltssozietät ist eine Gesellschaft im Sinne des BGB. (Ebenso: Oertmann, LZ. **1916** 201.) Die erste Auflage bezeichnete sie im Anschluß an Josef 417 nur als gesellschaftsähnliches Rechtsverhältnis.[1]) Allein in Wirklichkeit trifft die Begriffsbestimmung des § 705 BGB. — auch wenn man ihren engeren Auslegungen folgt — auf die Anwaltssozietät zu. Nur darüber muß man sich klar sein, daß die Berufsausübung der Sozien selbst nicht im Namen der Gesellschaft erfolgt. Die Kostenforderungen sind nicht Gesellschaftsvermögen; aber was der Einzelne einnimmt, hat er zu verteilen oder zur gemeinsamen Kasse abzuliefern. — Daß sich auf Grund von Übung und Parteiabsicht mancherlei Besonderheiten ergeben, wird die Einzeldarstellung zeigen. Anm. 3.

II. Die rechtliche Stellung der Sozien zu dem Klienten. Anm. 4.

A. Wer ist Gegenkontrahent des Auftraggebers? 1. Schließt der Klient ausdrücklich nur mit einem der Sozien den Anwaltsvertrag ab, so steht er an sich mit den anderen in keinem Rechtsverhältnis. Rechte und Pflichten entstehen dann nur für denjenigen Rechtsanwalt, mit dem der Vertrag geschlossen wurde. Daß ein solches Vertragsverhältnis gewollt sei, kann sich auch aus den Umständen ergeben (vgl. unten Anm. 11, 12).

Bemerkenswert ist für den Abschluß der Verträge, daß nach der Verkehrssitte jeder Sozius zur Übermittlung von Aufträgen und zum Abschluß von Anwaltsverträgen für die anderen Sozien als ermächtigt gilt. Anm. 5.

2. Die Absicht der Parteien kann ferner die sein, daß einer oder der andere von den Sozien — nach deren Wahl — die anwaltschaftlichen Dienste leisten soll, daß aber nach getroffener Wahl nur der eine, welcher die Dienstleistung übernommen hat, berechtigt und verpflichtet sein soll. Dann liegt ein „subjektiv-alternatives Schuldverhältnis" vor und es finden die §§ 262, 263 BGB. entsprechende Anwendung (vgl. Staudinger § 421 Anm. 3 bes. b). Anm. 6.

Der Fall kommt vornehmlich bei größeren Sachen, welche in einer Hand bleiben sollen, vor.

3. Der Anwaltsvertrag kann mit allen oder mehreren Sozien in der Weise abgeschlossen sein, daß die betreffenden nebeneinander tätig werden und daher auch alle besonders honoriert werden sollen (§ 2 RAGebO.). Dieser Fall ist bei Sozietäten sehr selten und praktisch ohne Bedeutung. Anm. 7.

4. Der praktisch wichtigste Fall ist der, da der Vertrag mit allen — oder mehreren — Sozien geschlossen wird, jedoch mitder Maßgabe, daß immer nur einer der Sozien — und zwar nach deren Wah — die anwaltschaftlichen Dienste zu leisten braucht. Auch innerhalb der Denstleistung können dann regelmäßig die einzelnen Sozien unter sich alternieren, soweit nicht die Interessen der Partei hiedurch gefährdet werden. Anm. 8.

Die ebenerwähnte Parteiintention wird vermutet, wenn der Klient mit mehreren Sozien kontrahiert[2]).

In welchen Fällen liegt aber ein Vertragsschluß mit mehreren Sozien vor? Sicherlich dann, wenn der Klient sich ausdrücklich a diese wendet (sei es mit Namensnennung, sei es durch eine Kollektivbezeichnung wie „das Anwaltsbureau Hochstraße 1" usw.) und die angegangenen Sozien sämtlich das Mandat annehmen, was auch durch einen einzelnen als Vertreter geschehen kann — z. B. wie es in Norddeutschland üblich ist, so, daß ein Stempel mit den Worten: „Die Rechts- Anm. 9.

[1]) Vgl. hiezu auch: Silberschmidt, GoldschmidtZ. **79** (1916) 465.

[2]) Auf diesen Fall beziehen sich auch, wenn nichts anderes gesagt ist, alle folgenden Ausführungen.

anwälte A und B, durch . . ." vorgedruckt wird und dann die Unterschrift: „Rechtsanwalt B" folgt.

Nach der Verkehrssitte kann auch nicht anders zu entscheiden sein, wenn in einem solchen Falle nur ein Sozius antwortet. Auch hier ist anzunehmen, daß die Annahme der Offerte für alle Sozien erfolgen soll (s. o. Anm. 5). Das gleiche gilt, wenn die Vorschußzahlung an alle Sozien geschieht (EGH. **10** 152) oder wenn das Honorarversprechen allen Sozien geleistet wird.

Anm. 10. Wir werden noch einen Schritt weiter gehen müssen. Auch wenn die Partei nur einem der Sozien den Auftrag erteilt — vielleicht weil sie von dem Bestehen der Sozietät gar keine Kenntnis hat — so will sie doch im Zweifel mit demjenigen kontrahieren „den es angeht"[1]), d. h. mit allen Sozien, da diese eben regelmäßig die Anwaltsverträge alternierend erledigen. Nur wenn besondere Umstände oder ausdrückliche Erklärungen auf einen gegenteiligen Willen der einen oder anderen Partei hinweisen, ist die erwähnte Vermutung ausgeschlossen.

Anm. 11. Dieser Ausnahmefall liegt z. B. regelmäßig vor, wenn einer der Sozien als Pflichtanwalt aufgestellt wurde und zwar selbst dann, wenn — der bequemeren Sachbehandlung halber und zwecks jederzeitiger Legitimation nach außen — die Vollmacht allen Sozien erteilt ist[2]). In diesen Fällen fehlt regelmäßig der Wille der übrigen Sozien, sich dem Klienten gegenüber zu verpflichten und — soweit es sich um Armensachen handelt — zweifellos der Wille der Partei, Gebührenschuldnerin der anderen Sozien zu werden. (Ebenso, jedoch unter Beschränkung auf Armensachen: Josef 425; gut: OLG. Frankfurt a. M. JW. **1916** 887; nicht zutreffend: OLG. Colmar LZ. **1916** 831 = ElsLothZ. **1917** 46; vgl. hiezu im einzelnen: M. Friedländer JW. **1916** 519).

Anm. 12. Ferner kann einer der Sozien spezieller Vertrauensanwalt einer Partei und ihr Wunsch, nur von diesem vertreten zu werden, ein für allemal so deutlich erklärt sein, daß selbst die scheinbare Auftragserteilung an den anderen Sozius in Wahrheit nur ein mit dem Vertrauensmann durch einen Vertreter geschlossener Vertrag ist. In wichtigeren Strafsachen wird meist nur die Verteidigung durch einen Sozius gewollt sein. Auch der Umstand, daß der Sozius, welcher allein ausdrücklich beauftragt wurde, beim Prozeßgerichte zugelassen ist, der andere nicht, kann zur Widerlegung der oben aufgestellten Vermutung dienen. Ob dies der Fall ist, hängt vor allem von der lokalen Verkehrssitte ab. Wenn sich eine auswärtige Partei, um eine Berufung beim Kammergerichte durchzuführen, einen bei diesem Gerichte zugelassenen Anwalt empfehlen läßt und ihm Auftrag erteilt, so

[1]) Der gleiche Grundsatz muß zur Anwendung kommen, wenn der Anwalt in Wirklichkeit nur Angestellter des anderen ist; dann kommt der Vertrag regelmäßig nur mit dem „Chef" zustande; anders, wenn die Partei erkennbar nur mit dem Konzipienten abschließen wollte, dieser aber seine Absicht für den Chef zu kontrahieren, nicht zum Ausdruck brachte (§ 164 Abs. 2 BGB.). — Immer muß jedoch der Grundsatz gelten, daß die in uneigentlicher Sozietät zusammenarbeitenden Anwälte, wenn sie sich dem Publikum gegenüber wie eigentliche Sozien gerieren, von demjenigen, der im Vertrauen hierauf einen Anwaltsvertrag abschließt, wie eigentliche Sozien behandeln lassen müssen. Ebenso Josef LZ. **1908** 680; JW. **1912** 51; KGBl. **1916** 61. Soll, wie es häufig vorkommt, der fest bezahlte Kollege auch nach der getroffenen Vereinbarung nach außen hin völlig selbständig auftreten (also nicht lediglich als Vertreter des anderen Anwalts kontrahieren), so ist das Rechtsverhältnis nach außen vollständig so zu behandeln, als ob eine eigentliche Sozietät vorläge — auch wenn der Klient von der festen Bezahlung Kenntnis hat. Vgl. hiezu Kaufmann JW. **1916** 886.

[2]) Die Erteilung der Vollmacht an alle Sozien beweist noch nicht den Abschluß eines Anwaltsvertrages mit allen. In der ersten Auflage wurde aber gesagt, daß sie eine Vermutung hiefür begründe, die durch besondere Umstände (s. o. Anm. 11 und 12) widerlegt werden könne. (Ebenso OLG. Hamburg JW. **1916** 519 gegen OLG. **18** 95; **22** 293 [Hamburg]; vgl. auch RG. JW. **1914** 468 Nr. 8). Dieser Vermutung bedarf es nicht mehr, wenn man der oben Anm. 10 vertretenen, weitergehenden Ansicht folgt. Vgl. übrigens hiezu jetzt auch: Josef KGBl. **1916** 61 ff.

wird regelmäßig nur mit ihm ein Vertrag zustande kommen, da in Berlin die strenge Durchführung des Lokalisierungsprinzip auch anwaltschaftliche Sitte ist. Anders z. B. in München, wo innerhalb der Sozietät übungsgemäß gar kein Gewicht darauf gelegt wird, ob der die Sache behandelnde Sozius auch der beim Prozeßgerichte zugelassene ist, und wo auch bei Gericht der nicht zugelassene Sozius sehr häufig als Substitut auftritt.

Daß es viele Fälle gibt, in welchen die Frage, ob nur ein Sozius oder mehrere als Vertragsgegner erscheinen, zweifelhaft sein kann, wird niemand bestreiten. Kaufmann hat (JW. **1916** 883) eine Reihe von interessanten Beipielen hiefür gegeben. Die von ihm angeführten Fälle lassen sich aber sicherlich nach den hier angedeuteten Grundsätzen lösen, und die Mannigfaltigkeit und Kompliziertheit der Fälle kann gewiß nicht dazu führen, daß man an dem Problem vorbeigeht oder die Fragestellung für unrichtig erklärt.

5. Überträgt einer der Anwälte selbst „der Sozietät" die Führung einer Sache, so wird ein regulärer Anwaltsvertrag mit den übrigen Sozien anzunehmen sein. An den Gebühren nimmt aber auch der den Auftrag gebende Sozius teil. Handelt es sich um Beitreibung von Deserviten, so geschieht sie im Zweifel auf gemeinschaftliche Kosten, und zwar auch dann, wenn nur e i n e r der Sozien seine Gebührenforderung (im Interesse der gemeinschaftlichen Kasse) einklagt. In allen diesen Fällen kann der klagende Anwalt für seine Person keine Gebühren aus der Gesellschaftskasse verlangen; er müßte sie ja sofort wieder an die gemeinsame Kasse abführen[1]). Barauslagen sind ihm zu erstatten, aber auch nur wirkliche Barauslagen, nicht z. B. Diäten, Reisegebühren usw. Anm. 13.

B. S o w e i t h i e n a c h m e h r e r e S o z i e n a l s V e r t r a g s k o n t r a h e n t e n i m S i n n e d e r A u s f ü h r u n g e n sub A 4 e r s c h e i n e n, e n t s t e h t e i n R e c h t s v e r h ä l t n i s, w e l c h e s a l s G e s a m t s c h u l d v e r h ä l t n i s z u b e h a n d e l n ist. (Gl. M.: Josef 422/424.) Anm. 14.

Doch macht die Eigenart der Rechtsbeziehungen verschiedene Abweichungen von den Vorschriften über die Gesamtschuldverhältnisse notwendig; insbesondere muß in viel weiterem Umfange, als es bei diesen Vorschriften der Fall ist, ein gegenseitiges Einstehen der Gesamtschuldner für einander angenommen werden.

1. Anwendung finden zunächst die Bestimmungen der §§ 422, 423 BGB. über die Tilgung der Obligation.

Verzichtet der Klient auf eine einzelne Dienstleistung, z. B. auf den Vollzug einer zuvor angeordneten Vollstreckung, so genügt regelmäßig die Mitteilung an e i n e n der Sozien, um alle zu befreien (ebenso: Josef 428). Auch § 424 BGB. findet Anwendung; dies ist z. B. — wie Josef 428 zutreffend hervorhebt — von Bedeutung für die Anwendung des § 32 Abs. 2 RAO.: fordert ein Sozius die Partei zur Empfangnahme von Handakten auf, so entfällt nach Ablauf der sechsmonatlichen Frist auch für den anderen die Pflicht zur Aufbewahrung.

[1]) Vom Gegner sind natürlich die Gebühren einzuziehen. Einen interessanten Fall entschied das LG. Berlin II (KGBl. **1914** 19): Mehrere Sozien wurden als Streitgenossen verklagt; zwei von ihnen traten mit V e r t r e t u n g s vollmacht im Prozesse auf. Die Klage wurde abgewiesen. A l l e Sozien liquidierten die Gebühren gesondert und das LG. hat ihrem Antrage voll entsprochen. Jeder Streitgenosse dürfe sich einen eigenen Anwalt nehmen und dessen Kosten vom Gegner fordern; dasselbe müsse gelten, wenn die Streitgenossen als Anwälte sich selbst vertreten. Anders wäre entschieden worden, wenn z. B. zweien der Anwälte von allen Sozien P r o z e ß vollmacht erteilt worden wäre. — Diese Entscheidung berücksichtigt m. E. nicht das Vorhandensein des Sozietätsverhältnisses. In Prozessen, die von einem oder mehreren Sozien für Dritte geführt werden, können im Zweifel immer nur die einfachen Gebühren liquidiert werden. Das gehört zum Wesen der Sozietät. Vertreten sich die Sozien selbst, so kann aber nichts anderes gelten, als wenn sie Dritte vertreten. Hier einen Unterschied zu machen, je nachdem Prozeßvollmacht oder Vertretungsvollmacht oder gar keine Vollmacht erteilt wurde, entspricht uns. E. nicht dem Wesen der Sache.

Anm. 15. 2. Die wichtigste Frage ist die der Haftung für gegenseitiges Verschulden. Sie ist — trotz § 425 Abs. 2 BGB. — allgemein dahin zu beantworten, daß jeder Sozius für das kontraktliche Verschulden des anderen haftet, soweit es sich um Anwaltsverträge handelt, welche für die betreffenden Sozien als gemeinsame gelten. Die Regel des § 425 gilt nur, soweit sich nicht aus dem Schuldverhältnis ein Anderes ergibt. Hier aber ergibt sich die stillschweigende, gegenseitige Garantie der Sozien aus dem konkreten Schuldverhältnisse. Es würde dem Anwaltsstande schlecht anstehen, wenn bei gemeinsamen Verträgen mehrerer Sozien nicht einer für den anderen einstehen wollte, und jeder die Verantwortung für eine Tätigkeit ablehnen könnte, welche nur infolge der zufälligen inneren Geschäftseinteilung nicht von ihm selbst ausgeübt wurde. Was aber der richtigen Auffassung von den Pflichten des Anwaltsstandes allein gemäß ist, muß im Zweifel auch als Absicht der Parteien angenommen werden. Dazu kommt, daß die Haftung für das Verschulden des Mitkontrahenten bei der Eigenart des Rechtsverhältnisses (Zulässigkeit alternierender Tätigkeit der Sozien) ein unbedingtes Verkehrsbedürfnis ist. Der Klient ist häufig gar nicht in der Lage, festzustellen, welcher der Sozien den Fehler begangen hat. Die Auskunftspflicht über diese Frage, die Oertmann nach § 242 BGB. jedem beteiligten Sozius auferlegen will, ist — wenn sie de iure existiert — praktisch jedenfalls ein höchst unzureichendes Aushilfsmittel, das möglicherweise den Klienten mit sehr erheblichen Prozeßkosten (bei Insolvenz eines der auf Auskunft verklagten Sozien) belastet und überaus großen Zeitverlust bewirkt. Dieses Mittel versagt zudem gänzlich bei derjenigen Art des Verschuldens, welche die größte Rolle spielt, nämlich bei den Unterlassungen, bei denen sich überhaupt nicht feststellen läßt, wer von den Kontrahenten sie „begangen" hat.

A. M.: Sydow-Jacobsohn § 28 Anm. 2; Josef 429 ff.; Eckstein SeuffBl. **77** 427; Noest-Plum RGEntsch. **85** 32; Oertmann LZ. **1916** 199; Kaufmann JW. **1916** 883; Pfahler MittAGAnw. **6** 45.

Uns. M.: Staudinger § 425 Anm. 3 b γ; Goertz JW. **1912** 629; Josef JW. **1912** 511; LZ. **1907** 683; OLG. Breslau BreslauAK. **1915** 56; KGBl. **1916** 61; RGZ. **85** 306; OLG. Hamburg JW. **1916** 519; OLG. Colmar LZ. **1916** 831 = ElsLothZ. **1917** 46 (letztere Entscheidung wendet sich mit zutreffenden Gründen gegen Oertmann; sie ist übrigens im Resultat unrichtig [s. o. Anm. 11]); OLG. Dresden JW. **1917** 304; Rombach JW. **1919** 992. Ebenso nach preuß. Recht: RGZ. **22** 319; RG. BolzePr. **6** 104. Vgl. ferner EGH. **10** 153.

Zur Vermeidung von Irrtümern ist noch zweierlei besonders hervorzuheben:

a) Die Haftung für gegenseitiges Verschulden tritt nur ein, soweit die betreffenden Sozien sämtlich als Beauftragte erscheinen[1]). Die neuere Meinung von Josef a. a. O., daß ohne Rücksicht auf das Vorhandensein eines gemeinsamen Auftrags jeder Sozius für jedes Verschulden des anderen — soweit es sich nicht um Sachen handelt, die schon vor Eintritt des Sozius anhängig waren — hafte, geht zu weit. Die Verbindung mehrerer Anwälte enthält nicht die öffentliche Erklärung, daß jeder Sozius gesamtschuldnerisch für jedes Verschulden des anderen haften wolle.

b) Die hier besprochene Haftung gilt nur für gemeinschaftliche Anwaltsverträge; also nur für die eigentliche Berufstätigkeit der Rechtsanwälte (ebenso: RG. JW. **1916** 1189). Wenn ein Sozius als Konkursverwalter, als Vormund, als Aufsichtsratsmitglied oder bei Mäklergeschäften in Haftungen gerät, so kann von einer Mithaftung seiner Sozien nach außen keine Rede sein — gleichgültig, ob die Einnahmen aus solchen Tätigkeiten in die Gesellschaftskasse fließen oder nicht.

Anm. 16. 3. Was vom Verschulden im allgemeinen gilt, muß auch vom Verzug und der schuldhaft herbeigeführten Unmöglichkeit der Leistung gelten.

---

[1]) In den oben Anm. 4 und 6 angeführten Fällen ist also von Gesamthaftung keine Rede.

4. Die Kündigung des Anwaltsvertrages kann sowohl jedem der beteiligten Sozien gegenüber mit Wirksamkeit für alle erfolgen (gl. M.: Josef 428) als auch durch jeden einzelnen Sozius mit der gleichen Wirkung. Im Zweifel ist diese Wirkung gewollt, wenn durch oder an den einzelnen die Kündigung erfolgt. Vgl. KGBl. **1905** 6 (KG.), ferner unten Anm. 21. Anm. 17.

5. Entsprechendes wie bei der Kündigung gilt bei allen anderen Willenserklärungen und Mitteilungen (a. M.: Josef 420). Ist also dem einen beteiligten Sozius gegenüber eine Anweisung über Ausführung des Mandats oder eine Anfechtungserklärung zugegangen, so gilt sie auch dem anderen gegenüber als erfolgt.

6. Hinsichtlich der Verjährung kommt praktisch im wesentlichen die Frage in Betracht, ob die in Richtung gegen einen Sozius erfolgte Unterbrechung der Verjährung gegen alle wirkt. Dies kann nun an sich im voraus weder ausdrücklich noch stillschweigend vereinbart werden, weil sonst eine Erschwerung der vom Gesetze normierten Verjährung eintreten würde (§ 225 BGB.). Die gegen einen Sozius erhobene Klage auf Rückzahlung nicht verbrauchter Vorschüsse unterbricht daher niemals die nach § 196 Ziff. 16 BGB. laufende Verjährung gegen die anderen Sozien. Nur, wenn der Anwalt tatsächlich zugleich als Vertreter seiner Sozien diejenige Handlung vornimmt, welche die Verjährung unterbricht, wirkt die Unterbrechung auch gegen die anderen Sozien; so, wenn er mit ausdrücklicher oder stillschweigender Ermächtigung auf eine Zahlungsaufforderung hin für alle eine Abschlagszahlung leistet, die Schuld anerkennt usw. Hier liegt eine Abweichung von der gesetzlichen Regel überhaupt nicht vor; denn die unterbrechende Handlung wurde tatsächlich von allen Sozien, nicht bloß von einem, vorgenommen. Was bezüglich der Unterbrechung der Verjährung gesagt wurde, gilt entsprechend auch für die Hemmung derselben.

7. Bezüglich der Wirkungen des rechtskräftigen Urteils wird es bei der Regel des § 425 Abs. 2 zu verbleiben haben. Anm. 18.

C. Wenn mehrere Sozien als Gegenkontrahenten des Klienten erscheinen, so sind sie auch bezüglich der Leistungen des Klienten als Gesamtgläubiger forderungsberechtigt. Dies entspricht dem Gesamtschuldverhältnisse, wie es zuvor erörtert wurde. Es kann nicht die Absicht der Parteien sein, daß der Rechtsanwalt die volle Verantwortung für alle tragen, aber nur pro parte forderungsberechtigt sein soll. Die Präsumtion des § 420 BGB. muß hier als widerlegt gelten. Anm. 19.

Josef, der nur denjenigen für forderungsberechtigt hält, welcher die Tätigkeit geleistet hat, und, bei Mitwirkung mehrerer, jeden zu gleichem Anteil, nimmt (S. 546) an, daß nach der Verkehrssitte die nicht forderungsberechtigten Sozien nach außenhin als ermächtigt gelten, die Gebührenforderungen einzuziehen und darüber zu verfügen (jedoch unter Ausschluß der Zession und Verpfändung). Dem ist beizupflichten. Nach der hier vertretenen Anschauung kommt dies jedoch nur dann in Betracht, wenn es sich um die Verfügung seitens eines Sozius handelt, welcher nicht Mitkontrahent ist. Anm. 20.

Die Bestimmungen der §§ 428, 429 BGB. sind im wesentlichen anwendbar. Doch gilt auch hier das oben (Anm. 16, 17) hinsichtlich der Kündigung und anderer Willenserklärungen sowie hinsichtlich der Verjährung Gesagte. Bezüglich der Haftung für gegenseitiges Verschulden gelten die Ausführungen in Anm. 15. Vgl. im übrigen Staudinger[8] § 429 Anm. II, III.

D. Hinsichtlich der Beendigungsgründe des Anwaltsvertrages ist zu beachten, daß, wenn mehrere Sozien als Kontrahenten erscheinen, für einzelne derselben das Vertragsverhältnis endigen kann, für andere nicht. Tritt ein Sozius aus dem Anwaltsstande aus, so liegt Unmöglichkeit der Leistung regelmäßig Anm. 21.

nicht vor. Doch kann dies der Fall sein, wenn der Ausgeschiedene allein beim Prozeßgerichte zugelassen war und ein Dritter die formelle Vertretung nicht übernimmt. Ebenso liegt der Fall, wenn ein Sozius stirbt. Dagegen kann die Kündigung des Anwaltsvertrages im Zweifel nur für und gegen alle Sozien erfolgen (§ 356 BGB.; Kaufmann **1914** 813).

Anm. 22. Solange nicht das Vertragsverhältnis mit allen Sozien beendigt ist, tritt Fälligkeit der Gebühren wegen Beendigung des Auftragsverhältnisses nicht ein (Josef 549).

Anm. 23. **III. Die rechtliche Stellung der Sozien zu anderen Personen.** 1. Für solche Rechtsgeschäfte, welche unmittelbar mit dem Anwaltsvertrage zusammenhängen, wie Bürgschaften für die Gebührenforderung, Bewilligung eines Extrahonorars durch Dritte usw. müssen die in Ziff. II gegebenen Grundsätze sinngemäße Anwendung finden.

Anm. 24. 2. Im übrigen besteht eine allgemeine, gegenseitige Vertretungsbefugnis der Sozien nach dem Gesetze nicht. Zum Abschluß gemeinschaftlicher Geschäfte müssen vielmehr an sich alle Sozien mitwirken (§§ 714, 709 BGB., vgl. Josef 551). Dies gilt z. B. für den Abschluß von Mietverträgen, für das Engagement von Gehilfen, für die Anschaffung von Büchern usw. Ebenso: Josef GruchotsBeitr. **59** (1915) 387 (Kündigung gegenüber dem Bürovorsteher); OLG. **28** 186 (Posen). Doch wird auch in dieser Beziehung vielfach eine stillschweigende Bevollmächtigung der einzelnen Sozien zur Alleinvertretung der übrigen vorliegen.

Anm. 25. Hervorzuheben ist noch, daß in prozessualer Beziehung von einer gesetzlichen Vertretungsbefugnis der Sozien untereinander keine Rede sein kann. (Vgl. RG. JW. **1902** 604 Nr. 5).

Anm. 26. **IV. Das Rechtsverhältnis der Sozien untereinander.** 1. Für die Rechte und Pflichten der Sozien untereinander ist in erster Linie der Vertrag[1]) maßgebend. Nur wenn eine Vereinbarung fehlt, kommen die nachfolgenden Ausführungen in Betracht.

Die Vertragsfreiheit ist nur in wenigen Punkten eingeschränkt. Vor allem darf der Vertrag natürlich nicht gegen die guten Sitten verstoßen. Vgl. den Fall in EGH. **2** 107. Ob ein Vertrag, nach welchem ein Sozius nur am Gewinn, nicht am Verlust beteiligt ist, gegen die guten Sitten verstößt (so allgemein: Josef 560) wird sich nur von Fall zu Fall entscheiden lassen. Wenn nicht besondere Umstände vorliegen, wird eine solche Vereinbarung grundsätzlich ebenso zulässig sein, wie die Anstellung eines Kollegen gegen feste Bezahlung (vgl. § 40 Anm. 10).

Anm. 27. 2. Soweit der Vertrag nichts anderes bestimmt, findet das Gesellschaftsrecht des BGB. Anwendung.

Die Anwälte sind einander zur Berufsausübung verpflichtet; diese aber erfolgt durch jeden selbständig, und es kann nicht etwa (gemäß § 711 BGB.) ein Sozius der Führung einer Sache durch den anderen widersprechen. Denn die Berufstätigkeit ist kein Geschäft der Gesellschaft.

Anm. 28. Eine Anwendung der §§ 320 ff. BGB. ist nach der Natur der Sache ausgeschlossen. Es geht z. B. nicht an, einem Sozius wegen wochenlanger Untätigkeit die Teilnahme am Gewinn zu verweigern; Josef hat S. 555 eingehend dargetan, daß die gegenteilige Meinung zu absurden Konsequenzen führen würde, die unmöglich der Parteiabsicht entsprechen können. Auch wenn man sonst im Gesellschaftsrecht die Anwendbarkeit der §§ 320 ff. BGB. zulassen wollte (vgl. hiezu RGRKomm.[2] § 705 Anm. 3; aber auch Dernburg **2** Abt. 2 S. 613; RGZ. **81** 303) so erscheint dies jedenfalls bei der Anwaltssozietät nicht angängig.

---

[1]) Vgl. zum folgenden: Horwitz zur Gestaltung der Anwaltsgesellschaftsverträge AWNachr. 6 122 ff.

Geholfen werden kann regelmäßig durch Kündigung und Geltendmachung von Schadensersatzansprüchen wegen positiver Vertragsverletzung.

Jeder Sozius ist verpflichtet, bei tatsächlicher Verhinderung des andern Gesellschafters dessen Vertretung zu übernehmen — vorbehaltlich des außerordentlichen Kündigungsrechtes bei längerer Dauer der Behinderung. (Ebenso: Josef 556). Anm. 29.

Ferner ist jeder Sozius verpflichtet, zu gemeinschaftlichen Ausgaben, soweit erforderlich, seinen Teil beizutragen und seine Einnahmen zur gemeinschaftlichen Kasse abzuführen oder unter die Sozien zu verteilen. Zu den erwähnten Einnahmen gehört, wenn nichts andereres bestimmt ist, jede Einnahme aus anwaltschaftlicher Tätigkeit im weiteren Sinne, mithin auch Honorare der Konkursverwalter, Gläubigerausschußmitglieder, Testamentsvollstrecker usw. Auch die Einnahmen aus dem Notariat gehören hieher (Josef 557). Dagegen dürften nach der mutmaßlichen Parteiintention Tantièmen für Aufsichtsratsstellen und Schriftstellerhonorare im Zweifel nicht unter die gemeinsamen Einnahmen fallen. Zu den gemeinschaftlichen Einnahmen gehören auch diejenigen Beträge der gebührenordnungsmäßigen „Auslagen", welche tatsächlich nicht aufgewendet wurden, also z. B. bei Reisen die Differenz zwischen den Reisegebühren und den wirklichen Fahrtkosten. (A. M.: Josef 552, welcher annimmt, daß diese Differenz dem Sozius, der die Reise macht, allein zugute komme!). Zu den gemeinschaftlichen Ausgaben gehören regelmäßig auch Schadensersatzleistungen, welche einem der Sozien oder einzelnen derselben gegenüber Dritten obliegen, sowie die Kosten derartiger Regreßprozesse. Denn nicht nur der Gewinn, sondern auch der Verlust ist zu verteilen. Vgl. jedoch unten Anm. 37. Anscheinend gl. M.: OLG. Hamburg HansGZ. **1906** 199. Anm. 30.

Das Mobiliar und die Bibliothek, welche auf gemeinschaftliche Kosten angeschafft werden, sind Gesellschaftsvermögen; dasselbe gilt von den für die gemeinsame Kasse vereinnahmten und noch nicht verteilten Geldbeträgen[1]). Anm. 31.

Verbrauchbare Sachen, wie Schreibvorräte, welche einer der Sozien beiträgt, werden im Zweifel ebenfalls gemeinschaftliches Eigentum (§ 706 BGB.). Stellt einer der Sozien seine Möbel oder seine Bücher zur Verfügung, so bleiben diese mangels anderweitiger Abrede sein Eigentum und sind ihm nach Beendigung der Sozietät ohne Ersatz für Abnützung, zufälligen Verlust oder Verschlechterung zurückzugeben (§§ 732, 733 Abs. 2 Satz 3 BGB.). Anm. 32.

Auch die §§ 709 ff. über die Geschäftsführung und § 716 sind anwendbar. Zu den Geschäften, deren Führung den Sozien gemeinschaftlich obliegt, gehört nicht die Berufstätigkeit, wohl aber der Abschluß von Mietverträgen für die gemeinsame Kanzlei, die Anlage der gemeinsamen Gelder usw. Anm. 33.

Im Zweifel sind alle Sozien am Gewinn und Verlust gleichheitlich beteiligt. Die Gewinnverteilung erfolgt kraft Gesetzes erst am Schlusse des „Geschäftsjahres" (§ 721 Abs. 2 BGB.). Doch ist hier meist die Übung eine andere. Seine Auslagen kann der einzelne aus der gemeinsamen Kasse sofort ersetzt verlangen. Anm. 34.

Tritt ein Anwalt als Sozius bei einem anderen neu ein, so nimmt jeder im Zweifel an dem vollen Ertrage aller noch nicht erledigten anwaltschaftlichen Geschäfte des anderen teil[2]). (So Josef 559). Soweit es sich jedoch um bereits fällige Kostenforderungen handelt, gebühren diese dem Anwalt, welcher die Sache bisher geführt hat, allein. Anm. 35.

---

[1]) Josef 563 nimmt an, daß es „Gesellschaftsvermögen" bei der Anwaltssozietät nicht gebe. Allein für diese (auch in der ersten Auflage vertretene) Ansicht besteht kein hinreichender Grund. Auch ist nicht einzusehen, warum im Falle des § 706 Abs. 2 BGB. Miteigentum und nicht „gemeinschaftliches Eigentum" entstehen sollte (Josef 550).

[2]) Die von Josef KGBl. **1916** 61 ff. verneinte Frage, ob der neu eingetretene Sozius in den Sachen, die bei seinem Eintritt der Kanzlei schon übertragen waren, für Verschulden der anderen haftet, kann nur von Fall zu Fall entschieden werden. Maßgebend ist, ob nach Lage der Sache ein Eintritt in den Anwaltsvertrag anzunehmen ist.

Anm. 36. Hinsichtlich der Übertragung der gegenseitigen Ansprüche der Sozien gilt § 717. (Gl. M. Josef 553.)

Anm. 37. Jeder Sozius hat dem anderen gegenüber bei Erfüllung seiner Verpflichtungen nur für diligentia quam suis einzustehen (§§ 708, 277 BGB.). Dies ist von Wichtigkeit für die Frage des Regresses bei Haftungsfällen. Hat ein Rechtsanwalt fremde Gelder ebenso fehlerhaft wie seine eigenen — jedoch nicht grob fahrlässig — angelegt und wird sein Sozius hiewegen mit Erfolg haftbar gemacht, so kann letzterer zwar nach § 426 Abs. 1 Satz 1 BGB. Ersatz der Hälfte des Geleisteten, nicht aber wegen Verschuldens Ersatz des Ganzen verlangen. (Vgl. hiezu Dernburg 2 Abt. 2 S. 428 sub IV).

Anm. 38. **V. Die Beendigung der Anwaltssozietät.**

A. Endigungsgründe: Als solche kommen in Betracht:

1. Übereinkunft der Sozien.

2. Der Tod eines Gesellschafters, wenn nichts anderes (ausdrücklich oder stillschweigend) vereinbart ist (§ 727 BGB.). Anders: Josef 567/8. Bei Anwendung des § 727 Abs. 2 BGB. ist zu beachten, daß die Berufstätigkeit nicht zu den Geschäften der Gesellschaft gehört.

3. Entsprechendes gilt, wenn ein Sozius endgültig aus der Anwaltschaft ausscheidet.

Anm. 39. 4. Gegebenenfalls kann der ganze Zweck der Sozietät schon dann unmöglich werden, wenn ein Sozius zwar Rechtsanwalt bleibt, aber die bisherige Zulassung endgültig aufgibt (z. B. wenn derjenige von drei Amtsgerichtsanwälten, welcher die Simultanzulassung beim Landgerichte hat, ausscheidet — soferne gerade die Tatsache der Simultanzulassung für die Eingehung des ganzen Sozietätsverhältnisses bestimmend war). Dann gilt § 726 BGB.

Anm. 40. 5. Die Sozietät endigt ferner durch Zeitablauf, eventuell durch Kündigung. § 723 BGB. findet Anwendung. Besonders hervorzuheben ist, daß die Kündigung aus wichtigen Gründen jederzeit erfolgen kann, auch wenn der Vertrag auf bestimmte Zeit oder mit bestimmter Kündigungsfrist geschlossen ist (RG. SächsArchR. **1916** 68 = LZ. **1916** 322 Nr. 17). Vgl. RGZ. **65** 37, ferner RG. LZ. **1916** 322 Nr. 17 (auch in der Person des kündigenden Sozius kann der wichtige Grund liegen).

Anm. 41. 6. Durch die Eröffnung des Konkurses über das Vermögen eines Sozius wird die Sozietät aufgelöst. (§ 728 BGB.) A. M.: Josef 568.

Anm. 42. B. Die Auseinandersetzung unter den Sozien.[1])

1. Wird die Sozietät aufgelöst, so muß eine Auseinandersetzung zwischen den Sozien stattfinden. Soweit eine Gemeinschaft unter den Sozien besteht (an dem Mobiliar, der Bibliothek, dem vorhandenen Bargeld usw.), erfolgt mangels anderweitiger Einigung oder Anwendbarkeit des § 752 BGB. zunächst die Versilberung des nicht in Geld bestehenden Gesellschaftsvermögens nach § 753 BGB., also nach den Vorschriften über den Pfandverkauf. Die hiedurch erzielten und sonst vorhandenen Barbestände sind zur Deckung gemeinschaftlicher Schulden zu verwenden; der Überschuß ist zu verteilen. Hinsichtlich der nur zum Gebrauch überlassenen, einem einzelnen gehörigen Gegenstände vgl. §§ 732, 733 Abs. 2 Satz 3 BGB. und oben Anm. 32. Scheidet ein Sozius aus der fortbestehenden Sozietät aus, so ist er von den gemeinschaftlichen Schulden (Mietzins, Gehälter an Angestellte usw.) zu befreien und erhält denjenigen Betrag in bar, welchen er bekommen würde,

---

[1]) Über die Frage, ob derjenige Sozius, welcher die bisher gemeinschaftlichen Kanzleiräume beibehält, verpflichtet ist, an dem Hause ein Schild zu dulden, das auf die neue Adresse des anderen Sozius hinweist (in concreto war der ersterwähnte Sozius selbst der Hausbesitzer) vgl. Berthold und LG. Dresden DRAZ. **10** 137 (beide verneinend). Die Frage wird nach Treu und Glauben und nur von Fall zu Fall zu lösen sein.

wenn die Sozietät zur Zeit seines Ausscheidens aufgelöst worden wäre (vgl. im einzelnen § 738 BGB.).

2. Die Sozien sind einander verpflichtet, zur Beendigung der „schwebenden Geschäfte" (Mietverträge usw.) mitzuwirken. Anm. 43.

Die Anwaltsverträge, welche einzelne Sozien für sich oder als Mitkontrahenten abgeschlossen haben, werden an sich durch die Auflösung der Sozietät gar nicht berührt (soferne nicht etwa gleichzeitig Unmöglichkeit der Leistung oder Kündigung hinzutritt). Die Sozien sind auch gegenseitig nicht verpflichtet, diese Anwaltsverträge aufzulösen, etwa um die Gebührenforderungen zur Fälligkeit zu bringen und einzuziehen. Es besteht die Möglichkeit, daß selbst Anwaltsverträge, welche von allen Sozien als Mitkontrahenten geschlossen wurden, auch nach Lösung der Sozietät für alle aufrechterhalten bleiben. Anm. 44.

Dies ist jedoch nicht die Regel. Im Verhältnis zwischen den Sozien muß vielmehr — mangels ausdrücklicher gegenteiliger Abrede — angenommen werden, daß eine gemeinsame Weiterführung der Aufträge nicht beabsichtigt ist. Meist läßt man den Klienten darüber entscheiden, welcher der Anwälte das Mandat weiterführen soll (vgl. EGH. 12 120, auch Finger, Kunst des RA.[2] 335). Handelt es sich von vornherein um das Mandat eines Einzelnen, so bleibt hinsichtlich der Fortführung alles beim Alten. Wie aber steht es mit den Einnahmen aus solchen „laufenden" Anwaltsverträgen?

Wird ausnahmsweise vereinbart, daß auch im Verhältnis zwischen den Sozien die Gemeinschaft bezüglich einzelner Sachen fortbestehen soll, so sind diese auf gemeinschaftliche Rechnung zu erledigen. Ferner sind — bei anderen Sachen — die bereits fälligen Vergütungen einzuziehen und zu verteilen. Im übrigen wird man in Anlehnung an den in § 50 RAGebO. ausgedrückten, dem Pauschalgebührensystem entsprechenden Grundgedanken folgendes als mutmaßliche Parteiintention[1]) anzunehmen haben: Die bis zur Lösung der Sozietät entstandenen Gebühren werden unter den Sozien so berechnet, als ob im Zeitpunkt der Lösung die Instanz vorzeitig und ohne Verschulden der Sozien beendigt gewesen wäre. Derjenige, der das Mandat weiterführt, vereinnahmt die Gebühren usw. und verteilt die bis zur Gesellschaftslösung angefallenen Vergütungen nach dem Sozietätsvertrage. Die bis dahin entstandenen Barauslagen werden erstattet. Auslagenpauschsätze teilen das Schicksal der Gebühren. Bei Extrahonoraren ist nach richterlichem Ermessen zu entscheiden, welcher Betrag auf die Zeit vor Lösung der Sozietät entfällt (vgl. Exk. vor § 30 Anm. 90). Regreßansprüche unter den Sozien können z. B. dadurch entstehen, daß ein Sozius, der einen komplizierten Prozeß bisher allein geführt hat, sich grundlos weigert, ihn weiter zu führen und dadurch die Mandatskündigung des Klienten an alle Sozien veranlaßt, die in concreto den Verlust der bereits erwachsenen Gebühren zur Folge hat. — Es ist im übrigen anzunehmen, daß regelmäßig bei Sozietätslösungen der Anwälte eine gütliche Verständigung über die Art der Auseinandersetzung erfolgen wird.

3. Jede stillschweigend erteilte Vertretungsmacht der Sozien untereinander hört mit der Lösung der Sozietät auf; vor allem also das Recht, Gebührenforderungen aus Einzelmandaten für die anderen Gesellschafter einzuziehen. Doch muß hier — wie Josef 565 richtig bemerkt — der gute Glaube Dritter, welche die Lösung der Sozietät weder kennen noch kennen müssen, berücksichtigt werden, wenn das Bestehen des Sozietätsverhältnisses dem Dritten durch besondere Mit- Anm. 45.

[1]) Das Reichsgericht hat in einem Falle die Auslegung des Berufungsgerichts gebilligt, welche dahin ging, daß unter den „Jahreseinnahmen aus der gemeinschaftlichen Praxis", welche nach dem Vertrage zu verteilen waren, die wirklich innerhalb des Jahres eingegangenen Beträge ohne Rücksicht darauf, ob es sich um fällige Ansprüche für geleistete Dienste oder um Vorschüsse handle, zu verstehen seien (JZndR. 2 155). Diese Entscheidung wird sich schwerlich allgemein anwenden lassen. Vgl. auch Horwitz AWNachr 6 124.

teilung oder durch öffentliche Bekanntmachung kundgegeben war (analog §§ 171, 172 BGB.).

Anm. 46. 4. Hinsichtlich der Geschäftsführung (in gemeinschaftlichen Angelegenheiten) ist § 729 BGB. anzuwenden.

Anm. 47. IV. Über Fragen, die sich für die Übergangszeit bei Inkrafttreten des BGB. ergaben, vgl. Josef 572/3.

Dritter Abschnitt.

Anwaltskammern[1]).

Vorbemerkung.

Der dritte Abschnitt der RAO. zeigt wenige und wenig erhebliche Änderungen gegenüber der Reichstagsvorlage. Neu eingefügt ist § 50. Zugesetzt sind in § 47 die Worte „auf Kosten der Anwaltskammer", in § 52 Abs. 2 der letzte Satz, in § 53 der Abs. 2 und Satz 2 des Abs. 4, sowie in Abs. 1 die Worte „in den durch die Geschäftsordnung bestimmten Blättern". Ferner ist § 43 Abs. 3 Ziff. 2 insofern geändert, als dort im Entwurfe von dem förmlichen ehrengerichtlichen Verfahren die Rede war (vgl. über dieses die Anm. 2 der Vorbemerkung zu Abschn. IV), und daß statt der Worte „die öffentliche Klage erhoben ist" zu lesen war „eine gerichtliche Untersuchung anhängig ist". Endlich hat erst die RTKomm. die Notwendigkeit schriftlicher Androhung der festzusetzenden Strafe (§ 58 Abs. 2) eingeführt. Durch die Novelle vom 22. Mai 1910 ist § 41a eingeschaltet worden.

Exkurs vor § 41.

Die Geschäftsordnungen.

Anm. 1. **I. Gesetz und Geschäftsordnung.** 1. Nach § 48 Ziff. 1 liegt der AK. „die Feststellung der Geschäftsordnung für die Kammer und den Vorstand ob". Der Geschäftsordnung für den Vorstand geschieht im Gesetze weiter keine Erwähnung, der Geschäftsordnung für die Kammer gedenken §§ 42 Abs. 2, 52 Abs. 2 Satz 2 und 53 Abs. 1 Satz. 1. Dagegen erscheinen die Geschäftsordnungen für die Kammer und für den Vorstand verschiedentlich in den Materialien und zwar in dem Sinne, daß die Bestimmungen über gewisse vom Gesetze nicht geregelte Punkte durch sie erfolgen können.

Anm. 2. 2. Es fragt sich, ob jede AK. und jeder AKV. eine Geschäftsordnung haben muß.

a) Läßt man zunächst § 48 Ziff. 1 außer Betracht und zieht die drei anderen gesetzlichen Bestimmungen zum Zwecke dieser Prüfung heran, so ergibt sich folgendes:

Nach § 42 Abs. 2 kann durch die Geschäftsordnung die gesetzliche Zahl von 9 Vorstandsmitgliedern bis auf 15 erhöht werden. Mangels einer Bestimmung in der Geschäftsordnung, also auch beim Fehlen der Geschäftsordnung überhaupt, bleibt es bei der Besetzung des AKV. mit 9 Mitgliedern gemäß § 42 Abs. 1.

Nach § 52 Abs. 2 Satz 2 kann die Zahl der Mitglieder, auf deren Antrag die Berufung der AK. erfolgen muß, über die durch Satz 1 a. a. O. vorgeschriebene

[1]) Die Literatur ist dürftig. Zu erwähnen sind Reuling, Die Geschäftsordnungen der deutschen Anwaltskammern und ihrer Vorstände Berlin 1881 und Kuhlmann, Das Recht der gesetzlichen Berufsvertretungen (Berufskammern) Karlsruhe 1908.

Zahl 10 hinaus durch die Geschäftsordnung erhöht werden. Auch hier ist also das Vorliegen einer Geschäftsordnung für das Funktionieren der AK. oder für die Ausübung des Minderheitsrechts auf Berufung der AK. keine Notwendigkeit.

Nach § 53 Abs. 1 Satz 1 werden die Versammlungen der Kammer mittels öffentlicher Bekanntmachung in den durch die Geschäftsordnung bestimmten Blättern oder mittels schriftlicher Einladung der Mitglieder berufen. Fehlt eine geschäftsordnungsmäßige Bestimmung infolge Fehlens einer Geschäftsordnung, so tritt die im Gesetze an zweiter Stelle erwähnte Alternative ein.

b) Die Bedeutung der unter a besprochenen gesetzlichen Bestimmungen geht Anm. 3. also nur dahin, daß, wenn eine Abweichung von den einschlägigen Normen des Gesetzes eintreten soll, der hiefür einzuschlagende Weg der einer Bestimmung in der Geschäftsordnung ist. Daher kann auch § 48 Ziff. 1 nur die Bedeutung haben, zu regeln, wer für die Feststellung der Geschäftsordnungen zuständig, nicht ob ihr Erlaß notwendig ist.

c) Wenn endlich die Materialien die Regelung gewisser Punkte zur Ergänzung Anm. 4. des Gesetzes den Geschäftsordnungen zuweisen, so besteht ja kein gesetzlicher Zwang, diese Punkte überhaupt zu regeln. Unterbleibt die Regelung, weil eine Geschäftsordnung fehlt, so müssen eben die betreffenden Fragen nach allgemeinen Grundsätzen beantwortet werden.

d) Aus all dem ergibt sich, daß eine Notwendigkeit, für AK. oder AKV. Anm. 5. eine Geschäftsordnung festzustellen, nicht besteht. A. M.: Kuhlmann 76 ohne nähere Begründung. Indessen gibt es jetzt keine AK. mehr, die einer Geschäftsordnung entbehrt. Marienwerder hatte allerdings früher „von der Beschlußfassung über eine Geschäftsordnung abgesehen und sich auf einzelne, durch das nächste geschäftliche Bedürfnis veranlaßte Beschlüsse beschränkt“ (Reuling 3). Jetzt besitzt auch diese AK. eine Geschäftsordnung.

3. Aber mit der Verneinung der Notwendigkeit, für AK. und AKV. Geschäfts- Anm. 6. ordnungen festzustellen, ist nicht etwa die Bedeutung der erlassenen Geschäftsordnungen beseitigt. Sie sind vielmehr dadurch ganz besonders wichtig, daß sie die Lücken und Fugen, die das Gesetz beim Aufbau der Anwaltskammern und ihrer Vorstände gelassen hat, zeigen und auszufüllen bestrebt sind. Die Bestimmungen der Geschäftsordnungen sind deshalb bei der Kommentierung des dritten Abschnitts mit berücksichtigt, eine Anführung ist dagegen der besseren Übersicht halber nur hie und da erfolgt;[1]) es darf zum Ersatze auf Reulings Schrift über die Geschäftsordnungen verwiesen werden, wenn auch die dortigen Hinweise in manchen Fällen infolge von Abänderungen der Geschäftsordnungen nicht mehr ganz zutreffen.

II. Unumgänglich nötig ist eine Prüfung der **rechtlichen Natur der „Geschäfts- Anm. 7. ordnungen“**, da sich nur so Klarheit darüber gewinnen läßt, was zulässigerweise in den Geschäftsordnungen bestimmt werden kann.

Wie § 42 Abs. 2 die Zusammensetzung des einen Organs der AK. betrifft, so beschäftigen sich die übrigen, die Geschäftsordnungen heranziehenden Bestimmungen des Gesetzes außer § 48 Ziff. 1 (§§ 52 Abs. 2 Satz 2 und 53 Abs. 1 Satz 1) mit den Voraussetzungen und den Formen für die Berufung des anderen Organs der AK. Es handelt sich also in allen drei Fällen um Bestimmungen, die man sonst in der Satzung einer juristischen Person und zwar bei der juristischen Person des öffentlichen Rechts in der Verfassungssatzung zu finden gewohnt ist. Gleiches gilt aber auch von allen Punkten, die die Materialien der Geschäftsordnung zur Regelung überweisen (sonstige Erfordernisse bezüglich der Zusammensetzung des AKV., Zeitpunkt der Wahl der AKV., Verfahren bei der Wahl nach § 46 und Zeit, für welche die Wahl erfolgt, Öffentlichkeit oder Nichtöffentlichkeit der Versammlungen, Art und Weise der Vornahme der Abstimmungen und der Wahlen).

---

[1]) und zwar stets nach der zurzeit gültigen Fassung, falls nicht etwas anderes bemerkt ist.

Man darf danach die Geschäftsordnungen der RAO. — was von der Geschäftsordnung für die Kammer gilt, trifft ja ebenso auf diejenige für den AKV. zu — als die Verfassungssatzungen der AK. und ihrer Organe bezeichnen. Vgl. Reuling 36 Anm. Eigentümlich ist dabei, daß diesen Satzungen nur die Aufgabe zukommt, die in der Hauptsache bereits im Gesetz gegebene, ohne weiteres gültige Regelung der Verfassung zu ergänzen. Es entspricht daher eigentlich dem Wesen der Geschäftsordnung ganz gut, wenn die AK. Oldenburg sie in die Form von Anmerkungen oder Zusätzen zur RAO. gefaßt hat.

Anm. 8. Die Geschäftsordnung der RAO. kann aber auch Bestimmungen aufnehmen, die über den Rahmen der Verfassungssatzung hinausgehen. Da nämlich die Feststellung der Geschäftsordnung für die Kammer eben der Kammer obliegt, und diese die ihr sonst zugewiesenen Beschlußfassungen nicht nur im einzelnen Falle, sondern auch allgemein für gewisse Kategorien von Fällen vornehmen kann, so kann sie dies auch durch Aufnahme des Beschlusses in die Geschäftsordnung für die Kammer tun.

Anm. 9. Hieraus ergeben sich die bei der Feststellung der Geschäftsordnungen einzuhaltenden Grenzen.

a) Die Geschäftsordnung kann, von den ausdrücklichen einschlägigen Ermächtigungen der RAO. abgesehen, die gesetzlichen Bestimmungen nicht abändern (Mot. 70).

b) Außer der Verfassung der AK. und ihrer Organe darf sie nur Materien regeln, für welche die Kammerversammlung zuständig ist, insbesondere kann sie also nicht in den gesetzlich festgelegten Geschäftskreis des AKV. eingreifen.

Anm. 10. **III.** Über die **Form der Geschäftsordnungen** vgl. § 48 Anm. 5, über **Abänderung der Geschäftsordnungen** s. § 48 Anm. 7 und § 54 Anm. 11.

IV. Verstöße der Geschäftsordnung gegen das Gesetz. In den hervorgehobenen drei Fällen räumt das Gesetz der Geschäftsordnung die Macht ein, von den gesetzlichen Bestimmungen abzuweichen. Soll in den gedachten Beziehungen vom Gesetze abgewichen werden, so kann das nur im Wege der Geschäftsordnung d. h. durch eine allgemein gültige Satzung, nicht durch einen Beschluß für den Einzelfall geschehen. Sieht man von den erwähnten drei Fällen ab, so ist die AK. bei der Feststellung der Geschäftsordnung ebenso an das Gesetz gebunden, wie bei Beschlüssen, die nur für das spezielle Vorkommnis Bedeutung haben. Daraus folgt, daß die Frage, welche Wirkung den Bestimmungen der Geschäftsordnung zukommt, die wider das Gesetz verstoßen, ebenso zu beantworten ist, wie die Frage nach der Wirksamkeit eines inhaltlich gleichen, für den Einzelfall erlassenen Beschlusses. Ob die Geschäftsordnung den Vorstandsmitgliedern Reisekosten über die baren Auslagen hinaus zubilligt oder die AK. dies im einzelnen Falle tut, ist gleichgültig. Die Frage nach den Wirkungen bleibt dieselbe, ob die Geschäftsordnung bei schriftlicher Abstimmung im AKV. die sich nicht Äußernden so behandelt, als seien sie der Mehrheit der Abstimmenden beigetreten, oder ob der AKV. in dieser Weise ohne eine Bestimmung der Geschäftsordnung vorgeht. Von den drei Fällen gesetzlicher Delegation abgesehen, ändert sich die Kraft einer Bestimmung durch ihre Aufnahme in die Geschäftsordnung nicht. Die Befolgung einer gegen das Gesetz verstoßenden Bestimmung der Geschäftsordnung ist darum nicht minder eine Zuwiderhandluag gegen das Gesetz, weil die Geschäftsordnung sie (vergeblich) zu sanktonieren versucht hat (ungedruckter Beschluß des OLG. Marienwerder vom 22, 6. 1910).

Über nichtige[1]) Bestimmungen der Geschäftsordnungen vgl. § 59 Anm. 15.

---

[1]) Wir folgen Kormann, System der rechtsgeschäftlichen Staatsakte 205 und sprechen lediglich von Nichtigkeit, während sonst vielfach von absoluter Nichtigkeit die Rede ist.

§ 41.

Die innerhalb des Bezirks eines Oberlandesgerichts zugelassenen Rechtsanwälte bilden eine Anwaltskammer.

Die Kammer hat ihren Sitz am Orte des Oberlandesgerichts.

I. **Inhalt.** Der Paragraph regelt den Begriff, die Zusammensetzung und den Sitz der AK. Anm. 1.

II. **Das Gesetz faßt die Rechtsanwälte zu Vereinigungen zusammen, die es Anwaltskammern nennt,** und zwar bilden die innerhalb des Bezirks eines Oberlandesgerichts zugelassenen Rechtsanwälte eine AK. Anm. 2

1. „Die" innerhalb dieses Bezirks zugelassenen Rechtsanwälte, d. h. alle diese Rechtsanwälte bilden die betreffende AK. Anm. 3.

Von diesem Grundsatze bestehen folgende Ausnahmen:

a) Die nach § 12 in einem fremden Oberlandesgerichtsbezirke widerruflich zugelassenen Rechtsanwälte sind nur Mitglieder derjenigen AK., in deren Bezirk sie unwiderruflich zugelassen sind,

b) Eine weitere Ausnahme ergibt § 41 a.

c) Die beim Reichsgerichte zugelassenen Rechtsanwälte bilden eine eigene Anwaltskammer (§ 102 Abs. 1).

Die bei einem Obersten Landesgerichte zugelassenen Rechtsanwälte sind Mitglieder der AK., in deren Bezirke das Oberste Landesgericht seinen Sitz hat (§ 105).

2. Die Eigenschaft als Mitglied einer AK. wird kraft Gesetzes (Laband, StaatsR.[5] **3** 460) durch die Tatsache erworben, daß man (unter Berücksichtigung des in Anm. 3 Gesagten) innerhalb des Bezirks des Oberlandesgerichts (bzw. bei dem Reichsgerichte) zugelassener Rechtsanwalt wird. Entscheidend ist der Zeitpunkt des Eintrags in die Anwaltsliste. Dagegen meint EGH. **13** 11: „Mit der Zulassung wird der Rechtsanwalt Mitglied der Anwaltskammer (§ 41)". Allein nicht die innerhalb des Bezirks eines OLG. zur Rechtsanwaltschaft Zugelassenen, sondern nur die zugelassenen Rechtsanwälte bilden eine AK. Eine zur Rechtsanwaltschaft zugelassene Person ist noch kein Rechtsanwalt, sie wird es gemäß § 20 Abs. 3 RAO. erst durch den Eintrag in die Anwaltsliste. Der Standpunkt des EGH. würde zu dem widersinnigen Ergebnisse führen, daß der in die Anwaltsliste nicht Eingetragene verpflichtet wäre, die Wahl zum Mitgliede des AKV. anzunehmen und damit gegen § 20 Abs. 3 RAO. zu verstoßen. Wie EGH. **13** 11 lassen auch EGH. **13** 5 und **15** 62 den Zugelassenen schon durch die Zulassung Rechtsanwalt werden. Vgl. auch § 20 Anm. 7. Die Mitgliedschaft erlischt mit dem Ausscheiden aus der Rechtsanwaltschaft überhaupt oder mit dem Verluste jeder Zulassung in dem betreffenden Oberlandesgerichtsbezirke, bzw. mit dem Verluste der Zulassung bei dem Reichsgerichte (vgl. Anmerkungen zu § 24), nicht aber schon mit der Aufgabe des nach § 18 RAO. genommenen Wohnsitzes (EGH. **15** 83). Verlust der bisherigen und Erwerb einer neuen Mitgliedschaft erfolgen gleichzeitig, wenn in den bisherigen Grenzen eines Oberlandesgerichts eine Änderung eintritt, insbesondere also bei Errichtung eines neuen Oberlandesgerichts. Dieser Fall trat z. B. bei allen Rechtsanwälten ein, die bei Inkrafttreten des preußischen Gesetzes, betreffend die Errichtung eines Oberlandesgerichts in Düsseldorf, vom 2. 1. 05 (GS. 5) bei den Amtsgerichten und Landgerichten im Bezirke des jetzigen Oberlandesgerichts Düsseldorf zugelassen waren. Ein Ausschluß von Mitgliedern durch die AK. oder den AKV. ist unzulässig. Anm. 4.

III. **Die Anwaltskammer ist eine juristische Person.** 1. In der RTKomm. war ein Antrag Forckel gestellt worden, der dies im Gesetze ausdrücklich aussprechen sollte. Der Regierungsvertreter erklärte sich gegen den Antrag mit dem Anm. 5.

Bemerken, der Entwurf mache die AK. zu einem Subjekte von Vermögensrechten, etwas Weiteres sei nicht nötig und ein Eingriff in die Landesgesetzgebung. Daraufhin wurde der Antrag zurückgezogen (Siegeth Anhang 106, 107).

Die bekannte Abneigung der Reichsgesetzgebung in der Zeit vor dem Erlasse des BGB., ausdrücklich die Rechte einer juristischen Person zu verleihen, kommt in diesen Vorgängen wieder einmal zum Ausdrucke.

Anm. 6. 2. Das Gesetz läßt aber doch bei Berücksichtigung aller einschlägigen Bestimmungen keinen Zweifel darüber, daß die AK. eine juristische Person ist (herrschende Meinung).

a) Die AK. kann Subjekt von Vermögensrechten sein (§§ 49 Abs. 1 Ziff. 5, 57 Abs. 2, 97 Abs. 1). In KGJ. **42** A 221 wird die Einsetzung einer AK. als Erbin, in BreslauAK. **1912** 46/7 die Bedenkung der AK. Breslau mit einem Vermächtnisse erwähnt. Den Mitgliedern stehen Anteile am Vermögen der AK. nicht zu.

b) Die AK. kann Schuldner sein (§ 94 Abs. 3 Satz 1 und 2). Für ihre Schulden haften die Mitglieder den Gläubigern weder primär noch subsidiär.

c) Die AK. kann Prozesse führen (§ 57 Abs. 2), sie ist also parteifähig.

d) Der Bestand der AK. ist (arg. § 41 Abs. 1) von dem Wechsel ihrer Mitglieder unabhängig.

e) Die Organisation der AK. entspricht durchaus derjenigen einer juristischen Person.

Anm. 7. 3. Die AK. ist eine juristische Person des öffentlichen Rechts (herrschende Meinung), ihre Zwecke sind, um Otto Mayers Terminologie (Deutsches Verwaltungsrecht² **2** 580) zu folgen, „Zwecke der öffentlichen Verwaltung", sie ist ein Selbstverwaltungskörper, eine Behörde (Anonymus JW. **1917** 72/3)[1]). Das erhellt u. a. aus zwei Punkten:

a) Die Zulassung zur Rechtsanwaltschaft, über welche die LJV. oder das Reichsgerichtspräsidium zu befinden hat, muß unter Umständen (§ 5 Ziffern 4 bis 6) auf Grund des Gutachtens des AKV., eines Organes der AK., versagt werden.

b) Der AKV. übt die Aufsicht und die ehrengerichtliche Strafgewalt über die Mitglieder der AK. aus.

Anm 8. 4. Endlich kann auch nicht fraglich sein, zu welcher Art der juristischen Personen des öffentlichen Rechts die AK. gehört. Sie besteht erst, sobald Mitglieder vorhanden sind, das Bestehen des Oberlandesgerichts genügt nicht, erfordert wird das Vorhandensein im Bezirke des Oberlandesgerichts zugelassener Rechtsanwälte. Die AK. ist also keine Stiftung und keine Anstalt, sondern eine Körperschaft (Dernburg **1** 212; Gierke, Privatrecht **1** 623) und zwar eine Genossenschaft des öffentlichen Rechts (vgl. Otto Mayer a. a. O. 617). Laband stellt sie a. a. O. treffend den Innungen an die Seite. Vgl. dazu Kuhlmann 32/33, der die AK. den „Berufskammern" einreiht, eine von Kuhlmann eingeführte, recht glückliche Bezeichnung. Weismann, Zivilprozeßrecht **1** 50 spricht von „Berufskörperschaft".

Die AK. ist kein Verein i. S. des Vereinsgesetzes, denn sie beruht nicht auf vertragsmäßigem Zusammenschluß von Personen: die Rechtsanwälte haben nicht das Recht, eine AK. „zu bilden" (§ 1 Abs. 1 VerG.), die AK. ist vielmehr eine Zwangsgenossenschaft (s. Anm. 12), die kraft Gesetzes entsteht (s. Anm. 9). Die Versammlungen der AK. und des AKV. unterfallen dem VerG. gleichfalls nicht und zwar gemäß § 20 dieses Gesetzes.

Die AK. ist auch kein Verband zur Förderung gewerblicher Interessen i. S. des § 13 UnlWG. Rosenthal, JW. **1911** 178, ders. UnlWG.⁴ 23.

Anm. 9. **IV. Entstehung und Untergang der Anwaltskammer.** 1. Die Entstehung einer AK. erfolgt ohne besonderen Gründungsakt, sobald die Erfordernisse erfüllt sind, von denen das Gesetz die Möglichkeit der Betätigung der AK. abhängig macht. Vgl. Kuhlmann 32, 73.

[1]) § 191 RAbgO. findet auf die AK. Anwendung.

a) Es ist schon hervorgehoben worden, daß es eine AK. ohne Mitglieder nicht gibt. Welche Mindestzahl von Mitgliedern vorhanden sein muß, sagt § 41 nicht, sie ergibt sich aber aus den §§ 42 Abs. 1, 81. Jede AK. muß einen Vorstand von mindestens 9 Mitgliedern haben und ist ohne solchen nicht lebensfähig. Außerdem muß für die ehrengerichtliche Hauptverhandlung erster Instanz ein dem AKV. nicht angehörender Rechtsanwalt als Gerichtsschreiber verfügbar sein. Eine AK. ist also erst vorhanden, wenn in dem Oberlandesgerichtsbezirke mindestens 10 Anwälte zugelassen sind. Die AK. bei dem Reichsgerichte erfordert zu ihrer Entstehung unter Berücksichtigung der §§ 90 Abs. 2, 102 Abs. 2 eine etwas größere Mitgliederzahl. Es müssen hier vorhanden sein: Anm. 10.

Vorstandsmitglieder	9
als Gerichtsschreiber fungierender Rechtsanwalt	1
anwaltschaftliche Mitglieder des EGH. . . .	6

Es ergäbe sich also eine Gesamtsumme von 16 Mitgliedern.

Die anwaltschaftlichen Mitglieder des EGH. sind aber von der Stellvertretung im EG. der AK. bei dem RG. nicht ausgeschlossen (vgl. Anm. 8 zu § 102). Also beträgt für die AK. bei dem RG. die Mitglieder-Mindestzahl 16—(9—5) d. h. 12.

b) Weitere Voraussetzungen als die zu a erwähnte Anzahl im Bezirke des Oberlandesgerichts (bzw. bei dem RG.) zugelassener Rechtsanwälte verlangt das Gesetz zum Entstehen der AK. nicht. Insbesondere bedarf es nicht eines Vermögensgrundstocks: die AK. hat ja nach § 48 Ziff. 2 jederzeit die Möglichkeit, auf ihre Mitglieder zurückzugreifen, um das etwa notwendige Vermögen in die Hand zu bekommen. Anm. 11.

c) Auf den Willen der im Oberlandesgerichtsbezirk (bzw. bei dem RG.) zugelassenen Rechtsanwälte, eine AK. zu bilden oder ihr fern zu bleiben, kommt es nicht an. Die AK. ist eine „Zwangsgenossenschaft, geschaffen durch Zwangsvereinigung" (Otto Mayer, VerwR² **2** 622), der Zwang wird bei ihr nicht auf Grund des Gesetzes durch Verwaltungsakt, sondern unmittelbar durch das Gesetz ausgeübt. Anm. 12.

2. Untergang der Anwaltskammer. Anm. 13.

a) Eine Auflösung durch Beschluß der Mitglieder ist ausgeschlossen, da ja der Wille der Mitglieder auch für die Entstehung bedeutungslos ist (vgl. Otto Mayer a. a. O. **2** 631).

b) Veränderungen des Bezirks des Oberlandesgerichts ziehen allerdings gleiche Veränderungen des Bezirks und deshalb auch des Mitgliederbestandes der AK. kraft Gesetzes nach sich, die AK. wird aber hiedurch hinsichtlich ihres Bestehens als juristische Person nicht berührt. Die Errichtung des OLG. Düsseldorf auf Kosten der Bezirke der Oberlandesgerichte Cöln und Hamm hat infolgedessen die Anwaltskammern Cöln und Hamm in ihrer Stellung als juristische Personen, insbesondere auch in den Rechten an ihrem bisherigen Vermögen, unangetastet gelassen (Kaufmann JW. **1905** 705, 706). Über den Vertrag, den die Anwaltskammern Cöln und Hamm wegen Teilung ihres Kammervermögens demnächst mit der AK. Düsseldorf geschlossen haben, s. AKJahrB. **1908** 18, **1909** 15. Anm. 14.

Wegen der Wirkung einer Anordnung nach § 41a (Errichtung einer zweiten AK. im Oberlandesgerichtsbezirke) s. § 41a Anm. 3 und 9.

c) Gleiche Auffassung wie zu b ist geboten, wenn nicht die Grenzen des Oberlandesgerichtsbezirks sich ändern, sondern lediglich der Sitz des Oberlandesgerichts innerhalb der bisherigen Bezirksgrenzen verlegt wird. Auch hier teilt die AK. alsbald die Verlegung des Sitzes, aber diese bedeutet nicht die Schaffung einer neuen juristischen Person. Anm. 15.

Anm. 16. d) Ebenso ist auch zu entscheiden, wenn Bezirksveränderung und Sitzverlegung zusammentreffen.

Anm. 17. e) Wird dagegen ein OLG. völlig aufgehoben, sei es daß sein Bezirk ganz zu einem anderen Oberlandesgerichtsbezirke geschlagen, sei es daß der Bezirk unter mehrere andere Oberlandesgerichtsbezirke aufgeteilt wird, so hört die AK., die mit dem aufgehobenen OLG. den Sitz teilte, auf zu bestehen. Das Vermögen fällt im ersten Falle der AK. des Oberlandesgerichtsbezirks, dem der Bezirk des aufgehobenen Oberlandesgerichts zugeschlagen wird, zu, im zweiten Falle wird es unter den mehreren beteiligten Anwaltskammern geteilt (vgl. OLG. **16** 153, KGJ. **41** A 208). Die Teilung erfolgt nach dem Verhältnis des jeder AK. zuwachsenden Teils der Mitglieder. Vgl. Otto Mayer, VerwR.² **2** 614/5, 647; Gierke, Privatrecht **1** 567; SeuffA. **19** 25 (OAG. Cassel); AKJahrB. a. a. O.

Anm. 18. f) Wenn der Mitgliederbestand einer AK. unter die Mindestzahl herabsinkt, was ja praktisch schwerlich vorkommen wird, so hört deshalb die AK. nicht zu bestehen auf. Allerdings kann eine solche AK., bis ihr Mitgliederbestand sich auf die Mindestzahl ergänzt hat, die ihr vom Staate überwiesenen öffentlich-rechtlichen Befugnisse nicht vollständig ausüben. Aber wie bei den juristischen Personen des Privatrechts das Herabsinken der Mitgliederzahl unter die bei der Gründung erforderliche Mindestziffer keineswegs stets ohne weiteres den Untergang der juristischen Person herbeiführt, so läßt sich auch für juristische Personen des öffentlichen Rechts ohne besondere gesetzliche Bestimmung nicht annehmen, daß sie untergehen, wenn sie ihre publizistischen Rechte und Pflichten nicht mehr oder nicht mehr ganz wahrnehmen können. Wohl mag solchen Falls der Staat Anlaß haben, die juristische Person des öffentlichen Rechts aufzuheben, (Rosin, Recht der öffentlichen Genossenschaft 151; Gierke, Privatrecht **1** 564). Indessen wird einmal der Staat bei bloß vorübergehender Unmöglichkeit, Rechte und Pflichten wahrzunehmen, kaum einschreiten, und bei der AK. wird es sich schwerlich je um etwas anderes als um vorübergehende Behinderung handeln. Dann aber können auch juristische Personen, deren Entstehung direkt auf einem Reichsgesetze beruht, nur aufgehoben werden, wenn und soweit das Reichsrecht dies gestattet; bezüglich der Anwaltskammern fehlt es jedoch an einschlägigen Bestimmungen. Vgl. auch Gierke 563 und Anm. 35 daselbst.

Anm. 19. g) Über das Vermögen einer AK. kann das Konkursverfahren eröffnet werden, soweit nicht auf Grund des Art. IV EGKONov. (1898) in Verbindung mit § 15 Ziff. 3 EGZPO. (neue Fassung) das Landesrecht solche Konkurseröffnung ausschließt. Ist hienach ein Konkurs zulässig und eröffnet, so geht dadurch gleichwohl die AK. nicht unter. § 42 Abs. 1 BGB. gilt für die juristischen Personen des öffentlichen Rechts nicht, sie werden, soweit nicht das Gesetz das Gegenteil bestimmt, durch die Konkurseröffnung nicht aufgelöst (Gierke, Privatrecht **1** 560), eine Aufhebung der AK. durch Staatsverwaltungsakt ist aber hier aus dem gleichen Grunde wie beim Herabsinken der Mitgliederzahl unter die Mindestzahl ausgeschlossen.

Anm. 20. V. 1. **Die AK. hat ihren Sitz** und damit gemäß § 17 ZPO. auch ihren allgemeinen Gerichtsstand am Sitze des Oberlandesgerichts bzw. Reichsgerichts. Die Veränderung des Sitzes des Gerichts hat, wie schon hervorgehoben, ohne weiteres auch den Wechsel des Sitzes der AK. zur Folge. Dagegen steht der AK. selbst eine Verlegung des Sitzes nicht zu.

Im Falle des § 41a wird der Sitz der zweiten AK. von der LJV. bestimmt. Wegen Änderung dieses Sitzes s. § 41a Anm. 11.

Anm. 21. 2. Der Sitz einer juristischen Person entspricht dem Wohnsitz der natürlichen Person. Während diese aber ganz regelmäßig auch außerhalb ihres Wohnsitzes tätig wird, ist die AK., soweit sie in den Kammerversammlungen in Tätigkeit tritt, im allgemeinen darauf verwiesen, an ihrem Sitze tätig zu werden. Die Ausnahmebestimmung des § 52 Abs. 2 letzter Satz läßt hieran keinen Zweifel. Wegen des AKV. vgl. § 52 Anm. 10.

§ 41 a.

Durch Anordnung der Landesjustizverwaltung können im Bezirk eines Oberlandesgerichts zwei Anwaltskammern errichtet werden, wenn die Zahl der im Bezirke zugelassenen Rechtsanwälte 1000 übersteigt. Die Landesjustizverwaltung bestimmt, welche Landgerichtsbezirke zu jeder Kammer gehören, und welcher der Kammern die beim Oberlandesgerichte zugelassenen Rechtsanwälte angehören, sowie den Sitz der zweiten Kammer.

I. Inhalt des Paragraphen. Der durch die Novelle vom 22. Mai 1910 eingefügte Paragraph will den Mißständen abhelfen, die eine allzu große Mitgliederzahl einer AK. mit sich bringt, indem sie „ein fruchtbringendes Zusammenarbeiten der einzelnen Mitglieder fast unmöglich macht" (KB. 37) und verhindert, daß neben den Interessen der zahlreichen, am Sitze der Kammer domizilierten Anwälte auch die Interessen der anderen Kammermitglieder genügend zur Geltung kommen. Alle diese Mißhelligkeiten sollen insbesondere bei der AK. Berlin zutage getreten sein. Der § 41 a läßt deshalb die Möglichkeit zu, bei einem 1000 übersteigenden Mitgliederbestande eines Kammerbezirks für einen solchen Oberlandesgerichtsbezirk zwei Anwaltskammern zu schaffen. Anm. 1.

II. Entstehung der zweiten Anwaltskammer. Anm. 2.

a) Nur im Bezirke eines OLG. können zwei Anwaltskammern gebildet werden, nicht beim KG.

b) Das Gesetz spricht davon, daß durch Anordnung der LJV. im Bezirke eines OLG. zwei Anwaltskammern errichtet werden. Anm. 3.

Allein der Satz 1 des § 41 a RAO. ist berichtigend dahin auszulegen, daß es sich bei der Anordnung der LJV. lediglich um die Errichtung einer zweiten AK. im Bezirke des betreffenden OLG. handelt. Das ergibt der Schluß des § 41 a RAO. mit Sicherheit. Hier ist von dem Sitze der zweiten Kammer die Rede. Die erste Kammer wird also offenbar als etwas schon Bestehendes angesehen, ihr Sitz hat sich nach § 41 RAO. zu richten. Die „erste" AK. teilt den Sitz der bisherigen einzigen AK. des oberlandesgerichtlichen Bezirks, und ihr Bezirk unterscheidet sich von dem Bezirke der AK. vor dem Erlaß der Anordnung der LJV. lediglich dadurch, daß nur Teile dieses Bezirks den Bezirk der „ersten" AK. bilden. Danach muß angenommen werden, daß die Wirkung der Anordnung der LJV. keine andere ist, als sie die Errichtung eines neuen OLG. auf Kosten des Bezirks eines anderen OLG. haben würde. A. M. Heinitz, DJZ. **1911** 82/3, der annimmt, daß mit dem Inkrafttreten der Anordnung der LJV. die bisherige AK. zu bestehen aufgehört hat, für die 1. Kammer also der Vorstand neu zu wählen ist. Demgemäß ist auch bei Errichtung der AK. Potsdam verfahren worden.

c) Die Anordnung der LJV. kann von Amts wegen oder auf Anregung, etwa der AK., erfolgen. Zur Zeit des Ergehens der Anordnung muß die Zahl der im Oberlandesgerichtsbezirke zugelassenen Anwälte 1000 übersteigen.[1]) Dagegen ist Anm. 4.

[1]) Eine solche Anordnung (JMVf. 21. 11. 10 PrJMBl. 406) ist bezüglich des Bezirks des KG. ergangen, der Ende 1910 bereits 1731 Anwälte zählte (AKJahrB. **1912** 1), es bestehen hier jetzt die Anwaltskammern Berlin und Potsdam. Eine Anordnung nach § 41 a wäre auch bezüglich des Bezirks Dresden zulässig, der am 1. 10. 11 1159 Anwälte umfaßte (AKJahrB. **1913** 2), die sächsische JV. hat aber die Errichtung einer 2. AK. abgelehnt (vgl. Dittenberger, JW. **1912** 1056 ff., **1913** 456).

es gleichgültig, ob nach Erlaß der Anordnung die Zahl der in den Bezirken der beiden Anwaltskammern zugelassenen Anwälte unter 1000 herabsinkt. Die gemäß § 12 widerruflich zugelassenen Anwälte zählen bei der Tausendzahl nicht mit.

Anm. 5. d) Die Anordnung der LJV., die keiner Veröffentlichung in einer Gesetzsammlung oder in einem Ministerialblatt bedarf, muß außer der Bestimmung der Errichtung einer zweiten AK. in dem Bezirke des OLG. festsetzen, welche Landgerichtsbezirke zu der Kammer gehören, welcher der Kammern die beim OLG. zugelassenen Rechtsanwälte angehören, und wo die zweite AK. ihren Sitz hat.

Fehlt eine dieser Bestimmungen, so ist die Anordnung bis zur Nachholung des Fehlenden unwirksam. Gleiche Unwirksamkeit tritt ein, wenn die LJV. die Schranken des Gesetzes nicht einhält, also z. B. den Bezirk des OLG. nach Amtsgerichtsbezirken unter die zwei Anwaltskammern verteilt.

Anm. 6. e) Bei der Zuteilung der Landgerichtsbezirke an die zwei Anwaltskammern ist die LJV. in keinerlei Weise beschränkt. Sie kann von mehreren am gleichen Ort bestehenden Landgerichten das eine dieser, das andre jener AK. zuweisen, so wenig empfehlenswert das auch sein dürfte, auch kann bei der ersten AK. ein 1000 übersteigender Mitgliederbestand verbleiben. Ebenso frei ist die LJV. bei Bestimmung des Sitzes der zweiten AK. (KB. 37). Sie kann als solchen den Sitz des OLG. wählen, so unzweckmäßig dies auch wäre, sie kann als Sitz einen Ort bezeichnen, der überhaupt nicht Gerichtssitz ist, nur muß es ein Ort im Bezirk des OLG. sein, wenn auch außerhalb des Bezirkes der zu der zweiten AK. gehörigen Landgerichte.

Der Sitz der ersten AK. richtet sich stets nach § 41 und unterfällt nicht dem Machtbereiche der LJV.

Anm. 7. f) Sollte einmal die Zahl der Mitglieder der AK. München 1000 übersteigen und bezüglich dieser AK. von der Befugnis des § 41 a Gebrauch gemacht werden, so müßte angenommen werden, daß auch die Zuweisung der bei dem Obersten Landesgerichte zugelassenen Rechtsanwälte an eine der Anwaltskammern der LJV. obliege.

Anm 8. g) Die LJV. bestimmt, „welche Landgerichtsbezirke zu jeder Kammer gehören". Die Mitgliedschaft in der einen oder anderen Kammer richtet sich danach, bei welchem LG. der RA. unwiderruflich zugelassen ist. Im Falle der Simultanzulassung kann der RA., wenn die Bezirke der mehreren Landgerichte, bei denen er zugelassen ist, verschiedenen Anwaltskammern zugeteilt sind, Mitglied mehrerer Anwaltskammern sein. Derselbe Fall kann eintreten, wenn ein RA. zugleich bei LG. und OLG. zugelassen ist, und die beim OLG. zugelassenen Rechtsanwälte nicht derselben AK. zugeteilt sind, zu der nach der Anordnung der LJV. der Bezirk des betreffenden LG. gehört.[1])

Anm. 9. h) Die Anordnung aus § 41 a hat die gleichen Wirkungen wie die Errichtung eines neuen OLG. auf Kosten des Bezirks eines anderen OLG. Vgl. dazu Anm. 14 zu § 41, Anm. 1 ff. zu § 106,[2]) Anm. 1 ff. zu § 111. Über die Auseinandersetzung der Anwaltskammern Berlin und Potsdam hinsichtlich des Kammervermögens s. AKJahrB. **1914** 29. Gehören zur Zeit des Inkrafttretens der Anordnung aus § 41 a dem Vorstande der ersten AK. Rechtsanwälte an, die durch jene Anordnung Mitglieder nur der zweiten AK. werden, so scheiden sie infolge des Verlustes der Wählbarkeit aus dem AKV. aus (§ 43 Abs. 2 und 4).

Anm. 10. **III. Untergang der zweiten Anwaltskammer.**

a) Die Anordnung aus § 41 a verliert ihre Kraft, sobald der Bezirk der zweiten AK. völlig aus dem Bezirk des OLG. ausscheidet, dem sie bisher angehörte.

[1]) Im Kammergerichtsbezirke sind die Kammergerichtsanwälte und die Bezirke der Landgerichte I, II und III in Berlin der AK. Berlin, die Bezirke der anderen Landgerichte der AK. Potsdam zugewiesen worden.

[2]) Die Berufung der ersten Kammerversammlung erfolgt hier an den von der LJV. bestimmten Sitz der zweiten AK.

b) Zweifelhaft ist, ob die LJV. wie zum Erlaß der Anordnung aus § 41a, Anm. 11.
so auch zur Änderung und Aufhebung dieser Anordnung befugt ist. Die Frage dürfte zu bejahen sein. Steht der LJV. die Bestimmung des Sitzes der zweiten AK. zu, so ist nicht einzusehen, weshalb dieser Sitz, wenn seine ursprüngliche Bestimmung sich als unzweckmäßig erweist, nicht sollte geändert werden dürfen. Hat ferner die LJV. es in ihrer Hand, den Mitgliederbestand der mehreren Kammern zu bestimmen, und ist sie dabei nur insofern eingeschränkt, als sie die Landgerichtsverbände nicht zerreißen darf, so handelt es sich bei dieser Tätigkeit doch wieder nur um Zweckmäßigkeitsfragen. Weshalb sollte daher die einmal getroffene Entschließung unabänderlich sein? All dies muß auch von der Einrichtung der zweiten AK. überhaupt gelten. Ihre Wirkungen sind ja, wie gesagt, keine anderen als die der Errichtung eines neuen OLG., und diese Errichtung überläßt das Reichsrecht den Einzelstaaten völlig.

IV. Übergangsfragen. Anm. 12.

Wegen der Einwirkung der Entstehung der zweiten AK. auf die Aufsichtstätigkeit des AKV. der ersten AK. ist auf Anm. 13 und 14 zu § 49 zu verweisen. Wegen der ehrengerichtlichen Zuständigkeit siehe Anm. 9 zu § 68. Vgl. dagegen Heinitz a. a. O. 83.

§ 42.

Die Kammer hat einen Vorstand von neun Mitgliedern.

Durch die Geschäftsordnung kann die Zahl der Mitglieder bis auf fünfzehn erhöht werden.

I. Inhalt. Der Paragraph bestimmt als notwendiges Organ der AK. einen Anm. 1.
Vorstand und regelt dessen Mitgliederzahl.

II. Die RAO. kennt als **notwendige Organe der AK.** die Versammlung der Anm. 2.
Kammermitglieder und den Vorstand der Kammer.

III. Zusammensetzung des Vorstandes. 1. Mitgliederzahl. Nach dem Anm. 3.
Gesetze muß der Vorstand nur einem Erfordernisse genügen: er muß eine bestimmte Mindestzahl von Mitgliedern aufweisen, die § 42 Abs. 1 auf 9 bemißt. Die Mitgliederzahl kann durch die Geschäftsordnung bis auf 15 erhöht werden (Abs. 2 a. a. O.). Diese Geschäftsordnung ist diejenige der Kammer, wie es ja nach § 43 Abs. 1 auch die Kammer ist, durch welche die Wahl des Vorstandes erfolgt.

Die Geschäftsordnung ist an die Mindestzahl von 9 Mitgliedern, sowie daran gebunden, daß die Erhöhung der Mitgliederzahl nur bis auf 15 Mitglieder statthaft ist.

Dagegen hat sie bei der Erhöhung freie Wahl zwischen allen Zahlen von 10 bis 15, und es herrscht denn auch bei den einzelnen Anwaltskammern eine große Verschiedenheit in dieser Beziehung.

2. Das Gesetz kennt nur „Mitglieder" des AKV., keine Stellvertreter, Anm. 4.
während bei der besonderen Erscheinungsform des AKV. als Ehrengericht die Mitglieder des AKV. teilweise Mitglieder des EG., teilweise Stellvertreter sind. Daraus folgt — und die Motive 67 bestätigen dies —, daß eine Wahl von Stellvertretern der Mitglieder des AKV. nicht stattfindet. Auch darüber kann die Geschäftsordnung nicht hinaus.

3. Weitere Erfordernisse hinsichtlich der Zusammensetzung des Anm. 5.
AKV. stellt das Gesetz nicht auf. In dem Bundesratsentwurfe hatte der dem § 42 des Gesetzes entsprechende § 38 im Abs. 1 noch den Zusatz „von welchen mindestens vier Mitglieder am Sitze der Kammer wohnen müssen" (Siegel 199 Anm. 68). In der Reichstagsvorlage war dieser Zusatz gestrichen (Siegel a. a. O.).

Die Begründung zu § 38 dieser Vorlage erklärt es zwar für wünschenswert, daß eine gewisse Zahl von Mitgliedern am Sitze der Kammer wohnhaft sein soll, bemerkt aber dann: „dennoch hat der Entwurf von einer Bestimmung in dieser Richtung mit Rücksicht auf die kleineren und die mehreren Bundesstaaten gemeinschaftlichen Oberlandesgerichte abgesehen. Es läßt sich erwarten, daß, soweit das praktische Bedürfnis es erheischt, eine Regelung dieses Punktes im Wege der Geschäftsordnung erfolgen wird" (Siegel 255). In der RTKomm. wurde durch einen Antrag Struckmann versucht, dem § 38 des Entwurfs einen Abs. 3 hinzuzufügen, der lauten sollte:

Mindestens der dritte Teil der Mitglieder muß am Orte des Oberlandesgerichts wohnen.

Der Antragsteller meinte, daß „eine einheitliche gesetzliche Regelung nötig und die Verweisung auf die Geschäftsordnung unzulässig sei", während der Regierungsvertreter erklärte, man habe sich entschlossen, „die Feststellung dieses Punktes der Autonomie der Anwälte zu überlassen". Die RTKomm. einigte sich dahin, „daß die Frage, ob und wieviel Mitglieder des Vorstandes der Anwaltskammer am Orte des Oberlandesgerichtes zu wohnen haben, nach dem konkreten Bedürfnisse zu entscheiden sei", und lehnte deshalb den Antrag Struckmann ab (Siegel Anhang 50). Der KommBer. 34 hebt hervor, die Kommission sei mit den Vertretern der Regierung darin einverstanden gewesen, „daß auch diese Frage durch die Geschäftsordnung nach Maßgabe der Bedürfnisse jedes einzelnen Falles zu entscheiden sei".

Anm. 6. An diese Vorgänge aus der Entstehungsgeschichte des Gesetzes knüpft die Ansicht an, die Geschäftsordnung sei in der Lage, hinsichtlich der Zusammensetzung des AKV. weitere Erfordernisse aufzustellen (vgl. Meyer § 42 Anm. 2, Berger § 42 Anm. 1, Sydow-Jacobsohn § 42 Anm. 1 und die 1. Auflage dieses Kommentars). Die Geschäftsordnungen haben diese Ansicht vielfach in die Tat umgesetzt. Die besonderen Erfordernisse kommen in ihnen in verschiedenen Formen vor:

a) Einige Geschäftsordnungen verteilen die Vorstandsstellen auf die verschiedenen Landgerichtsbezirke.

b) Andere fordern, daß eine bestimmte Anzahl Vorstandsmitglieder am Sitze der AK. ihren Wohnsitz haben muß.

c) Einzelne verlangen, daß dem AKV. Oberlandesgerichts- und Amtsgerichtsanwälte in bestimmter Anzahl angehören.

d) Endlich kommen Kombinationen der verschiedenen, besonderen Erfordernisse vor.

e) Auch eine weitere Ausgestaltung der besonderen Erfordernisse wird angestrebt (vgl. z. B. Mothes DRAZ. **1908** 105: bestimmtes Alter).

Anm. 7. Auf Grund der geschilderten Entstehungsgeschichte des § 42 mag zugegeben werden, daß die gesetzgebenden Faktoren zum Teil davon ausgegangen sind, die Geschäftsordnung könne die mehrgedachten besonderen Erfordernisse aufstellen. Es fragt sich aber, ob diese Willensmeinung auch im Gesetze selbst ihren Ausdruck gefunden hat, und das ist zu verneinen. Die Wirkung der in Frage stehenden Bestimmungen der Geschäftsordnungen ist stets eine Verengerung des Kreises der zur Besetzung der Vorstandsstellen zur Verfügung stehenden Personen. Diesen Personenkreis umschreibt das Gesetz durch die im § 43 gegebene Regelung der Wählbarkeit, in welche die Geschäftsordnung weder abändernd noch ergänzend eingreifen kann (§ 43 Anm. 5). Das aber geschieht durch die Aufstellung der besonderen Erfordernisse: denn wählbar sind für die betreffenden Stellen eben nur diejenigen Kammermitglieder, bei denen das gedachte Erfordernis zutrifft. Der Eingriff in die Normen über die Wählbarkeit wird völlig klar, wenn — was bisher allerdings noch nirgends geschehen ist — ein und dasselbe besondere Erfordernis bezüglich aller Vorstandsmitglieder aufgestellt würde: weshalb aber nicht auch das zulässig sein sollte, wäre, wenn die Aufstellung besonderer Erfordernisse überhaupt statthaft erschiene, nicht abzusehen.

Verstoßen danach die zahlreichen einschlägigen Bestimmungen der Geschäftsordnungen auch gegen das Gesetz (ebenso Kammerversammlung der AK. München 12. 12. 08 MittAGAnw. 2 Nr. 5 S. 6 im Gegensatz zu den Ausführungen a. a. O.), so steht doch nichts im Wege, daß die AK. in jedem einzelnen Falle tatsächlich das Ergebnis anstrebt, das zu einer Rechtsvorschrift zu machen sie außerstande ist. Vgl. einen ähnlichen Fall in § 67 Anm. 16. Interessant Naumburg AK. **1912** 18: Nach Naumburg § 6 „sollen" dem AKV. „stets 2 beim Oberlandesgericht und 4 nur bei Amtsgerichten zugelassene Anwälte angehören". Die Kammerversammlung erklärt a. a. O., die Vorschrift sei keine zwingende und verstoße deshalb nicht gegen die gesetzmäßige Wahlfreiheit. Dies ist korrekt und zur Nachahmung zu empfehlen.

IV. Rechtsstellung des Vorstandes und seiner Mitglieder. Anm. 8.

1. Der AKV. ist eine Behörde eines Selbstverwaltungskörpers. Es sind ihm aber auch öffentliche Angelegenheiten zur Besorgung im Namen und Interesse des Staates übertragen (vgl. §§ 3 Abs. 2, 49 Abs. 1 Ziff. 1 RAO.), und insoweit ist er auch eine staatliche Behörde (RGSt. **47** 395, KG. in JW. **1918** 273). Zu der Behördeneigenschaft paßt die Pflicht der Führung eines Siegels (s. § 95 Anm. 3). Interessant AKJahrB. **1913** 6: „Den bayerischen Anwaltskammern und Ehrengerichten nebst deren Vorsitzenden ist Portofreiheit für den ganzen Postverkehr gewährt, indem das Staatsministerium der Justiz auch diesen Stellen die Einführung der Portoablösung gestattet und für sie zugleich aus Staatsmitteln die Entschädigung an die Postbehörde bestreitet."

Nach dem Gesagten ist gemäß § 196 StGB. eine Beleidigung des AKV. möglich.

Die Behördeneigenschaft des AKV. machte sich auch bei Anwendung des § 4 Abs. 1 VaterlHDG. geltend. Die Rechtsanwälte an sich sind allerdings nicht „bei einer Behörde beschäftigt", wohl aber die Mitglieder des AKV. und dessen Angestellte (vgl. M. Friedländer, JW. **1918** 272 Anm. unter Nr. 4).

2. Vertreterstellung. Der Vorstand eines rechtsfähigen Vereins des Privatrechts hat nach § 26 Abs. 2 BGB. „die Stellung eines gesetzlichen Vertreters". Diese Bestimmung ist auf die juristischen Personen des öffentlichen Rechts nicht für anwendbar erklärt. Soweit bei ihnen die Wahrnehmung anderer Rechte als publizistischer Befugnisse, z. B. die Verwaltung des Vermögens der juristischen Person, in Frage kommt, paßt auch hier die Analogie der gesetzlichen Vertretung. Anm. 9.

3. Der Vertretung liegt kein Vertragsverhältnis zugrunde. Anm. 10. Auch die Bestellung des Vorstands eines rechtsfähigen Vereins des Privatrechts stellt ja nicht den Abschluß eines Vertrags dar (O. Mayer, VerwR.[1] **2** 397), womit natürlich durchaus vereinbar ist, daß § 27 Abs. 2 BGB. auf die Geschäftsführung des Vereinsvorstandes die für den Auftrag geltenden Vorschriften der §§ 664—670 BGB. entsprechende Anwendung finden läßt. Wie bei dem privatrechtlichen Verein die Vertretungsmacht „Mitgliedsrecht der Vereinsgenossen" ist und „auf die abgeordneten Mitglieder konzentriert" wird (O. Mayer a. a. O.), so bedeutet die Wahl des Vorstandes einer öffentlichen Genossenschaft lediglich „die Zusammendrängung der Rechte der Körperschaftsmitglieder" auf den Gewählten (O. Mayer, VerwR.[2] **2** 670).

Die Vertretung der AK. durch den AKV. erhellt besonders deutlich aus der Anm. 11. für die privatrechtliche Betätigung gültigen, nach § 89 Abs. 1 BGB. anwendbaren Bestimmung des § 31 BGB. Danach ist die AK. für den Schaden verantwortlich, den der Vorstand, ein Mitglied des Vorstandes oder ein anderer verfassungsmäßig berufener Vertreter durch eine in Ausführung der ihm zustehenden Verrichtungen begangene, zum Schadensersatze verpflichtende Handlung einem Dritten zufügt. Die Bestimmung wird nur bezüglich des in § 49 Ziff. 5 geregelten Geschäftskreises von Bedeutung sein, kann aber insoweit sowohl betreffs des AKV. als der Inhaber der Stellen des § 46 zur Anwendung kommen; nicht minder mit Bezug auf einen besonderen Vertreter, welcher durch die Geschäftsordnung oder durch besonderen Beschluß der Kammerversammlung, z. B. zur Prozeßführung gegen den Vorstand, bestellt wurde.

Anm. 12. 3. Der Vorstand wird von der Kammerversammlung gewählt, aber deswegen untersteht er nicht etwa unbeschränkt ihren Beschlüssen.

Anm. 13. a) Während die Bestellung des Vorstandes eines privatrechtlichen rechtsfähigen Vereins jederzeit widerruflich ist (§ 27 Abs. 2 BGB.), hat die Kammerversammlung nicht das Recht, die Wahl zum Vorstandsmitgliede einseitig zurückzunehmen.

Anm. 14. b) Innerhalb ihrer Zuständigkeit kann die Kammerversammlung statt, einen besonderen Ausschuß zur Vorberatung, Berichterstattung oder Entwerfung von Vorschlägen zu bilden, als solchen Ausschuß den Vorstand wählen und mit der gedachten Tätigkeit betrauen. In solchen Fällen ist der Vorsitzende ebenso, wie sonst, nach § 57 Abs. 1 verpflichtet, den geschäftlichen Verkehr der Kammer und des Vorstandes zu vermitteln, und der Vorstand wird sich der Ausführung des Kammerbeschlusses nicht entziehen können. Die eigentliche Erledigung der zur Zuständigkeit der Kammerversammlung gehörenden Angelegenheiten kann dagegen diese nicht von sich auf den Vorstand abwälzen, und ebensowenig binden den Vorstand Beschlüsse der Kammerversammlung, durch welche diese ihre eigene Zuständigkeit überschreitet oder in diejenige des Vorstandes eingreift.

Dagegen binden den AKV. alle Beschlüsse der Kammerversammlung, die sie innerhalb ihrer eigenen Kompetenz, sei es nach Maßgabe der gegenwärtigen Anm., sei es in anderer Weise, trifft.

Anm. 15. 4. Inneres Verhältnis des AKV. zur AK. Während für das innere Verhältnis des Vereinsvorstands zum Verein in erster Linie die Bestimmungen der Satzung, hilfsweise die Vorschriften der §§ 664—670 BGB. gelten, läßt sich ihre Anwendung auf den AKV. nicht rechtfertigen, für seine Stellung sind vielmehr die Normen aus der RAO. zu entnehmen. Danach ergibt sich folgendes:

Anm. 16. a) Dem Vorstande fehlt nicht nur im Zweifel, sondern stets das Recht, die ihm obliegenden Geschäfte einem anderen zu übertragen, und Gleiches gilt für die Tätigkeit der einzelnen Vorstandsmitglieder. Es folgt das ohne weiteres daraus, daß solche Übertragung von der RAO. nur in § 49 Abs. 2 zugelassen wird, und daß sie sich bei juristischen Personen des öffentlichen Rechts keineswegs von selbst versteht.

Anm. 17. b) Die Rechenschaftspflicht des Vorstands erhellt aus § 49 Ziffer 5, von einer Herausgabepflicht kann, da der Vorstand die Verwaltung führt, keine Rede sein.

Anm. 18. c) Dem § 670 BGB. entspricht § 51 Halbsatz 2 RAO.

Anm. 19. d) Daß der AKV. aus unerlaubten Handlungen gegenüber der AK. haftet, versteht sich von selbst. Aber auch abgesehen hievon sind Vorstand, Vorstandsmitglieder und sonstige verfassungsmäßige Vertreter der AK. dieser dann zivilrechtlich zum Schadensersatze verpflichtet, wenn sie durch schuldhafte Verletzung ihrer Pflichten der AK. Schaden bereiten (O. Mayer, VerwR.^{2} 2 672). Der Vorstand wird für jedes Verschulden haftbar zu machen sein. Gleiches wird ja auch für den Vereinsvorstand nach BGB. angenommen. Vgl. Meurer, Die juristischen Personen nach deutschem Reichsrecht 174; Altmann, Handbuch des deutschen Vereinsrechts 119; Westmann, Rechtsstellung des . . . Vorstandes eines rechtsfähigen Vereins 23.

Soweit im obigen von Haftung des AKV. gesprochen wird, ist damit die Anm. 20
Haftung derjenigen an der Tätigkeit des Vorstandes beteiligten Vorstandsmitglieder gemeint, denen ein Verschulden zur Last fällt, es haften also namentlich nicht die überstimmten Mitglieder. Vgl. Staudinger, BGB.[8] Anm. 9 zu § 839; Delius, Beamtenhaftpflichtgesetze[2] 262; RGZ. 89 15.

§ 43.

Der Vorstand wird durch die Kammer gewählt.

Wählbar sind die Mitglieder der Kammer.

Nicht wählbar sind:

1. **diejenigen, welche in Folge gerichtlicher Anordnung in der Verfügung über ihr Vermögen beschränkt sind;**
2. **diejenigen, gegen welche im ehrengerichtlichen Verfahren oder wegen einer strafbaren Handlung, welche die Unfähigkeit zur Bekleidung öffentlicher Ämter zur Folge haben kann, die öffentliche Klage erhoben ist;**
3. **diejenigen, gegen welche im ehrengerichtlichen Verfahren auf Verweis oder auf Geldstrafe von mehr als einhundertfünfzig Mark erkannt ist, auf die Dauer von fünf Jahren nach der Rechtskraft des Urtheils.**

Verliert ein Mitglied des Vorstandes die Wählbarkeit, so scheidet dasselbe aus dem Vorstande.

I. Inhalt. Der Paragraph befaßt sich mit der Regelung der Frage, wem die Anm. 1.
Wahl des AKV. obliegt, und wer zum Mitglied des Vorstandes gewählt werden kann.

II. Der Vorstand wird durch die AK. gewählt. Anm. 2.

1. Auf andere Weise als mittels Wahl seitens der AK. kann die Bestellung des Vorstandes nicht erfolgen. Das gilt selbst dann, wenn mehrfach eine Wahl nicht zustande kommt.

2. Über Art und Weise der Wahl s. § 54 Anm. 14 ff., über die Wahlperiode s. § 44 Anm. 1 ff.

III. Wählbarkeit zum Mitgliede des Vorstandes. 1. Wählbar sind nur Anm. 3.
Mitglieder der Kammer. Abs. 2 sagt dies nicht ausdrücklich, er hebt hervor, daß die Mitglieder der Kammer wählbar sind, nicht, daß nur sie es sind. Daß aber Abs. 2 dies meint, geht schon daraus hervor, daß vorbehaltlich der Ablehnungsgründe des § 45 die Wahl zur Annahme verpflichtet, was eben doch nur bei Mitgliedern der AK. erklärlich ist. Die Geschäftsordnung kann Abweichendes nicht bestimmen.

2. Wählbar sind alle Mitglieder der Kammer, bei denen nicht Anm. 4
ein gesetzlicher Unfähigkeitsgrund gegeben ist.

a) Diese Gründe sind erschöpfend in § 43 Abs. 3 geregelt. Die Geschäfts- Anm. 5.
ordnung kann diese Fälle weder abändern noch ergänzen. OLG. Köln AKJahrB. **1918** 18. Vgl. auch AKJahrB. **1912** 5.

b) Entscheidend ist, ob der Unfähigkeitsgrund zur Zeit der Wahl gegeben ist. Anm. 6.
Lag er zur Zeit der Berufung der Kammerversammlung vor, und ist er zur Zeit der Wahl behoben, so kommt er nicht weiter in Betracht. Lag er zur Zeit der Wahl vor, so wird diese durch späteren Wegfall des Unfähigkeitsgrundes nicht wirksam.

c) Der Unfähigkeitsgrund des Abs. 3 Ziff. 1 kann je nach der Art der Be- Anm. 7
schränkung in der Verfügung über das Vermögen dauernder oder vorübergehender

Natur sein, der Unfähigkeitsgrund der Ziff. 3 legt sich selbst nur Wirkung für 5 Jahre bei. Bezüglich der Ziff. 2 war die im Entwurf sich findende gleichartige Bestimmung klarer, als die Gesetz gewordene. Im Entwurf war der Unfähigkeitsgrund darauf abgestellt, daß gegen die Betreffenden „ein förmliches ehrengerichtliches Verfahren oder wegen einer strafbaren Handlung . . . eine gerichtliche Untersuchung anhängig ist" (Siegel 200). Der Unfähigkeitsgrund war also deutlich nur als vorübergehender, nämlich nur für die Dauer der Anhängigkeit des Verfahrens bzw. der Untersuchung wirkender, aufgestellt, und die Motive 68 hoben dies ausdrücklich hervor. Aus Anlaß der Beseitigung des förmlichen ehrengerichtlichen Verfahrens durch die RTKomm. und seiner Ersetzung durch das ehrengerichtliche Verfahren des Gesetzes erfolgte eine Änderung des Entwurfs. Diese Gesetz gewordene Fassungsänderung, die der KommB. 34 als lediglich redaktionelle bezeichnet, kann aber unmöglich die Bedeutung haben, daß der Unfähigkeitsgrund der Ziff. 2 zu einem dauernden gestempelt wäre. Sonst ergäbe sich die unbegreifliche Folge, daß ein Kammermitglied, gegen das eine Klage der in Ziff. 2 erwähnten Art erhoben wurde, selbst dann dauernd unfähig wäre, Vorstandsmitglied zu werden, wenn es wegen erwiesener Unschuld freigesprochen ward. Auch wäre dann unverständlich, weshalb das Gesetz noch besonders den zudem zeitlich nur beschränkt wirkenden Unfähigkeitsgrund der Ziff. 3 aufstellte: denn eine Verurteilung im ehrengerichtlichen Verfahren setzt ja stets die Erhebung der öffentlichen Klage in diesem Verfahren voraus. Der Unfähigkeitsgrund der Ziff. 2 wirkt also nur bis zur rechtskräftigen Beendigung des ehrengerichtlichen oder des Strafverfahrens.

Anm. 8. d) Wegen Erläuterung des Unfähigkeitsgrundes der Ziff. 1 ist auf die Anm. 9 ff. zu § 5 zu verweisen. Betreffs der Ziff. 2 sind, soweit ein kriminelles Strafverfahren in Frage kommt, die Erläuterungen zu § 7 zu vergleichen. Das in Ziff. 2 erwähnte ehrengerichtliche Verfahren kann nur ein ehrengerichtliches Strafverfahren sein: denn das ehrengerichtliche Zulassungsverfahren (vgl. über diese Unterscheidung Anm. 3 der Vorbem. zu Abschn. IV) findet nur auf Antrag von Personen statt, die erst Rechtsanwälte werden wollen, während zum Vorstandsmitgliede nur Kammermitglieder, also Rechtsanwälte, wählbar sind.

Anm. 9. Wird im kriminellen Strafverfahren rechtskräftig auf Strafen erkannt, infolge deren die Unfähigkeit zur Bekleidung öffentlicher Ämter eintritt, so erlischt damit die Kammermitgliedschaft und mit ihr die Wählbarkeit zum Vorstandsmitglied. Wird auf andere Strafen erkannt, so hat dies keinen Einfluß auf die Wählbarkeit zum Vorstandsmitglied (Motive 68; Meyer § 43 Anm. 3). Das gleiche gilt, wenn im ehrengerichtlichen Strafverfahren auf Warnung oder auf Geldstrafe nicht über 150 Mk., also auf andere ehrengerichtliche Strafen erkannt wird als die in Ziff. 3 genannten (Motive a. a. O.). Die Verurteilung zu Verweis oder die Verurteilung zu mehr als 150 Mk. Geldstrafe genügt. Dagegen liegt der Fall der Ziff. 3 nicht vor, wenn zunächst eine Verurteilung zu 100 Mk. Geldstrafe und demnächst in einem weiteren Verfahren eine solche zu 60 Mk. Geldstrafe erfolgt und zwar selbst dann nicht, wenn die beiden Verfahren hätten verbunden werden können. Der Verurteilung zur Ausschließung von der Rechtsanwaltschaft brauchte das Gesetz keine Erwähnung zu tun, denn in solchem Falle geht ja die Kammermitgliedschaft, also auch die Wählbarkeit, dauernd verloren.

Anm. 10. **IV. Die Wahl eines nicht Wählbaren ist nichtig.** Nach § 43 Abs. 4 führt der Verlust der Wählbarkeit nicht etwa nur zu einer Zurücknahme der Wahl, sondern bewirkt von selbst das Ausscheiden aus dem Vorstande. Dies gestattet den Rückschluß, daß ohne Vorliegen der Wählbarkeit der Wahl keine Rechtswirksamkeit zukommt.

Anm. 11. **V. Der Gewählte muß, so lange er Vorstandsmitglied ist, die Eigenschaft der Wählbarkeit behalten.** Verliert er sie, so scheidet er in dem Augenblicke, in dem seine Wählbarkeit aufhört, aus dem Vorstande aus. Für das Vorstandsmitglied haben also auch nur temporär wirkende Unfähigkeitsgründe den endgültigen Verlust der bisher innegehabten Vorstandsstelle zur Folge (Meyer § 43 Anm. 4). Es mag das unter Umständen hart sein: da aber das Gesetz keine Suspension der Vorstandsmitglieder und keine Stellvertreter für die Vorstandsmitglieder kennt, war solche Regelung doch wohl unabweislich. Das Ausscheiden aus dem Vorstande steht der Wiederwahl nach Beseitigung des Unfähigkeitsgrundes nicht im Wege (Meyer a. a. O.); es lassen sich also etwaige Härten genügend mildern.

§ 44.

Die Wahl des Vorstandes erfolgt auf vier Jahre, jedoch mit der Maßgabe, daß alle zwei Jahre die Hälfte der Mitglieder, bei ungerader Zahl zum ersten Male die größere Zahl ausscheidet. Die zum ersten Mal Ausscheidenden werden durch das Loos bestimmt.

Eine Ersatzwahl für ein vor dem Ablaufe der Wahlperiode ausscheidendes Mitglied erfolgt für den Rest derselben.

I. Inhalt. Der Paragraph bestimmt, für welche Zeit die Wahl des Vorstandes erfolgt. Anm. 1.

II. Entstehungsgeschichte. Der Vorstand der AK. wird für eine bestimmte Dauer von Jahren gewählt. Die Bundesratsvorlage sah eine Wahl auf zwei Jahre vor, der Abs. 1 ihres § 40 (= 44 des Gesetzes) lautete lediglich: „Die Wahl des Vorstandes erfolgt auf zwei Jahre" (Siegel 200 Anm. 69, 257 Anm. 94). Erst die Reichstagsvorlage brachte die vierjährige Wahlperiode in der Gesetz gewordenen Fassung (Siegel 200, 257). Gleichwohl sprechen die Motive zu § 41 des Entwurfs (= 45 des Gesetzes) bei Erörterung des in Ziff. 2 daselbst geregelten Ablehnungsgrundes, dessen Wirkung vier Jahre lang währt, davon, er wirke „für die Dauer von zwei Wahlperioden" (Motive 69). Das paßt, wie Reuling 12 zweite Anm. mit Recht bemerkt, nur zur Bundesratsvorlage (s. auch Siegel 257 Anm. 95). Anm. 2.

III. Verschiedene Arten der Wahlen. Während in Abs. 1 von einer Wahl des Vorstandes auf vier Jahre mit der Maßgabe des Ausscheidens eines Teils der Mitglieder nach zwei Jahren die Rede ist, regelt Abs. 2 die Ersatzwahl und läßt sie für den Rest der Wahlperiode gelten. Die anderen Wahlen kann man, wenn man von der ersten Wahl des Vorstandes absieht, (mit Reuling 6) Erneuerungswahlen nennen. Anm. 3.

Erneuerungswahl ist demgemäß die Wahl im Falle des planmäßigen (in Abs. 1 geregelten) Ausscheidens von Mitgliedern, Ersatzwahl die Wahl bei Ausscheiden aus sonstigen Gründen. Als solche kommen außer Tod und Verlust der Wählbarkeit das freiwillige Ausscheiden, über das bei § 45 zu handeln ist, in Betracht. Meyer § 44 Anm. 2 erwähnt noch besonders das Ausscheiden aus der AK., das indessen nur ein besonderer Fall des Verlustes der Wählbarkeit ist.

IV. Erneuerungswahlen. 1. Über die Zeit ihrer Vornahme bestimmt das Gesetz nichts. Die Geschäftsordnung kann den Zeitpunkt festsetzen (Meyer, Berger, Sydow-Jacobsohn § 44 Anm. 1), und es haben von dieser Möglichkeit verschiedene Geschäftsordnungen Gebrauch gemacht. Fehlt eine solche Bestimmung, so ist die AK. so rechtzeitig zur Beschlußfassung einzuberufen, daß beim Ausscheiden der in Abs. 1 vorgesehenen Mitgliederzahl die Erneuerungswahl bereits erfolgt ist. Wenn verschiedene Geschäftsordnungen diesen Schwierigkeiten dadurch zu begegnen suchen, daß sie die ausscheidenden Mitglieder ihre Tätigkeit als Anm. 4.

Vorstandsmitglieder bis zur Erneuerungswahl fortführen lassen, so sind diese Bestimmungen mit dem Gesetz nicht vereinbar. § 44 Abs. 1 ordnet an, daß das Ausscheiden „alle zwei Jahre“ erfolgt. Dieses Ausscheiden erfolgt mit Ablauf der zwei Jahre kraft Gesetzes, jene Geschäftsordnungsbestimmungen führen also dazu, daß Personen, die nicht mehr Vorstandsmitglieder sind, noch deren Tätigkeit ausüben. Das aber ist unzulässig. Vgl. hiezu AKJahrB. **1891** 9 Nr. 20, **1892** 5.

2. Über das Verfahren bei der Wahl im einzelnen vgl. § 54 Anm. 14 ff.

Anm. 5. 3. Die Wahl erfolgt auf vier Jahre, jedoch mit der Maßgabe, daß alle zwei Jahre die Hälfte der Mitglieder, bei ungerader Zahl zum erstenmal die größere Zahl ausscheidet. Weder diese Maßgabe noch die vierjährige Wahlperiode bedarf besonderer Hervorhebung bei der Wahl. Beides gilt ohne weiteres, weil eine andere Erneuerungswahl überhaupt unstatthaft ist. Erfolgt sie unter anderen Modalitäten, so sind diese als nichtig und deshalb unbeachtlich anzusehen (vgl. Kormann, System der rechtsgeschäftlichen Staatsakte 161/5).

Anm. 6. 4. Das Ausscheiden, das, wie schon bemerkt, ohne weiteres erfolgt, geschieht „alle zwei Jahre“. Die zwei Jahre rechnen von dem Zeitpunkte ab, für den mit der Wirkung auf vier Jahre die Vorstandswahl erfolgte. Im Zweifel wird man anzunehmen haben, daß die Vorstandswahl sofort wirkt, jedoch für keinen früheren Zeitpunkt als denjenigen, in dem die Amtszeit der Ausscheidenden abläuft. Nimmt man, wie das in der 1. Auflage geschah, den Beginn des Geschäftsjahres als maßgebenden Zeitpunkt an, so kann leicht ein längeres Interregnum eintreten.

Die zum erstenmal Ausscheidenden — ihre Zahl steht ja fest — werden durch das Los bestimmt, dessen Ziehung natürlich in der Versammlung der AK. erfolgt, in der ja der ganze Wahlakt vor sich geht.

Anm. 7. V. **Ersatzwahlen.** 1. Über den Begriff vgl. Anm. 3.

2. Im Gegensatz zu den Erneuerungswahlen ist ihre Vornahme an sich nicht notwendig (Meyer, Berger, Sydow-Jacobsohn § 44 Anm. 2). Sie wird es aber, sobald so viele Vorstandsstellen erledigt sind, daß die Beschlußfähigkeitsziffer des § 55 Abs. 1 nicht mehr einzuhalten ist. Abgesehen hievon ist es an sich Sache des Vorstands, zu beurteilen, ob trotz einer Anzahl erledigter Stellen die Vorstandsgeschäfte auch ohne Ersatzwahl sachgemäß zu erledigen sind. Aber dieses Ermessen des Vorstandes ist nicht etwa ein gesetzlich gewährleistetes und also unantastbares, freies Ermessen. Als Regelfall nimmt ja doch das Gesetz jedenfalls an, daß alle Vorstandsstellen besetzt sind. Hieran hat die AK. auch ein erhebliches Interesse, denn in solchem Falle ist die Führung der Vorstandsgeschäfte ohne Eintritt der Gefahr einer Stockung verbürgt. Danach aber ist als sicher anzunehmen, daß die Geschäftsordnung das fragliche Ermessen des Vorstandes einschränken kann (Meyer a. a. O.; Reuling 8). Mehrere Geschäftsordnungen haben hievon sehr zweckmäßig namentlich in der Richtung Gebrauch gemacht, daß sie die Vornahme von Ersatzwahlen für notwendig erklären, sobald die Anzahl der verfügbaren Vorstandsmitglieder unter eine gewisse Mindestzahl herabsinkt.

3. Über den Hergang bei der Ersatzwahl vgl. § 54 Anm. 14 ff.

Anm. 8. VI. Über das **Zusammentreffen von Erneuerungs- und Ersatzwahl** und das in diesem Falle einzuhaltende Verfahren s. § 54 Anm. 14.

§ 45.

Die Wahl zum Mitgliede des Vorstandes darf ablehnen:

1. wer das fünfundsechzigste Lebensjahr vollendet hat;

2. wer die letzten vier Jahre Mitglied des Vorstandes gewesen ist, für die nächsten vier Jahre.

Das freiwillige Ausscheiden eines Mitgliedes bedarf der Zustimmung des Vorstandes.

I. Inhalt. Der Paragraph beschließt die besonderen Bestimmungen über die Wahlen zum Vorstande durch die in Abs. 1 enthaltene Feststellung der Gründe, aus denen eine solche Wahl abgelehnt werden darf. Abs. 2 reiht daran die Bestimmungen darüber, unter welchen Voraussetzungen ein Mitglied, das die Wahl angenommen hat, aus dem Vorstande wieder ausscheiden kann. Anm. 1.

II. Die Annahme der Wahl zum Mitgliede des Vorstandes ist Pflicht jedes Mitgliedes der AK. Das Gesetz spricht dies im Gegensatze zu den Motiven 69 nicht ausdrücklich aus. Aber gerade die Normierung der Ablehnungsgründe zeigt, daß im allgemeinen die Wahl nicht abgelehnt werden kann, die Mitglieder der AK. also zur Annahme der Wahl verpflichtet sind (Meyer § 45 Anm. 1; Fölsche, Das Ehrenamt in Preußen und im Reiche 127/8). Die Annahmepflicht betrifft gleicherweise Erneuerungs- und Ersatzwahlen. Anm. 2.

III. Die Pflicht zur Annahme der Wahl entfällt bei Vorliegen eines Ablehnungsgrundes. Anm. 3.

1. Von den beiden in Abs. 1 geregelten Ablehnungsgründen entspricht der in Ziff. 1 gedachte dem Ablehnungsgrunde des § 35 Ziffer 5 GVG.

2. Reuling 20 erste Anm. hält eine — übrigens in keiner Geschäftsordnung erfolgte — Ausdehnung der Ablehnungsgründe durch die Geschäftsordnung für zulässig. Dem ist nicht zu folgen. Bestimmt das Gesetz eine Pflicht zur Annahme der Wahl und macht es zwei Fälle namhaft, in denen diese Pflicht entfällt und die Wahl abgelehnt werden darf, so müßten besondere Anhaltspunkte dafür vorliegen, daß das Gesetz nur das Mindestmaß des Ablehnungsrechts feststellen wollte. Das Gegenteil erhellt aus den Motiven 69, die nach Erläuterung der beiden zugelassenen Ablehnungsgründe bemerken: „Jeder andere Grund zur Ablehnung . . . . eines durch Wahl übertragenen Amtes, wie namentlich . . ., erscheint zu willkürlicher Natur." Anm. 4.

3. Daß eine Einschränkung des Ablehnungsrechts durch die Geschäftsordnung unzulässig ist, liegt auf der Hand (Reuling a. a. O.).

4. Die Ablehnung ist ein Recht, keine Pflicht. Der Ablehnungsberechtigte begibt sich seines Rechts durch die Annahme der Wahl. Diese Annahme kann ausdrücklich oder stillschweigend erfolgen, sie kann insbesondere in der Nichtgeltendmachung des Ablehnungsrechts nach Kenntnis von der Wahl liegen. Deshalb sind die Geschäftsordnungen durchaus in der Lage, durch besondere Bestimmungen auf unverzügliche Geltendmachung des Ablehnungsrechts zu dringen. Die geltenden Geschäftsordnungen unterscheiden meistens zwischen Anwesenden und Abwesenden. Anwesende haben teils sofort nach Verkündigung des Wahlergebnisses, teils sofort nach der vom Vorsitzenden an sie gerichteten Aufforderung sich über Annahme der Wahl zu erklären, sich also auch wegen Gebrauchs eines etwaigen Ablehnungsrechts zu entscheiden. Abwesende haben, nachdem ihnen die Wahl durch den Vorsitzenden bekannt gemacht ist, innerhalb einer gewissen Frist das Ablehnungsrecht bei Meidung des Verlustes geltend zu machen. Anm. 5.

5. Das Gesetz enthält keine Bestimmung darüber, wer über die Berechtigung einer Ablehnung zu entscheiden hat. Die Entscheidung betrifft eine Wahl, die von der Kammerversammlung ausgegangen ist, sie kann deshalb auch nur dieser zustehen. Dagegen lassen verschiedene Geschäftsordnungen über die Ablehnung den AKV. teils überhaupt, teils wenigstens dann entscheiden, wenn die Ablehnung außerhalb der Wahlversammlung erfolgt. Diese Bestimmungen sind zweifellos zweckmäßig, da durch sie die Umständlichkeiten einer Kammerver- Anm. 6.

sammlung vermieden werden, welche nur über eine Wahlablehnung zu befinden hätte. Es fragt sich nur, ob die erwähnten Bestimmungen auch statthaft sind. Diese Frage dürfte zu verneinen sein. Gewiß kann die Kammer die ihr zufallenden Beschlußfassungen in der Form der Geschäftsordnung treffen, sie kann dies aber nicht in der Art tun, daß sie die Beschlußfassung endgültig auf ein anderes Organ überträgt.

Anm. 7 IV. 1. **Soweit ein Ablehnungsrecht nicht besteht**, ist der Gewählte zur Annahme der Wahl verpflichtet. Das Gesetz gibt indessen weder der AK. noch dem AKV. Mittel und Wege an die Hand, diese Annahme und das Tätigwerden als Vorstandsmitglied zu erzwingen (Mot. 69, 70). Natürlich kann aber die beharrliche Weigerung der Wahlannahme und der Übernahme der Tätigkeit eines Vorstandsmitglieds zu einer ehrengerichtlichen Bestrafung führen.

Anm. 8. 2. Aus der Annahmepflicht folgt keineswegs, daß an ihrer Durchführung unentwegt festgehalten werden muß. Freilich ein Recht, die Wahl abzulehnen, besteht nur nach Maßgabe des Abs. 1. Weshalb aber soll nicht aus Billigkeitsgründen einem Gewählten im einzelnen Falle Befreiung von dieser Pflicht zugestanden werden können? Erzwungen kann sie, wie gesagt, nicht werden, eine ehrengerichtliche Bestrafung wird, zumal sie bei Vorliegen von Entschuldigungsgründen (Krankheit usw.) keinesfalls streng ausfallen dürfte, nicht immer als genügender Antrieb wirken; es könnte also leicht die Tätigkeit des Vorstandes zeitweise unmöglich gemacht werden. Zudem läßt das Gesetz in Abs. 2 das freiwillige Ausscheiden eines Mitglieds aus dem Vorstande mit Zustimmung des letzteren ohne weitere Beschränkung zu und kann deshalb schwerlich die Bewilligung eines Gesuchs, in den Vorstand nicht erst eintreten zu müssen, für unstatthaft halten. Wenn die Auslegung verschiedener Geschäftsordnungen zu der Auffassung führt, daß sie Ablehnungsgesuche, die nicht auf gesetzliche Ablehnungsgründe gestützt sind, ausschließen (Reuling 20), so ist damit wohl gesagt, die betreffende AK. sei nicht gewillt, Befreiungen in solchen Fällen eintreten zu lassen; die Bestimmungen benehmen aber der AK. nicht das Recht, gleichwohl im einzelnen Falle Befreiung zu bewilligen, denn ihrer Rechte kann sich die AK. auch im Wege der Geschäftsordnung nicht selbst begeben. Verschiedene Geschäftsordnungen (vgl. Reuling a. a. O.) lassen dagegen die richtige Auffassung zu, daß sie eine Befreiung, auch abgesehen von dem Ablehnungsrechte, gestatten. Zum Befinden über solche Befreiungsgesuche kann aber entgegen den Bestimmungen einiger Geschäftsordnungen nur die Kammerversammlung für zuständig erachtet werden und zwar aus den gleichen Gründen, wie bei Ablehnung aus Abs. 1.

Anm. 9. V. **Ausscheiden aus dem Vorstande.** 1. Ein Recht zum Ausscheiden aus dem Vorstande besitzt ein in diesen eingetretenes Mitglied nicht, insbesondere auch dann nicht, wenn ihm seinerzeit ein Ablehnungsrecht zustand oder jetzt zustehen würde (Meyer § 45 Anm. 2; Berger Anm. zu § 45).

Anm. 10. 2. Kraft Gesetzes erfolgt das Ausscheiden außer im Falle des Todes

a) nach Maßgabe des § 44 Abs. 1,

b) wegen Verlustes der Wählbarkeit.

Anm. 11. 3. Daneben gestattet das Gesetz ein „freiwilliges Ausscheiden" d. h. ein Ausscheiden ohne Gegebensein eines gesetzlichen Grundes. Solches Ausscheiden ist nur mit Zustimmung des AKV. statthaft. Die Erteilung oder Versagung dieser Zustimmung steht im Ermessen des Vorstandes. Gegen seinen Beschluß kann gemäß § 59 Abs. 2 die Entscheidung des OLG. (bzw. RG.) angerufen werden, was jedoch, da dem OLG. (bzw. RG.) die materielle Prüfung versagt ist, für das beteiligte Vorstandsmitglied wohl keine Bedeutung hat.

§ 46.

Der Vorstand wählt aus seiner Mitte einen Vorsitzenden, einen stellvertretenden Vorsitzenden, einen Schriftführer und einen stellvertretenden Schriftführer.

I. Inhalt. Ist die Vorstandswahl erfolgt, so bedarf es, damit der Vorstand tätig werden kann, seiner Konstituierung. Hiemit beschäftigt sich § 46. Anm. 1.

II. Die Vorstandsstellen des § 46. 1. Über die Wahlperiode trifft das Gesetz keine Bestimmung, nur kann sie naturgemäß, da alle zwei Jahre die Hälfte der Vorstandsstellen neu besetzt wird, keine längere als eine zweijährige sein (Reuling 29). Die Geschäftsordnungen haben teils eine zweijährige, teils eine einjährige Wahlperiode angeordnet; soweit sie schweigen, muß eine zweijährige Wahlperiode als gewollt angenommen werden (Reuling 30). Anm. 2.

2. Auch über Zeit und Ort der Wahl fehlt es an gesetzlichen Normen. Die Geschäftsordnungen enthalten verschiedene einschlägige Bestimmungen, auch über die Berufung der konstituierenden Vorstandssitzung. Soweit solche Bestimmungen fehlen, wird man anzunehmen haben, daß das älteste Vorstandsmitglied unverzüglich die konstituierende Vorstandssitzung und zwar angemessenerweise wohl an den Sitz der AK. zu berufen hat. Anm. 3.

3. Die Wählbarkeit zu den Vorstandsstellen des § 46 ist nach dem Gesetze lediglich durch die Eigenschaft als Vorstandsmitglied bedingt. Nach der Bundesratsvorlage waren dagegen die fraglichen Stellen vom Vorstande „aus seinen am Sitze der Kammer wohnhaften Mitgliedern" zu besetzen (Siegel 200 Anm. 69). Deshalb sind aber nun nicht etwa die Geschäftsordnungen ermächtigt, für alle oder einzelne der vier Stellen besondere Erfordernisse aufzustellen, wie dies in der Tat in einzelnen Geschäftsordnungen geschehen ist. Auch hierdurch wird nämlich in die Normen über die Wählbarkeit zum Vorstandsmitgliede eingegriffen: denn es müßte dann bei der Wahl des Vorstandes darauf geachtet werden, daß in ihr so viele Mitglieder, die den besonderen Erfordernissen entsprechen, gewählt würden, als an solche geknüpfte Stellen des § 46 vorhanden wären. Das wäre eine gar nicht unerhebliche Einengung der Wählbarkeit bei der Wahl des AKV. Vorsichtigerweise bestimmt Kiel § 17 Abs. 2 nur: „Der Vorsitzende und der Schriftführer sollen regelmäßig aus den am Sitze der Kammer wohnenden Vorstandsmitgliedern gewählt werden." Anm. 4.

4. Über den Hergang bei der Wahl ist im allgemeinen auf die Anmerkungen zu § 54 zu verweisen. Der Erörterung bedarf Anm. 5.

a) die Frage, wer in der konstituierenden Sitzung bis zur Wahl des Vorsitzenden den Vorsitz führt. Die Geschäftsordnungen enthalten hierüber teilweise besondere Bestimmungen, indem sie, wie die Berufung der Sitzung, so auch zunächst den Vorsitz in ihr dem im Vorstande verbliebenen bisherigen Vorsitzenden oder dem ältesten Vorstandsmitgliede übertragen. Soweit Bestimmungen fehlen, wird man das älteste, nicht verhinderte Vorstandsmitglied als zum Vorsitz berufen zu erachten haben. Ist der Vorsitzende gewählt, so hat er für den Rest der Sitzung den Vorsitz zu übernehmen.

b) Auch für die konstituierende Sitzung ist ein Schriftführer unentbehrlich (vgl. § 56). Darüber, wer bis zur Wahl des Schriftführers dessen Geschäfte wahrzunehmen hat, enthalten gleichfalls verschiedene Geschäftsordnungen Bestimmungen. Nach ihnen ist entweder das jüngste Vorstandsmitglied für die ganze Sitzung zum Schriftführer berufen oder das zunächst den Vorsitz führende Mitglied hat den einstweiligen Schriftführer zu ernennen und zwar teils für die ganze Sitzung, teils nur für die Wahl des Vorsitzenden. Soweit Bestim- Anm. 6.

mungen fehlen, wird man dem einstweiligen Vorsitzenden das Recht einräumen müssen, einen einstweiligen Schriftführer zu ernennen (vgl. § 106 Abs. 3), dessen Tätigkeit erst mit der Wahl des Schriftführers ihr Ende erreicht.

Anm. 7. 5. Jedes Vorstandsmitglied ist zur Übernahme einer der Stellen des § 46 verpflichtet. Eine Ablehnung einschlägiger Wahlen kennt das Gesetz nicht. Marienwerder § 20 Abs. 3 gibt dem zum Vorsitzenden gewählten Mitgliede ein nur für den ersten Wahlgang wirksames Ablehnungsrecht. Es kann indessen nicht für statthaft erachtet werden, durch die Geschäftsordnung ein derartiges, dem Gesetze unbekanntes Ablehnungsrecht zu schaffen. Dagegen steht nichts im Wege, daß der Vorstand ein Mitglied von der Pflicht zur Übernahme aus Billigkeitsgründen entbindet.

Anm. 8. 6. Ausscheiden aus den Stellen des § 46 bei Verbleiben im AKV. Ersatzwahlen. Mit Zustimmung des Vorstandes kann ein Vorstandsmitglied aus der von ihm bisher bekleideten Stelle des § 46 ausscheiden, gleichwohl aber im Vorstande verbleiben (Reuling 33). In diesem Falle und ebenso bei Tod des Inhabers einer Stelle des § 46 oder bei seinem Ausscheiden aus dem Vorstande wird eine Ersatzwahl für diese Stelle erforderlich. Handelt es sich um eine Ersatzwahl nur für die erledigte Stelle des § 46, so wird sie der Vorstand alsbald in die Wege zu leiten haben. Kommt gleichzeitig eine Ersatzwahl für den Vorstand in Frage, so wird es an sich im Ermessen des Vorstands stehen, ob er alsbald oder erst nach Ergänzung des Vorstandes zur Neubesetzung der Stelle des § 46 schreiten will; die Geschäftsordnung kann aber dem Vorstande vorschreiben, diese Neubesetzung bis zur Ergänzung des Vorstandes hinauszuschieben, was denn auch Dresden § 3 Abs. 2 tut.

Anm. 9. 7. Über die Geschäfte des Vorsitzenden s. § 57 Anm. 2 ff., über diejenigen des Schriftführers s. § 57 Anm. 7 ff. Der stellvertretende Schriftführer wird im Gesetze sonst nicht, der stellvertretende Vorsitzende nur noch im § 67 erwähnt. Tritt der stellvertretende Vorsitzende bzw. Schriftführer für den Vorsitzenden bzw. Schriftführer ein, so hat er durchaus die Rechte und Pflichten des Vertretenen.

Anm. 10. Ob der stellvertretende Vorsitzende bzw. Schriftführer einzutreten hat, ist eine Frage, die zunächst nur zwischen ihm und dem zu Vertretenden zu erledigen ist (Reuling 33; vgl. KGJ. **40** A 88, RGZ. **24** 84, OLG. **6** 468). Nur wenn hier keine Einigung erzielt wird, kann ein Eingreifen stattfinden. Mit Reuling 33, 34 ist für Lösung eines solchen Streits — die Geschäftsordnungen enthalten keine Bestimmung hierüber — der Vorstand für zuständig und zu seiner Berufung der stellvertretende Vorsitzende dann für ermächtigt zu halten, wenn es sich um einen Streit zwischen ihm und dem Vorsitzenden handelt.

Anm. 11. 8. Sind Vorsitzender und stellvertretender Vorsitzender gleichzeitig verhindert[1]), so berufen einzelne Geschäftsordnungen das älteste oder das am Sitze des Oberlandesgerichts wohnhafte, älteste Vorstandsmitglied zum Vorsitzenden und zwar teilweise mit dem Vorbehalte, daß der Vorstand einen anderen Vorsitzenden ernennen kann. Andere Geschäftsordnungen lassen einen zeitweiligen Vorsitzenden durch den Vorstand aus seinen Mitgliedern bestimmen. Teilweise ist auch dem Vorsitzenden und stellvertretenden Vorsitzenden das Recht eingeräumt, sich für dringende Fälle einen zeitweiligen Vertreter zu bestellen, natürlich (Reuling 34) vorbehaltlich des gedachten Rechts des Vorstandes, einen Ersatzvorsitzenden zu bestellen.

Anm. 12. Soweit derartige Bestimmungen fehlen oder nicht ausreichen, wird man mit Reuling a. a. O. die Normen über die Berufung und Abhaltung der konstituierenden

---

[1]) Bezüglich des Vorsitzes im EG. vgl. § 67 Anm. 13, 14.

Vorstandssitzung entsprechend anzuwenden und so zur Wahl eines einstweiligen stellvertretenden Vorsitzenden, die durch den Vorstand aus seinen Mitgliedern zu erfolgen hat, gelangen müssen.

9. Sind gleichzeitig Schriftführer und stellvertretender Schriftführer verhindert, so lassen einige Geschäftsordnungen einen zeitweiligen Vertreter durch den Vorstand aus seiner Mitte ernennen, andere das jüngste Vorstandsmitglied als Vertreter eintreten, Frankfurt § 6 Abs. 2 beruft, wenn eine Beschlußfassung des Vorstands nicht möglich ist, auch als Schriftführer das dienstälteste, in Frankfurt ansässige Vorstandsmitglied. Die Ernennung eines zeitweiligen stellvertretenden Schriftführers durch den Vorstand muß auch da für statthaft erachtet werden, wo eine Bestimmung der Geschäftsordnung fehlt. Für die betreffende Vorstandssitzung hat bis zur Ernennung des zeitweiligen stellvertretenden Schriftführers ein Schriftführer einzutreten, der ebenso, wie bei der konstituierenden Vorstandssitzung, vom Vorsitzenden hiezu herangezogen wird. Anm. 13.

III. **Außer den Stellen des § 46 besetzt der AKV.** auch die Stellen der drei neben dem Vorsitzenden und dem stellvertretenden Vorsitzenden zu wählenden ordentlichen Mitglieder des EG. Vgl. hierüber § 67 Anm. 15. Anm. 14.

§ 47.

Das Ergebniß der Wahlen wird der Landesjustizverwaltung und dem Oberlandesgericht angezeigt und von dem letzteren auf Kosten der Anwaltskammer durch den Deutschen Reichsanzeiger bekannt gemacht.

1. Inhalt. Der Paragraph sorgt für Mitteilung der in den vorangegangenen Bestimmungen geregelten Wahlen an die LJV.[1]) und das OLG. und für die Bekanntmachung der Wahlen. Anm. 1.

2. § 47 betrifft sowohl die Wahlen zum Vorstande als auch die Besetzung der Stellen des § 46, dagegen nicht die Wahlen der ordentlichen ehrengerichtlichen Mitglieder. Reuling 22 scheint § 47 nur auf die Wahlen zum Vorstande zu beziehen. In der Praxis werden teilweise auch die Wahlen der ordentlichen ehrengerichtlichen Mitglieder angezeigt. Anm. 2.

3. Nur das Ergebnis der Wahlen ist anzuzeigen, Abschrift der Wahlprotokolle braucht nicht eingereicht zu werden. Daß außer der LJV. auch dem OLG. — hinsichtlich der AK. bei dem RG. dem letzteren — Anzeige zu machen ist, rechtfertigt sich aus § 59 Abs. 2. Anm. 3.

4. Neben der durch § 47 gebotenen Bekanntmachung im Reichsanzeiger schreiben Dresden § 4 und Karlsruhe § 12 eine Veröffentlichung in bestimmten anderen Blättern vor und zwar Karlsruhe betreffs der Wahl der ordentlichen Mitglieder des EG. und der Reihenfolge, in welcher die übrigen Mitglieder des Vorstandes als Stellvertreter zu berufen sind, Dresden hinsichtlich „der Wahlen der Mitglieder und der Beamten des Vorstandes". Anm. 4.

§ 48.

Der Kammer liegt ob:

1. die Feststellung der Geschäftsordnung für die Kammer und den Vorstand;
2. die Bewilligung der Mittel zur Bestreitung des für die gemeinschaft-

---

[1]) An wen die Mitteilung zu richten ist, darüber vgl. Sachsen-Weimar-Eisenach MinB. 3. 10. 79 (RegBl. 519) § 21, Sachsen-Altenburg V. 17. 11. 79 (GS. 255) § 19.

lichen Angelegenheiten erforderlichen Aufwandes und die Bestimmung des Beitrages der Mitglieder;

3. die Prüfung und Abnahme der seitens des Vorstandes zu legenden Rechnung.

Anm. 1. I. **Inhalt.** Der Paragraph regelt den Geschäftskreis der Kammerversammlung.

Anm. 2. II. **Neben den Ziffern 1—3 kommen für den Geschäftskreis der Kammerversammlung in Betracht** §§ 43 Abs. 1, 50 und bezüglich der AK. bei dem RG. § 90 Abs. 3. Vgl. ferner § 45 Anm. 6, 8.

Anm. 3. III. **Zu Ziffer 1 (Feststellung der Geschäftsordnung für die Kammer und den Vorstand).** 1. Über die Bedeutung von § 48 Ziff. 1 vgl. Exkurs vor § 41 Anm. 1 ff.

Anm. 4. 2. Es kann für Kammer und Vorstand je eine getrennte Geschäftsordnung geschaffen werden. Dies ist jedoch nicht nötig und auch nur vereinzelt geschehen.

Anm. 5. 3. Über die Form der Geschäftsordnung sagt die RAO. nichts. Es ist deshalb richtig, wenn EGH. **1** 19 — offenbar AK. Marienwerder betreffend — und ihm folgend Meyer § 48 Anm. 1, Berger § 42 Anm. 3, Sydow-Jacobsohn § 42 Anm. 2 eine Geschäftsordnung auch ohne schriftliche Redigierung für möglich halten. Ist ja doch auch unter den rechtsfähigen Vereinen des BGB. nur bei den eingetragenen Vereinen nach § 59 BGB. für die Satzung Schriftlichkeit erforderlich. Darüber, daß die Beurkundungsvorschrift des § 56 nichts anderes ergibt, vgl. § 56 Anm. 3. Natürlich ist aber eine schriftliche Abfassung dringend zu empfehlen.

Anm. 6. Die Geschäftsordnung kann in mehreren getrennten Beschlüssen zutage treten, ohne daß diese einer zusammenfassenden Redaktion unterworfen werden.

Anm. 7. 4. Für die Abänderung der Geschäftsordnung gilt das gleiche, wie für die Festsetzung derselben.

Anm. 8. 5. Der Genehmigung eines staatlichen Organs bedarf die Geschäftsordnung nicht (Mot. 70; Meyer § 48 Anm. 1). Von einer Veröffentlichung ist ihre Wirksamkeit gleichfalls unabhängig.

Anm. 9. 6. Dem Eingreifen des OLG. bzw. RG. nach § 59 Abs. 2 ist auch die Geschäftsordnung unterworfen. Ebenso Mot. und Meyer a. a. O.; Berger Vorbem. zu Abschnitt III.

Anm. 10. IV. **Zu Ziffer 2.**

A. Der Kammer liegt die Bewilligung der Mittel zur Bestreitung des für die gemeinschaftlichen Angelegenheiten erforderlichen Aufwandes ob.

Anm. 11. 1. Als gemeinschaftliche Angelegenheiten sind alle Angelegenheiten anzusehen, welche den Kammermitgliedern[1]) gemeinschaftliche Interessen betreffen, mögen diese materieller oder idealer Natur sein. Ebenso: Rieß JW. **1885** Beilage zu Nr. 19 Seite 12—15, vgl. auch Weißler JW. **1892** 113—115, Rosenthal JW. **1907** 499, Jacobsohn KGBl. **1908** 11, OLG. Frankfurt a. M. JW. **1916** 519; dagegen Löwenstein, JW. **1884** 77—82.

Anm. 12. Es gehören hieher

a) alle gesetzlich den Anwaltskammern und ihren Organen zugewiesenen Aufgaben;

b) Veranstaltungen zur Förderung der Standesinteressen und der Berufstätigkeit, sei es durch Unterstützung der wissenschaftlichen Fortbildung der Rechts-

---

[1]) Kammermitglieder sind die Mitglieder dieser AK. Angelegenheiten, die nur die Mitglieder einer anderen AK. oder die nur die Mitglieder außerdeutscher Anwaltsverbände betreffen, kommen nicht in Betracht, wohl aber solche, die mit den Mitgliedern dieser AK. auch diejenigen anderer Anwaltskammern angehen. Vgl. JW. **1916** 519 (OLG. Frankfurt a. M.).

anwälte (z. B. durch Herausgabe einer besonders die Rechtsprechung des Oberlandesgerichtsbezirks berücksichtigenden Zeitschrift [Rieß a. a. O.]), sei es durch Mitwirkung bei der Heranbildung des anwaltlichen Hilfspersonals (Kurse für die Anwaltsgehilfen) oder auf ähnliche Weise (vgl. z. B. KGBl. **1908** 94: Hilfskasse für Bureauangestellte der Rechtsanwälte im Bezirke der AK. zu Berlin, eine Kasse, deren Satzung in § 3 von „Beihilfen der Anwaltskammer" spricht; KGBl. **1908** 69, wo sich Mitteilungen über das Vorgehen anderer Anwaltskammern finden; ferner AKJahrB. **1909** 15, **1916** 29);

c) Unterstützung hilfsbedürftiger Kammermitglieder und ihrer Hinterbliebenen, sei es daß die AK. selbst die Unterstützung in die Hand nimmt, sei es daß sie dieserhalb mit Gesellschaften oder Kassen in Beziehung tritt, was auch dadurch geschehen kann, daß die AK. Mitglied eines Versicherungsvereins auf Gegenseitigkeit wird: denn mag auch in derartigen Fällen jedesmal nur dem einzelnen ein Vorteil zugewendet werden, so werden damit doch gleichzeitig die Standesinteressen gewahrt. Ebenso: Rieß und Weißler a. a. O.; Beschluß des Dresdener Anwaltstags JW. **1885** Beilage zu Nr. 19 S. 21; JW. **1905** 97—100 (OLG. Dresden); Hamm § 23 Abs. 2; Marienwerder § 26 Abs. 1 Ziff. 2 und 3; Cassel § 28; Kuhlmann 44; Jacobsohn a. a. O.; OLG. Frankfurt a. M. a. a. O. und dazu Caspari JW. **1916** 898/9, M. Friedländer ebenda 899; ThürBl. **64** 143 (OLG. Jena); JW. **1919** 458/60 (OLG. Breslau), 515 (OLG. Celle);

d) Wahrnehmung von Repräsentationspflichten (Marienwerder § 26 Abs. 1 Ziff. 4).

2. Zur Bestreitung des für die gemeinschaftlichen Angelegenheiten erforderlichen Aufwandes dienen Anm. 13.

a) das von der AK. durch entgeltliche oder unentgeltliche Geschäfte unter Lebenden oder durch Zuwendungen von Todes wegen (vgl. Rieß a. a. O., Kuhlmann 62) erworbene Vermögen,

b) die Einnahmen aus Geldstrafen gemäß § 97 Abs. 1 RAO.,

c) die Beiträge der Kammermitglieder,

d) die Einnahmen aus den unter 1 b erwähnten Veranstaltungen.

3. Die AK. bestimmt, welcher Aufwand für die gemeinschaftlichen Angelegenheiten erforderlich ist. Nur insofern ist sie hiebei in ihren Entschließungen nicht frei, als es sich um Ausgaben handelt, die kraft Gesetzes der Kasse der AK. zur Last fallen oder als sie durch allgemeine Bewilligung gewisser Posten gebunden ist. Anm. 14.

4. Die Bewilligung der Mittel kann für **ein** Geschäftsjahr oder für mehrere Geschäftsjahre (Reuling 5) oder auch bis auf weiteres erfolgen. Der Aufstellung eines förmlichen Haushaltsplanes bedarf es an sich nicht, und er begegnet in den geltenden Geschäftsordnungen auch nur vereinzelt. Anm. 15.

5. Die Bewilligung der Mittel ist Sache der Kammerversammlung; die Ausführung des Bewilligungsbeschlusses wird ermöglicht Anm. 16.

B. durch die gleichfalls der Kammerversammlung obliegende Bestimmung des Beitrages der Mitglieder. Anm. 17.

1. Jedes Mitglied ist beitragspflichtig. Es steht aber nichts im Wege, daß die AK., wie dies Cassel § 27 ausdrücklich vorsieht, rückständige Mitgliederbeiträge als uneinbringlich niederschlägt, wenn ihre Einforderung das betreffende (vielleicht in seinen Vermögensverhältnissen zurückgekommene) Mitglied oder seine Hinterbliebenen besonders schwer belasten würde: denn solchenfalls liegt in der Abstandnahme von der Einforderung nur eine der Unterstützung bedürftiger Mitglieder oder ihrer Angehörigen ganz gleichwertige Maßnahme. Anm. 18.

Anm. 19. 2. Alle Mitglieder der AK. sind zu den Beiträgen auf gleicher Grundlage heranzuziehen. Das folgt aus dem Wesen der AK. als einer Zwangsvereinigung. Die Beiträge brauchen aber nicht ziffernmäßig gleich zu sein, eine Abstufung nach der Leistungsfähigkeit etwa unter Zugrundelegung der Einkommensteuer erscheint zulässig (vgl. Jacobsohn a. a. O., Werner JW. **1910** 737/8, Buhmann AVNachr. **3** 38/9, Jacobsohn AVNachr. **3** 56/7, KG. in JW. **1918** 273, OLG. Breslau JW. **1919** 458/60, OLG. Celle JW. **1919** 516). Auch eine Abstufung in der Weise ist zulässig, daß ein besonderer Beitrag von dem Einkommen erhoben wird, das eine Gruppe von Anwälten vor den übrigen voraus hat (z. B. Kriegsabgabe von reklamierten wehrpflichtigen Anwälten bezüglich der Mehreinnahmen, die sie gegenüber ihren im Felde stehenden Berufsgenossen beziehen). Die Beiträge können auch nach dem aus Privat- und Berufseinkommen sich zusammensetzenden Gesamteinkommen gestaffelt werden: JW. **1919** 54/55 (OLG. Naumburg). Auch eine Mitberücksichtigung des Einkommens der Ehefrauen erscheint nicht unzulässig.

Anm. 20. a) Die Erhebung eines besonderen Eintrittsgeldes für neue Kammermitglieder, wie es Naumburg in § 18 Abs. 1 Satz 1 kennt, hält Reuling 24 nicht für statthaft. Dies scheint uns nicht begründet zu sein.

Anm. 21. b) Der Eintritt oder Austritt eines Rechtsanwalts im Laufe eines Geschäftsjahres berechtigt das betreffende Mitglied an sich nicht, den für das Geschäftsjahr bemessenen Beitrag nur teilweise zu entrichten. Ebenso: BreslauAK. **1905** 9, 10 (AG. und LG. Breslau). Einzelne Geschäftsordnungen (nicht Breslau) bestimmen dies besonders. Die Geschäftsordnungen können aber auch gegenteilige Bestimmungen treffen, wie dies Hamm § 20 Abs. 2, Cöln § 28 Satz 2, Düsseldorf § 28 Satz 2, Stettin a § 28 Abs. 2 tun. Königsberg § 13 Abs. 2 ermächtigt den AKV., wenn „von einem Anwalt im Laufe eines Rechnungsjahres wegen Wechsels der Bezirke jeder Bezirk den Jahresbeitrag fordert, nach seinem Ermessen von Einziehung des Jahresbeitrages Abstand zu nehmen."

Anm. 22. 3. Die Bestimmung der Höhe des Beitrags kann allgemein durch die Geschäftsordnung vorbehaltlich erforderlich werdender Erhöhung für einzelne Geschäftsjahre, sie kann für mehrere Geschäftsjahre oder für jedes Geschäftsjahr erfolgen. Jedes dieser Systeme ist in den Geschäftsordnungen vertreten. Soweit überhaupt Bestimmungen fehlen, muß die Festsetzung des Beitrags alljährlich erfolgen (Reuling 24): natürlich vorbehaltlich des Rechts der Kammerversammlung, den Beitrag für eine bestimmte Anzahl von Jahren im voraus zu bestimmen. Ob die Bestimmung des nicht allgemein festgesetzten Beitrages für das verflossene oder das kommende Geschäftsjahr zu bewirken ist, hat die AK. nach freiem Belieben zu entscheiden.

Anm. 23. 4. Die AK. bestimmt auch, wann der Beitrag zu zahlen, und ob er auf einmal oder in Teilbeträgen zu entrichten ist. Auch insoweit greifen die Bestimmungen einiger Geschäftsordnungen ein. Fehlen solche, und besagt in dieser Beziehung auch der spezielle Beschluß der AK. nichts Näheres, so ist anzunehmen, daß alsbald der ganze Beitrag zu zahlen ist und zwar im Zweifel ohne besondere Aufforderung des AKV.

Anm. 24. 5. Über die Einziehung rückständiger Mitgliederbeiträge enthält die RAO. keine Bestimmungen, auch die Materialien schweigen. Dagegen regelt § 97 die Vollstreckung der Entscheidungen, die eine Zwangsstrafe auf Grund des § 58 festsetzen. Diese Vollstreckung erfolgt durch den Schriftführer des AKV. auf Grund einer mit der Bescheinigung der Vollstreckbarkeit versehenen beglaubigten Abschrift der Entscheidungsformel nach den Vorschriften über die Vollstreckung der Urteile in bürgerlichen Rechtsstreitigkeiten. Hätte man hinsichtlich der Mitgliederbeiträge den Rechtsweg ausschließen wollen, so würde nichts näher gelegen haben, als für sie eine Bestimmung zu treffen, wie sie § 97 betreffs der Zwangsstrafen enthält. Allerdings ist es die Regel, daß bei juristischen Personen des öffentlichen Rechts wegen der aus dem Mitgliedschaftsverhältnisse entstehenden Ansprüche der juristischen Person gegen die Mitglieder der Rechtsweg nicht stattfindet. Aber ausnahmslos ist diese Regel nicht (Rosin, Recht der öffentl. Genossenschaft 168, 171/2; Gierke, Privatrecht **1** 534/5, 546/7). Dagegen, daß die RAO. wegen der Kammerbeiträge den Rechtsweg habe verschließen wollen, spricht, daß zur Zeit des Erlasses der RAO. die Reichsgesetzgebung bei den damals bestehenden reichsrechtlichen juristischen Personen des öffentlichen Rechts hinsichtlich der Mitgliederbeiträge den Rechtsweg nicht verschlossen hatte. § 91 der GewO. in der damals gültigen Fassung schloß „die exekutivische Beitreibung der Innungsbeiträge im Verwaltungswege" bei den bestehenden Innungen aus, und § 103 erstreckte diese Bestimmung auch auf neue Innungen. § 14 Abs. 3 HilfskG. in der ursprünglichen Fassung ließ zwar bei den eingeschriebenen Hilfskassen „rückständige Zahlungen" von „Mitgliedern und deren Arbeitgebern im Verwaltungswege" einziehen, indessen nur „unter Vorbehalt richterlicher Entscheidung". Danach muß aber angenommen werden, daß wegen der Anwaltskammerbeiträge der Rechtsweg offen steht. Damit stimmt Breslau a § 14 Abs. 2 überein; wegen praktischer Fälle, in denen es zu einem Rechtsstreite über Kammerbeiträge gekommen ist, s. Anm. 21 und AKJahrB. **1913** 20 (AG. und LG. Bremen), Mittasch AVNachr. **5** 18.

Die Anwaltskammern stehen also ungünstiger als die Innungen, für welche die Beiträge jetzt nach § 89 Abs. 3 GewO. „auf dem für die Beitreibung der Gemeindeabgaben landesrechtlich vorgesehenen Wege zwangsweise eingezogen" werden. Eine Änderung des geltenden Rechts dürfte insoweit wohl angebracht sein, mag auch eine nicht durch besondere Umstände entschuldigte Säumnis bei Entrichtung des Beitrags den Rechtsanwalt schon jetzt ehrengerichtlich strafbar machen — EGH. **10** 160, 165; **11** 188 —, und eben hierin ein Antrieb zur pünktlichen Bezahlung liegen.

Die AK. genießt wegen der Kammerbeiträge das Konkursvorrecht des § 61 Ziff. 3 KO. Kuhlmann 58 Anm. 4; Jaeger, KO.[5] § 61 Anm. 28.

V. Zu Ziffer 3 (Prüfung und Abnahme der seitens des Vorstandes zu legenden Rechnung). 1. Zur Erleichterung dieser ihr zugewiesenen Aufgabe kann die Kammerversammlung in mannigfacher Weise vorgehen. Anm. 25.

a) Die AK. kann eine Vorprüfung durch ein Vorstandsmitglied vornehmen lassen, wie dies Stettin a § 30 Abs. 2 vorsieht.

b) Sie kann rechtzeitig vor dem Tage der Kammerversammlung die vom Vorstande gelegte Rechnung zur Einsicht der Kammermitglieder offenlegen, was verschiedene Geschäftsordnungen vorschreiben.

c) Die AK. kann ferner einen besonderen Ausschuß zur Prüfung der Rechnung einsetzen oder die Rechnung durch besondere Revisoren prüfen lassen. Diese Revisoren erscheinen in zahlreichen Geschäftsordnungen als eine periodisch durch Wahl zu besetzende Einrichtung. Ihre Zulässigkeit ist nicht zu beanstanden, ihre Zweckmäßigkeit liegt auf der Hand. Natürlich können zu Revisoren nur Kammermitglieder gewählt werden.

2. Die Prüfung und Abnahme der Rechnung liegt stets der Kammerversammlung selbst ob. Die vorbehaltlose Abnahme enthält zugleich die Entlastung des Vorstandes, wenn es auch zweckmäßig ist, diese ausdrücklich auszusprechen. Anm. 26.

Anhang zu § 48.

Die Angestellten der Anwaltskammern und ihres Vorstandes.

Die AK. und der AKV. können besondere Angestellte haben, z. B. Bureauvorsteher, Schreiber, Boten, Bibliothekare, und solche Angestellte kommen auch in der Tat bei vielen Anwaltskammern vor (vgl. Berlin b § 8, Breslau b § 9, Hamm § 24, Marienwerder § 26 Ziff. 1, Potsdam b § 8, Dresden § 14 Abs. 1 Ziff. 2). Daß ihre Annahme im Wege des privatrechtlichen Dienstmietevertrags erfolgen kann, ist zweifellos. Es fragt sich aber, ob dies die einzige Möglichkeit ihrer Anstellung ist oder ob sie auch als mittelbare Staatsbeamte in den Dienst der AK. bzw. des AKV. treten können. Die Frage ist zu verneinen. Allerdings können juristische Personen des öffentlichen Rechts zur Anstellung mittelbarer Staatsbeamten befugt sein, sie müssen es aber nicht sein (vgl. RGSt. **19** 435). Die RAO. läßt nirgends erkennen, daß sie der AK. die Macht geben wollte, mittelbare Staatsbeamte zu ernennen, oder daß der Staat der AK. Staatsbeamte beiordnen könnte. Gleiches gilt bezüglich des AKV.

Dagegen zählt Delius, Beamtenhaftpflichtgesetze² 171/2 zu den dem § 839 BGB. unterfallenden Beamten auch diejenigen der Anwaltskammern. KG. in JW. **1918** 274 erklärt die Angestellten des AKV. Berlin für mittelbare Beamte. Die Begründung ist nicht überzeugend. Sie fußt lediglich auf der Anstellungsordnung der AK. Es fragt sich aber, ob AK. bzw. AKV. die Macht haben, Beamte anzustellen. Erst, wenn das zu bejahen ist, setzt die Prüfung ein, ob solche Anstellung im einzelnen Falle gewollt war.

§ 49.

Der Vorstand hat

1. **die Aufsicht über die Erfüllung der den Mitgliedern der Kammer obliegenden Pflichten zu üben und die ehrengerichtliche Strafgewalt zu handhaben;**
2. **Streitigkeiten unter den Mitgliedern der Kammer auf Antrag zu vermitteln;**
3. **Streitigkeiten aus dem Auftragsverhältnisse zwischen einem Mitgliede der Kammer und dem Auftraggeber auf Antrag des letzteren zu vermitteln;**
4. **Gutachten, welche von der Landesjustizverwaltung, sowie solche, welche in Streitigkeiten zwischen einem Mitgliede der Kammer und seinem Auftraggeber von den Gerichten erfordert werden, zu erstatten;**
5. **das Vermögen der Kammer zu verwalten und derselben über die Verwaltung jährlich Rechnung zu legen.**

Der Vorstand kann die in Nr. 2, 3 bezeichneten Geschäfte einzelnen seiner Mitglieder übertragen.

Anm. 1. **I. Inhalt.** Der Paragraph regelt den Geschäftskreis des Vorstandes.

Anm. 2. **II. Zu Ziffer 1.**[1] 1. Der Vorstand hat

a) die Aufsicht über die Erfüllung der den Mitgliedern der Kammer obliegenden Pflichten zu üben und

b) die ehrengerichtliche Strafgewalt zu handhaben.

Beide Tätigkeiten fallen, wie das sie verbindende Wörtchen „und" beweist, nicht zusammen. Ebenso die herrschende Ansicht. A. M. JW. **82** 169 (OLG. Marienwerder), wonach jeder Verstoß gegen § 28 nur ehrengerichtlich geahndet werden kann. Zweifelnd HansOLG. **1** 687, 688. Nur der zu a gedachten Tätigkeit ist hier näher zu treten, die zu b erwähnte ist im Abschnitte IV zu behandeln.

---

[1] May JW. **1880** 177, v. Wilmowski JW. **1881** 126, Löwenstein JW. **1894** 79/80, Wreschner KGBl. **1904** 1, Heilberg JW. **1909** 705 ff., Kuß DRAZ. **1913** 127 ff., Martin DRAZ. **1913** 53 ff. und JW. **1913** 786 ff., A. Friedländer BayZ. **7** 441/2, Finger Gutachten zum XXI. Anwaltstag Beilage zu Nr. 14 JW. **1913** S. 8 ff.

2. Das Aufsichtsrecht macht den AKV. nicht zum Vorgesetzten der Kammermitglieder (EGH. **4** 200, OLG. Düsseldorf RheinArch. **106** 70), er kann deshalb auch nicht wegen Beleidigung eines Kammermitgliedes nach § 196 StGB. Strafantrag stellen, aber er hat doch infolge des Aufsichtsrechts den Kammermitgliedern gegenüber eine Stellung ähnlich derjenigen, welche die Disziplinarbehörde im Verhältnis zum Beamten hat. (EGH. **15** 33; vgl. auch EGH. **16** 346, wo davon die Rede ist, der Angeklagte habe „die dem Vorstande der Anwaltskammer geschuldete Achtung verletzt, wenn er die Erklärung auf eine Beschwerde durch einen ihm zugeteilten Rechtspraktikanten fertigen und unterzeichnen ließ, statt die persönliche Ehrenangelegenheit auch persönlich zu erledigen". So wird denn auch der AKV. bei Ausübung seines Aufsichtsrechts von Reuling 27 und vom EGH. **10** 220 direkt als Disziplinarbehörde bezeichnet. Ähnlich EGH. **15** 38. Anm. 3.

3. Die Aufsicht des AKV. geht soweit, wie der Pflichtenkreis des RA. innerhalb und außerhalb seines Berufes reicht. Es darf dieserhalb auf die Erläuterungen zu § 28 verwiesen werden. Anm. 4.

Die Aufsicht kann sowohl dadurch ausgeübt werden, daß der AKV. den angeblichen Pflichtverletzungen nachgeht — schon diese Ermittelungen stellen eine Ausübung der Aufsicht dar — und gegen das schuldige Mitglied einschreitet, als auch durch Stellung von Anträgen bei den zuständigen Behörden. Insbesondere ist auch die Abgabe von Akten an die Staatsanwaltschaft zur Einleitung des ehrengerichtlichen Verfahrens oder die Angehung dieser Behörde um Herbeiführung des Entmündigungsverfahrens ein Akt der Aufsicht (EGH. **1** 14; ungedruckter Beschluß des OLG. Marienwerder vom 22. 6. 10).

4. Erhält der AKV. Kunde davon, daß ein Kammermitglied seine Pflichten nicht erfüllt haben soll, so hat er, ohne an besondere Verfahrensvorschriften gebunden zu sein, soweit nötig, den Sachverhalt aufzuklären. Vgl. v. Wilmowski JW. **1881** 126; OLG. **8** 162 (KG.). Zu diesem Zwecke kann er das Mitglied zur Vernehmung vorladen, von ihm mündliche oder schriftliche Aufschlüsse über bestimmte Punkte verlangen und zur Erlangung solcher Aufschlüsse auch weitere Anordnungen erlassen, z. B. die Vorlage von Handakten begehren. Vgl. EGH. **8** 103 ff., **16** 117/8. Es ist nicht erforderlich, wie v. Ziegler, MittAGAnw. **3** Nr. 1 S. 4 meint, daß gegen ein bestimmtes Kammermitglied bereits ein Verdacht besteht: die Ermittelungen können vielmehr gerade auch zur Feststellung der Persönlichkeiten erforderlich sein. Anm. 5.

Zu all den erwähnten Schritten ist der AKV. auf Grund des § 58 befugt, und dieser Paragraph gibt ihm gleichzeitig erhebliche Zwangsmittel in die Hand, um die verlangten Auskünfte zu erhalten. Nicht minder steht es dem AKV. zu, andere Personen um Auskünfte anzugehen. Eine Pflicht zur Erteilung von Antworten besteht indessen insoweit nicht, auch hat der AKV. kein Zeugniszwangsrecht. Der AKV. hat auch weder den Amtsgerichten noch anderen Behörden gegenüber ein Recht auf Vornahme von Vernehmungen. Vgl. PrJMVf. 25. 8. 87 bei Müller, PrJV.[6] **1** 150; AKJahrB. **1903** 12 (in dem EGH. **4** 288 erwähnten Falle scheint das AG. dem Ersuchen des AKV. um Vernehmung des betreffenden RA. durch dessen allerdings vergebliche Vorladung entsprochen zu haben). Es wird aber solcher Vernehmungen auch im allgemeinen nicht bedürfen: die Pflicht der Kammermitglieder zur Auskunfterteilung — unwahre Angaben sind (vgl. § 58 Anm. 9) ehrengerichtlich strafbar — wird regelmäßig vollkommen zur Klärung des Sachverhalts genügen. Immerhin sollen nach der BayJMBek. vom 8. 5. 11 (JMBl. 193) die bayerischen Justizbehörden dem Ersuchen der Anwaltskammervorstände um Übersendung von Akten entsprechen. Zur Abnahme einer Versicherung an Eides Statt ist der AKV. nicht zuständig (RGSt. **47** 396). Anm. 6.

Anm. 7. 5. Ist die Sachlage genügend klargestellt, so kann das Ergebnis verschieden sein:

a) Es stellt sich heraus, daß der RA. die ihm obliegenden Pflichten erfüllt hat. In diesem Falle wird der AKV. den etwaigen Anzeiger ablehnend zu bescheiden (vgl. Wilmowski JW. **1881** 126) und in der Regel auch das Kammermitglied davon zu verständigen haben, daß zu einem Einschreiten von Aufsichts wegen kein Anlaß bestehe. Wenn dagegen von vornherein eine Anzeige sich als unbegründet erweist, pflegt eine besondere Mitteilung an den RA. nicht zu ergehen. Eine Pflicht des AKV., die Erklärung des RA. dem Anzeiger vor der Beschlußfassung mitzuteilen, besteht nicht. OLG. **27** 232 (München).

Anm. 8. b) Findet der Vorstand, daß der RA. seine Pflichten nicht erfüllt hat, und ist er der Ansicht, daß diese Nichterfüllung ehrengerichtlich strafbar ist, so hat er die entstandenen Verhandlungen unter Darlegung seiner Auffassung von der Sache der Staatsanwaltschaft bei dem Oberlandesgerichte (bzw. bei dem Reichsgerichte) zu übersenden, damit diese die Klage zwecks Einleitung des ehrengerichtlichen Verfahrens erhebe. Der AKV. würde pflichtwidrig handeln, wollte er in einem solchen Falle sich auf den Ausspruch der Mißbilligung oder eine ähnliche Maßregel, die ihm kraft des Aufsichtsrechts zusteht (vgl. Anm. 11), beschränken (EGH. **6** 9).

Anm. 9. Aus dem Gesagten ergibt sich, daß die Einleitung des ehrengerichtlichen Verfahrens bis zu dessen Beendigung das Einschreiten kraft Aufsichtsrechts ausschließt — EGH. **4** 239; HansOLG. **1** 687, 688 —, während solches Einschreiten einem späteren ehrengerichtlichen Verfahren nicht entgegensteht. Ebenso: EGH. **4** 65/6; **6** 10; **12** 10; **13** 90.

Anm. 10. c) Ergibt die Prüfung zwar, daß das Mitglied seinen Pflichten nicht vollkommen nachgekommen ist, erscheint aber das Verhalten nicht als ehrengerichtlich strafbar, so ist der Fall eines Einschreitens kraft Aufsichtsrechts gegeben (vgl. dazu § 62 Anm. 5).

Anm. 11. 6. Dieses Eingreifen kann (vgl. auch § 40 Anm. 4) nicht dahin erfolgen, daß der AKV. dem Kammermitgliede gegen dessen Willen und Überzeugung die Vornahme bestimmter Handlungen auferlegt. Ebenso EGH. **1** 199, **16** 210; RheinArch. **106** 70 (OLG. Düsseldorf), **110** 181 (OLG. Köln). Bedenklich JW. **1894** 610 (OLG. Dresden), wo der AKV. die Macht erhält, zur Abstellung wahrgenommener Ordnungswidrigkeiten bestimmte Anweisungen an den RA. zu erteilen. Wohl aber kann der Vorstand in eine Kritik des Verhaltens des Kammermitglieds eintreten, es zur Pflichterfüllung ermahnen und die mangelnde Pflichterfüllung rügen oder mißbilligen. Ebenso die herrschende Meinung, insbesondere Wreschner KGBl. **1904** 1/5; May JW. **1880** 177; v. Wilmowski JW. **1881** 126; Kneer, Die deutsche RAschaft 31; EGH. **6** 7/8, **9** 216, **15** 36 und 38, **16** 210; AKJahrB. **1885** 6 (OLG. München unter Aufgabe seiner früheren Ansicht), **1886** 7 (AKV. Rostock), **1903** 8 (OLG. Hamburg); PrJMBl. **1887** 95/6 (KG.); JW. **1894** 610 (OLG. Dresden), **1908** 420 (OLG. Karlsruhe), **1913** 757/58 (KG.), **1918** 520 (OLG. Breslau); OLG. **8** 160/1 (KG.); ungedruckter Beschluß des OLG. Jena vom 18. 4. 07. A. M.: OLG. Marienwerder JW. **1882** 169; OLG. Hamburg AKJahrB. **1911** 7; Hellwig, System **1** 101; Martin JW. **1913** 787. Der AKV. kann sich auch darauf beschränken, Mitteilungen über seine Stellungnahme unter Hinweis darauf zu machen, daß bei Nichtberücksichtigung das Mitglied ein Einschreiten des AKV. zu gewärtigen habe. RheinArch. **106** 70/1 (OLG. Düsseldorf), **110** 182 (OLG. Köln).

Anm. 12. Gegen einen nach Maßgabe der Anm. 11 erlassenen Beschluß des Vorstandes steht dem betreffenden RA. nur die Anrufung der Entscheidung des OLG. bzw.

des RG. nach § 59 Abs. 2 offen (EGH. **6** 8), ein Rechtsbehelf, der wenig wertvoll ist, da das OLG. bzw. RG. in die materielle Sachbeurteilung nicht eingreifen darf. OLG. **8** 162 (KG.) führt Fälle an, in denen ein Erfolg von der Anrufung des OLG. zu gewärtigen ist. Vgl. auch AKJahrB. **1903** 8 (OLG. Hamburg): Aufhebung eines Vorstandsbeschlusses, durch den einem RA. eine „ernste Rüge" erteilt war, worin das OLG. mehr als eine Warnung, also eine ehrengerichtliche Strafe, sah. Eine solche Differenzierung zwischen Rüge und ernster Rüge, Mißbilligung und ernster Mißbilligung ist aber schwerlich haltbar, wie KG. JW. **1913** 757/8 und OLG. Dresden JW. **1894** 610 mit Recht annehmen. EGH. **15** 36 läßt die Frage unentschieden. Vgl. auch Finger, Gutachten 8. In einer neueren Entscheidung hat das OLG. München angenommen, der AKV. dürfe auch „strengste Mißbilligung" aussprechen.

Ein Recht auf Einleitung des ehrengerichtlichen Verfahrens hat das Kammermitglied nicht (EGH. **6** 9/10, vgl. dagegen § 3 Abs. 4 PrArztEGG.). Es steht also nach geltendem Rechte dem Mißbilligungsbeschlusse so gut wie schutzlos gegenüber. Mit Recht hat sich deshalb der 10. Deutsche Anwaltstag (1887) dafür ausgesprochen (JW. **1887** 397), dem Rechtsanwalt gegen einen solchen Beschluß eine Beschwerde zu gewähren, und es muß auch der weitere Vorschlag (a. a. O.), über die Beschwerde solle der EGH. nach vorgängiger mündlicher Verhandlung entscheiden, für durchaus sachgemäß erachtet werden.[1])

In eigenartiger Weise hat Marienwerder § 24 versucht, die Anfechtung eines Mißbilligungsbeschlusses zu ermöglichen. Nach dem gedachten § 24 ist bei jeder mißbilligenden Eröffnung anzugeben, ob sie in einer Versammlung oder auf Grund schriftlicher Abstimmung beschlossen ist. „Im letzteren Falle muß, wenn dies von dem betroffenen Mitgliede binnen einer Woche beantragt wird, nochmalige Beschlußfassung in einer Versammlung des Vorstandes erfolgen, bei der dem Beteiligten Gelegenheit zu weiterer schriftlicher oder mündlicher Rechtfertigung zu geben ist." Diese Bestimmung verstößt in verschiedenen Beziehungen wider das Gesetz. Einmal räumt sie dem durch schriftliche Abstimmung zustande gekommenen Beschlusse eine geringere Wirkung als dem in der Versammlung des Vorstandes gefaßten ein, was dem Gesetze, insbesondere § 55 Abs. 2, in keiner Weise entspricht. Dann gibt die Bestimmung für ihren Bereich den Kammermitgliedern ein Recht auf eine bestimmte Art der Beschlußfassung des Vorstandes, obwohl doch dies lediglich innere Angelegenheit des letzteren ist. Ferner gewährt sie dem Kammermitgliede das Recht, vom Vorstande eine nochmalige Prüfung einer von diesem bereits durch Beschluß erledigten Angelegenheit zu verlangen, und verleiht ihm einen Anspruch darauf, vor Erlaß des Mißbilligungsbeschlusses gehört zu werden: beide Rechte kennt das Gesetz nicht, und es fehlt in ihm jeder Anhalt dafür, daß die Geschäftsordnung sie schaffen könnte. Übrigens nehmen tatsächlich die Kammervorstände regelmäßig, wenn neue Gesichtspunkte oder Tatsachen vorgebracht werden, eine neue Prüfung vor, die dann auch unter Umständen zur Zurücknahme der Mißbilligung führt.

7. Der Aufsichtsgewalt des AKV. unterliegen die sämtlichen Kammermitglieder, Anm. 13
aber auch nur sie. Mit der Kammermitgliedschaft erlischt auch das Aufsichtsrecht des AKV. Es ist schon hervorgehoben worden, daß bereits die Prüfung des Sachverhalts eine Ausübung des Aufsichtsrechts ist. Dadurch, daß zur Zeit des Beginnes dieser Prüfung die Kammermitgliedschaft bestand, wird aber keine dauernde Zuständigkeit des AKV. auch für die Zeit nach der Beendigung dieser Mitgliedschaft begründet, so daß auch dann noch ein Mißbilli-

[1]) Dagegen schlägt Finger, Gutachten 10/11 gegenüber der Mißbilligung einen Einspruch vor, über den das EG. zu erkennen hat. Vgl. über die dann eintretenden Schwierigkeiten A. Friedländer, BayZ. **7** 442.

gungsbeschluß ergehen könnte. A. M. Löwenstein JW. **1894** 79/80. Eine analoge Anwendung des § 68 läßt sich nicht rechtfertigen. Die Gründe, die es geboten erscheinen lassen, ein ehrengerichtliches Verfahren auch nach Erlöschen der Eigenschaft als Anwalt fortzusetzen (vgl. darüber § 68 Anm. 9, 10), können hier nicht in Betracht kommen. Dann aber muß zur Beantwortung der Frage das Beamtenrecht entsprechend angewendet werden; es ergibt die gedachte Lösung. O. Mayer, VerwR.[2] **2** 348.

Anm. 14. Wird der Rechtsanwalt demnächst Mitglied einer anderen AK., so hat deren Vorstand nicht die Möglichkeit, gegen den Rechtsanwalt wegen seines früheren Verhaltens im Aufsichtswege vorzugehen: denn die Aufsichtsgewalt beginnt erst mit der Begründung der Kammermitgliedschaft, sie kann also auch nicht Vorgänge aus einer früheren Zeit ergreifen. Analoge Verhältnisse sind übrigens im Beamtenrechte nichts Seltenes: man denke nur an den Fall, daß ein Beamter aus dem Dienst einer Gemeinde in den einer anderen Gemeinde tritt. O. Mayer a. a. O.

Anm. 15. 8. Die Aufsichtsgewalt der Ziff. 1 ist dazu da, um über die Erfüllung der den Kammermitgliedern obliegenden Pflichten zu wachen, nicht um den Mitgliedern die Prüfnng, wie sie sich zu verhalten haben, abzunehmen. Die Erteilung allgemeiner Direktiven wird daher der AKV. regelmäßig ablehnen. AKJahrB. **1887** 8 Nr. 2, **1894** 10, **1911** 10; RheinArch. **106** 70 (OLG. Düsseldorf); BadRpr. **1915** 41 (AKV. Karlsruhe).

Anm. 16. **III. Zu Ziff. 2 und 3 (Vermittelung von Streitigkeiten).**[1]) 1. Beide Ziffern weisen dem AKV. eine Vermittlungstätigkeit zu und zwar Ziff. 2 betreffs der unter den Mitgliedern der Kammer aus Anlaß der Berufsausübung oder ohne solchen Anlaß (Mot. 71; Meyer § 49 Anm. 2; Berger § 49 Anm. 5; Sydow-Jacobsohn § 49 Anm. 3) entstandenen Streitigkeiten und Ziff. 3 betreffs der Streitigkeiten aus dem „Auftragsverhältnisse" zwischen einem Mitgliede der Kammer und dem „Auftraggeber".

Anm. 17. 2. Die Vermittlungstätigkeit setzt einen Antrag voraus, den im Falle der Ziff. 2 jedes der beteiligten Kammermitglieder (Mot. und Meyer a. a. O.; Reuling 27), im Falle der Ziff. 3 nur der „Auftraggeber" stellen kann. An Formvorschriften ist der Antrag nicht gebunden.

Anm. 18. 3. Im Falle der Ziff. 3 steht es dem Antragsberechtigten völlig frei, ob er den AKV. angehen oder sein Recht im Prozeßwege suchen will. In den Fällen der Ziff. 2 wird es dagegen regelmäßig — nicht ausnahmslos, wie Kuhlmann 55 meint; richtig EGH. **15** 270 — für die Kammermitglieder angezeigt sein, die Vermittlungstätigkeit des AKV. in Anspruch zu nehmen. Vgl. EGH. **9** 234, 238; **11** 232/3.

Anm. 19. 4. Dafür, daß der Gegner des Antragstellers die Vermittlungstätigkeit nicht dadurch unmöglich macht, daß er sich ihr entzieht, sorgt der auch hier anwendbare § 58.

Anm. 20. 5. Die Vermittlungstätigkeit macht den AKV. nicht zum Schiedsrichter, er kann aber hierzu durch Vertrag der Streitteile bestellt werden. KGBl. **1907** 124 (KG.). Vgl. auch AKJahrB. **1908** 7 (AKV. Stettin als Schiedsrichter im Streit zweier Anwälte einer anderen AK.).

Führt die Vermittlung zu einer Beilegung der Streitigkeit, so steht auffälligerweise dem AKV. die Befugnis, einen vollstreckbaren Vergleich zu beurkunden, nicht zu.

Anm. 21. 6. Wegen Übertragung der Vermittlungstätigkeit an einzelne Mitglieder des AKV. vgl. Anm. 30 ff.

---

[1]) Die von Sydow-Jacobsohn § 49 Anm. 4 zitierte Bestimmung des BayAGZPOKO. 23. 2. 79 (GVBl. 63) Art. 86, welche die gemäß § 49 RAO. vermittelten Vergleiche als rechtsförmliche Vergleiche im Sinne des Kapitels XVII § 1 der bayer. Gerichtsordnung gelten läßt, ist durch BayAGBGB. 9. 6. 99 Art. 166 XVI aufgehoben.

IV. Zu Ziffer 4 (Gutachten). 1. Der AKV. ist verpflichtet, in gewissen Fällen Gutachten zu erstatten. Anm. 22.

a) Er hat die Gutachten zu erstatten, welche die LJV. erfordert, gleichgültig, ob ihre Einholung gesetzlich vorgeschrieben ist oder ohne solche Vorschrift von der LJV. für angemessen gehalten wird (Mot. 71; Meyer § 49 Anm. 5, Reuling 27).

b) Nur in beschränktem Umfange ist der AKV. zur Erstattung von Gutachten auf Verlangen der Gerichte verpflichtet. Verbunden hierzu ist er nur in Streitigkeiten zwischen einem Kammermitgliede[1]) und dessen Auftraggeber d. h. in Streitigkeiten[2]) aus dem Anwaltsvertrage (s. OLG. **27** 230), nicht in anderen Zivilsachen, nicht in Strafsachen. Die Gerichte, denen gegenüber die Pflicht zur Abgabe von Gutachten besteht, sind zweifellos nur solche des Inlandes, diese aber ohne Rücksicht darauf, welchem Bundesstaate sie angehören (Reuling 27). Auch besondere Gerichte können in Frage kommen, wenn sie eben kraft Landesrechts für die gedachten Streitigkeiten zuständig sind. Schiedsgerichte können dagegen nicht zu den Gerichten des § 49 Ziffer 4 gerechnet werden. Anm. 23.

Da der AKV. nach § 49 Ziffer 4 nur dann zur Erstattung des Gutachtens verpflichtet ist, wenn die eine Partei ein Mitglied der Kammer ist, so muß das im Prozeß befangene Mitglied der AK. deren Vorstand um das Gutachten angegangen ist, dieser AK. noch zu der Zeit angehören, zu der das Gutachten erstattet wird d. h. also zu der es bei dem AKV. in den Auslauf kommt. Hört in der Zeit zwischen dem Ersuchen um Erstattung des Gutachtens und dieser Erstattung selbst der betreffende RA. auf, Mitglied der AK. zu sein, deren Vorstand angegangen worden ist, so kann (nicht: muß, s. Anm. 24) dieser das Ersuchen unter Hinweis auf den gedachten Umstand ablehnen. Das Gericht wird sich im Falle der Ablehnung an den Vorstand der AK. zu wenden haben, welcher der RA. jetzt angehört, oder, falls der Betreffende aufgehört hat, RA. zu sein, und sich kein AKV. findet, der zur gutachtlichen Äußerung bereit ist, ohne solche zu entscheiden haben.

Zwei unter Ziff. 4 gehörige Fälle regeln die §§ 88, 93 Abs. 4 RAGebO. Auch bei ihnen bestimmt sich die Zuständigkeit des AKV. an sich ebenso, wie bei Anwendung der Bestimmung des § 49 Ziffer 4 RAO., an welche jene Paragraphen offenbar anknüpfen (Walter-Joachim[5] § 88 Anm. 2, § 93 **Note 16** zu **Anm. 19**; Willenbücher-Siméon-Fischer, Kostenfestsverf.[8] § 88 RAGebO. Anm. 2, § 93 RAGebO. Anm. 7). Die §§ 88, 93 RAGO. schreiben nun aber die Einholung des Gutachtens des AKV. unbedingt vor und machen keine Ausnahme für den Fall, daß der Beauftragte nicht mehr RA., also auch nicht mehr Mitglied einer AK. ist. Deshalb muß hier immer ein AKV. vorhanden sein, dem die Erstattung des Gutachtens obliegt. Falls der Beauftragte nicht mehr RA. ist, wird man den Vorstand derjenigen AK. als zuständig anzusehen haben, welcher der frühere RA. zuletzt angehört hat.

2. Zur Erstattung von Gutachten in anderen Fällen ist der AKV. berechtigt, aber nicht verpflichtet. S. aber Anm. 37 a. E. Anm. 24.

V. Zu Ziffer 5 (Vermögensverwaltung). 1. Der AKV. hat das Vermögen der Kammer zu verwalten. Anm. 25.

---

[1]) Dieser Fall liegt auch vor, wenn die Rechte des Kammermitgliedes gegen den Auftraggeber oder die Rechte dieses gegen jenen gepfändet und überwiesen sind und von dem Pfändungspfandgläubiger eingeklagt werden.

[2]) Da eine materielle Nachprüfung des die Erstattung des Gutachtens ablehnenden Beschlusses des AKV. auf dem allein zur Anfechtung offen stehenden Wege des § 59 nicht statthaft ist (vgl. § 59 Anm. 12, 13), befindet tatsächlich der AKV. abschließend darüber, ob eine Pflicht zur Erstattung des Gutachtens gegeben ist. Vgl. SeuffBl. 78 117 (OLG. München).

a) Das Gesetz läßt es an allen näheren Vorschriften über diese Verwaltung fehlen. Die Geschäftsordnungen enthalten nur vereinzelte einschlägige Bestimmungen.

Anm. 26. b) der Vorstand hat also namentlich bezüglich der Anlage des Vermögens freie Hand; daß sie unbedingt mündelsicher erfolgen müßte, ist (vorbehaltlich besonderer, durch die Kammerversammlung getroffener Anordnung, die natürlich auch in der Geschäftsordnung enthalten sein kann) nicht zu verlangen.

Anm. 27. c) Einzuhalten hat der AKV. bei der Vermögensverwaltung die von der Kammer nach § 48 Ziff. 2 gefaßten Beschlüsse, er hat insbesondere auch für den Eingang der Mitgliederbeiträge Sorge zu tragen. Vgl. EGH. **10** 165.

Anm. 28. d) Zur Vermögensverwaltung gehört auch die nach §§ 89, 42 Abs. 2 BGB. für den Fall der Überschuldung der AK. — es sei denn, daß landesgesetzlich die Konkurseröffnung ausgeschlossen ist — dem AKV. obliegende Pflicht, die Eröffnung des Konkurses zu beantragen bei Meidung der a. a. O. gedachten Schadenshaftung.

Anm. 29. 2. Der Vorstand hat der Kammer über die Verwaltung jährlich Rechnung zu legen.

Anm. 30. **VI. Übertragung von Vorstandsgeschäften an einzelne Mitglieder.**

1. Der AKV. kann die in den Ziff. 2 und 3 bezeichnete Vermittlungstätigkeit einzelnen seiner Mitglieder übertragen. Die Mitglieder sind verpflichtet, sich der übertragenen Tätigkeit zu unterziehen (Kiel § 19 Abs. 1). Zum Vermittlungskommissar kann auch der Vorsitzende bestellt werden. Ebenso: EGH. **3** 184; Meyer § 58 Anm. 1; Berger § 58 Anm. 3.

Anm. 31. a) Die Übertragung kann allgemein oder für den bestimmten Fall erfolgen (Motive 72; Meyer § 49 Anm. 3; Reuling 41). Die allgemeine Übertragung, von der vielfach Gebrauch gemacht worden, ist, selbst wenn die Geschäftsordnung dies nicht ausdrücklich vorsieht, jederzeit durch Beschluß des AKV. widerruflich. Sie kann aber auch für den einzelnen Fall durch Bestellung eines speziellen Vermittlungskommissars außer Anwendung gesetzt werden.

Über die komplizierten, in Hamburg und Darmstadt wegen der Übertragung der Vermittlungstätigkeit bestehenden Einrichtungen siehe die Ausführungen bei Reuling 41/2.

Anm. 32. b) Den Vermittlungskommissaren stehen die Befugnisse des § 58 wie dem AKV. selbst zu (§ 58 Abs. 1).

Anm. 33. 2. Die Übertragung nach § 49 Abs. 2 ist nur in den Fällen der Ziff. 2 und 3 zulässig (ungedruckte Beschlüsse des OLG. Marienwerder vom 24. 1. 81 und 22. 6. 10, Heilberg JW. **1909** 706). Auch die Geschäftsordnung ist außerstande, darüber hinauszugehen, obwohl dies mehrfach zugunsten der Vorsitzenden geschehen ist.

So sind nach Celle § 14 Abs. 2 der Vorsitzende und dessen Stellvertreter befugt, „offenbar ungeeignet erscheinende Anträge und Beschwerden von Privatpersonen ohne Beschluß des Vorstandes zurückzuweisen und für erledigt zu erklären". Nach Hamm § 13 Abs. 1 kann der Vorsitzende „über Beschwerden nnd sonstige Fragen einfacher Natur selbständig entscheiden". Marienwerder § 21 Abs. 1 Ziff. 2 gibt dem Vorsitzenden die Macht, sich der Zurückweisung von Beschwerden, die offenbar unbegründet und nicht von einem Mitgliede der Kammer erhoben sind, selbständig zu unterziehen, der Vorsitzende hat sich jedoch nach Abs. 2 möglichst des Einverständnisses eines mit den besonderen Verhältnissen vertrauten Mitgliedes zu vergewissern. Naumburg § 10 Abs. 4 bestimmt: „Erscheint dem Vorsitzenden im Falle einer Beschwerde oder Anzeige ein ehrengerichtliches Verfahren, jedenfalls die vollständige Aufklärung eines streitigen Tatbestandes unvermeidlich, so hat er die Sache mit 2 von ihm auszuwählenden Mitgliedern des Vorstandes zu beraten. Sind beide mit ihm der gleichen Meinung, so ist die Sache, ohne daß es der Beschlußfassung des Gesamtvorstandes bedarf, an den Oberstaatsanwalt abzugeben." Nürnberg § 23 ermächtigt den Vorsitzenden, „Bescheide, welche keinen Aufschub erleiden oder zu keinem Bedenken Anlaß geben", zu erlassen, und zu gleichen Verfügungen namens des Vorstandes ermächtigt Dresden § 14 Abs. 1 Ziff. 3 den Vorsitzenden. Eigenartig ist Kassel vorgegangen. § 30 seiner Geschäftsordnung bestimmt: „Dem Vorstande bleibt es überlassen, über seine Geschäftsführung, soweit dieselbe vorstehend nicht geregelt ist, selbst weitere Anordnungen zu treffen." Der Vorstand hat auf Grund dieses Paragraphen in der Sitzung vom 29. April 1911 eine als § 31 bezeichnete Anordnung getroffen, deren Absätze 4—7 folgendermaßen lauten:

„Für jede gegen ein Mitglied der Kammer eingehende Beschwerde bestellt der Vorsitzende alsbald einen Berichterstatter, welcher die Beschwerde zu prüfen und über deren Abweisung oder Mitteilung an das betroffene Kammermitglied einen Vorschlag zu machen hat. Wenn der Vorsitzende mit diesem Vorschlag einverstanden ist, so ist er berechtigt, nach demselben ohne Befragung der übrigen Vorstandsmitglieder zu verfahren. Tritt der Vorsitzende dem Vorschlag des Berichterstatters nicht bei, so ist eine Beschlußfassung des Vorstandes herbeizuführen.

Auch über die weitere Behandlung einer dem betroffenen Kammermitglied mitgeteilten Beschwerde entscheidet der Vorsitzende mit dem Berichterstatter unter sinngemäßer Anwendung der vorstehenden Grundsätze.

Nur wenn einem Kammermitglied eine Rüge des Vorstandes ausgesprochen oder eine Sache an den Herrn Oberstaatsanwalt zur weiteren Veranlassung abgegeben werden soll, so ist hierzu ein Beschluß des gesamten Vorstandes erforderlich.

Bei sofort ohne Zweifel übersehbaren Sachen, z. B. bei vorliegender Unzuständigkeit des Vorstandes kann auch der Vorsitzende allein eine Entscheidung treffen."

So hält auch der AKV. Frankfurt den Vorsitzenden für berechtigt, „in ganz einfach liegenden Sachen, wenn sich die Beschwerde offenbar als grundlos erweise, von sich aus die Beschwerde zurückzuweisen", sieht es jedoch als selbstverständlich an, „daß der Vorsitzende in der nächsten Kammersitzung [soll wohl Vorstandssitzung heißen] dem Vorstande seine Entscheidung zur Genehmigung vorlegt" AKJahrB. **1915** 7.

Überall wird also hier, teils zwingend, teils nach Wahl der Ersatzperson, der AKV. aus seiner gesetzlich begründeten Zuständigkeit verdrängt. Alle diese Bestimmungen entbehren der Stütze im Gesetze und sind gesetzwidrig. Heilberg JW. **1909** 706/7 und der ungedruckte Beschluß des OLG. Marienwerder vom 22. 6. 10. Vgl. auch Hellwig, System **1** 101 Anm. 1.

Vorsichtiger ist die Einrichtung des Vorbescheides nach Breslau b § 10. Die Bestimmung lautet: Anm. 34.

„Der Vorsitzende und sein Stellvertreter sind befugt, auf solche Anträge, welche sie zur Behandlung im Plenum des Vorstandes nicht für geeignet halten, gemeinsame Vorbescheide zu erlassen. In den Vorbescheiden ist dem Antragsteller zu eröffnen, daß es ihm freisteht, die Entscheidung durch den gesamten Vorstand der Anwaltskammer zu verlangen, und daß einem etwaigen solchen Verlangen binnen bestimmter Frist entgegengesehen werde.

An Stelle des Vorsitzenden oder seines Stellvertreters kann der Vorsitzende oder in seiner Behinderung sein Stellvertreter ein anderes Vorstandsmitglied zur Mitwirkung beim Erlaß dieser Vorbescheide bestellen.

Dem Rechtsanwalt, gegen den sich der Antrag richtet, ist der Vorbescheid alsbald mitzuteilen.

Die vorstehenden Bestimmungen finden keine Anwendung auf Bescheide, welche eine Rüge, eine Mißbilligung oder einen Tadel gegen einen Anwalt aussprechen; Bescheide dieser Art dürfen nur vom Gesamtvorstande erlassen werden."

Aber auch diese Regelung kann auf dem Boden des geltenden Rechts nicht für zulässig gehalten werden, so zweckmäßig sie sein mag. Es geht nicht an, daß ein Antrag oder eine Anregung zunächst derjenigen Stelle gar nicht unterbreitet wird, für die sie bestimmt ist, und in deren Geschäftsbereich sie fällt. Auch das ist ein Eingriff in die gesetzlich umschriebene Zuständigkeit des AKV.: das Verlangen eines erneuten Gesuchs macht, mag die Fristsetzung auch ohne Ausschlußwirkung erfolgen, immerhin das Tätigwerden des AKV. von einer dem Gesetze unbekannten Bedingung abhängig. A. A. Heilberg JW. **1909** 708/9.

Anm. 35. VII. **Mitgliederliste.** Für Kammer und Vorstand ist es zur Ausübung ihrer Rechte von Bedeutung, über den Mitgliederbestand dauernd auf dem Laufenden zu bleiben. Zweckmäßigerweise sehen deshalb viele Geschäftsordnungen die Führung einer Mitgliederliste durch den AKV. vor und kennen dieserhalb eine Anmeldungspflicht für die Mitglieder.

Anm. 36. VIII. Gemäß § 341 Abs. 3 MStGO. wurden „nach Befragung der Anwaltskammer" diejenigen Rechtsanwälte ernannt, welchen die Verteidigung vor den Militärgerichten übertragen werden kann, und welche die Übernahme einer solchen Verteidigung nicht verweigern dürfen. § 341 Abs. 3 MStGO. ist von der RTKomm. so, wie er Gesetz geworden, eingefügt worden u. z. nach dem KommB. (Materialien zur MStGO., Berlin bei Heymann 1898 S. 176) auf Grund der in der 1. Lesung seitens des Regierungsvertreters gegebenen Anregung. Es hatte nämlich in der 1. Beratung des Plenums Generalauditeur Ittenbach bemerkt, er denke sich die Auswahl der zuzulassenden Rechtsanwälte so, daß sich die Militärverwaltung mit den Vorständen der einzelnen Anwaltskammern vorher in Verbindung setze, und er bitte den Reichstag geeignetenfalls um andere Vorschläge (1., 2. und 3. Beratung des Entwurfs einer MStGO. usw., Berlin bei Guttentag 1898 S. 39). Das Gesetz spricht nun aber statt von dem AKV. von der AK. Dagegen werden in den Ausführungsbestimmungen zu § 341 Abs. 3 MStGO. (Allerh. Ordre vom 28. 12. 1899) die militärischen Stellen angewiesen, sich zur Ermittelung der in Betracht kommenden Rechtsanwälte mit den Vorständen der Anwaltskammern in Verbindung zn setzen. Man wird annehmen müssen, daß das Gesetz mit dem Worte „Anwaltskammer" nur einen ungenauen Ausdruck angewendet hat, der auch sonst im gewöhnlichen Leben häufig für „Anwaltskammervorstand" gebraucht wird. Es ist nicht ersichtlich, daß in der Tat eine Mitwirkung der Anwaltskammer, die nur in der schwerfälligen Form der Kammerversammlung möglich wäre, vom Gesetze gewollt ist. Die VO. des Rats der Volksbeauftragten vom 5. 12. 1918 (RGBl. 1422) hat in Ziff. III unter Abänderung des § 341 MStGO. allen bei einem deutschen Gerichte zugelassenen Rechtsanwälten das Auftreten als Verteidiger vor den Militärgerichten ermöglicht.

Anm. 37. Aus den in Anm. 36 erörterten Gründen ist auch im Sinne des § 11 BRVO. 21. 12. 1916 (RGBl. 1411) der AKV. und nicht die AK. als „die zuständige amtliche Vertretung des Berufsstandes" anzusehen, die der Ausschuß für den vaterländischen Hilfsdienst vor seiner Entscheidung zu hören hatte. Die Anhörung der AK. wäre praktisch gar nicht recht durchführbar gewesen, und der AKV. ist ja das auch sonst zur gutachtlichen Tätigkeit — eine solche kam auch hier in Frage — berufene Organ.

§ 50.

Der Vorstand sowie die Kammer ist berechtigt, Vorstellungen und Anträge, welche das Interesse der Rechtspflege oder der Rechtsanwaltschaft betreffen, an die Landesjustizverwaltung zu richten.

Der durch die RTKomm. eingefügte Paragraph enthält, wie Reuling 27/8 mit Recht bemerkt, nicht nur die Gewährung eines Petitionsrechts, er erweitert vielmehr die in den §§ 48, 49 geregelten Aufgaben der AK. und des AKV. und macht damit den Gebrauch der zugewiesenen öffentlichrechtlichen Befugnis zu einer öffentlichrechtlichen Pflicht, wenn auch hinter dieser Pflicht ein Zwang nicht steht. Einer besonderen Erläuterung bedarf der Paragraph nicht.

§ 51.

Die Geschäfte des Vorstandes werden von den Mitgliedern unentgeltlich geführt; baare Auslagen werden ihnen erstattet.

I. **Inhalt.** Die Vorstandsmitglieder versehen ihre einschlägige Tätigkeit wie die eines Ehrenamts. Deshalb versagt ihnen § 51 ein Entgelt für ihre Mühewaltung und läßt nur Erstattung der baren Auslagen zu. Anm. 1.

II. **Die Geschäfte des Vorstandes werden von den Mitgliedern unentgeltlich geführt.** Anm. 2.

1. Es gilt dies von den Geschäften, die die Stellen des § 46, wie von denjenigen, welche die Zugehörigkeit zum Ehrengericht mit sich bringen. Es trifft aber ebenso bezüglich des sonstigen Mitwirkens im Vorstande zu.

2. Jede Art der Vergütung ist unstatthaft. Dagegen ist es natürlich durchaus zulässig, den Vorstandsmitgliedern die für Erledigung der Vorstandsgeschäfte erforderlichen Schreibmaterialien und sonstigen Bureaubedürfnisse in Natur zur Verfügung zu stellen, um es den Vorstandsmitgliedern zu ersparen, erst Auslagen für die AK. zu machen.

III. **Nicht alle Auslagen aus Anlaß der Führung der Vorstandsgeschäfte werden den Vorstandsmitgliedern von der AK. erstattet. Das Gesetz schränkt vielmehr die Erstattung auf „bare Auslagen" ein.** Die Motive 72 heben dazu hervor: „Mit der in dem Vertrauen der Standesgenossen begründeten Ehrenstellung der Mitglieder des Vorstandes erscheint eine über den Ersatz der baren Auslagen hinausgehende Vergütung nicht wohl vereinbar." Daran schließt sich u. a. die Erwähnung früherer Gesetze, die teils neben den baren Auslagen auch die „Reisekosten" erstatten ließen, teils außer den Reisekosten auch noch Tagegelder bewilligten. Hienach ist ein Zweifel darüber nicht möglich, daß das Gesetz eben nur die baren Auslagen, nicht auch sonstige Auslagen erstattet wissen will. Anm. 3.

1. Bezüglich des Begriffs der baren Auslagen behaupten Meyer Anm. zu § 51 und Sydow-Jacobsohn § 51 Anm. 1, das Gesetz bestimme diesen Begriff nicht und überlasse dies der Geschäftsordnung (Sydow-Jacobsohn) oder — was gleichbedeutend ist — der Autonomie der Kammer (Meyer). Dann wäre also die Bestimmung des Halbsatzes 2 ohne eine ergänzende Norm der Geschäftsordnung völlig inhaltsleer, und an solchen Normen fehlt es in einer Reihe von Geschäftsordnungen: die Mitglieder eines solchen AKV. hätten also keinerlei Auslagenersatz zu gewärtigen. Wenn ferner die Geschäftsordnung in der Lage wäre, den Begriff der baren Auslagen authentisch zu interpretieren, so könnte sie auf diese Weise den Halbsatz 1 des § 51 einfach in sein Gegenteil verkehren. Diese beiden unabweisbaren Folgen zeigen, daß der Ausgangspunkt von Meyer und Sydow-Jacobsohn nicht richtig sein kann. Anm. 4.

Daß er nicht richtig ist, läßt sich auch anderweit unschwer dartun. Anm. 5.

Der Begriff der Auslagen kehrt in den Reichsjustizgesetzen, zu denen doch auch die RAO. gehört, so häufig wieder, daß sich nicht wohl sagen läßt, er sei seinem Inhalte nach nicht feststehend. Auch die „baren Auslagen" begegnen in den Reichsjustizgesetzen sehr häufig, z. B. in § 165 Abs. 1 GVG., § 115 Ziff. 1 ZPO., §§ 85, 91 KO., und die RAO. selbst gebraucht den Ausdruck auch in § 94 Abs. 1. Bezüglich keiner anderen Gesetzesstelle findet sich in der Literatur die Behauptung, das Gesetz lasse nicht erkennen, was es unter baren Auslagen verstehe. Weshalb § 51 RAO. hier eine besondere Stellung einnehmen soll, ist nicht abzusehen.

Anm. 6. Die Begriffsbestimmung bietet aber auch keine Schwierigkeiten. Wie die Entsch. RGZ. **21** 351, 353 unter Auslagen des Rechtsanwalts im Sinne der RAGebO. „die von einem Rechtsanwalte (in und bei Ausführung des ihm erteilten Auftrages zu einer Berufstätigkeit) aus seinem Vermögen gemachten Aufwendungen" oder „die Vermögensaufopferungen des Bevollmächtigten in, bei und zur Ausführung des Auftrages" begreift, so sind unter Auslagen der Vorstandsmitglieder die von ihnen in, bei und zur Führung der Vorstandsgeschäfte aus ihrem Vermögen gemachten Aufwendungen zu verstehen. Nun können im allgemeinen die als Auslagen in Betracht kommenden Vermögensaufwendungen „ebensogut in dem Preisgeben eines Gewinnes, als in der Verlegung baren Geldes oder in der Übernahme von Verbindlichkeiten bestehen" (RGZ. **21** 353), und die Sätze des § 78 RAGebO. berücksichtigen gerade auch die erstgedachte Kategorie von Auslagen (RG. a. a. O.). Dagegen sind bare Auslagen nur diejenigen, welche in der Aufwendung von barem Gelde bestehen. Dem baren Gelde steht gleich, was im Verkehr als dem Gelde gleichwertiges Zahlungsmittel angesehen wird.

Anm. 7. 2. Tritt man nunmehr den Einzelfragen näher und zieht dabei die Bestimmungen der Geschäftsordnungen heran, so stehen im Vordergrunde des Interesses

a) die den Vorstandsmitgliedern bei Ausübung der ehrengerichtlichen oder der sonstigen Vorstandstätigkeit entstehenden R e i s e k o s t e n.

Gesetzwidrig sind diejenigen Bestimmungen, die eine Bemessung nach der RAGebO. anordnen (so früher Berlin a § 9), nicht minder diejenigen, die zwar nicht die Sätze der RAGebO. zur Anwendung bringen, aber doch auch neben dem Fahrgeld noch Tagegelder bewilligen (z. B. Oldenburg Nr. 2 zu § 51 RAO.).

Unstatthaft ist es ferner, für den Kilometer einen bestimmten Betrag in Ansatz zu bringen ohne Rücksicht darauf, ob der Fahrpreis nicht ein geringerer war, als die Summe der Kilometergelder (so früher Königsberg § 15) oder den Ersatz der Fahrkarte einer bestimmten Wagenklasse zuzubilligen, ganz gleichgültig, in welcher Klasse tatsächlich die Reise zurückgelegt wurde (z. B. Jena § 10).

Erstattungsfähig sind vielmehr nur die wirklich aufgewandten Reisekosten. Ebenso: Kayser, Reichsjustizgesetze[5] Anm. zu § 51 RAO.; Sydow-Mosler § 51 Anm. 1; Ösfeld § 51 Anm. 1.

Anm. 8. b) Bei dem Ersatze der den Vorstandsmitgliedern durch die Erledigung der Vorstandsgeschäfte erwachsenden besonderen B u r e a u k o s t e n handelt es sich zweifellos um Erstattung barer Auslagen. Schwierigkeiten bereitet hier nur die Feststellung des zu erstattenden Betrags. Schätzungen sind dabei nicht zu umgehen, aber auch unbedenklich: es handelt sich nicht wie bei den unter a besprochenen Bestimmungen um Ersatz nicht barer Auslagen, sondern um Ersatz solcher barer Auslagen, die genau zu berechnen kaum möglich ist, die aber darum doch nicht aufhören, bare Auslagen zu sein.

Es ist danach zulässig, für Schreibgebühren in der Geschäftsordnung, wie dies Oldenburg Nr. 1 zu § 51 RAO. tut, bestimmte Sätze zu normieren, die wohl angemessenerweise über die jeweils im Prozeßrechte gültigen Sätze nicht hinausgehen werden.

Dagegen erscheint es bedenklich, den mit solchen Bureaukosten belasteten Vorstandsmitgliedern (d. h. im wesentlichen dem Vorsitzenden und dem Schriftführer) für die Bureaukosten eine Pauschsumme zu gewähren, wie dies z. B. Naumburg § 14 tut: denn diese verfällt ohne Rücksicht auf den wirklichen Aufwand.

Anm. 9. c) Das Gesetz billigt die Erstattung der baren Auslagen zu. Selbstverständlich besteht aber auch hier ein Maß, über das nicht hinausgegangen werden darf. D i e A u s l a g e n m ü s s e n s i c h i n s a c h g e m ä ß e n G r e n z e n h a l t e n: die Kosten einer ohne Grund in der ersten Wagenklasse zurückgelegten Reise sind nicht voll erstattungsfähig.

d) Über die Art und Weise, in welcher der Anspruch auf Auslagenerstattung geltend zu machen ist, schweigt das Gesetz. Da der Anspruch des Beamten gegen den Staat auf Besoldung usw. dem Rechtswege nicht entzogen ist, kann es erst recht nicht der hier fragliche Anspruch sein, zumal auch (vgl. § 48 Anm. 24) für den Anspruch der AK. auf Mitgliederbeiträge der Rechtsweg offen steht (vgl. auch Gierke, Privatrecht I 541/2, 546/7). Die Bestimmung von Oldenburg, wonach die Aufrechnung gegen die Mitgliederbeiträge mit Forderungen an die Kasse der AK. ausgeschlossen ist, und Ansprüche der Anwälte an diese Kasse erlöschen, wenn sie nicht vor Ende des nächsten Rechnungsjahres angemeldet sind, sind jedenfalls insoweit ohne verbindliche Kraft, als Ansprüche auf Grund des § 51 in Frage stehen. Vgl. Reuling 29. Anm. 10.

3. Die Auslagen sind nur ersatzfähig, wenn sie in, bei und zur Ausführung der Vorstandsgeschäfte geschehen. Das ist nicht der Fall, wenn sie lediglich durch Teilnahme der Vorstandsmitglieder an den Kammerversammlungen entstehen: diese Teilnahme hat mit der Führung der Vorstandsgeschäfte nichts zu tun, sie ist lediglich Wahrnehmung der Mitgliedschaftsrechte. Das gilt auch für den Vorsitzenden und den Schriftführer des Vorstandes. Sie sind allerdings auch Vorsitzender und Schriftführer der Kammerversammlung, aber diese Personalunion macht ihre Tätigkeit in der Kammer nicht zu einem Geschäfte des Vorstandes. Naumburg § 13 und Stettin b § 14 vertreten ausdrücklich den hier eingenommenen Standpunkt. Anm. 11.

IV. **Ersatz von Auslagen der Kammermitglieder?** Oldenburg Nr. 2 zu § 51 RAO. billigt allen auswärts wohnenden Mitgliedern der AK. für die Reisen zu den Kammerversammlungen Ersatz der baren Auslagen an Transportkosten mit Tagegeldern und Nachtquartiergeld zu. Allein die RAO. kennt einen Anspruch der Kammermitglieder auf Ersatz der ihnen durch Ausübung ihrer Mitgliedschaftsrechte entstandenen Kosten nicht. Daß ihn die Geschäftsordnung zu begründen vermöchte, ist bei dem Schweigen des Gesetzes nicht anzunehmen. Anm. 12.

Dresden § 8 bestimmt, daß „die als Gerichtsschreiber zu einer Sitzung des Ehrengerichts zugezogenen Rechtsanwälte .... Vergütung ihrer wirklichen Auslagen für Fortkommen und außerdem Tagegelder in Höhe von 12 *M* für jeden Sitzungstag zuzüglich 5 *M* für jedes Übernachten" erhalten. Auch diese Vorschrift verstößt gegen das Gesetz, da nicht einmal die Vorstands- und Ehrengerichtsmitglieder Tagegelder beziehen dürfen. Findet, wie das doch die Regel ist, die Hauptverhandlung am Sitze der AK. statt, so sind bei dem als Gerichtsschreiber eintretenden RA., der ja an diesem Sitze wohnhaft sein muß (§ 81), selbst bare Auslagen kaum denkbar. Anm. 13.

§ 52.

Der Vorsitzende beruft die Versammlungen der Kammer und des Vorstandes und führt in beiden den Vorsitz.

Die Berufung der Kammer muß erfolgen, wenn zehn Mitglieder derselben, die Berufung des Vorstandes, wenn zwei Mitglieder desselben unter Angabe des zu verhandelnden Gegenstandes schriftlich darauf antragen. Durch die Geschäftsordnung kann die Zahl der Mitglieder, auf deren Antrag die Berufung der Kammer erfolgen muß, erhöht werden. Die Kammer kann auf Beschluß des Vorstandes an jeden innerhalb des Oberlandesgerichtsbezirks belegenen Ort, welcher der Sitz eines Landgerichts ist, berufen werden.

I. **Inhalt.** Mit § 52 beginnen die von der Abhaltung der Versammlungen der Kammer und des Vorstandes handelnden Bestimmungen. § 52 regelt die Anm. 1.

Berufung der Versammlungen, von der Form der Berufung abgesehen, und den Vorsitz in den Versammlungen. Es empfiehlt sich, hier und bei den folgenden Paragraphen die Versammlungen der Kammer und des Vorstandes in getrennten Abschnitten zu erörtern.

Anm. 2 **II. Versammlungen der Kammer.**

A. Berufung der Versammlungen. 1. Der Vorsitzende des AKV. beruft die Versammlungen der Kammer. Ist sowohl er als auch der stellvertretende Vorsitzende des AKV. verhindert, so muß für diesen Fall, soweit nicht die Geschäftsordnung (wie Cöln § 23, Düsseldorf § 23) die Vertretung gleichmäßig für alle Fälle regelt, derjenige zur Berufung der Kammerversammlung für zuständig erachtet werden, dem die Berufung der konstituierenden Vorstandsversammlung zukommt (vgl. darüber § 46 Anm. 3 und 5).

a) Eine andere Berufung der Kammerversammlungen als durch den Vorsitzenden des AKV. (oder den zu seiner Vertretung Berufenen) kennt das Gesetz nicht. Die Geschäftsordnung ist außerstande, an die Stelle des Vorsitzenden den Vorstand zu setzen.

b) Die Berufung der Versammlungen steht dem Vorsitzenden als eigenes Recht zu, er ist dabei nicht etwa nur ausführendes Organ für einen die Berufung verlangenden Vorstandsbeschluß (Reuling 7). Auch hier ist ein Eingreifen der Geschäftsordnung unstatthaft.

Anm. 3. c) Der Vorsitzende des AKV. kann also eine Kammerversammlung einberufen, wenn auch nur er eine solche Berufung für geboten hält. Daraus folgt aber keineswegs, daß er nicht unter Umständen auch gegen seinen Willen zur Berufung schreiten muß. Vielmehr besteht eine solche Pflicht für ihn in drei Fällen:

α) wenn der AKV. oder die Kammerversammlung (s. § 53 Abs. 4 Satz 2) die Berufung beschlossen hat: denn diesen Beschluß hat nach § 57 Abs. 1 der Vorsitzende auszuführen (Mot. 73; Meyer § 52 Anm. 1; Reuling 7);

β) wenn eine bestimmte Anzahl Kammermitglieder die Berufung der Kammerversammlung verlangt. Mindestens 10 Mitglieder müssen das Verlangen äußern. Die Geschäftsordnung kann das Mitwirken einer größeren Mitgliederzahl erfordern. Sie ist dabei nach oben hin nicht beschränkt und kann die Erhöhung sowohl durch Festsetzung einer bestimmten höheren Ziffer als durch Bindung des Rechts an einen bestimmten Teil des Mitgliederbestandes vornehmen, und die Geschäftsordnungen haben von beiden Möglichkeiten Gebrauch gemacht. Unter die erwähnte gesetzliche Mindestzahl kann nicht hinuntergegangen werden.

Das Verlangen der 10 oder mehr Mitglieder auf Berufung der Kammerversammlung muß schriftlich gestellt werden und die Angabe des zu verhandelnden Gegenstandes enthalten. Der Antrag ist an den Vorsitzenden des AKV. zu richten.

γ) Endlich kann die Notwendigkeit der Berufung und damit die Verpflichtung des Vorsitzenden zu der Berufung sich aus der Vorschrift des § 44 Abs. 1 Satz 1 oder aus einer Bestimmung der Geschäftsordnung ergeben. Jene Vorschrift macht alle 2 Jahre die Vornahme der Erneuerungswahlen zum Vorstande und damit die Einberufung der Kammerversammlung nötig. Daneben kann die Geschäftsordnung weitere Kammerversammlungen vorschreiben. Es ist dies u. a. durch das Gebot alljährlicher oder auch noch öfters abzuhaltender Kammerversammlungen zur Erledigung bestimmter Aufgaben — meist unter gleichzeitiger, mehr oder minder genauer Festsetzung der Zeit ihrer Abhaltung — geschehen. Weiter aber schlagen hier auch die Bestimmungen ein, die dahin gehen, daß, abgesehen von den jedes zweite Jahr erforderlichen Wahlversammlungen, alljährlich Versammlungen ohne bestimmte Aufgaben stattzufinden haben. Die Zulässigkeit solcher Bestimmungen der Geschäftsordnung ergibt sich daraus, daß sie lediglich allgemein gefaßte Beschlüsse auf Anordnung von Kammerversammlungen sind, und deshalb ihrer Ausführung nach § 57 Abs. 1 der Vorsitzende sich nicht entziehen kann.

d) Kommt der Vorsitzende in einem Falle, in dem er zur Berufung der Kammerversammlung verpflichtet ist, dieser Pflicht nicht nach, so ist eine Beschwerde nach § 59 Abs. 1 statthaft. Es kann aber weder der Vorstand noch die zu dem Verlangen der Berufung berechtigte Mitgliederanzahl an Stelle des Vorsitzenden die Versammlung berufen; auch die Erteilung einer Ermächtigung hiezu, wie sie z. B. § 37 Abs. 2 BGB. regelt, ist nicht vorgesehen. Praktisch dürfte der Fall schwerlich werden. Schlimmstenfalls müßte zur Einleitung eines ehrengerichtlichen Verfahrens gegriffen werden. Anm. 4.

2. Die Berufung der Kammer erfolgt regelmäßig an den Sitz der Kammer. Eine Abweichung ist nur auf Grund eines Beschlusses des Vorstands, also dann nicht zulässig, wenn der Vorsitzende ausschließlich aus eigener Initiative beruft (Reuling 4). Die Abweichung ist lediglich dahin statthaft, daß die Kammer an einen innerhalb des Oberlandesgerichtsbezirks gelegenen Ort, der Sitz eines Landgerichts ist, berufen wird. Unter dem Sitze des Landgerichts ist nur der Hauptsitz zu verstehen: an Orte, an denen sich nur auswärtige Strafkammern oder auswärtige Kammern für Handelssachen befinden, kann die Kammerversammlung nicht berufen werden. Für die AK. bei dem RG. ist die Bestimmung des § 52 Abs. 2 Satz 3 unanwendbar (siehe auch § 9 Abs. 1 der Geschäftsordnung für diese AK.). Anm. 5.

Nur der AKV., nicht die AK. (s. aber z. B. NaumburgAK. **1907** 45, **1908** 58) kann den Beschluß aus § 52 Abs. 2 Satz 3 fassen. Es ist zu beachten, daß die Wahl des Versammlungsortes für die Ergebnisse der Versammlung von der entscheidendsten Bedeutung sein kann: die Abhaltung der Versammlung an einem entlegenen Orte des Kammerbezirks kann eine große Anzahl Kammermitglieder fern halten und so Zufallsmehrheiten schaffen. Dem AKV. hat das Gesetz die Macht verliehen, einen anderen Versammlungsort als den Kammersitz zu bestimmen: bei der Gewalt, welche die RAO. im übrigen dem AKV. über die Mitglieder gab, konnte das Gesetz darauf vertrauen, daß auch von dieser Befugnis der AKV. nur einen sachgemäßen Gebrauch machen werde. Solche Garantie fehlt aber, wenn eine Kammerversammlung für ihre nächste Tagung selbst einen besonderen Versammlungsort bestimmt. Dessen Wahl könnte leicht im Hinblick auf die für die künftige Versammlung in Aussicht stehenden Beratungsgegenstände derart erfolgen, daß eine Mehrheit in einem bestimmten Sinne gesichert erschiene.

Über die Folgen der gedachten ordnungswidrigen Berufung vgl. § 53 Anm. 7.

3. Was den Raum zur Abhaltung der Kammerversammlung betrifft, so bestimmen Dresden § 9 und Karlsruhe § 5 einen bestimmten, seitens der LJV. bereit gestellten Raum als regelmäßigen Versammlungsraum. Im übrigen ist es Sache des Vorstandes, sich nötigenfalls allgemein oder im speziellen Falle wegen Überlassung eines solchen Raums mit der LJV. in Verbindung zu setzen (Mot. 73; Meyer § 52 Anm. 2). Vgl. auch Rostock § 12. Anm. 6.

4. Über die Form der Berufung siehe § 53.

B. Den Vorsitz in der Kammerversammlung führt der Vorsitzende des AKV. Ist nicht nur er, sondern auch der stellvertretende Vorsitzende des AKV. verhindert, und enthält die Geschäftsordnung nicht besondere Vorschriften über seine Vertretung im Kammervorsitze (wie Stettin a § 3), so ist als Vertreter derjenige berufen, der für ihn in den Geschäften als Vorsitzender des AKV. einzutreten hat. Anm. 7.

Anm. 8. C. Als Schriftführer der Kammerversammlung wirkt, wie nach § 56 nicht zweifelhaft ist, der Schriftführer des AKV. mit (Reuling 12). Verschiedene Geschäftsordnungen bestimmen dies noch besonders. Sind gleichzeitig der Schriftführer und der stellvertretende Schriftführer des AKV. verhindert, und trifft die Geschäftsordnung über die Vertretung betreffs der Versammlungen der Kammer und des Vorstandes nicht gesonderte Bestimmungen (wie Stettin a § 3, b §§ 3 und 4), so sind auch für die Vertretung betreffs der Versammlungen der Kammer dieselben Bestimmungen zur Anwendung zu bringen, die für die Vertretung des Schriftführers bei den Vorstandsversammlungen gelten.

Anm. 9. **III. Versammlungen des Vorstandes.**

A. Berufung der Versammlung. 1. Die Berufung erfolgt, wie bei den Kammerversammlungen, durch den Vorsitzenden des AKV. oder seinen Vertreter.

Der Vorsitzende ist verpflichtet, die Versammlung zu berufen,

a) wenn zwei Vorstandsmitglieder unter Angabe des zu verhandelnden Gegenstandes schriftlich darauf antragen,

b) soweit die Geschäftsordnung periodisch wiederkehrende Vorstandssitzungen vorschreibt.

Anm. 10. 2. Regelmäßig wird die Vorstandsversammlung an den Ort des Kammersitzes berufen. Daß der Vorstand eine Abweichung hiervon beschließen kann und zwar nicht nur im Sinne der Wahl des Ortes eines Landgerichtssitzes, sondern zugunsten jedes Ortes des Oberlandesgerichtsbezirks, wird wohl anzunehmen sein (vgl. Jena § 8, aber auch Celle § 9). Dagegen ist es bedenklich, wenn die Wahl des Ortes dem Vorsitzenden überlassen wird.

Anm. 11. 3. Die Beschaffung des Raums für die Vorstandssitzungen ist Sache des Vorstands, der wohl auch insoweit sich mit der LJV. ins Benehmen setzen wird.

4. Über die Form der Berufung siehe § 53.

Anm. 12. B. Den Vorsitz in der Vorstandsversammlung führt der Vorsitzende des AKV., als Schriftführer tritt der Schriftführer des AKV. ein. Über ihre Vertretung siehe § 46 Anm. 11—13.

§ 53.

Die Versammlungen der Kammer werden mittels öffentlicher Bekanntmachung in den durch die Geschäftsordnung bestimmten Blättern oder mittels schriftlicher Einladung der Mitglieder berufen. Die Berufung des Vorstandes erfolgt mittels schriftlicher Einladung.

Die öffentliche Bekanntmachnng muß spätestens am fünften Tage vor der Versammlung erfolgen.

Die schriftliche Einladung von Mitgliedern, welche nicht am Sitze der Kammer wohnen, gilt als bewirkt, wenn das Einladungsschreiben spätestens am fünften Tage vor der Versammlung eingeschrieben zur Post gegeben ist.

Bei der Berufung der Kammer muß der Gegenstand, über welchen in der Versammlung ein Beschluß gefaßt werden soll, bekannt gemacht werden. Ueber andere Gegenstände, mit Ausnahme des Antrags auf abermalige Berufung der Kammer, darf ein Beschluß nicht gefaßt werden.

Anm. 1. **I. Inhalt.** Der Paragraph regelt Form und Inhalt für die Berufung der Versammlungen.

Anm. 2. **II. Versammlungen der Kammer.**

A. Form der Berufung. 1. Die Berufung erfolgt „mittels öffentlicher Bekanntmachung in den durch die Geschäftsordnung bestimmten Blättern oder mittels schriftlicher Einladung der Mitglieder“. Beide Wege stehen zur Wahl offen, und die Geschäftsordnung kann die Form der Berufung nicht auf eine von beiden Möglichkeiten mit der Wirkung einschränken, daß nur auf diese Art eine gültige Berufung erfolgen kann (Reuling 10 dritte Anm.). Wohl aber kann die Geschäftsordnung durch Nichtbestimmung von Publikationsblättern tatsächlich nur die Berufung mittels schriftlicher Einladung der Mitglieder ermöglichen. Dies ist auch der Fall, wenn die sämtlichen in der Geschäftsordnung gewählten Blätter eingehen: eine Bestimmung anderer Blätter seitens des Vorstandes, wie sie verschiedene Geschäftsordnungen vorsehen, ist nicht statthaft.

Die Geschäftsordnung ist in der Lage, als regelmäßige Berufungsform die öffentliche Bekanntmachung vorzuschreiben, was zur Folge hat, daß bei Nichteinhaltung solcher Satzung nicht die AK., sondern der gegen die Geschäftsordnung Verstoßende die entstehenden Mehrkosten tragen muß (Reuling a. a. O.). Auch ist die Geschäftsordnung nicht gehindert, neben der öffentlichen Bekanntmachung noch eine persönliche Benachrichtigung der Mitglieder in der Art vorzusehen, daß es für die Wahrung der Berufungsform nur auf die öffentliche Bekanntmachung ankommt, ein Weg, den verschiedene Geschäftsordnungen eingeschlagen haben.

2. a) Die öffentliche Bekanntmachung muß in „den durch die Geschäftsordnung bestimmten Blättern“ erfolgen. Benennt die Geschäftsordnung mehrere derartige Blätter, ohne anzugeben, daß die Veröffentlichung in einem von ihnen genügt, so muß die Bekanntmachung in allen erfolgen. Anm. 3.

b) Die öffentliche Bekanntmachung muß spätestens am fünften Tage vor der Versammlung erfolgen. Der Versammlungstag wird dabei nicht mitgerechnet. Wird in mehreren Blättern bekannt gemacht, so muß jede einzelne Einrückung der gedachten Fristbestimmung entsprechen.

3. Schriftliche Einladung der Mitglieder. Anm. 4.

a) Sie kann durch besondere Schreiben an die Mitglieder oder durch Umlaufsschreiben erfolgen.

b) Als schriftliche Einladungen im Sinne des § 53 werden auch gedruckte und mechanisch vervielfältigte Einladungen anzusehen sein (vgl. Dresden § 11 Abs. 4), da man selbst für die „schriftliche“ Einlegung von Rechtsmitteln nach der StPO. nicht eine Unterschrift des Beschwerdeführers verlangt, vgl. RGSt. **17** 256/7. Es muß deshalb auch hier genügen, daß aus der Einladung hervorgeht, von wem sie herrührt.

c) Die schriftliche Einladung muß an alle Mitglieder ergehen. Ist sie auch nur an eines nicht ergangen, so ist die Berufung nicht ordnungsmäßig erfolgt.

d) Die Einladung ist jedenfalls dann bewirkt, wenn sie dem Mitgliede tatsächlich zugekommen ist. Sie gilt als bewirkt gegenüber Mitgliedern, welche nicht am Sitze der Kammer wohnen, wenn das Einladungsschreiben spätestens am fünften Tage vor der Versammlung eingeschrieben zur Post gegeben ist. Daß mit der Absendung der Einladung durch Einschreibebrief auch betreffs der am Sitze der Kammer wohnhaften Mitglieder den gesetzlichen Erfordernissen genügt ist, unterliegt keinem Zweifel: der Nachdruck liegt in § 53 Abs. 3 außer auf dem Einschreibenlassen der Sendung auf Wahrung der fünftägigen Frist. Deren Einhaltung bedarf es bei den Mitgliedern, die am Sitze der Kammer wohnen, nicht (Meyer § 53 Anm. 2; Reuling 4), die Geschäftsordnung kann aber die gedachte Bestimmung auch auf sie erstrecken, freilich nicht in dem Sinn, daß ihre Einhaltung Bedingung einer ordnungsmäßigen Berufung würde.

B. Tagesordnung. 1. Die Feststellung der Tagesordnung ist Sache des Vorsitzenden des AKV. Doch ist er auch hiebei nicht völlig frei. Anm. 5.

a) Beschließt der Vorstand die Einberufung der Kammerversammlung, so muß der Beschluß auch den Gegenstand bezeichnen, über den die Kammerversammlung beraten und entscheiden soll. Diesen Gegenstand muß der Vorsitzende auf die Tagesordnung setzen.

b) Auch die Geschäftsordnung kann, soweit sie andere Versammlungen als die alle zwei Jahre erforderlichen Versammlungen vorschreibt, bestimmen, was Gegenstand der Verhandlungen sein muß. Auch die diesbezüglichen Anordnungen binden den Vorsitzenden bei Feststellung der Tagesordnung.

c) Gleiches gilt in dem Falle eines Minderheitsantrags nach § 52 Abs. 2.

d) Endlich kann aber auch, wenn die Berufung einer Kammerversammlung in Aussicht steht, oder bereits erfolgt ist, der Antrag gestellt werden, einen bestimmten Verhandlungsgegenstand in die Tagesordnung aufzunehmen. Hier ist folgendes zu beachten:

α) Aus § 52 Abs. 2 ist arg. a maiore ad minus zu folgern, daß 10 Mitglieder oder die in der Geschäftsordnung bestimmte größere Mitgliederzahl bei schriftlicher Antragstellung die Aufnahme eines bestimmten Verhandlungsgegenstandes in die Tagesordnung verlangen können.

β) Es unterliegt aber auch keinem Bedenken, wenn die Geschäftsordnung ein solches Recht schon einer geringeren Mitgliederzahl einräumt, was verschiedentlich geschehen ist.

γ) Soweit es sich in beiden Fällen um die Tagesordnung einer bereits einberufenen Versammlung handelt, muß allerdings, wenn Beschlußfassungen in Frage kommen sollen, gemäß § 53 Abs. 4 eine erneute Berufung der Versammlung erfolgen (Reuling 9). Dabei müssen wieder die Fristen der Absätze 2 und 3 eingehalten werden. Ist dies nicht mehr möglich, so kann der Antrag nur als solcher nach § 52 Abs. 2 behandelt, ihm muß also nur entsprochen werden, wenn die dort gedachten Voraussetzungen erfüllt sind.

Anm. 6. 2. **Die Tagesordnung muß bei der Berufung der Kammer**, in welcher Form sie auch erfolgt, **mitgeteilt werden.**

a) Beraten darf in der Versammlung auch über Gegenstände werden, die in der Tagesordnung nicht angekündigt sind.

b) Dagegen darf nur über die in der Tagesordnung angekündigten Gegenstände und außerdem über den Antrag auf abermalige Berufung der Kammer Beschluß gefaßt werden.

Anm. 7. C. **Ordnungswidrige Berufung.** 1. Ist die Berufung ordnungswidrig erfolgt oder ist die AK. ohne jede Berufung zusammengetreten, so kann außer der Feststellung dieser Mängel etwas weiteres in der Kammerversammlung nicht geschehen. Vgl. Mot. 73; Meyer § 53 Anm. 1; Berger Anm. zu § 53; s. auch PosMSchr. **1912** 55/6 (RG., § 32 BGB. betreffend); JW. **1918** 734 (RG., Beschlüsse in einer von einem unzuständigen Organ einer GmbH. berufenen Gesellschafterversammlung sind nichtig).

Nur wenn alle Kammermitglieder erschienen sind, und keines widerspricht, ist auch im Falle ordnungswidriger Berufung die Abhaltung der Versammlung statthaft, da in einem solchen Falle nicht abzusehen ist, welche Rechte und Interessen beeinträchtigt werden könnten. Dagegen genügen Erklärungen, die von einzelnen nicht ordnungsmäßig geladenen Mitgliedern abgegeben sind, selbst nicht im Falle des Erscheinens dieser Mitglieder: denn gerade wegen jener ungenügenden Ladung können andere Mitglieder im Vertrauen auf die Unzulässigkeit der Abhaltung einer Versammlung fern geblieben sein.

2. Auch über die Bestimmung des Abs. 4 Satz 2 kann sich die Kammerversammlung nur hinwegsetzen, wenn alle Mitglieder erschienen sind, und keines widerspricht.

3. Wegen der Wirkungen der Beschlüsse und Wahlen, die gegen das unter 1 und 2 Gesagte verstoßen, vgl. § 59 Anm. 14.

D. Eine Reihe von Geschäftsordnungen räumt teils dem Vorstande, teils dem Vorsitzenden das Recht ein, Mitglieder der Kammer zu Berichterstattern über die einzelnen Verhandlungsgegenstände zu bestellen. Die Gültigkeit dieser Bestimmungen ist nicht zu bezweifeln. Anm. 8.

E. Zweckmäßigerweise wird vielfach von dem Tage der Kammerversammlung rechtzeitig vorher den Gerichtsvorständen Mitteilung gemacht, damit dieser Tag nach Möglichkeit von Terminen freigehalten und so allen Anwälten die Teilnahme an der Kammerversammlung ermöglicht wird. Anm. 9.

III. Versammlungen des Vorstandes. Anm. 10.

A. Form der Berufung. Die Berufung des Vorstandes erfolgt mittels schriftlicher Einladung.

1. Die Geschäftsordnung kann daneben öffentliche Bekanntmachung anordnen, wesentlich bleibt aber nur die schriftliche Einladung, die durch keine andere Form der Berufung zu ersetzen ist, auch nicht durch mündliche Bekanntgabe in einer Vorstandssitzung.

2. Über den Begriff der schriftlichen Einladung s. Anm. 4, über Abs. 3, der auch hier anwendbar ist, s. ebenda. Die wenig zahlreichen Bestimmungen der Geschäftsordnungen geben zu besonderen Bemerkungen keinen Anlaß.

B. Tagesordnung. 1. Ihre Feststellung ist Sache des Vorsitzenden. Er hat hiebei zu berücksichtigen Anm. 11.

a) etwaige Bestimmungen der Geschäftsordnung,

b) Minderheitsanträge nach § 52 Abs. 2.

c) Auch hier kann eine § 52 Abs. 2 genügende Minderheit von Vorstandsmitgliedern verlangen, daß eine bestimmte Angelegenheit als Verhandlungsgegenstand auf die Tagesordnung gesetzt wird. Dieses Recht spielt aber hier keine besondere Rolle, weil

2. eine Mitteilung der Tagesordnung bei der Berufung nicht erforderlich ist (Mot. 73). Die Mitteilung kann zwar als möglichst einzuhaltende Ordnungsvorschrift von der Geschäftsordnung aufgestellt werden. Ihre Nichteinhaltung steht aber der Beschlußfassung nicht entgegen: auch über Anträge, die erst in der Versammlung selbst gestellt werden, kann beschlossen werden. Anm. 12.

C. Ein Fall ordnungswidriger Berufung ist also nur gegeben, wenn die Berufung nicht mittels schriftlicher Einladung aller Mitglieder des Vorstandes erfolgt ist. Die Folgen sind die gleichen, wie bei nicht ordnungsgemäßer Berufung der Kammerversammlung. Dasselbe gilt für den Fall, daß der AKV. ohne jede Berufung zusammentritt. Anm. 13.

D. Der Vorsitzende kann für die einzelnen Verhandlungsgegenstände Berichterstatter bestimmen, wie ihm überhaupt die Verteilung der Vorstandsgeschäfte unter die Mitglieder des Vorstandes zusteht. Anm. 14.

§ 54.

Die Beschlüsse der Kammer und des Vorstandes werden nach absoluter Stimmenmehrheit gefaßt. Das Gleiche gilt für die Wahlen.

Im Falle der Stimmengleichheit entscheidet die Stimme des Vorsitzenden, bei Wahlen das Loos.

Die bei einer Angelegenheit betheiligten Mitglieder sind von der Beschlußfassung über dieselbe ausgeschlossen.

Anm. 1. **I. Inhalt.** Der Paragraph regelt das Zustandekommen von Beschlüssen und Wahlen der Kammer und des Vorstandes.

Anm. 2. **II. Versammlungen der Kammer.** A. Das Gesetz bestimmt nicht, ob die Versammlungen öffentlich oder nicht öffentlich sind. Die Geschäftsordnungen können hierüber Bestimmungen treffen (Mot. 73). Sie schließen teils die Öffentlichkeit unbedingt aus, teils gestatten sie die Zulassung einzelner Personen, die nicht Kammermitglieder sind, teils kennen sie für Ausnahmefälle auf besonderen Beschluß des Vorstandes auch öffentliche Kammerversammlungen. Daß bei solchen die Kammer sich jederzeit für Wiederausschließung der Öffentlichkeit entscheiden kann, bestimmen Cassel § 10, Berlin a § 8 Abs. 2, Potsdam a § 6 Abs. 2 ausdrücklich, es wird dies aber auch da anzunehmen sein, wo eine solche besondere Bestimmung fehlt.

Anm. 3. B. Eine Beschlußfähigkeitsziffer schreibt das Gesetz für die Kammerversammlung nicht vor, die Mot. 73 bemerken, eine solche Bestimmung erscheine nicht erforderlich. Nimmt man dazu die besondere über die Beschlußfähigkeit des Vorstandes getroffene Bestimmung des § 55 Abs. 1, so kann es nicht für zulässig erachtet werden, daß durch Hamm § 5 und Naumburg § 4 für die Kammerversammlung eine Beschlußfähigkeitsziffer, die übrigens für die nötigenfalls zu berufende zweite Versammlung nicht gilt, eingeführt wird.

Anm. 4. C. Gang der Verhandlung und Beratung. 1. Der Vorsitzende hat die Versammlung zu eröffnen und zu schließen, er hat die Verhandlungen zu leiten, insbesondere das Wort zu erteilen, auch hat er in der Verhandlung für Aufrechterhaltung der Ordnung zu sorgen. Eine Reihe von Geschäftsordnungen hebt all dies besonders hervor, es wird aber auch zu gelten haben, wenn einschlägige Bestimmungen fehlen.

a) Das Wort ist, wie einzelne Geschäftsordnungen noch besonders bestimmen, in der Reihenfolge der Meldungen zu erteilen. Davon wird aber wohl, selbst wenn Bestimmungen hierüber fehlen, der Vorsitzende dann abweichen dürfen, wenn nur Worterteilung zur Geschäftsordnung oder zum Antrage auf Schluß der Verhandlung in Frage steht.

b) Der Vorsitzende ist nach zahlreichen Geschäftsordnungen befugt, den Redner auf den Gegenstand der Verhandlung hinzuweisen und ihn zur Ordnung zu rufen. Beides wird man dem Vorsitzenden auch zugestehen müssen, wenn die Geschäftsordnung dieser Befugnisse nicht gedenkt. Eine Reihe von Geschäftsordnungen ermächtigen ferner den Vorsitzenden, dem Redner das Wort zu entziehen, meist erst nach zweimaligem erfolglosem Ordnungsruf. Aber auch ohne besondere Bestimmung der Geschäftsordnung wird dem Vorsitzenden das Recht der Wortentziehung nicht zu bestreiten sein.

Gegen den Ordnungsruf und die Wortentziehung durch den Vorsitzenden kann der Betroffene die alsbaldige Entscheiduug der Versammlung anrufen, es sei denn, daß ihm dieses Recht durch die Geschäftsordnung entzogen ist.

Anm. 5. 2. Anträge, die seitens der Versammlungsteilnehmer zu den einzelnen Beratungsgegenständen gestellt werden, bedürfen nach verschiedenen Geschäftsordnungen teils schriftlicher Form, teils der Unterstützung durch eine bestimmte Anzahl Mitglieder, teils beider Erfordernisse. Soweit Bestimmungen fehlen, wird der Vorsitzende von keinerlei derartigen Voraussetzungen die Beratung und Beschlußfassung über gestellte Anträge abhängig machen können.

Anm. 6. 3. Mehrere Geschäftsordnungen verstatten den Antragsteller oder Berichterstatter am Anfang und am Schluß der Beratung ohne Anmeldung zum Wort. Es entspricht das so sehr den Gepflogenheiten bei Körperschaftsversammlungen, daß der Vorsitzende demgemäß auch ohne ausdrückliche Bestimmung wird verfahren dürfen.

4. Die Versammlung kann jederzeit den Schluß der Beratung beschließen. Einige Geschäftsordnungen haben es für nötig gehalten, dies noch besonders hervorzuheben. Anm. 7.

D. Die Fragestellung ist zunächst Sache des Vorsitzenden. Auch zur Fragestellung kann das Wort verlangt werden. In diesem Falle entscheidet über die Fragestellung die Versammlung. All dies ist nur in einem Teile der Geschäftsordnungen bestimmt. Es wird auch beim Mangel solcher Bestimmungen zu gelten haben. Anm. 8.

E. Abstimmung. 1. Die Geschäftsordnungen verlangen teils eine bestimmte Form der Abstimmung, teils stellen sie die Wahl zwischen mehreren bestimmten Formen frei, teils endlich überlassen sie es ohne jede Einschränkung dem Vorsitzenden, in welcher Weise abzustimmen ist. Soweit Bestimmungen fehlen, ist es zunächst Sache des Vorsitzenden, die Form der Abstimmung zu normieren. Die Versammlung ist aber in der Lage, den Gebrauch einer anderen Abstimmungsform durch Beschluß vorzuschreiben. Anm. 9.

Nach einer großen Anzahl Geschäftsordnungen kann namentliche Abstimmung verlangt werden, wenn das Verlangen von einer in den einzelnen Geschäftsordnungen verschieden bestimmten Anzahl von Mitgliedern gestellt oder unterstützt wird. Wenn derartige Bestimmungen nicht vorhanden sind, wird der Vorsitzende, wenn er von sich aus nicht gewillt ist, dem Antrage auf namentliche Abstimmung zu entsprechen, über diesen Antrag einen Beschluß der Versammlung herbeizuführen haben. Will der Vorsitzende von sich aus dem Antrage entsprechen, so kann die Versammlung dem durch besonderen Beschluß entgegentreten.

2. Das Gesetz enthält keine Bestimmung darüber, ob das Stimmrecht in Person ausgeübt werden muß. Von den Geschäftsordnungen berühren nur Rostock § 15 und Augsburg § 2 ausdrücklich diese Frage und bejahen sie. Gleicher Standpunkt ist auch mangels einer Bestimmung der Geschäftsordnung einzunehmen. Allerdings scheint ja das Verlangen der persönlichen Ausübung des Stimmrechts dem Grundsatze, daß im Zweifel jede Handlung auch durch einen Vertreter vorgenommen werden kann, zu widersprechen. Allein die Mitglieder einer juristischen Person des öffentlichen Rechts üben durch ihre Mitwirkung in der Mitgliederversammlung als einem Organe der juristischen Person publizistische Rechte und Pflichten aus, und solche sind im allgemeinen der Wahrnehmung durch Vertreter nicht zugänglich. Läßt ja doch auch § 38 BGB. selbst bei rechtsfähigen Vereinen des Privatrechts an sich nicht die Ausübung der Mitgliedschaftsrechte durch einen Vertreter zu und gestattet eine Abweichung nur kraft Satzungsbestimmung. Im Gegensatze zu dem Ausgeführten hält es Beer KGBl. 1909 109 für zulässig, daß die Geschäftsordnung Bestimmungen über die Ausübung des Stimmrechts durch ein hierzu bevollmächtigtes anderes Mitglied der AK. trifft. Anm. 10.

3. Die Beschlüsse werden nach absoluter Stimmenmehrheit gefaßt. Anm. 11.

a) Jedes Mitglied hat eine Stimme; die Geschäftsordnung kann das Stimmrecht weder steigern noch mindern, es auch nicht an besondere Erfordernisse knüpfen.

Ausgeschlossen ist das Stimmrecht für „die bei einer Angelegenheit beteiligten Mitglieder". Eine solche Beteiligung wird nur dann anzunehmen sein, wenn das Mitglied bei der betreffenden Angelegenheit als Berechtigter oder Verpflichteter, als Vertrags- oder Prozeßpartei, als Anzeiger oder Angezeigter in Betracht kommt. Dagegen genügt es nicht, daß die Angelegenheit die Interessensphäre des Mitglieds streift, insbesondere ist bei der Wahl in den AKV., zu einer der Stellen des § 46 oder zum ordentlichen Mitgliede des EG. die Teilnahme des zu Wählenden bei der Wahl ebenso statthaft, wie gleiches bei anderen Wahlen im Gebiete des öffentlichen und des bürgerlichen Rechts der Fall ist. Vgl. darüber, daß bei einer Beschlußfassung, die eine gegen ein Mitglied des AKV. erhobene Beschwerde betrifft, dieses ein an der Angelegenheit Beteiligter ist, OLG. Marienwerder in dem ungedruckten Beschlusse vom 22. 6. 10.

In den Fällen, in denen eine „Beteiligung" nicht im erörterten Sinne, sondern nur nach allgemeinem Sprachgebrauch vorliegt, z. B. wenn es sich um Angelegenheiten handelt, die den Sozius betreffen, wird es sich für das betreffende Mitglied empfehlen, von einer Mitwirkung abzusehen.

b) Im Falle der Stimmengleichheit entscheidet die Stimme des Vorsitzenden.

c) Gegenüber der Bestimmung des § 24 Abs. 1 kann es nicht für zulässig erachtet werden, daß Jena § 22 für Beschlüsse auf Abänderung der Geschäftsordnung eine größere als die absolute Stimmenmehrheit erfordert.

Anm. 12. 4. Behufs Ermittlung des Abstimmungsergebnisses schreiben viele Geschäftsordnungen

a) die Gegenprobe vor, wenn das Ergebnis der ersten Abstimmung zweifelhaft bleibt. Zu ihrer Anstellung muß der Vorsitzende auch ohne besondere Bestimmung für ermächtigt gelten.

b) Erzielt auch die Gegenprobe kein sicheres Ergebnis, so verweisen die Geschäftsordnungen vielfach auf namentliche Abstimmung, deren Veranstaltung zum gedachten Zweck wohl auch da, wo eine Anordnung der Geschäftsordnung fehlt, dem Vorsitzenden nicht zu versagen sein wird.

Anm. 13. F. Wahlen. 1. Gegenstand der Wahlen. Der Kammerversammlung liegen ob

a) die Wahlen zum Vorstand.

b) Die AK. bei dem RG. hat außerdem die anwaltschaftlichen Mitglieder des EGH. zu wählen.

c) Jede AK. kann zum Zweck der Prüfung der Jahresrechnung Revisoren wählen, was eine Reihe von Geschäftsordnungen besonders vorsieht (vgl. § 48 Anm. 25).

d) Die AK. kann ferner — Bestimmungen in den Geschäftsordnungen finden sich nur vereinzelt — einen Ausschuß oder einen bzw. mehrere Berichterstatter zur Vorbereitung eines Verhandlungsgegenstandes wählen.

e) Mit Reuling 23 wird man aber auch anzunehmen haben, daß die Kammer insbesondere zur Vertretung von Vorstellungen und Anträgen, die sie gemäß § 50 hat ergehen lassen, Deputationen wählen kann.

f) Wegen eines weiteren Falles von Wahlen der AK. s. § 57 Anm. 10.

g) Der größte Teil der Geschäftsordnungen befaßt sich näher nur mit den Wahlen zum Vorstand, ein Teil auch mit anderen Wahlen. Die letztgedachte Gruppe gibt entweder ihre Bestimmungen für alle Wahlen einheitlich — so begreift die Geschäftsordnung für die AK. bei dem RG. auch die Wahlen zum EGH. ein — oder sie enthält für die nicht zum Vorstand erfolgenden Wahlen einige besondere Bestimmungen. Soweit Anordnungen für die zu c—f gedachten Wahlen fehlen, werden die Bestimmungen über die Wahlen zum Vorstand bei ihnen entsprechend anzuwenden sein.

Im folgenden wird nunmehr nur noch der Wahlen zum Vorstande gedacht werden.

Anm. 14. 2. Vornahme der Wahlen in **einem** Wahlakte oder in getrennten Wahlakten.

a) Mehrere Geschäftsordnungen, die teils nur freie, teils nur an besondere Erfordernisse geknüpfte Wahlen kennen, teils beide Arten von Wahlen nebeneinander vorsehen, schreiben die Vornahme der Wahlen in mehreren Wahlakten vor.

b) Andere Geschäftsordnungen, die teils nur freie, teils solche und an besondere Erfordernisse geknüpfte Wahlen nebeneinander kennen, lassen Vornahme der Wahlen in einem Wahlakte oder in getrennten Wahlakten zu. Dabei ist teilweise wenigstens die Wahlart vorgeschrieben, die regelmäßig eintreten soll. Zu der Gruppe b gehören auch diejenigen Geschäftsordnungen, die keine einschlägige Bestimmung enthalten.

c) Nach den übrigen Geschäftsordnungen ist die Vornahme der Wahlen nur in einem Wahlakte gestattet. Unter diesen Geschäftsordnungen befinden sich solche mit lediglich freien, mit lediglich an besondere Erfordernisse geknüpften und mit Wahlen, die teils frei, teils an besondere Erfordernisse gebunden sind.

Es ist schon in Anm. 7 zu § 42 dargelegt worden, daß die Bestimmungen der Geschäftsordnungen, durch welche für die Vorstandsstellen besondere Erfordernisse aufgestellt sind, gegen das Gesetz verstoßen. Deshalb bedarf es auch keiner Erörterung der Schwierigkeiten, welche nach denjenigen Geschäftsordnungen der Gruppe c, die nicht lediglich freie Wahlen kennen, eintreten könnten, wenn jene Bestimmungen rechtsverbindlich wären.

d) Treffen Ersatzwahlen und Erneuerungswahlen zusammen, so müssen beide Arten von Wahlen stets getrennt vorgenommen werden[1]). „Denn nirgends finden sich Vorschriften darüber, welche von den in einem Wahlgange Gewählten einerseits als für die neue Wahlperiode gewählt, andererseits als lediglich zum Ersatz ausgeschiedener Vorstandsmitglieder gewählt gelten sollen" (Reuling 19). Über die Reihenfolge der Vornahme der Wahlen beim Zusammentreffen von Ersatz- und Erneuerungswahlen siehe Reuling a. a. O.

3. Form der Wahl. Anm. 15.

a) Die Geschäftsordnungen lassen Wahl durch Zuruf teils zu, teils schließen sie diese Wahlform aus, sie ordnen vielfach Wahl mittels Stimmzetteln an und stellen teilweise bezüglich ihrer noch besondere Erfordernisse auf (verdeckte Stimmzettel, nicht unterschriebene Stimmzettel, nicht unterschriebene und verschlossen zu übergebende Stimmzettel). Auch über die Abgabe der Stimmzettel finden sich verschiedenartige Bestimmungen.

b) Soweit Bestimmungen fehlen, gilt das in Anm. 9 ff. Gesagte auch hier.

4. Das Wahlergebnis wird nach einer Reihe von Geschäftsordnungen vom Vorsitzenden und Schriftführer festgestellt. Soweit Bestimmungen fehlen, wird man diese Feststellung wohl dem Vorsitzenden allein, vorbehaltlich des Eingreifens der Versammlung, zuzuweisen haben. Anm. 16.

Zahlreiche Geschäftsordnungen gedenken der Mitwirkung von Stimmzählern, die der Vorsitzende ernennt, teilweise wird ihre Zuziehung zwingend vorgeschrieben. Daß der Vorsitzende auch ohne eine Bestimmung der Geschäftsordnung sich solcher Gehilfen bedienen kann, unterliegt keinem Zweifel.

5. Auch die Wahlen erfolgen nach absoluter Stimmenmehrheit. Anm. 17.
Bei Stimmengleichheit entscheidet das Los.

6. Wird die absolute Stimmenmehrheit nicht erreicht, so findet nach den meisten Geschäftsordnungen sofort, nach einigen erst, wenn auch eine weitere Wahl ergebnislos bleibt, Stichwahl unter denjenigen statt, die die meisten Stimmen auf sich vereint haben, und zwar wird nach fast allen in Betracht kommenden Geschäftsordnungen die doppelte Anzahl der noch zu Wählenden auf die Wahlliste gestellt. Anm. 18.

Wer von mehr als zwei Personen, die im ersten Wahlgang gleiche Stimmenzahl erhalten haben, in die Stichwahl kommt, wird durch das Los zu entscheiden sein, wie dies auch mehrere Geschäftsordnungen noch besonders bestimmen.

---

[1]) In der Praxis kommt diese Trennung auch in der Form vor, daß zwar in einem Wahlgange gewählt wird, jeder Wähler aber auf dem Wahlzettel kenntlich macht, welchen Kandidaten er bei der Erneuerungs- und welchen er bei der Ersatzwahl wählt. Das ist nicht unzulässig, aber wenig empfehlenswert: denn, wenn die Kennzeichnung auf dem Wahlzettel nicht deutlich genug erfolgt, ist er ungültig.

Fehlen Bestimmungen des in Abs. 1 der vorstehenden Anm. erwähnten Inhalts, so wird es Sache der Kammerversammlung sein zu entscheiden, ob alsbald oder erst nach weiteren fruchtlosen Wahlen zur engeren Wahl zu schreiten ist.

Anm. 19. 7. Ergibt die engere Wahl Stimmengleichheit, so entscheidet das Los.

Anm. 20. **III. Versammlungen des Vorstandes.**

A. Die Öffentlichkeit der Versammlungen schließen eine Reihe Geschäftsordnungen aus. Teils sind auch die Kammermitglieder nicht zugelassen, teils haben sie freien Zutritt, teils kann ihnen wenigstens der Zutritt gewährt werden.

Soweit die Sitzungen des Vorstandes nicht öffentlich sind, folgt hieraus die Pflicht seiner Mitglieder, über die Vorgänge in den Sitzungen, deren Geheimhaltung durch die Natur der Sache geboten ist, gegenüber denjenigen Personen, die den Sitzungen nicht beiwohnen dürfen, Verschwiegenheit zu bewahren, vgl. JW. **1918** 273 (KG.). Dem entspricht auch ein Zeugnisverweigerungsrecht im Zivilprozesse nach § 383 Z. 5 ZPO. (vgl. § 42 Anm. 8, § 82 Anm. 2). § 52 Z. 3 StPO. versagt für diese Fälle ebenso, wie für die Vorgänge in der ehrengerichtlichen Hauptverhandlung.

Aus der Natur der Sache folgt auch, daß die Vorstandsmitglieder über Geheimnisse, die ihnen aus den Akten bekannt geworden sind, Verschwiegenheit zu bewahren haben. Das zu § 383 Z. 5 ZPO. und § 52 Z. 3 StPO. Gesagte gilt hier in gleicher Weise wie oben.

B. Wegen der Beschlußfähigkeit siehe § 55.

C. Der Gang der Verhandlung und Beratung ist, soweit sich hierüber überhaupt in den Geschäftsordnungen etwas findet, ebenso geregelt, wie bezüglich der Kammerversammlungen.

D. Auch bezüglich der Fragestellung ist Besonderes nicht zu bemerken.

Anm. 21. E. Hinsichtlich der Abstimmung kann

1. über die Unzulässigkeit der Ausübung des Stimmrechts durch einen Vertreter kein Zweifel bestehen (Reuling 38): die in § 55 Abs. 1 geforderte „Teilnahme der Mehrheit der Mitglieder" läßt sich ungezwungen anders als im Sinne der persönlichen Teilnahme nicht verstehen, zumal die Motive 74 zur Rechtfertigung dieser Bestimmung auf frühere Gesetze verweisen, welche die Anwesenheit einer bestimmten Anzahl von Mitgliedern vorschreiben.

2. Die ganz vereinzelten Bestimmungen der Geschäftsordnungen über die Abstimmung bieten kein besonderes Interesse. Es kann auch hier auf das betreffs der Kammerversammlungen Gesagte verwiesen werden.

Anm. 22. F. Wahlen. 1. Gegenstand der Wahlen. Der Vorstand besetzt durch Wahl

a) die Stellen des § 46,

b) die Stellen der drei außer dem Vorsitzenden und stellvertretenden Vorsitzenden nach § 67 als ordentliche Mitglieder in das EG. zu berufenden Personen.

Anm. 23. 2. Die Vornahme der Wahlen in getrennten Wahlakten verbietet hinsichtlich der Stellen des § 46 keine Geschäftsordnung, die meisten schreiben getrennte Wahlakte vor und lassen meist die vier gedachten Stellen in der Reihenfolge besetzen, in der sie in § 46 aufgeführt sind. Dagegen lassen die Wahlen zu den Stellen der drei Ehrengerichtsmitglieder fast alle Geschäftsordnungen, die sich hierüber überhaupt verbreiten, in einem Wahlakte vornehmen. Marienwerder §§ 20 Abs. 2, 13 Abs. 2 läßt auch bei diesen Wahlen nur getrennte Wahlakte zu, ebenso anscheinend Königsberg § 14 Abs. 1.

3. Im übrigen kommen die Abweichungen von den die Wahlen der Kammerversammlung betreffenden Bestimmungen nur so vereinzelt in den Geschäftsordnungen vor, daß auf Anm. 14 ff. verwiesen werden kann.

§ 55.

Zur Beschlußfähigkeit des Vorstandes ist die Theilnahme der Mehrheit der Mitglieder erforderlich.

Die Beschlüsse des Vorstandes können mittels schriftlicher Abstimmung gefaßt werden, sofern nicht ein Mitglied mündliche Abstimmung verlangt.

I. Inhalt. § 55 gilt nur für den Vorstand. Er regelt die Beschlußfähigkeit des Vorstandes und schafft für den Vorstand die Möglichkeit einer Beschlußfassung durch schriftliche Abstimmung. Anm. 1.

II. Beschlußfähigkeit des Vorstandes. 1. Zur Beschlußfähigkeit des Vorstandes ist die Teilnahme der Mehrheit der Mitglieder erforderlich. Die Mehrheit der Mitglieder ist die Mehrheit derjenigen Mitgliederzahl, die nach § 42 Abs. 1 oder 2 den Kammervorstand bildet. Ob und wieviele Vorstandsstellen unbesetzt sind, ist unerheblich. Ebenso Meyer und Sydow-Jacobsohn § 55 Anm. 1; Berger Anm. zu § 55.[1]) Anm. 2.

2. Die Beschlußfähigkeit ist unbedingtes Erfordernis für alle Beschlüsse des Vorstandes, mögen sie in Versammlungen oder gemäß Abs. 2 mittels schriftlicher Abstimmung erfolgen. Über Beschlüsse, die der Vorstand faßt, ohne daß die Mehrheit der Mitglieder teilnimmt, vgl. § 59 Anm. 14. Anm. 3.

3. Aus der Beschlußfähigkeitsziffer, die das Gesetz aufstellt, ergibt sich ohne weiteres, daß die Vorstandsmitglieder zur Teilnahme an den Beschlußfassungen, insbesondere zum Erscheinen in den Vorstandssitzungen, vorbehaltlich besonderer Hinderungsgründe, verpflichtet sind (vgl. Reuling 28). Freilich können die Geschäftsordnungen nicht, wie dies Oldenburg (zu § 53 RAO.) und jetzt auch Augsburg § 16 Abs. 3 tun, auf Nichterscheinen eine Strafe setzen. Anm. 4.

III. Beschlußfassung durch schriftliche Abstimmung. 1. Beschlußfassung durch schriftliche Abstimmung d. h. Beschlußfassung ohne Abhaltung einer Vorstandssitzung ist bei allen dem AKV. obliegenden Beschlußfassungen, auch bei den Wahlen (vgl. Marienwerder § 19), zulässig. Anm. 5.

2. Sie ist unzulässig, sobald ein Mitglied mündliche Abstimmung, also Einberufung einer Vorstandssitzung, verlangt. Anm. 6.

3. Es ist schon hervorgehoben worden, daß die Beschlußfähigkeit des Vorstandes auch bei der Beschlußfassung mittels schriftlicher Abstimmung erforderlich ist. Es muß sich also an der schriftlichen Abstimmung die Mehrheit der Vorstandsmitglieder beteiligen (Reuling 38 Anm. *). Die Bestimmung von Breslau b § 5, welche die nicht Antwortenden so behandelt, als träten sie der Mehrheit der Stimmenden bei, verstößt gegen das Gesetz und ist deshalb unverbindlich. Anm. 7.

4. Nicht minder gilt für die schriftliche Abstimmung der § 54. Es muß also die absolute Mehrheit der abgegebenen Stimmen für den zu fassenden Beschluß sein (Reuling a. a. O.). Anm. 8.

5. Erachtet der Vorsitzende einen Gegenstand für geeignet zur Beschlußfassung mittels schriftlicher Abstimmung, so kann er solche in die Wege leiten. Er hat dann die Angelegenheit jedem Mitgliede Anm. 9.

---

[1]) Dagegen bestimmt § 2 der Bundesratsverordnung vom 9. März 1916, betreffend die Stellvertretung von Rechtsanwälten und die Beschlußfähigkeit der Vorstände der Anwaltskammern (RGBl. 156):

Bei Feststellung der Beschlußfähigkeit des Vorstandes der Anwaltskammern (§ 55 Abs. 1 der Rechtsanwaltsordnung) werden Mitglieder nicht gezählt, die infolge des gegenwärtigen Krieges an der Teilnahme verhindert sind; jedoch ist zur Beschlußfähigkeit die Teilnahme eines Drittels der Mitglieder erforderlich.

Wegen der Einzelheiten vgl. M. Friedländer JW. **1916** 464. Die Vorschrift ist zwar formell noch in Kraft, kann aber heute wohl höchstens noch bei nicht zurückgekehrten Kriegsgefangenen praktische Bedeutung haben.

Ösfeld, RAO. § 55 Anm. 1) mit der Aufforderung, schriftlich abzustimmen, zu unterbreiten (Meyer § 55 Anm. 3). Jedes Mitglied hat die Möglichkeit, durch das Verlangen nach mündlicher Abstimmung das Vorhaben schriftlicher Abstimmung zu vereiteln.

Anm. 10. 6. Die mittels schriftlicher Abstimmung gefaßten Beschlüsse und vorgenommenen Wahlen stehen in ihrer Wirkung hinter den in einer Versammlung des Vorstandes zustande gekommenen in keiner Weise zurück. Über Marienwerder § 24, der gegen diesen Grundsatz verstößt, siehe § 49 Anm. 12.

§ 56.

Ueber die in einer Versammlung gefaßten Beschlüsse und die Ergebnisse der Wahlen ist ein Protokoll aufzunehmen, welches von dem Vorsitzenden und dem Schriftführer zu unterzeichnen ist.

Anm. 1. **I. Inhalt.** Der Paragraph gibt die für die Versammlungen der Kammer und des Vorstandes geltenden Beurkundungsvorschriften.

Anm. 2. **II. Für alle Versammlungen,** sowohl für die der Kammer, als auch für die des Vorstandes, **schreibt das Gesetz die Aufnahme eines Protokolls vor.**

Anm. 3. Über die Bedeutung dieser Protokolle spricht sich das Gesetz nicht aus, die Motive 72 bemerken bezüglich des Vorsitzenden: „er beurkundet in Gemeinschaft mit dem Schriftführer das, was beschlossen ist." Daß diese Beurkundung eine über die Schaffung eines Beweismittels hinausgehende Bedeutung hat, daß insbesondere die Gültigkeit der Beschlüsse und Wahlen von der Protokollierung abhängig ist, sagt das Gesetz nicht und folgt auch nicht aus allgemeinen Gründen.

Anm. 4. **III. Form und Inhalt des Protokolls.** Das Protokoll muß die gefaßten Beschlüsse und die Ergebnisse der Wahlen enthalten. Ein weiterer Inhalt ist nicht vorgeschrieben. Das Protokoll ist von dem Vorsitzenden und dem Schriftführer zu unterzeichnen; einer Vorlesung und Genehmigung bedarf es nicht. Für die Vorstandssitzungen schreiben Cöln § 24 und Düsseldorf § 24 vor, daß das Protokoll „nach Genehmigung durch die Mitglieder, welche der Sitzung angewohnt haben", vom Vorsitzenden und Schriftführer zu unterzeichnen ist. Die Nichteinhaltung dieser Bestimmung hat auf die Wirksamkeit der Beurkundung keinen Einfluß.

Anm. 5. **IV. Bei schriftlichen, nach § 55 Abs. 2 erfolgten Abstimmungen bedarf es der Einhaltung besonderer Beurkundungsformen nicht.** Marienwerder § 22 schreibt vor, daß „das Ergebnis der Abstimmung mit dem Stimmverhältnis zu den Akten zu beurkunden und von dem Vorsitzenden und dem Schriftführer zu unterschreiben" ist. Für die Gültigkeit des Beschlusses kommt es indessen auf Einhaltung dieser Vorschrift nicht an.

Anm. 6. V. 1. **Die Einsichtnahme der Protokolle über die Kammerversammlungen** gestehen sämtliche Geschäftsordnungen, die hierüber besondere Vorschriften enthalten, allen Kammermitgliedern als ein Recht zu. Man wird ein solches Recht aber auch da anzunehmen haben, wo die Geschäftsordnung seiner nicht gedenkt.

Anm. 7. 2. Was die Vorstandsakten betrifft, mögen sie Versammlungsprotokolle darstellen oder sonstige Akten sein, so kann ein solches Einsichtsrecht ohne weiteres nicht anerkannt werden. Doch geben zahlreiche Geschäftsordnungen den Kammermitgliedern ein Recht auf Einsicht, es sei denn, daß das Interesse der AK. oder einzelner Mitglieder entgegensteht. Über die Gewährung der Einsicht entscheidet nach den Geschäftsordnungen meist der Vorstand, in dringenden Fällen und bisweilen auch abgesehen hievon der Vorsitzende. Soweit Bestimmungen fehlen, wird man den Vorstand zur Entscheidung für zuständig zu halten haben.

Anm. 8. 3. Die Gewährung der Einsicht der Protokolle der Kammerversammlungen und der Vorstandsakten an Nichtmitglieder ist, wenn die Geschäftsordnung sie nicht etwa verbietet, nicht unzulässig. Die Entscheidung über ein einschlägiges Gesuch steht dem Vorstande zu. Über einen Fall von Beschlagnahme von Akten eines AKV. zu Zwecken einer Privatklagesache s. AKJahrB. **1916** 18.

§ 57.

Der Vorsitzende hat den geschäftlichen Verkehr der Kammer und des Vorstandes zu vermitteln, die Beschlüsse derselben zur Ausführung zu bringen und die Urkunden im Namen derselben zu vollziehen.

Die Kassengeschäfte liegen dem Schriftführer ob: er ist zur Empfangnahme von Geld berechtigt und vertritt die Kammer in Prozessen.

I. Inhalt. Der Paragraph beschäftigt sich des näheren mit den dem Vorsitzenden und dem Schriftführer obliegenden Geschäften. Anm. 1.

II. Der Geschäftskreis des Vorsitzenden.

A. Über das Verhältnis des Vorsitzenden und des stellvertretenden Vorsitzenden zueinander und über die Wahrnehmung der Geschäfte des Vorsitzenden, wenn sowohl dieser als auch der stellvertretende Vorsitzende verhindert sind, vgl. § 46 Anm. 10—12, § 52 Anm. 2 und 7. Anm. 2.

B. Der Vorsitzende hat dreierlei Gruppen von Tätigkeiten: Anm. 3.

1. erledigt er die Geschäfte des Vorsitzenden der Kammerversammlung,
2. liegen ihm die Geschäfte des Vorsitzenden des AKV. ob, und
3. hat er den geschäftlichen Verkehr der Kammer und des Vorstandes zu vermitteln.

C. Als Vorsitzender der Kammerversammlung Anm. 4.

1. beruft er diese Versammlung,
2. führt er in ihr den Vorsitz,
3. bringt er ihre Beschlüsse zur Ausführung, und
4. vollzieht er die von der Kammer auszufertigenden Urkunden in ihrem Namen.

Über 1 und 2 vgl. § 52 Anm. 2 ff. Zu 3 und 4 ist zu bemerken, daß die AK. als Selbstverwaltungskörper ein Siegel führen darf. Eines solchen gedenken die Geschäftsordnungen für die AK. bei dem RG. (§ 13 Abs. 2) und für Oldenburg (zu § 57 Abs. 2 RAO.).

D. Als Vorsitzender des AKV. beruft er dessen Versammlungen oder führt die schriftlichen Beschlußfassungen herbei, führt in den Versammlungen den Vorsitz, bringt die Beschlüsse zur Ausführung und vollzieht die von dem Vorstande auszufertigenden Urkunden in dessen Namen. Der Vorstand muß (vgl. § 95 Anm. 3) ein Siegel führen. Ist sein Gebrauch auch, abgesehen von Erteilung der Ausfertigungen und Auszüge ehrengerichtlicher Urteile, nicht vorgeschrieben, so wird solcher Gebrauch doch als durchaus angemessen zu erachten sein. Über das Siegel des AKV. vgl. PrJMVf. 13. 11. 79 bei Müller, PrJV.[6] **2** 1378 und BayBek. 8. 11. 79 (GVBl. 1520). Anm. 5.

Mit Recht weist ferner Reuling 34 „die Entgegennahme und formelle geschäftliche Behandlung aller an den Vorstand gerichteten Eingaben" dem Vorsitzenden zu (vgl. auch ferner § 53 Anm. 14).

Wenn einzelne Geschäftsordnungen den Vorsitzenden generell zum Vermittlungskommissar machen, so geht dies über § 49 Abs. 2 nicht hinaus und bedarf keiner besonderen Besprechung.

Über die Versuche der Geschäftsordnungen, im übrigen den Geschäftskreis des Vorsitzenden zu erweitern, s. § 49 Anm. 33 und 34.

E. Die dem Vorsitzenden zugewiesene Vermittlung des geschäftlichen Verkehrs der Kammer und des Vorstandes bedarf keiner besonderen Erläuterung. Anm. 6.

F. Über die Tätigkeit des Vorsitzenden im Ehrengerichte siehe Abschnitt IV, über den der LJV. und dem OLG. bzw. RG. vom Vorsitzenden zu erstattenden Jahresbericht vgl. § 61.

Anm. 7. **III. Der Geschäftskreis des Schriftführers.**

A. Über das Verhältnis des Schriftführers und des stellvertretenden Schriftführers zueinander vgl. § 46 Anm. 11, über die Vertretung, wenn Schriftführer und stellvertretender Schriftführer verhindert sind, vgl. § 46 Anm. 13, § 52 Anm. 8.

Anm. 8. B. Der Schriftführer

1. führt in den Versammlungen der Kammer und des Vorstandes das Protokoll. Vgl. darüber § 52 Anm. 8 und 12, § 56.

2. Ihm liegen die Kassengeschäfte ob, und das Gesetz erklärt ihn ausdrücklich zur Empfangnahme von Geld für berechtigt.

Die vereinzelten einschlägigen Bestimmungen der Geschäftsordnungen bieten kein allgemeines Interesse.

Anm. 9. 3. Der Schriftführer vertritt ferner die Kammer in Prozessen und ist, wie ein Prozeßbevollmächtigter, zu allen „Handlungen, die dem Betriebe oder der Entscheidung oder Beendigung des Rechtsstreites oder der Durchführung der Entscheidung dienen, auch wenn sie nicht dem Gericht oder dem Gegner gegenüber vorgenommen werden" (Stein [10] § 81 Anm. III 1), ermächtigt. Er kann im Prozeß auch rechtsgeschäftliche Erklärungen (Aufrechnung, Kündigung usw.) abgeben und vor Gericht oder außergerichtlich Vergleiche über den Streitgegenstand abschließen.

Der Vorstand als solcher kann nicht in Prozesse verwickelt werden, da er nicht parteifähig ist.

Anm. 10. Eigentümlicherweise schweigt das Gesetz darüber, wer die Kammer in Prozessen vertritt, die gegen den Schriftführer allein oder gegen diesen zusammen mit anderen Vorstandsmitgliedern geführt werden.

Nur die GeschO. Hamm enthält hierüber Bestimmungen. Sie weist in § 22 die Vertretung in Prozessen gegen den Schriftführer dem Vorsitzenden des AKV., im Prozesse gegen die Vorstandsmitglieder einem von der Kammer zu wählenden Mitgliede zu.

Die Bestimmung ist nur teilweise für gültig zu halten. Soweit der Schriftführer Prozeßgegner ist, muß der stellvertretende Schriftführer, wenn er nicht seinerseits verhindert ist, nach § 57 Abs. 2 als zur Vertretung der Kammer berufen erachtet werden. Ist der stellvertretende Schriftführer verhindert oder ist er selbst allein oder mit anderen Vorstandsmitgliedern Prozeßgegner, und ist in allen diesen Fällen der Schriftführer verhindert oder auch Prozeßgegner, so muß allerdings die Kammer für ermächtigt gelten, einen besonderen Vertreter zu wählen. Es steht nichts im Wege, hiezu den Vorsitzenden des AKV. und zwar auch in der Geschäftsordnung auszuersehen, soweit er nicht selbst als Gegner in Betracht kommt.

Anm. 11. Wegen Berufung der Kammerversammlung zwecks Ernennung eines Vertreters im Prozeß gegen die Inhaber der vier Stellen des § 46 gilt das in Anm. 2 zu § 52 Gesagte. Soll der gesamte derzeitige Vorstand verklagt werden, so fehlt es an einer zur Berufung der Kammerversammlung ermächtigten Person: eine dem § 29 BGB. entsprechende Bestimmung enthält die RAO. nicht; der Fall wird übrigens wohl nicht leicht praktisch werden. Sollte er es doch werden, so wird zwar bis zu den nächsten Erneuerungswahlen gewartet werden müssen, dann aber wohl leicht zur Wahl eines nicht als Gegner in Betracht kommenden Schriftführers zu gelangen sein.

Anm. 12. 4. Über die Befugnisse und Pflichten des Schriftführers im ehrengerichtlichen Verfahren vgl. §§ 94 Abs. 4, 95, 96, 97 Abs. 2—4, ferner § 93 Anm. 29 und Exkurs zu § 91 Anm. 14.

§ 58.

Die Mitglieder der Kammer haben auf die in Gemäßheit des § 49 Abs. 1 Nr. 1 bis 3 und Abs. 2 ergehenden Ladungen zu erscheinen, die verlangten Aufschlüsse zu ertheilen und den zu diesem Zwecke erlassenen Anordnungen Folge zu leisten.

Zur Erzwingung einer solchen Anordnung können Geldstrafen bis zum Gesamtbetrage von dreihundert Mark festgesetzt werden. Der Festsetzung einer Strafe muß deren schriftliche Androhung vorangehen.

Gegen die Anordnungen oder Straffestsetzungen eines beauftragten Mitgliedes des Vorstandes findet Beschwerde an den Vorstand statt.

I. Inhalt. Der Paragraph gibt die Mittel an die Hand, um die Erfüllung der in Ziff. 1—3 geregelten Tätigkeiten des Vorstandes durch ihn oder die nach § 49 Abs. 2 beauftragten Mitglieder des Vorstandes zu gewährleisten. Er regelt ferner den Instanzenzug gegen die Maßnahmen der beauftragten Vorstandsmitglieder. Anm. 1.

II. Die Mitglieder der Kammer haben in den in § 49 Ziff. 1—3 geregelten Angelegenheiten gewisse besondere Pflichten zu erfüllen. Das Gesetz erwähnt die Ziff. 1 ohne Einschränkung, und doch kommt diese Ziffer insoweit nicht in Betracht, als die Handhabung der ehrengerichtlichen Strafgewalt daselbst erwähnt ist. Für sie gilt Abschnitt IV. Nach ihm aber kann von einem Erscheinungszwange für den Beschuldigten keine Rede sein (§§ 72, 83), für andere Kammermitglieder existiert er nur, soweit die Zeugen- und Sachverständigenpflicht reicht und zwar (vgl. § 66) nach Maßgabe der StPO. Gleiches gilt bezüglich der Erteilung verlangter Aufschlüsse und der Folgeleistung gegenüber den zu solchem Zwecke erlassenen besonderen Anordnungen, wobei weiter noch die Bestimmungen über Beschlagnahme und Durchsuchung in Betracht kommen können. Anm. 2.

Zu den Maßnahmen der Aufsicht werden auch diejenigen Vorschriften zu rechnen sein, die dafür sorgen sollen, daß der Vorstand über den Kreis der Kammermitglieder auf dem laufenden bleibt (Anmeldung zur Mitgliederliste). Zu beachten ist aber auch hier, daß mit dem Erlöschen der nach § 49 begründeten Zuständigkeit (s. § 49 Anm. 13) auch die Möglichkeit fortfällt, Zwangsstrafen nach § 58 festzusetzen. Wenn also nach Karlsruhe § 1 Abs. 3 auch „der Austritt aus der Anwaltschaft" dem AKV. anzuzeigen ist, so kann doch trotz des (in Anm. 8 wiedergegebenen) Abs. 4 des gedachten § 1 diese Anzeige nicht mehr erzwungen werden, sobald der Betreffende aufgehört hat, Kammermitglied zu sein. Anm. 3.

In anderen als den in § 49 Ziff. 1—3 genannten Angelegenheiten sind die Vorschriften des § 58 nicht anwendbar. Auch die Geschäftsordnung ist außerstande, den Geltungsbereich des § 58 zu erweitern (Reuling 43). Insbesondere kann das Erscheinen der Mitglieder oder Stellvertreter des Ehrengerichts und des zum Gerichtsschreiber des Ehrengerichts bestimmten Rechtsanwalts nicht auf dem Wege des § 58 erzwungen werden. Anm. 4.

Es kann aber ferner auch nicht bezüglich anderer Geschäfte als der in § 49 Ziff. 2 und 3 genannten dem Vorsitzenden die Strafgewalt des § 58 durch die Geschäftsordnung eingeräumt werden; denn auf andere Geschäfte findet § 49 Abs. 2 keine Anwendung. Das gilt auch für den in § 57 geregelten Geschäftskreis des Vorsitzenden. Celle § 14 Abs. 1, Naumburg § 10 Abs. 2 und der vom AKV. Posen am 1. 3. 84 gefaßte Beschluß verstoßen hiegegen und sind daher unverbindlich. Dies trifft auch für Augsburg § 19 zu, nach dem, „wenn die Beantwortung einer Beschwerde oder eine sonstige vom Vorstand verlangte Aufschlußerteilung innerhalb der von dem Referenten zunächst vorgesetzen Frist unterbleibt", der Referent des AKV. berechtigt sein soll, „selbständig unter Vorsetzung einer angemessenen Nachfrist für den Fall weiterer Säumnis eine Ordnungsstrafe schriftlich anzudrohen und nach Ablauf der Frist festzusetzen". Wenn der Beschluß des AKV. Königsberg vom 19. 10. 07 in Abschnitt 2 Abs. 1 den beauftragten Mitgliedern des AKV. („Beauftragte") auch „die für die Beschlußfassung des Vorstandes erforderliche vorbereitende Bearbeitung der in dem § 49 der RAO. unter Nr. 1 bezeichneten Geschäfte" überträgt und im Abs. 2 die Beauftragten ohne Einschränkung für berechtigt erklärt, gemäß § 58 Abs. 2 RAO. Geldstrafen anzudrohen und festzusetzen, so scheint sich dies auch auf die gedachte vorbereitende Bearbeitung zu beziehen. Insoweit ist aber die Bestimmung gesetzwidrig und deshalb wirkungslos.

Anm. 5. **III. Die Kammermitglieder sind nach § 58 verpflichtet, auf die ergehenden Ladungen zu erscheinen, die verlangten Aufschlüsse zu erteilen und den zu diesem Zwecke erlassenen Anordnungen Folge zu leisten.**

Anm. 6. 1. Einer Zustellung bedarf die Ladung nicht, ebensowenig einer besonderen Form. Immerhin muß aus ihr hervorgehen, daß es sich um eine in den fraglichen Ziffern erwähnte Angelegenheit handelt. Eine Angabe, worüber der Rechtsanwalt Auskunft geben soll, braucht die Ladung nicht zu enthalten, auch die Androhung von Strafen ist nicht erforderlich; dieser Androhung bedarf es erst, wenn die Festsetzung einer Strafe erfolgen soll.

Anm. 7. 2. Die Pflicht zur Auskunftserteilung fällt da fort, wo dem Mitgliede die Begehung strafbarer Handlungen zugemutet wird. Sie greift also nicht ein, soweit die Verschwiegenheitspflicht reicht (vgl. EGH. 6 226 und oben Exk. I zu § 28. Wenn aber der zur Auskunft Aufgeforderte sich selbst verantworten soll, so entfällt die Verschwiegenheitspflicht gegenüber der Pflicht zur Auskunft (vgl. Exk. I zu § 28 Anm. 27). S. auch FrankfRundsch. **1917/18** 263 (OLG. Frankfurt a. M.).

Anm. 8. Die verlangten Aufschlüsse sind nicht etwa nur zu erteilen, wenn dieserhalb eine Ladung des Mitglieds erfolgt, die Aufschlüsse können auch schriftlich erfordert werden. Eine besondere Form für das Verlangen ist nicht vorgeschrieben. Wenn z. B. Karlsruhe im § 1 Abs. 2 die Anmeldepflicht zur Mitgliederliste statuiert und im Abs. 4 desselben Paragraphen vermerkt: „Zuwiderhandlungen werden nach § 58 der RAO. behandelt", so genügt die im gedachten § 1 Abs. 5 vorgesehene Übersendung eines Exemplars der Geschäftsordnung zur Erfüllung der Voraussetzungen des § 58 Abs. 1.

Anm. 9. Die verlangten Aufschlüsse sind vollständig und wahrheitsgemäß zu geben. Bewußt wahrheitswidrige oder zur Irreführung bestimmte Angaben oder gar Fälschung vorzulegender Handakten usw. sind ehrengerichtlich strafbar. Gleiches gilt von beharrlicher Unbotmäßigkeit gegenüber dem AKV. Vgl. EGH. **4** 70, 187/8, 190; **5** 176/7; **6** 200; **7** 115/6, 123; **8** 227/9; **10** 158; **12** 68; **14** 128/9, 131, 137; **15** 184, 216, 227/8; **16** 54, 141, 150, 153/4, 307.

Anm. 10. **IV. Die erwähnten Pflichten liegen den Mitgliedern nicht nur gegenüber dem Vorstande, sondern auch gegenüber den Vorstandskommissaren ob.**

Anm. 11. V. 1. Zur Verwirklichung der den Mitgliedern obliegenden Pflichten dienen **Zwangsstrafen.** Allerdings läßt die Fassung des Gesetzes es zweifelhaft, ob durch Zwangsstrafen auch der Ladung Nachdruck verliehen werden kann. Abs. 2 gestattet die Zwangsstrafen nur „zur Erzwingung einer solchen Anordnung", d. h. einer Anordnung des Abs. 1, und Abs. 1 spricht von der Pflicht der Mitglieder, „auf die . . . Ladungen zu erscheinen, die verlangten Aufschlüsse zu erteilen und den zu diesem Zwecke erlassenen Anordnungen Folge zu leisten." Nun wäre es möglich, die Worte „zu diesem Zwecke" nur auf die Erteilung der verlangten Aufschlüsse zu beziehen, allein doch wohl mit Unrecht. Es ist zu bedenken, daß die Ladung eben auch eine zur Gewinnung der erforderlichen Aufschlüsse geeignete Maßnahme selbst dann ist, wenn der RA. sich darauf beschränkt, auf die ihm gemachten Vorhaltuugen und gestellten Fragen die Auskunft abzulehnen: denn auch hieraus kann unter Umständen Gewichtiges gegen das Mitglied gefolgert werden. Auch läßt sich ohne Zwang die Ladung als eine Anordnung bezeichnen. So spricht denn auch der RTKommB. 36 davon, daß § 53 des Entwurfs (= § 58 des Gesetzes) „von der Pflicht der Anwälte handelt, bei einer vorher anzudrohenden Geldstrafe auf Vorladungen des Vorstandes zu erscheinen.“

2. Als Zwangsstrafen sind Geldstrafen zugelassen, an deren Stelle auch im Falle der Unbeitreiblichkeit keine Freiheitsstrafen treten. Anm. 12.

Eine gesetzliche Mindeststrafe besteht nicht, die Höchststrafe beträgt 300 Mk.

3. Zur Erzwingung einer und derselben Anordnung können mehrere Strafen, jedoch insgesamt nicht über die Höchststrafe hinaus, verhängt werden (Mot. 75; Meyer § 58 Anm. 1; Berger § 58 Anm. 2). Diese Grenze gilt dagegen nicht, soweit es sich um Erzwingung verschiedener selbständiger Anordnungen handelt, mögen sie gleichzeitig oder nacheinander erfolgen.

4. Der Festsetzung der Strafe muß eine schriftliche Androhung vorangehen. Sie kann mit der Anordnung, insbesondere mit der Ladung, verbunden werden oder ihr nachfolgen. Die Befolgung der Anordnung hat keine Bedeutung für die bereits festgesetzten Strafen: sie bleiben bestehen. Anm. 13.

5. Die Festsetzung erfolgt durch Beschluß des Vorstandes oder des beauftragten Vorstandsmitgliedes. Der Beschluß ist dem Mitgliede bekannt zu machen und zwar zweckmäßigerweise durch Zustellung. Anm. 14.

Der Beschluß ist vollstreckbar. Wegen der Vollstreckung siehe § 97 Abs. 1, 2 und 4.

6. Gegen die Anordnungen und Straffestsetzungen des Vorstandes gibt es nur die Anrufung des OLG. bzw. des RG. nach § 59 Abs. 2 (Meyer § 58 Anm. 2; Turnau und Berger § 58 Anm. 3), gegen die gleichen Maßnahmen eines beauftragten Vorstandsmitglieds die form- und fristlose Beschwerde an den Vorstand, dessen Entscheidung dann wieder nur gemäß § 59 Abs. 2 angreifbar ist. Anm. 15.

7. Festsetzung und Beitreibung von Zwangsstrafen aus § 58 steht der ehrengerichtlichen Bestrafung wegen Nichtbefolgung der Anordnungen nicht entgegen, wie aus dem Wesen der Geldstrafen als Zwangsstrafen ohne weiteres erhellt. Ebenso: EGH. 5 212; Mot. 75; Meyer § 58 Anm. 4; Berger § 58 Anm. 2; Sydow-Jacobsohn § 58 Anm. 2. Anm. 16.

§ 59.

Die Aufsicht über den Geschäftsbetrieb des Vorstandes steht dem Präsidenten des Oberlandesgerichts zu. Derselbe entscheidet über Beschwerden, welche den Geschäftsbetrieb des Vorstandes betreffen. Für die Aufsicht und die Beschwerden sind die landesgesetzlichen Vorschriften maßgebend, welche die Aufsicht und die Beschwerden über den Geschäftsbetrieb der Gerichte regeln.

Gesetzwidrige Beschlüsse oder Wahlen der Kammer oder des Vorstandes können von dem Oberlandesgericht aufgehoben werden.

I. **Inhalt.** Der Paragraph regelt die Aufsicht über die Tätigkeit der AK. und des AKV. Die AK. untersteht einer solchen Aufsicht naturgemäß nur hinsichtlich ihrer Beschlußfassungen („Beschlüsse oder Wahlen“), da sie anders überhaupt nicht tätig werden kann. Bei dem AKV. kommt außerdem auch der Geschäftsbetrieb im allgemeinen in Betracht. Hienach sind auch die Aufsichtsorgane verschieden. Bei Beschlüssen oder Wahlen der Kammer oder des Vorstandes ist das OLG. bzw. das RG. Aufsichtsinstanz, bei der allgemeinen Geschäftsführung des AKV. ist es der Präsident des OLG. bzw. RG. Anm. 1.

Anm. 2. **II. Die Aufsichtsbefugnisse des Präsidenten des OLG. bzw. RG.** Der Präsident des OLG., bezüglich der AK. bei dem RG. der Präsident des RG., führt die Aufsicht über den Geschäftsbetrieb des AKV. und entscheidet über Beschwerden, die diesen Geschäftsbetrieb betreffen.

Anm. 3. 1. Seine Aufgabe ist lediglich, darüber zu wachen, daß „der Vorstand in **formeller** Beziehung die ihm obliegenden Geschäfte betreibt, insbesondere nicht durch Lässigkeit in der Erledigung derselben seine Pflichten verletzt“ (Mot. 76). Ebenso: EGH. **6** 8/9; v. Wilmowski JW. **1881** 126; Meyer, Berger und Sydow-Jacobsohn § 59 Anm. 1. Der Präsident kann also im Wege der Geschäftsrevision prüfen, ob der Vorstand die für die formelle Geschäftsführung von dem Gesetz oder von der Kammer, insbesondere durch die Geschäftsordnung (in zulässiger Weise) getroffenen Anordnungen einhält oder, soweit solche Anordnungen fehlen, die Geschäfte formell ordnungsmäßig erledigt (PrJMVf. 11. 3. 84 bei Müller PrJV.[6] 150/1). Er kann auf vorgefundene Mängel in der formellen Erledigung der Geschäfte hinweisen und auf Abstellung der Mängel durch seine Revisionsbescheide hinwirken. Auf die materiellen Entschließungen des Vorstandes kann er dagegen einen Einfluß nicht ausüben (herrschende Meinung; s. auch Mot. a. a. O.; PrJMVf. 1. 5. 80 in GruchotsBeitr. **24** 772).

Anm. 4. 2. Für die einschlägige Tätigkeit des Präsidenten sind „die landesgesetzlichen Vorschriften maßgebend, welche die Aufsicht und die Beschwerden über den Geschäftsbetrieb der Gerichte regeln“.

Anm. 5. a) Für den Präsidenten des RG. sind die reichsgesetzlichen Vorschriften maßgebend, welche die Aufsicht und die Beschwerden über den Geschäftsbetrieb des Reichsgerichts regeln. Als solche Vorschrift kommt lediglich § 4 Abs. 1 der auf Grund des § 141 GVG. erlassenen Geschäftsordnung für das RG. in Betracht. Hienach liegt dem Präsidenten „die Leitung und Beaufsichtigung des ganzen Geschäftsganges ob“.

Anm. 6. b) Für den Präsidenten eines mehreren Ländern gemeinschaftlichen OLG. sind die Bestimmungen maßgebend, die der Gerichtsgemeinschaftsvertrag, der ja die Wirkungen eines Landesgesetzes hat, für die Aufsicht über den Geschäftsbetrieb der Gerichte und die bezüglichen Beschwerden gelten läßt. Fehlt es an einer solchen vertraglichen Norm, so muß das am Sitze des OLG. gültige Landesrecht zur Anwendung gebracht werden; der AKV. wird eben doch wie eine gerichtliche Behörde des Oberlandesgerichtsbezirks behandelt, und seinen Sitz teilt er mit dem OLG.

Anm. 7. 3. Die Aufsicht des Präsidenten erstreckt sich wie auf den Geschäftsbetrieb des Gesamtvorstandes, so auch auf denjenigen der Stellen des § 46 und der Vorstandskommissare des § 49 Abs. 2. Daß die Aufsicht auch die ehrengerichtliche Tätigkeit des Vorstandes betrifft, darüber vgl. § 67 Anm. 8.

Anm. 8. **III. Aufsichtsrecht des OLG. bzw. RG.**

A. Während der Präsident gerade das Nichtfassen von Beschlüssen, die Nichtvornahme von Wahlen zum Anlaß seines Einschreitens von Aufsichts wegen machen kann, ist das Eingreifen des OLG. bzw. des RG. nur gegenüber vorliegenden Beschlüssen oder Wahlen statthaft.

Anm. 9. B. Nicht alle, sondern nur „gesetzwidrige“ Beschlüsse oder Wahlen der Kammer oder des Vorstandes unterliegen der Beurteilung des OLG. bzw. RG. nach § 59 Abs. 2. Was versteht nun § 59 unter gesetzwidrigen Beschlüssen oder Wahlen?

1. Hält man sich lediglich an das Wort „gesetzwidrig", so muß es genügen, daß die Beschlüsse oder Wahlen wider das Gesetz verstoßen, d. h. daß sie irgendeine Rechtsnorm verletzen. So SeuffA. 37 348 (OLG. Hamm). Dann wäre dem OLG. über AK. und AKV. ein von der Beschwerde Beteiligter unabhängiges, an eine Frist nicht gebundenes und zur materiellen Prüfung berechtigendes Aufhebungsrecht gegeben, das die Selbständigkeit der AK. als eines Selbstverwaltungskörpers auf ein Mindestmaß herabdrücken würde. Ein Grund zu einem so weitgehenden Aufsichtsrechte wäre nicht abzusehen. Anm. 10.

2. Im Gegensatze zu der von dem OLG. Hamm vertretenen Auffassung betonen die Mot. 76, daß „weder die Kammer noch der Vorstand in materieller Beziehung einer Kritik der Behörden des Staates unterliegen, sofern die gefaßten Beschlüsse sich innerhalb des den Organen der Rechtsanwaltschaft durch das Gesetz zugewiesenen Bereichs bewegen und dem Gesetze nicht widerstreiten". Nur bei Überschreitung dieser Grenzen habe das OLG. nach Abs. 2 einzugreifen. Die Motive weisen also dem OLG. lediglich die Entscheidung der Frage zu, ob die Beschlüsse oder Wahlen formell gesetzwidrig sind. Anm. 11.

Daß dies auch der Standpunkt des Gesetzes ist, ergibt sich aus der Zusammengehörigkeit von Abs. 1 und 2. Es wäre überaus merkwürdig, wenn über den allgemeinen Geschäftsbetrieb — was unbestritten der Fall ist — nur eine formelle Aufsicht bestehen, dagegen den Beschlüssen und Wahlen gegenüber ein materielles Nachprüfungsrecht der Aufsichtsbehörde gegeben sein sollte. Anm. 12.

Diesen Standpunkt teilt die herrschende Meinung. Vgl. insbesondere EGH. **6** 8; JW. **1883** 81/2 (OLG. Jena), **1894** 610 (OLG. Dresden), **1908** 421 (OLG. Karlsruhe), **1913** 757 (RG.); AKJahrB. **1885** 6 (OLG. München); PrJMBl. **1887** 96 = JW. **1887** 64 (RG.); BadAnn. **57** 246/7 (OLG. Karlsruhe), wo aber (248) doch in materielle Prüfung eingetreten wird; SeuffA. **66** 205/6 (OLG. Bamberg), **68** 79 (OLG. München); OLG. **8** 162 (RG.), **21** 157 (OLG. München), **27** 230/1 und 232 (do.); Recht **1910** Nr. 3639 (do.); BayZ. **2** 65 (do.); DJZ. **1913** 869 (RG.); Recht **1913** Nr. 893 (do.); RheinArch. **105** 179/180, **110** 182 (OLG. Cöln), **106** 72 (OLG. Düsseldorf); OLG. Jena 18. 4. 07 (ungedruckt); SeuffBl. **76** 555 (OLG. Augsburg); **78** 117 (OLG. München); JW. **1918** 272 (RG.), 519 (OLG. Breslau), 516 (OLG. Celle); ThürBl. **64** 143 (OLG. Jena); PrJMVf. 9. 6. 82 bei Müller JV.[6] **1** 151; FrankfRundsch. **1917/18** 263 (OLG. Frankfurt a. M.).

Dem OLG. bzw. RG. ist die Macht eingeräumt, gesetzwidrige Beschlüsse und Wahlen aufzuheben, und doch dürfen sie dieselben einer materiellen Prüfung nicht unterziehen. Die Beschlüsse und Wahlen müssen sich also auch ohne solche Prüfung als gesetzwidrig erkennen lassen. Damit ist klargestellt, daß es sich in § 59 Abs. 2 nur um nichtige[1]) Akte handeln kann. Daß gleichwohl noch eine Aufhebung vorgesehen wird, erklärt sich aus dem Interesse des Staates daran, „auch derartige absolut nichtige Staatsakte zur Hebung aller etwaigen Zweifel in autoritativer Weise für nichtig zu erklären . . . . Nur darf man aus dieser Tatsache nicht folgern, der Staat wolle mit einer solchen Kassierung irgendwie die beschränkte Gültigkeit des nichtigen Staatsaktes anerkannt wissen; es wird nur festgestellt, was schon ist, nicht aufgehoben, was war; die Behörden, die Untertanen brauchen auf diese Deklarierung . . . . nicht zu warten" (Walter Jellinek, Der fehlerhafte Staatsakt 45. Vgl. auch Kormann, System der rechtsgeschäftlichen Staatsakte 206. A. A. EGH. **4** 75, AG. und LG. Bremen AKJahrB. **1913** 20). Aus der deklaratorischen Natur des Beschlusses des OLG. bzw. des RG. ergibt sich, daß er niemals etwas anderes an die Stelle des Aufgehobenen setzen kann. So auch die herrschende Meinung, vgl. insbesondere Anm. 13.

[1]) Wegen der Terminologie s. Exkurs vor § 41 Anm. 11 Fußnote 1.

Mot. 76; SeuffA. **37** 348 (OLG. Hamm); JW. **1883** 81/2 (OLG. Jena), **1908** 421 (OLG. Karlsruhe); OLG. **27** 230/1 (München), SeuffBl. **78** 117 (OLG. München).

Anm. 14. Gesetzwidrig i. S. des § 59 Abs. 2 sind die Beschlüsse oder Wahlen der Kammer oder des Vorstandes,

a) wenn sie einen Inhalt haben, den ein obrigkeitlicher Akt überhaupt nie haben kann (Jellinek 89): Abhängigmachung der Ausübung der Rechte eines Kammermitglieds (z. B. des Stimmrechts) von der Zahlung des Kammerbeitrags, Vorschreiben eines bestimmten Verhaltens der Kammermitglieder in einer Angelegenheit (OLG. Karlsruhe JW. **1908** 419 ff., OLG. Düsseldorf RheinArch. **106** 70, OLG. Cöln ebenda **110** 181);

b) wenn sie einen Inhalt haben, den ein Beschluß oder eine Wahl dieses Organs nie haben kann (Jellinek 95, DJZ. **1913** 868/9 [RG.], OLG. **27**, 231 [München]: Wahl des Vorsitzenden des AKV. durch die AK., Wahl des Gerichtsschreibers des EG. durch den AKV., Ausspruch einer Mißbilligung durch die AK. (statt durch den AKV.), Verhängung einer ehrengerichtlichen Strafe im Wege des Aufsichtsrechts durch den AKV.;

c) wenn sie auf eine Art und Weise zustande gekommen sind, auf die sie nie zustande kommen durften (SeuffA. **66** 505/6 [OLG. Bamberg], **68** 79 [OLG. München]): Kammerbeschluß, der nicht in einer Versammlung, sondern mittels schriftlicher Abstimmung gefaßt ist, Beschluß des AKV., gefaßt mittels schriftlicher Abstimmung trotz des Widerspruchs von Mitgliedern gegen diese Art der Beschlußfassung.

Anm. 15. Von denjenigen Bestimmungen der Geschäftsordnung, die kraft der besonderen Ermächtigung der §§ 42 Abs. 2, 52 Abs. 2 Satz 2 und 53 Abs. 1 Satz 1 RAO. getroffen werden, kann nur eine solche nach § 42 Abs. 2 RAO. Anlaß zu nichtigen Akten geben, weil eben durch sie die Beschlußfähigkeitsziffer für den AKV. sich ändert. Erhöht die Geschäftsordnung nach § 52 Abs. 2 Satz 2 RAO. die Zahl der Mitglieder, auf deren Antrag die Berufung der Kammer erfolgen muß, so liegt in der Berufung auf Anstehen einer geringeren als der vorgeschriebenen Mitgliederzahl kein in Betracht kommender Verstoß des Vorsitzenden: denn er kann jederzeit von sich aus berufen. Schreibt die Geschäftsordnung nach § 53 Abs. 1 Satz 1 RAO. bestimmte Blätter für die öffentliche Bekanntmachung vor, so liegt kein Verstoß gegen die Geschäftsordnung vor, wenn die Berufung der AK. statt durch öffentliche Bekanntmachung durch schriftliche Einladung der Mitglieder stattfindet: denn zwischen beiden Arten der Berufung der Kammerversammlung steht die Wahl stets frei. Sollte aber zur Berufung die öffentliche Bekanntmachung in anderen als in den durch die Geschäftsordnung bestimmten Blättern gewählt sein, so wäre das ein Verstoß gegen das Gesetz, das die Bestimmung nur durch die Geschäftsordnung, nicht auch durch speziellen Beschluß für den Einzelfall zuläßt. Verstöße gegen andere als die vom Gesetze in den erwähnten drei Fällen vorgesehenen Bestimmungen der Geschäftsordnung, vorausgesetzt, daß diese überhaupt gültig sind, können hinsichtlich der Entschließungen der AK. — anders steht es beim AKV. — niemals eine Nichtigkeit herbeiführen: eine Regelung erfordert das Gesetz insoweit nicht, und die Abänderung der Geschäftsordnung erfolgt in keinen anderen Formen als in denen der Fassung sonstiger Beschlüsse.

Anm 16. D. Das OLG. bzw. RG. kann, ohne hiezu von einem Beteiligten angerufen zu sein, nach Abs. 2 vorgehen (Berger § 59 Anm. 3; EGH. **4** 75; OLG. Jena JW. **1883** 81/2; RG., OLG. **8** 161; OLG. Cöln RheinArch. **110** 181). Es steht aber den Beteiligten frei, eine Entscheidung des OLG. bzw. RG. herbeizuführen (EGH. und OLG. Cöln a. a. O.; OLG. Karlsruhe BadAnn.

57 246 und JW. **1908** 420). Einen Anspruch auf Akteneinsicht und auf Abschrift von Protokollen usw. haben aber die Beteiligten nicht RheinArch. **106** 208 (OLG. Düsseldorf).

E. 1. Das Gesetz weist die Entscheidung „dem Oberlandesgericht" zu. An seine Stelle tritt für die AK. bei dem RG. nach § 98 das Reichsgericht. Darüber, in welcher Besetzung die Entscheidung zu fällen ist, schweigt das Gesetz. Die Motive 76 überlassen dies „der Anordnung der Landesjustizverwaltung". Anm. 17.

2. Dies wird man auch für richtig halten dürfen: denn das Gesetz verlangt, daß das OLG. entscheide, ohne zu sagen, ob in einem der Senate und in was für einem oder ob in der Gesamtheit der Senate zu entscheiden ist, und es handelt sich um eine Angelegenheit der Justizverwaltung. Wie aber, wenn die gedachte Anordnung fehlt? Hier wird die nächstliegende Lösung sein, daß das Präsidium, welches ja auch ein (allerdings ziemlich frei gestelltes) Justizverwaltungsorgan ist, im Wege der Geschäftsverteilung bestimmt, ob ein Zivil- oder Straffenat und welcher sich den Entscheidungen zu unterziehen hat. Vgl. RheinArch. **106** 70 (OLG. Düsseldorf), **110** 181 (OLG. Cöln). Es kann aber auch ein ohne besondere Anordnung vom Plenum gefaßter Beschluß nicht für unwirksam erachtet werden. Man wird annehmen können, daß die JV. auch die Präsidien mit der Entscheidung beauftragen kann (Henle im Recht **1911** 569 Anm. 5). Interessant der ungedruckte Beschluß des OLG. Marienwerder 22. 6. 10: Hier überwies das Plenum, vor das die Sache gebracht war, diese zur Entscheiduug an denjenigen Zivilsenat, den es für zuständig erachtete. Anm. 18.

3. Über die Besetzung, in der tatsächlich die Entscheidungen nach Abs. 2 abgegeben werden, ist folgendes zu bemerken: Anm. 19.

a) Für das Reichsgericht fehlen einschlagende Bestimmungen, auch die Geschäftsverteilung gedenkt der Beschlüsse nach § 59 Abs. 2 nicht. Ein Beschluß auf Grund dieses Paragraphen scheint noch nicht vorgekommen zu sein. Eintretendenfalls wäre wohl der 4. Zivilsenat zuständig.

b) Für Preußen besteht keine einschlägige Vorschrift (Turnau § 59 Anm. 1). Bei dem Kammergerichte und den Oberlandesgerichten Celle, Düsseldorf, Königsberg und Naumburg entscheidet der 1. Zivilsenat. Auch bei dem Oberlandesgerichte Kiel hat die anscheinend einzige Entscheidung aus § 59 Abs. 2 der 1. Zivilsenat gefällt. Die Entscheidung des OLG. Marienwerder JW. **1882** 169 läßt nicht ersehen, in welcher Besetzung das OLG. entschieden hat; jetzt ist in Marienwerder der 1. Zivilsenat zuständig. In Cassel entscheidet der 2. Zivilsenat. Die Entscheidung des OLG. Cöln RheinArch. **105** 179/180 rührt vom Straffenate her, jetzt entscheidet der 4. Zivilsenat (RheinArch. **110** 181). Die SeuffA. **37** 347/50 abgedruckte Entscheidung des OLG. Hamm hat das Plenum erlassen, auch die zwei in den letzten 10 Jahren ergangenen Beschlüsse und je ein Beschluß aus den Jahren 1913 und 1916 des OLG. Frankfurt a. M. sind Plenarentscheidungen, ebenso die anscheinend einzige Entscheidung des OLG. Stettin. In Breslau scheint es noch nicht zu einer Entscheidung nach § 59 Abs. 2 gekommen zu sein. Die JW. **1919** 515/6 abgedruckte Entscheidung des OLG. Celle bezeichnet sich eigentümlicherweise als Urteil.

c) In Bayern besteht eine nicht veröffentlichte Entschließung des Staatsministeriums der Justiz vom 29. Oktober 1880, welche die Entscheidungen einem Senate zuweist (vgl. SeuffA. **59** 372). Welche Art von Senaten zu entscheiden hat, wird danach wohl das Präsidium zu bestimmen haben. Die Entscheidungen des OLG. München BayZ. 2 65, OLG. **21** 157 und **27** 232 und des OLG. Bamberg SeuffA. **66** 205/7 rühren von dem 1. Zivilsenate dieser Gerichte, die Entscheidung des OLG. München OLG. **27** 230/2 vom Ferienzivilsenate her.

Aus der SeuffA. **59** 372 veröffentlichten Entscheidung des BayObLG. ist nicht zu ersehen, was für ein Senat bei dem OLG. erkannt hatte.

d) In Württemberg werden die Entscheidungen gemäß § 4 der Dienstvorschriften für das OLG. vom 9. März 1900 (WürttJMBl. 65) durch das Plenum erlassen.

e) In Sachsen entschied früher ein Zivilsenat (vgl. JW. **1894** 610, **1905** 97), an seine Stelle trat dann der Strafsenat, jetzt ist der 6. Zivilsenat zuständig.

f) In Baden sind die Entscheidungen gemäß dem Justizministerialerlaß vom 23. April 1880 durch das Plenum zu treffen (vgl. BadAnn. **57** 244, JW. **1908** 419).

g) In Hessen bestehen einschlägige Vorschriften nicht. Eine Entscheidung nach § 59 Abs. 2 scheint bisher noch nicht ergangen zu sein.

h) Bei dem OLG. Rostock werden gemäß der Verordnung vom 1. Mai 1880 (Schwerin: RegBl. 65; Strelitz: OffizAnz. 115; Ratzeburg: OffizAnz. 71) die Entscheidungen aus § 59 Abs. 2 durch das Plenum erlassen.

i) Das OLG. Jena hat die JW. **1883** 81/2 abgedruckte Entscheidung durch den Strafsenat ergehen lassen. Nach der ThürBl. **59** 146 abgedruckten Geschäftsverteilung ist für die Entscheidungen aus § 59 Abs. 2 der 3. Zivilsenat zuständig, jedoch nur, wenn durch sie Beschlüsse oder Wahlen der AK. oder deren Vorstands Beschwerden gegenüber aufrecht erhalten werden. Eine Aufhebung dieser Beschlüsse oder Wahlen bleibt dem Plenum vorbehalten.

k) Das OLG. Oldenburg hat, wie es scheint, erst einmal Gelegenheit gehabt, einen Beschluß aus § 59 Abs. 2 zu fassen. Es hat ihn — besondere Bestimmungen bestehen nicht — in der Besetzung mit fünf Richtern ohne Angabe eines Senats abgegeben.

l) In Braunschweig ist gleichfalls erst ein einschlägiger Beschluß ergangen und zwar vom Plenum. Besondere Vorschriften fehlen.

m) Bei dem OLG. Hamburg entscheidet der 1. Zivilsenat.

Anm. 20. F. Gegen die Entscheidung des OLG. findet weder eine Beschwerde an die LJV. noch an das RG. oder ObLG. statt. Vgl. SeuffA. **59** 372/3 (ObLG. München); PrJMVf. 9. 6. 82 in JW. **1882** 185.

§ 60.

Die Verhandlungen und Erlasse der Kammer und des Vorstandes, sowie die an dieselben gerichteten Erlasse und Eingaben sind, soweit dieselben nicht eine Beurkundung von Rechtsgeschäften enthalten, frei von Gebühren und Stempeln.

Anm. 1. **I. Inhalt.** Der Paragraph schafft für die Tätigkeit der Kammer und des Vorstandes in weitem Umfange Gebühren- und Stempelfreiheit.

Anm. 2. **II. Der Paragraph betrifft** 1. die Verhandlungen und Erlasse der Kammer und des Vorstandes. Hierunter sind die Tätigkeiten der Inhaber der Stellen des § 46 und die Geschäfte der Vermittlungskommissare mit zu verstehen. Für die ehrengerichtliche Tätigkeit gilt nicht § 60, sondern § 94 Abs. 1.

Anm. 3. 2. Weiter betroffen sind die an die gedachten Stellen gerichteten Erlasse und Eingaben, also auch die Beschwerden des § 58 Abs. 3, die Aufsichtsverfügungen nach § 59 Abs. 1 und die Beschlüsse nach § 59 Abs. 2 (ebenso RG. JW. **1913** 758). Letzteres gilt auch dann, wenn der Beschluß auf Anrufen seitens eines Einzelnen erfolgt. Dagegen hebt OLG. Jena 18. 4. 07 (ungedruckt) hervor, eine gesetzliche Bestimmung, nach der für einen Beschluß gemäß § 59 Abs. 2 Gebühren oder Auslagen zu erheben wären, bestehe nicht, hält also offenbar § 60 nicht für anwendbar. Ähnlich OLG. Bamberg SeuffA. **66** 205/7.

III. **Alle erwähnten Akte bleiben frei von Gebühren und Stempeln, es sei denn, daß sie eine Beurkundung von Rechtsgeschäften enthalten.** Dies ist z. B. der Fall, wenn der Vorstand ein ihm gemachtes Angebot zum Vertragsschluß in einer Versammlung annimmt. Anm. 4.

1. Nur die gedachten Akte sind gebühren- und stempelfrei, nicht z. B. auch Vollmachten, auf Grund deren für einen Beteiligten eine Entscheidung nach § 59 Abs. 2 angerufen wird. Anm. 5.

2. Eine Auslagenfreiheit ist reichsgesetzlich nicht gewährleistet. Können nun auch AK. und AKV. — vom ehrengerichtlichen Verfahren abgesehen — mangels einschlägiger Bestimmungen des Reichsrechts, das einer Ergänzung durch Landesrecht unzugänglich ist, für ihre Tätigkeiten Auslagen nicht erheben, so steht doch reichsrechtlich nichts im Wege, daß für die Akte des § 59 Auslagen in Ansatz kommen. Ob dies der Fall ist, bestimmt sich nach Landesrecht. Das PrGKG. § 145 erklärt allgemein Entscheidungen der Aufsichtsbehörden über Erinnerungen und Beschwerden in Sachen der Justizverwaltung für kostenfrei. Anm. 6.

§ 61.

Der Vorsitzende hat jährlich der Landesjustizverwaltung und dem Oberlandesgericht einen schriftlichen Bericht über die Thätigkeit der Kammer und des Vorstandes zu erstatten.

I. **Inhalt.** Der Paragraph schreibt einen Jahresbericht an LJV. und OLG. über die Tätigkeit der Kammer und des Vorstandes vor. Anm. 1.

II. **Die Vorschrift des § 61 ermöglicht dem OLG. bzw. RG. zu prüfen, ob ein Anlaß zum Eingreifen nach § 59 Abs. 2 gegeben ist, und der LJV. bzw. dem RJM. zu erwägen, ob der Präsident des OLG. bzw. des RG. zum Einschreiten von Aufsichts wegen nach § 59 Abs. 1 zu veranlassen ist.**[1]) Anm. 2.

III. **Einen der Kammer zu erstattenden Jahresbericht** sieht das Gesetz nicht vor. Die Geschäftsordnungen ordnen verschiedentlich die Erstattung eines solchen ch den Vorstand oder durch den Vorsitzenden an. Anm. 3.

Vierter Abschnitt.

Ehrengerichtliches Verfahren.[2])

Vorbemerkung.

Entstehungsgeschichte. Der vierte Abschnitt des Gesetzes weicht in verschiedenen wichtigen Punkten von dem zugrunde liegenden Entwurfe ab. Anm. 1.

a) Der Entwurf unterschied das nicht förmliche und das förmliche ehrengerichtliche Verfahren. In jenem konnten nach § 62 Warnungen, sowie Geldstrafen bis zum Betrage von 150 Mk. von dem Vorsitzenden des AKV. nach Anhörung des RA. und der StA. durch schriftlichen, begründeten Bescheid verhängt werden, falls nicht die StA. erklärte, die Klage im förmlichen Verfahren erheben zu wollen. In diesem war die Klageerhebung nur durch Antrag auf Eröffnung der Voruntersuchung Anm. 2.

---

[1]) Über die Stelle, bei der der Bericht einzureichen ist, siehe Sachsen-Weimar-Eisenach MinV. 3. 10. 79 (RegBl. 519) § 21, Sachsen-Altenburg VO. 17. 11. 79 (GS. 255) § 19.

[2]) Eine Gesamtdarstellung fehlt. Die das ehrengerichtliche Verfahren betreffenden Vorschriften der Geschäftsordnungen behandelt Reuling, Die Geschäftsordnungen der Deutschen Anwaltskammern und ihrer Vorstände Berlin 1881. Die sonstigen, wenig zahlreichen Monographien sind an den in Betracht kommenden Stellen aufgeführt.

zulässig. Gegen die im nicht förmlichen Verfahren erfolgte Verhängung der Strafen stand dem RA. binnen der Frist von einer Woche seit der Bekanntmachung der Antrag auf Entscheidung im förmlichen ehrengerichtlichen Verfahren offen (§ 62 Abs. 3). In diesem Falle konnte das EG. nach § 74 beschließen, daß ohne Voruntersuchung das Hauptverfahren zu eröffnen sei. Die RTKomm. beseitigte das nicht förmliche ehrengerichtliche Verfahren und die Notwendigkeit der Voruntersuchung, an die in dem Gesetze noch die Fassung des § 77 deutlich erinnert (§ 77 Anm. 2). Bedauerlich ist, daß man mit dem nicht förmlichen Verfahren[1]) auch die Bestimmung des § 62 Abs. 3 des Entwurfs beseitigte, ohne den gesunden zugrunde liegenden Gedanken durch Gewährung einer wirksamen Anfechtung der in Ausübung der Aufsichtsgewalt des § 49 Ziff. 1 RAO. ergehenden Beschlüsse des AKV. zu verwerten.

Anm. 3. b) Der Entwurf kannte keine Anfechtung des die Zulassung versagenden Bescheides. Die RTKomm. gestattete dem die Zulassung Begehrenden solche Anfechtung in gewissem Umfange und wies die Entscheidung dem ehrengerichtlichen Verfahren zu. So kam es zur Einschaltung des § 93 des Gesetzes. Das ehrengerichtliche Verfahren des § 93, das im Gegensatze zum ehrengerichtlichen Strafverfahren von uns als ehrengerichtliches Zulassungsverfahren bezeichnet wird, ist kein Disziplinarverfahren (EGH. **16** 35), es entlehnt von diesem nur die Form. Will man deshalb dem Verständnisse des IV. Abschnitts nicht unnötige Schwierigkeiten bereiten, so ist es durchaus geboten, die Grundsätze des ehrengerichtlichen Verfahrens getrennt von dem Falle des § 93 zu entwickeln und bei diesem Paragraphen zu sehen, inwieweit hier die Anwendung jener Grundsätze möglich ist.

Anm. 4. c) Die Berufung verwies § 87 des Entwurfs an den 1. Strafsenat des RG. Seinen Namen und die bis zur Novelle vom 22. 5. 10 gültig gewesene Besetzungsart verdankt der EGH. den Beschlüssen der RTKomm. Die jetzt maßgebende Zusammensetzung des EGH. beruht auf der erwähnten Novelle.

Exkurs vor § 62.

Rechtliche Natur des ehrengerichtlichen Verfahrens. Begnadigung.[2])

Anm. 1. **I. Rechtliche Natur des ehrengerichtlichen Verfahrens.**

1. Das ehrengerichtliche Verfahren verläuft in Formen, die denen des Strafprozesses entnommen sind, es ist aber kein Strafprozeß, und deshalb findet auch die Vorschrift in § 17 des Reichspreßgesetzes auf das ehrengerichtliche Verfahren keine Anwendung. Ebenso RGSt. **3** 42.

Anm. 2. 2. Auch das ehrengerichtliche Verfahren bezweckt, wie das Strafverfahren, die Verhängung eines Übels über denjenigen, der gefehlt hat. Nur handelt es sich hier um eine Disziplinar-, eine ehrengerichtliche Strafe, während dort eine

[1]) Syring JW. **1913** 777/8 schlägt im wesentlichen Wiedereinführung des nicht förmlichen Verfahrens vor, nur soll der Strafbescheid des AKV. auf Antrag der StA. erlassen und im Falle des Einspruchs ohne Eröffnungsbeschluß alsbald zur Hauptverhandlung geschritten werden.

[2]) v. Wilmowski JW. **1892** 295; Lehmann ZStW. **22** 254; Syring, Begnadigung nach ehrengerichtlicher Bestrafung JW. **1908** 127 ff.; Ebner, Wie ist die rechtliche Natur des Begnadigungsrechtes, wer ist sein Träger? JW. **1909** 636 ff.; Schuster, Die Begnadigung nach ehrengerichtlicher Bestrafung eines Rechtsanwaltes oder eines nicht beamteten Arztes . . . 1909; Strasmann, Ist nach deutschem Reichs- und preußischem Landesrechte die Begnadigung der gegen einen Rechtsanwalt . . . erkannten ehrengerichtlichen Strafen . . . zulässig? 1909; Kaskel, Begnadigung im ehrengerichtlichen Verfahren der freien Berufsstände Berlin 1911; v. Kleist, Die Begnadigung der im Disziplinarwege bestraften Rechtsanwälte JW. **1911** 306 ff.; Mamroth, Kann die Wiederzulassung eines durch ehrengerichtliches Urteil ausgeschlossenen Rechtsanwalts durch Gnadenerlaß herbeigeführt werden? DStrafrZ. **1915** 39 ff.

Kriminalstrafe in Frage steht. Die grundlegenden Unterschiede beider Arten von Strafen sind zu bekannt, als daß sie einer nochmaligen Hervorhebung bedürftig erschienen.

3. Im Strafprozeß macht der Staat sein Recht auf Strafe geltend. Wer aber ist im ehrengerichtlichen Verfahren gegen Rechtsanwälte der Träger des Rechts auf ehrengerichtliche Bestrafung? Hier ist folgendes zu beachten: Die Eröffnung des ehrengerichtlichen Verfahrens setzt die Klageerhebung voraus. Sie ist ausschließlich einer staatlichen Behörde, der Staatsanwaltschaft, u. z. unter Geltung des Legalitätsprinzips zugewiesen. Für die Voruntersuchung stellt der Staat seine Richter zur Verfügung, die Beschwerde geht an ein staatliches Gericht, das OLG. oder RG., die Berufung an eine Behörde, die in der Mehrheit mit Richtern des RG. besetzt ist. Nun ist es richtig, daß die Inanspruchnahme staatlicher Behörden allein noch keinen ausschlaggebenden Grund dafür abgeben würde, den Staat als Inhaber des Rechts auf ehrengerichtliche Bestrafung anzusehen (Kaskel 61 Anm., Syring 128, v. Kleist 307). Das ist aber unsererseits auch nicht geschehen, wie man nach Kaskel 60 Anm. 1 annehmen müßte. Entscheidend ist vielmehr, daß die StA. im ehrengerichtlichen Verfahren nicht nur mitwirkt, sondern daß gerade im Gegensatze zum RBG. ohne ihre Klage das ehrengerichtliche Verfahren nicht eingeleitet werden kann. Bei ihrer Entschließung über Erhebung oder Nichterhebung dieser Klage ist die StA. an die Weisungen des JM. bzw. RJM. gebunden. Danach kann das Recht, das sie bei der Klageerhebung wahrnimmt, nur ein Recht des Staates sein (vgl. auch Kaskel 57). Daß die ehrengerichtlichen Geldstrafen der AK. zufließen, steht dem nicht entgegen: auch als Kriminalstrafen fließen Geldstrafen häufig nicht dem Staate zu, vgl. z. B. § 70 PStG., § 34 Abs. 1 PrFDG. Unserer Ansicht Kaskel 44 ff. (mit abweichender Begründung), Schuster 10. A. A. Lehmann 254, Syring 128, Edner 638, v. Kleist 307, Mamroth 42. Laband StaatsR.[5] **3** 461 hebt hervor, daß die Disziplinargewalt, der die Rechtsanwälte unterstehen, „sich in ihrem Begriff und Wesen von der Disziplinargewalt für Beamte in nichts unterscheidet".

Die Ehrengerichtsbarkeit wird von den Ehrengerichten ausgeübt, die nur eine besondere Erscheinungsform der Anwaltskammervorstände darstellen (vgl. § 67 Anm. 3). Der AKV. kommt sowohl als Behörde des Selbstverwaltungskörpers wie auch als staatliche Behörde in Betracht, das EG. erscheint stets als staatliche Behörde (RGRspr. **10** 169, RGSt. **47** 395; s. aber Syring 128, Schuster 11, Mamroth 40). Es war daher durchaus zutreffend, wenn die durch die Änderung der Staatsform bedeutungslos gewordene BayV. 24. 7. 79 (GVBl. 707) in den §§ 1, 2 vorschrieb, daß die Urteile und Eröffnungsbeschlüsse der Ehrengerichte in Bayern die Eingangsformel „Im Namen Seiner Majestät des Königs von Bayern" zu enthalten hatten (s. dagegen Syring 128, Edner 638, unserer Ansicht Kaskel 58). Aber auch das EG. kann seinen Zusammenhang mit dem Selbstverwaltungskörper nicht verleugnen: weil das EG. eine besondere Erscheinungsform des AKV. ist, kann die Geschäftsordnung für diesen auch Bestimmungen über das EG. treffen (vgl. § 67 Anm. 9).

Da das EG. eine Behörde ist, kann nach § 196 StGB. auch eine Beleidigung desselben vorkommen RGRspr. **10** 169.

II. Begnadigung. Anm. 4.

Die vorstehende Erörterung wird für die Frage von Bedeutung, ob eine Begnadigung ehrengerichtlich bestrafter Rechtsanwälte möglich ist. Dafür Kaskel 77, PrJMVf. I 5951/95 und I 5437/03 in Müller, PrJV.[6] **2** 1728, OLG. Braunschweig in BraunschwZ. **1911** 180/3. Dagegen Syring 128/9, Edner 638, v. Kleist 307 ff., Mamroth 42, Kneer, Die deutsche RASchaft 33. Über die Praxis in Preußen, Bayern, Sachsen und Hamburg s. Syring 127, Kaskel 19/20, AKJahrB. **1906** 2,

1907 2/3, **1910** 2 (Hamburg). Vgl. auch AKJahrB. **1909** 2 (AKV. Rostock). Die BayJV. hält jetzt eine Begnadigung für zulässig AKJahrB. **1915** 23, ebenso AKV. München ebenda 24, dagegen AKV. Augsburg und Zweibrücken ebenda 23/24. Die VO. der Regierung des Volksstaats Bayern 22. 11. 18 (Bayr. Staatsanz. Nr. 273) sieht in Ziff. VI die Möglichkeit vor, gegen Kriegsteilnehmer auch „ehrengerichtliche Verfahren nach der RAO." niederzuschlagen. Die VO. der Preußischen Regierung vom 16. 2. 19 (GS. 27) behandelt in den §§ 1, 3, 9 den Erlaß der gegen RA. ehrengerichtlich erkannten Warnungen, Verweise und Geldstrafen, in den §§ 4, 6, 8, 9 die Niederschlagung anhängiger ehrengerichtlicher Verfahren gegen RA. Vgl. dazu die PrJMVf. 12. 3. 12 (PrJMBl. 100).

Die RAO. enthält keine Bestimmungeu über die Begnadigung, § 118 RVG. zeigt aber, daß das Reichsrecht auch eine Begnadigung bei Disziplinarstrafen kennt. Da nun die ehrengerichtlichen Strafen der RAO. unzweifelhaft Disziplinarstrafen sind, steht das Reichsrecht einer Begnadigung ehrengerichtlich bestrafter Rechtsanwälte nicht entgegen: denn aus dem Schweigen der RAO. folgt ebensowenig etwas für die Unmöglichkeit der Begnadigung der im ehrengerichtlichen Verfahren bestraften Rechtsanwälte, wie aus der Nichtregelung des Gnadenrechts in der StPO. (von §§ 484, 485 Abs. 1 StPO. abgesehen) etwas gegen sein Fortbestehen sich ergibt. Des Rechts auf ehrengerichtliche Strafe kann, wenn nicht einschlägige Verbotsgesetze entgegenstehen, der Staat sich ebenso, wie eines anderen ihm zustehenden Rechts, durch Verzicht entschlagen.

Anm. 5. Demgegenüber ist die Zulässigkeit der Begnadigung unter Hinweis darauf bestritten worden,

1. daß bei Ausschließung, Verweis und Warnung eine Vollstreckung nicht stattfinde (Syring 129, Edner 638, v. Kleist 308, Mamroth 42), und

2. daß die Geldstrafen nicht dem Staate, sondern der AK. zuflössen (Syring, Edner und Mamroth a. a. O., v. Kleist 307; richtig Schuster 12, Strasmann 16).

All das ist ohne Bedeutung, gleiches kommt im kriminellen Strafverfahren vor. Der ohne Vollstreckungsakt eintretende Verlust der bürgerlichen Ehrenrechte ist dem Gnadenrecht durchaus zugänglich (Binding, HB. des Strafrechts **1** 876), und der Begnadigung steht der Umstand nicht entgegen, daß als Kriminalstrafen auftretende Geldstrafen dritten Empfangsberechtigten gebühren und sogar an diese bereits abgeführt sind (PrJMVf. I 5951/95 bei Müller, PrJV.[6] **2** 1728, PrAllerhErl. 15. 12. 80 PrJMBl. **1881** 31, Dalcke-Genzmer, Strafvollstr.[2] 16, Schönfeld PrFDG. 107). Schuster 20/21 läßt bei Warnung und Verweis eine Begnadigung nicht zu, da diese beiden Strafen keine besonderen, für die Begnadigung in Betracht kommenden Folgen hätten. Ebenso Strasmann 14/5.

Anm. 6. Es ist weiter eingewandt worden (Syring 128, Edner 638, v. Kleist 308, Mamroth 42), die Begnadigung ehrengerichtlich bestrafter Anwälte sei ausgeschlossen, weil bezüglich der Reichsgerichtsanwälte eine Bestimmung über den Inhaber der Gnadengewalt fehle, unmöglich aber das Gesetz ihnen eine Begnadigung versagen könne, die den übrigen Anwälten offen stehe. Nimmt man, wie das in der 1. Auflage dieses Kommentars geschehen ist, an (ebenso Schuster 18), daß es für die Reichsgerichtsanwälte an einer Gnadeninstanz fehlt, so würde daraus lediglich folgen, daß die RAO., wie manches Reichsgesetz, Lücken enthält. Auch regelt ja die RAO. die Begnadigung eben nicht, ihre Bestimmungen stehen dieser nur nicht entgegen. Man wird aber überhaupt Kaskel 108 ff., wenn auch nicht in seiner Begründung, so doch im Ergebnisse darin beistimmen können, daß unter entsprechender Anwendung des § 118 RVG. bezüglich der ehrengerichtlich bestraften Reichsgerichtsanwälte bisher dem Kaiser das Begnadigungsrecht zuzuweisen war. An Stelle des Kaisers hat jetzt derjenige zu treten, dem nunmehr im Reiche die Begnadigungsgewalt zusteht, also nach Art. 49 RV. (1919) der Reichspräsident. Laband StaatsR.[5] **3** 513 Anm. 6 erwähnt Kaskels Ansicht, gibt aber selbst keine Entscheidung der Frage.

Bei den übrigen Rechtsanwälten ist für die Frage, ob eine Begnadigung möglich, das Recht desjenigen Gerichts maßgebend, bei welchem der Bestrafte zugelassen ist oder zugelassen war, als er bestraft wurde. Dagegen soll nach Strasmann 7 die Zuständigkeit zur Begnadigung sich nach der Staatsangehörigkeit des Rechtsanwalts richten, was wohl nicht haltbar ist. Vgl. auch RGSt. **52** 293. Anm. 7.

Ist der Rechtsanwalt nur bei einem gemeinschaftlichen Gerichte zugelassen, so ist die Begnadigung nach demselben Rechte zu beurteilen, dem die Zulassung folgte. Hat über sie einer der beteiligten Staaten allein zu entscheiden, so gilt gleiches für die Begnadigung, und das Recht des betreffenden Staates ist anwendbar. Bedarf es für die Zulassung der Zustimmung der anderen beteiligten Staaten oder erfolgt gar die Zulassung auch nach außen durch gemeinsame Entschließung, so muß die Begnadigung nach dem Rechte aller beteiligten Staaten zulässig sein, und alle müssen begnadigen. Vgl. auch Neumeyer GoltdA. **64** 21. Anm. 8.

Ist der Rechtsanwalt zugleich bei einem gemeinschaftlichen und bei einem nicht gemeinschaftlichen Gerichte zugelassen, so liegt es nahe, für die Zulässigkeit der Begnadigung und die Zuständigkeit zu ihrer Erteilung es darauf abzustellen, unter Benützung welcher Zulassung die ehrengerichtlich strafbare Handlung geschehen ist. Allein damit ist nicht durchzukommen, weil das Tun des Rechtsanwalts in Angelegenheiten erfolgt sein kann, bei denen es auf Zulassung bei einem bestimmten Gerichte nicht ankommt (z. B. Verteidigung in Strafsachen, Auftreten in Sachen der freiwilligen Gerichtsbarkeit). Dafür, lediglich auf die Zulassung bei dem nichtgemeinschaftlichen Gerichte Wert zu legen, lassen sich genügende Gründe nicht anführen. Es wird also auch hier ebenso zu entscheiden sein, wie im Falle des vorigen Absatzes.

Das maßgebende Recht bestimmt auch, ob lediglich völliger Straferlaß oder auch Strafmilderung statthaft ist. Immer aber ist der Inhaber der Gnadengewalt an die Strafmittel des § 63 RAO. gebunden (ebenso Strasmann 19). Er darf also z. B. nicht die Ausschließung von der Rechtsanwaltschaft in Suspension umwandeln oder durch eine Geldstrafe von 10000 Mk. ersetzen, auch keine Freiheitsstrafe verhängen. Vgl. Binding HB. des Strafrechts **1** 878; Pieper, RVG. § 118 Anm. 2. Anm. 9.

Ist nach dem maßgebenden Landesrecht eine Abolition zulässig, so steht ihrer Wirkung für das ehrengerichtliche Verfahren ein Hindernis nicht entgegen (K. Meyer LZ. **1917** 375 ff.) u. z. auch nicht, wenn die Sache beim EGH. anhängig ist (vgl. RGSt. **33** 204 ff.). Im Falle der Abolition ist das ehrengerichtliche Verfahren durch Beschluß des EG. oder des EGH. einzustellen (vgl. RGSt. a. a. O. 208, 212). Bezüglich der Reichsgerichtsanwälte kann auf Grund des RG. vom 18. 7. 1918 (RGBl. 746) eine Abolition in Frage kommen. Für Bayern und Preußen s. o. Anm. 4. Anm. 10.

Die Begnadigungsfrage ist hauptsächlich von Interesse für den Fall, daß auf Ausschließung von der Rechtsanwaltschaft erkannt ist. Gerade mit Rücksicht auf diesen Fall wird die Zulässigkeit der Begnadigung bestritten, da eine solche wirkungslos bleiben müsse, weil sie weder den Versagungsgrund des § 5 Ziff. 2 noch denjenigen des § 5 Ziff. 5 RAO. beseitige (vgl. v. Wilmowski 295, AKR. Hamburg AKJahrB. a. a. O., Edner 639, v. Kleist 309/310, Schuster 23, Mamroth 42/3, auch Syring 129, der freilich, falls Begnadigung zulässig, Beseitigung des Versagungsgrundes des § 5 Ziff. 2 annimmt; gleiche Beseitigung nimmt AKB. Berlin, Jahresbericht für 1916 S. 5 an). Dieser Einwand wäre natürlich dann nicht stichhaltig, wenn es im Falle der Begnadigung einer Neuzulassung nicht bedürfte, wie Kaskel 100 annimmt. Allein dieser Ansicht läßt sich nicht Anm. 11.

beipflichten. Die im ehrengerichtlichen Strafverfahren rechtskräftig erkannte Ausschließung von der Rechtsanwaltschaft bewirkt den Verlust des von dem Verurteilten bekleideten Amtes als Rechtsanwalt. Die Tatsache dieses Verlustes kann nicht ungeschehen gemacht werden (vgl. Binding HB. des Strafrechts **1** 874, 876), nur eine Neuverleihung des Amts ist möglich. Kaskel übersieht, daß der frühere Rechtsanwalt vielleicht nur darauf Wert legt, seine Ehre wieder hergestellt zu sehen, ohne wieder Anwalt werden zu wollen. Der ausgeschlossene Rechtsanwalt bedarf also nach erfolgter Begnadigung einer Neuzulassung. Ebenso Schuster 22, Strasmann 18/9, Irmler DJZ. **1911** 1512, Mamroth 41. Eine erneute Zulassung ist auch in den Fällen erfolgt, in denen in Preußen und Hamburg Begnadigungen vorkamen (vgl. Syring 127, Kaskel 20, AKB. Berlin a. a. O.). Vgl. auch EGH. **14** 33/4: nach den sich dort findenden Mitteilungen hielt die in Betracht kommende LJB. bei einem mit dem Verluste der bürgerlichen Ehrenrechte bestraften Rechtsanwalte, der im Wege der Gnade in die bürgerlichen Ehrenrechte wieder eingesetzt worden war, eine Neuzulassung für erforderlich, die zunächst, auch im ehrengerichtlichen Zulassungsverfahren, vergeblich angestrebt wurde. Nach Kneer, Die deutsche Rechtsanwaltschaft 33, der eine Begnadigung nicht zuläßt, hat „jedenfalls . . . der Begnadigte bei Erlaß der Strafe der Ausschließung aus der Rechtsanwaltschaft keinen Anspruch auf Wiedereintragung in die Liste der Rechtsanwälte oder auf Wiederzulassung zur Rechtsanwaltschaft". Eine Begründung fehlt.

Bei dem Befinden über die erneute Zulassung kommt ein Versagungsgrund aus § 5 Ziff. 2 nicht in Frage: Der Antragsteller ist nicht mehr von der Rechtsanwaltschaft ausgeschlossen. Dagegen ist an der Hand des dem Urteile zugrunde liegenden Sachverhalts zu prüfen, ob nicht § 5 Ziff. 5 eingreift (ebenso AKB. Berlin a. a. O.). Vgl. § 5 Anm. 35.

§ 62.

Ein Rechtsanwalt, welcher die ihm obliegenden Pflichten (§ 28) verletzt, hat die ehrengerichtliche Bestrafung verwirkt.

Anm. 1. **I. Inhalt.** Der Paragraph bestimmt den Begriff der ehrengerichtlich strafbaren Handlung.

II. Entstehungsgeschichte. Der § 62 weicht von § 57 des Entwurfs durch
Anm. 2. das dort noch fehlende Zitat „§ 28" ab. Allein eine sachliche Änderung liegt hierin nicht. Einerseits verweisen die Motive 77 auf § 24 des Entwurfs, der mit § 28 des Gesetzes genau übereinstimmt, anderseits bemerkt der KommB. 37, daß durch das Zitat die Berücksichtigung der in der RAO. speziell geregelten Pflichten nicht ausgeschlossen sei, da sie doch eben nur ein Ausfluß des § 24 des Entwurfes seien.

Anm. 3. III. Der § 62 bestimmt den **Begriff der ehrengerichtlich strafbaren Handlung.** 1. Die Handlung muß P f l i c h t e n d. h. durch das Gesetz dem Rechtsanwalt auferlegte Verpflichtungen hintansetzen.

2. Diese Hintansetzung muß eine V e r l e t z u n g der Pflichten darstellen.

Anm. 4. 3. D i e P f l i c h t e n d e s R e c h t s a n w a l t s b e t r e f f e n nach § 28

a) die Ausübung seiner Berufstätigkeit,

b) sein Verhalten im allgemeinen.

Wegen des Näheren siehe die Erläuterungen zu § 28.

Anm. 5. 4. N i c h t j e d e V e r l e t z u n g d e r P f l i c h t e n n a c h § 28 h a t d i e e h r e n g e r i c h t l i c h e B e s t r a f u n g z u r F o l g e. Es muß sich um schwerere Pflichtverletzungen handeln, während für leichtere Pflichtverletzungen, die dem Rechtsanwalt einen Makel nicht anhängen, nach dem Willen des Gesetzes das Einschreiten des AKV. in Ausübung des Aufsichtsrechts nach § 49 Ziff. 1 der gegebene Weg ist. Dem entspricht im Ergebnis die ständige Praxis des EGH. Vgl. u. a. EGH. **6** 7; **10** 212; **11** 11; **15** 38, 50/1, 96, 137; **16** 169, 184, 326, 393, 420, 435, 441/2, 445, 476; **17** Nr. 100 (G 3/17). Eine unehrenhafte oder gar ehrlose Handlung wird nicht erfordert. Vgl. EGH. **16** 412, 474.

IV. **Auch die ehrengerichtlich strafbare Handlung erfordert eine Schuld des Straffälligen**[1]). Vgl. EGH. **1** 154; **3** 280. Anm. 6.

1. Wie die kriminelle Straftat, so verlangt auch die ehrengerichtlich strafbare Handlung, daß eine zurechnungsfähige Person die in Frage kommende Handlung oder Unterlassung begangen hat. Anm. 7.

a) Ist die Zurechnungsfähigkeit zur Zeit der fraglichen Handlung oder Unterlassung nicht vorhanden gewesen, so enthält dieselbe keine ehrengerichtlich strafbare Handlung. Vgl. EGH. **6** 44; **7** 21/2, 43; **8** 16; **9** 7/8, 76, 243/5; **10** 65/7; **11** 181, 239/240, 246; **12** 63; **13** 23, 32/3; **14** 90, 118; **15** 89, 174; **16** 86, 145/6, 148. Schon Zweifel an der Zurechnungsfähigkeit führen zur Freisprechung EGH. **15** 90.

b) Dadurch ist aber nicht ausgeschlossen, daß der Grund, auf dem der Mangel der Zurechnungsfähigkeit beruht, einen ehrengerichtlich strafbaren Sachverhalt darstellt. Vgl. EGH. **11** 181/4: durch fortgesetzten übermäßigen Genuß geistiger Getränke herbeigeführte Energielosigkeit und dadurch veranlaßte Verfehlungen, ferner **13** 33; **14** 92/3, 118.

2. Während das kriminelle Strafrecht vielfach nur die vorsätzliche Handlung trifft, genügt zur ehrengerichtlichen Strafbarkeit stets auch Fahrlässigkeit. Vgl. EGH. **4** 136; **6** 31, 53; **7** 46, 150; **9** 16; **15** 146; **16** 59, 191, 209, 229. Anm. 8.

3. Deshalb ist auch der Irrtum des Rechtsanwalts über das Gegebensein einer ehrengerichtlich strafbaren Handlung d. h. ein Irrtum über den Pflichtenkreis oder darüber, ob das fragliche Tun oder Unterlassen eine Pflichtverletzung enthalte, keineswegs ohne weiteres Schuldausschließungsgrund, nämlich dann nicht, wenn der Irrtum selbst auf einer wider § 28 verstoßenden Handlung oder Unterlassung beruht. Ebenso: EGH. **2** 63; **3** 264; **4** 155/6, 162, 177, 235; **5** 84, 125; **12** 106, 114/5; vgl. auch **13** 23; **17** Nr. 100 (G 3/17). Anm. 9.

V. Die Verfolgung einer ehrengerichtlich strafbaren Handlung erfolgt stets von Amts wegen. Die Stellung eines **Strafantrags** seitens des Verletzten ist ebenso entbehrlich für die Einleitung des ehrengerichtlichen Verfahrens, wie die Zurücknahme des gestellten Antrags für den Fortgang des Verfahrens bedeutungslos ist. Vgl. EGH. **6** 22/3, 137; **12** 5. Anm. 10.

§ 11 EGStPO. hat für das ehrengerichtliche Verfahren keine Bedeutung. EGH. **10** 83.

VI. Die Grundsätze des kriminellen Strafrechts über **Versuch und Vollendung**, sowie über **Täterschaft und Teilnahme** finden auf die ehrengerichtlich strafbare Handlung keine Anwendung. Ersteres erhellt daraus, daß nur die wirkliche Verletzung der Pflichten des Rechtsanwalts die ehrengerichtliche Bestrafung begründet, letzteres daraus, daß die Verletzung genügt ohne Rücksicht darauf, was sie für einen weiteren Erfolg hat. Anm. 11.

VII. **Gründe des Ausschlusses der Pflichtwidrigkeit von Handlungen oder Unterlassungen.** Weder Notwehr — EGH. **11** 7, vgl. **4** 251 — noch Notstand vermögen ohne weiteres den Rechtsanwalt zu schützen. Ebensowenig vermag dies schon an sich das Vorliegen der Voraussetzungen des § 193 StGB. Ebenso: Anm. 12.

[1]) S. hierzu M. Friedländer AWNachr. **3** 93/4.

EGH. **5** 96; **6** 154/5; **8** 7; **9** 231; **10** 20, 86/7; **15** 65, 82, 255, 282. Wohl aber finden §§ 11, 12 StGB. und Art. 30 der bisherigen RV. Anwendung. Der letztgedachte Artikel schloß ausdrücklich die disziplinarische Verfolgung aus (ebenso Art. 36 RV. von 1919). § 11 StGB. verbietet, daß der Betreffende „zur Verantwortung gezogen" werde, und darunter sind mit der herrschenden Meinung (vgl. Olshausen StGB.[9] § 11 Anm. 4) auch disziplinäre Maßregeln zu verstehen. Gleiche Auslegung ist bei § 12 StGB. geboten, der die dort gedachten Berichte „von jeder Verantwortlichkeit frei" wissen will. Darüber, daß das ehrengerichtliche Verfahren ein Disziplinarverfahren ist, vgl. Exkurs vor § 62 Anm. 2.

Anm. 13. VIII. **Verjährung.** Es gibt für ehrengerichtlich strafbare Handlungen weder eine Strafverfolgungs- noch eine Strafvollstreckungsverjährung. Ebenso: EGH. 4 112/5; **10** 83; Motive 89. Auch § 77 RAO. enthält keine Verjährungsbestimmung (vgl. Anm. 5 zu diesem Paragraphen). Ein in der RTKomm. gestellter Antrag Eysoldt auf Einführung einer fünfjährigen Verjährung der Verfolgung ehrengerichtlich strafbarer Handlungen wurde nach längerer Debatte abgelehnt (Siegeth Anhang 112/4, KommB. 38). Zeitablauf allein vermag niemals das ehrengerichtliche Verfahren zu hindern. EGH. **17** Nr. 91 (G 4/14).

§ 63.

Die ehrengerichtlichen Strafen sind:

1. Warnung;
2. Verweis;
3. Geldstrafe bis zu dreitausend Mark;
4. Ausschließung von der Rechtsanwaltschaft.

Geldstrafe kann mit Verweis verbunden werden.

Anm. 1. I. **Inhalt.** Der Paragraph regelt das System der ehrengerichtlichen Strafen.

Anm. 2. II. **Die zulässigen ehrengerichtlichen Strafen sind ausschließlich die in § 63 genannten** (EGH. **6** 9).

Anm. 3. 1. Es kann also nicht auf Suspension (Dienstsperre) erkannt werden. Schon die Mot. 78/9 erörterten die Frage, ob diese Maßregel sich als Strafe empfehle, und kamen zu einem verneinenden Ergebnis, da der suspendierte Rechtsanwalt bei dem Publikum nicht mehr das gleiche Vertrauen wie früher finden, dadurch weniger gewissenhaft werden und also leicht wieder der ehrengerichtlichen Bestrafung verfallen werde. In der RTKomm. wurden Anträge auf Einschaltung der

> „Entziehung der Befugnis zur Ausübung der Rechtsanwaltschaft bis zur „Dauer von zwei Jahren"

oder der

> „zeitigen Entziehung der Befugnis zur Ausübung der Rechtsanwaltschaft auf die Dauer von einem Monate bis zu einem Jahre"

gestellt. Beide Anträge wurden nach kurzer Erörterung abgelehnt (Siegeth Anhang 56).

Die Frage ist aber seitdem nicht zur Ruhe gekommen. Im Jahre 1887 beschäftigte sich mit ihr der X. Anwaltstag, bei der Abstimmung ergab sich Stimmengleichheit (JW. **1887** 398). v. Wilmowski, der schon auf dem genannten Anwaltstage für die Einführung der Suspension als Strafe eingetreten war, empfahl auch später (JW. **1892** 295, BuschsZ. **20** 211/12) die zeitlich beschränkte Dienstsperre als ehrengerichtliches Strafmittel. Nach ihm hat dann Stern DJZ. **1901** 370/2 und JW. **1901** 642/3 die räumlich beschränkte Dienstsperre, die der Strafversetzung des Beamten vergleichbar sei, in Vorschlag gebracht. Der XV. Anwaltstag (1901) hat aber wiederum trotz der Gutachten von Lesse (JW. **1901** 625/6) und Stern sich gegen die Einführung irgendeiner Art von Suspension ausgesprochen (DJZ. **1901** 429).

Erneut stand die Frage der Einführung der Suspension auf dem XXI. Anwaltstage (1913) zur Verhandlung. Es muß hier auf Fingers Gutachten (Beilage zu Nr. 14 der JW. **1913**) und die Verhandlungen des genannten Anwaltstages (Beilage zu Nr. 20 ebenda) verwiesen werden. Der Anwaltstag sprach sich zwar für Einführung einer Zwischenstrafe zwischen der Ausschließung von der Rechtsanwaltschaft und dem Verweise + 3000 *M* Geldstrafe aus, verwarf aber sowohl die Suspension (Ausschließung auf Zeit) als auch die räumlich beschränkte Dienstsperre als Strafmittel JW. **1913** 898. Über die Frage der Einführung der vorläufigen Suspension während des Schwebens des ehrengerichtlichen Verfahrens und in ähnlichen Fällen s. JW. **1913** 791/3.

2. Freiheitsstrafen kennt die RAO. als ehrengerichtliche Strafen nicht, auch nicht etwa als hilfsweise eintretende für den Fall der Unbeitreiblichkeit von Geldstrafen (Mot. 78). Anm. 4.

3. Mißbilligung ist keine vom Gesetze zugelassene Strafe (EGH. **16** 210/1; **17** Nr. 54 G 6/17, Nr. 105 G 25/15). Über Aufrechterhaltung oder Aufhebung einer vom AKV. ausgesprochenen Mißbilligung kann im ehrengerichtlichen Verfahren nicht erkannt werden. Vgl. EGH. **6** 7/10; Meyer § 63 Anm. 3; Berger § 63 Anm. 5; Sydow-Jacobsohn § 63 Anm. 1, 3. Da aber auf eine ehrengerichtliche Strafe dann nicht erkannt werden kann, wenn lediglich zum Einschreiten im Aufsichtswege Anlaß gegeben ist, muß es dem EG. unbenommen sein, im Urteile darzulegen, daß und weshalb dies der Fall ist, vgl. insbes. EGH. **16** 445, während EGH. **14** 182 zu Mißverständnissen Anlaß geben konnte; s. auch M. Friedländer AVNachr. **3** 97). So erklären sich die in EGH. **15** häufig vorkommenden Bemerkungen, ein bestimmtes Verhalten werde vom EGH. mißbilligt. Niemals aber darf seitens des EG. eine Mißbilligung als Aufsichtsmaßregel ausgesprochen werden, wie dies nach AKJahrb. **1910** 15 das EG. Dresden in einem Falle bei Einstellung des ehrengerichtlichen Verfahrens gegen einen Rechtsanwalt getan hat. Dieser Ausspruch wurde auf eingelegte Beschwerde mit Recht aufgehoben, denn Aufsichtsmaßregeln kann nur der AKV., nicht das mit ihm eben nicht identische EG. (vgl. § 67 Anm. 3) verhängen. Anm. 5.

III. Was die **Stufenfolge der zugelassenen ehrengerichtlichen Strafmittel** anlangt, so ergibt sich ohne weiteres, daß die Warnung die leichteste Strafe ist. Vgl. EGH. **1** 40, 133, 156; **3** 143; **4** 32. Unzweifelhaft ferner ist die Ausschließung von der Rechtsanwaltschaft die schwerste Strafe (vgl. EGH. **2** 84; **3** 154; **4** 60; **5** 100; **6** 90; **12** 65), und auf diese schwerste Strafe folgt als zweit schwerste Strafe der mit Geldstrafe von 3000 Mk. verbundene Verweis (EGH. **3** 187). Anm. 6.

Ebenso ist klar, daß Verweis eine strengere Strafe ist als Warnung. Vgl. EGH. **1** 105, 136; **2** 91; **4** 209. Es ergibt das schon die Bezeichnung dieser beiden Strafmittel. Anm. 7.

Selbstverständlich ist, daß Verweis, verbunden mit Geldstrafe, eine strengere Strafe als Verweis allein darstellt.

Wie aber verhält sich die Geldstrafe zu Warnung und Verweis? § 63 gibt hier insofern Aufschluß, als jede Geldstrafe eine schwerere Strafe ist als die Warnung. Vgl. EGH. **3** 177, 283 und 285; **4** 235, 243; **5** 95, 98. Es folgt das daraus, daß die Geldstrafe bereits einen Eingriff in die Rechtsgüterwelt des Betroffenen darstellt, die Warnung dagegen nur eine Art Denkzettel ist, welche den Anwalt von künftigen Pflichtverletzungen abhalten soll. Anm. 8.

Für das Verhältnis von Verweis zu Geldstrafe kommt in Betracht, daß die RAO. in den §§ 6 Nr. **3**, **15** Nr. 1, 43 Nr. **3** Verurteilung zu Verweis und

Verurteilung zu Geldstrafe von mehr als 150 Mk. in den Wirkungen gleichstellt. Daraus ergibt sich, daß Geldstrafe bis einschließlich 150 Mk. eine mildere Strafe als Verweis ist. Ebenso: EGH. **3** 293; **4** 235, 243; **5** 161; **9** 232; F—l in JW. **1884** 191; Meyer § 63 Anm. 1; Berger und Sydow-Jacobsohn § 63 Anm. 2; vgl. auch Mot. 78. Irrig EGH. **1** 22, wo Verweis „die niedrigste gesetzliche Strafe" genannt wird. EGH. **1** 32 ersetzt auf Berufung des Angeklagten die in 1. Instanz erkannte Geldstrafe durch Verweis, was unrichtig ist, wenn die Geldstrafe, deren Höhe nicht angegeben wird, 150 Mk. nicht überstieg. Ebenso F—l in JW. **1884** 191.

Im übrigen wird man der Reihenfolge der 4 Ziffern des § 63 Abs. 1 dahin eine Bedeutung beizulegen haben, daß, soweit nicht aus anderen Bestimmungen das Gegenteil folgt (wie bei dem Verhältnis von Verweis zu Geldstrafe bis zu 150 Mk.), die Strafmittel vom leichtesten zum schwersten ansteigend aufgeführt sind. Daraus ergibt sich, daß auf Warnung Geldstrafe bis einschließlich 150 Mk., auf diese der Verweis und dann die höheren Geldstrafen folgen. Mithin entspricht der Verweis der auf 150 Mk. unmittelbar folgenden höheren Geldstrafe.

Anm. 9. Bezüglich des Wertverhältnisses zwischen einer alleinstehenden und einer mit Verweis verbundenen Geldstrafe erhellt aus dem Gesagten folgendes: Eine Geldstrafe von 310 Mk. ist schwerer als Verweis + 150 Mk. Geldstrafe, eine Geldstrafe von 300 Mk. ist leichter als Verweis + 150 Mk. Geldstrafe. Beide Größen sind also dann gleichwertig, wenn die allein stehende Geldstrafe die mit Verweis verbundene um die nächste auf 150 Mk. folgende Geldstrafengröße übersteigt. Zutreffend daher EGH. **3** 293, **16** 201: Ersetzung von Verweis + 50 Mk. Geldstrafe auf Berufung des Angeklagten durch 100 Mk. Geldstrafe; EGH. **17** Nr. 46 (G 7/17): Ersetzung von 400 Mk. Geldstrafe auf Berufung des Angeklagten durch Verweis.

Anm. 10. IV. Für die **Wahl der Strafe im einzelnen Falle** — hierbei kommen die ehrengerichtlichen Vorstrafen, bei denen die Richtigkeit des betreffenden Urteils nicht nachzuprüfen ist EGH. **17** Nr. 49 (G 74/14) in Betracht; die gegen den Angeklagten ausgesprochenen Mißbilligungen berücksichtigt dagegen der EGH. nicht, wenn der Angeklagte ihre Berechtigung und die Richtigkeit des zugrunde gelegten Sachverhalts bestreitet, da die Mißbilligung in materieller Hinsicht keiner Nachprüfung im geordneten Instanzenzuge unterliegt EGH. **17** Nr. 54 (G 6/17), Nr. 105 (G 25/15); s. dagegen früher **16** 396 — läßt die RAO. völlig freie Hand. Doch werden sich aus der Natur der einzelnen Strafmittel immerhin einige bedeutsame Gesichtspunkte gewinnen lassen, ohne daß eben etwas Allgemeingültiges sich aufstellen ließe.

1. Die Warnung wird sich in Fällen empfehlen, in denen die Verhängung der ersten ehrengerichtlichen Strafe in Frage steht, ferner wenn Jugend oder Reizung als Milderungsgründe in Betracht kommen oder es sich wenigstens nur um eine oder wenige Verfehlungen nicht besonders schwerer Art handelt. Vgl. EGH. **1** 40, 155; **3** 119, 143, 177, 288; **4** 32.

Anm. 11. 2. Der Verweis, bei dem die RAO. keine verschiedenen Arten der Verhängung kennt (Motive 78), gibt sich schon seinem Namen nach als Ehrenstrafe zu erkennen und wird daher am Platze sein, wenn ein unanständiges, unehrenhaftes Verhalten in Frage kommt; dahin geht auch z. T. die Praxis der Ehrengerichte. Etwas abweichend EGH. **1** 136, 147; **3** 282/3.

Anm. 12. 3. Die Strafe, die den größten Spielraum gewährt, ist die Geldstrafe. Ihr Höchstmaß beträgt 3000 Mk. Ein bestimmtes Mindestmaß, wie § 27 StGB., kennt die RAO. nicht. Die niedrigste in den Entscheidungen des EGH. erwähnte, allein erkannte Geldstrafe beträgt 30 Mk. (EGH. **12** 5), während neben Verweis noch einer geringeren, nämlich einer Geldstrafe von 20 Mk., gedacht wird (EGH. 1 181). In AKJahrb. 1914 20 erscheint eine Geldstrafe von 25 Mk. als allein erkannte Strafe.

So wenig die Verhängung einer Geldstrafe davon abhängig ist, daß der Angeklagte die fragliche Verfehlung aus Gewinnsucht begangen hat (Meyer § 63 Anm. 2; EGH. 5 66, Geldstrafen neben Verweis betreffend), so sehr wird die Geldstrafe gerade dann am Platze sein, wenn Geldinteressen den Angeklagten zu Pflichtwidrigkeiten verleitet haben. Vgl. EGH. 2 67; 3 293; 4 22; 5 156, 167/8; 8 134; 10 75; 15 81; 16 83, 334; 17 Nr. 46 (G 7/17), Nr. 75 (G 32/17). Anm. 13.

Bei Bemessung der Höhe der Geldstrafe wird allerdings die Vermögenslage des Angeklagten zu berücksichtigen sein (EGH. 15 218, 16 157). Allein damit ist nicht etwa gesagt, daß von Erkennung einer Geldstrafe abzusehen und zu einem anderen Strafmittel zu greifen ist, wenn es zweifelhaft erscheint, ob die Geldstrafe beitreiblich sein wird (EGH. 1 222; 3 191; 4 206; 11 191); denn es ist zu berücksichtigen, daß der von der Geldstrafe Betroffene doch „fortgesetzt dem Drucke der ihm drohenden Zwangsvollstreckung ausgesetzt bleibt" (EGH. 11 191). Kann es durchaus angemessen sein, einem Rechtsanwalt mit geringem Einkommen nur eine mäßige Geldstrafe aufzuerlegen, weil eben sie schon ein schweres Übel für ihn darstellt (EGH. 11 175; 14 108, 127/8; 15 85, 172), so kann es sehr wohl im gegebenen Falle angezeigt erscheinen, auf eine den Rechtsanwalt hart treffende Strafe zu erkennen, um den Besserungszweck nicht zu gefährden. Vgl. EGH. 1 100; 7 133/4; 12 65). Anm. 14.

4. Die Verbindung von Verweis und Geldstrafe stellt regelmäßig die zweitschwerste Strafart dar (vgl. jedoch Anm. 9). Sie wird anzuwenden sein, wenn Verweis oder Geldstrafe allein nicht genügend und die Ausschließung von der Rechtsanwaltschaft zu hart erscheint. Vgl. EGH. 1 109, 110/1; 10 209. Es werden also namentlich die Fälle in Betracht kommen, in denen die Hoffnung auf Besserung noch nicht ausgeschlossen ist (EGH. 3 154; 4 60, 144; 5 168; 12 65) oder bei denen es sich empfiehlt, durch die Wahl des Strafmittels auf die äußerste, dem Angeklagten bei künftigen Verfehlungen drohende Möglichkeit der Ausschließung hinzuweisen. Vgl. EGH. 4 78; 6 90; 11 175). Ein einschlägiger und ausdrücklicher Hinweis in den Urteilsgründen ist übrigens auch zulässig (EGH. 16 143/4), ohne aber das künftig erkennende EG. zu binden (EGH. a. a. O.). Interessant EGH. 16 345: Abstandnahme von Verhängung einer Geldstrafe neben Verweis u. a. mit Rücksicht auf die erheblichen, dem Angeklagten zur Last fallenden Kosten des Berufungsverfahrens. Anm. 15.

5. Die Ausschließung von der Rechtsanwaltschaft als die schwerste der ehrengerichtlichen Strafen „pflegt nur dann verhängt zu werden, wenn entweder objektiv die begangene Verfehlung eine derartige ist, daß ganz abgesehen von der sonstigen Integrität des betreffenden Anwaltes ein weiteres Verbleiben im Anwaltstande unmöglich erscheint, oder wenn bei einer objektiv minder schweren Verfehlung das Vorleben des Anwaltes und sein Charakter nicht mehr die nötige Garantie bietet, um ihn in dem Anwaltsberufe ferner belassen zu können" (EGH. 17 35). Dieser Ausführung entspricht die ständige Praxis des EGH., vgl. EGH. 16 85, 308/310, 474; s. auch M. Friedländer AVNachr. 3 84/5. Anm. 16.

V. Einzelstrafen oder einheitliche Strafe? § 63 RAO. enthält alle Bestimmungen, welche die RAO. über die zu verhängenden ehrengerichtlichen Strafgrößen gibt. Es fehlen durchaus Normen, die den §§ 73—79 StGB. entsprächen. Wie ist nun die Strafe bei mehreren selbständigen Verfehlungen zu finden? Anm. 17.

1. Der Standpunkt des Gesetzes erhellt deutlich aus § 63 Abs. 2. Diese Bestimmung läßt die Häufung zweier der vier Strafgrößen, nämlich des Verweises mit der Geldstrafe zu. Wäre eine Häufung allgemein zulässig, so wäre Absatz 2 Anm. 18.

nicht recht erklärlich. Sein Vorhandensein beweist, und die Motive 79 bestätigen es, daß nur Verweis und Geldstrafe zu einer Strafgröße verbunden werden können. Vgl. Meyer § 63 Anm. 2; Berger § 63 Anm. 3; Sydow-Jacobsohn § 63 Anm. 1. Ebenso: EGH. **4** 91, **5** 86, **6** 81, **15** 81: nicht mehrere Geldstrafen, Warnungen oder Verweise; **5** 75, **6** 81: nicht Häufung mehrerer Geldstrafen; **5** 121: nicht Häufung von Geldstrafe und Verweis + Geldstrafe; **5** 173/4: nicht Häufung von Verweis und Verweis + Geldstrafe; **17** Nr. 67 (G 41/15): nicht Häufung von Warnung und Geldstrafe.

Anm. 19. 2. Das System der Häufung ist also nicht das der RAO. Aber auch das System der Gesamtstrafe im Sinne des § 74 StGB. ist der RAO. unbekannt (EGH. **5** 86; **17** Nr. 25 G 36/16): sonst hätten Bestimmungen darüber, wie die einzelnen Strafen miteinander zu verschmelzen seien, nicht fehlen können.

Anm. 20. 3. Das System der RAO. ist vielmehr das der einheitlichen Strafe für alle gleichzeitig zur Aburteilung gelangenden Verfehlungen. Vgl. EGH. **4** 81, 91, 299; **5** 75; **6** 81; **8** 7; **10** 73; **12** 54; **17** Nr. 25 (G 36/16); Meyer § 63 Anm. 2; Berger § 63 Anm. 3; Sydow-Jacobsohn § 62 Anm. 2, § 63 Anm. 1.

Daraus ergeben sich wichtige Folgerungen:

Anm. 21. a) Bei Auswahl der Strafe im Einzelfalle sind alle Verfehlungen mit zu berücksichtigen (EGH. **7** 41).

Anm. 22. b) Das Hinzukommen oder Fortfallen einzelner Verfehlungen in der Berufungsinstanz bewirkt nicht notwendig Erhöhung oder Ermäßigung der Strafe. Vgl. EGH. **3** 40/1; **6** 75, 212; **10** 64; **11** 145, 155.

Anm. 23. c) Die Verbindung mehrerer ehrengerichtlicher Strafverfahren gegen denselben Angeklagten gebietet, selbst wenn diese Verbindung erst in der Berufungsinstanz erfolgt, die Festsetzung einer einheitlichen Strafe, nötigenfalls unter entsprechender Abänderung der ergangenen ehrengerichtlichen Urteile. Ebenso: EGH. **5** 173/4, **8** 6/7, 70; **12** 54, 63; **14** 94, 102, 173; **15** 67, 81; Meyer § 63 Anm. 2; Berger § 63 Anm. 3; Sydow-Jacobsohn § 62 Anm. 2, § 63 Anm. 1. Nicht zu billigen ist EGH. **17** Nr. 53 (G 6 und 21/16). Der Angeklagte war durch zwei Urteile verurteilt worden, in dem einen zum Verweis und 2000 Mk. Geldstrafe, in dem anderen zu Verweis. Der EGH. verband beide Sachen und verwarf ohne Änderung eines der Urteile beide Berufungen, „nur daß der Verweis bei der nunmehrigen Vereinigung beider Strafsachen allerdings bloß einmal zu erteilen ist". Eben deshalb wäre aber gerade eine Abänderung unumgänglich gewesen. Es ist durchaus zulässig, beim Strafmaße zu berücksichtigen, daß eine allein zur Aburteilung stehende Verfehlung vor einer früheren ehrengerichtlichen Verurteilung begangen ist, also bei gleichzeitiger Aburteilung der beiden Verfehlungen nur eine Strafe ausgesprochen worden wäre EGH. **17** Nr. 39 (G 21/15).

Anm. 24. d) Sind zwei selbständige ehrengerichtliche Urteile ergangen, und ist eines derselben rechtskräftig geworden, so ist die Zurückführung der mehreren erkannten Strafen auf eine einheitliche Strafe ausgeschlossen. Ebenso: EGH. **12** 66; **3** 25; Berger § 63 Anm. 3.

Anm. 25. e) Verweis + Geldstrafe wird wie eine Strafe behandelt.

Anm. 26. **VI. § 199 StGB.** gilt nicht, auch nicht entsprechend, im ehrengerichtlichen Verfahren. Vgl. EGH. **3** 289; **4** 18; **11** 24 (wo § 193 offenbar Druckfehler statt des richtigen § 199 ist); **12** 42; **13** 104; Meyer § 63 Anm. 2; Berger § 62 Anm. 2; Sydow-Jacobsohn § 63 Anm. 4.

Anm. 27. **VII.** Wegen der **Vollstreckung der Strafen** vgl. die Anmerkungen zu §§ 96, 97.

§ 64.

Wegen Handlungen, welche ein Rechtsanwalt vor seiner Zulassung begangen hat, ist ein ehrengerichtliches Verfahren nur dann zulässig, wenn jene Handlungen die Ausschließung von der Rechtsanwaltschaft begründen.

1. Inhalt. Der Paragraph bestimmt, inwieweit wegen der von dem Rechtsanwalt vor seiner Zulassung begangenen Handlungen ein ehrengerichtliches Strafverfahren zulässig ist[1]). Anm. 1.

2. Verhältnis des § 64 zu § 62 und zu § 5 Ziff. 5. Anm. 2.

a) Nach § 62 hat ein Rechtsanwalt, der die ihm obliegenden Pflichten verletzt, die ehrengerichtliche Bestrafung verwirkt. Da nun diese Pflichten erst durch die Eigenschaft als Rechtsanwalt entstehen, kann nach § 62 eine Bestrafung wegen Handlungen, die vor der Zulassung liegen — die Übergangsfragen und die Frage erneuter Zulassung beiseite gelassen — nicht eintreten: denn Pflichten, die einem noch nicht obliegen, kann man auch nicht verletzen. Vgl. Meyer § 64 Anm. 3. Deshalb wäre es allein richtig gewesen, auch hier, wie nach § 21 Ziff. 3 RAO., die Zurücknahme der Zulassung vorzuschreiben, falls ein Rechtsanwalt, der sich eines die Ausschließung bedingenden Verhaltens schuldig gemacht hat, dennoch zugelassen wurde, weil jenes Verhalten unbekannt geblieben war. Die Mot. 79 begründen die Abstandnahme hievon damit, daß man dem Betroffenen das rechtliche Gehör und die Anrufung der höheren Instanz nicht habe versagen wollen. Deshalb das ehrengerichtliche Strafverfahren zuzulassen, war vom Standpunkte der Motive aus richtig, da der Entwurf noch nicht das ehrengerichtliche Zulassungsverfahren kannte. Nachdem die RTKomm. dieses eingeführt, hätte sie den § 64 durch eine Ergänzung des § 21 Ziff. 3 ersetzen und eine Bestimmung treffen sollen, wonach § 16 Abs. 2—4 entsprechend anwendbar sei, wenn die Zurücknahme der Zulassung erfolge, weil sich nachträglich das Vorliegen der Voraussetzungen des § 5 Ziff. 5 ergeben habe.

b) § 64 ist nun aber einmal Gesetz geworden. Er wird in den Motiven a. a. O. als eine unentbehrliche Ergänzung des § 5 Ziff. 5 bezeichnet und soll eben für den Fall dieser Ziffer in gleicher Weise die Beseitigung früherer Irrtümer ermöglichen, wie der § 21 Ziff. 3 im Falle des § 5 Ziff. 1 und 2. Vgl. EGH. **1** 57. Aber immerhin ist § 64 dem ehrengerichtlichen Strafverfahren und nicht dem ehrengerichtlichen Zulassungsverfahren angegliedert. Anm. 3.

3. Voraussetzungen des § 64. Aus dem Gesagten ergibt sich folgendes: Anm. 4.

a) Die vor der Zulassung begangenen Handlungen sind nur dann als selbständige Verfehlungen verfolgbar, wenn sie selbst die Ausschließung von der Rechtsanwaltschaft begründen. Genügen sie allein nicht zur Erkennung dieser schwersten Strafe, so scheiden sie für das ehrengerichtliche Verfahren als selbständige Pflichtwidrigkeiten aus (EGH. **13** 7/8). Durchaus zulässig ist es aber, wegen des durch sie gekennzeichneten Vorlebens des RA. und der dadurch gerechtfertigten Schlüsse auf seinen Charakter usw. spätere Verfehlungen strenger aufzufassen.

b) Das Wohlverhalten des Rechtsanwalts nach der Handlung darf ebensowenig außer Betracht bleiben, wie im Falle des § 5 Ziff. 5. Vgl. § 5 Anm. 34. Anm. 5.

c) § 64 spricht von den Handlungen, „welche ein Rechtsanwalt vor seiner Zulassung begangen hat". Daß darunter die Handlungen fallen, die begangen sind, bevor der spätere Rechtsanwalt überhaupt eine Zulassung hatte, ist klar. Weiter gehören dahin die Handlungen, welche in die Zeit zwischen der ersten Zulassung und der Eintragung in die Anwaltsliste fallen: denn erst mit dieser Eintragung beginnt die Eigenschaft als RA. und damit die Anwendbarkeit Anm. 6.

[1]) Zu § 64 vgl. Berolzheimer JW. **1903** 232; Burkhardt BayZ. **4** 121; A. Friedländer ebenda 162; Männer ebenda 219.

der §§ 28, 62, nur die frühere Zeit also kann § 64 betreffen. Wie steht es aber mit den Handlnngen, die ein RA. nach seinem Eintrage in die Anwaltsliste vornimmt, wenn er vor Einleitung eines ehrengerichtlichen Strafverfahrens die Zulassung aufgibt und demnächst neu zugelassen und eingetragen wird? Es liegt nahe, auch diese Handlungen dem § 64 zu unterstellen: so Berolzheimer JW. **1903** 232, A. Friedländer BayZ. **4** 162 und die 1. Auflage dieses Kommentars. Allein es kann doch nicht angenommen werden, daß das Gesetz dies gewollt habe: denn dann könnte für Verfehlungen, die nicht die Ausschließung begründen, der RA. sich vor ehrengerichtlicher Bestrafung sichern und doch ein Recht darauf haben, wie früher, wieder Rechtsanwalt zu werden. So wird man denn in der Tat mit EGH. **13** 5 (s. auch EGH. **14** 40) annehmen müssen, daß § 64 „lediglich einen jetzigen Rechtsanwalt zu der Zeit, als er nicht Rechtsanwalt war, im Auge hat." Ebenso Burkhardt BayZ. **4** 121, Männer ebenda 219. Vgl. auch AKJahrB. **1908** 9 (AKB. Hamburg). Folgt man der vorstehend vertretenen Ansicht, so bestehen die vom AKB. Naumburg NaumburgAK. **1915** 17 beklagten Unzuträglichkeiten nicht. Allerdings ist der frühere RA., wenn der noch nicht zum ehrengerichtlichen Strafverfahren gediehene Verstoß die Ausschließung nicht rechtfertigen würde, wieder zuzulassen: aber gegen den Zugelassenen ist alsbald ehrengerichtlich vorzugehen.

Anm. 7. d) Wegen der Übergangsfrage, ob und inwieweit § 64 für die vor dem 1. 10. 79 begangenen Handlungen der damals bereits als Rechtsanwälte fungierenden Personen gilt, vgl. § 107 Anm. 2.

Anm. 8. 4. Das lediglich aus § 64 eingeleitete Verfahren kann zu keiner anderen Verurteilung als zur Ausschließung führen.

Anm. 9. a) Deshalb muß schon die Anklage und der Eröffnungsbeschluß die Verfehlung als eine solche charakterisieren, die § 64 genügt (Meyer § 64 Anm. 3).

Anm. 10. b) Ergibt sich, daß zwar eine ehrengerichtlich strafbare Handlung, aber nicht eine solche vorliegt, welche die Ausschließung begründet, so ist der Angeklagte freizusprechen (Meyer a. a. O.): denn § 64 macht nicht alle, sondern nur diejenigen Handlungen strafbar, welche die Ausschließung rechtfertigen würden.

§ 65.

Ist gegen einen Rechtsanwalt wegen einer strafbaren Handlung die öffentliche Klage erhoben, so ist während der Dauer des Strafverfahrens wegen der nämlichen Thatsachen das ehrengerichtliche Verfahren nicht zu eröffnen und, wenn die Eröffnung stattgefunden hat, auszusetzen.

Ist im Strafverfahren auf Freisprechung erkannt, so findet wegen derjenigen Thatsachen, welche in diesem zur Erörterung gekommen sind, ein ehrengerichtliches Verfahren nur insofern statt, als dieselben an sich und unabhängig von dem Thatbestand einer im Strafgesetze vorgesehenen Handlung die ehrengerichtliche Bestrafung begründen.

Ist im Strafverfahren eine Verurtheilung ergangen, welche die Unfähigkeit zur Ausübung der Rechtsanwaltschaft nicht zur Folge hat, so beschließt das Ehrengericht, ob außerdem das ehrengerichtliche Verfahren zu eröffnen oder fortzusetzen sei.

Kann im Strafverfahren eine Hauptverhandlung nicht stattfinden, weil der Angeklagte abwesend ist, so findet die Vorschrift des Absatzes 1 keine Anwendung.

I. **Inhalt.** Der Paragraph regelt das Verhältnis des ehrengerichtlichen Strafverfahrens zu dem dieselben Tatsachen betreffenden kriminellen Strafverfahren. Anm. 1.

II. **Verhältnis des kriminellen und des ehrengerichtlichen Strafverfahrens zueinander.** Anm. 2.

A. Welches Verfahren hat zeitlich den Vorrang? 1. Der Entwurf gab dem kriminellen Strafverfahren stets den Vorrang, die RTKomm. änderte dies. Unbedingt hat das kriminelle Strafverfahren jetzt nur noch dann den Vorrang, wenn es ein Offizialverfahren ist. Ist es ein Privatklageverfahren, so steht es in der Hand des EG., ob es den Ausgang dieses Verfahrens abwarten will oder nicht (Turnau § 65 Anm. 3; Meyer § 65 Anm. 6; Berger § 65 Anm. 1). Das Abwarten wird sich wohl auch hier meistens empfehlen.

2. Die StA. ist durch § 65 Abs. 1 nicht gehindert, Anklage im ehrengerichtlichen Verfahren zu erheben, und sie kann hiezu unter Umständen zwecks Wahrung der Frist des § 77 RAO. genötigt sein. Anm. 3.

3. Das Abwarten des kriminellen Strafverfahrens geschieht dadurch, daß, Anm. 4.

a) wenn über die Eröffnung des ehrengerichtlichen Verfahrens d. h. über die Anklage der StA. noch nicht Beschluß gefaßt ist, diese Beschlußfassung bis zur Beendigung des kriminellen Strafverfahrens unterbleibt. Das gilt selbst dann, wenn das EG. die Eröffnung der Voruntersuchung oder des Hauptverfahrens ablehnen will: das kriminelle Strafverfahren kann ja auch das Belastungsmaterial vermehren.

b) Hat die Eröffnung des ehrengerichtlichen Verfahrens bereits stattgefunden, so wird dem kriminellen Strafverfahren durch Aussetzung des ehrengerichtlichen Strafverfahrens der Vorrang eingeräumt. Den Aussetzungsbeschluß faßt das EG. nicht nur, wenn das Hauptverfahren eröffnet ist, sondern auch, wenn die ehrengerichtliche Voruntersuchung, deren Eröffnung ja auch durch das EG. erfolgt (vgl. § 69 Anm. 19), sich im Gange befindet. Anm. 5.

4. § 65 Abs. 1 gilt nicht nur, wenn zur Zeit der Erhebung der Anklage im ehrengerichtlichen Verfahren das kriminelle Strafverfahren bereits im Gange war, sondern auch, wenn dieses erst später in Gang kam. Ja selbst wenn das ehrengerichtliche Strafverfahren bereits in der Berufungsinstanz schwebt, ist dasselbe (durch Beschluß des EGH.) auszusetzen, wenn Anklage im kriminellen Strafverfahren erhoben wird. Anm. 6.

5. Nur die Anklageerhebung ist nach § 65 von Bedeutung, in welcher Form sie erfolgt, ist gleichgültig. Auch die summarischen Verfahrensarten genügen. Immer aber muß die Anklage gegen den Rechtsanwalt erhoben sein, gegen den sich das ehrengerichtliche Verfahren richten soll. Der Antrag auf Einleitung des objektiven Verfahrens genügt so wenig, wie die Anklage gegen eine andere Person als den betreffenden Rechtsanwalt. Anm. 7.

6. Das ehrengerichtliche Verfahren tritt „während der Dauer des Strafverfahrens" zurück. Das Strafverfahren dauert bis zur rechtskräftigen Erledigung, die Strafvollstreckung braucht nicht abgewartet zu werden, ebensowenig die Beschlußfassung über Wiederaufnahmeanträge. Ist dagegen vor rechtskräftiger Beendigung des ehrengerichtlichen Verfahrens im kriminellen Strafverfahren die Wiederaufnahme des Verfahrens angeordnet, so ist damit wieder der Zustand der Dauer des Strafverfahrens gegeben und § 65 Abs. 1 anwendbar. Anm. 8.

7. All dies gilt nicht, wenn und solange das kriminelle Strafverfahren nur deshalb nicht zur Hauptverhandlung gedeihen kann, weil der Angeklagte im Sinne des § 318 StPO. abwesend ist, während die ehrengerichtliche Hauptverhandlung nach § 83 RAO. — siehe Anm. 3 ff. daselbst — stattfinden kann. In diesem Falle ist also das ehrengerichtliche Verfahren in seinem Fortgange nicht gehemmt. Anm. 9.

Anm. 10. B. Endet das kriminelle Strafverfahren, ohne daß es zu einer Hauptverhandlung kommt, kommt es also zwar zur Anklageerhebung, nicht aber zur Eröffnung des Hauptverfahrens, so ist das EG. in seiner Beurteilung ganz unabhängig von den Ergebnissen des kriminellen Strafverfahrens. Vgl. EGH. **4** 78/9, **16** 89; Meyer § 65 Anm. 2; Berger § 65 Anm. 2; Sydow-Jacobsohn § 65 Anm. 3; Schulze Rspr. d. Kaiserl. DiszH. 198 ff.

Anm. 11. C. Dasselbe gilt, wenn es zwar zu einem Urteil im kriminellen Strafverfahren kommt, dieses aber nicht auf Freisprechung oder Verurteilung, sondern lediglich auf Einstellung des Verfahrens lautet z. B. mangels Strafantrags oder wegen Durchgreifens des Grundsatzes ne bis in idem. Ebenso der DiszH. bei Schulze a. a. O. 201 ff. (Einstellung wegen Verjährung).

Anm. 12. D. Wirkung der Freisprechung im kriminellen Strafverfahren.

Nach Abs. 2 findet, wenn im kriminellen Strafverfahren auf Freisprechung erkannt ist, wegen derjenigen Tatsachen, welche in diesem zur Erörterung gekommen sind, ein ehrengerichtliches Verfahren nur insofern statt, als sie an sich und unabhängig von dem Tatbestand einer im Strafverfahren vorgesehenen Handlung die ehrengerichtliche Bestrafung begründen.

Anm. 13. 1. Gegenüber der Fassung des § 65 Abs. 2 ist ein Zweifel darüber nicht möglich, daß auf Freisprechung — natürlich rechtskräftig — erkannt sein muß, soll § 65 Abs. 2 eingreifen. Es ist unrichtig, wenn EGH. **9** 77/8 als freisprechend ein Urteil behandelt hat, in dem die StK. wohl eine vorsätzliche Körperverletzung für gegeben, aber nicht für bewiesen hielt, daß sie mittels eines gefährlichen Werkzeugs begangen war und deshalb mangels Strafantrags das Verfahren einstellte. Der EGH. meint, die StK. habe eben doch die Schuldfrage bezüglich des Vergehens aus § 223 a StGB. verneint. Allein es gibt keine Freisprechung von Qualifikationen der zur Anklage verstellten Tat, und daß eine solche Freisprechung der StK. ferngelegen hat, zeigt gerade der Umstand, daß sie auf Einstellung erkannte. Wollte man den Standpunkt des EGH. adoptieren, so hätte die StK. wegen derselben Tat sowohl freigesprochen als auch eingestellt, was trotz des reichsgerichtlichen Urteils RGSt. **7** 357/8 ein Unding ist. Den Standpunkt dieser Entscheidung mißbilligt übrigens das RG. jetzt selbst RGSt. **29** 176, wo von einem „anerkannten Prozeßgrundsatze" bezüglich der diesseitigen Auffassung gesprochen wird. Vgl. auch Löwe StPO.[14] Anm. 7a und b zu § 259. Richtig der DiszH. bei Schulze a. a. O. 201 ff. (Einstellung wegen Verjährung: „. . . die in den Gründen zum Ausdrucke gebrachte Überzeugung des Gerichts von der Schuld des Angeklagten ist keine „Verurteilung" . . . . .".

Anm. 14. 2. Unter den Tatsachen, welche in dem kriminellen Strafverfahren zur Erörterung gekommen sind, ist derjenige Vorgang zu verstehen, der dort Gegenstand der Aburteilung war. Die von Hartmann DJZ. **1912** 1348/50 erörterten Schwierigkeiten, die eintreten können, wenn die Freisprechung durch ein Schwurgericht erfolgt ist, sind keine anderen als die bei Stützung des Einwandes ne bis in idem auf ein derartiges Urteil entstehenden: sie sind eben stets durch Anwendung des § 263 StPO. zu lösen. Bezüglich des Gegenstands der Aburteilung steht für das EG. fest, daß er eine kriminelle Straftat nicht darstellt. EGH. **16** 78.

Anm. 15. a) Das EG. ist nicht etwa nur an die Annahme des Strafrichters, daß diese oder jene Paragraphen nicht einschlägig seien, gebunden. Der Strafrichter hatte ja nach § 263 StPO. die Tat nach allen möglichen strafrechtlichen Gesichtspunkten zu prüfen; sprach er frei, so verneinte er damit, daß die Tat überhaupt irgendeinem Strafgesetze unterfalle.

Anm. 16. b) Das EG. ist ferner nicht nur daran gebunden, daß das Ergebnis der Verhandlung im kriminellen Strafverfahren zum Beweise einer kriminellen Straftat nicht genügt, es ist ihm auch versagt, zu einer gegenteiligen Annahme durch Feststellung von Tatsachen zu gelangen, die im Zusammenhalt mit dem Ergebnisse des kriminellen Strafverfahrens zur Annahme einer kriminellen Straftat führen: für das EG. steht rechtskräftig fest, daß der Angeklagte einer Straftat nicht schuldig ist. Deshalb ist

c) wegen des Vorgangs, welcher Gegenstand des kriminellen Strafverfahrens war (Offizial- oder Privatklageverfahrens — dagegen bezieht PrArztEGH. **3** 235 ohne genügenden Grund den dem § 65 Abs. 2 RAO. entsprechenden § 16 Abs. 2 PrArztEGG. nicht auf den Fall einer Freisprechung im Privatklageverfahren), ein ehrengerichtliches Strafverfahren nur insoweit statthaft, als jener Vorgang an sich und abgesehen von seiner etwaigen, eben rechtskräftig verneinten, kriminellen Strafbarkeit die ehrengerichtliche Strafbarkeit begründet. Bei dieser Prüfung ist das EG. nur insofern durch das freisprechende Urteil des Strafrichters eingeengt, als es nicht Tatsachen als festgestellt ansehen darf, die jenen Tatbestand zu dem einer kriminellen Straftat stempeln würden, sonst aber ist es in der Tatfrage völlig frei. Vgl. EGH. **2** 88/9; **4** 122; **6** 55; **9** 42, 48/9; **10** 69. Anm. 17.

Beispiele für die Anwendung des § 65 Abs. 2: Anm. 18.

Freisprechung von der Anklage der Beihilfe zu einem verschleierten wucherischen Geschäfte und ehrengerichtliche Verurteilung wegen tatsächlicher Hilfe zu einem moralisch verwerflichen Geschäfte, bezüglich dessen der Rechtsanwalt nicht pflichtgemäß geprüft hat, ob es sich nicht um ein verwerfliches Geschäft handelt (EGH. **2** 88/91).

Freisprechung von der Anklage der Unterschlagung eingenommener Gelder und ehrengerichtliche Verurteilung wegen der Verwendung der für die Auftraggeber erhaltenen Gelder in eigenem Nutzen und der durch ein solches auf Unordnung und Leichtsinn zurückzuführendes Verhalten erfolgten Gefährdung der Rechte des Auftraggebers. EGH. **4** 121/9. Ähnlich EGH. **5** 200/203.

Freisprechung von der Anklage eines Vergehens nach § 356 StGB. und ehrengerichtliche Verurteilung wegen eines durch große Gedankenlosigkeit verursachten Verstoßes gegen § 31 Ziff. 2 RAO. EGH. **6** 56/7.

Freisprechung wegen Betrugs und ehrengerichtliche Verurteilung wegen Gebrauchs illoyaler Mittel zur Wahrung der Rechte des Auftraggebers. EGH. **10** 69/71.

E. Wirkung verurteilender Erkenntnisse des kriminellen Strafverfahrens. Anm. 19.

1. Wie das freisprechende, ist auch das verurteilende Erkenntnis des kriminellen Strafverfahrens nur von Bedeutung, wenn es die Rechtskraft beschritten hat.

2. Erkennt der Strafrichter auf Zuchthaus oder auf dauernden Verlust der bürgerlichen Ehrenrechte, so tritt nach den §§ 31, 34 StGB. mit der Rechtskraft des Urteils die dauernde Unfähigkeit zur Ausübung der Rechtsanwaltschaft von selbst ein. In diesem Falle ist das ehrengerichtliche Verfahren als gegenstandslos einzustellen (Turnau § 65 Anm. 4, Meyer § 65 Anm. 2). § 65 Abs. 3 zeigt nämlich, daß die RAO. neben einer strafgerichtlichen Verurteilung ein ehrengerichtliches Verfahren nicht ohne weiteres für geboten hält, und § 5 Ziffer 1 RAO. verhindert, daß im gedachten Falle der frühere RA. erneut zugelassen wird, es fehlt also an einem Bedürfnisse zur Weiterführung des ehrengerichtlichen Verfahrens. Anm. 20.

Die Wirkung der Einstellung muß den gedachten Verurteilungen auch bezüglich der gegen denselben RA. schwebenden ehrengerichtlichen Verfahren beigemessen werden, die einen anderen Vorfall betreffen, und ebenso ist, wenn in einem ehrengerichtlichen Verfahren rechtskräftig auf Ausschließung erkannt ist, ein damit nicht verbundenes anderes ehrengerichtliches Verfahren zur Einstellung zu bringen: es rechtfertigt sich das daraus, daß die RAO. bei ihrem Systeme der einheitlichen

Strafe (vgl. § 63 Anm. 20) grundsätzlich von der Verbindung gleichzeitig schwebender ehrengerichtlicher Verfahren ausgeht (vgl. ebenda Anm. 23), und vorliegend über den RA. bereits dasjenige Übel, das nach der RAO. die schwerste ehrengerichtliche Strafe darstellt, verhängt ist.

Anders liegt der Fall, wenn der Strafrichter auf zeitigen Verlust der bürgerlichen Ehrenrechte oder auf zeitige Unfähigkeit zur Bekleidung öffentlicher Ämter erkannt hat (§§ 32, 34, 35 StGB.). Hier besteht nach Ablauf der im Urteil festgesetzten Zeit lediglich der fakultative Versagungsgrund des § 6 Ziffer 2 RAO. Gerade, weil dieser Versagungsgrund nur fakultativ ist, muß insoweit ein Bedürfnis anerkannt werden, in geeigneten Fällen das ehrengerichtliche Verfahren fortsetzen zu können und so durch Erlassung eines Ausschließungsurteils den zwingenden Versagungsgrund des § 5 Ziffer 2 RAO. zu schaffen. Unter der Unfähigkeit zur Ausübung der Rechtsanwaltschaft i. S. des § 65 Abs. 3 RAO. ist eben nur eine dauernde Unfähigkeit zu verstehen. Ebenso Meyer a. a. O., während EGH. **14** 69 allgemein bemerkt: „Ergeht ein Urteil auf eine Strafe, die die Unfähigkeit zur Ausübung der Rechtsanwaltschaft zur Folge hat, so bleibt überhaupt kein Raum mehr für ein ehrengerichtliches Verfahren". Dagegen hat EGH. **14** 45/6 in einem Falle, in dem der Strafrichter auf zeitige Unfähigkeit zur Bekleidung öffentlicher Ämter erkannt hatte, in der Erwägung, „daß durchgreifende Gründe dafür, trotzdem das wegen Verfehlungen des Angeklagten aus früherer Zeit eingeleitete Verfahren fortzusetzen, nicht vorlagen", das ehrengerichtliche Verfahren eingestellt und zwar, wie ausdrücklich bemerkt wird, „in entsprechender Anwendung des § 65 RAO.". Der EGH. hat also wohl die „Unfähigkeit zur Ausübung der Rechtsanwaltschaft" i. S. des § 65 Abs. 3 mit uns als dauernde aufgefaßt.

Anm. 21. 3. In allen Fällen, in denen nicht nach Anm. 20 ohne weiteres Einstellung zu erfolgen hat, „beschließt das Ehrengericht, ob außerdem das ehrengerichtliche Verfahren zu eröffnen oder fortzusetzen sei".

Anm. 22. Im Entwurfe folgten in Abs. 3 nach dem Worte „Ehrengericht" noch die Worte „nach Anhörung der Staatsanwaltschaft". In der Sitzung der RTKomm. vom 12. März 1878 kam es zu einer lebhaften Debatte darüber, ob im ehrengerichtlichen Verfahren die Mitwirkung einer StA. überhaupt statthaben solle, Die Abstimmung ergab die Bejahung der letztgedachten Frage (Siegeth Anhang 56/65). In der nächsten Sitzung der RTKomm. vom 14. März 1878 war man darüber einig, daß das Abstimmungsergebnis des 12. März nicht zur Aufrechterhaltung der oben gedachten Worte zwinge, „da aus der allgemeinen Zulassung der Staatsanwaltschaft beim ehrengerichtlichen Verfahren noch nicht mit Notwendigkeit folge, daß in dem hier vorliegenden Falle dieselbe beibehalten werden solle" (Siegeth Anhang 66). Darauf strich die RTKomm. jene Worte, und so entstand die jetzige Fassung des Abs. 3 (Siegeth a. a. O.).

Anm. 23. Daß man danach beabsichtigt hat, durch die erwähnte Streichung die Anhörung der StA. entbehrlich zu machen, ist klar. Erreicht ist die Absicht aber nicht (ähnlich, doch nicht so weitgehend, Meyer § 65 Anm. 4, der meint, die Streichung sei „nicht von erheblicher Bedeutung"). Zu einem Beschluß auf Eröffnung oder Nichteröffnung des ehrengerichtlichen Verfahrens kann das EG. ohne Anklageerhebung, also ohne Antrag der StA., gar nicht kommen. Zudem gilt für den Beschluß nach § 65 Abs. 3 RAO. gemäß § 66 RAO. die allgemeine Vorschrift des § 33 StPO., welche die vorgängige Erklärung der StA. sogar bei jedem außerhalb der Hauptverhandlung zu fassenden Beschlusse erfordert. Die Entstehungsgeschichte des Abs. 3 ist ein gutes Beispiel für die Erkenntnis des Satzes, daß Streichungen in Gesetzesentwürfen durchaus nicht notwendig den Erfolg haben, die gestrichene Stelle nicht in Geltung erwachsen zu lassen.

a) Das Eigentümliche des nach Abs. 3 eintretenden Verfahrens ist das freie Ermessen (EGH. **4** 129; OLG. Breslau in BreslauAK. **1888** 2), das dem EG. betreffs der Eröffnung oder Fortsetzung des ehrengerichtlichen Verfahrens zusteht. § 65 Abs. 3 ist keine Ausnahme vom Legalitätsprinzipe (vgl. § 69 Anm. 15), denn die Ausübung des Ermessens steht nur dem EG., nicht der StA. zu. A. M. offenbar OStA. Hamburg in AKJahrB. **1909** 9 ohne Angabe von Gründen. Abs. 3 ist eine Ausnahme namentlich von den Bestimmungen über Eröffnung der Voruntersuchung bzw. des Hauptverfahrens, (aber nicht nur hievon, siehe den Text im Verfolg). Nach § 65 Abs. 3 kann das EG. mit Rücksicht auf den konkreten Fall, obwohl die Tat, wegen deren auf Strafe erkannt ist, auch eine ehrengerichtlich strafbare Verfehlung darstellt, davon absehen, sie zur ehrengerichtlichen Abhandlung zu bringen. Der EGH. meint **11** 120, § 65 Abs. 3 beziehe sich nur auf die Eröffnung des Hauptverfahrens. Das ist nicht richtig. Das Gesetz spricht von der Entscheidung darüber, ob das ehrengerichtliche Verfahren „zu eröffnen oder fortzusetzen sei". Eröffnet wird das ehrengerichtliche Verfahren bei Anklageerhebung mittels Antrags auf Voruntersuchung durch den Beschluß auf Eröffnung der Voruntersuchung, bei unmittelbarer Anklageerhebung durch den im Eröffnungsverfahren gefaßten Beschluß. Unter Umständen ist es also erst der Eröffnungsbeschluß, der das ehrengerichtliche Verfahren eröffnet. Danach muß auch noch nach diesem Zeitpunkte ein Beschluß gemäß Abs. 3 möglich sein, nämlich der Beschluß darüber, ob das Verfahren fortzusetzen sei. Ist das aber richtig, dann kann das Ermessen des Abs. 3 auch noch in der Hauptverhandlung ausgeübt werden und ebenso ist nicht einzusehen, weshalb es durch den Erlaß des Urteils 1. Instanz für den EGH. ausgeschlossen sein sollte, der eben doch — falls man etwa das Wort „Ehrengericht" pressen will — bei zulässiger Berufung ganz an die Stelle des EG. tritt. Ebenso jetzt EGH. **14** 45/6. Vgl. ferner ebenda 82. Anm. 24.

Es mag zur Stützung der vorstehenden Auslegung auf Bestimmungen wie § 37 StGB. und § 42 Abs. 2 MStGB. verwiesen werden, die beide zeigen, wie ganz anders der Gesetzgeber sich auszudrücken pflegt, wenn er zwar die Einleitung eines Strafverfahrens nicht zwingend vorschreiben, nach Einleitung aber ein Ermessen, wie vorher, nicht mehr walten lassen will. Anm. 25.

b) Von welchen Gesichtspunkten das EG. sich bei Ausübung des Ermessens leiten lassen soll, sagt das Gesetz nicht. Angedeutet ist es aber in dem Worte „außerdem": es kommt eben darauf an, ob das EG. annimmt, daß im gegebenen Falle dem Angeschuldigten so erhebliche Milderungsgründe zur Seite stehen, daß die Aufrechterhaltung der Disziplin keine ehrengerichtliche Bestrafung neben der Kriminalstrafe erfordert. Der Fall wird nur selten vorkommen, ein Beispiel siehe BreslauAK. **1888** 17/22, während EGH. **3** 73/5 nicht einschlägt, da hier trotz der vom Strafrichter festgestellten Beleidigung keine ehrengerichtlich strafbare Verfehlung angenommen wurde. Weitere Fälle s. z. B. EGH. **14** 81 ff., 84 ff. Anm. 26.

c) Hält das EG. neben der kriminellen Bestrafung auch noch ein ehrengerichtliches Strafverfahren für erforderlich, so fragt es sich, wie EG. und EGH. sich zu dem Urteil des Strafrichters zu stellen haben. Der Standpunkt des EGH. hat in dieser Beziehung gewechselt. Auch in der ursprünglichen Praxis sah der EGH. das Urteil des Strafrichters als für das EG. maßgebend an, aber eine Abweichung von den strafrichterlichen Feststellungen ließ er doch verschiedentlich dann zu, wenn gegen ihre Richtigkeit besondere Gründe geltend gemacht wurden. Vgl. EGH. **6** 26, 33/4, **7** 13, 21; **8** 16; **9** 85. Die neuere Praxis des EGH. erklärt dagegen das Strafurteil für unbedingt bindend auch im Bereiche des ehrengerichtlichen Verfahrens. Vgl. EGH. **9** 40/44; **11** 36/7, 207/8; **12** 37/8, 46/7; **14** 66 ff., 80, 81, 84/5; **16** 82, 83; **17** Nr. 16 (G 38/16), Nr. 56 (G 71/14), Nr. 79 (G 20/15). Dem ist beizutreten (ebenso Berger § 65 Anm. 3 und Sydow- Anm. 27.

Jacobsohn § 65 Anm. 5). Man muß eben doch berücksichtigen, daß die RAO. dem kriminellen Strafverfahren den Vortritt vor dem ehrengerichtlichen Verfahren läßt, woraus an sich schon auf eine Abhängigkeit dieses von jenem zu schließen ist. Im Falle des Abs. 2 ferner ist das EG. an die Verneinung jedweden strafrechtlich bedeutsamen Tatbestandes gebunden, und im Falle des Abs. 3 sollte es in der Lage sein, die Feststellung der in Frage kommenden Straftat umzustoßen? Das ist um so weniger anzunehmen, als bezüglich des § 78 Abs. 2 RBG., des Vorbilds von § 65 Abs. 3 RAO., bereits vor der Zeit des Erlasses der RAO., nämlich schon im Jahre 1874, von dem Disziplinarhofe für Reichsbeamte die Gebundenheit der Disziplinarkammer an den Schuldspruch des Strafrichters festgestellt wurde (s. Schulze Rspr. d. Kaiserl. Diszh. 211, spätere Entscheidungen ebenda 217, 319, 219/221, vgl. ferner Pieper, RBG. § 78 Anm. 3, v. Rheinbaben, PrDiszG.[2] III 1 Abs. 1 Anm. 1 zu § 5 d. Ges. 21. 7. 52).

Anm. 27a. Wo in Abschnitt I von einem kriminellen Strafverfahren die Rede ist, macht es keinen Unterschied, ob dieses sich vor einem ordentlichen oder vor einem reichsrechtlich bestellten oder zugelassenen besonderen Strafgerichte abspielt. Das Verfahren nach der MilStGO., auch das vor den Feld- und Bordgerichten, ist Strafverfahren im Sinne des § 65, ebenso aber auch das Verfahren vor den außerordentlichen Kriegsgerichten: denn es geht nicht an, eine Unterscheidung dahin zu machen, ob ein Verfahren mehr oder minder die Garantien des von der StPO. geregelten aufweist, und es danach als Strafverfahren im Sinne des § 65 gelten zu lassen oder nicht; maßgebend kann nur sein, ob das betreffende Verfahren zu einer rechtskräftigen Erledigung der Strafsache geeignet ist oder nicht. Das ist aber unabhängig davon, ob die für die ordentlichen Strafgerichte vorgesehenen Garantien gegeben sind oder fehlen. EGH. 17 Nr. 102 (G 3/16) läßt die Anwendung des § 65 auf die Urteile der außerordentlichen Kriegsgerichte dahin gestellt sein.

Anm. 27b. F. Neuerungen der Reichsabgabenordnung.

Eine völlige Umkehrung des Grundsatzes von dem Vorrange des Strafverfahrens enthält § 388 RAbgO. Nach ihm ist, wenn gegen einen RA. der Verdacht einer fahrlässigen Steuerzuwiderhandlung besteht, die er in Ausübung seines Berufs bei der Beratung in Steuersachen begangen hat, „die Einleitung einer strafrechtlichen Verfolgung an die Voraussetzung gebunden, daß zuvor im ehrengerichtlichen Verfahren (§§ 62 ff. der Rechtsanwaltsordnung) eine Verletzung der Berufspflichten des Rechtsanwalts festgestellt ist. Ist die Untersuchung wegen einer vorsätzlichen Steuerzuwiderhandlung eingeleitet, so gilt das gleiche für die Fortsetzung des Verfahrens, wenn sich vor Erlaß des Strafbescheids oder vor Eröffnung des Hauptverfahrens ergibt, daß nur der Verdacht einer fahrlässigen Steuerzuwiderhandlung begründet erscheint." In den Fällen des § 388 RAbgO. geht also das ehrengerichtliche Verfahren stets vor. Ist im Strafverfahren die gedachte Vorschrift nicht beachtet worden, so sind die Bestimmungen des § 65 Abs. 2 und 3 RAO. nicht für anwendbar zu halten: denn sie fußen auf der hier eben nicht gegebenen Abhängigkeit des ehrengerichtlichen vom kriminellen Strafverfahren. Natürlich ist aber das EG. an die rechtskräftige Feststellung des Strafrichters gebunden, daß eine vorsätzliche Steuerzuwiderhandlung gegeben ist: in diesem Falle versagt ja § 388 RAbgO. und tritt deshalb § 65 RAO. wieder in sein Recht.

Das Strafverfahren ist, wenn die Voraussetzungen des § 388 RAbgO. zutreffen, dadurch bedingt, daß „im ehrengerichtlichen Verfahren eine Verletzung der Berufspflichten des Rechtsanwalts festgestellt ist". Es muß also nicht nur eine Verurteilung im ehrengerichtlichen Verfahren erfolgt sein, das Urteil muß auch ergeben, daß sie wegen Verletzung der Berufspflichten und nicht etwa wegen unwürdigen Benehmens außerhalb der Berufsausübung erfolgt ist. Läßt das

Urteil in dieser Beziehung die nötige Klarheit vermissen, so kann zu ihrer Herbeiführung die StA. die Berufung ergreifen.

III. Über das **Verhältnis des ehrengerichtlichen Strafverfahrens zum ehrengerichtlichen Zulassungsverfahren** s. § 93 Anm. 8, § 5 Anm. 35. Anm. 28.

IV. **Verhältnis des ehrengerichtlichen Strafverfahrens zu anderen Disziplinarverfahren.** 1. Wer mehreren Disziplinargewalten untersteht, kann von jeder derselben wegen ein und desselben Vorgangs besonders diszipliniert werden (EGH. **1** 207; **13** 36). Das ehrengerichtliche Strafverfahren gegen einen Rechtsanwalt wird durch ein wegen des gleichen Vorfalls gegen den Betreffenden in seiner Eigenschaft als Notar eingeleitetes Disziplinarverfahren nicht ausgeschlossen. Ebenso: EGH. **1** 206/7; **9** 196/7; **13** 36; **15** 280; **16** 73. Neben beiden Verfahren kann sogar noch ein ehrengerichtliches Verfahren gegen dieselbe Person in ihrer Eigenschaft als Reserveoffizier sich abwickeln. Vgl. EGH. 8 64. Das Gesetz zwingt hier kein Verfahren, hinter dem anderen zurückzutreten. Anm. 29.

2. Ebensowenig sind an sich die Feststellungen in dem einen Verfahren für das andere bindend. Vgl. EGH. **11** 36/9, 40/2, 48; **12** 52/3 im Gegensatze zu der früheren Praxis des EGH. (z. B. **4** 135; **6** 18; **8** 86). Wohl aber kann das in dem einen Verfahren ergangene Erkenntnis zum Urkundenbeweis in dem anderen Verfahren verwendet werden, der Gegenbeweis gegen die Feststellungen jenes Erkenntnisses ist aber nicht abzuschneiden (vgl. EGH. **11** und **12** a. a. O.). Anm. 30.

V. **Ordnungsstrafverfahren nach GVG. oder nach Landesrecht und ehrengerichtliches Strafverfahren.** 1. Beide Verfahren schließen einander nicht aus. Vgl. EGH. **6** 113; **11** 227; **16** 75; Meyer § 62 Anm. 8; Berger und Sydow-Jacobsohn § 62 Anm. 1. Es kann aber sehr wohl im einzelnen Falle zwar die Möglichkeit bestehen, auf Ordnungsstrafen zu erkennen und doch von dieser Möglichkeit kein Gebrauch gemacht werden, z. B. weil die nach § 180 GVG. statthafte Strafe von 100 Mk. zu gering oder weil es bei der schlechten Vermögenslage des Rechtsanwalts nicht angemessen erscheint, gegen ihn eine Geldstrafe als Ordnungsstrafe festzusetzen. Aber auch andere einschlägige Gründe sind denkbar, vgl. z. B. EGH. **6** 113/4. Anm. 31.

2. Nicht jede Ordnungswidrigkeit, die gerichtsseitig mit Ordnungsstrafe belegt werden könnte, stellt ohne weiteres auch eine ehrengerichtlich strafbare Handlung dar. Anm. 32.

3. Beide Verfahren sind in jeder Weise voneinander unabhängig. Anm. 33.

VI. Über das **Verhältnis des ehrengerichtlichen Strafverfahrens** Anm. 34.

1. **zu einer auf Grund des § 49 Ziffer 1 RAO. ausgesprochenen Mißbilligung** siehe § 49 Anm. 9, ferner EGH. **17** Nr. 92 (G 7/15),

2. **zur Verhängung von Zwangsstrafen aus § 58 Abs. 3 RAO.** siehe § 58 Anm. 16.

VII. **Verhältnis des ehrengerichtlichen Strafverfahrens zu zivilrechtlichen Ansprüchen.** Anm. 35.

§ 90 Abs. 2 RAbgO. bestimmt:

„Rechtsanwälte sind wegen Handlungen, die sie in Ausübung ihres Berufs bei der Beratung in Steuersachen vorgenommen haben, dem Reiche gegenüber nur dann schadenersatzpflichtig, wenn diese Handlungen eine Verletzung ihrer Berufspflicht enthalten; ob eine solche Verletzung der Berufspflicht vorliegt, wird auf Antrag des Landesfinanzamts im ehrengerichtlichen Verfahren entschieden".

Daß unter dem ehrengerichtlichen Verfahren, das hier, anders als im § 388 RAbgO., ohne Erwähnung bestimmter Paragraphen der RAO. auftritt, nicht das ehrengerichtliche Zulassungsverfahren gemeint sein kann, erhellt schon daraus, daß der Antragsteller in diesem Verfahren noch gar nicht RA. ist. Entweder also ist das ehrengerichtliche Strafverfahren gemeint oder es ist an eine damit neu eingeführte dritte Art des ehrengerichtlichen Verfahrens gedacht. Wäre dies die Absicht des Gesetzes gewesen, so hätte es unbedingt weitere Bestimmungen darüber enthalten müssen, wie sich im einzelnen in Anlehnung an die Normen des ehrengerichtlichen Strafverfahrens das neue Verfahren entwickeln solle. Für das ehrengerichtliche Zulassungsverfahren sind solche Bestimmungen in §§ 16, 93 RAO. enthalten, die RAbgO. bringt nichts Ähnliches. Deshalb ist das ehrengerichtliche Verfahren des § 90 Abs. 2 RAbgO. als das ehrengerchtliche Strafverfahren der RAO. aufzufassen. Daraus folgt die Notwendigkeit der berichtigenden Auslegnng des § 90 Abs. 2 RAbgO. Die Einleitung des ehrengerichtlchen Strafverfahrens setzt die Erhebung der Klage voraus, und diese steht nur der StA. zu. Also ist der „Antrag" des LFA. nur das an die StA. gerichtete Begehren der Erhebung der Klage. Man wird aber das LFA. als Vertreter des Verletzten anzusehen und deshalb für berechtigt zu halten haben, den Antrag aus § 170 StPO. zu stellen. Wegen des notwendigen Inhalts der Entscheidung des EG. s. Anm. 27 b. Wird eine Verletzung der Berufspflicht im ehrengerichtlichen Verfahren nicht festgestellt, so entfällt eine Haftung des RA. Wird die Feststellung getroffen, so wird man dadurch den Zivilrichter ebensowenig für gebunden zu halten haben, wie in den Fällen des § 11 Abs. 2 EGGVG.

§ 66.

Insoweit nicht aus den nachfolgenden Bestimmungen Abweichungen sich ergeben, finden auf das ehrengerichtliche Verfahren die Vorschriften der Strafprozeßordnung über das Verfahren in den zur Zuständigkeit der Landgerichte gehörigen Strafsachen und die Vorschriften der §§ 156 Nr. II, 177, 186 bis 200 des Gerichtsverfassungsgesetzes[1]) entsprechende Anwendung.

[1]) Diese Paragraphen lauten:

§ 156.

Der Gerichtsvollzieher ist von der Ausübung seines Amts kraft Gesetzes ausgeschlossen:

I. in bürgerlichen Rechtsstreitigkeiten:

3. wenn eine Person Partei ist, mit welcher er in gerader Linie verwandt, verschwägert oder durch Adoption verbunden, in der Seitenlinie bis zum dritten Grade verwandt oder bis zum zweiten Grade verschwägert ist, auch wenn die Ehe, durch welche die Schwägerschaft begründet ist, nicht mehr besteht;

II. in Strafsachen:

1. wenn er selbst durch die strafbare Handlung verletzt ist;
2. wenn er der Ehemann der Beschuldigten oder Verletzten ist oder gewesen ist;
3. wenn er mit dem Beschuldigten oder Verletzten in dem vorstehend unter Nr. I 3 bezeichneten Verwandtschafts- oder Schwägerschaftsverhältnisse steht.

§ 177.

Die Aufrechthaltung der Ordnung in der Sitzung liegt dem Vorsitzenden ob.

§ 186.

Die Gerichtssprache ist die deutsche.

§ 187.

Wird unter Betheiligung von Personen verhandelt, welche der deutschen Sprache nicht mächtig sind, so ist ein Dolmetscher zuzuziehen. Die Führung eines Nebenprotokolls in der fremden Sprache findet nicht statt; jedoch sollen Aussagen und Erklärungen in fremder Sprache, wenn und soweit der Richter dies mit Rücksicht auf die Wichtigkeit der Sache für erforderlich erachtet, auch in der fremden Sprache in das Protokoll oder in eine Anlage niedergeschrieben werden. In den dazu geeigneten Fällen soll dem Protokolle eine durch den Dolmetscher zu beglaubigende Übersetzung beigefügt werden.

Die Zuziehung eines Dolmetschers kann unterbleiben, wenn die betheiligten Personen sämmtlich der fremden Sprache mächtig sind.

§ 188.

Zur Verhandlung mit tauben oder stummen Personen ist, sofern nicht eine schriftliche Verständigung erfolgt, eine Person als Dolmetscher zuzuziehen, mit deren Hülfe die Verständigung in anderer Weise erfolgen kann.

§ 189.

Ob einer Partei, welche taub ist, bei der mündlichen Verhandlung der Vortrag zu gestatten sei, bleibt dem Ermessen des Gerichts überlassen.

Dasselbe gilt in Anwaltsprozessen von einer Partei, die der deutschen Sprache nicht mächtig ist.

§ 190.

Personen, welche der deutschen Sprache nicht mächtig sind, leisten Eide in der ihnen geläufigen Sprache.

I. Inhalt. Der Paragraph erklärt auf das ehrengerichtliche Verfahren die das Verfahren in landgerichtlichen Strafsachen betreffenden Bestimmungen der StPO. und gewisse Bestimmungen des GVG. für entsprechend anwendbar. Anm. 1.

II. Für das ehrengerichtliche Verfahren erklärt § 66 bestimmte Vorschriften für entsprechend anwendbar. Dabei wird unter dem ehrengerichtlichen Verfahren das ganze durch Abschnitt IV geregelte Verfahren verstanden, nicht nur das Verfahren vor dem EG., sondern auch die Führung der Voruntersuchung durch den ehrengerichtlichen Untersuchungsrichter, die Tätigkeit des OLG. und RG. als Beschwerdegerichts und des EGH. als Berufungsgerichts. Vgl. RGSt. **10** 428. Anm. 2.

III. Die Anwendung soll nur erfolgen, 1. soweit nicht aus den nach- Anm. 3.

---

§ 191.

Der Dolmetscher hat einen Eid dahin zu leisten:

daß er treu und gewissenhaft übertragen werde.

Ist der Dolmetscher für Übertragungen der betreffenden Art im allgemeinen beeidigt, so genügt die Berufung auf den geleisteten Eid.

§ 192.

Der Dienst des Dolmetschers kann von dem Gerichtsschreiber wahrgenommen werden. Einer besonderen Beeidigung bedarf es nicht.

§ 193.

Auf den Dolmetscher finden die Bestimmungen über Ausschließung und Ablehnung der Sachverständigen entsprechende Anwendung. Die Entscheidung erfolgt durch das Gericht oder den Richter, von welchem der Dolmetscher zugezogen ist.

§ 194.

Bei Entscheidungen dürfen Richter nur in der gesetzlich bestimmten Anzahl mitwirken.

Bei Verhandlungen von längerer Dauer kann der Vorsitzende die Zuziehung von Ergänzungsrichtern anordnen, welche der Verhandlung beizuwohnen und im Falle der Verhinderung eines Richters für denselben einzutreten haben.

Die vorstehenden Bestimmungen finden auch auf Schöffen und Geschworene Anwendung.

§ 195.

Bei der Berathung und Abstimmung dürfen außer den zur Entscheidung berufenen Richtern nur die bei demselben Gerichte zu ihrer juristischen Ausbildung beschäftigten Personen zugegen sein, soweit der Vorsitzende deren Anwesenheit gestattet.

§ 196.

Der Vorsitzende leitet die Berathung, stellt die Fragen und sammelt die Stimmen.

Meinungsverschiedenheiten über den Gegenstand, die Fassung und die Reihenfolge der Fragen oder über das Ergebniß der Abstimmung entscheidet das Gericht.

§ 197.

Kein Richter, Schöffe oder Geschworener darf die Abstimmung über eine Frage verweigern, weil er bei der Abstimmung über eine vorhergegangene Frage in der Minderheit geblieben ist.

§ 198.

Die Entscheidungen erfolgen, soweit das Gesetz nicht ein Anderes bestimmt, nach der absoluten Mehrheit der Stimmen.

Bilden sich in Beziehung auf Summen, über welche zu entscheiden ist, mehr als zwei Meinungen, deren keine die Mehrheit für sich hat, so werden die für die größte Summe abgegebenen Stimmen den für die zunächst geringere abgegebenen so lange hinzugerechnet, bis sich eine Mehrheit ergibt.

Bilden sich in einer Strafsache, von der Schuldfrage abgesehen, mehr als zwei Meinungen, deren keine die Mehrheit für sich hat, so werden die dem Beschuldigten nachtheiligsten Stimmen den zunächst minder nachtheiligen so lange hinzugerechnet, bis sich eine Mehrheit ergibt.

§ 199.

Die Reihenfolge bei der Abstimmung richtet sich nach dem Dienstalter, bei den Schöffengerichten und den Kammern für Handelssachen nach dem Lebensalter; der Jüngste stimmt zuerst, der Vorsitzende zuletzt. Wenn ein Berichterstatter ernannt ist, so giebt dieser seine Stimme zuerst ab.

Bei der Abstimmung der Geschworenen richtet sich die Reihenfolge nach der Auslosung. Der Obmann stimmt zuletzt.

§ 200.

Schöffen und Geschworene sind verpflichtet, über den Hergang bei der Berathung und Abstimmung Stillschweigen zu beobachten.

folgenden Paragraphen sich Abweichungen ergeben. Ob dies der Fall ist, muß bei den einzelnen Paragraphen geprüft werden.

2. Die Anwendung soll nur eine entsprechende sein, d. h. die für anwendbar erklärten Paragraphen sind nur unter Berücksichtigung der Natur des ehrengerichtlichen Verfahrens zur Anwendung zu bringen.

Anm. 4. **IV. In dieser Weise anzuwenden sind die Vorschriften der StPO. über das Verfahren in den zur Zuständigkeit der Landgerichte gehörigen Strafsachen.**

A. Das Gesetz spricht nur von den Vorschriften der StPO. Zu ihr gehört aber auch das EGStPO.; auch seine Bestimmungen sind anzuwenden (vgl. EGH. **10** 83). Nähme man das nicht an, so würde z. B. der im kriminellen Strafverfahren wegen Art. 4 EGStPO. nur subsidiär geltende § 71 StPO. im ehrengerichtlichen Verfahren unbedingt gelten, was gewiß ausgeschlossen ist. Aus dem Gesagten folgt, daß gemäß Art. 6 Abs. 2 Ziffer 1 EGStPO. die Einstellung eines ehrengerichtlichen Verfahrens gegen einen RA. wegen seiner Eigenschaft als Mitglied einer gesetzgebenden Versammlung vorkommen kann. So fand Art. 84 der bisherigen PrVerf. auch auf Disziplinarverfahren Anwendung und galt daher auch für das ehrengerichtliche Strafverfahren. Vgl. KGJ. **41** C 358; Kaskel DJZ. **1911** 535/6; Bericht der GeschOKomm. des PrAbgH. 21. LP. IV. Sess. 1911 Drucks. Nr. 237; PrAbgH. StenBer. 21. LP. IV. Sess. 1911 Sp. 5619 ff. (Sitzung vom 4. 5. 1911, Fall Liebknecht). Dasselbe traf für Titel VII § 62 der bisherigen BayVerf. in der Fassung des Ges. vom 6. 7. 1908 zu (ungedruckte Entsch. des EG. München).

Art. 31 der bisherigen RV. war gleichfalls anwendbar, da unter die dort erwähnte „Untersuchung" auch ein Disziplinarverfahren fiel (RGSt. **24** 207). Die Anwendung ist seitens des RT. in der Sitzung vom 11. 12. 1896 (StenBer. **1896** 3821) im Falle Radwanski erfolgt. Ebenso EGH. **16** 95/6. Dem Art. 31 der bisherigen RV. entspricht Art. 37 der jetzigen RV. von 1919.

Anm. 5. B. Die Besprechung des größten Teils der einschlägigen Bestimmungen wird bei denjenigen Paragraphen der RAO. erfolgen, die auf die betreffende Materie Bezug haben. Nur einiges, was sich keinem Paragraphen der RAO. sachgemäß angliedern läßt, muß hier seinen Platz finden, nämlich die Bestimmungen über gerichtliche Entscheidungen und ihre Bekanntmachung, sowie über die Verteidigung.

Anm. 6. C. Gerichtliche Entscheidungen und ihre Bekanntmachung.

1. Für den Erlaß der Entscheidungen und den Umfang des Begründungszwangs gelten die §§ 33, 34 StPO., für die Bekanntmachung der § 35 StPO.

Anm. 7. 2. Die Bewirkung der Zustellungen ist auch hier, soweit nicht § 36 StPO. Ausnahmen zuläßt, Sache der StA. (Turnau § 95 Anm. 1). Vgl. EGH. **3** 17, wo die Ermittlungen nach der Adresse eines Angeklagten, an den die Zustellung der Ladung zur Hauptverhandlung nicht zu bewirken war, vom ORA. angestellt wurden. Die Zustellung an die Staatsanwaltschaft erfolgt gemäß § 41 StPO. durch Vorlage der Urschrift der Entscheidung (EGH. **4** 144). Im übrigen gelten für die Zustellungen die §§ 37—40 StPO., § 40 StPO. ist jedoch für die Ladung des Angeklagten zur Hauptverhandlung unanwendbar (vgl. § 83).

Anm. 8. 3. Für die Vollstreckung der Beschlüsse des ehrengerichtlichen Untersuchungsrichters und der Amtsrichter gilt § 36 Abs. 2 StPO. Im übrigen ist auch hier grundsätzlich die StA. diejenige Behörde, die nach § 36 Abs. 1 StPO. das Erforderliche zu veranlassen hat.

a) Für die Strafvollstreckung gilt das soeben Gesagte nicht. Hier gelten besondere Grundsätze (vgl. § 96 Anm. 2 ff.).

b) Ebenso ist die Beitreibung von Kosten, in die im Laufe des ehrengerichtlichen Verfahrens z. B. säumige Zeugen verurteilt werden, besonders geregelt (vgl. § 97 Anm. 11).

c) Wegen Sitzungspolizeimaßregeln vgl. Anm. 14.

d) Dagegen wird der aufgestellte Grundsatz z. B. anzuwenden sein, wenn das EG. gemäß § 200 StPO. oder in der Hauptverhandlung eine Beschlagnahme anordnet.

D. Verteidigung. 1. Die Verteidigung ist nur dann notwendig, wenn der Angeklagte taub oder stumm ist (§ 140 Abs. 2 Nr. 1 StPO.). Der Fall wird, wenn überhaupt, nur vorkommen, falls eines dieser Gebrechen sich nach der Zulassung des Rechtsanwalts eingestellt hat. Es fehlt ja in diesem Falle an der Möglichkeit einer Zurücknahme der Zulassung, vielmehr muß unter Umständen gerade deshalb gegen den infolge Gebrechlichkeit an pflichtgemäßer Ausübung seines Berufs gehinderten und gleichwohl ihn pflichtwidrig weiterführenden Rechtsanwalt ehrengerichtlich eingeschritten werden, um zu seiner Ausschließung zu gelangen. Anm. 9.

2. Für den Wahlverteidiger gelten die §§ 138, 139 StPO. EGH. **14** 114/5 verneint die Anwendbarkeit des § 139 StPO., da es sich „bei dem ehrengerichtlichen Verfahren . . . . um die gewissenhafte Ausübung der Berufstätigkeit und die Wahrung der Standeswürde der Rechtsanwälte handelt, also um Fragen, bezüglich deren die in Betracht kommenden Rechtskundigen hinreichende Kenntnisse noch nicht erworben haben können". Allein der Referendar (Rechtspraktikant) kann kraft Untervollmacht oder als allgemein bestellter Vertreter eines Rechtsanwalts einen der Rechtsbeugung angeklagten Richter, einen der Prävarikation bezichtigten RA., den nach § 21 Abs. 3 GewGG. (1901) zur Verantwortung gezogenen Vorsitzenden des GewG. verteidigen, und doch handelt es sich in allen diesen Fällen um Pflichtverletzungen in Stellungen, die als solche der Substitut zu bekleiden noch gar nicht in der Lage war. Gleichwohl wird der Referendar (Rechtspraktikant) vom Gesetze als völlig gleichwertiges Ersatzmittel für den RA. behandelt. Weshalb dies dem EG. gegenüber nicht gelten soll, ist nicht einzusehen. Daß es im einzelnen Falle durchaus ungehörig sein kann, wenn ein RA. sich durch einen Referendar verteidigen läßt, ist zuzugeben. Anm. 10.

3. Bestellung des Verteidigers. Anm. 11.

a) In dem zu 1 genannten Falle würde nach der StPO. der Verteidiger zu bestellen sein, „sobald die im § 199 StPO. vorgeschriebene Aufforderung stattgefunden hat" (§ 140 Abs. 3 StPO.). Eine solche Aufforderung erfolgt im ehrengerichtlichen Verfahren nicht, und die Anklageschrift wird dem Angeschuldigten erst mit der Ladung zur Hauptverhandlung zugestellt. Da dem Angeschuldigten ferner auch ein Recht auf Stellung von Anträgen vor der Beschlußfassung über die Eröffnung des Hauptverfahrens nicht zusteht, so wird die Bestellung des Verteidigers erst zu erfolgen haben, wenn die Eröffnung des Hauptverfahrens beschlossen ist.

b) In den Fällen der nicht notwendigen Verteidigung kann seitens des EG. oder des EGH. die Bestellung eines Verteidigers gemäß § 141 StPO. erfolgen. Vgl. EGH. **5** 52; **9** 105, 105/6; **10** 106.

c) Was die Auswahl des zu bestellenden Verteidigers anlangt, so kommt die zweite Möglichkeit im Abs. 2 des § 144 StPO. weder für das EG. noch für den EGH. in Betracht: bei beiden werden Rechtskundige der genannten Art nicht beschäftigt. Die erste Möglichkeit ist für das EG. gleichfalls ohne Bedeutung, weil es über solche Justizbeamte nicht verfügt, und der EGH. wird schwerlich einen solchen Beamten (des RG.) zu bestellen Veranlassung nehmen. Bezüglich des EGH. kommt noch die Frage in Betracht, ob ein beim RG. zugelassener Rechtsanwalt bestellt werden kann. Hiefür ist gemäß § 100 Abs. 2 RAO. das

Verhältnis maßgebend, in dem nach der RAO. der EGH. zum RG. steht (vgl. hierzu § 90 Anm. 3 ff., § 100 Anm. 7).

Wegen der Pflicht der Rechtsanwälte zur Annahme von Verteidigungen s. Exk. zu § 39 Anm. 15.

Anm. 12. 4. Dem zum Verteidiger bestellten Rechtsanwalte werden die ihm nach der RAGebO. zustehenden Gebühren und Auslagen für die Verteidigung aus der Kasse derjenigen AK. bezahlt, die gemäß § 94 Abs. 3 RAO. an die Stelle der nach § 150 StPO. zahlungspflichtigen Staatskasse tritt.

Anm. 13. V. Von den **Bestimmungen des GVG.** erklärt § 66 für entsprechend anwendbar

A. die Normen über die Fälle, in denen der Gerichtsvollzieher kraft Gesetzes von der Ausübung seines Amtes ausgeschlossen ist (§ 156 Nr. II GVG.). Besonderes ist hiezu nicht zu bemerken.

Anm. 14. B. Ferner ist § 177 GVG. anwendbar, nach welchem die Aufrechthaltung der Ordnung in der Sitzung dem Vorsitzenden obliegt. Dagegen gelten die die Sitzungspolizei regelnden §§ 178—185 GVG. für das ehrengerichtliche Verfahren nicht; sie sind bewußtermaßen nicht für anwendbar erklärt worden, weil man sie im ehrengerichtlichen Verfahren für entbehrlich gehalten hat (Siegeth Anhang 66), ein Standpunkt, der allerdings recht anfechtbar erscheint. Die Bestimmungen über die Sitzungspolizei gelten nicht nur nicht für EG. und EGH., auch dem ehrengerichtlichen Untersuchungsrichter stehen die fraglichen Machtmittel nicht zur Verfügung. Ebenso: RGSt. **10** 430. A. M.: Turnau § 66 Anm. 3 e; Meyer § 66 Anm. 2 Nr. 2.

Der Vorsitzende soll also die Ordnung aufrechterhalten, aber er hat keinerlei Mittel dazu in der Hand, weder er noch das EG. oder der EGH. können einen Angeklagten, Zeugen oder Sachverständigen, weil sie den getroffenen Anordnungen nicht gehorchen, auch nur aus dem Sitzungszimmer zwangsweise entfernen lassen (soweit nicht etwa dem EG. oder dem EGH. ein Hausrecht zusteht), geschweige denn sonst gegen sie einschreiten. Der ehrengerichtliche Untersuchungsrichter steht bei Amtshandlungen an Ort und Stelle infolge des anwendbaren § 162 StPO. (vgl. RGSt. a. a. O.) etwas besser. Was das gedachte Hausrecht angeht, so wird man annehmen dürfen, daß es dem EG. für diejenigen Räume, die ihm für seine Sitzungen seitens der JV. überlassen werden, mit dieser Überlassung übertragen ist. Das Hausrecht ergreift auch den Gang vor dem Sitzungssaal, soweit — derartige Fälle sind vorgekommen — das Verweilen auf dem Gange zum Horchen an der Tür des Sitzungssaals benutzt wird: solches Horchen aber darf das EG. wegen der durch § 82 RAO. vorgeschriebenen Nichtöffentlichkeit der Verhandlung nicht dulden.

Anm. 15. C. Anwendbar sind weiter die Bestimmungen des GVG. über die Gerichtssprache, über die Besonderes nicht zu sagen ist, und

Anm. 16. D. die Normen über Beratung und Abstimmung.

1. § 55 Abs. 2 RAO. findet also hier keine Anwendung. Ebenso Reuling 45, während EGH. **10** 23 in bedenklicher Weise zur gegenteiligen Ansicht neigt. Die Bestimmung des § 19 der Geschäftsordnung Hamm, wonach über Eröffnung oder Ablehnung der Eröffnung der Voruntersuchung, über Eröffnung des Hauptverfahrens ohne Voruntersuchung und über einen Antrag auf Ergänzung der Voruntersuchung „ohne Sitzung des Ehrengerichts mittels schriftlicher Abstimmung Beschluß gefaßt werden" kann, verstößt wider das Reichsrecht und ist deshalb ungültig. Ebenso Reuling a. a. O. Dagegen ist z. B. nach § 8 Abs. 3 des PrÄrztEGG. für „die das Verfahren leitenden Beschlüsse des Ehrengerichts" (nicht für andere Beschlüsse, die nicht lediglich prozeßleitender Natur sind PrÄrztEGH.

1 234) schriftliche Abstimmung zugelassen, sofern nicht ein Mitglied mündliche Beratung verlangt.

2. Bei der Beratung und Abstimmung des EG. und EGH. dürfen, da die in § 195 GVG. zugelassene Ausnahme für die genannten Gerichte nicht in Frage kommt, nur die zur Entscheidung berufenen Mitglieder des EG. oder des EGH. zugegen sein. Insbesondere darf auch der als Gerichtsschreiber des EG. zugezogene Rechtsanwalt der Beratung und Abstimmung nicht beiwohnen. Vgl. EGH. 7 44. Anm. 17.

3. Die Reihenfolge bei der Abstimmung richtet sich, da für die Rechtsanwälte nichts dem Dienstalter Entsprechendes besteht, ausschließlich nach dem Lebensalter (Meyer § 66 Anm. 2 Nr. 4). Das gilt auch für den EGH., womit dessen Geschäftsordnung übereinstimmt (EGH. **1** 3). Der Jüngste stimmt zuerst, der Vorsitzende zuletzt, der Berichterstatter stimmt vor dem jüngsten Mitgliede. Anm. 18.

4. Die Verschwiegenheitspflicht, wie sie § 200 GVG. den Schöffen und Geschworenen auferlegt, gilt nicht minder für die Mitglieder des EG. und des EGH. Ebenso: EGH. 7 45; **9** 5; **12** 28; Meyer a. a. O.; Berger § 66 Anm. 1; Sydow-Jacobsohn § 66 Anm. 3. Eine Vernehmung der Mitglieder des EG. oder des EGH. als Zeugen über das Zustandekommen eines Spruches ist unzulässig. RGSt. **26** 203 ff. Das RG. will jetzt (RGZ. **89** 16/17) Ausnahmen zulassen, ein Standpunkt, der nicht gebilligt werden kann, weil er eine bedenkliche Gefährdung der richterlichen Unabhängigkeit bedeutet. So auch Braun JW. **1917** 132/4 und v. Liszt ebenda 166. Anm. 19.

E. Wegen Anwendbarkeit sonstiger Bestimmungen des GVG. siehe Anm. 21 zu dem vorstehenden Paragraphen, ferner § 67 Anm. 13, 14, 23; § 82 Anm. 4; § 86 und Anm. 14, 15 zu diesem Paragraphen; § 92 Anm. 4. Anm. 20.

VI. Wegen **Einsichtnahme der ehrengerichtlichen Akten** 1. durch den Angeklagten und den Verteidiger gelten die Grundsätze der StPO. (vgl. auch § 75 Anm. 3). Anm. 21.

2. Die Einsichtnahme auch am ehrengerichtlichen Verfahren nicht beteiligten Personen oder Behörden zu gestatten, ist an sich nicht verboten (v. Wilmowski JW. **1892** 293), es besteht aber auch kein Recht auf solche Einsichtnahme. Ob sie zu gestatten ist, darüber hat das EG. bezüglich seiner Akten, solange sie sich nicht in der Berufungs- oder Beschwerdeinstanz befinden (vgl. SeuffBl. **48** 461 — OLG. München; Berger § 69 Anm. 4), wenn sie aber dort sind, der EGH. oder das OLG. bzw. RG. zu entscheiden. Hinsichtlich der Akten des EGH. steht diesem die Entscheidung zu; eine Überlassung seiner Akten an ein OLG. hat der EGH. **5** 222 abgelehnt, Gründe sind nicht angegeben. Die Entscheidung des EG. unterliegt der Beschwerde nach § 89 RAO. (OLG. München a. a. O.). Vgl. auch wegen Abgabe ehrengerichtlicher Akten an Gerichte, Staatsanwaltschaften und militärische Ehrengerichte, Erteilung von Auskünften aus solchen Akten und Gewährung der Einsicht derartiger Akten AKJahrB. **1909** 12, **1914** 23, **1915** 24 (hier entschied nicht EG., sondern AKB. Oldenburg).

Das vorstehend unter 2 Ausgeführte gilt unbedingt, soweit die Geschäftsordnung des betreffenden EG. keine Bestimmungen enthält. Es fragt sich aber, ob die Geschäftsordnung einschlägige Bestimmungen treffen kann, wie sie insbesondere die Geschäftsordnung für den AKB. Breslau (§ 7) im Sinne unbedingten Verbots solcher Einsichtsgestattung getroffen hat. Die Frage ist zu bejahen. Die StPO. enthält keine einschlägige Regelung, und auch § 169 GVG., der übrigens gar nicht für das ehrengerichtliche Verfahren gilt, stellt lediglich die Behörden der verschiedenen Bundesstaaten einander gleich, ohne zu bestimmen, wann einem Ersuchen um Übersendung von Akten zu entsprechen ist. Natürlich kann die Geschäftsordnung durch das fragliche Verbot gesetzliche Bestimmungen, wie z. B. die des § 96 StPO., nicht außer Kraft setzen (vgl. BayJMBek. 8. 5. 11 JMBl. 193).

Anm. 22. Aus den ehrengerichtlichen Akten können auch Personen, die nicht am Verfahren beteiligt sind, Abschriften erteilt werden, soweit eben die Geschäftsordnung dies nicht verbietet. Ein Anspruch auf solche Erteilung besteht nicht, deshalb kann sie von Bezahlung angemessener Auslagen abhängig gemacht werden. Als angemessen sind hinsichtlich der Schreibgebühren jedenfalls die Sätze anzusehen, die insoweit jeweils für das Prozeßrecht nach Reichsrecht gelten. Das gleiche gilt, wenn nach rechtskräftigem Abschlusse des Verfahrens und zwar nicht etwa zum Zwecke einer Wiederaufnahme desselben der frühere Angeklagte Abschriften aus den Akten verlangt: § 94 RAO. greift hier nicht ein.

Anm. 23. **VII.** Über die **Räumlichkeit, in der das EG. seine Sitzungen, insbesondere auch die Hauptverhandlungen abhält,** kann die Geschäftsordnung Bestimmung treffen. Sonst hat der AKV., falls die AK. geeignete Räume nicht selbst zur Verfügung hat, sich wegen Überlassung solcher mit der LJV. in das Benehmen zu setzen. Vgl. Meyer § 52 Anm. 2.

Daß der EGH. im Gebäude des RG. tagt, folgt aus seinem Verhältnisse zum RG. (vgl. hierüber § 90 Anm. 3 ff.).

Anm. 24. **VIII.** Daß die Mitglieder des EG. und der als Gerichtsschreiber des EG. zugezogene Rechtsanwalt in der Hauptverhandlung in der **Amtstracht** zu erscheinen haben, kann die Geschäftsordnung bestimmen, wie es diejenige für den AKV. Braunschweig in § 6 tut. Ist eine derartige Bestimmung getroffen, so wird angemessenerweise auch der staatsanwaltschaftliche Beamte die Amtstracht anzulegen haben, mag diese auch nach Landesrecht an sich nur für öffentliche Sitzungen bestimmt sein, während ja § 82 RAO. die Öffentlichkeit der ehrengerichtlichen Hauptverhandlung unbedingt verbietet. Aber auch ohne eine Bestimmung der Geschäftsordnung können das Ehrengericht, der zum Gerichtsschreiber bestimmte Rechtsanwalt und der Staatsanwalt in Amtstracht erscheinen, wenn dieses für angemessen erachtet wird.

Die Geschäftsordnung für den EGH. enthält, nach den EGH. **1** 3 sich findenden Mitteilungen zu urteilen, keine Bestimmung über das Tragen der Amtstracht.

§ 67.

Der Vorstand entscheidet im ehrengerichtlichen Verfahren als Ehrengericht in der Besetzung von fünf Mitgliedern. Dasselbe besteht aus dem Vorsitzenden, dem stellvertretenden Vorsitzenden und drei anderen Mitgliedern des Vorstandes. Der Vorstand wählt die letzteren und bestimmt die Reihenfolge, in welcher die übrigen Mitglieder als Stellvertreter zu berufen sind.

Anm. 1. **I. Inhalt.** Der Paragraph regelt die sachliche Zuständigkeit für das ehrengerichtliche Verfahren und die Zusammensetzung des Ehrengerichts.

Anm. 2. **II. Sachliche Zuständigkeit für das ehrengerichtliche Verfahren.** Als erstinstanzliches Gericht im ehrengerichtlichen Verfahren ist allein und ausschließlich das EG. zuständig. Neben ihm gibt es und zwar auch für die Berufstätigkeit des Rechtsanwalts, die nicht den §§ 26, 27 RAO. unterfällt, keine andere ehrengerichtliche Behörde erster Instanz. Ebenso: JW. **1881** 127 ff. (EG. Dresden); Berger Vorbem. zu Abschn. II. A. M.: JW. **1881** 53/5 (OLG. Dresden).

Anm. 3. **III. Das Ehrengericht ist keine selbständige Einrichtung neben dem Vorstande der Anwaltskammer** (EGH. **2** 29/30; Anonymus in BayAV. **80** 338; Friedrichs PrVerwBl. **28** 44; Reuling 27; Berger § 67 Anm. 2), der Vorstand entscheidet als Ehrengericht. Dieses ist eine Abteilung des AKV. (EGH. **2** 30), also mit dem Gesamtvorstande nicht identisch (EGH. **15** 34, 61; deshalb ungenau Kaskel, Begnadigung im ehrengerichtlichen Verfahren der freien Berufsstände 7).

Aus dem Gesagten folgt:

1. Das Ehrengericht hat, soweit nicht § 41a RAO. eingreift, seinen Sitz am Orte des OLG. Es kann aber innerhalb seines Bezirks an jedem anderen Orte nicht nur Beschlüsse fassen, sondern auch die Hauptverhandlung abhalten: auch den ordentlichen Strafgerichten ist es ja nach der StPO. unverwehrt, die Hauptverhandlung außerhalb des Gerichtssitzes stattfinden zu lassen (vgl. RGSt. **11** 352 ff.; **22** 398/9). Anm. 4.

2. Wer Mitglied des Vorstandes der Anwaltskammer ist, ist damit zugleich zum Eintritt in das EG. berufen und zwar entweder als regelmäßiges Mitglied oder als Stellvertreter. Es ist ebenso unzulässig, jemanden unter Beschränkung seiner Tätigkeit auf die Mitwirkung im EG. in den Vorstand zu wählen, wie es unstatthaft ist, die Wahl mit der Maßgabe vorzunehmen, daß der Gewählte von der ehrengerichtlichen Tätigkeit ausgeschlossen sein soll. Vgl. EGH. **11** 52; Sydow-Jacobsohn § 67 Anm. 1. Anm. 5.

3. Wer aufhört, Mitglied des AKV. zu sein, scheidet damit ohne weiteres auch aus der Mitwirkung im EG. aus. Dagegen ist es zulässig, daß mit Zustimmung des Vorstandes die drei gewählten ordentlichen Mitglieder des EG. aus dieser Stellung, nicht aber auch zugleich aus dem Vorstande selbst ausscheiden, wie Gleiches auch hinsichtlich der Stellen des § 46 gilt (Reuling 33). Anm. 6.

4. Die Mitglieder des EG. erhalten für ihre Tätigkeit außer Erstattung der baren Auslagen einerlei Vergütung. Was unter baren Auslagen zu verstehen ist, darüber vgl § 51 Anm. 4 ff. Anm. 7.

5. Auch über den Geschäftsbetrieb des EG. steht dem Präsidenten des OLG. bzw. des RG. nach § 59 Abs. 1 Satz 1 die Aufsicht zu. Ebenso gehen an ihn die Beschwerden über den Geschäftsbetrieb des EG. (§ 59 Abs. 1 Satz 2). Dagegen ist die Anwendung des § 59 Abs. 2 durch die §§ 89, 90 ausgeschlossen. Anm. 8.

6. Die Geschäftsordnung (für den AKV.) kann, soweit das Gesetz hiezu überhaupt Raum läßt, auch für das EG. Bestimmungen treffen (Reuling 27). Anm. 9.

7. Der Geschäftsbericht des Vorsitzenden nach § 61 hat sich auch mit der ehrengerichtlichen Tätigkeit zu befassen (Reuling 35). Anm. 10.

IV. Besetzung des Ehrengerichts. 1. Das Ehrengericht entscheidet stets in der Besetzung mit fünf Mitgliedern. Daß mindestens so viel mitwirken müssen, folgt schon aus § 55 Abs. 1 in Verbindung mit § 42 Abs. 1. Aber es dürfen nur fünf Mitglieder mitwirken, mag auch der Vorstand nach der Geschäftsordnung mehr als neun Mitglieder zählen. Die Besetzung mit fünf Mitgliedern ist ferner nicht nur für die Hauptverhandlung, wie bei den Strafkammern, geboten, sondern ebenso für die Beschlüsse außerhalb der Hauptverhandlung (Mot. 85; Turnau Anm. zu § 78; Meyer § 67 Anm. 1). Also muß, wenn erst in der Hauptverhandlung ein Mitglied des EG. abgelehnt wird, zur Bescheidung über das Ablehnungsgesuch ein Stellvertreter eintreten, während bei der StK. nach RGSt. **13** 304 solche Notwendigkeit nicht gegeben, vielmehr über das Gesuch von drei Richtern zu befinden ist. Anm. 11.

2. Kann das EG. bei Verhinderung des Vorsitzenden und des stellvertretenden Vorsitzenden tagen? Anm. 12

Das EG. „besteht", wie das Gesetz sagt, aus dem Vorsitzenden, dem stellvertretenden Vorsitzenden und drei anderen Mitgliedern des Vorstandes. Das heißt nicht, die Mitwirkung des Vorsitzenden und des stellvertretenden Vorsitzenden des AKV. ist zum Tagen des EG. unentbehrlich (EGH. **2** 28/31; **9** 21; May JW. **1880** 177; Meyer § 67 Anm. 3; Berger § 67 Anm. 2; Sydow-Jacobsohn § 67 Anm. 1): denn der Satz 3 des § 67 beruft die übrigen Mitglieder des Vorstandes „als Stellvertreter" ohne Beschränkung in der Person der zu Vertretenden, also auch zu Vertretern der nicht besonders zu Ehrengerichtsmitgliedern gewählten

Mitglieder des Vorstandes. Wenn daher § 67 davon spricht, daß das EG. aus dem Vorsitzenden, dem stellvertretenden Vorsitzenden und drei anderen Mitgliedern des Vorstandes besteht, so ist damit gemeint, daß dies die ordentliche Besetzung ist. So bedeutet ja auch die Anordnung des § 61 Satz 2 GVG.: „Den Vorsitz in den Kammern führen der Präsident und die Direktoren", wie § 65 Abs. 1 GVG. zeigt, keineswegs, daß sie allein vorsitzen können, sondern daß sie die ordentlichen Vorsitzenden sind.

Anm. 13. 3. Führung des Vorsitzes.

Ist der Vorsitzende des AKV. an der Teilnahme nicht verhindert, so führt er den Vorsitz. Ist er verhindert, so tritt der stellvertretende Vorsitzende ein. Solange der ordentliche Vorsitzende als solcher tätig ist, kommt der stellvertretende Vorsitzende nicht in die Lage, den Vorsitz zu führen. Sind der Vorsitzende und der stellvertretende Vorsitzende über die Verhinderung des Vorsitzenden einig, so nimmt der stellvertretende Vorsitzende die Geschäfte des Vorsitzenden wahr. Dadurch wird indessen für den Fall der Berufungseinlegung der Entscheidung des EGH. darüber nicht vorgegriffen, ob der Fall der Verhinderung wirklich gegeben war. Besteht zwischen dem ordentlichen und dem stellvertretenden Vorsitzenden Streit darüber, ob der Verhinderungsfall gegeben ist, so wird man wie bei dem gleichen Streit hinsichtlich der Geschäfte des Gesamtvorstandes (s. § 46 Anm. 10) dem AKV. die Entscheidung, aber wieder unvorgreiflich der Prüfung durch den EGH., zuzuweisen haben. Zu einer Nachprüfung wird übrigens der EGH. regelmäßig keinen Anlaß haben, solange kein Beteiligter eine einschlägige Rüge vorbringt. Wer hat nun aber den Vorsitz zu übernehmen, wenn der ordentliche und der stellvertretende Vorsitzende verhindert sind? Das Gesetz schweigt, auch die Materialien ergeben nichts. § 65 Abs. 1 GVG. ist nicht für entsprechend anwendbar erklärt. Auch ist nicht etwa der AKV. in der Lage, für solche Fälle zu bestimmen, wer als Vorsitzender zu fungieren habe: § 46 kennt nur die Wahl eines stellvertretenden Vorsitzenden, und § 67 Satz 3 läßt durch den Vorstand wohl die Reihenfolge des Eintritts der Stellvertreter, nicht aber auch die Tätigkeiten, in die sie eintreten, bestimmen. Die Frage ist also aus allgemeinen Gesichtspunkten zu beantworten.

Anm. 14. Eines der Mitglieder muß als Vorsitzender fungieren. Einen Unterschied zwischen den ordentlichen Mitgliedern und den Stellvertretern zu machen — wie Reuling 45 Anm. will, indem er zuerst die ordentlichen Mitglieder und dann erst die Stellvertreter zum Vorsitz beruft — läßt sich hier nicht rechtfertigen: denn es kann sein, daß das EG. nur mit Stellvertretern besetzt ist, und es fehlt die Möglichkeit, entsprechend § 66 GVG. einen Vorsitzenden für den einzelnen Fall zu ernennen. Sind aber alle Mitglieder gleich zu behandeln, dann kann über die Person des Vorsitzenden nur das Lebensalter entscheiden. Ebenso Reuling a. a. O. So tritt ja auch nach § 4 der Geschäftsordnung für die Disziplinarbehörden vom 18. April 1880 (RZBl. 203) bei den Disziplinarkammern an Stelle des verhinderten Präsidenten das älteste (richterliche) Mitglied, und auch bei der Abstimmung ist nach § 199 GVG., der in § 66 RAO. für entsprechend anwendbar erklärt ist, das Alter der einzelnen Mitglieder für die Reihenfolge bei der Abstimmung maßgebend (vgl. § 66 Anm. 18).

Anm. 15. 4. Dauer der Stellung als Mitglied des Ehrengerichts.

Der Vorsitzende und der stellvertretende Vorsitzende sind, solange sie diese Stellung einnehmen, Mitglieder des EG. Auf welche Zeit die 3 andern ordentlichen Mitglieder gewählt werden, bestimmt die Geschäftsordnung (Mot. 41; Meyer § 67 Anm. 2; Berger § 67 Anm. 1; Sydow-Jacobsohn § 67 Anm. 2. — Einen Antrag auf gesetzliche Festlegung der Wahlperiode lehnte die RTKomm. ab, vgl. Siegeth Anhang 67). Die Geschäftsordnungen sehen teilweise eine einjährige, teilweise eine zweijährige Wahlperiode vor, und letztere gilt wegen der alle zwei Jahre erfolgenden teilweisen Erneuerung des Vorstandes auch da, wo eine Bestimmung in der Geschäftsordnung fehlt (Reuling 29/30). Die Wahl — über ihren Hergang siehe § 54 Anm. 14 ff., 23 — verpflichtet zur Annahme. Über notwendig werdende Ersatzwahlen siehe § 46 Anm. 8.

Besondere Erfordernisse für die ordentlichen Ehrengerichtsmitglieder kennt nur die Geschäftsordnung Hamburg § 10. Von dieser Vorschrift gilt das § 46 Anm. 4 Gesagte.

Die im § 10 der Geschäftsordnung Hamburg sich findende Anordnung, daß die drei gewählten Ehrengerichtsmitglieder auch nach Ablauf ihrer Wahlperiode, falls sie nicht aus dem Vorstande selbst ausscheiden, verpflichtet sind, die bereits anhängigen Sachen noch zu erledigen, führt dazu, daß das EG. teilweise mit Vorstandsmitgliedern besetzt ist, die nur als Stellvertreter in Betracht kommen können und die eintreten, obwohl gar kein ordentliches Mitglied verhindert ist. Das widerspricht aber § 67. Vgl. auch Reuling 30, der die gedachte Bestimmung für nicht unbedenklich hält.

5. Stellvertretende Mitglieder des Ehrengerichts. Anm. 16.

a) Hinsichtlich der Stellvertreter bestimmt der Vorstand durch Beschluß, in welcher Reihenfolge sie einzutreten haben. Die in einigen Geschäftsordnungen getroffenen Bestimmungen über die Reihenfolge des Eintretens sind an sich nicht rechtsverbindlich, weil in die Zuständigkeit des Vorstandes eingreifend (Reuling 45, a. M. Meyer § 67 Anm. 2), sie können aber vom Vorstande bei seinen Beschlüssen befolgt werden: dann gelten diese Normen, nicht weil sie in der Geschäftsordnung sich finden, sondern weil der Vorstand sie beschlossen hat.

b) Welches Mitglied ersetzt werden soll, kommt für das Eintreten nicht in Betracht; es ist unzulässig, jedem einzelnen ordentlichen Mitgliede des EG. einen besonderen Vertreter derart zu bestellen, daß derselbe nur bei Verhinderung dieses Mitglieds einzutreten hätte. Die Bestimmung des § 4 Abs. 2 der Geschäftsordnung für den AKV. Berlin, nach der für jedes ordentliche Ehrengerichtsmitglied ein bestimmter Vertreter zu wählen ist, entspricht nicht dem Gesetz. Mit ihr hängt die weitere, gesetzwidrige Bestimmung in Abs. 3 ebenda zusammen. Danach ist, wenn auch der Stellvertreter am Eintritt in das EG. verhindert ist, von dem Vorsitzenden aus den übrigen Mitgliedern des Vorstandes u. z. zunächst aus den stellvertretenden Mitgliedern des EG. das nach dem Dienstalter als Gerichtsassessor älteste Mitglied einzuberufen. Hier, wie sonst, ist eine Ersetzung des AKV. durch den Vorsitzenden unzulässig: dem AKV. ist deshalb die Bestimmung, in welcher Reihenfolge die Berufung der Stellvertreter zu erfolgen hat, zugewiesen worden, um durch den Beschluß des Kollegiums der Willkür entgegen zu wirken, die bei Regelung der Reihenfolge durch eine einzelne Person viel mehr zu befürchten ist. Anm. 17.

c) Die Stellvertreter sind in der angeordneten Reihenfolge insbesondere auch heranzuziehen, wenn der Vorsitzende die Zuziehung von Ergänzungsrichtern für langdauernde ehrengerichtliche Verhandlungen verfügt (vgl. § 194 Abs. 2 GVG. in Verbindung mit § 66 RAO.). Für die Zulässigkeit der Zuziehung von Ergänzungsrichtern auch Meyer § 67 Anm. 1; Turnau Anm. zu § 67; Berger § 67 Anm. 1; Sydow-Jacobsohn § 67 Anm. 2. Anm. 18.

V. Geschäfte des Ehrengerichts. Das EG. ist zuständig für diejenige Tätigkeit, die nach der StPO. in landgerichtlichen Strafsachen „dem Gericht", also der StK. obliegt. Jedoch fällt weg Anm. 19.

1. die Tätigkeit als Beschwerdegericht; solches ist auch gegenüber dem ehrengerichtlichen Untersuchungsrichter das OLG. bzw. RG.; Anm. 20.

Anm. 21. 2. die Tätigkeit als gemeinsames oberes Gericht, da es den Ehrengerichten unterstellte untere Instanzen nicht gibt.

Eine den Fällen zu 1 ähnliche Tätigkeit übt das EG. nach § 74 aus, doch handelt es sich formell auch hier, ebenso wie in dem als Vorbild benützten § 195 Abs. 2 StPO., um eine Entscheidung in 1. Instanz.

Anm. 22. Darüber, ob bei Ablehnung des ehrengerichtlichen Untersuchungsrichters das EG. zu entscheiden hat, vgl. § 71 Anm. 7.

Anm. 23. **VI. Bezirk des Ehrengerichts.** Bezirk des Ehrengerichts ist der Bezirk der AK., Bezirk des EG. der AK. bei dem RG. und des EGH. das Deutsche Reich. Da an sich ein Tätigwerden einer Behörde außerhalb ihres Bezirks nicht als zulässig zu erachten und § 167 GVG. nicht für anwendbar erklärt ist, so ist eine Vornahme von Amtshandlungen außerhalb des Bezirks z. B. Augenscheinseinnahme in der Hauptverhandlung weder bei Gefahr im Verzuge noch mit Zustimmung des betreffenden Amtsgerichts statthaft.

Dagegen gelten die §§ 161, 162 GVG. auch im ehrengerichtlichen Verfahren. Allerdings ist eine besondere Erstreckung ihrer Anwendbarkeit nicht erfolgt, aber diese Paragraphen hängen untrennbar mit den Bestimmungen über Ladungen, Zustellungen und Vollstreckungen zusammen. (Die RTKomm. lehnte einen den jetzigen § 86 betreffenden Antrag, auch § 161 GVG. für anwendbar zu erklären, ab. Siegeth Anhang 69.)

Anm. 24. **VII. Eine Gerichtsschreiberei hat das Ehrengericht nicht,** wie denn auch § 154 GVG. in § 66 RAO. nicht für anwendbar erklärt ist. In welcher Weise die dem Gerichtsschreiber nach der StPO. obliegenden Geschäfte erledigt werden, darüber vgl. § 81 und Anm. 12 ff. zu diesem Paragraphen.

Anm. 25. VIII. Wegen **Ausschließung und Ablehnung der Mitglieder des Ehrengerichts** s. die Anmerkungen zu § 80.

§ 68.

Zuständig ist das Ehrengericht der Kammer, welcher der Angeschuldigte zur Zeit der Erhebung der Klage angehört.

Anm. 1. **I. Inhalt.** Der Paragraph regelt die örtliche Zuständigkeit des EG.

Anm. 2. **II. Gerichtsstand der Kammermitgliedschaft.** 1. An Stelle der Gerichtsstände der §§ 7—11, 13 StPO. (Sydow-Jacobsohn § 68 Anm. 1; A. Friedländer AVNachr. **4** 47/48) tritt gemäß § 68 RAO. ein einziger, nämlich der Gerichtsstand der Kammermitgliedschaft zur Zeit der Erhebung der Klage.

Anm. 3. Ein ehrengerichtliches Verfahren gegen einen zur Rechtsanwaltschaft Zugelassenen, aber in die Anwaltsliste noch nicht Eingetragenen ist also nach dem § 41 Anm. 4 Ausgeführten unzulässig. Das hiergegen verstoßende, aus EGH. **13** 10 ff. ersichtliche Verfahren ist nicht zu billigen.

Anm. 4. 2. Eine Konkurrenz mehrerer Ehrengerichte könnte gemäß § 41 a Anm. 8 eintreten. In diesem Falle entschiede nach § 12 StPO. die Prävention vorbehaltlich der Übertragung der Untersuchung und Entscheidung an ein anderes der in Betracht kommenden Ehrengerichte durch den EGH. gemäß § 12 Abs. 2 StPO.

Anm. 5. 3. Fehlen eines Gerichtsstands wegen Fehlens der Kammermitgliedschaft zur Zeit der Erhebung der Klage.

a) Ist zu der Zeit, zu welcher der StA. die Klage im ehrengerichtlichen Verfahren erheben will, der Beschuldigte nicht mehr RA., mithin auch nicht mehr Mitglied einer AK., so fehlt es an einem Gerichtsstande für die Klage, und deren Erhebung ist deshalb unmöglich.

Anm. 6. b) Für eine entsprechende Anwendung des § 8 Abs. 2 StPO. dahin, daß der

Gerichtsstand bei dem EG. derjenigen AK. begründet ist, welcher der Beschuldigte zuletzt angehört hat, fehlt es dem § 68 RAO. gegenüber an Unterlagen.

Der EGH. teilt den in Anm. 5 eingenommenen Standpunkt in der Entscheidung EGH. **14** 36 ff. Das gleiche ergaben früher bereits mit Sicherheit die Entscheidungen EGH. **2** 7 und **7** 7, wo geprüft wird, ob zur Zeit der Klageerhebung der Angeklagte noch Kammermitglied war. Vgl. auch EGH. **4** 8, **5** 10, **10** 80/1, wo überall betont wird, daß die Klage bereits vor Löschung des Rechtsanwalts erhoben war. S. dagegen Löwenstein JW. **1894** 77/80.

c) Das Ergebnis ist eine notwendige Folge des Standpunkts des Gesetzes, das es ausschließlich auf den Zeitpunkt der Klageerhebung abstellt, ohne daneben den Zeitpunkt, in dem die Verfehlungen begangen sind, irgendwie zu berücksichtigen. Anm. 7.

III. Bestimmung eines anderen Ehrengerichts durch den Ehrengerichtshof. Anm. 8

1. Ist das an sich zuständige EG. im einzelnen Falle an der Ausübung der ehrengerichtlichen Tätigkeit rechtlich oder tatsächlich verhindert, so hat gemäß § 15 StPO. der EHG., der wohl auch im Falle des § 41 a als das zunächst obere Gericht i. S. des genannten Paragraphen anzusehen ist, die Untersuchung und Entscheidung einem anderen EG. zu übertragen (EGH. **9** 10/11; Meyer § 67 Anm. 3; Berger § 67 Anm. 2). Hiezu liegt aber erst dann ein Anlaß vor, wenn das nach § 68 RAO. berufene EG. nicht mehr fünf unverhinderte Mitglieder zur Verfügung hat (Meyer und Berger a. a. O.).

2. Sollte, was kaum denkbar ist, der Fall vorkommen, daß von der Verhandlung vor dem nach § 68 RAO. zuständigen EG. eine Gefährdung der öffentlichen Sicherheit zu besorgen wäre, so hätte auch dann der EGH. nach § 15 StPO., wie vorerwähnt, einzugreifen.

IV. Unveränderlichkeit des Gerichtsstandes der Kammermitgliedschaft. Das nach § 68 RAO. zuständig gewordene EG. — über die Erhebung der Klage vgl. § 69 Anm. 2, 19 — bleibt zuständig, auch wenn der Rechtsanwalt aufhört, Mitglied dieser AK. zu sein und Mitglied einer anderen AK. wird (Mot. 86; Meyer § 68 Anm. 2); eine Abgabe der Sache an ein anderes EG. ist solchenfalls nicht vorgesehen, also unstatthaft. Ebenso bedeutungslos für die Zuständigkeit ist es aber auch, wenn der Angeschuldigte aufhört, Rechtsanwalt, also überhaupt Mitglied einer AK., zu sein. Ebenso EGH. **2** 6/7; **4** 8/9; **7** 7; **14** 41; **15** 82/3. Anm. 9.

V. Der Umstand, daß der Angeschuldigte nicht mehr Rechtsanwalt ist, hat ferner nicht nur keinen Einfluß auf die Zuständigkeit des EG., auch für den Fortgang des Verfahrens bleibt er ohne Bedeutung. Vgl. EGH. **3** 5, 16/7; **4** 8, 291; **5** 10; **6** 16, 17/8; **9** 46; **10** 20, 69, 80/1; **12** 8; **13** 52/3; **17** Nr. 72 (G 15/16); Mot. und Meyer a. a. O.; Berger Anm. zu § 68; Sydow-Jacobsohn § 68 Anm. 2. A. M. Scheele HammAK. **1** 3/4, der sogar schon nach Aufgabe der Zulassung ohne Rücksicht auf Löschung in der Anwaltsliste die Fortsetzung eines ehrengerichtlichen Verfahrens nicht mehr zuläßt. Anm. 10.

Allerdings dem Beamten gegenüber „erlischt die Zulässigkeit jeder Disziplinarstrafe mit Endigung des Dienstverhältnisses" (O. Mayer, Deutsches VerwR.[2] **2** 348), und damit stimmt § 100 RBG. überein: aber es wäre verfehlt, hieraus einen Schluß auf das ehrengerichtliche Verfahren gegen Rechtsanwälte zu ziehen. Der freiwillig ausgeschiedene Beamte hat kein Recht auf Wiederaufnahme in den Dienst, dem in der Anwaltsliste gelöschten Rechtsanwalt kann nur unter bestimmten Voraussetzungen die Wiederzulassung versagt werden, und für diese Versagung sind gerade ehrengerichtliche Urteile von erheblichem, gesetzlich näher geregeltem Einfluß (§§ 5 Ziff. 2, 6 Ziff. 3 RAO.). Vgl. EGH. **2** 6/7; **4** 8; Mot., Meyer und Sydow-Jacobsohn a. a. O.

VI. Verbindung mehrerer Verfahren. Es können sowohl mehrere gegen denselben Rechtsanwalt getrennt anhängige ehrengerichtliche Verfahren (EGH. **5** Anm. 11.

173; **8** 70; **12** 54) als auch ehrengerichtliche Verfahren gegen verschiedene Rechtsanwälte (EGH. **6** 166/7) miteinander verbunden werden und zwar sowohl in erster wie in zweiter Instanz. Richten sich die mehreren Verfahren gegen denselben Rechtsanwalt, so sollte die Verbindung, so lange sie noch möglich ist, im Hinblick auf das von der RAO. angenommene System der einheitlichen Strafe stets erfolgen (EGH. **8** 6).

§ 69.

Der Antrag auf Eröffnung der Voruntersuchung kann von dem Ehrengerichte sowohl aus rechtlichen, als aus thatsächlichen Gründen abgelehnt werden.

Gegen den ablehnenden Beschluß steht der Staatsanwaltschaft die sofortige Beschwerde zu.

Gegen den die Voruntersuchung eröffnenden Beschluß steht dem Angeschuldigten die Beschwerde nur wegen Unzuständigkeit des Ehrengerichts zu.

Anm. 1. **I. Inhalt.** Der Paragraph behandelt den Antrag auf Eröffnung der Voruntersuchung und die Rechtsmittel gegen den über den Antrag ergangenen Beschluß.

Anm. 2. **II.** Wie nach § 151 StPO. die Eröffnung einer gerichtlichen Untersuchung, so ist auch die **Einleitung des ehrengerichtlichen Verfahrens durch die Erhebung einer Klage bedingt** (EGH. **6** 10; Meyer § 66 Anm. 1; Weismann ZivilprR. **1** 51). Für ihre Erhebung bestehen, wie nach § 168 StPO., zwei Formen: der Antrag auf Eröffnung der Voruntersuchung und die Einreichung einer Anklageschrift (EGH. **7** 7). Die Voruntersuchung ist stets zulässig und (s. § 70 RAO.) nie notwendig (EGH. **8** 7). Wenn nun auch (vgl. PrJMVf. 21. 4. 06 in Müller PrJV.[6] **1** 152) das ehrengerichtliche Verfahren nach Möglichkeit zu beschleunigen ist, so ist doch für die Frage, welche Form der Anklageerhebung zu wählen ist, folgendes zu beachten: dem Angeschuldigten steht ein Recht auf persönliche Vernehmung und das Recht aus § 75 nur zu, wenn eine Voruntersuchung stattfindet, und die Rechte aus § 199 StPO. hat der Angeschuldigte niemals (s. § 76 Anm. 7). Unmittelbar sollte deshalb nur dann Anklage erhoben werden, wenn es sich um ganz einfache und ganz klare Verfehlungen handelt und jedenfalls nicht ohne vorherige Anhörung des Angeschuldigten, die allerdings wohl meistens schon seitens des AKV. veranlaßt sein wird. Vgl. auch AKJahrB. **1910**/11 (AKV. Naumburg).

Anm. 3. **III. Für das ehrengerichtliche Verfahren gilt das Anklagemonopol der Staatsanwaltschaft,** und zwar ist es hier völlig undurchbrochen.

Anm. 4. 1. *Es gibt weder eine Privatklage noch eine Nebenklage*[1]). RGSt. **52** 292. Auch EGH. **13** 31 schließt eine Nebenklage für den Bereich des ehrengerichtlichen Verfahrens aus, aber aus dem unrichtigen Grunde, daß für dieses „eine Privatperson als Verletzter überhaupt nicht in Betracht kommen könne". Ebenso EGH. **16** 62, da „die Beteiligung eines eigene Interessen verfolgenden Nebenklägers . . . mit dem Wesen des ehrengerichtlichen Verfahrens, das nur der Wahrung der Standesehre dient, unvereinbar" sei. Siehe dagegen Anm. 13. Darüber, weshalb es eine Nebenklage im ehrengerichtlichen Verfahren nicht gibt, s. Anm. 17.

Anm. 5. 2. *Der Vorstand der Anwaltskammer ist außerstande, von sich aus, ohne daß die Staatsanwaltschaft Klage erhoben hätte, das ehrengerichtliche Verfahren einzuleiten.* DJZ. **1913** 868/9 (KG.).

---

[1]) Bernau, Denkwürdiges aus dem Anwaltstande 24 (Minden i. W. 1906) befürwortet die widerrufliche Zulassung des Verletzten als Nebenklägers. Ein Bedürfnis hiefür dürfte schwerlich anzuerkennen sein.

Vgl. EGH. 7 5: Eröffnung der Voruntersuchung ohne Antrag der StA. des OLG., geheilt durch nachträgliche Klageerhebung.

Aus dem Gesagten folgt ohne weiteres, daß Bescheide, in denen der AKV. die Einleitung des ehrengerichtlichen Verfahrens ablehnt, nicht etwa einer Anfechtung nach Maßgabe der §§ 170 ff. StPO. unterliegen: denn sie lehnen nicht die Erhebung der Klage ab, zu deren Erhebung der Vorstand gar nicht berufen ist, sondern enthalten nur den Ausspruch, der Vorstand sehe keinen Anlaß, die StA. wegen Erhebung der Klage anzugehen. Ebenso JW. **1918** 520 (OLG. Breslau). Eine Anfechtung solcher Bescheide ist also nur gemäß § 59 Abs. 2 RAO. möglich (KG. a. a. O.). Eine prozessuale Beschwerde an das OLG. bzw. RG. ist unzulässig, sie steht übrigens bei Ablehnung der Eröffnung der Voruntersuchung nach § 69 Abs. 2 RAO. nur der StA. zu. Vgl. Neubauer JW. **1892** 233/5; Berger Anm. zu § 89.

All dies unter 2 Gesagte gilt auch, wenn ein Kammermitglied gegen sich selbst bei dem AKV. die Einleitung des ehrengerichtlichen Verfahrens beantragt, von den Entschließungen des AKV. und deren Anfechtung. Vgl. EGH. **6** 10, s. dagegen § 3 Abs. 4 PrArztEGG. Anm. 6.

Der AKV. kann nicht zur Vorbereitung der Entschließung darüber, ob eine Anzeige an die StA. des OLG. abzugeben ist, diese um Veranstaltung von Ermittelungen ersuchen (PrJMVf. 30. 8. 02 bei Müller PrJV.[6] **1** 151).

3. Bei ihrer Entschließung über Erhebung oder Nichterhebung der Klage im ehrengerichtlichen Verfahren ist kraft Reichsrechts die Staatsanwaltschaft unabhängig von den Anträgen des Vorstandes der Anwaltskammer. Sehr zweckmäßigerweise ist aber in einzelnen Ländern durch allgemeine Anordnungen der LJV., die ihre verbindliche Kraft dem § 147 GVG. entnehmen, bestimmt worden, daß die direkt bei der StA. eingehenden Anzeigen stets dem AKV. zur Kenntnis zu bringen und nicht ohne seine Mitwirkung für erledigt zu erklären sind, sowie daß auf Verlangen des Vorstandes die Klage zu erheben ist, falls nicht Bedenken im Wege stehen. Vgl. PrJMVf. 8. 2. 88 (nach Müller PrJV.[6] **1** 151 datiert die Vf. vom 9. 2. 88) in JW. **1888** 109 und Vf. des oldenburgischen Staatsministeriums (Departement der Justiz) 1. 3. 88 in OldZ. **15** 308/9. Tatsächlich wird dies wohl auch sonst von den meisten Staatsanwaltschaften so gehandhabt. Anm. 7.

IV. Um prüfen zu können, ob die Klage zu erheben ist, hat die StA. gemäß § 158 StPO. den Sachverhalt zu erforschen (HansOLG. **1** 686). Das **Ermittlungsverfahren** bietet gegenüber demjenigen des Strafprozesses keine Besonderheiten, nur ist auch hier bereits § 72 RAO. zu beachten: denn, was in der Voruntersuchung unstatthaft ist, ist es natürlich erst recht im Ermittlungsverfahren. Vgl. auch § 73 Anm. 7. Anm. 8.

V. Entschließt sich die Staatsanwaltschaft, die Klage nicht zu erheben, so liegt es ihr ob, denjenigen, der die Klageerhebung bei ihr in Antrag gebracht, gemäß § 169 StPO. zu bescheiden. Anm. 9.

1. Gegen diesen Bescheid, der von der StA. bei dem OLG. (§ 92) oder, wenn es sich um einen bei dem RG. zugelassenen Rechtsanwalt handelt, von dem ORA. (§ 98) erteilt wird, steht zweifellos die Beschwerde an den Justizminister bzw. den Reichs-Justizminister offen. Anm. 10

2. Aber es fragt sich, ob auch der Weg der §§ 170 ff. StPO. gangbar ist.[1]) Anm. 11.

a) Dagegen spricht nicht, daß ein vorgesetzter Beamter der StA. hier stets fehlt: denn in diesem Falle, der auch im Strafprozeß bei den Strafsachen zutrifft,

[1]) Vgl. über diese Frage May JW. **1880** 177; Neubauer JW. **1892** 235; Dalcke GoltdArch. **40** 89; Delius GoltdArch. **43** 178; Weber JW. **1918** 60/61.

die in 1. Instanz vor das Reichsgericht oder (vgl. dazu RGSt. **24** 221) vor Konsul oder Konsulargericht gehören, ist eben die Anrufung des OLG. oder RG. für den Antragsteller, der zugleich Verletzter ist, alsbald zulässig. Ebenso: May JW. **1880** 177; Turnau § 69 Anm. 2; Meyer § 69 Anm. 4; Weber JW. **1918** 61, der ohne Grund meint, unser Kommentar sei anderer Ansicht; GoltdArch. **40** 90 (OLG. Stettin); AKJahrB. **1886** 12 (OLG. Jena: Beschluß auf Einleitung des ehrengerichtlichen Verfahrens, erlassen nach §§ 170 ff. StPO.); DJZ. **1913** 108 (OLG. Darmstadt); JW. **1917** 242/3 (KG.), **1918** 571 (OLG. Kassel). A. M.: Dalcke GoltdArch. **40** 89/92; Delius GoltdArch. **43** 178; PosMSchr. **1901** 109/110 (OLG. Königsberg); LZ. **1915** 722 (OLG. Breslau); JW. **1918** 61 (OLG. Dresden). Zweifelnd: Neubauer JW. **1892** 235.

Anm. 12. b) Unrichtig ist es ferner, auf die in Anm. 7 erwähnten Landesverwaltungsanordnungen sich zu berufen, wie dies OLG. Königsberg a. a. O. und OLG. Dresden JW. **1918** 61/62 tun. Reichsrechtlich unterliegt es der von dem Willen des AKV. unabhängigen Entschließung der StA., ob sie Klage erheben will oder nicht, und Reichsrecht bricht Landrecht. So wenig der Weg der §§ 170 ff. StPO. dadurch verschlossen wird, daß die LJV. im einzelnen Falle die StA. anweist, eine Anklage nicht zu erheben, so wenig ist eine allgemeine Anweisung derselben Stelle über Berücksichtigung von Wünschen bestimmter Personen oder Behörden geeignet, die reichsgesetzlichen Garantien der §§ 170 ff. StPO. zu beseitigen. Daß es, auch von jenen Anordnungen abgesehen, zweckmäßig ist, Anzeigen gegen Rechtsanwälte nicht ohne Mitwirkung des AKV. zu erledigen, ist richtig, aber daraus folgt nicht, wie Dalcke a. a. O. meint, eine Einschränkung des Anklagemonopols. Vgl. KG. a. a. O. und Weber JW. **1918** 60.

Anm. 13. c) Es kann sich also nur fragen, ob etwa von einem „Verletzten" im ehrengerichtlichen Verfahren nicht die Rede sein kann, oder ob wegen der Natur dieses Verfahrens oder mangels Geltung des Legalitätsprinzips die Anwendung der §§ 170 ff. StPO. ausgeschlossen ist.

d) Der Begriff des Verletzten spielt nicht nur in §§ 170 ff. StPO. eine Rolle, er wird auch bei der Ausschließung von Richtern in § 22 Ziff. 1—4 StPO. und bei der Ausschließung von Gerichtsvollziehern in § 156 Nr. II GVG. von Bedeutung. Den letztgenannten Paragraph erklärt § 66 RAO. ausdrücklich für entsprechend anwendbar, und bezüglich des § 22 StPO. hat bisher für das ehrengerichtliche Verfahren Wissenschaft und Praxis die Anwendbarkeit auch der den Begriff des Verletzten enthaltenden Bestimmungen angenommen und zwar mit Recht: denn ist im Sinne des § 22 StPO. als Verletzter der durch die Straftat unmittelbar Betroffene anzusehen, so ist dieser Begriff durchaus der entsprechenden Anwendung zugänglich. Verletzter im ehrengerichtlichen Verfahren ist derjenige, der durch die den Gegenstand des Verfahrens bildenden Verfehlungen direkt betroffen ist, z. B. diejenige Person, welche sich durch das den Gegenstand der Beschwerde bildende, unangemessene Verhalten des Anwalts beeinträchtigt fühlt. Übrigens soll mit den vorstehenden Ausführungen nicht die Frage entschieden werden, ob jemand nur dann Verletzter im Sinne der §§ 170 ff. StPO. ist, wenn er als solcher auch im Sinne des § 22 Ziff. 1—4 StPO. in Betracht kommt. Wesentlich für uns ist nur, daß, wer Verletzter im Sinne dieser Bestimmungen ist, sicherlich als Verletzter auch nach jenen Vorschriften behandelt werden muß. SächsArchR. **1915** 118 (OLG. Dresden) läßt dahingestellt, ob es im ehrengerichtlichen Verfahren einen Verletzten gibt, spricht aber (mit Recht) dem AKV. jedenfalls die Eigenschaft eines Verletzten ab und verneint deshalb sein Recht zum Antrag aus § 170 StPO.

Anm. 14. e) Die Natur des ehrengerichtlichen Verfahren widerspricht einer Anwendung der §§ 170 ff. StPO. auch nicht. Der Verletzte will ja keinen Einfluß auf die

Art gewinnen, in der von der ehrengerichtlichen Strafgewalt Gebrauch gemacht wird, er will nur die ihn betreffende Verfehlung der Entscheidung des Inhabers dieser Strafgewalt in den geordneten Formen unterbreitet sehen. Weshalb sollen ihm hierzu nicht dieselben Handhaben gegeben sein, wie dem Verletzten im Strafprozesse? A. A. JW. **1918** 61/62 (OLG. Dresden) ohne rechte Begründung. Richtig Weber JW. **1918** 61.

f) Endlich gilt auch für das ehrengerichtliche Verfahren das Legalitätsprinzip des § 152 Abs. 2 StPO. und zwar ohne jede Ausnahme. A. M. Friedmann JW. **1919** 29 ohne Begründung. Anm. 15.

Eine Ausnahme vom Legalitätsprinzipe liegt nicht darin, daß dem § 62 RAO. (vgl. Anm. 5 zu diesem Paragraphen) nur schwerere Pflichtverletzungen unterfallen: denn nur wegen des dem § 62 zu unterstellenden Verhaltens kann eine Klage im ehrengerichtlichen Verfahren erhoben werden.

Wenn ferner nach § 65 Abs. 3 RAO. in dem dort bezeichneten Falle das EG. zu beschließen hat, ob das Verfahren zu eröffnen oder fortzusetzen sei, so ist dadurch lediglich dem Ehrengericht das Recht gegeben, nach Befinden von einem ehrengerichtlichen Verfahren abzusehen. Die Staatsanwaltschaft ist von der Pflicht zur Klageerhebung um so weniger befreit, als ohne solche Klage das EG. gar nicht in die Lage kommt, sein Ermessen auszuüben.

g) Nach all dem wird sich die Anwendbarkeit der §§ 170 ff. StPO. auf das ehrengerichtliche Verfahren nicht wohl leugnen lassen[1]. Ebenso May, Turnau, Meyer, Weber, OLG. Stettin, Jena, Darmstadt und KG. a. a. O., OLG. Cassel JW. **1918** 570/571, Mot. 83, ferner Berger Anm. zu § 89, der ebenso, wie Neubauer a. a. O., vorgängige Beschwerde an den Justizminister verlangt. Gegen die Anwendbarkeit der §§ 170 ff. StPO. Dalcke, Delius und OLG. Königsberg a. a. O., sowie OLG. Hamburg AKJahrB. **1913** 16, OLG. Breslau LZ. **1915** 722, OLG. Dresden JW. **1918** 60/62. Anm. 16.

h) Trotz der Anwendbarkeit der §§ 170 ff. StPO. ist aber ein Anschluß als Nebenkläger nach § 435 Abs. 2 StPO. unstatthaft. In einem Verfahren, das keine Privatklage kennt, kann auch niemand „die Rechte des Privatklägers" erlangen, die doch nach erfolgtem Anschlusse der Nebenkläger gemäß § 437 Abs. 1 StPO. haben soll. Anm. 17.

VI. Erhebt die StA. die **Klage durch Einreichung einer Anklageschrift,** so ergeben sich deren Erfordernisse aus § 76 RAO. Wird dagegen **die Klage durch den Antrag auf Eröffnung der Voruntersuchung erhoben,** so muß § 177 StPO. entsprechend angewandt werden. Er verlangt für den Strafprozeß Bezeichnung des Beschuldigten und der ihm zur Last gelegten Tat. Wie § 76 RAO. „die dem Angeschuldigten zur Last gelegte Tat" für das ehrengerichtliche Verfahren in „die dem Angeschuldigten zur Last gelegte Pflichtverletzung" umdeutet, so ist Gleiches bei Anwendung des § 177 StPO. nötig. Anm. 18.

VII. Die Klage wird, mag sie durch Einreichung einer Klageschrift oder durch Antrag auf Eröffnung der Voruntersuchung erhoben werden, **stets bei dem Ehrengerichte erhoben.** Das steht für den ersten Fall — über das weitere Verfahren s. § 76 Anm. 7 ff. — im Einklange mit den Bestimmungen der StPO., im zweiten Falle bedeutet es eine Abweichung von deren Normen. Nach der StPO. wird der Antrag auf Eröffnung der Voruntersuchung bei dem Untersuchungsrichter gestellt, und dieser ist es auch, der die Voruntersuchung eröffnet. Das EG. hat keinen ständigen Untersuchungsrichter, nur mit der Führung der Voruntersuchung wird nach § 71 ein Richter betraut. Das EG. hat selbst über den Antrag auf Eröffnung der Voruntersuchung zu befinden, sei es im Sinne der Anm. 19.

---

[1]) Dem Antragsteller steht nach § 24 Abs. 3 StPO. nicht das Recht zu, die Richter des OLG. wegen Besorgnis der Befangenheit abzulehnen: RG. BayZ. **1919** 39/40.

Eröffnung, sei es — in diesem Falle entscheidet ja auch nach § 178 StPO. das Gericht — im Sinne der Ablehnung der Eröffnung. Alle Beschlüsse sind der StA. und dem Angeschuldigten zuzustellen, bezüglich des Beschlusses auf Eröffnung der Voruntersuchung ist dies eine durch § 69 Abs. 3 RAO. in Verbindung mit § 353 Abs. 2 StPO. notwendig gewordene Abweichung von § 190 Abs. 1 Satz 2 StPO.

Anm. 20. **VIII. Im Gegensatze zu § 178 StPO. kann nach § 69 Abs. 1 RAO. der Antrag auf Eröffnung der Voruntersuchung sowohl aus rechtlichen als aus tatsächlichen Gründen abgelehnt werden.**

1. Aus rechtlichen Gründen kann z. B. wegen Ablaufs der Frist des § 77 RAO. oder gemäß § 65 Abs. 2 RAO. oder nach § 64 RAO. Ablehnung des Antrags erfolgen.

2. Bei der Ablehnung aus tatsächlichen Gründen ist zu beachten, daß die Voruntersuchung ja gerade einen etwa noch nicht genügend aufgeklärten Sachverhalt zur Aufklärung zu bringen bestimmt ist. Es kann also der Antrag auf Eröffnung der Voruntersuchung nicht deshalb abgelehnt werden, weil die bisherigen Ermittlungen eine genügende Belastung des Angeschuldigten noch nicht ergeben haben (HansOLG. **1** 685/7). Das EG. muß sich vielmehr bereits von der Nichtschuld des Angeschuldigten überzeugt halten (HansOLG. a. a. O.), eine Überzeugung, die es u. U. sehr wohl bereits auf Grund der ihm mit in Vorlage gebrachten staatsanwaltschaftlichen Ermittlungsakten gewinnen kann.

Anm. 21. 3. Vorherige Anhörung des Angeschuldigten. Wie nach § 178 Abs. 2 StPO. im Strafprozeß das Gericht vor Ablehnung des Antrags auf Eröffnung der Voruntersuchung den Angeschuldigten hören kann, so steht auch nichts im Wege, daß das EG. vor Befinden über den Antrag auf Eröffnung der Voruntersuchung dem Angeschuldigten Gelegenheit zur Äußerung gibt. Ebenso Anonymus in BayAB. **20** 339. Vgl. EGH. 6 154.

Anm. 22. 4. Mit der in § 69 RAO. behandelten Ablehnung des Antrags auf Eröffnung der Voruntersuchung ist nur diejenige Ablehnung gemeint, durch die überhaupt die Einleitung des ehrengerichtlichen Verfahrens versagt wird. Der Antrag kann aber auch deshalb abgelehnt werden, weil die Voruntersuchung überflüssig, der Angeschuldigte nämlich bereits im Gegensatze zu der Auffassung der StA. der ehrengerichtlich zu ahndenden Verfehlung hinreichend verdächtig zu erachten ist. Über diesen Fall vgl. § 70.

Anm. 23. 5. Lehnt das EG. gemäß § 69 RAO. den Antrag auf Eröffnung der Voruntersuchung ab, so steht hiegegen der Staatsanwaltschaft die sofortige Beschwerde zu und zwar gleichgültig, ob die Ablehnung aus tatsächlichen oder aus rechtlichen Gründen erfolgt. Der Angeklagte hat gegen den Ablehnungsbeschluß kein Rechtsmittel, er ist durch ihn nicht beschwert, sollte es ihm selbst lieber sein, die gegen ihn erhobenen Vorwürfe ausführlich in einer Voruntersuchung widerlegen zu können.

Anm. 24. 6. Rechtsmittel und Rechtsbehelfe des Angeschuldigten.

a) Im Strafprozeß steht dem Angeschuldigten gegen die Verfügung des Untersuchungsrichters, durch welche die Voruntersuchung eröffnet wird, ein Rechtsmittel nicht zu. Der Angeschuldigte kann aber nach § 179 StPO. wegen Unzuständigkeit des Gerichts oder wegen Unzulässigkeit der Strafverfolgung oder der Voruntersuchung, oder weil die in dem Antrage bezeichnete Tat unter kein Strafgesetz fällt, Einwand gegen die Eröffnungsverfügung erheben: es sei denn, daß die Voruntersuchung infolge gerichtlichen Beschlusses eröffnet, und der Angeschuldigte vorher gehört worden ist. Über den Einwand entscheidet das Gericht. Gegen dessen Beschluß steht nach § 180 StPO. dem Angeschuldigten nur wegen Verwerfung des Einwands der Unzuständigkeit die sofortige Beschwerde zu. Das gleiche Rechtsmittel hat der Angeschuldigte, wenn er vor Eröffnung der Voruntersuchung gehört war und geltend gemacht hatte, das Gericht sei unzuständig, dieses aber jene Bemängelung als unzutreffend ausdrücklich oder stillschweigend zurückgewiesen hatte.

b) Sofortige Beschwerde nach der RAO. Der Entwurf der RAO. (§ 66 Abs. 2) wollte dem Angeschuldigten gegen den die Voruntersuchung eröffnenden Beschluß „kein Rechtsmittel" geben, wobei die Mot. 87 unter Rechtsmittel den Einwand des § 179 StPO. mit einbegriffen. Die RTKomm. änderte den Entwurf ab (KommB. 41), und so entstand § 69 Abs. 3 RAO. Danach unterliegt der Beschluß über Eröffnung der Voruntersuchung der Anfechtung durch den Angeschuldigten[1]) im Beschwerdewege. Welche Art Beschwerde, ob einfache oder sofortige, in Betracht kommt, sagt das Gesetz in der wenig glücklich gefaßten Bestimmung nicht; es setzt als bekannt voraus, welche Beschwerde gemeint ist, denn es legt in § 69 Abs. 3 nur Wert auf Normierung des Grundes, auf den „die Beschwerde" des Angeschuldigten gestützt werden kann. Schon bei Einsicht des § 180 StPO. kann es kaum zweifelhaft sein, daß „die Beschwerde" die sofortige Beschwerde ist (Meyer § 69 Anm. 6; Berger § 69 Anm. 3; Sydow-Jacobsohn § 69 Anm. 4). Weshalb sollte zudem der StA. gegen den ihren Antrag ablehnenden Beschluß des EG. die sofortige, dem Angeschuldigten gegen den ihm zum Nachteile gereichenden Beschluß die einfache Beschwerde zustehen? Soweit also der Angeschuldigte beschwerdeberechtigt ist, hat er die sofortige Beschwerde. Sie kann nur auf Unzuständigkeit des EG. gestützt werden. Anm. 25.

c) Gibt es daneben noch den Einwand der StPO.? Die Frage ist zu verneinen. Ebenso SächsOLG. **15** 314/5; Turnau § 69 Anm. 3; Ösfeld § 69 Anm. 2. A. M. Meyer § 69 Anm. 5; DJZ. **1906** 771/2 (OLG. Jena). Berger erwähnt § 69 Anm. 3 die Frage, ohne sich für eine Ansicht zu entscheiden. Anm. 26.

Nach der StPO. ruft mit dem Einwande der Angeschuldigte, der die Eröffnungsverfügung im Rechtsmittelwege nicht anfechten kann, gegen diese Verfügung die Entscheidung des Gerichts an. Die RAO. gestattet dagegen dem Angeschuldigten die beschwerdeweise Anfechtung des Beschlusses, der die Voruntersuchung eröffnet, danach liegt aber ein Bedürfnis für Gewährung des Einwands nicht mehr vor. Allerdings kann nach § 69 Abs. 3 RAO. der Angeschuldigte mit der sofortigen Beschwerde nur die Unzuständigkeit des EG. rügen, mit dem Einwande könnte er nach §§ 178, 179 StPO. z. B. auch Unzulässigkeit der ehrengerichtlichen Verfolgung geltend machen. Allein wenn nicht das Gesetz gegenüber dem die Voruntersuchung eröffnenden Beschlusse überhaupt andere Bemängelungen des Angeschuldigten als die Rüge mangelnder Zuständigkeit des EG. hätte ausschließen wollen, so hätte es den Beschwerdeweg nicht in der aus § 69 Abs. 3 RAO. ersichtlichen Weise eingeengt. Unterwarf man einmal den Beschluß, der die Voruntersuchung eröffnete, dem Beschwerdeangriffe des Angeschuldigten, so fehlte ja doch jeder Anlaß, diesen teils auf Anrufen der 1. Instanz, nämlich des EG., zu verweisen, teils zum Ergreifen des Rechtsmittels zu ermächtigen. § 69 Abs. 3 RAO. ist also der einzige Weg, der dem Angeschuldigten zum Vorgehen gegen die Eröffnung der Voruntersuchung gegeben ist.

d) Wegen Eröffnung der Voruntersuchung im Falle der Klageerhebung durch Einreichung einer Anklageschrift vgl. § 67 Anm. 10. Anm. 27.

---

[1]) Die StA. kann diesen Beschluß nach der StPO. nicht anfechten, die RAO. gibt in § 69 Abs. 3 gegen einen solchen Beschluß wohl dem Angeschuldigten ein Rechtsmittel, erwähnt dagegen in Abs. 2 ein Rechtsmittel der StA. nur im Falle eines ablehnenden Beschlusses. Man muß also wohl annehmen, daß, wie der Angeschuldigte nicht den ablehnenden, so die StA. nicht den stattgebenden Beschluß anfechten kann. Der Grundsatz des § 338 StPO. ist ja auch im Strafprozeß von Ausnahmen durchbrochen, vgl. z. B. §§ 209, 270 Abs. 3 StPO.

§ 70.

Das Ehrengericht kann beschließen, daß ohne Voruntersuchung das Hauptverfahren zu eröffnen sei.

Beschwerde findet nicht statt.

Anm. 1. 1. Inhalt. Der Paragraph behandelt den Fall, daß das EG. durch Eröffnung des Hauptverfahrens mittelbar den Antrag auf Eröffnung der Voruntersuchung ablehnt.

Anm. 2. 2. Ablehnung des Antrags auf Eröffnung der Voruntersuchung durch Eröffnung des Hauptverfahrens. Gibt die RAO., abweichend von der StPO., dem EG. das Recht, die Sachlage bereits völlig zugunsten des Angeschuldigten für geklärt zu erachten, so ist es nur folgerichtig, daß das EG. auch aus dem entgegengesetzten Grunde die Voruntersuchung für überflüssig halten darf. Das ist der Fall, wenn es den Zweck der Voruntersuchung, das Material zur Prüfung der Frage zu beschaffen, ob das Hauptverfahren zu eröffnen oder der Angeschuldigte außer Verfolgung zu setzen sei (§ 188 Abs. 1 StPO.), bereits für erreicht, den Angeschuldigten nämlich der ihm zur Last gelegten Pflichtverletzung für hinreichend verdächtig hält. Auch hier weicht die RAO. von der StPO. ab.

Anm. 3. 3. Keine Beschwerde. Eine Beschwerde gegen die entgegen dem staatsanwaltschaftlichen Antrage auf Eröffnung der Voruntersuchung geschehene Eröffnung des Hauptverfahrens steht weder dem StA. noch dem Angeklagten zu.

Anm. 4. 4. Im Falle des § 70 hat die Staatsanwaltschaft nachträglich eine Anklageschrift, die den Erfordernissen des § 76 genügt, einzureichen (Meyer § 76 Anm. 1), da andernfalls der Vorschrift des § 79 nicht genügt werden kann: die Sachlage ist dann eben hinsichtlich der Anklageschrift entsprechend gelagert, wie nach § 206 Abs. 1 StPO., der ja (vgl. EGH. 6 75/6) auch für das ehrengerichtliche Verfahren gilt.

§ 71.

Mit der Führung der Voruntersuchung wird ein Richter durch den Präsidenten des Oberlandesgerichts beauftragt.

Anm. 1. **I. Inhalt.** Der Paragraph regelt die Ernennung des die Voruntersuchung führenden Beamten.

Anm. 2. **II. Ernennung des ehrengerichtlichen Untersuchungsrichters.** Nach Eröffnung der Voruntersuchung bedarf es, da ein Untersuchungsrichter für das ehrengerichtliche Verfahren ein für alle Mal nicht bestellt ist, der Ernennung des zur Führung dieser Voruntersuchung berufenen Beamten.

Anm. 3. 1. Wer ernennt? Die Ernennung geschieht durch den Präsidenten des OLG., für das EG. der AK. bei dem RG. durch den Präsidenten des RG.

Anm. 4. 2. Wer kann ernannt werden?

a) Der Reichsgerichtspräsident hat die Wahl unter allen deutschen Richtern, der Oberlandesgerichtspräsident unter allen Richtern seines Bezirks. Der Oberlandesgerichtspräsident kann nicht den Richter eines anderen Oberlandesgerichtsbezirks, der Präsident des OLG. München kann nicht ein Mitglied des Obersten Landesgerichts beauftragen: denn beauftragen kann nur der Dienstvorgesetzte den Dienstuntergebenen. Der Reichsgerichtspräsident ist allerdings Vorgesetzter nur bezüglich der Richter des Reichsgerichts, aber hinsichtlich seiner muß die Analogie des § 184 Abs. 2 StPO. zu der getroffenen Auslegung führen.

b) Beauftragt werden können nicht nur Untersuchungsrichter, sondern auch alle anderen Richter der erwähnten Bezirke unter Berücksichtigung des zu a) Gesagten. Vgl. Turnau Anm. zu § 71; Meyer § 71 Anm. 1.

3. Der Ernannte ist verpflichtet, sich dem Auftrage zu unterziehen. Anm. 5.

III. Verhältnis des ehrengerichtlichen Untersuchungsrichters zu den ehrengerichtlichen Behörden. Anm. 6.

1. Durch die Ernennung tritt für die Dauer der Führung der Voruntersuchung der Ernannte in den Organismus der ehrengerichtlichen Behörden ein. Sein Verhältnis zum EG. ist ähnlich, wie das Verhältnis des vom Reichsgerichtspräsidenten nach § 184 Abs. 2 StPO. ernannten Untersuchungsrichters zum 1. Strafsenat des RG., nur daß dieser zugleich Beschwerdegericht für den Untersuchungsrichter ist, was das EG. nicht ist. Danach ist auch die Frage zu entscheiden, wer über die Ablehnung des ehrengerichtlichen Untersuchungsrichters zu befinden hat.

2. Nach § 27 Abs. 2 StPO. entscheidet bei Ablehnung des Untersuchungsrichters das Landgericht. Dies haben EG. Breslau (BreslauAK. **1889** 47/8) und OLG. Breslau (BreslauAK. **1889** 48) dahin ausgelegt, es sei unter dem Landgericht nicht das für die anhängige Strafsache zuständige, sondern das LG. zu verstehen, bei dem der Untersuchungsrichter angestellt ist, und haben deshalb die Entscheidung über die Ablehnung eines zum ehrengerichtlichen Untersuchungsrichter bestellten Mitglieds eines LG. dem betreffenden LG. zugewiesen. Allein in seiner Eigenschaft als ehrengerichtlicher Untersuchungsrichter gehört der Richter nicht dem Gericht an, bei dem er angestellt ist, er steht vielmehr nur zu den Ehrengerichtsbehörden in Beziehungen (SächsOLG. **29** 196). Es muß daher gemäß § 66 RAO. bezüglich des ehrengerichtlichen Untersuchungsrichters an Stelle des LG. des § 27 Abs. 2 StPO. das EG. treten, ebenso wie nach richtiger Ansicht (vgl. Löwe StPO.[14] § 27 Anm. 5) bei Ablehnung des gemäß § 184 Abs. 2 StPO. ernannten Untersuchungsrichters der 1. Strafsenat des RG. zu entscheiden hat. Es gilt ganz entsprechend, was das RG. bezüglich der Ablehnung des zum Vorsitzenden des Schwurgerichts ernannten Oberlandesgerichtsrates sagt (RGSt. **19** 336): „Das Ablehnungsgesuch richtet sich nicht gegen den fraglichen Richter, insofern er Mitglied des Oberlandesgerichtes oder des Landgerichtes ist und hier diesem oder jenem Senate, dieser oder jener Kammer angehört, sondern einzig und allein gegen sein schwurgerichtliches Richteramt." Unserer Ansicht SächsOLG. **29** 195/7. Anm. 7.

IV. Dem ehrengerichtlichen Untersuchungsrichter sind die Amtsrichter nach Maßgabe des § 183 Satz 2 und 3 StPO. rechtshilfepflichtig (Meyer § 71 Anm. 2; Berger § 71 Anm. 1). Sie sind keine ehrengerichtlichen Organe, bei ihrer Ablehnung entscheidet nach § 27 Abs. 2 StPO. das ihnen vorgesetzte LG., wenn es nach Satz 2 dieses Abs. überhaupt einer Entscheidung bedarf. Anm. 8.

V. Gerichtsschreiber des ehrengerichtlichen Untersuchungsrichters. Mangels eines besonderen, ihm für die ehrengerichtliche Voruntersuchung gesetzlich beigeordneten Gerichtsschreibers hat als solchen der ehrengerichtliche Untersuchungsrichter einen Gerichtsschreiber des Gerichts zuzuziehen, dem er selber angehört. Im Falle des § 184 Abs. 2 StPO. wird ja ebenso verfahren. Anm. 9.

§ 72.

Die Verhaftung und vorläufige Festnahme sowie die Vorführung des Angeschuldigten ist unzulässig.

1. Inhalt. Der Paragraph handelt von der vorläufigen Festnahme, Verhaftung und Vorführung des Angeschuldigten. Anm. 1.

Anm. 2. 2. Vorläufige Festnahme, Verhaftung und Vorführung des Angeschuldigten sind unzulässig, und zwar sowohl in der Voruntersuchung als auch im Hauptverfahren (Meyer § 72 Anm. 1).

Anm. 3. a) Dabei macht es keinen Unterschied, aus welchen Gründen eine der Maßregeln angewendet werden soll, sie sind stets unstatthaft.

Anm. 4. b) Deshalb erfolgt auch die Ladung des Angeschuldigten zur Vernehmung durch den ehrengerichtlichen Untersuchungsrichter ohne Androhung der Vorführung.

Anm. 5. c) Nicht minder verändert muß aber auch die Vorschrift des § 190 StPO. zur Anwendung kommen. Wenn dort die Vernehmung des Angeschuldigten in der Voruntersuchung unbedingt vorgeschrieben ist, so hat der Untersuchungsrichter im Strafprozesse, sofern der Angeschuldigte sich im Gebiete des Deutschen Reichs aufhält, auch Machtmittel in der Hand, um das Erscheinen des Angeschuldigten zu erzwingen. Solche Mittel fehlen dem ehrengerichtlichen Untersuchungsrichter. Hat er den Angeschuldigten zur Vernehmung geladen, und ist dieser trotz förmlicher Zustellung der Ladung nicht erschienen, so ist dem § 190 StPO. für das ehrengerichtliche Verfahren genügt: der Angeschuldigte zeigt dann durch sein Ausbleiben, daß er sich nicht vernehmen lassen will, und ein Zwang gegen ihn ist nicht statthaft.

Anm. 6. d) In der Strafvollstreckung kennt die StPO. Vorführung und Verhaftung nur zwecks Vollstreckung einer Freiheitsstrafe, und dem Strafensystem des § 63 RAO. sind Freiheitsstrafen unbekannt. Dagegen hindert § 72 RAO. nicht, daß gegen einen RA., der, wegen Unbeitreiblichkeit einer Geldstrafe zur Leistung des Offenbarungseides geladen, im Eidesleistungstermine nicht erscheint oder die Eidesleistung ohne Grund verweigert, zur Erzwingung derselben gemäß §§ 97 Abs. 2 RAO., 901 ZPO. die Haft angeordnet wird; denn mit der Verhaftung des § 72 RAO. ist nur die nach der StPO. zulässige gemeint. Vgl. auch EGH. **11** 186/7, wo es sich um Vorführung eines RA. zur Leistung des Offenbarungseides auf Betreiben des Schriftführers des AKV. handelt, ohne daß ersichtlich ist, auf Grund welchen Schuldtitels vorgegangen wurde, **14** 153/4, AKJahrB. **1910** 14 (Spalte 1 unter Berlin 3).

Anm. 7. 3. Keine Steckbriefe.

Mit der Unzulässigkeit, einen Haftbefehl zu erlassen, entfällt auch die Möglichkeit, daß im ehrengerichtlichen Verfahren Steckbriefe ergehen (vgl. § 131 StPO.).

Anm. 8. 4. Nicht minder ist aber auch eine Vermögensbeschlagnahme nach § 332 StPO. unzulässig: denn sie setzt Verdachtsgründe voraus, „welche die Erlassung eines Haftbefehls rechtfertigen würden". Vgl. auch KommB. 40, wo nur der Anwendbarkeit der §§ 320—326 StPO. gedacht wird (siehe hierüber § 83 Anm. 19).

Anm. 9. 5. Der § 72 erwähnt nur vorläufige Festnahme, Verhaftung und Vorführung. Es muß aber auch eine Anordnung nach § 81 StPO., der Angeschuldigte solle in eine Irrenanstalt gebracht und dort beobachtet werden, für unzuläſſig erachtet werden: denn sie ist eine strafprozessuale Maßregel, die eine mindestens so einschneidende Beschränkung der persönlichen Freiheit des Angeschuldigten enthält, als die in § 72 RAO. erwähnten Maßnahmen. Verzichtet im übrigen die RAO. zwecks Feststellung des Sachverhalts auf jeden gegen die Person des Angeschuldigten gerichteten Zwang, so kann nicht angenommen werden, daß sie hier solchen zulasse. A. A. (hinsichtlich des preußischen Disziplinarrechts) PrJMBl. **1918** 59 ff. (KG. GrDiszSen.). Unbenommen ist es natürlich dem EG., dem Angeklagten anheimzugeben, sich freiwillig in eine Irrenanstalt zur Beobachtung zu verfügen. Vgl. den interessanten Fall EGH. **8** 99/102.

Anm. 10. 6. Nur für den Angeschuldigten gilt § 72 RAO., gegen andere Personen sind Freiheitsbeschränkungen statthaft, wie sie die StPO. ja gegen

Zeugen zuläßt. Der ehrengerichtliche Untersuchungsrichter und der von ihm um Vernehmung ersuchte Amtsrichter veranlassen Vorführung eines ausgebliebenen Zeugen, Vollzug der Zwangshaft und Vollstreckung einer gegen den Zeugen erkannten hilfsweisen Freiheitsstrafe selbst, wie sie auch selbst auf Ordnungsstrafen gegen Zeugen und Sachverständige erkennen. Wegen EG. und EGH. siehe § 87.

7. Nur den Zwang gegen die Person des Angeschuldigten schließt § 72 aus, keineswegs den Sachzwang. Anm. 11.

a) Beschlagnahme und Durchsuchung sind auch im ehrengerichtlichen Verfahren zulässig. Ebenso RGSt. **10** 425/430; Meyer § 72 Anm. 2; Berger Anm. zu § 72; Sydow-Jacobsohn § 72 Anm. 1. Vgl. auch EGH. **6** 179, wo einer Haussuchung im ehrengerichtlichen Verfahren gedacht wird.

b) Die Anwendung der Bestimmungen über Beschlagnahme, die hier immer nur Gegenstände betrifft, die als Beweismittel für die ehrengerichtliche Untersuchung von Bedeutung sein können, bietet keine Schwierigkeiten. Auf die Anwendbarkeit des § 96 StPO. weist mit Recht die BayJMBek. 8. 5. 11 (JMBl. 193) hin.

c) Bei den Bestimmungen über die Durchsuchung sind in den §§ 102, 103 StPO. an Stelle der Worte „strafbaren Handlung" die Worte „ehrengerichtlich strafbaren Handlung" zu lesen, auch kann natürlich von einem Begünstiger oder Hehler im ehrengerichtlichen Verfahren keine Rede sein. Eine Durchsuchung „behufs Ergreifung des Beschuldigten" ist nach § 72 RAO. unzulässig, eine Durchsuchung zur Nachtzeit im Regelfalle des § 104 Abs. 1 StPO. nur bei Gefahr im Verzug statthaft.

§ 73.

Die Beeidigung von Zeugen und Sachverständigen kann in der Voruntersuchung erfolgen, auch wenn die Voraussetzungen des § 65 Abs. 2 und des § 222 der Strafprozeßordnung nicht vorliegen.

1. Inhalt. Der Paragraph behandelt die Beeidigung von Zeugen und Sachverständigen in der ehrengerichtlichen Voruntersuchung. Anm. 1.

2. Die Vernehmung der Zeugen in der ehrengerichtlichen Voruntersuchung richtet sich nach den Bestimmungen der StPO. Auch für das Aussage- und Eidesweigerungsrecht, sowie für die Straf- und Zwangsmittel bei Verletzung der Zeugenpflicht sind jene Normen maßgebend. Doch ist nicht etwa § 54 StPO. dahin anzuwenden, daß die Gefahr ehrengerichtlicher Verfolgung genügt: die Befürchtung, in ein Disziplinarverfahren verwickelt zu werden, erkennt die StPO. als Grund der Aussageweigerung nicht an, und zu einer ausdehnenden Auslegung liegt kein Anlaß vor. Bei § 56 Ziffer 3 StPO. ist zu beachten, daß es im ehrengerichtlichen Verfahren allerdings Teilnehmer, Begünstiger Hehler i. S. des StGB. nicht gibt. Wenn aber durch Zusammenwirken mehrerer Anwälte bei jedem ein Verstoß gegen § 28 RAO. in Frage kommt, so wird § 56 Ziffer 3 StPO. entsprechend anzuwenden sein. Anm. 2.

a) Nur bezüglich der Beeidigung der Zeugen in der ehrengerichtlichen Voruntersuchung weicht die RAO. von der StPO. ab. Während solche Beeidigung in der Voruntersuchung nach der StPO. nur unter bestimmten, im Vernehmungsprotokolle anzugebenden Gründen statthaft ist, läßt die RAO. sie in der ehrengerichtlichen Voruntersuchung allgemein zu. Es hängt diese Bestimmung damit zusammen, daß § 88 RAO. über die Grenzen des § 250 StPO. hinaus eine Verlesung der außerhalb der Hauptverhandlung erfolgten Aussagen zuläßt, deren Benutzung ja aber, soweit die Beeidigung nicht ausnahmsweise unstatthaft oder nur zulässig und nicht geboten ist, die geschehene Beeidigung voraussetzt. Vgl. Mot. 89; Meyer § 73 Anm. 1. Anm. 3.

Anm. 4. b) Da in der ehrengerichtlichen Voruntersuchung die Beeidigung der Zeugen stets statthaft ist, bedarf es auch nicht, wie nach § 65 Abs. 4 StPO., der Angabe des Grundes der Beeidigung im Protokoll.

Anm. 5. 3. Was bezüglich der Zeugen gesagt ist, gilt ebenso von den Sachverständigen.

Anm. 6. 4. Wegen der Gebühren der Zeugen und Sachverständigen siehe § 94 Anm. 31 ff.

Anm. 7. 5. Für das Ermittelungsverfahren gilt § 65 Abs. 3 und 4 StPO., nicht § 73 RAO. Für eine Ausdehnung des § 73 auf das vorbereitende Verfahren fehlt es an jeder Handhabe. Auch OLGMünchenSt. **1** 127 spricht nur davon, daß § 73 „im ehrengerichtlichen Verfahren überhaupt Geltung hat, mag dieses durch die Erhebung öffentlicher Klage oder durch einen auf Grund des § 16 Abs. 2 der RAO. gestellten Antrag veranlaßt worden sein und mag der Hauptverhandlung eine Voruntersuchung vorausgehen oder nicht", schließt also gerade das vorbereitende Verfahren aus und zieht nur die zweifellose Folge, daß, was für die Voruntersuchung gilt, erst recht für das Hauptverfahren gelten muß. Vgl. über die besprochene Frage Burkhardt BayZ. **4** 121 und A. Friedländer ebenda 162. EGH. **17** Nr. 11 (G 19/15) ist offenbar unserer Ansicht.

Anm. 8. 6. Die Vorschriften über die Parteiöffentlichkeit (§ 191 StPO.) finden auch im ehrengerichtlichen Verfahren Anwendung. Vgl. EGH. **12** 90; Mot. 89; Meyer § 73 Anm. 2.

§ 74.

Beantragt die Staatsanwaltschaft eine Ergänzung der Voruntersuchung, so hat der Untersuchungsrichter, wenn er dem Antrage nicht stattgeben will, die Entscheidung des Ehrengerichts einzuholen.

Anm. 1. 1. Inhalt. Der Paragraph regelt die Behandlung von Anträgen der StA. auf Ergänzung der Voruntersuchung.

Anm. 2. 2. Schluß der Voruntersuchung. Erachtet der ehrengerichtliche Untersuchungsrichter den auch hier sich nach § 188 StPO. bemessenden Zweck der Voruntersuchung für erreicht, so schließt er die Voruntersuchung, setzt den Angeschuldigten hievon in Kenntnis und übersendet die Akten der StA. zur Stellung ihrer Anträge (§ 195 StPO.).

Anm. 3. 3. Wünscht die Staatsanwaltschaft eine Ergänzung der Voruntersuchung, so stellt sie einen diesbezüglichen Antrag unter Wiederbeifügung der Akten unmittelbar bei dem ehrengerichtlichen Untersuchungsrichter.

Anm. 4. a) Gibt dieser dem Antrage statt, so verläuft das weitere Verfahren nach den auch sonst für die ehrengerichtliche Voruntersuchung maßgebenden Bestimmungen.

Anm. 5. b) Ablehnen darf dagegen der ehrengerichtliche Untersuchungsrichter den Antrag auf Ergänzung der Voruntersuchung nicht selbst, er hat vielmehr, wenn er der Ansicht ist, der Antrag sei abzulehnen, „die Entscheidung des Ehrengerichts einzuholen", also unter Begründung seiner gedachten Ansicht die Akten zur Entscheidung dem EG. vorzulegen.

Anm. 6. 4. Beschwerden gegen den Beschluß des Ehrengerichts.

a) Wenn nach § 195 Abs. 2 StPO. die StK. beschließt, daß dem Antrage auf Ergänzung der Voruntersuchung stattzugeben sei, so steht dagegen dem Angeschuldigten keine Beschwerde zu. Wohl aber hat die StA. bei Ablehnung des Ergänzungsantrags nach § 346 StPO. das Rechtsmittel der einfachen Beschwerde.

b) Nach § 69 Abs. 3 RAO. hat der Angeschuldigte, wenn auch nur in beschränktem Umfange, gegen den die Voruntersuchung eröffnenden Beschluß des EG. die sofortige Beschwerde, und es fragt sich, ob ihm danach auch gegen einen dem Ergänzungsantrage der StA. entsprechenden Beschluß des EG. ein Rechtsmittel zusteht. Die Frage ist zu verneinen. Keinesfalls könnte der Angeschuldigte in weiterem Umfange als nach § 69 Abs. 3 RAO. beschwerdeberechtigt sein. Da nämlich der nach § 74 ergehende Beschluß nicht die Eröffnung einer neuen, sondern nur die Ergänzung der bisher geführten Voruntersuchung betrifft, so würde die Gewährung des Beschwerderechts an den Angeschuldigten nichts anderes bedeuten als die Verlängerung der Frist für die sofortige Beschwerde des § 69. Diesen Vorteil erhielte der Angeschuldigte dadurch, daß der ehrengerichtliche Untersuchungsrichter, wie der Beschluß des EG. feststellt, zu Unrecht einem Antrage der StA. nicht stattgegeben hat. Das ist natürlich undenkbar. Anm. 7.

c) Der StA. steht auch im ehrengerichtlichen Verfahren gegen den ihren Antrag auf Ergänzung der Voruntersuchung ablehnenden Beschluß die einfache Beschwerde gemäß § 346 StPO. zu. Es ist eben auch hier zu beachten, daß das EG. nicht die Eröffnung der Voruntersuchung ablehnt, die Eröffnung vielmehr bereits früher erfolgt war. Anm. 8.

§ 75.

Nach geschlossener Voruntersuchung sind dem Angeschuldigten auf seinen Antrag die Ergebnisse des bisherigen Verfahrens mitzutheilen.

1. Inhalt. Der Paragraph gibt dem Angeschuldigten das Recht, nach Schluß der Voruntersuchung deren Ergebnisse mitgeteilt zu erhalten. Anm. 1.

2. Entstehungsgeschichte. § 75, der im Entwurfe der RAO. fehlte, verdankt seine Entstehung der RTKomm. Ihrem Berichte 41 zufolge wurde die Einschaltung des Paragraphen (damals 70a) beschlossen, „um ein dem § 199 der Strafprozeßordnung und dem § 97 des Reichsbeamtengesetzes entsprechendes Verfahren herbeizuführen". Allein schon hinter § 97 RBG. bleibt § 75 RAO. zurück: denn während dort dem Angeschuldigten nach geschlossener Voruntersuchung „der Inhalt der erhobenen Beweismittel" stets ohne besonderen Antrag mitzuteilen ist, erfolgt die Mitteilung hier nur auf besonderen Antrag des Angeschuldigten. Nun bekommt allerdings der Angeschuldigte vom Schluß der Voruntersuchung Kenntnis, aber wenn er nicht für rechtzeitige Stellung des Antrags sorgt, kann es ihm begegnen, daß er die Mitteilung nicht vor Eröffnung des Hauptverfahrens erhält und somit die Verweisung der Sache zur Hauptverhandlung nicht mehr abwenden kann. Es besteht nämlich weiter auch kein dem § 199 StPO. entsprechendes Verfahren, vielmehr erfolgt die Entscheidung über die Eröffnung des Hauptverfahrens ohne Anhörung des Angeschuldigten (vgl. § 76 Anm. 7). Anm. 2.

3. Bedeutung des § 75. Anm. 3.

Immerhin ist das durch § 75 gewährte Recht nicht bedeutungslos. Hat freilich der Angeschuldigte bereits während der Voruntersuchung einen Verteidiger, so bedarf er des Rechts, das ihm § 75 gewährt, nicht: das Recht des Verteidigers, nach § 147 StPO. die Akten einzusehen, ist dann viel besser geeignet, dem Schutze der Interessen des Angeschuldigten zu dienen. Hat aber der Angeschuldigte noch keinen Verteidiger, so bietet § 75 einen wertvollen Ersatz für die dem Angeschuldigten (vgl. EGH. **11** 154) versagte Akteneinsicht. Durch die ihm gewordene Mitteilung der Ergebnisse wird der Angeschuldigte in die Lage gebracht, der StA. und dem EG. das zu seiner Entlastung noch erforderliche Material in Vorlage zu bringen und ihrer Offizialprüfung zu unterbreiten (vgl. § 76 Anm. 9).

Anm. 4. 4. **Voraussetzungen des Rechts aus § 75.**

a) **Die Mitteilung erfolgt nur auf Antrag des Angeschuldigten.** Daß dieser Antrag aber erst nach Schluß der Voruntersuchung gestellt werden kann, erhellt nicht. Es steht nichts im Wege, daß der Angeschuldigte bereits während der Voruntersuchung, etwa bei seiner verantwortlichen Vernehmung oder in besonderer Eingabe, beantragt, ihm nach Schluß der Voruntersuchung die in § 75 vorgesehene Mitteilung zu machen. In solchem Falle wird zweckmäßig der ehrengerichtliche Untersuchungsrichter bei Abgabe der Akten an die StA. auf den gestellten Antrag besonders hinweisen.

Anm. 5. b) **Erst „nach geschlossener Voruntersuchung" ist dem Angeschuldigten die fragliche Mitteilung zu machen.** Geschlossen in diesem Sinn ist die Voruntersuchung erst, wenn sie zu einem endgültigen Schluß gekommen ist, also wenn ein Antrag auf Ergänzung der Voruntersuchung nicht gestellt oder der gestellte abgelehnt wird oder zur Erledigung gebracht ist.

Anm. 6. 5. **Auf die Mitteilung hat der Angeschuldigte ein Recht,** sie kann ihm weder versagt werden, weil sein Verteidiger die Akten einsehen kann, noch weil das Hauptverfahren bereits eröffnet ist. Nur wenn die Anklageschrift ihm bereits zugestellt und diese — was keineswegs der Fall sein muß (vgl. § 76 Anm. 6) — so ausführlich gehalten ist, daß sie alle wesentlichen Ergebnisse des Verfahrens wiedergibt, kann der Angeschuldigte eine weitere Mitteilung nicht verlangen, denn die dem § 75 entsprechende Mitteilung ist ihm dann eben bereits geworden.

Anm. 7. 6. **Wer die Mitteilung zu bewirken hat,** sagt das Gesetz nicht. Da aber die Akten nach Schluß der Voruntersuchung der StA. übersandt werden, so kann, bis diese ihre Anträge bei dem EG. gestellt hat, auch nur sie für berufen erachtet werden, die Mitteilung zu machen. Ist dagegen durch Stellung der staatsanwaltschaftlichen Anträge das Verfahren bei dem EG. anhängig geworden, so wird man dieses zu der Mitteilung für zuständig zu halten haben. Im Gegensatz zu dem Gesagten hält Turnau Anm. zu § 75 den ehrengerichtlichen Untersuchungsrichter für den zur Bewirkung der Mitteilung Berufenen.

Anm. 8. 7. Gegen **Ablehnung der Mitteilung** seitens der StA. findet Aufsichtsbeschwerde an den Justizminister oder Reichsjustizminister, gegen einen ablehnenden Beschluß des EG. Beschwerde statt, soweit diese nicht nach § 347 StPO., weil der Beschluß nach Eröffnung des Hauptverfahrens ergangen, ausgeschlossen ist.

§ 76.

Die Anklageschrift hat die dem Angeschuldigten zur Last gelegte Pflichtverletzung durch Angabe der sie begründenden Thatsachen zu bezeichnen und, soweit in der Hauptverhandlung Beweise erhoben werden sollen, die Beweismittel anzugeben.

Anm. 1. **I. Inhalt.** Der Paragraph behandelt die an den Inhalt der Anklageschrift zu stellenden Anforderungen.

Anm. 2. **II. Wann ist eine Anklageschrift einzureichen?** Beantragt nach geschlossener Voruntersuchung die Staatsanwaltschaft die Eröffnung des Hauptverfahrens, so hat sie eine Anklageschrift einzureichen. Gleiche Pflicht liegt ihr ob, wenn sie ohne vorgängige Voruntersuchung alsbald das Hauptverfahren eröffnet sehen will. In beiden Fällen sind mit der Anklageschrift die bisher erwachsenen Akten einzureichen. Vgl. ferner § 70 Anm. 4.

Anm. 3. **III. Inhalt der Anklageschrift.** Für alle Fälle, in denen seitens der StA.

im ehrengerichtlichen Verfahren eine Anklageschrift einzureichen ist, bestimmt § 76 ihren notwendigen Inhalt.

1. Die Anklageschrift hat danach Anm. 4.

a) den Angeschuldigten zu benennen,

b) die ihm zur Last gelegte Pflichtverletzung durch Angabe der sie begründenden Tatsachen zu kennzeichnen,

c) die Beweismittel, deren Erhebung in der Hauptverhandlung die StA. wünscht, namhaft zu machen.

d) Daß die Anklageschrift ebenso, wie die Anklageschrift im Strafprozesse (RGSt. 37 408), von der StA. zu unterschreiben ist, ist nicht zu bezweifeln.

2. Vergleicht man diese Erfordernisse mit denen des § 198 Abs. 1 StPO., so ergibt sich folgendes: Die Erfordernisse a und d sind gemeinsam. Zu b ist nach der StPO. „die dem Angeschuldigten zur Last gelegte Tat unter Hervorhebung ihrer gesetzlichen Merkmale und des anzuwendenden Strafgesetzes" zu bezeichnen. Da im ehrengerichtlichen Verfahren stets gegen §§ 28, 62 RAO. verstoßende Handlungen in Betracht kommen, bedurfte es füglich nicht der Anführung dieser immer und allein anzuwendenden Paragraphen[1]. Berücksichtigt man dies, so ist das Erfordernis zu b nach der RAO. nichts als eine entsprechende Anwendung des oben wiedergegebenen Erfordernisses nach der StPO. (vgl. Mot. 89). In beiden Fällen muß die Tat soweit, aber auch nur soweit umschrieben sein, daß nach der StPO. die kriminelle, nach der RAO. die disziplinäre Strafbarkeit erhellt: eine Geschichtserzählung ist damit nicht gefordert. Anm. 5.

Zu Punkt c verlangt die StPO., daß „die Beweismittel" angegeben werden. Der Unterschied gegenüber der RAO. ist nur ein scheinbarer, denn auch die StPO. verlangt unstreitig nicht, daß Beweismittel angegeben werden, deren Erhebung in der Hauptverhandlung die StA. gar nicht verlangt.

Wenn endlich § 198 Abs. 1 StPO. noch die Bezeichnung des Gerichts vorschreibt, vor welchem die Hauptverhandlung stattfinden soll, so hätte ein gleiches Erfordernis im ehrengerichtlichen Verfahren keinen Sinn: das Hauptverfahren kann eben, wenn überhaupt, nur vor dem EG. eröffnet werden, bei welchem die Anklageschrift eingereicht ist.

3. Es ergibt sich also, daß die Anforderungen an die Anklageschrift im ehrengerichtlichen Verfahren durchaus den nach § 198 Abs. 1 StPO. zu stellenden entsprechen. Die Anklageschrift im ehrengerichtlichen Verfahren steht danach hinter der Anklageschrift in Strafkammersachen insofern zurück, als sie nicht, wie diese, auch „die wesentlichen Ergebnisse der stattgehabten Ermittelungen" aufnehmen muß. Es wird aber solche Aufnahme nicht nur zur Klarstellung der unter Anklage gestellten Pflichtverletzung häufig wünschenswert (vgl. Meyer § 76 Anm. 4), sie wird überhaupt allgemein empfehlenswert sein, um dem Angeschuldigten alsbald zu gewähren, was ihm, wenigstens nach geführter Voruntersuchung, gemäß § 75 ja doch nicht versagt werden kann. Anm. 6.

IV. Verfahren auf die Anklageschrift. 1. Über die Anklageschrift faßt das EG. Beschluß, ohne daß eine Anhörung des Angeschuldigten, wie sie § 199 StPO. vorsieht, voranginge (Berger § 70 Anm. 2; Meyer § 79 Anm 1). Der Angeschuldigte erhält die Anklageschrift nach § 79 erst gleichzeitig mit der Ladung zur Hauptverhandlung, also bei Nichteröffnung des Hauptverfahrens gar nicht mitgeteilt. Anm. 7.

Aus dem Fehlen eines Verfahrens nach § 199 StPO. ergibt sich übrigens auch, daß eine Eröffnung der Voruntersuchung auf Grund eines Antrags des

---

[1]) Ueber die im Falle des § 64 RAO. eintretende Ausnahme vgl. § 64 Anm. 9.

Angeschuldigten dem ehrengerichtlichen Verfahren im Gegensatze zu § 176 Abs. 2 Nr. 2 StPO. unbekannt ist (Meyer § 69 Anm. 7).

Anm. 8. 2. Zweckmäßigkeit der Bestimmungen der RAO.?

Die Nichtanwendung des § 199 StPO. wird in den Motiven 89 damit begründet, „daß durch die vorausgegangene Voruntersuchung — sie war nach dem Entwurf im förmlichen ehrengerichtlichen Verfahren obligatorisch —, sowie zufolge der Zulässigkeit der Berufung gegen das Urteil dem Beschuldigten die Garantien der Verteidigung ausreichend gewährt sind". Das dürfte, wenn man selbst davon absieht, daß die Voruntersuchung jetzt nur noch zulässig, nicht mehr notwendig ist, doch erheblichen Zweifeln unterliegen. Die Motive unterschätzen ganz offenbar die schwerwiegende Bedeutung, die der Umstand für einen Rechtsanwalt haben kann, daß es überhaupt zu einer ehrengerichtlichen Hauptverhandlung gegen ihn kommt. Wie häufig im Strafprozeß die Eröffnung des Hauptverfahrens eine schwere Schädigung des Angeklagten bedeutet, die durch eine Freisprechung nicht immer ganz zu beseitigen ist, so gilt Gleiches in vielen Fällen von der Wirkung der Eröffnung des ehrengerichtlichen Hauptverfahrens.

Anm. 9. 3. Erklärungen des Angeschuldigten.

Der Angeschuldigte ist also nicht in der Lage, Anträge zu stellen und Einwendungen zu erheben mit der Wirkung, daß das EG., wie nach § 199 StPO. das Gericht, verpflichtet wäre, über sie zu befinden (vgl. Meyer Anm. zu § 75). Es ist ihm aber durchaus unverwehrt, nachdem er durch die von seinem Verteidiger genommene Akteneinsicht oder durch eine nach § 75 erfolgte Mitteilung über das vorliegende Material aufgeklärt ist, all das in Eingaben zu den Akten zu geben, was er Wesentliches für sich in das Feld zu führen hat. Die Prüfung solchen Vorbringens muß als ein nobile officium des EG. erachtet werden, wenn auch der Angeschuldigte weder auf solche Prüfung noch gar auf Bescheidung Anspruch hat.

Anm. 10. **V. Beschluß des Ehrengerichts.** Der Beschluß des EG. kann, wie nach der StPO., verschiedenen Inhalt haben.

1. Er kann, wenn eine Voruntersuchung stattgefunden hat, eine Ergänzung der Voruntersuchung anordnen (Mot. 89) oder, wenn unmittelbar Anklage erhoben ist, die Voruntersuchung eröffnen oder einzelne Beweiserhebungen anordnen. Für den letztgedachten Fall kommt die auch für § 86 wichtige Frage in Betracht, ob mit einzelnen Beweiserhebungen das EG. eines seiner Mitglieder beauftragen kann, ob es also auch Beweiserhebungen durch einen beauftragten Richter gibt. Ist die Frage für § 86 zu verneinen, so ist sie es natürlich auch für das Eröffnungsverfahren. Ist sie dort zu bejahen, so wird gleiche Bejahung wohl auch hier nicht zu umgehen sein. Es ist also auf § 86 Anm. 8 ff. zu verweisen.

Anm. 11. 2. Die Eröffnung des Hauptverfahrens ist zu beschließen, wenn nach den Ergebnissen der Voruntersuchung oder des Ermittlungsverfahrens der Angeschuldigte einer ehrengerichtlich strafbaren Pflichtverletzung hinreichend verdächtig ist. Wegen des Inhalts des Eröffnungsbeschlusses s. § 78.

Anm. 12. 3. Für den Beschluß auf Nichteröffnung des Hauptverfahrens gilt § 202 StPO. Vgl. ferner § 77 RAO.

Anm. 13. 4. Auch vorläufige Einstellung des Verfahrens kann im ehrengerichtlichen Verfahren vorkommen, u. z. sowohl wenn der Angeschuldigte in Geisteskrankheit verfallen (vgl. EGH. 4 7), als auch wenn er im Sinne des § 318 StPO. abwesend ist und diese Abwesenheit dem weiteren Verfahren entgegensteht. Dies ist nicht der Fall, wenn der Angeschuldigte im In- oder Auslande anders als lediglich öffentlich geladen werden kann (s. § 83 Anm. 6, 7, 22). Eine vorläufige

Einstellung nach § 208 StPO. ist nicht ausgeschlossen, wird aber praktisch schwerlich vorkommen.

5. Vgl. auch § 65 Abs. 1 und § 65 Anm. 4 ff.

VI. Für die **Anfechtung der verschiedenen Beschlüsse** gelten die Bestimmungen der StPO., nur der Beschluß auf Eröffnung der Voruntersuchung unterliegt auch hier im Rahmen des § 69 Abs. 3 RAO. der sofortigen Beschwerde des Angeschuldigten. Anm. 14.

§ 77.

Ist der Angeschuldigte außer Verfolgung gesetzt, so kann die Klage nur während eines Zeitraums von fünf Jahren, vom Tage des Beschlusses ab, und nur auf Grund neuer Thatsachen oder Beweismittel wieder aufgenommen werden.

1. Inhalt. Der Paragraph behandelt die Wirkung der Außerverfolgungsetzung des Angeschuldigten. Anm. 1.

2. Welche Beschlüsse betrifft § 77? Anm. 2.

a) Während die StPO. in § 210 die Wirkung der rechtskräftigen Ablehnung der Eröffnung des Hauptverfahrens behandelt, spricht die RAO. in § 77 nur von dem Fall, daß der Angeschuldigte außer Verfolgung gesetzt ist, und darauf lautet der Beschluß des EG. ja ausweislich § 202 Abs. 2 StPO. nur, wenn eine Voruntersuchung stattgefunden hat. § 77 RAO. stimmt genau mit § 72 des Entwurfes überein. Allein während nach § 65 des Entwurfes für das förmliche ehrengerichtliche Verfahren die Voruntersuchung notwendig, die Klageerhebung nur durch Antrag auf Eröffnung der Voruntersuchung möglich war, hat sich das im Gesetze selbst geändert. Daß aber der Beschluß auf Nichteröffnung des Hauptverfahrens bei der durch Einreichung einer Anklageschrift erfolgten Klageerhebung in seinen Wirkungen sich nach § 210 StPO., der Beschluß auf Außerverfolgungsetzung nach durchgeführter Voruntersuchung sich aber in bezug auf seine Folgen nach § 77 RAO. beurteilen sollte, kann nicht als Wille des Gesetzes erachtet werden (a. M. anscheinend Meyer § 77 Anm. 3). Vielmehr ist im Sinne des § 77 RAO. jede Nichteröffnung des Hauptverfahrens als Außerverfolgungsetzung zu behandeln.

b) Dagegen unterfällt die Ablehnung der Eröffnung der Voruntersuchung dem § 77 RAO. nicht. Anm. 3.

3. Wirkung der Nichteröffnung des Hauptverfahrens. Anm. 4.

a) § 77 spricht nur davon, daß der Angeschuldigte außer Verfolgung gesetzt ist, und die Motive 89 meinen, damit dem § 210 StPO. zu entsprechen. Hier aber wird zutreffend weiter verlangt, daß der ablehnende Beschluß nicht mehr anfechtbar sei. Nur in diesem Sinne ist indessen auch § 77 zu verstehen: denn sonst wäre ja eine sofortige Beschwerde der StA. gegen den ablehnenden Beschluß entgegen § 209 Abs. 2 StPO. nur unter Geltendmachung neuer Tatsachen oder Beweismittel zulässig.

b) Wie nach § 210 StPO. kann auch im Falle des § 77 RAO. die Klage nur auf Grund neuer Tatsachen oder Beweismittel wiederaufgenommen werden, und der Begriff der neuen Tatsachen oder Beweismittel ist in der RAO. der gleiche, wie in der StPO. Die RAO. begnügt sich aber damit nicht, sie läßt, § 99 RBG. folgend, die Wiederaufnahme der Klage „nur während eines Zeitraums von fünf Jahren, vom Tage des Beschlusses ab", zu. Schon die Motive 89 sprechen hier von einer Verjährung der Strafverfolgung, und diese Ausdrucksweise hat auch anderweit Anklang gefunden (Meyer § 77 Anm. 3; Berger Vorbem. zum IV. Abschnitt und § 77 Anm. 2; Sydow-Jacobsohn § 77 Anm. 1). Sie Anm. 5.

wird aber besser vermieden, denn sie verleitet nicht nur zu dem Gedanken, als gäbe es in dem ehrengerichtlichen Verfahren eine Verjährung, auf welche die Bestimmungen des StGB. entsprechend anzuwenden seien, was nicht zutrifft (vgl. § 62 Anm. 13); sie veranlaßt auch weiter die Frage, ob es denn nicht eine Unterbrechung dieser Verjährung und vielleicht im Falle des § 77 auch eine Strafvollstreckungsverjährung gibt. In Wahrheit ist die Frist des § 77 keine Verjährungs-, sondern eine Ausschlußfrist, und damit erledigen sich alle einschlägigen Fragen. EGH. **4** 114 nennt § 77 „eine an die Verjährung anknüpfende Vorschrift".

Anm. 6. c) Die gedachte Ausschlußfrist läuft „vom Tage des Beschlusses" an. Hierunter wird unter Berücksichtigung des in Anm. 4 Gesagten nicht der Tag, an dem der Beschluß gefaßt wurde, sondern der Tag des Eintritts der Rechtskraft zu verstehen sein.

Anm. 7. 4. Wiederaufnahme der Klage. Es gilt nichts Besonderes gegenüber dem im Falle des § 210 StPO. einzuschlagenden Verfahren.

§ 78.

In dem Beschlusse, durch welchen das Hauptverfahren eröffnet wird, ist die dem Angeklagten zur Last gelegte Pflichtverletzung durch Angabe der sie begründenden Thatsachen zu bezeichnen.

Anm. 1. **I. Inhalt.** Der Paragraph bestimmt die an den Inhalt des Eröffnungsbeschlusses zu stellenden Anforderungen.

Anm. 2. **II. Inhalt des Eröffnungsbeschlusses.** 1. Der vom § 78 geforderte Inhalt des Eröffnungsbeschlusses[1]) entspricht ebenso den Bestimmungen des § 205 StPO., wie sich gleiche Übereinstimmung zwischen § 76 RAO. und § 198 Abs. 1 StPO. ergab. Auch hier fehlt im § 78 gegenüber der StPO. das Verlangen der Angabe des anzuwendenden Strafgesetzes und der Bezeichnung des Gerichts, vor welchem die Hauptverhandlung stattfinden soll. Ersteres erklärt sich ebenso, wie bei der Anklageschrift im ehrengerichtlichen Verfahren; letzteres brauchte das Gesetz für den von ihm als Regel unterstellten Fall, daß das EG. selbst eröffnet, nicht als Erfordernis hervorzuheben. Immerhin ist es zweckmäßig[2]), im Eröffnungsbeschlusse die §§ 28, 62, 63 RAO. anzuführen und anzugeben, daß das Hauptverfahren vor dem EG. der AK. zu X. eröffnet werde. Sollte die letztgedachte Angabe aber fehlen, so würde doch selbst bei Eröffnung durch das OLG. nur dasjenige EG. als für die Hauptverhandlung bestimmt gelten, gegen dessen Entscheidung die Beschwerdeinstanz angerufen wurde.

Anm. 3. Daß der Eröffnungsbeschluß im ehrengerichtlichen Verfahren keine Anordnung, wie der Eröffnungsbeschluß des Strafprozesses nach § 205 Abs. 2 StPO., enthalten kann, ergibt § 72 RAO.

Anm. 4. 2. Wesentlich ist also nur die Angabe der dem Angeklagten zur Last gelegten Pflichtverletzung und die Hervorhebung der dieselbe begründenden Tatsachen (EGH. **14** 47/8). Fehlen diese Tatsachen ganz und gar, so liegt ein Eröffnungsbeschluß nicht vor, und es geht nicht an, wie dies EGH. **4** 5 und **14** 55 getan, in einem solchen Falle auf die Anklageschrift zurückzugreifen. Das ist nicht mehr eine Erläuterung des Eröffnungsbeschlusses durch die Anklageschrift, sondern eine Ersetzung jenes durch diese, ein Verfahren, das, wie nach der StPO., so auch nach der RAO. unzulässig ist. Dagegen ist eine Auslegung des Eröffnungsbeschlusses durchaus zulässig, und hiebei darf unbedenklich auch die Anklageschrift herangezogen werden. Vgl. EGH. **3** 30; **4** 5, 147; **5** 92; **10** 9; **11** 6/7.

---

[1]) Die Angabe der Beweismittel gehört nicht in den Eröffnungsbeschluß.
[2]) Im Falle des § 64 nach Maßgabe von Anm. 9 daselbst notwendig.

3. Werden dem Angeklagten mehrere Pflichtverletzungen zur Last gelegt, so sind sie derart im Eröffnungsbeschlusse aufzuführen, daß erkennbar wird, welche einzelnen als selbständige Verfehlungen in Betracht kommenden Vorgänge dem Angeklagten vorgeworfen werden. Anm. 5.

III. Der Eröffnungsbeschluß begrenzt das ehrengerichtliche Verfahren. Anm. 6.

1. Nur die durch die angegebenen Tatsachen umgrenzten Vorfälle sind Gegenstand des ehrengerichtlichen Verfahrens. Vgl. EGH. **1** 8/9; **4** 5; **6** 73/4, 241; **9** 6; **11** 7, 26; **12** 16. Siehe auch § 84, der die in der Hauptverhandlung erfolgende Berichterstattung auf diejenigen Verfahrensergebnisse beschränkt, die „sich auf die in dem Beschlusse über die Eröffnung des Hauptverfahrens enthaltenen Tatsachen beziehen".

2. Der Eröffnungsbeschluß des ehrengerichtlichen Verfahrens begrenzt dieses in der gleichen Weise, wie der Eröffnungsbeschluß im Strafverfahren diese Funktion nach § 263 StPO. erfüllt, aber auch nicht weiter. Anm. 7.

a) Also sind Abweichungen von den im Eröffnungsbeschlusse erwähnten Tatsachen dann statthaft, wenn dadurch der Vorgang, in dem die Pflichtverletzung erblickt wurde, in seiner Identität nicht berührt wird. Anm. 8.

b) Nicht minder frei steht es auch dem EG. und EGH., die Pflichtverletzung in dem vom Eröffnungsbeschlusse umschriebenen Vorgange in einer anderen Richtung zu finden, als dies der Eröffnungsbeschluß getan hat. Vgl. EGH. **8** 75: fahrlässiges statt vorsätzliches Verhalten; **12** 12: Geltendmachung eines übermäßigen Honorars und Ausnützung einer Zwangslage zur Erhöhung eines Honorars statt unlauteren Werbens um Praxis, wobei auch die Verhandlungen über das fragliche Honorar in Betracht kamen; **16** 57: Beanspruchung eines Extrahonorars statt Nichtaufklärung der Auftraggeberin vor dessen Zusicherung über den Begriff des Extrahonorars. Anm. 9.

c) Ferner kann der Eröffnungsbeschluß mehrere selbständige Handlungen annehmen, das Urteil dagegen feststellen, daß die sämtlichen in Betracht kommenden Tatsachen insgesamt nur e i n e Verfehlung darstellen, und ebenso kann der umgekehrte Fall eintreten. Anm. 10.

d) Eine Abweichung vom Eröffnungsbeschlusse in der vom § 264 StPO. vorgesehenen Art kann im ehrengerichtlichen Verfahren nicht vorkommen, da stets nur auf Grund der §§ 28, 62, 63 RAO. ehrengerichtliche Strafe verhängt werden kann (EGH. **5** 21, **16** 58). Wegen § 64 RAO. s. Anm. 8 ff. zu diesem Paragraphen. Anm. 11.

e) Weshalb dagegen die Anwendung des § 265 StPO. unstatthaft sein sollte, ist nicht einzusehen (vgl. auch Mot. 92). Die einschlägige Bemerkung EGH. **5** 21, in der „§ 263" offenbar ein Druckfehler statt des richtigen Zitats „§ 265" ist, läßt jede Begründung der abweichenden Auffassung vermissen. Aus den abgedruckten Gründen ist übrigens nicht zu ersehen, ob der nach § 265 StPO. erforderliche Antrag der StA. gestellt war. Vgl. auch EGH. **1** 13, wo § 265 StPO. ausdrücklich als anwendbar bezeichnet wird. Anm. 12.

§ 79.

Die Mittheilung der Anklageschrift erfolgt mit der Ladung zur Hauptverhandlung.

1. I n h a l t. Der Paragraph regelt den Zeitpunkt, zu dem die Anklageschrift, für deren Mitteilung an den Angeschuldigten § 199 StPO. nicht zur Anwendung kommt, dem Angeklagten bekannt zu machen ist. Anm. 1.

2. Nach Eröffnung des Hauptverfahrens bestimmt, wenn — was ja die Regel ist — der Abhaltung der Hauptverhandlung Hindernisse nicht im Wege stehen, der Vorsitzende des EG. den T e r m i n z u r H a u p t v e r h a n d l u n g. Anm. 2.

Anm. 3. 3. Nach § 220 StPO. kann der Vorsitzende des Gerichts auch von Amts wegen die Ladung von Zeugen und Sachverständigen sowie die Herbeischaffung anderer Beweismittel anordnen. Diese Bestimmung gilt auch im ehrengerichtlichen Verfahren (Meyer § 85 Anm. 1). Man könnte sie auf den ersten Blick durch § 86 Abs. 1 für ausgeschlossen halten, aber der Ton liegt dort nicht darauf, daß das Ehrengericht die Vernehmung anordnen kann, sondern auf dem freien Ermessen des EG. bei der Wahl zwischen der Vernehmung in der Hauptverhandlung und der kommissarischen Vernehmung.

Anm. 4. 4. Die Akten gehen mit der Verfügung des Ehrengerichtsvorsitzenden an die StA., und diese bewirkt die Ladungen zur Hauptverhandlung sowie die Herbeischaffung etwaiger Beweisgegenstände (§ 213 StPO.).

Anm. 5. a) Die Ladungen sind formell zuzustellen. Für das Verfahren bei der Zustellung kommen gemäß § 37 StPO. die Bestimmungen der ZPO. zur Anwendung. Übersendung durch Einschreibebrief genügt nicht. Vgl. EGH. **1** 17.

Anm. 6. b) Die Ladung der Zeugen und Sachverständigen bietet nichts vom Strafprozesse Abweichendes.

Anm. 7. c) Die Ladung des Angeklagten erfolgt schriftlich, ohne daß eine Warnung wie nach § 215 Abs. 1 StPO., zulässig oder ein Hinweis entsprechend § 231 Abs. 2 StPO. nötig wäre. Ersteres ergibt sich aus § 72 RAO., letzteres aus der in § 83 RAO. allgemein zugelassenen Verhandlung ohne Anwesenheit des Angeklagten. Soll der Ladung die in § 83 Abs. 2 RAO. gedachte Verwarnung beigefügt werden, so bedarf es eines Beschlusses des EG. Eine öffentliche Ladung des Angeklagten ist nach § 83 Abs. 1 RAO. unzulässig.

Befindet sich der Angeklagte nicht auf freiem Fuße, so sind die Bestimmungen der §§ 35 Abs. 3, 215 Abs. 2 Satz 2 StPO. zu wahren.

Anm. 8. 5. Mit der Ladung zur Hauptverhandlung ist dem Angeklagten die Anklageschrift zuzustellen. Da nun die Praxis im Strafverfahren gemäß der Bestimmung des § 214 StPO. fast ausnahmslos den Eröffnungsbeschluß erst mit der Ladung zur Hauptverhandlung zustellen läßt, so wird auch wohl im ehrengerichtlichen Verfahren der Angeklagte den Eröffnungsbeschluß in der Regel erst mit der Ladung erhalten. Dann hat die Anklageschrift — wenn sie lediglich die gesetzlichen Erfordernisse enthält — für den Angeklagten, abgesehen davon, daß sie ihm etwa zeigt, in welchen Beziehungen StA. und EG. die Sachlage verschieden auffassen, eigentlich nur dadurch einen Wert, daß die Anklageschrift darüber Aufschluß gibt, welche Beweise die StA. erhoben sehen will. Ist dem Angeklagten nicht mit der Ladung die Anklageschrift zugestellt worden, so kann er zwecks Nachholung dieser Mitteilung Vertagung der Hauptverhandlung verlangen. Läßt er sich ohne solchen Antrag auf die Hauptverhandlung ein, so gibt er damit zu erkennen, daß er auch ohne die Kenntnis der Anklageschrift auf seine Verteidigung genügend vorbereitet ist: es kann deshalb dann auf die Nichteinhaltung der Vorschrift des § 79 die Berufung nicht gestützt werden. Vgl. EGH. **4** 98, **9** 29, ähnliche Fälle betreffend. Bezüglich des dem § 79 RAO. entsprechenden § 30 Abs. 1 PrArztEGG. a. M. PrArztEGH. **1** 223/4, **3** 254/5; siehe auch ebenda **2** 236 und 244.

Anm. 9. 6. Wie im Strafprozeß ist auch im ehrengerichtlichen Verfahren die Ladungsfrist des § 216 StPO. gegenüber dem Angeklagten zu wahren.

Anm. 10. 7. Wegen der Beweisanträge des Angeklagten vor der Hauptverhandlung und seines Rechts auf unmittelbare Ladung von Zeugen und Sachverständigen gelten die §§ 218, 219 StPO. Die Hinterlegung der für unmittelbar geladene Personen bestimmten Entschädigung an Reisekosten und Versäumnis erfolgt bei dem Schriftführer des AKV. (§ 94 Abs. 4 RAO.).

8. Kommissarische Vernehmungen. Anm. 11.

a) Kommissarische Vernehmungen des Angeklagten gibt es nur im ehrengerichtlichen Zulassungsverfahren nach § 93 Abs. 2, nicht auch im ehrengerichtlichen Strafverfahren. Vgl. hiezu noch § 83 Anm. 21, § 93 Anm. 15, § 86 Anm. 7.

b) Wegen kommissarischer Vernehmung von Zeugen und Sachverständigen sowie wegen kommissarischer Augenscheinseinnahme s. § 86 und die Anmerkungen zu diesem Paragraphen. Anm. 12.

§ 80.

Die Mitglieder des Vorstandes, welche bei der Entscheidung über die Eröffnung des Hauptverfahrens mitgewirkt haben, sind von der Theilnahme an dem Hauptverfahren nicht ausgeschlossen.

I. Inhalt. Der Paragraph beseitigt für das ehrengerichtliche Verfahren einen der gesetzlichen Ausschließungsgründe der Gerichtspersonen, nämlich den des § 23 Abs. 3 StPO. Es empfiehlt sich deshalb, mit seiner Erläuterung die Behandlung der Ausschließung und Ablehnung der zur richterlichen Mitwirkung im ehrengerichtlichen Verfahren berufenen Personen zu verbinden. Anm. 1.

II. Ausschließung von der richterlichen Mitwirkung im ehrengerichtlichen Verfahren. 1. Von der Mitwirkung als Richter im ehrengerichtlichen Verfahren sind alle Personen ausgeschlossen, bei denen einer der Fälle des § 22 StPO. gegeben ist. Dabei ist an die Stelle der strafbaren Handlung in § 22 Ziff. 1 StPO. die den Gegenstand des ehrengerichtlichen Verfahrens bildende Pflichtverletzung zu setzen. Der Fall der gedachten Ziffer liegt vor, wenn das ehrengerichtliche Verfahren Handlungen betrifft, die sich persönlich gegen einzelne im EG. mitwirkende Mitglieder des AKV. richten: EGH. **5** 173/4; **9** 27; **15** 61/2. Keineswegs sind aber Verfehlungen gegen AKV. oder EG. ohne weiteres geeignet, ein Mitglied desselben als verletzt d. h. unmittelbar betroffen erscheinen zu lassen. Ebenso: EGH. **6** 67/8, 70; **9** 10/11. Vgl. ferner EGH. **17** Nr. 18 (EGTageb. 9 18): Verstoß gegen die vom AKV. aufgestellten Leitsätze über den Verkehr mit Rechtskonsulenten. Noch weniger ist das EG. gehindert, eine Verfehlung gegenüber dem AKV. abzuurteilen, da das EG. eben mit dem Gesamtvorstande nicht identisch ist (s. § 67 Anm. 3) EGH. **15** 34, 61. Anm. 2.

2. Von der Mitwirkung in der Rechtsmittelinstanz sind die Personen ausgeschlossen, die bei der angefochtenen Entscheidung mitgewirkt haben (§ 23 Abs. 1 StPO.). Es darf also ein Ehrengerichtsmitglied, das an dem Beschluß über Ablehnung der Eröffnung der Voruntersuchung oder des Hauptverfahrens teilgenommen hat und unterdessen Oberlandesgerichtsrat geworden ist, nicht bei der Beschwerdeentscheidung des OLG. mitwirken. Ebenso kann ein Rechtsanwalt, der Mitglied des erstinstanzlichen EG. war und dann unter Aufgabe seiner bisherigen Zulassung Rechtsanwalt am RG. und Mitglied des EGH. wurde, nicht bei Verhandlung der Berufung in der fraglichen Sache mitwirken. Es sind also schon danach die Mitglieder des EG. der AK. bei dem RG. außerstande, im EGH. insoweit mitzuwirken, als sie im gedachten EG. mitgewirkt hatten. Darüber hinausgehend erklärt aber § 102 Abs. 2 RAO. die Eigenschaft als Mitglied des EGH. mit derjenigen als Mitglied des EG. der AK. bei dem RG. allgemein für unvereinbar. Darüber, was in dieser Bestimmung unter einem Mitglied des EG. zu verstehen ist, vgl. § 102 Anm. 6 ff. Anm. 3.

3. Wie nach § 23 Abs. 2 StPO. der Untersuchungsrichter von der Teilnahme an der Hauptverhandlung und an den außerhalb der Hauptverhandlung erfolgenden Entscheidungen der StK. ausgeschlossen ist, so gilt Entsprechendes für den ehrengerichtlichen Untersuchungsrichter. Selbst wenn er unterdessen Rechtsanwalt Anm. 4.

geworden, kann er in der betreffenden Sache nicht Mitglied des EG. sein (Meyer § 80 Anm. 2) und ebensowenig, mag er Rechtsanwalt beim RG. oder Reichsgerichtsrat geworden sein, im EGH. mitwirken. Dagegen kann er in der Beschwerdeinstanz mitwirken, sofern nur die Beschwerde sich nicht gegen seine eigene Entscheidung richtet.

Ob der ehrengerichtliche Untersuchungsrichter die Voruntersuchung führt bzw. geführt hat, ist ebenso zu entscheiden, wie die gleiche Frage bei Anwendung des § 23 Abs. 2 StPO. auf den Untersuchungsrichter des Strafprozesses. Vgl. darüber Löwe StPO.[14] § 23 Anm. 7.

Anm. 5. 4. Nach § 23 Abs. 3 StPO. dürfen an dem Hauptverfahren vor der StK. mehr als zwei von denjenigen Richtern, welche bei der Entscheidung über die Eröffnung des Hauptverfahrens mitgewirkt haben und namentlich der Richter nicht teilnehmen, welcher Bericht über den Antrag der StA. erstattet hatte. Diese Bestimmung, in der man seinerzeit einen besonderen Schutz für den Angeklagten sah, und die sich längst als völlig wertlos herausgestellt hat, beseitigt § 80 für das ehrengerichtliche Verfahren und zwar im gesamten Umfange der Bestimmung, also auch hinsichtlich des Berichterstatters. Vgl. EGH. **9** 22.

Anm. 6. **III. Ablehnung der zur richterlichen Mitwirkung im ehrengerichtlichen Verfahren berufenen Personen.** 1. Ablehnungsgründe. Die zahlreichen Entscheidungen des EGH., die sich mit der Frage beschäftigen, ob eine geltend gemachte Tatsache die Besorgnis der Befangenheit rechtfertigt, hier zu verzeichnen, erscheint nicht angezeigt. „Es genügt nicht", wie EGH. **16** 62/3 bemerkt (vgl. auch ebenda 64), „daß der Ablehnende Mißtrauen gegen die Unparteilichkeit der Richter empfindet, die vorgebrachten Gründe müssen objektiv geeignet sein, Mißtrauen gegen diese Unparteilichkeit zu rechtfertigen". Die Entscheidungen verneinen, von dem Zutreffen des § 22 Ziff. 1 StPO. abgesehen, durchgängig das Vorliegen eines Ablehnungsgrundes. Folgendes mag hervorgehoben werden:

Anm. 7. Wenn § 80 den Ausschließungsgrund des § 23 Abs. 3 StPO. beseitigt, so ist auch die Teilnahme am Eröffnungsbeschlusse oder die Berichterstattung bei Fassung desselben nicht ohne weiteres ein Ablehnungsgrund. Ebenso: EGH. **6** 65/6, 68/9, vgl. auch **11** 56. Zutreffend hat der EGH. Gleiches bezüglich der Mitwirkung bei Ablehnung von Beweisanträgen angenommen: EGH. **7** 66, 67/8. Auf gleiche Stufe ist aber auch die Teilnahme an Beschlüssen zu stellen, durch welche die Anregung zur Erhebung der in Frage stehenden ehrengerichtlichen Anklage gegeben wurde: EGH. **1** 14/6 (Ablehnung durch Oberstaatsanwalt).

Anm. 8. Dagegen wird es sich nur von Fall zu Fall entscheiden lassen, ob, falls eine Verfehlung gegen AKV. oder EG. den Gegenstand des ehrengerichtlichen Verfahrens bildet, eine Person durch ihre Zugehörigkeit zum AKV. oder EG. die Besorgnis der Befangenheit erweckt, während EGH. **4** 13; **6** 68, 70 diese Zugehörigkeit überhaupt nicht als Ablehnungsgrund gelten läßt.

Anm. 9. Daß weder die vorgängige Tätigkeit als Mitglied des AKV. noch die Mitwirkung in einem früheren ehrengerichtlichen oder in einem kriminellen Strafverfahren schon deshalb, weil diese Tätigkeiten oder Verfahren sich auch gegen den jetzigen Angeklagten richteten, einen Grund abgeben, die Besorgnis der Befangenheit zu rechtfertigen, darf als unzweifelhaft gelten. Vgl. EGH. **1** 14; **4** 12, 15; **7** 68 (Ablehnung eines Mitglieds des EGH.); **8** 90; **13** 28/9; **17** Nr. 18 (EG.-Tageb. 9/18).

Anm. 10. 2. Die abgelehnten Personen sind zu benennen, sonst ist das Ablehnungsgesuch unsubstantiiert: EGH. **7** 67; **10** 27.

Anm. 11. 3. Über Ablehnungsgesuche entscheidet nach § 27 StPO.

a) das Gericht, dem der Abgelehnte angehört, also bei Ehrengerichtsmitgliedern das EG., bei Mitgliedern des EGH. der EGH., natürlich immer (EGH. 8 91; 9 21) unter Ersetzung des oder der Abgelehnten durch Stellvertreter.

b) Wird durch Ausscheiden des oder der Abgelehnten das EG. beschlußunfähig, so entscheidet der EGH. (EGH. 4 12, 14; 6 65, 67; 13 28). Dabei ist aber zu beachten, daß Beschlußunfähigkeit des EG. erst gegeben ist, wenn nicht mehr fünf unverhinderte Mitglieder des AKV. zur Verfügung stehen (EGH. 8 88; 11 55; 13 28), und dies ist nicht schon deshalb der Fall, weil außer vier Mitgliedern nur noch ein vorübergehend tatsächlich z. B. durch Krankheit behindertes Mitglied in Betracht kommt (EGH. 11 51), es sei denn, daß es sich um unaufschiebliche Maßnahmen handelt. Der EGH. läßt die Beantwortung der Frage insoweit dahingestellt sein. Anm. 12.

c) Tritt infolge der Ablehnung eine Beschlußunfähigkeit des EGH. ein, so fehlt es an der Möglichkeit, eine Entscheidung über das Ablehnungsgesuch zu treffen. Das hat bei Berücksichtigung des § 29 StPO. zur Folge, daß einstweilen auch in der Sache selbst der EGH. nicht tätig sein kann. Da nach § 90 Abs. 4 und 5 RAO. die Zusammensetzung des EGH. für jedes Geschäftsjahr erneut erfolgt, so läßt sich hiedurch einem etwaigen Übelstande abhelfen. Anm. 13.

d) Erfolgt die Ablehnung nicht, um die Personen, deren Befangenheit man besorgt, dem Gerichte fern zu halten, sondern nur zum Zwecke der Verschleppung, so liegt kein Ablehnungsgesuch im Sinne des Gesetzes, sondern nur die trügerische Vorspiegelung eines solchen vor. Ein derartiges Schein-Ablehnungsgesuch kann das EG. und der EGH. ohne Ausscheiden des oder der Abgelehnten, und ohne daß der EGH. statt des EG. einzutreten brauchte, ablehnen. Diesen Standpunkt hat der EGH. ständig, und zwar bevor noch das RG. Gleiches für Zivil- und Strafprozeß anerkannte, eingenommen, und er ist durchaus zu teilen. Vgl. EGH. 8 18/9, 91; 10 23/8; 14 109; 16 66. Gleiche Behandlung tritt auch bei der bloßen Wiederholung eines bereits verworfenen Ablehnungsgesuchs ein (EGH. 15 60/1). Anm. 14.

e) Wegen Ablehnung des ehrengerichtlichen Untersuchungsrichters und des ersuchten Amtsrichters siehe § 71 Anm. 7 und 8, wegen Ablehnung des Gerichtsschreibers siehe § 81 Anm. 7. Anm. 15.

4. Die Entscheidung über Ablehnungsgesuche erfolgt durch Beschluß. Das ergibt sich ohne weiteres aus § 28 StPO., und es bedürfte eigentlich keiner besonderen einschlägigen Bemerkung, wenn es nicht in der Praxis vorgekommen wäre, daß ein EG. die Entscheidung in das von dem abgelehnten Richter mitunterschriebene Urteil hineinverquickt hätte (vgl. EGH. 11 14). Anm. 16.

IV. **Eine Selbstablehnung von Mitgliedern des EG. oder EGH. gibt es nicht,** vielmehr hat das betreffende Mitglied geeignetenfalls gemäß § 30 StPO. Anzeige zu machen, und das EG. oder der EGH. hat dann zu entscheiden, ob das Mitglied sich der Mitwirkung zu enthalten habe oder nicht: EGH. 1 19/20; 11 52/4. Anm. 17.

§ 81.

In der Hauptverhandlung ist als Gerichtsschreiber ein dem Vorstande nicht angehörender, am Sitze der Kammer wohnhafter Rechtsanwalt von dem Vorsitzenden zuzuziehen.

I. **Inhalt.** Es ist schon in Anm. 24 zu § 67 hervorgehoben worden, daß das EG. keine Gerichtsschreiberei besitzt. Für die Hauptverhandlung ist aber nach § 225 StPO. ein Gerichtsschreiber unentbehrlich. Deshalb regelt § 81, durch wen dessen Funktionen in der Hauptverhandlung erfüllt werden. Anm. 1.

II. **Der Gerichtsschreiber in der Hauptverhandlung vor dem Ehrengericht.** Anm. 2.

1. Ernennung des Gerichtsschreibers.

a) Die Auswahl des als Gerichtsschreiber bestimmten Rechtsanwalts erfolgt durch den Vorsitzenden und zwar durch Verfügung, deren Bekanntmachung an StA. und Angeklagten es nicht bedarf, da es sich um eine innere geschäftliche Angelegenheit des EG. handelt. Der Ausgewählte wird entweder durch Vorlage der Verfügungsurschrift oder durch sonstige Nachricht von seiner Berufung in Kenntnis gesetzt.

Anm. 3. b) § 81 will offenbar eine Berufung als Gerichtsschreiber für jede einzelne Sache getroffen sehen. Damit ist natürlich durchaus vereinbar, daß wenigstens für alle in ein und derselben Sitzung anstehenden Hauptverhandlungstermine derselbe Rechtsanwalt als Gerichtsschreiber zugezogen wird.

Anm. 4. c) Der als Gerichtsschreiber bestimmte Rechtsanwalt darf zur Zeit der Hauptverhandlung nicht dem AKV. angehören und muß am Sitze der Kammer wohnhaft sein. Sonstige Beschränkungen bei der Auswahl erwähnt § 81 nicht. Es muß aber noch ein drittes, vom Gesetz offenbar als selbstverständlich betrachtetes Erfordernis gegeben, der Rechtsanwalt muß nämlich Mitglied der AK. sein, deren EG. ihn in der Hauptverhandlung als Gerichtsschreiber verwenden will: denn nur den Mitgliedern der AK. gegenüber hat der Kammervorstand eine autoritative Stellung, die es erklärt, daß der Vorsitzende zu der Zuziehung eines Mitglieds als Gerichtsschreiber ermächtigt ist. Für die Anwaltskammern bei den Oberlandesgerichten hat das Gesagte nur dann Bedeutung, wenn der Rechtsanwalt an mehreren Orten wohnt, nämlich an einem Orte innerhalb und an einem außerhalb des Bezirks der AK., welcher er angehört. Höchst wichtig ist dagegen der hervorgehobene Satz für die AK. bei dem RG.: hier kann nur ein bei dem RG. zugelassener, nicht etwa jeder in Leipzig wohnhafte Rechtsanwalt als Gerichtsschreiber eintreten.

Anm. 5. d) Auch Rechtsanwälte, gegen die ein Strafverfahren oder ein ehrengerichtliches Verfahren schwebt, können als Gerichtsschreiber zugezogen werden, ebenso ehrengerichtlich oder kriminell bestrafte Rechtsanwälte.

Anm. 6. e) Der Berufene ist verpflichtet, als Gerichtsschreiber in der Hauptverhandlung zu fungieren (Mot. 85/6; Anonymus in BayAV. **1880** 339; Meyer § 81 Anm. 1; Berger § 81 Anm. 1; Sydow-Jacobsohn § 81 Anm. 1; Geschäftsordnung Rostock § 22 Abs. 1). Bei unbegründeter Weigerung kann der AKV. nach § 49 Ziff. 1 RAO. vorgehen (Meyer § 81 Anm. 1) oder unter Umständen auch wegen Einleitung des ehrengerichtlichen Verfahrens die StA. um Anklageerhebung ersuchen.

Wie zur Ernennung ist der Vorsitzende auch zur Zurücknahme der Ernennung berufen. Zu solcher kann es insbesondere auf Vorstellungen des Ernannten hin kommen. Vgl. Geschäftsordnung Rostock § 22 Abs. 2.

Anm. 7. 3. Hinsichtlich der Ausschließung und Ablehnung des nach § 81 ernannten Gerichtsschreibers gelten nach § 31 Abs. 1 StPO. die für die Ausschließung und Ablehnung der Ehrengerichtsmitglieder maßgebenden Bestimmungen. Insbesondere ist also ein Rechtsanwalt, der zur Zeit der Fassung des Eröffnungsbeschlusses dem AKV. angehörte und bei der Beschlußfassung mitwirkte, nicht als Gerichtsschreiber ausgeschlossen. Die Entscheidung über Ausschließung oder Ablehnung des als Gerichtsschreiber Berufenen erfolgt nach § 31 Abs. 2 StPO. durch das EG.

Anm. 8. 4. Nur in der Hauptverhandlung wird der nach § 81 Berufene als Gerichtsschreiber zugezogen, seine Aufgabe ist es also, das Sitzungsprotokoll herzustellen. Für dieses gelten die Bestimmungen der §§ 271—274 StPO. Zu ihnen ist folgendes zu bemerken:

Anm. 9. a) Nach § 272 Nr. 3 StPO. enthält das Protokoll „die Bezeichnung der strafbaren Handlung nach der Anklage" d. h. die kurze Bezeichnung des im Eröffnungsbeschlusse erwähnten Delikts, nicht etwa eine Angabe der das Vorliegen der Straftat ergebenden Tatsachen. Also genügt es im ehrengerichtlichen Verfahren anzugeben, daß es sich um ein ehrengerichtliches Verfahren auf Grund der §§ 28, 62 RAO. handelt.

b) Einer dem § 272 Nr. 5 StPO. entsprechenden Angabe bedarf es nicht, da die Hauptverhandlung nach § 82 RAO. stets nicht öffentlich ist. Anm. 10.

c) Daß das Protokoll nach § 273 Abs. 1 StPO. ergeben muß, welche Beweise erhoben, ob die Zeugen beeidigt und welche Schriftstücke verlesen sind, ist zweifellos. Vgl. EGH. **1** 25; **3** 41; 8 21, 29; **12** 16, 18. Es fragt sich aber, ob auch die wesentlichen Ergebnisse der Vernehmung in das Protokoll aufzunehmen sind. § 273 Abs. 2 StPO. schreibt dies nur für die Hauptverhandlung vor dem Schöffengerichte vor, und nach § 66 RAO. finden auf das ehrengerichtliche Verfahren die Vorschriften der StPO. über das Verfahren in den zur Zuständigkeit der Landgerichte gehörigen Strafsachen entsprechende Anwendung. Allein diese Anwendung findet nach § 66 nur insoweit statt, als sich nicht aus den diesem Paragraphen nachfolgenden Bestimmungen Abweichungen ergeben, und das ist hier der Fall. Anm. 11.

Die Bestimmung des § 273 Abs. 2 StPO. hängt (vgl. RGSt. **1** 200) eng mit der Gewährung der Berufung gegen die Urteile des Schöffengerichts zusammen, und § 366 StPO. ergibt deutlich, daß das Gesetz von der Möglichkeit ausgeht, alle in erster Instanz erfolgten Vernehmungen in der Berufungsinstanz durch Verlesung des Protokolls zu ersetzen. Wenn deshalb § 90 RAO. gegen die Urteile des EG. die Berufung an den EGH. gibt, so muß es als Wille des Gesetzes angesehen werden, daß § 273 Abs. 2 StPO. auch für die Hauptverhandlung vor dem EG. zur Anwendung zu kommen hat. Vgl. EGH. **1** 33 4; **2** 32; **4** 20, 32/3, 53; **8** 31/2; **13** 20; **14** 65; **17** Nr. 13 (G 27/16), 15 (G 73/14), 22 (G 4/15).

III. Wer nimmt die außerhalb der Hauptverhandlung durch die StPO. dem Gerichtsschreiber zugewiesenen Tätigkeiten wahr? Anm. 12.

1. Einzelne derartige Tätigkeiten weist die RAO. in den §§ 94 Abs. 4, 95, 96 Satz 2, 97 Abs. 2 (vgl. §§ 219 Abs. 2, 275 Abs. 4, 483 Abs. 1 StPO.) dem Schriftführer des Vorstandes zu.

2. Die Bestimmung des § 341 StPO., die gerade einen anderen als den Gerichtsschreiber des zuständigen Gerichts zur protokollarischen Entgegennahme von Erklärungen beruft, gilt auch im ehrengerichtlichen Verfahren. Daß ehrengerichtliche Verfahren gegen in Haft befindliche Rechtsanwälte vorkommen zeigen z. B. die Fälle EGH. **7** 137, **8** 14. Anm. 13.

3. Soweit dagegen sonst die StPO. Erklärungen „zu Protokoll des Gerichtsschreibers" zuläßt oder wahlweise mit anderen Formen verlangt, ist damit, wie jetzt als unstreitig angesehen werden darf, nur der Gerichtsschreiber desjenigen Gerichts gemeint, das für die Entscheidung über den betreffenden Antrag usw. zuständig ist. Da dem EG. außerhalb der Hauptverhandlung ein Gerichtsschreiber fehlt, so können die einschlägigen Erklärungen zu Protokoll des Gerichtsschreibers nicht abgegeben werden. Daraus ergibt sich die eigentümliche Folge, daß ein Wiederaufnahmegesuch zu Protokoll des Gerichtsschreibers (nämlich des RG.) angebracht werden kann, wenn es sich gegen ein Urteil des EGH. richtet, daß es sich dagegen nicht zu Protokoll eines Gerichtsschreibers erheben läßt, wenn es gilt, ein nicht in die Berufungsinstanz gelangtes ehrengerichtliches Verfahren zur Wiederaufnahme zu bringen. Daß dies höchst unbillig ist, liegt auf der Hand. Anm. 14.

4. Wegen des in der Voruntersuchung zuzuziehenden Gerichtsschreibers vgl. § 71 Anm. 9. Anm. 15.

§ 82.

Die Hauptverhandlung ist nicht öffentlich. Die Mitglieder der Kammer sind als Zuhörer zuzulassen, andere Personen nur auf Antrag des Angeklagten nach dem Ermessen des Vorsitzenden.

Anm. 1. 1. Inhalt. Im Gegensatze zu § 103 RVG. schließt § 82 die Öffentlichkeit der ehrengerichtlichen Hauptverhandlung stets aus und regelt, wer in dieser nicht öffentlichen Verhandlung außer den zur Mitwirkung berufenen Personen zugelassen werden kann.

Anm. 2. 2. Die Hauptverhandlung ist nicht öffentlich d. h. die Öffentlichkeit muß bei ihr dauernd ausgeschlossen bleiben. Daraus folgt allerdings für die Mitglieder des EG. die Pflicht zur Verschwiegenheit (EGH. 7 45), wie gleiche Pflicht nicht nur dem Vertreter der StA., sondern auch dem als Gerichtsschreiber zugezogenen Rechtsanwalt und zwar allen als Folge ihrer Tätigkeit obliegt, die sie leisten, um der AK., einer juristischen Person des öffentlichen Rechts, die Erfüllung ihrer publizistischen Aufgaben zu ermöglichen. Vgl. dazu JW. **1918** 273 (KG.). Die Verschwiegenheitspflicht bezieht sich nur auf „Geheimnisse" d. h. in diesem Zusammenhange nur auf Tatsachen, deren Geheimhaltung durch die Natur der Sache geboten ist; sie besteht ferner nur solchen Personen gegenüber, denen das Gesetz nicht selbst ein Recht auf Anwesenheit bei der Verhandlung und damit die Möglichkeit gibt, von ihrem Inhalte Kenntnis zu erhalten, also nicht gegenüber den Kammermitgliedern: diese sind ja als Zuhörer zuzulassen. Dagegen besteht weder für den Angeklagten (EGH. 6 156) noch für die Zeugen und Sachverständigen kraft Gesetzes ein Schweigegebot und es kann ihnen auch nicht vom EG. auferlegt werden; denn die einzige einschlägige gesetzliche Bestimmung, nämlich § 175 Abs. 2 GVG., ist in § 66 RAO. nicht für anwendbar erklärt und läßt sich auch, abgesehen hiervon, deshalb nicht anwenden, weil im ehrengerichtlichen Verfahren die Öffentlichkeit stets kraft Gesetzes ausgeschlossen ist. § 184 Abs. 2 StGB. und Art. III des Reichsgesetzes 5. 4. 88 kommen aus gleichem Grunde nicht zur Anwendung. Dagegen kann nach § 32 Abs. 2 PrArztEGG. der Vorsitzende des Ehrengerichts „die Anwesenden" zur Verschwiegenheit verpflichten.

Soweit es sich nicht um die Vorgänge bei dem Zustandekommen eines Spruchs handelt (vgl. diesbezüglich § 66 Anm. 19) haben die Mitglieder des EG. und EGH., der Vertreter der StA. und der als Gerichtsschreiber Zugezogene im Zivilprozesse hinsichtlich der Verfahrensvorgänge das Zeugnisweigerungsrecht nach § 383 Abs. 1 Ziff. 5 ZPO.: die Geheimhaltung ist durch die Natur der in Betracht kommenden Tatsachen geboten, und da das EG. eine Behörde ist (Exk. vor § 62 Anm. 3), wird man die Stellung seiner Mitglieder und seines Gerichtsschreibers als ein Amt bezeichnen dürfen, mögen auch die Betreffenden keine Beamten sein. Im Strafprozesse versagt § 52 Abs. 1 Ziff. 3 StPO. wegen der Fassung dieser Gesetzesstelle.

Anm. 3. 3. Wie nach GVG. die gerichtsseitige Ausschließung der Öffentlichkeit, so hindert auch nach § 82 RAO. der gesetzliche Ausschluß der Öffentlichkeit nicht die Zulassung Unbeteiligter.

Anm. 4. a) Ein Recht auf Zulassung haben die Mitglieder der Kammer. Dieses Recht findet aber seine Grenze in denjenigen gesetzlichen Bestimmungen, die auch die Anwesenheit des StA. und des Gerichtsschreibers ausschließen. Auch ein Kammermitglied kann deshalb nicht bei der Beratung und Abstimmung des EG. zugelassen werden.

Wenn nach § 176 Abs. 3 GVG. die Ausschließung der Öffentlichkeit der Anwesenheit der die Dienstaufsicht führenden Beamten der Justizverwaltung bei den Verhandlungen vor dem erkennenden Gerichte nicht entgegensteht, so hat nicht etwa wegen § 59 Abs. 1 RAO. der Präsident des OLG. oder RG. einen Anspruch darauf, der Hauptverhandlung vor dem EG. beizuwohnen: denn § 82 RAO. tritt als abschließende Regelung an die Stelle der §§ 170—176 GVG., die ja auch in § 66 RAO. nicht für anwendbar erklärt sind.

Anm. 5. b) Wer nicht Mitglied der Kammer ist, **kann** als Zuhörer zugelassen werden. Diese Zulassung ist aber nur statthaft auf Antrag des Angeklagten. Bei dessen Widerspruch darf dem Verlangen auf Zulassung nicht entsprochen werden. Stellt der Angeklagte den Antrag auf Zulassung des Zuhörers, so entscheidet über diese der Vorsitzende und zwar nach freiem Ermessen. Eben deshalb ist es (vgl. RGRspr. 8 287) ausgeschlossen, gegen die Entscheidung des Vorsitzenden nach § 237 Abs. 2 StPO. den Beschluß des EG. anzurufen.

Im Ermessen des Vorsitzenden steht es nicht nur, ob er den Betreffenden überhaupt zulassen, sondern auch ob er die Zulassung für die Dauer der ganzen Verhandlung aufrechterhalten will. Ebenso wird man dem Angeklagten gestatten müssen, seinen Antrag auf Zulassung zurückzunehmen, womit dann die erfolgte Zulassung ohne weiteres hinfällig wird. Anm. 6.

c) Auch den Zugelassenen liegt an sich keine Schweigepflicht ob. Gleichwohl kann die Art der Verbreitung von Mitteilungen über die Verhandlung das Kammermitglied sehr wohl ehrengerichtlich strafbar machen. Vgl. EGH. **7** 154. Anm. 7.

4. Die Bestimmung des § 82 gilt auch für den EGH. (Meyer Anm. zu § 82). Ein Recht auf Zulassung haben hier, wie auch die Geschäftsordnung des EGH. anerkennt (EGH. **1** 3), nur die Mitglieder derjenigen AK., deren EG. in erster Instanz erkannt hat. Anm. 8.

5. Der Ausschluß der Öffentlichkeit bei der Hauptverhandlung vor dem Ehrengerichte und dem EGH. steht der Veröffentlichung der Entscheidungen nicht entgegen, wie sie bezüglich der Entscheidungen des EGH. durch das Schriftführeramt des Deutschen Anwaltsvereins und bezüglich einzelner Entscheidungen der Ehrengerichte in den von Anwaltskammern herausgegebenen Zeitschriften erfolgt. Vgl. WürttJ. **4** 326/7 (AKB. Stuttgart). Anm. 9.

§ 83.

Die Hauptverhandlung kann auch ohne Anwesenheit des Angeklagten stattfinden, sofern er zu derselben geladen ist, auch wenn er im Sinne des § 318 der Strafprozeßordnung als abwesend gilt. Eine öffentliche Ladung ist unzulässig.

Das Ehrengericht kann das persönliche Erscheinen des Angeklagten unter der Verwarnung anordnen, daß bei seinem Ausbleiben ein Vertreter nicht werde zugelassen werden.

1. Inhalt. Der Paragraph, dessen Abs. 1 im Entwurfe nur lautete: „Die Hauptverhandlung kann auch ohne Anwesenheit des Angeklagten stattfinden" — der Rest des Abs. 1 wurde von der RTKomm. eingefügt (KommB. 40, 41) — regelt die Frage, wann die Anwesenheit des Angeklagten in der Hauptverhandlung entbehrlich und welcher Rechtsnachteil dem Angeklagten für den Fall seines Ausbleibens in Aussicht zu stellen ist. Anm. 1.

2. Während die StPO. im allgemeinen das Erscheinen des Angeklagten in der Hauptverhandlung für notwendig hält und nur ausnahmsweise hievon als entbehrlich absieht, verlangt die RAO. zur Durchführung der Hauptverhandlung niemals das Erscheinen des Angeklagten. Der Angeklagte muß aber die Möglichkeit haben, sich zu verteidigen und deshalb muß dafür gesorgt sein, daß er in geeigneter Weise von dem anberaumten Verhandlungstermine Kenntnis erhält und darüber nicht im Zweifel bleibt, welche besonderen ungünstigen Folgen sich an sein Ausbleiben knüpfen werden. Anm. 2.

3. § 83 läßt eine Hauptverhandlung gegen einen Angeklagten Anm. 3.
a) sowohl mangels Anwesenheit oder dauernder Anwesenheit als auch

b) selbst dann zu, wenn der Angeklagte im Sinne des § 318 StPO. abwesend, d. h. wenn sein Aufenthalt unbekannt ist oder wenn er sich im Auslande aufhält. Eine Gestellung des Angeklagten vor das EG. oder den EGH. d. h. die zwangsweise Herbeiführung der Anwesenheit des Angeklagten ist ja nach § 72 RAO. stets unausführbar. Vgl. Berger § 83 Anm. 3; Meyer § 83 Anm. 1.

Anm. 4. 4. Als Voraussetzung zum Schutze des Angeklagten in dem zu 2 erörterten Sinne verlangt § 83, daß der Angeklagte zu der Hauptverhandlung geladen ist.

Anm. 5. a) Diese Voraussetzung muß nicht nur für eine, etwa für die erste, sondern für jede Hauptverhandlung in erster oder zweiter Instanz gewahrt sein, soll in ihr ohne Anwesenheit des Angeklagten verhandelt werden können (EGH. **3** 15/16).

Anm. 6. b) Eine öffentliche Ladung ist nach ausdrücklicher Bestimmung des § 83 unzulässig, also ungenügend, die Voraussetzungen der Verhandlung ohne Anwesenheit des Angeklagten zu schaffen. Der öffentlichen Ladung nach §§ 320, 321 StPO. steht eine nach § 40 StPO. zugestellte Ladung völlig gleich (EGH. **3** 16).

Anm. 7. c) Gegen einen im Auslande lebenden Rechtsanwalt wird also verhandelt werden können, wenn ihm die Ladung gemäß §§ 199—202 ZPO. zugestellt ist, gegen einen Rechtsanwalt, dessen Aufenthalt unbekannt ist, wenn er im Inlande noch eine Wohnung oder ein Geschäftslokal hat und die Zustellung der Ladung daher nach §§ 181—183 ZPO. möglich ist (Meyer § 83 Anm. 1; Berger § 83 Anm. 3; Sydow-Jacobsohn § 83 Anm. 4).

Anm. 8. d) Ebensowenig, wie im Strafprozeß bei Unterbrechung der Hauptverhandlung zu ihrer Fortsetzung, die spätestens am vierten Tage erfolgen muß, eine besondere Ladung erforderlich ist, bedarf es solcher zur Ermöglichung des Verhandelns ohne Anwesenheit des Angeklagten für den gedachten Fall im ehrengerichtlichen Verfahren (EGH. **3** 33).

Anm. 9. 5. Sind die Voraussetzungen des § 83 Abs. 1 gegeben, so **kann** die Hauptverhandlung ohne Anwesenheit des Angeklagten stattfinden.

Anm. 10. a) Ob von dieser Befugnis Gebrauch zu machen ist, steht im Ermessen des EG. bzw. EGH. Auch wenn das Nichterscheinen des Angeklagten genügend entschuldigt ist, kann ohne seine Anwesenheit verhandelt werden. Vgl. EGH. **3** 32; **9** 29. Die Verhandlung ohne Anwesenheit des Angeklagten ist zulässig, ohne daß solche Verhandlung durch besonderen Beschluß angeordnet werden müßte (EGH. **1** 28).

Anm. 11. b) Es steht aber auch nichts im Wege, bei hinreichenden Entschuldigungsgründen für das Nichterscheinen des Angeklagten die Verhandlung zu vertagen. Inwieweit solche Gründe einer Glaubhaftmachung bedürfen, ist wiederum Ermessenssache. Vgl. EGH. **3** 32/3; **5** 31/2; **7** 45; **10** 73, 76, 80. Für die Frage, ob eine Vertagung zu bewilligen ist, wird auch von Bedeutung sein, ob der Angeklagte nicht für Bestellung eines Verteidigers hätte sorgen oder seine Verteidigung durch schriftliche Eingabe hätte zu den Akten bringen können und ob überhaupt nach dem ganzen Verhalten des Angeklagten anzunehmen ist, er werde in einem späteren Termine selbst erscheinen. Vgl. EGH. **6** 77; **7** 47/8, 62/3, 137; **8** 14/5; **10** 80; **11** 13/14.

Anm. 12. c) Die Verhandlung ohne Anwesenheit des Angeklagten ist nicht durch einen diesbezüglichen Hinweis in der Ladung bedingt. Allerdings erfordert § 231 Abs. 2 StPO. solchen Hinweis, aber nach der StPO. ist eben die Verhandlung ohne Anwesenheit des Angeklagten nur in engen Grenzen zulässig und deshalb der besondere Hinweis geboten, nach der RAO. ist die Anwesenheit des Angeklagten, wenn er überhaupt geladen ist, stets entbehrlich, für eine besondere, bereits im Gesetz enthaltene Belehrung ist also kein Raum.

6. Der Angeklagte kann sich infolge der Entbehrlichkeit seiner Anwesenheit gemäß § 233 StPO. in der Hauptverhandlung durch einen mit schriftlicher Vollmacht versehenen Verteidiger vertreten lassen. Ebenso: Meyer § 83 Anm. 2; Berger § 83 Anm. 1. A. M.: Sydow-Jacobsohn § 83 Anm. 1, da er den § 83 RAO. auch § 233 StPO. ersetzen läßt. An das gedachte Recht des Angeklagten knüpft das einzige Mittel an, das dem EG. — nicht dem EGH. (s. § 91 Anm. 13) — zur Verfügung steht, um den Angeklagten zum persönlichen Erscheinen zu veranlassen. Anm. 13.

a) Das EG. kann das persönliche Erscheinen des Angeklagten unter der Verwarnung anordnen, daß bei seinem Ausbleiben ein Vertreter nicht werde zugelassen werden. Anm. 14.

b) Diese Zurückweisung eines als Vertreter auftretenden Verteidigers ist nur statthaft, wenn ein bezüglicher Beschluß dem Angeklagten vorher bekannt gemacht ist. Anm. 15.

c) Die Anordnung kann bereits vor der Hauptverhandlung erlassen werden. Zuständig zu ihrem Erlasse ist nur das EG., nicht dessen Vorsitzender. Anm. 16.

d) Ob von der Befugnis des § 83 Abs. 2 Gebrauch zu machen ist, steht im Ermessen des EG. Vgl. EGH. **1** 28; Meyer § 83 Anm. 5; Berger § 83 Anm. 5. Anm. 17.

e) Das Recht des erschienenen Angeklagten, sich eines Verteidigers zu bedienen, kann nicht beschränkt werden (Meyer § 83 Anm. 3). Anm. 18.

7. Entsprechend den Verhandlungen der RTKomm. (Siegeth Anhang 117) hält der KommB. 40 gegenüber einem im Sinne der StPO. abwesenden Rechtsanwalt, gegen den eine Hauptverhandlung möglich ist, die Anwendung der §§ 325, 326 StPO. für statthaft (ebenso Berger § 83 Anm. 4; Sydow-Jacobsohn § 83 Anm. 3). Das ist nicht richtig. Die RAO. kennt nicht, wie die StPO., ein besonderes Verfahren gegen „Abwesende". Die „Abwesenheit" des Angeklagten ist an sich für das Verfahren vor dem EG. bedeutungslos. Nur nach Maßgabe des § 65 Abs. 4 RAO. ist die „Abwesenheit" von Einfluß, nämlich dahin, daß sie ein sonst unstatthaftes ehrengerichtliches Verfahren zulässig macht. Auf die Gestaltung des Verfahrens hat aber auch hier die „Abwesenheit" des Angeklagten keinerlei Wirkung. Deshalb ist es auch nicht richtig, § 322 Satz 2 StPO. zur Anwendung zu bringen, wie dies Berger und Sydow-Jacobsohn a. a. O. sowie Meyer § 83 Anm. 4 tun. Anm. 19.

8. Nach § 234 StPO. kann der Angeklagte, ohne dessen Anwesenheit die Hauptverhandlung stattgefunden, gegen das Urteil Wiedereinsetzung in den vorigen Stand unter den gleichen Voraussetzungen wie gegen die Versäumung einer Frist nachsuchen, es sei denn, daß er von der Verpflichtung zum Erscheinen in der Hauptverhandlung entbunden war oder in ihr sich hatte vertreten lassen. Während der EGH. ein einschlägiges Wiedereinsetzungsgesuch in dem Beschluß EGH. **8** 95/6 einer materiellen Prüfung unterzogen hatte, hat er später (EGH. **11** 66/7) die Anwendbarkeit des § 234 StPO. im ehrengerichtlichen Verfahren verneint (ebenso Sydow-Jacobsohn § 83 Anm. 5). Gerechtfertigt wird dies vom EGH. damit, aus § 234 Abs. 2 StPO. und den Motiven hiezu ergebe sich, daß ein Grund für die Zulassung der Wiedereinsetzung nur in den Fällen gegeben sei, in welchen infolge Versäumung der Hauptverhandlung der Angeklagte mit seiner Verteidigung ausgeschlossen werde. Davon könne im ehrengerichtlichen Verfahren, in dem der Angeklagte nicht in der Hauptverhandlung zu erscheinen brauche und sich auch schriftlich verteidigen könne, keine Rede sein. Das ist nicht für richtig zu halten. Auch im Strafprozeß braucht in den Fällen des § 231 StPO. der Angeklagte in der Hauptverhandlung nicht zu erscheinen. Seine schriftlichen Verteidigungseingaben werden in gleicher Weise Berücksichtigung finden können, wie im ehrengerichtlichen Verfahren: denn in diesem kommen betreffs der Verlesbarkeit von Urkunden — und zu solchen gehören die Eingaben Anm. 20.

des Angeklagten, vgl. RGSt. **18** 23 — die einschlägigen Bestimmungen der StPO. unverändert zur Anwendung.

Anm. 21. § 234 Abs. 1 StPO. gilt also auch im ehrengerichtlichen Verfahren (ebenso jetzt auch EGH. **14** 116). Bezüglich seiner Anwendung liegen die Verhältnisse ebenso, wie im objektiven Verfahren des Strafprozesses (vgl. über die dort bestehenden Ansichten M. Friedländer, Objektives Verfahren 38/9, wo auch die Literatur zitiert ist). Da eine Verpflichtung zum Erscheinen in der ehrengerichtlichen Hauptverhandlung nicht besteht, also auch eine Entbindung von solcher Pflicht nicht möglich ist, beschränkt sich Abs. 2 des § 234 StPO. im ehrengerichtlichen Strafverfahren auf den Fall, daß der Angeklagte sich hat vertreten lassen (vgl. auch § 93 Anm. 16 wegen der Anwendbarkeit des § 234 StPO. im ehrengerichtlichen Zulassungsverfahren).

Anm. 22. 9. Ist nach § 83 eine Verhandlung gegen einen abwesenden Angeklagten nicht möglich, so bleibt nur die vorläufige Einstellung des Verfahrens übrig, die auch noch in der Berufungsinstanz zulässig ist. Vgl. EGH. **3** 15/6, 16/7; **4** 291/2; **11** 59/60.

§ 84.

In der Hauptverhandlung hält nach Verlesung des Beschlusses über die Eröffnung des Hauptverfahrens ein Berichterstatter in Abwesenheit der Zeugen einen Vortrag über die Ergebnisse des bisherigen Verfahrens, soweit dieselben sich auf die in dem Beschlusse über die Eröffnung des Hauptverfahrens enthaltenen Tatsachen beziehen.

Anm. 1. 1. Inhalt. Der § 84 ändert den Gang, den die Hauptverhandlung im Strafprozeß nimmt, für das ehrengerichtliche Verfahren insofern ab, als zwischen die Verlesung des Eröffnungsbeschlusses und die Vernehmung des Angeklagten zur Sache bzw. (bei Nichtanwesenheit des Angeklagten) die Beweisaufnahme eine Berichterstattung über die Ergebnisse des bisherigen Verfahrens sich einschiebt.

Anm. 2. 2. Die Hauptverhandlung beginnt nach § 242 Abs. 1 StPO. mit dem Aufrufe der Zeugen und Sachverständigen. Daran schließt sich bei Anwesenheit des Angeklagten dessen Vernehmung über seine persönlichen Verhältnisse und die Verlesung des Eröffnungsbeschlusses (§ 242 Abs. 2 StPO.).

Anm. 3. 3. Hierauf folgt die von § 84 vorgeschriebene Berichterstattung über die Ergebnisse des bisherigen Verfahrens.

a) Die Berichterstattung ersetzt nicht die Beweisaufnahme. Das ist für § 365 StPO., dessen die Motive 90 gedenken, nach Abs. 2 des genannten Paragraphen unzweifelhaft. Daß es aber nicht minder für die RAO. gilt, zeigen die §§ 85 ff., die sich mit der Beweisaufnahme vor dem EG. befassen. Derselben Ansicht ist der EGH. in ständiger Rechtsprechung. Vgl. EGH. **1** 25; **2** 18; **3** 41, 47; **8** 21, 31. Hienach wird sich eine nicht zu umfangreich gehaltene Berichterstattung empfehlen.

Anm. 4. b) Die Berichterstattung erfolgt durch ein Mitglied des EG. (Meyer § 84 Anm. 3), dessen Bestimmung Sache des Vorsitzenden ist. Dieser Aufgabe des Vorsitzenden gedenkt die Geschäftsordnung Darmstadt § 36.

§ 85.

Das Ehrengericht bestimmt den Umfang der Beweisaufnahme, ohne hierbei durch Anträge, Verzichte oder frühere Beschlüsse gebunden zu sein.

1. Inhalt. Der Paragraph überläßt dem Ehrengericht die Bestimmung des Umfangs der Beweisaufnahme. Anm. 1.

2. An die Berichterstattung gemäß § 84 schließt sich die Vernehmung des Angeklagten zur Sache und die Beweisaufnahme. Anm. 2.

Für die Beweisaufnahme gelten die Bestimmungen der StPO. § 66 StPO. ist nicht anwendbar, wenn der Zeuge in einem Strafverfahren beeidigt war und nun in einem denselben Sachverhalt betreffenden ehrengerichtlichen Verfahren vernommen wird EGH. **17** Nr. 13 (G 27/16). Vgl. auch § 88 Anm. 3 betreffs einer ganz entsprechenden Frage. Von den Bestimmungen der StPO. enthalten die §§ 85, 86, 88 wichtige und einschneidende Abweichungen in einzelnen grundlegenden Punkten. Anm. 3.

3. Das Ehrengericht bestimmt den Umfang der Beweisaufnahme. Anm. 4.

a) Nach § 244 Abs. 1 StPO. ist mangels Verzichts der StA. und des Angeklagten die Beweisaufnahme auf die sämtlichen vorgeladenen Zeugen und Sachverständigen sowie auf die anderen herbeigeschafften Beweismittel zu erstrecken. Da diese Bestimmung für das Verfahren in landgerichtlichen Strafsachen erster Instanz durch keinerlei Ausnahmen durchbrochen ist, würde sie gemäß § 66 RAO. an sich auch im Verfahren vor dem EG. zur Anwendung kommen. § 85 schließt diese Anwendbarkeit aber für die Verhandlung vor dem EG. aus: das EG. ist in Bemessung des Umfangs der Beweisaufnahme frei, wie dies nach § 244 Abs. 2 StPO. auch das Schöffengericht ist. Anm. 5.

b) Das EG. bestimmt den Umfang der Beweisaufnahme, kann also von einer solchen, wenn die in der Hauptverhandlung abgegebenen Erklärungen des Angeklagten zur Urteilsfindung genügen, auch völlig absehen (EGH. **12** 24). Anm. 6.

c) So wenig das EG. durch Beweisanträge gebunden ist, so gelten doch die Bestimmungen der §§ 243 Abs. 2, 245 StPO. auch für das EG. Es ist unstatthaft, einen Beweisantrag, der nicht bloß eventuell gestellt ist, erst in den Gründen des Urteils abzulehnen: EGH. **9** 38; **11** 5/6. Anm. 7.

d) § 85 gilt nur für das EG., während für den EGH. (vgl. § 91 Anm. 15) der § 244 Abs. 1 StPO. maßgebend ist. Anm. 8.

4. Das freie Ermessen des EG. bezüglich des Umfangs der Beweisaufnahme unterliegt Beschränkungen in zwei Punkten: Anm. 9.

a) Die eine Beschränkung ergibt sich aus § 88, sie betrifft die Frage, ob ein einzelnes Beweismittel in der Hauptverhandlung überhaupt zur Verwendung kommen soll.

b) Die andere Beschränkung enthält § 86 Abs. 3, bei ihr handelt es sich darum, ob Zeugen- bzw. Sachverständigenvernehmung erfolgen oder Urkundenbeweis erhoben werden soll.

Im einzelnen siehe die Anmerkungen zu §§ 86, 88.

§ 86.

Das Ehrengericht kann nach freiem Ermessen die Vernehmung von Zeugen oder Sachverständigen durch einen ersuchten Richter oder in der Hauptverhandlung anordnen.

Auf das Ersuchen finden die §§ 158 bis 160, 166 des Gerichtsverfassungsgesetzes[1]) entsprechende Anwendung.

---

[1]) Die betreffenden Paragraphen des Gerichtsverfassungsgesetzes lauten:
§ 158. Das Ersuchen um Rechtshülfe ist an das Amtsgericht zu richten, in dessen Bezirke die Amtshandlung vorgenommen werden soll.
§ 159. Das Ersuchen darf nicht abgelehnt werden.
Das Ersuchen eines nicht im Instanzenzuge vorgesetzten Gerichts ist jedoch abzulehnen,

Die Vernehmung muß auf Antrag der Staatsanwaltschaft oder des Angeschuldigten in der Hauptverhandlung erfolgen, sofern nicht voraussichtlich der Zeuge oder Sachverständige am Erscheinen in der Hauptverhandlung verhindert oder sein Erscheinen wegen großer Entfernung besonders erschwert sein wird.

Anm. 1. 1. Inhalt. Der Paragraph regelt die kommissarische Vernehmung von Zeugen und Sachverständigen im ehrengerichtlichen Verfahren und die Voraussetzungen, unter denen solche Vernehmung genügt.

Anm. 2. 2. Die StPO. geht in § 249 von der Unmittelbarkeit der Beweisführung als Regel aus. Diese Regel gilt an sich auch für das ehrengerichtliche Verfahren. Während aber die Ausnahmen, welche die StPO. zuläßt, nicht sehr umfangreich sind, ist die Durchbrechung der Regel in der RAO. so stark, daß die Regel eigentlich zur Ausnahme wird. Abgesehen von den Fällen, daß ein Zeuge oder Sachverständiger verstorben oder in Geisteskrankheit verfallen oder daß sein Aufenthalt nicht zu ermitteln gewesen (§ 250 Abs. 1 StPO. — diese Bestimmung gilt auch für das ehrengerichtliche Verfahren, denn „§ 88 RAO. schränkt . . . nicht die Verlesbarkeit von Aussagen ein, sondern schafft eine durch die Besonderheiten des ehrengerichtlichen Verfahrens erklärliche weitere Ausnahme von der Regel des § 249 StPO." EGH. **16** 349/50), ist statt der Vernehmung des Zeugen oder Sachverständigen die Verlesung des Protokolls über seine Vernehmung nach der StPO. nur zulässig, wenn die Voraussetzungen des § 222 StPO. vorliegen (§ 250 Abs. 2 StPO.). Dagegen ist nach § 86 RAO. auch darüber das freie Ermessen des EG. maßgebend, ob die Zeugen oder Sachverständigen in der Hauptverhandlung oder kommissarisch zu vernehmen sind. Liegt nicht einer der in Abs. 3 Halbsatz 2 im Anschluß an § 222 StPO. geregelten Fälle vor, so entfällt dieses Ermessen, sobald StA. oder Angeklagter die Vernehmung in der Hauptverhandlung verlangen.

Anm. 3. 3. Das freie Ermessen des Ehrengerichts über die Wahl zwischen Vernehmung in der Hauptverhandlung und kommissarischer Vernehmung ist unbedingt gegeben,

a) wenn der Zeuge oder Sachverständige am Erscheinen in der Hauptverhandlung verhindert ist. Die Motive 91 nehmen hiezu auf § 222 StPO. Bezug, indessen ist die Abweichung des § 86 Abs. 3 RAO. von § 222 Abs. 1 StPO. doch nicht unerheblich. Die StPO. verlangt „für eine längere oder ungewisse Zeit" bestehende Hindernisse, die RAO. nur die Verhinderung überhaupt. § 222 StPO. schlägt nicht ein, wenn das Hindernis nur gerade den fraglichen Hauptverhandlungstermin betrifft, § 86 Abs. 3 RAO. ist dagegen auch in solchem Falle

---

wenn dem ersuchten Gerichte die örtliche Zuständigkeit mangelt oder die vorzunehmende Handlung nach dem Rechte des ersuchten Gerichts verboten ist.

§ 160. Wird das Ersuchen abgelehnt, oder wird der Vorschrift des § 159 Abs. 2 zuwider dem Ersuchen stattgegeben, so entscheidet das Oberlandesgericht, zu dessen Bezirke das ersuchte Gericht gehört. Eine Anfechtung dieser Entscheidung findet nur statt, wenn dieselbe die Rechtshülfe für unzulässig erklärt, und das ersuchende und das ersuchte Gericht den Bezirken verschiedener Oberlandesgerichte angehören. Ueber die Beschwerde entscheidet das Reichsgericht.

Die Entscheidungen erfolgen auf Antrag der Betheiligten oder des ersuchenden Gerichts ohne vorgängige mündliche Verhandlung.

§ 166. Für die Höhe der den geladenen Zeugen und Sachverständigen gebührenden Beträge sind die Bestimmungen maßgebend, welche bei dem Gerichte gelten, vor welches die Ladung erfolgt.

Sind die Beträge nach dem Rechte des Aufenthaltsorts der geladenen Personen höher so können die höheren Beträge gefordert werden.

Bei weiterer Entfernung des Aufenthaltsorts der geladenen Personen ist denselben auf Antrag ein Vorschuß zu bewilligen.

anwendbar. Eine Verhinderung im Sinne des § 86 Abs. 3 liegt auch vor, wenn der Zeuge oder Sachverständige wegen militärischer Dienstleistung unabkömmlich ist EGH. **17** Nr. 11 (G 19/15).

Das Ermessen des EG. betreffs des beregten Punktes ist ferner bedingungslos frei, Anm. 4.

b) wenn das Erscheinen des Zeugen oder Sachverständigen in der Hauptverhandlung wegen großer Entfernung besonders erschwert sein wird. Hier besteht völlige Übereinstimmung mit der Vorschrift des § 222 Abs. 2 StPO.

4. In den nicht unter 3 erwähnten Fällen ist das dort gedachte freie Ermessen des Ehrengerichts nur solange vorhanden, als nicht Staatsanwalt oder Angeklagter die Vernehmung in der Hauptverhandlung beantragen. Anm. 5.

a) Wird ein solcher Antrag gestellt, dann darf der Zeuge oder Sachverständige nicht kommissarisch vernommen werden. Will das EG. den Betreffenden vernommen wissen, so muß es ihn in der Hauptverhandlung vernehmen. Unbenommen aber bleibt es dem EG. auch nach Stellung des fraglichen Antrags, eine Vernehmung des Zeugen oder Sachverständigen überhaupt nicht herbeizuführen. § 86 Abs. 3 sichert der StA. und dem Angeklagten nicht die Vernehmung der fraglichen Personen als ein Parteienrecht, wie dies § 244 Abs. 1 StPO. tut, sondern hindert nur eine Durchbrechung der Unmittelbarkeit der Beweisführung (EGH. **14** 62/3).

b) Da der Antrag des § 86 Abs. 3 solange gestellt werden kann, als das Protokoll über die kommissarische Vernehmung noch nicht verlesen ist, so beseitigt ein Beschluß des EG. auf kommissarische Vernehmung von Zeugen und Sachverständigen die Rechte aus dem gedachten Absatze nicht. Hat aber einmal eine kommissarische Vernehmung stattgefunden, so gibt § 88 den Parteien ein Mittel an die Hand, die Verwertung der Aussage dem EG. aufzuzwingen. Freilich versagt er, wenn etwa die StA. die Verlesung des Vernehmungsprotokolls beantragt, der Angeklagte dagegen die Vernehmung in der Hauptverhandlung verlangt. Dann kann dem ersten Antrage nicht entsprochen werden, und damit hat das EG. wieder freie Hand, den zweiten Antrag wegen Entbehrlichkeit des Zeugen oder Sachverständigen gemäß § 85 abzulehnen. Anm. 6.

5. Eine kommissarische Vernehmung des Angeklagten kennt die StPO. nur im Falle des § 232. Dieser Paragraph findet (vgl. § 83 Anm. 21) im ehrengerichtlichen Verfahren keine Anwendung, und damit entfällt für das ehrengerichtliche Strafverfahren auch die Möglichkeit einer kommissarischen Vernehmung des Angeklagten. Im ehrengerichtlichen Zulassungsverfahren läßt dagegen § 93 Abs. 2 eine derartige Vernehmung zu. Anm. 7.

6. Kommissarische Vernehmung durch einen beauftragten Richter? Anm. 8.

§ 86 erwähnt als Form der kommissarischen Vernehmung nur die Vernehmung durch einen ersuchten Richter, während die StPO. wahlweise die Vernehmung durch einen ersuchten oder durch einen beauftragten Richter zuläßt. Die Mot. 91 erwähnen dies ausdrücklich, indem sie hervorheben, daß die Vernehmung eines Zeugen oder Sachverständigen in der Hauptverhandlung erfolgen muß, „sofern nicht Umstände vorliegen, welche auch nach § 222 der StPO. das Gericht berechtigen würden, die Vernehmung durch einen beauftragten oder ersuchten Richter anzuordnen". Es fragt sich danach, ob die RAO. eine Vernehmung durch einen beauftragten Richter hat ausschließen wollen oder ob § 86 der berichtigenden Auslegung dahin bedarf, daß, soweit eine Vernehmung durch einen ersuchten Richter statthaft ist, die Vernehmung auch durch einen beauftragten Richter, also durch ein Mitglied des EG., erfolgen kann.

Anm. 9. Die Beantwortung der Frage ist recht zweifelhaft, sie dürfte aber doch wohl in letzterem und nicht in ersterem Sinne zu lauten haben.

Der AKV. — und das EG. ist ja nur eine besondere Erscheinungsform desselben — kann nach § 49 Abs. 2 RAO. die in Abs. 1 Ziff. 2 und 3 ebenda bezeichneten Geschäfte einzelnen seiner Mitglieder übertragen, und diesen „beauftragten" Mitgliedern (§ 58 Abs. 2) steht gegenüber den Kammermitgliedern dasselbe Recht zu Zwangsstrafen zu, wie dem AKV. selbst (§ 58 Abs. 2 und 3). Ein Mitglied des EG. als beauftragter Richter wäre danach also sicher nichts mit den sonstigen Bestimmungen der RAO. Unvereinbares.

Anm. 10. Will man eine kommissarische Vernehmung im ehrengerichtlichen Verfahren nur durch einen ersuchten Richter bewirken lassen, so muß man sich auch der Folgen bewußt sein. Dann ist das EG. auf ein Ersuchen auch verwiesen, wenn ein am Sitze des EG. wohnhafter Zeuge oder Sachverständiger wegeunfähig ist und nicht das EG. mit StA., Gerichtsschreiber und Angeklagtem sich in die Wohnung des Betreffenden begeben will. Allerdings ist auch in solchen Fällen ein Ersuchen um Rechtshilfe nach den in § 86 Abs. 2 erwähnten Bestimmungen des GVG. nicht unzulässig. Anerkanntermaßen sind aber Ersuchen um Rechtshilfe an das Amtsgericht am Sitze des ersuchenden Gerichts ungehörig, und es wird ihnen im Aufsichtswege entgegengetreten. Hier aber wäre das EG. geradezu auf ein derartiges Ersuchen verwiesen.

Anm. 11. Noch ein weiterer Punkt kommt in Betracht. § 86 gedenkt nur der kommissarischen Vernehmung von Zeugen und Sachverständigen, nicht der kommissarischen Augenscheinseinnahme. § 224 StPO. behandelt diese und läßt auch sie entweder durch einen beauftragten oder durch einen ersuchten Richter bewirken. Daß eine kommissarische Augenscheinseinnahme dem EG. versagt sein sollte, ist schwerlich anzunehmen, § 86 RAO. ist also keine abschließende Regelung der kommissarischen Beweisaufnahmen. Dann aber steht seiner berichtigenden Auslegung im obigen Sinne auch nichts entgegen.

Anm. 12. Zur Protokollführung ist dem beauftragten Richter in Anwendung des § 81 RAO. vom Vorsitzenden ein Rechtsanwalt als Gerichtsschreiber beizuordnen.

Anm. 13. 7. **Bei den kommissarischen Beweisaufnahmen sind die Staatsanwaltschaft, der Angeklagte und der Verteidiger gemäß § 223 StPO. von den Beweisterminen zu benachrichtigen** (Meyer und Berger § 86 Anm. 3).

Anm. 14. 8. Erfolgt die **kommissarische Beweisaufnahme durch einen ersuchten Richter**, so wird das Ersuchen — von einem gleich zu erwähnenden Punkte abgesehen — vollkommen ebenso behandelt, wie ein Rechtshilfeersuchen eines ordentlichen Gerichts. Es richtet sich also, wenn eine Beweisaufnahme im Inlande in Frage kommt, an das in § 158 GVG. bezeichnete Amtsgericht und kann nur aus den Gründen des § 159 Abs. 2 GVG. abgelehnt werden. **Eine** Abweichung findet allerdings statt: der § 165 GVG., der sich über die Kosten der Rechtshilfe verhält, ist in § 86 Abs. 2 nicht angezogen und deshalb nicht anwendbar — GoltdArch. **38** 235 (OLG. Darmstadt) —, auch für diese Kosten gilt vielmehr § 94 Abs. 3 RAO., die AK. hat also die gesamten Rechtshilfekosten zu erstatten.

Mit Recht weist übrigens Turnau § 86 Anm. 1 darauf hin, daß nur das EG., nicht auch sein Vorsitzender, ersuchen kann. Wohl aber kann der Vorsitzende ein in dem Beschlusse des EG. enthaltenes Ersuchen znr Ausführung bringen.

Ersuchter Richter kann auch ein ausländischer Richter sein. Daß § 86 RAO. dieser Möglichkeit nicht gedenkt, ist bedeutungslos: auch § 222 StPO. schweigt über diesen Fall, obwohl er nicht selten praktisch wird. § 86 Abs. 2 RAO. hat nnr den Regelfall des Ersuchens an ein inländisches Gericht im Auge, schließt aber darum ein Ersuchen nach dem Auslande nicht aus. Vgl. auch Müller PrJV.[6] **1** 502 über Ersuchen nach dem Auslande in Disziplinaruntersuchungen.

Für die die Zulässigkeit der Rechtshilfe betreffenden, gegen die einschlägigen Entscheidungen des inländischen ersuchten Richters gerichteten Beschwerden und weiteren Beschwerden gilt § 160 GVG. Im Sinne des § 160 Abs. 1 Satz 2 GVG. gehören die Ehrengerichte der Anwaltskammern dem Bezirk des OLG. an, das für sie Beschwerdeinstanz ist (§ 89). Dagegen kann das EG. der AK. bei dem RG., gegen dessen Entscheidungen die Beschwerde an das RG. geht (§ 98), nicht als zum Oberlandesgerichtsbezirk Dresden gehörig angesehen werden: dem gedachten EG. steht also gegen die Entscheidung des OLG., welche die Rechtshilfe für unzulässig erklärt, die Beschwerde an das RG. ohne Rücksicht darauf zu, welches OLG. entschieden hat. Anm. 15.

9. Die Anordnungen nach § 86 kann das EG. auch außerhalb der Hauptverhandlung treffen (Mot. 91; Meyer, Berger, Sydow-Jacobsohn § 86 Anm. 2). Anm. 16.

10. Wegen der Verlesung des Protokolls über die kommissarische Vernehmung s. § 88. Anm. 17.

11. § 86 gilt auch für den EGH. (§ 91). Daß der EGH. nicht als dem Bezirke des OLG. Dresden angehörig gelten kann, ergibt sich ohne weiteres aus seinem Verhältnisse zum RG. (vgl. darüber § 90 Anm. 3 ff.), Für den EGH. gilt also das in Anm. 15 betreffs des EG. der AK. bei dem RG. Gesagte gleichfalls. Anm. 18.

§ 87.

Die Verhängung von Zwangsmaßregeln, sowie die Festsetzung von Strafen gegen Zeugen und Sachverständige, welche in der Hauptverhandlung ausbleiben oder ihre Aussage oder deren Beeidigung verweigern, erfolgt auf Ersuchen durch das Amtsgericht, in dessen Bezirke dieselben ihren Wohnsitz und in Ermangelung eines solchen ihren Aufenthalt haben.

1. Inhalt. Die RAO. hat zwar die Zeugen- und Sachverständigenpflicht im ehrengerichtlichen Verfahren anerkannt, es aber für bedenklich gehalten, die Verwirklichung dieser Pflicht durch Zwangsmaßregeln oder Strafen dem EG. und EGH. anzuvertrauen (Mot. 91). Deshalb regelt § 87, welcher Behörde an Stelle der ehrengerichtlichen Organe diese Tätigkeit obliegt. Anm 1

2. Die Verurteilung in die durch das Ausbleiben, die Aussage- oder die Eidesweigerung entstandenen Kosten erfolgt durch EG. oder EGH. (Sydow-Jacobsohn § 87 Anm. 1, Meyer § 87 Anm. 2). Anm. 2.

3. a) Dagegen steht dem EG. und dem EGH. die Anordnung der Vorführung, die Verhängung der Zwangshaft und die Erkennung der Strafen nach §§ 50, 69, 77 StPO. nicht zu, und Gleiches gilt natürlich auch von dem beauftragten Richter. Anm. 3.

b) Für diese Maßregeln ist das Amtsgericht zuständig, in erster Linie das Amtsgericht, in dessen Bezirk der Zeuge oder Sachverständige seinen Wohnsitz hat, in zweiter Linie, nämlich beim Mangel eines Wohnsitzes der betreffenden Person, das Amtsgericht, in dessen Bezirk sie ihren Aufenthalt hat. Anm. 4.

c) Das Gesetz spricht von einem Ersuchen an dieses Amtsgericht. Dieses Ersuchen ist kein Ersuchen um Rechtshilfe im Sinne der §§ 158, 159 GVG.: es fehlt dem EG. und EGH. die abstrakte Zuständigkeit zu den in Frage kommenden Maßregeln, EG. und EGH. sind gar nicht in der Lage, die Maßregeln selbst vorzunehmen, vielmehr genötigt, um ihre Vornahme das Amtsgericht anzugehen. Daraus erklärt sich denn auch, daß im Gegensatze zu § 86 der § 87 die Bestim- Anm. 5.

mungen des GVG. über Rechtshilfe nicht für anwendbar erklärt. (Vgl. A. Friedländer, Die Rechtshilfe im Verkehr mit den ordentlichen Gerichten, §§ 157, 158 GVG. Anm. 4 I; §§ 86, 87, 97 RAO. Anm. 2).

Anm. 6. 4. Das Amtsgericht hat selbständig zu prüfen, ob die Voraussetzungen für die in Betracht kommenden Maßnahmen gegeben sind (Meyer § 87 Anm. 3). In den Fällen der §§ 50 Abs. 4, 69 Abs. 5, 77 Abs. 2 StPO. hat das Amtsgericht und nicht etwa das EG. oder der EGH. direkt sich an das Militärgericht oder die Militärbehörde zu wenden.

Anm. 7. 5. Gegen die Entscheidungen des Amtsgerichts steht dem EG. und EGH. lediglich Beschwerde im Aufsichtswege zu.

Anm. 8. 6. Der ehrengerichtliche Untersuchungsrichter legt dem ungehorsamen Zeugen und Sachverständigen nicht nur die ihm zur Last fallenden Kosten auf, er verhängt auch die in § 87 erwähnten Maßnahmen selbst, wie Gleiches von einem seitens dieses Untersuchungsrichters oder gemäß § 86 ersuchten Amtsrichters gilt (Mot. 91; Berger Anm. zu § 87; Meyer § 87 Anm. 4; Sydow-Jacobsohn § 87 Anm. 1).

§ 88.

Die Aussage eines außerhalb der Hauptverhandlung vernommenen Zeugen oder Sachverständigen, dessen Vernehmung nicht in der Hauptverhandlung erfolgen muß, ist, sofern es die Staatsanwaltschaft oder der Angeklagte beantragt oder das Ehrengericht es für erforderlich erachtet, zu verlesen.

Anm. 1. 1. Inhalt. Der Paragraph regelt die Frage, wann das Protokoll über die Aussage eines außerhalb der Hauptverhandlung vernommenen Zeugen oder Sachverständigen zu verlesen ist und also mittelbar auch die Frage, wann solche Verlesung zulässig ist.

Anm. 2. 2. § 88 (s. über ihn auch Anm. 2 zu § 86) steht in unmittelbarer Beziehung zu § 86: Soweit nach § 86 die Vernehmung eines Zeugen oder Sachverständigen — falls diese Beweismittel überhaupt benützt werden sollen — in der Hauptverhandlung erfolgen muß, ist die Verlesung von Protokollen über frühere Vernehmungen dieser Personen unzulässig. Im übrigen ist sie an sich zulässig, jedoch nur unter Berücksichtigung.

Anm. 3. 3. der folgenden Voraussetzungen der Verlesbarkeit.

a) Es muß sich um Protokolle handeln, die in dem fraglichen ehrengerichtlichen Verfahren (im Ermittlungsverfahren, in der Voruntersuchung oder nach Eröffnung des Hauptverfahrens) aufgenommen sind. Auf Protokolle aus anderen Sachen findet § 88 keine Anwendung. Vgl. EGH. **1** 41; **5** 7; **6** 62; **7** 28, 34/5; **8** 32, 59, 63, 65; **9** 46; **10** 78; **17** Nr. 12 (G 7/18); Sydow-Jacobsohn § 88 Anm. 2; Berger § 86 Anm. 4, § 88 Anm. 2; Meyer § 88 Anm. 3.

Anm. 4. b) Nur Protokolle über Vernehmung von Zeugen oder Sachverständigen betrifft § 88, nicht Protokolle über Vernehmung von Angeklagten. Für sie gilt § 253 StPO. (EGH. **10** 77; Sydow-Jacobsohn § 88 Anm. 3).

Anm. 5. c) Die Verlesung des Protokolls soll die Vernehmung ersetzen, also muß die Beeidigung, sofern sie gesetzlich geboten ist, auch erfolgt sein. Ebenso: EGH. **1** 26; **3** 18, 50; **4** 24, 27, 54; **5** 58; **7** 19, 23, 26, 33, 39; **8** 46, 48, 67; **9** 56, 58/9; **10** 78; **12** 19; **14** 57; **17** Nr. 12 (G 7/18), 14 (G 54/14); Meyer § 88 Anm. 4; Berger § 86 Anm. 4, § 88 Anm. 2.

Anm. 6. d) Dagegen ist die Einhaltung der Vorschriften in §§ 191, 223 StPO. keine Voraussetzung der Verlesbarkeit (EGH. **5** 49/50). Ist die nochmalige Vernehmung des Zeugen oder Sachverständigen möglich, so läßt sich die Verlesung ja durch einen Antrag gemäß § 86 Abs. 3 RAO. verhindern.

4. Nur die Verlesung des Protokolls gestattet die Verwertung seines Inhalts, ein, wie man meinen sollte, gegenüber § 248 StPO. selbstverständlicher Satz. Er bedarf aber bei den aus den Entscheidungen des EGH. ersichtlichen, zahlreichen einschlägigen Verstößen der Ehrengerichte (s. noch EGH. **17** Nr. 12 G 7/18) wenigstens einer kurzen Erwähnung. Anm. 7.

5. Die zulässige Verlesung muß erfolgen, wenn Anm. 8.

a) die StA. sie beantragt oder

b) der Angeklagte sie verlangt.

Es kann aber auch

c) das EG. die Verlesung ohne solchen Antrag vornehmen. Bevor es zur Verlesung kommt, muß den Prozeßbeteiligten Gelegenheit zur Äußerung gegeben werden, damit sie in der Lage sind, die Verlesung als unzulässig zu bekämpfen oder durch einen Antrag nach § 86 Abs. 3 zu verhindern, ein Antrag, der in den Fällen des § 250 Abs. 1 StPO. natürlich versagt.

6. Art der Anordnung der Verlesung. Anm. 9.

Ist die Verlesung nur auf Grund des § 250 StPO. möglich, ist nämlich in den Fällen des § 250 Abs. 1 StPO. nur eine uneidliche Vernehmung vorhanden, so müssen die Vorschriften des § 250 Abs. 3 Satz 1 StPO. eingehalten werden. Diese Bestimmung ist nicht maßgebend, wenn die Verlesung auf Grund des § 88 RAO. geschieht. Aber auch hier muß durch Gerichtsbeschluß die Verlesung angeordnet werden, denn nach §§ 86, 88 ist es doch stets das Gericht und nicht der Vorsitzende, dem die endgültige Entschließung darüber zusteht, ob eine Vernehmung in der Hauptverhandlung oder durch Ersuchen zu erfolgen hat. Man wird aber weiter auch eine Hervorhebung verlangen müssen, daß die Aussagen eidlich erfolgt sind, weil eben nur solchenfalls eine Verlesung des Protokolls nach § 88 RAO. statthaft ist. Endlich muß, wenn nicht die Staatsanwaltschaft und der Angeklagte mit der Verlesung einverstanden sind, in welchem Falle die Verlesung nach §§ 86, 88 unzweifelhaft zulässig ist, in dem Beschlusse hervorgehoben werden, welcher der Fälle des 86 Abs. 3 Halbsatz 2 gegeben ist, d. h. ob diese Voraussetzungen noch zutreffen.

7. Soweit § 88 nicht eingreift, gelten die Bestimmungen der StPO. über den Urkundenbeweis auch für das ehrengerichtliche Verfahren. Es ist unzulässig, Urkunden z. B. Urteile, auch wenn alle Beteiligten damit einverstanden sind, ohne Verlesung so zu behandeln, als seien sie verlesen, und sie demgemäß zur Urteilsgrundlage zu machen (EGH. **16** 9/10). Anm. 10.

Exkurs zu § 88.

Das Urteil des Ehrengerichts.

I. Gegenstand der Urteilsfindung ist gemäß § 263 StPO. die in der Anklage d. h. dem Eröffnungsbeschlusse bezeichnete Tat, wie sich dieselbe nach dem Ergebnisse der Verhandlung darstellt. Anm. 1.

1. Die Tat oder die Taten sind die im Eröffnungsbeschlusse durch Angabe der sie konkretisierenden Tatsachen erwähnten, als Pflichtverletzungen aufgefaßten Vorgänge. Also nicht die im Eröffnungsbeschlusse erwähnten Tatsachen, sondern die durch sie umschriebenen Vorfälle, und die Vorfälle nicht als solche, sondern sofern sie als Pflichtverletzungen erscheinen, bilden den Gegenstand der Urteilsfindung. Anm. 2.

Anm. 3. 2. Daraus ergibt sich, daß die Begriffe der natürlichen und der juristischen Handlungseinheit, wie sie der Strafrichter täglich zur Anwendung zu bringen hat, ganz ebenso auch für das ehrengerichtliche Verfahren von Bedeutung sind. Vgl. EGH. **6** 168; **7** 41, 43; **10** 129; **17** Nr. 24 (G 12/15). Oder schärfer ausgedrückt: nicht ein pflichtwidriges Gesamtverhalten, sondern einzelne Pflichtverletzungen sind es, die das Urteil des Ehrengerichts festzustellen oder deren Vorliegen es zu verneinen hat (Wittelshöfer KGBl. **1898** 63).

Anm. 4. 3. Hier ist nun gleich vor einem Irrtum zu warnen. Durch die Bestimmungen des StGB. ist man an die Vorstellung gewöhnt, jeder selbständigen Straftat entspreche eine besondere Strafe. Also, meint man, wo nur e i n e (nicht als Gesamtstrafe gebildete) Strafe ausgesprochen wird, könne auch nur e i n Delikt vorliegen. Da nun die RAO. (vgl. § 63 Anm. 20) nur eine einheitliche, nicht eine Gesamtstrafe kennt, könne ihr auch nur ein einheitliches pflichtwidriges Verhalten entsprechen.

Anm. 5. Allein es ist durchaus falsch anzunehmen, daß unbedingt jedem Delikte eine besondere Strafe entsprechen müsse. Logisch notwendig ist lediglich, daß auf die Straftat eine Strafe folgt, keineswegs aber sind die Systeme der einfachen Strafenhäufung oder der Bildung einer Gesamtstrafe die einzig denkbaren Wege hiezu. Vielmehr wird der angestrebte Zweck auch dadurch erreicht, daß der Richter, welcher in der Wahl der ihm zur Verfügung gestellten Strafgrößen völlig unbeschränkt ist, diejenige Strafe ausspricht, die im Hinblick auf sämtliche Straftaten notwendig erscheint. Daß dieses System unserem modernen Strafrecht fremd ist, ist bei der starken Einengung des richterlichen Ermessens durch die für jedes Delikt geschaffenen, besonderen gesetzlichen Strafrahmen naturgemäß, für das Disziplinarstrafrecht ist es aber auch jetzt noch als das geeignetste System beibehalten.

Anm. 6. Der Ehrengerichtshof ist in seinen Entscheidungen von dem gedachten Irrtum nicht freigeblieben. Zwar stimmt es durchaus mit der vorstehend vertretenen Ansicht überein, wenn er vielfach den mehreren selbständigen Verfehlungen f ü r d i e S t r a f z u m e s s u n g das pflichtwidrige Gesamtverhalten des Angeklagten gegenübergestellt. Vgl. EGH. **4** 91; **5** 121; **6** 81; **8** 6/7, 46, 74, 273; **10** 73; **17** Nr. 14 (G 54/14). Dagegen ist es schon recht bedenklich, wenn es EGH. **7** 124 trotz Vorliegens mehrfacher selbständiger Verfehlungen heißt, es sei „für das e i n e Vergehen der Verletzung der Berufspflicht die Strafe festzusetzen" oder wenn man EGH. **8** 83 liest: „das Wesentliche dieses Tenors ist ausschließlich die erkannte Strafe". Zweifellos unrichtig aber ist es, wenn EGH. **9** 88 ausgesprochen wird, daß „im ehrengerichtlichen Verfahren nicht jede einzelne Handlung des Angeschuldigten als eine besondere Straftat erscheint, als Gegenstand der Entscheidung vielmehr die Würdigung des Gesamtverhaltens des Angeschuldigten anzusehen ist" [ebenso EGH. **15** 79; s. auch die unklaren Bemerkungen 70/71 daselbst; vgl. ferner **17** Nr. 22 (G 4/15), 39 (G 21/15), 54 (G 6/17), 56 (G 71/14), 67 (G 41/15), 91 (G 4/14)]. Richtig ist nur, daß nicht jede Handlung eine s e l b s t ä n d i g e Verfehlung darstellen muß, und daß auch das — nicht inkriminierte — Gesamtverhalten — natürlich nur das erwiesene, ein bloßer Verdacht genügt nicht, auch nicht zur Berücksichtigung bei dem Strafmaße — zur Auslegung und Beurteilung der inkriminierten Tatbestände von Bedeutung sein kann; alles übrige beruht auf dem zurückgewiesenen Irrtum.

Anm. 7. Handelte es sich bei diesem Irrtum — der RDiszH. teilt ihn (vgl. Zäschmar DJZ. **1913** 516 ff.; Schulze Rechtspr. d. Kaiserl. DiszH. 172, 174, 30, anders früher ebenda 172 Anm.), der bayr. DiszH. vertritt unsere Auffassung (Reindl DJZ. **1913** 970/1) — nur um eine theoretische Unrichtigkeit, so wäre darüber leichter hinwegzukommen. Allein die praktischen Folgen sind überaus bedeutsam.

Anm. 8. a) Die zurückgewiesene Ansicht müßte dahin führen, die Möglichkeit wirksamer d. h. für die Berufungsinstanz mangels einschlägiger Anfechtung bindender Teilfreisprechungen zu leugnen. Daß der Ehrengerichtshof sich hiezu nicht hat entschließen können (vgl. EGH. **3** 125; **6** 202; **8** 135; **10** 129; **13** 16/7; **16** 56), ist ein bedeutsames Argument gegen die Richtigkeit seiner Ansicht. Interessant ist es jedenfalls, daß der EGH. selbst **3** 164 und **4** 60/1 die Angeklagten von einzelnen Anschuldigungspunkten freigesprochen hat, während er freilich neuerdings (EGH. **17** Nr. 22 G 4/15, 54 G 6/17) Teilfreisprechungen nicht zuläßt. Vgl. auch EGH. **17** Nr. 30 (G 40/14): Verwerfung der Berufung, obwohl der Angeklagte in einem Anklagepunkte für nicht schuldig befunden wurde.

b) Bei Zugrundelegung der diesseits nicht geteilten Auffassung kann angesichts des § 403 StPO. ein Wiederaufnahmeantrag im ehrengerichtlichen Verfahren dann nicht Erfolg haben, wenn er nur e i n e der mehreren selbständigen Verfehlungen, diese e i n e aber vollständig, also mit dem Erfolge der Freisprechung bezüglich ihrer, beseitigen will. Diese Folgerung hat der Ehrengerichtshof leider in ständiger Rechtsprechung gezogen (EGH. **5** 55/6; **8** 99; **11** 73/4; gegen sie im Sinne des Textes Wittelshöfer KGBl. **1898** 61/3), bis er endlich im Beschlusse EGH. **12** 80 seine frühere Ansicht aufgegeben hat. Sie führte denn auch zu ganz unbegreiflichen Ergebnissen. Stellt z. B. das rechtskräftige ehrengerichtliche Urteil mehrere selbständige Verfehlungen fest und erkennt ihrethalben auf Ausschließung von der Rechtsanwaltschaft, so mag der Verurteilte immerhin alle schwerwiegenden Verfehlungen beseitigen können; bleibt außer ihnen auch nur noch e i n e, wenn auch noch so leichte, übrig, so ist dem Angeklagten die Wiederaufnahme versagt. Dagegen stände sie ihm frei, wenn die leichte Verfehlung erst später bekannt und Gegenstand eines selbständigen ehrengerichtlichen Verfahrens geworden und dieses mit dem anderen Verfahren nicht mehr zu verbinden gewesen wäre. Anm. 9.

II. **Die Urteilsfindung** setzt sich im ehrengerichtlichen Verfahren ebenso, wie im Strafprozeß, aus Beantwortung zweier Fragen, der Schuld- und der Straffrage, zusammen, vorausgesetzt, daß es überhaupt zu einem Urteil in der Sache selbst kommt. Anm. 10.

1. Auch im ehrengerichtlichen Verfahren kann es bei dem Mangel von Prozeßvoraussetzungen zur Einstellung des Verfahrens kommen, z. B. weil der Angeklagte vor Klageerhebung aufgehört hat, Mitglied einer Anwaltskammer zu sein (EGH. **14** 36 ff.), weil die Frist des § 77 RAO. nicht gewahrt oder der Grundsatz ne bis in idem maßgebend ist. Diese Einstellung kann auch lediglich einzelne Verfehlungen betreffen, z. B. solche, bezüglich deren sich ergibt, daß auf sie der Eröffnungsbeschluß keinen Bezug habe. Anm. 11.

2. Ergeht ein Urteil in der Sache selbst, so muß es auf Freisprechung oder Verurteilung lauten. Anm. 12.

3. § 85 des Entwurfs wollte die Entscheidung über die Schuldfrage nach der einfachen Mehrheit der Stimmen getroffen sehen, da in ehrengerichtlichen Untersuchungen Schuld- und Straffrage so innig miteinander zusammenhingen, daß ihre Beantwortung unter Anwendung verschiedener Grundsätze über die erforderliche Mehrheit nicht begründet erscheine (Mot. 92). Mit Recht hat die RTKomm. bereits in erster Lesung jene Bestimmung gestrichen (Siegeth Anhang 69) und diesen Beschluß in 2. Lesung aufrecht erhalten (ebenda 118/9). Dabei wurde zutreffenderweise geltend gemacht, daß gerade bei dem Mangel gesetzlich bestimmter Tatbestände der Pflichtverletzungen der dem Angeklagten im Strafprozeß durch § 262 StPO. gewährte Schutz im ehrengerichtlichen Verfahren doppelt angezeigt erscheine. Der Reichstag ist dem Beschlusse seiner Kommission beigetreten. Auch für das ehrengerichtliche Verfahren bedarf deshalb die Bejahung der Schuldfrage gemäß § 262 Abs. 1 StPO. — Abs. 2 und 3 sind unanwendbar — einer Mehrheit von zwei Dritteilen der Stimmen, also beim Ehrengericht der Bejahung mit 4 Stimmen gegen 1, beim Ehrengerichtshof mit 5 Stimmen gegen 2, während Anm. 13.

die Straffrage in allen Fällen nach § 198 Abs. 1 GVG. mit einfacher Stimmenmehrheit entschieden wird.

Anm. 14. **III. Die schriftliche Abfassung des Urteils.** 1. Urteilsformel. Das ehrengerichtliche Urteil erkennt über den auf Grund bestimmter Pflichtverletzungen erhobenen staatlichen Anspruch auf ehrengerichtliche Bestrafung. Sowenig ein Strafrichter im entscheidenden Teil des Strafurteils lediglich die Strafe verhängen und nicht auch das Delikt, wegen dessen sie erkannt ist, benennen wird, so wenig ist es im ehrengerichtlichen Verfahren angemessen, in der Urteilsformel lediglich die ehrengerichtliche Strafe zu erkennen. Vielmehr ist es durchaus angezeigt, wenigstens anzugeben, daß der Angeklagte wegen Verletzung der Berufspflicht (EGH. **3** 18, **4** 241/2) bestraft wird, und in wie vielen selbständigen Fällen er sich solcher Pflichtverletzung schuldig gemacht hat. Ebenso ist es zu empfehlen, wenn die Schuldfrage nur bezüglich einzelner selbständiger Verfehlungen bejaht, im übrigen aber verneint wird, dieses durch teilweise Freisprechung im Tenor zum Ausdrucke zu bringen (vgl. EGH. **13** 60). Am zweckmäßigsten wäre es, im Tenor die einzelnen Verfehlungen, wegen deren verurteilt oder freigesprochen wird, einigermaßen bestimmt zu bezeichnen. Die Praxis wird dem freilich kaum entsprechen, und es ist nicht zu übersehen, daß die Urteilsformel nicht das Urteil, sondern nur ein Teil des Urteils ist: weswegen verurteilt, weswegen freigesprochen wird, ergibt das Zusammenhalten von Formel und Gründen.

Anm. 15. Daß das Urteil auch über die Kostenfrage zu entscheiden hat, zeigt § 496 StPO.; in welcher Weise diese Entscheidung zu treffen ist, darüber vgl. § 94 Anm. 12 ff.

Anm. 16. 2. Urteilsgründe. Die Anwendung des § 266 StPO. ergibt folgendes: Wird der Angeklagte verurteilt, so müssen die Urteilsgründe die für erwiesen erachteten Tatsachen angeben, in welchen die Pflichtverletzung gefunden worden ist. Wird der Beweis aus anderen Tatsachen gefolgert, so sollen auch diese Tatsachen angegeben werden. Anzuziehen sind in den Gründen die §§ 28, 62, 63 und nötigenfalls 64 RAO., auch sollen die Umstände angeführt werden, welche für die Zumessung der Strafe bestimmend gewesen sind.

Anm. 17. Wird der Angeklagte freigesprochen, so müssen die Urteilsgründe ergeben, ob er für nicht überführt oder ob und aus welchen Gründen die für erwiesen angenommenen Pflichtverletzungen als nicht ehrengerichtlich strafbar erachtet worden sind.

Anm. 18. **IV. Ne bis in idem.** Berücksichtigt man das oben über den Gegenstand der Urteilsfindung Gesagte, so bietet die Anwendung des auch im ehrengerichtlichen Verfahren gültigen Grundsatzes vom Verbrauch der Strafklage durch das rechtskräftige, über den Anspruch auf ehrengerichtliche Bestrafung erkennende Urteil oder durch den Beschluß auf Nichteröffnung des Hauptverfahrens keine besonderen Schwierigkeiten.

Anm. 19. 1. Zu handeln ist hier nur von der verbrauchenden Kraft der ehrengerichtlichen Entscheidungen — der Kürze halber wird immer nur des Urteils gedacht werden —, während über die Frage der Wirkung außerhalb des ehrengerichtlichen Verfahrens ergangener Entscheidungen auf die Zulässigkeit und den Gang des ehrengerichtlichen Verfahrens auf die Anmerkungen zu § 65 zu verweisen ist.

Anm. 20. 2. Auszuscheiden ist ferner die Erörterung, welche Wirkung die im ehrengerichtlichen Strafverfahren ergangenen rechtskräftigen Urteile für das ehrengerichtliche Zulassungsverfahren haben. Hierüber vgl. § 93 Anm. 8.

Anm. 21. 3. Es bleibt also vorliegend die Geltung des Satzes ne bis in idem nur insoweit zu prüfen, als es sich um das Verhältnis mehrerer ehrengerichtlicher Strafverfahren zueinander handelt.

Anm. 22. Wie im Strafprozesse der Verbrauch der Strafklage in demselben Umfange eintritt, in dem der Strafrichter vom Eröffnungsbeschlusse abzuweichen berechtigt ist, so bemißt sich auch die verbrauchende Kraft des ehrengerichtlichen Urteils nach der Bindung des Ehrengerichts durch den Eröffnungsbeschluß. Soweit die Kognition des Ehrengerichts reichte, soweit reicht auch die Geltung des Satzes ne bis in idem.

Hatte z. B. die frühere Verurteilung des Angeklagten zum Gegenstand „lediglich die Geschäftspraxis des Angeschuldigten, behufs Vergrößerung seiner Einnahmen Klagsachen, welche an sich ihrem Objekt nach zur landgerichtlichen Zuständigkeit gehörten, durch Teilung des Objekts zur Kognition der Amtsgerichte zu bringen", während die neue Anklage gegen den Rechtsanwalt „die durch Nichtvermeidung der Verjährung des von ihm zu vertretenden Anspruchs begangene Pflichtverletzung" zum Gegenstande hat, so ist keine Identität der in beiden Verfahren in Betracht kommenden Vorgänge gegeben (EGH. **3** 23/4); daran ändert nichts, daß die letztgedachte Pflichtverletzung in einer Prozeßsache begangen wurde, in der der Angeklagte seine erwähnte Geschäftspraxis auch zur Anwendung brachte (EGH. a. a. O.). Anm. 23.

Oder wenn der Angeklagte wegen verweigerter Herausgabe eines vom Gegner zuviel erhobenen Geldbetrages rechtskräftig ehrengerichtlich bestraft ist und auch fernerhin die Rückzahlung verweigert, so ist, wenn hierin die dem neuen Verfahren zugrunde liegende Pflichtverletzung erblickt wird, es zwar richtig, daß sie „mit dem der ersten Verurteilung zugrunde liegenden Tatbestande in manchen Beziehungen gleichartig ist", Identität liegt aber nicht vor (EGH. **11** 128/9). Vgl. auch EGH. **13** 15. Anm. 24.

Wenn dagegen der Angeklagte „wegen seines auf Vereinbarung beruhenden, durch wiederholte Handlungen betätigten Gesamtverhaltens betreffs seiner Beziehungen zum X", also wegen einer fortgesetzten Handlung verurteilt ist, so sind alle einschlägigen, vor dem Erlaß des rechtskräftiggewordenen Urteils liegenden Pflichtwidrigkeiten der Heranziehung als selbständig ehrengerichtlich strafbare Handlungen entzogen (EGH. **4** 105/108). Oder wenn der Angeklagte wegen Unterzeichnung einer Klageschrift verurteilt ist, so findet eine neue Bestrafung wegen Unterzeichnung der weiteren Schriftsätze in derselben Sache nicht statt, da eine fortgesetzte Tätigkeit, die als einheitliche Tat zu bewerten ist, vorliegt (EGH. **15** 73/4). Anm. 25.

Ist dagegen im Urteile des EG. die Verurteilung „wegen ganz bestimmter einzelner, dort näher bezeichneter Verfehlungen in einzelnen Fällen" erfolgt, so ist der Einwand ne bis in idem nicht begründet, mögen auch die jetzt zur Aburteilung stehenden Verfehlungen zum Teil in dieselbe Zeit wie die früher abgeurteilten Verfehlungen und ganz in die Zeit vor Erlaß des früheren Urteils fallen EGH. **17** Nr. 24 (G 12/15).

§ 89.

Für die Verhandlung und Entscheidung über das Rechtsmittel der Beschwerde ist das Oberlandesgericht zuständig.

1. Inhalt. Der Paragraph weist die Verhandlung und Entscheidung der Beschwerde dem Oberlandesgerichte zu. Anm. 1.

2. Gegen welche Entscheidungen die Beschwerde stattfindet, bemißt sich, soweit die RAO. keine Bestimmungen enthält, nach der StPO. Anm. 2.

a) Die Beschwerde ist also gemäß § 347 StPO. mit Ausnahme der in Satz 2 daselbst erwähnten Fälle bei allen Entscheidungen des Ehrengerichts oder seines Vorsitzenden ausgeschlossen, die nach Eröffnung des Hauptverfahrens, aber vor der Urteilsfällung ergehen. Anm. 3.

b) Die Entscheidungen des Ehrengerichtshofes und seiner Vorsitzenden unterliegen einer Beschwerde nicht (Meyer § 89 Anm. 5; Berger § 89 Anm. 1). Daß Anm. 4.

Beschwerdeinstanz für den beim Reichsgerichte gebildeten Ehrengerichtshof nicht ein Oberlandesgericht sein kann, liegt auf der Hand, und das Reichsgericht ist gemäß § 98 Beschwerdegericht, soweit das Ehrengericht der Anwaltskammer bei dem Reichsgerichte in Frage kommt, wonach es schon ausgeschlossen ist, ihm Beschwerden auch gegen den Ehrengerichtshof zuzuweisen. Der letztere muß eben, von seinem Verhältnisse zum Reichsgerichte ganz abgesehen, dem Reichsgerichte gleichbehandelt werden, dessen Beschlüsse und Verfügungen ja § 346 Abs. 3 StPO. der Beschwerde entzieht. Dagegen ist nach Kaskel Begnadigung im ehreng. Verf. d. freien Berufsstände 7, der sich hierfür auf § 98 RAO. beruft, Beschwerdegericht gegenüber den Entscheidungen des EGH. das RG.

Anm. 5. c) Eine weitere Beschwerde ist — von dem Falle des § 160 GVG. abgesehen —, soweit § 89 RAO. gilt, gemäß § 346 Abs. 3 StPO. ausgeschlossen. Vgl. EHG. **11** 68/9.

Anm. 6. 3. Beschwerdegericht ist das Oberlandesgericht oder gemäß § 98 das Reichsgericht.

Anm. 7. a) Ihm steht die Entscheidung nicht nur gegenüber Beschlüssen und Verfügungen des Ehrengerichts, seines Vorsitzenden und eines beauftragten Richters des Ehrengerichts, sondern auch dann zu, wenn die Beschwerde sich gegen Anordnungen des ehrengerichtlichen Untersuchungsrichters richtet. Ebenso DJZ. **1906** 772 (OLG. Jena); SächsOLG. **29** 194; **32** 483; Berger, Meyer, Sydow-Jacobsohn § 89 Anm. 1. Dagegen ist für die Entscheidungen des AKV. nicht, wie Kaskel a. a. O. meint, das OLG. Beschwerdeinstanz nach § 89, sondern zum Eingreifen nur nach § 59 Abs. 2 berufen.

Anm. 8. b) § 89 ist nicht auf Beschwerden gegen den ersuchten Richter zu beziehen. Soweit dieselben nicht dem § 160 GVG. unterfallen, ist die dem ersuchten Amtsgericht vorgesetzte landgerichtliche Strafkammer Beschwerdeinstanz, wie sie dies auch nach der jetzt überwiegenden Ansicht im Strafverfahren ist. Der ersuchte Richter nimmt im ehrengerichtlichen Strafverfahren den ersuchenden Behörden gegenüber eine ebenso völlig selbständige Stellung ein, wie bei Ersuchen, die im Strafprozeß an ihn gerichtet werden; es ist deshalb nicht anzunehmen, daß § 89 hier eingreifen wollte. Ebenso Berger § 89 Anm. 1; Meyer § 89 Anm. 2; Sydow-Jacobsohn § 89 Anm. 1; SächsArch. **8** 78 (OLG. Dresden).

Anm. 9. c) Was für ein Senat über die Beschwerde zu entscheiden hat, sagt das Gesetz nicht. Da aber nach § 66 auf das ehrengerichtliche Verfahren die Vorschriften der StPO. entsprechende Anwendung finden, kann auch nur ein Strafsenat als zuständig erachtet werden. Ebenso OLG. **22** 285 (OLG. München). Gleichwohl wird EGH. **6** 241 ein „vom ersten Zivilsenat des Oberlandesgerichts zu N." erlassener Beschluß über die Eröffnung des Hauptverfahrens erwähnt, und die FrankfRundsch. **1916** 70/71 abgedruckte, in einem ehrengerichtlichen Zulassungsverfahren ergangene Beschwerdeentscheidung hat der 1. Zivilsenat des OLG. Frankfurt a. M. gefällt. Auch die im ehrengerichtlichen Verfahren ergangenen Beschwerdebeschlüsse des Oberlandesgerichts Dresden SächsOLG. **6** 152/4 und **15** 314/6 scheinen, nach der Bezifferung des Senats zu urteilen, von einem Zivilsenat herzurühren. Dagegen weist die mecklenburgische Verordnung vom 1. Mai 1880 (Schwerin: RegBl. 65; Strelitz: OffizAnz. 115; Ratzeburg: OffizAnz. 71) die Beschwerdeentscheidungen ausdrücklich dem Strafsenate zu.

Anm. 10. d) § 9 EGGVG. ist nicht für anwendbar zu halten: § 66 RAO. erklärt zwar die Bestimmungen der StPO. für entsprechend anwendbar, dadurch wird aber das ehrengerichtliche Verfahren noch nicht zu einer Strafsache im Sinne jener Bestimmung. Ebenso OLG. München a. a. O.

Anm. 11. 4. Wegen des Verfahrens in der Beschwerdeinstanz s. § 91.

§ 90.[1])

Gegen Urteile des Ehrengerichts ist die Berufung an den Ehrengerichtshof zulässig.

Der Ehrengerichtshof besteht aus dem Präsidenten, zwei Senatspräsidenten und sechs Mitgliedern des Reichsgerichts sowie aus sechs Mitgliedern der Anwaltskammer bei dem Reichsgerichte.

Bei dem Ehrengerichtshofe werden zwei Senate gebildet. Jeder Senat entscheidet in der Besetzung von sieben Mitgliedern mit Einschluß des Vorsitzenden. Den Vorsitz führt im ersten Senate der Präsident des Reichsgerichts oder in seiner Vertretung ein Senatspräsident, im zweiten Senat ein Senatspräsident. Von den Beisitzern müssen drei Mitglieder des Reichsgerichts und drei Mitglieder der Anwaltskammer bei dem Reichsgerichte sein.

Auf die Bestimmung der Senatspräsidenten finden die Vorschriften des § 61 des Gerichtsverfassungsgesetzes entsprechende Anwendung. Die Bestimmung der Mitglieder des Reichsgerichts sowie ihre Zuteilung an die beiden Senate und die Verteilung der Geschäfte unter die beiden Senate erfolgt nach den Vorschriften der §§ 62, 63, 133 des Gerichtsverfassungsgesetzes[2]).

Die Mitglieder der Anwaltskammer werden von dieser und zwar drei für jeden der Senate vor Beginn des Geschäftsjahres für dessen Dauer gewählt.

Die beiden Senatspräsidenten und die Mitglieder der Senate vertreten sich wechselseitig. Der Vorsitzende des zweiten Senats kann auch von dem Präsidenten des Reichsgerichts vertreten werden.

---

[1]) Die ursprüngliche Fassung des § 90 lautete:

Gegen die Urtheile des Ehrengerichts ist die Berufung an den Ehrengerichtshof zulässig.

Der Ehrengerichtshof besteht aus dem Präsidenten des Reichsgerichts als Vorsitzenden, drei Mitgliedern des Reichsgerichts und drei Mitgliedern der Anwaltskammer bei dem Reichsgerichte.

Die Mitglieder des Reichsgerichts werden nach den Vorschriften der §§ 62, 63, 133 des Gerichtsverfassungsgesetzes bestimmt. Die Mitglieder der Anwaltskammer werden vor Beginn des Geschäftsjahres auf die Dauer desselben von der Anwaltskammer gewählt.

In gleicher Weise werden drei Stellvertreter der Mitglieder des Reichsgerichts und zwei Stellvertreter der Mitglieder der Anwaltskammer bestimmt.

Auf die Vertretung des Präsidenten findet die Vorschrift des § 65 Abs. 2 des Gerichtsverfassungsgesetzes entsprechende Anwendung.

[2]) Diese Paragraphen des GVG. lauten:

§ 61. Den Vorsitz im Plenum führt der Präsident, den Vorsitz in den Kammern führen der Präsident und die Direktoren. Vor Beginn des Geschäftsjahres bestimmt der Präsident die Kammer, welcher er sich anschließt. Ueber die Vertheilung des Vorsitzes in den übrigen Kammern entscheiden der Präsident und die Direktoren nach Stimmenmehrheit; im Falle der Stimmengleichheit giebt die Stimme des Präsidenten den Ausschlag.

§ 62. Vor Beginn des Geschäftsjahres werden auf die Dauer desselben die Geschäfte unter die Kammern derselben Art vertheilt und die ständigen Mitglieder der einzelnen Kammern sowie für den Fall ihrer Verhinderung die regelmäßigen Vertreter bestimmt. Jeder Richter kann zum Mitgliede mehrerer Kammern bestimmt werden.

Die getroffene Anordnung kann im Laufe des Geschäftsjahres nur geändert werden, wenn dies wegen eingetretener Ueberlastung einer Kammer oder in Folge Wechsels oder dauernder Verhinderung einzelner Mitglieder des Gerichts erforderlich wird.

§ 63. Die im vorstehenden Paragraphen bezeichneten Anordnungen erfolgen durch das Präsidium.

Das Präsidium wird durch den Präsidenten als Vorsitzenden, die Direktoren und das dem Dienstalter nach, bei gleichem Dienstalter das der Geburt nach älteste Mitglied gebildet. Das Präsidium entscheidet nach Stimmenmehrheit; im Falle der Stimmengleichheit giebt die Stimme des Präsidenten den Ausschlag.

§ 133. Die Bestimmungen der §§ 61—68 finden mit der Maßgabe Anwendung, daß zu dem Präsidium die vier ältesten Mitglieder des Gerichts zuzuziehen sind.

Anm. 1. **I. Inhalt.** Der Paragraph unterwirft die Urteile des Ehrengerichts der Berufung und regelt die Besetzung des Ehrengerichtshofes, dem die Entscheidung über die Berufung obliegt.

Anm. 2. **II. Zulässigkeit der Berufung.** Der Berufung unterliegen alle Urteile des Ehrengerichts. Aber wie nach der Strafprozeßordnung muß auch nach der Rechtsanwaltsordnung der Beschwerdeführer durch das Urteil beschwert sein. Dazu genügt es nicht, daß, obwohl sonst durchaus zu seinen Gunsten erkannt ist, die Urteilsgründe Feststellungen enthalten, an deren Abänderung er ein Interesse hat. Ebenso EGH. **11** 58/9; Sydow-Jacobsohn § 91 Anm. 3. Dagegen ist, wie im Strafprozeß, so auch im ehrengerichtlichen Verfahren eine Berufung lediglich wegen des Kostenpunktes durchaus statthaft. Vgl. EGH. **4** 92/3, **16** 116; Sydow-Jacobsohn § 90 Anm. 1; Meyer § 94 Anm. 5; Berger § 90 Anm. 1. Freilich aber kann der Angeklagte das ihn von Strafe und Kosten freisprechende Urteil nicht allein deshalb mit der Berufung angreifen, weil die Kosten nicht dem Anzeiger, sondern der AK. auferlegt sind, da er hierdurch nicht beschwert ist (vgl. PrArztEGH. **3** 281). Das gilt selbst dann, wenn das Urteil dem Angeklagten die Erstattung seiner notwendigen Auslagen zugebilligt hat, da die AK. unter allen Umständen ein Schuldner ist, der die Gewähr bietet, daß er die zu erstattenden Kosten ersetzen kann.

Anm. 3. **III. Ehrengerichtshof.** 1. Ehrengerichtshof und Reichsgericht. Es ist schon in den Vorbemerkungen zum IV. Abschnitt hervorgehoben worden, daß der Entwurf der Rechtsanwaltsordnung die Berufung an den I. Strafsenat des Reichsgerichts verwies. Demgegenüber hatte der Frankfurter Anwaltstag (Siegel 442, 444) als Berufungsgericht ein Oberehrengericht vorgeschlagen, bestehend aus dem Präsidenten und den drei ältesten Mitgliedern des Reichsgerichts sowie den drei ältesten Mitgliedern der Anwaltskammer bei dem Reichsgerichte. Dem entsprach der zur 1. Lesung in der RTKomm. gestellte und in ihr angenommene Antrag v. Forcade (Siegeth Anhang 77). Regierungsseitig war dem Antrage nicht entgegengetreten, wohl aber bemerkt worden, die Stellung der Regierungen zu dem Antrage „hänge wesentlich davon ab, wie die Rechtsanwaltschaft am Reichsgerichte werde gestellt werden" (Siegeth Anhang 81). In 2. Lesung einigte sich die RTKomm. über bestimmte Sätze, die dann von der Redaktionskommission so gefaßt wurden, wie sie demnächst in Abs. 2—5 des § 90 (ursprüngliche Fassung) Gesetz geworden sind (Siegeth Anhang 120). Die jetzige Fassung des § 90 beruht auf RAONov. 22. 5. 10, in Kraft seit 1. 6. 10.

Anm. 4. Es ist ratsam, um ein richtiges Bild von dem Verhältnis des Ehrengerichtshofs zum Reichsgerichte zu gewinnen, mit der Zusammensetzung des Ehrengerichtshofs die des Disziplinarhofes für Reichsbeamte zu vergleichen. Der Disziplinarhof besteht nach § 91 RBG. aus elf Mitgliedern, von denen wenigstens vier zu den Bevollmächtigten zum Bundesrate[1]), der Präsident und wenigstens fünf zu den Mitgliedern des Reichsgerichts (ursprünglich: des Reichsoberhandelsgerichts) gehören müssen. Nach § 93 RBG.[1]) werden die Mitglieder des Disziplinarhofs für die Dauer der zur Zeit ihrer Ernennung von ihnen bekleideten Reichs- oder Staatsämter vom Bundesrate gewählt, vom Kaiser ernannt und für die Erfüllung der Obliegenheiten ihres Amtes verpflichtet. Also nicht einmal der Präsident des Disziplinarhofs ist dies kraft seines richterlichen Hauptamtes, und ebenso müssen die anderen richterlichen Mitglieder nicht nur besonders ernannt, sie müssen auch auf ihr Amt als Mitglieder des Disziplinarhofs noch besonders verpflichtet werden. Danach ist der Disziplinarhof zwar eine Behörde, die mehr als die Hälfte ihrer Mitglieder dem Reichsgerichte entnimmt, ohne aber darum dem

[1]) Von einer Erwähnung der an die Stelle des Bundesrats und des Kaisers getretenen Instanzen kann, weil hier ohne Interesse, abgesehen werden.

Reichsgerichte als solchem angegliedert zu sein. Damit stimmen auch die Vorschriften in § 23 Nr. 7 der Geschäftsordnung für die Disziplinarbehörden vom 18. April 1880 (RZBl. 203) überein.

Ganz anders ist die Bildung des Ehrengerichtshofs geregelt. Der Reichsgerichtspräsident ist kraft dieses seines Amtes Vorsitzender des 1. Senats. Die Bestimmung der Senatspräsidenten erfolgt durch das aus dem Präsidenten und den Senatspräsidenten des RG. bestehende Kollegium. Die Reichsgerichtsräte weist dem Ehrengerichtshof und seinen beiden Senaten das Organ zu, das beim Reichsgericht auch die Verteilung der Räte an die einzelnen Senate besorgt, nämlich das Präsidium des Reichsgerichts, und eben dieses verteilt, wie unter die Senate des RG., so auch unter die beiden Senate des EGH. die Geschäfte. Weder die Senatspräsidenten noch die Reichsgerichtsräte noch die von der Anwaltskammer bei dem Reichsgerichte als Mitglieder des Ehrengerichtshofs gewählten Mitglieder dieser Anwaltskammer werden mit Rücksicht auf ihre Tätigkeit im Ehrengerichtshof besonders in Pflicht genommen. Hienach ist es ganz zutreffend, wenn die Geschäftsordnung des Ehrengerichtshofs diesen als „Zubehör des Reichsgerichts" bezeichnet (EGH. 1 3), womit die Führung eines besonderen Siegels (EGH. a. a. O.) natürlich durchaus vereinbar ist. Anm. 5.

Die gedachte Auffassung wird für die Anwendung des § 100 Abs. 2 RAO. von Bedeutung. Anm. 6.

Aus ihr ergibt sich auch, daß — § 81 RAO. gilt für den Ehrengerichtshof ausweislich § 91 nicht — der Ehrengerichtshof eine Gerichtsschreiberei, nämlich diejenige des Reichsgerichts, besitzt (Sydow-Jacobsohn § 91 Anm. 2, Meyer § 90 Anm. 7, Berger § 91 Anm. 3). Anm. 7.

2. Zusammensetzung des Ehrengerichtshofs.

a) Der EGH. besteht aus dem Präsidenten, zwei Senatspräsidenten und sechs Mitgliedern des Reichsgerichts sowie aus sechs Mitgliedern der Anwaltskammer bei dem Reichsgerichte. Anm. 8.

b) Vor Beginn des Geschäftsjahrs und für dessen Dauer bestimmen der Präsident und die Senatspräsidenten des RG., welche zwei Senatspräsidenten dem EGH. angehören sollen, und welchem dieser beiden der Vorsitz im zweiten Senate des EGH. zufällt. Die Entscheidungen erfolgen gemäß § 61 GVG. nach Stimmenmehrheit. Im Falle der Stimmengleichheit gibt die Stimme des Präsidenten den Ausschlag. Anm. 9.

c) Ebenfalls vor Beginn des Geschäftsjahrs und für die Dauer des Geschäftsjahrs bestimmt das Präsidium des RG. sechs Reichsgerichtsräte als Mitglieder des EGH. und verteilt diese Mitglieder auf die beiden Senate des EGH. Anm. 10.

d) Die sechs anwaltschaftlichen Mitglieder des EGH. wählt die AK. bei dem RG. vor Beginn des Geschäftsjahrs und für seine Dauer u. z. „drei für jeden der Senate". Dem Gesetze dürfte es wohl am besten entsprechen, wenn die Wahl der Personen und ihre Zuteilung zu einem der zwei Senate ungetrennt erfolgt, etwa derart, daß drei Mitglieder des ersten und drei Mitglieder des zweiten Senats in je einem Wahlgange gewählt werden. Anm. 11.

Die gewählten anwaltschaftlichen Mitglieder sind zur Annahme der Wahl verpflichtet. Allerdings trifft § 45, wie Meyer § 90 Anm. 5 mit Recht bemerkt, nicht zu. Nimmt man aber eine solche Pflicht nicht an, so hängt es ganz von dem guten Willen der Mitglieder der Anwaltskammer bei dem Reichsgerichte ab, ob der Ehrengerichtshof seines Amtes walten kann oder nicht. Anm. 12.

e) Fällt einer der Senatspräsidenten oder eines der Mitglieder z. B. durch Tod, durch Pensionierung der richterlichen Mitglieder, durch Ausscheiden der anwaltschaftlichen Mitglieder aus der Rechtsanwaltschaft im Laufe des Geschäftsjahrs fort, so erfolgt für den Rest des Geschäftsjahrs die Bestimmung eines neuen Senatspräsidenten oder eines neuen Mitglieds auf die in Anm. 9—11 bezeichnete Anm. 13.

Art und Weise. Vgl. wegen eines solchen Falls betreffs eines anwaltschaftlichen Mitglieds nach dem Rechte vor der Novelle vom 22. 5. 1910 EGH. **11** 4.

f) Besondere Stellvertreter werden nicht bestimmt oder gewählt.

Anm. 14. 3. Die Senate des Ehrengerichtshofs.

Anm. 15. a) Bei dem EGH. werden zwei Senate gebildet, das Präsidium des RG. verteilt unter sie die Geschäfte. Die Geschäftsverteilung ist aus EGH. **14** 5/6, **16** 5 ersichtlich.

Anm. 16. b) Jeder Senat entscheidet in der Besetzung von sieben Mitgliedern mit Einschluß des Vorsitzenden.

Anm. 17. c) Von den Beisitzern müssen drei Mitglieder des Reichsgerichts und drei Mitglieder der AK. bei dem RG. sein.

Anm. 18. d) Den Vorsitz führt im ersten Senat regelmäßig der Reichsgerichtspräsident. Bei seiner Verhinderung sitzt im ersten Senat „ein Senatspräsident" vor. Welcher der beiden dem EGH. angehörigen Senatspräsidenten der ordentliche Vertreter des Reichsgerichtspräsidenten ist, wird in der aus Anm. 9 ersichtlichen Weise bestimmt: die Worte „die Bestimmung der Senatspräsidenten" in § 90 Abs. 4 sind nämlich bei Zusammenhalt mit Abs. 3 auch auf die gedachte Festsetzung zu beziehen. Ist der hiernach in erster Linie als Vertreter berufene Senatspräsident seinerseits verhindert, so tritt als dessen Vertreter gemäß Abs. 6 der andere Senatspräsident ein.

Für das Verhältnis des ordentlichen und des stellvertretenden Vorsitzenden zu einander gilt das in § 67 Anm. 13 Gesagte. Doch wird man, da der EGH. nur eine besondere Erscheinungsform des RG. ist und die Frage, ob der Vorsitzende im einzelnen Falle seines Amtes walten kann und deshalb auch walten muß, den Umfang der aus der Amtsstellung sich ergebenden Pflichten betrifft, in Streitfällen die Entscheidung dem hier — anderes als beim EG. — vorhandenen Inhaber der Aufsichtsgewalt, nämlich dem Reichsgerichtspräsidenten, zuzuweisen haben.

Anm. 19. e) Im zweiten Senat führt regelmäßig ein Senatspräsident den Vorsitz. Über seine Bestimmung s. Anm. 9. Ist er verhindert, so tritt als sein Vertreter der andere Senatspräsident ein. Nach Abs. 6 Satz **2** kann aber der Vorsitzende des zweiten Senats auch von dem Präsidenten des RG. vertreten werden. Der Präsident des RG. kann im zweiten Senat bei Verhinderung seines Vorsitzenden den Vorsitz auch dann übernehmen, wenn der andere Senatspräsident verfügbar ist, praktische Bedeutung hat aber diese Möglichkeit wohl nicht. Die Vertretung des Vorsitzenden des zweiten Senats durch den Präsidenten des RG. ist zulässig, der Eintritt als Vertreter ist indessen keine Pflicht des Reichsgerichtspräsidenten: sonst würde das Gesetz diese Vertretung nicht als bloße Möglichkeit bezeichnen.

Anm. 20. f) Ist eine Vertretung des Vorsitzenden nach Maßgabe der Anm. 18 und 19 nicht möglich, wozu auch der Fall gehört, daß der Präsident des RG. sich nicht veranlaßt sieht, den Vorsitz im zweiten Senat zu übernehmen, so geht der Vorsitz auf einen Beisitzer über. Das kann nur das älteste Mitglied sein. Wie sich im EGH. die Reihenfolge bei der Abstimmung und der Sitz der Mitglieder bei den Verhandlungen lediglich nach dem Lebensalter und ohne Vorrang der richterlichen vor den anwaltschaftlichen Mitgliedern bestimmt (EGH. **1** 3), so muß Gleiches auch für den Eintritt in die Stellung des Vorsitzenden gelten. Dagegen ist es fraglich, ob bei dem EGH. lediglich ein ordentliches Mitglied des Senats oder auch ein zur Vertretung herangezogenes Mitglied des anderen Senats den Vorsitz führen kann. Für die erste Ansicht scheint die Angliederung des EGH. an das Reichsgericht zu sprechen. Dagegen spricht, daß auch bei dem EGH., wie bei den Ehrengerichten, mangels Anwendbarkeit des § 66 GVG. die Möglichkeit, einen Vorsitzenden für den einzelnen Fall zu bestellen, nicht besteht. Man wird sich deshalb wohl bei dem EGH. für Gleichstellung der Mitglieder beider Senate zu entscheiden haben, da die hiegegen beizubringenden Gründe jedenfalls nicht zwingend sind.

g) Nach Abs. 6 vertreten sich die Mitglieder der Senate wechselseitig. Es wird anzunehmen sein, daß die Reihenfolge des Eintritts als Vertreter bei den Mitgliedern des RG. dessen Präsidium, bei den Mitgliedern der AK. die AK. bestimmt: denn diese Bestimmung ist doch eben durchaus der Zuteilung zu einem Senate gleichzustellen. Anm. 21.

h) Aus § 90 Abs. 3 Satz 3 folgt, daß ein Reichsgerichtsrat nur durch einen Reichsgerichtsrat, ein Mitglied der AK. nur durch ein Mitglied der AK. vertreten werden kann. Anm. 22.

4. Über die Frage, ob es sich empfiehlt, den EGH. nur mit Anwälten zu besetzen, und in welcher Weise die hierbei eintretenden Schwierigkeiten sich überwinden ließen, vgl. Stranz DJZ. **1907** 114, **1909** 123 ff.; Fuchs DJZ. **1907** 941; DJZ. **1909** 191; Hamm DJZ. **1909** 1234; Syring JW. **1913** 779; Drucker ebenda 780 ff.; Broh ebenda 783 ff.; Finger, Gutachten für den XXI. Anwaltstag ebenda Beilage zu Nr. 14; die Berichte von M. Friedländer und Harnier auf dem genannten Anwaltstage ebenda Beilage zu Nr. 20 S. 22/26, 32; Knothe JW. **1914** 226/7. Anm. 23.

5. Über die Bedeutung der Entscheidungen des EGH. s. EGH. **16** 260. Anm. 24.

§ 91.

Auf das Verfahren in der Beschwerdeinstanz und in der Berufungsinstanz finden die Vorschriften der Strafprozeßordnung und der §§ 82, 83 Abs. 1, §§ 84, 86 bis 88 dieses Gesetzes entsprechende Anwendung.

I. Inhalt. Der Paragraph regelt das Verfahren in der Beschwerde- und in der Berufungsinstanz. Anm. 1.

II. Verfahren in der Beschwerdeinstanz. 1. Nach der Fassung des § 91 sollte man annehmen, die in ihm angeführten Paragraphen der RAO. fänden auch auf das Verfahren in der Beschwerdeinstanz Anwendung. Das ist indessen nicht der Fall: denn sie setzen alle eine Hauptverhandlung voraus, können also nur für die Berufungsinstanz in Betracht kommen (Meyer § 91 Anm. 1; Turnau § 91 Anm. 1). Anm. 2.

2. Für die Beschwerdeinstanz kommen danach lediglich die Vorschriften der StPO. zur Anwendung. Ein etwaiger beauftragter Richter des Beschwerdegerichts kann also selbst Zwangsmaßregeln gegen Zeugen und Strafen gegen Zeugen und Sachverständige verhängen. Anm. 3.

III. Verfahren in der Berufungsinstanz. 1. Einlegung der Berufung. Anm. 4.
a) Nach § 355 Abs. 1 StPO. muß die Berufung „bei dem Gerichte erster Instanz", also hier bei dem Ehrengerichte eingelegt werden. Da nun aber das EG. nur eine besondere Erscheinungsform des AKV. ist, so kann die Berufungsanmeldung auch an diesen gerichtet werden. Vgl. EGH. 8 94, **16** 100. Die Berufungsschrift kann auch an den Vorsitzenden des AKV. oder des EG. gerichtet werden, dagegen ist die Namhaftmachung des stellvertretenden Vorsitzenden zu vermeiden. Geschieht sie doch, so ist als Willensmeinung des Berufungsklägers zu unterstellen, daß der ordentliche Vorsitzende verhindert, nicht auch daß, falls diese Annahme irrig, die Berufungsschrift nicht an den ordentlichen Vorsitzenden weiter zu leiten sei. Immer aber besteht hier die Gefahr der Fristversäumnis: denn der stellvertretende Vorsitzende kann erst dann als richtiger Adressat angesehen werden, wenn die Verhinderung des Vorsitzenden bereits an den Tag getreten ist. Im übrigen gilt für das Verhältnis des Vorsitzenden und des stellvertretenden Vorsitzenden zu einander das § 67 Anm. 13 Gesagte.

Die Berufungsfrist ist nur gewahrt, „wenn der das Rechtsmittel [soll heißen: die Einlegung des Rechtsmittels] enthaltende Schriftsatz rechtzeitig in die Hände eines zur Empfangnahme und Beifügung des Einlaufvermerks berufenen Vertreters des Gerichts gelangt ist" (EGH. **16** 92, vgl. ebenda 94). Solche Vertreter sind neben dem Vorsitzenden und bei seiner Verhinderung dem stellvertretenden Vorsitzenden die Angestellten des Bureaus des AKV. oder EG., soweit sie zur Empfangnahme von Schriftstücken und Beurkundung ihres Eingangs befugt sind (M. Friedländer AVNachr. **3** 98). Nicht ist es die mit der Reinigung der Bureauräume betraute Frau, mag sie auch nach ihrem Dienstvertrage außerhalb der Bureaustunden Akten, Briefe und sonstige Dinge für das Bureau anzunehmen und sorgfältig aufzubewahren haben (EGH. **16** 92). Ebensowenig kann als solcher Vertreter ohne weiteres die Ehefrau des Vorsitzenden gelten, mag dieser auch die Anwaltskammer- und Ehrengerichtssachen in seiner Privatwohnung bearbeiten und deshalb die Abgabe eingehender Schriftstücke dorthin angeordnet haben (EGH. **16** 93/5). Das Hinlegen der Berufungsschrift auf den Arbeitstisch in der Privatwohnung des abwesenden Vorsitzenden steht dem Gelangen der Schrift in die Hände des Vorsitzenden nicht gleich (EGH. **16** 94).

Anm. 5. b) Die Berufungseinlegung kann nur im Falle des § 341 StPO. zu Protokoll des Gerichtsschreibers erfolgen.

Anm. 6. c) Die Berufungsschrift ist mit Eingangsvermerk zu versehen, um urkundlich festzustellen, wann die Berufung eingelegt ist. Vgl. EGH. **7** 53, 62; **8** 94; Berger § 91 Anm. 2. Fehlt es an solchem Vermerke, so muß anderweit festgestellt werden, wann die Berufungsschrift bei dem Ehrengericht bzw. dem AKV. eingegangen ist (EGH. **7** 53, 62): denn erst zu dieser Zeit ist — mit einziger Ausnahme des Falles des § 341 StPO. — die Berufung erhoben.

Anm. 7. d) Eine Anschlußberufung gibt es, wie nach der StPO., so auch nach der RAO. nicht: EGH. **3** 88.

Anm. 8. 2. Für das Verfahren auf Anmeldung der Berufung bis zur Hauptverhandlung gelten durchaus die Bestimmungen der StPO.

Anm. 9. a) Fälle, in denen Wiedereinsetzung gegen den Ablauf der Berufungsfrist gewährt ist, siehe EGH. **11** 65/6; **12** 84/5, 85/6; **14** 116/7; **16** 96, 100/1. Fälle, in denen sie versagt wurde, siehe EGH. **1** 52/5; **3** 84/7; **16** 101/3.

Anm. 10. b) Wegen eines Falles der Anwendung des § 363 StPO. (Berufung nur gegen die Gründe des Urteils gerichtet) siehe EGH. **11** 58/9.

Anm. 11. 3. Verzicht auf Berufung und Zurücknahme der Berufung. Auch hier gelten lediglich §§ 344, 345 StPO. In EGH. **9** 242 wird in der nach Erlaß des ehrengerichtlichen Urteils vom Oberstaatsanwalt abgegebenen schriftlichen Erklärung, er beabsichtige, gegen das Urteil Berufung nicht einzulegen, ein Verzicht auf Berufung nicht erblickt, was doch recht bedenklich erscheint. Der Ansicht des EGH. sind Berger § 91 Anm. 2 und Sydow-Jacobsohn § 91 Anm. 3.

Anm. 12. 4. Hauptverhandlung vor dem EGH.

a) Für die Hauptverhandlung gelten in erster Linie die Bestimmungen der §§ 82, 83 Abs. 1, 84, 86—88 RAO. erst in zweiter Linie kommen die Vorschriften der StPO. zur Anwendung (Sydow-Jacobsohn § 91 Anm. 1; Meyer § 91 Anm. 6 und 7).

Anm. 13. b) Von den für das Ehrengericht maßgebenden Bestimmungen ist unanwendbar § 83 Abs. 2 RAO.: die Zurückweisung eines Vertreters des ausgebliebenen Angeklagten zwecks Erzwingung des persönlichen Erscheinens des Angeklagten kann nicht angedroht, also auch nicht ausgeführt werden.

Anm. 14. Dagegen kann, wie vor dem EG., so auch vor dem EGH. die Hauptverhandlung stets auch ohne Anwesenheit des Angeklagten stattfinden, sofern er nur zu derselben — nicht lediglich öffentlich — geladen ist. Das gilt nicht nur, wenn die Staatsanwaltschaft Berufung eingelegt, sondern auch, wenn der Angeklagte Berufung erhoben hat. Eine Anwendung des § 370 StPO. ist ausgeschlossen, da ja nicht einmal die viel mildere Maßregel des § 83 Abs. 2 RAO. statthaft ist. Dem entspricht die ständige Praxis des EGH., vgl. EGH. **6** 77; **7** 38/9, 45, 47/8, 62/3; **8** 14/5; **10** 73, 76, 80.

c) Unanwendbar ist § 85 RAO. An seiner Stelle gilt § 244 StPO., der EGH. bestimmt also nicht nach freiem Ermessen den Umfang der Beweisaufnahme. Vgl. Meyer § 91 Anm. 6; Berger § 91 Anm. 3; Sydow-Jacobsohn § 91 Anm. 2. Anm. 15.

d) Von § 366 StPO. gilt nur der erste Satz. Im übrigen wird die Anwendung des Paragraphen durch § 88 RAO. ausgeschlossen. Anm. 16.

5. Der Prüfung des EGH. unterliegt das Urteil des EG. nur, insoweit es angefochten ist (§ 368 StPO.). Anm. 17.

a) Ist eine Beschränkung der Berufung nicht erfolgt, so gilt das ganze Urteil als angefochten (§ 359 StPO.). Vgl. EGH. **7** 137; **5** 45; **9** 91 — hier lag doch wohl in Wahrheit Beschränkung der Berufung des Oberstaatsanwalts auf das Strafmaß vor; **13** 25; **17** Nr. 17 (G 37/16). Anm. 18.

b) Die Berufung kann auf die Anfechtung der Verurteilung oder Freisprechung wegen einzelner selbständiger Verfehlungen beschränkt werden: dann unterliegt das Urteil des EG. der Prüfung der Berufungsinstanz nicht bezüglich anderer selbständiger Verfehlungen. Ebenso: EGH. **10** 129; **12** 55, vgl. auch EGH. **6** 168; Berger § 91 Anm. 4; Sydow-Jacobsohn § 91 Anm. 3. Dabei ist aber der EGH. bezüglich der Frage, ob eine selbständige Verfehlung vorliegt oder ob das, was das EG. als mehrere selbständige Verfehlungen aufgefaßt hat, in Wahrheit nur eine Verfehlung darstellt, zur freien Beurteilung berufen (EGH. **7** 41). Anm. 19.

c) Die Berufung kann ferner auf die Straffrage beschränkt werden (vgl. EGH. **16** 141, 275). In diesem Falle ist die Nachprüfung der Schuldfrage dem EGH. versagt. Vgl. EGH. **6** 39/40, 233; **8** 71; **10** 89, 90/1; Berger § 91 Anm. 4; Sydow-Jacobsohn § 91 Anm. 3. Das gilt auch, wenn die StA. lediglich zwecks Straferhöhung Berufung erhebt. Allerdings kann in solchem Fall nach der für das ehrengerichtliche Verfahren maßgebenden Bestimmung des § 343 StPO. das Urteil des EG. auch zugunsten des Angeklagten abgeändert werden, immer aber nur im Rahmen der Berufung, also hier nur bezüglich des Strafmaßes. Vgl. JW. **1894** 225 (RG.); RGSt. **42** 242 ff., **45** 150/1, **47** 383; RMG. **8** 115/129, **10** 165/7; Löwe StPO.[14] § 343 Anm. 3. Es ist daher nicht zu billigen, wenn in den Entscheidungen EGH. **1** 46/7 und **10** 93 auf die von der StA. lediglich behufs Strafschärfung erhobenen Berufung die Schuldfrage nachgeprüft worden ist. Den letzterwähnten Entscheidungen des EGH. treten Meyer § 91 Anm. 2, Berger § 91 Anm. 4 und Sydow-Jacobsohn § 91 Anm. 5 bei. Richtig jetzt EGH. **13** 24, **16** 414. Anm. 20.

d) Daß die Berufung auf den Kostenpunkt beschränkt werden kann, ist schon in Anm. 2 zu § 90 bemerkt worden. Anm. 21.

6. Das Urteil des EGH.

a) Für das Urteil des EGH. gilt das über das Urteil des EG. Gesagte. Vgl. Exkurs zu § 88. Anm. 22.

b) Von der nach § 369 Abs. 2 StPO. gegebenen Befugnis zur Zurückverweisung an das EG. macht der EGH. zweckmäßigerweise meist nur dann Gebrauch, wenn es sich nicht lediglich um vereinzelte Verfahrungsmängel, sondern um ein gänzlich oder im wesentlichen prozeßordnungswidriges Verfahren des EG. handelt. Vgl. EGH. **1** 27; **7** 33/4; **8** 65/6; **10** 78: Feststellungen des EG. ganz oder hauptsächlich auf nicht verlesbaren Aussagen fußend; **11** 39/40, 42/3; **12** 53 (vgl. auch **16** 9): Urteil des EG. lediglich auf dem von diesem für schlechthin bindend erachteten Disziplinarerkenntnisse beruhend; **13** 15/7: völlig ungenügende Sachdarstellung in den Urteilsgründen. Anm. 23.

IV. Das Rechtsmittel der Revision[1]) ist der RAO. unbekannt. Vgl. EGH. Anm. 24.

---

[1]) Soldan DRAZ. **1913** 125/7 will 11 Berufungsgerichte schaffen und gegen deren Urteile die Revision an den EGH. gehen lassen.

5 199; **11** 72, 75. Ein Rechtsmittel gegen die Urteile des EGH. gibt es nicht, sie sind ohne weiteres rechtskräftig: EGH. **6** 199; **7** 71.

Exkurs zu § 91.

Die Wiederaufnahme des Verfahrens[1]).

Anm. 1. I. **Zulässigkeit der Wiederaufnahme des Verfahrens.** Syring JW. **1907** 658 hält es für zweifelhaft, ob die Bestimmungen der StPO. über die Wiederaufnahme des Verfahrens im ehrengerichtlichen Verfahren anwendbar sind. Im Hinblick auf § 66 RAO. ist die Anwendbarkeit anzunehmen, womit die ständige Praxis des EGH. übereinstimmt. Ebenso Meyer § 96 Anm. 1; Berger § 91 Anm. 6; Sydow-Jacobsohn § 63 Anm. 5; Jellinek, Der fehlerhafte Staatsakt 132 Anm. 1.

Anm. 2. A. Wiederaufnahme zugunsten des Angeklagten. 1. Zu den Fällen des § 399 Nr. 1—3 StPO. ist Besonderes nicht zu sagen.

Anm. 3. 2. Nach § 399 Nr. 4 StPO. ist ein Wiederaufnahmegrund gegeben, wenn ein zivilgerichtliches Urteil, auf welches das Strafurteil gegründet wurde, durch ein anderes rechtskräftig gewordenes Urteil aufgehoben ist. Wenn hienach im Strafprozeß die rechtskräftige Aufhebung eines Zivilurteils, an das der Strafrichter sich, ohne hiezu verpflichtet zu sein, gemäß § 261 StPO. gebunden hat, einen Wiederaufnahmegrund abgibt, dann muß eine entsprechende Anwendung dieser Bestimmung dahin führen, im Falle des § 65 RAO. bei nachträglicher rechtskräftiger Aufhebung des das EG. kraft Gesetzes bindenden Strafurteils gleichfalls die Wiederaufnahme zuzulassen. Hier lediglich auf § 399 Nr. 5 StPO. zu verweisen, wäre wegen des Satzes 2 dieser Ziffer doch recht unbillig. Unseren Standpunkt teilt EGH. **14** 35. S. dagegen PrÄrztEGH. **2** 195/7.

Anm. 4. 3. § 399 Nr. 5 StPO.

a) Mit Recht hat der EGH. in konstanter Praxis angenommen, daß der zweite Satz dieser Ziffer auch für das ehrengerichtliche Verfahren gilt. Vgl. EGH. **4** 94/5, 97; **5** 193, 199; **6** 91; **9** 103; **10** 98, 103; **11** 69, 72/3, 74; **12** 79, 81; **14** 120; **17** Nr. 20 (G 15/15), Nr. 21 (G 24/11). Ebenso: Berger § 91 Anm. 6; Meyer § 96 Anm. 1 (Sydow-Jacobsohn schweigt über die Frage, in der vorausgegangenen, von Mosler bearbeiteten Auflage wurde in Anm. 2 zu § 90 die Ansicht des EGH. geteilt). Der Schlußsatz des § 399 Nr. 5 ist eben lediglich das Gegenstück zu der Gewährung der Berufung gegen das erstinstanzielle Urteil und ist deshalb, wie im Strafprozeß bezüglich der Urteile in schöffengerichtlichen Strafsachen, so im ehrengerichtlichen Verfahren allgemein anzuwenden.

Anm. 5. b) Im Gegensatze zu der früheren ständigen Rechtsprechung des EGH., daß für die ehrengerichtliche Bestrafung eines Rechtsanwalts nicht mehrere Strafgesetze, ein schwereres und ein milderes, sondern nur eines, nämlich § 63 RAO., besteht (vgl. EGH. **4** 94/5, 97; **5** 53/4, 56; **6** 92; **8** 98; **11** 73) meint EGH. **12** 80/81, daß „angesichts des Inhalts der §§ 28, 62, 63, 64 der Rechtsanwaltsordnung die Annahme gerechtfertigt erscheint, daß die Rechtsanwaltsordnung ein schwereres Strafgesetz neben einem milderen im Sinne des § 399 Ziff. 5 StPO. mindestens insoweit enthält, als sie die Strafe der Ausschließung aus der Rechtsanwaltschaft für Verfehlungen . . . androht". Das ist nicht für richtig zu halten. Die Grundlage der Darlegungen des EGH. ist offenbar der § 64 RAO. Der EGH. teilt die ehrengerichtlich strafbaren Verfehlungen in solche, die die Ausschließung von der Rechtsanwaltschaft begründen und auch vor der Zulassung des Rechtsanwalts begangen sein können, und in solche, die nicht die schwerste ehrengerichtliche Strafe erheischen und nach der Zulassung des Rechtsanwalts begangen sein müssen. Die RAO. gibt aber in keiner Weise besondere Merkmale dafür an,

[1]) Syring JW. **1907** 658/9, **1913** 776/7; Wittelshöfer KGBl. **1898** 61; Olenheinz JW. **1913** 785.

welche ehrengerichtlich strafbare Verfehluugen die Ausschließung begründen; sie läßt den ehrengerichtlichen Instanzen auch hier, wie sonst, bei der Strafzumessung freiesten Spielraum. Von besonders vorgesehenen straferhöhenden oder strafvermindernden Umständen ist in der RAO. nirgends die Rede, und nur solchenfalls könnte ein milderes Strafgesetz im Gegensatze zu einem strengeren in Frage kommen. Ebenso Syring JW. **1907** 659. Der EGH. ist in seinem Beschlusse **13** 29/31 zu seiner früheren Ansicht zurückgekehrt. Ebenso EGH. **14**, 119; **16** 104 (s. auch ebenda 58), **17** Nr. 21 (G 24/11). Das Ergebnis ist bedauerlich, und eine Abänderung wäre gewiß wünschenswert, aber über das geltende Gesetz ist nicht hinweg zu kommen. Vgl. auch die beachtenswerten Abänderungsvorschläge von Syring a. a. O.

4. Daß der Wiederaufnahmeantrag sich gegen jede selbständige, gegen den Angeklagten festgestellte Verfehlung richten kann, ist schon in Anm. 9 des Exkurses zu § 88 hervorgehoben worden. Anm. 6.

5. Der Wiederaufnahmeantrag kann gemäß §§ 405, 340 Abs. 1 StPO. auch von dem gesetzlichen Vertreter des Angeklagten z. B. dem Vormunde des wegen Geistesschwäche Entmündigten gestellt werden (vgl. EGH. **17** Nr. 19 G 35/13). Anm. 6a.

B. Wiederaufnahme zuungunsten des Angeklagten. Anm. 7.

Auch hier ist der in Anm. 6 geschehene Hinweis zu beachten.

C. Die Bestimmung des § 403 StPO. ist nach dem in Anm. 5 Gesagten für das ehrengerichtliche Strafverfahren von besonderer Bedeutung: sie schließt hier jede Wiederaufnahme zugunsten des Angeklagten aus, wenn dieser bezüglich keiner selbständigen Verfehlung die Freisprechung erzielen kann. Anm. 8.

II. Für **Form und Inhalt des Wiederaufnahmeantrags** gilt § 406 StPO. Anm. 9. (EGH. **7** 69, 70, 71; **11** 68, 69). Von dem Fall des § 341 StPO. abgesehen, kann der Angeklagte den Antrag, wenn dieser bei dem EG. anzubringen ist, nur mittels einer von dem Verteidiger oder einem Rechtsanwalt unterzeichneten Schrift stellen (§ 81 Anm. 13 und 14). Ist der Angeklagte selbst noch Rechtsanwalt, so genügt seine Unterschrift. Vgl. RGRspr. **4** 695 (§ 385 Abs. 2 StPO. betr.); EGH. **4** 94; **7** 70, 70/71; **8** 96. Richtet sich der Wiederaufnahmeantrag an den EGH., so kann er auch zu Protokoll der Gerichtsschreiberei des Reichsgerichts angebracht werden. Wegen solcher Fälle vgl. EGH. **5** 54; **6** 91; **10** 100; **11** 70, 71, 74.

III. Über den Wiederaufnahmeantrag entscheidet Anm. 10.

a) das EG., wenn ein Urteil des EGH. nicht ergangen ist,

b) sonst der EGH. (vgl. EGH. **8** 96, 97).

IV. Wird der Wiederaufnahmeantrag vom EG. zugelassen, so kann dieses mit der **Aufnahme der erforderlichen Beweise** in Anwendung des § 409 StPO. eines seiner Mitglieder beauftragen, dem vom Vorsitzenden ein Rechtsanwalt als Gerichtsschreiber beizuordnen sein wird. Auch der EGH. kann die Beweisaufnahme durch ein beauftragtes Mitglied und zwar sowohl durch ein richterliches wie ein anwaltschaftliches bewirken lassen, das einen Gerichtsschreiber des Reichsgerichts zuzuziehen hat. Anm. 11.

V. Die Anwendung der **sonstigen Bestimmungen über das Wiederaufnahmeverfahren** dürfte keinen Schwierigkeiten begegnen. Wegen eines Wiederaufnahmeantrags der Witwe des Verurteilten s. EGH. **15** 89. Anm. 12.

VI. Das Gesetz, betreffend die **Entschädigung der im Wiederaufnahmeverfahren freigesprochenen Personen,** vom 20. Mai 1898 findet keine Anwendung. Es ist kein Teil der StPO., daher auch nicht nach § 66 RAO. für das ehrengerichtliche Verfahren gültig. An sich aber findet das FreigesprG. auf unmittel- Anm. 13.

bare Folgen eines im Disziplinarverfahren ergehenden Urteils keine Anwendung JW. **1916** 1415 (RG.).

Anm. 14. VII. **Hatte das frühere Urteil auf Ausschließung erkannt, und wird dieses Urteil im wiederaufgenommenen Verfahren aufgehoben oder abgeändert** (siehe EGH. **12** 83; das frühere Urteil findet sich EGH. **9** 90/100), der Angeklagte also entweder ganz freigesprochen oder nur mit einer geringeren Strafe belegt, so ist dies von dem Schriftführer des Vorstandes in gleicher Weise, wie seinerzeit die eingetretene Ausschließung (vgl. § 96 RAO.), den Gerichten, bei denen der frühere Rechtsanwalt zugelassen war, und der LJV. anzuzeigen.

Anm. 15. Die Aufhebung oder Abänderung des früheren Urteils hat nicht die Bedeutung, daß die s. Zt. erkannte Ausschließung mit rückwirkender Kraft beseitigt wurde: solche Kraft hat das im wiederaufgenommenen Verfahren ergehende Urteil auch im Strafprozesse nicht (RGZ. **42** 281 ff.). Das neue Urteil macht aber den s. Zt. Ausgeschlossenen auch nicht bereits neuerdings zum Anwalt. Der Verlust des „Amts" kann nicht ungeschehen gemacht und die zur Neuverleihung unentbehrliche Zulassung von dem hierfür unzuständigen Gerichte nicht erteilt werden.

Neuer Zulassung bedarf es, denn mit der Beendigung des „Amtes" des Rechtsanwalts ist auch die eine Grundlage des Erwerbes dieses Amtes bildende Zulassung zur Rechtsanwaltschaft in Wegfall gekommen. Dagegen hat die PrJMVf. 27. 6. 05 (Müller PrJV.[6] **1** 152), den aus EGH. **12** 82/3 ersichtlichen Fall betreffend, ohne erneute Zulassung die Wiederherstellung des Eintrags in der Anwaltsliste von Amts wegen für geboten erachtet. Noch weiter geht Sauter Berufsgeheimnis, der 63 und 208 ff. gar annimmt, das erste Urteil gelte als nicht ergangen, der Betreffende sei immer Anwalt geblieben, außer wenn er inzwischen gelöscht worden sei, da die Anwaltseigenschaft die Löschung niemals überdauern könne. Der Umstand, daß der Anwalt tatsächlich ausgeschlossen worden ist, kann indessen nicht ungeschehen gemacht werden: es wäre ein für die Durchführung der Prozeßordnungen unerträglicher Zustand, wenn in solchen Fällen die Frage, ob jemand Anwalt sei oder nicht, stets in der Schwebe bliebe.

Bei dem Befinden über Erteilung der neuen Zulassung muß der Standpunkt entsprechend zugrunde gelegt werden, den das RG. betreffs der Fortwirkung von Straffolgen des früheren Urteils für den Bereich der StPO. eingenommen hat, indem es RGSt. **15** 189 verlangt, daß die Straffolgen, „soweit möglich, für die Zukunft beseitigt werden". Also kann die Zulassung nicht wegen der früheren Ausschließung auf Grund des § 5 Ziff. 2 oder des § 6 Ziffer 3 versagt und kann ein Versagungsgrund gemäß § 5 Ziff. 5 nicht lediglich aus den Tatsachen entnommen werden, die dem früheren Urteil zugrunde lagen (vgl. § 5 Anm. 35). Ebensowenig ist die Zeit zwischen der Rechtskraft des früheren und des späteren Urteils in die 3 Jahre des § 6 Ziff. 1 einzurechnen: denn in dieser Zeit ist es dem Antragsteller infolge eines objektiv unrichtigen Urteils unmöglich gewesen, RA. zu werden. Auf die Simultanzulassung nach § 9 hat freilich der früher Ausgeschlossene nicht deshalb einen Anspruch, weil ihm die Simultanzulassung früher bewilligt war: die RAO. kennt solchen Anspruch nicht, und die Folgen des ersten Urteils sollen eben nur, „soweit möglich", beseitigt werden. Auch ein Anspruch auf Zulassung beim Reichsgerichte oder bei den Gerichten eines Bundesstaates, in dem der Antragsteller nicht die zweite Prüfung abgelegt hat, besteht nicht, doch wird in allen diesen und ähnlichen Fällen eine gerechte Praxis die Zulassung tatsächlich wohl nie versagen[1]).

---

[1]) Hat ein RA. die Eigenschaft als solcher infolge einer Verurteilung im kriminellen Strafverfahren verloren (z. B. gemäß § 33 StGB.), so findet im Falle der Freisprechung im Wiederaufnahmeverfahren das FreigesprG. Anwendung JW. **1916** 1414 (RG.).

§ 92.

Die Verrichtungen der Staatsanwaltschaft werden von der Staatsanwaltschaft bei dem Oberlandesgerichte, in der Berufungsinstanz von der Staatsanwaltschaft bei dem Reichsgerichte wahrgenommen.

1. Inhalt. Der Paragraph trifft Bestimmung darüber, von wem die Geschäfte der StA. wahrgenommen werden. Anm. 1.

2. Zur Wahrnehmung der Verrichtungen der Staatsanwaltschaft sind berufen: Anm. 2.

a) hinsichtlich des EGH., sowie (Berger Anm. zu § 92, Sydow-Jacobsohn § 92 Anm. 1) gemäß § 98 RAO. hinsichtlich des EG. der AK. bei dem Reichsgerichte die StA. bei dem RG.,

b) im übrigen die Staatsanwaltschaft bei dem OLG., in dessen Bezirk die AK. ihren Sitz hat.

Es wirkt also dieselbe StA. bezüglich des EG. der AK. beim RG. in allen Instanzen, bei den anderen Ehrengerichten in der ersten Instanz und in der Beschwerdeinstanz mit. Gleiches kommt ja aber auch im Strafprozeß dann vor, wenn die landgerichtliche StA. allgemein z. B. die vor die Schöffengerichte gehörigen Vergehenssachen zur Vertretung an sich zieht, was sie nach § 146 GVG. zu tun berechtigt ist. Anm. 3.

3. Der 10. Titel des GVG., der die Organisation der StA. behandelt, gilt auch für das ehrengerichtliche Verfahren. Anm. 4.

Der erste Beamte der StA. bei dem OLG. kann deshalb mit Wahrnehmung der dieser StA. obliegenden Geschäfte einen StA. seines Bezirks gemäß § 146 Abs. 1 GVG. betrauen. EGH. 6 82; Berger § 91 Anm. 2. Der ORA. kann sich dagegen keinen StA. eines Bundesstaates substituieren.

§ 93.

Im Falle des § 16 Abs. 2 wird ohne Beschluß über die Eröffnung des Hauptverfahrens zur Hauptverhandlung geschritten.

Das Ehrengericht kann nach Maßgabe des § 86 auch die Vernehmung des Antragstellers vor der Hauptverhandlung anordnen.

Dem Antragsteller sind auf Verlangen die ihm zur Last gelegten Thatsachen sowie die Beweismittel vor der Hauptverhandlung schriftlich anzugeben.

Das Verfahren ist einzustellen, wenn der Antrag auf Entscheidung im ehrengerichtlichen Verfahren zurückgenommen wird; die Kosten trägt in diesem Falle der Antragsteller.

I. **Inhalt.** Der von der RTKomm. eingefügte Paragraph regelt das ehrengerichtliche Zulassungsverfahren. Anm. 1.

II. **Bedeutung des § 93.** § 93 dient der Ausführung des § 16 RAO. Dort sind die Fälle geregelt, in denen nach Versagung der Zulassung „auf Verlangen des Antragstellers über den Grund der Versagung im ehrengerichtlichen Verfahren zu entscheiden" ist. Für dieses ehrengerichtliche Zulassungsverfahren sind also, wie die gedachte Fassung deutlich ergibt, an sich die Bestimmungen des ehrengerichtlichen Strafverfahrens maßgebend. Wichtige Abänderungen derselben enthält § 93, andere Bestimmungen werden sich als unanwendbar ergeben. Immer aber ist der gedachte Grundsatz festzuhalten. Anm. 2.

III. **Gegenstand des ehrengerichtlichen Zulassungsverfahrens.** 1. Schon in Anm. 3 der Vorbemerkung zum IV. Abschnitte ist hervorgehoben worden, daß das ehrengerichtliche Zulassungsverfahren kein Disziplinarverfahren ist, sondern Anm. 3.

nur dessen Form entlehnt. Ebenso: Meyer § 93 Anm. 2; EGH. **2** 22, 33/4; **3** 76; **5** 5, 194; **10** 203. Entschieden wird in ihm über den Grund der Versagung der Zulassung. Darüber, was hierunter zu verstehen ist, vgl. § 16 Anm. 12 bis 17, über die Zulässigkeit des Verfahrens vgl. § 16 Anm. 3 ff.

Anm. 4. 2. Der Grund der Versagung ist es, der das ehrengerichtliche Zulassungsverfahren umgrenzt, eine Aufgabe, die im ehrengerichtlichen Strafverfahren dem Eröffnungsbeschlusse zukommt (Meyer § 93 Anm. 2). Während aber im ehrengerichtlichen Strafverfahren § 265 StPO. eine Ausdehnung der Anklage gestattet, ist eine Anwendung dieses Paragraphen im ehrengerichtlichen Zulassungsverfahren im Sinne eines Hinausgehens über den im ablehnenden Bescheide der LJV. sich findenden Versagungsgrund ausgeschlossen: nur über diesen Versagungsgrund hat das Ehrengericht zu entscheiden. Vgl. EGH. **1** 62, 68, 87 und 90; **2** 32, 43; **3** 95; **5** 6; **10** 109, 197/8. S. aber auch Anm. 24. Durchaus zulässig ist es übrigens, neben dem dem Gutachten des AKV. zugrunde liegengen Tatbestande andere Umstände heranzuziehen, „um ein zutreffendes Bild von der Persönlichkeit und der in dem Gutachten beurteilten Handlungsweise des Antragstellers zu gewinnen" EGH. **17** Nr. 1 (G 10/15).

Anm. 5. **IV. Verhältnis des ehrengerichtlichen Zulassungsverfahrens zu anderen denselben Sachverhalt betreffenden Verfahren.** 1. Verhältnis zu einem kriminellen Strafverfahren. Auch hier hat das kriminelle Offizialverfahren unbedingt den Vorrang, und das verurteilende wie das freisprechende Erkenntnis des Strafrichters bindet das Ehrengericht im ehrengerichtlichen Zulassungsverfahren ebenso, wie im ehrengerichtlichen Strafverfahren. Vgl. § 65 Anm. 2 ff.

Anm. 6. Daß das Urteil im kriminellen Strafverfahren nicht der Verwendung des dort verwerteten Tatbestandes im ehrengerichtlichen Zulassungsverfahren im Wege steht, daß es in diesem Verfahren also nicht den Einwand ne bis in idem begründet, erhellt aus dem über den Gegenstand des ehrengerichtlichen Zulassungsverfahrens Gesagten. Vgl. EGH. **3** 76.

Anm. 7. 2. Verhältnis zu einem Disziplinarverfahren. Auch das Disziplinarerkenntnis steht der Berücksichtigung des dort abgeurteilten Vorgangs im ehrengerichtlichen Zulassungsverfahren nicht entgegen. Vgl. EGH. **2** 22, 33; **5** 5. Was von der mangelnden Bindung an die Feststellungen des Disziplinarrichters für das ehrengerichtliche Strafverfahren gilt, findet ebenso auf das ehrengerichtliche Zulassungsverfahren Anwendung. Vgl. § 65 Anm. 30, EGH. **16** 9.

Anm. 8. 3. Verhältnis zu einem ehrengerichtlichen Strafverfahren. Es gilt das in Anm. 7 Gesagte. Folgender Fall ist vorgekommen: Gegen einen RA. schwebt bei dem EG. N. ein ehrengerichtliches Strafverfahren. Der Angeklagte wird Kriegsteilnehmer und legt demnächst die Anwaltschaft nieder. Das ehrengerichtliche Strafverfahren wird niedergeschlagen und eingestellt. Der RA. sucht die Zulassung bei dem LG. M. nach, sie wird ihm auf Grund des § 5 Ziff. 5 versagt. Es kommt zum ehrengerichtlichen Zulassungsverfahren. Das EG. ist hier in seiner Würdigung des Sachverhalts ganz unabhängig von dem Umstande, daß in dem ehrengerichtlichen Strafverfahren vor dem EG. N. eine Verfolgung nicht mehr statthaft ist.

Nur eine Ausnahme von dem nach Anm. 7 geltenden Rechte ist zu machen: Wenn der Antragsteller früher Rechtsanwalt war, und als solcher ehrengerichtlich mit einer geringeren Strafe als mit Ausschließung bestraft worden ist, so darf lediglich auf den Tatbestand hin, wegen dessen die ehrengerichtliche Verurteilung erging, nicht die Versagung der Zulassung aus § 5 Nr. 5 RAO. erfolgen. Hierüber vgl. § 5 Anm. 35.

Anm. 9. **V. Gerichtsstand.** Die Anwendung des § 68 ist ausgeschlossen, da § 5 nur die Zulassung des noch nicht Rechtsanwalt Gewordenen betrifft, der Antragsteller also nicht Mitglied einer AK. sein kann; das ehrengerichtliche Zulassungsverfahren betreibt er ja gerade, um erst ein solches Mitglied zu werden.

Das zuständige Ehrengericht ergibt sich aber deutlich aus § 16 Abs. 4. Wenn dort vorgeschrieben ist, daß die LJV. den rechtzeitig gestellten Antrag auf Entscheidung im ehrengerichtlichen Verfahren „dem Vorstande der Anwaltskammer" zu übersenden hat, so kann damit nur der AKV. gemeint sein, der das die LJV. bindende Gutachten abgegeben hat. Ist ihm der gedachte Antrag zu übersenden, so ist es klar, daß das Ehrengericht der fraglichen Anwaltskammer zur Entscheidung über den Grund der Zulassungsversagung berufen sein soll. Ebenso Anonymus in BayAV. **80** 341. Anm. 10.

VI. **Einleitung des ehrengerichtlichen Zulassungsverfahrens.** 1. Das ehrengerichtliche Zulassungsverfahren kennt weder die Erhebung einer Klage noch die Eröffnung einer Voruntersuchung noch die Eröffnung des Hauptverfahrens (Berger Anm. zu § 93; Sydow-Jacobsohn § 93 Anm. 1; **Meyer** § 93 Anm. 2 u. 3). Mit Eingang des von der LJV. übersandten Antrags auf Entscheidung im ehrengerichtlichen Verfahren bei dem Anwaltskammervorstand ist das ehrengerichtliche Zulassungsverfahren anhängig geworden, und zwar befindet es sich sofort im Hauptverfahren. Anm. 11.

2. Es ist also alsbald Termin zur Hauptverhandlung anzuberaumen. Allerdings ist dem Ehrengericht die Nachprüfung der Zulässigkeit des Antrags, also die Nachprüfung, ob der Fall des § 16 Abs. 2 RAO. gegeben und ob die Frist des Abs. 3 ebenda gewahrt ist, nicht entzogen (vgl. § 16 Anm. 9): aber diese Prüfung darf erst in der Hauptverhandlung erfolgen. Mit der Übersendung des Antrags an den Anwaltskammervorstand hat die LJV. die Erfüllung der Voraussetzungen der Absätze 2 und 3 des § 16 zunächst bejaht, und damit ist das ehrengerichtliche Zulassungsverfahren in denselben Verfahrensabschnitt versetzt, den im ehrengerichtlichen Strafverfahren der Eröffnungsbeschluß einleitet; es muß also, soweit nicht Abs. 4 eingreift, Hauptverhandlung stattfinden. Dagegen wird AK.-JahrB. **1914** 3 und 23 ein rechtskräftiger Beschluß des EG. Düsseldorf erwähnt, durch den ein ehrengerichtliches Zulassungsverfahren für unstatthaft erklärt wurde. Nun kann die Hauptverhandlung erster Instanz im ehrengerichtlichen Zulassungsverfahren, von einer Vertagung oder vorläufigen Einstellung abgesehen, nur im Falle des § 93 Abs. 4 (s. dazu Anm. 22) mit einem Beschlusse endigen. Der Beschluß des EG. Düsseldorf ist also wohl ohne vorgängige Hauptverhandlung ergangen. Das ist nach § 93 unzulässig. Dem Antragsteller des ehrengerichtlichen Zulassungsverfahrens sollen alle Garantien des ehrengerichtlichen Verfahrens gewahrt bleiben, und eine der wichtigsten ist die Zulässigkeit der Berufung zum EGH. Anm. 12.

VII. In den Zeitraum zwischen der Einleitung des ehrengerichtlichen Zulassungsverfahrens und der Hauptverhandlung können sich noch **kommissarische Vernehmungen** einschieben. Daß sie alsbald zulässig sind, ergibt sich aus dem in Anm. 11 und 12 Gesagten, ebenso, daß die verlangte Beeidigung eines Zeugen nicht mangels Gegebenseins der Voraussetzungen des § 65 StPO. abgelehnt werden kann, da dieser Paragraph sogar für die ehrengerichtliche Voruntersuchung durch § 73 RAO. außer Anwendung gesetzt ist: SeuffBl. **46** 109/111 = OLG.-MünchenSt. **1** 127 (OLG. München). Anm. 13.

1. Für die kommissarischen Vernehmungen gilt das in den Anmerkungen zu § 86 Gesagte. Auch hier kann die Vernehmung sowohl durch einen ersuchten wie durch einen beauftragten Richter erfolgen. Anm. 14.

2. Das ehrengerichtliche Strafverfahren kennt keine kommissarische Vernehmung des Angeklagten, im ehrengerichtlichen Zulassungsverfahren ist nach § 93 Abs. 2 die kommissarische Vernehmung des Antragstellers, der hier die Stellung des Angeklagten einnimmt, statthaft. Daß auf das über diese Vernehmung aufgenommene Anm. 15.

Protokoll der § 88 RAO. entsprechend anwendbar ist, kann keinem Zweifel unterliegen. Es ist also nicht nur nach Maßgabe des § 253 StPO. verlesbar, vielmehr auch dann zu verlesen, wenn beim Ausbleiben des Antragstellers in der Hauptverhandlung die Staatsanwaltschaft die Verlesung beantragt oder das Ehrengericht bzw. der Ehrengerichtshof sie für erforderlich erachtet. Die Bestimmung des § 93 Abs. 2 bezieht sich nach EGH. **17** Nr. 9 (G 15/15) nur auf die erste Instanz. Allein § 93 Abs. 2 spricht von einer Anordnung „nach Maßgabe des § 86", und § 86 gilt nach § 91 auch für das Verfahren vor dem EGH.

Anm. 16. Die kommissarische Vernehmung des Antragstellers nach § 93 Abs. 2 RAO. weicht von der kommissarischen Vernehmung des Angeklagten nach § 232 StPO. ab. Diese kann nur auf Antrag des Angeklagten, jene von Amts wegen angeordnet werden. Die Anordnung unterliegt nach der RAO. dem freien Ermessen des Ehrengerichts, die StPO. beschränkt die Zulässigkeit der kommissarischen Vernehmung auf ein enges Gebiet. Wenn aber die kommissarische Vernehmung des Antragstellers erfolgt ist und bei seinem Ausbleiben in der Hauptverhandlung das Protokoll über diese Vernehmung zur Verlesung kommt, dann befindet sich der Antragsteller in derselben Lage, wie ein gemäß § 232 StPO. von der Verpflichtung zum Erscheinen in der Hauptverhandlung entbundener Angeklagter. Deshalb ist in solchem Falle auch die Wiedereinsetzung des Antragstellers gegen die ohne seine Anwesenheit durchgeführte Hauptverhandlung unter entsprechender Anwendung des § 234 Abs. 2 StPO. für ausgeschlossen zu erachten. Durch die kommissarische Vernehmung allein wird dagegen die Wiedereinsetzung noch nicht ausgeschlossen; denn anders als nach § 232 Abs. 3 StPO. ist die Verlesung des Vernehmungsprotokolls in der Hauptverhandlung nicht geboten, sondern lediglich statthaft, und ohne Verlesung kann das Ehrengericht seinen Inhalt nicht berücksichtigen. Nur wenn diese Verlesung erfolgt, liegt also ein dem § 234 Abs. 2 StPO. entsprechender Fall vor.

Anm. 17. VIII. 1. **Der Antragsteller** nimmt, wie schon bemerkt wurde, im ehrengerichtlichen Zulassungsverfahren die Stellung ein, die im ehrengerichtlichen Strafverfahren der Angeklagte hat. Was dort vom Angeklagten, gilt hier vom Antragsteller (Meyer § 93 Anm. 3; Berger Anm. zu § 93).

Anm. 18. 2. Der Antragsteller hat aber natürlich diejenigen Rechte des Angeklagten nicht, die durch den Wegfall der Anklageschrift und die Unzulässigkeit einer Voruntersuchung hinfällig werden. Es ist ihm also mit der Ladung zur Hauptverhandlung nicht, wie nach § 79 im ehrengerichtlichen Strafverfahren, eine Anklageschrift mitzuteilen (Meyer § 93 Anm. 3). In der RTKomm. (Siegeth Anhang 122) wurde aber mit Recht bemerkt, der Antragsteller sei „tatsächlich der durch das abfällige Gutachten Angegriffene, der sich materiell gegen die wider ihn erhobene Anschuldigung zu verteidigen habe". Ihm muß daher auch die Möglichkeit gegeben werden, in wirksamer Weise das gegen ihn Geltendgemachte zu entkräften. Das kann er nur, wenn er weiß, auf welche Tatsachen und Beweismittel die Versagung der Zulassung sich gründet. Die dem Bescheide der LJV. gegebene Begründung genügt hiezu nicht, das ihm zugrunde liegende Gutachten des AKV. wird dem Antragsteller nicht mitgeteilt und ihm die Einsicht der Zulassungsakten zu gewähren würde durchaus unangemessen sein, vgl. EGH. **11** 214. Deshalb bestimmt § 93 Abs. 3, daß dem Antragsteller auf Verlangen die ihm zur Last gelegten Tatsachen sowie die Beweismittel vor der Hauptverhandlung schriftlich anzugeben seien.

Anm. 19. 3. Diese Bestimmung ist aus einem in der RTKomm. gestellten und angenommenen Antrage entstanden, der vorbehaltlich der Fassung dahin ging: „Der Antragsteller kann in dem Antrage auf Einleitung des ehrengerichtlichen Verfahrens verlangen, daß ihm vor der Hauptverhandlung durch die Staatsanwaltschaft eine

Anklageschrift zugestellt werde" (Siegeth Anhang 122/3). Aus dieser Entstehungsgeschichte ist aber nicht zu folgern, daß nun auch die in dem jetzigen Abs. 3 des § 93 vorgesehene schriftliche Mitteilung von der Staatsanwaltschaft auszugehen habe. Daß die in dem erwähnten Antrage vorgesehene Anklageschrift von der StA. zu verfassen war, ist klar. Eine Anklageschrift kennt aber Abs. 3 des § 93 nicht; die in ihm gedachte schriftliche Angabe entspricht durchaus der Mitteilung nach § 75 RAO., auch ist ja die Grundlage des Bescheides der LJV. das Gutachten des AKV., und welche Beweismittel in Frage kommen, geht aus den ehrengerichtlichen Akten hervor, sobald einmal Termin zur Hauptverhandlung anberaumt ist. Die Angabe nach Abs. 3 liegt also dem EG. ob.

IX. **Ausschließung und Ablehnung der Gerichtspersonen.** Ein Verletzter kann in den Fällen des § 5 Nr. 4 und 6 nicht wohl vorkommen. Dagegen ist ein solcher im Falle des § 5 Nr. 5 ebenso denkbar, wie im ehrengerichtlichen Strafverfahren (vgl. EGH. **12** 25/6). Anm. 20.

X. 1. Während gemäß § 154 StPO. eine Zurücknahme der Anklage im ehrengerichtlichen Strafverfahren „nach Eröffnung der Untersuchung" unzulässig ist, **kann der Antragsteller den Antrag auf Entscheidung im ehrengerichtlichen Zulassungsverfahren zurücknehmen.** Er ist hiezu nicht nur vor dem erstinstanzlichen Termine zur Hauptverhandlung befugt, auch in diesem kann er die Zurücknahme erklären, ja er kann dies noch nach Erlaß des Urteils des EG. (Meyer § 93 Anm. 5) sowie in der Berufungsinstanz tun. Ebenso Meyer a. a. O.; EGH. 6 15; **11** 63. Erst die Rechtskraft des Urteils des EG. oder die Verkündung des Urteils des EGH. benimmt ihm das Recht der Zurücknahme seines Antrages. Anm. 21.

2. Im Falle der Zurücknahme des Antrags auf ehrengerichtliche Entscheidung ist das ehrengerichtliche Zulassungsverfahren einzustellen. Die Einstellung geschieht außerhalb der Hauptverhandlung durch Beschluß (vgl. EGH. **6** 15). Erfolgt die Einstellung in der Hauptverhandlung, so soll nach Sydow-Jacobsohn § 93 Anm. 2 und nach Berger Anm. zu § 93 die Einstellung durch Urteil ausgesprochen werden. Beide nehmen auf § 259 StPO. Bezug, Sydow-Jacobsohn außerdem noch auf EGH. **11** 63. Diese Entscheidung spricht nicht für, sondern gegen Sydow-Jacobsohn. Allerdings ist sie offenbar in der Hauptverhandlung erlassen; denn sie datiert vom 6. Oktober 1902, auf welchen Tag nach der mitgeteilten Prozeßgeschichte Termin zur Hauptverhandlung anberaumt war. Aber die Entscheidung bezeichnet sich ausdrücklich als Beschluß (S. 61), der EGH. ist also gerade entgegengesetzter Meinung als Sydow-Jacobsohn. Auch die Bezugnahme auf § 259 ist nicht beweiskräftig. Auch die StPO. kennt Fälle, in denen nicht nur die einzelne Hauptverhandlung, sondern das ganze Hauptverfahren durch einen Beschluß abgeschlossen wird, und man wird mit Löwe-Hellweg, StPO.[13] § 259 Anm. 3 (a. A. Löwe-Rosenberg, StPO.[14] a. a. O.) annehmen können, daß dies für alle Fälle gilt, in denen das Hauptverfahren ohne Hauptverhandlung zum Abschluß gebracht werden kann. Eine Ausnahme hievon enthält § 259 Abs. 2 StPO., dessen entsprechende Anwendung ja vorliegend versagt. Will man eine Analogie ziehen, so ist wohl eher die Heranziehung der Fälle statthaft, in denen im Strafprozesse die Anklage zurückgenommen werden kann, insbesondere also der § 431 StPO. In diesen Fällen wird aber richtiger Ansicht nach das Verfahren auch in der Hauptverhandlung durch Beschluß eingestellt (Löwe StPO.[14] § 431 Anm. 1d und 7). Dies wird mit dem EGH. auch für das ehrengerichtliche Zulassungsverfahren anzunehmen sein. Die Kosten des Verfahrens — was hierunter fällt, darüber vgl. § 94 — trägt im Falle der Einstellung der Antragsteller. Gegen den Beschluß findet, wenn er nicht vom EGH. erlassen ist, in allen Fällen Beschwerde an das OLG. bzw. (§ 98) an das RG. statt. Anm. 22.

3. Der Zurücknahme des Antrags auf ehrengerichtliche Entscheidung gleich zu Anm. 23.

behandeln ist die Zurücknahme des Gesuchs um Zulassung zur Rechtsanwaltschaft. Denn das ehrengerichtliche Zulassungsverfahren findet nur statt, um dem Antragsteller die Möglichkeit zu geben, durch Beseitigung des von der LJV. angeführten Grundes der Versagung die nachgesuchte Zulassung zu erlangen. Mit der Zurücknahme des Zulassungsgesuchs wird dem ehrengerichtlichen Zulassungsverfahren der Boden entzogen. EGG. **11** 60/1; Sydow-Jacobsohn § 93 Anm. 3.

Anm. 24. XI. **Hauptverhandlung**. 1. Für die Hauptverhandlung gilt das über die Hauptverhandlung im ehrengerichtlichen Strafverfahren Gesagte. Nur tritt insofern eine Abweichung ein, als ein Eröffnungsbeschluß, weil ein solcher dem ehrengerichtlichen Zulassungsverfahren unbekannt ist, eben auch nicht verlesen werden kann.

An die Stelle der Verlesung des Eröffnungsbeschlusses muß die Verlesung der Urkunde treten, welcher im ehrengerichtlichen Zulassuugsverfahren die Umgrenzung dieses Verfahrens zu entnehmen ist. Das ist der Bescheid der LJV., der die Zulassung versagt. Wenn EGH. **2** 21 das diesem Bescheide zugrunde liegende Gutachten des AKV. verlesen wissen will, des Bescheides selbst dagegen nicht gedenkt, so ist das nicht ganz richtig. Da aber freilich die LJV. an das Gutachten gebunden, materiell also in der Tat das Gutachten nachzuprüfen (EGH. **9** 107), auch nicht selten das Gutachten zum Verständnis des Bescheides unentbehrlich ist, handelt es sich um keinen erheblichen Unterschied. Es wird sogar häufig auch die Verlesung des Gutachtens notwendig sein.

Daß auch hinsichtlich des Umfangs der in § 84 vorgesehenen Berichterstattung dieselbe Ersetzung des Eröffnungsbeschlusses, wie eben erörtert, stattfindet, bedarf keiner besonderen Darlegung.

Auch im ehrengerichtlichen Zulassungsverfahren kann, wie im ehrengerichtlichen Strafverfahren (s. darüber § 78 Anm. 12), § 265 StPO. dann zur Anwendung kommen, wenn außer dem durch den Antrag auf ehrengerichtliche Entscheidung angegriffenen Bescheide der LJV. noch ein weiterer, die Zulassung versagender, derartiger Bescheid ergangen ist und mit Gegenstand der Aburteilung werden soll. Es bedarf dazu der Zustimmung des die Stellung des Angeklagten einnehmenden Antragstellers, während ein „Antrag" der Staatsanwaltschaft, wie in § 265 StPO. vorgesehen, hier entfällt, weil er dort die Anklage ersetzt, eine solche aber dem ehrengerichtlichen Zulassungsverfahren unbekannt ist. Dagegen verlangen M. Friedländer AVNachr. **4** 41 und die dort erwähnte Entsch. des EGH. vom 13. 1. 17 (EGH. **17** Nr. 6 G 33/16) einen „Antrag" des Antragstellers und die Zustimmung des Staatsanwalts.

Anm. 25. 2. Auch im ehrengerichtlichen Zulassungsverfahren kann der Fall eintreten, daß mangels der Möglichkeit, einen abwesenden Antragsteller zur Hauptverhandlung zu laden, das Verfahren vorläufig einzustellen ist. Vgl. EGH. **11** 59/60.

Anm. 26. 3. Wegen der Formel des ehrengerichtlichen Urteils s. § 16 Anm. 10, wegen der Wirkung der Urteile s. Anm. 19—20 ebenda. Aus dem Gegenstande des ehrengerichtlichen Zulassungsverfahrens folgt, daß bei der Urteilsfindung es weder eine Schuld- noch eine Straffrage gibt. Das gilt auch im Falle des § 5 Ziffer 5 RAO. Allerdings geht hier das Gesetz von der Fiktion eines Disziplinarverfahrens aus (vgl. § 5 Anm. 31), aber diese Fiktion dient nur dem Zwecke, die Entscheidung über den Versagungsgrund zu ermöglichen. Danach ist im ehrengerichtlichen Zulassungsverfahren bei der Urteilsfindung stets die einfache Stimmenmehrheit maßgebend.

Anm. 27. XII. 1. Über das **Verfahren in der Beschwerdeinstanz** ist Besonderes nicht zu sagen.

2. Auch wegen der **Berufung** ist auf die Bemerkungen zum ehrengerichtlichen Strafverfahren zu verweisen. Nur wegen der Beschränkung der Berufung bedarf es eines Hinweises. Die Berufung kann auch hier auf den Kostenpunkt beschränkt

werden. Dagegen ist es unzulässig, die Berufung nur gegen einen Teil der einen und denselben Versagungsgrund stützenden, einen einheitlichen Tatbestand bildenden Feststellungen zu richten, ohne den Erfolg anzustreben, daß der Versagungsgrund selbst beseitigt werde. Denn solchenfalls würde es sich nur um Anfechtung der Gründe des Urteils, nicht um Anfechtung der Entscheidung selbst handeln. Dagegen ist es für statthaft zu halten, daß der Antragsteller, gegen den das EG. selbständige Versagungsgründe aus mehreren der Ziffern 4—6 des § 5 festgestellt hat, nur gegen einen dieser Gründe sich mit der Berufung wendet: allerdings kann der Erfolg des Antragstellers dann wohl in Streichung eines Versagungsgrundes, nicht aber in Beseitigung der Zulassungsversagung überhaupt bestehen.

Dennoch hat der Antragsteller unter Umständen ein sehr erhebliches materielles Interesse an einer derartigen Abänderung des Urteils. Man muß nämlich bedenken, daß es für ihn durchaus nicht gleichgültig ist, aus welchem Grunde ihm die Zulassung versagt wurde. Erfolgte z. B. die Versagung sowohl wegen einer unvereinbaren Nebenbeschäftigung (§ 5 Ziff. 4) als auch wegen eines körperlichen Gebrechens (§ 5 Ziff. 6), und erklärte das EG. beide Gründe für gerechtfertigt, so kann der Antragsteller, auch wenn er den ersterwähnten Grund selbst als richtig anerkennen muß, doch ein großes Interesse daran haben, wegen des zweiten Versagungsgrundes Berufung einzulegen. Denn den ersten Grund kann er einfach durch Aufgabe der Nebenbeschäftigung beseitigen, und hiedurch verliert auch nach Annahme des EGH. die Rechtskraftwirkung des Urteils insoweit ihre Bedeutung (vgl. § 16 Anm. 20). Dagegen hängt es nicht von seinem Willen ab, daß sein körperlicher Zustand sich ändert: hier hätte er also das größte Interesse daran, das Urteil nicht in Rechtskraft erwachsen zu sehen. Tritt man vollends unserer Meinung über die Rechtskraftwirkungen eines nach § 5 Ziff. 5 ergehenden Urteils bei (vgl. § 16 Anm. 20), so gewinnt die Frage noch größere praktische Bedeutung; denn daß die Wettmachung der den Tatbestand des § 5 Ziff. 5 erfüllenden Verfehlungen durch späteres Wohlverhalten viel schwerer ist als die Beseitigung z. B. der Voraussetzungen des § 5 Ziff. 6, bedarf keiner besonderen Begründung.

Dem vorstehend Ausgeführten widerspricht nicht die Entscheidung des EGH. **12** 97/8, welche es billigt, daß das EG., falls es einen der Versagungsgründe für gerechtfertigt erachtet, sich der Entscheidung über die anderen enthält: der die Zulassung versagende Bescheid der LJV. äußert ja keine Rechtskraftwirkungen, ein rechtlich anzuerkennendes Interesse an Beseitigung eines von mehreren Versagungsgründen hat der Antragsteller erst, wenn das EG. den Versagungsgrund für gerechtfertigt erklärt hat, weshalb auch (vgl. § 16 Anm. 7) nicht einer von mehreren Versagungsgründen allein zum Gegenstand des ehrengerichtlichen Zulassungsverfahren gemacht werden kann (vgl. EGH. **14** 35/6).

XIII. 1. Auch die **Wiederaufnahme des Verfahrens** ist im ehrengerichtlichen Zulassungsverfahren statthaft, vgl. EGH. **7** 69; **14** 35; **17** Nr. 20 (G 15/15). Die neuen Tatsachen oder Beweismittel müssen geeignet sein, eine Aufhebung der Zulassungsversagung zu begründen EGH. **17** a. a. O. Anm. 28.

2. Auch hier ist das in Anm. 27 Gesagte zu beachten.

XIV. Eine **Vollstreckung** kommt hinsichtlich des im ehrengerichtlichen Zulassungsverfahrens ergangenen Urteils nicht in Frage. Nach Eintritt der Rechtskraft des Urteils wird von demselben unter Beifügung einer mit der Bescheinigung der Vollstreckbarkeit versehenen beglaubigten Abschrift der Urteilsformel durch den Schriftführer des AKV. der LJV. Mitteilung zu machen sein. Anm. 29.

§ 94.

Für das Verfahren werden weder Gebühren noch Stempel, sondern nur baare Auslagen in Ansatz gebracht.

Der Betrag der Kosten ist von dem Vorsitzenden festzustellen. Die Festsetzung ist vollstreckbar.

Kosten, welche weder dem Angeschuldigten noch einem Dritten auferlegt werden oder von dem Verpflichteten nicht eingezogen werden können, fallen der Kammer zur Last. Dieselbe haftet den Zeugen und Sachverständigen für die ihnen zukommende Entschädigung in gleichem Umfange, wie in Strafsachen die Staatskasse. Bei weiterer Entfernung des Aufenthaltsorts der geladenen Personen ist denselben auf Antrag ein Vorschuß zu bewilligen.

Die Hinterlegung der gesetzlichen Entschädigung für Personen, welche von dem Angeklagten unmittelbar geladen sind, erfolgt bei dem Schriftführer des Vorstandes.

Anm. 1. **I. Inhalt.** Der Paragraph regelt die Behandlung des Kostenpunktes im ehrengerichtlichen Verfahren.

Anm. 2. **II. § 94 gilt sowohl für das ehrengerichtliche Strafverfahren wie für das ehrengerichtliche Zulassungsverfahren.** Wo in ihm von dem Angeschuldigten oder Angeklagten die Rede ist, ist für das ehrengerichtliche Zulassungsverfahren statt dessen der Antragsteller zu setzen.

Anm. 3. **III.** Gemäß § 496 StPO. hat jedes Urteil und jede eine ehrengerichtliche Untersuchung einstellende Entscheidung (Ablehnung der Eröffnung der Voruntersuchung, Ablehnung der Eröffnung des Hauptverfahrens, Außerverfolgungsetzung des Angeschuldigten, Einstellung des ehrengerichtlichen Zulassungsverfahrens) **darüber Bestimmung zu treffen, von wem die Kosten des Verfahrens zu tragen sind** (Meyer § 94 Anm. 3). Ebenso ist bei erfolglos eingelegter Beschwerde, bei Zurücknahme von Rechtsmitteln (s. hiezu Anm. 24) oder bei Verwerfung des aus § 170 StPO. gestellten Antrags über die Tragung der einschlägigen Kosten zu befinden. Es ist ferner der Verurteilung von Zeugen und Sachverständigen in die durch ihren Ungehorsam entstandenen Kosten zu gedenken und auf die §§ 501, 504 StPO. einstweilen nur zu verweisen. Immer handelt es sich nur um die Entscheidung darüber, wer die betreffenden Kosten zu tragen hat, nicht um die Bezifferung ihrer Höhe. Diese Festsetzung erfolgt gesondert (vgl. darüber Anm. 26—29).

Anm. 4. **IV. Als Kosten kommen für das Verfahren weder Gebühren noch Stempel, sondern lediglich bare Auslagen in Ansatz.**

Anm. 5. 1. Es gilt dies für das Verfahren vor dem Ehrengerichte wie vor dem EGH., auch für die ehrengerichtliche Voruntersuchung. Es gilt nicht minder für die Tätigkeit des Oberlandesgerichts oder Reichsgerichts als Beschwerdeinstanz und für die von den Amtsgerichten auf Ersuchen vorzunehmenden Handlungen, endlich auch (M. Friedländer, JW. **1917** 242; OLG. Kassel, JW. **1919** 121) für das Verfahren nach § 170 StPO. § 94 gilt nicht für die nach rechtskräftiger Erledigung entstehenden Kosten, soweit nicht die Wiederaufnahme des Verfahrens betrieben werden soll (vgl. auch § 66 Anm. 22).

Anm. 6. 2. Für das Verfahren kommen keine Stempel in Ansatz. Keineswegs sind aber damit Urkunden, die einem Stempel unterliegen, von diesem deshalb befreit, weil von ihnen im ehrengerichtlichen Verfahren Gebrauch gemacht wird. Das ist für Vollmachten zu beachten. Vgl. Heinitz, Preuß. Stempelsteuerges.[3] Anm. IV 4e zur Tarifstelle 73.

Anm. 7. 3. Die baren Auslagen kommen „für das Verfahren" in Ansatz. Die anzusetzenden baren Auslagen müssen also solche sein, die nicht durch das Tätigwerden des Ehrengerichts an sich, sondern durch das einzelne in Frage stehende Verfahren entstanden sind. So wenig hiezu die Kosten der Beschaffung eines Raumes für die Sitzungen, die Aufwendungen für die erforderlichen Schreibmaterialien usw. gehören, so wenig fallen unter die durch ein bestimmtes Verfahren entstandenen Auslagen die Kosten des Zusammentretens des Ehrengerichts, also insbesondere die Reisekosten der außerhalb des Ehrengerichtssitzes wohnhaften Mitglieder des AKV. Vgl. Mot. 93; Sydow-Jacobsohn § 94 Anm. 1; Meyer § 94 Anm. 2; Berger § 94 Anm. 1; AKJahrB. **1892** 11 (AKV. Nürnberg). Auch im Strafprozeß gehören ja die Kosten, die durch die Reisen der landgerichtlichen Mitglieder einer auswärtigen Strafkammer zu deren Sitzungen oder durch die Einberufung nicht am Landgerichtssitze wohnhafter Amtsrichter zu den Sitzungen der Strafkammer entstehen, nicht zu den Kosten des Verfahrens.

4. Die baren Auslagen sind nicht auf die in § 79 GKG. (09) aufgeführten Arten von Auslagen beschränkt, insbesondere sind auch die Postgebühren anzusetzen und die Schreibgebühren nicht nur, soweit sie § 79 Nr. 1 GKG. (09) unterfallen würden. Pauschsätze, wie sie § 80b GKG. (09) kennt, kommen nicht in Frage: es sind eben nur die baren Auslagen in Ansatz zu bringen. Anm. 8.

5. Während die §§ 80a und b GKG. (a. F.) Fälle kannten, in denen gewisse Auslagen, nämlich Schreibgebühren, nicht erhoben wurden, enthält die RAO. keine gleichartige Bestimmung. Wenn EGH. **4** 144 auf Grund des § 6 GKG. einen im ehrengerichtlichen Strafverfahren verurteilten Angeklagten von den Auslagen einer Zustellung des Urteils an die Staatsanwaltschaft, die statt durch Vorlage der Urschrift durch Zustellung einer Ausfertigung bewirkt war, befreit hat, so ist das nicht zu billigen. Das GKG. gilt nach seinem § 1 nur für die vor die ordentlichen Gerichte gehörigen Rechtssachen, auf welche die StPO. Anwendung findet. Auch betrifft § 6 GKG. nur die Niederschlagung von Gebühren oder die Gewährung von Gebührenfreiheit: werden überhaupt keine Gebühren erhoben, so können sie weder niedergeschlagen werden, noch hätte gerichtliche Bewilligung von Gebührenfreiheit einen Sinn: § 80a Nr. 1 GKG. (a. F.) verlangte aber das Vorliegen eines Falles des § 6 GKG. Meyer tritt in Anm. 8 zu § 94 der angeführten Entscheidung dahin bei, daß die durch den Verstoß gegen § 41 StPO. entstandenen Kosten nicht dem Angeklagten auferlegt werden könnten. Aber dieser Verstoß allein kommt nach der StPO. nicht in Betracht (RGSt. **1** 337/8; RGRspr. **7** 710/2). Gleiches muß also auch im ehrengerichtlichen Verfahren gelten. Anm. 9.

Wenn die Geschäftsordnung Rostock § 22 Abs. 3 bestimmt: „Wird durch die Schuld eines Mitgliedes des Ehrengerichts oder des zugezogenen Gerichtsschreibers eine Aussetzung der Hauptverhandlung notwendig, so sind regelmäßig demselben die hierdurch verursachten Kosten aufzuerlegen", so fehlt es, wie Reuling 45 mit Recht bemerkt, für eine solche dem § 102 ZPO. entsprechende Bestimmung an der gesetzlichen Grundlage. Daß ein zivilrechtlicher Regreßanspruch bestehen kann, ist nicht zu bestreiten, er ist aber mit Klage im Zivilprozeß zu verfolgen.

6. Für die Bemessung der Schreibgebühren gilt das GKG. an sich nicht. Seine jeweils gültigen Bestimmungen werden aber wohl als Grundlage für die Bemessung der in Betracht kommenden Auslagen tatsächlich dienen können. Anm. 10.

7. Legt eine Entscheidung einem Beteiligten „Kosten" auf, so sind hierunter gemäß § 94 Abs. 1 RAO. nur bare Auslagen zu verstehen (vgl. EGH. **11** 108). Anm. 11.

V. Kostenschuldner. 1. Die baren Auslagen mit Einschluß der durch die Vorbereitung der Klage und die Strafvollstreckung entstandenen hat der Angeklagte, der im ehrengerichtlichen Strafverfahren zu einer Strafe verurteilt wird, oder der Antragsteller im ehrengerichtlichen Zulassungsverfahren, wenn der Versagungsgrund für gerechtfertigt erklärt wird, gemäß § 497 StPO. zu tragen. (Meyer § 93 Anm. 5.) Ihr Nachlaß haftet jedoch, wenn sie vor Eintritt der Rechtskraft des Urteils sterben, nicht für die gedachten Auslagen. Anm. 12.

Anm. 13. 2. **Umfaßt ein ehrengerichtliches Strafverfahren mehrere selbständige Verfehlungen, und wird der Angeklagte nur in Ansehung eines Teils derselben verurteilt**, so ist er, wenn durch die Verhandlung der übrigen Verfehlungen besondere Auslagen entstanden sind, von deren Tragung zu entbinden (§ 498 Abs. 1 StPO.). Vgl. EGH. 8 143/4; **10** 68; **14** 185; **15** 88; OLG. **22** 286 (München); Berger § 94 Anm. 3; Sydow-Jacobsohn § 94 Anm. 2. Im Falle der Nichtausscheidbarkeit von Auslagen kann § 498 Abs. 1 StPO. keine Anwendung finden. Vgl. EGH. **16** 115/6.

Anm. 14. **Entsprechend zu behandeln ist im ehrengerichtlichen Zulassungsverfahren** der Fall, daß die Versagung zwar für begründet erachtet wird, aber nicht auf alle von der LJV. angeführten Gründe hin, und daß durch die Verhandlung über diese besondere Auslagen entstanden sind.

Anm. 15. 3. **Mitangeklagte**, die im ehrengerichtlichen Strafverfahren in bezug auf **dieselbe** Verfehlung zu Strafe verurteilt werden, haften gemäß § 498 Abs. 2 StPO. für die Auslagen als Gesamtschuldner. Vgl. EGH. **4** 213, 251; Meyer § 94 Anm. 3; Berger § 94 Anm. 2; Sydow-Jacobsohn § 94 Anm. 2. Dagegen hat EGH. **16** 286, „da eine gemeinsam begangene Straftat nicht vorlag", mit Recht jedem der Angeklagten einen entsprechenden Teil der entstandenen Auslagen zur Last gelegt.

Anm. 16. 4. a) Wird im ehrengerichtlichen Strafverfahren der Angeklagte freigesprochen oder der Angeschuldigte außer Verfolgung gesetzt, das Verfahren eingestellt oder der Antrag auf Eröffnung der Voruntersuchung oder des Hauptverfahrens abgelehnt oder wird im ehrengerichtlichen Zulassungsverfahren der Grund der Zulassungsversagung für nicht gerechtfertigt erklärt, so fallen die Auslagen nicht der im kriminellen Strafverfahren in Betracht kommenden Staatskasse, sondern der **Anwaltskammer** zur Last, deren Ehrengericht in erster Instanz tätig wird oder geworden ist. Der Angeschuldigte bzw. Angeklagte im ehrengerichtlichen Strafverfahren oder der Antragsteller im ehrengerichtlichen Zulassungsverfahren hat in diesen Fällen nur die durch eine schuldbare Versäumnis verursachten Auslagen zu tragen.

Anm. 17. b) Die in Anm. 13 und 14 erwähnten Auslagen, von deren Tragung der Angeklagte oder der Antragsteller entbunden werden, fallen der in Anm. 16 erwähnten Anwaltskammer zur Last, die überhaupt alle Auslagen zu tragen hat, die „weder dem Angeschuldigten noch einem Dritten auferlegt werden" (§ 94 Abs. 3 RAO.).

Der Kreis dieser Auslagen bedarf der näheren Umgrenzung. Das Gesetz spricht von dem Angeschuldigten, es setzt also unter Berücksichtigung des § 155 StPO. voraus, daß, soweit das ehrengerichtliche Strafverfahren in Betracht kommt, die Klage erhoben ist. Daraus folgt, daß für die durch ein vorbereitendes Verfahren entstandenen Kosten, wenn die StA. dasselbe durch Einstellung gemäß § 169 StPO. zum Abschluß bringt, die Anwaltskammer nicht haftet (PrJMVf. 11. 2. 84 bei Müller, PrJV.[6] **1** 151; v. Wilmowski JW. **1883** 83/4; Fuchs GerS. **34** 193 ff.; Sydow-Jacobsohn § 94 Anm. 4; Berger § 94 Anm. 5). Erhebt die StA. Anklage, und lehnt das Ehrengericht rechtskräftig den Antrag auf Eröffnung des Hauptverfahrens ab, so ergibt sich damit, daß die Anklage nicht hätte erhoben werden sollen: dann muß dasselbe gelten, wie im Falle des § 169 StPO.; denn durch Klagen, die sich ohne weiteres als unbegründet erweisen, kann unmöglich die StA. die Anwaltskammer mit Kosten belasten (Fuchs a. a. O.).

Anm. 18. Im ehrengerichtlichen Zulassungsverfahren gibt es kein vorbereitendes Verfahren, die in Anm. 17 besprochenen Fälle, in denen die Haftung der Anwaltskammer entfällt, kommen also in diesem Verfahren nicht in Betracht.

Anm. 19. c) Mit den in Anm. 17 erwähnten Ausnahmen haftet die Anwaltskammer auch für die einem anderen Kostenschuldner auferlegten Auslagen, falls diese von dem Verpflichteten nicht eingezogen werden können, sie ist also insoweit Zweitschuldnerin.

d) In den in Anm. 16 behandelten Fällen können im ehrengerichtlichen Strafverfahren die dem Angeschuldigten oder Angeklagten, im ehrengerichtlichen Zulassungsverfahren die dem Antragsteller erwachsenen notwendigen Auslagen gemäß § 499 Abs. 2 StPO. der in Anm. 16 genannten Anwaltskammer auferlegt werden. Vgl. EGH. **12** 87, 88; **4** 92/3; **8** 101. Die Anordnung muß aber bereits in der Entscheidung getroffen werden, die überhaupt über die Kosten befindet (EGH. **12** 87; FrankfRundsch. **1916** 71 [OLG. Frankfurt a. M.]; Sydow-Jacobsohn § 94 Anm. 4), wie ja Gleiches im Strafprozeß gilt. Anm. 20.

5. Ist ein ehrengerichtliches Strafverfahren durch eine wider besseres Wissen gemachte oder auf grober Fahrlässigkeit beruhende Anzeige veranlaßt worden, so kann das Ehrengericht dem Anzeigenden, nachdem er gehört worden, gemäß § 501 StPO. die Auslagen, für welche die Anwaltskammer haftet und die dem Beschuldigten erwachsen sind, zur Last legen. Dasselbe gilt, wenn das vorbereitende Verfahren nicht zur Klageerhebung führt, außer von den gedachten Auslagen des Beschuldigten von den der Staatskasse erwachsenen Kosten (Meyer § 94 Anm. 4; Turnau § 94 Anm. 3). Zuständig ist solchenfalls das Ehrengericht, das für die Eröffnung des Hauptverfahrens zuständig gewesen sein würde, wenn im Zeitpunkte der Einstellung die Anklage erhoben worden wäre. Anm. 21.

Im ehrengerichtlichen Zulassungsverfahren kann der § 501 StPO. nicht zur Anwendung kommen, denn dieses wird ohne Anzeige und darauf beruhende Klageerhebung lediglich auf den Wunsch des Antragstellers eingeleitet. Anm. 22.

6. Im ehrengerichtlichen Strafverfahren kann, da das Verfahren nach §§ 170 ff. StPO. anwendbar ist, auch § 504 StPO. zur Anwendung kommen (Meyer § 94 Anm. 3 und 4; Turnau § 94 Anm. 3). Für das ehrengerichtliche Zulassungsverfahren, das keine Klageerhebung kennt, und in dem deshalb auch §§ 170 ff. StPO. nicht Platz greifen, ist § 504 StPO. ohne Bedeutung. Anm. 23.

7. Für die Rechtsmittelinstanz gelten die Bestimmungen des § 505 StPO. Auch hier tritt an Stelle der Staatskasse die Anwaltskammer des Ehrengerichts, das in erster Instanz tätig war. Dem Beschuldigten wird auch hier der Antragsteller im ehrengerichtlichen Zulassungsverfahren gleich behandelt. Anm. 24.

Während im Strafprozeß bei Zurücknahme eines Rechtsmittels des Angeklagten eine Entscheidung über die Kosten der Rechtsmittelinstanz überflüssig ist, ist sie im ehrengerichtlichen Verfahren deshalb von Bedeutung, weil die Belastung des Angeklagten mit diesen Kosten die Anwaltskammer aus der Stellung des zunächst Haftbaren in die des Zweitschuldners zurückdrängt. Der Ehrengerichtshof legt denn auch regelmäßig bei Zurücknahme der Berufung deren Kosten dem Beschwerdeführer durch besonderen Beschluß auf. Vgl. EGH. **9** 101; **10** 111; **11** 63, 64.

Bei teilweisem Erfolge des Rechtsmittels kann gemäß § 505 Abs. 1 Satz 3 StPO. eine angemessene Verteilung der Kosten zwischen dem Angeklagten bzw. dem Antragsteller und der AK. eintreten (EGH. **9** 74; **11** 96; **15** 39). Bei vollem Erfolge des in beschränktem Umfange eingelegten Rechtsmittels des Angeklagten (Antragstellers) trägt die AK. die Kosten des Rechtsmittels. EGH. **9** 191/2.

8. Für die Kosten der Wiederaufnahme des Verfahrens gilt das in Anm. 24 Gesagte, wegen der Kosten der Wiedereinsetzung in den vorigen Stand s. § 505 Abs. 3 StPO. Anm. 25.

VI. Kostenfestsetzung. 1. Urteil und Beschluß, welche die Pflicht zur Tragung der Auslagen normieren, beziffern nicht ihren Betrag. Dessen Feststellung erfolgt besonders und zwar nach § 94 Abs. 2 „von dem Vorsitzenden" durch „Verfügung" (vgl. § 97 Abs. 3 RAO.) und kann nicht im Urteil oder Beschluß vorweggenommen Anm. 26.

werden, auch nicht durch Befinden darüber, welche Auslagen notwendig sind EGH. **17** Nr. 11 (G 19/15).

Anm. 27. 2. Diese besondere Verfügung, die vollstreckbar ist — über die Vollstreckung s. § 97 Anm. 11/12 —, ergeht sowohl betreffs der für das durchgeführte ehrengerichtliche Verfahren zu erhebenden wie für die von den ungehorsamen Zeugen und Sachverständigen zu zahlenden Auslagen. Gleiches gilt aber auch (vgl. EGH. 8 101/2) hinsichtlich der von der Anwaltskammer zu erstattenden notwendigen Auslagen eines Angeschuldigten (Angeklagten) im ehrengerichtlichen Strafverfahren oder eines Antragstellers im ehrengerichtlichen Zulassungsverfahren. Die Verfügung des Vorsitzenden ist also bald die Aufstellung der Gerichtskostenrechnung, bald der Kostenfestsetzungsbeschluß des Strafprozeßrechts. Soweit der ehrengerichtliche Untersuchungsrichter oder der Amtsrichter Zeugen und Sachverständige zu Kosten verurteilt, ist deren Festsetzung nicht Sache des Vorsitzenden (Mot. 93; Meyer § 94 Anm. 6).

Anm. 28. 3. Wer ist nun der in Abs. 2 genannte Vorsitzende? Ist es der Vorsitzende des Kollegiums, das über die Kostenpflicht an sich erkannt hat, also z. B. des Ehrengerichtshofs, oder ist es stets der Vorsitzende des Ehrengerichts? Die unerfreuliche Streitfrage über die zur Kostenfestsetzung im Strafprozesse berufene Instanz kehrt hier wieder. Auch hier wird man aus dem gleichen Grunde wie dort dem einheitlichen, einem selbständigen Instanzenzug unterworfenen Verfahren den Vorzug zu geben, also stets den Vorsitzenden des Ehrengerichts für zuständig zu halten haben.

Anm. 29. 4. § 94 Abs. 2 weist unmittelbar dem Vorsitzenden nur die Feststellung des Betrages zu. Damit ist aber nicht nur die Bezifferung, sondern auch die Prüfung der Frage gemeint, ob überhaupt Raum für eine Feststellung ist, ob also z. B. die Erstattung der notwendigen Auslagen des Angeschuldigten oder Antragstellers der Anwaltskammer auferlegt ist; denn die Bezifferung setzt die Bejahung des Vorliegens ihrer Unterlage voraus, und weshalb bei Bejahung der Vorsitzende und bei Verneinung das Kollegium zuständig sein soll, ist nicht abzusehen. Die Entscheidung EGH. **12** 86/7 durfte also nicht, wie geschehen, vom Ehrengerichtshof, sondern, wenn man nicht mit der hier vertretenen Ansicht den Vorsitzenden des Ehrengerichts für zuständig hält, nur vom Vorsitzenden des Ehrengerichtshofs ergehen.

Anm. 30. 5. Gegen die Verfügung des Vorsitzenden des Ehrengerichts findet gemäß § 89 RAO. die einfache Beschwerde an das Oberlandesgericht statt (Mot. 93; Meyer § 94 Anm. 7; OLG. München OLG. **22** 285).

Anm. 31. VII. **Entschädigung der Zeugen und Sachverständigen.** 1. Die Anwaltskammer haftet „den Zeugen und Sachverständigen für die ihnen zukommende Entschädigung in gleichem Umfange, wie in Strafsachen die Staatskasse" (§ 94 Abs. 3 RAO.). Damit ist zweierlei gesagt:

Anm. 32. a) Die in der Gebührenordnung für Zeugen und Sachverständige (und den VO. 21. 8. 19 RGBl. 1473 und 22. 5. 20. RGBl. 1068) normierten Sätze gelten auch für das ehrengerichtliche Verfahren, ebenso gilt § 16 ZGebO.

Anm. 33. b) Auch § 17 ZGebO. (1914) findet Anwendung. Nach ihm sind die einem Zeugen oder Sachverständigen zu gewährenden Beträge, wenn der Zeuge oder Sachverständige oder die Staatskasse, hier die Anwaltskammer, eine richterliche Festsetzung beantragt oder das Gericht sie für angemessen hält, durch das Gericht oder den Richter, vor welchem die Verhandlung stattfindet, festzusetzen. Hierdurch wird die Haftung der Staatskasse, also hier der Anwaltskammer, auf den festgesetzten Betrag beschränkt.

Anm. 34. **2. § 94 Abs. 3 Satz 2 RAO. hat nur für das Ehrengericht Bedeutung.**

a) Der Ehrengerichtshof zahlt die Zeugen- und Sachverständigengebühren aus der Reichskasse aus. Ihre Festsetzung ist Sache des Ehrengerichtshofs. Anm. 35.

b) In der ehrengerichtlichen Voruntersuchung werden dieselben aus der Kasse desjenigen Staats bestritten, dem der ehrengerichtliche Untersuchungsrichter angehört (Mot. 93; Sydow-Jacobsohn § 71 Anm. 2; Berger § 71 Anm. 2; Meyer § 94 Anm. 8); diesem Untersuchungsrichter fällt auch die Festsetzung anheim. Anm. 36.

c) Bei Vernehmungen in der Beschwerdeinstanz gilt entsprechend, wenn das Oberlandesgericht Beschwerdeinstanz ist, das zu b Gesagte; wenn die Beschwerde an das Reichsgericht geht, daß zu a Bemerkte. Anm. 37.

d) Bei Vernehmungen durch einen ersuchten Richter gilt das zu b Gesagte (Meyer a. a. O.). Anm. 38.

3. Die nach Anm. 35—38 gezahlten Zeugen- und Sachverständigengebühren hat, wenn ein Kostenschuldner fehlt oder die Beträge von ihm nicht beizutreiben sind, die betreffende Anwaltskammer zu erstatten (Mot. 93; Sydow-Jacobsohn § 71 Anm. 2; Meyer § 94 Anm. 8; Berger § 71 Anm. 2). Anm. 39.

4. Die Bewilligung eines Vorschusses auf die Zeugen- und Sachverständigengebühren ist nach Abs. 3 möglich. Zuständig zur Bewilligung ist das Ehrengericht oder der Ehrengerichtshof bzw. der ehrengerichtliche Untersuchungsrichter oder der Amtsrichter, je nachdem vor die eine oder andere dieser Stellen der Zeuge oder Sachverständige geladen ist. Die Vorschrift des Abs. 3 stimmt wörtlich mit § 166 Abs. 3 GVG. überein und gilt, wie dieser, nicht für den Angeschuldigten (oder Antragsteller). Anm. 40.

5. Die Hinterlegung der gesetzlichen Entschädigung für die unmittelbar vom Angeklagten (Antragsteller) geladenen Zeugen oder Sachverständigen (§ 219 Abs. 2 StPO.) erfolgt nach § 94 Abs. 4 RAO. bei dem Schriftführer des Anwaltskammervorstands. Das gilt indessen nur für das Verfahren vor dem Ehrengerichte, für das die Bestimmung bei dem Mangel einer Gerichtsschreiberei nötig war. Im Verfahren vor dem Ehrengerichtshof ist die Hinterlegung bei der Gerichtsschreiberei zu bewirken. Anm. 41.

§ 95.

Ausfertigungen und Auszüge der Urtheile des Ehrengerichts sind von dem Schriftführer des Vorstandes zu ertheilen.

1. Inhalt. Der Paragraph behandelt die Erteilung von Ausfertigungen und Auszügen der Urteile des Ehrengerichts. Anm. 1.

2. Nach § 275 Abs. 4 StPO. sind die Ausfertigungen und Auszüge der Urteile von dem Gerichtsschreiber zu unterschreiben und mit dem Gerichtssiegel zu versehen. Bei dem Fehlen eines Gerichtsschreibers des Ehrengerichts außerhalb der Hauptverhandlung war eine Bestimmung darüber nötig, wer an Stelle des in § 275 Abs. 4 StPO. genannten Gerichtsschreibers tritt. Diesem Zwecke dient § 95 RAO. Anm. 2.

3. § 275 Abs. 4 StPO. gilt danach auch für die Ausfertigungen und Auszüge der Urteile des Ehrengerichts, nur tritt an Stelle des Gerichtsschreibers der Schriftführer des Anwaltskammervorstandes. Die Ausfertigungen und Auszüge der Urteile des Ehrengerichts sind also mit einem Siegel zu versehen. Dieses Siegel kann, da zur Erteilung der fraglichen Ausfertigungen und Auszüge der Schriftführer des Anwaltskammervorstandes berufen ist, nur das Siegel eben des Anwaltskammervorstandes sein (Sydow-Jacobsohn § 95 Anm. 1). So ergibt sich aus § 95, daß der Anwaltskammervorstand ein Siegel zu führen Anm. 3.

hat, wie auch die Mot. 94 ausdrücklich hervorheben. Ebenso Ösfeld RAO. § 95 Anm. 1. Die Siegelführung entspricht völlig der Natur der Anwaltskammern als juristischer Personen des öffentlichen Rechts. Des Siegels des Anwaltskammervorstandes gedenken die Geschäftsordnungen Hamm § 17, Marienwerder § 27, Naumburg § 12, Rostock § 20 Abs. 2, Jena § 23 und die Geschäftsordnung für die Anwaltskammer bei dem Reichsgericht § 13 Abs. 1. Vgl. auch oben § 57 Anm. 5.

Anm. 4. 4. Ausfertigungen und Auszüge der Urteile des Ehrengerichtshofs erteilt der Gerichtsschreiber des Reichsgerichts (Meyer § 95 Anm. 2; Berger Anm. zu § 95; Sydow-Jacobsohn § 95 Anm. 1) unter dem Siegel des Ehrengerichtshofs (vgl. § 90 Anm. 5 und 7). Die Erkenntnisse des Ehrengerichtshofes werden nach der Geschäftsordnung des Ehrengerichtshofes im Namen des Reiches ausgefertigt (EGH. **1** 3).

§ 96.

Die Ausschließung von der Rechtsanwaltschaft tritt mit der Rechtskraft des Urtheils ein. Dieselbe wird von dem Schriftführer des Vorstandes unter Mittheilung einer mit der Bescheinigung der Vollstreckbarkeit versehenen beglaubigten Abschrift der Urtheilsformel den Gerichten, bei welchen der Rechtsanwalt zugelassen war, und der Landesjustizverwaltung angezeigt.

Anm. 1. 1. Inhalt. Der Paragraph trifft Bestimmung über den Zeitpunkt des Inkrafttretens der im ehrengerichtlichen Strafverfahren erkannten Ausschließung von der Rechtsanwaltschaft und über die in solchen Fällen erforderlichen Mitteilungen.

Anm. 2. 2. Vollstreckung der ehrengerichtlichen Strafen. Die Rechtsanwaltsordnung gedenkt in §§ 96, 97 nur zweier von den vier in § 63 normierten Strafarten, der Ausschließung von der Rechtsanwaltschaft und der Geldstrafen.

Anm. 3. a) Die Ausschließung von der Rechtsanwaltschaft tritt gemäß § 96 mit der Rechtskraft des sie verhängenden Urteils von selbst ein, nicht erst mit der demnächst zu bewirkenden Löschung in der Anwaltsliste (EGH. **7** 71).

Anm. 4. b) Die Geldstrafen werden gemäß § 97 RAO. vollstreckt.

Anm. 5. c) Bezüglich Warnung und Verweis fehlt es an einer Vorschrift im Gesetz. Die Motive 94 bemerken: „Besteht die Strafe in Warnung oder Verweis, so bedarf es einer besonderen Vollstreckung nicht". Es wäre nun gewiß zweckmäßiger gewesen, dies, wie bezüglich der Ausschließung in § 96, so auch bezüglich Warnung und Verweis in der RAO. unmittelbar hervorzuheben. Daß aber der Standpunkt der Motive auch der des Gesetzes ist, ergibt sich aus folgendem. Das Gesetz behandelt hinsichtlich des Erfordernisses und der Art der Vollstreckung die schwerste Strafart und diejenige Strafart, die schwerer als Warnung und teils leichter, teils schwerer als Verweis ist. Soweit die RAO. eine besondere Vollstreckung verlangt, weist sie solche dem Schriftführer des Anwaltskammervorstandes zu. Wäre bei Warnung und Verweis eine besondere Vollstreckung erforderlich, so müßte sie, da eine entsprechende Anwendung von § 97 Abs. 4 RAO. wohl nicht ohne weiteres in Frage kommen könnte, gemäß § 483 StPO. der Staatsanwaltschaft zugewiesen werden. Daß es aber Absicht des Gesetzes gewesen sein sollte, die Vollstreckung teils in die Hände der Staatsanwaltschaft, teils in die Hände eines Mitgliedes des AKV. zu legen, ist doch recht unwahrscheinlich. Die ehrengerichtlichen Strafen der Warnung und des Verweises werden also als mit Rechtskraft des sie verhängenden Urteils erteilt angesehen. Ebenso: EGH. **3** 25;

Kayser, Reichsjustizgesetze[7] § 97 Anm. 4; PrJMVf. 30. 8. 82 bei Müller, PrJB.[6] 1 152; Berger § 97 Anm. 3; Sydow-Jacobsohn § 97 Anm. 1; Meyer § 97 Anm. 1; Kaskel, Begnadigung im ehrengerichtlichen Verfahren der freien Berufsstände 7.

3. Ist die im ehrengerichtlichen Strafverfahren erkannte Ausschließung von der Rechtsanwaltschaft eingetreten (siehe Anm. 3) so wird sie den Gerichten, bei welchen der Rechtsanwalt zugelassen war, und der LJV.[1]) angezeigt. Anm. 6.

a) Die Anzeige erfolgt durch den Schriftführer des Anwaltskammervorstandes ohne Rücksicht darauf, ob das Ehrengericht oder der Ehrengerichtshof auf Ausschließung erkannt hat. Anm. 7.

b) Der Anzeige ist eine beglaubigte Abschrift der die Ausschließung verhängenden Urteilsformel, versehen mit der Bescheinigung der Vollstreckbarkeit beizufügen. Beglaubigung und Bescheinigung, zu denen nach § 483 Abs. 1 StPO. der Gerichtsschreiber berufen ist, liegen hier dem Schriftführer des Anwaltskammervorstandes ob (Meyer § 97 Anm. 2; Mot. 94). Anm. 8.

§ 97.

Geldstrafen (§§ 58, 63) fließen zur Kasse der Kammer.

Die Vollstreckung der eine Geldstrafe aussprechenden Entscheidung erfolgt auf Grund einer von dem Schriftführer des Vorstandes ertheilten, mit der Bescheinigung der Vollstreckbarkeit versehenen beglaubigten Abschrift der Entscheidungsformel nach den Vorschriften über die Vollstreckung der Urtheile in bürgerlichen Rechtsstreitigkeiten.

Dasselbe gilt von der Vollstreckung der die Kosten festsetzenden Verfügung.

Die Vollstreckung wird von dem Schriftführer des Vorstandes betrieben.

I. Inhalt. Der Paragraph regelt die Beitreibung von Geldstrafen und Kosten. Anm. 1.

II. Eintritt der Vollstreckbarkeit. Wie nach § 481 StPO. Strafurteile, so sind auch Urteile, die im ehrengerichtlichen Strafverfahren ergehen, nicht vollstreckbar, bevor sie rechtskräftig geworden sind. Anm. 2.

III. Entscheidungen in der Vollstreckungsinstanz. Wenn über die Auslegung eines zur Vollstreckung zu bringenden ehrengerichtlichen Urteils oder über die Berechnung der erkannten Geldstrafe Zweifel entstehen oder wenn Einwendungen gegen die Zulässigkeit der Vollstreckung erhoben werden, so entscheidet gemäß §§ 490, 494 StPO. das Ehrengericht ohne mündliche Verhandlung, nachdem Staatsanwalt und Angeklagter Gelegenheit zur Stellung und Begründung von Anträgen erhalten haben. Der Fall wird nicht leicht eintreten, man müßte gerade an die Möglichkeit denken, daß ein nicht in Anwesenheit des Angeklagten verkündetes Urteil, das ihm in formwidriger Weise oder überhaupt nicht zugestellt, also nicht in Rechtskraft erwachsen ist, vollstreckt wird. Anm. 3.

IV. Vollstreckung der Geldstrafen. 1. Die Geldstrafen, die der ehrengerichtliche Untersuchungsrichter gegen Zeugen und Sachverständige festsetzt, bringt er zur Vollstreckung. Die Strafen fließen zur Staatskasse (Meyer § 97 Anm. 6; Berger § 97 Anm. 1). Anm. 4.

2. Ebenso wird die Vollstreckung der gleichartigen Strafen, die ein Amts- Anm. 5.

---

[1]) Über die Anzeige an die LJV. vgl. Sachsen-Weimar MinV. 3. 10. 79 (RegBl. 519) § 21, Sachsen-Meiningen V. 6. 1. 80 (Samml. 257) § 19, Sachsen-Altenburg V. 17. 11. 79 (GS. 255) § 19, Schwarzburg-Rudolstadt MinV. 27. 1. 80 (GS. 13) § 19, Coburg-Gotha V. 2. 2. 80 (Coburg: GS. 7, Gotha: GS. 5) § 19.

richter festgesetzt hat, mag er vom ehrengerichtlichen Untersuchungsrichter oder vom Ehrengericht bzw. Ehrengerichtshof um Rechtshilfe ersucht oder mag er nach § 87 RAO. tätig geworden sein, von dem Amtsrichter veranlaßt. Auch diese Strafen fließen zur Staatskasse (Berger und Meyer a. a. O.; Sydow-Jacobsohn § 97 Anm. 1).

Anm. 6. 3. Es bleiben die Geldstrafen übrig, auf die in den Urteilen des ehrengerichtlichen Strafverfahrens erkannt ist. Ihnen stellt das Gesetz die Zwangsstrafen des § 58 RAO. gleich. Diese beiden Gruppen von Geldstrafen werden von dem Schriftführer des Anwaltskammervorstandes beigetrieben und fließen zur Kasse der Anwaltskammer.

Anm. 7. a) Die gedachte Vollstreckung erfolgt auf Grund einer von dem Schriftführer erteilten, mit der Bescheinigung der Vollstreckbarkeit versehenen beglaubigten Abschrift der Entscheidungsformel.

Anm. 8. b) Die Vollstreckung richtet sich nach den Vorschriften über die Vollstreckung der Urteile in bürgerlichen Rechtsstreitigkeiten. Daß mit dieser Verweisung nur die zivilprozessualen Vorschriften über die Art und Weise der Ausführung der Vollstreckung für anwendbar erklärt sind — die bekannte Streitfrage bezüglich der Auslegung des § 495 StPO. —, ist hier bei der in dem gleichen Paragraphen erfolgten Hervorhebung, die Vollstreckung erfolge auf Grund der (in Anm. 7 bezeichneten) beglaubigten Abschrift der Urteilsformel, nicht zu bezweifeln. Die gleiche Ansicht ist übrigens im Strafprozeß jetzt auch herrschend.

Anm. 9. c) Daß die vom Ehrengerichte oder Ehrengerichtshofe erkannten Geldstrafen in die Kasse der Anwaltskammer fließen, ist ein Gegenstück dazu, daß die Anwaltskammer auch für die Kosten des ehrengerichtlichen Verfahrens an die Stelle der Staatskasse tritt (Meyer § 97 Anm. 5; Mot. 94).

Anm. 10. d) Über die Zulässigkeit des Offenbarungseidsverfahrens zwecks Beitreibung von Geldstrafen vgl. EGH. 4 45 und § 72 Anm. 6.

Anm. 11. **V. Beitreibung der Kosten.** 1. Der Vollstreckung der in Anm. 6 erwähnten Geldstrafen gleich behandelt das Gesetz die Vollstreckung, „der die Kosten festsetzenden Verfügung". Daß damit nicht nur die Verfügung des Vorsitzenden des Ehrengerichts nach § 94 Abs. 2, sondern auch die auf Beschwerde von der zweiten Instanz erlassene Festsetzungsentscheidung gemeint ist, wie die Motive 94 bemerken, kann keinem Zweifel unterliegen (ebenso Meyer § 97 Anm. 7). Als Kosten, die nach § 94 Abs. 2 festgesetzt werden, kommen auch die einem zur Hauptverhandlung geladenen Zeugen und Sachverständigen infolge Ungehorsams zur Last fallenden Auslagen in Betracht. Dagegen ist wie die Festsetzung der Auslagen, die einen vor den ehrengerichtlichen Untersuchungsrichter geladenen Zeugen oder Sachverständigen wegen Ungehorsams treffen, so auch ihre Beitreibung Sache des ehrengerichtlichen Untersuchungsrichters, und Gleiches gilt für den Amtsrichter hinsichtlich der durch ihn einem Zeugen oder Sachverständigen auferlegten Auslagen. Die Motive wollen mit der Bemerkung auf Seite 94 offenbar nur die Vollstreckung in derselben Art behandelt wissen, wie den Vollzug der auf Geldstrafe erkennenden Entscheidung. Nicht etwa soll nach Meinung der Motive (wie Meyer § 97 Anm. 7 annimmt) der Schriftführer des Anwaltskammervorstandes als Vollstreckungsorgan an die Stelle des ehrengerichtlichen Untersuchungsrichters oder des Amtsrichters treten.

Anm. 12. 2. Dem § 94 Abs. 2 unterfällt auch die Festsetzung der von der Anwaltskammer dem Angeschuldigten oder Antragsteller zu erstattenden notwendigen Auslagen. Daß die Vollstreckung einer diesbezüglichen Festsetzungsverfügung nach Maßgabe des § 97 Abs. 3 erfolgt, ist sicher. Ebenso sicher ist es aber, daß diese Vollstreckung unmöglich nach § 97 Abs. 4 von dem Schriftführer des Anwaltskammervorstandes betrieben werden kann, ihre Beitreibung vielmehr dem Erstattungsberechtigten überlassen bleibt.

Fünfter Abschnitt.

Rechtsanwaltschaft bei dem Reichsgerichte.

Vorbemerkung.[1])

1. Die Rechtsanwaltschaft beim Reichsgerichte nimmt in mehrfacher Beziehung eine Sonderstellung ein. Sie unterscheidet sich vor allem dadurch von der sonstigen Anwaltschaft, daß beim Reichsgerichte das Prinzip der freien Advokatur durchbrochen ist; die Zulassung hängt von dem freien Ermessen des Reichsgerichtspräsidiums ab. Die Reichsgerichtsanwälte haben ferner bei dem höchsten deutschen Gerichte das Privileg der alleinigen Vertretung in Zivilsachen und zwar nicht nur als Prozeßbevollmächtigte, sondern auch als Spezialsubstituten derselben, soweit Anwaltszwang herrscht. Sie dürfen dagegen bei anderen Gerichten als beim Reichsgerichte nur in sehr beschränktem Umfange tätig werden. Anm. 1.

2. Bei den Beratungen und Beschlüssen der Justizkommission wurde auch bezüglich der Anwaltschaft beim Reichsgerichte an dem Prinzip der freien Advokatur festgehalten. Man hielt es jedoch für notwendig, höhere Anforderungen an die Vorbildung der Reichsgerichtsanwälte zu stellen. (Vgl. die erste Beratung der Justizkommission S. 404 ff.; Siegel 67 ff.; Tit. IXa GVG. § a Abs. 2 — Siegel 81, 117; Bericht der Justizkommission Siegel 125). Anm. 2.

Der Regierungsentwurf enthielt dann zum erstenmal die Bestimmung, daß die Zulassung zur Rechtsanwaltschaft beim Reichsgerichte (durch den Reichskanzler) nach freiem Ermessen erfolge. Der Zweck dieser Ausnahmebestimmung sollte nach den Motiven derselbe sein, wie ihn die Justizkommission bei Aufstellung höherer Anforderungen bezüglich der Vorbildung der Reichsgerichtsanwälte verfolgte, nämlich für den höchsten Gerichtshof eine Advokatur zu schaffen, welche in wissenschaftlicher und praktischer Beziehung sich als Elite des ganzen Standes darstellen sollte (Siegel 288/9). Anm. 3.

Dieser Gedanke wurde denn auch bei den Beratungen des Reichstags — sowohl im Plenum als auch in der Kommission — als Grundlage festgehalten, während sich die Diskussion größtenteils auf die Frage bezog, ob die Zulassungsentscheidung dem Reichskanzler oder dem Präsidium des Reichsgerichts anvertraut werden sollte. (Siegel 445—447, 538—555). Man entschied sich schließlich für letzteres.

Noch in dem Schlußwort des Abgeordneten Dr. Wolffson (Siegel 552) kam der erwähnte Grundgedanke klar zum Ausdruck. Dort heißt es u. a.: „Wenn wir . . . eine Garantie dafür haben wollen, und nur dafür, daß derjenige, der am Reichsgericht zugelassen werden will, wirklich den höheren Anforderungen entspricht, wenn wir die Form eines Examens, wie wir es bei der Rechtsanwaltschaft in früheren Stadien zugelassen haben, hier nicht einführen wollen, so wollen wir für dieses höhere Erfordernis nichts weiter haben Anm. 4.

---

[1]) Vgl. über die einschlägigen Reformfragen: Stranz, Die Rechtsanwaltschaft beim Reichsgerichte (Berlin 1905); Hallensleben in JW. **1905** 421; Schall ebenda 309; Salinger, Die Änderung des Rechtsmittels der Revision (1909), bes. S. 14, 27 ff.; Werner JW. **1908 399** ff.; Hagens DJZ. **1909** 1105 ff.; Hellwig JW. **1910** 305; Arhausen JW. **1910 308** ff.; Katz JW. **1914** 324; Haber JW. **1914** 329.

als eine Art Surrogat für das Examen, aber immer doch ein Zeugnis der größeren Befähigung; und dieses Zeugnis ist niemand mehr imstande auszustellen, als das Präsidium des Reichsgerichts . . ." Weiter führte der Berichterstatter aus, die Mitglieder des Präsidiums hätten „dadurch, daß fast alle bedeutenden Prozesse schließlich an das Reichsgericht kommen, die beste und alleinige Gelegenheit, eine Übersicht über die ganze Anwaltschaft in Deutschland zu haben." Endlich: „Ganz richtig, glaube ich, hat Herr Kollege Frankenburger das ausgeführt, daß wir im wesentlichen auch hier auf dem Boden der freien Advokatur stehen, daß wir jedem Befähigten die Möglichkeit der Zulassung gewähren wollen, daß wir nur eine Garantie für diese Befähigung suchen."

Nach dem erwähnten Schlußbericht des Abg. Dr. Wolffson erfolgte die Annahme des § 95, welcher dem § 99 des Gesetzes genau entspricht (Siegel 554, 612).

Anm. 5. Es unterliegt hienach keinem Zweifel, in welchem Sinne damals die gesetzgebenden Faktoren das „freie Ermessen" des Reichsgerichtspräsidiums aufgefaßt wissen wollten. Jeder Anwalt, welcher nach dem Urteil des Präsidiums die erforderliche höhere Befähigung für das Reichsgericht besitzt, sollte bei diesem zugelassen werden.

Man hätte freilich schon damals unschwer voraussehen können, daß diese Wirkung nicht eintreten werde und daß „freies Ermessen" regelmäßig nicht für alle Zeiten gerade so geübt wird, wie es sich früher einmal die gesetzgebenden Faktoren vorgestellt haben. Die Annahme, daß das Reichsgerichtspräsidium gewissermaßen als ideale Prüfungskommission für die Anwaltschaft im ganzen Reiche fungieren werde, mußte sich als Utopie erweisen. Wie sollte diese Behörde ein maßgebendes Urteil über die Fähigkeiten des Einzelnen fällen? Die Annahme des Abg. Dr. Wolffson, daß die Mitglieder des Präsidiums sich aus den Prozeßakten eine große Personalkenntnis erwerben würden, ist wohl in praxi nie ernstlich verteidigt worden.

Anm. 6. In Wirklichkeit ist keine Rede davon, daß alle höher Befähigten, welche sich um Zulassung beim Reichsgerichte bewerben, diese erhalten. Vielmehr tritt die Frage der Befähigung — und zwar einfach deshalb, weil sie nicht mit Erfolg geprüft werden kann — stark in den Hintergrund. Wäre dies nicht der Fall, so würde es wohl undenkbar sein, daß die Zahl der Reichsgerichtsanwälte durchschnittlich bis jetzt nur 20—25 betragen hätte (vgl. Stranz a. a. O. 7./8). In Wirklichkeit ist also die „freie Advokatur" beim Reichsgerichte nicht vorhanden; was die gesetzgebenden Faktoren nicht gewollt haben, was der Reichstag ausdrücklich ablehnte[1]) und was § 13 des Gesetzes verbot, ist von Anfang an Tatsache geworden und seitdem Tatsache geblieben.

§ 98.

Auf die Rechtsanwaltschaft bei dem Reichsgerichte finden, insoweit nicht in den nachfolgenden Paragraphen abweichende Bestimmungen enthalten sind, die Vorschriften der ersten vier Abschnitte dieses Gesetzes mit der Maßgabe Anwendung, daß an die Stelle der Landesjustizverwaltung der Reichskanzler und an die Stelle des Oberlandesgerichts das Reichsgericht tritt.

Anm. 1. 1. Inhalt des Paragraphen. Der vorliegende Paragraph bestimmt zunächst, daß die Vorschriften der ersten vier Abschnitte auf die Rechtsanwaltschaft beim Reichsgerichte Anwendung finden, soweit sich nicht aus den §§ 99—102 ein Anderes ergibt. Dies ist an sich selbstverständlich.

Anm. 2. 2. An die Stelle der LJV. tritt — vorbehaltlich der Aus-

[1]) Vgl. die durchweg regierungsfreundliche Rede des Abg. v. Schmid (Siegel 544).

nahmebestimmung in § 99 — der Reichskanzler[1]). Dies ist von Bedeutung für die Anwendung der §§ 18 Abs. 2, 47, 49 Ziff. 4, 50, 61, 96 RAO. Wegen § 16 Abs. 3 u. 4 vgl. § 99 Anm. 4; wegen § 25: § 99 Anm. 6.

3. An die Stelle des OLG. tritt das Reichsgericht. Dies ist von Bedeutung für die Anwendung der §§ 41 Abs. 2, 47, 59, 61, 71, 89 RAO. Darans ergibt sich auch, daß die Verrichtungen der Staatsanwaltschaft nicht nur, wie § 92 RAO. ausdrücklich hervorhebt, in der ehrengerichtlichen Berufungsinstanz, sondern auch im erstinstanziellen ehrengerichtlichen Verfahren gegen Reichsgerichtsanwälte, von der Staatsanwaltschaft beim Reichsgerichte wahrgenommen werden. Anm. 3.

§ 99.

Die Zulassung zur Rechtsanwaltschaft und die Zurücknahme der Zulassung bei dem Reichsgericht erfolgt durch das Präsidium des Reichsgerichts. Dasselbe entscheidet über den Antrag auf Zulassung nach freiem Ermessen, jedoch vorbehaltlich der Vorschriften der §§ 1, 5.

1. Inhalt des Paragraphen. Der vorliegende Paragraph enthält die in der Vorbemerkung besprochene Ausnahme von dem Prinzip der freien Advokatur und die für die Reichsgerichtsanwälte geltenden Sonderbestimmungen über Zulassung zur Rechtsanwaltschaft und Zurücknahme derselben. Anm. 1.

2. Die Zulassung und die Zurücknahme derselben erfolgen durch das Präsidium des Reichsgerichts. Das Präsidium besteht aus dem Reichsgerichtspräsidenten, sämtlichen Senatspräsidenten und den vier dienstältesten Reichsgerichtsräten; bei gleichem Dienstalter kommt es auf das Lebensalter an (§ 133 mit § 63 Abs. 2 GVG.). Das Präsidium entscheidet nach Stimmenmehrheit; bei Stimmengleichheit gibt die Stimme des Präsidenten den Ausschlag. Anm. 2.

3. Der Antrag auf Zulassung ist an das Präsidium zu richten. Anm. 3.

Vor der Entscheidung über die Zulassung ist auch hier der Vorstand der Anwaltskammer zu hören (arg.: §§ 3, 111 RAO.); vor der Entscheidung über die Zurücknahme außerdem der Anwalt selbst. Vgl. § 23 RAO.

4. Das Präsidium entscheidet über den Zulassungsantrag nach freiem Ermessen; d. h. niemand hat ein Recht auf Zulassung zur Rechtsanwaltschaft beim Reichsgerichte. Wohl aber hat das Präsidium die Pflicht, die Zulassung zu versagen, wenn der Bewerber die Fähigkeit zur Rechtsanwaltschaft überhaupt nicht besitzt (§ 1 RAO.) oder wenn einer der obligatorischen Versagungsgründe des § 5 vorliegt. Anm. 4.

Auch an das Gutachten des AKV. ist das Präsidium in den Fällen des § 5 Ziff. 4—6 gebunden, wenn das Gutachten sich gegen die Zulassung ausspricht. Das ehrengerichtliche Zulassungsverfahren kann auch hier eingeleitet werden, jedoch nur, wenn lediglich obligatorische Versagungsgründe des § 5 Ziff. 4—6 RAO. in dem Bescheid des Präsidiums angegeben wurden. Vgl. § 16 Anm. 4. Bei sinngemäßer Anwendung des § 16 wird übrigens anzunehmen sein, daß auch hinsichtlich des Antrages auf ehrengerichtliches Zulassungsverfahren das Präsidium, nicht der Reichskanzler, an die Stelle der LJV. tritt. Denn dieser ist ja mit der Zulassung gar nicht befaßt.

Für die Zurücknahme der Zulassung gelten die allgemeinen Bestimmungen der §§ 21, 22 RAO.

Wird die Zulassung versagt oder die Zurücknahme ausgesprochen, so ist auch hier die Angabe der Gründe geboten (§§ 16 Abs. 1, 23 Abs. 2 RAO.).

---

[1]) Jetzt die Reichsregierung bzw. der Reichsjustizminister; vgl. Ges. vom 4. 3. 1919 (RGBl. 285); RV. (1919) Art. 56, 178, 179.

Anm. 5. 5. Eine direkte Anwendung des § 7 RAO. ist ausgeschlossen, weil es sich nicht um „einen nach § 4 berechtigten Antragsteller" handelt. Die Versagung der Zulassung kann also sofort beschlossen werden, auch wenn die öffentliche Klage wegen eines der im § 7 bezeichneten Delikte erhoben ist. Gelangt aber das Präsidium nicht aus anderen Gründen zu einer Versagung, so hat in sinngemäßer Anwendung des § 7 die Aussetzung auch hier zu erfolgen.

Anm. 6. 6. Die Zuständigkeit des Präsidiums besteht nach dem Wortlaute des Gesetzes **nur** für die Entscheidung über Zulassung zur Rechtsanwaltschaft beim Reichsgerichte und Zurücknahme derselben. Die vereinigten Zivilsenate haben jedoch am 9. Juli 1883 (JW. **1883** 209) sinngemäß entschieden, daß auch für die Bestellung eines Generalsubstituten nach § 25 Abs. 2 RAO. nicht der Reichskanzler, sondern ausschließlich das Präsidium zuständig sei. Der Generalsubstitut werde gewissermaßen für die Dauer der Stellvertretung bei dem Gerichte zugelassen, bei welchem der vertretene Anwalt zugelassen ist. Der Gesetzgeber habe daher auch beabsichtigt, die Entscheidung über die Zulassung und über die Bestellung des Generalsubstituten derselben Behörde zu übertragen. Wir schließen uns — im Gegensatze zur ersten Auflage — dieser zutreffend begründeten Meinung an.

§ 100.

Die Zulassung zur Rechtsanwaltschaft bei dem Reichsgericht ist mit der Zulassung bei einem anderen Gericht unvereinbar.

Die bei dem Reichsgerichte zugelassenen Rechtsanwälte dürfen bei einem anderen Gerichte nicht auftreten.

Anm. 1. **I. Inhalt des Paragraphen.** Der vorliegende Paragraph verbietet die Simultanzulassung für Reichsgerichtsanwälte und beschränkt die Tätigkeit der letzteren im wesentlichen auf das Gericht ihrer Zulassung.

Anm. 2. **II. Die Bestimmung des ersten Absatzes** — Verbot der Simultanzulassung — wurde von der Reichstagskommission dem § 96 des Entwurfs „behufs Vervollständigung seines Inhalts" hinzugefügt (Siegel 447). Als unvereinbar muß hienach auch die gleichzeitige Zulassung beim RG. und bei einem Finanzgerichte (§ 239 RAbgO.) angesehen werden.

Anm. 3. **III. Die Bestimmung des Abs. 2.** 1. Die Vorschrift des zweiten Absatzes findet sich inhaltlich bereits in Tit. IXa GVG. nach der ersten Beratung der Justizkommission (§ 9 Abs. 4 — Siegel 83) und dann wörtlich — als § 96 — im Regierungsentwurf (Siegel 208). Die Motive 96/97 bemerken hiezu, die Bestimmung solle das Prinzip des § 22 (jetzt § 26) dahin beschränken, daß die Reichsgerichtsanwälte „in Zivilprozessen, Strafprozessen und in Konkursen bei einem anderen Gerichte, als dem Reichsgerichte, nicht auftreten dürfen". Hiefür spreche vor allem die Erwägung, daß ein ersprießliches Zusammenwirken des Gerichtshofes mit der Rechtsanwaltschaft nur dann möglich sei, wenn die Rechtsanwälte des Reichsgerichts ihre Tätigkeit auf das Reichsgericht beschränken.

Hiegegen wurden bei den folgenden Beratungen keine Einwendungen vorgebracht (Siegel 447, 557), und die Bestimmung wurde unverändert zum Gesetz erhoben.

Anm. 4. 2. Die beim Reichsgerichte zugelassenen, d. h. die gemäß § 20 in die Liste des Reichsgerichts eingetragenen Anwälte dürfen bei einem anderen Gerichte nicht auftreten. Das heißt: die Rechtshandlungen der Reichsgerichtsanwälte bei einem anderen Gerichte sind prozessual unwirksam. Man hat den § 100 Abs. 2 teilweise in dem Sinne ausgelegt, daß die betreffenden Handlungen zwar nicht als die eines Anwalts gelten, daß sie aber, soweit kein Anwaltszwang herrscht, auch von Reichsgerichtsanwälten gültig vorgenommen werden können. Danach könnte also der Reichsgerichtsanwalt mit Genehmigung des Gerichts auch bei der Strafkammer des Landgerichts als Verteidiger fungieren (§ 138 Abs. 2 StPO.), er könnte stets in Amtsgerichtsprozessen auftreten usw. Dies widerspricht jedoch dem Wortlaut und auch der Absicht des Gesetzes. Denn die Tendenz, die berufliche Tätigkeit der Reichsgerichtsanwälte tunlichst auf das Reichsgericht selbst zu beschränken, kam bei den Vorberatungen wiederholt unzweideutig zum Ausdruck (vgl. Siegel 135, 556). Eine restriktive Auslegung des Gesetzes ist daher nicht angängig. Die Stellung der Reichsgerichtsanwälte gegenüber „anderen Gerichten" ist eine entsprechende wie die Stellung aller Rechtsanwälte gegenüber den Gewerbe- und Kaufmannsgerichten. Uns. M.: die meisten, vgl. z. B. Stenglein StPO. § 138 Anm. 1; Bennecke-Beling Strafprozeßrecht 143; jetzt auch Löwe StPO.[14] § 138 Anm. 2b. A. M.: A. Friedländer GS. **60** 419; Hellwig **2** 402 Anm. 24; System **1** 197. Weitere Zitate bei Löwe a. a. O.

3. Die Reichsgerichtsanwälte dürfen bei einem anderen Gerichte nicht auftreten. Anm. 5.

Was ist unter einem anderen Gerichte zu verstehen? Meint das Gesetz nur die ordentlichen Gerichte oder auch Sondergerichte, Verwaltungsgerichte usw.?

Bei Entscheidung dieser Frage ist vor allem davon auszugehen, daß die prozessualen Befugnisse der Anwälte durch die RAO. nur für diejenigen Sachen geregelt werden sollten, auf welche die ZPO., die StPO. oder KO. Anwendung finden. (Vgl. Mot. 50, 51). Wie die oben Anm. 3 zitierte Stelle der Motive beweist, sollte denn auch die Bestimmung des § 100 Abs. 2 lediglich eine Einschränkung des § 26 enthalten und sich daher nur auf das Auftreten in Zivilprozessen, Strafprozessen und Konkursen beziehen.

Dazu kommt nun, daß § 100 Abs. 2 nicht lediglich ein Verbot an die Reichsgerichtsanwälte, dessen Übertretung eine Pflichtverletzung bedeutet, sondern vor allem eine prozessuale Vorschrift darstellt, durch welche den Reichsgerichtsanwälten die Fähigkeit, gewisse Handlungen mit Rechtswirksamkeit vorzunehmen, entzogen werden soll. Das Gericht, bei welchem der Rechtsanwalt nicht auftreten darf, muß ihn zurückweisen, seine Vertretungshandlungen sind ungültig. Daß aber die RAO. nicht prozessuale Vorschriften für jede Art von Gerichten und ohne Rücksicht auf das zur Anwendung kommende Verfahren, also z. B. für alle Verwaltungsgerichte ohne Unterschied, geben wollte, bedarf nach der allgemeinen Begrenzung, welche sich das Gesetz in prozessualer Beziehung selbst gezogen hat, kaum einer näheren Begründung. Dagegen beschränkt sich die Wirksamkeit der RAO. in prozessualer Beziehung nicht auf die ordentlichen Gerichte (arg. e contrario: § 1 RAGebO.).

Die Bestimmung des § 100 Abs. 2 bezieht sich daher nur auf solche bei irgendeinem Gericht (auch Sondergericht oder Verwaltungsgericht) anhängige Sachen, auf welche die ZPO., StPO. oder KO. Anwendung finden. Übereinstimmend: RGZ. **47** 395; Meyer § 100 Anm. 3.

Mithin sind in prozessualer Hinsicht die Rechtshandlungen der Reichsgerichtsanwälte z. B. nicht unwirksam: gegenüber den Behörden der freiwilligen Gerichtsbarkeit, den Versicherungs- und Oberversicherungsämtern; dem Reichsversicherungsamte, dem Patentamte (vgl. RGZ. **47** 395; Walter-Joachim § 91 Anm. 22), dem Bundesamte für Heimatwesen, den Finanzgerichten, in einem Verfahren, welches lediglich bei der Staatsanwaltschaft stattfindet usw. Nicht unzulässig ist das Auftreten der RG.-Anwälte vor den Schiedsgerichten nach § 1025 ff. ZPO. Dies folgt schon daraus, daß hier das Verfahren von den Schiedsrichtern selbst bzw. den Parteien bestimmt wird (§ 1034 Abs. 2 ZPO.). Anm. 6.

Über das Berufungsverfahren in Patentsachen vgl. § 26 Anm. 13. Anm. 7.

Unzulässig ist das Auftreten der Reichsgerichtsanwälte z. B. im ehrengerichtlichen Verfahren gegen Rechtsanwälte; denn auf dieses findet — und zwar gerade auch hinsichtlich der Vertretung und Verteidigung — die StPO. Anwendung. Dasselbe müßte bezüglich des Verfahrens vor dem Ehrengerichtshof gelten, sofern dieser überhaupt ein „anderes Gericht" als das Reichsgericht wäre. Dies ist aber nicht der Fall (vgl. oben § 90 Anm. 3—5). Die Reichsgerichtsanwälte können daher vor dem Ehrengerichtshof auftreten.

Anm. 8. Fraglich ist, ob der gemäß § 184 Abs. 2 StPO. durch den Reichsgerichtspräsidenten bestellte Untersuchungsrichter gegenüber dem Reichsgerichte als „anderes Gericht" zu betrachten sei. Die Frage wird von Bennecke-Beling, Strafprozeßrecht 143 und v. Kries, Lehrb. des StPR. 237 verneint, weil es sich „um einen Teil des reichsgerichtlichen Verfahrens" handle. Dem ist beizupflichten. Auch das Verfahren vor dem ersuchten Richter in einer in der Revisionsinstanz schwebenden Zivilprozeßsache (Beweiserhebungen kommen bekanntlich auch in diesem Stadium vor) muß als zum reichsgerichtlichen Verfahren gehörig angesehen werden. Es wäre kaum begreiflich, wenn der RGAnwalt als Prozeßbevollmächtigter für die Revisionsinstanz die Partei nicht in allen Phasen dieser Instanz vertreten könnte.

Anm. 9. 4. Bei einem Gerichte „auftreten" bedeutet nichts anderes als dem Gerichte gegenüber als Anwalt, d. h. als Beistand, Verteidiger, Vertreter oder durch Ausführung der Parteirechte tätig werden. Dazu gehört also vor allem auch das Einreichen von Schriftsätzen. Ebenso die herrschende Meinung. Ausführliche Begründung und Literatur siehe bei A. Friedländer GS. **60** 419. Die Frage ist anscheinend übersehen in RGSt. **9** 279; vgl. dagegen die für unsere Meinung sprechende Plenarentscheidung RGZ. **17** 392 ff.

Anm. 10. 5. Nicht unwirksam sind die Rechtshandlungen, welche ein Reichsgerichtsanwalt in eigener Sache als Partei, als Vormund, als Testamentsvollstrecker usw. gegenüber einem anderen Gerichte vornimmt (vgl. hiezu auch § 31 GewGG.).

6. Beim Reichsgerichte dürfen die Reichsgerichtsanwälte — in Ermangelung einer gegenteiligen Bestimmung — auch dann auftreten, wenn dieses Gericht nur kraft Landesrechts zuständig ist.

Auch soweit das Reichsgericht als Berufungsgericht in Konsulargerichtssachen fungiert, können die Reichsgerichtsanwälte bei ihm auftreten. Vgl. ferner § 26 Anm. 13 und § 100 Anm. 7; Nachtrag Anm. 18.

§ 101.

Eine Uebertragung der dem Prozeßbevollmächtigten zustehenden Vertretung auf einen bei dem Reichsgerichte nicht zulassenenen Rechtsanwalt findet nicht statt.

Anm. 1. 1. Inhalt des Paragraphen. Während § 100 die Beschränkungen enthält, welche das Gesetz den Reichsgerichtsanwälten bezüglich ihrer Tätigkeit auferlegt, schränkt der vorliegende Paragraph die Befugnisse der anderen Anwälte hinsichtlich ihrer Tätigkeit beim Reichsgerichte ein.

Anm. 2. 2. § 101 bezieht sich nur auf den ordentlichen Zivilprozeß, wie schon aus dem Worte „Prozeßbevollmächtigten" hervorgeht. Bezüglich des Berufungsverfahrens in konsularischen Zivilprozessen vgl. § 45 KonsGG. und Vorwerk KonsGG. § 45 Anm. 2. Bezüglich des Berufungsverfahrens in Patentsachen vgl. § 26 Anm. 13.

In Strafsachen kann daher jeder deutsche Rechtsanwalt auch beim Reichsgerichte als Substitut tätig werden.

Anm. 3. 3. Nur die Übertragung der Vertretung an einen nicht beim Reichsgerichte zugelassenen Rechtsanwalt ist ausgeschlossen; dagegen kann jeder deutsche Rechtsanwalt die Ausführung der Parteirechte in der mündlichen Verhandlung auch beim Reichsgerichte übernehmen, selbstverständlich nur in Anwesenheit eines Reichsgerichtsanwalts. Näheres hierüber bei § 25 Anm. 39.

4. Nur die — direkte oder indirekte — Übertragung der Vertretung seitens des Prozeßbevollmächtigten auf einen nicht beim Reichsgerichte zugelassenen Rechtsanwalt in der mündlichen Verhandlung ist unstatthaft. Findet dagegen vor einem beauftragten Richter eine Beweisaufnahme statt — was auch beim Reichsgerichte möglich ist — so kann jeder Rechtsanwalt als Beistand und selbst als unmittelbarer Vertreter der Partei auftreten. Anm. 4.

Daraus folgt aber zugleich, daß, soweit kein Anwaltszwang herrscht, die an sich zulässige Vertretung auch seitens des Prozeßbevollmächtigten einem nicht beim Reichsgerichte zugelassenen Rechtsanwalt übertragen werden kann. Denn es wäre unbegreiflich, wenn mit direkter Vollmacht der Partei jeder Rechtsanwalt, ja sogar jede andere Person, mit Vertretungsvollmacht des Prozeßbevollmächtigten aber nur ein Reichsgerichtsanwalt auftreten könnte. Das gleiche Resultat ergibt sich auch aus der Entstehungsgeschichte des § 101, welcher eine Ausnahme von § 27 Abs. 2 darstellen und sich offenbar nur auf die dort erwähnten Fälle beziehen sollte. Der Bericht der RTKomm., welche die Bestimmung in der geltenden Fassung geschaffen hat, sagt denn auch, „hier handle es sich nur um die Verhandlungen in Zivilsachen, in denen Anwaltszwang herrscht" (KommB. 47, vgl. auch Motive 97). Anm. 5.

5. Die Bestimmung des § 101 bezieht sich nur auf die Spezialvertretung, nicht aber auf die Generalsubstitution. Anm. 6.

Als Generalsubstitut eines Reichsgerichtsanwalts kann vielmehr jeder Rechtsanwalt und jeder Rechtskundige bestellt werden, welcher mindestens 2 Jahre[1]) im Vorbereitungsdienste beschäftigt worden ist. Ebenso (mit eingehender Begründung): RGVerZS. JW. **1883** 209; ferner Meyer § 101 Anm. 2; Berger § 101 Anm. 1.

§ 102.

Die Anwaltskammer bei dem Reichsgerichte wird durch die bei demselben zugelassenen Rechtsanwälte gebildet.

Die Mitglieder des Ehrengerichtshofs können nicht Mitglieder des Ehrengerichts sein.

I. Inhalt. Der Paragraph behandelt die Besonderheiten, die hinsichtlich der AK. bei dem RG. gelten. Anm. 1.

II. Entstehungsgeschichte. Der Entwurf sah als § 98 nur den ersten Absatz des jetzigen § 102 vor. Der Abs. 2 des § 102 verdankt seine Entstehung den Beschlußfassungen der RTKomm., durch die an die Stelle des RG. als Berufungsgerichts der EGH. gesetzt wurde. Es lagen, soweit hier in Betracht kommend, zwei Anträge vor, ein Antrag Zinn und ein Antrag Wolffson. Der Antrag Zinn schlug folgenden Zusatz vor: „Der Vorstand derselben[2]) besteht aus mindestens zwölf Mitgliedern. Anm. 2.

Der Vorstand wählt für jedes Geschäftsjahr des Reichsgerichts aus seiner Mitte drei Mitglieder des Ober-Ehrengerichts und drei Stellvertreter desselben.

Niemand kann gleichzeitig Mitglied des Ehrengerichts (§ 63)[3]) und des Ober-Ehrengerichts sein. Wird der Vorsitzende des Vorstandes oder dessen Stellvertreter zum Mitgliede des Ober-Ehrengerichts gewählt, so sind an ihrer Stelle andere Mitglieder des Ehrengerichts zu wählen."

Der Antrag Wolffson verlangte folgenden Zusatz zu § 88 des Entwurfs (= § 91 des Gesetzes):

„Ein Mitglied des Vorstandes der Anwaltskammer, welches bei der angefochtenen

---

[1]) Jetzt 1 Jahr 3 Monate: VO. vom 1. 6. 1920 (RGBl. 1108).

[2]) nämlich der AK. bei dem RG.

[3]) = § 67 des Gesetzes.

Entscheidung mitgewirkt hat, ist von der Mitwirkung bei der Entscheidung des Ober-Ehrengerichts ausgeschlossen".

Die RTKomm. sah durch ihre von der Redaktionskommission in dem § 90 des Gesetzes zusammengefaßten Beschlüsse den Antrag Zinn als erledigt an, was hinsichtlich seines Absatzes 3 keineswegs zutraf. Der Antrag Wolffson, dessen Urheber bemerkte, „daß nach den früheren Beschlüssen dieser Antrag redaktionell zu ändern sei", wurde „vorbehältlich der redaktionellen Änderung" angenommen (Siegeth Anhang 120/1). Die Redaktionskommission faßte ihn so, wie Abs. 2 des § 102 jetzt lautet, und die RTKomm. genehmigte diese Fassung (Siegeth Anhang 152/3). Der KommB. 48 bemerkt dazu: „Durch diesen Zusatz soll vermieden werden, daß im ehrengerichtlichen Verfahren gegen Anwälte beim Reichsgerichte dieselben Personen den Gerichten beider Instanzen angehören."

Anm. 3. III. 1. **Die Zusammensetzung der AK. bei dem RG. weicht insofern von der Bestimmung des § 41 ab,** als diese AK. nicht die in einem Oberlandesgerichtsbezirke zugelassenen Anwälte, sondern nur die bei dem RG. zugelassenen zu ihren Mitgliedern zählt. Im übrigen gilt, was für die anderen Anwaltskammern gilt, auch für sie, freilich unter Berücksichtigung des § 98. Bei den einzelnen Bestimmungen sind die hieraus sich ergebenden Folgerungen gezogen worden, und es ist darauf zu verweisen.

Anm. 4. 2. Nur eine Besonderheit ist hier zu behandeln, die **Unvereinbarkeit der Eigenschaft als Mitglied des EGH. mit derjenigen als Mitglied des EG. der reichsgerichtlichen AK.**

Anm. 5. a) Die mitgeteilte Entstehungsgeschichte des Abs. 2 zeigt, daß die Redaktionskommission den Antrag Wolffson keineswegs bloß redaktionell geändert hat. So, wie der Antrag lautete, wiederholte er, und zwar nach dem Grundsatze der Anwendbarkeit der StPO. (§ 66 RAO.) überflüssigerweise, lediglich den Inhalt des § 23 Abs. 1 StPO. Die Redaktionskommission machte in Wahrheit aus dem Antrag Wolffson das, was Abs. 3 Satz 1 des Antrags Zinn bestimmte. Es wird deshalb auch angängig sein, diesen mit zur Erläuterung des Gesetzes heranzuziehen.

Anm. 6. Der Antrag Zinn sprach in Abs. 2 davon, daß der Vorstand „drei Mitglieder des Ober-Ehrengerichts und drei Stellvertreter desselben" zu wählen habe. Wenn er dann in Absatz 3 von der Unmöglichkeit, gleichzeitig „Mitglied des Ehrengerichts und des Oberehrengerichts" zu sein, handelte, so deutete bezüglich des Ober-Ehrengerichts das Wort „Mitglied" auf den Abs. 2 zurück, bezog sich also nicht auf die Stellvertreter, die ja § 90 RAO. a. F. kannte, während sie der jetzige § 90 nicht mehr kennt. Hinsichtlich des Ehrengerichts ergab sich gleiche Auslegung sowohl durch die Bezugnahme auf § 63 des Entw. (= § 67 des Ges.) als auch durch Abs. 3 Satz 2 des Antrags, in dem doch wieder nur von Mitgliedern des EG., nicht auch von Stellvertretern die Rede ist.

Anm. 7. b) Auch dem Gesetz gegenüber wird man keine andere Stellung einzunehmen haben. Wären in § 102 Abs. 2 unter den Mitgliedern des EG. nicht nur die fünf Vorstandsmitglieder verstanden, die normalerweise das EG. bilden, so würde die Bestimmung bedeuten, daß die Mitglieder des Vorstandes der AK. bei dem RG. nicht Mitglieder des EGH. sein können (vgl. § 67 Anm. 5). Dann würde aber Abs. 2 doch wohl einfach dahin gefaßt worden sein:

> Die Mitglieder des EGH. können nicht Mitglieder des Vorstandes der AK. sein.

Allerdings ist ja das EG. kein besonderes Gebilde neben dem AKV., aber es ist doch eine besondere Erscheinungsform desselben, es wäre also bei der gedachten Auffassung wohl der AKV. und nicht das EG. erwähnt worden. Die Stelle des

KommB. ferner, deren gedacht wurde, nötigt keineswegs zu dem Schluß, daß die Mitglieder der einen Behörde bei der anderen auch nicht als Stellvertreter sollten tätig sein können.

Man wird daher im § 102 unter den Mitgliedern des Ehrengerichts nur dessen ordentliche Mitglieder zu verstehen haben. Die ordentlichen anwaltschaftlichen Mitglieder des EGH. können also Stellvertreter im EG. sein. Anm. 8.

Sechster Abschnitt.

Schluß- und Übergangsbestimmungen.

Vorbemerkung.

Der sechste Abschnitt regelt das Inkrafttreten der RAO. (§ 103), enthält die besonderen für das Oberste Landesgericht geltenden Vorschriften (§§ 104, 105) und die Übergangsbestimmungen (§§ 106—116). Letztere sind insoweit nicht erläutert, als ihnen heute praktische Bedeutung nicht mehr zukommt. Im gleichen Umfange ist auch der landesrechtlichen Ausführungsbestimmungen keine Erwähnung geschehen.

§ 103.

Dieses Gesetz tritt, vorbehaltlich der Bestimmungen der §§ 112, 113, im ganzen Umfange des Reichs gleichzeitig mit dem Gerichtsverfassungsgesetz in Kraft.

I. Inhalt. § 103 regelt den Zeitpunkt des Inkrafttretens der RAO. Anm. 1.

II. Zeitpunkt des Inkrafttretens der RAO. Die RAO. ist gleichzeitig mit dem GVG. am 1. Oktober 1879 in Kraft getreten. In Helgoland gilt sie seit 1. April 1891. Anm. 2.

III. Wirkung des Inkrafttretens der RAO. 1. Nach Art. 2 RV. (1871) gehen die Reichsgesetze den Landesgesetzen vor. Deshalb sind mit dem Inkrafttreten der RAO. „alle landesgesetzlichen Bestimmungen über Materien, welche durch jene geregelt werden", außer Kraft getreten (Mot. 97). Art. 2 RV. (1871) entspricht Art. 13 Abs. 1 RV. (1919). Anm. 3.

2. Solche Materien sind Anm. 4.

a) die Institution der Rechtsanwaltschaft. Es gibt seit dem Inkrafttreten der RAO. nur noch Rechtsanwälte im Sinne der RAO., nicht mehr Anwälte, Advokaten, Advokatanwälte, Prokuratoren auf Grund des Landesrechts. Die Personen, die diese Eigenschaft inne hatten, haben sie mit dem 1. Oktober 1879 verloren (Mot. 97; Meyer § 103 Anm. 1), und neu kann sie nicht mehr erworben werden. Eben zum Ersatze für den gedachten Verlust gibt § 107 „den zur Zeit des Inkrafttretens dieses Gesetzes vorhandenen Rechtsanwälten (Anwälten, Advokaten, Advokatanwälten, Prokuratoren)" das nur an rechtzeitige Antragstellung geknüpfte, sonst aber völlig unbedingte Recht auf Zulassung zur Rechtsanwaltschaft bei einem Landesgerichte, in dessen Bezirk sie bisher ihren Wohnsitz hatten.

Verlangte das bisherige, sei es durch die Reichsjustizgesetze unberührt gebliebene, sei es nach ihren Übergangsbestimmungen für anhängige Prozesse fortgeltende Recht, daß gewisse Handlungen von einem an einem bestimmten Gerichte zugelassenen oder angestellten Rechtsanwalte im Sinne des früheren Rechts vorge- Anm. 5.

nommen werden, so ist für solche Handlungen jetzt die Mitwirkung eines Rechtsanwaltes erforderlich, der nach Maßgabe der RAO. bei dem betreffenden Gerichte zugelassen ist: RheinARV. **13** 40 (OLG. Cöln).

Anm. 6. Kannte das frühere Recht die Zulassung bei einem bestimmten Gerichte nicht, und genügte ihm die Eigenschaft als Rechtsanwalt in dem betreffenden Staat usw., so ist bei Anwendbarkeit des früheren Rechts die auf ein Gericht beschränkte Zulassung nach Maßgabe der RAO. kein Hindernis, bei einem anderen Gerichte aufzutreten: FrankfRundsch. **1880** 18/9 (OLG. Frankfurt a. M.). Vgl. Meyer § 103 Anm. 1.

Anm. 7. Das Landesrecht hat die Regelung der Frage in der Hand, inwieweit die Rechtsanwälte in Sachen, auf welche die Bestimmungen der Reichsjustizgesetze nicht Anwendung finden, aufzutreten befugt sind, und es bleibt nicht nur das bisherige Landesrecht bestehen, sondern es kann auch neues Landesrecht geschaffen werden. Vgl. RGRspr. **1** 407/411; Meyer §§ 26, 27 Anm. 1; Berger Vorbem. zum 2. Abschn.; Sydow-Jacobsohn Vorbem. zum 6. Abschn.[1]). Allerdings wird mit Neumeyer GoltdA. **64** 6 bei reichsrechtlichen und im Zweifel auch bei landesrechtlichen Bestimmungen, die eine Tätigkeit „Rechtsanwälten" vorbehalten, anzunehmen sein, daß unter dieser Bezeichnung jeder deutsche Rechtsanwalt zu verstehen ist.

Anm. 8. b) Die Zulassung zur Rechtsanwaltschaft in ihren Voraussetzungen und Wirkungen und die Zurücknahme der Zulassung ist von der RAO. abschließend geregelt. Ein Eingreifen ist dem Landesrecht, nachdem die Fälle des § 107 Abs. 4 Satz 2 und des § 110 bedeutungslos geworden sind, nur noch nach Maßgabe des § 109, des § 114 in Verbindung mit Art. X EGZPNov. und des § 116 Abs. 2 sowie gemäß § 5 Ziffer 4 (gesetzliche Unvereinbarkeit eines Amts oder einer Beschäftigung mit Beruf oder Würde der Rechtsanwaltschaft) möglich. Vgl. Meyer § 103 Anm. 2; KommB. 52.

Anm. 9. c) Jeder Eingriff ist dem Landesrecht hinsichtlich der Organisation und der Tätigkeit der Anwaltskammern (vorbehaltlich der Bestimmung des § 41a) und hinsichtlich des ehrengerichtlichen Verfahrens versagt. Das Landesrecht kann z. B. nicht den AKV. verpflichten, das Kammervermögen mündelsicher anzulegen, es kann auch nicht die Tätigkeit des EG. erweitern. Dagegen kann es sehr wohl bestimmen, ob die AK. überhaupt und in welcher Weise sie zur Steuer heranzuziehen ist. Bezüglich des Konkurses über das Vermögen der Anwaltskammern vgl. § **41** Anm. 19.

Anm. 10. d) Die Standespflichten des RA. sind der Regelung durch das Landesrecht entzogen, dasselbe kann also nicht etwa den Rechtsanwälten gewisse Beschäftigungen verbieten. Wohl aber kann es Personen, die einen bestimmten Beruf ausüben, soweit nicht anderes Reichsrecht entgegensteht, die Zugehörigkeit zu der Rechtsanwaltschaft verbieten. Dieses Verbot richtet sich dann aber an die Person nicht in ihrer Eigenschaft als RA., sondern kraft ihrer Zugehörigkeit zu dem anderweiten Berufe usw. Daß das Landesrecht in seinem Machtbereiche die Rechtsanwälte auch zu prozessualen Pflichten heranziehen kann, ist nichts als eine notwendige Folge des in Anm. 5—7 Gesagten.

Anm. 11. e) Das Verhältnis des RA. zu seinem „Auftraggeber" regelte die RAO. nur in einzelnen Punkten. Insoweit war also für das Landesrecht Raum. Seit dem Inkrafttreten des BGB. ist auch dieses Gebiet landesrechtlicher Regelung — von

[1]) Einschlägige Bestimmungen enthalten Preußen JMBf. 28. 6. 79 (JMBl. 153), Sachsen V. 31. 7. 79 (GVBl. 302) § 13, Sachsen-Weimar MinV. 3. 10. 79 (RegBl. 519) § 19, Sachsen-Meiningen V. 6. 1. 80 (Samml. 257) § 17, Anhalt V. 13. 8. 79 (GS. 683) § 5, Sachsen-Altenburg V. 17. 11. 79 (GS. 255) § 18, Schwarzburg-Rudolstadt MinV. 27. 1. 80. (GS. 13) § 17, Coburg-Gotha V. 2. 2. 80 (Coburg: GS. 7, Gotha: GS. 5) § 17, Reuß ä. L. V. 27. 9. 79 (GS. 268) §§ 1, 2.

den Taxvorschriften abgesehen — entzogen. Vgl. den Exkurs vor § 30 und ferner § 32 Anm. 1.

f) Über den Vorbereitungsdienst bei den Rechtsanwälten enthält § 40 eine einzelne Bestimmung. Von ihr abgesehen, hat das Landesrecht im Rahmen des GVG. hier freie Hand (KommB. 33; Meyer Anm. zu § 40). Anm. 12.

§ 104.

Der am Orte eines obersten Landesgerichts wohnhafte Rechtsanwalt kann bei diesem Gerichte zugelassen werden, wenn nach dem Gutachten des letzteren die Zulassung zur ordnungsmäßigen Erledigung der Anwaltsprozesse erforderlich ist.

I. Inhalt. Der erst von der RTKomm. eingeschobene Paragraph trägt dafür Sorge, daß für die beim obersten Landesgerichte anhängigen Zivilprozeßsachen eine genügende Anzahl von Rechtsanwälten zur Verfügung steht. Anm. 1.

II. Die Zulassung zur Rechtsanwaltschaft bei dem obersten Landesgerichte allein richtet sich nach § 4 und nicht nach § 104, auch nicht nach § 99. Über die formelle Behandlung des Zulassungsantrags vgl. Bayern Bek. 7. 7. 79 (GVBl. 685) §§ 2 Abs. 2, 3 Abs. 4. Anm. 2.

III. Die Bestimmung des § 100 Abs. 1 gilt nicht für das oberste Landesgericht, im Gegenteil sieht § 104 einen besonderen Fall der Simultanzulassung und zwar lediglich der endgültigen vor. Über das Verfahren betreffs des Antrags auf Simultanzulassung vgl. Bayern Bek. 7. 7. 79 (GVBl. 685) § 6. Anm. 3.

1. Jeder am Orte des obersten Landesgerichts wohnhafte Rechtsanwalt, auch wenn er nur bei einem Amtsgerichte zugelassen ist, kann gleichzeitig bei dem obersten Landesgerichte zugelassen werden. Anm. 4.

2. Diese Zulassung ist dadurch bedingt, daß sie nach dem Gutachten des obersten Landesgerichts zur ordnungsmäßigen Erledigung der Anwaltsprozesse erforderlich ist. In welcher Besetzung das oberste Landesgericht das Gutachten abzugeben hat, sagt das Gesetz nicht. Die Frage wird ebenso, wie bei § 9, zu entscheiden sein. Vgl. dortselbst Anm. 8, ferner Meyer § 104 Anm. 3. Anm. 5.

3. Ein Recht auf die Simultanzulassung besteht nicht, ihre Gewährung steht im Belieben der LJV. Anm. 6.

4. Die Bestimmungen der §§ 100 Abs. 2, 101 gelten nicht für die bei dem obersten Landesgerichte zugelassenen Rechtsanwälte. Vgl. Meyer §§ 104, 105 Anm. 1. Anm. 7.

§ 105.

Die bei einem obersten Landesgerichte zugelassenen Rechtsanwälte sind Mitglieder der Anwaltskammer, in deren Bezirke das Gericht seinen Sitz hat.

In Abweichung von dem Grundsatze des § 41 weist § 105 die (ausschließlich) bei dem obersten Landesgerichte zugelassenen Rechtsanwälte der AK., in deren Bezirk das oberste Landesgericht seinen Sitz hat, als Mitglieder zu. Davon, für diese Rechtsanwälte eine besondere AK. entsprechend § 102 Abs. 1 zu bilden, hat das Gesetz abgesehen, da möglicherweise die zur Bildung einer AK. erforderliche Anzahl von Mitgliedern nicht vorhanden sein werde (Mot. 98; Meyer § 105 Anm. 5). Wie zutreffend dies war, ergibt die Tatsache, daß im September 1913 nur 6 Anwälte ausschließlich bei dem ObLG. München zugelassen waren AKJahrB. **1915** 5. Diese Zahl hat sich unterdessen noch weiter vermindert AKJahrB. **1916** 6, **1917** 5.

§ 106.

Die erste Versammlung der Anwaltskammern findet zur Wahl der Mitglieder des Vorstandes binnen drei Monaten nach dem Inkrafttreten dieses Gesetzes statt.

Die Versammlung wird von dem Präsidenten des Oberlandesgerichts, bei dem Reichsgerichte von dem Präsidenten des letzteren berufen. Den Vorsitz in derselben führt der Präsident oder ein von ihm beauftragtes Mitglied des Gerichts.

Der Vorsitzende ernennt für die Versammlung aus deren Mitte einen Schriftführer.

Anm. 1. **I. Inhalt.** Der Paragraph regelt die erste Wahl der Anwaltskammervorstände nach dem Inkrafttreten der RAO. In dieser Beziehung hat der Paragraph keine praktische Bedeutung mehr. Sobald aber mit der Begründung eines neuen OLG. oder wegen Errichtung einer 2. AK. im Oberlandesgerichtsbezirke gemäß § 41a RAO. eine neue AK. in das Leben tritt, liegen die Verhältnisse für die erste Wahl des AKV. ebenso, wie sie bei Inkrafttreten der RAO. lagen. Deshalb ist in solchem Falle § 106 anzuwenden (Kaufmann JW. **1905** 705, Heinitz DJZ. **1911** 82). Nur im Hinblick hierauf erfolgt die Kommentierung des Paragraphen.

Anm. 2. **II.** Die **baldige Wahl des AKV.** ist wegen der Bestimmungen in den §§ 3, 5 Ziff. 4—6 von Bedeutung (Meyer[1] Anm. zu § 111). Das Gesetz setzt deshalb eine Frist von 3 Monaten zur Bewirkung dieser Wahl. Die Frist rechnet bei Neuerrichtung einer AK. von dem Tage, an dem ihre Existenz beginnt; es handelt sich naturgemäß nur um eine Ordnungsvorschrift: eine nach Ablauf der Frist erfolgende Wahl ist keineswegs ungültig.

Anm. 3. **III.** Da ein Vorsitzender des AKV. mangels Wahl dieses Vorstandes selbst noch nicht vorhanden, § 52 Abs. 1 also unanwendbar ist, **weist § 106 Abs. 2 die Berufung der Versammlung dem Präsidenten des OLG. zu.**

Anm. 4. **IV. Die Berufung der Versammlung erfolgt an den Sitz des OLG.**, hinsichtlich der nach § 41a RAO. errichteten 2. AK. an den für sie bestimmten Sitz. Daß die Versammlung im erstgedachten Falle in den Räumen des OLG. abgehalten wird, ist, da der Präsident oder ein anderes Mitglied des OLG. den Vorsitz in der Versammlung führt, als sachgemäß zu bezeichnen.

Anm. 5. **V. Für die Form der Berufung** gilt § 53 (Meyer[1] § 106 Anm. 1). Die Berufung ist also, da eine Geschäftsordnung ja noch nicht vorhanden sein kann, nur mittels schriftlicher Einladung der Mitglieder statthaft (§ 53 Abs. 3 findet Anwendung). Bei der Einladung ist die Tagesordnung, die allein in der Wahl der Mitglieder des Vorstandes besteht, bekanntzugeben.

Anm. 6. **VI.** Den **Vorsitz in der Versammlung** führt der Präsident des OLG. oder ein von ihm beauftragtes Mitglied des OLG. Das beauftragte Mitglied hat sich der Ausführung des Auftrags zu unterziehen.

Anm. 7. **VII.** Nach Eröffnung der Versammlung ernennt der Vorsitzende einen der in der Versammlung anwesenden, der neuen AK. angehörigen Rechtsanwälte zum **Schriftführer** für diese Versammlung. Der zum Schriftführer Ernannte hat der Ernennung Folge zu leisten, das in § 56 gedachte Protokoll aufzunehmen und es ebenso, wie der Vorsitzende, zu unterzeichnen (Meyer[1] § 106 Anm. 1).

Anm. 8. **VIII. Die Wahl des Vorstandes erfolgt nach Maßgabe des § 54.** (Meyer[1] § 106 Anm. 2).

Bezüglich der Form der Wahl, der Stichwahl usw. ist so zu verfahren, wie nach Konstituierung des Vorstandes bei denjenigen Anwaltskammern vorzugehen ist, die einschlägige Bestimmungen in ihrer Geschäftsordnung nicht getroffen haben (vgl. hierüber § 54 Anm. 14—19). Meyer[1] Anm. 2 zu § 106 läßt die AK., bevor sie zur Wahl schreitet, Bestimmungen über die fraglichen Punkte für diese erste Wahl treffen, also gewissermaßen eine Geschäftsordnung für den einzelnen Fall erlassen. Daß dies nicht richtig ist, geht schon daraus hervor, daß auch später die AK. keineswegs genötigt ist, eine Regelung durch die Geschäftsordnung vorzunehmen.

§ 107.

Den zur Zeit des Inkrafttretens dieses Gesetzes vorhandenen Rechtsanwälten (Anwälten, Advokaten, Advokatanwälten, Prokuratoren) kann die Zulassung bei einem Landesgerichte, in dessen Bezirke sie bisher ihren Wohnsitz hatten, nicht versagt werden, wenn sie dieselbe vor dem Inkrafttreten dieses Gesetzes oder binnen drei Monaten nach demselben beantragen.

Dieselben sind, sofern sie die Zulassung bei dem Landgerichte ihres Wohnsitzes beantragen, befugt, ihren bisherigen Wohnsitz beizubehalten.

Eine nochmalige Beeidigung dieser Rechtsanwälte findet nicht statt.

Den zur Zeit des Inkrafttretens dieses Gesetzes vorhandenen Rechtsanwälten, welche bei den an ihrem Wohnsitze befindlichen mehreren Kollegialgerichten die Anwaltschaft auszuüben berechtigt sind, kann die gleichzeitige Zulassung bei den an demselben Orte an die Stelle der bisherigen tretenden Kollegialgerichten nicht versagt werden, wenn sie dieselbe vor dem Inkrafttreten dieses Gesetzes beantragen. Durch landesherrliche Verordnung kann in diesem Falle für einzelne Orte die gleichzeitige Zulassung bei mehreren Kollegialgerichten ausgeschlossen werden.

Der Paragraph gab den zur Zeit des Inkrafttretens der RAO. vorhandenen Rechtsanwälten des früheren Rechts einen unbedingten, aber befristeten Anspruch auf Zulassung zur Rechtsanwaltschaft des neuen Rechts. Die Frist ist längst abgelaufen, und die Zulassung der in § 107 genannten Personen zur Rechtsanwaltschaft untersteht jetzt, soweit nicht § 108 eingreift, lediglich den allgemeinen Bestimmungen der RAO. (Meyer[1] § 107 Anm. 6). Der § 107 ist daher seinem wesentlichen Inhalte nach heute ohne praktische Bedeutung. Nur in einer Beziehung kann er allenfalls noch in Betracht kommen: Anm. 1.

Die in Gemäßheit des § 107 zugelassenen Rechtsanwälte können wegen Verfehlungen, die sie als Anwälte früheren Rechts begangen haben, auch mit einer geringeren Strafe als der Ausschließung belegt werden. Nur mit dieser Maßgabe kann also § 64 RAO. zur Anwendung kommen. Ebenso: EGH. **1** 57, 210/1; Meyer § 64 Anm. 2. Anm. 2.

§ 108.

Diejenigen, welche zur Zeit des Inkrafttretens dieses Gesetzes die Fähigkeit zur Rechtsanwaltschaft erlangt haben, können zur Rechtsanwaltschaft zugelassen werden, auch wenn sie die Fähigkeit zum Richteramte nicht erlangt haben.

Dieselben haben nach Maßgabe des § 4 ein Recht auf Zulassung bei den Gerichten des Bundesstaats, in welchem sie die Fähigkeit zur Rechtsanwaltschaft erlangt haben.

Die Zulassung eines solchen zum Richteramte nicht befähigten Antragstellers kann auch dann versagt werden, wenn dieselbe nicht vor dem Inkrafttreten dieses Gesetzes oder binnen drei Monaten nach demselben oder, falls der Antragsteller zu dieser Zeit ein Amt bekleidet, mit welchem die Rechtsanwaltschaft nicht vereinbar ist, nicht vor Ablauf von drei Monaten nach dem Ausscheiden aus diesem Amte beantragt wird.

Anm. 1. **I. Inhalt.** Nach früherem Recht war teilweise die Fähigkeit zur Rechtsanwaltschaft an geringere Voraussetzungen geknüpft, als die Fähigkeit zum Richteramte. Deshalb wahrt § 108 denjenigen, die zur Zeit des Inkrafttretens der RAO. die Fähigkeit zur Rechtsanwaltschaft nach Maßgabe des früheren Rechts erlangt hatten, „ihre wohlerworbenen Rechte" (KommB. 49).

Anm. 2. **II. Diejenigen, die zur Zeit des Inkrafttretens der RAO. nach Landesrecht die Fähigkeit zur Rechtsanwaltschaft erlangt hatten, haben damit die Fähigkeit zur Rechtsanwaltschaft der RAO. erlangt, selbst wenn sie die Fähigkeit zum Richteramte nicht erlangt hatten.**

Anm. 3. 1. Diese Personen können bei jedem deutschen Gericht, auch bei dem Reichsgericht, als Rechtsanwälte zugelassen werden (Meyer § 108 Anm. 2).

Anm. 4. 2. Sie haben ein Recht auf Zulassung bei den Gerichten des Landes, in welchem sie die Fähigkeit zur Rechtsanwaltschaft erlangt haben.

a) Dieses Recht besteht nur „nach Maßgabe des § 4", also nicht in weiterem Umfange, als ein nach § 1 Berechtigter Anspruch auf Zulassung hat.

b) Das Recht unterliegt einem besonderen reichsgesetzlichen fakultativen Versagungsgrunde. Die Zulassung kann nämlich auch versagt werden, wenn der Antrag auf Zulassung nicht rechtzeitig gestellt wird. Soweit die Frist durch Antrag vor Inkrafttreten der RAO. oder binnen 3 Monaten nach diesem Inkrafttreten zu wahren war, ist jetzt eine Einhaltung der Frist nicht mehr möglich. Bekleidete aber der Antragsteller zu diesen Zeiten ein Amt, mit welchem die Rechtsanwaltschaft nicht vereinbar ist, so erhält ein vor Ablauf von drei Monaten nach dem Ausscheiden aus dem gedachten Amte gestellter Zulassungsantrag das Recht auf Zulassung. Dieser Fall kann auch heute noch praktisch werden, sei es daß der Betreffende schon vor Inkrafttreten der RAO. und seitdem ununterbrochen bis jetzt ein mit der Rechtsanwaltschaft nicht vereinbares Amt bekleidete, sei es daß solche Bekleidung zwar Unterbrechungen erfuhr, keine von ihnen aber 3 Monate lang dauerte.

c) Wegen landesgesetzlicher Beschränkung des Zulassungsrechts für diejenigen, die die Fähigkeit zur Rechtsanwaltschaft, aber nicht auch die Fähigkeit zum Richteramt erlangt haben, vgl. § 109.

Anm. 5. **III. § 108 gilt für alle, welche nach früherem Recht die Fähigkeit zur Rechtsanwaltschaft erlangt haben, mögen sie zur Zeit des Inkrafttretens der RAO. noch nicht Rechtsanwälte oder bereits als solche tätig gewesen sein,** was insbesondere wegen der von § 107 aufgestellten Fristen von Bedeutung ist (Meyer § 108 Anm. 5).

§ 109.

Die Landesgesetze können für solche Kategorien von Rechtsanwälten und zur Rechtsanwaltschaft Befähigten (§§ 107, 108), für welche die Fähigkeit zum Richteramte nicht erforderlich war, bestimmen, daß deren Zulassung zu versagen oder nur unter Beschränkungen zu ertheilen sei.

Für diejenigen Personen, die vor Inkrafttreten der RAO. die Fähigkeit zur Rechtsanwaltschaft und nicht zugleich auch die Fähigkeit zum Richteramt erlangt haben (§ 108), kann die Landesgesetzgebung das Recht auf Zulassung beschränken oder ganz beseitigen. Der übrige Inhalt des Paragraphen hat keine praktische Bedeutung mehr.

§ 110.

Durch landesherrliche Verordnung kann die Landesjustizverwaltung auf einen Zeitraum von drei Jahren nach dem Inkrafttreten dieses Gesetzes ermächtigt werden, die Zulassung zur Rechtsanwaltschaft denjenigen zu versagen, welche im Justizdienste sich befinden, sowie denjenigen, welche aus demselben ausgeschieden sind, ohne in einen anderen Zweig des Reichs- oder Staatsdienstes oder in ein besoldetes Gemeindeamt übergegangen oder zur Rechtsanwaltschaft zugelassen worden zu sein.

Auf Grund einer solchen Ermächtigung kann jedoch die Zulassung denjenigen nicht versagt werden, welche dieselbe binnen einem Jahre nach erlangter Fähigkeit zur Rechtsanwaltschaft beantragen und nicht bereits im Justizdienste angestellt worden sind. Für diejenigen, welche die Fähigkeit zur Rechtsanwaltschaft bei dem Inkrafttreten dieses Gesetzes bereits erlangt hatten, läuft diese Frist noch mindestens drei Monate nach diesem Zeitpunkte.

§ 111.

Bis zur Wahl des Vorstandes der Anwaltskammer ist die Anhörung desselben nach den Vorschriften der §§ 3, 99 nicht erforderlich.

I. **Inhalt.** Der Paragraph entbindet bis zur Wahl des AKV. von der sonst notwendigen Anhörung desselben vor Befinden über den Zulassungsantrag. Die Bestimmung, die insofern interessant ist, als sie ergibt, daß auch für die Zulassung bei dem Reichsgerichte die gutachtliche Äußerung des AKV. verlangt wird, hatte nur die Übergangszeit vom Inkrafttreten der RAO. bis zur ersten Wahl der Anwaltskammervorstände im Auge. Sie ist aber auch bei Neuerrichtung eines Oberlandesgerichts (PrJMVf. 3. 5. 06 — PrJMBl. 138) oder bei Errichtung einer 2. AK. im Oberlandesgerichtsbezirke anzuwenden und nur im Hinblick hierauf zu kommentieren. Anm. 1.

II. **Bis zur Wahl des AKV. ist seine gutachtliche Anhörung vor Entscheidung der LJV. über den Zulassungsantrag nicht erforderlich** d. h. die LJV. kann alsbald, ohne eine weitere Äußerung einholen zu müssen, über die Zulassung befinden (Meyer[1] Anm. zu § 111). Anm. 2.

III. **Die LJV. kann allerdings auch vor Wahl des AKV.**, wie dies die PrJMVf. 3. 5. 06, betreffend die Zulassung zur Rechtsanwaltschaft bei dem OLG. in Düsseldorf (PrJMBl. 138), vorschrieb, **gemäß § 49 Ziff. 4 das Gutachten eines Kammervorstandes einholen, bevor sie ihre Entscheidung trifft.** Ein solches Gutachten unterfällt aber nicht dem § 3 Abs. 2, denn nicht „der Vorstand d e r AK.", d. h. derjenigen Anwaltskammer, in deren Bezirk der Antragsteller zugelassen sein will, sondern „der Vorstand e i n e r Anwaltskammer" hat es erstattet. Infolgedessen kann ein solches Gutachten auch nicht einen Versagungsgrund nach § 5 Ziff. 4—6 schaffen. Anm. 3.

Dafür, daß bis zur Wahl des AKV. die LJV. die Zulassung nach § 5 Ziff. 4 bis 6 ohne Gutachten soweit versagen könnte und müßte, als dies sonst auf Grund solchen Gutachtens der Fall ist, fehlt jeder Anhalt (Meyer[1] Anm. zu § 111). Deshalb ist es, wenn die Voraussetzungen der gedachten Ziffern vorzuliegen scheinen, angezeigt, die Entscheidung über die Zulassung bis zur Wahl des AKV. **auszusetzen**, wie dies z. B. die PrJMVf. 28. 6. 79 (PrJMBl. 151) in Abschnitt II 3 Abs. 2 vorsah)[1]. Anm. 4.

---

[1]) Ebenso u. a. auch Bayern Bek. 7. 7. 79 (GVBl. 685) § 3 Abs. 2.

§ 112.

Auf Anordnung der Landesjustizverwaltung können schon vor dem Inkrafttreten des Gerichtsverfassungsgesetzes die Rechtsanwaltslisten (§ 20) angelegt und Eintragungen der in Gemäßheit des § 107 erfolgenden Zulassungen bewirkt werden.

Die Landesjustizverwaltung bestimmt die Gerichte, welche bis zu dem bezeichneten Zeitpunkte die Listen zu führen haben.

§ 113.

Ueber den Antrag auf Zulassung zur Rechtsanwaltschaft bei dem Reichsgericht entscheidet vor dem Inkrafttreten des Gerichtsverfassungsgesetzes an Stelle des Präsidiums des Reichsgerichts das Plenum des Reichs-Oberhandelsgerichts.

Das letztere hat bis zu dem bezeichneten Zeitpunkte die Rechtsanwaltsliste zu führen.

§ 114.

Mit Zustimmung des Bundesraths kann die Landesjustizverwaltung, wenn in dem Bezirk eines nur einem Bundesstaate angehörigen Oberlandesgerichts das System des französischen Rechts und an dem Sitze einzelner Landgerichte ein anderes System des bürgerlichen Rechts besteht, oder wenn das umgekehrte Verhältniß obwaltet, die bei diesen Landgerichten zugelassenen Rechtsanwälte in den daselbst verhandelten Prozessen bis zur Einführung eines gemeinschaftlichen bürgerlichen Gesetzbuchs zur Vertretung der Parteien auch bei dem Oberlandesgerichte zulassen[1]).

Hiezu gehört Artikel X des Einführungsgesetzes zu dem Gesetze, betreffend Aenderungen der Civilprozeßordnung, vom 17. Mai 1898 (RGBl. 332): Für die zur Zeit des Inkrafttretens des Bürgerlichen Gesetzbuchs gemäß § 114 der Rechtsanwaltsordnung bei einem Oberlandesgerichte zugelassenen Rechtsanwälte kann diese Zulassung mit Zustimmung des Bundesraths von der Landesjustizverwaltung über den bezeichneten Zeitpunkt hinaus erstreckt werden[2]).

Anm. 1. **1. Inhalt.** § 114, dessen Voraussetzungen nur für Hessen zutreffen, will dafür sorgen, daß für das OLG. Darmstadt, an dessen Sitz das französische Recht nicht gilt, während es im Bezirke des Landgerichts Mainz Geltung hat, doch eine genügende Anzahl dieses Rechts kundiger Rechtsanwälte zur Verfügung steht. Der Paragraph ist, nachdem ein ähnlicher Antrag in der RTKomm. abgelehnt war (Siegeth Anhang 75/6), vom RT. in 2. Lesung eingeschaltet worden (Siegel 592/5). Art. X EGZPNov. verdankt seine Entstehung einem Beschlusse der mit der Vorberatung des gedachten EG. betrauten Kommission des Reichstags. Zu seiner Begründung bemerkte der Antragsteller, „daß auch nach dem Inkrafttreten des Bürgerlichen Gesetzbuchs das Bedürfnis für eine derartige ausnahmsweise Zulassung [wie sie § 114 gestattet] noch eine Zeitlang fortbestehen werde" (Materialien zur Zivilprozeßordnung — Berlin bei Heymann 1898 — S. 806).

---

[1]) Vgl. dazu Hessen Bek. 20. 6. 79 (RegBl. 490).
[2]) Vgl. dazu Hessen Bek. 15. 12. 99 (RegBl. 1197).

II. **Das Eigentümliche der Simultanzulassung nach § 114 liegt darin, daß dieselbe gegenständlich beschränkt erfolgt.** Die bei dem Landgerichte Mainz zugelassenen Rechtsanwälte werden zwar bei dem Oberlandesgerichte Darmstadt, aber nur für die Prozesse zugelassen, die in 1. Instanz vor dem Landgerichte Mainz verhandelt worden sind. Anm. 2.

III. Immerhin handelt es sich um eine Zulassung bei dem Oberlandesgericht, die Bestimmungen der **§§ 19, 21 Abs. 3 finden also Anwendung** (Meyer § 114 Anm. 2). Anm. 3.

Die Zulassung auf Grund des § 114 erfolgte mit einem Endtermine. Art. X EGZPNov. (1898) gab die Möglichkeit, diese Zulassung zu erstrecken. Die Erstreckung konnte nur bezüglich aller auf Grund des § 114 bei dem OLG. Darmstadt zugelassenen Anwälte oder bezüglich keines derselben erfolgen. In welcher Weise die Zulassung erstreckt wurde, sagt das Gesetz nicht, insbesondere ist nicht ersichtlich, daß nur eine unbegrenzte Verlängerung statthaft wäre. Nach der HessBek. 15. 12. 99 (RegBl. 1197) ist die Erstreckung „bis auf Weiteres" d. h. also auf jederzeitigen Widerruf erfolgt. Dies ist nicht zu beanstanden. Schimmelpfeng HessRspr. 8 165 sieht also mit Recht auf Grund der gedachten Bek. die Simultanzulassung als eine widerrufliche an. Der Widerruf kann aber nur bezüglich aller in Betracht kommenden Rechtsanwälte erfolgen. Anm. 4.

IV. **Eine Neuzulassung auf Grund des § 114 ist nicht mehr statthaft,** Art. X EGZPNov. gestattet lediglich für die am 1. 1. 1900 bereits nach Maßgabe des § 114 zugelassenen Rechtsanwälte eine Erstreckung der Simultanzulassung über den 1. 1. 1900 hinaus. Die an die Zustimmung des Bundesrats gebundene Erstreckung erfolgt durch die LJB. Wirkung hatte sie nach Schimmelpfeng a. a. O. [im Jahre 1908] noch für 34 Mainzer Anwälte. Anm 5.

§ 115.

Auf die gegen einen Rechtsanwalt (§ 107) zur Zeit des Inkrafttretens dieses Gesetzes anhängigen Disziplinarsachen finden die Bestimmungen der §§ 8, 9, 10, 12 des Einführungsgesetzes zur Strafprozeßordnung entsprechende Anwendung.

An die Stelle des nach den bisherigen Gesetzen zuständigen obersten Landesgerichts tritt der Ehrengerichtshof nach Maßgabe des § 90.

I. **Inhalt.** Der Paragraph enthält die Übergangsbestimmungen für die zur Zeit des Inkrafttretens der Rechtsanwaltsordnung gegen einen Rechtsanwalt anhängigen Disziplinarsachen. Anm. 1.

II. Daß jetzt noch **Disziplinarsachen gegen Rechtsanwälte aus der Zeit vor 1. 10. 79** anhängig sein sollten, ist wohl ausgeschlossen. Anm. 2.

III. Dagegen kann der Fall vorkommen, **daß ein auf Grund des früheren Rechts gegen einen Rechtsanwalt ergangenes Disziplinarerkenntnis mit dem Antrag auf Wiederaufnahme des Verfahrens angegriffen wird.** Für die Behandlung dieses Antrags und für das weitere Verfahren gilt nach § 10 EGStPO. die RAO. und die StPO. Kommt es zur Wiederaufnahme des Verfahrens, so ist zu beachten, daß der Grundsatz des § 2 Abs. 2 StGB. entsprechend anzuwenden ist: EGH. **1** 56, 135, 211. Anm. 3.

§ 116.

Eine nach den bisherigen Gesetzen erkannte zeitige Entziehung der Befugniß zur Ausübung der Rechtsanwaltschaft (Suspension, Dienstsperre) ist im Sinne der § 6 Nr. 3, § 15 Nr. 1, § 43 Nr. 3 für eine härtere Strafe als Verweis zu erachten.

Der Landesgesetzgebung bleibt überlassen, zu bestimmen, in welchem Verhältniß andere bisher zulässige Strafen zu den im § 63 bezeichneten stehen.

Anm. 1. 1. In den §§ 6 Ziff. 3, 15 Ziff. 1, 43 Ziff. 3 werden gewisse Folgen daran geknüpft, daß im ehrengerichtlichen Verfahren auf Verweis oder auf Geldstrafe von mehr als 150 Mk. erkannt ist. Ist ein solches Erkenntnis nicht auf Grund der Rechtsanwaltsordnung, sondern nach Maßgabe des früheren Rechts ergangen, so kann es möglicherweise auf andere als die im § 63 zugelassenen Strafen erkannt haben, die Bestimmung des Verhältnisses derartiger Strafen zu den Strafmitteln der Rechtsanwaltsordnung ist also von Bedeutung. Das Gesetz bestimmt, daß die „zeitige Entziehung der Befugnis zur Ausübung der Rechtsanwaltschaft (Suspension, Dienstsperre)" im Sinne der gedachten Bestimmungen eine härtere Strafe als Verweis ist. Im übrigen ist es Sache der Landesgesetzgebung, das Verhältnis der Strafmittel des alten und neuen Rechtes zueinander zu regeln.

Anm. 2. 2. In den drei in Betracht kommenden Paragraphen sind die Wirkungen der Verurteilung derart zeitlich beschränkt, daß die betreffenden Fristen selbst dann abgelaufen sein werden, wenn (vgl. EGStPO. § 8) das Urteil erst nach 1. 10. 79 gefällt sein sollte, § 116 darf also heute wohl als praktisch bedeutungslos bezeichnet werden. Wenn es nämlich selbst zulässig sein sollte, in einem nach 1. 10. 79 wiederaufgenommenen Verfahren alten Rechts auf ehrengerichtliche Strafen zu erkennen, die der Rechtsanwaltsordnung unbekannt sind, so wird dies doch tatsächlich als ausgeschlossen gelten dürfen.

Nachtrag.

A. Der Einfluß der neuesten Reichsgesetzgebung auf die in diesem Kommentar behandelten Rechtsgebiete.

Seit Mitte 1919 sind zahlreiche Reichsgesetze ergangen, die auch die in dem vorstehenden Kommentar behandelten Rechtsgebiete wesentlich beeinflussen. Der Zweck der folgenden Ausführungen kann natürlich nur der sein, auf diese Beziehungen hinzuweisen und einige Hauptfragen anzudeuten.

I. Der Friedensvertrag von Versailles.

Vom 28. Juni 1919, ratifiziert von England, Frankreich, Italien, Japan, Polen, der Tschechoslowakei usw. am 10. Januar 1920.
(RGBl. 687.)

1. Durch den Friedensvertrag sind große Gebietsteile von Deutschland losgelöst worden und die Folge ist, daß auch zahlreiche bisher deutsche Gerichte diese Eigenschaft verloren haben. Mit dem Aufhören dieser Eigenschaft haben aber auch die bisher bei diesen Gerichten zugelassenen Rechtsanwälte aufgehört deutsche Rechtsanwälte zu sein, selbst wenn eine Löschung in der Liste nicht erfolgt ist (RAO. § 24 Anm. 2 g). Wollte man dies nicht annehmen, so könnte einerseits ein RA., der z. B. im Elsaß zugelassen war, in Deutschland nirgends zugelassen werden, wenn die französische Behörde die Löschung nicht vollzieht, weil dann eine nach der RAO. unzulässige Simultanzulassung vorläge; anderseits müßte er z. B. bei deutschen Strafgerichten unbeschränkt als Verteidiger auftreten können, ohne doch einer deutschen Ehrengerichtsbarkeit zu unterstehen. Beide Konsequenzen sind unannehmbar. Aus denselben Gründen muß aber z. B. gerade hinsichtlich der elsaß-lothringischen Anwälte angenommen werden, daß ihr Ausscheiden aus der Anwaltschaft schon mit der nach dem Waffenstillstande erfolgten tatsächlichen Besetzung der ehemaligen Reichslande durch die Franzosen eintrat, weil diese als endgültige gedacht war und damit im Elsaß die deutschen Gerichte als solche zu existieren aufhörten. Vgl. auch Art. 51 FrVertr. und OLG. Marienwerder LZ. **1920** 581 Nr. 6. Anm. 1.

Anderseits besteht im Völkerrecht der Grundsatz, daß die vertragsmäßige Gebietsabtretung hinsichtlich des Übergangs der Hoheitsrechte erst mit der tatsächlichen Besitzergreifung in Wirksamkeit tritt. Dieser Zeitpunkt kann also auch nach der Ratifikation des Friedensvertrags liegen, was besonders gegenüber Polen von Bedeutung ist; hier sind überdies die Übergangsverhältnisse gerade hinsichtlich der Justiz durch einen Sondervertrag geregelt. Näheres hierüber bei Crusen, DJZ. **1920** 74 ff.; AWNachr. 7 41.

2. Deutschland hat im Friedensvertrag auf seine **Kolonien** verzichtet (Art. 119 ff.). Die Bestimmungen über die bei den Schutzgebietsgerichten zuge- Anm. 2.

lassenen „Rechtsanwälte“ (vgl. erste Auflage des Kommentars, Exkurs zu § 1) sind also gegenstandslos geworden. Die Konsulargerichtsbarkeit ist zwar dem Deutschen Reiche nicht allgemein verboten worden; doch dürfte auch sie praktisch einstweilen keine wesentliche Rolle mehr spielen (vgl. hiezu Art. 135, 141, 142, 147 ff. des Friedensvertrages).

Anm. 3. 3. Das in § 5 Anm. 13 des Kommentars behandelte Haager Entmündigungsabkommen vom 17. Juli 1905 ist für die ehemals kriegführenden Staaten nicht wieder eingeführt worden (im Gegensatz zu dem Haager Zivilprozeßabkommen vom gleichen Datum, das nach Art. 287 des FrVertr. — außer für Frankreich, Portugal und Rumänien — wieder in Kraft gesetzt wurde). Vgl. hiezu Isay, Die privaten Rechte und Interessen im Friedensvertrag (1919) S. 29.

Anm. 4. 4. Über das Verfahren bei den Ausgleichsämtern (Art. 296 ff. FrVertr.) und dem gemischten Schiedsgerichtshof (Art. 304) — Zulassung von Anwälten, aber kein Anwaltszwang — vgl. Wolff JW. **1919** 873/4. Das Wort „Anwälte“ in § 3 der Anlage zu Art. 304 ist wohl (wie der englische Text „agent“ ergibt) nicht in dem Sinne gemeint, daß damit ausschließlich dem Rechtsanwaltsstande angehörige Vertreter bezeichnet werden sollten (im französischen Text heißt es allerdings: les avocats).

Das gleiche gilt für den § 18 Abs. 1 der Anlage zu Art. 296. Dort heißt es: „Die beteiligten Regierungen bestimmen einen Staatsvertreter, dem die Einleitung der Verfahren beim gemischten Schiedsgerichtshof für das Amt seines Landes zusteht. Diesem Staatsvertreter steht die allgemeine Aufsicht über die Bevollmächtigten oder Anwälte der Staatsangehörigen seines Landes zu.“ Hier lautet der englische Text: „the representatives or counsel“, der französische: „les mandataires ou avocats“. An irgend eine Disziplinarbefugnis dieses Staatsvertreters gegenüber den beteiligten Rechtsanwälten ist hier natürlich nicht zu denken; es handelt sich nur um ein Kontrollrecht.

Sehr bemerkenswert ist die Prozeßordnung für den nunmehr zwischen Deutschland und Frankreich gebildeten gemischten Schiedsgerichtshof (Bek. vom 17. April 1920, RGBl. 525). Danach sind als Bevollmächtigte und Beistände nur bestimmte Personenklassen zugelassen, an erster Stelle „Rechtsanwälte bei den französischen und den deutschen Gerichten“ (Art. 84 Nr. 1). Hier sind natürlich die deutschen Anwälte im Sinne der RAO. gemeint. Vgl. hiezu auch Herwegen DJZ. **1920** 413.

5. Über die Auslegung des Art. 229 Abs. 3 FrVertr. vgl. Hafter, Schweiz. Zeitschr. f. Strafrecht 32, 329 ff.

II. Die Verfassung des Deutschen Reichs.

Vom 11. August 1919 (RGBl. 1383).

Anm. 5. 1. Aus Art. 178 Abs. 2 RVerf. geht hervor, daß die RAO. in Kraft geblieben ist, soweit ihr „diese Verfassung nicht entgegensteht“. Inwieweit diese Einschränkung etwa Platz greift, ist im folgenden kurz zu erörtern.

2. Mit Unrecht hat man geglaubt aus Art. 110 Abs. 2 RVerf. die Einführung der sog. Freizügigkeit der Rechtsanwälte (vgl. § 2 Anm. 7) herleiten zu können. Die Bestimmung lautet: „Jeder Deutsche hat in jedem Lande des Reichs die gleichen Rechte und Pflichten wie die Angehörigen des Landes selbst“. Das Recht auf Zulassung bei den Gerichten eines Landes hängt aber gar nicht mit der Staatsangehörigkeit, sondern lediglich mit der Frage zusammen, in welchem Lande der Bewerber seine Staatsprüfung bestanden hat (§ 4 RAO.). Der bestehende Rechtszustand ist also durch Art. 110 Abs. 2 nicht geändert, noch weniger natürlich

durch Art. 111 RVerf., der das Wort „Freizügigkeit" nur im Sinne des alten Freizügigkeitsgesetzes vom 1. 11. 1867 (nämlich im Sinne der rechtlich gesicherten freien Wahl des Aufenthaltsorts) gebraucht. Gl. M.: Heilberg JW. **1920** 173. Unrichtig: Liedtke DRZ. **11** 338.

3. Nach Art. 109 Abs. 4 RVerf. dürfen Titel nur verliehen werden, wenn sie ein Amt oder einen Beruf bezeichnen. Die Berufsbezeichnung der Rechtsanwälte ist durch die RAO. geregelt; sie lautet: „Rechtsanwalt". Daher ist es seit Inkrafttreten der RVerf. zweifellos unzulässig, den Angehörigen des Anwaltsstandes den Titel „Justizrat", „Geheimer Justizrat" usw. zu verleihen. Die früher verliehenen Titel dürfen weiter geführt werden. Richtig: Giese RVerf. Art. 109 Anm. 12. Anm. 6.

4. Hinsichtlich der Fähigkeit der Frauen zur Rechtsanwaltschaft hat die RVerf. keine unmittelbare Änderung des bestehenden Rechtszustandes (RAO. § 1 Anm. 12) gebracht. Art. 109 RVerf. schlägt nicht ein; Art. 128 Abs. 2 gibt auch hinsichtlich des Richteramts nur eine Richtschnur für die Gesetzgebung (Giese RVerf. Art. 128 Anm. 6; Kiesow DJZ. **1919** 874; Jacobi DJZ. **1919** 1019). Anm. 7.

5. Nach Art. 136 Abs. 4 RVerf. darf niemand zur Benützung einer religiösen Eidesform gezwungen werden. Dies ist wichtig nicht nur für den Zeugen- und Sachverständigeneid im ehrengerichtlichen Verfahren, sondern auch für den Anwaltseid nach § 17 RAO. Diese Eide dürfen also auch in der Weise geleistet werden, daß der Schwörende mit den Worten beginnt: „ich schwöre" und die Formeln „bei Gott dem Allmächtigen und Allwissenden" und „so wahr mir Gott helfe" fortläßt (Art. 177 RVerf.). Vgl. hiezu Düringer JW. **1919** 703. Anm. 8.

6. Nach dem Übergangsgesetz vom 4. März 1919 (RGBl. 285) in Verbindung mit der RVerf. (Art. 178, 179, 56) sind die in früheren Normen geregelten Befugnisse des Reichskanzlers auf die Reichsregierung übergegangen. Dies ist z. B. wichtig für den zu § 24 Anm. 3 Fußnote 2 behandelten Fall. An die Stelle des Bundesrats tritt hinsichtlich des in früheren Normen geregelten Verordnungsrechts die Reichsregierung (Art. 179 RVerf., § 3 ÜbergGes.). Anm. 9.

III. Die Bek. betr. Verfahren für die Zuwendung von Reichsmitteln an Deutsche für Schäden im Ausland. Vom 15. November 1919.

(RGBl. 1891.)

Die Bekanntmachung, auf deren Bedeutung für die Anwaltschaft Knoepfel DRAZ. **17** (1920) 9 hingewiesen hat, sieht ein Verfahren bei besonderen Spruchkommissionen vor. In diesem Verfahren, insbes. auch in der mündlichen Verhandlung können Rechtsanwälte tätig werden, ohne daß aber Anwaltszwang herrscht (§ 9 Bek.). Anm. 10.

IV. Die Verordnung über Sondergerichte gegen Schleichhandel und Preistreiberei (Wuchergerichte). Vom 27. November 1919.

(RGBl. 1909.)

Die Wuchergerichte sind „besondere Gerichte"; auf das Verfahren findet im allgemeinen die StPO. Anwendung (§ 6 VO). Daher können die Reichsgerichtsanwälte beim Wuchergericht nicht auftreten (vgl. § 100 Anm. 5). Anm. 11.

Über die Verteidigung vor den Wuchergerichten vgl. § 9 VO.; über die Anwaltsgebühren: § 9 AusführVO. vom 27. 11. 1919 (RGBl. 1916).

V. Die Reichsabgabenordnung vom 13. Dezember 1919[1]).

(RGBl. 1993.)

Anm. 12. 1. Die RAbgO. hat den Anwaltszwang nicht eingeführt. Sie gibt auch im Besteuerungsverfahren (RAbgO. Teil II) den Beteiligten nicht ein allgemeines Recht, sich durch Bevollmächtigte vertreten zu lassen. Soweit sie eine Bevollmächtigung zuläßt, dürfen Rechtsanwälte nicht zurückgewiesen werden (§ 88 Abs. 1 RAbgO.). Als Beistände müssen sie zugelassen werden (§ 88 Abs. 2). Für das Rechtsmittelverfahren gilt die Sondervorschrift des § 238 RAbgO.

2. Für die Haftung der Rechtsanwälte gilt die wichtige Bestimmung des § 90 Abs. 2 RAbgO., die im Text des Kommentars § 65 Anm. 35 bereits besprochen wurde. Wegen § 388 RAbgO. vgl. Kommentar § 65 Anm. 27 b.

Anm. 13. 3. Nach § 179 RAbgO. können Rechtsanwälte dem Finanzamt die Auskunft verweigern, soweit sie in Strafsachen tätig gewesen sind und über das, was ihnen bei Ausübung ihres Berufs anvertraut wurde. Soweit es sich nicht um die Tätigkeit in Strafsachen handelt, erstreckt sich aber das Recht zur Auskunftsverweigerung nicht auf Tatsachen, die bei Beratung oder Vertretung in Steuersachen zur Kenntnis der Rechtsanwälte gelangt sind, es sei denn daß es sich um Fragen handelt, deren Bejahung oder Verneinung ihre Auftraggeber der Gefahr einer Strafverfolgung aussetzen würde. Der Auskunftspflicht entspricht eine weitgehende Pflicht zur Urkundenvorlage (§ 185); die Auskunftsperson ist auch eidespflichtig (§ 184 RAbgO.).

Über diesen schweren Eingriff in das Berufsgeheimnis des RA. vgl. Flechtheim JW. **1919** 781; Lion JW. **1919** 784.

Der Ausdruck „bei Ausübung ihres Berufs anvertraut" weicht von dem Wortlaut des § 300 StGB. ab. Daß aber nichts anderes gemeint ist als dort, darf man bei der Flüchtigkeit der neuesten Gesetzesarbeit wohl annehmen. Vgl. Exkurs I zu § 28 Anm. 16. — Unter „Auftraggeber" wird die Partei im weiteren Sinne (Exkurs I zu § 28 Anm. 9) zu verstehen sein.

Im Entwurf (§ 179) war das Auskunftsverweigerungsrecht durch die Worte eingeschränkt „soweit sie nicht von der Pflicht zur Verschwiegenheit befreit sind". Obwohl dieser Satz im Gesetze fortgeblieben ist, muß seine Geltung als selbstverständlich erachtet werden.

4. Zu den in den §§ 191, 192, 202 Abs. 5 RAbgO. genannten Behörden gehören auch die Anwaltskammervorstände.

5. § 200 Abs. 2 RAbgO. gewährt den Rechtsanwälten hinsichtlich der Akteneinsichtsbefugnis des Finanzamts eine bevorzugte Stellung. Die nach § 200 Abs. 1 Satz 2 RAbgO. für das LFA. gegebene Möglichkeit, einer Person, die geschäftsmäßig oder gegen Entgelt anderen Rat oder Hilfe in Steuerangelegenheiten erteilt, wenn sie wegen Steuerhinterziehung oder Teilnahme an einer solchen verurteilt ist, zu untersagen, „ihre Tätigkeit fortzusetzen", kann auf Rechtsanwälte nicht bezogen werden. Sonst könnte dem RA. die Befugnis zur Ausübung der Rechtsanwaltschaft teilweise und auf Zeit entzogen werden, was ein vollständiger Bruch mit den Bestimmungen der RAO. wäre. Diese enthält die erschöpfende Regelung des Disziplinarverfahrens gegen Rechtsanwälte und des Disziplinarstrafensystems; sie geht als lex specialis der RAbgO. vor; daß letztere in dieses Spezialgebiet eingreifen wollte, ist nicht erkennbar. Es fehlt jeder Versuch, die Vorschrift den Bestimmungen der RAO. anzupassen. Aus demselben Grunde findet auch § 366 RAbgO. auf Rechtsanwälte keine Anwendung. A. M.: Pasch, Anwaltsnot (1920) 181.

Anm. 14. 6. Nach § 239 RAbgO. können bei den Finanzgerichten Rechtsanwälte zugelassen werden. Das Nähere bestimmt ein Reichsgesetz (das noch nicht erlassen ist). Gemeint sind, wie der Wortlaut ergibt, die Rechtsanwälte nach der RAO.,

---

[1]) Vgl. hiezu: A. Friedländer JW. 1920 520.

nicht etwa ein eigener Stand von Finanzanwälten (vgl. Becker DJZ. **1920** 86; a. M.: Heinitz in der Festgabe für Dr. Otto Liebmann [Berlin 1920] 219). Es soll also in Zukunft außer der Zulassung bei den ordentlichen Gerichten auch eine solche bei den Finanzgerichten geben; ob neben jener Zulassung oder nur statt derselben, steht noch dahin.

7. Für das Rechtsmittelverfahren bestimmt § 288 Abs. 2 RAbgO., daß die vom Gegner zu erstattenden Gebühren nach der RAGebO. festzusetzen sind. Daraus muß entnommen werden, daß auch im Verhältnis zum Auftraggeber die RAGebO. in vollem Umfange gilt. Für die anwaltschaftliche Tätigkeit außerhalb des Rechtsmittelverfahrens fehlt eine reichsrechtliche Gebührenregelung, soweit nicht § 1 RAGebO. einschlägt. Die RFinHofO. vom 21. 9. 1918 ist durch § 450 RAbgO. aufgehoben (vgl. § 26 Anm. 30). Anm. 15.

Die Kosten der Zuziehung eines Bevollmächtigten oder Beistandes sind nur erstattungsfähig, wenn die Zuziehung notwendig war.

8. Einen interessanten Beitrag zur Lehre vom pactum de quota litis (Exkurs II zu § 28 Anm. 16, Exkurs vor § 30 Anm. 13 ff.) enthält § 88 Abs. 4 RAbgO. Danach ist eine Vereinbarung, durch die als Entgelt für die Tätigkeit eines Vertreters oder Beistandes ein Teil der von ihm zu erzielenden Steuerermäßigung oder Steuerersparung ausbedungen wird, nichtig. Anm. 16.

VI. Das Gesetz über Teuerungszuschläge zu den Gebühren der Rechtsanwälte und Gerichtsvollzieher vom 18. Dezember 1919.

(RGBl. 2113.)

Das Gesetz vom 18. Dezember 1919 bringt in seinem Art. I eine Erhöhung der Gebühren- und Auslagenvergütung. Art. II bestimmt, daß der Armenanwalt die Auslagen nach Maßgabe der RAGebO. unter gewissen Voraussetzungen aus der Staatskasse ersetzt erhalte, Reisekosten nur dann, wenn die betr. Reise erforderlich war. Art. III läßt die Bewilligung des Armenrechts nach Bruchteilen zu. Das Gesetz ist am 1. Januar 1920 in Kraft getreten. Anm. 17.

Im einzelnen sei auf die Ausführungen von M. Friedländer in LZ. **1920** 99 ff. verwiesen und hier nur folgendes hervorgehoben:

Die Stellung des Armenanwalts zur Partei und zum Gericht wird durch die Bestimmungen über Auslagenerstattung aus der Staatskasse nicht geändert. Er ist so wenig wie früher Beauftragter des Gerichts (OLG. Bamberg BayZ. **1920** 160); er darf von der Partei so wenig wie früher Vorschüsse — auch nicht für die Auslagen — verlangen, soweit es sich nicht um Tätigkeiten handelt, die ihm ohne Entgelt nicht zuzumuten sind (Förster-Kann **1** 377).

Bei der teilweisen Bewilligung des Armenrechts wird die Partei auch teilweise vorschußpflichtig. Der RA. kann daher, da die Dienstleistung nicht teilbar ist, von Bezahlung des Vorschusses die Übernahme und Ausführung des ganzen Auftrages abhängig machen.

VII. Das Gesetz zur Verfolgung von Kriegsverbrechen und Kriegsvergehen vom 18. Dezember 1919.

(RGBl. 2125).

Das Gesetz, dessen Bedeutung infolge der neuesten politischen Ereignisse eine sehr große ist, regelt ein besonderes Verfahren vor dem Reichsgericht, auf das im allgemeinen die Vorschriften der StPO. Anwendung finden. Das Reichsgericht behält seinen Charakter als solches bei. Die Reichsgerichtsanwälte dürfen daher in diesem Verfahren auftreten, nicht minder aber alle anderen deutschen Rechtsanwälte. Anm. 18.

„Dem Verteidiger" — sagt § 5 des Gesetzes — „der gemäß § 137 StPO. auch aus den im § 138 StPO. und § 341 der Militärstrafprozeßordnung (soll heißen: „MStGO.") bezeichneten Personen bestellt werden kann, ist in jeder Lage des Verfahrens Akteneinsicht zu gewähren." — Der Sinn des Relativsatzes ist schwer zu verstehen. § 137 StPO. handelt gar nicht von der Bestellung eines Verteidigers, § 138 nur von der Fähigkeit zum Wahlverteidiger. Aus den Beratungen der Nationalversammlung ergibt sich, daß mit dem rätselhaften Satze nur festgestellt werden sollte, daß auch die im § 341 MStGO. bezeichneten Personen als Verteidiger auftreten könnten. Der Berichterstatter Graf Dohna hatte nämlich beantragt, den Zwischensatz fortzulassen und nur zu bestimmen: „Dem Verteidiger ist in jeder Lage des Verfahrens Akteneinsicht zu gewähren." Er bezeichnete diese Änderung als rein redaktionell, da der Zwischensatz nichts Neues enthalte, sondern nur eine nicht hierher gehörige Verweisung. Der Antrag Dohna wurde abgelehnt, nachdem der Abg. Haas erklärt hatte, daß mit dem Zwischensatz nur festgestellt werden sollte, daß auch Offiziere und Kriegsgerichtsräte als Verteidiger auftreten könnten.

Das Gesetz gebraucht also den Ausdruck „zum Verteidiger bestellen" nicht im technischen Sinn der StPO. Er soll vielmehr den Wahlverteidiger wie den bestellten Verteidiger mitumfassen, und der Sinn des Zwischensatzes ist nur der, daß auch die im § 341 MStGO. bezeichneten Personenklassen als Verteidiger gewählt und bestellt werden können. Die Frage, welche Rechtsanwälte als bestellte Verteidiger auszuwählen und der Auswahl Folge zu leisten verpflichtet sind, entscheidet sich ausschließlich nach § 144 StPO. und § 39 RAO.

Über das Ergänzungsgesetz vom 24. 3. 1920 (RGBl. 341) und die darin enthaltene Kostenregelung (Möglichkeit der Erstattung vereinbarter Honorare durch das Reich!) vgl. Kahl DJZ. **1920** 337.

VIII. Das Umsatzsteuergesetz vom 24. Dezember 1919.

(RGBl. 2157.)

Anm. 19. 1. Während das UmsStG. vom 26. Juli 1918 die freien Berufe, also auch die Rechtsanwaltschaft, nicht zur Besteuerung heranzog (Allg. Einl. Anm. 14), unterliegen nach § 1 des neuen UmsStG. auch Leistungen, die jemand innerhalb der von ihm selbständig ausgeübten beruflichen Tätigkeit im Inland gegen Entgelt ausführt, der Umsatzsteuer. Daß hierunter jetzt auch der Anwaltsberuf fällt, ist unzweifelhaft. Immer, wenn das Gesetz von „Beruf" oder „beruflicher" Tätigkeit spricht, (vgl. §§ 11, 12, 15, 20, 32 usw.), ist auch der Anwaltsberuf gemeint. Die Unterscheidung zwischen eigentlicher und uneigentlicher anwaltschaftlicher Berufstätigkeit (Allg. Einl. Anm. 16) wird hier kaum von Belang sein. Vgl. Marcuse JW. **1920** 77/8.

2. Nicht jede anwaltschaftliche Berufstätigkeit ist eine selbständige im Sinne des § 1. Der gegen Fixum angestellte Anwaltskonzipient fällt — soweit er nicht daneben eigene Praxis ausübt — nicht hierher. Einzelheiten sind hier nicht zu erörtern. Vgl. hiezu Marcuse JW. **1920** 77 sub II 1; Lang JW. **1920** 75. Die Aufsichtsratstätigkeit des Rechtsanwalts fällt nicht unter die Umsatzsteuer (§ 2 Nr. 7 UmsStG.)

Anm. 20. 3. Bei Sozietäten können sich aus § 11 Abs. 1 Satz 1 des Gesetzes Schwierigkeiten ergeben. Vgl. Lang JW. **1920** 75.

4. Umsatzsteuerpflichtig ist das Entgelt für die Leistungen der Anwälte. Darunter fällt nicht der Ersatz von Barauslagen, Gerichtskostenvorschüssen usw. Soweit aber diese Auslagen pauschaliert sind, wie bei den Auslagenpauschsätzen des § 76 RAGebO. und den Reisekosten, wird man sie im Sinne des UmsStG. den Ge-

bühren gleich zu achten haben. Sie ähneln den Generalunkosten des Kaufmanns. Gl. M. (hinsichtlich der Pauschsätze): Breit AWNachr. 7 24; der Reg.-Kommissar in der Nationalversammlung, AWNachr. 7 27; Marcuse JW. **1920** 78, 550; OLG. Celle JW. **1920** 568 Nr. 5; OLG. Karlsruhe ebenda 569 Nr. 6; Wassertrüdinger ebenda 547; Caro ebenda 524. Durchaus zutreffend: AWNachr. 7 67. A. M.: Lang JW. **1920** 75; Weisbecker LZ. **1920** 289; OLG. Augsburg DRAZ. **17** 51; Hagemann JW. **1920** 548 und (bezüglich der Reisekosten) Marcuse a. a. O.

5. § 12 Abs. 1 Satz 1 gestattet den Rechtsanwälten, die Umsatzsteuer aus den gesetzlichen Gebühren auf die Klienten abzuwälzen. Den Gebühren sind die Auslagenpauschsätze und sonstigen pauschalierten Auslagen gleich zu behandeln. Über Konkursverwalterhonorare und ähnliches vgl. Breit AWNachr. 7 24 ff.; Marcuse JW. **1920** 78. Sie fallen uns. E. nicht unter die „gesetzlich bemessenen Gebühren". Wohl aber gehören hierher Gebühren mit gesetzlichem Spielraum ($^2/_{10}$—$^5/_{10}$), wie sie die LGebO.en kennen (a. M. anscheinend: Marcuse JW. **1920** 78; richtig: Wassertrüdinger JW. **1920** 547). Anm. 21

6. Die freien Berufe sind von der Anzeigepflicht nach § 30 UmsStG. befreit (§ 30 Abs. 3).

7. Die Umsatzsteuer des RA. gehört zu den Kosten des Rechtsstreits und ist erstattungsfähig. Vgl. Berthold AWNachr. 7 69; JW. **1920** 450 (OLG. Hamburg); 455 (LG. Dresden); 457 (LG. München I); AWNachr. 7 115 (LG. Leipzig) u. a. Über die Frage, ob sie auch in Armensachen vom Staat nach dem Ges. vom 18. Dezember 1919 zu erstatten sei, vgl. OLG. Bamberg BayZ. **1920** 160; OLG. Celle JW. **1920** 568 Nr. 5.

8. Besonders zu beachten ist die Übergangsbestimmung in § 46 UmsStG. Danach sind in der Regel nur solche Leistungen steuerpflichtig, die nach dem 1. Januar 1920 liegen. Die Dienstleistung aus einem Vertrage ist aber als einheitliche anzusehen. Hat also die Tätigkeit des RA. noch vor dem 31. Dezember 1919 begonnen, so entfällt die Steuerpflicht für die ganze Gegenleistung. Die Übergangsvorschrift des § 46 Abs. 2 tritt aber mit dem 31. Dezember 1920 außer Kraft. Im einzelnen vgl. (teilweise abweichend): Breit AWNachr. 7 24; Lurje AWNachr. 7 31; Marcuse JW. **1920** 79; Lang JW. **1920** 76; Weisbecker LZ. **1920** 289; LG. München I JW. **1920** 457 Nr. 6; OLG. Augsburg DRAZ. **17** 51. Zutreffend: Vorstand des DAV. in AWNachr. 7 51. Anm. 22.

9. Über die Pauschalierung der Umsatzsteuer des RA. vgl. den Entwurf der Ausf.-Bestimmungen, AWNachr. 7 103.

IX. Das Gesetz über das Reichsnotopfer vom 31. Dezember 1919.

(RGBl. 2189.)

1. Wenn der RA. auch kein Gewerbe betreibt, so wird doch anzunehmen sein, daß er sich im Sinne des § 1 RNotOG. „des Erwerbes wegen" im Inland aufhält. Vgl. hiezu § 5 Anm. 13 Fußnote 1. Anm. 23.

2. Zu bemerken ist, daß nach § 5 Nr. 7 RNotOG. die Handelskammern, Gewerbekammern usw. und ähnliche öffentlichrechtliche Berufsvertretungen abgabefrei sind. Hieher gehören auch die Anwaltskammern.

X. Die Verordnung über die Einstellung und Entlassung von Arbeitern und Angestellten während der Zeit der wirtschaftlichen Demobilmachung v. 12. Februar 1920.

(RGBl. 218.)

Diese VO., die an die Stelle der früheren VO. vom 3. September 1919 (RGBl. 1500) getreten ist, betrifft auch die Rechtsanwälte als Arbeitgeber. Vgl. §§ 1, 3 VO.; ferner Baum JW. **1919** 899. Anm. 24.

Anm. 25. Sie dehnt auch die Zuständigkeit der in der TarifvertragsVO. vom 23. Dezember 1918 (RGBl. 1456) vorgesehenen Schlichtungsausschüsse aus. Gleiches tun die §§ 80 ff. des Betriebsrätegeſ. vom 4. 2. 1920 (RGBl. 147). Im Verfahren vor den Schlichtungsausschüssen ist es nun streitig geworden, inwieweit Rechtsanwälte zugelassen werden dürfen oder müssen. Vgl. hiezu Drews JW. **1919** 987; Berchtold AVNachr. **6** 68; JW. **1919** 231; AVNachr. **6** 170; **7** 32; Aubele BayZ. **1920** 49; Wassermann DRAZ. **1920** 23; derselbe AVNachr. **7** 80; Demobilmach.-Kommissar Bremen AVNachr. **7** 84.

§ 23 VO. vom 23. Dezember 1918 bestimmt: „Eine Vertretung beteiligter Personen durch deren allgemeine Stellvertreter, Prokuristen oder Betriebsleiter, sowie durch Vertreter wirtschaftlicher Vereinigungen von Arbeitgebern oder Arbeitnehmern ist zulässig." Mit keinem Worte ist in dieser Vorschrift, die dem § 66 Abs. 2 GewGG. (Verf. vor dem Einigungsamt betr.) entspricht, ein Ausschluß der Rechtsanwälte verfügt, wie es z. B. in § 31 GewGG. für das Streitverfahren vor diesen Gerichten geschehen ist. Die in § 23 VO. aufgeführten Personenkategorien müssen beim Schlichtungsausschuß zugelassen werden (mögen sie Rechtsanwälte sein oder nicht). Lassen sich also die Rechtsanwälte allgemeine Vollmacht geben, so darf ihre Zurückweisung auch im Einzelfalle nicht erfolgen, selbst wenn man annimmt, daß im übrigen die Zulassung von dem Ermessen des Schlichtungsausschusses abhängig sei. Die Ansicht, daß diese Zulassung immer erfolgen müsse, wurde gut begründet vom Schlichtungsausschuß Bremen in AVNachr. **7** 84. Danach bezieht sich § 23 Abs. 2 VO. überhaupt nur auf den Fall des Erscheinungszwanges (§ 23 Abs. 1).

XI. Die Steuergesetze des Jahres 1920.

Anm. 26. 1. Das Einkommensteuergesetz vom 29. März 1920 (RGBl. 359) zählt den Erwerb aus der Berufstätigkeit der Rechtsanwälte zutreffend zum „Einkommen aus Arbeit", nicht aus Gewerbebetrieb (§ 9 Nr. 2 EinkStG.; vgl. auch Nr. 4 daselbst). Dies ist auch wichtig wegen des Landessteuergesetzes (s. u. zu 4).

Bemerkenswert ist, daß die Anwaltskammerbeiträge nach § 13 Nr. 6 EinkStG. abzugsfähig sind. Vgl. hiezu Knöpfel DRAZ. **1920** 55.

2. Nach dem Kapitalertragssteuergesetz vom 29. März 1920 (RGBl. 345) sind die Anwaltskammern von der Kapitalertragssteuer befreit (§ 3 Nr. 2 c).

Anm. 27. 3. Von der Körperschaftssteuer sind die Anwaltskammern befreit nach § 2 Nr. 7 des Körperschaftssteuergeſ. vom 30. 3. 1920 (RGBl. 393).

4. Nach dem Landessteuergesetz vom 30. 3. 1920 (RGBl. 402) dürfen die Länder Steuern vom Gewerbebetriebe erheben. Dazu gehört nicht der Anwaltsberuf (vgl. Allg. Einl. Anm. 11 ff., EinkStG. § 9 Nr. 4).

Das Doppelsteuergesetz (vgl. Allg. Einl. Anm. 14) wurde durch § 62 Abs. 4 LandesStG. aufgehoben.

Anm. 28. XII. Das Gesetz über die Beschäftigung Schwerbeschädigter vom 6. April 1920

(RGBl. 458)

gilt auch für Rechtsanwälte als Arbeitgeber.

XIII. Das Gesetz zur Ausführung des Artikel 13 Abs. 2 der Verfassung des Deutschen Reichs. Vom 8. April 1920. Anm. 29.

(RGBl. 510).

Art. 13 Abs. 2 RV. lautet: „Bestehen Zweifel oder Meinungsverschiedenheiten darüber, ob eine landesrechtliche Vorschrift mit dem Reichsrecht vereinbar ist, so kann die zuständige Reichs- oder Landeszentralbehörde nach näherer Vorschrift eines Reichsgesetzes die Entscheidung eines obersten Gerichtshofes des Reichs anrufen."

Dieses Reichsgesetz ist am 8. April 1920 ergangen. Es weist die Entscheidung dem Reichsgerichte zu und regelt kurz das Verfahren. Für dieses sind nicht die Reichsjustizgesetze maßgebend. Es herrscht also kein Anwaltszwang. In der mündlichen Verhandlung dürfen aber Anwälte als „Beauftragte" auftreten (§ 2 Abs. 2 Satz 3), auch Reichsgerichtsanwälte, da es immer das Reichsgericht ist, welches entscheidet (vgl. oben § 100 Anm. 10).

XIV. Die Verordnung über das Reichswirtschaftsgericht. Vom 21. Mai 1920. Anm. 29a

(RGBl. 1167).

Die VO. bringt eine Neuregelung der Organisation des Reichswirtschaftsgerichts und des Verfahrens vor demselben. Nach § 26 können sich die Beteiligten in der Verhandlung durch einen bei einem deutschen Gerichte zugelassenen „RA." vertreten lassen. Bemerkenswert ist die Bestimmung des § 33 VO., wonach das RWirtschGer. bezw. der Vorsitzende verlangen kann, daß ein Schriftsatz von einem mit schriftlicher Vollmacht versehenen RA. zu unterzeichnen sei. Die Anwaltsgebühren sollen durch eine eigene GebO. geregelt werden (§ 52). Zu beachten ist, daß § 51 VO. die entsprechende Anwendung des § 91 ZPO. verfügt.

XV. Die Verordnung betr. die Zulassung von Rechtskundigen im Vorbereitungsdienste zur Stellvertretung von Rechtsanwälten. Vom 1. Juni 1920. Anm. 29b.

(RGBl. 1108).

Die VO. bringt eine Änderung der RAO. In § 25 Abs. 1 und 3 RAO. treten an die Stelle der Worte „zwei Jahre" die Worte „ein Jahr und drei Monate". Die gleiche Änderung wird in § 139 StPO. vorgenommen. Vgl. § 25 Anm. 7, 37, § 101 Anm. 6.

B. Tarifverträge zwischen Rechtsanwälten und ihren Angestellten. Anm. 30.

1. Seit der politischen Umwälzung im November 1918[1]) sind allenthalben die Arbeitsverträge zwischen den Rechtsanwälten und ihren Büroangestellten zum Gegenstande von Verhandlungen, Kämpfen und kollektiven Vreinbarungen geworden. Daß die VO. über Tarifverträge[2]) vom 23. Dezember 1918 auch auf die Anwälte als Arbeitgeber Anwendung findet, unterliegt keinem Zweifel (s. o. Allg. Einl. Anm. 13 Fußnote 1); das gleiche gilt von den wichtigen VO. vom 3. September 1919 und 12. Februar 1920 über die Einstellung und Entlassung

[1]) Über die geschichtliche Entwicklung der Tarifvertragsbewegung in bezug auf die Anwaltschaft vgl. das Referat von Hahn auf dem Leipziger Anwaltstag, JW. 1920 201 ff.
[2]) Vgl. hiezu den Kommentar zu dieser VO. von Giesberts-Sitzler, 5. Aufl. 1920.

von Arbeitern und Angestellten während der Zeit der wirtschaftlichen Demobilmachung[3]) (s. o. Nachtrag Anm. 24 ff.).

Anm. 31. 2. Danach ist die Rechtslage zur Zeit[4]) in großen Zügen folgende: Vertragsparteien eines Tarifsvertrags können auf seiten der Arbeitnehmer nur Vereinigungen, auf der Arbeitgeberseite entweder Vereinigungen oder einzelne Arbeitgeber sein. Ob eine Vereinigung von Arbeitgebern oder Arbeitnehmern ermächtigt ist, kollektive Arbeitsverträge zu schließen, ist nach ihren Satzungen oder dem zwischen ihren Mitgliedern abgeschlossenen Vertrage zu entscheiden: die TarifvertragsVO. selbst verleiht nicht etwa jeder derartigen Vereinigung das Recht zum Abschluß von Tarifverträgen. Vgl. Giesberts-Sitzler 13; a. M.: Baum JW. **1919** 73. Die meisten lokalen Anwaltsvereine haben ihre Zuständigkeit ohne weiteres bejaht (auch der deutsche AnwVerein hält offenbar seine Kompetenz zum Abschluß von Tarifverträgen grundsätzlich für gegeben); vereinzelt sind Zweifel aufgetaucht, die sich auf die konkreten Bestimmungen der Satzung gründen. Keinesfalls sind nach geltendem Recht die Anwaltskammern zum Abschluß von Tarifverträgen befugt, da das Gesetz ihnen nur ganz bestimmte, eng umgrenzte Aufgaben zugewiesen hat: vgl. JW. **1920** 201 ff.; M. Friedländer JW. **1919** 409; Giesberts-Sitzler 14.

Die Bedeutung des Tarifvertrags beruht hauptsächlich auf seiner Unabdingbarkeit, die eintritt, sobald das Reichsarbeitsministerium ihn für allgemein verbindlich erklärt hat, was auf Antrag geschehen kann, wenn der Tarifvertrag für die Gestaltung der Arbeitsbedingungen des Berufskreises in dem Tarifgebiet überwiegende Bedeutung erlangt hat. Er gilt dann innerhalb des Tarifgebietes auch für solche Arbeitgeber und Arbeitnehmer als lex contractus, die an dem Abschluß des Tarifvertrages nicht beteiligt sind (§§ 2, 3 TarifvertrVO). Die Unabdingbarkeit kann also auch für solche Tarifverträge ausgesprochen werden, die nur zwischen einzelnen Anwälten und der Vereinigung der Angestellten abgeschlossen sind.

Wie gestaltet sich nun die Rechtslage, wenn ein Tarifvertrag nicht zustandekommt oder nach Ablauf freiwillig nicht erneuert wird, der eine Teil aber den Abschluß herbeizuführen bestrebt ist? Hier kann beispielsweise der Verband der Arbeitnehmer den Anwaltsverein oder, wenn dessen Zuständigkeit zweifelhaft erscheint, einzelne Rechtsanwälte vor den Schlichtungsausschuß (§§ 15 ff. TarifvertrVO.) laden; vgl. § 20 TarifvertrVO. und Giesberts-Sitzler 66. Auch kann der Schlichtungsausschuß nach näherer Bestimmung des § 21 VO. selbst die Initiative ergreifen. Kommt dann vor dem Schlichtungsausschuß[5]) kein Vertrag zustande, so erläßt dieser einen Schiedsspruch, der gegebenenfalls den Tarifvertrag darstellt und vom Reichsarbeitsministerium für allgemein verbindlich erklärt werden kann. Unterwerfen sich die Parteien dem Schiedsspruch nicht, so kann in der Zeit der wirtschaftlichen Demobilmachung der Demobilmachungskommissar auf Antrag den Schiedsspruch zwischen den Parteien für verbindlich erklären, also ihn auch gegen den Willen einer Partei zum Tarifvertrage machen[6]). Darin liegt die große Bedeutung des § 28 der VO. vom 3. September 1919 (Fassung vom 12. Februar 1920); wegen der Einzelheiten vgl. §§ 25 ff. dieser VO. Natürlich soll und wird ein Zwang nur dann ausgeübt werden, wenn die Durchführung des Schiedsspruchs im allgemeinen Interesse dringend geboten erscheint (Giesberts-Sitzler 77).

---

[3]) Kommentar von Syrup und Billerbeck, 2. Aufl. 1920.

[4]) Eine endgültige Regelung des Tarifvertrags- und Schlichtungswesens steht noch aus. Das geltende Recht ist Übergangsrecht.

[5]) Über den Erscheinungszwang vor dem Schlichtungsausschuß vgl. § 23 VO.

[6]) So: Syrup und Billerbeck 61 und die herrschende Meinung. A. M.: Wassermann JW. **1920** 364; wohl auch Krückmann JW. **1920** 363.

3. Die Frage, ob die Rechtsanwälte Tarifverträge mit ihren Angestellten abschließen sollen, d. h. ob sich der kollektive Arbeitsvertrag für einen Beruf von der Eigenart der Anwaltschaft eignet, kann hier nicht erörtert werden. Der außerordentliche Anwaltstag vom September 1919 hat sich für den Abschluß örtlicher Tarifverträge, jedoch gegen einen Reichstarifvertrag ausgesprochen. Vgl. im einzelnen JW. **1920** 201 ff., ferner Wassermann AVNachr. **6** 204 ff. Anm. 32.

Seinen den Tarifvertrag grundsätzlich ablehnenden Standpunkt hat der Mannheimer Anwaltsverein begründet in AVNachr. **7** 43.

4. Der Tarifvertrag hat zum Inhalt die „Bedingungen für den Abschluß von Arbeitsverträgen" (§ 1 TarifvertrVO.). Er braucht keineswegs nur den Lohntarif zu enthalten, ja er kann eines solchen überhaupt entbehren. Auch auf Lehrverträge kann er sich beziehen. Häufig werden im Tarifvertrage besondere Schlichtungskommissionen eingesetzt. Sie gehen dann den gesetzlichen Schlichtungsausschüssen vor, d. h. sie sollen zunächst angerufen werden, und nur, wenn sie nicht tätig werden, treten die Schlichtungsausschüsse in Wirksamkeit (§ 20 Abs. 2 VO.) Näheres bei Giesberts-Sitzler 67, 68. Anm. 33.

C. Sonstige Nachträge. Anm. 34.

Zu § 1 Anm. 6 vgl. RGes. vom 19. April 1919 über die Ausbildung von Kriegsteilnehmern zum Richteramte (RGBl. 403).

Zu § 2 Anm. 7 (Freizügigkeit) vgl. JW. **1920** 173 ff.; AVNachr. **7** 87.

Zu § 5 Anm. 24 s. EGH. **17** G 18/17 Nr. 4.

Zu § 5 Anm. 30 (Vereinbarkeit von Ministeramt und Rechtsanwaltschaft) vgl. Heinze DJZ. **1920** 299; für Bayern auch BayVerf. vom 14. 8. 1919 § 59 Abs. 3.

Zu § 9: Kanter AVNachr. 7 20; Hawlitzki JW. **1919** 990; AVNachr. **7** 115.

Zu § 10 Anm 3 vgl. Heinitz DJZ. **1919** 495; OLG. München JW. **1919** 690 Nr. 9 und ebenda die Äußerungen von Ring, Heilberg, Stegemann, Heiliger, Mittasch, Landsberg und Zelter; ferner OLG. Stuttgart JW. **1920** 399.

Zu § 16 Anm. 18 vgl. EGH. **17** G 8/18 Nr. 8.

Zu § 16 Anm. 8: Die in Fußnote 1 angeführte Entsch. ist abgedruckt in EGH. **17** Nr. 6.

Zu § 18 Abs. 2 vgl. PrJMVerf. betr. den Wohnsitz der bei den Groß-Berliner Gerichten zugelassenen Rechtsanwälte vom 13. Juni 1919 (PrJMBl. 332). Die im Kommentar § 18 Anm. 9 sub 7 vertretene Ansicht wird bekämpft vom AKV. Berlin in einer Eingabe vom 31. Januar 1919 an den KGPräs. (Mitteilungen des AKV. Berlin **1919** S. 3).

Zu § 25 Anm. 4 vgl. BayJMinBek. vom 16. 5. 1919, die Geschäftsvereinfachung, hier den Vollzug der RAO. betreffend.

Zu § 25 Anm. 41 vgl. die Entsch. des BayVGH. vom 13. 12. 1907 (Sammlung **29** 31).

Zu § 26 Anm. 29: Schröder JW. **1919** 962 (Anwälte beim Reichswirtschaftsgericht). Im Verfahren betr. die schiedsgerichtliche Erhöhung von Beförderungspreisen der Eisenbahnen usw. finden die Vorschriften des 10. Buches der ZPO. im allgemeinen Anwendung (§ 4 Abs. 4 VO. vom 21. Februar 1920, RGBl. 255); vgl. § 26 Anm. 19.

Zu § 28 Anm. 3: RG. JW. **1919** 677 Nr. 4 (Wahrheitspflicht).

Zu § 28 Anm. 9: EGH. **17** Nr. 11.

In § 28 Anm. 30 lies „Zeugenvernehmung" statt „Zeugenvermehrung".

Zum Exkurs II zu § 28: Knöpfel DRAZ. **17** 10; EGH. **17** Nr. 54, 58, 59; Brüll und Soldan DRAZ. **17** 47/8; Landsberg JW. **1920** 489 (Erfolgshonorar); Meyer DRAZ. **17** 14; AVNachr. **7** 51; (Anwaltsgebühren und Auslandswährung); DRAZ. **17** 15; AVNachr. 7 95 (Verkehr mit Rechtskonsulenten); EGH. **17** Nr. 25 (Umgehung des Gegenanwalts); EGH. **17** Nr. 10 (Zweigbüros in mehreren Gliedstaaten); Seyffert JW. **1919** 961; Alexander AVNachr. **7** 18; AnwVereinigung Hamm 7 20; Fischer DRAZ. **17** 12; Freiesleben AVNachr. **7** 76 (Spezialistentum); EGH. **17** Nr. 45 (Geltendmachung nicht klagbarer Forderungen); EGH. **17** Nr. 110 (Annahme eines Honorars nach Zahlungseinstellung des Klienten); EGH. **17** Nr. 54 (Honorarvereinbarung des Armenanwalts mit Dritten); Knocke DRAZ. **17** 5; M. Friedländer AVNachr. **7** 92 (Tantiemevertrag); Kaßler AVNachr. **6** 174; Brüll ebenda **7** 23; Dittenberger AVNachr. **7** 78 (Verkauf der Anwaltspraxis). Zur Frage der Einstellung der Tätigkeit in Armensachen als Kampfmittel vgl. DRAZ. **16** 94, 99; M. Friedländer JW. **1920** 114; Marquard AVNachr. **7** 17; AVNachr. **7** 50, 91.

Zum Exkurs vor § 30: „Zur Haftpflicht der Rechtsanwälte und Notare" JW. **1919** 638, 904, 964; **1920** 109, 420 usw.;

Reuter, Die Haftpflicht des RA., Dresden 1913;

Josef, Die Haftung des RA. für unrichtige Anwendung des Gesetzes DRAZ. **16** 96; **17** 2. Derselbe, Empfehlung und Erteilung tatsächlicher Auskunft seitens des RA. als bloße Gefälligkeit und auf Grund Vertrages DRAZ. **17** 29 ff. (speziell zum Exk. vor § 30 Anm. 23); Bartholomäus AVNachr. **7** 85 (Auftragskündigung seitens des RA.).

In Anm. 111 Zeile 2 lies „Anm. 5" statt „Anm. 4".

Zu § 31: „Richter" im Sinne des § 31 Ziff. 3 ist auch der Vorsitzende des Mieteinigungsamtes (Bescheid des AKV. Berlin vom 23. April 1919, Mitteilungen des AKV. Berlin S. 10).

Zu § 32. Hier ist noch folgende Frage zu besprechen: Der RA. schreibt einen Brief „per Einschreiben"; der Brief geht verloren und die Post zahlt an den RA., der als Absender mit ihr kontrahiert hat, die gesetzliche Entschädigung von 42 Mk. (§ 10 RPostG.). Muß er diese an seine Partei herausgeben? Für die Beantwortung dieser Frage kommt es darauf an, wessen Interesse der RA. durch die Einschreibesendung mutmaßlich versichern wollte. Es handelt sich zweifellos um das Interesse der Partei, wenn er z. B. einen Wechsel oder Vollstreckungstitel an den Gerichtsvollzieher schickt, wohl auch dann, wenn er einen gewöhnlichen Mahnbrief „eingeschrieben" versendet. Fügt er aber dem an sich belanglosen Brief eine ihm selbst gehörige Urkunde bei, so wird nur sein Interesse als versichert gelten. Auch eine verhältnismäßige Teilung nach richterlichem Ermessen kann erforderlich sein. Die Frage, wer in concreto das Porto bestreitet, dürfte dagegen nicht maßgebend sein.

Zu § 32 Anm. 51 vgl. EGH. **17** Nr. 45.

Zu § 33 Anm. 11 Fußnote 1 vgl. LG. Köln DRAZ. **17** 8 (wie LG. Freiberg). Dagegen: OLG. Stuttgart AVNachr. **7** 14; LG. Duisburg DRAZ. **17** 8.

Zu § 34 Anm. 13 vgl. KG. JW. **1919** 687 Nr. 1.

Zu § 39: Im allgemeinen bietet die Anwendung des § 39 Abs. 2 RAO. auf Schwurgerichtssachen keine Schwierigkeiten; das Schwurgericht ist nur eine besondere Erscheinungsform des Landgerichts. Auch sein Vorsitzender ist Vorsitzender des LG. Im Falle des § 99 GVG. aber haben die verschiedenen zu einem Schwurgerichtsbezirk zusammengelegten Landgerichte für die verschiedenen Tätigkeiten in Strafsachen einen verschieden umgrenzten Bezirk. Das LG., bei dem die Schwurgerichtssitzungen stattfinden, hat für die Schwurgerichtssachen einen weiteren Bezirk als für die Strafkammersachen. § 39 Abs. 2 kann sich hienach hinsichtlich der Schwurgerichte nur auf Anwälte beziehen, welche bei dem als Schwurgericht fungierenden LG. zugelassen sind und in dessen Bezirk wohnen. Ebenso: ThürBl. 38 275 (OLG. Jena).

Zum Exkurs zu § 40 Anm. 14 vgl. Rombach AVNachr. 7 22; derselbe, BadRpr. 1919 140; Reuter, Die Haftpflicht des RA., Vortrag herausgegeben vom Sächs. Anwaltverein, Dresden 1913 S. 21; Josef DRAZ. 17 (1920) 37, 46, 56.

Zu § 49 Anm. 3: Über Achtungsverletzung gegenüber dem AKB. s. auch EGH. 17 Nr. 36 (G 11/16).

Zu § 58 Anm. 9 vgl. ferner EGH. 17 Nr. 52 (G 12/17), Nr. 57 (G 13/16) [hier kommt auch Verbergen von Handakten in Frage], Nr. 68 (G 27/15).

Zum Exkurs vor § 62 Anm. 4. Das Reichsgesetz über die Gewährung von Straffreiheit und Strafmilderung in Disziplinarsachen vom 8. Mai 1920 (RGBl. 910) findet auf ehrengerichtliche Verfahren nach der RAO. keine Anwendung. Das Gesetz betrifft, von seinem § 8 abgesehen, zweifellos nur Disziplinarverfahren und Disziplinarstrafen gegen Beamte (vgl. die Erwähnung des „Dienstvorgesetzten" und des „obersten Dienstvorgesetzten" in den §§ 1 Abs. 1, 4 Abs. 2, 6 Abs. 1, die Zitate in den §§ 1 Abs. 2, 2, 4 Abs. 1 und die durchaus an die Beamtendisziplinargesetze anknüpfende sonstige Terminologie des Gesetzes). Deshalb wurde ja auch der § 8 nötig, der einen Teil der Bestimmungen des Gesetzes „auf ehrengerichtliche Strafen gegen Patentanwälte" zur entsprechenden Anwendung bringt. Auch auf ehrengerichtliche Verfahren und ehrengerichtliche Strafen gegen Reichsgerichtsanwälte läßt sich das Gesetz nicht anwenden.

(Der Nachtrag ist abgeschlossen am 15. Juni 1920).

Sachregister.

Die im Sachregister befolgte Anführungsweise ergibt sich aus den nachstehenden Beispielen:

§ 83[19] = Anmerkung 19 zu § 83 RAO.
§ 66$_1$ = Fußnote 1 zum Gesetzestext des § 66 RAO.
Allg. Einl. [13]$_1$ = Fußnote 1 zur Anmerkung 13 der Allgemeinen Einleitung.
Vorb. III = Vorbemerkung zum III. Abschnitt.
Exk. = Exkurs. Anh. = Anhang.
N[17] = Anmerkung 17 des Nachtrags.

A.

N.

O.

S.

(s. auch Sch., St.)

Sch.

T.

W.

Z.

Kolibri 360 GmbH
Ferdinand-Jühlke-Straße 7
99095 Erfurt, Deutschland
produktsicherheit@kolibri360.de